Besonderes Verwaltungsrecht II

Besonderes Verwaltungsrecht II

Polizei- und Ordnungsrecht
Verwaltungsvollstreckungsrecht
Versammlungsrecht
Gewerberecht einschließlich Gaststättenrecht

von

Dr. jur. Rolf Schmidt

11. Auflage 2007

Schmidt, Rolf: Besonderes Verwaltungsrecht Band II
Am Aufbau von Klausuren orientierte Studienliteratur im Öffentlichen Recht
11., völlig neu bearbeitete und aktualisierte Auflage – Grasberg bei Bremen 2007
ISBN 987-3-86651-032-6; Preis 19,50 EUR

Autor: Dr. Rolf Schmidt c/o Verlag Dr. Rolf Schmidt GmbH
Druck: Pinkvoss GmbH, 30519 Hannover
Verlag: Dr. Rolf Schmidt GmbH, Wörpedorfer Ring 40, 28879 Grasberg bei Bremen; Tel. (04208) 895299; Fax (04208) 895308; www.verlag-rolf-schmidt.de; E-Mail: verlagrs@t-online.de

Für Verbraucher erfolgt der deutschlandweite Bezug über den Verlag versandkostenfrei.

Vorwort

Mit der vorliegenden Neuauflage wurde das Buch wieder auf den aktuellen Stand von Gesetzgebung, Rechtsprechung und Literatur gebracht. An der vom Autor vorgenommenen Kombination von deduktiver und induktiver Lernmethode wurde festgehalten, weil sie sich bewährt hat und den Bedürfnissen der Studierenden gerecht wird. Zahlreiche Rückmeldungen aus dem Leserkreis haben dies bestätigt.

Gegenstand des Buches ist zunächst das **Polizei- und Ordnungsrecht** einschließlich des **Verwaltungsvollstreckungsrechts**. Wegen der damit verbundenen erhöhten Grundrechtsrelevanz gehören die beiden Materien zu Recht in allen Bundesländern zum engeren Kernbereich des Curriculums. Fundierte Kenntnisse sind daher unabdingbar.

Von nicht weniger großer Bedeutung ist das **Versammlungsrecht**, weil es für den Bürger oft das einzige Mittel ist, sich im Kollektiv an der öffentlichen Meinungsbildung zu beteiligen und sich insbesondere für andere wahrnehmbar zu politischen Themen zu äußern. Sich friedlich und ohne Waffen zu versammeln ist ein wesentliches Element demokratischer Offenheit. Die Bedeutung des Versammlungsrechts spiegelt sich folgerichtig in der Prüfungs- und Examensrelevanz wider und ist Gegenstand des 3. Kapitels dieses Buches.

Das im 4. Kapitel behandelte **Gewerberecht** eignet sich trotz seiner Zugehörigkeit zum Wirtschaftsverwaltungsrecht und damit zu einem der Schwerpunktbereiche des juristischen Studiums hervorragend zur Überprüfung der Kenntnis allgemeiner verwaltungsrechtlicher Strukturen. Denn in ihm spielen Vorrang und Vorbehalt des Gesetzes, Auslegung von unbestimmten Rechtsbegriffen, Überprüfung von Verwaltungsermessen sowie der Grundsatz der Verhältnismäßigkeit eine besondere Rolle. Das 4. Kapitel trägt diesem Umstand Rechnung, indem es das Gewerberecht in seinen wesentlichen Grundzügen darstellt und sich auf die studien- und examensrelevanten Inhalte konzentriert.

Allen Kapiteln ist gemeinsam, dass zur Konkretisierung und Veranschaulichung zahlreiche **Beispielsfälle mit Lösungsvorschlägen** aufgenommen wurden. Zudem werden durch Zusammenfassungen, **Prüfungsschemata**, hervorgehobene **Lerndefinitionen** und **Klausurhinweise** das Lernen und die Examensvorbereitung deutlich erleichtert.

Kritik und Verbesserungsvorschläge sind weiterhin willkommen und werden unter *rs@jura-institut.de* erbeten.

Bremen, im Juni 2007 *Dr. Rolf Schmidt*

Inhaltsverzeichnis

Abkürzungsverzeichnis

a.A.	anderer Ansicht
a.a.O	am angegebenen Ort
a.F.	alte(r) Fassung
abl.	ablehnend (-e, -er)
Abl.	Amtsblatt
Abs.	Absatz
AcP	Archiv für die civilistische Praxis (Zeitschrift)
AEG	Allgemeines Eisenbahngesetz v. 23.12.1993
AFG	Arbeitsförderungsgesetz
AfP	Archiv für Presserecht
AfK	Archiv für Kommunalwissenschaften
AG	Aktiengesellschaft; Ausführungsgesetz
AGVwGO	Ausführungsgesetz zur Verwaltungsgerichtsordnung
AktG	Aktiengesetz
allg.	allgemein (-e, -er)
Alt.	Alternative
Anm.	Anmerkung
AöR	Archiv des öffentlichen Rechts (zitiert nach Bänden und Jahrgang)
ArbGG	Arbeitsgerichtsgesetz
Art.	Artikel
AsylVfG	Asylverfahrensgesetz
AtomG	Atomgesetz
AtVfV	Atomrechtliche Verfahrensordnung
Aufl.	Auflage
AuslG	Ausländergesetz
BaWü	Baden-Württemberg, baden-württembergisch
BAföG	Bundesausbildungsförderungsgesetz
BauGB	Baugesetzbuch
Bay	Bayern
BayBauO	Bayerische Bauordnung
BayGemO	Gemeindeordnung für den Freistaat Bayern
BayObLG	Bayerisches Oberstes Landesgericht
BayPAG	Gesetz über die Aufgaben und Befugnisse der Bayerischen Staatlichen Polizei
BayPOG	Gesetz über die Organisation der Bayerischen Staatlichen Polizei
BayStrG	Bayerisches Straßen- und Wegegesetz
BayVerf	Verfassung des Freistaat Bayern
BayVBl.	Bayerische Verwaltungsblätter
BayVerfGH	Bayerischer Verfassungsgerichtshof
BayVGH	Bayerischer Verwaltungsgerichtshof
BB	Der Betriebs-Berater (Zeitschrift)
Bbg.	Brandenburg, brandenburgisch
Bbg.GemO	Gemeindeordnung des Landes Brandenburg
Bbg.Verf.	Verfassung des Landes Brandenburg
Bd.	Band
BDG	Bundesdisziplinargesetz
BDSG	Bundesdatenschutzgesetz
Berl.	Berlin
BerlASOG	Allgemeines Gesetz zum Schutze der öffentlichen Sicherheit und Ordnung in Berlin
BFH	Bundesfinanzhof
BFHE	Sammlung der Entscheidungen des Bundesfinanzhofes
BGB	Bürgerliches Gesetzbuch
BGBl.	Bundesgesetzblatt Teil I-III
BGH	Bundesgerichtshof
BGHZ	Entscheidungen des Bundesgerichtshofes in Zivilsachen
BGSG	Bundesgrenzschutzgesetz (seit dem 1.7.2005: Bundespolizeigesetz)
BHO	Bundeshaushaltsordnung
BImSchG	Bundesimmissionsschutzgesetz
BKA	Bundeskriminalamt
BLV	Beamtenlaufbahnverordnung
BNotO	Bundesnotarordnung
BPersVG	Bundespersonalvertretungsgesetz

BR	Bundesrat
BR-Dr.	Bundesratsdrucksache (Nummer und Jahrgang)
BRAGO	Bundesrechtsanwaltsgebührenordnung
Brand.	Brandenburg, brandenburgisch
BRAO	Bundesrechtsanwaltsordnung
Brem	Bremen, bremisch
BremLBO	Bremische Landesbauordnung
BremBG	Bremisches Beamtengesetz
BremEBG	Bremisches Eigenbetriebsgesetz
BremPolG	Bremisches Polizeigesetz
BRRG	Beamtenrechtsrahmengesetz
BRS	Baurechtssammlung (zitiert nach Bänden und Nummern)
BSE	Bovine Spongiforme Enzephalopathie („Rinderwahnsinn")
BSeuchenG	Bundesseuchengesetz
BSG	Bundessozialgericht
BSHG	Bundessozialhilfegesetz
BSozGE	Entscheidungen des Bundessozialgerichts
bspw.	beispielsweise
BT-Dr.	Drucksache des Deutschen Bundestages (Wahlperiode und Nummer)
BT-Prot.	Stenographische Berichte der Verhandlungen des Deutschen Bundestages (Wahlperiode und Seite)
BundesPolG	Bundespolizeigesetz (vor dem 1.7.2005: BGSG)
BVerfG	Bundesverfassungsgericht
BVerfGE	Entscheidungssammlung des Bundesverfassungsgerichts
BVerfGG	Gesetz über das Bundesverfassungsgericht
BVerwG	Bundesverwaltungsgericht
BVerwGE	Entscheidungssammlung des Bundesverwaltungsgerichts
BVFG	Bundesvertriebenengesetz
BW	Baden-Württemberg, baden-württembergisch
BWV	Bundeswehrverwaltung (Zeitschrift)
CR	Computer und Recht (Zeitschrift)
DAR	Deutsches Autorecht (Zeitschrift)
DB	Der Betrieb (Zeitschrift)
ders.	derselbe
dgl.	dergleichen
DÖV	Die Öffentliche Verwaltung (Zeitschrift)
DRiG	Deutsches Richtergesetz
DRiZ	Deutsche Richterzeitung
Drs.	Drucksache
DStR	Deutsches Steuerrecht (Zeitschrift)
DtZ	Deutsch-Deutsche Rechts-Zeitschrift
DV	Die Verwaltung (Zeitschrift)
DVBl.	Deutsches Verwaltungsblatt (Zeitschrift)
EA	Vertrag zur Gründung der Europäischen Atomgemeinschaft in der seit dem 1.5.1999 vom EuGH benutzten Zitierweise (davor: EAG-Vertrag)
EAGV	siehe EA
EDV	Elektronische Datenverarbeitung
EG	Europäische Gemeinschaft(en)
EG	Vertrag zur Gründung der Europäischen Gemeinschaft in der seit dem 1.5.1999 vom EuGH benutzten Zitierweise (davor: EGV)
EGGVG	Einführungsgesetz zum Gerichtsverfassungsgesetz
EGMR	Europäischer Gerichtshof für Menschenrechte
EGKSV	siehe KS
EGV	siehe EG
EinlALR	Einleitung des Preußischen Allgemeinen Landrechts
EMRK	Europäische Menschenrechtskonvention
Erl.	Erläuterungen
EStHG	Regierungsentwurf eines Staatshaftungsgesetzes
EU	Europäische Union
EuGH	Gerichtshof der Europäischen Gemeinschaften
EuGRZ	Europäische Grundrechtszeitung
EUV	Vertrag über die Europäische Union
EuZW	Europäische Zeitschrift für Wirtschaftsrecht
EV	Vertrag zwischen der Bundesrepublik Deutschland und der Deutschen

	Demokratischen Republik über die Herstellung der Einheit Deutschlands – Einigungsvertrag -
EWG	Europäische Wirtschaftsgemeinschaft
EWGV	EWG-Vertrag
f.	folgende(r/s)
ff.	fortfolgende
FeV	Fahrerlaubnis-Verordnung (BGBl I, 1998, S. 2214 ff.)
FGG	Gesetz über die freiwillige Gerichtsbarkeit
FGO	Finanzgerichtsordnung
FlurbG	Flurbereinigungsgesetz
Fn.	Fußnote
Fs/Fs.	Festschrift
FStrG	Bundesfernstraßengesetz
GBO	Grundbuchordnung
GemO	Gemeindeordnung
GemSOGB	Gemeinsamer Senat der Obersten Gerichtshöfe des Bundes
GewArch	Gewerbearchiv
GewO	Gewerbeordnung
GG	Grundgesetz
GjS	Gesetz über die Verbreitung jugendgefährdender Schriften
GKG	Gerichtskostengesetz
GmbH	Gesellschaft mit beschränkter Haftung
GmbHG	Gesetz betreffend die Gesellschaft mit beschränkter Haftung
GMBl	Gemeinsames Ministerialblatt
GO	Gemeindeordnung
GPSG	Geräte- und Produktsicherheitsgesetz
GVBl	Gesetz- und Verordnungsblatt
GSOBG	Gemeinsamer Senat der Obersten Gerichtshöfe des Bundes
GVG	Gerichtsverfassungsgesetz
GWB	Gesetz gegen Wettbewerbsbeschränkung
h.L.	herrschende Lehre
h.M.	herrschende Meinung
Hamb.	Freie und Hansestadt Hamburg, hamburgisch
HambSOG	Hamburgisches Gesetz zum Schutz der öffentlichen Sicherheit und Ordnung
HandwO	Handwerksordnung
Hess.	Hessen, hessisch
Hess. BauO	Hessische Bauordnung
Hess. GemO	Hessische Gemeindeordnung
Hess. StGH	Hessischer Staatsgerichtshof
Hess. Verf	Verfassung des Landes Hessen
Hess. VGH	Hessischer Verwaltungsgerichtshof
Hrsg.	Herausgeber
HGB	Handelsgesetzbuch
HKWP	Handbuch der kommunalen Wissenschaft und Praxis, herausgegeben von Püttner, 2. Aufl. 1981 ff.
HRG	Hochschulrahmengesetz
Hs.	Halbsatz
HSOG	Hessisches Gesetz über die öffentliche Sicherheit und Ordnung
HdbStR	Handbuch des Staatsrechts, herausgegeben von Isensee/Kirchhof, 1987 ff.
i.d.F.	in der Fassung
i.S.e.	im Sinne eine (r) oder (s)
i.V.m.	in Verbindung mit
JA	Juristische Arbeitsblätter (Zeitschrift)
JöR	Jahrbuch des Öffentlichen Rechts der Gegenwart
JR	Juristische Rundschau (Zeitschrift)
Jura	Juristische Ausbildung (Zeitschrift)
JuS	Juristische Schulung (Zeitschrift)
JZ	Juristenzeitung (Zeitschrift)
KDVG	Kriegsdienstverweigerungsgesetz
KDVNG	Kriegsdienstverweigerungs-Neuordnungsgesetz

KrW-/AbfG	Kreislaufwirtschafts- und Abfallgesetz
KS	Vertrag zur Gründung der Europäischen Gemeinschaft für Kohle und Stahl (Atomgemeinschaft in der seit dem 1.5.1999 vom EuGH benutzten Zitierweise); davor: EGKSV
KStZ	Kommunale Steuerzeitschrift
LadenschlussG	Gesetz über den Ladenschluss
LAG	Lastenausgleichgesetz
LBG	Landesbeamtengesetz
LBO	Landesbauordnung
LFGB	Lebensmittel-, Bedarfsgegenstände- und Futtermittelgesetzbuch (früher: LMBG)
lit.	Buchstabe
Lit.	Literatur
LKV	Landes- und Kommunalverwaltung (Zeitschrift)
LMBG	Lebensmittel- und Bedarfsgegenständegesetz (abgelöst von LFGB)
LS	Leitsatz
Ls.	Leitsatz
LuftVG	Luftverkehrsgesetz
m.w.N.	mit weiteren Nachweisen
MDR	Monatsschrift des Deutschen Rechts (Zeitschrift)
MEPolG	Musterentwurf eines einheitlichen Polizeigesetzes des Bundes und der Länder
MRK	(Europäische) Konvention zum Schutze der Menschenrechte und Grundfreiheiten
MeckVor	Mecklenburg-Vorpommern, mecklenburg-vorpommerisch
n.F.	neue Fassung
n.F.	neue Folge
Nds.	Niedersachsen, niedersächsisch
NdsSOG	Niedersächsisches Sicherheits- und Ordnungsgesetz
NJ	Neue Justiz (Zeitschrift)
NJW	Neue Juristische Wochenschrift (Zeitschrift)
NKVwGO	Nomos-Kommentar zur VwGO (herausgegeben von Sodan/Ziekow), Losebl.
NRW	Nordrhein-Westfalen, nordrhein-westfälisch
NRWGemO	Gemeindeordnung für das Land Nordrhein-Westfalen
NRWOBG	Gesetz über Aufbau und Befugnisse der Ordnungsbehörden
NRWPOG	Gesetz über die Organisation und die Zuständigkeit der Polizei im Lande Nordrhein-Westfalen
NRWPolG	Polizeigesetz des Landes Nordrhein-Westfalen
NuR	Natur und Recht (Zeitschrift)
NVwZ	Neue Zeitschrift für Verwaltungsrecht
NVwZ-RR	Neue Zeitschrift für Verwaltungsrecht-Rechtsprechungsreport
NWVBl	Nordrhein-Westfälische Verwaltungsblätter (Zeitschrift)
NZV	Neue Zeitschrift für Verkehrsrecht
OBG	Ordnungsbehördengesetz
OLG	Oberlandesgericht
ÖPNV	Öffentlicher Personennahverkehr
OVG	Oberverwaltungsgericht
OVGE	Rechtsprechungssammlung der Oberverwaltungsgerichte Münster und Lüneburg
OWiG	Gesetz über Ordnungswidrigkeiten
PAG	Polizeiaufgabengesetz
PBefG	Personenbeförderungsgesetz
POG	Polizeiorganisationsgesetz
POR	allgemeines Polizei- und Ordnungsrecht
PostG	Postgesetz
Preuß.	Preußen, preußisch
Preuß. ALR	Allgemeines Landrecht für die preußischen Staaten vom 5.2.1794
ProdSG	Produktsicherheitsgesetz (ersetzt durch GPSG)
RBHG	Gesetz über die Haftung des Reichs für seine Beamten
RGBl.	Reichsgesetzblatt
RhlPfl.	Rheinland-Pfalz, rheinland-pfälzisch
RhlPflPOG	Polizei- und Ordnungsbehördengesetz von Rheinland-Pfalz
Rdnr.	Randnummer

RIW	Recht der Internationalen Wirtschaft (Zeitschrift)
RPflAnpG	Rechtspflege-Anpassungsgesetz
RPflEntlG	Gesetz zur Entlastung der Rechtspflege
Rspr.	Rechtsprechung
RsprEinhG	Gesetz zur Wahrung der Einheitlichkeit der Rechtsprechung der obersten Gerichtshöfe des Bundes
RuStAG	Reichs- und Staatsangehörigkeitsgesetz
RVO	Reichsversicherungsordnung
Saarl.	Saarland, saarländisch
SaarlPOG	Gesetz über die Organisation der Polizei im Saarland
SaarlPolG	Saarländisches Polizeigesetz
Sachs.	Freistaat Sachsen
Sächs	sächsisch
SächsPolG	Polizeigesetz des Freistaats Sachsen
SachsAnhSOG	Gesetz über die öffentliche Sicherheit und Ordnung des Landes Sachsen-Anhalt
S.	Satz oder Seite
s.	siehe
s.o./u.	siehe oben/unten
SchlHolst.	Schleswig-Holstein, schleswig-holsteinisch
SchlHolst. LVwG	Allgemeines Verwaltungsgesetz für das Land Schleswig-Holstein
SG	Sozialgericht
SGB	Sozialgesetzbuch (die römischen Ziffern bezeichnen das jeweilige Buch)
SGG	Sozialgerichtsgesetz
SOG	Gesetz über die öffentliche Sicherheit und Ordnung
Sp.	Spalte
st. Rspr.	ständige Rechtsprechung
StabG	Stabilitätsgesetz
StBauFG	Städtebauförderungsgesetz, inzwischen ersetzt durch das BauGB
StGB	Strafgesetzbuch
StGH	Staatsgerichtshof
StHG	Staatshaftungsgesetz, für nichtig erklärt durch Urteil des BVerfG vom 19.10.1982
StKV	Staats- und Kommunal-Verwaltung (ab 1978 Verwaltungsrundschau)
StPO	Strafprozessordnung
StuW	Steuer und Wirtschaft (Zeitschrift)
StVG	Straßenverkehrsgesetz
StVO	Straßenverkehrsordnung
StVollzG	Strafvollzugsgesetz
StVZO	Straßenverkehrs-Zulassungsordnung
TA	Technische Anleitung (Luft, Lärm)
Thür.	Thüringen
Thür.KomO	Thüringer Kommunalordnung
ThürOBG	Thüringer Gesetz über die Aufgaben und Befugnisse der Ordnungsbehörden
ThürPAG	Thüringer Gesetz über die Aufgaben und Befugnisse der Polizei
ThürPOG	Thüringer Gesetz über die Organisation der Polizei des Landes Thüringen
Thür.Verf.	Verfassung des Freistaates Thüringen
ThürVBl	Thüringische Verwaltungsblätter
TierSG	Tierseuchengesetz
TÜV	Technischer Überwachungsverein
TVG	Tarifgesetz
UIG	Umweltinformationsgesetz
UPR	Umwelt- und Planungsrecht (Zeitschrift)
UZwG	Gesetz über den unmittelbaren Zwang bei Ausübung öffentlicher Gewalt durch Vollzugsbeamte des Bundes
UZwGBW	Gesetz über den Anwendung unmittelbaren Zwangs und die Ausübung besonderer Befugnisse durch Soldaten der Bundeswehr und zivile Wachpersonen
VBlBW	Verwaltungsblätter für Baden-Württemberg
VereinsG	Gesetz zur Regelung des öffentlichen Vereinsrechts
VerfGH	Entscheidungssammlung des Bayerischen Verfassungsgerichtshofes
VerkPBG	Verkehrswegeplanungs-Beschleunigungsgesetz
VerfGH	Verfassungsgerichtshof
VerfR	Verfassungsrecht

VersG	Versammlungsgesetz
VerwArch	Verwaltungsarchiv (zitiert nach Bänden und Jahrgang)
VerwR	Verwaltungsrecht
VerwRspr	Verwaltungsrechtsprechung in Deutschland (zitiert nach Bänden)
VG	Verwaltungsgericht
VGH	Verwaltungsgerichtshof
vgl.	vergleiche
VR	Verwaltungsrundschau (Zeitschrift)
VVDStRL	Veröffentlichungen der Vereinigung der Deutschen Staatsrechtslehrer
VVG	Gesetz über den Versicherungsvertrag
VwGO	Verwaltungsgerichtsordnung
VwGO-ÄndG	Änderungsgesetz zur Verwaltungsgerichtsordnung
VwVfG	Verwaltungsverfahrensgesetz
VwVG	Verwaltungsvollstreckungsgesetz
VwZG	Verwaltungszustellungsgesetz
WaffG	Waffengesetz
WaStrG	Bundeswasserstraßengesetz
WBO	Wehrbeschwerdeordnung
WDO	Wehrdisziplinarordnung
WHG	Wasserhaushaltsgesetz
WirtschR	Wirtschaftsrecht (Zeitschrift)
WissR	Wissenschaftsrecht Wissenschaftsverwaltung Wissenschaftsförderung (Zeitschrift)
WiVerw	Wirtschaft und Verwaltung, Vierteljahresbeilage zum Gewerbearchiv
WPflG	Wehrpflichtgesetz
WRV	Weimarer Reichsverfassung
ZAR	Zeitschrift für Ausländerrecht und Ausländerpolitik
z.B.	zum Beispiel
ZBR	Zeitschrift für Beamtenrecht
ZDG	Zivildienstgesetz
ZfBR	Zeitschrift für deutsches und internationales Baurecht
ZG	Zeitschrift für Gesetzgebung
ZHR	Zeitschrift für das gesamte Handelsrecht und Wirtschaftsrecht
ZPO	Zivilprozessordnung
ZRP	Zeitschrift für Rechtspolitik
zust.	zustimmend (-e, -er)

Lehrbücher, Grundrisse und Kommentare

Dietel, Alfred / Gintzel, Kurt / Kniesel, Micheal: Demonstrations- und Versammlungsfreiheit, 14. Auflage 2005

Gusy, Christoph: Polizeirecht, 6. Auflage 2006

Kramer, Urs: Hessisches Polizei- und Ordnungsrecht, 2004

Kugelmann, Dieter: Polizei- und Ordnungsrecht, 2006

Maurer, Hartmut: Allgemeines Verwaltungsrecht, 16. Auflage 2006

Möller, Manfred / Wilhelm, Jürgen: Allgemeines Polizei- und Ordnungsrecht, 5. Auflage 2003

Muckel, Stefan: Klausurenkurs zum Besonderes Verwaltungsrecht (Polizei- und Ordnungsrecht / Kommunalrecht), 3. Auflage 2005

Pieroth, Bodo / Schlink, Bernhard / Kniesel, Michael: Polizei- und Ordnungsrecht, 4. Auflage 2007

Sachs, Michael: Grundgesetz. Kommentar, 3. Auflage 2003

Schenke, Wolf-Rüdiger: Polizei- und Ordnungsrecht, 4. Auflage 2005; Verwaltungsprozessrecht, 10. Auflage 2005

Schmidt, Rolf: Allgemeines Verwaltungsrecht, 11. Auflage 2007

Schmidt, Rolf: Besonderes Verwaltungsrecht I (Baurecht, Subventionsrecht, Beamtenrecht, öffentliches Sachenrecht), 11. Auflage 2007

Schmidt, Rolf: Besonderes Verwaltungsrecht II (Versammlungsrecht, Polizei- und Ordnungsrecht, Verwaltungsvollstreckungsrecht, Gewerberecht), 11. Auflage 2007

Schmidt, Rolf: Fälle zum Gefahrenabwehrrecht (Versammlungsrecht, Polizei- und Ordnungsrecht, Verwaltungsvollstreckungsrecht), 1. Auflage 2005

Schmidt, Rolf: Grundrechte, 9. Auflage 2007

Schmidt, Rolf: Staatliches Informationshandeln und Grundrechtseingriff, 2004

Schmidt, Rolf: Staatsorganisationsrecht, 7. Auflage 2007

Schmidt, Rolf: Verwaltungsprozessrecht, 11. Auflage 2007

Weitere Literatur, insbesondere Aufsatzliteratur, ist in den Fußnoten angegeben

1. Kapitel
Einführung in das Gefahrenabwehrrecht

A. Gegenstand der Bearbeitung

Das Gefahrenabwehrrecht stellt die wohl schärfste Form der Eingriffsverwaltung dar. 1
Wegen der mit ihm verbundenen erhöhten Grundrechtsrelevanz gehört es in allen Bundesländern zum engeren Kernbereich des Curriculums. Fundierte Kenntnisse sind daher unabdingbar. Die vorliegende Bearbeitung behandelt vornehmlich studien- und examensrelevante Inhalte. Dabei folgt sie nicht der üblichen systematischen Darstellung, die den meisten Lehrbüchern zum Polizei- und Ordnungsrecht zugrunde liegt, sondern orientiert sich eng am Aufbau von Prüfungsarbeiten. Das Gefahrenabwehrrecht wird – nach einer kurzen Einführung – also so dargestellt, wie es auch in der Fallbearbeitung anzuwenden ist.

> **Beispiel:** Während einer Versammlung verhalten sich einige Versammlungsteilnehmer unfriedlich. Die Polizei stellt die Identität der betreffenden Personen fest und durchsucht sie nach Waffen bzw. gefährlichen Werkzeugen.
>
> In derartigen Fällen dürfen die Maßnahmen *Identitätsfeststellung* und *Durchsuchung* nicht gleich am Maßstab des allgemeinen Polizei- und Ordnungsrechts (d.h. des Polizeigesetzes) geprüft werden. Vielmehr muss zunächst untersucht werden, ob sich die betreffenden Personen auf das Versammlungsgrundrecht stützen können und ob das Versammlungsgesetz spezialgesetzliche Rechtsgrundlagen enthält, die die Anwendbarkeit des allgemeinen Polizei- und Ordnungsrechts sperren.

Folgerichtig werden im vorliegenden Buch ab Rn 111 nach einer Einführung in das Polizei- und Ordnungsrecht zunächst die Rechtsgrundlagen dargestellt, und bei ihnen wiederum zunächst die speziellen vor den allgemeinen, wie das auch in der Fallbearbeitung zu tun ist. Eine klausurnähere Darstellung ist kaum möglich. Lediglich das Verwaltungsvollstreckungsrecht, das Versammlungsrecht und das Gewerberecht werden aus Gründen der Systematik und der Übersichtlichkeit im Anschluss an das allgemeine Polizei- und Ordnungsrecht behandelt.

Weiterhin erhebt das Buch den Anspruch, anschaulich und verständlich geschrieben 2
zu sein, und dabei sowohl den Ansprüchen der universitären Ausbildung als auch denjenigen der Fachhochschulen des Bundes und der Länder gerecht zu werden. Dass das Polizei- und Ordnungsrecht Landesrecht ist, ändert daran nichts. Denn nach Geschichte und Gestalt handelt es sich um gemeindeutsches Recht. Auch die Innenministerkonferenz ist stets bestrebt, die einheitliche Prägung des Polizei- und Ordnungsrechts zu wahren. Folglich sind die Polizeigesetze des Bundes und der Länder jedenfalls in Bezug auf die materiellrechtlichen Befugnisse weitestgehend vergleichbar, teilweise sogar identisch. Wenn dennoch Unterschiede im Detail vorliegen, wird diesem Umstand dadurch Rechnung getragen, dass – trotz des erheblichen redaktionellen Aufwands – durchgängig (und nicht nur sporadisch) die wichtigsten Vorschriften des Polizei- und Ordnungsrechts des Bundes und aller 16 Bundesländer in den Fußnoten zitiert werden.

B. Die geschichtliche Entwicklung des Polizeirechts[1]

3 Der Polizeibegriff hat seinen Ursprung in dem griechischen Wort „Politeia", das als „**Staat**" oder „**Gemeinwesen**" zu übersetzen ist. Es bezeichnet die Verfassung des städtischen Gemeinwesens und den bürgerschaftlichen Status und fand insbesondere über das römische Recht Eingang in die deutsche Rechtssprache des **Spätmittelalters** sowie der „Reichspolizeiordnungen" von 1530, 1548 und 1577. Entsprechend der Bedeutung des Wortes „Politeia" wurde der Begriff „Polizey" im Sinne eines Zustands der „guten Ordnung des Gemeinwesens" verstanden. Der „guten Ordnung" bedürftig erschienen nahezu alle Lebensbereiche der Untertanen, sodass insbesondere Vorschriften über Handel und Gewerbe, Erb-, Vertrags- und Liegenschaftsrecht, Religionsausübung, allgemeine Sittlichkeit sowie Kleiderordnungen usw. erlassen wurden. Hierauf basierend wurde im Zeitalter des **Absolutismus** des 18. Jahrhunderts die Polizeigewalt zum Inbegriff der den Fürsten zustehenden absoluten Staatsgewalt, des *ius politiae*, von dem allerdings im Laufe der Zeit einzelne Bereiche abgesondert wurden, nämlich die auswärtigen Angelegenheiten, das Heer- und Finanzwesen sowie die Justiz. Wo aber die absolute Staatsgewalt den Fürsten verblieb, unterlag auch die Polizeigewalt **keinen rechtlichen Beschränkungen**. Sie gab den Fürsten die Möglichkeit, in alle Lebensbereiche der Untertanen zur „**Förderung der allgemeinen Wohlfahrt**" reglementierend einzugreifen. Man bezeichnete die absolutistischen Staaten des 18. Jahrhunderts deshalb als **Polizeistaaten** und die Tätigkeit, welche durch die Polizeigewalt ausgeübt wurde, als **Polizei**. Sie umfasste sowohl die Gewährleistung der öffentlichen Sicherheit als auch die Förderung der umfassend verstandenen, durch den Monarchen zu definierenden allgemeinen Wohlfahrt. Die Polizei war damit zum Herrschaftsinstrument des absolut und willkürlich regierenden Landesherrn geworden.

4 Erst mit der Philosophie der „**Aufklärung**" waren eine Einschränkung der Staatsaufgaben und folglich eine **Beschränkung des Begriffs der Polizei** als innere Staatsverwaltung verbunden. Der Göttinger Staatsrechtslehrer Johann Stephan Pütter forderte 1770 in seinem Werk „Institutiones Juris Publici Germanici": „Politiae est cura avertendi mala futura; promovendae salutis cura non est proprie politiae" (**Aufgabe der Polizei ist die Sorge für die Abwendung bevorstehender Gefahren; die Förderung der Wohlfahrt ist nicht die eigentliche Aufgabe der Polizei**). Pütters Polizeibegriff gelangte durch Carl Gottlieb Svarez in das **Preußische Allgemeine Landrecht von 1794** (ALR). In § 10 Teil II Titel 17 (§ 10 II 17) hieß es: „Die nöthigen Anstalten zur Erhaltung der öffentlichen Ruhe, Sicherheit und Ordnung, und zur Abwendung der dem Publiko, oder einzelnen Mitgliedern desselben bevorstehenden Gefahr zu treffen, ist das Amt der Polizey."

5 In der Folgezeit geriet die im ALR vorgesehene Einschränkung der Polizeibefugnisse auf die Gefahrenabwehr jedoch wieder weitgehend in Vergessenheit. Ohne dass die Vorschrift des § 10 II 17 ALR formell aufgehoben wurde, war in der Praxis – begünstigt durch verschiedene königliche Verordnungen – aufgrund der restaurativen Bestrebungen konservativer Kreise eine Wiederbelebung des Polizeistaats und der „Wohlfahrtspolizei" feststellbar. So lag dem preußischen Gesetz über die Polizeiverwaltung vom 11.3.1850 wieder der Gedanke einer fast unbegrenzten Zuständigkeit

[1] Quellen: *H. Maier*, Die ältere deutsche Staats- und Verwaltungslehre (Polizeiwissenschaft), 2. Aufl. **1980**; *Harnischmacher/Semerak*, Deutsche Polizeigeschichte, **1986**; *Preu*, Polizeibegriff und Staatszwecklehre, **1983**; *Schenke*, POR, § 1; *Knemeyer*, POR, § 1; *Drews/Wacke/Vogel/Martens*, POR, 9. Aufl. **1986**, S. 3 ff.; *Meixner/Fredrich*, HessSOG, 10. Aufl. **2005**, Einführung; *Böhrenz/Unger/Siefken*, NdsSOG, 8. Aufl. **2005**, Einführung (allesamt nahezu wortgleich).

zugrunde, die da begann, wo Kriegswesen, auswärtige Angelegenheiten, Finanzen und Rechtspflege aufhörten.

Zu einer nachhaltigen Einengung des herrschenden weiten Polizeibegriffs und der Abkehr vom Polizeistaat kam es erst nach der Verfestigung des liberalen bürgerlichen Rechtsstaats. In Preußen setzte das Preußische Oberverwaltungsgericht die Beschränkung der polizeilichen Befugnisse durch. In seinem **Kreuzberg-Urteil** vom 14.6.1882 (PreußOVG 9, 353 ff.), in dem es um die Gültigkeit einer aus ästhetischen Gründen erlassenen Polizeiverordnung des Berliner Polizeipräsidenten zum Schutz des auf dem Kreuzberg zur Erinnerung an die Freiheitskriege errichteten Denkmals, und damit um Wohlfahrtspflege, ging, stellte das Gericht unter Berufung auf § 10 II 17 ALR fest, dass Aufgabe der Polizei die Aufrechterhaltung von öffentlicher Sicherheit und Ordnung, nicht aber die Förderung des allgemeinen Wohls sei. Bei der Wohlfahrtspflege sei vielmehr „der Weg der Spezialgesetzgebung" zu beschreiten. Da die Polizeiverordnung des Berliner Polizeipräsidenten nicht der Gefahrenabwehr diene, sondern vielmehr eine Maßnahme der Wohlfahrtspflege darstelle, sei sie nicht mit § 10 II 17 ALR vereinbar und damit unwirksam.[2] Das Gericht setzte damit die **Begrenzung der Polizeibefugnisse auf die Gefahrenabwehr** durch. 6

In den folgenden Jahrzehnten hielt das PreußOVG an dieser Judikatur fest und entwickelte auf der Grundlage des § 10 II 17 ALR eine detaillierte Systematik des Polizeirechts. Diese Rechtsprechung und der im Kreuzberg-Urteil eingeschränkte Polizeibegriff fanden eine gewohnheitsrechtliche Anerkennung auch in anderen nord- und mitteldeutschen Staaten, z.B. in Oldenburg, Braunschweig und Sachsen. Demgegenüber erfolgte die rechtsstaatliche Beschränkung des Polizeibegriffs in den süddeutschen Staaten durch den **Gesetzgeber**. Die Polizeistrafgesetzbücher von Baden (1863/1871), Bayern (1861/1871), Hessen-Darmstadt (1847) und Württemberg (1839/1871) enthielten sowohl mit Strafsanktionen bewehrte Verbotstatbestände als auch Ermächtigungen zum Erlass von Polizeiverordnungen (sog. Landesstraf- und Verordnungsgesetze – LStVG). 7

An diesem liberal-rechtsstaatlichen Polizeibegriff hielten in der Zeit der **Weimarer Republik** (1919-1945) Gesetzgebung und Verwaltungsrechtslehre fest. Von der Ermächtigung zur Regelung des gesamten Polizeirechts in Art. 9 Nr. 2 der Weimarer Reichsverfassung (WRV) hat das Reich keinen Gebrauch gemacht, sodass das Polizeirecht von Regelungen in Spezialmaterien (wie z.B. im Bereich des Verkehrsrechts, des Eisenbahn-, Strom-, Schifffahrts- und Luftverkehrsrechts) abgesehen, eine Domäne des Landesrechts blieb. 8

Während einige Länder von einer rechtsförmlichen Regelung ihres Polizeirechts absahen und sich demgemäß mit der Annahme gewohnheitsrechtlicher Ermächtigungen begnügten (z.B. Braunschweig, Mecklenburg-Schwerin, Sachsen), kodifizierten andere Länder ihr Polizeirecht erstmals (wie Thüringen mit seiner Landesverwaltungsordnung vom 10.6.1926). Die bedeutendste Kodifikation jener Zeit war das **Preußische Polizeiverwaltungsgesetz** (PreußPVG) vom 1.6.1931. Sein § 14 lautete: 9

> **(1)** Die Polizeibehörden haben im Rahmen der geltenden Gesetze die nach pflichtgemäßem Ermessen notwendigen Maßnahmen zu treffen, um von der Allgemeinheit oder dem Einzelnen Gefahren abzuwehren, durch die die öffentliche Sicherheit oder Ordnung bedroht wird.

---

[2] PreußOVG **9**, 353, 384; vgl. hierzu auch *Rott*, NVwZ **1983**, 363 f.

(2) Daneben haben die Polizeibehörden diejenigen Aufgaben zu erfüllen, die ihnen durch Gesetz besonders übertragen sind.

10 Vergleicht man § 14 I PreußPVG mit dem Wortlaut der Befugnisgeneralklauseln der heutigen Polizeigesetze[3] und § 14 II PreußPVG mit dem Wortlaut der Aufgabenzuweisungsnormen[4], wird die Bedeutung des § 14 PreußPVG für das moderne Polizeirecht überaus deutlich.

11 Die Machtergreifung der **Nationalsozialisten** 1933 markierte den Beginn eines neuen totalitären Polizeistaates. Eines der wichtigsten Instrumente zur Beherrschung des Staates im Sinne der nationalsozialistischen Ideologie war die bereits 1933 für Preußen errichtete Geheime Staatspolizei (Gestapo), deren Aufgabe nicht nur die Erforschung „aller staatsgefährlichen Bestrebungen im gesamten Staatsgebiet", sondern auch die Verwaltung der Konzentrationslager war. Maßnahmen der Gestapo, z.B. die Verhängung der „Schutzhaft", hinter der sich regelmäßig die Einweisung in ein Konzentrationslager verbarg, waren verwaltungsgerichtlicher Kontrolle entzogen.[5] Durch „Führererlass" vom 17.6.1936 (RGBl. I S. 487) wurde „zur einheitlichen Zusammenfassung der polizeilichen Aufgaben im Reich" ein „Chef der Deutschen Polizei" im Reichsministerium des Innern bestellt. Mit diesem Amt wurde der „Reichsführer SS" betraut. Ihm unterstanden das Reichssicherheitshauptamt, in dem als „Sicherheitspolizei" Kriminalpolizei und Gestapo sowie der Sicherheitsdienst (SD) zusammengefasst waren.

12 Eine ähnliche Deformierung des Polizeirechts ist auch für die **frühere DDR** feststellbar. Zwar galten bis zum Erlass des Gesetzes über die Aufgaben und Befugnisse der Volkspolizei vom 11.6.1968 (GBl. I, S. 232) die überkommenen Rechtsgrundlagen, insbesondere das PreußPVG fort; die polizeiliche Praxis setzte sich jedoch über die Beachtung vieler rechtsstaatlicher Grundsätze hinweg und „interpretierte" die polizeirechtlichen Begriffe i.S.d. DDR-Regimes. So wurde insbesondere für die Beantwortung der Frage, ob ein bestimmtes Verhalten als eine Störung der öffentlichen Sicherheit oder Ordnung zu qualifizieren sei, als maßgeblich angesehen, ob ein Sachverhalt dem „gesellschaftlichen Fortschritt" im Wege stand. Im Gesetz über die Aufgaben und Befugnisse der Deutschen Volkspolizei vom 11.6.1968 (Volkspolizeigesetz) fand dann der Wandel des Polizeibegriffs hin zu einem „sozialistischen Polizeibegriff" seinen ausdrücklichen Niederschlag. Die Beschränkung auf Gefahrenabwehr entfiel; durch die Einbeziehung einer Art „sozialistischer Wohlfahrtspflege" (vgl. insbesondere die Präambel zum Volkspolizeigesetz) wurde nicht nur die formale Beschränkung auf Gefahrenabwehr aufgegeben, sondern es fand auch eine Rückkehr zum absolutistischen und zentralistischen Polizeirecht (Rn 3) statt.

13 Nach dem Zusammenbruch des Dritten Reichs 1945 wurden materielles Polizeirecht und die Polizeiorganisation wesentlich von den **Besatzungsmächten** beeinflusst. Ihr Ziel war neben der Entnazifizierung und Entmilitarisierung die Demokratisierung der Gesellschaft und die Dezentralisierung der Polizei. Dies führte insbesondere in den Ländern der britischen und amerikanischen Besatzungszone zur Entstaatlichung (Kommunalisierung) der Polizei, zur Beschränkung der polizeilichen Befugnisse (Beseitigung der Befugnis zum Erlass von Polizeiverordnungen) und zur Entpolizeilichung der Verwaltungsrechtsbereiche (z.B. des Gewerbe- und Baurechts). Demgegenüber verzichtete die französische Militärregierung auf eine einheitliche und umfassende

---

[3] Vgl. **Bund:** § 14 BundesPolG; **Bay:** Art. 11 I PAG; **BW:** § 3 PolG; **Berl:** § 17 I ASOG; **Brand:** § 10 PolG; **Brem:** § 10 I PolG; **Hamb:** § 3 I SOG; **Hess:** § 11 SOG; **MeckVor:** § 13 SOG; **Nds:** § 11 SOG; **NW:** §§ 8 I PolG, 14 OBG; **RhlPfl:** § 9 I POG; **Saar:** § 8 I PolG; **Sachs:** § 3 I PolG; **SachsAnh:** § 13 SOG; **SchlHolst:** §§ 174, 176 LVwG; **Thür:** § 12 I PAG.

[4] § 1 aller heutigen Polizeigesetze.

[5] Zur Aufgabenbeschreibung der Gestapo siehe BVerfGE **6**, 132, 208.

Reorganisation des Polizeiwesens. Sie beschränkte sich im Wesentlichen auf die Beseitigung nationalsozialistischer Vorschriften. In der sowjetischen Zone ging man von einer teilweisen Fortgeltung des PreußPVG aus (Rn 9 f.).

C. Einheits- und Trennungssystem

Vor dem Hintergrund der aufgezeigten historischen Entwicklung des Polizeirechts und **14**
der in der früheren britischen und amerikanischen Besatzungszone nach Beendigung des Dritten Reichs vorgenommenen **Entpolizeilichung** lässt sich die heutige Rechtslage in den Ländern verstehen. Die eine Gruppe von Ländern, bestehend aus Bayern, Berlin, Hamburg, Hessen, Niedersachsen, Nordrhein-Westfalen, Rheinland-Pfalz und Schleswig-Holstein, hatte infolge der „Entpolizeilichung" das sog. **Trennungs- oder Ordnungsbehördensystem** eingeführt, in dem die Gefahrenabwehr auch heute noch grundsätzlich von den Behörden der **allgemeinen Ordnungsverwaltung** („Verwaltungsbehörden der Gefahrenabwehr"[6], z.B. Gewerbe-, Bau-, Umwelt und Ausländerbehörden) und nur subsidiär von der Polizei im engeren Sinne, d.h. von der **Vollzugspolizei** (Polizeivollzugsdienst), wahrgenommen wird. Deren Aufgabenbereich ist nach wie vor auf die Gefahrenabwehr in Eilfällen, die Mitwirkung bei der Verfolgung von Straftaten und Ordnungswidrigkeiten, die Vollzugshilfe bei der Durchsetzung der Verfügungen der allgemeinen Ordnungsverwaltung sowie die sonstigen gesetzlich genannten Aufgaben beschränkt. Man meinte, hierdurch einen Missbrauch der Polizeigewalt, wie er im Dritten Reich insbesondere für die Gestapo typisch war, verhindern zu können. Aus heutiger Sicht ist diese Überlegung jedoch gegenstandslos, weil seit Geltung des Grundgesetzes 1949 *alle* Staatsbehörden an Recht und Gesetz gebunden sind und grundrechtsbeschränkende Maßnahmen *stets* einer parlamentarischen Rechtsgrundlage bedürfen. Für eine Aufrechterhaltung der organisatorischen Trennung zwischen Ordnungsverwaltung und Vollzugspolizei ließe sich allenfalls anführen, dass insbesondere im Zeichen des sozialen Rechtsstaats die Aufgaben der Ordnungsbehörden vielfach durch andere staatliche Zielsetzungen überlagert werden. Dies führt dazu, dass einzelne Materien, die früher dem Polizeirecht zugeordnet wurden, nunmehr auch Normierungen anderer, über die Gefahrenabwehr hinausreichender Zwecke enthalten (so z.B. die Landesbauordnungen und das Bundesimmissionsschutzgesetz).[7] Dies mag auch die neuen Bundesländer Brandenburg, Mecklenburg-Vorpommern, Sachsen-Anhalt und Thüringen bewogen haben, nach der Wiedervereinigung 1990 diesem System beizutreten.

Die organisatorische Trennung von Ordnungs- und Polizeiverwaltung setzt sich in ei- **15**
nigen Ländern auch bei den gesetzlichen Eingriffsermächtigungen fort. In Bayern, Brandenburg, Nordrhein-Westfalen und Thüringen stützen sich die Ordnungsbehörden, sofern Spezialgesetze fehlen, auf ein allgemeines Ordnungsbehördengesetz des Landes (OBG; LStVG). Davon getrennt gibt es für die Polizei jeweils ein eigenständiges Polizei(aufgaben-)gesetz (PolG, PAG). Diese konsequente Trennung vermisst man in den übrigen Bundesländern des Trennungssystems: Diese haben zwar Ordnungsbehörden und Polizeibehörden institutionell getrennt, stellen aber für beide Behörden ein und dasselbe Eingriffsgesetz zur Verfügung, sofern Spezialgesetze nicht einschlägig sind, nämlich ein allgemeines (gemeinsames) Ordnungsbehörden- und Polizeigesetz.

---

[6] So die Bezeichnung in Hamburg, Niedersachsen und Sachsen-Anhalt. In Berlin, Brandenburg, Mecklenburg-Vorpommern, Nordrhein-Westfalen, Rheinland-Pfalz und Schleswig-Holstein werden sie Ordnungsbehörden, in Bayern Sicherheitsbehörden und in Hessen Gefahrenabwehrbehörden genannt.
[7] *Schenke*, POR, Rn 14.

16 Demgegenüber gehen die Länder Baden-Württemberg, Bremen, Saarland und Sachsen auch heute noch von einem **Einheitssystem** aus. In diesen Ländern umfasst der (einheitliche) Polizeibegriff („Polizei im institutionellen bzw. organisatorischen Sinn") nach wie vor sämtliche Behörden, die polizeiliche Aufgaben i.S.d. materiellen Polizeirechts wahrnehmen. Darum werden auch z.B. in der Freien Hansestadt Bremen sämtliche zur Gefahrenabwehr berufenen Behörden in §§ 65 ff. BremPolG genannt, die sich alle auf die Eingriffsbefugnisse des BremPolG stützen können. Des Weiteren findet das Einheitssystem seinen Ausdruck in den entsprechenden Aufgabenzuweisungsnormen (§ 1 der Polizeigesetze der Länder), die umfassend von „Polizei" sprechen. Sie weisen der Polizei die Aufgabe zu, Gefahren für die öffentliche Sicherheit (und Ordnung) abzuwehren, und stellt klar, dass zu dieser Aufgabe auch die Vorbereitung der Verhinderung künftiger Gefahren und die Verhütung von Straftaten zählen. Damit nehmen auch die Länder des Einheitssystems in Übereinstimmung mit der Doktrin der britischen Besatzungsmacht eine strikte **Trennung von Aufgaben und Befugnissen** vor (vgl. dazu näher Rn 14 ff.).

17 In den Ländern des Einheitssystems sind mit dem Begriff **Polizei** daher nicht nur der Polizeivollzugsdienst, sondern generell die Gefahrenabwehrbehörden gemeint. Der (einheitliche) Polizeibegriff umfasst sämtliche Behörden, die polizeiliche Aufgaben im Sinne des materiellen Polizeibegriffs wahrnehmen, also sowohl die (Sonder-)Ordnungsbehörden als auch den Polizeivollzugsdienst. Unter dem einheitlichen Begriff „Polizei" ist daher eine weitaus größere Anzahl von Behörden zusammengefasst als in den „entpolizeilichten" Ländern. In rechtstechnischer Hinsicht besteht der grundlegende Unterschied zum Trennungssystem darin, dass nur beim Einheitssystem das Polizeigesetz mit seinen Eingriffsbefugnissen umfassend sowohl für Ordnungs- als auch Vollzugspolizeibehörden anwendbar ist.

18 Unabhängig von der organisatorischen Trennung zwischen Ordnungsbehörden und Vollzugspolizei sind Gefahrenabwehrbehörden primär die **Ordnungsbehörden** (Ortspolizeibehörden). Die **Vollzugspolizei** ist nur dann zuständig, wenn eine Gefahrenabwehr unter Dringlichkeits- und Effektivitätsgesichtspunkten unaufschiebbar erscheint, also in Situationen, in denen die primär zuständigen, jedoch mit bürokratischen Mitteln arbeitenden Ordnungsbehörden nicht rechtzeitig einschreiten könnten. Um einen solchen sog. **Eilfall** festzustellen, ist eine Verlaufsprognose anzustellen: Gelangt ein objektiver Beobachter in der Rolle des handelnden Beamten zu dem Ergebnis, dass die mit bürokratischen Mitteln arbeitende Ordnungsbehörde nicht ebenso wirksam und rechtzeitig einschreiten könnte wie die Vollzugspolizei, sind deren Eilfallkompetenz und damit deren sachliche Zuständigkeit zu bejahen. Vgl. dazu im Einzelnen Rn 52 ff.

D. Gesetzgebungs- und Verwaltungskompetenzen

19 Bevor eine Unterscheidung zwischen Sonderordnungsbehörden, allgemeinen Ordnungsbehörden und Vollzugspolizeibehörden vorgenommen werden kann, müssen zunächst die Gesetzgebungs- und Verwaltungskompetenzen geklärt werden. Nach der Grundregel des **Art. 30 GG** sind die Ausübung der staatlichen Befugnisse und die Erfüllung der staatlichen Aufgaben Sache der **Länder**, soweit das Grundgesetz keine andere Regelung trifft oder zulässt. Für die Gesetzgebung konkretisiert **Art. 70 I GG** diese Grundregel. Danach haben die Länder das Recht der Gesetzgebung, soweit das Grundgesetz nicht dem Bund Gesetzgebungsbefugnisse verleiht. Inwieweit das Grundgesetz dem **Bund** Gesetzgebungsbefugnisse verleiht, bemisst sich gem. Art. 70 II GG nach den Vorschriften des Grundgesetzes über die **ausschließliche** und die **konkurrierende** Gesetzgebung. Das sind insbesondere die Art. 71 bis 74 GG, aber

auch zahlreiche andere Normen des Grundgesetzes, die ausdrücklich auf ein „Bundesgesetz" oder auf ein „Gesetz mit Zustimmung des Bundesrates" verweisen.

Gelegentlich wird in der Literatur von einer „Polizeihoheit der Länder" gesprochen. An anderer Stelle liest man, dass polizeiliche Gefahrenabwehr allein Sache der Länder sei. Solche pauschalen Behauptungen beruhen auf einem Irrtum, denn Gefahrenabwehrrecht ist kein „Sonderrecht" der Länder. Richtig ist vielmehr, dass auch in diesem Zusammenhang die für alle Materien geltenden grundgesetzlichen Bestimmungen über die Zuständigkeiten heranzuziehen sind. Danach hat der Bund nur dann eine Gesetzgebungskompetenz, wenn sie ihm zugewiesen ist. Das ist in vielen Spezialbereichen des Gefahrenabwehrrechts der Fall. So hat der Bund **20**

- gestützt auf die **ausschließliche** Gesetzgebungskompetenz das **PassG** (Art. 73 Nr. 3 GG), das **BundesPolG** (früher: BGSG) (Art. 73 Nr. 5 GG), das **LuftVG** (Art. 73 Nr. 6 GG), das **BundeseisenbahnG** (Art. 73 Nr. 6a GG), das **LuftsicherheitsG**[8] (Art. 73 Nr. 6 GG), das **BKA-Gesetz** (Art. 73 Nr. 10a und c GG) und das **BVerfSchG** (Art. 73 Nr. 10 GG)[9],
- und gestützt auf die **konkurrierende** Gesetzgebungskompetenz das **VersG** und das **VereinsG** (jeweils Art. 74 I Nr. 3 GG a.F.), das **AufenthG** (Art. 74 I Nr. 4 GG), die **GewO** und das **GastG** (jeweils Art. 74 I Nr. 11 GG a.F.), das **BBodSchG** (Art. 74 Abs. 1 Nr. 18 GG), das **GPSG** und das **LFGB** (jeweils Art. 74 I Nr. 20 GG), das **WStrG** (Art. 74 I Nr. 21 GG), das **StVG**, die **StVO** und die **StVZO** (jeweils Art. 74 I Nr. 22 GG) sowie das **BImSchG** und **Krw/AbfG** (jeweils Art. 74 I Nr. 24 GG) erlassen. Jedoch sind einige dieser Materien im Zuge der Föderalismusreform 2006 in die originäre Gesetzgebungskompetenz der Länder überführt worden. Das betrifft namentlich das **Versammlungsrecht**, das **Gaststättenrecht** und **Teile des allgemeinen Gewerberechts.**[10]
- Dagegen ist im Zuge der Föderalismusreform 2006 das früher auf die Rahmengesetzgebungskompetenz gestützte **WHG** (Art. 75 I S. 1 Nr. 4 GG a.F.) in die konkurrierende Gesetzgebungskompetenz des Bundes (Art. 74 I Nr. 32 GG n.F.) überführt worden und das **Melde- und Ausweiswesen** (Art. 75 I S. 1 Nr. 5 GG a.F.) ist nunmehr Bestandteil der ausschließlichen Gesetzgebungskompetenz des Bundes (Art. 73 I Nr. 3 GG n.F.). Das **WaffenG** und das **SprengstoffG**, die früher jeweils als Bestandteil der konkurrierenden Gesetzgebungskompetenz Art. 74 I Nr. 4a GG a.F. unterfielen, sind nunmehr ebenfalls der ausschließlichen Gesetzgebungskompetenz gem. Art. 73 I Nr. 12 GG n.F. unterstellt.

In **repressiv-polizeilicher** Hinsicht, d.h. hinsichtlich der **Verfolgung von Straftaten und Ordnungswidrigkeiten**, hat der Bund im Bereich der konkurrierenden Gesetzgebung gestützt auf Art. 74 I Nr. 1 GG (gerichtliches Verfahren) v.a. die **StPO** und das **OWiG** erlassen. **21**

---

[8] Vgl. dazu Rn 807c.

[9] Im Zuge der am 1.9.2006 in Kraft getretenen Föderalismusreform (BGBl I S. 2034), in deren Rahmen insbesondere eine Neuverteilung der Gesetzgebungskompetenzen vorgenommen wurde, ist der Kompetenztitel *Abwehr von Gefahren des internationalen Terrorismus* in Art. 73 I GG aufgenommen worden (Nr. 9a) – vgl. dazu Rn 20. Ein diese Gesetzgebungskompetenz ausfüllendes Bundesgesetz ist aber noch nicht erlassen worden. Zur Föderalismusreform vgl. im Übrigen *R. Schmidt*, Staatsorganisationsrecht, Rn 788 ff.

[10] Die soeben genannte Föderalismusreform hat u.a. zum Wegfall der Bundeskompetenz für das Versammlungsrecht, das Gaststättenrecht und einige Teile des Gewerberechts geführt. Nunmehr sind die Länder befugt, diese Materien auf ihren Territorien zu regeln. Gemäß Art. 125a I GG n.F. gelten aber die Bundesgesetze, die u.a. wegen Art. 74 I GG n.F. nicht mehr als Bundesrecht erlassen werden könnten, als Bundesrecht fort, sofern nicht die Länder eigene Gesetze erlassen. Es bleibt also abzuwarten, ob alle Länder von ihrem neuen Gesetzgebungsrecht Gebrauch machen oder ob einige schlicht untätig bleiben und damit die weitere Geltung der genannten Bundesgesetze zum Ausdruck bringen. Daher werden der vorliegenden Darstellung das VersG, das GastG und die GewO in den bisherigen Fassungen zugrunde gelegt.

22-23 Die Grenze zwischen präventiver und repressiver Ausrichtung polizeilichen Handelns makiert die sog. **Strafverfolgungsvorsorge**. Darunter versteht man Maßnahmen der Polizei, die der möglichen späteren Strafverfolgung bzw. der Verfolgung später bekannt werdender Straftaten dienen. Das betrifft namentlich Maßnahmen auf der Grundlage des **§ 81b StPO** (= Bundesgesetz). Diese Vorschrift enthält zwei Varianten: Die erste regelt das Strafverfahrensrecht. Für das Strafverfahrensrecht besteht unstreitig eine geschriebene Gesetzgebungskompetenz des Bundes gem. Art. 74 I Nr. 1 GG. Fraglich ist, ob auch eine Gesetzgebungskompetenz bezüglich der zweiten Variante des § 81b StPO besteht. Diese regelt nämlich erkennungsdienstliche Maßnahmen zur Prävention[11], für die der Bund wegen Art. 30, 70 I GG grundsätzlich keine Gesetzgebungskompetenz hat. Da die Beantwortung der damit verbundenen Fragen detaillierte Kenntnisse der Abgrenzung zwischen Gefahrenabwehrrecht und Strafverfolgung voraussetzt, sei insoweit auf die Darstellung bei Rn 93a ff. verwiesen.

24 Kann weder eine geschriebene noch ungeschriebene Gesetzgebungskompetenz des Bundes begründet werden, bleibt es bei der Grundregel der Art. 30, 70 I GG. Den **Ländern** verbleibt somit insbesondere das **allgemeine Polizei- und Ordnungsrecht**. Es ist daher falsch, von einer „Polizeihoheit der Länder" zu sprechen.

25 Unabhängig von den Gesetzgebungskompetenzen gilt, dass – soweit das Grundgesetz nichts anderes bestimmt oder zulässt – gem. Art. 83 GG die Länder (neben ihren Gesetzen) auch die Bundesgesetze als eigene Angelegenheiten **ausführen**. Es besteht daher, wie in den Art. 30, 70 I GG bezüglich der Gesetzgebung, eine Zuständigkeitsvermutung zugunsten der Länder.

26 Muss ein Bundesgesetz ausgeführt (d.h. angewendet) werden, ist zu beachten, dass die Gesetze vielfach keine oder unvollständige Regelungen über das Verwaltungsverfahren beinhalten. Für die Frage, welches Recht dann ergänzend zur Anwendung kommt, ist entscheidend, ob das Bundesgesetz durch eine Bundesbehörde oder durch eine Landesbehörde ausgeführt wird:

- Für **Bundesbehörden** gilt ergänzend Bundesrecht, d.h. die das Bundesgesetz ausführende Bundesbehörde muss das Verwaltungsverfahren des VwVfG, VwVG und des UZwG des Bundes anwenden. Ein Rückgriff auf das jeweilige Landesgesetz ist unzulässig.
- Bei **Landesbehörden** richtet sich das Verwaltungsverfahren nach Art. 83 GG: So kann es ein Ausführungsgesetz des Landes zum Bundesgesetz geben, das das Verwaltungsverfahren regelt (vgl. etwa die Ausführungsgesetze zum GastG oder zum LFBG). Subsidiär gilt das für alle Landesbehörden zur Gefahrenabwehr geltende allgemeine Ordnungsbehördengesetz bzw. das Polizeigesetz, das auch einzelne Materien des Verwaltungsverfahrens regelt. Im Übrigen kommen ergänzend das für sämtliche Verwaltungsbehörden des Landes geltende VwVfG, VwVG und das UZwG des Landes zur Anwendung.

27 Aus der bei Rn 26 genannten Verwaltungskompetenz der Länder auch für Bundesgesetze folgt, dass – sofern eine Landesbehörde handelt – das Landesverwaltungsverfahrens- bzw. Landesverwaltungsvollstreckungsgesetz anzuwenden sind, auch wenn die sich (inhaltlich) von dem entsprechenden Bundesgesetz nicht unterscheiden. Es wäre ein methodischer Fehler, bei der Ausführung eines Bundesgesetzes durch eine **Bundesbehörde** das LandesVwVfG oder bei der Ausführung eines (Bundes- oder auch Landes-)Gesetzes durch eine Landesbehörde das BundesVwVfG heranzuziehen.

---

[11] So OVG Münster NJW **1999**, 2689.

E. Sonderordnungsbehörden, Ordnungsbehörden, Vollzugspolizei

Sind die terminologische Unterscheidung zwischen Trennungs- und Einheitssystem sowie die Gesetzgebungs- und Verwaltungskompetenzen geklärt, kann nunmehr die Unterscheidung zwischen Sonderordnungsbehörden, allgemeinen Ordnungsbehörden und Vollzugspolizeibehörden vorgenommen werden. 28

Sonderordnungsbehörden sind alle Behörden, denen im Rahmen ihres speziellen Aufgabenbereichs als „Annex" auch die Abwehr von bereichsspezifischen Gefahren (z.B. Gefahren durch schädliche Umwelteinwirkungen, durch unzuverlässige Gewerbetreibende, durch gefährliche Bauten etc.) zugeschrieben sind. Das Sonderordnungsrecht ist stets spezialgesetzlich geregelt und zwar in zahlreichen Bundes- und Landesgesetzen (z.B. StVG/StVO, BImSchG, GewO, LBauO). Die Ausführung fällt i.d.R. in die Kompetenz besonderer Fachbehörden, sog. Sonderordnungsbehörden. 29

Sonderordnungsbehörden des **Bundes** sind bspw. die Verwaltung der Bundeswasserstraßen durch Wasser- und Schifffahrtsämter und Direktionen (§§ 24 ff. WStrG); die Luftaufsicht durch Bundesbehörden und die – ausdrücklich beliehene – FlugsicherungsGmbH (§§ 27a ff.; 31 II Nr. 18 LuftVG); das Kraftfahrtbundesamt (§§ 28-30 StVG) und der Bundestagspräsident nach Art. 40 II S. 1 GG. Die Sicherheitsdienste des Bundes (Bundesamt für Verfassungsschutz, MAD und BND) haben das in §§ 8 ff. BVerfSchG, 4 ff. MADG, 2 ff. BNDG geregelte Datenerhebungs- und Verarbeitungsrecht zum Schutz der freiheitlichen demokratischen Grundordnung in ihrem jeweiligen Zuständigkeitsbereich. 30

Behörden des **Landes** sind Sonderordnungsbehörden, wenn ihnen im Rahmen ihres fachgebietsbezogenen Aufgabenbereichs zugleich spezielle Kompetenzen zur Gefahrenabwehr zugewiesen sind, die sich i.d.R. als Teil ihrer Fachaufgaben darstellen. Es kann sich dabei um landeseigene Behörden handeln, die unter Umständen mehrinstanzlich gegliedert sind. Denkbar ist auch, dass nach den Bestimmungen der Ordnungsgesetze/Polizeigesetze die Behörden der Kreise und/oder der Gemeinden im Rahmen der ihnen zugewiesenen Fachkompetenzen spezifische Aufgaben der Gefahrenabwehr als Sonderordnungsbehörden wahrzunehmen haben. 31

> **Beispiele:** In den Flächenstaaten sind Sonderordnungsbehörden („Sonderpolizeibehörden") etwa das Landeseichamt/die Eichämter, das Oberbergamt/die Bergämter, die Gewerbeaufsichtsämter, die Gesundheitsämter und etwaige Immissionsschutzbehörden. Viele sonderordnungsrechtliche Kompetenzen sind der Kreisverwaltung zugewiesen - etwa die Bauaufsicht, das Straßenverkehrsamt, die Ausländerbehörde, vielfach auch die Versammlungsbehörde.

Immer dann, wenn eine Fachbehörde (Sonderordnungsbehörde) zur Gefahrenabwehr nicht vorhanden oder nicht zuständig ist, fällt die Gefahrenabwehr in den Zuständigkeitsbereich der **allgemeinen Ordnungsbehörden**. 32

Allgemeine Ordnungsbehörden in den **Ländern** („allgemeine Polizeibehörden") sind die Behörden, die „im Zweifel" alle Aufgaben der Gefahrenabwehr „auffangen", nämlich immer dann, wenn die Aufgabe nicht einer Sonderordnungsbehörde zugewiesen ist. 33

In den Flächenstaaten ist die allgemeine Ordnungsverwaltung stets **mehrinstanzlich** gegliedert. Während die oberste und die obere allgemeine Ordnungsbehörde durch landeseigene Organe gebildet werden (Minister, Regierungspräsident), werden auf der Kreis- und Gemeindeebene die kommunalen Körperschaften für das Land zur Wahrnehmung der Ordnungsaufgaben tätig. Dabei handelt es sich jedoch nicht um eigene (Selbstverwaltungs-) Aufgaben. Die Gefahrenabwehr ist eine **Landesaufgabe**, die von Kreisen und Gemeinden im Rahmen des übertragenen Wirkungskreises, also „im Auftrag des Landes", vollzogen wird. 34

35 Auf **Bundesebene** gibt es keine allgemeine Ordnungsbehörde. Denn der Bund hat nur in ganz bestimmten Fachbereichen Verwaltungskompetenzen mit der Folge, dass eine allgemeine Verwaltungsbehörde des Bundes nicht besteht. Beim Bund gibt es demgemäß nur Sonderordnungsbehörden.

36 Schließlich ist die **Vollzugspolizei** (der Polizeivollzugsdienst) organisatorisch von den genannten Ordnungsbehörden zu unterscheiden. Ihre Aufgabe ist es, „unbenannte Gefahren" abzuwehren. Die Polizei ist zuständig, unaufschiebbare Maßnahmen zu treffen, und wird tätig, wenn die Gefahr so dringend ist, dass auf Entscheidungen der Ordnungsbehörden nicht gewartet werden kann.

37 ▪ Verwaltungsbehörden des **Bundes** mit vollzugspolizeilichen Kompetenzen sind das Bundeskriminalamt, die Zolldienste, die Bundeswehr und die Bundespolizei (früher: Bundesgrenzschutz. Das BundesPolG bezeichnet die Grenzschutzbehörden ausdrücklich als Polizei des Bundes (§ 1 I S. 2 i.V.m. § 57 BundesPolG).

38 ▪ Auf **Landesebene** ist die Vollzugspolizei eine eigenständige, landesunmittelbare Verwaltungsbehörde. In der Regel ist sie in ihrer Kompetenz auf den „ersten Zugriff" beschränkt (sog. „Eilfallkompetenz", s.o.). Sie kann - landesrechtlich unterschiedlich - horizontal und vertikal dekonzentriert gegliedert sein.

  ⇨ Horizontal (fachlich) kann es neben der Schutzpolizeibehörde die Bereitschaftspolizei, Wasserschutzpolizei und Kriminalpolizei geben.

  ⇨ Vertikal (hierarchisch) kann insbesondere die Schutzpolizei in zwei Instanzen (i.d.R. auf Bezirks- und Kreisebene) gegliedert sein. Die im Zweifelsfall zuständige untere Instanz ist in vielen Bundesländern örtlich in Polizeidirektionen bzw. Polizeipräsidien aufgeteilt.

Zur Bedeutung dieser Unterscheidung für die Fallbearbeitung vgl. Rn 53 ff.

F. Musterentwurf eines einheitlichen Polizeigesetzes

39 Da das Polizeirecht als allgemeines Recht der Gefahrenabwehr nach Art. 30 und 70 I GG in die Gesetzgebungskompetenz der Länder fällt, haben die Länder – bedingt durch die erläuterten Einflüsse der Besatzungsmächte, geschichtliche Vorgaben, geographische Unterschiede und abweichende politische Verhältnisse – dieses Recht in den Jahren von 1951 bis 1970 mit erheblichen Unterschieden in der Organisation und nicht unwesentlichen Abweichungen in materiellrechtlicher Hinsicht erlassen. Infolge der zunehmenden Mobilität der Bevölkerung, des Anwachsens der Kriminalität, vermehrter Großdemonstrationen und anderer Massenveranstaltungen ergab sich dann jedoch verstärkt die Notwendigkeit, Polizeikräfte der Länder und des Bundes zur Unterstützung der Polizeien anderer Länder einzusetzen. Die so eingesetzten Polizeibeamten waren gezwungen, das höchst unterschiedliche Recht, das am Einsatzort gilt, zu kennen und anzuwenden. Hieraus ergab sich die Forderung nach einer Vereinheitlichung des Polizeirechts. Da eine Bundesgesetzgebungskompetenz jedoch nicht besteht, die zu einer deutschlandweiten einheitlichen Rechtslage hätte führen können, beschlossen die Innenminister der Länder im Jahre 1972, zumindest einen „Musterentwurf" als freilich unverbindliche „Vorlage" für die Landesparlamente erarbeiten zu lassen, damit diese ihre Polizeigesetze vereinheitlichen konnten.

40 Ein solcher „Musterentwurf eines einheitlichen Polizeigesetzes" (MEPolG) ist von mehreren Kommissionen unter Beteiligung der Polizeibehörden, der Justiz, der Berufsvertretungen der Polizeibeamten, der kommunalen Spitzenverbände sowie zahlreicher Wissenschaftler erstellt worden. Auch die Öffentlichkeit hatte Gelegenheit, sich zum

MEPolG zu äußern. Dieser ist sodann erstmals am 11.6.1976 und – nach Harmonisierung mit den Vorschriften des Strafverfahrensrechts – abschließend am 25.11.1977 beschlossen worden. Er sah einheitliche Regelungen für die Aufgaben und Befugnisse der Polizei, für die Vollzugshilfe, für die Zwangsanwendung, für die Entschädigung und für die Amtshandlungen von Polizeibeamten anderer Länder und des Bundes vor.

Im MEPolG **nicht** enthalten waren Regelungen über die Erhebung und Verarbeitung personenbezogener Daten. Denn zur damaligen Zeit wurden die Informationsbeschaffung und -verwertung größtenteils noch nicht als Grundrechtseingriffe angesehen, sodass es trotz des verfassungsrechtlichen Grundsatzes vom Vorbehalt des Gesetzes nicht geboten schien, sie gesetzlich zu regeln und damit in den MEPolG aufzunehmen. **41**

Dass die Verneinung der Grundrechtsrelevanz bei Maßnahmen der Datenerhebung und -verarbeitung – jedenfalls aus heutiger Sicht – kaum vertretbar war, wurde bereits im Jahre 1977 von einigen liberalen Rechtsprofessoren erkannt. Im Januar 1979 wurde der vom „Arbeitskreis Polizeirecht" (zu den Mitgliedern zählten: Denninger, Dürkop, Hoffmann-Riem, Klug, Podlech, Rittstieg, Schneider, Seebode) erarbeitete „Alternativentwurf einheitlicher Polizeigesetze des Bundes und der Länder" (AEPolG) vorgelegt. Absicht der Verfasser war es, ein „Gegenkonzept" zum MEPolG vorzustellen. Die Bedeutung des AEPolG lag insbesondere darin, dass er ein besonderes Kapitel „Informationsverarbeitung" (§§ 37 ff.) enthielt, die – wie gesehen – im MEPolG keiner – auch nicht ansatzweisen – Regelung zugeführt worden war. Besondere Beachtung verdienten darüber hinaus die vorgeschlagenen Regelungen hinsichtlich Beobachtung und Befragung (§ 11), Erstellung von Persönlichkeitsprofilen (§ 12), Ausforschung von Veranstaltungen (§ 13) und vor allem zum Schusswaffengebrauch gegen Personen (§ 64). Damit waren die Verfasser ihrer Zeit weit voraus, was sich mit der Bestätigung ihrer Rechtsauffassung durch das **Volkszählungsurteil** des BVerfG v. 15.12.1983[12] bestätigte. Mit diesem Urteil hat sich endgültig die Rechtsauffassung durchgesetzt, dass jede Erhebung von personenbezogenen Daten grundsätzlich einen **Eingriff in das Grundrecht auf informationelle Selbstbestimmung** (Art. 2 I i.V.m. 1 I GG) darstelle. Freie Entfaltung der Persönlichkeit setze nämlich gerade unter den modernen Bedingungen der Datenverarbeitung den Schutz des Einzelnen gegen unbegrenzte Erhebung, Speicherung, Verwendung und Weitergabe seiner persönlichen Daten voraus.[13] **42**

Trotz der Bedenken der „Alternativ-Professoren" wurde der MEPolG in einer ersten (bis Anfang 1983 dauernden) Phase in nahezu unveränderter Form von Bayern, Nordrhein-Westfalen, Rheinland-Pfalz und Niedersachsen übernommen. Im BremPolG v. 26.3.1983 haben Grundgedanken des AEPolG Aufnahme gefunden.[14] **43**

In einer zweiten Phase, die (wegen § 31 BVerfGG) maßgeblich von dem Volkszählungsurteil des BVerfG beeinflusst war, haben das Saarland, Hessen, Hamburg, Berlin und Schleswig-Holstein den MEPolG mit teilweise nicht unerheblichen Abweichungen in Landesrecht umgesetzt und hierbei auch datenschutzrechtliche Gesichtspunkte, die denen des BremPolG von 1983 glichen, berücksichtigt. **44**

---

[12] BVerfGE **65**, 1 ff. Vgl. auch BVerfGE **109**, 279, 325 ff. (Teilweise Verfassungswidrigkeit des sog. großen Lauschangriffs) und BVerfG NJW **2005**, 2603 ff. (Verfassungswidrigkeit der vorbeugenden Telekommunikationsüberwachung); BVerfG v. 2.3.**2006** – 2 BvR 2099/04 (Eingriff in das allgemeine Persönlichkeitsrecht durch Beschlagnahme von Handy und Computer mit gespeicherten persönlichen Daten).

[13] BVerfGE **65**, 1, 44 ff.

[14] Vgl. näher *R. Schmidt*, BremPolG, Vor § 1 Rn 37.

45 Der Bund ist dieser Entwicklung, wenn auch mit großem zeitlichen Abstand, durch Änderung des Gesetzes über den Bundesgrenzschutz vom 18.8.1972 (BGBl I S. 1834) am 19.10.1994 (BGBl. I S. 2978) gefolgt. Für den kriminalpolizeilichen Kompetenzbereich des Bundes gilt das nach langer Vorbereitung und Beratung erlassene Gesetz über das Bundeskriminalamt und die Zusammenarbeit des Bundes und der Länder in kriminalpolizeilichen Angelegenheiten (BKAG) vom 7.7.1997 (BGBl. I S. 1650).

46 Im Hinblick auf die in den Bundesländern aufgrund des Volkszählungsurteils bestehende unterschiedliche Rechtslage sah sich die Innenministerkonferenz (IMK) erneut veranlasst, eine einheitliche Regelung zu erarbeiten. Am 23.6.1984 beschloss sie, sich wegen des notwendigen Datenverbunds der Polizeibehörden des Bundes und der Länder, um ein einheitliches Vorgehen bei der Informationsgewinnung und -verarbeitung zu bemühen. Der Arbeitskreis II der IMK hat daraufhin einen „Vorentwurf zur Änderung des Musterentwurfs eines einheitlichen Polizeigesetzes des Bundes und der Länder" erarbeitet. Die IMK sah in diesem Vorentwurf eine „Grundlage" für möglichst einheitliche Vorschriften für die polizeiliche Datenerhebung und -verarbeitung in Bund und Ländern (Beschluss der IMK vom 18.4.1986).

47 Dieser Vorentwurf, der (ohne Alternativen) in den MEPolG v. 25.11.1977 eingefügt worden ist, hatte Auswirkungen auf entsprechende Gesetzesänderungen in Hessen, Nordrhein-Westfalen, Bayern und Baden-Württemberg. In den Folgejahren haben die Parlamente dieser Länder unter teilweiser Übernahme des Vorentwurfs zur Änderung des MEPolG ihre Polizeigesetze erneut unter datenschutzrechtlichen Gesichtspunkten novelliert. Rheinland-Pfalz hatte sein Polizeiverwaltungsgesetz vom 1.8.1981 im Vorgriff auf den Vorentwurf zur Änderung des MEPolG bereits am 26.3.1986 geändert, während Hamburg am 2.5.1991 ein besonderes Gesetz über die Datenverarbeitung bei der Polizei erließ (HambDV). Auch Niedersachsen hat sein GefAG (seit 19.12.2003: SOG) durch Gesetz vom 18.2.1994 um datenschutzrechtliche Vorschriften ergänzt; inzwischen gilt das SOG vom 15.12.2003. In Berlin gilt das Gesetz vom 14.4.1992 und in Bremen das Gesetz i.d.F v. 6.12.2001 (GVBl. S. 441), zuletzt geändert durch Gesetz v. 23.2.2006. In Schleswig-Holstein sind die polizeirechtlichen Regelungen des Vorentwurfs in den §§ 162 ff. des Landesverwaltungsgesetzes i.d.F. v. 2.6.1992 (GVOBl. S. 243), zuletzt geändert durch Gesetz v. 15.12.2005 (GVOBl. S. 542). zu finden.

48 Im Zuge der Verwirklichung der **deutschen Einheit** ist in der ehemaligen DDR – für die damals noch handlungsunfähigen Länder Brandenburg, Mecklenburg-Vorpommern, Sachsen, Sachsen-Anhalt und Thüringen sowie Berlin (Ost) – auf der Grundlage des MEPolG das Gesetz über Aufgaben und Befugnisse der Polizei vom 13.9.1990 (BGBl I S. 1489) ergangen. In der Folgezeit haben die neuen Bundesländer eigenständige Polizeigesetze bzw. Gesetze über die öffentliche Sicherheit und Ordnung erlassen.

49 Heute sind die Polizeigesetze der Länder so weit vom MEPolG entfernt, dass eine Heranziehung des MEPolG als Referenz für eine länderübergreifende Darstellung nicht empfehlenswert ist. Daher werden auch im Rahmen der vorliegenden Darstellung möglicht alle polizeigesetzlichen Vorschriften in den Fußnoten zitiert.

G. Allgemeine Aufgaben der Polizei; Zuständigkeiten

§ 1 fast aller Polizeigesetze[15] stellt eine (generalklauselartige) **Aufgabenzuweisungsnorm** dar; sie weist der Polizei[16] die Aufgabe zu, Gefahren für die öffentliche Sicherheit abzuwehren, und stellt klar, dass zu dieser Aufgabe auch die Vorbereitung der Verhinderung künftiger Gefahren und die Verhütung von Straftaten zählen. Damit nehmen die Polizeigesetze in Übereinstimmung mit dem MEPolG eine strikte **Trennung von Aufgaben und Befugnissen** vor. **50**

Primär zuständig für die Gefahrenabwehr sind die **(Sonder-)Ordnungsbehörden** (Ortspolizeibehörden), weil sie auf ihrem jeweiligen Sachgebiet über spezielle Kenntnisse und Ausrüstung verfügen, um Gefahren effektiv begegnen zu können. Zu beachten ist jedoch die in den allgemeinen Gefahrenabwehrgesetzen (Polizeigesetzen) enthaltene Aufgabenbegrenzung, wonach die (Sonder-)Ordnungsbehörden Aufgaben der Gefahrenabwehr nur ausüben, soweit diese ihnen übertragen worden sind. Diese Aufgabenbegrenzung hat ihren Grund darin, dass das besondere Gefahrenabwehrrecht nicht nur spezielle Aufgabenzuweisungsnormen, sondern auch spezielle Rechtsgrundlagen enthält (vgl. z.B. § 35 GewO, §§ 29, 29c, 29d LuftVG) und die (Sonder-)Ordnungsbehörden in erster Linie die speziellen Aufgaben wahrnehmen und sich dabei auf diese speziellen Rechtsgrundlagen stützen sollen. **51**

> **Beispiel:** Lässt der Gastronom G in den Hinterräumen seiner Gaststätte illegale Prostitution[17] zu, ist klar, dass die Rechtsgemeinschaft diesen Zustand nicht dulden darf. Da von dem Betrieb einer Gaststätte stets Gefahren ausgehen können (eine Gaststätte also „abstrakt" gefährlich ist, man denke auch an andere unhaltbare Zustände wie unhygienische Toiletten, verdorbene Speisen, den Ausschank von Alkohol an Minderjährige etc.), hat der (Bundes-)Gesetzgeber zur Abwehr „gaststättenspezifischer" Gefahren ein spezielles Gefahrenabwehrgesetz erlassen, das Gaststättengesetz (GastG). Dieses Gesetz sieht vor, dass dem Betreiber einer Gaststätte die Gaststättenerlaubnis (die Konzession) zu entziehen ist, wenn die Voraussetzungen des § 15 II i.V.m. § 4 I Nr. 1 GastG vorliegen. Da die Beurteilung der Frage, ob diese Voraussetzungen vorliegen, einen gewissen Sachverstand voraussetzt, haben die zum Erlass von Ausführungsgesetzen zum GastG berufenen Landesgesetzgeber zugleich die Gaststättenbehörden für zuständig erklärt. Rechtstechnisch ergibt sich für den vorliegenden Fall somit folgende Rechtslage:
>
> ⇨ Zuständig für die Beurteilung der Sach- und Rechtslage und damit für die Ausführung des GastG ist die Gaststättenbehörde.
> ⇨ Auch nur diese ist es, die eine auf § 15 II i.V.m. § 4 I Nr. 1 GastG gestützte gaststättenrechtliche Ordnungsverfügung erlassen kann.
> ⇨ Die Vollzugspolizei ist nicht zuständig für Maßnahmen auf der Grundlage des GastG.

Dagegen ist der **Polizeivollzugsdienst** zuständig, wenn eine Gefahrenabwehr unter Dringlichkeits- und Effektivitätsgesichtspunkten unaufschiebbar erscheint, also in Situationen, in denen die primär zuständigen, jedoch mit bürokratischen Mitteln arbeitenden Ordnungsbehörden nicht rechtzeitig einschreiten könnten. Um einen solchen sog. **Eilfall** festzustellen, ist eine Verlaufsprognose anzustellen: Gelangt ein objektiver Beobachter in der Rolle des handelnden Beamten zu dem Ergebnis, dass die mit **52**

---

[15] Lediglich in Bayern ist die Aufgabenzuweisung in Art. 2 PAG, Art. 6 LStVG geregelt. Auch Schleswig-Holstein regelt die polizeilichen Aufgaben in §§ 162 I, 163 I LVwG.

[16] Zur Unterscheidung zwischen (Sonder-)Ordnungsbehörden und Vollzugspolizei vgl. Rn 28 ff.

[17] Auch nach Inkrafttreten des Prostitutionsgesetzes ist die Prostitution selbstverständlich illegal, wenn die Prostituierten minderjährig sind und/oder zur Prostitution gezwungen werden und/oder (bei Ausländerinnen) sich illegal in der Bundesrepublik aufhalten und der Prostitution nachgehen.

bürokratischen Mitteln arbeitende Ordnungsbehörde nicht ebenso wirksam und rechtzeitig einschreiten könnte wie die Vollzugspolizei, sind deren Eilfallkompetenz und damit deren sachliche Zuständigkeit zu bejahen.

Beispiel: Der Betreiber einer Gaststätte in Bremen lässt in den Hinterräumen seiner Gaststätte den Handel mit Drogen zu. Als die Vollzugspolizei eines Nachts einen entsprechenden Hinweis erhält, begibt sie sich sofort in die Gaststätte und stellt eine erhebliche Menge Kokain sicher.

An sich wäre die Gaststättenbehörde als Sonderordnungsbehörde zuständig. Da eine Benachrichtigung der Bediensteten der Gaststättenbehörde jedoch nur während der üblichen Dienstzeiten möglich ist und vorliegend aufgrund der Dringlichkeit sofort gehandelt werden muss, ist die Vollzugspolizei aufgrund ihrer Eilfallkompetenz zuständig.

Gegenbeispiel: Rentner C glaubt, bei den ständigen Radarkontrollen an der zweispurigen Universitätsallee gehe es dem Staat nur um die Finanzierung des Haushalts. Täglich fährt er deshalb die Universitätsallee ab, um „Radarfallen" aufzuspüren. Immer wenn er eine entdeckt, platziert er sich einige 100 m davor am Straßenrand und warnt die heranfahrenden Autofahrer mit einem Schild, auf dem steht: „Vorsicht Radarfalle". Polizeibeamter P wird darauf aufmerksam und weist C an, derartige Warnungen sofort und auch in der Zukunft zu unterlassen.

Da das Verbot nicht nur für den betreffenden Tag, sondern auch für die Zukunft gelten soll, sind in der Verfügung zwei Regelungen und mithin zwei Verwaltungsakte enthalten: das tagbezogene Verbot, die Radarwarnung fortzusetzen, und das zukunftsbezogene Verbot, sie wieder aufzunehmen. Während das tagbezogene Verbot nur sofort ausgesprochen werden konnte[18], wäre bezüglich des zukunftsbezogenen Verbots durchaus Zeit gewesen, die zuständige Ordnungsbehörde (hier: die Straßenverkehrsbehörde) zu informieren. Diese hätte gleichsam wirksam zukünftige Radarwarnungen des C verhindern können.

53 Besteht ein sog. Eilfall, bedeutet das jedoch nicht, dass die Sonderordnungsbehörde automatisch ihre Zuständigkeit verliert. Vielmehr behält sie ihre Zuständigkeit und ist *neben* der Vollzugspolizei zuständig. Um in derartigen Fällen ein „Kompetenzgerangel vor Ort" auszuschließen, gilt das **„Recht des ersten Zugriffs"** (auch **Grundsatz der Erstbefassung** genannt). Es besagt, dass von mehreren zuständigen Behörden diejenige zur Gefahrenabwehr befugt ist, die zuerst vor Ort ist und aktiv wird. Das schließt freilich nicht aus, dass die andere Behörde gebeten wird, Amtshilfe zu leisten.

Beispiel: Im Gaststättenfall von Rn 51 könnten die Beamten des Polizeivollzugsdienstes zur Amtshilfe gem. den Vorschriften des Landespolizeigesetzes verpflichtet werden.

54 In der Regel ist der Polizeivollzugsdienst trotz Vorliegens eines Eilfalls **nicht zuständig**, Gefahrenabwehrmaßnahmen auf **spezielle Gefahrenabwehrgesetze** zu stützen. Denn diese Gesetze erklären meist nur die Sonderordnungsbehörden für zuständig. Das trifft jedenfalls auf die meisten Rechtsgrundlagen des GastG, der GewO, des GPSG, des StVG und der StVO zu. Steht also eine Maßnahme des Polizeivollzugsdienstes in Frage, muss bzgl. der Rechtsgrundlage stets der Grundsatz beachtet werden, dass das Spezialgesetz die Anwendung eines allgemeinen Gesetzes ausschließt (lex specialis derogat legi generali). Ist allerdings der Polizeivollzugsdienst nicht zuständig,

---

[18] Vgl. auch OVG Düsseldorf NJW **1997**, 1596; VG Saarbrücken DAR **2004**, 668 f. zur Rechtmäßigkeit einer Untersagungsverfügung wegen Verstoßes gegen die öffentliche Sicherheit und zur Sicherstellung des Schildes. Zur Rechtmäßigkeit der Vernichtung der sichergestellten Sache vgl. Rn 565 und 578. Zur Zulässigkeit von Radarwarnungen im Rundfunk als Teil eines Verkehrskonzepts vgl. wiederum VG Saarbrücken DAR **2004**, 668 f. Zu den sog. Radarwarngeräten vgl. Rn 565 und 578.

das Spezialgesetz anzuwenden, kann dieses für das Handeln des Beamten keine Sperrwirkung zulasten des allgemeinen Gesetzes entfalten.

Beispiel: Die Ausführungsgesetze zum GastG bzw. Gaststättenzuständigkeitsverordnungen der Länder erklären die Gaststättenbehörden als zuständige Sonderordnungsbehörden. Der Polizeivollzugsdienst ist daher nicht zuständig zur Ausführung des GastG. Er kann gefahrenabwehrrechtliche Maßnahmen nur im Rahmen der Eilfallkompetenz auf das Polizeigesetz stützen.

Wenn aber das Spezialgesetz (ausnahmsweise) auch die Zuständigkeit des Polizeivollzugsdienstes begründet, bleibt es bei dem Grundsatz, dass der Polizeivollzugsdienst seine Maßnahme auf das Spezialgesetz stützen muss. In diesem Fall gehen Anwendbarkeit des Spezialgesetzes und sachliche Zuständigkeit der Behörde einher. **55**

Beispiel: An einem kalten Sonntagabend im Januar ereignet sich ein schwerer Verkehrsunfall in der Augsburger Straße. Unmittelbar nach dem Ereignis erreichen die beiden Polizeivollzugsbeamten A und B den Unfallort, an dem sich bereits mehrere Kraftfahrzeuge gestaut haben und sich eine Menschenansammlung gebildet hat. Um zum Ort des Geschehens vordringen zu können, schalten die Beamten Martinshorn und Blaulicht ihres Dienstwagens kurz ein, sodass sich die Fahrzeuge und die Schaulustigen zur Seite bewegen. Ist diese Maßnahme formell rechtmäßig?

Der Einsatz des Martinshorns ist rechtstechnisch ein Platzverweis. Denn durch einen solchen wird eine Person vorübergehend eines Ortes verwiesen oder ihr wird vorübergehend das Betreten eines Ortes verboten. Die Platzverweisung greift in Art. 2 II S. 2 GG ein. Denn die Freiheit der Person schützt trotz ihres weiten Wortlauts („Freiheit") die *körperliche Bewegungsfreiheit*. Damit ist das Recht gemeint, jeden beliebigen Ort aufzusuchen oder bei ihm zu verweilen.[19] Eine Platzverweisung stellt daher einen Eingriff in Art. 2 II S. 2 GG dar, weil der Betroffene verpflichtet wird, den Ort zu verlassen.[20]

Daher ist eine *Rechtsgrundlage* erforderlich. Bevor jedoch auf die polizeigesetzliche Standardmaßnahme *Platzverweisung*[21] zurückgegriffen werden kann, ist zunächst zu untersuchen, ob eine Spezialvorschrift außerhalb des allgemeinen Polizei- und Ordnungsrechts greift. In Betracht kommt § 38 I StVO. Danach ist das Einschalten des Martinshorns und des Blaulichts im Fall von höchster Eile gestattet, wenn Menschenleben zu retten, schwere gesundheitliche Schäden oder eine Gefahr für die öffentliche Sicherheit und Ordnung abzuwenden sind. § 38 I StVO ist auch eine gefahrenabwehrrechtliche Vorschrift, sofern auf die genannten Schutzgüter abgestellt wird.

Die *Zuständigkeit* ergibt sich aus § 44 StVO i.V.m. der Aufgabenzuweisungsnorm des Landespolizeigesetzes, wonach die (Vollzugs-)Polizei auch für Aufgaben zuständig ist, die ihr durch andere Rechtsvorschriften übertragen worden sind. Eine solche andere Rechtsvorschrift ist gerade § 44 I StVO.

Als allgemeine *Verfahrensvorschrift* ist zwar an § 28 I VwVfG zu denken, doch ist eine Anhörung ohnehin wegen § 28 II Nr. 1 VwVfG entbehrlich. Denn wegen des ausschließlichen Einschreitens aufgrund der Eilfallkompetenz ist das „öffentliche Interesse" zu bejahen. Zudem liegt „Gefahr im Verzug" vor. Darüber hinaus ergibt sich die Ent-

---

[19] BVerfGE **94**, 166, 198; *Kunig*, in: von Münch/Kunig, GG, Art. 2 Rn 74.

[20] Vgl. bereits *R. Schmidt*, BesVerwR II, 4. Aufl. **2000**, S. 89. Wie hier nun auch *Pieroth/Schlink/ Kniesel*, POR, § 16 Rn 4; a.A. VGH München NVwZ **2000**, 454, 455 f. (Eingriff nur in Art. 2 I GG). Nach *Hetzer*, JR **2000**, 1, liegt sogar ein Eingriff in Art. 11 GG vor.

[21] Vgl. zum vorübergehenden Platzverweis § 12 MEPolG; **Bund:** § 38 BundesPolG; **Bay:** Art. 16 PAG; **Berl:** § 29 I ASOG; **Brand:** § 16 PolG; **Brem:** § 14 PolG; **Hamb:** § 12a SOG; **Hess:** § 31 SOG; **MeckVor:** § 52 SOG; **Nds:** § 17 I SOG; **NRW:** § 34 PolG, § 24 OBG; **RhlPfl:** § 13 POG; **Saar:** § 12 PolG; **Sachs:** § 21 I PolG; **SachsAnh:** § 36 I SOG; **SchlHolst:** § 201 LVwG; **Thür:** § 18 PAG, § 17 OBG. In **BW** stützt sich die Platzverweisung auf die Befugnisgeneralklausel.

behrlichkeit der vorherigen Anhörung aus § 28 II Nr. 4 VwVfG, da sich die mit dem Einschalten des Martinshorns verbundene Aufforderung, zur Seite zu treten, an jeden richtet, der sich im Gefahrenbereich aufhält.

56 Des Weiteren besteht die Zuständigkeit der Polizei nur für die Abwehr von Gefahren für die **öffentliche Sicherheit** (und Ordnung). Unter dem Aspekt der öffentlichen Sicherheit geschützt ist entsprechend der Legaldefinition einiger Polizeigesetze (vgl. dazu näher Rn 629) die Unverletzlichkeit

(1) der *objektiven Rechtsordnung,*
(2) der *subjektiven Rechte und Rechtsgüter des Einzelnen*
(3) sowie der *Einrichtungen und Veranstaltungen des Staates oder sonstiger Träger der Hoheitsgewalt.*

57 Die Betroffenheit eines der genannten Schutzgüter hat eine Gefährdung der öffentlichen Sicherheit zur Folge und befugt grds. zum Einschreiten. Allerdings ist zu beachten, dass der Schutz privater Rechte primär den ordentlichen Gerichten obliegt (dazu Rn 68 ff.).

58 Das anfänglich in allen Polizeigesetzen enthaltene Schutzgut **öffentliche Ordnung** war aufgrund verfassungsrechtlicher Bedenken zwischenzeitlich aus den meisten Polizeigesetzen herausgenommen worden, ist in jüngerer Zeit jedoch wieder in einige Polizeigesetze eingefügt worden. Eine Betroffenheit dieses Schutzguts befugt daher in den betreffenden Ländern wieder zu gefahrenabwehrrechtlichen Maßnahmen (näher Rn 637 ff.).

59 Schließlich muss eine **Gefahr** (für eines der geschützten Güter) bestehen. Die Polizeigesetze befugen zur Abwehr konkreter und abstrakter Gefahren. Auch eine **Störungsbeseitigung**, also die Beseitigung der Folgen einer bereits realisierten Gefahr, kann eine Maßnahme der Gefahrenabwehr sein, sofern die Störung Zukunftsbezug hat, von ihr also Gefahren (für die Zukunft) ausgehen. Vgl. dazu näher Rn 657 ff.

Hinweis für die Fallbearbeitung: Ist also die Zuständigkeit der Polizei nur in Eilfällen (die Polizeigesetze sprechen von „Unaufschiebbarkeit") gegeben und liegt ein Eilfall nur bei einer „Gefahr für die öffentliche Sicherheit (und Ordnung)" vor, dürfte man die Zuständigkeit der Polizei streng genommen nur dann bejahen, wenn eine **Gefahr für die öffentliche Sicherheit** (und Ordnung) durch eine entsprechende (inzidente) Prüfung bejaht wurde. Das Vorliegen einer Gefahr für die öffentliche Sicherheit (und Ordnung) ist aber (trotz ihrer Nennung im Tatbestand der Zuständigkeitsnorm) eine Frage der materiellen Rechtmäßigkeit. Man umgeht das Problem einer inzidenten Prüfung, indem man die Gefahr unter Hinweis auf die Möglichkeit ihres Vorliegens als gegeben unterstellt (sog. abstrakte Prüfung).[22] Diese Vorgehensweise sollte zu keiner Beanstandung durch den Korrektor führen.

H. Trennung von Aufgaben und Befugnissen

60 Wie bereits bei Rn 14 ff. erwähnt, haben die Landesgesetzgeber seit Verabschiedung des Musterentwurfs eine strikte **Trennung von Aufgaben und Befugnissen** der Polizei vorgenommen. Damit haben sie der früher vorherrschenden traditionellen Vorstellung des Preußischen Polizeiverwaltungsrechts, wonach für den Fall, dass der Staat eine Behörde einrichtet und ihr eine bestimmte Aufgabe zuweist, er sie zugleich (stillschweigend) ermächtigt, Grundrechtseingriffe vorzunehmen, eine Absage erteilt.

---

[22] *Muckel*, BesVerwR, S. 13.

Man hat erkannt, dass dieses preußische Gedankengut mit einem modernen Rechtsstaat nicht (mehr) zu vereinbaren ist. Polizei- und ordnungsrechtliche Maßnahmen greifen mitunter nämlich in erheblichem Maße in die Rechtssphäre (**Freiheitsgrundrechte**) des betroffenen Bürgers ein und stellen damit eine der schärfsten Formen der **Eingriffsverwaltung** dar. Aufgrund der damit verbundenen außerordentlichen Grundrechtsrelevanz gilt die Gesetzmäßigkeit der Verwaltung – d.h. **Vorrang und Vorbehalt des Gesetzes** (Art. 20 III GG) – uneingeschränkt. Daraus folgt, dass die Verwaltung nur in einer bestimmten Weise tätig werden darf, wenn sie dazu durch **hinreichend bestimmtes** Gesetz ermächtigt ist. Gerade dies vermögen generalklauselartig formulierte Aufgabenzuweisungsnormen nicht zu leisten. Sie berechtigen die Polizei- und Ordnungsbehörden *nicht* zu Eingriffen in Freiheit und Eigentum des Individuums. Anderenfalls wären sie wegen Verstoßes gegen den verfassungsrechtlich gewährleisteten Bestimmtheitsgrundsatz und damit wegen Verstoßes gegen den Grundsatz der Gesetzmäßigkeit der Verwaltung verfassungswidrig.

Folgerichtig gehen heute alle Polizeigesetze von einer strikten Trennung von Aufgaben und Befugnissen aus. **61** Greift ein polizeiliches Mittel in die Rechtssphäre des Einzelnen ein, muss hierfür eine ausdrückliche gesetzliche Ermächtigungsgrundlage (Rechtsgrundlage) in Form einer „Befugnis" vorliegen. Nur diese wird dem Grundsatz vom Vorbebalt des Gesetzes gerecht.

Beispiel: Aufgrund von Beißvorfällen, die sich immer wieder im Zusammenhang mit sog. Kampfhunden ergeben, erteilt Polizeiobermeister P dem Halter eines Rottweilers, der mit seinem Tier gerade auf dem Elbufer spazieren geht und es frei herumlaufen lässt, die Weisung, dass er den Hund an die Leine zu nehmen habe.

Eine Gefahr liegt vor; P ist auch zuständig, im Rahmen seiner sog. Eilfallkompetenz unaufschiebbare Maßnahmen der Gefahrenabwehr vorzunehmen. Allerdings befugt ihn die entsprechende Zuständigkeitsnorm des Landespolizeigesetzes nicht zu grundrechtsbeeinträchtigenden Maßnahmen; hierfür bedarf es wegen des Grundsatzes vom Vorbehalt des Gesetzes einer gesetzlichen Ermächtigung. Sofern weder in dem Hundegesetz noch in dem Polizeigesetz der Landes entsprechende Befugnisnormen enthalten sind, kann P sich auf die Befugnisgeneralklausel stützen, die bei Vorliegen einer Gefahr für die öffentliche Sicherheit zum Ergreifen der erforderlichen Maßnahmen befugt. Das Schutzgut öffentliche Sicherheit ist vorliegend betroffen, sofern nach dem Hundegesetz des Landes ein Leinenzwang für einen Rottweiler besteht.[23]

Davon unbeschadet können die Aufgabenzuweisungsnormen der Polizeigesetze je- **62** doch Rechtsgrundlage für gefahrenabwehrbehördliche und polizeiliche Tätigkeiten sein, die **nicht mit Eingriffen in die Rechtssphäre** der Bürger verbunden sind. Ob eine Handlung in Grundrechte eingreift oder nicht, sollte danach vorgenommen werden, ob die fragliche Maßnahme individualbezogen oder -beziehbar ist und dabei für den Betroffenen belastend wirkt.

Beispiele: Kontroll- und Streifengänge sowie Streifenfahrten, aber auch die Tätigkeit von Polizeibeamten in Jugendverkehrsschulen und die bloße Anwesenheit von Polizeibeamten bei Großveranstaltungen (Konzerten, Fußballspielen etc.) sind entweder nicht individualbezogen oder nicht belastend. Zwar mag im Einzelfall die bloße Anwesenheit von Polizeibeamten als Belästigung und Einschränkung der freien Entfaltung der Persönlichkeit empfunden werden, einen Grundrechtseingriff durch sie anzunehmen, ginge aber zu weit.

[23] Vgl. dazu auch BVerwGE **116**, 347, 354.

Ein Sonderproblem besteht in Bezug auf staatliche Informationstätigkeit, konkret wenn es um öffentliche Warnungen etwa vor gesundheitsschädlichen Produkten (Glykolwein, salmonellenverseuchte Nudeln etc.) oder vor jugendgefährdenden Sekten geht. Nach der Rspr. des BVerfG (E 105, 252 ff., 279 ff.) sollen staatliche Warnungen keine Grundrechtseingriffe darstellen. Das ist abzulehnen. Denn wäre das der Fall, bräuchte die Exekutive keine formell-materielle Rechtsgrundlage für entsprechende Warnungen. Dann aber fragt sich, warum der Gesetzgeber z.B. ein Geräte- und Produktsicherheitsgesetz (GSPG) erlassen hat, das Rechtsgrundlagen für Produktwarnungen enthält (vgl. dazu im Einzelnen Rn 849 ff.

63 Mit den Aufgabenzuweisungsnormen ist die Abwehr von Gefahren den Gefahrenabwehr- bzw. Polizeibehörden gesetzlich übertragen worden. Das schließt eine **Subdelegation** an andere Behörden, die nicht zur Gefahrenabwehr befugt sind, oder gar an Private, die nicht Beliehene sind und als solche Aufgaben der Gefahrenabwehr übertragen bekommen haben, **aus**. Daher darf z.B. eine Gemeinde (etwa um Kosten zu sparen) Streifengänge nicht vertraglich an einen privaten Sicherheitsdienst delegieren.

64 Hat sich die Aufgabenerfüllung **im Rahmen der geltenden Gesetze** (Grundsatz der Gesetzmäßigkeit der Verwaltung, s.o.) zu halten, bedeutet das zunächst, dass die Polizeibehörden insbesondere die Schranken zu beachten haben, die durch die Verfassung zum Schutz des Einzelnen in Form von Grundrechten errichtet worden sind. Da umgekehrt einzelne Grundrechte sich nur im Rahmen der „verfassungsmäßigen Ordnung" (vgl. Art. 2 I GG) oder der „allgemeinen Gesetze" (vgl. Art. 5 II GG), wozu auch die Polizeigesetze mit ihren Aufgaben- und Befugnisnormen gehören, ausgeübt werden dürfen, stellen die Polizeigesetze gerade in diesen Bereichen Eingriffsgrundlagen zur Verfügung. Demgegenüber dürfen z.B. Rundfunk, Presse und Fernsehen nicht unter Berufung auf die polizeigesetzlichen Befugnisnormen beschränkt werden. Die Landespressegesetze enthalten abschließende sondergesetzliche Regelungen, die Rundfunk, Presse und Fernsehen „polizeifest" machen. Gleiches gilt für Kunst und Wissenschaft, Forschung und Lehre (Art. 5 III GG). Auch bei einer Vielzahl anderer Rechtsgebiete ist der Rückgriff auf die Befugnisnormen der Polizeigesetze grds. ausgeschlossen, weil in diesen Rechtsgebieten die Materie durch spezielle Normen geregelt ist.

Dies gilt etwa für das Bau-, Versammlungs-, Vereins-, Tierseuchen- und das Tierschutzrecht (vgl. etwa § 24 I BWassStrG; § 29 I S. 2, III LuftVG; §§ 17, 20, 24, 25 BImSchG; §§ 4 I, 5, 15-17, 19 GastG; § 3 VereinsG; §§ 24a, 25, 33a I S. 3, II, 33d I S. 2, III, IV, 33e, 51 GewO; § 16 InfSchG; § 4 StVG; §§ 38 I, 44 II, 45 I-III StVO; §§ 3, 12 II, 17 I, III StVZO; §§ 5, 12a, 19a, 13, 15 VersG).

65 Lediglich wenn die Spezialregelungen die Materie nicht oder nicht abschließend regeln, wird der Rückgriff auf das allgemeine Polizei- und Ordnungsrecht diskutiert.

Beispiel: Liegt eine **Versammlung**[24] vor und geht es um die **Abwehr versammlungstypischer Gefahren**, richtet sich im Anwendungsbereich des VersG die Zulässigkeit polizeilicher Maßnahmen ausschließlich nach den Befugnisnormen des VersG, nicht nach denen des LandesPolG. Sind die Voraussetzungen der Befugnisnorm des VersG nicht erfüllt, ist die konkrete Maßnahme selbst dann rechtswidrig, wenn sie von einer Befugnisnorm des LandesPolG gedeckt ist. Lediglich in Fällen, in denen das VersG keine Regelungen enthält, ist ein Rückgriff auf das LandesPolG möglich. Das wird in folgenden Fällen diskutiert:

---

[24] Auf die Neuverteilung der Gesetzgebungskompetenzen, in deren Rahmen auch das Versammlungsrecht in die Gesetzgebungszuständigkeit der **Länder** überführt wurde, wurde bereits in Fußn. 10 hingewiesen.

- ⇨ Im **Vorfeld einer Versammlung** (insbesondere während der Anreise zum Versammlungsort) scheint – sofern das VersG keine Rechtsgrundlagen enthält und daher auch keine Sperrwirkung entfalten kann – der Rückgriff auf das LandesPolG möglich. Da sich aber der Grundrechtsschutz des Art. 8 I GG auch auf den Vorfeldbereich einer Versammlung erstreckt, müssen die Vorschriften des allgemeinen Polizei- und Ordnungsrechts im Lichte der Bedeutung der Versammlungsfreiheit, also verfassungskonform, ausgelegt werden. Auf das allgemeine Polizei- und Ordnungsrecht gestützte Maßnahmen sind demnach nur dann (materiell) rechtmäßig, wenn sie dem Schutz von Rechtsgütern dienen, die bei einer Abwägung mit Art. 8 I GG den Vorrang genießen. Dazu gehören die Individualgüter Leib, Leben und Gesundheit von Menschen, aber auch die freiheitliche demokratische Grundordnung des GG. Mit Blick auf Art. 19 I S. 2 GG problematisch ist indes die in den Polizeigesetzen nicht vorhandene Zitierung des Art. 8 I GG. Die Rspr. ignoriert die Problematik einfach, indem sie die fehlende Zitierung überhaupt nicht anspricht. Und in der Literatur ist man bemüht, die Geltung des Zitiergebots mit wenig überzeugenden Argumenten „wegzudiskutieren". Schließt man sich diesen „Rettungsversuchen" nicht an (was aus rechtsstaatlicher Sicht nur konsequent ist), sind Vorfeldmaßnahmen (in Ermangelung einer anwendbaren Rechtsgrundlage) schlichtweg rechtswidrig.[25]

- ⇨ **Während einer Versammlung** gilt (jedenfalls in Bezug auf eine öffentliche Versammlung unter freiem Himmel) der Grundsatz der Polizeifestigkeit einer Versammlung. Denn mit dem Erlass des VersG wollte der Gesetzgeber dem Gesetzesvorbehalt in Art. 8 II GG Konturen verleihen. Eingriffe in Art. 8 I GG sind demnach grundsätzlich nur auf der Grundlage des VersG möglich. Maßnahmen auf der Grundlage des allgemeinen Polizei- und Ordnungsrechts können also erst dann getroffen werden, wenn die Versammlung beendet, d.h. aufgelöst wurde. Dies gilt auch für den einzelnen Versammlungsteilnehmer (Teilauflösung oder Ausschluss von der Versammlung).

- ⇨ Erst **nach einer Auflösungs- oder Ausschlussverfügung**, die im Übrigen ihrerseits mit Art. 8 I GG vereinbar sein muss, können Maßnahmen (Platzverweise, Ingewahrsamnahmen etc.) auf das allgemeine Polizei- und Ordnungsrecht gestützt werden.[26]

Besteht aber eine Versammlung und ist das VersG sachlich anwendbar, ist die **Polizei** auch sachlich **zuständig** für Maßnahmen nach dem **VersG**. Zwar enthält das VersG keine Zuständigkeitsregelungen, wenn aber ein Bundesgesetz keine Zuständigkeitsregelungen enthält, greift die Länderkompetenz aus Art. 83 GG mit der Folge, dass sich die Zuständigkeit nach dem Landesrecht bestimmt. Mit Blick auf das VersG sind daher das jeweilige Ausführungsgesetz des Landes zum VersG oder die Zuständigkeitsverordnung des Landes zum VersG i.V.m. den Zuständigkeitsregelungen des allgemeinen Polizei- und Ordnungsrechts zu beachten. In der Regel sind sowohl Sonderordnungsbehörden also auch – ohne dass ein Eilfall vorliegen müsste – der Polizeivollzugsdienst sachlich zuständig. Zum Versammlungsrecht vgl. im Übrigen ausführlich Rn 1035 ff.

Da Gefahrenabwehr gerade auf Vermeidung und Verhütung von Beeinträchtigungen abzielt und damit eine Daueraufgabe der Verwaltung darstellt, verlangt sie schließlich auch die Sammlung von Erfahrungswissen über Gefahrenlagen und -verläufe. Sie darf, soll sie effektiv sein, nicht zu spät einsetzen. Daher befugen die Polizeigesetze die Polizei auch zum Treffen von „**Vorbereitungen**, um künftige Gefahren abwehren zu können" (§ 1 aller Polizeigesetze mit Ausnahme Art. 2 BayPAG, Art. 6 BayLStVG, und §§ 162, 163 SchlHolstLVwG). Damit ist gemeint, dass sich die Polizeibehörden auf mögliche künftige Gefahrenquellen einzustellen und Vorsorge zu treffen haben (sog. **66**

[25] Nicht überzeugend *Frenz*, JA **2007**, 334, 336. Vgl. näher zur Problematik Rn 1054.
[26] BVerfG NVwZ **2005**, 80, 81.

Gefahrenvorsorge[27]). Sie müssen insbesondere organisatorische Maßnahmen treffen, z.B. Atemschutzgerät vorhalten, um bei einem Chemieunfall eingreifen zu können. Aber auch das „Sammeln" von personenbezogenen Daten gehört hierher, z.B. das Erstellen einer Liste mit Abschleppunternehmern, die für den Fall, dass falsch geparkte Fahrzeuge abgeschleppt werden sollen, beauftragt werden können, sowie die Videoüberwachung öffentlicher Flächen (dazu Rn 153 ff.). Aber auch bei Maßnahmen der Gefahrenvorsorge gilt, dass bei Grundrechtseingriffen Befugnisnormen erforderlich sind.

67 Schließlich gehört zur Abwehr der Gefahren für die öffentliche Sicherheit (und Ordnung) auch die **Verhütung** zu erwartender Straftaten (vgl. ebenfalls § 1 der Polizeigesetze und Art. 2 BayPAG, Art. 6 BayLStVG, §§ 162, 163 SchlHolstLVwG). Inhaltlich unterscheidet sich diese Aufgabenzuweisung von den bisher genannten dadurch, dass sie sich nicht auf die Verhütung unmittelbar bevorstehender Straftaten bezieht, sondern auf die vorbeugende Verbrechensbekämpfung im Vorfeld konkreter Delikte. Die Polizei kann diese Aufgabe in vielfältiger Form erfüllen. Mögliche Maßnahmen sind z.B. die Beratung von Bürgern („Die Kriminalpolizei rät") oder die Beobachtung von Drogenszenen. Wie bei dem vorgenannten Punkt gilt aber auch hier, dass bei Grundrechtseingriffen Befugnisnormen erforderlich sind.

I. Subsidiarität polizeilichen Handelns

68 In den sog. Privatrechtsklauseln[28] bestimmen die Polizeigesetze, dass der **Schutz privater Rechte** grundsätzlich **keine** Aufgabe der Polizei ist.

69 Mit dieser Regelung tragen die Polizeigesetze dem Umstand Rechnung, dass alle Staatsorgane nur im Rahmen der Kompetenzordnung vorgehen dürfen (Art. 20 III GG, s.o.). Teil der Kompetenzordnung ist, dass der Schutz privater Rechte primär den ordentlichen Gerichten und den ihnen zugeteilten Vollstreckungsorganen obliegt. Die Polizei als ausführendes Organ des öffentlichen (Gefahrenabwehr-)Rechts hat sich daher auf das zum Schutz der öffentlichen Sicherheit unbedingt Erforderliche zu beschränken und sich grds. jedweden Einmischens in privatrechtliche Angelegenheiten zu enthalten. Von privatrechtlichen Streitigkeiten Betroffene müssen daher grundsätzlich zivilgerichtlich gegen die andere Privatperson vorgehen. Daran ändert auch das u.U. lange dauernde Hauptsacheverfahren nichts, denn in eiligen Angelegenheiten kann effektiver Rechtsschutz durch eine zivilgerichtliche einstweilige Verfügung, insb. den Arrest (vgl. §§ 935, 940, 916 ff. ZPO), gerichtet auf ein Unterlassen gem. §§ 823 I, 1004 BGB, erlangt werden. Eine derartige einstweilige Verfügung kann innerhalb kürzester Zeit erwirkt werden.

70 Das Subsidiaritätsprinzip gilt aber nicht, wenn gerichtlicher Schutz trotz der Möglichkeit einer einstweiligen Verfügung **nicht rechtzeitig** zu erlangen ist und wenn ohne polizeiliche Hilfe die Verwirklichung des Rechts **vereitelt** oder **wesentlich erschwert** würde. Dann obliegt auch der Schutz privater Rechte der Polizei.

Beispiel: M ist seit 6 Monaten mit der Zahlung des Mietzinses im Rückstand. Um den angekündigten Konsequenzen aus dem Weg zu gehen, versucht er, nachts unter Mitnahme seiner Habe auszuziehen. Doch der Vermieter V wird von Nachbarn informiert;

---

[27] Die Gefahrenvorsorge als Aufgabe der Gefahrenabwehr darf nicht verwechselt werden mit der **Strafverfolgungsvorsorge**, die dem Bereich der **Strafverfolgung** zuzuordnen ist (vgl. dazu Rn 22 und 93a).

[28] **Bund:** § 1 IV BundesPolG; **BW:** § 2 II PolG; **Bay:** Art. 2 II PAG; **Berl:** § 1 IV ASOG; **Brand:** § 1 II PolG; **Brem:** § 1 II PolG; **Hamb:** § 3 III SOG; **Hess:** § 1 III SOG; **MeckVor:** § 1 III SOG; **Nds:** § 1 III SOG; **NRW:** § 1 II PolG; **RhlPfl:** § 1 III POG; **Saar:** § 1 III PolG; **Sachs:** § 2 II PolG; **SachsAnh:** § 1 II SOG; **SchlHolst:** § 162 II LVwG; **Thür:** § 2 II PAG, § 2 II OBG.

er ruft zum Schutz seines gesetzlichen Pfandrechts (§ 562 BGB) die Polizei. Diese verbringt die M gehörenden Gegenstände in einen leeren Raum innerhalb des Hauses des V und versiegelt den Raum.

In diesem Fall greift das Subsidiaritätsprinzip nicht, weil selbst gerichtlicher einstweiliger Rechtsschutz zu spät käme und das Vermieterpfandrecht vereitelt würde.

Für diesen Fall erforderlich ist aber ein **Antrag** des Rechtsinhabers auf Einschreiten der Polizei. Zwar ist dieses Erfordernis nur in einigen Polizeigesetzen normiert[29], es versteht sich in den übrigen Polizeigesetzen aber als ungeschriebenes Tatbestandsmerkmal. Denn wenn ein gerichtlicher Rechtsschutz nicht ohne Antrag möglich wäre, kann für ein polizeiliches Einschreiten zugunsten privater Rechte nichts anderes gelten. **70a**

Das Subsidiaritätsprinzip greift auch nicht, wenn das Polizeigesetz eine **Ausnahme** davon statuiert. **70b**

Beispiel: Ein gesetzlich geregelter Fall, der eine Ausnahme vom Subsidiaritätsprinzip vorsieht, ist z.B. die Sicherstellung von Sachen zum Schutz vor Verlust oder Beschädigung.[30]

Weiterhin greift das Subsidiaritätsprinzip nicht, wenn überhaupt kein zivilgerichtlicher Schutz zur Verfügung steht. Das ist der Fall, wenn die Gefahr durch ein Naturereignis verursacht wird. **70c**

Beispiel: Nach einem Sturm droht eine alte Eiche auf das Haus des E zu stürzen. Die zuständige Polizeibehörde (Ordnungsbehörde) erteilt E die Weisung, den Baum sofort fällen zu lassen. E ist der Meinung, dass ausschließlich sein Haus betroffen sei und daher die Privatrechtsklausel greife.

Die Auffassung des E geht schon deshalb fehl, weil die Gefahr von einem Naturereignis ausgeht und gegen Naturereignisse der Zivilrechtsweg nicht offen steht. Unbeschadet dieses Umstands besteht aber auch Öffentlichkeitsbezug, weil schwerwiegende Grundrechte betroffen sind (man denke an den Fall, dass der Baum auf das Haus stürzt und dadurch Personen zu Schaden kommen). Vgl. dazu Rn 71 und 73.

Das Subsidiaritätsprinzip gilt auch dann nicht, wenn neben dem Privatinteresse *auch* **Öffentlichkeitsbezug** besteht. Dies ist bereits im Tatbestand der Generalklausel durch die Betonung „öffentliche" Sicherheit zum Ausdruck gebracht. Öffentlichkeitsbezug besteht etwa dann, wenn Normen der Strafgesetze, der StPO, des OWiG sowie pönalisierte Privatrechtsnormen verletzt werden, was insbesondere bei einer Verletzung/Gefährdung der Rechtsgüter Leib, Leben, Freiheit, Ehre und Eigentum der Fall ist. Hier ist ein präventivpolizeiliches Einschreiten ohne weiteres möglich. **71**

Beispiele des Nichteingreifens der Subsidiaritätsklausel:

(1) Die Verletzung der zivilrechtlichen **Unterhaltspflicht** nach §§ 1360, 1360a, 1569 ff. BGB wird strafrechtlich durch § 170 StGB sanktioniert.

(2) **Hausbesetzungen** werden privatrechtlich nach §§ 858 ff. BGB behandelt und strafrechtlich durch § 123 StGB sanktioniert.

(3) Auch das **Zuparken eines Pkw** wird privatrechtlich nach §§ 858 ff. BGB behandelt und strafrechtlich durch § 240 StGB sanktioniert.[31]

---

[29] Vgl. **BW:** § 2 II PolG; **Sachs:** § 2 II PolG.

[30] Vgl. **Bund:** § 47 BundesPolG; **BW:** § 32 PolG; **Bay:** Art. 25 PAG; **Berl:** § 38 ASOG; **Brand:** § 25 PolG; **Brem:** § 23 PolG; **Hamb:** § 14 SOG; **Hess:** § 40 SOG; **MeckVor:** § 61 SOG; **Nds:** § 26 SOG; **NRW:** § 43 PolG, § 24 OBG; **RhlPfl:** § 22 POG; **Saar:** § 21 PolG; **Sachs:** § 26 PolG; **SachsAnh:** § 45 SOG; **SchlHolst:** § 210 LVwG; **Thür:** § 27 PAG.

(4) Schließlich ist die **Exmittierung eines Obdachlosen** zu nennen (vgl. Rn 635).

In Fällen dieser Art kommen insbesondere eine Identitätsfeststellung, ein Platzverweis und eine Mitnahme zur Dienststelle (Gewahrsam) in Betracht. Dabei ist es unerheblich, ob ein Strafantrag oder eine Strafanzeige gestellt wurden. Ein fehlender, aber erforderlicher Strafantrag hindert zwar die Strafverfolgung, beseitigt jedoch nicht die Strafrechtswidrigkeit und damit nicht das öffentliche Interesse, gefahrenabwehrrechtlich einzuschreiten.

72 Öffentlichkeitsbezug bedeutet jedoch nicht, dass die Verletzung/Gefährdung des privaten Rechts im öffentlichen Raum (öffentliche Straßen, Wege, Plätze) stattfinden müsste, um den Öffentlichkeitsbezug herzustellen. Vielmehr kann Öffentlichkeitsbezug auch im sog. **semi-öffentlichen** Raum vorliegen. Zum semi-öffentlichen Raum gehören Einrichtungen oder Plätze, die zwar im Eigentum Privater stehen, jedoch dem Zutritt einer unbestimmten Zahl von Personen offen stehen.

Beispiele: Einkaufszentren (und deren Parkplätze); Sportstadien; Konzerträume; Bahnhöfe und Bahnhofsvorplätze, Messegelände etc. Vgl. auch das Beispiel bei Rn 212.

73 Öffentlichkeitsbezug (und damit eine Ausnahme vom Subsidiaritätsprinzip) besteht darüber hinaus auch dann, wenn eine **unbestimmte Zahl von Personen** betroffen ist. Denn in diesem Fall ist ein Belang der Allgemeinheit betroffen und es besteht ein öffentliches Interesse am Einschreiten.

Beispiel: A führt seinen Hund täglich im Bürgerpark aus und lässt ihn dabei dessen „Geschäfte“ auf dem nahe gelegenen öffentlichen Kinderspielplatz verrichten. Polizist P weist A an, den Hundekot zu beseitigen.

Zwar droht durch die Hundeexkremente nicht notwendigerweise eine schwere Gesundheitsgefahr für die Kinder. Aufgrund des Einzugsgebiets des Spielplatzes sind aber eine unbestimmte Zahl von Kindern und damit die Öffentlichkeit betroffen. Das Subsidiaritätsprinzip steht daher der Verfügung des P nicht entgegen (diese wäre auch im Übrigen rechtmäßig).[32]

74 Schließlich greift das Subsidiaritätsprinzip nicht, wenn dem betroffenen privaten Recht in seiner Wertigkeit ein gesteigerter Rang zukommt und **schwere Schäden** drohen. So haben insbesondere die Grundrechte durch den ihnen innewohnenden **staatlichen Schutzauftrag** (was vor allem für Art. 2 II GG zutrifft) maßgeblichen Einfluss.

Beispiel: Während einer Streifenfahrt an einem Samstagabend entdeckt die Polizei den Suizidenten S, der gerade im Begriff ist, sich von einer Brücke zu stürzen. Als er sich weigert, Hilfe entgegenzunehmen, und auch im Übrigen einen äußerst verwirrten Eindruck erweckt, nimmt ihn die Polizei unter Widerstand mit auf die Dienststelle (polizeiliche Ingewahrsamnahme).

Grundsätzlich darf die Polizei nur zur Abwehr einer Gefahr für die öffentliche Sicherheit eingreifen. Dazu gehören die Unverletzlichkeit der *objektiven Rechtsordnung*, die *subjektiven Rechte und Rechtsgüter des Einzelnen* sowie die *Einrichtungen und Veranstaltungen des Staates oder sonstiger Träger der Hoheitsgewalt.*

Vorliegend kommt allein ein Einschreiten unter dem Aspekt der *subjektiven Rechte und Rechtsgüter des Einzelnen* in Betracht; insbesondere stellt ein Suizid keinen Straftatbe-

---

[31] Da in derartigen Fällen zivilgerichtlicher Schutz trotz der Möglichkeit einer einstweiligen Verfügung zu spät käme, wäre auch schon aus diesem Grund ein Einschreiten möglich.

[32] Würde P gegenüber A dagegen die Verpflichtung aussprechen, dass dieser in Zukunft den Hund vom Spielplatz fernhalten solle, wäre die Eilfallkompetenz des P nicht gegeben. Die Verfügung wäre dann formell rechtswidrig.

stand dar, der unter dem Aspekt der objektiven Rechtsordnung zum Einschreiten befugte.

Zu den subjektiven Rechten und Rechtsgütern des Einzelnen zählen insbesondere die Grundrechte. Daher kann auch bei drohender Selbstgefährdung oder -verletzung ein Handeln der Polizei erlaubt sein, weil das Grundrecht aus Art. 2 II S. 1 GG betroffen ist. Andererseits ist das Selbstbestimmungsrecht jedes Bürgers zu beachten, das zu achten und zu wahren ebenfalls Aufgabe des Staates ist. So darf z.B. gegen die Vorführung eines Dompteurs, gegen gefährliches Bergsteigen oder gegen übermäßiges Trinken nicht eingeschritten werden, solange die Allgemeinheit oder Dritte durch solches Verhalten nicht gefährdet werden.

Auch bei einem Suizid wird teilweise die Betroffenheit der öffentlichen Sicherheit, zumindest aber das öffentliche Interesse für ein behördliches Eingreifen, verneint. Überwiegend wird jedoch damit argumentiert, dass Art. 2 I GG zwar in gewissen Grenzen ein Recht auf Selbstgefährdung gebe, die Grenzen dieses Rechts aber dort zu ziehen seien, wo der sich selbst Gefährdende die Tragweite seines Handelns nicht mehr erkenne, was etwa bei Kindern sowie bei Erwachsenen, die sich in einem die freie Willensbestimmung ausschließenden Geisteszustand befänden, der Fall sei.

Diese Auffassung überzeugt nicht nur, sondern der staatliche Schutzauftrag aus Art. 2 II GG gebietet sogar ein Eingreifen der Polizei. Die Festnahme zum Schutz des S vor einer Gefahr für sein Leben war daher erforderlich. Sie war auch angemessen, da der durch sie stattgefundene Eingriff in die Privatsphäre durch die Rettung des S vor dem Tod nicht etwa die Menschenwürde oder die freie Entfaltung der Persönlichkeit verletzt, sondern gerade deren Bewahrung dient.

Kommt ein Einschreiten zugunsten privater Interessen in Betracht, steht die Entscheidung, welche Maßnahmen zu ergreifen sind, im pflichtgemäßen **Ermessen** der Behörde. Um das Subsidiaritätsprinzip jedoch nicht zu unterlaufen, darf es sich grundsätzlich nur um vorläufige Maßnahmen handeln. Daher wird sich die Polizei i.d.R. auf die Identitätsfeststellung des Schädigers, die Ingewahrsamnahme bei zulässiger Festnahme und Vorführung einer Person nach Vorschriften des BGB oder die Ingewahrsamnahme entlaufener Minderjähriger, auf einen Platzverweis sowie auf die Sicherstellung zum Schutz des Eigentums beschränken. Selbstverständlich darf die Polizei diese Maßnahmen nur ergreifen, wenn auch die **Tatbestandsvoraussetzungen der jeweiligen Befugnisnorm** vorliegen. Insbesondere befugen die Aufgabenzuweisungsnormen nicht zu Maßnahmen, die mit (Grund-)Rechtseingriffen verbunden sind (Rn 60 ff.). **74a**

Im Übrigen gelten die aufgezeigten Grundsätze auch für die Verfolgung von Straftaten und Ordnungswidrigkeiten. So hat auch ein geschädigter Verkehrsteilnehmer keinen Anspruch auf polizeiliche Hilfe bei seiner zivilrechtlichen Beweissicherung. Zwar haben die Polizeibehörden im öffentlichen Interesse liegende Straftaten und ahndungsbedürftige Ordnungswidrigkeiten zu verfolgen, zu ihrem Aufgabenbereich gehören jedoch nicht die Erhebung oder Sicherung von Beweisen, die (ausschließlich) der zivilrechtlichen Anspruchssicherung dienen. **75**

Beispiel: O kollidiert mit seinem Wagen mit dem des T, weil dieser die Vorfahrt missachtet hat. Er ruft die Polizei, die den Unfall jedoch nur unzureichend aufnimmt. Später vor Gericht unterliegt O jedoch, weil er nicht beweisen kann, dass T den Unfall verursacht hat. Daher erhebt er Amtshaftungsklage gegen den Träger der Polizeibehörde und rügt, die Polizei habe keine Fotoaufnahmen gefertigt, nicht genügend nach Zeugen geforscht bzw. nicht alle Zeugen vernommen, nicht alle Unfallspuren ausreichend gesichert und die Unfallstelle nicht maßstabsgerecht vermessen.

In diesem Fall ist auch die Amtshaftungsklage unbegründet, weil durch die gegenteilige Annahme die Stellung der Polizeibehörde insbesondere bei der Aufklärung von Verkehrsordnungswidrigkeiten verkannt würde. Insbesondere bei Ordnungswidrigkeiten sind die Polizeibehörden nicht verpflichtet, außer Verhältnis stehenden Verwaltungsaufwand zu betreiben (Opportunitätsprinzip, vgl. § 47 I OwiG[33]). Bei der Beantwortung der Frage, wann der Verwaltungsaufwand außer Verhältnis steht, kommt es nicht auf die Schadenshöhe an. Denn auch Fälle mit großem Sachschaden können durchaus auf geringfügigen Verkehrsverstößen beruhen. Daraus folgt: Der Umfang der polizeilichen Unfallaufnahme kann nicht durch die Schadenshöhe, sondern nur durch Schwere und Bedeutung des zugrunde liegenden Verkehrsverstoßes bestimmt werden.

J. Vollzugshilfe

76 Gemäß den Bestimmungen der Polizeigesetze leistet der Polizeivollzugsdienst anderen Behörden **Vollzugshilfe.**[34] Mit Vollzugshilfe ist eine besondere Form der Amtshilfe gemeint, die bereits wegen Art. 35 I GG besteht. Hinsichtlich Art, Umfang und Ausmaß der zu leistenden Vollzugshilfe enthalten die Polizeigesetze eine Konkretisierung. Sie verstehen (in Übereinstimmung mit den §§ 25 ff. MEPolG) unter Vollzugshilfe den durch die Polizei anzuwendenden unmittelbaren Zwang auf Ersuchen anderer Behörden zur Durchsetzung der von diesen getroffenen Maßnahmen. Daraus folgt zugleich der prinzipielle Anwendungsbereich der Vollzugshilfe: Diese kommt auf Ersuchen einer anderen Behörde i.d.R. dann zustande, wenn die ersuchende Behörde nicht in der Lage ist, unmittelbaren Zwang bzw. eine Vollzugshandlung vorzunehmen, und die angerufene Vollzugspolizei um Durchführung bittet.

Beispiel: Die Gewerbeaufsichtsbehörde (hier: Gaststättenbehörde) sieht sich wegen wiederholten Verstoßes des Gastronomen G gegen lebensmittelrechtliche Vorschriften gehalten, die Gaststätte zu schließen. Sie erlässt eine entsprechende Schließungsverfügung. Weil G die Schließungsverfügung jedoch nicht beachtet, bittet die Gaststättenbehörde die Vollzugspolizei, die Eingänge der Gaststätte zu versiegeln.

Hier liegt ein Fall von Vollzugshilfe vor, sofern man davon ausgeht, dass das Versiegeln einer Eingangstür unmittelbaren Zwang (und keine Ersatzvornahme) darstellt.

77 Die **Rechtsnatur** der Vollzugshilfe ist unklar. Zwar mag die Vollzugshilfe leistende Vollzugspolizei eigenständige Aufgaben übernehmen, damit ist jedoch noch nicht gesagt, dass sie *eigene* Aufgaben erfüllt. Geht man vom Wortlaut der polizeigesetzlichen Bestimmungen über die Vollzugshilfe aus, wonach die Vollzugspolizei nur für die Art und Weise der Durchführung der Vollzugshilfe verantwortlich ist, wird klar, dass sie letztlich *fremde* Aufgaben erfüllt. Wichtig ist diese Erkenntnis für die (staatshaftungsrechtliche) Verantwortlichkeit. Denn nach der (herrschenden) Anvertrauenstheorie (auch Amtsübertragungstheorie genannt)[35] haftet die Behörde, die dem Amtsträger

---

[33] Gem. § 47 I OWiG liegt die Verfolgung von Ordnungswidrigkeiten im pflichtgemäßen Ermessen der Verfolgungsbehörde. Solange das Verfahren bei ihr anhängig ist, kann sie es einstellen. Etwas anderes gilt für den Bereich der *Strafverfolgung.* Hier besteht ein Opportunitätsprinzip nur hinsichtlich Bagatelldelikte (vgl. §§ 153 ff. StPO) und steht der Staatsanwaltschaft, nicht auch der Polizei zu (vgl. § 163 I StPO, wonach die Polizei Straftaten zumindest dann zu erforschen *hat,* wenn Anhaltspunkte dafür vorliegen, dass die Staatsanwaltschaft ein öffentliches Interesse an der Strafverfolgung haben könnte). Vgl. dazu ausführlich *Hartmann/ Schmidt,* StrafProzR, Rn 94 ff.

[34] Vgl. §§ 25-27 MEPOlG; **Bund:** § 63 BundesPolG; **Bay:** Art. 50-52 PAG; **BW:** § 60 IV PolG; **Berl:** §§ 52-54 ASOG; **Brand:** §§ 50-52 PolG; **Brem:** §§ 37-39 PolG; **Hamb:** §§ 30, 30a u. b SOG; **Hess:** §§ 44-46 SOG; **MeckVor:** § 7 II i.V.m. §§ 82a ff. SOG; **Nds:** §§ 51-53 SOG; **NW:** §§ 47-49 PolG, § 2 OBG; **RhlPfl:** §§ 96-98 POG; **Saar:** §§ 41-43 PolG; **Sachs:** §§ 61-63 PolG; **SachsAnh:** §§ 50-52 SOG; **SchlHolst:** § 168 II i.V.m. §§ 33 II, V, 34 II, 35 II LVwG; **Thür:** §§ 48-50 PAG, § 3 II POG.

[35] Vgl. *R. Schmidt,* AllgVerwR, Rn 1112; *Brockmeyer,* in: Schmidt-Bleibtreu/Klein, GG, Art. 34 Rn 6; *Schlick/ Rinne,* NVwZ **1997**, 1065, 1067; BGHZ **53**, 217, 218 f.; **99**, 326, 330; BGH NVwZ **1994**, 823; *Bull,* AllgVerwR, § 21 Rn 1066; *Sandkühler,* JA **2001**, 414, 425.

die Aufgaben, bei deren Wahrnehmung die Amtspflichtverletzung begangen wurde, „anvertraut" bzw. „übertragen" hat.

> **Beispiel:** Polizeibeamte sind Landesbeamte, da das Gefahrenabwehrrecht Landesrecht ist. Erleidet also jemand in der Freien Hansestadt Bremen durch ein rechtswidriges Handeln der Polizei einen Schaden, ist Gegner eines Amtshaftungsprozesses das Land Bremen, da die Polizeibeamten im Dienst des Landes stehen (insoweit lediglich klarstellend §§ 65 ff. BremPolG). Leistet das Land Bremen dagegen dem Land Niedersachsen dadurch Amts- bzw. Vollzugshilfe, dass es Polizeibeamte nach Lüchow-Dannenberg schickt, um die dort eingesetzte Polizei bei einer Anti-Castor-Demonstration zu unterstützen, ist bei einem Fehlverhalten von Polizisten Klagegegner das Land Niedersachsen, auch wenn die rechtswidrigen Handlungen durch Polizisten des Landes Bremen begangen wurden.

Soweit sich der Betroffene also gegen die zu vollziehende bzw. vollzogene Maßnahme wendet, hat er gegen den Träger der ersuchenden Behörde vorzugehen; beanstandet er dagegen (lediglich) die Art und Weise der Durchführung der Maßnahme, haben sich seine Rechtsbehelfe gegen den Träger der Polizei zu richten, dessen Beamte das Unrecht begangen haben. **78**

> **Beispiel:** Unterstellt, dass der im obigen Castor-Beispiel durchgeführte Zwang als solcher rechtmäßig wäre, die Beamten des Landes Bremen jedoch bei der Anwendung gegen zwingende Verfahrensvorschriften verstießen, wäre Klagegegner das Land Bremen. Hingegen könnten gegen das Land Bremen gerichtete Rechtsbehelfe nicht darauf gestützt werden, dass der Polizeieinsatz als solcher rechtswidrig gewesen sei. Eine solche Klage wäre an das Land Niedersachsen zu richten.

Die Vollzugshilfe weist enge Verwandtschaft mit der in §§ 4 ff. VwVfG geregelten **Amtshilfe** auf. Beiden gemeinsam ist, dass sie ausscheiden, wenn ohnehin schon Weisungsbefugnisse der ersuchenden Behörde gegenüber der sonst für die Vollzugs- oder Amtshilfe kompetenten Polizei bestehen (§ 4 II Nr. 1 VwVfG). Das ist z.B. beim Weisungsrecht des Innenministers gegenüber den Polizeidienststellen der Fall. Weiterhin liegen Vollzugs- und Amtshilfe nicht vor, wenn die Hilfeleistung in Handlungen besteht, die der ersuchten Behörde als eigene Aufgaben obliegen (§ 4 II Nr. 2 VwVfG). Das ist z.B. der Fall, wenn die polizeiliche Ermittlungstätigkeit auf Ersuchen der Staatsanwaltschaft im Rahmen der Strafverfolgung nach § 161 StPO erfolgt. **79**

Im Übrigen sind die Vorschriften der §§ 4 ff. VwVfG subsidiär. Sie greifen bei der Vollzugshilfe, soweit die Vorschriften des Polizeigesetzes keine Regelung enthalten. Danach haben alle Verwaltungsbehörden die Pflicht, allgemeine Amtshilfe zu leisten. Diese kann in verwaltungsinternen Maßnahmen, aber auch in Handlungen und Realakten mit Außenwirkung bestehen. **80**

Im Rahmen der von den Polizeibehörden zu leistenden **Justizhilfe** werden die allgemeinen Vorschriften der Polizeigesetze von folgenden speziellen Vorschriften verdrängt: § 51 I S. 3, § 134, § 161 a II S. 1, § 163 a III S. 1 StPO, § 372 a II S. 2, § 380 II, § 613 II, § 758 III, § 759 ZPO, § 33 II S. 1 und 2 FGG. Justizhilfe ist zu leisten, soweit nicht Bedienstete der Gerichte und Staats-(Amts-)anwaltschaften tätig werden. **81**

> **Beispiel:** T ist wegen 20-facher Vergewaltigung junger Mädchen angeklagt und sitzt in Untersuchungshaft in der Justizvollzugsanstalt (JVA). Am Tag der Hauptverhandlung hat sich eine große Zahl von Personen vor dem Gerichtsgebäude versammelt. Die Teilnehmer demonstrieren für die Einführung der Todesstrafe. Einige haben sogar Selbstjustiz angekündigt. Um T unbeschadet aus dem Gerichtsgebäude zurück in die JVA zu

verbringen, bittet die Justizverwaltung daher um Vollzugs- bzw. Amtshilfe und fordert Beamte des Polizeivollzugsdienstes an. Diese sichern und begleiten den Transport.

Hier richtet sich die Vollzugs- bzw. Amtshilfe nach den Vorschriften des Polizeigesetzes, ggf. i.V.m. §§ 4 ff. VwVfG. Spezielle Vorschriften (aus der StPO) sind nicht ersichtlich.

82 Zu unterscheiden ist die Vollzugshilfe auch von polizeilichen Schutzgewährleistungen für Vollstreckungshandlungen anderer Behörden (Beispiel: Schutz des Gerichtsvollziehers bei der Vornahme einer Vollstreckungshandlung) und polizeilichen Maßnahmen des ersten Zugriffs, bei denen die Polizei im Eilfall für andere – eigentlich zuständige – Behörden handelt.

83 Kein Fall der Vollzugshilfe liegt auch vor, wenn die Polizei reine Hilfstätigkeiten für andere Verwaltungsbehörden vornimmt, z.B. Botendienste oder den Einzug von Gebühren.

K. Übertragung von Aufgaben durch andere Rechtsvorschriften

84 Schließlich erklären die Aufgabenzuweisungsnormen der Polizeigesetze die Polizei auch hinsichtlich Aufgaben außerhalb des Polizeigesetzes für zuständig. Sie beziehen sich sogar auf die Übernahme von Aufgaben außerhalb des Gefahrenabwehrrechts, denn der staatliche Schutzauftrag kann sich nicht auf Gefahrenabwehr beschränken, sondern muss sich auch auf Strafverfolgung und Ordnungswidrigkeitenahndung erstrecken. Maßgeblich ist allein, dass eine **Rechtsvorschrift** besteht, die der Polizei eine bestimmte Aufgabe überträgt. Dabei kommt es nicht darauf an, ob es sich um eine Bundes- oder Landesvorschrift, um ein formelles Gesetz, eine Rechtsverordnung oder eine Satzung handelt.

Beispiele: Rechtsvorschriften des Bundes, die der Polizei bestimmte Aufgaben übertragen, sind z.B. §§ 12, 13, 18, 19 VersG; § 131 II, § 158 I S. 1, § 159 I, §§ 161, 163 StPO; § 167 GVG; § 152 GVG mit §§ 161 StPO und 53 II OWiG; § 758 II, § 759 ZPO; § 33 II, § 125a I FGG; § 60a II S. 2 GewO, § 60c I, 60d GewO i.V.m. den Zuständigkeitsbestimmungen des jew. Landes; § 36, § 44 II StVO, § 44 II-IV WPflG; § 23a ZDG, Art. 7 V a NATO-Truppenstatut; §§ 38 ff. LFGB (i.V.m. den Ausführungsgesetzen der Länder), § 71 Nr. 4 und 5, § 82 Nr. 4 und § 87 Nr. 2 AufenthG; § 19 I, § 19 II i.V.m. § 16 sowie § 59 III Nr. 1 AsylVfG.

I. Aufgabe der Strafverfolgung

85 Wichtige Aufgaben außerhalb der Gefahrenabwehr sind der Polizei zunächst im Rahmen der **Strafverfolgung**[36] zugewiesen, denn gem. **§ 163 I S. 1 StPO** haben die Behörden und Beamten des Polizeidienstes Straftaten zu erforschen und alle keinen Aufschub gestattenden Anordnungen zu treffen, um die Verdunkelung der Sache zu verhüten.

86 § 163 I **S. 1** StPO stellt allerdings keine Eingriffsgrundlage für die Polizei, sondern ausschließlich eine **Aufgabenzuweisungsnorm** dar. Möchte die Polizei in Grundrechte eingreifen, bedarf sie dazu separater Rechtsgrundlagen. Nur diese werden dem Gesetzesvorbehalt (Art. 20 III GG) gerecht. Beamte des Polizeidienstes, insbesondere diejenigen, die zu Ermittlungspersonen der Staatsanwaltschaft bestellt sind (§ 152 GVG – dazu sogleich Rn 86a), können nur nach den für sie geltenden Rechtsgrundlagen der StPO Beschlagnahmungen, Durchsuchungen, Untersuchungen und sonstige Maßnahmen treffen. Dabei ist – ähnlich den Polizeigesetzen – zwischen der

---

[36] Hinsichtlich **Ordnungswidrigkeiten** vgl. Rn 97 ff.

(subsidiären) Befugnisgeneralklausel und den Standardmaßnahmen (im Strafprozessrecht spricht man allerdings von „Zwangsmaßnahmen") zu unterscheiden. Die (subsidiäre) Generalklausel bildet § 163 I **S. 2** StPO, wonach die Behörden und Beamten des Polizeidienstes im Rahmen des ihnen nach § 163 I S. 1 StPO eingeräumten Aufgabenbereichs befugt sind, alle Behörden um Auskunft zu ersuchen, bei Gefahr im Verzug auch die Auskunft zu verlangen, sowie **Ermittlungen jeder Art vorzunehmen, soweit nicht andere (also spezielle) gesetzliche Vorschriften ihre Befugnisse besonders regeln**.

Solche anderen (und speziellen) besonderen Vorschriften sind zum **Beispiel:** körperliche Untersuchung des Beschuldigten nach § 81a StPO; molekulargenetische Untersuchung an dem durch Maßnahmen nach § 81a I StPO erlangten Material nach § 81e i.V.m. § 81f StPO; DNA-Identitätsfeststellung gem. § 81g StPO; Identifizierungsmaßnahmen und erkennungsdienstliche Behandlung nach § 81b Var. 1 StPO; Untersuchung anderer Personen als des Beschuldigten nach § 81c StPO; Sicherstellung und Beschlagnahme von Beweisgegenständen nach § 94 i.V.m. § 98 I StPO sowie Postbeschlagnahme nach § 99 i.V.m. § 100 StPO; Rasterfahndung nach §§ 98a, 98b und einfacher Datenabgleich nach § 98c StPO[37]; Überwachung der Telekommunikation nach §§ 100a, 100b StPO; Ermittlung der Standortdaten von Handy-Betreibern nach §§ 100g, h StPO; Durchsuchung beim Verdächtigen und bei anderen Personen nach §§ 102, 103 i.V.m. 105 StPO[38]; verdeckte Ermittlung nach §§ 110a-110e StPO; Einrichtung von Kontrollstellen auf Straßen und Plätzen nach § 111 StPO; Beschlagnahme anderer beweglicher Sachen (die nicht Beweismittel sind) nach § 111b i.V.m. § 111e StPO; vorläufige Festnahme nach § 127 StPO; Erlass eines Steckbriefs nach § 131 StPO; polizeiliche Vernehmung und Vorladung nach § 163a sowie Gegenüberstellung nach §§ 58 II bzw. 133 ff. StPO; Identitätsfeststellung eines Verdächtigen nach § 163b und § 163c StPO[39]; Schleppnetz- bzw. Reusen- oder auch Kontrollfahndung nach § 163d StPO

Ob die genannten Befugnisse allen Polizeibeamten zustehen oder nur denjenigen, die **86a**
zu Ermittlungspersonen der Staatsanwaltschaft bestimmt worden sind, lässt sich nicht generell sagen, sondern hängt von der konkreten Maßnahme ab: So stehen etwa die §§ 81b, 127 II[40] StPO sämtlichen Polizeibeamten zur Verfügung, wohingegen Maßnahmen nach §§ 81 a II, 81 c V, 98 I S. 1 und 105 I S. 1 StPO nur von Ermittlungspersonen der Staatsanwaltschaft getroffen werden dürfen. Wer Ermittlungsperson der Staatsanwaltschaft ist, wird gem. § 152 II S. 1 GVG durch Rechtsverordnungen der Landesregierungen bestimmt.

1. Doppelfunktionalität der Polizei

Da die Polizei sowohl für die Gefahrenabwehr als auch für die Strafverfolgung, sozu- **87**
sagen „doppelfunktional", zuständig ist, spricht man folgerichtig von „Doppelfunktionalität der Polizei". Das kann im Einzelfall, in dem nicht klar ist, ob die Polizei Gefahrenabwehr oder Strafverfolgung betreibt, eine **Abgrenzung** erforderlich machen, zumal sich Strafverfolgung und Gefahrenabwehr in vielfacher Hinsicht unterscheiden:

- Unterschiede bestehen zunächst aus rechtsdogmatischer und **kompetenzieller** Sicht: Während die Gefahrenabwehr gem. Art. 30, 70 I GG eine Aufgabe der Bundesländer darstellt, sind die Strafverfolgung und die Ahndung von Ordnungswidrigkeiten gem.

---

[37] Zum Datenabgleich vgl. Rn 355 und 360.
[38] Vgl. dazu BVerfGE **103**, 142 ff. (Durchsuchung der Wohnung eines Polizisten wegen Verdachts der Bestechlichkeit ohne vorherige richterliche Durchsuchungsanordnung) und Rn 487 ff. Zum Verwertungsverbot bei objektiv willkürlicher Wohnungsdurchsuchung vgl. OLG Koblenz StV **2002**, 533.
[39] Vgl. dazu KG NJW **2002**, 3789.
[40] § 127 I StPO ist dagegen ein „Jedermannsrecht".

Art. 72, 73 Nr. 10, 74 I Nr. 1 GG der Bundeskompetenz zugeordnet. Der Bundesgesetzgeber hat hiervon (abschließend) Gebrauch gemacht und neben dem StGB und der StPO das OWiG erlassen. Eine Ergänzung der Befugnisse zur Strafverfolgung/Ordnungswidrigkeitenahndung durch den Landesgesetzgeber scheidet also aus.

- Des Weiteren bestehen **Unterschiede bei den Eingriffsvoraussetzungen**, die den einzelnen Befugnisnormen zu entnehmen sind, sowie bei der Rechtswegzuweisung: Während sich der Rechtsschutz gegen Gefahrenabwehrmaßnahmen der Polizei nach den §§ 40 ff. VwGO richtet, sind gegen Maßnahmen der Strafverfolgung und der Ahndung von Ordnungswidrigkeiten die §§ 23 ff. EGGVG maßgeblich; in diesem Fall ist der Verwaltungsrechtsweg gesperrt und es sind die ordentlichen Gerichte zuständig (§ 40 I S. 1 Halbs. 2 VwGO: anderweitige Rechtswegzuweisung). Bei der mit den Aufgaben der Strafverfolgung und der Ordnungswidrigkeitenahndung betrauten Polizei (vgl. in Bezug auf Straftaten: Kriminalpolizei) handelt es sich nämlich – obwohl sie organisatorisch den Innenministerien zugeordnet ist – um eine Justizbehörde i.S.d. § 23 EGGVG, da sie funktionell Justizaufgaben (Strafrechtspflege) wahrnimmt und der Begriff der Justizbehörde funktionell zu verstehen ist.[41]

- Zu beachten ist auch, dass sich das **Weisungsrecht der Staatsanwaltschaft** nur auf strafprozessuale Maßnahmen bezieht (vgl. § 161 I S. 2 StPO, § 152 GVG). Gäbe also z.B. ein Staatsanwalt im Rahmen einer Geiselnahme dem Sonderkommando der Polizei die Weisung, zur Befreiung der Geisel einen tödlichen Rettungsschuss abzugeben, wäre diese Weisung rechtswidrig, weil sich das Weisungsrecht nicht auf die Gefahrenabwehr erstreckt.

- Schließlich ist zu beachten, dass im Gefahrenabwehrrecht (aber auch im Ordnungswidrigkeitenrecht) das **Opportunitätsprinzip** gilt, wohingegen im Strafprozessrecht das **Legalitätsprinzip** (zumindest im Grundsatz) Anwendung findet. Dieses Spannungsverhältnis kann jedoch i.S.d. Verfassungsgrundsatzes der Verhältnismäßigkeit aufgelöst werden.[42]

Die Notwendigkeit einer Abgrenzung stellt sich immer dann, wenn ein Sachverhalt zugleich eine Gefahrenlage *und* den Verdacht einer Straftat enthält. Denn dann ist unklar, ob die Maßnahme der Polizei, die auf diesen Sachverhalt reagiert, der Gefahrenabwehr oder der Strafverfolgung dient; sie (d.h. die Maßnahme) kann „doppelfunktional" sein.

2. Doppelfunktionale Maßnahmen der Polizei

88 Bisher wurde gesagt, dass die Polizei sowohl präventiv also auch repressiv, sozusagen „doppelfunktional" tätig sein könne. Auch wurde gesagt, dass in Zweifelsfällen eine Abgrenzung vorzunehmen und die polizeiliche Maßnahme entweder als Gefahrenabwehrmaßnahme oder als Strafverfolgungsmaßnahme einzustufen sei. Das betrifft namentlich den Fall, dass eine polizeiliche Maßnahme auf einen Lebenssachverhalt basiert, der zugleich eine Gefahrenlage *und* den Verdacht einer Straftat enthält. Reagiert eine polizeiliche Maßnahme auf diesen Sachverhalt und enthält folgerichtig präventive und repressive Komponenten, ist sie **doppelfunktional**.[43]

Es ist also terminologisch und sachlich strikt zu unterscheiden: Von „Doppelfunktionalität der Polizei" spricht man, weil die Polizei „doppelfunktional", d.h. sowohl für die Gefahrenabwehr als auch für die Strafverfolgung zuständig ist. Demgegenüber spricht man von einer „doppelfunktionalen Maßnahme" der Polizei, wenn diese auf einen Lebenssachverhalt

---

[41] *Schenke*, POR, Rn 419.
[42] *Ehrenberg/Frohne*, Kriminalistik **2003**, 737, 749 f.
[43] Vgl. *Ehrenberg/Frohne*, Kriminalistik **2003**, 737, 738.

reagiert, der zugleich eine Gefahrenlage *und* den Verdacht einer Straftat enthält und ihre Maßnahme folgerichtig präventive *und* repressive Komponenten beinhaltet.

Beispiele doppelfunktionaler Maßnahmen:

(1) Installiert die Polizei vor dem Hintergrund einer fortlaufenden Brandstiftungsserie eine Videokamera vor einer bislang noch nicht in Brand gesetzten Lagerhalle, basiert diese Maßnahme auf einen Lebenssachverhalt, der zugleich eine Gefahrenlage (Möglichkeit weiterer Brandstiftungen) *und* den Verdacht einer Straftat enthält. Daher dient die Überwachungsmaßnahme sowohl der Gefahrenabwehr (= Verhinderung weiterer Brandstiftungen) als auch der Strafverfolgung (= Aufklärung der bisher verwirklichten Straftatbestände).

(2) Sucht die Polizei in zugangsgeschützten[44] Bereichen des Internet nach verbotenen Inhalten (Kinderpornographie, illegales Herunterladen von urheberrechtlich geschützten Inhalten; terroristische Aktivitäten etc.) und erfolgt dieses Suchen ohne hinreichenden Tatverdacht, basiert diese Maßnahme auf einen Lebenssachverhalt, der zugleich eine Gefahrenlage *und* den Verdacht einer Straftat enthält. Daher dient auch diese Maßnahme sowohl präventiven als auch repressiven Zwecken.

(3) Durchsucht die Polizei Personen, die sich auf der Anreise zu einer Demonstration befinden, nach Waffen, kann dies der Gewährleistung einer friedlichen Versammlung (dann präventiver Charakter der Maßnahme), aber auch der Beweissicherung bei der Aufklärung von Straftaten (dann repressiver Charakter der Maßnahme) dienen.

Da aus den genannten Gründen (Rn 87) trotz des Umstands, dass der Lebenssach- **89**
verhalt zugleich eine Gefahrenlage *und* den Verdacht einer Straftat enthält, eine Zuordnung der Maßnahme entweder zur Gefahrenabwehr oder zur Strafverfolgung nicht offen bleiben kann, sind die Abgrenzungskriterien aufzuzeigen. Das BVerwG stellt für die Beurteilung der Rechtsnatur einer polizeilichen Maßnahme darauf ab, wo ihr **Schwerpunkt** (ihre **Dominanz**) liege.[45] In der Literatur wird dieser Gedanke aufgegriffen und vertreten, dass bei Zweifeln bei der Feststellung der Dominanz die Maßnahme dem Bereich der Gefahrenabwehr zuzuordnen sei[46], da Gefahrenabwehr wichtiger sei als Strafverfolgung[47].

Andere halten die Kriterien für die Bestimmung des Schwerpunkts zu vage und wollen **90**
sich auf den Wortlaut der gesetzlichen Aufgaben- und Befugnisnormen zurückbesinnen und die Abgrenzung zwischen präventivem und repressivem Charakter einer polizeilichen Maßnahme anhand der mit ihr verfolgten **Zielsetzung** vornehmen. Diese knüpfe an die **Finalität** des polizeilichen Handelns an. Ohne eine solche Ermittlung der mit einer polizeilichen Maßnahme verfolgten Absicht lasse sich die Rechtmäßigkeit des polizeilichen Handelns ohnehin nicht feststellen. Dann müsse es aber ebenso möglich sein, dieser Absicht bereits bei der Rechtswegbestimmung Rechnung zu tragen. Eine von der subjektiven Zielsetzung abstrahierende Betrachtungsweise, die demgegenüber darauf abstelle, ob objektiv die Voraussetzungen für ein Handeln auf dem Sektor der Strafverfolgung und/oder der Gefahrenabwehr gegeben seien, laufe auf eine Verwechslung der Frage, ob die Polizei auf einem bestimmten Sektor tätig sein dürfe, mit der hinaus, wie sie tatsächlich gehandelt habe. Damit werde verkannt, dass eine zum Zweck der Strafverfolgung getätigte Maßnahme selbst dann ein Akt

---

[44] Anderenfalls läge schon kein Grundrechtseingriff (bzgl. des Rechts auf informationelle Selbstbestimmung gem. Art. 2 I i.V.m. Art. 1 I GG) vor, denn wer seine personenbezogenen Daten offen im Internet darstellt, verzichtet auf seinen Grundrechtsschutz aus Art. 2 I i.V.m. 1 I GG.

[45] So BVerwGE **47**, 255, 264.

[46] *Knemeyer*, POR, Rn 522.

[47] So ausdrücklich *Pieroth/Schlink/Kniesel*, POR, § 2 Rn 12/15 unter Bezugnahme auf BVerfGE **39**, 1, 44.

der Strafverfolgung bleibe, wenn der durch sie Betroffene strafrechtlich nicht verantwortlich und nur die Möglichkeit eines polizeirechtlichen Vorgehens eröffnet sei. Vor allem scheitere die Schwerpunkttheorie aber daran, dass es der Polizei nicht verwehrt sein könne, sich bei bestimmten polizeilichen Akten sowohl auf das Polizeigesetz als auch auf die StPO zu berufen. Die Schwerpunkttheorie schränke damit unter Verkennung der instrumentalen Funktion, die dem Prozessrecht im Verhältnis zum materiellen Recht zukomme, die materiellrechtlichen Handlungsbefugnisse der Polizei aus prozessrechtlichen Gründen ein, indem es dieser unmöglich gemacht werde, ihr Handeln (vorsichtshalber) auf zwei verschiedene Rechtsgrundlagen zu stützen.[48]

91 Der zuletzt genannten Auffassung ist zwar zuzugeben, dass sie sich auf die gesetzlichen Aufgaben- und Befugnisnormen „zurückbesinnen" will, allerdings ist den gesetzlichen Bestimmungen gerade nicht zu entnehmen, dass die Rechtsnatur einer polizeilichen Maßnahme nach der subjektiven Zielsetzung des handelnden Beamten bestimmt werden soll. Im Gegenteil widerspräche es geradezu dem Rechtsstaatsprinzip, wenn sich die Polizei (ggf. im Nachhinein) eine „passende" Rechtsgrundlage für ihr Handeln aussuchen und dann behaupten könnte, die Zielsetzung ihrer Maßnahme habe sich an dieser Rechtsgrundlage ausgerichtet. Nach der hier vertretenen Auffassung ist für die Bestimmung der Rechtsnatur der Maßnahme daher eine **gemischte objektiv-subjektive** Betrachtungsweise geboten. Danach ist Ausgangspunkt für die Ermittlung der Rechtsnatur der Maßnahme deren Schwerpunkt, allerdings wie er sich aus der Sicht eines durchschnittlichen Polizeibeamten darstellt. Danach gilt: Liegen Anhaltspunkte dafür vor, dass ein *dringender Tatverdacht* besteht und führt die Polizei weitere Sachverhaltsaufklärungen durch bzw. ergreift Maßnahmen, um den staatlichen Strafanspruch sicherzustellen, ist von einer repressiv-polizeilichen Tätigkeit auszugehen. Geht es dagegen primär um Schadensabwendung, ist die polizeiliche Maßnahme dem Bereich der Gefahrenabwehr zuzuordnen. Freilich ist die Bestimmung der Rechtsnatur der Maßnahme auf eine Tatsachenbasis zu stützen, bei der *auch* die Intention des handelnden Beamten zu berücksichtigen ist.

92 Eine besondere Abgrenzungsproblematik ergibt sich, wenn der Charakter von Maßnahmen innerhalb eines Polizeieinsatzes wechselt (sog. **Gemengelage**). Lässt sich selbst nach der oben entwickelten Methode der Schwerpunkt nicht feststellen, muss für jede polizeiliche Einzelmaßnahme eine separate Schwerpunktbildung vorgenommen werden. So ist es denkbar, dass verschiedene Einzelmaßnahmen eines Polizeieinsatzes unterschiedlichen Aufgabenzuweisungsnormen und Befugnisnormen (Rechtsgrundlagen) zuzuordnen sind. Ist aufgrund des Gesamtcharakters des Einsatzes auch eine Trennung in Einzelmaßnahmen nicht möglich, muss die Rechtswegfrage zunächst offen gelassen und bei der Begründetheit des Rechtsbehelfs geprüft werden, ob irgendeine Befugnisnorm, gleichgültig aus welchem Bereich, das Verhalten der Polizei rechtfertigt. Sodann ist der entsprechende Rechtszweig, dem die Befugnisnorm zuzuordnen ist, einzuschlagen.

93 Schließlich bestehen Abgrenzungsprobleme zwischen präventiver und repressiver Ausrichtung polizeilichen Handelns bei der sog. **Strafverfolgungsvorsorge** (vgl. bereits Rn 22). Darunter versteht man Maßnahmen der Polizei, die der möglichen späteren Strafverfolgung bzw. Verfolgung später bekannt werdender Straftaten dienen.

---

[48] *Schenke*, POR, Rn 423.

Beispiel[49]**:** K ist strafgerichtlich in erster Instanz wegen Geldwäsche verurteilt worden. Über die Berufung ist noch nicht entschieden worden. Um zu verhindern, dass K sich künftig erneut an derartigen Delikten beteiligt, zumal seine Beteiligung an ähnlichen Vorfällen noch nicht geklärt ist, hat der Polizeipräsident von B ihn aufgefordert, sich im Polizeipräsidium einzufinden, damit Fingerabdrücke und Lichtbilder von ihm genommen werden können. ⇨ Vgl. Rn 93c.

Entnimmt man den Maßnahmen der Strafverfolgungsvorsorge den Charakter der Verhinderung von Straftaten, sind sie dem Gefahrenabwehrrecht zuzuordnen.[50] Dieses ist grundsätzlich Ländersache. Betont man demgegenüber den Zusammenhang mit der Strafverfolgung, unterfällt die Strafverfolgungsvorsorge als Annex zu Art. 74 I Nr. 1 GG der Gesetzgebungskompetenz des Bundes.[51] **93a**

Jedenfalls stünde einer strafprozessualen Zuordnung, wie das bei anderen strafprozessualen Maßnahmen der Polizei der Fall ist, nicht der Umstand entgegen, dass die der Strafverfolgungsvorsorge dienenden Akte oftmals zugleich präventivpolizeiliche Nebeneffekte mit sich bringen. Wie generell bei der Frage nach der Abgrenzung zwischen präventiver und repressiver polizeilicher Tätigkeit ist auch im vorliegenden Zusammenhang eine objektiv-subjektive Betrachtungsweise geboten.[52] Stehen nach dem objektivierten Willen der Polizei die Beweissicherung bzw. Zuführung des Täters zu den Strafverfolgungsbehörden im Vordergrund, ist von einem repressiv-polizeilichen Charakter der Strafverfolgungsvorsorge auszugehen. In diese Richtung geht auch die Entscheidung des BVerfG zur präventiven Telekommunikationsüberwachung.[53] Das Gericht hat entschieden, dass die Aufnahme der verdachtsunabhängigen vorbeugenden Telefonüberwachung zum Zweck der Strafverfolgungsvorsorge in das niedersächsische SOG u.a. gegen die Gesetzgebungskompetenzvorschriften des Grundgesetzes verstoßen habe, weil die Strafverfolgungsvorsorge dem Strafprozessrecht und damit der konkurrierenden Gesetzgebungskompetenz des Bundes unterfalle. Von dieser Gesetzgebungskompetenz habe der Bund mit dem Erlass der StPO abschließend Gebrauch gemacht.[54] Auch das BVerwG hat sich jüngst zu diesem Thema geäußert. Es hat entschieden, dass Maßnahmen der Strafverfolgungsvorsorge zwar gefahrenabwehrrechtlicher Natur seien, dies jedoch nicht bedeute, dass sie zwingend der Gesetzgebungskompetenz der Länder unterfielen. Vielmehr sei die Gesetzgebungskompetenz des Bundes zur Vorsorge für die Verfolgung von Straftaten unmittelbar der Befugnis für die konkurrierende Gesetzgebung in Art. 74 I Nr. 1 GG zu entnehmen. Denn die dortige Zuständigkeitsbeschreibung für das Strafrecht und das gerichtliche Verfahren enthalte keine Einschränkung dahin, dass Maßnahmen, die sich auf zukünftige Strafverfahren bezögen, von der Zuweisung der konkurrierenden Gesetzgebungskompetenz nicht erfasst sein sollten.[55] **93b**

Demnach gilt für das **Beispiel** von Rn 93a: Auf der Basis des BVerwG ist Rechtsgrundlage für die Maßnahmen gegen K trotz deren gefahrenabwehrrechtlichen Charakters § 81b Var. 2 StPO, weil Art. 74 I Nr. 1 GG nicht zu entnehmen sei, dass er die Strafverfolgungsvorsorge nicht erfasse.

---

[49] Vgl. BVerwG NJW **2006**, 1225.

[50] So BVerfG NJW **2001**, 879; VGH Kassel NVwZ-RR **1994**, 652, 653; *Waechter*, DÖV **1999**, 138, 140; *Zöller*, RDV **1997**, 163, 164. Vgl. nunmehr auch BVerwG NJW **2006**, 1225, 1226 f.

[51] So BVerwGE **26**, 169, 171; **66**, 192, 197; BrandVerfG LKV **1999**, 450, 451; BayVerfGH NVwZ **1996**, 166; MeckVorVerfG LKV **2000**, 345, 347; SächsVerfGH LKV **1996**, 273, 275.

[52] Vgl. dazu ausführlich Rn 91 ff.

[53] BVerfG NJW **2005**, 2603, 2606 (zust. *Gusy*, NdsVBl **2006**, 65).

[54] Das Vorgehen des niedersächsischen Gesetzgebers verwundert umso mehr, als bereits im Jahre 2000 das MeckVorVerfG (LKV **2000**, 345 ff.; s.o.) eine derartige Regelung für verfassungswidrig erklärt hatte.

[55] BVerwG NJW **2006**, 1225, 1226 f.

Sind demnach auch erkennungsdienstliche Maßnahmen der Strafverfolgungsvorsorge von der konkurrierenden Gesetzgebungskompetenz des Bundes gem. Art. 74 I Nr. 1 GG erfasst, stützen sich entsprechende Maßnahmen der Polizei auf § 81 b Var. 2 StPO, sodass aus systematischer Sicht ein Rückgriff auf das allgemeine Gefahrenabwehrrecht der Länder ausgeschlossen ist. Vgl. dazu auch die Darstellung zu den erkennungsdienstlichen Maßnahmen bei Rn 239 ff.

94 Im Einzelfall kann es für den Betroffenen schwer feststellbar sein, ob eine ihm gegenüber vorgenommene polizeiliche Maßnahme der Gefahrenabwehr oder der Strafverfolgung zuzuordnen ist. Das erschwert ihm die rechtliche Überprüfung der Maßnahme sowie die Wahl des einzuschlagenden Rechtswegs. In diesem Fall wird man ihm einen aus dem Rechtsstaatsprinzip abzuleitenden Anspruch auf Mitteilung des Zwecks der polizeilichen Maßnahme einräumen müssen. Kommt die Polizei dieser Auskunftsverpflichtung nicht nach, bedingt dieses Unterlassen die (formelle) Rechtswidrigkeit der polizeilichen Maßnahme. Allerdings wird sich dieses Begründungsdefizit selten im Ergebnis auswirken, da die Begründung bis zum Abschluss der letzten Tatsacheninstanz des verwaltungsgerichtlichen Verfahrens nachgeholt und der Fehler damit geheilt werden kann (vgl. §§ 39, 45 I Nr. 2 und II VwVfG).[56]

95 Lassen die äußeren Umstände nicht ohne weiteres erkennen, ob die Polizei präventiv oder repressiv gehandelt hat, und kommt sie auch nicht ihrer Auskunftsverpflichtung nach, muss dem Betroffenen die Wahl gewährt werden, welchen der beiden Rechtswege er beschreiten möchte. Sollte sich das angerufene Gericht für unzuständig erklären, ist das unschädlich, da das Gericht in diesem Fall die Klage nicht als unzulässig abweisen kann, sondern sie gem. § 17 a II S. 1 GVG durch Beschluss an das Gericht des zulässigen Rechtswegs verweisen muss. In einem solchen Fall ist die Klagefrist selbst dann gewahrt, wenn die Klageschrift nach Ablauf der Klagefrist beim zuständigen Gericht eingeht.[57] Auch für die Begründetheitsprüfung hat die Wahl des Rechtswegs i.d.R. keine Bedeutung, denn bei einem Vergleich des § 28 EGGVG mit §§ 113, 114 VwGO wird deutlich, dass die Rechtswegfrage für den Rechtsschutz des Bürgers keine Auswirkung hat:

3. Unmittelbarer Zwang zur Durchsetzung des Strafprozessrechts

96 Schließlich kommt im Zusammenhang mit der Strafverfolgung den Brückenvorschriften der Polizeigesetze (vg. z.B. § 1 IV BremPolG) eine besondere Bedeutung zu, wenn eine strafprozessuale Maßnahme mit Mitteln des unmittelbaren Zwangs durchgesetzt werden muss. Denn – anders als die Polizeigesetze – enthält die StPO keine Befugnisnormen bzgl. des Zwangs.

Beispiel: Die Polizeibeamten A und B werden bei einem Streifengang in einer verrufenen Gegend der Stadt auf einen dem Drogenmilieu zuzurechnenden Mann aufmerksam, der vorbeikommende Passanten anpöbelt und aggressiv anbettelt. Als die Beamten auf den Mann zugehen, um ihn von seinem Handeln abzubringen, zieht er unvermittelt ein Messer und greift A mit den Worten: „Ich stech dich ab!" wild schreiend an. Doch B gelingt es, den Angriff mit einem wuchtigen Hieb mit dem Schlagstock auf den Arm des Angreifers abzuwehren, sodass dieser den Angriff aufgibt und – das Messer noch in der Hand – die Flucht in Richtung Innenstadt ergreift. A und B nehmen sofort die Verfolgung des Mannes auf. B merkt aber bald, dass sie keine Chance haben, den Mann noch einzuholen. Er ruft deshalb dem Mann nach: „Stehen bleiben!" und gibt aus

[56] Zum Problem des Nachholens einer Begründung vgl. *R. Schmidt*, AllgVerwR, Rn 584 f.
[57] BVerwG NJW **2002**, 768.

seiner Dienstwaffe einen Warnschuss in die Luft ab. Der Mann kann dennoch entkommen.

Bei dem Warnschuss handelt es sich – zumindest schwerpunktmäßig – um eine *repressive* Maßnahme des Zwangs, sofern man sich auf den Standpunkt stellt, dass der Angriff auf A beendet, eine Gefahrenabwehr also nicht mehr erforderlich war, zumal der Angreifer offensichtlich floh. Anhaltspunkte dafür, dass der Mann mit dem Messer dritte Personen angreifen könnte, sind – jedenfalls in überschaubarer Zukunft – nicht zwingend. Folgt man dieser Argumentation, kommt man zu dem Schluss, dass es den Beamten jetzt in erster Linie um eine Strafverfolgung wegen des (abgeschlossenen) Angriffs auf A ging. Dann ist Ermächtigungsgrundlage für diese repressive Maßnahme § 127 II StPO i.V.m. § 112 StPO i.V.m. §§ 223 ff. StGB.

Stellt man sich indes auf den Standpunkt, dass es nicht ausgeschlossen werden könne, dass der Mann Passanten angreife und dass es den Beamten gerade darum gegangen sei, die Gefahren abzuwehren, die sich aus dieser Möglichkeit hätten ergeben können, ist der Warnschuss präventivpolizeilich einzustufen. Die Rechtsgrundlage für diese präventivpolizeiliche Maßnahme ist dann dem Landesrecht zu entnehmen z.B. § 11 I BremVwVG[58] (der über § 40 I BremPolG Anwendung findet) i.V.m. §§ 40 ff. BremPolG (= Vorschriften über den unmittelbaren Zwang).

Im Ergebnis sind wegen des unklaren Sachverhalts beide Auffassungen gleichermaßen vertretbar. Folgt man jedoch der präventivpolizeilichen Lösung, begibt man sich der Möglichkeit, das juristische Problem zu erörtern, dass die StPO keine Rechtsgrundlagen für den Zwang enthält. Auch lässt sich dann nicht diskutieren, den Zwang dennoch auf §§ 40 ff. BremPolG zu stützen.

Folgt man daher der strafprozessualen Lösung, stellt sich die Frage, unter welchen Voraussetzungen eine Androhung eines Schusswaffengebrauchs rechtmäßig ist. Grundsätzlich gilt, dass Androhungen hoheitlicher Maßnahmen nur dann rechtmäßig sind, wenn die Durchführung der Maßnahme selbst keinen rechtlichen Bedenken begegnete, weil ein Hoheitsträger belastende Maßnahmen gegenüber dem Bürger nur dann androhen darf, wenn er sie in letzter Konsequenz auch anwenden darf. Die Androhung des Schusswaffengebrauchs ist demzufolge nur dann rechtmäßig, wenn der Einsatz der Schusswaffe selbst formell und materiell rechtmäßig gewesen wäre (sog. Konnexitätsprinzip, vgl. dazu näher Rn 346).

Für die Anwendung repressiver Maßnahmen ist gem. §§ 1 IV BremPolG, 12 BremVwVG i.V.m. § 163 I StPO die Polizei sachlich zuständig. Rechtsgrundlage für den Zwang ist z.B. § 11 I BremVwVG (der über § 40 I BremPolG Anwendung findet) i.V.m. §§ 40 ff. BremPolG. Als allgemeine Verfahrensvorschrift ist z.B. § 44 I S. 1 BremPolG zu beachten, wonach unmittelbarer Zwang vor seiner Anwendung grds. anzudrohen ist. Gem. § 44 I S. 2 BremPolG gilt als Androhung des Schusswaffengebrauchs aber auch die Abgabe eines Warnschusses. Dies ist im vorliegenden Fall geschehen.

Der Einsatz der Schusswaffe war demnach formell rechtmäßig. Unterstellt man auch die materielle Rechtmäßigkeit (vgl. dazu die Prüfung des Falls bei Rn 973), war der Warnschuss insgesamt rechtmäßig.

II. Aufgabe der Ordnungswidrigkeitenahndung

Neben der Strafverfolgung ist die Polizei auch zuständig, **Ordnungswidrigkeiten** zu 97
erforschen und dabei alle unaufschiebbaren Anordnungen zu treffen, um die Verdunkelung der Sache zu verhüten (§ 53 I S. 1 OWiG). Dabei hat sie grundsätzlich dieselben Rechte und Pflichten wie bei der Strafverfolgung (§ 53 I S. 2 OWiG). Anders als bei der Strafverfolgung gilt jedoch nicht das Legalitätsprinzip, sondern das Opportunitätsprinzip. Denn gem. § 47 I OWiG liegt die Verfolgung von Ordnungswidrigkeiten im

[58] Entspricht § 6 I BundesVwVG.

pflichtgemäßen Ermessen der Verfolgungsbehörde. Solange das Verfahren bei ihr anhängig ist, kann sie es einstellen.

98 Im Übrigen gilt auch hier, dass § 53 I OWiG ebenso wenig wie § 163 I S. 1 StPO eine Eingriffsgrundlage für die Polizei, sondern ausschließlich eine Aufgabenzuweisungsnorm darstellt. Beamte des Polizeidienstes, die zu Ermittlungspersonen der Staatsanwaltschaft bestellt sind (§ 152 GVG), können daher nach den für sie geltenden Vorschriften der StPO Beschlagnahmungen, Durchsuchungen, Untersuchungen und sonstige Maßnahmen anordnen (§ 53 II OWiG). Eine Ergänzung des Befugniskatalogs der Polizei durch den Landesgesetzgeber scheidet auch hier aus.

99 Des Weiteren können die Polizeibehörden gem. §§ 35, 36 OWiG selbst die zur Verfolgung und Ahndung von Ordnungswidrigkeiten berufene Verwaltungsbehörde sein, soweit dies durch Gesetz und Rechtsverordnung vorgesehen ist. Eine solche gesetzliche Regelung findet sich z.B. in § 26 StVG, wonach die Behörden oder Dienststellen der Polizei, die von der Landesregierung durch Rechtsverordnung näher bestimmt sind, für die Verfolgung und Ahndung von Ordnungswidrigkeiten nach den §§ 24, 24a StVG zuständig sind. Der Rechtsschutz gegen solche im Bußgeldverfahren getroffenen Maßnahmen richtet sich nach § 62 OWiG.

100 Ferner besteht bei der Bekämpfung von Ordnungswidrigkeiten die Befugnis der Polizei, bei geringfügigen Ordnungswidrigkeiten eine Verwarnung mit Verwarnungsgeld von 5 bis 35 € auszusprechen (§ 57 II OWiG i.V.m. § 56 II OWiG). Voraussetzungen für die Wirksamkeit einer Verwarnung mit Verwarnungsgeld sind nach § 56 II OWiG das nach erfolgter Belehrung über das Weigerungsrecht erklärte Einverständnis und die Zahlung des Verwarnungsgeldes durch den Betroffenen. Macht der Betroffene von seinem Weigerungsrecht Gebrauch, wird die Ordnungswidrigkeit möglicherweise mit einem Bußgeldbescheid geahndet (§ 65 OWiG). Andererseits schließt eine wirksame Verwarnung mit Verwarnungsgeld die weitere Verfolgung unter den tatsächlichen und rechtlichen Gesichtspunkten aus, unter denen die Verwarnung erteilt worden ist (§ 56 IV OWiG). Gleichzeitig ist der Betroffene präkludiert: Denn durch sein Einverständnis und die Zahlung des Verwarnungsgeldes findet eine gerichtliche Überprüfung des Vorliegens einer Ordnungswidrigkeit, wie sie etwa nach erfolgtem Einspruch gegen einen Bußgeldbescheid vorgesehen ist (§§ 67 ff. OWiG), nicht mehr statt. Gerichtlicher **Rechtsschutz** gegen die Verwarnung mit Verwarnungsgeld gem. § 62 OWiG kommt nur noch in Betracht, wenn der Betroffene rügt, er sei bei der Erteilung der gebührenpflichtigen Verwarnung nicht über sein Weigerungsrecht belehrt worden, sein Einverständnis habe nicht vorgelegen oder sei infolge Täuschung, Drohung oder Zwang erklärt worden. Unabhängig von der vorgenannten Vorgehensweise kann die Polizei aber auch eine Verwarnung ohne Verwarnungsgeld erteilen (vgl. § 57 II i.V.m. 56 I S. 2 OWiG).

III. Aufgabe der Straßenverkehrsüberwachung

101 Schließlich gilt es die Aufgabe der Straßenverkehrsüberwachung zu erläutern. Während Verkehrsunterricht gemäß § 48 StVO von den Straßenverkehrsbehörden als allgemeine Ordnungsbehörden erteilt wird, ist die Straßenverkehrsüberwachung Aufgabe der Polizei(vollzugs)behörden. Das geht zunächst aus **§ 44 I StVO** hervor, wonach die Straßenverkehrsbehörden, soweit nichts anderes bestimmt ist, sachlich zuständig sind für die Ausführung der StVO; Straßenverkehrsbehörden sind wiederum die nach Landesrecht zuständigen unteren Verwaltungsbehörden oder die Behörden, denen durch Landesrecht die Aufgaben der Straßenverkehrsbehörden zugewiesen sind. Nach **§ 44 II StVO** ist sogar die (Vollzugs)Polizei befugt, den Verkehr durch

Zeichen und Weisungen (§ 36 StVO) und durch Bedienung von Lichtzeichenanlagen zu regeln. Bei Gefahr im Verzug kann zur Aufrechterhaltung der Sicherheit oder Ordnung des Straßenverkehrs die (Vollzugs)Polizei an Stelle der an sich zuständigen Behörden tätig werden und vorläufige Maßnahmen treffen; sie bestimmt dann die Mittel zur Sicherung und Lenkung des Verkehrs.

Wird die Polizei durch § 44 II StVO befugt, den Verkehr durch Zeichen und Weisun- **102**
gen nach **§ 36 V StVO** zu regeln, handelt es sich bei der zuletzt genannten Vorschrift um eine echte materiellrechtliche Eingriffsbefugnis. Nach dieser Vorschrift darf die Polizei Straßenverkehrsteilnehmer zur Verkehrskontrolle einschließlich der Kontrolle der Verkehrstüchtigkeit und zu Verkehrserhebungen anhalten. Das Zeichen zum Anhalten kann die Polizei auch durch geeignete technische Einrichtungen am Einsatzfahrzeug, eine Winkerkelle oder eine rote Leuchte geben. Die Verkehrsteilnehmer haben die Anweisungen der Polizei zu befolgen.

Klassisches **Beispiel** für eine Maßnahme auf der Grundlage des § 36 V StVO ist die Überprüfung von Führerschein und Zulassungsbescheinigung I[59]. Zwar handelt es sich jedenfalls beim Führerschein um einen Berechtigungsschein, dessen Vorlage die Polizei gem. der polizeigesetzlichen Vorschrift über das Herausverlangen von Berechtigungsscheinen (z.B. § 11 V BremPolG) verlangen kann, § 36 V StVO stellt jedoch eine straßenverkehrsrechtliche Spezialbefugnis dar, die in ihrem Anwendungsbereich die Befugnisnormen des allgemeinen Polizeirechts ausschließt. Gleichwohl kann die Polizei auch auf der Grundlage des § 36 V StVO die Vorlage der genannten Papiere nur dann verlangen, wenn der Betroffene im Zeitpunkt des Herausgabeverlangens zum Mitführen gesetzlich verpflichtet ist. Das ist bei einem Fahrzeugführer, der im Rahmen einer Verkehrskontrolle angehalten wird, der Fall. Die Verpflichtung, den Führerschein mitzuführen und auf Verlangen auszuhändigen, ergibt sich dabei aus § 2 I S. 3 StVG, § 4 II FeV, die entsprechende Verpflichtung in Bezug auf die Zulassungsbescheinigung I aus § 24 S. 2 StVZO. Vgl. dazu auch Rn 202 ff.

L. Hoheitliche Aufgabenerfüllung und private Sicherheitsdienste

Das Sicherheitsbedürfnis vieler Unternehmen, aber auch einiger Privatpersonen, **102a**
veranlasst diese zunehmend, zur Erfüllung ihrer Aufgaben bzw. zur Wahrung ihrer Sicherheitsinteressen private Sicherheitsdienste einzusetzen. Da die Rechtsordnung aber ein Gewaltmonopol des Staates vorsieht und die Ausübung von Gewalt ausschließlich den dafür vorgesehenen Organen der Exekutive überträgt, ergibt sich zwangsläufig das Erfordernis einer Abgrenzung zwischen den Befugnissen privater Sicherheitsdienste und Organen der staatlichen Exekutive. Aufgrund des genannten Gewaltmonopols des Staates stehen Befugnisse zum Schutz der öffentlichen Sicherheit und Ordnung ausschließlich den staatlichen Organen zu; die Befugnisse der privaten Sicherheitsdienste sind – wenn überhaupt – auf solche Rechte begrenzt, die auch sonst Privatpersonen zustehen, den sog. Jedermanns- oder Notrechten wie das Hausrecht (§ 903 BGB), die Notwehr (§ 32 StGB, § 227 BGB), der Notstand (§§ 34, 35 StGB, §§ 228, 904 BGB), die Selbsthilfe (§§ 229, 859 BGB) und die vorläufige Festnahme (§ 127 I StPO). Geht es nicht unmittelbar um Individualschutz, sondern um den Schutz der öffentlichen Sicherheit und Ordnung, bleibt den privaten Sicherheitsdiensten ohnehin nur das Recht der vorläufigen Festnahme nach § 127 I StPO.

---

[59] Mit Wirkung zum 1.10.2005 hat die Zulassungsbescheinigung I den früheren Fahrzeugschein ersetzt; der frühere Fahrzeugbrief wurde durch die Zulassungsbescheinigung II ersetzt.

102b Daraus folgt: Polizei- oder Ordnungsbehörde und privater Sicherheitsdienst nehmen nur ihre jeweiligen Aufgaben wahr: Der private Sicherheitsdienst macht zum Schutz privater Rechte und Rechtsgüter vom Hausrecht und ggf. von den Jedermanns- oder Notrechten Gebrauch. Hingegen ist die Polizei- oder Ordnungsbehörde befugt, zum Schutz der öffentlichen Sicherheit und Ordnung einzuschreiten. Diese klare Aufgabentrennung schließt allerdings nicht aus, dass staatliche Stellen und private Sicherheitsdienste **zusammenarbeiten**. Diese Zusammenarbeit kann zunächst unverbindlich und rein tatsächlich erfolgen.

> **Beispiele:** Informationsaustausch über beide betreffende Situationen und Ereignisse oder auch Informationsweitergabe von privaten Sicherheitsdiensten an die Polizei zur Ergänzung des Lagebilds bei polizeilichen Fahndungen („Düsseldorfer" oder „Frankfurter Modell"), gemeinsamer Streifengang von kommunalen Bediensteten und Angestellten privater Sicherheitsdienste (Public Private Partnership) oder auch von Polizei und privatem Sicherheitsdienst (Police Private Partnership) in Einkaufspassagen, U-Bahnhöfen und anderen sog. semi-öffentlichen Räumen (vgl. Rn 72).[60]

102c Möchte die Behörde private Sicherheitsdienste rechtlich verbindlich in die hoheitliche Aufgabenerfüllung einbinden, kann sie dies nur in dem hierfür vorgesehenen rechtlichen Rahmen. So kann sie private Sicherheitsdienste zunächst als sog. **Verwaltungshelfer** heranziehen. Allerdings kann damit noch keine Übertragung von hoheitlichen Aufgaben erfolgen, weil es dazu einer gesetzlichen Ermächtigung bedarf. Eine echte Aufgabenübertragung kann daher nur über das Institut der **Beleihung** erfolgen. Beleihung ist eine Übertragung von hoheitlichen Aufgaben auf natürliche oder juristische Personen des Privatrechts durch Gesetz oder aufgrund eines Gesetzes.[61] Da die Aufgabenübertragung gerade durch Gesetz oder aufgrund eines Gesetzes erfolgt, scheint zumindest der Parlamentsvorbehalt gewahrt. Zur Kontrolle der Einhaltung der eingeräumten Kompetenz und insbesondere zur Wahrung des Demokratieprinzips ist aber eine umfassende **Rechts-** und ggf. auch **Fachaufsicht** seitens der Aufsichtsbehörde erforderlich.[62]

> **Beispiele:** Als Verwaltungshelfer werden private Sicherheitsdienste häufig bei kommunalen Verkehrsbetrieben, in S- und U-Bahnen und -bahnhöfen und gelegentlich in Strafvollzugsanstalten eingesetzt, als Beliehene bei der Untersuchung von Fluggästen und -gepäck, beim Betrieb von Werksfeuerwehren und beim Schutz militärischer Einrichtungen. Auch für gemeinsame Streifengänge wird der Einsatz privater Sicherheitsdienste als Verwaltungshelfer oder Beliehener diskutiert, als Beliehener auch für die Überwachung des fließenden und ruhenden Verkehrs.[63]

102d Die Beleihung hat aber auch **Grenzen**. Denn Art. 33 IV GG behält hoheitliche Befugnisse grundsätzlich Beamten vor. Das gilt in besonderem Maße für das Polizei- und Ordnungsrecht, der schärfsten Form der Eingriffsverwaltung. Es wäre mit dem Rechtsstaats- und Demokratieprinzip nicht vereinbar, wenn der Staat die Aufgabe des Schutzes der öffentlichen Sicherheit weitgehend Privaten überließe, die nicht demokratisch legitimiert sind. Rechtsstaats- und Demokratieprinzip verlangen für die Beleihung privater Sicherheitsdienste daher eine besondere Rechtfertigung, die über die einfache gesetzliche Ermächtigung hinausgeht. Reduzierung der Personalkosten der öffentlichen Hand kann sicherlich kein Argument für die ungezügelte Übertragung von

---

[60] Vgl. *Pieroth/Schlink/Kniesel*, POR, § 5 Rn 58.
[61] Vgl. BVerwG DVBl **1970**, 735; BremStGH NVwZ **2003**, 81, 82 f.; *R. Schmidt*, AllgVerwR, Rn 110 ff. Vgl. nun auch *Wolff*, JA **2006**, 749, 750.
[62] Vgl. dazu ausführlich BremStGH NVwZ **2003**, 81, 82 f., *R. Schmidt*, AllgVerwR, Rn 110 ff. und nun auch *Wolff*, JA **2006**, 749, 750.
[63] *Pieroth/Schlink/Kniesel*, POR, § 5 Rn 60.

hoheitlichen Aufgaben auf Private sein. Die Frage ist allerdings streitig. Der Streit setzt sich fort bei der Frage, wie frei der Staat ist, öffentlichen Raum wie z.B. Bahnhofsvorplätze, Fußgängerzonen oder Ladenpassagen an die anliegenden Geschäftsleute bzw. an die Deutsche Bahn zu verkaufen und damit in Bezug auf den öffentlichen Zweck zu entwidmen, damit er frei von den Bindungen des Polizei- und Ordnungsrechts wird und die betreffenden Örtlichkeiten als privates Eigentum kraft Hausrechts mittels privater Dienste sicherheits- und ordnungsverwaltet werden.[64] Zwar können die Polizei- und Ordnungsbehörden in derart entstehenden semi-öffentlichen Räumen noch originär tätig werden (vgl. oben Rn 72), sie haben aber auch das von der Widmung nicht mehr überlagerte Hausrecht zu respektieren. Richtigerweise wird man eine Endwidmung nur zulassen dürfen, wenn Gründe des Gemeinwohls bestehen, die bei einer Abwägung mit den Sicherheits- und Ordnungsinteressen der Allgemeinheit den Vorrang genießen.[65] Das wird in Anbetracht der Bedeutung des Polizeirechts für die Allgemeinheit aber kaum der Fall sein.

Schließlich bleibt die Frage zu diskutieren, ob private Sicherheitsdienste wirklich (wie bei Rn 102a beschrieben) von den Jedermanns- und Notrechten Gebrauch machen dürfen. Diese Rechte sind als Ausnahmeregelung zum staatlichen Gewaltmonopol geschaffen worden, um dem betroffenen Bürger eine Möglichkeit an die Hand zu geben, sich einem Angriff auf seine Rechtsgüter zu erwehren, weil obrigkeitliche Hilfe zu spät käme. Handlungsgrundlagen für (gewerblich handelnde) private Sicherheitsdienste wollte der Gesetzgeber damit nicht schaffen. Für deren Tätigwerden hat er vielmehr **§ 34a GewO** geschaffen. Ließe man über diese Regelung hinaus umfassende Jedermanns- und Notrechte zu, umginge man die gesetzgeberische Intention. In jedem Fall ist der Gesetzgeber berufen, eindeutige gesetzliche Grundlagen zu schaffen. Ob dabei der Bund oder die Länder zuständig sind, richtet sich danach, ob man den Schwerpunkt im Gewerberecht (dann greift die Bundeszuständigkeit nach Art. 72, 74 I Nr. 11 GG) oder im allgemeinen Gefahrenabwehrrecht (dann greift die Länderkompetenz gem. Art. 70 I GG) sieht. **102e**

[64] vgl. *Krölls*, NVwZ **1999**, 233, 234 f.; *Gusy*, VerwArch **2001**, 344 f.
[65] vgl. *Finger/Müller*, NVwZ **2004**, 953 f.; *Pieroth/Schlink/Kniesel*, POR, § 5 Rn 63.

2. Kapitel

Prüfung einer Gefahrenabwehrmaßnahme

Das Polizei- und Ordnungsrecht (gelegentlich auch mit POR abgekürzt) kann in Übungs- und Examensklausuren auf verschiedenen Ebenen zu prüfen sein:

A. Problemkreise/Ebenen der Prüfung

103 Zunächst kann es um die Rechtmäßigkeit einer Gefahrenabwehrmaßnahme gehen. Erfüllt die Maßnahme die Merkmale des § 35 VwVfG, handelt es sich um einen Verwaltungsakt. Man spricht von einer **Gefahrenabwehrverfügung**.

Beispiel: Wegen lautstarker Partymusik aus der Nachbarwohnung ist die Polizei bereits dreimal in dieser Nacht herbeigerufen worden. Als sich Gastgeber und Gäste auch diesmal uneinsichtig zeigen und bei ihrer Auffassung bleiben, es sei ihr gutes Recht, „mal so richtig durchzufeiern", betreten die Beamten die Wohnung und stellen die Stereoanlage sicher. Dem Gastgeber teilen sie mit, dieser könne seine Anlage am nächsten Morgen bei der Polizeiwache wieder abholen.

Bei der Frage nach der Rechtmäßigkeit der polizeilichen Maßnahmen (im vorliegenden Beispiel der Wohnungsbetretung und der Sicherstellung der Stereoanlage) steht regelmäßig die Frage nach dem Primärrechtsschutz (= Abwehr) des Bürgers im Vordergrund. Es ist also eine **Rechtsgrundlage** erforderlich, die zudem rechtsfehlerfrei angewendet werden muss, d.h. die Polizei muss die **Tatbestandsvoraussetzungen** einhalten, **ermessensfehlerfrei** handeln und den Grundsatz der **Verhältnismäßigkeit** beachten (vgl. Rn 729 ff.).

In **prozessualer** Hinsicht kommt insbesondere aufgrund der fehlenden aufschiebenden Wirkung eines etwaigen Anfechtungswiderspruchs bzw. einer Anfechtungsklage (§ 80 I i.V.m. II S. 1 Nr. 2/4 VwGO) der Eilantrag nach § 80 V VwGO auf Anordnung bzw. Wiederherstellung der aufschiebenden Wirkung in Betracht (vgl. *R. Schmidt*, VerwProzR, Rn 931 ff.). Da sich die Maßnahme zum Zeitpunkt der Einlegung des Rechtsbehelfs in aller Regel jedoch bereits erledigt haben wird, bietet Primärrechtsschutz die ***erweiterte Fortsetzungsfeststellungsklage***, wenn das Klägerbegehren auf die Feststellung gerichtet ist, dass die Verfügung rechtswidrig gewesen sei, etwa weil ein Rehabilitationsinteresse (ideelles Interesse), ein rechtliches Interesse (zur Vermeidung einer Wiederholung) oder ein wirtschaftliches Interesse (zur Vorbereitung eines zivilrechtlichen Schadensersatzprozesses) besteht (*R. Schmidt*, VerwProzR, Rn 415, 501).

Ferner kann auch eine **Gefahrenabwehrverordnung** (sog. Polizeiverordnung = Rechtsverordnung) zu prüfen sein. Prozessual ist zumeist die verwaltungsgerichtliche Normenkontrolle (§ 47 VwGO) einschlägig (vgl. unten Rn 873 sowie *R. Schmidt*, VerwProzR, Rn 512 ff.).

104 Auf einer zweiten Ebene können Maßnahmen in der **Verwaltungsvollstreckung** Gegenstand der Untersuchung sein.

Beispiel: Würde im obigen Beispiel sich der Gastgeber weigern, die Stereoanlage herauszugeben, könnte die Polizei Zwang anwenden und die Stereoanlage unter Überwindung von Widerstand an sich nehmen. Eine solche Maßnahme stellt sich rechtstechnisch als unmittelbarer Zwang dar, der aber – wegen der besonderen Grundrechtsrelevanz – zusätzlicher Rechtsgrundlagen bedarf (vgl. Rn 962 ff.).

105 Schließlich kann sich die Beantwortung der Frage nach der **Kostentragung** als problematisch erweisen. Geht es um einen Erstattungsanspruch der Behörde gegen den betroffenen Bürger, wird zumeist die Kostenerstattung nach einer rechtmäßigen Ersatzvornahme im Mittelpunkt stehen. Aber auch das umgekehrte Verhältnis, wenn der Bürger bspw. die Kosten einer (rechtmäßigen oder rechtswidrigen) Ersatzvornahme zunächst begleicht, später aber aus Gründen der Unverhältnismäßigkeit erstattet verlangt, kann klausurrelevant werden.[66] Auch sind Klausurkonstellationen denkbar, in denen es um Ersatzansprüche des Bürgers gegen den Staat geht, wenn also auf der Primärebene (Gefahrenabwehr) eine Abhilfe nicht oder nicht mehr möglich ist. Die Polizeigesetze der meisten Bundesländer enthalten eine spezialgesetzliche Regelung über Ersatzansprüche, sei es, dass die Gefahrenabwehrmaßnahmen *rechtmäßig* waren (gegenüber einem Nichtverantwortlichen), oder sei es, dass jemand durch eine *rechtswidrige* Maßnahme der Polizei einen Schaden erleidet.[67] Bei der letzteren Variante handelt es sich somit um einen spezialgesetzlich geregelten Fall des enteignungsgleichen Eingriffs.[68] Für diese Art der Ersatzleistungen ist regelmäßig trotz ihres öffentlich-rechtlichen Charakters der ordentliche Rechtsweg gegeben (z.B. § 62 BremPolG, § 86 NdsSOG). Im Folgenden werden diese Problemkreise ausführlich erläutert.

Problemkreise des allgemeinen Polizei- und Ordnungsrechts 106

(1) Rechtmäßigkeit einer Gefahrenabwehrmaßnahme – Erste Ebene polizeilichen Handelns

- **Eingriffsermächtigung** (Rechtsgrundlage) für jede einzelne polizeiliche Maßnahme
- **Formelle Rechtmäßigkeit** jeder einzelnen polizeilichen Maßnahme: Aufgabe und Zuständigkeit der Polizei; Einhaltung von Verfahrens- und Formvorschriften, ggf. Anhörung und Schriftform der Verfügung
- **Materielle Rechtmäßigkeit** jeder einzelnen polizeilichen Maßnahme:
  - Rechtmäßigkeit der Rechtsgrundlage (nur zu prüfen, wenn Anhaltspunkte für eine Verfassungswidrigkeit bestehen)
  - *Voraussetzungen der Rechtsgrundlage* (insbesondere Gefahr für ein Schutzgut der öffentlichen Sicherheit)
  - Fehlerfreie *Ermessensbetätigung* (Einschreitermessen, Auswahlermessen, d.h. Ermessen bzgl. der Frage, ob eingeschritten werden soll bzw. muss, und Ermessen bzgl. der Festlegung des Mittels und – bei mehreren Verantwortlichen – der Auswahl des Verantwortlichen)
  - Verhältnismäßigkeit der Maßnahme

(2) Rechtmäßigkeit des Verwaltungszwangs (Verwaltungsvollstreckung) – Zweite Ebene polizeilichen Handelns

- Generelle Zulässigkeit des Verwaltungszwangs
- Richtige Auswahl des konkreten Zwangsmittels
- Im gestreckten Verfahren Androhung und ggf. Festsetzung des Zwangsmittels
- Rechtsfehlerfreie Anwendung des Zwangsmittels

(3) Fragen der Kostentragung – Dritte Ebene polizeilichen Handelns

- Erstattung, Entschädigung, Ersatz

[66] Vgl. dazu BVerwGE **102**, 316 ff. sowie *R. Schmidt*, Fälle zum Gefahrenabwehrrecht, Fall 11.

[67] Vgl. §§ 45 ff. MEPolG; **BW:** §§ 55 ff. PolG; **Brand:** § 70 PolG; **Bay:** Art. 70 ff. PAG; **Berl:** §§ 59 ff. ASOG; **Brem:** §§ 56 ff. PolG; **Hamb:** § 10 III-V SOG; **Hess:** §§ 64 ff. SOG; **MeckVor:** §§ 72 ff. SOG; **Nds** §§ 80 ff. SOG; **NRW:** § 67 PolG i.V.m. §§ 39 ff. OBG; **RhlPfl:** §§ 68 ff. POG; **SchlHolst:** §§ 221 ff. LVwG; **Saar:** §§ 68 ff. PolG; **Sachs:** §§ 52 ff. PolG; **SachsAnh:** §§ 69 ff. SOG; **Thür:** §§ 68 ff. PAG.

[68] Vgl. dazu ausführlich *R. Schmidt*, AllgVerwR, Rn 1204 ff.

B. Prüfungsschema in Bezug auf eine Gefahrenabwehrmaßnahme

Ist nach der Rechtmäßigkeit einer Maßnahme gefragt, empfiehlt sich folgendes dreigliedriges[69] Prüfungsschema:

107

Prüfung einer Gefahrenabwehrmaßnahme

Möglicher Obersatz:

Die Maßnahme der Polizei war rechtmäßig, wenn sie in formeller und materieller Hinsicht in rechtsfehlerfreier Anwendung einer Rechtsgrundlage erfolgte.

I. Rechtsgrundlage

1. Spezialbefugnis im Besonderen Gefahrenabwehrrecht (Rn 84 ff.) oder
2. Spezialbefugnis im Polizei- und Ordnungsrecht (Rn 115 ff.) oder
3. polizei- und ordnungsrechtliche Befugnisgeneralklausel (Rn 600 ff.) und
4. keine Subsidiarität des Gefahrenabwehrrechts (Rn 68 ff.)

II. Formelle Rechtmäßigkeit

1. **Zuständigkeit** der handelnden Behörde (Rn 608 ff.) und
2. Ordnungsgemäßes **Verfahren** (Rn 618 ff.) und
3. Einhaltung der **Form**vorschriften (Rn 621 ff.)

III. Materielle Rechtmäßigkeit

1. **Rechtmäßigkeit der Rechtsgrundlage** (Prüfung nur wenn Anhaltspunkte für eine Rechtswidrigkeit vorliegen wie z.B. bei §§ 13 und 15 VersG oder bei fiktiven oder neu erlassenen Gesetzen)
   a. Vereinbarkeit des Gesetzes mit Europäischem Gemeinschaftsrecht
   b. Vereinbarkeit des Gesetzes mit nationalem Verfassungsrecht

   (jeweils Prüfung insbesondere der Vereinbarkeit mit Gesetzgebungskompetenzen und mit Grundrechten; Beachtung des Verhältnismäßigkeitsgrundsatzes; ggf. verfassungskonforme Auslegung)[70]
2. **Rechtmäßigkeit der Einzelmaßnahme** (Einhaltung der Tatbestandsvoraussetzungen der Rechtsgrundlage, d.h. Vereinbarkeit der Gefahrenabwehrverfügung mit der Rechtsgrundlage)
   a. Schutzgut (der öffentlichen Sicherheit bzw. Ordnung) und
   b. Gefahr für das Schutzgut (je nach Tatbestand konkrete oder abstrakte oder sogar qualifizierte Gefahr)
   c. Pflichtigkeit des in Anspruch Genommenen (Störer, Nichtstörer oder Jedermann)
3. **Rechtsfolge**
   a. Einhaltung der **Ermessensgrenzen** (mögliche Fehler: Ermessensunterschreitung, Ermessensfehlgebrauch, Ermessensüberschreitung), und zwar zweidimensional:
      aa. Einschreitermessen (Frage, *ob* eingeschritten werden durfte oder musste)
      bb. Auswahlermessen (Frage, ob *Auswahl* des Adressaten und des Mittels ermessensfehlerfrei war)
   b. Keine Verstöße gegen den Grundsatz der **Verhältnismäßigkeit** (soweit dieser nicht schon abschließend im Rahmen der Ermessensüberschreitung geprüft wurde) und (bei Verwaltungsakten) den **Bestimmtheitsgrundsatz**

---

[69] Gelegentlich ist auch ein zweigliedriges Aufbauschema anzutreffen, das – traditionell begründet – lediglich die formelle und materielle Rechtmäßigkeit untergliedert. Die Rechtsgrundlage wird dabei lediglich bei der materiellen Rechtmäßigkeit genannt. Das zweigliedrige Schema leidet aber einer Schwäche: Oft kommen bestimmte formelle Rechtmäßigkeitsvoraussetzungen (insbesondere einschlägige Verfahrensvorschriften) erst dann in den Blick, wenn die Rechtsgrundlage, d.h. das Gesetz, auf das die Maßnahme gestützt wird, feststeht. Für die Fallbearbeitung ist daher anzuraten, zunächst die Rechtsgrundlage zu benennen, um in einem zweiten Schritt die formellen (rechtsgrundlagenbezogenen) Rechtmäßigkeitsvoraussetzungen und in einem dritten Schritt die materiellen Rechtmäßigkeitsvoraussetzungen zu prüfen (vgl. dazu auch Rn 113 ff.).

C. Rechtsschutz

Wie bei Rn 103 erwähnt, handelt es sich bei einer Gefahrenabwehrmaßnahme, die die Definitionsmerkmale des § 35 VwVfG erfüllt, um einen **Verwaltungsakt**, der für die Polizei- und Ordnungsbehörden das wichtigste Handlungsinstrument darstellt. Im Mittelpunkt steht der *befehlende* Verwaltungsakt (Rechtsbefehl zu einem Tun, Dulden oder Unterlassen). Es kommt damit zur (kumulativen) Anwendbarkeit des allgemeinen Verwaltungsverfahrens, wodurch sich die Rechtmäßigkeit der Einzelmaßnahme nicht nur nach dem Polizei- und Ordnungsrecht, sondern auch nach dem allgemeinen Verwaltungsrecht richtet. Auch die Art des Rechtsschutzes (Anfechtungsklage, Fortsetzungsfeststellungsklage, Eilverfahren) wird durch das Vorliegen eines Verwaltungsakts bestimmt. Da sich der gefahrenabwehrrechtliche Verwaltungsakt aber in der Regel bereits vor Klageerhebung **erledigt** haben wird[71], ist verwaltungsprozessual nicht die Anfechtungsklage, sondern die **Fortsetzungsfeststellungsklage** statthaft. Der Prüfungsaufbau orientiert sich dabei grds. an dem allgemein anerkannten Schema: 108

109

Erweiterte Fortsetzungsfeststellungsklage in Bezug auf eine Gefahrenabwehrverfügung

A. Sachentscheidungsvoraussetzungen

I. Verwaltungsrechtsweg, §§ 40 I S. 1, 173 VwGO i.V.m. §§ 17a, b GVG[72]

II. Zuständigkeit des Gerichts, §§ 45 ff., 52, 83 VwGO/§§ 17a, b GVG

III. Statthafte Klageart: erweiterte Fortsetzungsfeststellungsklage[73]

⇨ „Vorherige" Erledigung des Verwaltungsakts, d.h. Erledigung ist i.d.R. bereits vor Klageerhebung eingetreten

IV. Klagebefugnis, § 42 II VwGO analog

V. Widerspruchsverfahren, §§ 68 ff. VwGO

Nach der hier vertretenen Auffassung ist die vorherige Durchführung eines Widerspruchsverfahrens nicht erforderlich (und auch nicht statthaft).

VI. Frist

Wenn man die erweiterte (nicht die „normale"!) Fortsetzungsfeststellungsklage dem Bereich der Feststellungsklagen zuordnet, ist das Erfordernis der Einhaltung einer Klagefrist analog den Vorschriften über die Anfechtungsklage weder terminologisch noch dogmatisch überzeugend. Daher lässt sich sagen: Die für die Anfechtungs- und Verpflichtungsklagen geltenden Widerspruchs- bzw. Klagefristen laufen zwar bis zum Zeitpunkt der Erledigung und sind insoweit vom Rechtsschutzsuchenden zu beachten. *Diese* Fristen dürfen im Erledigungszeitpunkt noch nicht – mit der Folge der Bestandskraft – abgelaufen sein. Die erweiterte Fortsetzungsfeststellungsklage analog § 113 I S. 4 VwGO unterliegt dagegen, bis auf den Verwirkungsgedanken, keiner Klagefrist.

VII. Klagegegner

Gem. § 78 I Nr. 1 VwGO (und ggf. ergänzend den Ausführungsgesetzen) ist regelmäßig der Staat (das Land) Träger der Polizei. Die Klage ist daher gegen das betreffende Land zu richten. Ist eine Gemeinde Träger der Polizei (vgl. § 63 II i.V.m. § 65 I Nr. 2 i.V.m. § 67 II Nr. 1 BremPolG), ist diese Klagegegner.

---

[70] Zur Prüfung eines Gesetzes vgl. *R. Schmidt*, Staatsorganisationsrecht, Rn 181 ff.

[71] Wie hier nunmehr auch *Frenz*, JA **2007**, 334.

[72] Aufgrund der Regelung des § 173 VwGO i.V.m. § 17 a II S. 1 u. III GVG wird entweder der Verwaltungsrechtsweg vor der Zulässigkeit der Klage geprüft oder man spricht nicht von Zulässigkeits-, sondern von Sachentscheidungsvoraussetzungen, denn hierzu gehört der Verwaltungsrechtsweg in jedem Fall (vgl. dazu ausführlich *R. Schmidt*, VerwProzR, Rn 25 ff.).

[73] Sollte sich die Gefahrenabwehrverfügung ausnahmsweise einmal nicht (vor Klageerhebung) erledigt haben, ist die Anfechtungsklage statthaft.

VIII. Besonderes Feststellungsinteresse, § 113 I S. 4 VwGO analog

1. Schutzwürdiges Interesse rechtlicher Art (Wiederholungsgefahr)
2. Schutzwürdiges Interesse ideeller Art (Rehabilitationsinteresse)
3. Schutzwürdiges Interesse wirtschaftlicher Art (Vorbereitung eines Amtshaftungs- oder Entschädigungsprozesses)

IX. Weitere Sachentscheidungsvoraussetzungen

Des Weiteren sind insbesondere Beteiligungsfähigkeit, Prozessfähigkeit, ordnungsgemäße Klageerhebung und allgemeines Rechtsschutzbedürfnis zu prüfen.

B. Begründetheit

I. Ermächtigungsnorm (Rechtsgrundlage)

⇒ **Spezialgesetz, Standardmaßnahme** oder **Befugnisgeneralklausel**

II. Formelle Rechtmäßigkeit

1. Zuständigkeit: sachlich, örtlich, instanziell
2. Verfahren, insb. **Anhörung** und ggf. deren Entbehrlichkeit
3. Form (ggf. **Schriftform**, bei Polizeivollzugsdienst i.d.R. jedoch **formlos**)

III. Materielle Rechtmäßigkeit

1. *Voraussetzungen der Ermächtigungsnorm* (insbesondere **Gefahr für die öffentliche Sicherheit**)
2. Auf Rechtsfolgeseite fehlerfreie **Ermessensbetätigung** (Einschreitermessen, Auswahlermessen) und **Verhältnismäßigkeit** der Maßnahme. Hinsichtlich der **Störerauswahl** gilt, dass wenn nur eine Person existiert, die als Adressat einer Polizeiverfügung in Betracht kommt, die Störereigenschaft dieser Person i.d.R. bereits auf der Tatbestandsebene zu prüfen ist. Bei mehreren Verantwortlichen ist die Auswahl zwischen ihnen hingegen eine Frage des Auswahlermessens, mithin eine Problematik der Rechtsfolgeseite.

110 **Hinweis für die Fallbearbeitung:** In der Fallbearbeitung kann es im Rahmen des allgemeinen POR – in Abweichung zur allgemeinen verwaltungsrechtlichen Klausur – durchaus vorkommen, dass vom Bearbeiter verlangt wird, zunächst die materielle Rechtmäßigkeit der polizeilichen Maßnahme (Gefahrenabwehrverfügung) zu prüfen. Erst in einem zweiten Schritt ist dann, je nach Fallfrage, zum prozessualen Rechtsschutz Stellung zu nehmen. Das gilt insbesondere für einige süddeutsche Bundesländer. Da aber in der Mehrheit der Bundesländer der übliche Prüfungsaufbau zugrunde gelegt wird, wurde auch vorliegend diesem Aufbau gefolgt.

Im Übrigen muss wie bei allen Aufbauschemata vor einer unreflektierten Einhaltung der vorgeschlagenen Prüfungsreihenfolge eindringlich gewarnt werden. Denn die Probleme des Einzelfalls müssen insbesondere im Polizeirecht i.d.R. aufbauschemaübergreifend behandelt werden. So ist beispielsweise die Störerauswahl rechtsdogmatisch ein Bestandteil des Auswahlermessens, gleichzeitig kann sie aber auch bei der Feststellung der Störereigenschaft des Adressaten auf der Tatbestandsseite geprüft werden. Aus diesem Grund bietet es sich bei komplexen Sachlagen an, lediglich die Voraussetzungen i.e.S. der Rechtsgrundlage auf der Tatbestandsseite und die übrigen Prüfungspunkte einschließlich der Störerauswahl auf der Rechtsfolgeseite zu prüfen. Des Weiteren wird im Folgenden nicht auf die verwaltungsprozessualen Voraussetzungen der Überprüfung polizeilichen Handelns im präventiven Bereich eingegangen, da diese im Rahmen der Anfechtungsklage und der erweiterten Fortsetzungsfeststellungsklage bei *R. Schmidt*, VerwProzR, Rn 110 ff./445 ff. erläutert werden. Hingewiesen soll lediglich auf die Besonderheit des § 40 I S. 2 VwGO. Diese Vorschrift bestimmt, dass öffentlich-rechtliche Streitigkeiten auf dem Gebiet des Landesrechts auch durch **Landesgesetz** einem anderen Gericht (= i.d.R. **Amtsgericht**) zugewiesen werden können.

Beispiel[74]**:** Anlässlich einer Castor-Demonstration ist K – zusammen mit anderen Demonstranten – von der Vollzugspolizei über Nacht in Gewahrsam genommen worden. Später möchte er gerichtlich klären lassen, dass diese Maßnahme rechtswidrig war.

Die polizeiliche **Ingewahrsamnahme** ist eine Standardmaßnahme zur Gefahrenabwehr und in den Polizeigesetzen der Länder geregelt.[75] Daher liegt an sich ein typischer Fall einer gem. § 40 I S. 1 VwGO vor dem zuständigen Verwaltungsgericht zu erhebenden erweiterten Fortsetzungsfeststellungsklage vor, bei dem es um die Überprüfung der Rechtmäßigkeit eines bereits vor Klageerhebung erledigten Verwaltungsakts geht. § 40 I S. 2 VwGO lässt jedoch die Zuweisung derartiger Streitigkeiten an ein anderes Gericht (= i.d.R. Amtsgericht) durch Landesrecht zu. Von dieser Möglichkeit haben einige Landesgesetzgeber Gebrauch gemacht (bspw. in Niedersachsen[76], Berlin und Bayern), weil die Amtsgerichte im Allgemeinen ortsnäher als die Verwaltungsgerichte seien und auch sonst über Freiheitsentziehungen entscheiden würden. Ob die Übertragung der Zuständigkeit auf die Amtsgerichte angesichts der unterschiedlichen Struktur von präventivem und repressivem Polizeirecht rechtspolitisch sinnvoll ist, mag dahingestellt bleiben, sie ist jedoch verfassungsrechtlich nicht zu beanstanden. Insbesondere wird der Rechtsschutz des Betroffenen nicht unzumutbar erschwert oder verkürzt, da § 12 FGG einen Amtsermittlungsgrundsatz vorsieht und das überprüfende Gericht die Sach- und Rechtslage auch am Maßstab des § 113 I S. 4 VwGO (analog) prüft.[77]

[74] Nach OVG Lüneburg NVwZ **2004**, 760, 761.
[75] Zur präventivpolizeilichen Standardmaßnahme *Ingewahrsamnahme* vgl. Rn 449 ff.
[76] Vgl. § 19 NdsSOG i.V.m. dem FGG.
[77] OVG Lüneburg NVwZ **2004**, 760, 761.

3. Kapitel

Polizeiliche Befugnisse nach den Polizeigesetzen

A. Eingriff in Grundrechte/Erfordernis einer Rechtsgrundlage

111 Polizei- und ordnungsrechtliche Maßnahmen greifen in erheblichem Maße in die Rechtssphäre (**Freiheitsgrundrechte**) des betroffenen Bürgers ein und stellen damit die wohl schärfste Form der **Eingriffsverwaltung** dar. Aufgrund der damit verbundenen außerordentlichen Grundrechtsrelevanz gilt für diesen Bereich des administrativen Handelns die Gesetzmäßigkeit der Verwaltung – d.h. **Vorrang und Vorbehalt des Gesetzes** (Art. 20 III GG) – **uneingeschränkt**. Die Verwaltung darf nur in einer bestimmten Weise tätig werden, wenn sie dazu durch Gesetz ermächtigt ist. Die polizeilichen Vorschriften zur Gefahrenabwehraufgabe – sog. Aufgabenzuweisungsnormen[78] – stellen *keine* derartigen Rechtsgrundlagen dar. Sie berechtigen die Polizei- und Ordnungsbehörden *nicht* zu Eingriffen in Freiheit und Eigentum des Individuums. Dafür sind sog. **Befugnisnormen** erforderlich. Nur sie werden dem Gesetzesvorbehalt gerecht.

> **Beispiel:** Landwirt L ist u.a. Halter mehrerer Gänse. Als bei einem Tier Vogelgrippe festgestellt wird, ordnet die zuständige Veterinärbehörde durch Verfügung die Tötung aller Tiere an. Aufgrund des vermehrten Auftretens der Vogelgrippe könne nicht ausgeschlossen werden, dass auch andere Tiere des Hofes infiziert seien. Ebenso wenig könne eine Übertragung des Virus auf den Menschen ausgeschlossen werden.
>
> Da vorliegend durch die Tötungsanordnung in das durch Art. 14 GG geschützte Rechtsgut *Eigentum* des L eingegriffen wird, bedarf es nach dem zu oben Gesagten einer Eingriffsermächtigung (Rechtsgrundlage[79]).

Vor allem im Gefahrenabwehrrecht leitet sich die Zuständigkeit der handelnden Behörde aus (dem Normengefüge) der einschlägigen Rechtsgrundlage ab. Darüber hinaus sind an die spezialgesetzlichen Rechtsgrundlagen i.d.R. **besondere Eingriffsvoraussetzungen** geknüpft. Daher entfalten Spezialermächtigungen oftmals eine **Sperrwirkung** gegenüber allgemeinen Rechtsgrundlagen. Bevor also Fragen der (formellen und materiellen) Rechtmäßigkeit der zu untersuchenden Maßnahme behandelt werden können, muss zunächst die **Rechtsgrundlage** (Eingriffsermächtigung) ermittelt und in der Falllösung benannt werden.

112 **Hinweis für die Fallbearbeitung:** Bei der Frage nach der einschlägigen Rechtsgrundlage ist also auch im Gefahrenabwehrrecht der (allgemeine) Grundsatz zu beachten, dass die speziellen Rechtsgrundlagen den allgemeinen vorgehen. Bei der Bestimmung der einschlägigen Rechtsgrundlage kann ein Klausurschwerpunkt darin

[78] Vgl. § 1 MEPolG; **Bund**: § 1 BundesPolG; **BW:** § 1 PolG; **Bay:** Art. 2 PAG, Art. 6 LStVG; **Berl:** § 1 ASOG; **Brand:** § 1 PolG; **Brem:** § 1 PolG; **Hamb:** § 1 SOG; **Hess:** § 1 SOG; **Nds:** § 1 SOG; **MeckVor:** §§ 2, 7 I Nr. 3, 4 SOG; **NRW:** § 1 PolG; **RhlPfl:** § 1 POG; **Saar:** § 1 PolG; **Sachs:** § 1 PolG; **SachsAnh:** § 1 SOG; **SchlHolst:** §§ 162, 163 LVwG; **Thür:** § 2 PAG.

[79] Die Terminologie ist uneinheitlich. Durchgesetzt hat sich der Begriff „Ermächtigungsgrundlage", obwohl dieser Begriff bereits durch das formellgesetzliche Ermächtigungsverfahren, namentlich eine oberste Bundes- oder Landesbehörde zum Erlass von (abstrakt-generellen) Rechtsverordnungen zu ermächtigen (Art. 80 I GG), besetzt ist. Besonders misslich wird diese „Durchmischung" der Begrifflichkeiten, wenn sich der Einzelakt auf eine Rechtsverordnung stützt und diese wiederum auf ihre Vereinbarkeit mit ihrer gesetzlichen Grundlage geprüft werden muss. Durch die dann erforderliche inzidente Prüfung der Rechtsverordnung kann dies zu einer Verwirrung führen. Insbesondere der Korrektor erkennt dann nicht auf den ersten Blick, was der Klausurbearbeiter mit „Ermächtigungsgrundlage" meint, die gesetzliche Grundlage zum Erlass der Rechtsverordnung oder die gesetzliche Grundlage zum Erlass der Einzelmaßnahme. Es empfiehlt sich deshalb, bei der Prüfung der Einzelmaßnahme den neutralen Begriff „Rechtsgrundlage" zu verwenden.

liegen, von mehreren in Frage kommenden Normen die speziellen zunächst exakt zu subsumieren, um dann im Ergebnis – entweder weil das **Spezialgesetz** in **sachlicher Hinsicht nicht anwendbar** ist oder weil der handelnde **Polizeibeamte nicht zuständig** ist, das Spezialgesetz anzuwenden (vgl. dazu bereits Rn 55) – die betreffende Maßnahme entweder als Standardmaßnahme zu qualifizieren oder sie auf die allgemeine **Befugnisgeneralklausel** zu stützen (negative Evidenz durch gezielte Retardation).

In der Regel findet im Gefahrenabwehrrecht – gem. dem Grundsatz *lex specialis derogat legi generali* – eine Dreiteilung der Eingriffsermächtigung statt: **113**

1. **Spezialgesetzliche** Eingriffsermächtigung (etwa nach dem Versammlungsgesetz – vgl. dazu Rn 114, 1035 ff.)
2. Polizeigesetzliche **Standardmaßnahme** (etwa Ingewahrsamnahme oder Platzverweis) – vgl. dazu Rn 115 ff.
3. Polizeigesetzliche **Befugnisgeneralklausel** (Ermächtigung für eine von der Polizei festzulegenden Maßnahme, um eine im einzelnen Fall bestehende konkrete Gefahr für die öffentliche Sicherheit oder Ordnung abzuwehren) – vgl. dazu Rn 600 ff.

Hinweis für die Fallbearbeitung: Da nicht selten bestimmte Zuständigkeits-, Verfahrens- und Formvorschriften erst dann in den Blick geraten, wenn die Rechtsgrundlage feststeht, empfiehlt es sich, auch in der Fallbearbeitung

- zunächst die **Rechtsgrundlage** zu benennen,
- dann im Rahmen der **formellen Rechtmäßigkeit** der Maßnahme die Zuständigkeit der handelnden Behörde sowie die Einhaltung von Verfahrens- und Formschriften zu prüfen,
- um schließlich der Frage nach der **materiellen Rechtmäßigkeit** der Maßnahme nachzugehen.

Beispiel: Die polizeigesetzliche Datenerhebungsgeneralklausel (z.B. § 28 BremPolG) verlangt die Einhaltung besonderer Verfahrensgrundsätze (z.B. nach § 27 BremPolG). Die Vorschrift des § 27 BremPolG gilt nach h.M. jedoch nicht für die Identitätsfeststellung nach § 11 BremPolG. Würde man also die formelle Rechtmäßigkeit einer Datenerhebung prüfen, ohne zuvor die Rechtsgrundlage benannt zu haben, dürfte man streng genommen zu der Verfahrensvorschrift des § 27 BremPolG kein Wort sagen, weil deren Anwendbarkeit von der Rechtsgrundlage abhängt, und diese ja gerade noch nicht benannt wurde. Da es sich bei § 27 BremPolG aber um eine Verfahrensvorschrift handelt, ist sie zwingend bei der formellen Rechtmäßigkeit der Maßnahme zu prüfen. Man vermeidet dieses Dilemma, indem man zunächst die Rechtsgrundlage benennt und im Anschluss daran die formelle und materielle Rechtmäßigkeit der Maßnahme prüft.[80]

I. Spezialgesetzliche Eingriffsermächtigung

Die einschlägige Rechtsgrundlage kann sich aus einem förmlichen Gesetz, aber auch aus einer Rechtsverordnung (des Bundes oder eines Landes) ergeben. Sie ist nach dem **betroffenen Personenkreis** und/oder dem **betroffenen Sachgebiet** zu bestimmen. **114**

Im **Beispiel** von Rn 111 stützt sich die Tötungsanordnung auf § 18 i.V.m. § 24 I TierseuchenG. Dieses Gesetz ist anwendbar, da Gänse vom Anwendungsbereich des Gesetzes umfasst sind, § 1 II Nr. 3f TierseuchenG. Ob die Voraussetzungen der Rechts-

[80] Dieser sog. dreigliedrige Aufbau wurde schon immer vom Verfasser vertreten; vgl. nun auch *Pieroth/Schlink/Kniesel*, POR, § 27 Rn 2. Zum zweigliedrigen Aufbau vgl. bereits Rn 107.

grundlage vorliegen, ist eine Frage der (materiellen) Rechtmäßigkeitsprüfung (dazu später). Ein Rückgriff auf das allgemeine POR ist grds. ausgeschlossen.

Weitere Beispiele spezialgesetzlicher Rechtsgrundlagen sind: § 24 I **BWassStrG**; § 29 I S. 2 III **LuftVG**; §§ 17, 20, 24, 25 **BImSchG**; §§ 4 I, 5, 15-17, 19 **GastG**; § 3 **VereinsG**; §§ 24a, 25, 33a I S. 3, II, 33d I S. 2, III, IV, 33e, 51 **GewO**; § 16 **InfSchG**; § 4 **StVG**; §§ 38 I, 44 II, 45 I-III **StVO**; §§ 3, 12 II, 17 I, 3 **StVZO**; §§ 5, 12a, 19a, 13, 15 **VersG**

Zu beachten ist allerdings, dass sich der **Polizeivollzugsdienst** in den meisten Fällen (vgl. aber Rn 55!) nicht auf eine Spezialregelung stützen kann. Für den Polizeivollzugsbeamten ist dann die entsprechende Vorschrift des allgemeinen POR anwendbar, weil die Spezialregelung nur dann eine Sperrwirkung entfaltet, wenn sie der Amtswalter auch anwenden darf. Vgl. dazu ausführlich Rn 615 f.

Die in der Praxis und im Studium wohl wichtigste spezialgesetzliche Materie des Gefahrenabwehrrechts stellt das **Versammlungsrecht** dar. Aufgrund seiner Komplexität ist dieses Teilgebiet jedoch in einem separaten Kapitel dargestellt. Vgl. Rn 1035 ff.

II. Präventivpolizeiliche Standardmaßnahmen

1. Anwendungsvorrang vor der Befugnisgeneralklausel

Geht es um Eingriffe in besonders grundrechtssensible Bereiche wie das **Durchsuchen** von **Personen**, **Wohnungen** oder **Sachen**, die **Ingewahrsamnahme**, die **Platzverweisung,** die **Sicherstellung**, die **Identitätsfeststellung** oder **erkennungsdienstliche Maßnahmen**, aber auch um **Datenerhebung, -speicherung und -verwertung**, stellt der im Rechtsstaats- und Demokratieprinzip verankerte Grundsatz vom Vorbehalt des Gesetzes strenge Anforderungen an das zu Grundrechtseingriffen ermächtigende Gesetz. Die Polizeigesetze der Länder haben Eingriffe in diesen Bereichen daher nicht über eine Befugnisgeneralklausel zu legitimieren versucht, sondern über spezielle, inhaltlich sowohl auf Tatbestandsseite als auch auf Rechtsfolgeseite differenzierte Befugnisnormen, die ihren Anwendungsbereich abschließend regeln und folgerichtig der Anwendung der Generalklausel als Eingriffsermächtigung vorgehen. Soweit die Polizeigesetze also bestimmte typisierte polizeiliche Maßnahmen spezialgesetzlich normiert haben, sind die hierzu getroffenen Regelungen abschließend. Das hat zur Folge, dass insoweit **nicht mehr auf die Befugnisgeneralklausel zurückgegriffen werden kann**. Die Standardmaßnahmen stehen nach dem einschlägigen Landesrecht der *(Vollzugs-)Polizei* zur Verfügung. Die *Ordnungsbehörden* dürfen nur in einigen Bundesländern von ihnen Gebrauch machen. 115

Standardmaßnahmen sind gesetzlich geregelte Gefahrenabwehrmaßnahmen, die in bestimmten Erscheinungsformen immer wiederkehren, die sich also typologisch erfassen lassen (*typische* Polizeimaßnahmen). 116

Im Vergleich zur Befugnisgeneralklausel ist dabei der Befugnisrahmen für die Behörde **verengt**. Man kann sagen, dass die Standardmaßnahmen jeweils einen Teilausschnitt der Befugnisgeneralklausel darstellen. Die genannten Verengungen betreffen insbesondere die Tatbestandsvoraussetzungen und setzen bei der Intensität und der zeitlichen Nähe einer möglichen Schädigung durch den Störer an. So ist insbesondere oft von **„gegenwärtiger"** oder **„drohender" Gefahr** (für die öffentliche Sicherheit) die Rede. 117

> **Hinweis für die Fallbearbeitung:** Auch wenn die Vorschriften der Polizeigesetze, die die Standardmaßnahmen betreffen, ihrem Wortlaut nach nicht durchgängig das Vorliegen einer Gefahr (für die öffentliche Sicherheit) voraussetzen, muss in den meisten Fällen das Erfordernis einer Gefahr aufgrund des Charakters der Standardmaßnahmen als Gefahrenabwehrmaßnahmen doch stets angenommen werden. Zu den verschiedenen Gefahrenbegriffen vgl. ausführlich Rn 657 ff.

Hinsichtlich der Darstellung der Standardmaßnahmen in diesem Buch sei vorweggenommen, dass durchweg eine **prüfungsorientierte Darstellung** zugrunde gelegt wird. Bei häufig in Klausuren anzutreffenden Standardmaßnahmen wird bereits in der Gliederung zwischen **formeller** und **materieller Rechtmäßigkeit** unterschieden, sowie ein Prüfungsschema eingebunden, um eine „prüfungsnahe" Darstellung zu gewährleisten. Dennoch ist es zwingend geboten, hinsichtlich des allgemeinen Prüfungsaufbaus und der allgemeinen Rechtmäßigkeitsvoraussetzungen (rechtsfehlerfreie Auslegung von Tatbestandsmerkmalen, Einhaltung der Ermessensgrenzen, Beachtung des Verhältnismäßigkeitsgrundsatzes) zusätzlich die Ausführungen bei Rn 607 ff. und 625 ff. heranzuziehen. 118

2. Rechtsnatur und Einteilung der Standardmaßnahmen

119 Hinsichtlich der **Rechtsnatur** kommt den Standardmaßnahmen nach strittiger, aber überzeugender Auffassung[81] ein **Doppelcharakter** zu:

120 Zum einen sind sie in fast allen Fällen[82] **Verwaltungsakte**, die - nicht anders als die auf die Befugnisgeneralklausel gestützten Maßnahmen - auf ein Gebot (z.B. Vorladung), ein Verbot (z.B. Platzverweis) oder auf eine Duldung (z.B. Gewahrsam) gerichtet sind. Das für die Annahme eines Verwaltungsakts konstitutive Element der Regelung liegt in der **Anordnung** derartiger Maßnahmen gegenüber dem Betroffenen, der hierdurch zu einem **Handeln oder Dulden verpflichtet** wird.

121 Zum anderen liegt in den meisten Standardmaßnahmen ein tatsächliches Element (ein **Realakt**), nämlich **die tatsächliche Durchführung (Vollziehung)** der Maßnahme.[83] Diese tatsächliche Durchführung (Vollziehung) der Maßnahme darf nicht mit einer Maßnahme der Verwaltungsvollstreckung (etwa mit dem unmittelbaren Zwang) verwechselt werden. **Durchführung der Standardmaßnahme und Verwaltungsvollstreckung sind verschiedene Maßnahmen!** Diese Erkenntnis ist wichtig für den Rechtsschutz und unabdingbar für den richtigen Klausuraufbau.

Beispiel: Bei der *Anordnung* der **Durchsuchung**, mit welcher der Betroffene zur Duldung der Durchsuchungshandlung verpflichtet wird, handelt es sich um einen Verwaltungsakt. Davon zu unterscheiden ist die tatsächliche Vornahme der *Durchsuchungshandlung*. Diese stellt das tatsächliche Element der Standardmaßnahme dar, die im Übrigen nicht mit einer Maßnahme der Verwaltungsvollstreckung gleichgesetzt werden darf. Für den Rechtsschutz gilt daher Folgendes: Obwohl dogmatisch zwischen der *Anordnung* der Durchsuchung und deren *Durchführung* zu unterscheiden ist, handelt es sich bei der Durchsuchung um einen einheitlichen Vorgang (die Durchführung der Maßnahme ist nur Mittel zum Zweck). Bei der Frage des Rechtsschutzes ist auf das regelnde Element abzustellen. Daher sind eine **Anfechtungsklage** bzw., da sich die Durchsuchung bereits vor Klageerhebung erledigt haben wird, eine **Anfechtungsfortsetzungsfeststellungsklage** analog § 113 I S. 4 VwGO statthaft.

Gegenbeispiel: Werden bei einer Durchsuchung Sachen gefunden, von denen eine Gefahr für die öffentliche Sicherheit ausgeht, muss die Polizei die Möglichkeit haben, diese Sachen sicherzustellen und zu verwahren. Die Standardmaßnahme **Sicherstellung** erfolgt durch *Anordnung* (regelndes Element) und deren Vollzug durch *Ansichnahme* der Sache (reales Element). Musste die Polizei dagegen die Sache dem Betroffenen (gewaltsam) wegnehmen, um sie sicherstellen zu können, ist das nicht als Ausführungshandlung der Anordnung zu werten, sondern als Zwangsmaßnahme (**unmittelbarer Zwang**). Das hat den Grund, dass die Standardmaßnahme Sicherstellung zwar das Ansichnehmen der Sache umfasst, nicht aber das gewaltsame Besitzergreifen.

122 Da der Verwaltungszwang jedoch keinen Selbstzweck darstellt, sondern der Durchsetzung von Anordnungen und Verfügungen dient, ist klar, dass nur Verwaltungsakte, nicht auch Realakte, mit Mitteln des Zwangs durchgesetzt werden können. Die Qualifikation der Standardmaßnahmen als Verwaltungsakte hat also den Vorteil, dass sie

---

[81] Wie hier OVG Bremen Nord ÖR **2003**, 457, 458; *Schenke*, POR, Rn 115; *Kopp/Schenke*, VwGO, Anh § 42 Rn 35.

[82] Außer im Fall der Videoüberwachung und der heimlichen Überwachungsmaßnahmen, weil bei diesen keine Rechtsfolgeanordnung stattfinden. Zudem soll die heimliche Überwachung dem Betroffenen gerade verborgen bleiben. Würde man bei ihr einen Verwaltungsakt annehmen, wäre dieser unwirksam, weil ein Verwaltungsakt zu seiner Wirksamkeit zumindest bekannt gegeben werden muss (vgl. §§ 41, 43 VwVfG).

[83] Etwas anderes gilt für die Vorladung. Diese besteht nur aus der Anordnung, dass der Betroffene auf der Dienststelle zu erscheinen habe.

als Grundverfügungen für spätere Vollstreckungsmaßnahmen fungieren können. Die Gegenauffassung[84], die bei Standardmaßnahmen ausschließlich von **Realakten** ausgeht, überzeugt daher nicht. Folgte man ihr, müsste die Polizei für den Fall, dass der Betroffene sich weigerte, der Aufforderung nachzukommen bzw. die Maßnahme zu dulden, zur Vollstreckung systemwidrig eine unausgesprochene „Begleitverfügung" konstruieren[85] und dabei auf die Befugnisgeneralklausel mit ihren häufig abweichenden Tatbestandsvoraussetzungen zurückgreifen. Das systemwidrige Zurückgreifen auf eine unausgesprochene „Begleitverfügung" vermeidet man aber, wenn man mit der h.M. in den Standardmaßnahmen nicht nur einen Realakt, sondern gleichzeitig **auch einen Verwaltungsakt auf Duldung der Maßnahme** sieht.

Dagegen ist auch nach h.M. die Anwendung unmittelbaren Zwangs im **gestreckten Verwaltungsvollstreckungsverfahren** ein **Realakt**, weil sie lediglich ein tatsächliches Moment aufweise.[86] Nach regelmäßig erfolgtem Vollzug („Erledigung") wäre insofern ein in einer **allgemeinen Leistungsklage** eingebetteter Folgenbeseitigungsanspruch zu prüfen. Geht man dagegen davon aus, dass mit der Anwendung des Zwangsmittels zugleich die konkludente Verfügung, das Zwangsmittel zu dulden, einhergeht [87], sind die **Anfechtungsklage** bzw. die **Anfechtungsfortsetzungsfeststellungsklage** statthaft. Vgl. dazu ausführlich Rn 928 ff. 123

Schwierig ist schließlich die Beurteilung der Rechtsnatur von Zwangsmitteln im **Sofortvollzug**. Während sie bisher überwiegend als **Verwaltungsakte** angesehen wurden, stellen sie nach einer im Vordringen befindlichen Auffassung (wie die Zwangsmittel im gestreckten Verfahren) **Realakte** dar. Eine Entscheidung kann aber letztlich aufgrund der Regelung des § 18 II BundesVwVG (der einen allgemeinen Rechtsgedanken enthält, der auch auf Landesebene zu beachten ist) dahinstehen. Diese Vorschrift bestimmt nämlich, dass gegen Zwangsmittel, die ohne vorausgehenden Verwaltungsakt, also im Sofortvollzug, angewendet werden, *die* Rechtsmittel zulässig sind, die gegen Verwaltungsakte allgemein gegeben sind. Zwangsmittel im Sofortvollzug müssen daher grundsätzlich mit **Anfechtungswiderspruch** oder **Anfechtungsklage** angegriffen werden. Ist jedoch bereits eine Erledigung i.S.d. § 113 I S. 4 VwGO eingetreten, ist die **Anfechtungsfortsetzungsfeststellungsklage** analog § 113 I S. 4 VwGO i.V.m. dem Annexantrag gemäß § 113 I S. 2 VwGO einschlägig. Vgl. dazu die Ausführungen zur Rechtmäßigkeit des Verwaltungszwangs im gekürzten Verfahren bei Rn 952 ff. 124

Schließlich gewinnen Verwaltungsvollstreckungsmaßnahmen bei den Standardmaßnahmen eine besondere Bedeutung, wenn bspw. in Abwesenheit des Rechtsinhabers eine Sache durchsucht oder sichergestellt wird. Hier liegt, weil der Verwaltungsakt mangels Bekanntgabe an den Betroffenen nicht wirksam werden kann (§§ 41, 43 VwVfG), im Zeitpunkt des Vollzugs noch kein Verwaltungsakt vor. Gleichwohl ist der 125

---

[84] *Drews/Wacke/Vogel/Martens*, § 12 12c; *Schwabe*, NJW **1983**, 369 ff.; dem folgend *Finger*, JuS **2005**, 116, 117 f., der noch dazu unzutreffend annimmt, die Qualifikation der Standardmaßnahmen als Verwaltungsakte berge Wertungswidersprüche in sich.

[85] Davon gehen offenbar *Pieroth/Schlink/Kniesel*, POR, § 12 Rn 10 aus, indem sie von „begleitendem anordnenden Verwaltungsakt" sprechen.

[86] *Kopp/Schenke*, VwGO, Anh § 42 Rn 33; *Kopp/Ramsauer*, VwVfG, § 35 Rn 67; *Schenke*, POR, Rn 572; *Erichsen/Rauschenberg*, Jura **1998**, 31, 40; *Schoch*, JuS **1995**, 307, 311; unklar, aber wohl ebenfalls von einem Realakt ausgehend *Knemeyer*, POR, Rn 364.

[87] So BVerwGE **26**, 161, 164 (Schwabinger Krawalle); *Hufen*, VerwProzR, § 14 Rn 23; **offen gelassen** von *Werner*, JA **2000**, 902, 904 f.

Vollzug möglich. Es handelt sich dann um eine unmittelbare Ausführung bzw. um einen Sofortvollzug.[88]

126 Nach ihrem **Regelungsbereich** lassen sich die Standardmaßnahmen in drei Kategorien gliedern:

- **Maßnahmen der Informationsbeschaffung** und **-verwertung:** Hierzu zählen die Maßnahmen der Datenbeschaffung (Befragung, Identitätsfeststellung, Datenerhebung etc.), Datenspeicherung, Datenübermittlung sowie die Rasterfahndung. Vgl. dazu sogleich Rn 127 ff.
- **Einschränkungen der räumlichen Bewegungsfreiheit:** Hierzu zählen z.B. die Platzverweisung, das Aufenthaltsverbot, die Wohnungsverweisung und die Ingewahrsamnahme. Vgl. dazu Rn 401 ff.
- **Durchsuchung von Personen und Sachen** einschließlich der **Sicherstellung**. Vgl. dazu Rn 486 ff.

3. Maßnahmen der Informationsbeschaffung und -verwertung

a. Eingriff in das Recht auf informationelle Selbstbestimmung

127 **aa. Begriff der Datenerhebung:** Die Gefahrenabwehrbehörden, insbesondere die Polizei im Bereich der Gefahrenvorsorge, waren schon seit jeher darauf angewiesen, für ihre Arbeit personenbezogene Daten zu erheben, zu speichern und zu verarbeiten. Denn es steht außer Frage, dass der Erfolg jeder polizeilichen Arbeit maßgeblich durch die verfügbaren Informationen bestimmt wird. Informationsbeschaffung ist ein integraler Bestandteil der polizeilichen Arbeit. Alle Polizeigesetze enthielten demgemäß schon immer Bestimmungen über die Informationsbeschaffung, die heute zumeist unter der Überschrift „**Datenerhebung und -verarbeitung**" zusammengefasst sind.[89] Diese Bestimmungen beziehen sich ihrem Wortlaut nach auf **personenbezogene Daten**. Zwar enthalten die Polizeigesetze i.d.R. keine Erläuterung, was unter „personenbezogenen Daten" zu verstehen ist, zur Begriffsbestimmung kann aber auf die Legaldefinition des Landes-Datenschutzgesetzes zurückgegriffen werden, wonach unter personenbezogenen Daten „**Einzelangaben über persönliche und sachliche Verhältnisse einer bestimmten oder bestimmbaren natürlichen Person**" zu verstehen sind (vgl. z.B. § 2 I BremDSG).

Beispiele: Name, Vorname, Geburtsort, Geburtsdatum, Anschrift, Telefonnummer, Beruf, Familienstand, körperliche Merkmale, gesundheitliche und finanzielle Verhältnisse, Hobbys, Neigung zu Gewalttätigkeit, Drogenkonsum, Zugehörigkeit zu einer extremistischen Gruppe, Vorstrafen etc. sind Einzelangaben über persönliche und sachliche Verhältnisse bestimmter natürlicher Personen. Mit der Angabe, dass eine Person jeden Samstag an einem bestimmten Gewässer beim Angeln anzutreffen sei, ist die Person zwar nicht bestimmt, sie ist aber bestimmbar bezeichnet.

---

[88] *Götz*, POR, Rn 278; **a.A.** *Würtenberger*, POR, Rn 114, und *Robbers*, DÖV **1987**, 272, 275, bei denen die Standardmaßnahme in diesem Fall zu einem „Realakt eigener Art" wird. Zum Sofortvollzug vgl. Rn 952 ff.

[89] Vgl. **BW:** §§ 19 ff. PolG; **Bay:** Art. 30 ff. PAG; **Berl:** §§ 18 f. ASOG; **Brand:** §§ 29 ff. PolG; **Brem:** §§ 27 ff. PolG; **Hamb:** §§ 2 ff. DVPolG; **Hess:** §§ 11 ff. SOG; **MeckVor:** §§ 26 ff. SOG; **Nds:** §§ 30 ff. SOG; **NRW:** § 24 OBG i.V.m. §§ 9 ff. PolG; **RhlPfl:** §§ 26 ff. POG; **Saar:** §§ 25 ff. PolG; **Sachs:** §§ 37 ff. PolG; **SachsAnh:** §§ 15 ff. SOG; **SchlHolst:** §§ 178 ff. LVwG; **Thür:** §§ 31 ff. PAG.

Die Datenerhebung erfasst **alle Arten des Beschaffens**. Daten können **offen oder verdeckt, unmittelbar oder mittelbar** erhoben werden. Dabei beziehen sich Offenheit und Verdecktheit des Beschaffens auf das Verhältnis sowohl zum Betroffenen als auch zum Dritten. **Adressat** der Datenerhebung ist also sowohl derjenige, über den die Daten erhoben werden und dem gegenüber die Polizei- oder Ordnungsbehörde aufgrund der erhobenen Daten tätig wird oder zu werden erwägt, als auch derjenige, bei dem die Daten erhoben werden. **Verdeckt** ist die Datenerhebung, wenn sie sowohl für den Betroffenen als auch für den Dritten nicht als polizeiliche Maßnahme erkennbar ist oder wenn sie unter einem Vorwand erfolgt, der Betroffene oder Dritte also getäuscht, oder wenn sie ohne Täuschung so verschleiert wird, dass sie dem Betroffenen und Dritten verborgen bleibt.[90] **Unmittelbarkeit** und **Mittelbarkeit** beziehen sich allein auf das Verhältnis zum Betroffenen. 128

Beispiele: Zur Datenerhebung gehören bspw. Befragung des Betroffenen oder eines Dritten, Beobachtung, Einsicht in und Kopieren von Unterlagen, Inbesitznahme von Akten und Dateien, Auswertung allgemein zugänglicher Quellen von der Zeitung bis zum Internet. Zugeordnet in die jeweilige Kategorie ergibt sich:

- ⇨ Die durch Befragung des Betroffenen erhobenen Daten sind offen und unmittelbar, die durch das Abhören des Betroffenen erhobenen Daten sind verdeckt und unmittelbar erhoben.
- ⇨ Die durch Befragung eines Dritten erhobenen Daten sind mittelbar und offen, die durch sein Abhören erhobenen Daten mittelbar und verdeckt erhoben. Zu beachten ist, dass die durch Befragung eines Dritten erhobenen Daten auch dann offen erhoben sind, wenn die Datenerhebung dem Betroffenen verborgen bleibt.
- ⇨ Die Einsicht in und das Kopieren von Unterlagen, die Inbesitznahme von Akten und Dateien und die Auswertung allgemein zugänglicher Quellen sind je nach dem offen, verdeckt, unmittelbar oder mittelbar erhoben.

Gemäß dem Grundsatz der Verhältnismäßigkeit bestimmen die Polizeigesetze, dass die Datenerhebung vorrangig beim **Betroffenen** (also unmittelbar) sowie mit seiner **Kenntnis** (also offen) erfolgt. Möchte die Polizei Daten bei **Dritten** erheben, muss sie zusätzliche Voraussetzungen beachten. Das Gleiche gilt, wenn die Daten **verdeckt** erhoben werden sollen, gleichgültig, ob beim Betroffenen oder bei Dritten. 129

Da dem Beschaffen der Daten der Zweck ihrer Verarbeitung immanent ist, liegt für den Fall, dass der Polizei unaufgefordert Daten zugehen (sog. **aufgedrängte Daten**), eine Datenerhebung immer nur dann vor, wenn die Polizei zur Kenntnisnahme verpflichtet ist, wenn die Daten also ein polizeiliches Tätigwerden erforderlich machen oder machen könnten. 130

Beispiele:

(1) Keine Datenerhebung liegt demnach vor, wenn ein auf einem Streifengang befindlicher Polizeibeamter von einem Mann angesprochen wird, der sich über den verschwenderischen Lebenswandel seines Nachbarn aufregt. Solange derartige Informationen für die Polizei irrelevant sind, liegt eine Datenerhebung nicht vor.

(2) Würde der Mann allerdings berichten, der Nachbar habe von einem bevorstehenden Banküberfall erzählt, liegt in der Entgegennahme der Information durch die Polizei eine Datenerhebung.

---

[90] *Alberts/Merten*, Gesetz über die Datenverarbeitung der Polizei, **1995**, § 2 Rn 9.

(3) Gleiches gilt bspw. für das Ablesen und das Merken des Kennzeichens eines verdächtig erscheinenden Kfz, um eine Überprüfung vorzunehmen. Eine Datenerhebung liegt auch in der Entgegennahme von Alarmen und Notrufen.[91]

131 Auch **Angaben zu Sachen** können personenbezogene Daten sein. Zwar haben Sachangaben grundsätzlich keinen Personenbezug, wenn sich aus ihnen jedoch persönliche Informationen gewinnen lassen, sind sie personenbezogene Daten.

Beispiele: Kriminalstatistiken, Wetterkarten oder Angaben über die Leistung eines Kfz enthalten i.d.R. ausschließlich sachbezogene Daten. Demgegenüber stellt das polizeiliche Kennzeichen eines Kfz ein personenbezogenes Datum dar, weil es ermöglicht, den Halter des Kraftfahrzeugs zu identifizieren.

132 **bb. Wege der Datenerhebung:** Daten können mit Hilfe von **elektronischen Datenverarbeitungsanlagen** (EDV), aber auch auf **jede andere Art** wie bspw. mit Hilfe von **Bild- und Tonträgern erhoben**, **verwertet** und **gespeichert** werden. Daher kommt es letztlich auf die Art des Datenträgers nicht an.

133 **cc. Gesetzliche Rechtsgrundlage:** Soweit die Informationsbeschaffung nicht schon auf „klassischen" Standardbefugnissen wie Identitätsfeststellung, erkennungsdienstlichen Maßnahmen oder Vorladung beruht, wurde lange Zeit hierfür die Befugnisgeneralklausel als ausreichende Ermächtigung angesehen. Zum Teil wurden die Informationsbeschaffung und -verwertung noch nicht einmal als Grundrechtseingriff angesehen, sodass es auch nach dem Grundsatz vom Vorbehalt des Gesetzes nicht geboten schien, sie gesetzlich zu regeln. Gestützt wurden sie deshalb häufig nur auf interne Dienstvorschriften. Seit dem **Volkszählungsurteil** des BVerfG v. 15.12. 1983[92] hat sich jedoch die Rechtsauffassung durchgesetzt, dass jede Erhebung von personenbezogenen Daten grundsätzlich einen **Eingriff in das Grundrecht auf informationelle Selbstbestimmung** (Art. 2 I i.V.m. 1 I GG) darstelle. Freie Entfaltung der Persönlichkeit setzt nämlich gerade unter den modernen Bedingungen der Datenverarbeitung den Schutz des Einzelnen vor unbegrenzter Erhebung, Speicherung, Verwendung und Weitergabe seiner persönlichen Daten voraus. Zwar muss der Bürger Einschränkungen dieses Grundrechts aus Gründen des überwiegenden Allgemeininteresses hinnehmen, diese Beschränkungen bedürfen aber einer **gesetzlichen Grundlage**, aus der sich die **Voraussetzungen** und der **Umfang** der Beschränkungen klar und für den Bürger erkennbar ergeben und die damit dem rechtsstaatlichen Gebot der **Normklarheit** und **Bestimmtheit** entspricht. Darüber hinaus hat der Gesetzgeber bei der Normierung der Eingriffsvoraussetzungen den Grundsatz der **Verhältnismäßigkeit** zu beachten. Des Weiteren hat er angesichts der Gefährdung der informationellen Selbstbestimmung durch die Nutzung der EDV auch **organisatorische** und **verfahrensrechtliche** Vorkehrungen zu treffen, welche der Gefahr einer Verletzung des Persönlichkeitsrechts entgegenwirken.[93]

134 Vor diesem Hintergrund haben die Landesparlamente den gesetzlichen Katalog der materiellrechtlichen und verfahrenstechnischen Regelungen zur Informationsbeschaffung und -verwertung erheblich erweitert und nicht mehr die Befugnisgeneralklausel als ausreichend angesehen. Daher umfassen die Gefahrenabwehrgesetze nun Handlungen, bei denen die Verfasser des Musterentwurfs noch nicht erwogen hatten, für

---

[91] Vgl. *Pieroth/Schlink/Kniesel*, POR, § 13 Rn 3 f.

[92] BVerfGE **65**, 1 ff. Vgl. auch BVerfGE **109**, 279, 325 ff. (Teilweise Verfassungswidrigkeit des sog. großen Lauschangriffs) und BVerfG NJW **2005**, 2603 ff. (Verfassungswidrigkeit der vorbeugenden Telekommunikationsüberwachung); BVerfG NJW **2006**, 976 ff. (Eingriff in das allgemeine Persönlichkeitsrecht durch Beschlagnahme von Handy und Computer mit gespeicherten persönlichen Daten).

[93] BVerfGE **65**, 1, 44.

sie eine gesetzliche Ermächtigungsgrundlage zu schaffen, wie z.B. die **Befragung** eines Passanten, ob er wisse, wem ein falsch geparktes Fahrzeug gehöre (vgl. unten „Befragung", Rn 179 ff.). Auch andere, sehr einschneidend in die Persönlichkeitssphäre des Betroffenen eingreifende, in der Polizeipraxis schon längere Zeit übliche Fahndungsmethoden (z.B. **Rasterfahndung** oder gezielte Ausforschung durch langfristige **Observation**) sind nun gesetzlich normiert. Dabei enthalten die gesetzlichen Regelungen – um die grundrechtlichen Vorgaben und Grenzen zu wahren – eine genaue Beschreibung der Eingriffsvoraussetzungen und der Rechtsfolge. Zu beachten ist jedoch, dass die – in ihrem Anwendungsbereich nicht immer auf den ersten Blick überschaubaren – Neuregelungen der einzelnen Polizeigesetze inhaltlich nicht selten divergieren und auch in ihren Strukturen nur teilweise übereinstimmen. Deshalb müssen die jeweiligen Bestimmungen der Bundesländer unabhängig von dem Studium dieses Buches – das sich in diesem Zusammenhang nur auf allgemeine Ausführungen beschränken kann – eingehend durchgearbeitet werden.

Auch ist zu beachten, dass es eine Reihe **bereichsspezifischer Fachgesetze** gibt, 135
die für ihren Bereich die Voraussetzungen für die Datenerhebung normieren. Denn es leuchtet ein, dass die Erhebung personenbezogener Daten etwa im Gewerberecht anders zu beurteilen ist als im Ausländerrecht. Daher ist stets das Zusammenspiel verschiedener Gesetze zu beachten, was die Rechtsanwendung nicht unbedingt einfacher macht. Hinzu kommt, dass sowohl der Bund als auch die Länder **Datenschutzgesetze** für ihre Behörden erlassen haben. Das BDSG und das jeweilige LDSG sind notwendigerweise allgemeine Gesetze. Sie regeln nicht bereichsspezifisch Erhebung und Verarbeitung personenbezogener Daten durch die öffentliche Hand. Sie enthalten lediglich Begriffsbestimmungen sowie Schutznormen für den Fall, dass es nach anderen Gesetzen zu unzulässigen Eingriffen in die informationelle Selbstbestimmung kommt. So regelt z.B. das BDSG in §§ 2 ff. die für das Datenschutzrecht wesentlichen Begriffe und in §§ 19 ff. die Schutzansprüche des Betroffenen. Die Abgrenzung, ob das BDSG oder das LDSG zur Anwendung kommt, hängt - vergleichbar dem Anwendungsbereich des VwVfG - allein davon ab, welche Behörden gehandelt haben: Für Bundesbehörden gilt das BDSG, für Landesbehörden das LDSG. Bedeutsam für das Verständnis dieser Gesetze ist jedoch, dass sie wegen ihrer notwendigerweise allgemeinen Fassung niemals befugnisbegründend zur Datenerhebung und Datenverarbeitung sein können.[94] Dazu sind stets Befugnisnormen erforderlich. Zu diesen zählen insbesondere Datenerhebungsspezialbefugnisse und Datenerhebungsgeneralklauseln nach den Polizeigesetzen. In diesen finden sich Bestimmungen über die allgemeine und besondere Datenerhebung ebenso wie über die weitere Datenverarbeitung. Sofern diese Befugnisnormen auch zugleich besondere Aussagen über Begriffe und Schutzansprüche ausweisen, gehen sie sogar diesbezüglich dem LDSG vor.

Hinweis für die Fallbearbeitung: Für die Falllösung folgt aus dem Grundsatz der Spezialität als Prüfungsfolge: 136

⇨ Bei der Frage nach der Rechtsgrundlage ist stets das bereichsspezifische Gesetz heranzuziehen. Im Gefahrenabwehrrecht bedeutet dies auch die Berücksichtigung von Sonderordnungsgesetzen vor den Vorschriften über die Datenerhebung und Datenverarbeitung in den allgemeinen Polizei- bzw. Gefahrenabwehrgesetzen der Länder. Das bereichsspezifische Gesetz muss die Befugnis aufweisen, damit ein Eingriff überhaupt vorgenommen werden kann. Es kann darüber hinaus auch die Schutzansprüche regeln mit der Folge, dass ein Rückgriff auf allgemeine Gesetze (z.B. LDSG) dann überhaupt nicht in Betracht kommt.

[94] Wie hier nun auch BVerfG v. 23.2.**2007** – 1 BvR 2368/06.

⇨ Denkbar ist auch, dass das bereichsspezifische Gesetz zwar den Eingriff, nicht aber den Schutzanspruch im Fall eines unzulässigen Eingriffs regelt. In einem solchen Fall ist ein Rückgriff auf das „nächstallgemeinere" Gesetz zulässig, damit die Lücke gefüllt werden kann. Rechtstechnisch muss so vorgegangen werden, dass der Schutzanspruch aus einem allgemeinen Gesetz abgeleitet wird, während der Tatbestand - die Eingriffsrechtfertigung - sich nach dem bereichsspezifischen Gesetz richtet. Für die Ermittlung, welches das jeweils „nächstallgemeinere" Gesetz ist, gilt bei Landesbehörden im Gefahrenabwehrrecht die Reihenfolge: Sonderordnungsgesetz, allgemeines Polizei- und/oder Ordnungsbehördengesetz, LDSG[95].

Beispiel: Die §§ 12a, 19a VersG[96] regeln die Datenerhebung bei öffentlichen Versammlungen. Ist danach eine Datenerhebung rechtswidrig erfolgt, richtet sich der Anspruch auf Löschung nach dem allgemeinen Gefahrenabwehrgesetz des Landes, weil das VersG insoweit eine Lücke aufweist. Sofern der Anspruch auf Löschung rechtswidrig erlangter Daten im allgemeinen Gefahrenabwehrgesetz (Polizeigesetz) geregelt ist, ist ein Rückgriff auf das LDSG nicht zulässig.

b. Allgemeine Regeln der Datenerhebung; Ausweispflicht von Bediensteten

137 Alle Polizeigesetze enthalten allgemeine **Verfahrensregelungen** der Datenerhebung (in einigen Polizeigesetzen auch als „Grundsätze der Datenerhebung" genannt). Diese Bestimmungen enthalten bestimmte **Vorrangregeln**, wonach eine Datenerhebung zunächst grundsätzlich **offen** zu erfolgen hat. Das bedeutet, dass die Datenerhebung für denjenigen, bei dem und über den sie erfolgt, erkennbar durchzuführen ist, damit der Betroffene weiß, über welche Daten die Behörde verfügt.[97] Denn nur so wird er in die Lage versetzt, eventuelle rechtswidrige Eingriffe in sein Grundrecht auf informationelle Selbstbestimmung mit Rechtsschritten abzuwehren. Zur offenen Datenerhebung gehört daher die grundsätzliche **Information des Betroffenen** über deren Rechtsgrundlage und das Ausmaß der Auskunftspflicht oder deren Freiwilligkeit, soweit dies nicht unangemessen ist oder der Zweck der Erhebung dadurch erheblich erschwert oder gefährdet würde.[98] Eine **Ausweispflicht** (Legitimationspflicht) von Polizeibeamten ist nur in einigen Polizeigesetzen ausdrücklich vorgesehen.

138 Die **verdeckte** Datenerhebung, also die Datenerhebung unter Verschleierung der Zugehörigkeit des handelnden Bediensteten zur Polizei oder Ordnungsbehörde bis zum Abschluss der Maßnahme („verdeckter Ermittler"), ist demgegenüber nur ausnahmsweise zulässig. Denn hier ist der Eingriff in das Grundrecht der informationellen Selbstbestimmung besonders deutlich und die rechtliche Abwehr des Eingriffs für den Betroffenen erheblich erschwert, i.d.R. sogar unmöglich. Vielmehr ist dieser auf repressiven Rechtsschutz (Fortsetzungsfeststellungsklage) angewiesen. Daher versteht

---

[95] Wobei – soweit ersichtlich – keines der Landesdatenschutzgesetze Befugnisnormen i.S.d. Grundsatzes vom Vorbehalt des Gesetzes (Art. 20 III GG) enthält, also auch nicht zu grundrechtseingreifenden Maßnahmen befugt. Kann sich die Behörde demnach nicht auf das Landespolizeigesetz stützen (etwa weil sie keine Polizeibehörde ist), ist die Datenerhebung (z.B. Videoüberwachung) rechtswidrig. Vgl. dazu auch BVerfG v. 23.2. **2007** – 1 BvR 2368/06.

[96] Zur Föderalismusreform vgl. Rn 20 Fußnoten 9 und 10.

[97] Vgl. **BW:** § 19 II PolG; **Bay:** Art. 30 III PAG; **Berl:** § 18 II S. 1 ASOG; **Brand:** § 29 III PolG; **Brem:** § 27 II S. 1 PolG; **Hamb:** § 2 III DVPolG; **Hess:** § 13 VII SOG; **MeckVor:** § 26 II SOG; **Nds:** § 30 SOG; **NRW:** § 24 OBG i.V.m. § 9 IV PolG; **RhlPfl:** § 26 V POG; **Saar:** § 25 III PolG; **Sachs:** § 37 V S. 1 PolG; **SachsAnh:** § 15 VI SOG; **SchlHolst:** § 178 II LVwG; **Thür:** § 31 III PAG.

[98] Vgl. **BW:** § 19 III PolG; **Bay:** Art. 30 IV PAG; **Berl:** § 18 V ASOG; **Brand:** § 29 IV S. 1 PolG; **Brem:** § 27 I PolG; **Hamb:** § 2 IV DVPolG; **Hess:** § 13 VIII SOG; **MeckVor:** § 26 III SOG; **Nds:** § 30 I SOG; **NRW:** § 24 OBG i.V.m. § 9 VI PolG; **Saar:** § 25 V PolG; **Sachs:** § 37 II S. 3 PolG; **SachsAnh:** § 15 VII SOG; **SchlHolst:** § 178 III LVwG; **Thür:** § 31 IV S. 1 PAG.

es sich von selbst, dass die gesetzlichen Bestimmungen, die zur verdeckten Datenerhebung ermächtigen, die Eingriffsvoraussetzungen enger umschreiben müssen, um nicht mit Art. 1 I i.V.m. 2 I GG zu kollidieren.

Selbstverständlich **nicht** zulässig ist die Erhebung personenbezogener Daten **„auf Vorrat"**, also zu unbestimmten oder noch nicht bestimmbaren Zwecken. Denn hier ist kein Allgemeininteresse ersichtlich, das den Eingriff in das Grundrecht auf informationelle Selbstbestimmung rechtfertigen könnte.[99] 139

Personenbezogene Daten sind grundsätzlich **unmittelbar**, d.h. **beim Betroffenen zu erheben**. Nachrangig können sie nach den einschlägigen Bestimmungen der Polizeigesetze auch **mittelbar**, d.h. bei Behörden, öffentlichen Stellen oder bei Dritten („anderen") erhoben werden, wenn die Datenerhebung beim Betroffenen nicht oder nur mit unverhältnismäßig hohem Aufwand möglich ist oder wenn die Erfüllung der polizeilichen Aufgaben gefährdet würde. Diese Formulierung erinnert an die Voraussetzungen, die seit jeher für die Inanspruchnahme eines Nichtstörers einzuhalten sind.[100] 140

Schließlich sollen Betroffene und Dritte auf die Rechtsgrundlage sowie (jedenfalls nach einigen Polizeigesetzen) auf die beabsichtigte Verwendung der erhobenen Daten hingewiesen werden. 141

Hinweis für die Fallbearbeitung: Sofern die genannten allgemeinen Regeln der Datenerhebung keine Eingriffsvoraussetzungen normieren, stellen sie entweder eine Präzision des **Grundsatzes der Verhältnismäßigkeit** dar oder sie sind (lediglich) **Verfahrensvorschriften**, nicht jedoch Rechtsgrundlagen für den Grundrechtseingriff in Art. 2 I i.V.m. 1 I GG. Das bedeutet, dass es zur Datenerhebung einer separaten Befugnisnorm bedarf, freilich unter Beachtung der „Grundsätze der Datenerhebung". In der Falllösung könnte wie folgt formuliert werden: „Die Befragung des X greift in dessen Grundrecht auf informationelle Selbstbestimmung ein. Daher ist eine gesetzliche Rechtsgrundlage erforderlich. Eine solche könnte § ... darstellen, freilich unter Beachtung der Verfahrensnorm des § ... ." Vgl. dazu (und zum Prüfungsaufbau) auch die Ausführungen zur Datenerhebungsgeneralklausel bei Rn 334 ff. 142

c. Einzelne Befugnisse

Zu den speziellen Befugnissen hinsichtlich der Datenerhebung und -verarbeitung gehören vor allem **Videoüberwachung**, **Befragung**, **Beobachtung**, **Observation**, der **verdeckte Einsatz technischer Mittel**, die Kooperation mit **Vertrauenspersonen** sowie der Einsatz **verdeckt ermittelnder Personen**.[101] Die parlamentarische Überwachung derartiger Maßnahmen sowie datenschutzrechtliche Regularien sind durch entsprechende Vorschriften gewährleistet.[102] Die Beantwortung der Frage 143

---

[99] BVerfGE **109**, 279, 308 ff.

[100] Vgl. § 6 MEPolG; **Bund:** § 20 BundesPolG; **Bay:** Art. 10 PAG, Art. 9 III LStVG; **Berl:** § 16 ASOG; **BW:** § 9 PolG; **Brand:** § 7 PolG, § 18 OBG; **Brem:** § 7 PolG; **Hamb:** § 10 SOG; **Hess:** § 9 SOG; **MeckVor:** § 71 SOG; **Nds:** § 8 SOG; **NRW:** § 6 PolG, § 19 OBG; **RhlPfl:** § 7 POG; **SchlHolst:** § 220 LVwG; **Saar:** § 6 PolG; **Sachs:** § 7 PolG; **SachsAnh:** § 10 SOG; **Thür:** § 10 PAG, § 13 OBG.

[101] Einzelheiten sind den zitierten Befugnisnormen zu entnehmen. Diese sind (aus rechtsstaatlichen) Gründen derart detailliert formuliert, dass sich nähere Erläuterungen lediglich auf die Wiedergabe des Gesetzestextes beschränken würden. Darauf ist vorliegend verzichtet worden. Zur problematischen *Speicherung* personenbezogener Daten für präventivpolizeiliche Zwecke vgl. *Hohnstädter*, NJW **2003**, 490.

[102] Das BVerfG konnte mit Kammerbeschluss v. 25.4.2001 die Frage nach der Verfassungsmäßigkeit der Datenerhebung zur vorbeugenden Verbrechensbekämpfung offenlassen, da es eine diesbezügliche Verfassungsbeschwerde wegen angeblich nicht genügender Begründung nicht zur Entscheidung annahm (vgl. BVerfG NVwZ **2001**, 1261, 1262). Zu den Anforderungen an Verfahrensregeln hinsichtlich des großen Lauschangriffs vgl. BVerfGE **109**, 279, 308 ff.

nach dem **Rechtsschutz** gegen Maßnahmen, die der Datenerhebung dienen, richtet sich nach deren Rechtsnatur. Werden durch solche Maßnahmen Rechte und Pflichten für den Betroffenen begründet, enthalten sie rechtsverbindliche Regelungen und sind daher als **Verwaltungsakte** zu qualifizieren. Rechtsschutz bieten die Anfechtungsklage bzw. bei Erledigung die Fortsetzungsfeststellungsklage analog § 113 I S. 4 VwGO. Fehlt jedoch eine Rechtsfolgeanordnung, weil die Maßnahme nur auf Herbeiführung eines tatsächlichen Erfolgs gerichtet ist, oder fehlt die für die Bejahung eines Verwaltungsakts erforderliche Bekanntgabe, liegt ein **Realakt** vor. Daher sind z.B. Datenerhebungsmaßnahmen, die zunächst ohne Kenntnis des Betroffenen durchgeführt werden (etwa heimliche Überwachungsmaßnahmen, insb. Observation und Lauschangriff[103]), mit der allgemeinen Leistungsklage bzw. Feststellungsklage anzugreifen. Auch wenn in diesen Fällen der Betroffene nachträglich informiert wird, wird aus der Maßnahme nicht im Nachhinein ein Verwaltungsakt.

aa. Offene Bild- und Tonaufzeichnung; Videoüberwachung

a.) Videoüberwachung öffentlicher Veranstaltungen und Ansammlungen

144 Gemäß den Bestimmungen der Polizeigesetze[104] darf der Polizeivollzugsdienst bei öffentlichen Veranstaltungen oder Ansammlungen offene Bildaufnahmen sowie Bild- und Tonaufzeichnungen über solche Personen anfertigen, bei denen Tatsachen die Annahme rechtfertigen, dass sie nicht geringfügige Ordnungswidrigkeiten oder Straftaten begehen werden, und zu erwarten ist, dass ohne diese Maßnahme die Erfüllung polizeilicher Aufgaben nicht möglich wäre oder wesentlich erschwert würde.

Der Begriff der **Straftat** ist in den Polizeigesetzen legaldefiniert (vgl. nur § 2 Nr. 4 BremPolG). Als nicht nur **geringfügige Ordnungswidrigkeiten** sollten solche Ordnungswidrigkeiten angesehen werden, bei denen der Betroffene nicht verwarnt und kein Verwarnungsgeld (5,- bis 35,- €) erhoben werden kann (vgl. §§ 17 III und 56 I OWiG).

145 Die genannten **öffentlichen Veranstaltungen** und **Ansammlungen** unterscheiden sich von einer **Versammlung** i.S.v. Art. 8 I GG dadurch, dass die Teilnehmer zwar denselben, nicht aber einen gemeinsamen Zweck verfolgen und damit **weder dem Schutz des Art. 8 I GG noch dem vorrangigen und abschließenden VersG** unterliegen.

> **Beispiele:** Bei den öffentlichen Veranstaltungen im dargelegten Sinn handelt es sich bspw. um Volksfeste, Jahrmärkte, Schützenfeste, Sportveranstaltungen, Zirkusveranstaltungen, Messen usw. Eine öffentliche Ansammlung ist hingegen das eher zufällige Zusammentreffen von Personen, die z.B. als Neugierige einen Unfall oder eine Schlägerei umlagern. Auch das mehr oder weniger spontane Zusammenkommen einer Gruppe von Skinheads vor einem Asylbewerberwohnheim ist eine Ansammlung.

146 Die Unterscheidung zwischen öffentlichen Veranstaltungen bzw. Ansammlungen einerseits und Versammlungen i.S.v. Art. 8 I GG andererseits ist deshalb wichtig, weil zum einen die Polizeigesetze der Länder gesetzessystematisch keine Gesetze i.S.v. Art. 8 II GG sind und zum anderen die Länder Art. 8 I GG auch nicht in ihren Polizei-

---

[103] Zum Lauschangriff vgl. ausführlich Rn 268 ff.

[104] Vgl. § 8 MEPolG; **Bund:** § 26 BundesPolG; **BW:** § 21 PolG; **Bay:** Art. 32 PAG; **Berl:** §§ 24 ASOG; **Brand:** § 31 PolG; **Brem:** § 29 PolG; **Hamb:** § 8 DVPolG; **Hess:** § 14 SOG; **MeckVor:** § 32 SOG; **Nds:** § 32 SOG; **NRW:** § 15 PolG; **RhlPfl:** 27 POG; **Saar:** § 27 PolG; **Sachs:** § 38 PolG; **SachsAnh:** § 16 SOG; **SchlHolst:** § 184 LVwG; **Thür:** § 33 PAG.

gesetzen als einschränkbares Grundrecht zitieren. Im Übrigen wird zur Abgrenzung zwischen Ansammlung und Versammlung auf die Ausführungen bei Rn 1041 ff. verwiesen.

147 Läge also eine Versammlung i.S.v. Art. 8 I GG statt einer (bloßen) Ansammlung vor und stellte die Bild- und Tonaufzeichnung auf der Grundlage der Polizeigesetze einen Eingriff in den Schutzbereich des Grundrechts dar, wäre sie verfassungswidrig. Ob jedoch Bild- und Tonaufzeichnungen von Versammlungsteilnehmern einen Eingriff in Art. 8 I GG darstellen, lässt sich nicht zweifelsfrei beantworten. Das BVerfG hat entschieden, dass das Grundrecht aus Art. 8 I GG auch durch faktische Maßnahmen beeinträchtigt werden könne, wenn sie in ihrer Intensität imperativen Maßnahmen gleichstünden. So könnten staatliche Überwachungsmaßnahmen (etwa Dokumentation oder Videoüberwachung) dazu führen, dass die innere Entschlussfreiheit, an einer Versammlung teilzunehmen, beeinträchtigt werde. Führe eine Überwachungsmaßnahme dazu, dass der Betroffene lieber auf die Grundrechtsausübung verzichte, sei von einem Eingriff auszugehen.[105] Das Gleiche gelte, wenn exzessive Observationen und Registrierungen vorgenommen würden.[106]

148 Würden somit auf der Grundlage der polizeigesetzlichen Bestimmungen in exzessiver Weise Bild- und Tonaufnahmen angefertigt und handelte es sich um eine von Art. 8 I GG geschützte Versammlung, wäre die Datenerhebung verfassungswidrig. Anders als z.B. § 14 II HessSOG, der Videoaufnahmen auch bei Versammlungen i.S.v. Art. 8 I GG zulässt und damit zumindest verfassungsrechtlich bedenklich ist, sind andere Polizeigesetze, wie z.B. das BremPolG, diesem schmalen Grad nicht gefolgt und haben von vornherein Bild- und Tonaufnahmen nur bei öffentlichen Veranstaltungen und Ansammlungen zugelassen, die zweifelsfrei *nicht* dem Schutzbereich des Art. 8 I GG unterfallen. Die Frage, ab welcher Intensität Bild- und Tonaufnahmen exzessiv sind, stellt sich in diesen Ländern dadurch gar nicht. Auf der Grundlage dieses überzeugenden Konzepts sind in diesen Ländern Bild- und Tonaufzeichnungen von Personen, die sich auf Art. 8 I GG berufen können, daher nicht nach den Bestimmungen des Polizeigesetzes, sondern – wegen des nicht auszuschließenden Eingriffs in Art. 8 I GG – ausschließlich nach §§ 12a, 19a VersG durchzuführen (vgl. Rn 136).

149 Ist die polizeigesetzliche offene Bild- und Tonaufzeichnung zwar grundsätzlich zulässig, darf sie nur **bei oder unmittelbar im Zusammenhang** mit öffentlichen Veranstaltungen oder Ansammlungen durchgeführt werden. Sie kann daher sowohl *während* der öffentlichen Veranstaltung oder Ansammlung als auch *vorher oder nachher* erfolgen (insbesondere bei der An- und Abreise teilnehmender Personen). Erforderlich ist jedoch stets ein zeitlicher und räumlicher sowie innerer Zusammenhang mit der Veranstaltung oder Ansammlung.

150 Die Formulierung „**Tatsachen die Annahme rechtfertigen, dass**..." bedeutet, dass keine konkrete Gefahr vorliegen muss, sondern dass eine **abstrakte Gefahr** bzw. ein **Gefahrenverdacht** genügt, um eine Datenerhebung zu den o.g. Zwecken durchzuführen.[107] Voraussetzung für die Bild- und Tonaufzeichnung ist also eine auf tatsächlichen Anhaltspunkten beruhende Prognose, dass Straftaten oder nicht geringfügige Ordnungswidrigkeiten mit hinreichender Wahrscheinlichkeit zu erwarten sind und dass ohne die Bild- und Tonaufzeichnung die Erfüllung polizeilicher Aufgaben nicht möglich wäre oder wesentlich erschwert würde.

---

[105] BVerfGE **65**, 1, 43 (Volkszählung).
[106] BVerfGE **69**, 315, 359 (Brokdorf).
[107] Zu den Begriffen *abstrakte Gefahr* und *Gefahrenverdacht* vgl. Rn 666 und 689.

151 Die Aufzeichnungen dürfen grundsätzlich nur über **diejenigen Personen** angefertigt werden, gegen die sich der soeben genannte **Verdacht richtet**, ohne dass die Voraussetzungen der Vorschriften über die polizeirechtlich Verantwortlichen vorliegen müssten. Das Erfordernis des Verdachts schließt es z.B. aus, Bildaufnahmen von allen Zuschauern eines Rockkonzerts anzufertigen, wenn die erkennbar gewalttätigen Fans und Hooligans sich ausschließlich in einem bestimmten räumlichen Bereich aufhalten. Nur in diesem Rahmen darf die Maßnahme nach den Bestimmungen der Polizeigesetze dann auch zwangsläufig unbeteiligte Personen erfassen.

152 Die verfassungsrechtliche Rechtfertigung für die Datenerhebung im Zusammenhang mit öffentlichen Veranstaltungen oder Ansammlungen besteht darin, dass von Veranstaltungen und Ansammlungen unter Umständen ein großes Gefahrenpotential ausgeht, weil größere Menschenmengen aufgrund der ihnen innewohnenden Eigendynamik relativ leicht aufgewiegelt werden und Straftäter sich leicht in solchen Menschenmengen verstecken können. Bestehen Anhaltspunkte, dass von Teilnehmern Straftaten oder Ordnungswidrigkeiten begangen werden könnten, ist es zur Gefahrenabwehr sinnvoll, solche Menschenmengen genau, insbesondere mit Hilfe der Videotechnik, zu beobachten, um frühzeitig gefährliche Entwicklungen erkennen und ihre Verursacher identifizieren zu können, damit ein gezieltes Eingreifen möglich wird, das die friedlichen Teilnehmer möglichst unbehelligt lässt. So vorteilhaft diese Beobachtung auch sein mag, darf doch nicht verkannt werden, dass damit auch in das Grundrecht der informationellen Selbstbestimmung eingegriffen wird. Diesen Konflikt zwischen den Bedürfnissen einer effektiven Gefahrenvorsorge und dem Datenschutz lösen die Polizeigesetze, indem sie grundsätzlich eine **Vernichtung** oder **Löschung** sämtlicher gesammelter Daten i.d.R. innerhalb einer Frist von **zwei Monaten** nach ihrer Erhebung vorschreiben, sofern diese nicht zur Verfolgung von Straftaten oder Ordnungswidrigkeiten zwingend benötigt werden.

b.) Videoüberwachung öffentlicher Flächen

153 Seit einiger Zeit ermöglichen die Polizeigesetze[108] der Polizei, öffentlich zugängliche Orte, an denen vermehrt Straftaten begangen werden oder bei denen aufgrund der örtlichen Verhältnisse die Begehung von Straftaten besonders zu erwarten ist (etwa Bahnhofsvorplätze, U-Bahnhöfe, Parks, Fußgängerunterführungen etc.), mittels Bildübertragung und -aufzeichnung offen und erkennbar zu beobachten. Diese Befugnis ist problematisch, weil sie nicht notwendigerweise an eine Gefahr anknüpft, sondern (wegen des Verweises in den Befugnisnormen auf die Aufgabenzuweisungsnormen, die vorbereitende Maßnahmen und sogar die Verhütung von Straftaten zulassen) auch lediglich der allgemeinen (Gefahren-)Vorsorge dienen kann. Zwar wird mit dem Argument, dass derjenige, der sich der Öffentlichkeit aussetze und andere beobachte, auch mit der Beobachtung durch andere rechnen müsse – teilweise die Grundrechtsrelevanz derartiger Maßnahmen in Frage gestellt.[109] Dagegen spricht aber schon der Umstand, dass man als Privatperson allenfalls mit der Beobachtung durch private Dritte rechnen muss, nicht aber mit der (ständigen) Beobachtung durch die Obrigkeit, die sich noch dazu technischer und elektronischer Mittel bedient, mit deren Hilfe

[108] **Bund**: § 27 I BundesPolG; **BW**: § 21 II, III PolG; **Bay**: Art. 32 II, III PAG; **Berl**: § 24a ASOG; **Brand**: § 31 III PolG; **Brem**: § 29 III PolG; **Hamb**: § 8 III DVPolG; **Hess**: § 14 III, IV SOG; **MeckVor**: § 32 III SOG; **Nds**: § 32 III SOG; **NRW**: § 15a I PolG; **RhlPfl**: § 27 III POG; **Saar**: § 27 II PolG; **Sachs**: § 38 II PolG; **SachsAnh**: § 16 II, III SOG; **SchlHolst**: § 184 III LVwG; **Thür**: § 33 II PAG. Dagegen enthält – soweit ersichtlich – keines der Landesdatenschutzgesetze Befugnisnormen i.S.d. Grundsatzes vom Vorbehalt des Gesetzes (Art. 20 III GG), befugen also auch nicht zu grundrechtseingreifenden Maßnahmen. Kann sich die Behörde demnach nicht auf das Landespolizeigesetz stützen (etwa weil sie keine Polizeibehörde ist), ist die Videoüberwachung, sofern sie einen Grundrechtseingriff darstellt, rechtswidrig. Vgl. dazu sogleich.

[109] VG Karlsruhe NVwZ **2002**, 117.

Informationen erlangt werden können, deren Verarbeitung für den Bürger nicht ersichtlich ist. Darüber hinaus besteht die latente Gefahr der Aushöhlung des Rechts auf informationelle Selbstbestimmung (Art. 2 I GG i.V.m. Art. 1 I GG) der Bürger, sofern eine flächendeckende Überwachung stattfindet.[110] Daher ist ein Eingriff in das Grundrecht auf informationelle Selbstbestimmung selbst bei bloßer Beobachtung mittels Bildübertragung ohne Bildaufzeichnung (sog. Kamera-Monitor-Prinzip) zu bejahen.[111] Jedenfalls dürfte die offen durchgeführte Videoüberwachung zur **Terrorismusbekämpfung** untauglich sein, weil sich der betreffende Personenkreis wohl kaum in den Kamerabereich begeben bzw. sich dort auffällig verhalten wird.

Problematisch ist auch die **Zuständigkeit der Länder** für derartige Maßnahmen. 154
Zwar sind die Länder in Ermangelung einer Gesetzgebungskompetenz des Bundes für das allgemeine Gefahrenabwehrrecht zuständig. Problematisch wird das Ganze aber dann, wenn die Videoüberwachung an keine konkrete Gefahr anknüpft und die erlangten Informationen *aufgezeichnet* und später mehr oder weniger zur Aufklärung von Straftaten eingesetzt werden. Denn für die Aufklärung von Straftaten ist der Bund zuständig (Art. 74 I Nr. 1 GG), der in Bezug auf die Bildaufzeichnung mit § 100 f I Nr. 1 StPO auch von seiner Gesetzgebungskompetenz abschließend Gebrauch gemacht hat. Eine Verwendung auf präventiv-polizeilicher Basis gewonnener Erkenntnisse für ein Strafverfahren ist aufgrund der erwähnten Bundesgesetzgebungskompetenz nur auf der Grundlage des § 484 IV StPO zulässig. Die gelegentlich vertretene Ansicht, die Verwendung personenbezogener Daten, die für Zwecke künftiger Strafverfahren (also im Rahmen der sog. **Strafverfolgungsvorsorge**) in Dateien der Polizei gespeichert seien, richte sich demgegenüber nach den Polizeigesetzen[112], dürfte aufgrund der Rspr. des BVerfG zur präventiven Telekommunikationsüberwachung[113] zu relativieren sein. Das Gericht hat entschieden, dass die Aufnahme der verdachtsunabhängigen vorbeugenden Telefonüberwachung zum Zweck der Strafverfolgungsvorsorge in das niedersächsische SOG u.a. gegen die Gesetzgebungskompetenzvorschriften des Grundgesetzes verstoßen habe, weil die Strafverfolgungsvorsorge dem Strafprozessrecht und damit der konkurrierenden Gesetzgebungskompetenz des Bundes unterfalle. Von dieser Gesetzgebungskompetenz habe der Bund mit dem Erlass der StPO abschließend Gebrauch gemacht.[114] Überträgt man diese Rechtsprechung auf die (verdachtsunabhängige) Videoüberwachung, dürfte die Zuständigkeit der Länder für die Videoüberwachung jedenfalls unter dem Aspekt *Aufzeichnung der Beobachtung* zu verneinen sein. Demgegenüber kann man die reine *Beobachtung* (also die Datenerhebung ohne Aufzeichnung – sog. Kamera-Monitor-Prinzip) als Teil der sog. **Gefahrenvorsorge**[115] der Gesetzgebungskompetenz der Länder unterstellen.

Die Videoüberwachung muss **„offen und erkennbar"** erfolgen. Das ist der Fall, 155
wenn Hinweisschilder existieren, die auf die Überwachung hinweisen. Dabei ist jedoch

[110] Vgl. zur Kritik *Zöller*, NVwZ **2005**, 1235 ff.; *Göddeke*, NVwZ **2002**, 181, 182; *Roggan*, NVwZ **2001**, 134 ff.; *Vahle*, NVwZ **2001**, 165 f.; *Dolderer*, NVwZ **2001**, 130 ff.; *Maske*, NVwZ **2001**, 1248 ff. Das VG Karlsruhe NVwZ **2002**, 117, 118 (aufgehoben von VGH Mannheim NVwZ **2004**, 498 ff.) erhebt keine Bedenken gegenüber der Verfassungsmäßigkeit des § 21 III BWPolG.

[111] Erfreulicherweise auch VGH Mannheim NVwZ **2004**, 498, 499 ff. Das BVerfG hat hingegen offen gelassen, ob die bloße (offene) Beobachtung (per Videokamera) einen Eingriff in die informationelle Selbstbestimmung darstellt, im betreffenden Fall den Grundrechtseingriff aber darauf gestützt, dass die Daten auch aufgezeichnet wurden (vgl. BVerfG v. 23.2. **2007** – 1 BvR 2368/06).

[112] So *Schenke*, POR, Rn 185 a.E.

[113] BVerfG NJW **2005**, 2603, 2606.

[114] Das Vorgehen des niedersächsischen Gesetzgebers verwundert umso mehr, als bereits im Jahre 2000 das MeckVorVerfG (LKV **2000**, 345 ff.; s.o.) eine derartige Regelung für verfassungswidrig erklärt hatte. Nicht überzeugend auch *Collin*, JuS **2006**, 494 f., der das Urteil des BVerfG (NJW **2005**, 2603) nicht zu kennen scheint und sich folgerichtig auch nicht mit ihm auseinandersetzt.

[115] Nicht zu verwechseln mit der soeben genannten Strafverfolgungsvorsorge!

zu beachten, dass auch ein Kamerasymbol auf dem Schild angebracht sein muss, damit der Zweck nicht dadurch unterlaufen wird, dass der Adressat die Schrift nicht lesen kann. Des Weiteren muss die Videoüberwachungsmaßnahme i.d.R. durch die Behördenleitung **angeordnet** werden.[116]

156 In **materieller** Hinsicht ist die Befugnis mit Blick auf den permanenten Eingriff in das Grundrecht auf informationelle Selbstbestimmung nicht ganz unproblematisch. So ist zunächst nicht ausgeschlossen, dass die Videoüberwachung hintergründig nicht der vorbeugenden Bekämpfung von Straftaten bzw. der Gefahrenabwehr dient, sondern lediglich zu einer **Verdrängung der Kriminalität** in bislang nicht oder nur gering betroffene Bereiche führen könnte. Der Verweis der Innenminister der Länder auf die positiven Ergebnisse durchgeführter Pilotprojekte und die Bewertung die Videoüberwachung als erfolgreiche Maßnahme der Kriminalitätsbekämpfung mit vorrangig präventiver Wirkung überzeugt nicht. Denn es bestehen keine wissenschaftlich abgesicherten Befunde über die Wirksamkeit bzw. Unwirksamkeit öffentlicher Videoüberwachung.

157 Ein weiterer Kritikpunkt besteht darin, dass sich Bürger aufgrund der offen erkennbaren Videoüberwachung zu stark in Sicherheit wähnen könnten. Weiterhin könnte die Zivilcourage sinken, wenn Bürger davon ausgehen, dass aufgrund der Videoüberwachung professionelle Hilfe nicht weit sei. Zudem kann man sich auf den Standpunkt stellen, dass durch die öffentliche Videoüberwachung zunächst einmal alle Personen einem Generalverdacht unterliegen, was der Unschuldsvermutung zu widersprechen scheint. Auch ist zu kritisieren, dass durch die Videoüberwachung lediglich die Symptome einer verfehlten Gesellschaftspolitik bekämpft werden. So ist z.B. völlig offen, ob durch die Videoüberwachung der „kleine Taschendieb" schlicht zu Hause bleibt, einer erlaubten Tätigkeit nachgeht oder sich für die Begehung seiner Taten einfach einen unbeobachteten Ort sucht. Unterstellt, dass der Taschendieb, wenn er einen Arbeitsplatz hätte, gar nicht erst stehlen würde, müssten in erster Linie die Ursachen von Kriminalität und nicht die Symptome bekämpft werden.

158 Befürchtungen bestehen auch hinsichtlich einer Stigmatisierung bestimmter Menschen aufgrund ihrer Hautfarbe, Bekleidung usw., da dadurch möglicherweise eine Voreingenommenheit bei den beobachtenden Polizeibeamten provoziert wird. Auch ist nicht zu verkennen, dass Videoüberwachung dazu führen kann, dass soziale Randgruppen wie Punks, Bettler usw. aus den betreffenden Räumen verdrängt werden und dadurch den Bürgern eine „saubere" Stadt präsentiert wird, die in Wirklichkeit nicht existiert.

159 Aufgrund der genannten verfassungsrechtlichen Bedenken steht die Videoüberwachung unter dem Vorbehalt einer **strengen Verhältnismäßigkeitsprüfung**, wollte man sie nicht für **verfassungswidrig** erklären.

160 Zunächst müsste die Befugnisnorm des LandesPolG einen legitimen Zweck verfolgen. Die Vorschrift verweist insoweit auf die Aufgabenerfüllung nach § 1 des LandesPolG (bzw. Art. 2 BayPAG). Dieses weite Ziel des Polizeirechts gilt nach gefestigter Rspr. auch im Sinne der Normenklarheit und Rechtsstaatlichkeit als bestimmt genug und damit als verfassungskonform, weil sich der Inhalt der polizeilichen Aufgaben zum Schutz des Bestands an Rechtsgütern hinreichend verdichtet habe. Das Ziel der Videoüberwachung würde daher nur dann verfehlt, wenn dadurch Rechtsgüter anderen

[116] Vgl. etwa **BW:** § 22 VI PolG; **Brand:** § 32 II S. 1, 34 II, 35 IV PolG; **Brem:** § 30 PolG; **Hess:** §§ 16 V, 17 IV SOG; **NRW:** § 16 II, 17 III, 18 III, 19 II, 20 IV PolG; **RhlPfl:** 28 V S. 1 POG; § 27 II PolG; **Sachs:** § 39 IV PolG.

Orts stärker gefährdet würden. Das kann mangels empirischer Grundlage jedoch nicht angenommen werden.

Dass die Videoüberwachung der Reduzierung der Kriminalitätsrate an dem überwachten Ort und damit der Gefahrenabwehr jedenfalls dienlich ist, dürfte keinem vernünftigen Zweifel unterliegen. **161**

Um die Frage zu beantworten, ob die gesetzliche Befugnis zur Videoüberwachung öffentlicher Orte wegen anderer, aber weniger in die Grundrechte eingreifender Maßnahmen unverhältnismäßig oder deswegen verfassungswidrig ist, weil sie in ihrer Intensität übermäßig das Recht auf informationelle Selbstbestimmung einschränken könnte, ist eine Definition des „Ortes" der Videoüberwachung erforderlich. Die Befugnisnormen der Polizeigesetze statuieren i.d.R. dazu zwei Beschränkungen. Erstens setzt die Vorschrift **öffentliche Zugänglichkeit** voraus, die besteht, wenn der Zutritt einer unbestimmten Vielzahl von Personen ohne weiteres erlaubt ist und deren Zutritt kein wesentliches Hindernis entgegensteht. Erfasst sind daher öffentliche Plätze, Viertel oder ganze Stadtteile. Nicht zu den zulässigen Orten gehören jedenfalls geschlossene oder private Räume. Zweitens muss es sich um Orte handeln, an denen **vermehrt Straftaten** begangen werden oder bei denen aufgrund der örtlichen Verhältnisse die Begehung von Straftaten besonders zu erwarten ist.[117] Das ist bei Orten der Fall, an denen sich erfahrungsgemäß Straftäter verbergen, Personen Straftaten verabreden, vorbereiten oder verüben, sich ohne erforderliche Aufenthaltserlaubnis treffen oder der illegalen Prostitution nachgehen, also bei Orten, die sich für eine planmäßig vorbereitete, überraschende Absperrung mit anschließender Identitätsfeststellung („Razzia") eignen. Sofern der Befugnisnorm eine Beschränkung der Videoüberwachung auf diese Orte nicht zu entnehmen ist, ist sie verfassungskonform dergestalt auszulegen, dass sie nur jene Orte erfasst, die öffentlich zugänglich und aufgrund ihrer Kriminalitätspotentiale besonders gefährlich sind.[118] Nähme man eine derartige Einschränkung nicht vor, wäre die Verfassungsmäßigkeit der Befugnisnorm erst recht in Frage zu stellen. Das betrifft in erster Linie Bahnhofsvorplätze, bei denen die erforderliche abstrakte Gefährlichkeit nicht ohne weiteres angenommen werden kann. Jedenfalls **unzulässig** ist die öffentliche Videoüberwachung, wenn sie zu einer **allgemeinen Lebensüberwachung** führt. So hat das VG Sigmaringen zu Recht entschieden, dass bei **Volksfesten**, auch wenn dort Straftaten (Taschendiebstähle, Körperverletzungen, Beleidigungen etc.) und Ordnungswidrigkeiten (Verrichten der Notdurft an nicht erlaubten Stellen) begangen werden, eine konkrete Gefahr nicht vorliege und dass eine abstrakte Gefahr nicht genüge, um eine öffentliche Videoüberwachung nach dem Landespolizeirecht zu rechtfertigen.[119] Ob die Videoüberwachung an **öffentlichen Schulen** zulässig wäre, ist gerichtlich noch nicht entschieden worden. Berücksichtigt man aber die gestiegene Gewaltbereitschaft einiger Jugendlicher und das damit verbundene erhöhte Schutzbedürfnis der Mitschüler, sollte jedenfalls die Videoüberwachung der Schulhöfe innerhalb und außerhalb der Schulzeit als zulässig erachtet werden. Zu weit ginge lediglich die Videoüberwachung des Unterrichts. **162**

Im Übrigen ist die Befugnisnorm nur verfassungsgemäß, wenn die offene Videoüberwachung effektivstes Mittel der polizeilichen Aufgabenerfüllung bei gleichzeitiger Schonung der Grundrechte der Betroffenen ist. Offene Videoüberwachung als visuel- **163**

[117] Dieses Erfordernis ist zwar nicht in allen Polizeigesetzen explizit genannt (so etwa nicht in § 32 III MeckVor, § 32 III Nds, § 184 III SchlHolst), ergibt sich aus den genannten Gründen aber auch dort.

[118] Vgl. auch VGH Mannheim NVwZ **2004**, 498, 499 ff. in Bezug auf § 21 Abs. 3 BWPolG.

[119] VG Sigmaringen v. 2.7.**2004** – 3 K 1344/04; vgl. auch *Huff*, JuS **2005**, 896; *Zöller*, NVwZ **2005**, 1235 ff.

les Hilfsmittel konkurriert nur mit dem Augenschein und der verdeckten Videoüberwachung. Gegenüber der verdeckten gilt die offene Videoüberwachung gemeinhin als milderes Mittel, da die Betroffenen von der Überwachung Kenntnis nehmen und sich darauf einstellen können. Gegenüber Augenschein ist Videoüberwachung effektiver, wenn dadurch Erkenntnisse gewonnen werden, die mit bloßem Auge nicht (sicher) erzielt werden. Dies ist vor allem möglich durch Vergrößerung eines Bildausschnitts, Bildwiederholung und Standbilder. Sind Videoüberwachung und Augenschein gleich effizient, wird bei entsprechender Dauer und Intensität des Augenscheins nicht stärker in Grundrechte eingegriffen.[120] Die Befugnisnorm könnte aber unverhältnismäßig sein, weil ihr Wortlaut i.d.R. die flächendeckende Videoüberwachung vieler Orte zulässt. Es widerspricht dem Volkszählungsurteil[121], einen Menschen ohne weiteres kilometerweit mit Videokameras verfolgen zu können. Denn das Urteil fordert einen bestimmten Zweck für die Verwendung von Daten und bindet daran deren Erhebung.[122] Verhältnismäßig ist eine dauerhafte und intensive Observation daher nur bei **Verdacht einer konkreten Gefahr für oder durch einen bestimmten Menschen**. Entsprechend sind die Befugnisnormen auch diesbezüglich teleologisch zu reduzieren: Sie dürfen nur zu Bildübertragungen und -aufzeichnungen an wenigen einzelnen „Orten" ermächtigen; die Bestimmung der „Orte" ist von derjenigen der besonders gefährdeten Rechtsgüter abhängig. Gerade diese (und nur diese) Rechtsgüter müssen sich durch Videoüberwachung schützen lassen.[123] Immerhin schreiben die Polizeigesetze vor, dass in regelmäßigen Zeitabständen zu prüfen ist, ob die Voraussetzungen für die Anordnung einer Videoüberwachungsmaßnahme weiter vorliegen.

164 Ist die Befugnisnorm demnach der verfassungskonformen Auslegung zugänglich, verlagert sich die Rechtmäßigkeit der öffentlichen Videoüberwachung auf die konkrete Einzelmaßnahme. Die zur Durchführung der Überwachungsmaßnahme berufene Polizei muss stets offen legen, welchen Rechtsgutsgefährdungen durch die Videoüberwachung begegnet werden soll. Unterstellt man eine solche Offenlegung, ist weiter danach zu fragen, ob der konkrete Überwachungsort tatsächlich Kriminalitätsschwerpunkt ist. Dazu ist von den empirisch ermittelten absoluten Zahlen auszugehen, die vor Inbetriebnahme des Videosystems bzw. der Anordnung über die Verlängerung der Maßnahme für die später zu überwachenden Bereiche vorlagen. Bejaht man auch diese Frage sowie das Vorliegen der weiteren Tatbestandsvoraussetzungen der Befugnisnorm, konzentriert sich die Frage nach der Rechtmäßigkeit der Videoüberwachung auf deren Verhältnismäßigkeit im Einzelfall.[124]

165 Definitiv **rechtswidrig** dürfte die polizeiliche Videoüberwachung in Einkaufszentren sein. Nähme man die Rechtmäßigkeit der Videoüberwachung an, müsste man die Einkaufszentren als Kriminalitätsschwerpunkte, also als Orte qualifizieren, an denen vermehrt Straftaten begangen werden oder aufgrund der örtlichen Verhältnisse zumindest besonders zu erwarten sind. Zwar kann nicht bestritten werden, dass in den Verkaufsräumen gelegentlich Laden- oder Taschendiebstähle begangen werden, diese Art von Straftaten ist jedoch kaum geeignet, eine permanente polizeiliche Videoüberwachung zu rechtfertigen. Zudem wären bereits eindeutige Hinweisschilder, das poli-

---

[120] VGH Mannheim NVwZ **2004**, 498, 499 ff.; *Gusy*, NWVBl **2004**, 1, 5; *Anderheiden*, JuS **2003**, 438, 440. Vgl. auch *Collin*, JuS **2006**, 494, 495.
[121] BVerfGE **65**, 1 ff.
[122] BVerfGE **65**, 1, 45 f.
[123] *Anderheiden*, JuS **2003**, 438, 440.
[124] So hat der VGH Mannheim (NVwZ **2004**, 498, 499 ff.) die Einzelmaßnahme für rechtmäßig erachtet. Erforderlich sei aber eine verfahrensrechtliche Absicherung des Grundrechtseingriffs in Form einer Dokumentation der Maßnahme, damit die überprüfenden Gerichte die Verwaltungsentscheidung nachvollziehen könnten.

zeilich videoüberwacht wird, erforderlich, um das in den Befugnisnormen ebenfalls aufgestellte Kriterium der Offenheit und Erkennbarkeit zu erfüllen.

Ebenfalls problematisch ist es, wenn der (eilige) Landesgesetzgeber **eine präventivpolizeiliche Überwachung der Telekommunikation** gesetzlich ermöglicht (die bislang in den Polizeigesetzen enthaltenen Befugnisnormen zur Überwachung und Aufzeichnung des in der Wohnung nichtöffentlich gesprochenen Wortes – sog. großer Lauschangriff – eröffnen insoweit nicht die Befugnis zu präventiven Telefonabhörmaßnahmen, sondern nur zur Datenerhebung mittels Wanze, Richtmikrophon etc.). **Bedenken an der Verfassungsmäßigkeit** einer solchen (hypothetischen) Befugnisnorm bestünden allein schon angesichts der (ausschließlichen) Gesetzgebungszuständigkeit des Bundes (vgl. Art. 73 Nr. 7 GG; insbesondere umfasst Art. 13 IV GG nicht die Telekommunikationsüberwachung; hier ist Art. 10 GG einschlägig). Auch in materieller Hinsicht wäre der Eingriff in das bereits genannte Recht auf informationelle Selbstbestimmung kaum zu rechtfertigen. Zum Problem der präventiven Telekommunikationsüberwachung vgl. Rn 22 sowie Rn 240 f. Wieder anders stellt sich der Fall dar, in dem der Staat eine Videoüberwachung durch ein von ihr beherrschtes Privatunternehmen (z.B. Straßenbahn-AG) durchführen lässt; vgl. dazu *R. Schmidt*, AllgVerwR, Rn 121. 166

Videoüberwachung öffentlicher Plätze versus Versammlungsfreiheit: Ganz anders stellt sich die Rechtslage dar, wenn auf öffentlich videoüberwachten Flächen (etwa einem Bahnhofsvorplatz) eine Versammlung stattfindet bzw. ein Aufzug vorbeiführt. Nähme man hier einen Eingriff in Art. 8 I GG an, wäre dieser Eingriff nicht zu rechtfertigen. Zwar sind Videoüberwachungen von Versammlungen nicht a priori ausgeschlossen, jedoch nur auf Grundlage der §§ 19 a, 12 a VersG[125] zulässig. Aus diesem Grund sprechen auch die polizeigesetzlichen Bestimmungen, die den offenen Einsatz optisch-technischer Mittel regeln, keinesfalls von Versammlungen; zudem ist Art. 8 GG in den Polizeigesetzen nicht als einschränkbares Grundrecht zitiert. 167

Die Frage, ob im Rahmen einer offenen Videoüberwachung öffentlicher Plätze (unbeabsichtigte) Bild- und Tonaufzeichnungen von Versammlungsteilnehmern, die mehr oder weniger zufällig in den Erfassungsbereich der Kamera geraten, einen Eingriff in Art. 8 I GG darstellen, lässt sich nicht zweifelsfrei beantworten. Bei Rn 147 wurde gesagt, dass nach der Rspr. des BVerfG das Grundrecht aus Art. 8 I GG auch durch faktische Maßnahmen beeinträchtigt werden könne, wenn sie in ihrer Intensität imperativen Maßnahmen gleichstünden. So könnten staatliche Überwachungsmaßnahmen (etwa Dokumentation oder Videoüberwachung) dazu führen, dass die innere Entschlussfreiheit, an einer Versammlung (weiterhin) teilzunehmen, beeinträchtigt werde. Auch wurde gesagt, dass jedenfalls dann, wenn eine Überwachungsmaßnahme dazu führe, dass der Betroffene lieber auf die Grundrechtsausübung verzichte, von einem Eingriff auszugehen sei.[126] Das Gleiche gelte, wenn exzessive Observationen und Registrierungen vorgenommen würden.[127] 168

Ob diese Rspr. auf Videoüberwachungen öffentlicher Flächen übertragbar ist, scheint zweifelhaft. Zwar können auch unbeabsichtigte Grundrechtsbeeinträchtigungen Grundrechtseingriffe darstellen, wenn sie in ihrer Intensität zielgerichteten Maßnahmen gleichkommen, allerdings ist die Zielrichtung der offenen Videoüberwachung öffentlicher Plätze eine andere als bei §§ 19 a bzw. 12 a VersG. Dem Polizeivollzugsdienst geht es bei der Überwachung öffentlicher Plätze nicht um die Beobachtung von Versammlungsteilnehmern, sondern ganz allgemein um die Überwachung des öffent- 169

[125] Zur Föderalismusreform vgl. Rn 20 Fußnoten 9 und 10.
[126] BVerfGE **65**, 1, 43 (Volkszählung).
[127] BVerfGE **69**, 315, 359 (Brokdorf).

lichen Verkehrsraums, in dem die Videoüberwachung durchgeführt wird. Gelangen mehr oder weniger zufällig Versammlungsteilnehmer in den Überwachungsbereich, ist ein Grundrechtseingriff in Art. 8 I GG jedenfalls nicht beabsichtigt und auch die Intensität der Grundrechtsbeeinträchtigung ist nicht so groß, dass zwingend von einem Grundrechtseingriff gesprochen werden muss. Etwas anderes mag freilich gelten, wenn die Versammlung gerade auf oder an der videoüberwachten öffentlichen Fläche angemeldet wurde (vgl. § 14 VersG). Denn dann kann nicht mehr von einem zufälligen Eintreten der Versammlungsteilnehmer in den Überwachungsbereich der Kamera gesprochen werden. In diesem Fall muss die Überwachung unterbleiben; die Kameras sind für die Dauer der Versammlung abzuschalten.

169a **Rechtsschutzfragen:** Da mit der Videoüberwachung keine Rechtsfolgeanordnung getroffen wird, handelt es sich um **schlicht-hoheitliches Verwaltungshandeln**. Der Betroffene kann sein Unterlassungs- bzw. Feststellungsbegehren in Bezug auf die von ihm geltend gemachte Verletzung seines allgemeinen Persönlichkeitsrechts daher mit der **Unterlassungs- bzw. allgemeinen Feststellungsklage** verfolgen.[128] Das gilt auch für den Fall, dass sich die Maßnahme im Zeitpunkt der Klageerhebung „erledigt" hat.[129] Die Klagebefugnis ist regelmäßig gegeben, da zumindest nicht ausgeschlossen werden kann, dass die geltend gemachte Rechtsverletzung vorliegt. Dabei kommt es richtigerweise nicht darauf an, dass der Kläger Einwohner der betreffenden Gemeinde ist, in der die Videoüberwachung stattfindet.[130] Will der Rechtsschutzsuchende im Eilverfahren vorgehen (d.h. die Videoüberwachung vorläufig unterbinden lassen), steht ihm der Antrag auf Erlass einer einstweiligen Anordnung gem. § 123 I VwGO zur Verfügung.[131]

170 **Anwendungsfall[132]:** Die Polizei lässt in der Fußgängerzone der Stadt Mannheim Kameras zwecks offener Videoüberwachung installieren. Die Bilder von acht Kameras sollen in das nahe Polizeipräsidium übertragen und dort 48 Stunden gespeichert werden. Die Polizei begründet die Maßnahme mit der hohen Kriminalitätsbelastung der Innenstadt. Nach Erkenntnissen des Polizeipräsidiums kam es im vergangenen Jahr am Marktplatz zu 682, am Paradeplatz zu 838 und am Neckartor zu 656 Einsätzen. Eine weitere Statistik ergab, dass in demselben Jahr am Paradeplatz 88, am Marktplatz 77 und am Neckartor 54 Straftaten, vornehmlich Angriffe gegen die körperliche Unversehrtheit und das Eigentum, begangen worden sind.
K fühlt sich durch die unmittelbar bevorstehende Maßnahme in seinem Persönlichkeitsrecht verletzt und beantragt vor dem Verwaltungsgericht daher schon vor Inbetriebnahme der Kameras, dem Land diese Maßnahme zu untersagen. Die Fußgängerzone sei kein „gefährlicher Ort" i.S. der polizeigesetzlichen Befugnisnorm bzgl. der Videoüberwachung an öffentlichen Orten. Zudem sei die offene Videoüberwachung unverhältnismäßig und diene nur der Verdrängung unerwünschter Randgruppen. Ist die Klage erfolgreich?

Die Lösung ist abrufbar unter www.verlag-rolf-schmidt.de.

c.) Offene Bildaufzeichnung zur Eigensicherung

171 Vor dem Hintergrund der hohen Zahl von Gewalttaten gegen Polizeibeamte haben die Projektgruppen „Eigensicherung in der polizeilichen Praxis" und „Gewalt gegen Polizeivollzugsbeamte" des Arbeitskreises II der Innenministerkonferenz die Einführung

---

[128] Vgl. zu diesen beiden Klagearten *R. Schmidt*, VerwProzR, Rn 365 ff. und 462 ff.
[129] Zum Streit, ob für diesen Fall § 113 I S. 4 VwGO analog anzuwenden ist, vgl. *R. Schmidt*, VerwProzR, Rn 398.
[130] Zu eng daher VGH Mannheim NVwZ **2004**, 498 f.
[131] Vgl. dazu näher *R. Schmidt*, VerwProzR, Rn 999 ff.
[132] Nach VGH Mannheim NVwZ **2004**, 498 ff.; VG Karlsruhe NVwZ **2002**, 117 ff.; vgl. auch *Anderheiden*, JuS **2003**, 438 ff.

von Videoaufzeichnungen zur Dokumentation von **Anhalte- und Kontrollsituationen** im öffentlichen Verkehrsraum empfohlen. Nachdem eine entsprechende Regelung bereits am 11.12.2003 in das niedersächsische SOG eingefügt wurde und man daher über entsprechende Erfahrungswerte verfügte, haben nunmehr weitere Landesgesetzgeber entsprechende Regelungen in ihre Polizeigesetze aufgenommen.

> **Beispiel:** In einer verrufenen Gegend der Stadt führt die Polizei Verkehrskontrollen durch. Um potenziellen Angriffen zuvorzukommen, nimmt einer der Beamten mit Kenntnis der jeweilig betroffenen Autofahrer das Geschehen mit einer Videokamera auf.

Die Videoaufzeichnung muss offen und ausschließlich zur Eigensicherung der Polizei **172** bei ihrer Aufgabenerfüllung erfolgen. Das Kriterium der Offenheit wird dadurch erfüllt, dass der im Einzelfall in der Anhalte- und Kontrollsituation zu startende Betrieb der Kamera durch ein optisches Signal angezeigt wird, das für die angehaltene Person sichtbar ist.

Der Einsatz der Videotechnik soll zu einer Verminderung der Aggressivität der Betroffenen führen und bei Polizeibeamten gleichzeitig das Bewusstsein für das Eigensicherungsverhalten schärfen. **173** In den Befugnisnormen wird festgelegt, dass die erhobenen Daten im Regelfall spätestens nach 48 Stunden zu löschen sind. Nur soweit die mit der Videotechnik erfassten Verhaltensweisen oder Vorgänge zur Verfolgung von solchen Straftaten oder Ordnungswidrigkeiten erforderlich sind, die sich gegen die eingesetzten Vollzugskräfte gerichtet haben, ist eine weitere Speicherung zulässig. Im Übrigen gilt auch hier, dass die genannte Frist von 48 Stunden nicht stets „ausgereizt" werden darf. Ergibt sich schon zu einem früheren Zeitpunkt, dass die Daten nicht mehr erforderlich sind, sind sie selbstverständlich sofort zu löschen. Die gegenteilige Annahme wäre mit dem allgemeinen Verhältnismäßigkeitsgrundsatz unvereinbar.

d.) Einsatz von Kennzeichenlesesystemen bei Verkehrskontrollen

Ebenfalls in jüngerer Zeit wurden in den Polizeigesetzen ausdrückliche Rechtsgrundlagen **174** für den präventivpolizeilichen Einsatz automatischer Kennzeichenlesesysteme im Rahmen von Verkehrskontrollen geschaffen. Danach darf die Polizei bei Kontrollen im öffentlichen Verkehrsraum personenbezogene Daten durch den offenen Einsatz technischer Mittel zur elektronischen Erkennung von Kraftfahrzeugkennzeichen zum Zwecke des **automatisierten Abgleichs mit dem Fahndungsbestand** erheben.[133] Technisch wird sichergestellt, dass nur die Trefferfälle angezeigt werden. Bei ihnen handelt es sich um gestohlene Kraftfahrzeuge, gestohlene Kraftfahrzeugkennzeichen oder um Kraftfahrzeuge, die aus anderen Gründen ausgeschrieben sind. Dabei ist zu berücksichtigen, dass der Diebstahl des betreffenden Kraftfahrzeugs oder eines Kennzeichens nicht nur eine noch andauernde Straftat darstellt, sondern dass diese Kraftfahrzeuge oder Kennzeichen nach polizeilicher Erfahrung vielfach auch zur Begehung weiterer Straftaten eingesetzt werden. Mit dem Einsatz dieses technischen Mittels können diese Straftaten erkannt und unterbunden sowie die künftige Begehung weiterer Straftaten bekämpft werden; polizeiliche Kontrollen können damit wesentlich effizienter durchgeführt werden.

Da ein derartiger Abgleich bereits durch andere Vorschriften der Polizeigesetze über **175** den Datenabgleich möglich erscheint[134], stellt sich die Frage nach dem Sinn der so-

---

[133] Offenbar nicht bedacht haben die Gesetzgeber, dass es sich bei den Kennzeichen von Mofas nicht um amtliche Kfz-Kennzeichen, sondern lediglich um Versicherungskennzeichen handelt, da diese nicht von der Kfz-Zulassungsstelle, sondern von der Versicherungsgesellschaft ausgegeben werden. Aus der ratio der polizeigesetzlichen Bestimmungen folgt aber, dass auch Versicherungskennzeichen abgeglichen werden können.

[134] Vgl. etwa **Brem:** § 36 h S. 1 und 2 PolG; **Nds:** § 45 I S. 2 SOG (Abgleich mit Fahndungsdateien).

eben beschriebenen Neuregelung im Normengefüge über die öffentliche Videoaufzeichnung. Dieser kann nur darin gesehen werden, dass Kennzeichenlesegeräte **auch zur Eigensicherung von Polizeivollzugsbeamten** bei Kontrollen eingesetzt werden können, indem etwa ein vor einer Kontrolle eingesetztes Kennzeichenlesegerät einen Alarm auslöst, wenn sich der Beamte einem ausgeschriebenen Fahrzeug nähert.

176 Ein weiterer Unterschied zu den Vorschriften über den Datenabgleich besteht darin, dass die Vorschrift über die Videoaufzeichnung die Befugnis erteilt, **verdachtsunabhängig** und **automatisiert** personenbezogene Daten abzugleichen. Darüber hinaus ist nur die letztere Befugnis örtlich auf Bereiche beschränkt, in denen **öffentlicher Straßenverkehr** stattfindet.

177 Die in der jüngeren Zeit in die Polizeigesetze aufgenommene Neuregelung dient damit insgesamt der vorbeugenden Bekämpfung von Straftaten, weil gestohlene Kfz bzw. Kfz-Kennzeichen erfahrungsgemäß zur Begehung weiterer Straftaten verwendet werden. Stellt sich heraus, dass sich das gescannte Kfz-Kennzeichen im Fahndungsbestand befindet, kann es nach allgemeinen Vorschriften gespeichert bleiben und weiter verarbeitet werden. Da jedoch nur solche Kraftfahrzeugkennzeichen (und auch Versicherungskennzeichen von Mofas) angezeigt werden, die zuvor in den Fahndungsbestand aufgenommen wurden, ist die Eingriffsintensität bei nicht betroffenen Personen denkbar gering.

e.) Rechtsschutz

178 Da mit der Videoüberwachung keine Rechtsfolgeanordnung getroffen wird, handelt es sich um einen **Realakt**. Rechtsschutz bietet daher die **allgemeine Feststellungsklage** gem. § 43 VwGO.

bb. Befragung

179 Eine geradezu klassische Form der polizeilichen Informationsgewinnung stellt die Befragung von Personen dar. Wegen des mit ihr verbundenen Eingriffs in das **allgemeine Persönlichkeitsrecht** (Art. 2 I i.V.m. Art. 1 I GG) bedarf sie einer parlamentarischen Rechtsgrundlage, die in den Polizeigesetzen zu finden ist.

Die Befugnisnormen über die **Befragung**[135] gewähren den Polizei- und Ordnungsbehörden die ausdrückliche Befugnis, zu präventiven Zwecken **jede Person** zu „befragen, wenn Tatsachen die Annahme rechtfertigen, dass sie sachdienliche Angaben machen kann, die für die Erfüllung einer bestimmten polizeilichen Aufgabe erforderlich sind".

180 Die Befragung ist ein **Verwaltungsakt**, weil sie das Gebot enthält, der Befragte habe zu antworten. Zwar geht die Antwortpflicht nicht ohne weiteres aus dem Wortlaut des jeweiligen Abs. 1 der Befugnisnormen hervor, weil diese Vorschriften nur ein Fragerecht der Polizei formulieren. Das Fragerecht liefe aber ad absurdum, wenn diesem nicht eine Antwortpflicht gegenüber stünde. Daher ist das Merkmal „zur Regelung" in § 35 S. 1 VwVfG erfüllt.

---

[135] Vgl. **Bund**: § 22 BundesPolG; **BW:** § 20 u. 35 PolG; **Bay:** Art. 12 PAG; **Berl:** § 18 ASOG; **Brand:** § 11 PolG; **Brem:** § 13 PolG; **Hamb:** § 3 DatPolG; **Hess:** § 12 SOG; **MeckVor:** § 28 SOG; **Nds:** § 12 SOG; **NRW:** § 9 PolG; **RhlPfl:** § 9a POG; **Sachs:** § 18 PolG; **SachsAnh:** § 14 SOG; **SchlHolst:** § 180 LVwG; **Saar:** § 11 PolG; **Thür:** § 13 PAG.

Im Einzelfall schwierig kann die Abgrenzung zur **strafprozessualen Vernehmung des Beschuldigten** nach §§ 163 I i.V.m. 163a I, IV und V StPO sein. Letztere setzt (in Abgrenzung zur präventivpolizeilichen Befragung) den **Anfangsverdacht** einer verfolgbaren Straftat (§ 152 II StPO) voraus und darf von jedem Polizeibeamten angeordnet und vorgenommen werden. Vernommen werden können Verdächtige bzw. Beschuldigte, Zeugen und Sachverständige. Allerdings besteht vor der *Polizei* außer in den Fällen des § 138 StGB (Nichtanzeige geplanter Straftaten) keine Aussagepflicht, sondern nur die Pflicht zur Angabe der eigenen Personalien. Von großer rechtsstaatlicher und praktischer Bedeutung sind die **Belehrungs- und Hinweispflichten** der §§ 136 und 163a IV StPO, deren Nichtbeachtung zu Verwertungsverboten führt. 181

a.) Formelle Rechtmäßigkeit

Hinsichtlich der formellen Rechtmäßigkeit gelten zunächst die allgemeinen Voraussetzungen (Zuständigkeit, Verfahren, Form, siehe Rn 607 ff.), wobei eine vorherige Anhörung (§ 28 I VwVfG) nicht nur wegen § 28 II Nr. 1 Var. 2. VwVfG entbehrlich ist, sondern von vornherein nicht in Betracht kommt, da sie sich inhaltlich in der Befragung erschöpft. 182

Unklar ist, ob die in den Polizeigesetzen normierte allgemeine Verfahrensvorschrift über die Datenerhebung[136] auch für die Befragung gilt. Die Polizeigesetze enthalten keine einheitlichen Regelungen. Während z.B. § 12 HessSOG auf die allgemeine Verfahrensvorschrift über die Datenerhebung verweist, enthält z.B. § 13 BremPolG keine derartige Geltungsanordnung. Aus rechtsstaatlichen Gründen wird man allerdings für den Fall, dass personenbezogene Daten erfragt werden, praeter legem nicht nur allgemeine Verfahrensvorschrift über die Datenerhebung, sondern sämtliche Verfahrensbestimmungen in Bezug auf Erhebung, Speicherung, Weiterverarbeitung und Löschung von Daten[137] (dazu näher Rn 334 ff.) anwenden müssen. Die Frage kann aber dahinstehen, sofern die Voraussetzungen der Verfahrensvorschrift vorliegen. Das wird regelmäßig der Fall sein. 183

b.) Materielle Rechtmäßigkeit

aa.) Befragung i.e.S.

In materieller Hinsicht muss die Erwartung berechtigt sein, dass die zu befragende Person **sachdienliche Angaben zur Aufklärung des Sachverhalts** in einer **bestimmten polizeilichen Angelegenheit** machen kann. Es muss sich also um eine Angelegenheit innerhalb des der Polizei obliegenden Aufgabenbereichs handeln. Dazu können – entgegen dem ersten Eindruck – nicht nur rein **sachbezogene**, sondern auch **personenbezogene** Angelegenheiten gehören.[138] 184

Zwar ist nach der – sehr weit gefassten – Formulierung des Tatbestands als Eingriffsvoraussetzung nicht zwingend das Vorliegen einer Gefahr (für die öffentliche Sicherheit) gefordert, allerdings muss aufgrund des Charakters der Befragung als Gefahrenabwehrmaßnahme doch zumindest das Vorliegen einer **abstrakten Gefahr** bzw. ei- 185

---

[136] Vgl. **BW:** § 19 III PolG; **Bay:** Art. 30 IV PAG; **Berl:** § 18 V ASOG; **Brand:** § 29 IV S. 1 PolG; **Brem:** § 27 I PolG; **Hamb:** § 2 IV DVPolG; **Hess:** § 13 VIII SOG; **MeckVor:** § 26 III SOG; **Nds:** § 30 V SOG; **NRW:** § 24 OBG i.V.m. § 9 VI PolG; **Saar:** § 25 V PolG; **Sachs:** § 37 II S. 3 PolG; **SachsAnh:** § 15 VII SOG; **SchlHolst:** § 178 III LVwG; **Thür:** § 31 IV S. 1 PAG.

[137] Vgl. **BW:** §§ 37 ff. PolG; **Bay:** Art. 37 f. PAG; **Berl:** §§ 42 f. ASOG; **Brand:** §§ 37 ff. PolG; **Brem:** §§ 36a ff. PolG; **Hamb:** §§ 14 ff. DVPolG; **Hess:** § 20 SOG; **MeckVor:** §§ 36 ff. SOG; **Nds:** §§ 38, 39 SOG; **NRW:** § 24 OBG i.V.m. §§ 22 ff. PolG; **RhlPfl:** §§ 26 ff. POG; **Saar:** §§ 30 ff. PolG; **Sachs:** §§ 43 ff. PolG; **SachsAnh:** §§ 22 ff. SOG; **SchlHolst:** §§ 188 ff. LVwG; **Thür:** §§ 31 ff. PAG.

[138] Für den Fall, das jedoch die Identitätsfeststellung im Vordergrund steht, vgl. sogleich Rn 189.

nes **Gefahrenverdachts** angenommen werden.[139] Der die Befragung durchführende Polizeibeamte soll durch die Befragung gerade in die Lage versetzt werden, festzustellen, ob eine konkrete Gefahr vorliegt oder nicht. Gelangt er aufgrund der Befragung zu dem Ergebnis, dass eine konkrete Gefahr vorliegt, hat er anschließend zu prüfen, welche Folgemaßnahmen in Betracht kommen.

186 Adressat einer Befragung kann **jede Person** sein. Eine Störereigenschaft des Befragten ist also nicht erforderlich. Allerdings erfordert auch die Befragung eine rechtsfehlerfreie Adressatenauswahl, dass also die Befragung in erster Linie gegen Verantwortliche zu richten ist. Freilich setzt dies voraus, dass eine verantwortliche Person anwesend ist. Bei einer Befragung wird dies jedoch oft nicht der Fall sein.

Beispiel: Die Lebensgefährtin L des S rief die Polizei telefonisch zu Hilfe, da S sie körperlich misshandelt hatte. Der Beamte am Telefon (P) nahm die Personalien der L auf, fragte nach dem Ort des Geschehens und nach den Handlungen, die von S begangen worden seien sollen.

In diesem Fall lag nicht etwa eine Datenerhebung nach der Datenerhebungsgeneralklausel[140], sondern eine Befragung vor. Nach dieser Vorschrift darf die Polizei *jede* Person befragen, von der Angaben zur Aufklärung eines Sachverhalts in einer bestimmten polizeilichen Angelegenheit erwartet werden können. Auf eine Störereigenschaft des Befragten kommt es also nach dem Wortlaut der Befugnisnorm hinsichtlich der Befragung nicht an. Geht man davon aus, dass eine (vorrangige) Befragung des S, der als Verhaltensstörer in Betracht kommt, nicht möglich war oder für eine Gefahrenabwehr zu spät gekommen wäre, war die Befragung der L rechtmäßig.

187 Das bei Rn 185 erörterte weit reichende Fragerecht wird allerdings dadurch relativiert, dass der Befragte nur eine sehr eingeschränkte **Beantwortungspflicht** *in Bezug auf seine Person* hat. Diese ebenfalls in der Befugnisnorm hinsichtlich der Befragung statuierte Pflicht stellt jedoch keine Rechtsgrundlage in Bezug auf die Erhebung personenbezogener Daten dar, sondern nur eine materielle Einschränkung des weiten Befragungsrechts. Das ergibt sich schon deshalb, weil dem Wortlaut der Vorschriften keine Befugnis der Polizei zu entnehmen ist. Die Vorschriften sprechen *nicht* von „die Polizei kann (oder darf) ... ", sondern nur von einer Pflicht des Befragten. Zudem spricht die amtliche Überschrift von „Befragung *und* Auskunftspflicht". Damit haben die Gesetzgeber selbst klargestellt, dass zwischen dem Recht zur Befragung und der Pflicht zur Beantwortung ein rechtsdogmatischer Unterschied besteht.

188 Der Befragte braucht grundsätzlich nur **bestimmte Angaben zur Person** zu machen (Name, Geburtsdatum und -ort, Wohnanschrift, Staatsangehörigkeit). Eine weitere Auskunftspflicht besteht nur für die polizeirechtlich Verantwortlichen[141] sowie für Personen, für die gesetzliche Handlungspflichten bestehen. Verweigert die befragte Person die von ihr geschuldete Auskunft oder gibt sie ihre Personalien unrichtig an, ist

---

[139] Zur abstrakten Gefahr vgl. Rn 666, zum Gefahrenverdacht Rn 689.

[140] **Bund:** § 21 I u. II BundesPolG; **BW:** § 20 II-V PolG; **Bay:** Art. 31 I u. II PAG; **Berl:** § 18 I S. 2 u. 3 ASOG; **Brand:** § 30 I u. II PolG; **Brem:** § 28 I-VI PolG; **Hamb:** § 6 DVPolG; **Hess:** § 13 I u. II SOG; **MeckVor:** § 27 I-III SOG; **Nds:** § 31 I-III SOG; **RhlPfl:** § 26 I POG; **Saar:** § 26 I-III PolG; **Sachs:** § 37 I PolG; **SachsAnh:** § 15 I u. II SOG; **SchlHolst:** § 179 I u. II LVwG; **Thür:** § 32 I u. II PAG. In **NRW** ist die Generalermächtigung nur der Zusammenschau mehrerer Bestimmungen zu entnehmen: so enthält § 9 I S. 1 PolG zunächst nur eine Generalklausel zur Befragung, die aber zusammen mit der Ermächtigung von § 9 III S. 2 PolG, die Daten bei Schwierigkeiten der Befragung auch ohne Kenntnis des Betroffenen zu erheben, die Generalklausel zur Datenerhebung ergibt und zugleich den in anderen Gesetzen oft getrennt geregelten Vorrang der unmittelbaren vor der mittelbaren Datenerhebung enthält.

[141] Vgl. §§ 4-6 MEPolG; **BW:** §§ 6-9 PolG; **Bay:** Art. 7-10 PAG; **Berl:** §§ 13-16 ASOG; **Brand:** §§ 5-7 PolG; **Brem:** §§ 5-8 PolG; **Hamb:** §§ 7-10 SOG; **Hess:** §§ 6-9 SOG; **MeckVor:** §§ 68-71 SOG; **Nds:** §§ 6-9 SOG; **NRW:** §§ 4-6 PolG; **RhlPfl:** §§ 4-7 POG; **Saar:** §§ 4-6 PolG; **Sachs:** §§ 4-7 PolG; **SachsAnh:** §§ 7-10 SOG; **SchlHolst:** §§ 217-220 LVwG; **Thür:** §§ 7-10 PAG.

i.d.R. der Tatbestand einer **Ordnungswidrigkeit** nach § 111 OWiG erfüllt. Erforderlichenfalls kann deshalb – die polizeigesetzliche Befugnisnorm hinsichtlich der Befragung ermächtigt hierzu nicht – die Identität dieser Person nach § 46 OWiG i.V.m. § 163 b StPO festgestellt werden. Im Übrigen bleibt es dabei, dass eine Identitätsfeststellung nach allgemeinem Gefahrenabwehrrecht nur unter den Voraussetzungen der einschlägigen Befugnisnorm[142] zulässig ist.

Im Zentrum der Befragung stehen also die sachdienlichen Angaben, die für die Erfül- 189
lung einer bestimmten polizeilichen Aufgabe erforderlich sind. Das bedeutet, dass nur dann eine Auskunftspflicht besteht, wenn es eigentlich um andere Angaben als um die Personalien geht und diese nur *zusätzlich* sachdienlich sind. Eine Auskunftspflicht aufgrund der Befragung besteht daher nicht, wenn Ziel der „Befragung" **allein** die Feststellung der **Identität** ist. Ist dies der Fall, ist die „Befragung" keine Befragung im dargelegten Sinn, sondern nur unter der Voraussetzung der **Identitätsfeststellung** zulässig. Es ist also regelmäßig eine Abgrenzung vorzunehmen zwischen der Befragung und der Identitätsfeststellung.

Beispiele:

(1) Die bloße **Identitätsfeststellung** ist zum einen nur zur Abwehr einer konkreten Gefahr, an einem gefährlichen Ort, einem gefährdeten Ort und an einer Kontrollstelle zulässig und zum anderen, um herauszufinden, ob die Person mit jemandem identisch ist, der einer polizeibekannten und -beobachteten kriminellen Szene zugehört. Trifft also die Polizei eine Person weder an einem der fraglichen Orte noch an einer Kontrollstelle an, kann sie die Personalien nicht verlangen und die Identität nicht feststellen, nur um herauszufinden, ob die Person mit jemandem identisch ist, der einer polizeibekannten und -beobachteten kriminellen Szene zugehört.

(2) Dagegen kann die Polizei jemanden an beliebigem Ort **befragen**, ob er sachdienliche Angaben zur Suche nach einer vermissten Person machen kann, und ihn dabei, weil sie sich später noch einmal an ihn wenden will, auch nach seinen Personalien fragen. Anders als das Verlangen der Personalien im ersten Beispiel ist das im zweiten durch die Befugnis zur Befragung mit beschränkter korrespondierender Auskunftspflicht gedeckt.[143]

Des Weiteren unterscheidet sich die Befragung von der Identitätsfeststellung hinsicht- 190
lich der Mittel zur Durchsetzung: Während bei einer Befragung nur das **Anhalten** (also das Untersagen der Fortbewegung für kurze Zeit) zulässig ist, was lediglich eine **Freiheitsbeschränkung** darstellt, schließt die Befugnis zur Identitätsfeststellung auch das Recht ein, eine Person **festzuhalten**, sie nach Gegenständen, die der Identitätsfeststellung dienen, zu **durchsuchen** und ultimativ (d.h. unter Wahrung des Verhältnismäßigkeitsprinzips) **zur Polizeiwache zu verbringen**, was das Recht der Fortbewegungsfreiheit gem. Art. 2 II S. 2, 104 II GG (kurzfristige **Freiheitsentziehung**) einschränkt.[144]

Obwohl die Befugnisnorm hinsichtlich der Befragung der Polizei ein sehr weitreichen- 191
des Befragungsrecht einräumt und dem Befragten eine (wenn auch nur beschränkte) Beantwortungspflicht auferlegt, ist – soweit in den Polizeigesetzen nicht explizit geregelt – unter Heranziehung der Rechtsgedanken der §§ 52 I, 53, 53 a und 55 StPO

---

[142] Vgl. § 9 MEPolG; **Bund:** § 23 BundesPolG; **BW:** § 26 PolG; **Bay:** Art. 13 PAG; **Berl:** §§ 21 f. ASOG; **Brand:** §§ 12, 14 PolG; **Brem:** § 11 PolG; **Hamb:** § 12 SOG, § 4 DatPolG; **Hess:** § 18 I SOG; **MeckVor:** §§ 29 f. SOG; **Nds:** § 13 SOG; **NRW:** §§ 12 f. PolG; **RhlPfl:** § 10 POG; **Saar:** § 9 PolG; **Sachs:** § 19 PolG; **SachsAnh:** § 20 SOG; **SchlHolst:** §§ 181 f. LVwG; **Thür:** § 14 PAG.

[143] Vgl. *Pieroth/Schlink/Kniesel*, POR, § 14 Rn 3.

[144] Zur Relevanz der Unterscheidung von Freiheitsbeschränkung und Freiheitsentziehung vgl. Rn 190/220/404.

dem Befragten ein **Auskunftsverweigerungsrecht** einzuräumen, soweit er durch die Auskunft sich selbst oder einen Angehörigen der Gefahr aussetzen würde, wegen einer Straftat oder Ordnungswidrigkeit verfolgt zu werden, oder ihm aufgrund seines Berufs ein Zeugnisverweigerungsrecht zusteht.

Zwar erschließt sich die Heranziehung der Rechtsgedanken der strafprozessualen Vorschriften der §§ 52 I, 53, 53 a und 55 StPO auf die gefahrenabwehrrechtliche Befragung nicht ohne weiteres, allerdings besteht eine vergleichbare Interessenlage, die es gebietet, die Lücke im Sinne der vorhandenen Regelung zu schließen. Denn für den betroffenen Bürger kann es keinen Unterschied machen, ob er aus Gründen der Strafverfolgung oder der Gefahrenabwehr befragt wird und sich dabei der Gefahr der eigenen Strafverfolgung aussetzt.

Über das Recht zur Auskunftsverweigerung ist vor der Befragung zu belehren. Dabei ist im Einzelnen auf die Voraussetzungen der Auskunftsverweigerung hinzuweisen. Von der Belehrung darf nur abgesehen werden, wenn die Auskunft zur Abwehr einer Gefahr für Leib, Leben oder Freiheit einer Person erforderlich ist. Ist dies der Fall, wird aber ohnehin die Berechtigung zur Auskunftsverweigerung entfallen. Als Fazit lässt sich daher festhalten: Angaben zur Sache müssen regelmäßig nur dann gemacht werden, wenn dies zur Abwehr einer Gefahr für Leben, Gesundheit oder Freiheit einer Person oder für bedeutende fremde Sach- oder Vermögenswerte erforderlich ist.

Beispiel: Die Polizei erhält einen anonymen Anruf. Der Anrufer meint, ein Bekannter wisse, wo Sprengstoff versteckt sei. Als die Polizei den Bekannten befragt, gibt dieser zwar zu, dass er das Sprengstoffversteck kenne, lehnt jedoch weitere Auskünfte ab, weil er sich sonst möglicherweise dem Verdacht strafbaren Umgangs mit Sprengstoff (§ 40 SprengstoffG) aussetze.

Wegen § 52 I StPO ist die Auskunftsverweigerung grundsätzlich berechtigt. Hat die Polizei jedoch Grund zu der Annahme, dass eine (konkrete) Gefahr für Leib oder Leben auch nur einer Person bestehe, ist der Befragte zur Auskunft verpflichtet.

192 Weigert sich der zur Auskunft Verpflichtete, die erforderlichen Angaben zu machen, kommen zur Durchsetzung des Auskunftsbegehrens von den möglichen Zwangsmitteln des Verwaltungszwangs nur das **Zwangsgeld** und **Zwangshaft** (Beugehaft) in Betracht. Eine Ersatzvornahme scheidet aus, weil es sich bei der Auskunft um eine nicht vertretbare Handlung handelt. Unmittelbarer Zwang scheidet aus, da es sich bei dem Verlangten wohl um eine Erklärung handelt und nach den einschlägigen Bestimmungen der Polizeigesetze unmittelbarer Zwang zur Durchsetzung des Gebots, eine Erklärung abzugeben, unzulässig ist. Zudem bestimmen die Befugnisnormen hinsichtlich der Befragung, dass die Polizei bei der Befragung einer Person keinen Zwang anwenden darf, um eine Aussage herbeizuführen. Im Übrigen ordnen diese Vorschriften i.d.R. an, dass die §§ 68 a und 136 a StPO entsprechend gelten. Methoden bei der Vernehmung Beschuldigter, die im Rahmen des strafrechtlichen Ermittlungsverfahrens nach § 136 a StPO verboten sind (Beeinträchtigung der Freiheit der Willensentschließung und der Willensbetätigung durch Misshandlung, Ermüdung, körperliche Eingriffe, Verabreichung von Mitteln, Quälerei, Täuschung oder Hypnose), weil sie gegen die Menschenwürde (Art. I GG) verstoßen, dürfen daher auch bei der präventivpolizeilichen Befragung nicht angewandt werden.

bb.) Personenkontrollen im öffentlichen Verkehrsraum

193 Eine besondere Brisanz bergen die jüngst in die Polizeigesetze eingefügten Regelungen, die **verdachtslose Personenkontrollen ohne Vorliegen einer Störung oder einer konkreten Gefahr** zulassen (vgl. z.B. § 13 V BremPolG; § 12 VI Nds-

SOG). Die Vorschriften erteilen der Polizei die Befugnis, (sogar) außerhalb von Gefahrenorten oder Kontrollstellen nach **zur Verhütung von Straftaten von erheblicher Bedeutung mit internationalem Bezug** Personen anzuhalten, zu befragen und mitgeführte Ausweispapiere zu prüfen und Sachen in Augenschein zu nehmen, **ohne** dass auf die Person bezogene Anhaltspunkte für die Begehung der Straftat vorliegen müssen. Die Reformgesetzgeber meinen, es sei für die Polizei erforderlich, auch außerhalb eines räumlich eng begrenzten Bereichs Personenkontrollen nach bestimmten Spezifikationen (z.B. aufgrund eines bestimmten Täterprofils) durchführen zu können. Diese Befugnis ist nicht ganz unbedenklich. Sie lässt nicht nur eine abstrakte Gefahr bzw. einen Gefahrenverdacht genügen, sondern sie erfordert noch nicht einmal eine Verantwortlicheneigenschaft des Adressaten. Jedermann, der zufällig an der Kontrollstelle vorbeikommt, kann angehalten, befragt und überprüft werden. Das legt eine **Kollision** der Befugnisnormen mit dem **verfassungsrechtlichen Bestimmtheitsgebot** nahe. Auf der anderen Seite fordern die Regelungen wenigstens eine abstrakte Gefahr bzw. einen Gefahrenverdacht *für Rechtsgüter von erheblicher Bedeutung und mit internationalem Bezug*, sodass bei strenger Anwendung des **Differenzierungsverbots** und des **Grundsatzes der Verhältnismäßigkeit** das Verdikt der Verfassungswidrigkeit vermieden werden kann. Dazu gehört zunächst, dass die Kontrollmaßnahmen nicht willkürlich erfolgen; zu fordern ist auch, dass ein für den Betroffenen, aber auch in einer gerichtlichen Überprüfung nachvollziehbares polizeiliches Lagebild angefertigt wird, das die Kontrollen im Rahmen der gesetzlichen Zielsetzung als geeignetes und erforderliches Mittel rechtfertigt. Der Begriff des Lagebildes ist nach polizeilichen Einsatz- und Führungsgrundsätzen definiert. Es beruht auf der Auswertung und Analyse aller für einen bestimmten Deliktstyp wichtigen Erkenntnisse und macht, losgelöst vom Einzelfall, relevante Zusammenhänge und Entwicklungen deutlich. Derartige Lagebilder können internationalen Bezug haben (z.B. über internationale Transportrouten für illegale Drogen, Schleuser oder aus Osteuropa einreisende Einbrecher- oder Menschenhändlerbanden) oder sich auf eine Region beschränken (Beispiel: Eine internationale Zuhälter- und Menschenhändlerbande aus Hamburg unternimmt den Versuch, in Bremen die Herrschaft im „Milieu" an sich zu reißen).

Nach den Gesetzesmaterialien zu den landesrechtlichen Bestimmungen sind Straftaten mit internationalem Bezug z.B. solche Taten, bei denen Anhaltspunkte bestehen, dass **194**

- die Straftat im Ausland vorbereitet worden ist und sie in Deutschland oder im Ausland ausgeführt werden soll,
- Tatbeteiligte im Ausland wohnen und zur Tatbegehung nach Deutschland einreisen oder von Deutschland aus an der Tatbegehung im Ausland mitwirken
- oder deliktisch erlangte Sachen illegal nach Deutschland eingeführt oder ins Ausland verbracht werden sollen.

In der Regel wird von einer organisierten Kriminalitätsform auszugehen sein. Straftaten von erheblicher Bedeutung mit internationalem Bezug sind z.B. Kfz-Verschiebung, Waffen- und Rauschgifthandel, illegale Einfuhr und Ausfuhr von nuklearem Material, Falschgeld-, Dokumenten-, Arzneimittel-, Kunstschmuggel, Abfallverschiebung, Schleusungskriminalität und Menschenhandel. **195**

Die Kontrollbefugnis erlaubt schließlich nur Maßnahmen im **öffentlichen Verkehrsraum**. Darunter fallen nicht nur die dem allgemeinen Straßenverkehr gewidmeten Straßen, Bürgersteige, Wege, Plätze sowie Wasserstraßen, sondern auch private Verkehrsflächen, die jedermann oder allgemein bestimmten Gruppen von Verkehrsteil- **196** nehmern dauernd oder auch nur vorübergehend zur Benutzung offen stehen. Denn mit Blick auf die geschützten Rechtsgüter kann es weder auf die Eigentumsverhältnisse noch auf die öffentlich-rechtliche Widmung des Verkehrsraums ankommen. Entscheidend ist allein, dass der Verfügungsberechtigte die Benutzung durch einen nicht näher bestimmten Personenkreis ausdrücklich oder stillschweigend duldet. Als Beispiel sei der unbefriedete Parkplatz eines Einkaufszentrums genannt.

cc.) Rechtsschutz

197 Die Befragung ist ein **Verwaltungsakt**. Die Rechtmäßigkeit kann daher – wegen regelmäßig vorliegender Erledigung – mit Hilfe der **Fortsetzungsfeststellungsklage**, ggf. analog § 113 I S. 4 VwGO, überprüft werden. Sollte die Maßnahme mit Mitteln des Verwaltungszwangs durchgesetzt worden sein (dazu zählt insbesondere die zwangsweise Mitnahme zur Wache, nicht aber die Aussageerzwingung), sind gegen die **Anwendung der Zwangsmaßnahme** (bei Eintritt der Erledigung) die **Fortsetzungsfeststellungsklage** analog § 113 I S. 4 VwGO oder die **allgemeine Leistungsklage** statthaft, je nachdem, ob man in der Anwendung des Zwangsmittels einen Verwaltungsakt oder lediglich einen Realakt sieht.

198

Prüfungsschema der Befragung

I. Rechtsgrundlage für die Befragung

Die Befragung ist regelmäßig einerseits von der Generalklausel zur Datenerhebung und andererseits von der Identitätsfeststellung abzugrenzen. Als Spezialbefugnis zur Befragung als Anordnungsbefugnis geht sie über die **Generalklausel zur Datenerhebung** dann hinaus, wenn sie der Befragung, die dann gelegentlich auch Vernehmung genannt wird, eine unbeschränkte oder eine beschränkte Auskunftspflicht des Befragten korrespondieren lässt. Demgegenüber ist die Befugnisnorm zur **Identitätsfeststellung** einschlägig, wenn die Person festgehalten, durchsucht und/oder zur Dienststelle verbracht wird. In der Fallbearbeitung sind diese Abgrenzungsfragen bei der Bestimmung der Rechtsgrundlage jedoch nicht auszuformulieren, sondern nur gedanklich zu beantworten, um die Rechtsgrundlage überhaupt bestimmen zu können.

II. Formelle Rechtmäßigkeit der Befragung

1. **Zuständigkeit** der handelnden Behörde (Rn 607 ff.)
2. Ordnungsgemäßes **Verfahren** (neben den allgemeinen Verfahrensvorschriften (Rn 618) sind nach strittiger Auffassung die besonderen Verfahrensvorschriften über die Datenerhebung (Rn 339) sowie die Hinweispflicht auf die Auskunftspflicht zu beachten)
3. Einhaltung der **Form**vorschriften (Rn 621)

III. Materielle Rechtmäßigkeit der Befragung

1. Vereinbarkeit der Befragung mit der Rechtsgrundlage
   a. Schutzgüter sind die gleichen wie bei der Datenerhebungsgeneralklausel (Rn 334), also alle Gegenstände polizeilicher Aufgaben (insbesondere öffentliche Sicherheit)
   b. abstrakte Gefahr/Gefahrenverdacht (zum Begriff vgl. Rn 666 und 689)
2. Rechtsfolge
   a. Einhaltung der Ermessensgrenzen
      aa. Einschreitermessen
      bb. Auswahlermessen (hinsichtlich Störerauswahl und Mittelauswahl)
      Da die Polizei- und Ordnungsgesetze *jede* Person verpflichten, sich auf sachdienliche Angaben befragen zu lassen und als Teil der sachdienlichen Angaben zumindest die Personalien anzugeben, bestehen keine Anforderungen an den Pflichtigen. Die Vorschriften über die Störer gelten nicht. Hinsichtlich der Mittelauswahl gilt, dass ein milderes Mittel i.d.R. nicht ersichtlich ist.
   b. Kein Verstoß gegen den Grundsatz der Verhältnismäßigkeit (soweit nicht schon abschließend im Rahmen der Mittelauswahl geprüft)

cc. Prüfung von Berechtigungsscheinen

Die Prüfung von Berechtigungsscheinen ist begrifflich und systematisch von der Identitätsfeststellung zu trennen und stellt eine **eigenständige Standardmaßnahme** dar. Die Verortung innerhalb der Befugnisnorm über die Identitätsfeststellung ist daher unglücklich.[145] 199

Bei den in der Vorschrift angesprochenen **Berechtigungsscheinen** handelt es sich um **Nachweise für die Berechtigung der Ausübung bestimmter und besonders geregelter Tätigkeiten.**

Klassisches **Beispiel** ist der Führerschein, der den Nachweis der Berechtigung zum Führen von Fahrzeugen bestimmter, im Führerschein beschriebener, Kraftfahrzeugklassen dokumentiert.

In **formeller** Hinsicht gelten die allgemeinen Voraussetzungen (Zuständigkeit, Verfahren Form, siehe dazu Rn 607 ff.). Lediglich die Hinweispflicht, die bei Anwendung der Datenerhebungsgeneralklausel gilt, ist bei der Prüfung von Berechtigungsscheinen nicht zu beachten. 200

In **materieller** Hinsicht befugen die Vorschriften der Polizeigesetze den Polizeivollzugsdienst, sich den Berechtigungsschein aushändigen zu lassen, weil die Tätigkeit, für die ein Berechtigungsschein ausgestellt wird, erlaubnispflichtig ist. Übt jemand eine erlaubnispflichtige Tätigkeit ohne Erlaubnis aus, verstößt er regelmäßig gegen eine Verbotsnorm und erfüllt ggf. auch einen Straf- oder zumindest einen Bußgeldtatbestand. Damit ist die objektive Rechtsordnung betroffen, ein Bestandteil der öffentlichen Sicherheit. Hinsichtlich der erforderlichen Gefahr genügt das Vorliegen einer abstrakten Gefahr bzw. eines Gefahrenverdachts. Das hat seinen Grund darin, dass niemals ausgeschlossen werden kann, dass eine erlaubnispflichtige Tätigkeit ohne Berechtigung ausgeübt wird. Zur Herausgabe verpflichtet ist dementsprechend jeder, der in Ausübung einer erlaubnispflichtigen Tätigkeit angetroffen wird und damit für das Vorliegen einer abstrakten Gefahr bzw. eines Gefahrenverdachts verantwortlich ist. Daher ermächtigt die Befugnisnorm die Polizei, vom Inhaber eines Berechtigungsscheins, der zum Mitführen desselben gesetzlich verpflichtet ist, zu verlangen, dass dieser den Schein zur Prüfung aushändigt. Die Vorschrift statuiert damit keine Mitführungspflicht, sondern setzt diese voraus. Sie befugt lediglich zum Aushändigenlassen eines Berechtigungsscheins, dessen Mitführungspflicht sich aus anderen Vorschriften ergibt. Zu betonen ist aber, dass das Recht, sich den Berechtigungsschein aushändigen zu lassen, nur dann besteht, wenn der Betroffene die Tätigkeit, für die er der Berechtigung bedarf, gerade im Zeitpunkt des Herausgabeverlangens ausübt. 201

Voraussetzung für das Herausgabeverlangen ist also zweierlei: Zum einen muss eine Rechtsvorschrift außerhalb der polizeilichen Befugnisnorm bestehen, die das Mitführen des Berechtigungsscheins vorschreibt, und zum anderen muss der Betroffene die Tätigkeit, für die er der Berechtigung bedarf, gerade im Zeitpunkt des Herausgabeverlangens ausüben. 202

---

[145] Vgl. **Bund**: § 23 IV BundesPolG; **BW:** § 26 III PolG; **Bay:** Art. 13 III PAG; **Brem:** § 11 V PolG; **Hamb:** § 4 IV S. 1 DatPolG; **Hess:** § 18 VII SOG; **MeckVor:** § 30 SOG; **Nds:** § 13 III SOG; **RhlPfl:** § 10 III POG; **Saar:** § 9 III PolG; **Sachs:** § 19 III PolG; **SachsAnh:** § 20 VII SOG; In folgenden Ländern existiert eine eigene Vorschrift: **Berl:** § 22 ASOG; **Brand:** § 14 S. 1 PolG; **Hamb:** § 4 I HafenSG; **NRW:** § 13 PolG; **SchlHolst:** § 182 LVwG; **Thür:** § 15 PAG.

Beispiele: Beim Führen eines Kfz müssen Führerschein (§ 2 I S. 3 StVG, § 4 II FeV) und Zulassungsbescheinigung I[146] (§ 24 S. 2 StVZO), bei der Ausübung des Fahrlehrerberufs der Fahrlehrerschein (§ 5 FahrlehrerG), beim Hochseefischen der Erlaubnisschein zum Fischfang (z.B. § 33 I BremFischG), bei der Ausübung eines Reisegewerbes die Reisegewerbekarte (§§ 55, 60c GewO), bei der Jagd der Jagdschein (§§ 15, 16 BJagdG), beim Besitz einer Waffe die Waffenbesitzkarte (§ 10 I WaffG), beim Tragen einer Waffe der Waffenschein (§ 10 IV WaffG) und beim Führen eines Taxis der Personenbeförderungsschein (§ 17 IV S. 1 PBefG) mitgeführt werden.

203 Besteht nach diesen Vorschriften eine Mitführungs- oder Vorzeigepflicht, kann die Polizei die Aushändigung gem. den polizeilichen Vorschriften über die Prüfung von Berechtigungsscheinen verlangen (bestehen jedoch Sondervorschriften wie z.B. § 60c GewO für die Vorlage der Reisegewerbekarte oder § 36 V StVO für die Vorlage des Führerscheins, sperren diese die Anwendung der entsprechenden Befugnisnormen der Polizeigesetze). Die Befugnis, sich den Berechtigungsschein aushändigen zu lassen, und diesen zu überprüfen, umfasst das Recht, den Betroffenen für die Dauer der Überprüfung **anzuhalten**. Einer separaten diesbezüglichen Rechtsgrundlage bedarf es also nicht.

204 **Nicht** um Berechtigungsscheine i.S.d. polizeilichen Bestimmungen handelt es sich bei den Personalausweispapieren; denn diese berechtigen nicht zur Ausübung besonderer Tätigkeiten, sondern dienen lediglich der Feststellung der Identität. Die diesbezügliche Pflicht, das Papier an die Polizei auszuhändigen, besteht im Übrigen gem. den Vorschriften über die Identitätsfeststellung. Das Gleiche gilt hinsichtlich der Vorlage- und Aushändigungspflicht für Ausländer in Bezug auf Pass, Aufenthaltstitel und Bescheinigung über die Aussetzung der Abschiebung (vgl. § 48 AufenthG).

205 Auch bei sonstigen Bescheinigungen (z.B. Zulassungsbescheinigung I gem. § 24 S. 2 StVZO), Nachweisen (z.B. Prüfbücher nach Anlage VIII Nr. 5.3 StVZO i.V.m. § 29 I und II StVZO) oder Urkunden (z.B. Fahrtschreiber-Schaublätter nach § 57a II StVZO, soweit diese noch nicht durch das digitale Kontrollgerät ersetzt worden sind) handelt es sich **nicht** um Berechtigungsscheine, da sie zu keiner Tätigkeit berechtigen, sondern Nachweise über bestimmte sachbezogene Eigenschaften erbringen. Deren Aushändigung kann die Polizei daher ebenfalls nicht nach den polizeigesetzlichen Bestimmungen über die Herausgabe von Berechtigungsscheinen verlangen.[147] Hierfür bedarf sie anderer Rechtsgrundlagen wie z.B. § 36 V StVO in Bezug auf die Zulassungsbescheinigung I. Diese Vorschrift ist zudem im Verhältnis zum allgemeinen Polizei- und Ordnungsrecht speziell und geht diesem vor. Daher richtet sich auch die Aushändigung des Führerscheins nach § 36 V StVO, obwohl es sich bei diesem um einen Berechtigungsschein handelt. Die Zuständigkeit des Polizeivollzugsdienstes ergibt sich dabei aus § 44 II 2 StVO. Zwar wird in § 44 II S. 2 StVO lediglich von der Zuständigkeit in Bezug auf vorläufige Maßnahmen gesprochen, allerdings spricht § 36 V S. 1 StVO von Polizeibeamten, die die Kontrollen durchführen. Damit kann ausschließlich der Polizeivollzugsdienst gemeint sein. Daher kann der Polizeivollzugsdienst die Überprüfung von Führerschein und Zulassungsbescheinigung I auf Grundlage des § 36 V StVO vornehmen.[148]

---

[146] Mit Wirkung zum 1.10.2005 hat die Zulassungsbescheinigung I den früheren Fahrzeugschein ersetzt; der frühere Fahrzeugbrief wurde durch die Zulassungsbescheinigung II ersetzt.

[147] Anders *Schenke*, POR, Rn 123 (in Bezug auf die Zulassungsbescheinigung I).

[148] Zur gutachterlichen Prüfung des Herausgabeverlangens in Bezug auf Führerschein, Zulassungsbescheinigung I und Personalausweis im Rahmen einer allgemeinen Verkehrskontrolle vgl. *R. Schmidt*, Fälle zum Gefahrenabwehrrecht, **2005**, Fall 7.

Trifft die Polizei eine Person in Ausübung einer erlaubnispflichtigen Tätigkeit an und kann diese ihre Berechtigung nicht durch Aushändigung eines Berechtigungsscheins nachweisen, liegen sodann eine konkrete Gefahr einer Straftat oder Ordnungswidrigkeit und damit eine Gefahr für die öffentliche Sicherheit vor. Als Folgemaßnahmen kommen ein auf die Befugnisgeneralklausel gestütztes vorläufiges Verbot, die Tätigkeit fortzusetzen, in Betracht sowie eine Identitätsfeststellung. 206

dd. Identitätsfeststellung (IDF)

Die Identitätsfeststellung hat den Zweck, entweder Personalien einer unbekannten Person festzustellen oder zu prüfen, ob eine Person diejenige ist, für die sie sich ausgibt. Kurz gesagt möchte die Polizei klären, **mit wem sie es zu tun hat**. Die Identitätsfeststellung umfasst daher die Ermittlung und Erhebung aller individuellen Merkmale einer Person, die es ermöglichen, sie von einer anderen Person zu unterscheiden und Verwechslungen auszuschließen. Wegen des mit der Identitätsfeststellung verbundenen Eingriffs in das Recht auf informationelle Selbstbestimmung (Art. 2 I i.V.m. 1 I GG), möglicherweise aber auch in die Freiheit der Person (Art. 2 II S. 2, 104 I, II GG), bedarf die Polizei einer Rechtsgrundlage. Diese liefern die Polizeigesetze. 207

Die **Identitätsfeststellung**[149] dient der Feststellung der Personalien einer unbekannten Person oder der Prüfung, ob eine bestimmte Person mit einer gesuchten identisch ist.[150] 208

Die Identitätsfeststellung setzt zwar eine konkrete Gefahr bzw. eine Anscheinsgefahr voraus, sie muss jedoch nicht zwingend geeignet sein, unmittelbar eine konkrete Gefahr abzuwehren, ihrem Entstehen vorzubeugen oder eine Straftat zu verhüten. Das wäre nur dann der Fall, wenn ein Verantwortlicher oder potentiell Verantwortlicher oder Straftäter sich durch die Identitätsfeststellung davon abhalten ließe, die geplante Handlung oder Tat zu begehen, oder wenn ein Ort, an dem des Öfteren Identitätsfeststellungen im Rahmen von Razzien, also der planmäßigen Überprüfung eines größeren Personenkreises, vorgenommen werden, künftig von potentiell Verantwortlichen oder Straftätern gemieden werden würde. Die Identitätsfeststellung kann jedoch Klarheit darüber verschaffen, gegen welche Person ggf. erforderliche gefahrenabwehrende Maßnahmen zu richten sind oder welche Person als Täter einer später begangenen Straftat in Frage kommt (Vorsorge für die Strafverfolgung, vgl. § 1 der Polizeigesetze sowie Art. 2 BayPAG). 209

Als Personalien einer Person, die nach der polizeigesetzlichen Bestimmung über die IDF festgestellt oder geprüft werden können, kommen Vor- und Familien-, ggf. Geburtsname, Ordens- oder Künstlername, Doktorgrad, Tag und Ort der Geburt, Geschlecht, Größe, Farbe der Augen, Familienstand, Beruf, Wohnort und Wohnung, Staatsangehörigkeit (vgl. dazu § 111 OWiG, § 4 I PassG, § 1 II PersAuswG) in Frage. Dabei hängt vom Zweck der Maßnahme ab, welche Personalien jeweils zur Feststellung der Identität erforderlich sind. Wird eine hiernach erforderliche Angabe verweigert, liegt eine Ordnungswidrigkeit nach § 111 OWiG vor, was wiederum eine konkrete Gefahr für die öffentliche Sicherheit bedeutet und zu weiteren gefahrenabwehrrechtlichen Maßnahmen befugt. Steht die Identität fest, sind weitere identitätsfeststellende Maßnahmen unzulässig. 210

---

[149] Vgl. § 9 MEPolG; **Bund**: § 23 BundesPolG; **BW:** § 26 PolG; **Bay:** Art. 13 PAG; **Berl:** § 21 ASOG; **Brand:** §§ 12 PolG; **Brem:** § 11 PolG; **Hamb:** § 12 SOG, § 4 DatPolG; **Hess:** § 18 I SOG; **MeckVor:** § 29 SOG; **Nds:** § 13 SOG; **NRW:** § 12 PolG; **RhlPfl:** § 10 POG; **Saar:** § 9 PolG; **Sachs:** § 19 PolG; **SachsAnh:** § 20 SOG; **SchlHolst:** § 181 LVwG; **Thür:** § 14 PAG.

[150] Zum Begriff der Identität vgl. § 111 OWiG.

211 Dagegen dient die Prüfung durch Abfrage der polizeilichen Fahndungssysteme (Informationssystem der Polizei, **INPOL**)[151], ob eine bestimmte Person gesucht wird, nicht der Identitätsfeststellung; daher ist diese auch speziell in anderen Vorschriften (z.B. § 36h BremPolG, § 25 HessSOG, § 45 NdsSOG) besonders geregelt.

212 Anders als z.B. § 18 I HessSOG lässt z.B. § 11 I BremPolG die Identitätsfeststellung zum „**Schutz privater Rechte**" nicht ausdrücklich zu. Der Schutz privater Rechte obliegt der Polizei daher nur nach Maßgabe der Aufgabenzuweisungsnorm (z.B. § 1 II BremPolG, § 1 III HessSOG, § 1 III NdsSOG), allerdings i.V.m. mit einer Befugnisnorm. Diese wiederum kann durchaus die Befugnisnorm hinsichtlich der IDF sein. Voraussetzung ist aber das Vorliegen von deren Tatbestandsvoraussetzungen.

Beispiel: Bei einer Großveranstaltung im Sportstadion brennt T im engen Gedrängel mit einer Zigarette ein Loch in die Lederjacke des O. Gegenüber der herbeigerufenen Polizei, die die Personalien des T aufnehmen möchte, behauptet dieser, dies sei aus Versehen geschehen. T will sich allen polizeilichen Maßnahmen entziehen.

In repressivpolizeilicher Hinsicht hat T den objektiven Tatbestand der Sachbeschädigung (§ 303 I StGB) verwirklicht. Unklar ist lediglich der subjektive Tatbestand, also ob T vorsätzlich gehandelt hat. Sollte dies nach den äußeren Umständen bzw. nach einer entsprechenden Eruierung des Sachverhalts wahrscheinlich sein, darf (und muss) die Polizei eine Identitätsfeststellung nach § 163 b StPO vornehmen. Die Zuständigkeit ergibt sich insoweit aus § 1 IV BremPolG (vgl. auch § 1 II HessSOG, § 1 V NdsSOG) i.V.m. § 163 I StPO.

Hält die Polizei dagegen einen Vorsatz für ausgeschlossen, besteht der Verdacht einer Straftat nicht. Eine Identitätsfeststellung nach § 163 b StPO ist dann nicht zulässig.

Möglicherweise kommt in diesem Fall aber eine Identitätsfeststellung aus präventivpolizeilichen Gründen in Betracht. Allerdings obliegt gem. § 1 II BremPolG (vgl. auch § 1 III HessSOG, § 1 III NdsSOG) der Schutz privater Rechte der Polizei nur, wenn gerichtlicher Schutz nicht oder nicht rechtzeitig zu erlangen ist und ohne polizeiliche Hilfe die Verwirklichung des Rechts vereitelt oder wesentlich erschwert werden würde (sog. Subsidiarität polizeilichen Handelns – vgl. dazu Rn 68 ff.).

Ein zivilrechtlicher Anspruch des O gegen T gem. § 823 I BGB besteht, da insoweit (vgl. § 276 BGB) Fahrlässigkeit genügt und jedenfalls diese nicht ausgeschlossen werden kann. Auch wird O dadurch, dass T seine Mitwirkung verweigert, ohne die Identitätsfeststellung durch die Polizei kaum in der Lage sein, seine gegenüber T zustehenden zivilrechtlichen Ansprüche durchzusetzen. § 1 II BremPolG (vgl. auch § 1 III HessSOG, § 1 III NdsSOG) hindert die Polizei somit nicht, eine Identitätsfeststellung zu Lasten des T vorzunehmen.

Allerdings genügt allein die Überwindung des Subsidiaritätsgrundsatzes nicht. Denn wegen des Grundsatzes vom Vorbehalt des Gesetzes bedarf die Polizei bei grundrechtsbeeinträchtigenden Maßnahmen einer Befugnisnorm. T ist durch die (intendierte) Feststellung seiner Identität in seinem Grundrecht auf informationelle Selbstbestimmung betroffen; die der Polizei für diesen Fall zur Verfügung stehende Rechtsgrundlage ist die polizeigesetzliche Befugnisnorm hinsichtlich der IDF (z.B. § 11 BremPolG). Es müssten aber auch deren Tatbestandsvoraussetzungen vorliegen. Zwar sieht z.B. § 11 II Nr. 3 BremPolG ausdrücklich vor, den Betroffenen nach seinen Personalien zu befragen, diese Befugnis steht der Polizei jedoch nur dann zu, wenn mindestens einer der in § 11 I BremPolG genannten Anlasstatbestände vorliegt. Hätte sich der Sachverhalt z.B. im Geltungsbereich des HessSOG ereignet, wäre gem. § 18 I HessSOG die Identitätsfeststellung zum „Schutz privater Rechte" ausdrücklich zulässig gewesen. Das BremPolG enthält jedoch keine vergleichbare Regelung. Auch hat es der Landesgesetzgeber

[151] Vgl. dazu sogleich Rn 219, aber auch Rn 350 und 362.

im Rahmen der Novellierung des BremPolG im Herbst 2005, in der er insbesondere § 11 BremPolG geändert hat, versäumt, eine mit § 18 I HessSOG vergleichbare Regelung einzuführen.

Damit ist eine Identitätsfeststellung nur auf der Grundlage des § 11 I BremPolG möglich. In Betracht kommt ausschließlich Nr. 1 („Abwehr einer Gefahr"). Dies setzt eine konkrete Gefahr voraus, an der es jedoch fehlt, wenn man auf das *Sengen der Jacke* abstellt. Denn dieser Lebensvorgang ist abgeschlossen. Zwar kann auch eine Störungsbeseitigung eine Form der Gefahrenabwehr sein, dies jedoch nur dann, wenn von der Störung weiterhin Gefahren ausgehen. Das ist vorliegend aber nicht der Fall, weil keine weiteren Gefahren von der Zigarette des T erwartet werden können.

Fraglich ist, ob die erforderliche Gefahr angenommen werden kann, wenn man nicht auf den abgeschlossenen Vorgang *Sengen der Jacke* abstellt, sondern auf die Vereitelung der Rechtsverfolgung. Denn auch und gerade die subjektiven Rechte sind polizeiliche Schutzgüter der öffentlichen Sicherheit. Dem könnte allerdings der Zweck der Gefahrenabwehr entgegenstehen. Denn Gefahrenabwehr steht ausschließlich im öffentlichen Interesse. Sofern auch subjektive Rechte geschützt sind, sind sie es nur, sofern eine Rechtsvereitelung droht oder Öffentlichkeitsbezug besteht. Öffentlichkeitsbezug besteht bei solchen subjektiven Rechten, deren Verletzung straf- oder ordnungswidrigkeitenrechtlich sanktioniert ist und im konkreten Fall auch sanktioniert werden kann. Vorliegend ist das jedoch nicht der Fall, da die fahrlässige Sachbeschädigung nicht strafbewehrt ist. In Übereinstimmung mit dem zur Subsidiaritätsklausel Gesagten genügt es für die Annahme eines öffentlichen Interesses aber, wenn eine Rechtsvereitelung droht. Das ist vorliegend der Fall.

Teilt man diesen Standpunkt, bleibt im Ergebnis festzustellen, dass die Polizei die Identität des T präventivpolizeilich feststellen darf, obwohl der „Schutz privater Rechte" nicht explizit in der Befugnisnorm des § 11 I BremPolG genannt ist. Liegt sogar der Anfangsverdacht einer Straftat vor, darf die Polizei im Rahmen der Strafverfolgung gem. § 1 IV BremPolG i.V.m. §§ 163 I, 163 b StPO die Personalien des T aufnehmen.

Im Einzelnen gilt:

a.) Formelle Rechtmäßigkeit

Hinsichtlich der formellen Rechtmäßigkeit gelten zunächst die allgemeinen Voraussetzungen (Zuständigkeit, Verfahren, Form, siehe Rn 607 ff.), wobei eine vorherige Anhörung (§ 28 II VwVfG) wegen § 28 II Nr. 1 Var. 2 VwVfG regelmäßig entbehrlich ist. Als besondere (und zusätzlich zu prüfende) Verfahrensvorschrift normieren einige Polizeigesetze, dass dem Betroffenen der Grund bzw. die Rechtsgrundlage für die Identitätsfeststellung genannt werden soll.[152] In den anderen Polizeigesetzen geht diese Soll-Bestimmung aus der allgemeinen Verfahrensvorschrift über die Datenerhebung, die auch für die Identitätsfeststellung gilt, hervor.[153] Bei der Durchsuchung nach Ausweispapieren zwecks Feststellung der Identität ist die in den Polizeigesetzen hinsichtlich der Durchsuchung von Personen enthaltene Verfahrensvorschrift, wonach grds. Männer nur von Männern und Frauen nur von Frauen durchsucht werden dürfen (z.B. § 19 IV BremPolG, § 36 IV HessSOG, § 22 III NdsSOG) analog anzuwenden, weil es für den Betroffenen keinen Unterschied machen kann, ob er aus Gründen der IDF oder aus anderen Gründen durchsucht wird. Ein **Verstoß** gegen Verfahrensbestimmungen führt grundsätzlich zur (formellen) Rechtswidrigkeit; allerdings ist in jedem 213

[152] **Hamb:** § 13b I SOG, § 2 IV S. 1 Nr. 1 DatPolG; **Hess:** § 34 I SOG; **Nds:** § 20 I S. 1 SOG.

[153] Vgl. **BW:** § 19 III PolG; **Bay:** Art. 30 IV PAG; **Berl:** § 18 V ASOG; **Brand:** § 29 IV S. 1 PolG; **Brem:** § 27 I PolG; **Hamb:** § 2 IV DVPolG; **Hess:** § 13 VIII SOG; **MeckVor:** § 26 III SOG; **Nds:** § 30 I S. 3 SOG; **NRW:** § 24 OBG i.V.m. § 9 VI PolG; **Saar:** § 25 V PolG; **Sachs:** § 37 II S. 3 PolG; **SachsAnh:** § 15 VII SOG; **SchlHolst:** § 178 III LVwG; **Thür:** § 31 IV S. 1 PAG.

Einzelfall zu prüfen, inwieweit eine Heilung gem. § 45 VwVfG bzw. eine Unbeachtlichkeit gem. § 46 VwVfG in Betracht kommen. Schließlich ist zu beachten, dass eine Freiheitsentziehung zum Zweck der IDF keinesfalls die in den Polizeigesetzen festgesetzte **Dauer** überschreiten darf (vgl. z.B. § 18 II BremPolG, § 35 II HessSOG, § 21 S. 3 NdsSOG).

b.) Materielle Rechtmäßigkeit

214 Als Gefahrenabwehrmaßnahme eignet sich die Identitätsfeststellung, weil durch die **Aufhebung der Anonymität** Gefahren abgewendet bzw. bevorstehende Straftaten verhindert werden sollen. Die Polizeigesetze enthalten eine Ermächtigung zur Personalienfeststellung für verschiedenartige, alternativ angelegte Tatbestände:

(1) zur Abwehr einer Gefahr
(2) für die sog. verrufenen oder gefährlichen Orte
(3) an einer Kontrollstelle
(4) für gefährdete Objekte

215 Der in Nr. 1 genannte Tatbestand „**Abwehr einer Gefahr**" setzt grundsätzlich eine **konkrete Gefahr** und die **Störereigenschaft** des Adressaten bzw. einen **polizeilichen Notstand** voraus. Die anderen drei Tatbestände „**verrufene oder gefährliche Orte**" (Nr. 2), „**an einer Kontrollstelle**" (Nr. 3) und „**gefährdete Objekte**" (Nr. 4) setzen **keine konkrete Gefahr** und keinen konkreten Verdacht gegen eine zu überprüfende Person voraus. Die Gesetze verlangen i.d.R. lediglich „die durch Tatsachen gerechtfertigte Annahme, dass in oder an den Objekten Straftaten begangen werden sollen oder sich Straftäter verbergen bzw. dort angetroffen werden". Damit sind eine **abstrakte Gefahr** bzw. ein **Gefahrenverdacht** gemeint (vgl. Rn 666 und 689). Nr. 4 fordert zusätzlich, dass durch die drohenden Straftaten Personen in oder an den Objekten oder die Objekte selbst gefährdet werden. In allen Fällen der Nrn. 1-4 gilt jedoch, dass der Adressat der Identitätsfeststellung weder polizei- noch notstandspflichtig zu sein braucht. So genügt schon der Aufenthalt der Person an einem Ort, an dem tatsächliche Anhaltspunkte einen Gefahrenverdacht rechtfertigen, wie das gerade an sog. **verrufenen oder gefährlichen Orten** i.S.v. Nr. 2 der Fall ist.

Zu den verrufenen oder gefährlichen Orten zählen zum **Beispiel** Treffpunkte für Kriminelle, Drogenumschlagplätze, Bahnhöfe, Lokale im Rotlichtmilieu, Bordelle, Orte, an denen illegale Glücksspiele stattfinden, usw. Selbst Wohnungen können verrufen oder gefährlich sein, wenn in ihnen z.B. illegale Wohnungsprostitution ausgeübt oder wenn mit illegalen Drogen gehandelt wird. Jedoch dürfen sie i.d.R. nur unter den strengen Voraussetzungen der Bestimmungen über das Betreten von Wohnungen betreten werden.

216 Hinsichtlich der Nr. 2 ist in einigen Polizeigesetzen die frühere Formulierung „sich an einem Ort aufhält" durch die Formulierung „an einem Ort angetroffen wird" ersetzt worden (vgl. z.B. § 11 I Nr. 2 BremPolG, § 13 I Nr. 2 NdsSOG). Damit griffen die Landesgesetzgeber die Rechtsprechung des OVG Hamburg v. 23.8.2002[154] auf, wonach ein „Sich-Aufhalten" an einem Ort mehr bedeute als sich lediglich dort zu „befinden". Begrifflich sei das „Sich-Aufhalten" mit einem „Verweilen" gleichzusetzen. Es sei insofern von der Ermächtigungsgrundlage nicht gedeckt, wenn jemand einer Identitätskontrolle unterzogen werde, der zielgerichtet ohne Anzeichen eines verzögerten Gangs den betreffenden Ort lediglich passiere.[155] Vor diesem Hintergrund hätten Ver-

---

[154] OVG Hamburg NVwZ-RR **2003**, 276 f.
[155] So auch schon *R. Schmidt*, BesVerwR II, 8. Aufl. **2004**, S. 56.

waltungsbehörden und Polizei nach der früheren Rechtslage darlegen müssen, dass z.B. Drogendealer an dem betreffenden Ort tatsächlich „verweilt" haben. Um daher möglichen zukünftigen Problemen in der Praxis zu begegnen, ob jemand einen gefährlichen Ort lediglich nur passiert oder aber – mit einem nach außen deutlich werdenden verharrenden Element – über die Straße schlendert und demzufolge überprüft werden darf, habe der Begriff „aufhält" durch „angetroffen wird" ersetzt werden müssen.
Zur Frage, ob diese Neuregelungen noch mit dem verfassungsrechtlich verankerten Bestimmtheitsgebot vereinbar sind, vgl. Rn 227.

Als **gefährdete Objekte** i.S.d. Nr. 4 gelten besonders anschlagsgefährdete und schutzbedürftige Orte; exemplarisch sind Verkehrs- und Versorgungsanlagen und -einrichtungen, öffentliche Verkehrsmittel und Amtsgebäude genannt. Auch wird die unmittelbare Umgebung eingeschlossen. **217**

Beispiele[156]: Flughäfen, Bahnhöfe, Elektrizitäts-, Wasser- und Gaswerke, Raffinerien und Pipelines, Flugzeuge, Eisenbahnen, öffentliche Verkehrsmittel (S- und U-Bahnen etc.), Parlaments-, Gerichts- und Behördengebäude, militärische Anlagen, Rundfunksender, Zeitungsverlage, Parteizentralen, türkische Reisebüros, jüdische Gemeindehäuser, Privatwohnungen von Politikern, Sportgroßveranstaltungen wie Fußballweltmeisterschaft[157] usw.

An den verrufenen, gefährlichen oder gefährdeten Orten kann die Polizei eine **Razzia**, also eine planmäßige Überprüfung der Identität eines größeren Personenkreises, vornehmen. Bei den gefährdeten Objekten besteht die Befugnis zur Identitätsfeststellung, wenn Tatsachen die Annahme rechtfertigen, dass an diesen Objekten Straftaten verübt werden sollen, durch die diese Objekte selbst oder Personen, die sich darin oder in unmittelbarer Nähe befinden, gefährdet sind. **218**

Soll die Identität einer Person z.B. als Hooligan, politisch motivierter Gewalttäter oder Anhänger einer rechtsextremistischen Vereinigung festgestellt werden, werden die Personalien nicht nur erhoben, sondern mit den entsprechenden Dateien des polizeilichen Informationssystems (**INPOL**) abgeglichen. Dieser **Datenabgleich** stellt eine typische Begleitmaßnahme zur IDF dar, ist aufgrund des mit ihm verbundenen weiteren Grundrechtseingriffs in der Fallbearbeitung jedoch separat zu prüfen (dazu Rn 355). **219**

Auch auf der **Rechtsfolgeseite** enthalten die Bestimmungen der Polizeigesetze einen differenzierten Befugniskatalog. Sie beinhalten nicht nur das Recht, eine Person **anzuhalten**, zu **befragen** und sich die **Personalien** vorlegen zu lassen, sondern bei Verweigerung sie auch **festzuhalten**, sie nach Gegenständen, die der Identitätsfeststellung dienen, zu **durchsuchen** und ultimativ (d.h. unter Wahrung des Verhältnismäßigkeitsprinzips) **zur Polizeidienststelle zu verbringen** (**Sistierung**), was das Recht der Fortbewegungsfreiheit gem. Art. 2 II S. 2, 104 II GG (kurzfristige **Freiheitsentziehung**) einschränkt. Ein Rückgriff auf die Befugnisnorm „Ingewahrsamnahme" (dazu Rn 449 ff.) ist insoweit nicht erforderlich. Verbringt die Polizei den Betroffenen zwecks Identitätsfeststellung zur Polizeiwache, muss sie diese ohne zeitliche Verzögerung und ohne Umwege durchführen.[158] Zur Abgrenzung zur Befragung vgl. Rn 189. **220**

---

[156] Vgl. *Pieroth/Schlink/Kniesel*, POR, § 14 Rn 36.
[157] Vgl. dazu *Nolte*, NVwZ **2001**, 147, 151 f.
[158] Vgl. OLG Schleswig NVwZ **2003**, 1412 ff.

221 Im Übrigen ist zu beachten, dass der in den Befugnisnormen aufgelistete Katalog an zulässigen Maßnahmen **nicht abschließend** ist. Das folgt zum einen aus der generalklauselartigen Ermächtigung in den Befugnisnormen und zum anderen aus der Formulierung „insbesondere". Neben den explizit in den Befugnisnormen genannten Maßnahmen sind daher auch andere Maßnahmen möglich. Dazu zählen z.B. die Erkundigung bei Dritten, das Anfragen bei Meldebehörden und anderen Register führenden Stellen wie etwa bei Kfz-Zulassungsstellen und dem Kraftfahrt-Bundesamt (KBA). Zu beachten ist jedoch, dass in diesen Fällen oftmals andere, spezielle Befugnisnormen greifen.

222 In der polizeilichen Praxis wird zur Identitätsfeststellung insbesondere die **Aushändigung** mitgeführter **Ausweispapiere** verlangt. Da aber eine Mitführungspflicht durch die Befugnisnorm bzgl. der IDF nicht begründet wird, muss sie anderen Vorschriften entnommen werden. In diesem Zusammenhang sind insbesondere zu beachten:

- § 1 I **PersAuswG**, wonach zwar keine Mitführungs-, dafür aber eine Besitz- und Vorzeigepflicht in Bezug auf den Personalausweis besteht,
- § 1 **PassG** i.V.m. § 1 I S. 1 Halbs. 2 PersAuswG, wonach ein gültiger Pass den Personalausweis ersetzt,
- § 3 **AufenthG**, wonach Ausländer zum Besitz (nicht zum Mitführen) eines Passes oder zugelassenen Passersatzes verpflichtet sind (vgl. auch § 48 AufenthG),
- § 64 **AsylVfG**, wonach Asylbewerber für die Dauer des Asylverfahrens ihrer Ausweispflicht mit der Bescheinigung über die Aufenthaltsgestattung genügen.

223 Es kommen auch andere Ausweispapiere in Betracht (z.B. Führerschein und Zulassungsbescheinigung I[159]), wobei sich aber eine Überschneidung mit den „Berechtigungsscheinen" und sonstigen Urkunden i.S.d. Bestimmung über die Herausgabe von Berechtigungsscheinen (Rn 199 ff.) ergeben kann. Die Verpflichtung, den Führerschein mitzuführen und auf Verlangen auszuhändigen, ergibt sich aus § 2 I S. 3 StVG, § 4 II FeV, die entsprechende Verpflichtung in Bezug auf die Zulassungsbescheinigung I aus § 24 S. 2 StVZO.

224 Die Vielzahl der möglichen Maßnahmen zur Feststellung der Identität wirft die Frage nach dem Rechtsschutz auf, die wiederum nur dann beantwortet werden kann, wenn die **Rechtsnatur** der Maßnahmen feststeht.

- Bezüglich des **Anhaltens** gilt, dass dieses nur Mittel zum Zweck und demzufolge keine Maßnahme des Verwaltungszwangs darstellt. Der Betroffene kann daher unproblematisch (bei eingetretener Erledigung vor Klageerhebung) Fortsetzungsfeststellungsklage analog § 113 I S. 4 VwGO gegen die Identitätsfeststellung erheben.

- Im Prinzip dasselbe gilt für das **Durchsuchen** der Person nach Gegenständen, die der Identitätsfeststellung dienen. Auch diese Maßnahme stellt lediglich den Durchführungsakt der Standardmaßnahme *Identitätsfeststellung* dar (insbesondere ist sie nicht mit der eigenständigen Standardmaßnahme *Durchsuchung von Personen* zu verwechseln). Der Betroffene kann hier ebenfalls (bei eingetretener Erledigung vor Klageerhebung) Fortsetzungsfeststellungsklage analog § 113 I S. 4 VwGO gegen die Identitätsfeststellung erheben.

- Problematisch ist dagegen das **Verbringen auf die Dienststelle**. Grundsätzlich ist auch das Verbringen auf die Dienststelle die Ausführungshandlung (das reale Element)

[159] Mit Wirkung zum 1.10.2005 hat die Zulassungsbescheinigung I den früheren Fahrzeugschein ersetzt; dDer frühere Fahrzeugbrief wurde durch die Zulassungsbescheinigung II ersetzt.

der *Identitätsfeststellung* und demzufolge keine Maßnahme des Verwaltungszwangs.[160] Etwas anderes gilt aber, wenn der Betroffene sich weigert, mit der Polizei mitzukommen, und die Polizei den Betroffenen unter Anwendung körperlichen Zwangs mit auf die Dienststelle nehmen muss. Hier ist von einem unmittelbaren Zwang auszugehen, was dazu führt, dass (in der Fallbearbeitung je nach Fallfrage) sowohl die Rechtmäßigkeit der Zwangsmaßnahme als auch die Rechtmäßigkeit bzw. Wirksamkeit der Grundverfügung geprüft werden müssen. Zur Begründung dieser Vorgehensweise vgl. im Einzelnen die Ausführungen zur Verwaltungsvollstreckung bei Rn 902 ff.

Beispiel: Um die bei einer Demonstration befürchteten Ausschreitungen und Straftaten i.S.v. § 27 VersG zu verhindern, richtet die Polizei auf einer Ausfallstraße eine **Kontrollstelle** (Fahndungsstelle, dazu Rn 215) ein, um Vorbeifahrende zu kontrollieren. K, der mit der Demonstration nichts zu tun hat, passiert mit seinem Kfz die Stelle und wird kontrolliert. Als er sich nach entsprechender Aufforderung weigert, seine Personalien offen zu legen, wird er von Polizeihauptwachtmeister X durchsucht. Nachdem keine Hinweise auf die Identität gefunden werden, fordert X den K auf, mit auf die Polizeidienststelle zu kommen. Als K sich weigert mitzukommen, wird er nach ordnungsgemäßer Androhung eines Zwangsmittels zwangsweise zur Dienststelle verbracht. Sind die Maßnahmen rechtmäßig? **225**

Vorbemerkung: Da es nach der Rechtsprechung des BVerfG nicht auf die Rechtmäßigkeit einer Grundverfügung ankommt (keine Konnexität zwischen Primärmaßnahme und Vollstreckungsmaßnahme)[161], muss – soweit der Kläger ausdrücklich nur die Zwangsmaßnahme angreift – auch nicht die Rechtmäßigkeit der Primärverfügung geprüft werden. Die Rechtmäßigkeit der Zwangsmaßnahme ist demzufolge nur rein vollstreckungsrechtlich zu prüfen. Das kann zu dem Ergebnis führen, dass trotz rechtswidriger Grundverfügung eine rechtmäßige Vollstreckung vorliegt. Dieser Umstand ist zwar ausführlich bei Rn 346 und 906 behandelt, soll aber aufgrund der Relevanz bereits an dieser Stelle verdeutlicht werden. Sofern sich die Grundverfügung noch nicht erledigt hat, also noch wirksam ist, wird der Kläger daher regelmäßig versuchen, die Wirksamkeit der Grundverfügung zu beseitigen. Das kann er nur, indem er gleichzeitig auch Anfechtungsklage gegen die Grundverfügung erhebt. Kommt dann das Gericht zu dem Ergebnis, dass die Grundverfügung rechtswidrig ist, hebt es diese gem. § 113 I S. 1 VwGO auf, wodurch deren Wirksamkeit entfällt (§ 43 II VwVfG). Damit entfällt gleichzeitig die Grundlage für die Vollstreckungsmaßnahme. In der Klausur muss also stets genau das Klagebegehren untersucht werden. Kommt der Kläger nur über die (zusätzliche) Aufhebung der Grundverfügung zu seinem Ziel, wird anzunehmen sein, dass er auch eine Anfechtungsklage gegen die (noch nicht erledigte) Grundverfügung erheben will. Nötigenfalls muss der Richter über § 86 VwGO eine Erweiterung des Klagegegenstands anregen. In diesem Fall wären in kumulativer Klagehäufung (§ 44 VwGO) sowohl die Grundverfügung als auch die Zwangsmaßnahme zu prüfen. Die Prüfung der Grundverfügung erfolgt dann unstreitig im Rahmen einer **Anfechtungsklage**. Bezüglich der Vollstreckungsmaßnahme ist ebenfalls die **Anfechtungsklage** statthaft, sofern in der Vollstreckungsmaßnahme eine gleichzeitige konkludente Duldungsverfügung gesehen wird. Geht man indes nur von einem Realakt aus, ist die **allgemeine Leistungsklage** statthaft.

Hat sich die Grundverfügung dagegen bereits erledigt, ist sie nicht mehr wirksam und muss auch nicht mehr angefochten werden, um die Grundlage für die anschließende Vollstreckungsmaßnahme zu vernichten. Der Kläger kann aber die Rechtswidrigkeit der Grundverfügung mit Hilfe einer Fortsetzungsfeststellungsklage analog § 113 I S. 4 VwGO feststellen lassen. Allerdings genügt es auch, wenn der Kläger lediglich die Voll-

---

[160] Vgl. dazu *Schenke*, POR, Rn 119 ff. Unklar *Knemeyer*, POR, Rn 165 i.V.m. Rn 173.

[161] Die Grundverfügung muss nur wirksam sein, vgl. BVerfG NVwZ **1999**, 290, 292; OVG Münster NVwZ **2001**, 231; *Schenke*, POR, Rn 540; *Werner*, JA **2000**, 902, 904; **a.A.** *Knemeyer*, POR, Rn 358 (der allerdings nicht BVerfG NVwZ **1999**, 290, 292 berücksichtigt).

streckungsmaßnahme angreift. Sofern man in der Vollstreckungsmaßnahme einen Verwaltungsakt sieht, ist (bei ebenfalls eingetretener Erledigung) die Fortsetzungsfeststellungsklage analog § 113 I S. 4 VwGO statthaft. Sieht man in der Zwangsanwendung lediglich einen Realakt, ist die allgemeine Leistungsklage statthaft.
Vorliegend wendet sich K ausdrücklich gegen alle Maßnahmen, sodass die Prüfung auf jeden Fall folgendermaßen aufgebaut werden sollte:

1. Aufforderung zur Offenlegung der Personalien
a. Rechtsgrundlage
Als Rechtsgrundlage für die Aufforderung zur Offenlegung der Personalien fungiert die landesrechtliche Vorschrift über die Identitätsfeststellung.

b. Formelle Rechtmäßigkeit
Von der formellen Rechtmäßigkeit dieser Maßnahme ist auszugehen (wäre in der Fallbearbeitung ggf. aber zu prüfen).

c. Materielle Rechtmäßigkeit
Da Ausschreitungen und Straftaten i.S.v. § 27 VersG befürchtet werden, liegt eine Gefahr für die öffentliche Sicherheit vor. Auch konnte die Polizei im Rahmen der hier behandelten und auf den vorliegenden Fall anwendbaren Standardmaßnahme K anhalten, ihn nach seinen Personalien befragen und den ggf. ausgehändigten Personalausweis prüfen (die Pflicht zur Vorlage des Personalausweises ergibt sich aus § 1 PersonalausweisG). Die Identitätsfeststellung durch Anhalten und Aushändigenlassen des Personalausweises ist auch geeignet, erforderlich und angemessen zur Verhinderung von Ausschreitungen und Straftaten i.S.v. § 27 VersG.

2. Durchsuchung
Die Befugnis zur Identitätsfeststellung umschließt nicht nur das Recht, eine Person anzuhalten und festzuhalten, sondern sie auch nach Gegenständen, die der Identitätsfeststellung dienen, zu durchsuchen (vgl. nur § 11 II Nr. 6 BremPolG). Da auch sonst keine Rechtsfehler ersichtlich sind, war die Durchsuchung des K rechtmäßig.

3. Verbringen zur Polizeidienststelle
Fraglich ist aber die Befugnis zur Verbringung auf die Dienststelle. Ausdrücklich ist diese Befugnis nicht in allen die Identitätsfeststellung regelnden Normen enthalten.[162] Die Polizei kann aber zur Feststellung der Identität den Betroffenen „festhalten". Dieses Festhalten kann unter dem Aspekt der effektiven Gefahrenabwehr auch die Verbringung auf die Dienststelle bedeuten.[163] Sollte sich der Betroffene aber weigern, mit zur Dienststelle zu kommen, und muss die Polizei Gewalt anwenden, ist das juristisch als unmittelbarer Zwang zu sehen.

a. Als **Rechtsgrundlage** für das zwangsweise Verbringen auf die Dienststelle kommt die verwaltungsvollstreckungsrechtliche Vorschrift über den unmittelbaren Zwang[164] in Betracht.

b. An der **Zuständigkeit** der handelnden Behörde bestehen keine Bedenken. Insbesondere ist *die* Behörde für den Verwaltungszwang zuständig, die den Grundverwaltungsakt erlassen hat (Grundsatz der Selbstvollstreckung). Auch sofern K nicht angehört worden sein sollte, konnte die **Anhörung** – unabhängig von der Frage, ob eine Zwangsmaßnahme Verwaltungsaktcharakter hat – gem. § 28 II Nr. 5 VwVfG unterbleiben.

---

[162] Vgl. aber § 11 II Nr. 8 BremPolG.
[163] Vgl. *Honnacker/Beinhofer*, PAG, 17. Aufl. **1999**, Art. 13 Rn 14.
[164] **Bund:** § 12 VwVG, § 2 UZwG; §§ 33 ff. MEPolG; **BW:** §§ 26 VwVG i.V.m. §§ 49-54 PolG; **Bay:** Art. 58, 60-69 PAG; **Brand:** §§ 58, 60-69 PolG; **Brem:** §§ 11 VwVG i.V.m. 40-47 PolG; **Hamb:** § 17-26 SOG; **Hess:** § 52, 54-63 SOG; **MeckVor:** §§ 90, 101-113 SOG; **Nds:** §§ 69, 71-79 SOG; **NRW:** §§ 55, 57-66 PolG; **RhlPfl:** § 65 LVwVG; **Saar:** §§ 49, 51-58 PolG; **Sachs:** §§ 30-34 POG; **SachsAnh:** § 58, 60-68 SOG; **SchlHolst:** §§ 239, 250-260 LVwG; **Thür:** §§ 56, 58-67 PAG.

c. Die zwangsweise Verbringung auf die Dienststelle müsste aber auch **materiell rechtmäßig** sein. Das ist zunächst der Fall, wenn die vier **allgemeinen Vollstreckungsvoraussetzungen** erfüllt sind.

aa. Materielle Vollstreckbarkeit: Der zu vollstreckende Verwaltungsakt muss einen vollstreckbaren Titel haben. Das ist bei einer Identitätsfeststellung der Fall.

bb. Formelle Vollstreckbarkeit: Die Grundverfügung muss entweder **unanfechtbar** sein oder ein noch nicht rechtskräftig beschiedener Rechtsbehelf darf **keine aufschiebende Wirkung** haben. Vorliegend ist die Identitätsfeststellung noch nicht bestandskräftig, also noch anfechtbar. Allerdings hätte ein gegen die Identitätsfeststellung gerichteter Rechtsbehelf keine aufschiebende Wirkung, da die Durchsetzung dieser Maßnahme unaufschiebbar war (§ 80 II S. 1 Nr. 2 VwGO).

cc. Wirksamkeit der Grundverfügung: Die Anordnung, mit zur Dienststelle zu kommen, muss **wirksam** sein. Wirksam ist ein Verwaltungsakt, solange er nicht *nichtig* ist, nicht *zurückgenommen*, *widerrufen* oder *anderweitig aufgehoben* wurde oder sich *durch Zeitablauf oder auf andere Weise erledigt* hat (vgl. §§ 43 II, III, 44 VwVfG). Vorliegend würde das Verwaltungsgericht aufgrund der Rechtmäßigkeit der Identitätsfeststellung diese nicht aufheben, sodass die Wirksamkeit der Grundverfügung vorliegt.

d. Des Weiteren müsste auch das **konkrete Vollstreckungsverfahren rechtmäßig** sein. Das ist zunächst der Fall, wenn die Behörde das richtige Zwangsmittel gewählt hat. Vorliegend hat sich die Behörde für die (zwangsweise) Mitnahme des K auf die Dienststelle, mithin für eine Maßnahme des unmittelbaren Zwangs entschieden. Ein anderes Zwangsmittel (Ersatzvornahme, Zwangsgeld) kam nicht in Betracht. Die Auswahl des Zwangsmittels war somit nicht fehlerhaft. Dieses wurde auch ordnungsgemäß **angedroht**.

e. Schließlich durfte die Zwangsmaßnahme nur dann ergehen, wenn die Polizei den **Grundsatz der Verhältnismäßigkeit** beachtet hat. Daran besteht aber kein Zweifel.

f. Ergebnis: Die gegen K getroffenen Maßnahmen waren daher rechtmäßig.

Hinsichtlich des **Adressaten** der IDF ist zu unterscheiden: Die IDF zur Abwehr einer **konkreten Gefahr** kann nur beim Störer und unter den entsprechenden besonderen Voraussetzungen beim Nichtstörer vorgenommen werden. Bei der Abwehr **abstrakter Gefahren** bzw. beim **Gefahrenverdacht** hingegen ist wiederum zu unterscheiden: 226

- Bei den **verrufenen** oder **gefährlichen** Orten ist insbesondere nach dem Wortlaut der novellierten Polizeigesetze (Rn 216) der Kreis von Personen, deren Identität festgestellt werden kann, derart unbestimmt, dass jeder erfasst zu sein scheint, der an den entsprechenden Orten angetroffen wird (nach der früheren Fassung musste er sich wenigstens dort aufhalten). Daher liegt die Annahme nahe, die Vorschrift sei zu unbestimmt und damit **verfassungswidrig**. Bevor eine Gesetzesbestimmung jedoch dem Verdikt der Verfassungswidrigkeit unterfällt, ist zu versuchen, sie verfassungskonform auszulegen. So könnten von vornherein diejenigen aus dem Kreis der Pflichtigen ausgeschlossen werden, bei denen der Verdacht, Störer zu sein, offensichtlich ausscheidet.[165] Eine andere Möglichkeit der Restriktion besteht darin, von einer IDF abzusehen, wenn die Frage, ob der Angetroffene als Störer in Betracht kommt, einer Aufklärung bedarf.[166] Schließlich ist es möglich, eine Beschränkung des Adressatenkreises durch Heranziehung der Aufgabenzuweisungsnorm des § 1 der Polizeigesetze zu erzielen: Da die IDF der Person einen Ertrag für die vorbeugende Bekämpfung von Straftaten versprechen muss, muss auch die Person für eine abstrakte Gefahr bzw. den Gefahren- 227

[165] So *Schenke*, POR, Rn 228.
[166] *Gusy*, POR, Rn 228.

verdacht verantwortlich sein.[167] Die genannten Einschränkungsmöglichkeiten obliegen aber dem Rechtsanwender, mithin der Polizei. Die durch die genannten Gesetzesnovellen erfolgte Ausweitung der Eingriffsbefugnisse zulasten von Personen, die lediglich an dem Ort angetroffen werden und sich nicht mehr dort aufhalten müssen, hat das Problem noch verschärft und beruht im Übrigen auf einer falsch verstandenen Aussage des OVG Hamburg. Dieses hatte nämlich gerade eine einengende Auslegung der Befugnis zur Identitätsfeststellung an verrufenen bzw. gefährlichen Orten gefordert, indem es entschied, dass die Identität nur bei Personen festgestellt werden dürfe, die an dem gefährlichen Ort verweilten, sich also dort aufhielten, nicht bei Personen, die ihn lediglich passierten.[168]

228 ▪ Die genannten verfassungsrechtlichen Bedenken gelten letztlich auch hinsichtlich der IDF bei **gefährdeten Objekten**, da es nach den Bestimmungen der novellierten Polizeigesetze auch hier genügt, wenn die Person angetroffen wird. Immerhin haben die Landesgesetzgeber angeordnet, dass die Identität einer Person nur festgestellt werden darf, wenn es für die Verhütung der befürchteten Straftat erforderlich ist.

229 Die meisten Polizeigesetze (und selbstverständlich das Bundespolizeigesetz) lassen Polizeikontrollen, Identitätsfeststellungen und ggf. das Verbringen auf die Polizeidienststelle auch **ohne Vorliegen einer Gefahr**, ja sogar **verdachts- und ereignisunabhängig** zu[169], insbesondere bei Polizeikontrollen im **Grenzgebiet**[170], auf **Autobahnen** und anderen **Durchgangsstraßen von erheblicher Bedeutung** für die **grenzüberschreitende Kriminalität** sowie in den Verkehrsmitteln und -einrichtungen des **internationalen Verkehrs**. Mit dieser Erweiterung der Befugnisse sollen die Gefahren von Menschenhandel, Drogen- und Waffenhandel, Autoschieberei und sonstiger grenzüberschreitender Kriminalität, denen seit dem Schengener Abkommen nicht mehr durch Grenzkontrollen begegnet werden kann, abgewehrt werden, indem über die grenzverkehrsrelevanten Örtlichkeiten ein Schleier engmaschiger Kontrollen geworfen wird. Daher spricht man auch von **Schleierfahndung**.[171]

230 Teilweise wird an diesen Regelungen Kritik geäußert. Insbesondere seien sie hinsichtlich des Tatbestandsmerkmals „andere Durchgangsstraßen von erheblicher Bedeutung für die grenzüberschreitende Kriminalität" zu unbestimmt und damit bezüglich des Rechtsstaatsprinzips fragwürdig.[172] Im Einzelnen wird vorgebracht, dass es nicht bestimmte, sondern in seiner umfassenden Unbestimmtheit alle Straßen erfasse, dass es sowohl in seiner räumlichen Erstreckung als auch in seiner Erfassung von Nichtstörern wie Störern, Unverdächtigen wie Verdächtigen zu weit gehe und mit der Ermächtigung zu allen Stufen der Durchsetzung einer Identitätsfeststellung zu intensiv eingreife. Zumindest das Landesverfassungsgericht Mecklenburg-Vorpommern ist dieser Kritik gefolgt und hat § 29 I S. 2 Nr. 5 MeckVorSOG im Wesentlichen für nichtig erklärt.[173]

231 Einige Polizeigesetze haben das allgemeine Befragungsrecht daher nur dann um die Befugnis, mitgeführte Ausweispapiere zur Prüfung herauszuverlangen und mitgeführ-

---

[167] *Pieroth/Schlink/Kniesel*, POR, § 14 Rn 45.
[168] OVG Hamburg NVwZ-RR **2003**, 276 f.
[169] Vgl. **Bund:** §§ 22 I a, 23 I Nrn. 2-4 BundesPolG; **Bay:** Art. 13 I Nr. 5 PAG; **BW:** § 26 I Nr. 6 PolG; **Berl:** § 18 VI S. 1 ASOG; **MeckVor:** § 29 I S. 2 Nr. 5 POG; **Sachs:** § 19 I S. 1 Nr. 5 PolG; **Thür:** § 14 I Nr. 5 PolG.
[170] Teilweise bis zu einer Tiefe von 30 Kilometern.
[171] Vgl. dazu SachsAnhVerfG NVwZ **2002**, 1370 ff.
[172] Vgl. *Möllers*, NVwZ **2000**, 382, 384 ff.; *Herrnkind*, KJ **2000**, 188; *Götz*, NVwZ **1998**, 679, 683 f.; *Schmid*, LKV **1998**, 477 ff.; *Schwabe*, NVwZ **1998**, 709.
[173] MeckVorVerfG LKV **2000**, 149. Demgegenüber hat das VerfG SachsAnh eine gegen § 14 III SachsAnhSOG gerichtete Verfassungsbeschwerde wegen fehlender unmittelbarer Grundrechtsbetroffenheit für unzulässig erachtet (NVwZ **2002**, 1370 ff.).

te Sachen in Augenschein zu nehmen, erweitert, wenn es um die vorbeugende Bekämpfung von Straftaten von *erheblicher* Bedeutung und mit internationalem Bezug geht und die Person im öffentlichen Verkehrsraum angetroffen wird (vgl. z.B. § 12 VI NdsSOG).

Von der niedersächsischen Regelung inspiriert hat nunmehr auch der Bremische Reformgesetzgeber im Rahmen der Gesetzesnovelle vom 23.2.2006 die **grenzverkehrsrelevante Identitätsfeststellung** in das BremPolG aufgenommen (vgl. § 13 V BremPolG). 232

Allerdings ist hinsichtlich der fraglichen Polizeigesetze die Annahme der Nichtigkeit wegen Unbestimmtheit nicht zwingend. Durch verfassungskonforme Auslegung und strenge Anwendung des Grundsatzes der Verhältnismäßigkeit kann der Schleierfahndung das Verdikt der Verfassungswidrigkeit erspart werden.[174] 233

Beispiel: Die Bundespolizei hat neben ihren Befugnissen zur Identitätsfeststellung, die denen der Länderpolizeien entsprechen, in Zügen, auf Eisenbahnanlagen oder auf internationalen Flughäfen die erweiterte Befragungsbefugnis zur Verhinderung und Unterbindung unerlaubter Einreise.[175] Vom Vorliegen von Verdachtsmomenten ist nicht die Rede. Man könnte daher die Auffassung vertreten, dass die Befugnisnorm zu unbestimmt und daher verfassungswidrig sei. Wendet man die Vorschrift allerdings restriktiv an und verlangt zumindest eine abstrakte Gefahr bzw. einen Gefahrenverdacht für Rechtsgüter von erheblicher Bedeutung und mit internationalem Bezug, besteht kein Grund für die Annahme der Verfassungswidrigkeit (verfassungskonforme Auslegung, s.o).

c.) Rechtsschutz

Die Identitätsfeststellung ist ein **Verwaltungsakt**. Die Rechtmäßigkeit einer solchen Maßnahme kann daher – wegen regelmäßig vorliegender Erledigung – mit Hilfe der **Fortsetzungsfeststellungsklage**, ggf. analog § 113 I S. 4 VwGO, überprüft werden. Sollte die Identitätsfeststellung mit Mitteln des Verwaltungszwangs durchgesetzt worden sein (dazu zählt insbesondere die zwangsweise Mitnahme zur Wache), sind gegen die **Anwendung der Zwangsmaßnahme** (bei Eintritt der Erledigung) die **Fortsetzungsfeststellungsklage** analog § 113 I S. 4 VwGO oder die **allgemeine Leistungsklage** statthaft, je nachdem, ob man in der Anwendung des Zwangsmittels einen Verwaltungsakt oder lediglich einen Realakt sieht. 234

235

Prüfungsschema der Identitätsfeststellung

I. Rechtsgrundlage für die Identitätsfeststellung

II. Formelle Rechtmäßigkeit der Identitätsfeststellung

1. **Zuständigkeit** der handelnden Behörde (Rn 607)
2. Ordnungsgemäßes **Verfahren** (Einhaltung der allg. Verfahrensvorschriften (Rn 621). Als besondere (und zusätzlich zu prüfende) Verfahrensvorschrift normieren einige Polizeigesetze, dass dem Betroffenen der Grund bzw. die Rechtsgrundlage für die Identitätsfeststellung genannt werden soll.
3. Einhaltung der **Form**vorschriften (Rn 621)

III. Materielle Rechtmäßigkeit der Identitätsfeststellung

1. Tatbestand

Schutzgut der IDF ist die **öffentliche Sicherheit** (Rn 629 ff.). Für diese muss grds. eine

[174] Wie hier BayVerfGH DVBl **2003**, 863 ff; *Horn*, BayVBl **2003**, 545.

[175] § 22 I a BundesPolG.

konkrete Gefahr (Rn 665) bestehen. Eine **abstrakte Gefahr** (Rn 666) ist ausreichend an gefährlichen und gefährdeten Orten, an Kontrollstellen oder in Kontrollbereichen und in Grenznähe, da diese als neuralgische Örtlichkeiten gelten, bei denen eine IDF ohne Vorliegen einer konkreten Gefahr eine gewisse Abschreckung und eine Verunsicherung des kriminellen Milieus bewirkt.

2. Rechtsfolge
Rechtsfolge ist die **Feststellung der Identität**, ggf. mit Hilfe der in der Befugnisnorm beschriebenen Maßnahmen (**Anhalten**, **Durchsuchen**, **Verbringen auf die Dienstelle** etc.).

Pflichtig sind bei Vorliegen einer **konkreten Gefahr** der **Störer** und unter bestimmten Voraussetzungen auch der **Nichtstörer**. Bei der Abwehr **abstrakter Gefahren** hingegen ist wiederum zu unterscheiden:

⇨ Bei **gefährlichen Orten** ist nach dem Wortlaut der Polizeigesetze der Kreis von Personen, deren Identität festgestellt werden kann, derart weit gefasst, dass jeder erfasst zu sein scheint, der sich an den entsprechenden Orten aufhält oder dort angetroffen wird. Daher ist eine verfassungskonforme Auslegung geboten. So können von vornherein diejenigen aus dem Kreis der Pflichtigen ausgeschlossen werden, bei denen der Verdacht, Störer zu sein, offensichtlich ausscheidet. Eine andere Möglichkeit der Restriktion besteht darin, von einer IDF abzusehen, wenn die Frage, ob der Angetroffene als Störer in Betracht kommt, einer Aufklärung bedarf. Auch ist es möglich, eine Beschränkung des Adressatenkreises durch Heranziehung der Aufgabennorm zu erzielen: Da die Identitätsfeststellung der Person einen Ertrag für die vorbeugende Bekämpfung von Straftaten versprechen muss, muss auch die Person für eine abstrakte Gefahr verantwortlich sein. Schließlich kann dem Begriff des Aufenthalts entnommen werden, dass die Identität nur bei Personen festgestellt werden darf, die an dem gefährdeten Ort verweilen, nicht bei Personen, die ihn lediglich passieren.
⇨ Bei **gefährdeten Orten** darf nach dem Wortlaut der meisten Polizeigesetze die Identität einer Person nur festgestellt werden, wenn es für die Verhütung der befürchteten Straftat erforderlich ist. Das gilt letztlich auch für die IDF bei den **Kontrollstellen**, auch wenn es dem Wortlaut nicht immer deutlich zu entnehmen ist.
⇨ Ein besonderes Problem stellt auch die **grenzverkehrsrelevante Identitätsfeststellung** dar, da hier nicht nur eine abstrakte Gefahr genügt, sondern auch die Gefährlichkeit der Örtlichkeit nicht ohne weiteres besteht. Wendet man die Vorschrift allerdings restriktiv an und verlangt zumindest eine abstrakte Gefahr für Rechtsgüter von erheblicher Bedeutung und mit internationalem Bezug, besteht kein Grund für die Annahme der Verfassungswidrigkeit.

Im Übrigen sind die **Ermessensgrenzen** und der Grundsatz der **Verhältnismäßigkeit** zu beachten.

ee. Erkennungsdienstliche Maßnahmen

236 **Erkennungsdienstliche Maßnahmen**[176] sind Erhebungen personenbezogener Daten und dienen der Feststellung der Identität, aber auch der Feststellung von Eigenschaften, die die Person nicht nur identifizieren, sondern auch charakterisieren.

237 Stellen erkennungsdienstliche Maßnahmen somit eine Erhebung personenbezogener Daten dar, greifen sie in das Grundrecht auf **informationelle Selbstbestimmung** (Art. 2 I i.V.m. Art. 1 I GG), ggf. aber auch in das Grundrecht der **Freiheit der Person** (Art. 2 II S. 2 GG i.V.m. Art. 104 I GG) ein.

---

[176] Vgl. **Bund**: § 24 BundesPolG; **BW:** § 36 PolG; **Bay:** Art. 14 PAG; **Berl:** § 23 ASOG; **Brand:** § 13 PolG; **Brem:** § 11 b PolG; **Hamb:** § 7 DatPolG; **Hess:** § 19 SOG; **MeckVor:** § 31 SOG; **Nds:** § 15 SOG; **NRW:** § 14 PolG; **RhlPfl:** § 11 POG; **Saar:** § 10 PolG; **Sachs:** § 20 PolG; **SachsAnh:** § 21 SOG; **SchlHolst:** § 183 LVwG; **Thür:** § 16 PAG.

Erkennungsdienstliche Maßnahmen müssen nicht nur durch Wahrnehmung des Körpers und körperlichen Verhaltens, sondern können auch durch Eingriffe in die körperliche Integrität erhoben werden, wegen des Grundsatzes der Verhältnismäßigkeit allerdings nur durch geringfügige Eingriffe.[177] 238

Beispiele: Gesetzlich genannte erkennungsdienstliche Maßnahmen sind die Abnahme von Finger- und Handflächenabdrücken, die Aufnahme von Lichtbildern, die Feststellung äußerer körperlicher Merkmale und Messungen sowie andere vergleichbare Maßnahmen (vgl. nur § 11 a III BremPolG). Das schließt die Feststellung von Narben und Tätowierungen, Augen- und Haarfarbe, Messungen von Körpergewicht und -größe, Puls- und Atemfrequenz ein. Die Aufnahme von Lichtbildern umfasst auch das Verändern von Haar- und/oder Barttracht, sodass das gewonnene Bildmaterial mit schon vorhandenem vergleichbar wird.[178] Weitere Beispiele sind Stimm- und Schriftproben.

Wegen des genannten Grundrechtseingriffs bedürfen erkennungsdienstliche Maßnahmen einer parlamentarischen Rechtsgrundlage, die durchweg in den Polizeigesetzen zu finden ist. Da aber auch **§ 81 b Var. 2 StPO** zu erkennungsdienstlichen Maßnahmen ermächtigt, stellt sich aus systematischer Sicht die Frage, ob die landes- und bundesrechtlichen Bestimmungen nebeneinander Bestand haben bzw. welchen Anwendungsbereich sie einander lassen. Geht es um erkennungsdienstliche Maßnahmen im Rahmen der Strafverfolgung, ist die StPO abschließend und lässt keinen Raum für die Anwendung der Befugnisnormen des allgemeinen Polizei- und Ordnungsrechts. Geht es indes um Gefahrenabwehr, sind die Bestimmungen der Polizeigesetze einschlägig, da die Länder hierfür die Gesetzgebungskompetenz haben (Art. 30, 70 I GG). Problematisch ist es aber dann, wenn es um die sog. **vorbeugende Verbrechensbekämpfung** geht, wenn mit der erkennungsdienstlichen Maßnahme also nicht die Überführung des Beschuldigten in einem bestimmten Strafverfahren bezweckt wird, sondern wenn es um die *vorsorgliche* Bereitstellung von sächlichen Hilfsmitteln für die Erforschung und Aufklärung von Straftaten geht. Denn die auf diese Weise gewonnenen Informationen und Unterlagen gelangen nicht in Ermittlungsakten, sondern werden in örtliche und zentrale Materialsammlungen aufgenommen und liefern die Grundlage für Observationen und für die Ermittlung unbekannter und künftiger Straftäter. Mithin geht es um **Prävention**, was die Frage aufwirft, ob der Bund überhaupt eine Gesetzgebungskompetenz hat. Nach der hier vertretenen Auffassung ist das nicht der Fall, da Art. 74 I Nr. 1 GG nicht die Befugnis für die Regelung derartiger präventivpolizeilicher Maßnahmen entnommen werden kann. Demnach bleibt es bei der Länderkompetenz gem. Art. 30, 70 I GG, was die **Verfassungswidrigkeit** des § 81b Var. 2 StPO zur Folge hat. Wäre § 81b Var. 2 StPO verfassungsgemäß, hätte dies zur Folge, dass die landespolizeigesetzlichen Vorschriften über erkennungsdienstliche Maßnahmen ungültig wären, sofern sie sich mit dem Regelungsbereich des § 81b Var. 2 StPO überschneiden. Anders ausgedrückt, wären die landesrechtlichen Vorschriften nur anwendbar, soweit sie andere Personen als Beschuldigte i.S.d. § 81b Var. 2 StPO betreffen.[179] 239

Berücksichtigt man jedoch das Urteil des BVerfG zur präventiven Telekommunikationsüberwachung[180], in dem es entschieden hat, dass die Befugnis zur verdachtsunabhängigen vorbeugenden Telefonüberwachung zum Zweck der Strafverfol- 240

[177] *Pieroth/Schlink/Kniesel*, POR, § 14 Rn 55.
[178] BVerfGE **47**, 239, 246 ff.; **a.A.** *Alberts/Merten*, Gesetz über die Datenverarbeitung der Polizei, **1995**, § 7 Rn 11.
[179] Davon gehen OVG Münster NJW **1999**, 2690; OVG Schleswig NJW **1999**, 1418, OVG Koblenz NVwZ-RR **2001**, 238, und *Meyer-Goßner*, StPO, 49. Aufl. **2006**, § 81 Rn 4 und 7 aus.
[180] BVerfG NJW **2005**, 2603, 2606 (zust. *Gusy*, NdsVBl **2006**, 65).

gungsvorsorge im niedersächsischen SOG u.a. gegen die Gesetzgebungskompetenzvorschriften des Grundgesetzes verstoße, weil die Strafverfolgungsvorsorge dem Strafprozessrecht und damit der konkurrierenden Gesetzgebungskompetenz des Bundes unterfalle und der Bund von dieser Gesetzgebungskompetenz mit dem Erlass der StPO abschließend Gebrauch gemacht habe,[181] gelangt man wohl zur Verfassungsmäßigkeit des § 81b Var. 2 StPO, weil die Vorschrift insbesondere der Strafverfolgungsvorsorge dient.

240a Auch das BVerwG hat sich jüngst in dieser Sache geäußert. Es hat entschieden, dass die Anfertigung, Aufbewahrung und systematische Zusammenstellung erkennungsdienstlicher Unterlagen i.S.v. § 81b Var. 2 StPO in kriminalpolizeilichen Sammlungen jedenfalls dann, wenn sie in keinem unmittelbaren Bezug zu einem konkreten Strafverfahren stünden – nach ihrer gesetzlichen Zweckbestimmung der Strafverfolgungsvorsorge und nicht der Erforschung und Aufklärung von Straftaten nach § 163 StPO dienten. Es handele sich bei § 81b Var. 2 StPO mithin nicht um eine Regelung im Bereich der Strafverfolgung. Aber auch die Gesetzgebungskompetenz für die Strafverfolgungsvorsorge sei unmittelbar der Befugnis des Bundes für die konkurrierende Gesetzgebung in Art. 74 I Nr. 1 GG zu entnehmen, denn die dortige Zuständigkeitsbeschreibung für das Strafrecht und den Strafvollzug sowie das gerichtliche Verfahren enthalte keine Einschränkung dahin, dass Maßnahmen, die sich auf zukünftige Strafverfahren bezögen, von der Zuweisung der konkurrierenden Gesetzgebungskompetenz nicht erfasst sein sollten.[182]

240b Schließt man sich dem an, können präventivpolizeiliche erkennungsdienstliche Maßnahmen, die der Strafverfolgungsvorsorge dienen, nur auf § 81b Var. 2 StPO, nicht auch auf die Befugnisnormen der Polizeigesetze gestützt werden. Ist man dagegen der Meinung, dass § 81b Var. 2 StPO verfassungswidrig sei, können präventivpolizeiliche erkennungsdienstliche Maßnahmen umgekehrt ausschließlich auf die Befugnisnormen der Polizeigesetze gestützt werden.[183] Zu beachten ist jedoch, dass sich die Streitfrage nicht stellt, sofern es um repressivpolizeiliche erkennungsdienstliche Maßnahmen geht, etwa nach § 81b Var. 1, 163b, 163c StPO oder § 86 StVollZG.

a.) Formelle Rechtmäßigkeit

241 Zunächst gelten die allgemeinen Voraussetzungen, die an die formelle Rechtmäßigkeit einer polizeilichen Maßnahme zu stellen sind, nämlich die Beachtung von Zuständigkeits-, Verfahrens- und Formschriften (dazu Rn 607 ff.). Zuständig ist die Polizei; hinsichtlich der erkennungsdienstlichen Maßnahmen von Ausländerbehörden sind jedoch § 71 IV AufenthG und § 19 II AsylVfG zu beachten. Hinsichtlich des Verfahrens gilt, dass die Anordnung erkennungsdienstlicher Maßnahmen einen **Verwaltungsakt** i.S.v. § 35 VwVfG darstellt, sodass die Anhörungspflicht gem. § 28 I VwVfG zu beachten ist. I.d.R. wird aber der Entbehrlichkeitsgrund des § 28 II Nr. 1 VwVfG in der Variante „öffentliches Interesse" vorliegen; jedenfalls sind eine Heilung gem. § 45 I Nr. 3 VwVfG bzw. eine Unbeachtlichkeit gem. § 46 VwVfG möglich. Da erkennungsdienstliche Maßnahmen eine Form von Datenerhebung sind, gelten für sie darüber hinaus die **Hinweispflichten**, die bei der Datenerhebung unter der Datenerhebungsgeneralklausel und auch allgemein gelten.

---

[181] Das Vorgehen des niedersächsischen Gesetzgebers verwundert umso mehr, als bereits im Jahre 2000 das MeckVorVerfG (LKV **2000**, 345 ff.; s.o.) eine derartige Regelung für verfassungswidrig erklärt hatte.
[182] BVerwG NJW **2006**, 1225. Vgl. zuvor schon VGH Mannheim DÖV **2004**, 440.
[183] Zu beachten ist aber, dass erkennungsdienstliche Maßnahmen auch in anderen Bundesgesetzen geregelt sind, so z.B. in §§ 49, 89 AufenthG, 16 AsylVfG, 6 II PassG.

Zusätzlich statuieren die polizeigesetzlichen Befugnisnormen hinsichtlich erkennungsdienstlicher Maßnahmen, dass, nachdem die Identität festgestellt und die weitere Aufbewahrung der im Zusammenhang mit der Feststellung angefallenen erkennungsdienstlichen Unterlagen nicht erforderlich oder die Voraussetzungen für die Aufbewahrung der Daten entfallen sind, die erkennungsdienstlichen Unterlagen grundsätzlich zu **vernichten** und die personenbezogenen Daten zu **löschen** sind. Diese Regelungen statuieren also eine Vernichtungs- und Löschungspflicht, die von Amts wegen besteht; ein Antrag des Betroffenen ist somit nicht erforderlich, aber auch nicht ausgeschlossen. Die Verpflichtung zu vernichten oder zu löschen besteht jedoch nicht, wenn die Unterlagen oder Daten nach anderen Rechtsvorschriften aufbewahrt bzw. gespeichert werden dürfen. Derartige andere Rechtsvorschriften können sich aus der StPO (wenn die Unterlagen oder Daten zur Durchführung eines Strafverfahrens erforderlich sind) oder speziellen Gesetzen wie z.B. dem Asylverfahrensgesetz (§ 16 AsylVfG) und dort, wo es noch an bereichsspezifischen Regelungen zum Datenschutz fehlt, auch aus dem Landesdatenschutzgesetz ergeben. 242

Des Weiteren legen die Polizeigesetze für den Fall, dass die personenbezogenen Daten oder Unterlagen an andere Stellen übermittelt wurden, fest, dass diese über die Löschung oder Vernichtung zu **unterrichten** sind. Zwar haben diese anderen Stellen allein nach den für sie geltenden Rechtsvorschriften zu entscheiden, wann die ihnen übermittelten Unterlagen zu vernichten und Daten zu löschen sind. Aber auch für die Prüfung dieser Frage kann es wesentlich sein, ob aus der Sicht der Stelle, die die erkennungsdienstliche Behandlung vorgenommen hat, noch Gründe für die weitere Aufbewahrung der Unterlagen oder Daten bestehen. 243

Verstöße gegen Hinweis-, Unterrichtungs- und Mitteilungspflichten führen nicht zur Rechtswidrigkeit der erkennungsdienstlichen Maßnahme, da sie diese nicht bedingen, sondern lediglich begleiten und damit nachgeholt werden können. 244

b.) Materielle Rechtmäßigkeit

Materielle Voraussetzung für die Vornahme erkennungsdienstlicher Maßnahmen ist, dass die betroffene Person **verdächtig** ist, eine Tat begangen zu haben, die mit Strafe bedroht ist, oder wegen einer Straftat **verurteilt** worden ist und wegen der Art und Ausführung der Tat die **Gefahr der Wiederholung** besteht.[184] 245

Der Tatbegehung verdächtig ist eine Person, wenn ein **Anfangsverdacht** besteht; dieser muss sich auf tatsächliche Anhaltspunkte stützen (insoweit besteht eine Parallele zum für die Einleitung eines Strafverfahrens erforderlichen Anfangsverdacht gem. § 152 II StPO). Zum Begriff der **Straftat** vgl. die (identischen) Legaldefinitionen in den Polizeigesetzen. 246

Im Zuge der Reformbestrebungen der Länderparlamente ist der Eingriffsbereich erweitert worden, sodass erkennungsdienstliche Maßnahmen nunmehr auch retrograd – wenn eine Verurteilung wegen einer Straftat bereits erfolgt ist – bei einer entsprechenden Gefahrenprognose, insbesondere bei einer **Wiederholungsgefahr** (s.o.), durchgeführt werden dürfen. Die Möglichkeiten der erkennungsdienstlichen Behandlung beschränkten sich bislang auf den Personenkreis der Tatverdächtigen. Wurde etwa – was durchaus häufiger vorkommt – während des Ermittlungsverfahrens auf 247

[184] Alternativ enthalten einige Polizeigesetze die Befugnis zu erkennungsdienstlichen Maßnahmen, wenn die Identitätsfeststellung auf andere Weise nicht oder nur unter erheblichen Schwierigkeiten möglich wäre (vgl. § 10 MEPolG und z.B. § 15 I Nr. 1 NdsSOG).

eine erkennungsdienstliche Behandlung verzichtet, traten aber im Zuge des Hauptverfahrens oder nach dessen Abschluss weitere Tatsachen hinzu, die eine Datenspeicherung zur Vorsorge oder Verhütung von Straftaten erforderlich machen, war nach der früheren Rechtslage eine erkennungsdienstliche Behandlung weder nach der Strafprozessordnung noch nach dem Landespolizeirecht möglich. Für die Beantwortung der Frage, ob wegen der Art und Ausführung der Tat Wiederholungsgefahr besteht, kann auf kriminologische Erkenntnisse bzw. Erfahrungssätze zurückgegriffen werden. Bei Anwendung dieser Erfahrungssätze auf den konkreten Fall müssen begründete Anhaltspunkte dafür bestehen, dass der Betroffene künftig strafrechtlich in Erscheinung treten wird. Soweit es in den Befugnisnormen zudem „soweit dies ... erforderlich ist", heißt, muss schließlich auch eine Abwägung zwischen den öffentlichen und privaten Interessen getroffen werden. Dabei müssen bei Strafunmündigen auch das jugendliche Alter und die möglichen negativen Wirkungen für die weitere Entwicklung des Kindes Beachtung finden.

Beispiel: Aufgrund verschiedener Zeugenaussagen ist der Polizei bekannt, dass eine aus Kindern bestehende Einbrecherbande von ausländischen Kriminellen angeleitet und geführt wird. Nachdem Ermittlungen zur Aufklärung von Einbrüchen zunächst erfolglos geblieben waren, werden bei einem weiteren Einbruch mehrere Kinder gestellt. Sie werden, da Wiederholungsgefahr besteht, erkennungsdienstlich behandelt.

248 Welche Maßnahmen als erkennungsdienstliche Maßnahmen in Betracht kommen, legen die Befugnisnormen im Einzelnen fest. Diese sind die Abnahme von **Finger- und Handflächenabdrücken**, die Aufnahme von **Lichtbildern** (was auch das Verändern von Haar- und/oder Barttracht umfasst, sodass das gewonnene Bildmaterial mit schon vorhandenem vergleichbar wird[185]), die Feststellung **äußerer körperlicher Merkmale**, **Messungen** und **andere vergleichbare Maßnahmen**. Die Formulierung „andere vergleichbare Maßnahmen" bedeutet, dass der Maßnahmenkatalog zwar nicht abschließend ist, die anderen Maßnahmen aber *inhaltlich* mit den genannten vergleichbar sein müssen. Als andere vergleichbare Maßnahmen kommen (weitere) Feststellungen über das äußere Erscheinungsbild einer Person, die ihre Wiedererkennung ermöglichen, wie z.B. die Abnahme von Fußabdrücken oder die Aufnahme des gesprochenen Wortes zwecks Anfertigung einer Stimmanalyse in Betracht. Auch die Feststellung von Narben und Tätowierungen, Augen- und Haarfarbe, Messungen von Körpergewicht und -größe, Puls- und Atemfrequenz sind „andere Maßnahmen". **Zu weit** ginge es aber, Maßnahmen, die mit größeren Eingriffen in die körperliche Unversehrtheit verbunden sind (z.B. Blutentnahmen, Entnahmen von Gewebematerial), noch als von der Befugnisnorm umfasst anzusehen. Das Gleiche gilt für die Anfertigung einer sog. Genom-Analyse (**DNA-Analyse**) unter Benutzung vorhandenen genetischen Materials.[186] Möchte der Gesetzgeber derartige Maßnahmen zulassen, muss er diese explizit in der Vorschrift benennen. Kriminalpolitisch wünschenswerte Maßnahmen dürfen nicht unter Missachtung des Vorbehalts des Gesetzes (Art. 20 III GG) durchgeführt werden.[187] Jüngst sind allerdings einige Bundesländer dazu übergegangen, die DNA-Analyse aus Gründen der **vorbeugenden Bekämpfung von Straftaten** als erkennungsdienstliche Maßnahme in ihre Polizeigesetze aufzunehmen (vgl. etwa § 19 III HessSOG). Mit Blick auf das Urteil des BVerfG zur präventiven Tele-

---

[185] BVerfGE **47**, 239, 246 ff.; **a.A.** *Alberts/Merten*, Gesetz über die Datenverarbeitung der Polizei, **1995**, § 7 Rn 11.

[186] Wie hier VGH Mannheim NVwZ-RR **1998**, 496.

[187] Mit dem Grundsatz vom Vorbehalt des Gesetzes unvereinbar daher *Pieroth/Schlink/Kniesel*, POR, § 14 Rn 57, die die Feststellung äußerer körperlicher Merkmale nicht als Oberbegriff, sondern als nur eines von mehreren Beispielen ansehen und so auch die Genomanalyse als zulässige erkennungsdienstliche Maßnahme zulassen wollen.

kommunikationsüberwachung, bei der das Gericht entschieden hat, dass die Länder keine Gesetzgebungskompetenz zur vorbeugenden Bekämpfung von Straftaten hätten[188], dürfte die verfassungsrechtliche Zulässigkeit derartiger Befugnisse in den Polizeigesetzen der Länder in Frage zu stellen sein.

Dient die erkennungsdienstliche Maßnahme der **Identitätsfeststellung**, ist sie folgerichtig auf die **Gefahr** bezogen, die durch die Identitätsfeststellung abgewehrt werden soll. Würde sie nicht vorgenommen, wären die Identitätsfeststellung und damit die Gefahrenabwehr nicht oder nur unter erheblichen Schwierigkeiten möglich.[189] Dient die erkennungsdienstliche Maßnahme hingegen der **vorbeugenden Bekämpfung** von Straftaten, will sie dazu beitragen, dass eine Wiederholungstat verhindert wird. Sie dient mithin der Abwehr einer – wenn auch nur abstrakten – Wiederholungsgefahr. Diese Gefahr ist besonders bei Straftaten der organisierten Kriminalität, des politischen Extremismus und der gewalttätigen Hooligan-Szene gegeben. 249

> **Beispiel:** Bei Ausschreitungen von gewalttätigen Hooligans werden diese von der Polizei in Gewahrsam genommen und erkennungsdienstlich u.a. durch Anfertigung von Lichtbildern erfasst. Zweck der Datenerhebung ist es, künftig per Videoüberwachung anreisende Besucher von bestimmten Großveranstaltungen zu beobachten und gewalttätige Hooligans zu erkennen und in Gewahrsam zu nehmen, bevor diese erneut Gewalttätigkeiten verüben können.

Pflichtig ist zum einen jeder, bei dem die Maßnahme der Identitätsfeststellung durchgeführt werden darf, und zum anderen, wer wegen einer Straftat verurteilt oder verdächtig ist, eine Straftat begangen zu haben. 250

Schließlich ist auch bei den erkennungsdienstlichen Maßnahmen der Grundsatz der **Verhältnismäßigkeit** zu beachten. Gemäß den Bestimmungen der Polizeigesetze sind erkennungsdienstliche Maßnahmen zulässig zur Identitätsfeststellung, soweit die Identität nicht auf andere Weise festgestellt werden kann. **„Auf andere Weise"** kann die Identität z.B. durch Einholung von Auskünften vertrauenswürdiger Gewährspersonen festgestellt werden. Damit tragen die Vorschriften dem Verhältnismäßigkeitsgrundsatz bereits auf Tatbestandsebene Rechnung. Erkennungsdienstliche Maßnahmen sind daher nur dann zulässig, wenn die Identitätsfeststellung „auf andere Weise" keinen Erfolg haben, ausnahmsweise von vornherein nicht zum Erfolg führen würde oder wegen der mit ihr verbundenen erheblichen Schwierigkeiten ausscheiden müsste (z.B. wenn der Aufenthaltsort einer genannten Gewährsperson erst umständlich ermittelt werden müsste). 251

Weiteres Kennzeichen des Verhältnismäßigkeitsgrundsatzes ist insbesondere der Vorrang der offenen vor der verdeckten Datenerhebung. Verdeckte erkennungsdienstliche Maßnahmen können aber dann erforderlich und/oder angemessen sein, wenn der Betroffene sich gegen offene erkennungsdienstliche Maßnahmen sperrt. 252

> **Beispiel:** Möchte die Polizei Fingerabdrücke nehmen und sperrt sich der Betroffene durch Ballen der Hand zu einer Faust, ist das gewaltsame Öffnen der geballten Faust unverhältnismäßig, wenn sich die Fingerabdrücke unbemerkt von Gegenständen (Trinkglas, Zigarettenstummel etc.) abnehmen lassen, die der Betroffene angefasst hat.

---

188 Vgl. dazu ausführlich Rn 510.
189 *Pieroth/Schlink/Kniesel*, POR, § 14 Rn 63.

253 Zur **Durchsetzung** einer erkennungsdienstlichen Maßnahme darf die Polizei die betreffende Person **vorladen**. Insoweit handelt es sich bei der Vorladung um eine Vorbereitungsmaßnahme, die wegen ihres eigenständigen Grundrechtseingriffs jedoch separat zu prüfen ist. Kommt der Betroffene der Vorladung, die der Vorbereitung erkennungsdienstlicher Maßnahmen dient, nicht nach, ist zu beachten, dass die Polizei die Vorladung nicht mit Zwangsmittel durchsetzen darf (dies darf sie nach den einschlägigen Bestimmungen der Polizeigesetze nur dann, wenn die Vorladung der Identitätsfeststellung dient).

254 Durch die Befugnis zur erkennungsdienstlichen Maßnahme gedeckt sind geringfügige körperliche Einwirkungen, mit denen Polizeibeamte erreichen, dass der nicht widerstrebende Betroffene so kooperiert, dass die erkennungsdienstliche Maßnahme gelingt. Jede darüber hinausgehende Zwangseinwirkung darf nur unter den Voraussetzungen des **unmittelbaren Zwangs** erfolgen.

> **Beispiel:** Möchte die Polizei Fingerabdrücke nehmen, darf sie auf der Grundlage der Befugnisnorm über die erkennungsdienstlichen Maßnahmen die Hand des kooperationsbereiten Betroffenen anfassen und die Finger sowohl auf das Farbkissen als auch auf das Papier führen. Sperrt sich der Betroffene jedoch, ist das gewaltsame Führen nur unter den zusätzlichen Voraussetzungen des unmittelbaren Zwangs zulässig.

c.) Rechtsschutz

255 Eine erkennungsdienstliche Maßnahme ist ein **Verwaltungsakt**. Die Rechtmäßigkeit einer solchen Maßnahme kann daher – wegen regelmäßig vorliegender Erledigung – mit Hilfe der **Fortsetzungsfeststellungsklage**, ggf. analog § 113 I S. 4 VwGO, überprüft werden. Das gilt auch dann, wenn die erkennungsdienstliche Maßnahme auf der Grundlage des § 81 b Var. 2 StPO erging. Sollte die erkennungsdienstliche Maßnahme mit Mitteln des Verwaltungszwangs durchgesetzt worden sein, sind gegen die **Anwendung der Zwangsmaßnahme** (bei Eintritt der Erledigung) die **Fortsetzungsfeststellungsklage** analog § 113 I S. 4 VwGO oder die **allgemeine Leistungsklage** statthaft, je nachdem, ob man in der Anwendung des Zwangsmittels einen Verwaltungsakt oder lediglich einen Realakt sieht.

ff. Verdeckte Datenerhebung durch besondere Mittel

256 Neben den bisher dargestellten Mitteln der Datenerhebung sind in den novellierten Polizeigesetzen vielfach **besondere Mittel** der **Datenerhebung** geregelt, die typischerweise **heimlich** bzw. **verdeckt** erfolgen. Darunter fallen die **längerfristige Observation**, der **verdeckte Einsatz technischer Mittel** zur Anfertigung von **Bildaufnahmen** und **Bildaufzeichnungen** sowie zum **Abhören** und **Aufzeichnen des gesprochenen Wortes**, insbesondere **in und aus Wohnungen**, oder der Einsatz **verdeckter Ermittler** und von Vertrauenspersonen (sog. **V-Leute**).

257 Wegen der hohen Eingriffsintensität dieser Maßnahmen, aber auch wegen der Hochwertigkeit der betroffenen Grundrechte (insbesondere des **Fernmeldegeheimnisses** nach Art. 10 I GG und des **Wohnungsgrundrechts** nach Art. 13 I GG, aber auch des **allgemeinen Persönlichkeitsrechts** nach Art. 2 I i.V.m. 1 I GG) ist die Datenerhebung mit besonderen Mitteln an das Vorliegen spezieller Voraussetzungen geknüpft. So besteht in materiellrechtlicher Hinsicht vielfach etwa das Erfordernis der Abwehr einer **gegenwärtigen Gefahr für Leib, Leben oder Freiheit einer Person oder einer Straftat von erheblicher Bedeutung**. Noch schärfere Anforderungen an die Datenerhebung in und aus **Wohnungen** stellt Art. 13 III-VII GG. Denn die Unverletzlichkeit der Wohnung hat einen engen Bezug zur **Menschenwürde** und

zu dem verfassungsrechtlichen Gebot unbedingter Achtung einer Sphäre der ausschließlich privaten – „höchstpersönlichen" – Entfaltung. Die vertrauliche Kommunikation benötigt einen räumlichen Schutz, auf den die Bürger vertrauen können. Dem Einzelnen soll das Recht, in Ruhe gelassen zu werden, gerade in seinen privaten Wohnräumen gesichert sein, und zwar ohne Angst, dass staatliche Stellen die Entfaltung seiner Persönlichkeit im **Kernbereich privater Lebensgestaltung** überwachen. In diesen Kernbereich darf die heimliche (akustische und/oder optische) Überwachung von Wohnraum nicht eingreifen, und zwar auch nicht im Interesse der Effektivität der Prävention oder der Strafrechtspflege oder der Erforschung der Wahrheit. Eine Abwägung nach Maßgabe des Verhältnismäßigkeitsgrundsatzes zwischen der Unverletzlichkeit der Wohnung und dem Strafverfolgungsinteresse bzw. der Gefahrenabwehr findet insoweit nicht statt. Selbst überwiegende Interessen der Allgemeinheit können einen Eingriff in diese Freiheit zur Entfaltung in den höchstpersönlichen Angelegenheiten nicht rechtfertigen. Allerdings verletzt nicht jede akustische bzw. optische Überwachung die Menschenwürde. So gehören Gespräche über begangene Straftaten ihrem Inhalt nach nicht zum absolut geschützten Kernbereich privater Lebensgestaltung (dazu näher Rn 273). Im Einzelnen gilt:

a.) Längerfristige Observation

Längerfristige Observation[190] ist eine planmäßig angelegte Beobachtung, die länger als 24 Stunden oder an mehreren Tagen/Wochen[191] vorgesehen ist oder tatsächlich durchgeführt wird. 258

Die längerfristige Observation kann nach den meisten polizeigesetzlichen Bestimmungen ausschließlich **verdeckt** erfolgen. Ist unter den in diesen Vorschriften genannten Voraussetzungen die verdeckte Datenerhebung zulässig, kommen alle Tarnmaßnahmen in Betracht, die erforderlich sind, damit die verdeckte Datenerhebung nicht als solche erkennbar ist. Dazu gehört der getarnte Einsatz eines Observationsfahrzeugs als Firmenwagen („Sanitär Meier GbR") ebenso wie die Vortäuschung einer falschen Identität des ermittelnden Beamten („verdeckter Ermittler"). Erfolgt die Observation **offen**, kann sie lediglich auf die diesbezüglichen polizeigesetzlichen Bestimmungen gestützt werden. Dagegen kann der verdeckte Einsatz **technischer Mittel** (z.B. heimliche Bild- oder Tonaufnahmen) von vornherein nicht auf die Befugnisnorm zur längerfristigen Observation gestützt werden. Zum einen sind technische Mittel nicht in den Vorschriften erwähnt und zum anderen machten ansonsten die Vorschriften über den verdeckten Einsatz technischer Mittel keinen Sinn.

Für den Bereich der **Strafverfolgung** regelt die StPO in § 163f die längerfristige Observation. Kurzfristige Observationen zur Strafverfolgung können auf die Generalklausel des § 163 I StPO gestützt werden. 259

aa.) Formelle Rechtmäßigkeit

Hinsichtlich der formellen Rechtmäßigkeit gelten zunächst die allgemeinen Voraussetzungen (Zuständigkeit, Verfahren und Form, siehe Rn 607 ff.). Eine besondere (und zusätzlich zu prüfende) Verfahrensvorschrift stellt die bereits mehrfach erwähnte Vorschrift über die „**Grundsätze der Datenerhebung**" dar. Diese Vorschrift stellt be- 260

[190] Vgl. **Bund:** § 28 II Nr. 1 BundesPolG, § 23 II Nr. 1 BKAG; **BW:** § 22 I PolG; **Bay:** Art. 33 I Nr. 1 PAG; **Berl:** § 25 I Nr. 1 ASOG; **Brand:** § 32 I PolG; **Brem:** § 32 PolG; **Hamb:** § 9 I DVPolG; **Hess:** § 15 I SOG; **MeckVor:** § 33 I Nr. 1 SOG; **Nds:** § 34 I SOG; **NRW:** § 24 OBG i.V.m. §§ 16 I PolG; **RhlPfl.:** 28 II Nr. 1 POG; **Saar:** § 28 PolG; **Sachs:** § 39 PolG; **SachsAnh:** § 17 I SOG; **SchlHolst:** § 185 I Nr. 1 LVwG; **Thür:** § 34 I Nr. 1 PAG.

[191] Hinsichtlich des Zeitraums unterscheiden sich die einzelnen Bestimmungen.

sondere Anforderungen an die Rechtmäßigkeit der Datenerhebung, die zugleich für alle Maßnahmen der Erhebung personenbezogener Daten gelten. Da die längerfristige Observation aber gerade verdeckt erfolgen muss, sind stets die Ausnahmeregelungen der Verfahrensvorschrift für die verdeckte Datenerhebung heranzuziehen. Im Übrigen ist der in den Befugnisnormen einiger Polizeigesetze hinsichtlich der Observation statuierte **Richtervorbehalt** zu beachten.

bb.) Materielle Rechtmäßigkeit

261 In materieller Hinsicht normieren die Polizeigesetze verschiedene Voraussetzungen für die Zulässigkeit der längerfristigen Observation.

(1) I.d.R. ist die Personenbeobachtung zulässig zur **Abwehr einer gegenwärtigen Gefahr für Leib, Leben oder Freiheit**. In diesem Fall kann Objekt der Observation nur ein polizeirechtlich **Verantwortlicher** sein. Zudem darf die Abwehr der Gefahr auf andere Weise nicht möglich erscheinen.

(2) Auch lassen die Polizeigesetze oftmals die Observation von Personen zu, bei denen **Tatsachen die Annahme rechtfertigen**, dass sie **Straftaten von erheblicher Bedeutung**[192] begehen werden, wenn die Verhütung der Straftaten auf andere Weise nicht möglich erscheint.

(3) Schließlich ist die Beobachtung von **Kontakt- oder Begleitpersonen** zulässig, wenn aufgrund bestimmter Tatsachen anzunehmen ist, dass sie mit einer Person nach Nr. (1) oder (2) in Verbindung stehen oder eine solche Verbindung hergestellt wird, dass die Maßnahme zur Erforschung des Sachverhalts oder zur Ermittlung des Aufenthalts der Person führen wird und auf andere Weise weniger Erfolg versprechend oder wesentlich erschwert wäre.

262 **Zweck** der längerfristigen Observation ist also im Wesentlichen die Abwehr von Schäden (nicht die Aufklärung von Straftaten) in Fällen schwerster Kriminalität (z.B. Entführungen und Geiselnahmen) und in Fällen fortgesetzter banden- und gewerbsmäßiger sowie Organisierter Kriminalität. Dabei kommt die Einbeziehung nichtverantwortlicher bzw. unverdächtiger Personen in die Maßnahme z.B. dann in Betracht, wenn nur so der Aufenthaltsort einer entführten Person (etwa durch die längerfristige Observation eines Angehörigen des Täters) festzustellen ist oder nur so die erforderlichen Erkenntnisse über die Arbeitsweise einer Verbrecherbande gewonnen werden können. Die Polizeigesetze setzen jedoch nicht voraus, dass die observierte Person gerade innerhalb des Beobachtungszeitraums die erwartete Straftat begehen oder vorbereiten wird.

263 Die sinngemäße Formulierung „**wenn nicht in anderer Weise**" in allen drei Nummern stellt eine besondere Ausprägung des Verhältnismäßigkeitsgrundsatzes dar. Unzulässig wäre also eine „lückenlose" Erhebung und Dokumentation aller erkennbaren Daten über die beobachtete Person. Das betrifft insbesondere die Datenerhebung über (unverdächtige) Kontakt- oder Begleitpersonen im Rahmen der Observation nach Nr. 3. Erforderlich ist immer nur die Erhebung derjenigen Daten, die für die Aufgabenerfüllung relevant sein können. Etwas anderes gilt für den Fall, dass Dritte von der Datenerhebung unvermeidbar betroffen werden, z.B. weil sie sich in der Nähe der observierten Person aufhalten.

Beispiel: Die Polizei observiert aus präventiven Gründen Angehörige einer Personengruppe, die als Rauschgifthändler in Betracht kommen. In diesem Zusammenhang werden auch unbeteiligte Passanten abgelichtet.

---

[192] Vgl. dazu die Legaldefinitionen einige Polizeigesetze (z.B. § 2 Nr. 5 BremPolG oder § 2 Nr. 10 NdsSOG).

Diese Maßnahme ist rechtmäßig, weil sich die unbeteiligten Passanten in der Nähe der observierten Personen aufhalten. Außerdem kann niemand ausschließen, dass ein als „harmlos" vermuteter Passant nicht doch im Zusammenhang mit dem erwarteten Rauschgifthandel steht.

Die längerfristige Observation enthält **keine** Befugnis für die Erhebung von Daten in oder aus einer **Wohnung**. Das heimliche Eindringen in eine Wohnung, um dort eine Observation durchzuführen, ist unzulässig. Allerdings enthalten die Polizeigesetze in den Bestimmungen über den verdeckten Einsatz technischer Mittel eine entsprechende Befugnis. **264**

Eine Observation, die die Voraussetzungen der längerfristigen Observation nicht erfüllt (sog. **kurzfristige** Observation), ist gem. den polizeigesetzlichen Bestimmungen bereits dann zulässig, wenn „dies zum Zweck der Gefahrenabwehr erforderlich ist" und wenn ohne diese Maßnahme die Erfüllung der polizeilichen Aufgabe gefährdet würde. Der Aussagegehalt dieser Formulierung ist fraglich, da hier lediglich auf die Aufgabenzuweisungsnorm verwiesen wird. Zudem ist die Polizei ohnehin (und zwar bei allen Maßnahmen) nur dann zu Eingriffen befugt, wenn dies zum Zweck der Gefahrenabwehr erforderlich ist. **265**

Aufgrund des soeben genannten fraglichen Aussagegehalts der Vorschriften über die kurzfristige Observation ist deren Verfassungsmäßigkeit zweifelhaft, weil sie die Observation gerade ohne die für die längerfristige Observation geltenden Voraussetzungen (Rn 261) zulassen.

cc.) Rechtsschutz

Zumindest bei der heimlichen Observation handelt es sich um schlicht hoheitliches Handeln. Denn wäre sie ein Verwaltungsakt, müsste man die Unwirksamkeit annehmen, weil ein Verwaltungsakt zu seiner Wirksamkeit zumindest bekannt gegeben werden muss (vgl. § 43 I S. 1 VwVfG); Zweck der heimlichen Observation ist aber gerade, dass sie ohne Kenntnis des Betroffenen erfolgt. **266**

Rechtsschutz bietet v.a. die **allgemeine Feststellungsklage** gem. § 43 VwGO, gerichtet auf die Feststellung, dass die Maßnahme rechtswidrig gewesen sei. Auch wenn der Betroffene nachträglich über die Maßnahme informiert wird, wird aus ihr nicht im Nachhinein ein Verwaltungsakt. Zur grundsätzlichen Notwendigkeit eines gerichtlichen Rechtsschutzes trotz ergangener richterlicher Anordnung vgl. Rn 287. **267**

b.) Großer Lauschangriff

Bei dem sog. **großen Lauschangriff**[193] handelt es sich um den **verdeckten Einsatz** technischer Mittel zum gezielten **Abhören und Aufzeichnen des nichtöffentlich gesprochenen Wortes** in und aus einer durch Art. 13 I GG geschützten Räumlichkeit („Wohnung") bspw. mit Hilfe von Tonbandgeräten, Richtmikrophonen oder „Wanzen". **268**

Hinsichtlich des Begriffs der „**Wohnung**" kann auf die Ausführungen zur Standardmaßnahme *Betreten und Durchsuchen von Wohnungen* (Rn 510 ff.) verwiesen **269**

[193] Vgl. **BW:** § 23 I PolG; **Bay:** Art. 34 I PAG; **Berl:** § 25 IV ASOG; **Brand:** § 33 III PolG; **Brem:** § 33 II PolG; **Hamb:** § 10 II DatPolG; **Hess:** § 15 IV SOG; **MeckVor:** § 34b SOG; **Nds:** § 35 II SOG; **NRW:** § 24 OBG i.V.m. §§ 17 II, 18 II PolG; **RhlPfl.:** 29 POG; **Saar:** § 28 IV PolG; **Sachs:** § 40 I PolG; **SachsAnh:** § 17 IV SOG; **SchlHolst:** § 185 III LVwG; **Thür:** § 35 I PAG.

werden.[194] Wie der Definition im Übrigen zu entnehmen ist, bezieht sich der Lauschangriff nur auf das **Abhören und Aufzeichnen** des „an Ort und Stelle" **innerhalb der Wohnung gesprochenen Wortes**. Dabei ist zu unterscheiden zwischen dem **„kleinen"** Lauschangriff außerhalb von Wohnungen (vgl. auch § 100f StPO) und dem **„großen"** Lauschangriff, der das **innerhalb einer Wohnung** (vgl. auch § 100c StPO) nichtöffentlich gesprochene Wort betrifft. Nur dieser ist in Art. 13 III und IV GG geregelt und Gegenstand der nachfolgenden Ausführungen.[195]

Im Gegensatz zu Art. 13 **III** GG, der lediglich akustische Überwachungsmaßnahmen zu Zwecken der Strafverfolgung zulässt, bezieht sich Art. 13 **IV** GG zum einen auf den Einsatz beliebiger technischer Mittel (also auch optische Mittel wie Video- und Infrarotkameras, Nachtsichtgeräte und Bewegungsmelder und sonstige Mittel wie Peilsender oder Global Positioning System - GPS) und zum anderen ausschließlich auf **präventivpolizeiliche** Zwecke, also auf Zwecke der **Gefahrenabwehr**.

270 **Kein** Fall des großen Lauschangriffs liegt vor, wenn mit Hilfe der technischen Mittel nur solche Vorgänge in einer Wohnung erfasst werden, die auch auf natürliche Weise von außerhalb des durch Art. 13 I GG geschützten Bereichs wahrgenommen werden können (z.B. Filmen oder Fotografieren durch ein geöffnetes Fenster).

271 Ebenfalls liegt **kein** Fall des großen Lauschangriffs vor, wenn es um die **akustische Überwachung des Fernmeldeverkehrs** geht. Denn die Telefonüberwachung greift nicht in das Wohnungsgrundrecht ein, sondern in das Grundrecht aus **Art. 10 I GG** und bedarf daher einer Rechtfertigung, die sich aus dem Gesetzesvorbehalt des **Art. 10 II GG** ergeben muss. Die polizeigesetzliche Befugnisnorm hinsichtlich des großen Lauschangriffs begründet **keine** diesbezügliche Rechtfertigung. Möchte die Polizei also Fernmeldeanlagen anzapfen und Gespräche mithören und aufzeichnen, bedarf sie separater Rechtsgrundlagen. Befugnisnormen hinsichtlich präventivpolizeilicher Telekommunikationsüberwachung haben bislang nur einige Bundesländer in ihre Polizeigesetze aufgenommen (vgl. etwa Art. 34a-c BayPAG, §§ 10a-d HambDatPolG, § 15a HessSOG, §§ 33a-c NdsSOG, § 31 RhlPfPOG, § 34a ThürPAG). Andere Länder (wie z.B. Bremen) haben – aus gutem Grund, wie die Entscheidung des BVerfG hinsichtlich der Verfassungswidrigkeit des § 33a I Nr. 2 und 3 NdsSOG gezeigt hat[196] – bislang darauf verzichtet, eine entsprechende Befugnisnorm in ihre Polizeigesetze aufzunehmen. Eine heimliche Überwachung der Telekommunikation zum Zweck der Gefahrenabwehr wäre daher bereits in Ermangelung einer Rechtsgrundlage rechtswidrig. Diese ließe sich aus systematischen Gründen auch nicht aus der Befugnisgeneralklausel entnehmen; versuchte man dies, verstieße man gegen den verfassungsrechtlichen Bestimmtheitsgrundsatz, da Inhalt und Grenzen der Abhörmaßnahme für den Bürger kaum ersichtlich wären. Außerdem stünde dieser Konstruktion auch das Zitiergebot entgegen, da Art. 10 GG in den betreffenden Polizeigesetzen nicht als einschränkbares Grundrecht genannt (also zitiert) ist. Abzulehnen ist jedenfalls der

[194] Vgl. im Übrigen ausführlich zum Wohnungsbegriff *R. Schmidt*, Grundrechte, Rn 819 ff.

[195] Von einem anderen Verständnis des kleinen Lauschangriffs gegen *Pieroth/Schlink/Kniesel*, POR, § 14 Rn 122, aus. Nach deren Auffassung dient auch der kleine Lauschangriff der Informationsgewinnung aus einer Wohnung heraus, der sich vom großen Lauschangriff nur darin unterscheide, dass er den Schutz des eingesetzten Polizisten bezwecke. Mit Blick auf die klare Unterscheidung, die der Gesetzgeber in §§ 100c und 100f StPO vorgenommen hat, ist diese Auffassung aber abzulehnen.

[196] BVerfG NJW **2005**, 2603 ff.; SächsVerfGH NVwZ **2005**, 1310, 1311; vgl. auch *Kutscha*, NVwZ **2005**, 1231 ff.; *ders.*, NJW **2005**, 20 ff.; *Lepsius*, Jura **2005**, 433 ff., 586 ff.; *Gusy*, JuS **2004**, 457 ff.; *Geis*, CR **2004**, 338 ff.; *Haas*, NJW **2004**, 3082 ff.; *Denninger*, ZRP **2004**, 101 ff.; *Ruthig*, GA **2004**, 587 ff.; *Weichert*, MMR **2004**, 209; *Sachs*, JuS **2004**, 522 ff. Die Aufnahme der verdachtsunabhängigen vorbeugenden Telefonüberwachung zum Zweck der Strafverfolgungsvorsorge in das niedersächsische SOG verwundert umso mehr, als bereits im Jahre 2000 das MeckVorVerfG (LKV **2000**, 345 LS 6) eine derartige Regelung für verfassungswidrig erklärt hat. Vgl. dazu ausführlich Rn 300 ff.

Versuch, solche Eingriffsbefugnisse durch eine weite Auslegung der Vorschriften über den Einsatz technischer Mittel bzw. über die Datenerhebung in oder aus Wohnungen herzuleiten. Dem stehen nicht nur die tatbestandlichen Unterschiede, die zwischen Art. 13 GG und Art. 10 GG bestehen, entgegen, sondern auch der grundgesetzliche Gesetzesvorbehalt und das Bestimmtheitsgebot, die eine solche Vorgehensweise – zumal bei derart schwerwiegenden Eingriffen – verbieten.[197]

aa.) Formelle Rechtmäßigkeit

Hinsichtlich der formellen Rechtmäßigkeit des großen Lauschangriffs gelten zunächst die allgemeinen Voraussetzungen (Zuständigkeit, Verfahren und Form, siehe Rn 398 ff.). Eine besondere (und zusätzlich zu prüfende) Verfahrensvorschrift stellt die Vorschrift über die „**Grundsätze der Datenerhebung**" dar. Diese stellt besondere Anforderungen an die Rechtmäßigkeit der Datenerhebung, die zugleich für alle Maßnahmen der Erhebung personenbezogener Daten gelten. Da der große Lauschangriff aber gerade verdeckt erfolgen muss, sind stets die in der Vorschrift enthaltenen Ausnahmeregelungen heranzuziehen. Keinesfalls übersehen werden dürfen der **Richtervorbehalt** (dazu Rn 330), die in den Polizeigesetzen vorgesehene **Befristung** der Maßnahme und die nachträgliche **Unterrichtungspflicht** (dazu Rn 302). 272

bb.) Materielle Rechtmäßigkeit

Die **Rechtmäßigkeitsvoraussetzungen** für den großen Lauschangriff sind von der Verfassung **sehr eng** gezogen. Auch das BVerfG fordert in seiner Entscheidung zum strafprozessualen großen Lauschangriff vom 3.3.2004[198] zu Recht, dass durch eine akustische Wohnraumüberwachung nicht in den (durch Art. 1 I GG) **absolut geschützten Kernbereich privater Lebensgestaltung** eingegriffen werden dürfe. Die Privatwohnung sei als „letztes Refugium" ein Mittel zur Wahrung der Menschenwürde. Dies verlange zwar keinen absoluten Schutz vor dem Abhören der Räume der Privatwohnung, wohl aber absoluten Schutz des Verhaltens in diesen Räumen, soweit es sich als individuelle Entfaltung im Kernbereich privater Lebensgestaltung darstelle.[199] Ob der Schrankenvorbehalt des Art. 13 III GG diesen Abwehranspruch gewährleistet, ist zweifelhaft.[200] Nach der mit 5:3 Stimmen ergangenen Mehrheitsentscheidung des BVerfG ist diese Verfassungsbestimmung jedoch verfassungskonform auszulegen.[201] Folge ist, dass sich das Augenmerk auf die einfachgesetzlichen Normen, die die Gesetzesvorbehalte des Art. 13 III und IV GG ausfüllen, konzentriert. So erklärte das BVerfG in dem besagten Urteil einige der Art. 13 III GG ausgestaltenden einfachgesetzlichen Bestimmungen der StPO für mit Art. 13 I GG unvereinbar. 273

Das Gericht verpflichtete den (Bundes-)Gesetzgeber, einen verfassungsgemäßen Rechtszustand bis spätestens zum 30.6.2005 herzustellen. Bis zu diesem Termin könnten die beanstandeten Normen nach Maßgabe der Gründe weiterhin angewandt werden, wenn gesichert sei, dass bei der Durchführung der Überwachung 274

---

[197] Wie hier nun auch *Pieroth/Schlink/Kniesel*, POR, § 14 Rn 130 ff.

[198] BVerfGE **109**, 279 ff.; Vgl. auch SächsVerfGH NVwZ **2005**, 1310, 1311.

[199] BVerfGE **109**, 279, 314. Zur Unverwertbarkeit von personenbezogenen Daten, die im Rahmen eines Eingriffs in den durch Art. 13 I GG i.V.m. Art. 1 I und 2 I GG geschützten Kernbereichs privater Lebensführung erhoben wurden, vgl. auch BGH NJW **2005**, 3285 ff.

[200] Für die Verfassungswidrigkeit des Art. 13 III GG spricht sich das Minderheitsvotum BVerfGE **109**, 279 ff. aus.

[201] So die Senatsmehrheit BVerfGE **109**, 279 ff.

der Schutz der Menschenwürde gewahrt und der Grundsatz der Verhältnismäßigkeit eingehalten würden.[202]

275 Am 1.7.2005 ist das Gesetz zur Umsetzung des Urteils in Kraft getreten (BGBl I, 1841). Damit trägt der Gesetzgeber den Vorgaben des BVerfG, die auf die Erforderlichkeit eines gesetzlich geregelten vorbeugenden Schutzes des Kernbereichs zielen, insbesondere durch die Vorschriften der §§ 100 c IV und V, 100 d VIII und IX StPO Rechnung.[203]

276 Fraglich ist, inwieweit die vom BVerfG aufgestellten Maßstäbe auch auf die **präventivpolizeiliche** Wohnraumüberwachung Anwendung finden. Hinsichtlich der materiellen Voraussetzungen eines Grundrechtseingriffs in **Art. 13 I GG** ist für präventivpolizeiliche Abhörmaßnahmen der qualifizierte Gesetzesvorbehalt des **Art. 13 IV GG** richtungweisend. Erforderlich ist danach eine **dringende Gefahr** für die öffentliche Sicherheit, insbesondere eine **gemeine Gefahr oder eine Lebensgefahr**. In Anbetracht der Bedeutung des Wohnungsgrundrechts als besondere Ausprägung des allgemeinen Persönlichkeitsrechts und der Menschenwürde ist in Anlehnung an die Rspr. des BVerfG zum großen Lauschangriff[204], auch wenn diese Entscheidung zu den strafprozessualen Abhörmaßnahmen i.S.v. Art. Art. 13 III GG ergangen ist, darüber hinaus zu fordern, dass trotz Vorliegens der Voraussetzungen des Art. 13 IV GG der **absolute Kernbereich privater Lebensgestaltung** unberührt bleibt.[205] In diesen darf wegen der nicht relativierbaren Menschenwürde selbst bei Vorliegen der in Art. 13 IV GG ausdrücklich genannten tatbestandlichen Anforderungen nicht eingegriffen werden. Dieser Kernbereich lässt sich nach Auffassung des BVerfG allerdings nicht dahin konkretisieren, dass er bestimmte Räume innerhalb einer Privatwohnung generell von einer Überwachung ausnimmt. Er wird vielmehr so umschrieben, dass ein Lauschangriff dann zu unterbleiben hat, „wenn sich jemand allein oder ausschließlich mit Personen in einer Wohnung aufhält, zu denen er in einem besonderen, den Kernbereich betreffenden Vertrauensverhältnis steht - etwa mit Familienangehörigen oder sonstigen engsten Vertrauten - und es keine konkreten Anhaltspunkte dafür gibt, dass die zu erwartenden Gespräche nach ihrem Inhalt einen unmittelbaren Bezug zu Straftaten aufweisen. Zwar gehören nicht sämtliche Gespräche, die ein Einzelner mit seinen engsten Vertrauten in der Wohnung führt, zum Kernbereich privater Lebensgestaltung. Im Interesse der Effektivität des Schutzes der Menschenwürde spricht aber eine Vermutung dafür. Abhörmaßnahmen sind ausgeschlossen, wenn es wahrscheinlich ist, dass mit ihnen absolut geschützte Gespräche erfasst werden."[206]

277 **Verfassungsrechtlicher Hintergrund:** Art. 13 IV GG wurde im Zuge der Verfassungsänderung v. 26.3.1998 eingeführt.[207] Zwar war der Einsatz beliebiger technischer Mittel zu präventivpolizeilichen Zwecken bereits zuvor nach den Polizeigesetzen der Länder zulässig, Art. 13 IV GG legt aber nunmehr fest, dass die gefahrenabwehrrechtliche Wohnungsüberwachung grundsätzlich nur aufgrund **richterlicher Anordnung** stattfinden darf. Seither

---

[202] Die Entscheidung des BVerfG ist als Klausur aufbereitet unter *www.verlag-rolf-schmidt.de* Rubrik abrufbar.
[203] Vgl. zur Neuregelung auch *Löffelmann*, NJW **2005**, 2033 ff.; *Meyer-Wieck*, NJW **2005**, 2037 ff.; *Kutscha*, NVwZ **2005**, 1231 ff.; *Hartmann/Schmidt*, StrafprozessR, **2007**, Rn 596 ff.
[204] BVerfGE **109**, 279 ff.
[205] Für eine Übertragung des vom BVerfG in Bezug auf die repressive Wohnraumüberwachung i.S.v. Art. 13 III GG aufgestellten Grundsatzes vom nicht einschränkbaren absolut geschützten Kernbereich privater Lebensgestaltung plädieren auch *Denninger*, ZRP **2004**, 101, 104; *Kötter*, DÖV **2005**, 225, 228; *Kutscha*, NJW **2005**, 20 ff.; *Lepsius*, Jura **2006**, 586, 591 f.; *Ruthig*, GA **2004**, 587, 606 ff.; *Schenke*, POR, Rn 194. Anders wohl nur *Haas*, NJW **2004**, 3082, 3084.
[206] BVerfGE **109**, 279, 313 f.
[207] Zur Verfassungsmäßigkeit der Gesetzesvorbehalte des Art. 13 GG vgl. BVerfGE **109**, 279, 309 ff.

ist eine präventivpolizeiliche Überwachung ausdrücklich an eine richterliche Anordnung gebunden. Eine Ausnahme besteht nur bei **Gefahr im Verzug**. Dann können auch andere gesetzlich bestimmte Stellen, etwa der Polizeipräsident, das Abhören anordnen, wobei eine richterliche Anordnung unverzüglich nachzuholen ist (vgl. Art. 13 IV S. 2 GG). Der Begriff der „Unverzüglichkeit" ist wie in Art. 104 II S. 2 GG (und z.B. § 16 BremPolG, § 33 HessSOG, § 19 NdsSOG) zu verstehen. Danach ist jede Verzögerung unzulässig, die sich nicht aus sachlichen Gründen rechtfertigen lässt, mögen diese rechtlicher oder tatsächlicher Natur sein.[208] Materielle Voraussetzung für die Überwachungsmaßnahme ist, dass eine **dringende Gefahr** für die öffentliche Sicherheit, insbesondere eine **gemeine Gefahr** oder eine **Lebensgefahr**, besteht und dass die Maßnahme dem Grundsatz der Verhältnismäßigkeit entspricht. Freilich ist der soeben genannte **unantastbare Kernbereich privater Lebensgestaltung** als nicht relativierbare Eingriffsschranke zu beachten.

Ist danach jede verdeckte akustische Wohnraumüberwachung am Maßstab des Art. 13 IV GG i.V.m. Art. 13 I GG zu messen, berührt dies nicht die Anwendbarkeit der polizeigesetzlichen Regelungen in Bezug auf den großen Lauschangriff. Es sind aber die gleichen Restriktionen zu beachten, die auch Art. 13 IV GG i.V.m. Art. 13 I GG aufstellt (**verfassungskonforme Auslegung**). Unter dieser Prämisse ist auch die akustische Wohnraumüberwachung nach den Polizeigesetzen zulässig. 278

Eine **dringende Gefahr** liegt vor, wenn ein besonders wichtiges Rechtsgut (etwa die menschliche Gesundheit) gefährdet ist. Einen Unterfall der dringenden Gefahr bildet die „**gemeine Gefahr**". Darunter fallen solche Gefahren für die Allgemeinheit, die lebensbedrohend sein können, wie das z.B. bei Lawinenunglücken, Überschwemmungen und Erdbeben der Fall ist. Aber auch eine Feuer- und Einsturzgefahr, Explosionsgefahr, die Freisetzung radioaktiver Strahlung und eine Seuchengefahr können diese Qualität haben. Da es bei einer präventivpolizeilichen akustischen Wohnraumüberwachung jedoch zumeist um die Verhütung von Straftaten gehen wird, sollte man – wiederum in Anlehnung an die Rspr. des BVerfG zur strafprozessualen Wohnraumüberwachung – erst recht die präventivpolizeiliche akustische Wohnraumüberwachung zur Verhinderung **besonders schwerer Straftaten** für zulässig erklären. Es kann nicht sein, dass die Eingriffsvoraussetzungen für Maßnahmen der Strafverfolgung geringer sind als die der Verhütung von Straftaten. Hinzu kommt, dass der Staat seinem Schutzauftrag nachkommen und sich schützend und fördernd vor das Leben stellen muss. Aus diesem Grund sollte man die präventivpolizeiliche Wohnraumüberwachung sogar zur Verhinderung von Straftaten zulassen, für die das StGB ein geringeres Strafmaß als fünf Jahre Freiheitsentziehung festgesetzt hat.[209] Die in den Polizeigesetzen genannte Möglichkeit des großen Lauschangriffs zur Abwehr einer gegenwärtigen Gefahr für Leib, Leben oder Freiheit einer Person ist daher unbedenklich. Freilich entbindet dies die Polizei nicht von ihrer Pflicht, im jeweiligen Einzelfall nach strengen Maßstäben den Verhältnismäßigkeitsgrundsatz anzuwenden und dabei die bei Rn 251 sowie Rn 257 genannten Restriktionen zu beachten. 279

Hinsichtlich der Wahrung des durch Art. 13 I GG **absolut geschützten** und damit **unantastbaren Kernbereichs privater Lebensgestaltung** sollen sich nach Auffassung des BVerfG Anhaltspunkte zur Einschätzung der Situation aus der Art der zu überwachenden Räumlichkeiten (Gespräche in Betriebs- und Geschäftsräumen gehörten anders als Gespräche in Privatwohnungen regelmäßig nicht zum Kernbereich privater Lebensgestaltung), aber auch aus der Beziehung des Abgehörten zu seinen Kommunikationspartnern ergeben. So seien zum Kernbereich privater Lebensgestal- 280

[208] Wie hier nun auch BVerfG NVwZ **2006**, 579, 580.

[209] Diese Grenze wurde vom BVerfG (E **109**, 279, 309 ff.) für die Zulässigkeit der *strafprozessualen* Wohnraumüberwachung genannt.

tung grundsätzlich **Gespräche mit dem Ehegatten oder engsten Familienangehörigen** zu rechnen, aber auch die Kommunikation mit anderen Personen des besonderen Vertrauens wie seelsorgerische Gespräche mit **Geistlichen** und dem **Strafverteidiger**, u.U. auch mit dem Arzt. Eine zeitliche und räumliche Rundumüberwachung sei regelmäßig schon deshalb unzulässig, weil die Wahrscheinlichkeit groß sei, dass dabei höchstpersönliche Gespräche abgehört werden; das könne es erforderlich machen, auf eine nur automatisch erfolgte Aufzeichnung der Gespräche zu verzichten, um jederzeit die Ermittlungsmaßnahme unterbinden zu können.[210] Soweit im Rahmen einer Wohnraumüberwachung nach Art. 13 IV GG dennoch unvorhersehbar der unantastbare Kernbereich privater Lebensgestaltung betroffen wird, muss in Übereinstimmung mit der Rspr. des BVerfG zu Art. 13 III GG[211] die Überwachung sofort reduziert bzw. abgebrochen werden. Erfolgte Aufzeichnungen sind zu vernichten und unterliegen einem absoluten Verwertungsverbot; sie dürfen nicht einmal als Spurenansätze verwendet werden.[212]

Im Zusammenhang mit heimlichen bzw. verdeckten Datenerhebungen enthielten einige Polizeigesetze bereits *vor* dem soeben erläuterten Urteil (vgl. etwa §§ 29 VI, 31 IV RhlPfPOG) entsprechende Regelungen. Andere Landesgesetzgeber haben auf das Urteil reagiert und teilweise mittlerweile entsprechende Regelungen in ihre Polizeigesetze aufgenommen (vgl. etwa § 33 IV-VI BremPolG). Die Aufnahme solcher Regelungen in die Polizeigesetze ist von Verfassungs wegen allerdings nicht zwingend erforderlich. Es obliegt vielmehr in weitem Umfang der politischen Entscheidung des einfachen Gesetzgebers, ob er im Rahmen einer Abwägung zwischen dem Aspekt der Gefahrenabwehr und dem Schutz von Vertrauensverhältnissen diese vor Datenerhebungen schützt. Fehlen gesetzliche Regelungen, obliegt es der Einzelfallentscheidung, entweder der Gefahrenabwehr oder dem Vertrauensverhältnis den Grundrechten der Betroffenen den Vorrang einzuräumen. Im Zweifel ist den Grundrechten der Vorrang einzuräumen und der Lauschangriff, der in Vertrauensverhältnisse eingreift, für rechtswidrig zu erklären. Soweit aber Vorschriften in den Polizeigesetzen enthalten sind, sehen sie entweder ausdrücklich vor, dass mittels eines großen Lauschangriffs bzw. einer Telekommunikationsüberwachung nicht in Vertrauensverhältnisse gem. §§ 53, 53 a StPO eingegriffen werden darf oder sie lassen Eingriffe nur in bestimmte Vertrauensverhältnisse zu (vgl. etwa § 33 IV MeckVorSOG in Bezug auf das Beichtgeheimnis). Jedenfalls sehen alle Polizeigesetze hinsichtlich der Rasterfahndung vor, dass Daten, die einem Berufs- oder Amtsgeheimnis unterliegen, von ihr ausgenommen werden.

281 Schließlich verlangen die Polizeigesetze durchweg Tatsachen, die die Annahme rechtfertigen, dass sich die Person, der die Gefahr droht oder von der die Gefahr ausgeht, in der Wohnung aufhält und die Gefahr auf andere Weise nicht abgewehrt werden kann. Die Formulierung „**Tatsachen die Annahme rechtfertigen, dass**..." bedeutet, dass (anders als bei der soeben behandelten Gefahr für das gewichtige Schutzgut) keine konkrete Gefahr vorliegen muss, sondern dass eine **abstrakte Gefahr** bzw. ein **Gefahrenverdacht** genügen, um eine Datenerhebung zu den o.g. Zwecken durchzuführen.[213] Voraussetzung für die präventivpolizeiliche akustische Wohnraumüberwachung ist also eine auf tatsächlichen Anhaltspunkten beruhende Prognose, dass sich der beschriebene Personenkreis mit hinreichender Wahrscheinlichkeit in der Wohnung aufhält. Dass die akustische Wohnraumüberwachung schließlich nur dann rechtmäßig ist, wenn die Gefahr auf andere Weise nicht abgewehrt werden kann, sollte – in Anbetracht der Schwere des Eingriffs und der Bedeutung des Wohnungsgrund-

---

[210] BVerfGE **109**, 279, 309 ff.; SächsVerfGH NVwZ **2005**, 1310, 1311.
[211] BVerfGE **109**, 279, 319 f. Vgl. dazu ausführlich *R. Schmidt*, Grundrechte, Rn 860 ff.
[212] Richtig *Schenke*, POR, Rn 194.
[213] Zu den Begriffen *abstrakte Gefahr* und *Gefahrenverdacht* vgl. Rn 666 und 689.

rechts – an sich eine Selbstverständlichkeit sein. Die Formulierung in den Polizeigesetzen kann daher nur so verstanden werden, dass dem Rechtsanwender nochmals vor Augen geführt werden soll, dass die akustische Wohnraumüberwachung nur als äußerstes Mittel der Gefahrenabwehr in Betracht kommt, wenn kein anderes geeignetes Mittel zur Verhinderung der genannten Tatbestände zur Verfügung steht.

Um der **verfahrensrechtlichen Dimension der Grundrechte**[214] gerecht zu werden und das Grundrecht der Unverletzlichkeit der Wohnung auch diesbezüglich zu sichern, haben die Landesgesetzgeber umfassende Regularien normiert. Zu nennen ist insbesondere die **vorherige richterliche Entscheidung**[215], die nach der Rspr. des BVerfG zum großen Lauschangriff[216] zudem den zeitlichen und inhaltlichen Rahmen, die Grenzen und das Ziel der Durchsuchung definieren muss, damit der Eingriff in das Wohnungsgrundrecht messbar und kontrollierbar ist, kurz, rechtsstaatlichen Mindestanforderungen genügt. Lediglich bei **Gefahr im Verzug** kann die Polizei (zumeist aber nur die Behördenleitung) die akustische Wohnraumüberwachung anordnen, muss aber die richterliche Entscheidung unverzüglich herbeiführen. Wird die polizeiliche Anordnung nicht binnen einer bestimmten Frist (zumeist drei Tage) – für die Fristberechnung gilt § 31 I VwVfG i.V.m. § 187 I BGB – richterlich bestätigt, tritt sie außer Kraft. **282**

> **Beispiel:** Vor einem Haus, in dem die Polizei Terroristen vermutet, werden im Gebüsch Richtmikrophone installiert. Ist die Abhörmaßnahme wegen Gefahr im Verzug ohne richterliche Anordnung erfolgt und wird diese nicht binnen der im Polizeigesetz festgelegten Frist erlangt, ist sie sofort abzubrechen.

Wird die Anordnung zwar innerhalb der Frist beantragt, jedoch nicht bestätigt, sind die durch den Einsatz technischer Mittel gewonnenen Unterlagen unverzüglich zu **vernichten** (vgl. z.B. § 33 III 3 S. 10 BremPolG). 283

Da die akustische Wohnraumüberwachung (wie alle heimlichen Überwachungsmaßnahmen) ohne Kenntnis des Betroffenen erfolgt, kommt der gesetzlich vorgeschriebenen **nachträglichen Unterrichtung** des Belauschten, wie sie einige Polizeigesetze vorschreiben, eine besondere Bedeutung zu. Denn erst durch sie wird der Betroffene in die Lage versetzt, gerichtlichen Rechtsschutz, der zwar nicht auf Kassation, aber auf Feststellung der Rechtswidrigkeit, gerichtet ist, einzulegen. **284**

Fazit: Während die repressivpolizeiliche akustische Wohnraumüberwachung (Art. 13 III GG i.V.m. § 100 c StPO) nur zur Aufklärung von Straftaten von erheblicher Bedeutung (d.h. solcher, für die der Gesetzgeber eine Mindestfreiheitsstrafe von 5 Jahren vorgesehen hat) zulässig ist, kann die präventivpolizeiliche akustische Wohnraumüberwachung zur Abwehr einer gegenwärtigen Gefahr für Leib, Leben oder Freiheit einer Person angeordnet werden. Hier wie dort ist aber der absolut geschützte und damit unantastbare Kernbereich privater Lebensgestaltung zu beachten. Im Rahmen der präventivpolizeilichen akustischen Wohnraumüberwachung kann aber die Schwelle zum unantastbaren Kernbereich herabgesetzt sein, um den staatlichen Schutzauftrag und damit die Abwehr von Gefahren für besonders gewichtige Schutzgüter nicht wesentlich zu erschweren bzw. unmöglich zu machen. Verfahrensrechtliche Sicherun- **285**

---

[214] Vgl. dazu ausführlich *R. Schmidt*, Grundrechte, Rn 36 ff.
[215] Vgl. **BW:** § 23 II PolG; **Bay:** Art. 34 IV PAG; **Berl:** § 25 V ASOG; **Brand:** § 33 V S. 1, 36 III S. 1 PolG; **Brem:** § 33 III S. 1 PolG; **Hamb:** § 10 III DVPolG; **Hess:** § 15 V S. 1 SOG; **MeckVor:** § 34b V SOG; **Nds:** § 35 III SOG; **NRW:** § 24 OBG i.V.m. §§ 17 III, 18 III PolG; **RhlPfl:** 29 VII POG; **Saar:** § 28 IV PolG; **Sachs:** § 39 IV S. 2 PolG; **SachsAnh:** § 17 V SOG; **SchlHolst:** § 186 I S. 1 LVwG; **Thür:** § 35 II PAG.
[216] BVerfGE **109**, 279, 325 ff.

gen stellen der Richtervorbehalt, die Benachrichtigungs- und Löschungspflicht und sowie das absolute Verwertungsverbot bei rechtswidriger Datenerhebung dar.

cc.) Rechtsschutz

286 Da der große Lauschangriff heimlich erfolgt, handelt es sich um schlicht hoheitliches Handeln. Denn wäre er ein Verwaltungsakt, müsste man die Unwirksamkeit annehmen, weil ein Verwaltungsakt zu seiner Wirksamkeit zumindest bekannt gegeben werden muss (vgl. § 43 I S. 1 VwVfG); Zweck des Lauschangriffs ist aber gerade, dass er ohne Kenntnis des Betroffenen erfolgt. Auch die nachträgliche Unterrichtung des Betroffenen macht die Maßnahme nicht zu einem Verwaltungsakt.

287 Rechtsschutz bietet v.a. die **allgemeine Feststellungsklage** gem. § 43 VwGO, gerichtet auf die Feststellung, dass die Maßnahme rechtswidrig gewesen sei. Auch wenn der Betroffene nachträglich über die Maßnahme informiert wird, wird aus ihr nicht im Nachhinein ein Verwaltungsakt.

Fraglich ist, warum ob es überhaupt noch eines gerichtlichen Rechtsschutzes bedarf, wenn die Überwachungsmaßnahme richterlich angeordnet bzw. genehmigt wurde. Denn in diesem Fall hat ja bereits ein Richter über die Rechtmäßigkeit der Maßnahme entschieden. Wäre er zu dem Ergebnis gekommen, dass die Maßnahme rechtswidrig (gewesen) sei, hätte er sie nicht angeordnet bzw. genehmigt. Wenn man jedoch bedenkt, dass die richterliche Anordnung gem. Art. 13 III oder IV GG i.V.m. den entsprechenden Bestimmungen der StPO bzw. den Polizeigesetzen nicht den Erfordernissen eines gerichtlichen Rechtsschutzes i.S.d. Art. 19 IV GG entspricht (ihr fehlen wesentliche Verfahrensgarantien, insbesondere das Recht auf rechtliches Gehör), wird die verfassungsrechtliche Notwendigkeit einer gerichtlichen Prüfung im Rahmen eines ordentlichen Verfahrens nach den Vorschriften der VwGO überaus deutlich. Selbst wenn man das Argument der Rechtsschutzgarantie aus Art. 19 IV GG nicht teilte, verbliebe die Notwendigkeit des rechtlichen Gehörs jedenfalls wegen Art. 103 I GG; und da der Betroffene nicht im Rahmen der richterlichen Anordnung der Überwachungsmaßnahme gehört wird, bleibt das zwingende Erfordernis, wenigstens nachträglichen Rechtsschutz zu gewähren. Ein anderes Ergebnis wäre mit dem Rechtsstaatsprinzip nicht vereinbar.

288 Entsprechend der in § 40 I S. 2 VwGO eingeräumten Ausnahmemöglichkeit wurde gem. den Bestimmungen der meisten Polizeigesetze zum sachlich zuständigen Gericht nicht das Verwaltungsgericht, sondern das **Amtsgericht** bestimmt. Für das Verfahren gelten die Vorschriften des FGG entsprechend (vgl. z.B. § 33 II 2 S. 3 BremPolG). Diese Rechtswegzuweisung erfasst allerdings nicht die Gewährung nachträglichen Rechtsschutzes nach Beendigung der Maßnahme. Vielmehr verbleibt es insoweit bei der allgemeinen Rechtswegregelung des § 40 I S. 1 VwGO. Der nachträgliche Rechtsschutz schließt auch die Überprüfung ein, ob die Voraussetzungen einer Gefahr im Verzug vorgelegen haben.[217]

289

Prüfungsschema für den großen Lauschangriff

Positivdefinition: Bei dem sog. großen Lauschangriff handelt es sich um den verdeckten Einsatz technischer Mittel zum gezielten Abhören und Aufzeichnen des nichtöffentlich gesprochenen Wortes in und aus einer durch Art. 13 I GG geschützten Räumlichkeit („Wohnung") bspw. mit Hilfe von Tonbandgeräten, Richtmikrophonen oder „Wanzen".

Negativdefinition: Kein Fall des großen Lauschangriffs liegt demgemäß vor, wenn

⇨ das *außerhalb der Wohnung* gesprochene Wort abgehört wird,

[217] BVerfGE **103**, 142, 150 ff.

⇨ es um die *akustische Überwachung des Fernmeldeverkehrs* (innerhalb oder außerhalb der Wohnung) geht. Denn die Telefonüberwachung greift nicht in das Wohnungsgrundrecht ein, sondern in das Grundrecht aus Art. 10 I GG und bedarf daher einer Rechtfertigung, die sich aus dem Gesetzesvorbehalt des Art. 10 II GG ergeben muss.

⇨ es dem verdeckten Einsatz technischer Mittel zur Anfertigung von Bildaufnahmen, also um das *optische* Erfassen von Daten geht.

I. Rechtsgrundlage

II. Formelle Rechtmäßigkeit

1. **Zuständigkeit** der handelnden Behörde (Rn 607)
2. Ordnungsgemäßes **Verfahren** (Einhaltung der allg. Verfahrensvorschriften (Rn 618). Eine besondere (und zusätzlich zu prüfende) Verfahrensvorschrift stellt die Vorschrift über die „Grundsätze der Datenerhebung" dar. Diese stellt besondere Anforderungen an die Rechtmäßigkeit der Datenerhebung, die zugleich für alle Maßnahmen der Erhebung personenbezogener Daten gelten. Da der große Lauschangriff aber gerade verdeckt erfolgen muss, sind stets die in der Vorschrift enthaltenen Ausnahmeregelungen heranzuziehen. Davon unabhängig zu beachten sind der **Richtervorbehalt**, die **Befristung** der Maßnahme und die nachträgliche **Unterrichtung** des Betroffenen.
3. Einhaltung der **Form**vorschriften (Rn 621)

III. Materielle Rechtmäßigkeit

Mit Blick auf die Bedeutung des Wohnungsgrundrechts sind die Rechtmäßigkeitsvoraussetzungen für den großen Lauschangriff sehr eng. Richtungweisend für präventivpolizeiliche Abhörmaßnahmen ist der qualifizierte Gesetzesvorbehalt des Art. 13 IV GG, der wiederum eng auszulegen ist. Erforderlich ist danach eine dringende Gefahr für die öffentliche Sicherheit, insbesondere eine gemeine Gefahr oder eine Lebensgefahr. Darüber hinaus ist zu fordern, dass trotz Vorliegens der Voraussetzungen des Art. 13 IV GG der **absolute Kernbereich privater Lebensgestaltung unberührt bleibt**. In diesen darf wegen der nicht relativierbaren Menschenwürde selbst bei Vorliegen der in Art. 13 IV GG ausdrücklich genannten tatbestandlichen Anforderungen nicht eingegriffen werden. Zum Kernbereich privater Lebensgestaltung sind grds. Gespräche mit dem Ehegatten oder engsten Familienangehörigen zu rechnen, aber auch die Kommunikation mit anderen Personen des besonderen Vertrauens wie seelsorgerische Gespräche mit Geistlichen und dem Strafverteidiger, u.U. auch mit dem Arzt. Ergeben sich im Laufe der heimlichen Überwachungsmaßnahme Anhaltspunkte dafür, dass der absolut geschützte Kernbereich privater Lebensführung betroffen wird, ist die Überwachung sofort einzuschränken bzw. abzubrechen.
Hinsichtlich des Grades der erforderlichen Gefahr ist zu unterscheiden: Für das zu schützende Rechtsgut muss eine konkrete Gefahr bestehen. Hinsichtlich der Frage, ob sich die zu belauschende Person in der Wohnung befindet, fordern die Polizeigesetze „Tatsachen, die die Annahme rechtfertigen, dass sich die Person, der die Gefahr droht oder von der die Gefahr ausgeht, in der Wohnung aufhält und die Gefahr auf andere Weise nicht abgewehrt werden kann". Diese Formulierung bedeutet, dass (anders als bei der soeben behandelten Gefahr für das gewichtige Schutzgut) keine konkrete Gefahr vorliegen muss, sondern dass eine abstrakte Gefahr bzw. ein Gefahrenverdacht genügen, um eine Datenerhebung zu den o.g. Zwecken durchzuführen.

Im Übrigen sind die **Ermessensgrenzen** und der Grundsatz der **Verhältnismäßigkeit** zu beachten, wobei die Grenzen der Zulässigkeit hoch anzusiedeln sind.

c.) Verdeckter Einsatz technischer Mittel zur Anfertigung von Bildaufnahmen und -aufzeichnungen

290 Während der sog. Lauschangriff die akustische Erfassung des nichtöffentlich gesprochenen Wortes darstellt, geht es bei dem verdeckten Einsatz technischer Mittel zur Anfertigung von **Bildaufnahmen** um das optische Erfassen von Daten. Entgegen dem allgemeinen Sprachgebrauch liegt eine Bild*aufnahme* nur dann vor, wenn im selben Moment aufgenommene Bilder an eine andere Stelle überspielt werden (z.B. auf die Leinwand einer Einsatzzentrale), ohne jedoch später reproduzierbar zu sein. Wird das Bild aber gespeichert und ist jederzeit reproduzierbar, kann also ausgewertet und aufbewahrt werden (bei Fotos, Filmen und Videoaufnahmen), handelt es sich um eine **Bildaufzeichnung**. Der Einsatz von Fernrohren oder Ferngläsern fällt nicht unter diese Vorschriften, da mit ihnen keine Aufnahmen oder Aufzeichnungen im vorgenannten Sinne möglich sind.

290a Soweit nach der Gesetzeslage eine **Kombination von Lauschangriff und Bildaufnahmen/-aufzeichnungen** zugelassen ist (vgl. etwa § 38 II SächsPolG, wonach an Kriminalitätsbrennpunkten personenbezogene Daten durch Anfertigung von Bild- und Tonaufnahmen oder -aufzeichnungen von Personen erhoben werden dürfen, soweit tatsächliche Anhaltspunkte die Annahme rechtfertigen, dass an diesen Orten Straftaten begangen werden sollen, durch die Personen, Sach- oder Vermögenswerte gefährdet werden), hat der SächsVerfGH in seinem Urteil vom 10.7.2003 (Az.: Vf. 43-11-00) darauf hingewiesen, dass sich etwa auf die Anzeige einer Straftat hin, die der Polizeibeamte am Monitor nicht wahrgenommen habe, nur im Falle kontinuierlicher Aufzeichnung nachträglich das Geschehen verifizieren lasse und diese Möglichkeit einen wesentlichen Teil der angestrebten Abschreckungswirkung ausmachen könne.

Auch wenn der SächsVerfGH die Regelung des § 38 II SächsPolG nicht für verfassungswidrig erklärt hat, darf dennoch nicht unberücksichtigt bleiben, dass die Bildaufzeichnung einen gegenüber der Bildaufnahme schwerer wiegenden Eingriff darstellt. Das gilt umso mehr, als sie in Kombination zum Lauschangriff steht. Daher kann sie nur unter strenger Beachtung des **Grundsatzes der Verhältnismäßigkeit** rechtmäßig sein.

So sind etwa an die Darlegung der Erforderlichkeit der Bildaufzeichnung besondere Anforderungen zu stellen. Allein die Tatsache, dass der erfasste Bereich einen Kriminalitätsschwerpunkt bildet, wird regelmäßig nicht ausreichen, die Erforderlichkeit zu begründen. Hier wird die Struktur der vor Ort anfallenden Straftaten zu berücksichtigen sein und der vorrangige Einsatz des milderen Mittels der Bildaufnahme und einer (manuellen) Aufzeichnung im Einzelfall in Betracht kommen. Zeigt hingegen die Kriminalitätsentwicklung in einem bereits durch Bildaufnahmen überwachten Bereich, dass Fallzahlen bestimmter Delikte durch die Überwachung nicht spürbar rückläufig sind, weil die Begehung dieser Delikte mittels Übersichtsaufnahmen nur schwer zu erkennen ist und potentielle Täter dies wissen, kann der Einsatz der permanenten Bildaufzeichnung durchaus erforderlich sein, um die angestrebte Abschreckungswirkung zu erzielen. Keinesfalls dürfen hoch auflösende Kameras Eingänge zu Wohnhäusern oder Eingangsbereiche von Arzt- oder Rechtsanwaltspraxen sowie von Presseräumlichkeiten erfassen. Gegebenenfalls muss eine Verkleinerung des überwachten Bereichs im Vergleich zu dem von - Identifizierungen nicht ermöglichenden – Übersichtsaufnahmen erfassten Areal hingenommen werden.
Schließlich sind Maßnahmen zu ergreifen, die den Eingriff in das Recht auf informationelle Selbstbestimmung der Betroffenen möglichst gering halten. Hierbei bietet es sich an, das Verfahren technisch so auszugestalten, dass keine Zugriffsmöglichkeit auf die Daten (Aufzeichnungen) besteht, es sei denn, dass sich im Nachhinein für den fraglichen Zeitraum ein polizeilich relevanter Sachverhalt herausstellt.

Fazit: Die Datenerhebung durch den verdeckten Einsatz technischer Mittel gehört zu den besonderen Mitteln oder Methoden der Datenerhebung. Sie ist wegen des besonders intensiven Eingriffs in das Grundrecht auf informationelle Selbstbestimmung nur unter besonders engen Voraussetzungen gegen bestimmte Personen zulässig. **291**

Schließlich ist zu erwähnen, dass die in den Polizeigesetzen normierten engen Tatbestandsvoraussetzungen nur für die **verdeckte** Datenerfassung gelten, sie sich also nicht auf die offene Observation (Aufnahmen aus fest und sichtbar installierten Kameras zur Verkehrslenkung oder ähnlichem) beziehen. **292**

d.) Telekommunikationsüberwachung und „Handy-Ortung"

Der verdeckte Einsatz technischer Mittel zum Abhören und Aufzeichnen des nichtöffentlich gesprochenen Wortes kann auch den **Fernsprech- und Funkverkehr** betreffen. Da damit der technische Vorgang des Aussendens, Übermittelns und Empfangens von Nachrichten jeglicher Art in der Form von Zeichen, Sprache, Bildern oder Tönen mittels Telekommunikationsanlagen (Legaldefinition des § 3 Nr. 22 TKG) gemeint ist, liegt in einem solchen Fall ein Eingriff in das durch **Art. 10 I GG** geschützte **Fernmeldegeheimnis** (Telekommunikationsgeheimnis) vor, das sowohl den Kommunikationsinhalt als auch den Kommunikationsvorgang als solchen schützt. Dazu zählen der Telegramm-, Telefon- und Fernschreibverkehr, aber auch die Datenübertragung über Standleitungen zwischen Computern, Teletext und Telefax, Mobilfunk, Satellitenübertragungen und der E-Mail-Verkehr. **293**

Bei der Telekommunikationsüberwachung werden zum einen **Telefongespräche** entweder von der Polizei selbst unmittelbar **mitgehört** und regelmäßig auch **aufgezeichnet** oder es werden von der jeweiligen Betreiberfirma die Aufzeichnung und Auskunft über Inhalt und Umstände der Telekommunikation verlangt. Ist der Telekommunikationsvorgang jedoch **abgeschlossen**, greift das Telekommunikationsgrundrecht **nicht** mehr; Grundrechtsschutz entfaltet dann (nur noch) das Grundrecht auf informationelle Selbstbestimmung. **294**

> **Beispiel 2[218]:** Richterin R wird verdächtigt, Dienstgeheimnisse verraten zu haben. Daher durchsucht die Polizei die Wohnung der R und stellt einen Computer und ein Mobiltelefon sicher. Nach Auswertung der auf diesen Geräten gespeicherten Daten wird der Verdacht jedoch nicht bestätigt.
>
> Hier ist zunächst eindeutig, dass das Grundrecht auf informationelle Selbstbestimmung und das **Wohnungsgrundrecht** selbstständig nebeneinander stehen (sog. Idealkonkurrenz). Das gilt insbesondere dann, wenn die Daten in einer Wohnung oder aus einer Wohnung heraus erhoben werden (etwa durch Wanzen, Richtmikrophone etc. im Rahmen sog. „Lauschangriffe"). Unklar ist jedoch das Verhältnis zwischen dem Grundrecht auf informationelle Selbstbestimmung und dem **Fernmeldgeheimnis** (Telekommunikationsgrundrecht). Es stellt sich die Frage, ob die Durchsuchung der Polizei, die zielgerichtet und ausdrücklich die Sicherstellung von Datenträgern (PC, Mobiltelefon etc.), auf denen Telekommunikationsverbindungsdaten gespeichert sein sollen, bezweckt, nur in das Recht auf informationelle Selbstbestimmung oder auch bzw. ausschließlich in das Telekommunikationsgrundrecht eingreift.
>
> Das BVerfG hat entschieden, dass die nach Abschluss des Übertragungsvorgangs im Herrschaftsbereich des Kommunikationsteilnehmers gespeicherten Verbindungsdaten nicht durch das Fernmeldegeheimnis, sondern durch das Recht auf informationelle Selbstbestimmung und gegebenenfalls durch das Recht auf Unverletzlichkeit der Woh-

---

[218] Vgl. BVerfG NJW **2006**, 976 ff.

nung geschützt seien. Der Schutz des Fernmeldegeheimnisses ende in dem Moment, in dem die Nachricht bei dem Empfänger angekommen und der Übertragungsvorgang beendet sei. Während für den Kommunikationsteilnehmer keine technischen Möglichkeiten vorhanden seien, das Entstehen und die Speicherung von Verbindungsdaten durch den Nachrichtenmittler zu verhindern oder auch nur zu beeinflussen, änderten sich die Einflussmöglichkeiten, wenn sich die Daten in der Sphäre des Teilnehmers befänden. Der Nutzer könne sich bei den seiner Verfügungsmacht unterliegenden Geräten gegen den unerwünschten Zugriff Dritter durch vielfältige technische Vorkehrungen schützen. Insoweit bestehe eine Vergleichbarkeit mit den sonst in der Privatsphäre des Nutzers gespeicherten Daten. Die spezifischen Risiken eines der Kontroll- und Einwirkungsmöglichkeit des Teilnehmers entzogenen Übertragungsvorgangs, denen Art. 10 I GG begegnen wolle, bestünden im Herrschaftsbereich des Kommunikationsteilnehmers nicht mehr.[219]

294a Daraus folgt:

- Der **Übertragungsvorgang** (also das Gespräch oder die gesendete Nachricht via SMS o.ä.) ist durch das **Fernmeldegeheimnis** geschützt. Akustische Überwachungsmaßnahmen haben sich am strengen Maßstab des Art. 10 GG zu orientieren. Damit wird der besonderen Schutzwürdigkeit der Telekommunikationsumstände hinreichend Rechnung getragen und die Vertraulichkeit räumlich distanzierter Kommunikation wird gewahrt.
- Nach **Beendigung des Übertragungsvorgangs** greift Art. 10 GG dagegen nicht mehr. In diesem Fall werden die in der Herrschaftssphäre des Betroffenen gespeicherten personenbezogenen Verbindungsdaten (nur noch) durch das Recht auf **informationelle Selbstbestimmung** geschützt.

294b Auch bei einer sog. **Online-Durchsuchung eines heimischen Computers** liegt kein Eingriff in das Telekommunikationsgrundrecht vor, weil auch hier nicht auf den Kommunikationsvorgang eingewirkt wird, sondern via Internet bestimmte Programme (Trojaner; Spyware) in einen Computer eingeschleust werden, deren Aufgabe darin besteht, Daten auszuforschen. Eingegriffen wird aber in das Grundrecht der informationellen Selbstbestimmung.[220]

Ein Eingriff in die Telekommunikationsfreiheit liegt aber vor, wenn **Aktivmeldungen**, d.h. die Signale, mit denen ein eingeschaltetes Mobiltelefon („Handy") in regelmäßigen Abständen seine Kennung an die nächste Funkvermittlungsstation sendet, abgefragt werden. Dadurch kann im Rahmen einer Funkpeilung der **Standort** des Mobiltelefons (und damit i.d.R. auch der Aufenthaltsort des Besitzers) ermittelt und über einen längeren Zeitraum ein **Bewegungsbild** erstellt werden. Auch können mit sog. IMSI-Catchern die Geräte- und Kartennummern eingeschalteter Mobiltelefone und damit deren **Nutzer** ermittelt werden. Schließlich kann mit **Fangschaltungen** festgestellt werden, **wann zwischen wem ein** Fernmeldeverkehr stattgefunden hat, ohne dass dabei auf den Gesprächsinhalt zugegriffen wird.

294c Hinweis: Die Frage, ob in der jeweiligen Maßnahme ein Eingriff in das Wohnungsgrundrecht, in das Telekommunikationsgrundrecht oder (nur) in das Grundrecht der informationellen Selbstbestimmung vorliegt, ist nicht nur akademischer Natur, sondern übt Einfluss auf die verfassungsrechtliche Rechtfertigung der Maßnahme aus. Denn zum einen enthalten die genannten Grundrechte unterschiedliche Grundrechtsschranken und zum anderen sind die Prüfungsmaßstäbe unterschiedlich ausgeprägt. Daher kann es für die Frage, ob eine Maßnahme gerechtfertigt ist, entscheidend sein, welches Grundrecht man als betroffen ansieht.

---

[219] BVerfG NJW **2006**, 976, 977 f.

[220] Ob auch in Art. 13 I GG eingegriffen wird, ist Gegenstand der Darstellung bei Rn 309a ff.

aa.) Formelle Rechtmäßigkeit

Hinsichtlich der formellen Rechtmäßigkeit der Telekommunikationsüberwachung gelten zunächst die allgemeinen Voraussetzungen (Zuständigkeit, Verfahren und Form, siehe Rn 607 ff.). Eine besondere (und zusätzlich zu prüfende) Verfahrensvorschrift stellt die Vorschrift über die **„Grundsätze der Datenerhebung"** dar. Diese stellt besondere Anforderungen an die Rechtmäßigkeit der Datenerhebung, die zugleich für alle Maßnahmen der Erhebung personenbezogener Daten gelten. Da die Telekommunikationsüberwachung aber gerade heimlich erfolgen muss, sind stets die in der Vorschrift enthaltenen Ausnahmeregelungen heranzuziehen. Keinesfalls übersehen werden dürfen der **Richtervorbehalt** (dazu Rn 330), die in den Polizeigesetzen vorgesehene **Befristung** der Maßnahme und die nachträgliche **Unterrichtungspflicht** (dazu Rn 284). **295**

bb.) Materielle Rechtmäßigkeit

Da das Grundrecht aus Art. 10 GG – ähnlich wie Art. 13 I GG – die enge Privat- und Persönlichkeitssphäre schützt, müssen schon besondere Gründe vorliegen, damit Abhörmaßnahmen gerechtfertigt sind (vgl. den Wortlaut des Art. 10 GG: „... sind unverletzlich"). Daher regelt Art. 10 II GG selbst die Voraussetzungen, die an die Rechtmäßigkeit eines Eingriffs zu stellen sind. **296**

So dürfen nach Art. 10 II S. 1 GG Beschränkungen des Fernmeldegeheimnisses nur **durch Gesetz** oder **aufgrund eines Gesetzes** erfolgen. **297**

> **Beispiele:** Gesetze i.S. dieses Vorbehalts sind das **Gesetz zur Beschränkung des Brief-, Post- und Fernmeldegeheimnisses** (sog. **G 10**) und die **nachrichtendienstlichen Gesetze** (insbesondere das **BNDG**), die Eingriffe in den Schutzbereich des Art. 10 GG nicht nur aus Gründen der **Strafverfolgung**, sondern auch zu **präventiven** Zwecken zulassen.[221] Auch die **Strafprozessordnung** lässt (aus Gründen der Strafverfolgung) unter bestimmten Voraussetzungen Eingriffe in das Fernmeldegeheimnis zu. Nach §§ 100a und b StPO[222] muss jeder, der geschäftsmäßig Telekommunikationsdienste erbringt oder daran mitwirkt, dem Richter, der Staatsanwaltschaft oder ihren Ermittlungspersonen (§ 152 GVG) die Überwachung und Aufzeichnung der Telekommunikation ermöglichen. Voraussetzung ist, dass der Verdacht einer der Katalogstraftaten des Art. 100a StPO oder des strafbaren Versuchs einer solchen Straftat oder einer Vorbereitungshandlung dazu vorliegt und dass die Erforschung des Sachverhalts oder die Ermittlung des Aufenthalts des Beschuldigten ohne diesen Eingriff aussichtslos oder wesentlich erschwert wären. Zielpersonen der Maßnahme sind neben dem Beschuldigten selbst „Personen, von denen aufgrund bestimmter Tatsachen anzunehmen ist, dass sie für den Beschuldigten bestimmte oder von ihm herrührende Mitteilungen entgegennehmen oder weitergeben oder dass der Beschuldigte ihren Anschluss benutzt". Anordnungsbefugt sind nur Richter und Staatsanwaltschaft. Die Anordnung ist nach § 100b II StPO auf höchstens drei Monate zu befristen (mit Verlängerungsmöglichkeit). § 101 I StPO verlangt die Benachrichtigung des Betroffenen nach Abschluss der Maßnahme. **298**
>
> Eine weitere Eingriffsgrundlage bildet § 111 TKG zur Auskunftserteilung gegenüber den Sicherheitsbehörden.

Auch wenn die **Polizeien der Länder** aus Gründen der Gefahrenabwehr Fernmeldeanlagen anzapfen und Gespräche mithören und aufzeichnen wollen, bedürfen sie separater Rechtsgrundlagen. Befugnisnormen hinsichtlich präventivpolizeilicher Tele- **299**

---

[221] Vgl. BVerfG NJW **2000**, 55 ff. (dazu *Huber*, NVwZ **2000**, 393 ff.).
[222] Vgl. dazu BFH NJW **2001**, 2118 ff. sowie *Hartmann/Schmidt*, StrafprozessR, **2007**, Rn 576 ff.

kommunikationsüberwachung haben bislang nur einige Bundesländer in ihre Polizeigesetze aufgenommen (vgl. etwa Art. 34a-c BayPAG, §§ 10a-d HambDatPolG, § 15a HessSOG, §§ 33a-c NdsSOG, § 31 RhlPfPOG, § 34a ThürPAG). Andere Länder (wie z.B. Bremen) haben – aus gutem Grund, wie die Entscheidung des BVerfG hinsichtlich der Verfassungswidrigkeit des § 33a I Nr. 2 und 3 NdsSOG gezeigt hat[223] – bislang darauf verzichtet, eine entsprechende Befugnisnorm in ihre Polizeigesetze aufzunehmen. Eine heimliche Überwachung der Telekommunikation zum Zweck der Gefahrenabwehr wäre daher bereits in Ermangelung einer Rechtsgrundlage rechtswidrig. Diese ließe sich aus systematischen Gründen auch nicht aus der Befugnisgeneralklausel entnehmen; versuchte man dies, verstieße man gegen den verfassungsrechtlichen Bestimmtheitsgrundsatz, da Inhalt und Grenzen der Abhörmaßnahme für den Bürger kaum ersichtlich wären. Außerdem stünde dieser Konstruktion auch das Zitiergebot entgegen, da Art. 10 GG in den betreffenden Polizeigesetzen nicht als einschränkbares Grundrecht genannt (also zitiert) ist. Abzulehnen ist jedenfalls der Versuch, solche Eingriffsbefugnisse durch eine weite Auslegung der Vorschriften über den Einsatz technischer Mittel bzw. über die Datenerhebung in oder aus Wohnungen herzuleiten. Dem stehen nicht nur die tatbestandlichen Unterschiede, die zwischen Art. 13 GG und Art. 10 GG bestehen, entgegen, sondern auch der grundgesetzliche Gesetzesvorbehalt und das Bestimmtheitsgebot, die eine solche Vorgehensweise – zumal bei derart schwerwiegenden Eingriffen – verbieten.[224]

300 Die nicht vorhandene Zitierung des Art. 10 GG in den betreffenden Polizeigesetzen und die damit verbundene Unzulässigkeit präventivpolizeilicher Telekommunikationsüberwachung dürfen auch nicht dadurch umgangen werden, dass die Behörden ihr Vorgehen auf die strafprozessuale Überwachung der Telekommunikation (insbesondere nach §§ 100 a, 100 b StPO) stützen und die so gewonnenen Daten für Zwecke der Gefahrenabwehr nutzen. Eine solche Vorgehensweise verbietet sich – unter Zugrundelegung der neueren Rechtsprechung des BVerfG zur präventivpolizeilichen Telekommunikationsüberwachung[225] – schon deshalb, weil die Verwendung der aus einer strafprozessualen Überwachung der Telekommunikation gewonnenen Daten zu einem anderen als dem strafprozessualen Überwachungszweck ebenfalls einen Eingriff in Art. 10 GG beinhaltet und dieses Grundrecht – wie gesehen – gerade nicht in den betreffenden Polizeigesetzen zitiert wird.

301 Freilich führt dieser Befund zu Problemen, wenn aufgrund einer – erlaubten – strafprozessualen Telekommunikationsüberwachung Erkenntnisse über drohendende schwerwiegende Verletzungen der öffentlichen Sicherheit (insbesondere durch Begehung von Straftaten mit erheblicher Bedeutung) gewonnen werden, ein strafprozessuales Einschreiten (etwa weil noch nicht das Versuchsstadium erreicht ist) ausscheidet und die Polizei wegen der Nichtzitierung des Art. 10 GG auch keine Eingriffe zum Zweck der Gefahrenabwehr vornehmen kann. In diesem Fall ist die Polizei u.U. trotz Kenntnis drohender Gefahren zum Nichteingreifen verpflichtet und daran gehindert, drohende Straftaten abzuwehren. Aus rechtssystematischen Gesichtspunkten kommt auch ein Rückgriff auf allgemeine Rechtfertigungsgründe (insb. §§ 32, 34 StGB) nicht in Betracht.[226] Daher ist den Gesetzgebern

---

[223] BVerfG NJW **2005**, 2603 ff.; SächsVerfGH NVwZ **2005**, 1310, 1311; vgl. auch *Kutscha*, NVwZ **2005**, 1231 ff.; *ders.*, NJW **2005**, 20 ff.; *Lepsius*, Jura **2005**, 433 ff., 586 ff.; *Gusy*, JuS **2004**, 457 ff.; *Geis*, CR **2004**, 338 ff.; *Haas*, NJW **2004**, 3082 ff.; *Denninger*, ZRP **2004**, 101 ff.; *Ruthig*, GA **2004**, 587 ff.; *Weichert*, MMR **2004**, 209; *Sachs*, JuS **2004**, 522 ff. Die Aufnahme der verdachtsunabhängigen vorbeugenden Telefonüberwachung zum Zweck der Strafverfolgungsvorsorge in das niedersächsische SOG verwundert umso mehr, als bereits im Jahre 2000 das MeckVorVerfG (LKV **2000**, 345 LS 6) eine derartige Regelung für verfassungswidrig erklärt hat. Vgl. dazu ausführlich Rn 300 ff.

[224] Wie hier nun auch *Pieroth/Schlink/Kniesel*, POR, § 14 Rn 130 ff.

[225] BVerfG NJW **2005**, 2603, 2604; NJW **2000**, 55.

[226] *Schenke*, JZ **2001**, 997, 1003; *ders*, POR, Rn 197 b.

der Bundesländer, die die präventivpolizeiliche Telekommunikationsüberwachung (noch) nicht in ihre Polizeigesetze aufgenommen haben – nicht zuletzt unter dem Gesichtspunkt der dem Staat obliegenden grundrechtlichen Schutzpflichten – dringend empfohlen, nicht nur Art. 10 GG als einschränkbares Grundrecht zu zitieren, sondern auch eine gesetzliche Rechtsgrundlage für Datenerhebungen durch Eingriffe in die Telekommunikation sowie die Verwertung von auf diese Weise gewonnenen Daten zu anderen Zwecken zu schaffen. Als Vorlage könnte § 34a I ThürPAG dienen, wonach es der Polizei gestattet ist,

1. von einem Betreiber, der geschäftsmäßig Telekommunikationsdienste erbringt, Auskunft über den Inhalt einschließlich der innerhalb des Telekommunikationsnetzes in Datenspeichern abgelegten Inhalte und über die näheren Umstände der Telekommunikation einschließlich der Daten über den Standort nicht ortsfester Telekommunikationsanlagen zu verlangen, wenn Tatsachen die Annahme rechtfertigen, dass Personen Straftaten i.S.d. § 100a StPO begehen wollen, und
2. eine entsprechende Auskunft über die für eine Gefahr Verantwortlichen zu verlangen, wenn dies zur Abwehr einer Gefahr für den Bestand oder die Sicherheit des Bundes oder eines Landes oder für Leben, Gesundheit oder Freiheit einer Person erforderlich ist.

Selbstverständlich dürfte der Eingriff in die Telekommunikation immer nur letztes 302
Mittel und nur unter strenger Beachtung des Verhältnismäßigkeitsgrundsatzes zulässig sein (vgl. insoweit auch § 34a I S. 3 ThürPAG). Eine absolute Grenze würde der unantastbare Kernbereich privater Lebensgestaltung bilden. Zur verfahrensrechtlichen Absicherung wäre eine jährliche Unterrichtungspflicht gegenüber den Landtagen sowie eine Unterrichtungspflicht gegenüber Betroffenen über einen zuvor heimlich erfolgten Eingriff in Art. 10 I GG erforderlich; vgl. dazu die bereits in Thüringen bestehende Rechtslage gem. §§ 34 III i.V.m. 34 VII ThürPAG. Ähnlich sind die Regelungen in §§ 10a-d HambPolDVG, § 15a HessSOG, §§ 33a - 33c NdsSOG und § 31 RhPfPolG, die eine Überwachung der Telekommunikation zur Abwehr gegenwärtiger Gefahren für Leib, Leben oder Freiheit einer Person zulassen. Zu weit ging jedoch § 33a I Nr. 2 und 3 NdsSOG, die eine entsprechende Datenerhebung auch über Personen vorsahen, bei denen Tatsachen die Annahme rechtfertigten, dass sie Straftaten von erheblicher Bedeutung begehen würden und bei denen die *Vorsorge für die Verfolgung oder die Verhütung dieser Straftaten* auf andere Weise nicht möglich erschien. Wegen Verstoßes gegen die Bundesgesetzgebungskompetenz für die Strafverfolgungsvorsoge sowie gegen den rechtsstaatlichen Bestimmtheitsgrundsatz und das Verhältnismäßigkeitsprinzip hatte das BVerfG[227] die Regelungen für verfassungswidrig und nichtig erklärt.[228]

Besteht also keine landesrechtliche Rechtsgrundlage für die präventiv-polizeiliche Da- 303
tenerhebung durch Telekommunikation, ist eine entsprechende Datenerhebung unzulässig.

Trotz der Nichterwähnung des Art. 10 GG als einschränkbares Grundrecht ist von der 304
soeben behandelten Konstellation diejenige zu unterscheiden, bei der es um die **Aufzeichnung von Notrufen** („110“ bzw. „112“) geht. Zwar ist auch in diesem Zusammenhang eine Zitierung des Art. 10 GG in den betreffenden Polizeigesetzen nicht gegeben, allerdings wird man in Fällen dieser Art von einem Einverständnis des Anrufers mit der Aufzeichnung des Anrufs ausgehen können, wodurch konsequenterweise auch ein Eingriff in Art. 10 I GG zu verneinen ist. Im Übrigen ist über die

[227] BVerfG NJW **2005**, 2603, 2606.
[228] Vgl. dazu bereits Rn 299.

bundesrechtliche Norm des § 101 TKG eine Installation von Fangschaltungen mit Einwilligung des Inhabers zulässig.

305 Von dem bei Rn 297-303 behandelten Problemkreis ebenfalls zu unterscheiden ist die reine **Standortermittlung** aus Gründen der Gefahrenabwehr. Da hier der Eingriff in das Fernmeldegeheimnis weniger intensiv ist als das Mithören des Gesprächsinhalts, kommt eine Rechtfertigung auf der Grundlage der Befugnisgeneralklauseln der Polizeigesetze eher in Betracht.

Beispiel: S ist im Begriff, sich das Leben zu nehmen. Mittels seines Mobiltelefons („Handy") ruft er seine Lebensgefährtin an, um sich von ihr zu verabschieden. Doch diese informiert sofort die Polizei und schildert ihr den Sachverhalt. Die Polizei wiederum wendet sich zur Verhinderung des Suizids an den Netzbetreiber N, um sich den Standort des S geben zu lassen. Ist N verpflichtet, die Standortdaten zu übermitteln?

Eine Standortermittlung ist zumindest technisch möglich, weil der Standort eines eingeschalteten Handys über die „Funkzelle", den örtlich begrenzten Sendebereich, in der sich das Handy befindet, relativ eng eingegrenzt werden kann. Rechtlich verpflichtet ist ein Netzbetreiber zur Herausgabe der Standortdaten, wenn das polizeiliche Ersuchen rechtmäßig ist. Das VG Darmstadt[229] hat in einem vergleichbaren Fall in Ermangelung einer gesetzlichen Eingriffsgrundlage die Rechtmäßigkeit eines entsprechenden polizeilichen Ersuchens verneint. Insbesondere stellten die Vorschriften des Landespolizeigesetzes keine taugliche Grundlage zur Beschränkung des Art. 10 GG dar, da in diesen das Grundrecht nicht zitiert werde.[230] Schließt man sich dieser Auffassung an, folgt sogar eine Strafbarkeit des Netzbetreibers aus § 206 I StGB (vgl. § 148 TKG).

Bewertung: Streng genommen vermengt das VG Darmstadt formelle (Zitiergebot) und materielle (Nichtbestehen einer Rechtsgrundlage) Aspekte. Denn das Nichtbestehen einer Rechtsgrundlage hat nichts mit dem Zitiergebot zu tun. Es ist also streng zu trennen zwischen der Beachtung des Zitiergebots und dem Vorhandensein einer materiellen Rechtsgrundlage. Nach der hier vertretenen Auffassung lässt sich im obigen Fall zumindest die Hürde des Zitiergebots überwinden. Denn wenn dieses schon bei Grundrechten ohne Gesetzesvorbehalt nicht gilt, sofern der Eingriff zugunsten anderer wichtiger Verfassungsgüter eingeschränkt wird (sog. verfassungsimmanente Einschränkung), kann nichts anderes gelten, wenn Grundrechte mit Gesetzesvorbehalt zugunsten überragender Grundrechtsgüter wie Leib und Leben eingeschränkt werden. Auf jeden Fall muss aber eine materiellrechtliche Befugnisnorm bestehen. Sofern das jeweilige Polizeigesetz keine entsprechende Standardmaßnahme enthält, ist auf die **Befugnisgeneralklausel** zurückzugreifen (a.A das VG Darmstadt). Voraussetzung ist aber (wie im vorliegenden Fall) das Bestehen einer Gefahr für ein überragendes Grundrechtsgut wie Leib und Leben. Zudem ist grds. eine vorherige richterliche Entscheidung herbeizuholen, die lediglich bei Gefahr im Verzug entbehrlich ist.

306 Die Rechtmäßigkeit der Mitteilung des Standorts eines Handy-Benutzers an die Polizei durch den Netzbetreiber zu Zwecken der **Strafverfolgung** bestimmt sich gem. § 100a StPO (i.V.m. der Telekommunikationsüberwachungsverordnung der Bundesregierung vom 24.10.2001), der insgesamt eine verfassungsmäßige Einschränkung der Art. 10 und 2 I i.V.m. 1 I GG darstellt.

307 Eine Erweiterung des Gesetzesvorbehalts findet sich in Art. 10 II S. 2 GG. Danach kann das einschränkende Gesetz auch bestimmen, dass die Beschränkung des Brief-, Post- und Fernmeldegeheimnisses dem Betroffenen nicht mitgeteilt wird und dass an die Stelle des Rechtswegs die Nachprüfung durch von der Volksvertretung bestellte

---

[229] VG Darmstadt NJW **2001**, 2273.
[230] Zum Zitiergebot vgl. Art. 19 I S. 2 GG sowie *R. Schmidt*, Staatsorganisationsrecht, Rn 186.

Organe oder Hilfsorgane tritt, sofern die Beschränkung dem Staats- und Verfassungsschutz, also dem Schutz der freiheitlichen demokratischen Grundordnung oder des Bestandes oder der Sicherung des Bundes oder eines Landes, dient (sog. Staatsschutzklausel, s.o.). Von dieser Ermächtigung hat der Gesetzgeber durch den Erlass des bereits genannten G 10 Gebrauch gemacht. Dadurch besteht eine besondere Eingriffsintensität: Der Betroffene kann den Eingriff in das Brief-, Post- und Fernmeldegeheimnis nicht bemerken und ihn gerichtlich nicht abwehren. Eine gerichtliche Überprüfung kann nur nach Abschluss des Verfahrens stattfinden, da die Überwachungs- und Abhörmaßnahmen grundsätzlich erst nach ihrer Einstellung dem Betroffenen mitgeteilt werden müssen.[231] Der gerichtliche Rechtsschutz beschränkt sich dann auf die Feststellung, dass die fragliche(n) Maßnahme(n) rechtswidrig war(en) und der Kläger dadurch in seinen Rechten verletzt wurde, § 113 I S. 4 VwGO analog.[232]

Die **Verfassungsmäßigkeit** des erweiterten Gesetzesvorbehalts des Art. 10 II S. 2 GG **308**
war und ist aus rechtsstaatlichen Gründen umstritten. Dennoch hat das BVerfG (allerdings nur mit 5:3 Stimmen) die Vorschrift im sog. ersten Abhörurteil für mit dem Grundgesetz vereinbar erklärt.[233] Verfassungsrechtliche Bedenken hat es auch hinsichtlich der Fassung des § 3 G 10 angemeldet, die aufgrund des Verbrechensbekämpfungsgesetzes vom 28.10.1994 beschlossen wurde, weil sie dem BND die Befugnis einräumte, ohne konkrete Verdachtsmomente den internationalen, nicht leitungsgebundenen Telekommunikationsverkehr abzuhören. Bedenken hatte es auch hinsichtlich der gesetzgeberischen Ausgestaltung der Verarbeitung personenbezogener Daten geäußert. Ermächtige der Gesetzgeber den BND zu Eingriffen in das Fernmeldegeheimnis, verpflichte ihn Art. 10 GG, Vorsorge gegen diejenigen Gefahren zu treffen, die sich aus der Erhebung und Verwertung personenbezogener Daten ergäben. Dazu gehöre insbesondere die Bindung der Verwendung erlangter Kenntnisse an den Zweck, der die Erfassung rechtfertige. Diese Bindung müsse bereits im einschränkenden Gesetz beschrieben sein.[234] Unter diesem Gesichtspunkt verwarf das Gericht die Regelungen in § 3 IV und § 3 II S. 2 G 10 (a.F.) i.V.m. § 12 BNDG. Diese Entscheidung hatte gem. § 31 II BVerfGG Gesetzeskraft. Das Gericht hatte dem Gesetzgeber eine Nachbesserungsfrist bis zum 30.6.2001 eingeräumt.[235]
Der Gesetzgeber ist diesem Postulat inzwischen nachgekommen und hat das Gesetz zur Neuregelung von Beschränkungen des Brief-, Post- und Fernmeldegeheimnisses beschlossen. Dieses Gesetz v. 26.6.2001 hat das bisherige G 10 komplett abgelöst und trägt nicht nur den genannten bundesverfassungsgerichtlichen Beanstandungen Rechnung, sondern schließt darüber hinaus auch Lücken des bisherigen Gesetzes. Im Bereich der strategischen Fernmeldekontrolle, die die Auswertung einer Fülle verschiedener Sachverhalte nach bestimmten Kriterien betrifft, wird die Kontrolle auf internationale Telekommunikation, die durch Lichtwellenleiter gebündelt übertragen wird, ausgedehnt (§ 5 I G 10 n.F.). Im Bereich der Individualkontrolle wurde vor allem der Tatbestand der Volksverhetzung (§ 130 StGB) in den Katalog der Straftatbestände aufgenommen, zu deren Aufklärung und Verhinderung die Nachrichtendienste eine Einzelüberwachung vornehmen dürfen (§ 3 I Nr. 6 G 10 n.F.). Außerdem wurden die Pflichten der beteiligten Behörden beim Umgang mit personenbezogenen Daten verschärft: §§ 4 und 6 G 10 n.F. regeln die Löschung, Protokollierung und Sperrung personenbezogener Daten. Danach muss unverzüglich geprüft werden, ob die erhobenen Daten für die Aufgabenerfüllung erforderlich sind. Ist dies nicht der Fall, müssen die Daten sofort gelöscht werden. Die verbleibenden Daten sind zu kennzeichnen.

---

[231] Selbst eine Mitteilung von Kontrollmaßnahmen an den Betroffenen ist entbehrlich, wenn die G 10 Kommission festgestellt hat, dass die in § 12 I Nr. 1-3 G 10 n.F. genannten Voraussetzungen vorliegen.
[232] Vgl. dazu BVerwGE **87**, 23, 25 ff.
[233] So BVerfGE **30**, 1, 26 f.; *Schenke*, in: Bonner Kommentar, Art. 19 Abs. 4 Rn 79.
[234] BVerfGE **100**, 313, 359 f.
[235] BVerfG a.a.O. S. 402.

Im Bereich der Individualkontrolle dürfen die Daten unter den Voraussetzungen des § 4 IV G 10 n.F. weitergeleitet werden. Dort ist jetzt auch klargestellt, dass im Rahmen des G 10 gewonnene Erkenntnisse auch für Verbotsverfahren bei verfassungswidrigen Parteien genutzt werden können (§ 4 IV Nr. 3 G 10 n.F.).
§ 12 G 10 n.F. fasst die Bestimmungen zur Mitteilung von Kontrollmaßnahmen an die Betroffenen zusammen. Im Bereich der Individualkontrolle ist eine Mitteilung entbehrlich, wenn die erhobenen Daten sogleich gelöscht werden. Darüber hinaus werden die Kontrollmöglichkeiten der G 10 Kommission erweitert, die den gesamten Prozess der Erhebung, Verarbeitung und Nutzung personenbezogener Daten erfassen (§§ 1 II, 14, 15 G 10 n.F.).

cc.) Rechtsschutz

309 Da die Telekommunikationsüberwachung heimlich durchgeführt wird, kommt ihr zum einen keine Verwaltungsaktqualität zu und zum anderen kann sie nicht mit Rechtsbehelfen angegriffen werden, die zur Aufhebung der Datenerhebung führen; vielmehr beschränkt sich der Rechtsschutz auf die nachträgliche Feststellung, dass die Maßnahme rechtswidrig gewesen sei. Statthafte Klageart ist die verwaltungsgerichtliche **allgemeine Feststellungsklage** (§ 43 VwGO).

e.) Online-Durchsuchung von Computern

309a Der Begriff „Online-Durchsuchung von Computern" ist missverständlich, da es nicht um eine Durchsuchung einer Sache geht, sondern um eine Maßnahme der Polizei (oder eines Nachrichtendienstes), mit der via Internet bestimmte Programme (Trojaner; Spyware) heimlich in einen Computer eingeschleust werden, um dort gespeicherte Daten sowie Anwendungen (Internet-Nutzung, Versendung vom E-Mails etc.) auszuforschen. Unbeschadet der missglückten Terminologie gilt aber, dass die Maßnahme ohne Wissen des Betroffenen erfolgt und (daher) einen schwerwiegenden Eingriff jedenfalls in das Grundrecht der **informationellen Selbstbestimmung** darstellt.

309b Teilweise wird auch ein Eingriff in das **Wohnungsgrundrecht** aus Art. 13 I GG bejaht. Zur Begründung wird angeführt, dass es nach der Rechtsprechung des BVerfG auch sonst anerkannt sei, dass Art. 13 I GG nicht nur vor dem körperlichen Eindringen in die Wohnung schütze, sondern vor jeder Maßnahme, die den durch Art. 13 I GG geschützten Intimbereich beeinträchtige. Anderenfalls laufe der Gewährleistungsbereich leer. Schütze Art. 13 I GG demnach etwa auch vor dem Überwachen der Wohnung durch technische Hilfsmittel wie Richtmikrophone („großer Lauschangriff", s.o.) oder vor dem gezielten Ausspähen der Vorgänge in einem Garten durch Luftbildaufnahmen, könne in Bezug auf die Online-Durchsuchung nichts anderes gelten.[236] Hinzu komme, dass in vielen Privathaushalten der Computer immer mehr an die Stelle des klassischen Aktenordners trete, in dem persönliche Aufzeichnungen und andere papierne Schriftstücke aufbewahrt würden. Zahlreiche sensitive Daten – etwa über die Behandlung von Krankheiten, über die persönlichen Finanzen oder das Sexualleben, aber auch digitale Fotos etc. – fänden sich inzwischen auf Festplatten mit hohem Speichervolumen und stünden dort nur dem jeweils berechtigten Nutzer zur Verfügung (abgesehen von den Fällen, in denen jemand seine persönlichen Bilder und Daten aus Gründen der Selbstdarstellung absichtlich „ins Netz stellt"). Angesichts dieser Entwicklung sei es wenig überzeugend, den Schutz durch das Grundrecht der Unverletzlichkeit der Wohnung nur den in der Wohnung abgestellten Dokumentenordnern, Fotoalben oder Tagebüchern zuzubilligen, nicht dagegen der Festplatte des in derselben Wohnung stehenden Computers mit gleichartigem hochsensiblen Informationsgehalt. Das heimliche Ausspähen dieser Daten mittels einer „Online-Durchsuchung" sei sogar durch

---

[236] Davon gehen etwa *Kutscha*, NJW **2007**, 1169, 1170 f., *Rux*, JZ **2007**, 285, 287 f. und *Kudlich*, JA **2007**, 391, 394 aus.

eine noch höhere Eingriffsintensität gegenüber der offenen Durchsuchung der Räume nach §§ 102 ff. StPO gekennzeichnet, wie der BGH richtig bemerke.[237]

Stellungnahme: In der Tat spricht einiges für die Richtigkeit dieser Annahme. Denn sowohl beim Lauschangriff als auch bei der Online-Durchsuchung eines Computers geht es um die Ausforschung personenbezogener Daten, die sich nicht in der Öffentlichkeit abspielt, sondern in durch Art. 13 I GG geschützten Räumen. Das gilt auch dann, wenn es sich bei dem Raum, in dem sich der Computer befindet, um einen Arbeits-, Betriebs- oder Geschäftsraum handelt, da das BVerfG den Schutzbereich des Art. 13 I GG großzügig auslegt und auch derartige Räume einbezieht. Gegen die Eröffnung des Schutzbereichs des Art. 13 I GG spricht allerdings, dass sich der Computer, auf dem sich die Daten befinden, im Zeitpunkt der Online-Durchsuchung auch außerhalb eines durch Art. 13 I GG geschützten Raums befinden kann. Man denke an ein Notebook, das der Benutzer in einem Straßencafe in Betrieb hat und das über WLAN an das Internet angeschlossen ist. Hier von einem Eingriff in Art. 13 I GG auszugehen, wenn die Behörden in diesem Zeitpunkt eine Online-Durchsuchung vornehmen, kann ersichtlich keinen Bestand haben.

Richtigerweise wird man daher eine pauschale Eröffnung des Schutzbereichs des Art. 13 I GG ablehnen müssen. Da sich der Computer allerdings im Regelfall in einem durch Art. 13 I GG geschützten Raum befindet und für diesen Fall die Online-Durchsuchung des Computers als einen Eingriff in den Schutzbereich des Art. 13 II GG darstellt, trägt die Behörde das Risiko, dass sie im Zeitpunkt ihrer Maßnahme in den Schutzbereich des Wohnungsgrundrechts eingreift.

Klar dürfte indes sein, dass eine Online-Durchsuchung eines Computers **kein** Eingriff in das **Telekommunikationsgrundrecht** darstellt, weil nicht auf den Kommunikationsvorgang eingewirkt wird, sondern Daten „ausspioniert" werden, bei denen der Kommunikationsvorgang bereits abgeschlossen ist.[238]

Unabhängig von der Frage, ob bei einer Online-Durchsuchung ein Eingriff in das Wohnungsgrundrecht oder „nur" in das Grundrecht der informationellen Selbstbestimmung vorliegt, bedarf die Behörde wegen des Grundsatzes vom Vorbehalt des Gesetzes (Art. 20 III GG) einer gesetzlichen Grundlage. Eine solche ist in den Polizeigesetzen bislang nicht vorhanden. Insbesondere sind weder die Vorschriften über die Wohnungsdurchsuchung noch die über die Durchsuchung von Sachen anzuwenden, da es bei einer Online-Durchsuchung eines Computers nicht um eine „Durchsuchung" geht, sondern um eine elektronische Ausforschung von Daten mittels Installation von „Trojanischen Pferden" bzw. von Spionageprogrammen. Das ist qualitativ etwas anderes als eine „Durchsuchung" i.S.d. Vorschriften über die Durchsuchung von Wohnungen oder Sachen. Hinzu kommt, dass die Online-Durchsuchung von Computern gerade heimlich erfolgt, wohingegen nach den gesetzlichen Bestimmungen die Durchsuchung von Wohnungen oder Sachen grundsätzlich mit Kenntnis und in körperlicher Anwesenheit des Berechtigten erfolgt. **309c**

Gerade aus diesen Gründen hat das BVerfG für den Bereich der Strafverfolgung die Anwendung des § 102 StPO, der im repressivpolizeilichen Bereich die Durchsuchung der Wohnung legitimiert, abgelehnt und die Online-Durchsuchung eines Computers (wegen fehlender Rechtsgrundlage) für verfassungswidrig erklärt.[239]

---

[237] Vgl. *Kutscha*, NJW **2007**, 1169, 1170 f. unter Bezugnahme auf BGH NJW **2007**, 930, 931.

[238] Vgl. zu dieser Abgrenzung BVerfG NJW **2006**, 976 ff. sowie Rn 294 ff. Zur Bedeutung der Bestimmung des Schutzbereichs vgl. Rn 294c.

[239] Es gilt also: Keine analoge Anwendung von Rechtsgrundlagen (BVerfG NJW **2007**, 930 f.). Die gegenteilige Annahme verstößt gegen den Grundsatz vom Vorbehalt des Gesetzes und damit letztlich gegen das Rechtsstaats- und Demokratieprinzip (Art. 20 III GG).

309d Sollte es (im gefahrenabwehrrechtlichen wie im strafprozessualen Bereich) zur Schaffung entsprechender Rechtsgrundlagen kommen, sind für den Fall, dass man Art. 13 I GG als betroffen ansieht, die für eine verfassungsrechtliche Rechtfertigung erforderlichen hohen Hürden materiellrechtlicher und verfahrensrechtlicher Art (v.a. **Richtervorbehalt**!) zu beachten. Liegt also ein Eingriff in den Schutzbereich des Art. 13 I GG vor, ließe sich eine verfassungsrechtliche Rechtfertigung nur auf Grundlage des Art. 13 II-VII GG herbeiführen. Doch versteht man den verfassungsrechtlichen Begriff der Durchsuchung des Art. 13 II GG ähnlich wie den strafprozessualen, wären nur offene Maßnahmen rechtfertigungsfähig. Auch unter die übrigen Gesetzesvorbehalte des Art. 13 GG ließe sich die heimliche Online-Durchsuchung eines Computers nicht subsumieren. Greift die heimliche Online-Durchsuchung von Computern also in den Schutzbereich des Wohnungsgrundrechts ein und möchte der Gesetzgeber diesen Eingriff durch die Schaffung gesetzlicher Grundlagen legitimieren, bedürfte es hierzu einer Verfassungsänderung, namentlich einer Änderung der Grundrechtsschranken des Art. 13 II und VII GG. Gerade aber wegen der Heimlichkeit einer Online-Durchsuchung wäre die Grenze zur Aushöhlung des Grundrechtsschutzes schnell überschritten und ein Verstoß gegen die Wesensgehaltsgarantie des Art. 19 II GG immanent. Darüber hinaus scheint die Verhältnismäßigkeit mehr als fraglich.

309e Aber auch wenn man lediglich einen Eingriff in das Grundrecht der informationellen Selbstbestimmung annimmt, sind der Schutz des (absoluten und damit unantastbaren) **Kernbereichs privater Lebensgestaltung**[240] sowie die strikte Einhaltung des **Grundsatzes der Verhältnismäßigkeit** zu beachten. Denn diese Grenzen sind bei allein heimlichen Informationseingriffen, also bei sog. Lauschangriffen, bei der Überwachung der Telekommunikation und bei der Online-Durchsuchung zu beachten.

309f Hinsichtlich der strikten Einhaltung des Grundsatzes der Verhältnismäßigkeit stellt sich die Frage nach der Erforderlichkeit und Geeignetheit. Sicherlich besteht aus der Sicht eines Praktikers bei der Bekämpfung der Schwerkriminalität und des Terrorismus ein „unabweisbares Bedürfnis" für eine Online-Durchsuchung.[241] Als milderes Mittel kommt in den Fällen eines hinreichenden Tatverdachts allerdings auch die Durchsuchung gem. §§ 102 ff. StPO in Betracht, in deren Verlauf der betreffende Computer beschlagnahmt und anschließend untersucht werden kann. Auch aus präventivpolizeilicher Sicht kommt eine Wohnungsdurchsuchung mit anschließender Sicherstellung und Durchsuchung des Computers in Betracht. Milder scheinen diese Maßnahmen zu sein, weil sie grds. offen und mit Kenntnis des Betroffenen erfolgen. Gerade wegen der Offenheit erfährt der davon Betroffene allerdings, dass gegen ihn ermittelt bzw. dass gefahrenabwehrrechtlich gegen ihn vorgegangen wird, womit möglicherweise der Fahndungserfolg bzw. die Gefahrenabwehr vereitelt werden. Die „offenen" Maßnahmen sind also nicht wirklich eine Alternative zur heimlichen Datenerhebung. Allerdings ist wiederum bei der heimlichen Online-Durchsuchung zu bedenken, dass der Personenkreis, demgegenüber eine solche Maßnahme vorrangig in Betracht kommt (in erster Linie Terroristen, Mitglieder der Organisierten Kriminalität), kaum seine Daten auf der Festplatte desjenigen Computers gespeichert haben wird, mit dem er online ins Internet geht. Die relevanten Daten werden daher i.d.R. einer Online-Durchsuchung ohnehin entzogen sein. Die entsprechenden Speichermedien (externe Festplatte, USB-Stick etc.) können dann nur bei einer klassischen Durchsuchung der Wohnung aufgefunden und sichergestellt werden.
Erfolgreich werden Online-Durchsuchungen deshalb nur bei solchen Computernutzern sein, die ihre Daten nicht „verstecken", sondern die ihre Daten vor dem unbefugten Zugriff lediglich durch Abwehrprogramme zu schützen versuchen. Das betrifft – wie gesehen – nicht den Adressatenkreis, demgegenüber eine Online-Durchsuchung Sinn macht und auch

[240] Vgl. dazu Rn 276 ff.
[241] So *Hofmann*, NStZ **2005**, 121, 125; vgl. auch *Kutscha*, NJW **2007**, 1169, 1171.

gerechtfertigt sein würde, sondern allenfalls eine Vielzahl von „normalen" Straftätern bzw. Kleinkriminellen. Vor allem aber besteht die Gefahr, dass mit dem Instrument der Online-Durchsuchung die Daten der Computer einer Vielzahl unbescholtener Bürger den verschiedenen Sicherheitsbehörden zur Kenntnis gelangen.[242]

f.) Einsatz von Vertrauenspersonen (V-Leuten)

Der Einsatz von Vertrauenspersonen (V-Leuten) ist heute in fast allen Polizeigesetzen **310** vorgesehen.[243]

Unter **Vertrauenspersonen** versteht man in Anlehnung an die Legaldefinitionen der **311** Polizeigesetze solche „Privatpersonen, die die Polizei bei der vorbeugenden Bekämpfung von Straftaten auf längere Zeit vertraulich unterstützen und deren Zusammenarbeit mit der Polizei Dritten nicht bekannt ist".

Aufgrund der Unkenntnis von der polizeilichen Zusammenarbeit werden V-Leute weit- **312** läufig auch als „Polizeispitzel" bezeichnet. Unerheblich ist, ob die Initiative zur Zusammenarbeit von der Polizei oder von den V-Leuten selbst ausging.

Da der Einsatz von V-Leuten als besonderes Mittel der Datenerhebung gerade heim- **313** lich gegenüber dem Betroffenen erfolgt und damit für diesen einen (faktischen) Eingriff in das Grundrecht auf **informationelle Selbstbestimmung** bedeutet, ist eine **besondere** gesetzliche Bestimmung erforderlich, die dezidiert regelt, unter welchen Voraussetzungen V-Leute eingesetzt werden dürfen, die gezielt Daten über bestimmte oder bestimmbare Personen beschaffen sollen. Das gilt umso mehr, als durch den Einsatz von V-Leuten auch verfassungsrechtlich geschützte, §§ 52, 53 StPO unterfallende, Vertrauensverhältnisse betroffen sein können. Beim Einsatz von V-Leuten handelt es sich um einen rechtsstaatlich und grundrechtlich wesentlichen Vorgang, der dem **Parlamentsvorbehalt** unterfällt. Fehlt es (wie in Bayern, Baden-Württemberg und Sachsen) an gesetzlichen Regelungen für den Einsatz von „V-Leuten", ist deren Einsatz **rechtswidrig**. Insbesondere genügt nicht das Abstellen auf die allgemeine Ermächtigung zur Datenerhebung. Diese Vorgehensweise trägt den Besonderheiten des Einsatzes von V-Leuten nicht in ausreichender Weise Rechnung.
Schließlich ist zu beachten, dass obwohl die V-Person nicht verdeckt, sondern offen vorgeht, es sich gegenüber dem Betroffenen um eine verdeckte Maßnahme der Polizei handelt, denn diesem ist ja gerade *nicht* bekannt, dass die V-Person mit der Polizei zusammenarbeitet. In diesem heimlichen und zugleich bewusst täuschenden Vorgehen liegt die besondere Schwere dieser Form des Datenerhebungseingriffs, die nicht nur enge gesetzliche Tatbestandsvoraussetzungen, sondern darüber hinaus eine sorgfältige **Verhältnismäßigkeitsprüfung** erfordert. Zur Funktion von V-Leuten bei der **Strafverfolgung** vgl. *Hartmann/Schmidt*, StrafprozessR, Rn 225, 660, 754, 891.

g.) Einsatz von verdeckten Ermittlern

Von den V-Leuten, die nicht der Polizei angehören, sind die **verdeckten Ermittler** **314** zu unterscheiden.[244]

---

[242] Vgl. *Kutscha*, NJW **2007**, 1169, 1172.
[243] Vgl. **Bund:** §§ 28 BundesPolG, 23 BKAG; **Berl:** § 26 ASOG; **Brand:** § 34 PolG; **Brem:** § 34 PolG; **Hamb:** § 11 DVPolG; **Hess:** § 16 I SOG; **MeckVor:** § 33 SOG; **Nds:** § 36 SOG; **NRW:** § 24 OBG i.V.m. § 19 PolG; **RhlPfl:** § 28 POG; **Saar:** § 28 PolG; **SachsAnh:** § 18 SOG; **SchlHolst:** § 185 LVwG; **Thür:** § 34 PAG.
[244] Vgl. **BW:** §§ 22 PolG; **Bay:** Art. 33 PAG; **Berl:** § 26 ASOG; **Brand:** § 35 PolG; **Brem:** § 35 PolG; **Hamb:** § 12 DVPolG; **Hess:** § 16 SOG; **MeckVor:** § 33 SOG; **Nds:** § 36a SOG; **NRW:** § 24 OBG i.V.m. § 20 PolG; **RhlPfl:** § 28 POG; **Saar:** § 28 PolG; **Sachs:** §§ 39, 36 PolG; **SachsAnh:** § 18 SOG; **Thür:** §§ 34 PAG.

315 **Verdeckte Ermittler** sind (getarnte) **Polizeibeamte**, die unter **Geheimhaltung ihrer wahren Identität** polizeiliche Aufgaben wahrnehmen.

316 Der Zweck des Einsatzes verdeckter Ermittler besteht darin, unter einer **falschen Identität** (sog. **Legende**) Kontakt zur kriminellen Szene aufzunehmen, um Anhaltspunkte für Maßnahmen zur vorbeugenden Bekämpfung von Straftaten zu gewinnen, wobei die wahre Identität des verdeckten Ermittlers auch im Strafverfahren geheim gehalten werden soll. Der verdeckte Ermittler wird straff geführt und nur mit einem konkreten Ermittlungsauftrag zeitlich beschränkt operativ eingesetzt.

317 Zu unterscheiden ist der zum Zweck der Gefahrenabwehr nach Maßgabe der Polizeigesetze durchgeführte Einsatz von verdeckten Ermittlern von demjenigen, der im Rahmen der **Strafverfolgung** in der StPO normiert ist (§ 110a StPO). Beide Einsatzarten stehen mit ihrer jeweils unterschiedlichen Zielsetzung selbstständig nebeneinander und schließen sich grundsätzlich nicht aus (zur Problematik sog. doppelfunktionaler Handlungen und den sich hier stellenden Rechtsschutzproblemen vgl. Rn 93).

Beispiel zur Datenerhebung durch besondere Mittel[245]: Die Polizei erhält anonyme Hinweise, dass der hoch verschuldete Barbesitzer B illegale Drogengeschäfte plant. Daraufhin wird dieser tagelang von Polizeibeamten einer Sondereinheit beobachtet (= Observation i.S.v. Rn 258 ff.). Dabei wird festgestellt, dass B sich recht konspirativ verhält und sich mit mehreren verdächtigen Männern auf verschiedenen öffentlichen Plätzen trifft. Um deren Identität festzustellen, fotografieren die Beamten diese Personen (= verdeckter Einsatz technischer Mittel zur Anfertigung einer Bildaufzeichnung i.S.v. Rn 290 ff.). Bei einem dieser Treffen gelingt es den Beamten, in einem Park ein Abhörgerät zu platzieren, um das Gespräch zu belauschen und aufzuzeichnen (= verdeckter Einsatz technischer Mittel zum Abhören und Aufzeichnen des gesprochenen Wortes i.S.v. Rn 293 ff.). Sodann wird der Polizeibeamte P unter einer „Legende" als Barkeeper in den Betrieb des B eingeschleust. Er hat den dienstlichen Auftrag, die vermuteten Verstrickungen des B in den illegalen Drogenhandel aufzudecken und künftige Straftaten des B zu verhindern (= verdeckter Ermittler i.S.v. Rn 314 ff.).

318 Die Legende wird auf längere Zeit eingerichtet. Sie soll dem verdeckten Ermittler ermöglichen, eine bestimmte „Rolle" zu spielen, z.B. sich als Chauffeur bei einer Organisation einstellen zu lassen, von der nach den Erkenntnissen der Polizei Waffenschmuggel oder Drogenhandel betrieben wird. Dazu gehört, dass er zur Erfüllung seines Auftrags unter seiner Legende am **Rechtsverkehr** teilnimmt (z.B. einen Arbeitsvertrag schließt, einen Pkw kauft etc.) und mit Einverständnis des Betroffenen dessen Wohnung betritt. Das Einverständnis darf jedoch nicht durch ein über die Nutzung der Legende hinausgehendes Vortäuschen eines Zutrittsrechts herbeigeführt werden. Anders als der im angloamerikanischen Rechtskreis bekannte „under-cover-agent" darf er in Wahrnehmung seiner „Rolle" auch keine Straftaten begehen.[246] Auch hat er besonders geschützte Vertrauensverhältnisse (vgl. §§ 52, 53, 53a StPO) zu beachten.

319 Zur Stützung der Legende des verdeckten Ermittlers darf die Polizei auch **Urkunden** (echte und unechte, öffentliche und nicht öffentliche Urkunden) herstellen oder verändern. Die polizeigesetzlichen Bestimmungen über verdeckte Ermittler sind nicht nur Befugnisnormen, sondern auch Rechtfertigungsgründe (i.S.d. §§ 267 ff. StGB), vgl. Rn 323.

---

[245] Vgl. *Möller/Wilhelm*, POR, Rn 321; *Kniesel/Vahle*, POR, Rn 68 f.
[246] Vgl. aber Rn 323.

Urkunde ist die verkörperte (d.h. mit einer Sache fest verbundene) menschliche Gedankenerklärung, die geeignet und bestimmt ist, im Rechtsverkehr Beweis zu erbringen, und ihren Aussteller (den Erklärenden) erkennen lässt.[247] Eine Urkunde ist **unecht**, wenn ihre Erklärung nicht von demjenigen stammt (natürliche wie juristische Person), der in ihr als Aussteller bezeichnet ist. **Hergestellt** ist eine unechte Urkunde in dem Moment, in dem erstmals sämtliche Merkmale einer Urkunde vorliegen, die auf einen anderen als ihren *geistigen* Aussteller hinweist.[248] Bei der Herstellung einer unechten Urkunde geht es somit im Kern um die **Identitätstäuschung** bezüglich des Ausstellers, denn der erkennbare Aussteller ist ein anderer als der tatsächliche. 320

Beispiel: Die Polizei erhält konkrete Hinweise darauf, dass in Kürze ein Bombenattentat verübt werden soll. Polizeibeamter V soll als Hausmeister in das Milieu eingeschleust werden und verdeckte Ermittlungen durchführen. Zur Unterstützung stellt die Polizei verschiedene Arbeitszeugnisse (= Urkunden) her und täuscht über den Urheber.

Verfälschung ist jede nachträgliche Änderung des gedanklichen Inhalts einer echten Urkunde, durch die der Eindruck erweckt wird, der Aussteller habe die Erklärung in *der* Form abgegeben, die sie durch die Verfälschung erlangt hat.[249] 321

Beispiel: Würde die Polizei im obigen Beispiel keine (unechten) Arbeitszeugnisse herstellen, sondern einzelne Inhalte (echter Arbeitszeugnisse) verändern, läge ein Verfälschen echter Urkunden vor.

Öffentliche Urkunden sind durch eine Behörde oder sonstige öffentliche Stelle oder eine mit öffentlichem Glauben versehene Person in der vorgeschriebenen Form ausgestellte Urkunden mit Beweiskraft für oder gegen jedermann (vgl. § 415 I ZPO). 322

Beispiel: Die Polizeibehörde veranlasst die zuständigen Behörden zur Ausstellung von Reisepässen und Führungszeugnissen unter Verwendung von Falschnamen, fingiertem Geburtstag und Geburtsort.

Werden auf die o.g. Art und Weise Urkunden gefälscht, verwirklichen die Beteiligten die Tatbestände der §§ 267 ff. StGB. Damit eine Strafbarkeit nicht in Betracht kommt, werden den polizeigesetzlichen Bestimmungen über verdeckte Ermittler **Rechtfertigungsgründe** entnommen.[250] Das gilt auch für die dritte Person, derer sich die die verdeckt ermittelnde Person einsetzende Behörde bei der Herstellung von Urkunden bei der Tatbestandsverwirklichung des § 348 StGB bedient. 323

Da die Datenerhebung durch verdeckte Ermittler nicht offen erfolgt, wird wegen des damit verbundenen besonderen Eingriffs in die Persönlichkeitsrechte ihr Einsatz durch die Polizeigesetze **nur bei Vorliegen besonderer Voraussetzungen (insbesondere qualifizierter Gefahrenlagen)** erlaubt. So ist nach den Bestimmungen der meisten Polizeigesetze die Erhebung personenbezogener Daten durch den Einsatz Verdeckter Ermittler nur zur Abwehr einer Gefahr für den Bestand oder die Sicherheit des Bundes oder eines Landes oder für Leben, Gesundheit und Freiheit einer Person 324

---

[247] BGHSt **13**, 235, 239; *Kargl*, JA **2003**, 604, 606; *Schmidt/Priebe*, StrafR BT I, Rn 1237; *Lackner/Kühl*, StGB, § 267 Rn 2; *Otto*, JuS **1987**, 761.

[248] LG Bremen StV **1999**, 322; BGH StV **1989**, 304; BGHSt **1**, 117, 121. Vgl. auch *Hecker*, JuS **2002**, 224, 225; *Kargl*, JA **2003**, 604, 606 f.; BGH NStZ **2003**, 543, 544.

[249] OLG Köln NJW **1983**, 769; OLG Hamm NJW **1969**, 625; *Schmidt/Priebe*, StrafR BT I, Rn 1292; Sch/Sch-*Cramer*, StGB, § 267 Rn 64; *Kargl*, JA **2003**, 604, 607.

[250] Der Unterschied zu dem bei Rn 319 Gesagten liegt darin, dass es sich bei der Urkundenfälschung um eine vorbereitende Maßnahme handelt, die den Einsatz des VD erst ermöglicht. Daher bedurfte es eines Rechtfertigungsgrundes, um eine Strafbarkeit auszuschließen. Sofern für dieses Stadium und auch im Übrigen während des Einsatzes keine Rechtfertigungsgründe existieren, folgt daraus die Strafbarkeit des VD für den Fall, dass er Straftatbestände verwirklicht.

oder für bedeutende fremde Sach- und Vermögenswerte oder von potentiellen Straftätern und ihren Kontakt- und Begleitpersonen zur vorbeugenden Bekämpfung von Straftaten mit erheblicher Bedeutung zulässig, wenn anderenfalls die Wahrnehmung von Aufgaben des Polizeivollzugsdienstes gefährdet oder erheblich erschwert würde. Zusätzlich wird der Einsatz an **besondere verfahrensrechtliche Voraussetzungen** gebunden, indem er grundsätzlich der Anordnung des Leiters des Landeskriminalamts, der Wasserschutzpolizeidirektion, einer Landespolizeidirektion, eines Polizeipräsidiums, einer Polizeidirektion oder eines Abschnitts bedarf.

h.) Polizeiliche Beobachtung („PB")

325 Mit der (nachträglichen) Aufnahme von Bestimmungen über die Beobachtung in die Polizeigesetze[251] wurde ein polizeiliches Vorgehen, das früher (d.h. vor den 1970er Jahren) nur in Polizeidienstvorschriften geregelt war und auf die allgemeine polizeiliche Aufgabe der Gefahrenabwehr gestützt wurde, auf eine gesetzliche Grundlage gestellt. Dies war erforderlich, da auch diese Art der verdeckten Datenerhebung und -übermittlung das Grundrecht auf **informationelle Selbstbestimmung** einschränkt.[252]

326 Bei der **Polizeilichen Beobachtung** („PB") handelt es sich um das Erstellen von sog. **Bewegungsbildern** von gefährlichen Intensivtätern, die bei der Planung und Ausführung bisheriger Straftaten durch besondere kriminelle Energie in Erscheinung getreten sind und bei denen eine auf Erfahrung gestützte Vermutung besteht, dass sie in der Zukunft Straftaten von erheblicher Bedeutung begehen werden.

327 **Zweck** der Ausschreibung zur Polizeilichen Beobachtung ist es, andere Polizeibehörden (des Landes, der anderen Länder oder des Bundes) sowie der Zollbehörden, soweit sie Aufgaben der Grenzkontrolle nach § 62 BundesPolG wahrnehmen, zu befähigen, das Antreffen der ausgeschriebenen Person oder des ausgeschriebenen Kraftfahrzeugs der ausschreibenden Stelle zu melden, wenn dies „anlässlich von polizeilichen Kontrollen, die die Feststellung der Personalien zulassen" (z.B. bei einer Identitätsfeststellung oder der Prüfung von Berechtigungsscheinen) erfolgt. Die Vorschrift ist auch insoweit Rechtsgrundlage; siehe ferner § 17 PassG und § 3 a PersAuswG.

328 Zur Erstellung von Bewegungsbildern können personenbezogene Daten von Verdächtigen, insbesondere deren Personalien und Kennzeichen ihrer Kraftfahrzeuge (aber auch andere Angaben wie „trägt mit Vorliebe Blackjeans" oder „isst vornehmlich in Schnellrestaurants"), **ausgeschrieben**[253] werden. Dies hat zur Folge, dass die „im Falle eines Antreffens" dieser Person oder ihres Kfz, also die **zufällig und aufgrund anderer Ermächtigungen rechtmäßig erlangten Daten** (z.B. im Rahmen einer Verkehrsunfallaufnahme oder Verkehrskontrolle) an die ausschreibende Stelle übermittelt werden können, und zwar auch über Kontakt- oder Begleitpersonen und über mitgeführte Sachen. Demnach stellen die Vorschriften zur Polizeilichen Beobachtung selbst keine Ermächtigungsgrundlage für die gegebenenfalls erforderlichen Identitäts-

[251] **BW:** § 25 PolG; **Bay:** Art. 36 PAG; **Berl:** § 27 ASOG; **Brand:** § 36 PolG; **Brem:** § 31 PolG; **Hamb:** § 13 DVPolG; **Hess:** § 17 SOG; **MeckVor:** § 35 SOG; **NRW:** § 24 OBG i.V.m. § 21 PolG; **Saar:** § 29 PolG; **Sachs:** § 42 PolG; **SachsAnh:** § 19 SOG; **SchlHolst:** § 187 LVwG; **Thür:** § 37 PAG.

[252] Vgl. dazu *Möller/Wilhelm*, POR, Rn 323; *Schenke*, POR, Rn 203.

[253] Die Ausschreibung erfolgt regelmäßig in einer **Fahndungsdatei** (z.B. INPOL-Datei Sach- oder Personenfahndung – dazu Rn 362 ff.) und hat zur Folge, dass dann, wenn eine Person zufällig in eine Polizeikontrolle gerät, die entsprechenden Daten mit der Fahndungsdatei abgeglichen werden und die anlässlich der Kontrolle gewonnenen Erkenntnisse an die ausschreibende Polizeidienststelle übermittelbar sind.

feststellungen, Verkehrskontrollen etc. (also die Datenerhebung selbst) dar, sondern sind nur **Rechtsgrundlage für den Übermittlungsvorgang.**[254]

Als „Personalien einer Person" sind anzusehen: Vor-, Familien-, ggf. Geburtsname, Ordensname oder Künstlername, Doktorgrad, Tag und Ort der Geburt, Geschlecht, Größe, Farbe der Augen, Familienstand, Beruf, Wohnort und Wohnung, Staatsangehörigkeit (vgl. hierzu § 111 I OWiG, § 4 I PassG, § 1 II PersAuswG).

Tatbestandsvoraussetzung ist nach den Bestimmungen der meisten Polizeigeset- 329
ze, dass entweder aufgrund der Gesamtwürdigung der ausgeschriebenen Person und der von ihr bisher schon begangenen Straftaten oder aufgrund von Tatsachen erwartet werden kann, dass sie **Straftaten von erheblicher Bedeutung** begehen wird und dass die Ausschreibung zur vorbeugenden Bekämpfung dieser Straftaten erforderlich ist.

Zur **Verfahrenssicherung** darf die Polizeiliche Beobachtung i.d.R. nur durch den 330
Richter (bei Gefahr im Verzug durch die Staatsanwaltschaft oder den Polizeivollzugsdienst) auf Antrag der Polizeidienststelle angeordnet werden. Hat der Polizeivollzugsdienst die Anordnung getroffen, hat er unverzüglich die richterliche Bestätigung der Anordnung zu beantragen. Der Begriff „unverzüglich" sollte nicht in Anlehnung an § 121 I BGB („ohne schuldhaftes Verzögern") verstanden werden, sondern in Anlehnung an den Richtervorbehalt, der in den verschiedenen polizeigesetzlichen Bestimmungen genannt ist. Danach muss die Verzögerung sachlich zwingend geboten sein.[255] Die richterliche Entscheidung ist also zu beantragen, sobald und soweit die Polizei hierzu nach dem jeweiligen Stand der Ermittlungen in der Lage ist. Wird die Anordnung jedoch nicht innerhalb einer bestimmten Frist (i.d.R. nennen die Polizeigesetze 3 Tage) gerichtlich bestätigt, tritt sie außer Kraft. Aber auch mit richterlicher Entscheidung beträgt die **Höchstdauer** der Polizeilichen Beobachtung i.d.R. 12 Monate. Eine Verlängerung (nach erneuter richterlicher Entscheidung) um nicht mehr als jeweils 3 Monate ist zulässig, soweit die Voraussetzungen weiter vorliegen. Liegen die Voraussetzungen für die Ausschreibung nicht mehr vor, ist ihr Zweck erreicht oder zeigt sich, dass er nicht erreicht werden kann, ist die Ausschreibung selbstverständlich unverzüglich (dazu oben) zu **beenden**. Schließlich verlangen die Polizeigesetze, dass die erhobenen personenbezogenen Daten zu **löschen** sind, soweit sie nicht zur Verfolgung einer Straftat oder Ordnungswidrigkeit erforderlich sind.

Das **strafprozessuale** Gegenstück bildet § 163e StPO. Auch diese Norm ist selbst keine 331
Eingriffsgrundlage für die im Rahmen der Polizeilichen Beobachtung ggf. erforderlichen Identitätsfeststellungen, Verkehrskontrollen etc. (also die Datenerhebung selbst), sondern nur Rechtsgrundlage für den Übermittlungsvorgang. Tatbestandsvoraussetzung für die Ausschreibung ist das Vorliegen zureichender tatsächlicher Anhaltspunkte für eine begangene Straftat von erheblicher Bedeutung, d.h. zumindest ein Anfangsverdacht. Die Ausschreibung darf nach § 163e IV StPO nur durch einen Richter, bei Gefahr im Verzug auch durch die Staatsanwaltschaft angeordnet werden und ist auf höchstens ein Jahr zu befristen.

Die Beantwortung der Frage nach dem **Rechtsschutz** gegen die Ausschreibung zur 332
Beobachtung richtet sich nach deren Rechtsnatur. Handelte es sich bei der Ausschrei-

---

[254] *Möller/Wilhelm*, POR, Rn 323.
[255] VGH Mannheim NVwZ-RR **1998**, 429; BVerwGE **45**, 51, 63; vgl. auch BVerfGE **105**, 239, 249; BVerfG NVwZ **2006**, 579, 580; EGMR NJW **2001**, 51, 53, jeweils zum Richtervorbehalt in Bezug auf die Ingewahrsamnahme.

bung um einen **Verwaltungsakt**, wäre sie unwirksam, weil ein Verwaltungsakt zu seiner Wirksamkeit zumindest bekannt gegeben werden muss (vgl. § 43 I S. 1 VwVfG); die Ausschreibung zur Beobachtung erfolgt gerade ohne Kenntnis des Betroffenen. Um diese Folge zu vermeiden, wird man sie wohl als Realakt qualifizieren müssen.

333 Rechtsschutz bietet daher die **allgemeine Feststellungsklage** gem. § 43 VwGO. Zur grundsätzlichen Notwendigkeit eines gerichtlichen Rechtsschutzes trotz ergangener richterlicher Anordnung vgl. Rn 287.

gg. Generalklausel zur Datenerhebung

334 Die Polizeigesetze enthalten allgemeine und spezielle Befugnisse über die Datenerhebung und -verarbeitung. Zu den speziellen – und bisher behandelten – Befugnissen gehören vor allem **Videoüberwachung** (Rn 144 ff.), **Befragung** (Rn 179 ff.), **Beobachtung** (Rn 325 ff.), **Observation** (Rn 258 ff.), der **verdeckte Einsatz technischer Mittel** (Rn 256 ff.), die Kooperation mit **Vertrauenspersonen** (Rn 310 ff.) sowie der Einsatz **verdeckt ermittelnder Personen** (Rn 314 ff.). Die parlamentarische Überwachung derartiger Maßnahmen sowie datenschutzrechtliche Regularien sind durch die entsprechenden Bestimmungen der Polizeigesetze gewährleistet.[256] Lediglich wenn sich die Datenerhebung auf keine Spezialnorm stützen lässt, kommt als Eingriffsermächtigung die **Datenerhebungsgeneralklausel** in Betracht. Alle Polizei- und Ordnungsgesetze enthalten derartige Befugnisnormen.[257] Sie enthalten die Ermächtigung, die zur Erfüllung der Aufgaben erforderlichen personenbezogenen Daten zu erheben.

> **Hinweis für die Fallbearbeitung:** Bei dem Verhältnis von Datenerhebungsgeneralklausel und Datenerhebungsspezialbefugnissen verhält es sich genauso wie bei dem Verhältnis von Befugnisgeneralklausel und Standardmaßnahmen. Der Rückgriff auf die Datenerhebungsgeneralklausel ist dann verschlossen, wenn Spezialbefugnisse bestehen, die bestimmte Datenerhebungen, etwa bei öffentlichen Versammlungen, von Verkehrsteilnehmern oder von Ausländern, abschließend regeln. Im Übrigen ermächtigt die Datenerhebungsgeneralklausel wegen ihrer Unbestimmtheit (Beachtung des Parlamentsvorbehalts) grundsätzlich nur zu Datenerhebungen minderer Eingriffsintensität; zu Datenerhebungen von gleicher oder höherer Intensität, als sie den durch die Spezialbefugnisse ermächtigten Erhebungen eigen ist, ermächtigt sie nur dann, wenn sie unerwartet und ausnahmsweise anstehen.

Typisches **Beispiel** für Datenerhebungsmaßnahmen, die von keiner speziellen Befugnisnorm erfasst werden, ist das Ablesen von Kfz-Kennzeichen oder Hausnummern.

---

[256] Das BVerfG konnte mit Kammerbeschluss v. 25.4.2001 die Frage nach der Verfassungsmäßigkeit der Datenerhebung zur vorbeugenden Verbrechensbekämpfung offenlassen, da es eine diesbezügliche Verfassungsbeschwerde wegen angeblich nicht genügender Begründung nicht zur Entscheidung annahm (vgl. BVerfG NVwZ **2001**, 1261, 1262). Zu den Anforderungen an Verfahrensregeln hinsichtlich des großen Lauschangriffs vgl. BVerfGE **109**, 279, 325 ff.

[257] **Bund:** § 21 I u. II BundesPolG, § 22 S. 1 BKAG; **BW:** § 20 II-V PolG; **Bay:** Art. 31 I u. II PAG; **Berl:** § 18 I S. 2 u. 3 ASOG; **Brand:** § 30 I u. II PolG; **Brem:** § 28 I-IV PolG; **Hamb:** § 6 DVPolG; **Hess:** § 13 I u. II SOG; **MeckVor:** § 27 I-III SOG; **Nds:** § 31 I-III SOG; **RhlPfl:** § 26 I-III POG; **Saar:** § 26 I-III PolG; **Sachs:** § 37 I PolG; **SachsAnh:** § 15 I u. II SOG; **SchlHolst:** § 179 I u. II LVwG; **Thür:** § 32 I u. II PAG. In **NRW** ist die Generalermächtigung nur der Zusammenschau mehrerer Bestimmungen zu entnehmen: so enthält § 9 I S. 1 PolG zunächst nur eine Generalklausel zur Befragung, die aber zusammen mit der Ermächtigung von § 9 III S. 2 PolG, die Daten bei Schwierigkeiten der Befragung auch ohne Kenntnis des Betroffenen zu erheben, die Generalklausel zur Datenerhebung ergibt und zugleich den in anderen Gesetzen oft getrennt geregelten Vorrang der unmittelbaren vor der mittelbaren Datenerhebung enthält.

a.) Formelle Rechtmäßigkeit der Datenerhebung

Hinsichtlich der formellen Rechtmäßigkeit gelten zunächst die allgemeinen Voraussetzungen (Zuständigkeit, Verfahren und Form, siehe Rn 607 ff.). Eine besondere (und zusätzlich zu prüfende) Verfahrensvorschrift stellt die bereits ausführlich behandelte polizeigesetzliche Vorschrift über die **„Grundsätze der Datenerhebung"** dar. Diese Bestimmung stellt besondere Anforderungen an die Rechtmäßigkeit der Datenerhebung, die zugleich für alle Maßnahmen der Erhebung personenbezogener Daten gelten. Sie verlangt, dass die Datenerhebung vorrangig beim **Betroffenen** (also unmittelbar) sowie mit seiner **Kenntnis** (also offen) erfolgt. Möchte die Polizei nachrangig Daten bei **Dritten** erheben, muss sie zusätzliche Voraussetzungen beachten (vgl. dazu Rn 140). Das Gleiche gilt, wenn die Daten **verdeckt** erhoben werden sollen, gleichgültig, ob beim Betroffenen oder bei Dritten. Des Weiteren ordnen die Polizeigesetze an, dass Betroffene und Dritte auf die Rechtsgrundlage hingewiesen werden sollen. 335

Hinweis für die Fallbearbeitung: Die systematische Stellung der Vorschrift über die „Grundsätze der Datenerhebung" spricht dafür, dass es sich bei den genannten Grundsätzen um besondere **verfahrensrechtliche** Bestimmungen handelt mit der Folge, dass die Vorschrift im Rahmen der formellen Rechtmäßigkeit der Datenerhebung zu prüfen wäre. Andererseits muss man wohl annehmen, die Grundsätze seien dadurch, dass sie den Vorrang der **unmittelbaren vor der mittelbaren**[258] und den Vorrang der **offenen vor der verdeckten** Datenerhebung[259] statuieren, besonderer Ausdruck der **Verhältnismäßigkeit** und damit Bestandteil der Prüfung der materiellen Rechtmäßigkeit. Immerhin sollen sie offenbar dafür Sorge tragen, dass der Betroffene nach Möglichkeit mitbekommt, wann und wie oft die Polizei- oder Ordnungsbehörde über ihn Daten erhebt, damit er seine informationelle Selbstbestimmung wahren und u.U. gerichtlich verteidigen kann. Da der Betroffene oft die bessere Auskunftsperson ist, als dies bei Nachbarn, Kollegen oder anderen Dritten der Fall wäre, sollen die Vorrangregeln neben der Wahrung des Verhältnismäßigkeitsgrundsatzes schließlich auch die Verlässlichkeit der Datenerhebung im Interesse des Staats gewährleisten. Rechtsdogmatisch gut vertretbar ist es daher, die Vorschriften über das Rangverhältnis nicht als Verfahrensvorschrift im Rahmen der formellen Rechtmäßigkeit zu prüfen, sondern als speziellen Ausdruck der Verhältnismäßigkeit im Rahmen der materiellen Rechtmäßigkeit. Da die Vorrangregeln aber üblicherweise in den Lehrbüchern im Rahmen der formellen Rechtmäßigkeit geprüft werden, irritiert man zumindest nicht dem Korrektor, wenn man dem Aufbau der h.M. folgt. 336

In jedem Fall handelt es sich bei der Formulierung, dass Betroffene und Dritte auf die Rechtsgrundlage sowie (jedenfalls nach einigen Polizeigesetzen) auf die beabsichtigte Verwendung der erhobenen Daten hingewiesen werden sollen, um eine Verfahrensvorschrift. 337

Ein **Verstoß** gegen die Verfahrensbestimmungen führt grundsätzlich (nur) zur formellen Rechtswidrigkeit der Maßnahme; allerdings ist in jedem Einzelfall zu prüfen, 338

---

[258] **Bund:** § 21 III S. 1 BundesPolG; **BW:** § 19 I S. 1 PolG; **Bay:** Art. 30 II S. 1 PAG; **Berl:** § 18 IV ASOG; **Brand:** § 29 II S. 1 PolG; **Brem:** § 27 I S. 1 PolG; **Hamb:** § 2 II S. 1 DVPolG; **Hess:** § 13 VI S. 1 SOG; **MeckVor:** § 26 I S. 1 SOG; **NRW:** § 9 III S. 1 PolG; **Nds:** § 30 I S. 1 SOG; **Saar:** § 25 II S. 1 PolG; **Sachs:** § 37 II S. 1 PolG; **SachsAnh:** § 15 V S. 1 SOG; **SchlHolst:** § 178 I S. 1 LVwG; **Thür:** § 31 II S. 1 PAG.

[259] **Bund:** § 21 III S. 1 BundesPolG; **BW:** § 19 II S. 1 PolG; **Bay:** Art. 30 III S. 1 PAG; **Berl:** § 18 II S. 1 ASOG; **Brand:** § 29 III S. 1 PolG; **Brem:** § 27 II S. 1 PolG; **Hamb:** § 2 III S. 1 DVPolG; **Hess:** § 13 VII S. 1 SOG; **MeckVor:** § 26 II S. 1 SOG; **NRW:** § 9 IV PolG; **Nds:** § 30 II S. 1 SOG; **RhlPfl:** § 26 V POG; **Saar:** § 25 III S. 1 PolG; **Sachs:** § 37 V S. 1 PolG; **SachsAnh:** § 15 VI S. 1 SOG; **SchlHolst:** § 178 II S. 1 LVwG; **Thür:** § 31 III S. 1 PAG.

inwieweit eine Heilung gem. § 45 VwVfG bzw. eine Unbeachtlichkeit gem. § 46 VwVfG in Betracht kommen. Nach der hier vertretenen Auffassung kann ein Verstoß aber zu einem Verbot der Verwertung der erhobenen Daten führen. Kein Verwertungsverbot gilt jedenfalls bei den Auskünften, vor deren Erhebung nur der Hinweis auf die Rechtsgrundlage der Datenerhebung unterblieben war. Das folgt aus der Formulierung „soll" in den gesetzlichen Bestimmungen.

b.) Materielle Rechtmäßigkeit der Datenerhebung

aa.) Gefahr für ein Schutzgut

339 Nach den Datenerhebungsgeneralklauseln der Polizeigesetze darf die Polizei personenbezogene Daten erheben, wenn dies **zur Abwehr einer Gefahr** (für die **öffentliche Sicherheit** und, soweit geregelt, auch für die öffentliche Ordnung) erforderlich ist. Mit dieser Formulierung ist zunächst einmal klar, dass die Schutzgüter der Datenerhebungsgeneralklausel grundsätzlich diejenigen der allgemeinen polizei- und ordnungsrechtlichen Befugnisgeneralklauseln sind. Einige Polizeigesetze erlauben es der Polizei darüber hinaus, personenbezogene Daten zu erheben, wenn dies zur **Vollzugshilfe** erforderlich ist.

340 Da die Datenerhebungsgeneralklausel somit zur Erfüllung *aller* polizeilichen Aufgaben dient, setzt die durch die Datenerhebungsgeneralklausel ermächtigte Datenerhebung je nach Aufgabe und Schutzgut eine **konkrete**, eine **abstrakte** oder **keine** Gefahr voraus. Die abstrakte Gefahr reicht bei der vorbeugenden Verbrechensbekämpfung und auch bei der Vorbereitung auf das Handeln in Gefahrenfällen, wozu auch die manchmal eigens aufgeführte Vorbereitung von Einsätzen gehört, bei denen erfahrungsgemäß besondere Gefährdungslagen bestehen. Wenn es um die Aufgabe der Vollzugshilfe und die durch andere Rechtsvorschriften übertragenen Aufgaben geht, bedarf es überhaupt keiner Gefahr. Das geht unproblematisch aus der Formulierung „oder" in den Datenerhebungsgeneralklauseln hervor.

bb.) Pflichtigkeit

341 Da die Datenerhebungen nicht nur der Abwehr konkreter, sondern auch und gerade der Abwehr abstrakter Gefahren dienen, ist folgerichtig auch der Kreis der Pflichtigen weit. Er reicht von den Verantwortlichen für konkrete bis hin zu denen für abstrakte Gefahren, d.h. besonders zu den Akteuren in den abstrakt gefährlichen Milieus, die zur vorbeugenden Bekämpfung von Straftaten beobachtet werden, und von den Nichtstörern zu allen, die bei der Beobachtung notwendig mit in den Blick kommen oder deren Kenntnisse für die Abwehr der abstrakten Gefahren erforderlich sind.

342 Daten dürfen *über* Verhaltensverantwortliche, Zustandsverantwortliche und Nichtstörer erhoben werden. Das bedeutet nicht, dass die Daten notwendigerweise *bei* dem genannten Personenkreis erhoben werden müssen. Daten können nachrangig auch bei Dritten erhoben werden. Hierbei ist jedoch zu beachten, dass Dritte keine Auskünfte schulden; eine Auskunftspflicht Dritter folgt nicht aus der Datenerhebungsgeneralklausel, sondern nur aus Spezialbefugnissen der Datenerhebung. Erst recht wird keine Auskunftspflicht Dritter begründet, wenn die Beschaffung von Daten bei Dritten nicht einzelne Dritte, sondern die Öffentlichkeit anspricht.

343 cc.) Grundsätze der Datenerhebung; Verhältnismäßigkeit

Um dem Grundrecht der informationellen Selbstbestimmung Rechnung zu tragen, beherrschen die beiden bereits genannten Vorrangregeln die Datenerhebung sowohl unter speziellen Datenerhebungsnormen als auch unter der Datenerhebungsgeneralklausel: der Vorrang der **unmittelbaren vor der mittelbaren**[260] und der Vorrang der **offenen vor der verdeckten** Datenerhebung[261]. Beide Vorrangregeln sind besonderer Ausdruck der Verhältnismäßigkeit und sollen dafür sorgen, dass der Betroffene nach Möglichkeit mitbekommt, was die Polizei- oder Ordnungsbehörde wann und oft auch warum über ihn Daten erhebt, damit er dadurch seine informationelle Selbstbestimmung wahren und u.U. gerichtlich verteidigen kann. Neben der Verhältnismäßigkeit der Datenerhebung im Interesse der Bürger verfolgen die Vorrangregeln auch die Verlässlichkeit der Datenerhebung im Interesse des Staats; der Betroffene ist oft die bessere Auskunftsperson als Nachbarn, Kollegen oder andere Dritte.[262]

Unter welchen Voraussetzungen die mittelbare Datenerhebung zulässig ist, ist den Vorschriften über die Grundsätze der Datenerhebung zu entnehmen. **344**

dd.) Rechtsschutz

Die Beantwortung der Frage nach dem Rechtsschutz gegen Maßnahmen, die der Datenerhebung dienen, richtet sich nach deren Rechtsnatur. Werden durch solche Maßnahmen Rechte und Pflichten für den Betroffenen begründet, enthalten sie rechtsverbindliche Regelungen und sind daher als **Verwaltungsakte** zu qualifizieren. Rechtsschutz bieten der Widerspruch bzw. die Anfechtungsklage bzw. bei Erledigung die Fortsetzungsfeststellungsklage analog § 113 I S. 4 VwGO. Fehlt jedoch eine Rechtsfolgeanordnung, weil die Maßnahme nur auf Herbeiführung eines tatsächlichen Erfolgs gerichtet ist, oder fehlt die für die Bejahung eines Verwaltungsakts erforderliche Bekanntgabe, liegt ein **Realakt** vor. Daher sind z.B. Datenerhebungsmaßnahmen, die zunächst ohne Kenntnis des Betroffenen durchgeführt werden mit der allgemeinen Leistungsklage bzw. Feststellungsklage anzugreifen. Auch wenn in diesen Fällen der Betroffene nachträglich informiert wird, wird aus der Maßnahme nicht im Nachhinein ein Verwaltungsakt. **345**

d. Umgang mit Daten

aa. Speicherung, Übermittlung, Kennzeichnung, Löschung

Während die bisher erörterten Vorschriften der Polizeigesetze die Datenerhebung betreffen, ist nunmehr eine Auseinandersetzung mit der Frage erforderlich, wie mit den gewonnenen Daten zu verfahren ist. Hierzu sind die Regelungen der Polizeigesetze über die **Datenverarbeitung** heranzuziehen.[263] Diese ergänzen sozusagen die Vorschriften über die Datenerhebung und sollen sicherstellen, dass der mit der Datenerhebung verbundene **Eingriff** in das Grundrecht der **informationellen Selbstbestimmung** in verfahrensrechtlicher Hinsicht gerechtfertigt ist. Denn spätestens **346**

---

[260] **Bund:** § 21 II S. 1 BundesPolG; **BW:** § 19 I S. 1 PolG; **Bay:** Art. 30 II S. 1 PAG; **Berl:** § 18 IV ASOG; **Brand:** § 29 II S. 1 PolG; **Brem:** § 27 I S. 1 PolG; **Hamb:** § 2 II S. 1 DVPolG; **Hess:** § 13 VI S. 1 SOG; **MeckVor:** § 26 I S. 1 SOG; **NRW:** § 9 III S. 1 PolG; **Nds:** § 30 I S. 1 SOG; **Saar:** § 25 II S. 1 PolG; **Sachs:** § 37 II S. 1 PolG; **SachsAnh:** § 15 V S. 1 SOG; **SchlHolst:** § 178 I S. 1 LVwG; **Thür:** § 31 II S. 1 PAG.

[261] **Bund:** § 21 III S. 1 BundesPolG; **BW:** § 19 II S. 1 PolG; **Bay:** Art. 30 III S. 1 PAG; **Berl:** § 18 II S. 1 ASOG; **Brand:** § 29 III S. 1 PolG; **Brem:** § 27 II S. 1 PolG; **Hamb:** § 2 III S. 1 DVPolG; **Hess:** § 13 VII S. 1 SOG; **MeckVor:** § 26 II S. 1 SOG; **NRW:** § 9 IV PolG; **Nds:** § 30 II S. 1 SOG; **RhlPfl:** § 26 V POG; **Saar:** § 25 III S. 1 PolG; **Sachs:** § 37 V S. 1 PolG; **SachsAnh:** § 15 VI S. 1 SOG; **SchlHolst:** § 178 II S. 1 LVwG; **Thür:** § 31 III S. 1 PAG.

[262] *Pieroth/Schlink/Kniesel*, POR, § 13 Rn 18.

[263] Vgl. **BW:** §§ 37 ff. PolG; **Bay:** Art. 37 f. PAG; **Berl:** § 42 f. ASOG; **Brand:** §§ 37 ff. PolG; **Brem:** § 36a ff. PolG; **Hamb:** §§ 14 ff. DVPolG; **Hess:** § 20 SOG; **MeckVor:** §§ 36 ff. SOG; **Nds:** §§ 38 ff. SOG; **NRW:** § 24 OBG i.V.m. §§ 22 PolG; **Saar:** §§ 30 ff. PolG; **Sachs:** §§ 43 ff. PolG; **SachsAnh:** §§ 22 SOG; **SchlHolst:** §§ 188 ff. LVwG; **Thür:** §§ 38 ff. PAG.

seit dem genannten Volkszählungsurteil des BVerfG[264] hat sich die gesicherte Rechtsauffassung durchgesetzt, dass der Grundrechtsschutz auch eine **verfahrensrechtliche Dimension** beinhaltet, wonach insbesondere das Verwaltungsverfahren so ausgestaltet sein muss, dass **nicht die Gefahr für eine Entwertung der materiellrechtlichen Grundrechtsposition besteht**.[265] Hinsichtlich des Umgangs mit personenbezogenen Daten konkretisiert sich dieser Verfassungsgrundsatz darin, dass Umfang und Dauer der Speicherung personenbezogener Daten auf das **zur Erreichung des Zwecks erforderliche Maß zu beschränken sind**. Die Datenverarbeitung unterliegt damit (wie die Datenerhebung) zugleich dem **Übermaßverbot**. Die Regelungen der Polizeigesetze tragen den genannten Umständen Rechnung, indem die Polizei personenbezogene Daten nur dann **speichern**, **verändern** und **nutzen** darf, soweit und solange dies zur Wahrnehmung ihrer Aufgaben erforderlich ist.[266] In einigen Polizeigesetzen werden die Verarbeitung und Nutzung sogar **ausdrücklich an die Rechtmäßigkeit der Datenerhebung** gebunden (sog. Rechtmäßigkeitszusammenhang oder Konnexitätsprinzip).[267] In Ländern, in denen die Rechtmäßigkeit der Datenerhebung nicht ausdrücklich als Voraussetzung für die weitere Verarbeitung und sonstige Nutzung der Daten gefordert wird, steht die Rechtswidrigkeit der Erlangung personenbezogener Daten deren Speicherung, Veränderung und Nutzung zwar nicht von vornherein entgegen, wird aber vielfach zur Einschränkung des der Polizei bei der Verwertung von Daten eingeräumten Ermessensspielraums führen.[268]

347 Zentraler Begriff ist die **Datenverarbeitung**. Darunter sind gem. den Legaldefinitionen in den Landesdatenschutzgesetzen, an denen die Polizeigesetze anknüpfen, nicht nur die Erhebung, sondern auch die Speicherung, Veränderung, Übermittlung, Sperrung, Löschung und Nutzung personenbezogener Daten zu verstehen.

348 Die **Verarbeitung** kann automatisiert, also selbstständig in Form eines gesteuerten Verfahrens, oder durch Aktenvermerke erfolgen. **Speichern** ist nicht notwendigerweise das Erfassen in einer elektronischen Datei. Denn die Datenschutzgesetze sprechen von einem Datenträger. Der Begriff „Datenträger" ist keine Errungenschaft des Elektronikzeitalters, sondern bezieht sich auf jedes Material, auf dem personenbezogene Daten festgehalten werden können. Dazu zählen Papier, Filme, Ton- und Magnetbänder, digitale Aufnahmegeräte etc. Daher stellen auch das Notizenmachen auf einem Papierblock, das hand- oder maschinenschriftliche Schreiben eines Berichts, das Aufnehmen (Aufzeichnen mit Hilfe von Tonbandgeräten, Film- oder Videokameras) oder Aufbewahren (bereits von anderen erfasster oder aufgenommener) personenbezogener Daten auf einem beliebigen Medium ein Speichern dar. **Verändern** ist die inhaltliche Umgestaltung gespeicherter Daten. Hierunter fallen insbesondere die Aktualisierung und die Berichtigung.

Beispiel: Im Rahmen einer Identitätsfeststellung wurden zwar Name, Geburtsort und Wohnort des T aufgenommen, die Beamten haben aber vergessen, den akademischen Grad des Doktors mit in die EDV einzugeben. Hier kann T Berichtigung verlangen.

---

[264] BVerfGE **65**, 1 ff.
[265] BVerfGE **63**, 131, 143 (Gegendarstellung); BVerfGE **53**, 30, 65 ff. (Mülheim Kärlich); BVerfG NJW **2004**, 999, 1004 ff. (großer Lauschangriff).
[266] Vgl. § 10a I MEPolG; **BW:** § 37 I S. 1 PolG; **Bay:** Art. 37 PAG; **Berl:** § 42 ASOG; **Brand:** § 39 PolG; **Brem:** § 36a I PolG; **Hamb:** § 16 DVPolG; **Hess:** § 20 SOG; **MeckVor:** § 36 SOG; **Nds:** § 38 SOG; **NRW:** § 24 OBG i.V.m. § 24 PolG; **RhlPfl:** § 26 II POG; **Saar:** § 30 PolG; **Sachs:** § 43 PolG; **SachsAnh:** § 22 SOG; **SchlHolst:** §§ 188 LVwG; **Thür:** § 40 PAG.
[267] Vgl. **Berl:** § 42 I ASOG; **Brand:** § 39 I PolG; **Brem:** § 36a I PolG; **Nds:** § 38 I S. 1 SOG; **NRW:** § 24 OBG i.V.m. § 24 I PolG; **Thür:** § 40 PAG.
[268] *Schenke*, POR, Rn 206.

Unter **Übermittlung** verstehen die Landesdatenschutzgesetze die Weitergabe gespeicherter oder durch Datenverarbeitung gewonnener Daten an einen Dritten. **Nutzung** ist jede sonstige Verwendung gespeicherter oder zur Speicherung vorgesehener personenbezogener Daten. Im Einzelfall schwierig ist die Abgrenzung zur Datenübermittlung innerhalb der Polizei nach den polizeigesetzlichen Bestimmungen (z.B. § 36d BremPolG), wonach die Behörden und Dienststellen der Polizei untereinander personenbezogene Daten übermitteln dürfen, wenn die Übermittlung zur Erfüllung einer Aufgabe der Gefahrenabwehr erforderlich ist. 349

Werden personenbezogene Daten gespeichert, müssen diese in besonderer Weise **gekennzeichnet** sein. So muss erkennbar sein, von welcher Personengruppe sie herrühren (z.B. von einem Störer oder Nichtstörer, einem potentiellen Straftäter, seinen Kontakt- und Begleitpersonen, möglichen Opfern oder Gefährdeten einer Straftat, Fachleuten für die Bekämpfung bestimmter Gefahren). Darüber hinaus muss die Speicherung die Information enthalten, bei welcher Stelle die der Speicherung zugrunde liegenden Unterlagen geführt werden. Soweit die Daten aus einem Eingriff in ein Grundrecht herrühren, das nur unter qualifizierten Voraussetzungen beschränkbar ist, wie dies insbesondere bei einem Eingriff gem. Art. 13 III und IV GG, aber auch bei einer heimlichen Überwachung der Telekommunikation (Art. 10 II S. 2 GG) der Fall ist, ergibt sich aus verfassungsrechtlichen Gründen die Notwendigkeit, personenbezogene Daten entsprechend zu kennzeichnen, da sonst die bezüglich solcher Daten bestehenden grundrechtlichen Verwendungsbeschränkungen nicht sichergestellt werden könnten.[269] Die polizeigesetzlichen Bestimmungen (z.B. § 36 a II BremPolG) stellen dies klar. Zur Speicherung in dem von Bund und Ländern gemeinsam betriebenen elektronischen Informationssystem der Polizei **INPOL** siehe Rn 362 ff. 350

bb.) Zweckbindung der erlangten Daten

Vor dem Hintergrund der Menschenwürde, des Grundrechts auf informationelle Selbstbestimmung und der verfahrensrechtlichen Dimension der Grundrechte ist von erheblicher rechtsstaatlicher und grundrechtlicher Bedeutung, zu welchen Zwecken die Speicherung, Veränderung oder Nutzung von Daten erfolgen darf. Nach den Bestimmungen der Polizeigesetze sind Speicherung, Veränderung oder Nutzung personenbezogener Daten grundsätzlich **nur zu dem polizeilichen Zweck zulässig, zu dem die Daten erlangt worden sind**. Zu einem anderen polizeilichen Zweck sind Speicherung, Veränderung oder Nutzung nur erlaubt, soweit die Polizei die Daten zu diesem Zweck erheben darf.[270] Das betrifft in erster Linie sog. **Zufallsfunde**, die sich im Rahmen einer (auf andere Ziele gerichteten) Datenerhebung ergeben. Hier bestimmen die Polizeigesetze, dass sie nur dann (zum Zweck der Gefahrenabwehr) gespeichert, verändert oder genutzt werden dürfen, wenn sie auch hätten **erhoben** werden können („Rechtmäßigkeit eines hypothetischen Ersatzeingriffs"). Damit wird letztlich ebenfalls dem Umstand Rechnung getragen, dass die weitere Verwendung personenbezogener Daten genauso einen Grundrechtseingriff darstellt wie die ihr zugrunde liegende Datenerhebung und deshalb an denselben grundrechtlichen Erfordernissen zu messen ist wie diese. Folglich können Daten, die bspw. bei einem „großen Lauschangriff" i.S.d. Art. 13 IV GG gewonnen wurden, nur zur Abwehr der dort normierten Gründe gespeichert, verändert oder genutzt werden. Daher ist es verfassungsrechtlich nicht zu beanstanden, wenn die Bestimmungen der Polizeigesetze für 351

---

[269] BVerfGE **109**, 279, 325 ff.

[270] Vgl. § 10 II MEPolG; **Bund:** § 29 III S. 3 u. 4 BundesPolG; **BW:** § 37 II PolG; **Bay:** Art. 37 II PAG; **Berl:** § 42 II ASOG; **Brand:** § 38 I PolG; **Brem:** § 36b PolG; **Hamb:** § 14 I, II DVPolG; **Hess:** § 20 III SOG; **MeckVor:** § 36 I S. 3 SOG; **Nds:** § 38 I SOG; **NRW:** § 24 OBG i.V.m. § 23 I PolG; **Saar:** § 30 I PolG; **Sachs:** § 43 I S. 2 u. 3 PolG; **SachsAnh:** § 22 II SOG; **SchlHolst:** § 191 I LVwG; **Thür:** § 39 PAG.

die anderweitige Speicherung, Veränderung und Nutzung von Daten, die aus einem „Großen Lauschangriff" stammen, es genügen lassen, wenn zuvor die Rechtmäßigkeit der Maßnahme festgestellt, und nur, wenn es hieran fehlt, bei Gefahr im Verzug die richterliche Entscheidung unverzüglich nachzuholen ist.[271]

352 Unproblematisch ist auch die in den Polizeigesetzen enthaltene Ausnahme, personenbezogene Daten **zu Ausbildungs- und statistischen Zwecken** zu nutzen, wenn die Daten zuvor anonymisiert wurden.

353 Die Frage nach dem Zweckbindungsgebot stellt sich auch, wenn die Gefahrenabwehrbehörde personenbezogene Daten, die im Rahmen der **Gefahrenabwehr** erhoben wurden, **zum Zweck der Strafverfolgung** an die Strafverfolgungsbehörde **weiterleiten** möchte. Im Rahmen seiner Gesetzgebungskompetenz (Gefahrenabwehrrecht ist Landesrecht) ist der Landesgesetzgeber in der Lage, die Verwendung solcher Daten zum Zweck der Strafverfolgung von vorneherein auszuschließen bzw. zu beschränken.[272] Sollte er dennoch die Weitergabe zulassen, stellt dies noch keine Rechtsgrundlage für die tatsächliche Speicherung, Veränderung oder Nutzung dar. Denn die Verfolgung von Straftaten und die Ahndung von Ordnungswidrigkeiten stehen nach der Kompetenzordnung des Grundgesetzes nur dem **Bundesgesetzgeber** zu (vgl. Art. 74 I Nr. 1 GG). *Dieser* muss also Regelungen über die Nutzung der von der Gefahrenabwehrbehörde freigegebenen personenbezogenen Informationen zum Zweck der Strafverfolgung schaffen, was er bspw. mit den §§ 161, 163 I S. 2, 483 StPO getan hat. Die Speicherung, Veränderung oder Nutzung von im Rahmen der Gefahrenabwehr erhobenen Daten zu strafprozessualen Gründen setzen somit sowohl eine Ermächtigung durch den Landesgesetzgeber als auch eine Regelung des Bundesgesetzgebers voraus.

> **Beispiel:** Gehen Vorschriften des Landespolizeigesetzes davon aus, dass Bild- und Tonaufzeichnungen auch zur Verfolgung von Straftaten oder zur Ahndung von Ordnungswidrigkeiten genutzt werden können[273], enthalten sie zwar eine „Freigabe", stellen aber noch keine Rechtsgrundlage für die tatsächliche Speicherung, Veränderung oder Nutzung dar, weil die Verfolgung von Straftaten und die Ahndung von Ordnungswidrigkeiten nach der Kompetenzordnung des Grundgesetzes nur dem Bundesgesetzgeber zustehen (vgl. Art. 74 I Nr. 1 GG). Dieser muss also über die Nutzung personenbezogener Informationen zum Zweck der Strafverfolgung entscheiden.

354 Umgekehrt darf (ebenfalls aus kompetenzrechtlichen Gründen) über die Verwendung von im Rahmen **strafrechtlicher Ermittlungsverfahren** gewonnener Daten **zu Zwecken der Gefahrenabwehr** nur der Landesgesetzgeber bestimmen.[274] Selbstverständlich setzt auch dies eine Freigabe (diesmal von der Strafverfolgungsbehörde aufgrund einer bundesgesetzlichen Regelung) voraus. So lässt § 481 StPO die Übermittlung personenbezogener Daten aus Strafverfahren an die Polizeibehörde zu Zwe-

---

[271] *Schenke*, POR, Rn 207.

[272] MeckVorVerfG LKV **2000**, 345, 347.

[273] Vgl. **BW:** §§ 21 IV, 22 VII, 23 III S. 2 PolG; **Bay:** Art. 32 IV, 33 III S. 4, IV PAG; **Berl:** §§ 24 II, 25 VI S. 3 VIII S. 1, 25 IX ASOG; **Brand:** §§ 31 II S. 1, III S. 4, 33 VI S. 3, VIII PolG; **Hamb:** §§ 8 I S. 4, 10 III S. 3 i.V.m. IV S. 4, 10 V DVPolG; **Hess:** §§ 14 IV i.V.m. I S. 2, 15 VI S. 3, VIII S. 1 SOG; **MeckVor:** §§ 32 II S. 2, 34 II, IV S. 3 SOG; **Nds:** §§ 32 IV i.V.m. 39 VI SOG; **NRW:** § 15 I S. 3, 17 IV S. 2 PolG; **RhlPfl:** §§ 27 VI S., 2, 28 VI S. 1, 38 I, IV POG; **Saar:** §§ 27 III, 28 IV S. 7 PolG; **Sachs:** §§ 38 III, 39 V S. 2, VII S. 2 PolG; **SachsAnh:** §§ 16 IV S. 3, VIII S. 1 SOG; **SchlHolst:** §§ 184 II S. 2, 186 I a S. 3 LVwG; **Thür:** §§ 33 III S. 13, 35 III S. 4, IV PAG.

[274] Vgl. **BW:** § 38 I S. 1, IV S. 1 PolG; **Bay:** Art. 38 II PAG; **Berl:** § 42 III ASOG; **Hess:** § 20 IV SOG; **Sachs:** § 43 II PolG; **SachsAnh:** § 23 SOG. Nach **Brand:** § 39 II PolG; **Hamb:** §§ 16 II DVPolG; **MeckVor:** § 37 I SOG; **NRW:** § 24 II PolG und **Thür:** § 40 II PAG wird gefordert, dass die weitere Verarbeitung der Gefahrenabwehr dient. Besondere Anforderungen werden nach **Nds:** § 39 III SOG; **RhlPfl:** § 37 II POG; **Saar:** § 30 II PolG und **SchlHolst:** § 189 II LVwG gestellt. Vgl. dazu auch VGH Kassel DÖV **2005**, 523 ff.

cken der Gefahrenabwehr zu.[275] Zu beachten ist jedoch, dass eine solche Verwendung grundsätzlich **ausscheidet**, wenn es sich um Erkenntnisse aus einer strafprozessualen Überwachung der **Telekommunikation** (vgl. § 100a und b StPO) handelt. Denn die Polizei- und Ordnungsgesetze der Länder, mit Ausnahme von Hessen (§ 10 HessSOG), Mecklenburg-Vorpommern (§ 78 MeckVorSOG), Niedersachsen (§ 10 NdsSOG) und Thüringen (§ 11 ThürPAG), benennen das Fernmeldegeheimnis nicht als ein zum Zweck der Gefahrenabwehr einschränkbares Grundrecht (es steht außer Frage, dass auch eine Verwendung der aus einem strafprozessualen Eingriff in das Fernmeldegeheimnis herrührenden personenbezogenen Daten für andere Zwecke ebenfalls einen Eingriff in Art. 10 GG darstellt). Soweit also eine Verwendung der bei einer strafprozessualen Überwachung der Telekommunikation gewonnenen personenbezogenen Daten für die Zwecke der Gefahrenabwehr in den Polizei- und Ordnungsgesetzen nicht vorgesehen ist, könnte man meinen, eine Verwendung sei ausgeschlossen. Da aber nach Auffassung des BVerfG eine Verwendung der aus einer Überwachung der Telekommunikation stammenden Daten zum Zweck der Gefahrenabwehr (trotz landesrechtlicher Regelung) nur bei Vorliegen **qualifizierter Gefahrenlagen** zulässig ist[276] und der Staat sich im Übrigen auch schützend und fördernd vor die Grundrechte stellen muss[277], besteht für den zuständigen Landesgesetzgeber die grundrechtliche Schutzpflicht, eine Verwendung von im Rahmen der Strafverfolgung gewonnener Daten in Fällen zu gestatten, in denen es um den Schutz vor drohenden Verletzungen besonders hochrangiger, verfassungsrechtlich geschützter Rechtsgüter wie Leben und Gesundheit geht. So kann es bspw. nicht angehen, dass die Polizei, die bei einer repressivpolizeilichen Überwachung der Telekommunikation von einem bevorstehenden schweren Verbrechen erfährt, hier nicht zur Gefahrenabwehr tätig werden darf, weil es an einer polizeigesetzlichen Rechtsgrundlage für entsprechende Gefahrenabwehrmaßnahmen fehlt.[278]

dd. Datenabgleich und Rasterfahndung

a.) Datenabgleich

Von der Datenerhebung zu unterscheiden ist der **Datenabgleich**.

Unter **Datenabgleich** versteht man den gezielten Vergleich von rechtmäßig erhobenen personenbezogenen Daten mit Dateien, die der Suche nach Personen oder Sachen dienen (sog. **Fahndungsdateien**).[279] **355**

In dem Datenabgleich liegt eine besondere Form der Datenverarbeitung. Im Gegensatz zur Rasterfahndung (Rn 376 ff.) können in den Datenabgleich nur Dateien der Polizeibehörden, nicht aber fremde Dateien (z.B. von Elektrizitätswerken, Banken usw.) einbezogen werden.

Durch den Datenabgleich lassen sich sowohl für die Gefahrenabwehr als auch für die **356**
Strafverfolgung neue bedeutsame Erkenntnisse gewinnen. Der – i.d.R. automatisierte – Abgleich mit dem Fahndungsbestand ist nach den Bestimmungen der Polizeigesetze ohne besondere Voraussetzungen zulässig. Dem liegt die Überlegung zu Grunde, dass

---

[275] Vgl. auch VGH Mannheim NJW **2005**, 234, 235.
[276] BVerfG NJW **2000**, 55, 66.
[277] Zur staatlichen Schutzpflicht vgl. BVerfGE **39**, 1, 41 f.; *R. Schmidt*, Grundrechte, Rn 229/301; *von Münch*, in: von Münch/Kunig, GG, Vorb. Art. 1-19 Rn 22. Vgl. auch BVerwG NVwZ **1999**, 1234 ff.
[278] *Schenke*, POR, Rn 209; *Schenke*, JZ **2001**, 997, 1003 f.
[279] Vgl. § 10e I S. 1 MEPolG; **Bund:** § 34 BundesPolG; § 28 BKAG; **BW:** §§ 39 f. PolG; **Bay:** Art. 43 PAG; **Berl:** § 47 ASOG; **Brand:** § 40 PolG; **Brem:** § 36h PolG; **Hamb:** § 22 DVPolG; **Hess:** § 25 SOG; **MeckVor:** § 43 SOG; **Nds:** § 45 SOG; **NRW:** § 24 OBG i.V.m. § 25 PolG; **RhlPfl:** § 38 POG; **Saar:** § 36 PolG; **Sachs:** § 46 PolG; **SachsAnh:** § 30 SOG; **SchlHolst:** §§ 195, 195a LVwG; **Thür:** § 43 PAG.

es dem Polizeivollzugsdienst – häufig schon zum Zweck der Eigensicherung – grundsätzlich möglich sein muss, hinsichtlich aller Personen (z.B. eine solche in Begleitung einer verdächtigen Person) und Sachen (z.B. eine aufgefundene Waffe), mit denen sie in Kontakt kommt, zu prüfen, ob nach ihnen gesucht wird. Allerdings darf die Ausübung dieser Befugnis nicht willkürlich erfolgen und muss aus einem konkreten Anlass heraus gerechtfertigt sein. Das gilt insbesondere, wenn es um unverdächtige Personen wie z.B. Zeugen, Anzeigeerstatter, Auskunftspersonen oder Finder geht. Ein genereller Abgleich der Daten aller Anzeigeerstatter mit dem Fahndungsbestand ist mit den Bestimmungen der Polizeigesetze daher nicht vereinbar. Andererseits wird sich die Polizei in Fällen einer Identitätsfeststellung, die ja ihrerseits an bestimmte Voraussetzungen geknüpft ist, i.d.R. auch vergewissern dürfen, ob gegen diese Person ein Haftbefehl vorliegt oder z.B. das von ihr mitgeführte Kraftfahrzeug als gestohlen gemeldet ist.

357 Die Bestimmungen der Polizeigesetze über den Datenabgleich erlauben grds. lediglich den Vorgang des Abgleichens selbst. Sie ermächtigen grds. nicht zur Erhebung, Speicherung oder sonstigen Verarbeitung der abzugleichenden Daten. Darüber hinaus dürfen nur **„rechtmäßig erlangte"**[280] Daten **abgeglichen** werden. Diese Einschränkung gilt selbstverständlich in allen Fällen eines Datenabgleichs.

358 Jedoch ist es der Polizei erlaubt, jedes amtliche **Kennzeichen** (auch Versicherungskennzeichen) **von Kraftfahrzeugen** mit den Fahndungsdateien abzugleichen, wenn dies zur Gefahrenabwehr erforderlich ist. Damit ist die Polizei befugt, etwa auf Automärkten oder Großparkplätzen, aber auch bei allgemeinen Verkehrskontrollen, Kfz-Kennzeichen abzulesen und diese mit dem **Fahndungsbestand abzugleichen**. Diesbezüglich enthalten die gesetzlichen Bestimmungen der Polizeigesetze also nicht nur die Ermächtigung zum Datenabgleich, sondern auch die Befugnis, die entsprechenden Daten zu erheben. Zu beachten ist jedoch, dass es sich bei den Dateien des Zentralen Verkehrsinformationssystems **ZEVIS**, ein beim Kraftfahrtbundesamt (KBA) geführtes Zentralregister, *nicht* um Fahndungsdateien im vorliegenden Zusammenhang handelt. Ein Abgleich mit solchen Dateien kann sich nicht auf die Befugnisnormen der Polizeigesetze stützen, sondern nur auf spezielle Befugnisnormen außerhalb der Polizeigesetze.[281]

359 Mit dem **ZEVIS** unterstützt, vereinfacht und beschleunigt das KBA die Arbeit der Polizei, Zolldienststellen und der Bundespolizei sowie der Fahrerlaubnis-, Zulassungs- und Bußgeldbehörden. Rund 70.000 Halter- und Fahrerlaubnisabfragen werden täglich über das ZEVIS abgewickelt. ZEVIS-Abrufe beim KBA dienen der Verfolgung von Straftaten und Straßenverkehrsordnungswidrigkeiten, bei Verkehrskontrollen, zur Abwehr von Gefahren für die öffentliche Sicherheit und Verwaltungsmaßnahmen auf dem Gebiet des Fahrzeugzulassungs- und des Fahrerlaubniswesens. Mit dem ZEVIS lassen sich insbesondere Fahrzeug- und Halterdaten aus dem **Zentralen Fahrzeugregister** abrufen. In diesem Register sind ca. 54,4 Millionen Kraftfahrzeuge und ca. 5,4 Millionen Kfz-Anhänger registriert. Auskünfte aus diesem Register erhalten nur berechtigte Stellen, insbesondere Polizeibehörden, etwa um Halterfeststellungen durchzuführen. Das Zentrale Fahrzeugregister erfasst, speichert und verarbeitet die von den regionalen Zulassungsbehörden und den Versicherern übermittelten Fahrzeug- und Halterdaten zu Fahrzeugen mit amtlichem Kennzeichen, Ausfuhrkennzeichen (früher Zollkennzeichen), Oldtimer-Kennzeichen, Saison-Kennzeichen, Versicherungskennzeichen (Leichtmofa, Mofa 25, Mokick, Krankenfahrstühle) so-

---

[280] Bei der Lösung eines Falls muss also die Datenerhebung als „Vormaßnahme" geprüft werden. Ist diese demnach rechtswidrig, kann der Datenabgleich keinesfalls rechtmäßig sein.

[281] Unberechtigt ist daher die Kritik von *Graulich*, NVwZ **2005**, 271 f., der den Begriff „Fahndungsbestand" für nicht ausreichend konkretisiert hält.

wie Daten über Inhaber von Überführungskennzeichen (sog. rote Kennzeichen). Datenmeldungen an das KBA erfolgen bei Neuzulassungen, Umschreibungen, Löschungen, vorübergehenden Stilllegungen und technischen Veränderungen an Kraftfahrzeugen und Anhängern.[282]

Geht es also um eine Halterabfrage, ist genau darauf zu achten, mit welchen Dateien abgeglichen wird. Liegen Verdachtsmomente vor, dass das Fahrzeug oder die Kfz-Kennzeichen gestohlen sein könnten oder dass eine Straftat geplant ist, und erfolgt der Datenabgleich mit Dateien, in denen begangene oder geplante Straftaten registriert sind bzw. die der Suche nach Personen oder Sachen dienen (Fahndungsdateien), lässt sich der Datenabgleich auf die polizeigesetzlichen Bestimmungen über den Datenabgleich stützen. Erfolgt der Datenabgleich indes allein, um den Halter festzustellen, ohne dass ein Verdacht einer Straftat oder Ordnungswidrigkeit vorliegt, sind die polizeigesetzlichen Bestimmungen über den Datenabgleich nicht einschlägig. 360

Beispiel: Im Rahmen einer allgemeinen Straßenverkehrskontrolle wird auch Autofahrer A angehalten. Der Polizeibeamte P verlangt die Vorlage von Führerschein und Zulassungsbescheinigung I[283]. A wendet ein, er habe sämtliche Unterlagen zu Hause vergessen. Daraufhin führt P eine Halterabfrage durch.

Die **Vorlageberechtigung** stützt sich auf § 36 V StVO. Zwar handelt es sich jedenfalls beim Führerschein um einen Berechtigungsschein, dessen Vorlage die Polizei gem. den polizeigesetzlichen Bestimmungen über die Aushändigung von Berechtigungsscheinen verlangen kann, § 36 V StVO stellt jedoch eine straßenverkehrsrechtliche Spezialbefugnis dar, die in ihrem Anwendungsbereich die Befugnisnormen des allgemeinen Polizeirechts ausschließt. Für P gilt dies allerdings nur dann, wenn er auch für Maßnahmen nach der StVO zuständig war. Dies war der Fall. Die Zuständigkeit des P bestand gem. § 44 II S. 2 StVO. Zwar wird in dieser Vorschrift lediglich von vorläufigen Maßnahmen gesprochen, allerdings spricht § 36 V S. 1 StVO von Polizeibeamten, die die Kontrollen durchführen. Damit kann ausschließlich der Polizeivollzugsdienst gemeint sein. Daher konnte auch P in formeller Hinsicht die Überprüfung von Führerschein und Zulassungsbescheinigung I auf Grundlage des § 36 V StVO vornehmen.

Materiellrechtlich kann die Polizei auch auf der Grundlage des § 36 V StVO die Vorlage der genannten Papiere jedoch nur dann verlangen, wenn der Betroffene im Zeitpunkt des Herausgabeverlangens zum Mitführen gesetzlich verpflichtet ist. Das ist bei einem Fahrzeugführer, der im Rahmen einer Verkehrskontrolle angehalten wird, der Fall. Die Verpflichtung, den Führerschein mitzuführen und auf Verlangen auszuhändigen, ergibt sich dabei aus § 2 I S. 3 StVG, § 4 II FeV, die entsprechende Verpflichtung in Bezug auf die Zulassungsbescheinigung I aus § 24 S. 2 StVZO.[284]

Ließe sich die **Halterabfrage** auf keine Spezialnorm stützen, käme als Eingriffsermächtigung die polizeigesetzliche **Datenerhebungsgeneralklausel** in Betracht. Sie enthält die Ermächtigung, die zur Erfüllung der Aufgaben erforderlichen personenbezogenen Daten zu erheben. Denkbar ist jedoch auch, die Halterabfrage unter den Begriff des **Datenabgleichs** zu subsumieren. Darunter versteht man den gezielten Vergleich von rechtmäßig erhobenen personenbezogenen Daten mit Dateien, die der Suche nach Personen oder Sachen dienen (sog. Fahndungsdateien). Speziell in Bezug auf die Halterabfrage erlaubt die polizeigesetzliche Vorschrift über den Datenabgleich sogar ausdrücklich den Abgleich von amtlichen Kfz-Kennzeichen mit den Fahndungsdateien, um

---

[282] Vgl. dazu die Angaben des KBA unter www.kba.de, Stand: 27.1.**2006**.

[283] Mit Wirkung zum 1.10.2005 hat die Zulassungsbescheinigung I den früheren Fahrzeugschein ersetzt. Der frühere Fahrzeugbrief wurde durch die Zulassungsbescheinigung II ersetzt.

[284] Zur gutachterlichen Prüfung des Herausgabeverlangens in Bezug auf Führerschein, Zulassungsbescheinigung I und Personalausweis im Rahmen einer allgemeinen Verkehrskontrolle vgl. *R. Schmidt*, Fälle zum Gefahrenabwehrrecht, **2005**, Fall 7.

z.B. festzustellen, ob das Fahrzeug als gestohlen gemeldet wurde. Geht es der Polizei jedoch lediglich um die Überprüfung der gemachten Angaben, also um Feststellung des Halters, erfolgt der diesbezügliche Datenabgleich nicht mit Fahndungsdateien, sondern mit dem Zentralen Verkehrsinformationssystem (ZEVIS).

Geht man davon aus, dass P keine Anhaltspunkte dafür vorlagen, dass der von A gefahrene Wagen gestohlen gewesen sein könnte, konnte und musste er die Halterabfrage daher lediglich auf die Datenerhebungsgeneralklausel stützen (a.A. mit entsprechender Begründung vertretbar).

In formeller Hinsicht ist zu beachten, dass die polizeigesetzliche Vorschrift über die „Grundsätze der Datenerhebung" besondere Anforderungen an die Rechtmäßigkeit der auf die Datenerhebungsgeneralklausel gestützten Datenerhebung stellt, die zugleich für alle Maßnahmen der Datenerhebung gelten. Die Vorschrift verlangt, dass die Datenerhebung vorrangig beim Betroffenen (also unmittelbar) sowie mit seiner Kenntnis (also offen) erfolgt. Möchte die Polizei nachrangig Daten bei Dritten erheben, muss sie zusätzliche Voraussetzungen beachten. Das Gleiche gilt, wenn die Daten verdeckt erhoben werden sollen, gleichgültig, ob beim Betroffenen oder bei Dritten. Des Weiteren sollen Betroffene und Dritte auf die Rechtsgrundlage hingewiesen werden.

Da die erforderlichen Daten nicht in zuverlässiger Weise bei A selbst erhoben werden konnten, blieb P keine andere Möglichkeit, als eine Halterabfrage durchzuführen. Andere Mittel, wie etwa eine Identitätsfeststellung durch Mitnahme des A auf die Dienststelle, hätten in stärkerem Maße in die Grundrechte des A eingegriffen. Daher war die Halterabfrage das mildeste Mittel und damit rechtmäßig.

Sofern die mit der Halterabfrage gewonnenen Informationen notiert, also **gespeichert** worden sind, bedurfte es einer separaten Rechtsgrundlage, die vorliegend z.B. in § 36 a BremPolG zu finden ist. Ermessensfehler oder Verstöße gegen den Grundsatz der Verhältnismäßigkeit sind insgesamt nicht ersichtlich.

Ergebnis: Die Halterabfrage und die Datenspeicherung waren rechtmäßig.

361 Auf der Grundlage der polizeigesetzlichen Bestimmungen über den Datenabgleich kommt grundsätzlich auch der Einsatz eines sog. „**Kennzeichenlesegeräts**" in Betracht, das automatisch die Kfz-Kennzeichen vorbeifahrender Fahrzeuge erfassen, mit einer Datei abgleichen und im Trefferfall ein Bild speichern kann. Vgl. dazu bereits Rn 174 f.

362 Wichtiges Instrument des Datenabgleichs ist das von Bund und Ländern seit 1972 gemeinsam aufgebaute und betriebene elektronische **Informationssystem der Polizei INPOL**, das beim **Bundeskriminalamt als Zentralstelle für den elektronischen Datenverbund** (§§ 2 III, 11 I BKAG) eingesetzt ist. Es umfasst u.a. die Personen- und Sachfahndung, den Kriminalaktennachweis, die Haftdatei, Zentrale Akten-Erschließungssysteme, Spurendokumentationssysteme und zentrale Tatmittelnachweise für bestimmte Kriminalitätsnachweise.[285]

1. Personenfahndung

363 Die im polizeilichen Alltag bedeutsamste Datei ist die Datei Personenfahndung. In ihr sind die Daten zur

- strafprozessualen Festnahme aufgrund eines Haftbefehls,
- Ingewahrsamnahme zur Gefahrenabwehr,
- Aufenthaltsermittlung,
- Ausweisung, Abschiebung oder Zurückweisung als Ausländer und
- polizeilichen Beobachtung zur vorbeugenden Bekämpfung von Straftaten gesuchter

[285] Vgl. *Pieroth/Schlink/Kniesel*, POR, § 15 Rn 23 ff.

Personen gespeichert.

Neben dem Personendatensatz können sog. personengebundene Hinweise gespeichert werden. Sie dienen 364

- der Eigensicherung der eingesetzten Beamten (z.B. bewaffnet, gewalttätig, BTM-Konsument),
- der Unterstützung der Fahndung (z.B. Prostitution, Ausbrecher, BTM-Konsument) oder
- dem Schutz des Betroffenen, damit nach seiner Festnahme unverzüglich ein Arzt hinzugezogen werden kann (z.B. geisteskrank, BTM-Konsument).

2. Sachfahndung

In dieser Datei werden Gegenstände ausgeschrieben, die zum Zweck der Beweissicherung, Einziehung oder Eigentumssicherung benötigt werden, z.B. abhanden gekommene Ausweise oder Kfz-Kennzeichen, die wegen fehlenden Versicherungsschutzes entstempelt werden müssen oder bei denen der Halter zur polizeilichen Beobachtung ausgeschrieben ist. 365

3. Kriminalaktennachweis (KAN)

Alle Länder betreiben automatisierte Aktennachweissysteme (z.B. PIKAS in Nordrhein-Westfalen und HEPOLIS in Hessen). Auf Bundesebene wird ein Kriminalaktennachweis über alle schweren und überregional bedeutsamen Straftaten geführt. Schwere Straftaten sind Verbrechen und die in § 100a StPO aufgeführten Vergehen. Von überregionaler Bedeutung sind Straftaten, wenn Verdacht auf 366

- gewohnheits-, gewerbs-, bandenmäßige oder auch planmäßige überörtliche Begehung,
- Triebtäterschaft,
- Verfolgung extremistischer Ziele,
- Begehung unter Mitführung von Schusswaffen,
- internationale Betätigung oder erneute Straffälligkeit des Beschuldigten oder Tatverdächtigen außerhalb seines Wohn- oder Aufenthaltsorts besteht.

KAN ist ein elektronisches Fundstellenverzeichnis, das dem sachbearbeitenden Beamten die Möglichkeit gibt, die jeweilige Kriminalakte zu finden und durch deren Anforderung Erkenntnisse über den Verdächtigen zu bekommen. Einzelheiten aus einer Kriminalakte sind nicht abfragbar. KAN ist allerdings mehr als ein reines Nachweissystem; es stellt auch die personengebundenen Hinweise zur Verfügung und gibt Auskunft über 367

- Familien-, Geburts- und Vornamen, Geburtsdatum und -ort, Geschlecht und Staatsangehörigkeit,
- Alias-, Künstler- und Spitznamen und
- Hinweise auf Fahndungsausschreibungen, gegenwärtige Inhaftierungen und vorhandene erkennungsdienstliche Unterlagen (ed-Unterlagen).

4. Haftdatei

In der Haftdatei werden die Daten aller Personen gespeichert, die aufgrund richterlich verfügter Freiheitsentziehung in Haft sind. Zweck der Datei ist es, dass im Rahmen von Alibiüberprüfungen inhaftierte Personen als Tatverdächtige ausgeschlossen werden können. Die Daten dürfen noch zwei Jahre nach der Entlassung aus der Haft gespeichert bleiben. 368

5. Erkennungsdienstdatei

In dieser Datei sind Daten über alle Personen gespeichert, die erkennungsdienstlich (ed) behandelt wurden und deren ed-Unterlagen zu präventiven Zwecken aufbewahrt werden. Ähnlich wie bei KAN handelt es sich um ein Nachweissystem, das neben den Personalien über Art, Grund, Ort und Zeit der ed-Behandlung Auskunft gibt und Aktenzeichen und aufbewahrende Stelle benennt. 369

6. Automatisches Fingerabdrucksystem AFIS und DNA-Datenbank

370 Das „Automatisierte Fingerabdruck-System" des BKA ermöglicht, mit Spezialkameras Fingerabdrücke einzulesen, zu digitalisieren und automatisch zu verformeln. In der DNA-Datenbank sind die „genetischen Fingerabdrücke" gespeichert.

7. Datei Vermisste und Tote

371 Mit dieser Datei sollen Vermisste ermittelt, unbekannte Tote und unbekannte hilflose Personen identifiziert werden. Gespeichert werden Daten zur Personenbeschreibung und die Gründe des Verschwindens (Unglück, Familienzwistigkeit, Trunksucht, Abenteurer, Furcht bzw. Flucht vor Strafe).

8. PIOS-Dateien

372 Nach den Datengruppen Personen, Institutionen, Objekte und Sachen (PIOS) werden in diesen Dateien die Inhalte von Ermittlungsakten und die Erkenntnisse aus der Datenerhebung zur vorbeugenden Bekämpfung von Straftaten gespeichert und erschlossen, z.B. aus dem Einsatz eines verdeckten Ermittlers oder aus einer polizeilichen Beobachtung. Es geht nicht um die Aufklärung einer einzelnen Straftat, sondern um die laufende Registrierung von Erkenntnissen aus einem bestimmten Kriminalitätsbereich zur Erstellung eines Lagebildes. Zugriff auf diese Dateien haben nur spezielle Sachbearbeiter beim BKA oder den Landeskriminalämtern. Gesondert zu erwähnen ist die Arbeitsdatei PIOS-Landfriedensbruch/APFL. Hier werden die Daten von Personen gespeichert, die verdächtig sind, Straftaten in örtlichem, zeitlichem und sachlichem Zusammenhang mit einer politisch motivierten Versammlung bzw. Demonstration begangen zu haben (Landfriedensbruch, Mitsichführen von Waffen). Im Vorfeld einer anstehenden Demonstration kann der Datenbestand von APFL bundesweit oder unter regionaler Beschränkung in die Datei Personenfahndung überspielt werden, sodass an eingerichteten Kontrollstellen überprüfte Personen, bei denen eine Speicherung vorliegt, einer besonderen Kontrolle zum Zweck der Verhütung von Straftaten unterzogen werden können.

9. SPUDOK-Dateien

373 In einer Spurendokumentations-Datei werden alle Informationen (Spuren, Zeugenaussagen, Hinweise, polizeiliche Maßnahmen) eines umfangreichen Ermittlungsverfahrens gespeichert. Es handelt sich um eine elektronisch geführte Ermittlungsakte, auf die nur die die Ermittlungen führende Dienststelle Zugriff hat.

10. Falldateien

374 In eine Falldatei werden zu einem bestimmten Deliktsbereich Informationen über alle der Polizei bekannt gewordenen Straftaten gespeichert. So sollen nicht aufgeklärte Straftaten durch Vergleich des modus operandi bereits einschlägig in Erscheinung getretenen Straftätern zugeordnet werden. Wohl die wichtigste ist die Falldatei Rauschgift. In ihr werden alle bekannt gewordenen Rauschgiftdelikte einschließlich Personenbeschreibung, näherer Umstände der Tat und Rauschgiftmenge gespeichert.

11. Datei Gewalttäter Sport

374a In dieser Datei werden Daten über Personen, die im Zusammenhang mit Sportveranstaltungen als Täter oder Adressaten polizeilicher Maßnahmen (Identitätsfeststellungen, Platzverweise) auffällig geworden sind („Hooligans") und von denen Tatsachen die Annahme rechtfertigen, dass sie auch künftig auffallen werden, gespeichert.

375 Parallelnorm zur Aufklärung einer Straftat oder zur Ermittlung des Aufenthaltsorts einer Person, nach der für Zwecke eines **Strafverfahrens** gefahndet wird, ist § 98c StPO. Allerdings ist hier der Datenabgleich nicht auf polizeiliche Dateien beschränkt, sondern umfasst auch Daten aus Melderegistern, von Umweltschutzbehörden u.a.

b.) Rasterfahndung

Eine besondere (und weitergehende) Form des Datenabgleichs stellt die **Rasterfahndung** dar. 376

Unter **Rasterfahndung** versteht man den gezielten Vergleich von Datenbeständen von öffentlichen Stellen und von Stellen außerhalb des öffentlichen Bereichs im Hinblick auf bestimmte Merkmale der gespeicherten Personen oder Tatsachen, um bestimmte Personendaten und/oder Zusammenhänge in Erfahrung zu bringen.[286] 377

Konkret bedeutet das, dass ein Katalog von Merkmalen (Geschlecht, Religion, Nationalität, Alter, Beruf, Aufenthaltsort etc.) erstellt wird und durch den Abgleich mit den von anderen öffentlichen oder nichtöffentlichen Stellen zentral zusammengefassten Daten die Personen herausgefiltert werden, auf die die definierten Merkmale zutreffen. Der auf diese Weise eingegrenzte Personenkreis wird anschließend weiteren „konventionellen" Aufklärungsmaßnahmen (etwa Observation, Vernehmung, Durchsuchung) unterzogen.[287] 378

Der Rasterfahndung kommt vor allem in Verbindung mit der Fahndung nach Straftätern, die durch besondere Gewohnheiten charakterisiert sind (etwa bei Terroristen durch häufigen Wohnungswechsel und einen dementsprechend nur sporadischen Strom- und Wasserverbrauch), Bedeutung zu. Die besondere rechtliche Problematik einer Rasterfahndung resultiert daraus, dass unter das Raster vielfach auch unbescholtene Bürger (Nichtstörer) fallen können, bei denen zufällig die für ein Raster erforderliche Kombination von Merkmalen vorliegt und die dadurch zum Objekt polizeilicher Ermittlungsmaßnahmen werden[288] (vgl. dazu näher Rn 385, 386). 379

Die Rasterfahndung stellt einen erheblichen **Eingriff in das Recht auf informationelle Selbstbestimmung** als Element des allgemeinen Persönlichkeitsrechts (Art. 2 I i.V.m. 1 I GG, s.o.) dar. Daher versteht es sich von selbst, dass nach den meisten landespolizeigesetzlichen Befugnisnormen[289] – dem **Grundsatz der Verhältnismäßigkeit** entsprechend – die Rasterfahndung nur dann angeordnet werden darf, wenn sie „zur Abwehr einer (gegenwärtigen) Gefahr für den Bestand oder die Sicherheit des Bundes oder eines Landes, für Leib, Leben oder Freiheit einer Person oder zur Verhütung einer Straftat von erheblicher Bedeutung erforderlich ist". Es muss also eine gegenwärtige Gefahr bestehen und diese muss auf andere Weise weniger Erfolg versprechend sein. Problematisch ist es allerdings, wenn nur vage Verdachtsmomente bestehen, die Rasterfahndung sozusagen zur Gefahrenvorsorge durchgeführt wird (vgl. auch dazu Rn 385, 386). 380

Neben der Gefahrenabwehr zum Schutz der genannten Schutzgüter (*Bestand oder Sicherheit des Bundes oder eines Landes, Leib, Leben oder Freiheit einer Person, Verhütung einer Straftat von erheblicher Bedeutung*[290] - dazu später) existiert in einigen Bundesländern *zusätzlich* die Möglichkeit, die Rasterfahndung auch zur Verhinderung bestimmter Strafta- 381

---

[286] **BW:** § 40 PolG; **Bay:** Art. 44 PAG; **Berl:** § 47 ASOG; **Brand:** § 46 PolG; **Brem:** § 36 i PolG; **Hamb:** § 23 DVPolG; **Hess:** § 26 SOG; **MeckVor:** § 44 SOG; **Nds:** § 45a SOG; **NRW:** § 24 OBG i.V.m. § 31 PolG; **Saar:** § 37 PolG; **Sachs:** § 47 PolG; **SachsAnh:** § 31 SOG; **SchlHolst:** §§ 195f LVwG; **Thür:** § 44 PAG. Vgl. dazu auch *Lisken*, NVwZ **2002**, 513; OLG Düsseldorf NVwZ **2002**, 629; OLG Frankfurt NVwZ **2002**, 626 sowie jüngst BVerfG NJW **2006**, 1939 (Verfassungswidrigkeit des § 31 NRW PolG).

[287] *Meister*, JA **2003**, 83, 84; *Lisken*, NVwZ **2002**, 513, 514.

[288] *Schenke*, POR, Rn 213 b.

[289] **BW:** § 40 PolG; **Bay:** Art. 44 PAG; **Berl:** § 47 ASOG; **Brand:** § 46 PolG; **Brem:** § 36i PolG; **Hamb:** § 23 DVPolG; **Hess:** § 26 SOG; **MeckVor:** § 44 SOG; **Nds:** § 45a SOG; **NRW:** § 31 PolG; **RhlPfl:** § 38 POG; **Saar:** § 37 PolG; **Sachs:** § 47 PolG; **SachsAnh:** § 31 SOG; **SchlHolst:** § 195a LVwG; **Thür:** § 44 PAG.

[290] **Berl:** § 47 I S. 1 ASOG; **Brand:** § 46 I PolG; **Hamb:** § 23 I DVPolG; **MeckVor:** § 44 I S. 1 SOG; **NRW:** § 31 I PolG; **RhlPfl:** § 38 I POG; **Saar:** § 37 I PolG; **SachsAnh:** § 31 I S. 1 SOG; **Thür:** § 44 I S. 1 PAG.

ten einzusetzen[291], während wiederum andere Bundesländer die Rasterfahndung ausschließlich zu diesem Zweck zulassen[292]. Alle landesrechtlichen Befugnisnormen stimmen jedoch dahingehend überein, dass die Rasterfahndung den Grundsatz der Verhältnismäßigkeit beachten muss. Zur verfahrensrechtlichen Sicherung sehen die Polizeigesetze entweder einen Behördenleiter-, Ministeriums- oder sogar einen Richtervorbehalt vor.

382 Die Befugnisnormen der Länder, die u.a. die Abwehr einer *Gefahr* für bestimmte Rechtsgüter fordern, unterscheiden sich wiederum zum einen im Hinblick auf den **Grad der Gefahr**, zum anderen in Bezug auf die jeweiligen **Schutzgüter**.

- Unter einer **Gefahr** versteht man nach den Legaldefinitionen der meisten Polizeigesetze (vgl. nur § 2 Nr. 3a BremPolG) eine Lage, in der bei ungehindertem Ablauf des Geschehens mit hinreichender Wahrscheinlichkeit ein Schaden für die geschützten Rechtsgüter eintreten würde. Dabei gilt, dass je größer der zu erwartende Schaden und je ranghöher das geschützte Rechtsgut sind, desto geringere Anforderungen an die Wahrscheinlichkeit des Schadenseintritts zu stellen sind.
- Bindet der Gesetzgeber den Eingriff an besondere Voraussetzungen hinsichtlich der Wahrscheinlichkeit der Gefahr oder des Gewichts oder Ausmaßes des drohenden Schadens, spricht man von einer qualifizierten Gefahr. So fordern die meisten landesgesetzlichen Befugnisnormen in Bezug auf die Rasterfahndung eine **gegenwärtige Gefahr**. Diese umfasst die bereits eingetretene und fortwirkende Störung sowie die unmittelbar bevorstehende Gefahr[293], bei der der Schadenseintritt in allernächster Zeit mit an Sicherheit grenzender Wahrscheinlichkeit zu erwarten ist.
- Neben diesen Qualifizierungen des Gefahrengrades im Hinblick auf die zeitliche Nähe und Wahrscheinlichkeit des Schadenseintritts existieren auch solche mit Bezug zum geschützten Rechtsgut. Im Gesetz wird in diesen Fällen i.d.R. die Formulierung **erhebliche Gefahr** verwandt.[294] Damit wird darauf abgestellt, dass ein Schaden für ein *bedeutsames* Rechtsgut zu befürchten ist.
- Schließlich werden in einigen Bundesländern beide Möglichkeiten der Qualifizierung des Gefahrenbegriffs kombiniert, indem eine **gegenwärtige erhebliche Gefahr** verlangt wird.[295]

383 Neben den unterschiedlichen Anforderungen an die Gefahr nennen die einzelnen Polizeigesetze auch unterschiedliche **Schutzgüter**. Bis auf Rheinland-Pfalz existiert in jedem Bundesland ein mehr oder weniger ausführlicher Katalog von Rechtsgütern, von denen mittels der Rasterfahndung Schaden abgewendet werden darf. So werden in fast allen Bundesländern, die die Rasterfahndung zur Abwehr einer Gefahr für ein bestimmtes Rechtsgut zulassen, der „**Bestand oder die Sicherheit des Bundes oder eines Landes**" sowie „**Leib, Leben oder Freiheit einer Person**" genannt. Lediglich in den Polizeigesetzen der Länder Mecklenburg-Vorpommern und Schleswig-Holstein wurden bloß eine der beiden Komponenten aufgenommen. In einigen Bundesländern ist die Rasterfahndung auch zur **Verhinderung bestimmter Straftaten** zulässig. Um jedoch dem Grundsatz der Verhältnismäßigkeit Rechnung zu tragen, ist ausnahmslos erforderlich, dass Straftaten von *erheblicher Bedeutung* verhindert werden sollen. Dabei handelt es sich nach den Legaldefinitionen der betreffenden Polizeigesetze um solche Taten, die den Rechtsfrieden empfindlich stören oder geeignet sind, das Gefühl der Rechtssicherheit der Bevölkerung erheblich zu beeinträchtigen.[296]

---

291 **Brem:** § 36i I S. 1 PolG; **Sachs:** § 47 I S. 1 PolG; **SchlHolst:** § 195a I LVwG.
292 **BW:** § 40 I S. 1 PolG; **Bay:** Art. 44 I S. 1 PAG; **Hess:** § 26 I SOG; **Nds:** § 45a I S. 1 SOG.
293 So etwa ausdrücklich § 2 Nr. 3b BremPolG oder § 23 I HambDVPolG.
294 Vgl § 195a I SchlHolstLVwG.
295 Vgl § 25d I RhlPflPOG.
296 Vgl z.B. § 22 V BWPolG; § 36 I SachsPolG.

Verbrechen (i.S.d. § 12 I StGB) sind immer Straftaten von erheblicher Bedeutung. Vergehen (i.S.d. § 12 II StGB) zählen dazu, soweit sie auf Grund ihrer Begehungsweise (banden-, gewerbs-, gewohnheits-, serienmäßig) oder ihrer Dauer eine Gefahr für die Allgemeinheit darstellen und geeignet sind, das Sicherheitsgefühl der Bevölkerung erheblich zu beeinträchtigen.[297]

Schließlich muss – wie bereits mehrfach angesprochen – die Rasterfahndung auch **verhältnismäßig** sein. Sie muss also einen legitimen Zweck verfolgen, zur Erreichung des mit ihr verfolgten Zwecks geeignet, zur Erreichung dieses Zwecks erforderlich und letztlich auch angemessen sein. Besonderes Augenmerk verdient dabei die Fahndungshypothese, d.h. der Katalog von Merkmalen, die zentral erfasst und abgeglichen werden.[298] Die Erfassung und der Abgleich der Daten sind nur dann sinnvoll, wenn dem jeweiligen Persönlichkeitsprofil besondere Prüfmerkmale sächlicher Art aus den Umständen oder Anzeichen einer Störung in einem sachlogischen Zusammenhang zugeordnet werden können. Im Zusammenhang mit der Fahndung nach sog. Schläfern, also nach Personen mit völlig unauffälliger Lebensführung, die auf „Abruf" aktiviert werden und einen bestimmten Auftrag ausführen sollen, erscheint es zweifelhaft, ob sich überhaupt vernünftige Prüfmerkmale finden lassen.[299] **384**

Die meisten genannten gesetzlichen Bestimmungen (etwa § 36 i BremPolG) wurden als Reaktion auf die Terroranschläge vom 11. September 2001 eilig in die Polizeigesetze aufgenommen. Da die Bestimmungen zumeist aber keine Anforderungen an den Wahrscheinlichkeitsgrad der Gefahr und die Tatsachenbasis der Gefahrenprognose stellen und schließlich auch keine hinreichende Einschränkung hinsichtlich des Verdächtigenkreises enthalten, somit also auch den Datenabgleich von völlig unbeteiligten (und unverdächtigen) Personengruppen zulassen, stellt sich die Frage, ob die betreffenden Bestimmungen nicht zu weit gefasst sind und sich damit als **verfassungswidrig** erweisen. Nach der hier bereits in der Vorauflage vertretenen Auffassung, die jüngst auch vom BVerfG bestätigt wurde[300], sind die Befugnisnormen aber der **verfassungskonformen Auslegung** zugänglich mit dem Ergebnis, dass sich die Frage nach der Rechtmäßigkeit der Rasterfahndung auf die konkrete Einzelmaßnahme konzentriert. Das soll anhand des folgenden Beispiels veranschaulicht werden. **385**

Beispiel[301]: Um weitere terroristische Anschläge zu verhindern, sucht die Polizei nach sog. „Schläfern" islamistischer Terrororganisationen. Dabei führt sie – unter Berufung auf den Wortlaut der einschlägigen Befugnisnorm – einen Datenabgleich aller in deutschen Hochschulen immatrikulierten Studenten durch. K ist marokkanischer Staatsbürger nichtmuslimischen Glaubens. Er fühlt sich durch die mit der Rasterfahndung verbundenen Erfassung seiner Daten in seinem Recht auf informationelle Selbstbestimmung verletzt und beabsichtigt, Klage zu erheben. **386**

Auszug aus dem Landespolizeigesetz:
§ 36i I:
[1]Der Polizeivollzugsdienst darf von öffentlichen und nichtöffentlichen Stellen die Übermittlung personenbezogener Daten von Personen, die bestimmte Prüfungsmerkmale erfüllen, zum Zweck des Abgleichs mit anderen Datenbeständen verlangen, soweit dies zur Abwehr einer Gefahr für den Bestand oder die Sicherheit des Bundes oder eines Landes, für Leib, Leben oder Freiheit einer Person oder zur Verhütung einer Straftat von erheblicher Bedeutung erforderlich ist. [2]Die Maßnahme darf nur angeordnet werden, wenn die Abwehr der Gefahr auf andere Weise weniger Erfolg versprechend oder nicht möglich wäre.

---

[297] Vgl. *Meister*, JA **2003**, 83, 86; *Lisken*, NVwZ **2002**, 513, 514 f.
[298] *Meister*, JA **2003**, 83, 87; *Lisken*, NVwZ **2002**, 513, 514.
[299] *Meister*, JA **2003**, 83, 86.
[300] BVerfG NJW **2006**, 1939, 1941 ff. (Rasterfahndung nach § 31 NRWPolG).
[301] Vgl. BVerfG NJW **2006**, 1939; OVG Bremen NVwZ **2002**, 1530; OVG Koblenz NVwZ **2002**, 1528; OLG Düsseldorf NVwZ **2002**, 629; KG NVwZ **2002**, 1537; OLG Frankfurt a.M. NVwZ **2002**, 626, 623.

Lösungsgesichtspunkte: Sofern die Anordnung der Rasterfahndung dem **Richter** vorbehalten ist (vgl. den Wortlaut der betreffenden Befugnisnorm), richten sich das Verfahren insgesamt und damit auch der Rechtsschutz nach dem FGG.[302] In diesem Fall ist der Rechtsstreit vor den *ordentlichen Gerichten* auszutragen. Gem. § 19 I FGG findet gegen Verfügungen des Gerichts erster Instanz – hier also gegen die die Rasterfahndung anordnenden Amtsgerichte – die Beschwerde statt. Über die Beschwerde entscheidet gem. § 19 II FGG das Landgericht. In den übrigen Fällen, in denen die **Verwaltung** (also die Polizeibehörde) die Rasterfahndung anordnet, ist der Rechtsweg zu den *Verwaltungsgerichten* nach § 40 I S. 1 VwGO gegeben, da es um Gefahrenabwehr und nicht um Strafverfolgung geht.
Statthafte Verfahrensart ist die **Unterlassungsklage** (bzw. der **einstweilige Rechtsschutz** nach **§ 123 I VwGO**), da nicht die Anfechtung eines Verwaltungsakts in Rede steht, sondern die schlichte Unterlassung einer auf einen tatsächlichen Erfolg gerichteten hoheitlichen Maßnahme.
K ist auch **klagebefugt**, da eine Verletzung des Rechts auf informationelle Selbstbestimmung nicht ausgeschlossen werden kann.

Begründet ist die Klage, wenn der Datenabgleich in Form der Rasterfahndung rechtswidrig ist und den K in seinen Rechten verletzt.

Ob die Rasterfahndung einer Rechtfertigung bedarf, hängt von der Grundrechtsbelastung ab. Es könnte das Grundrecht auf **informationelle Selbstbestimmung** als Teil des allgemeinen Persönlichkeitsrechts aus Art. 2 I i.V.m. 1 I GG betroffen sein, da dieses Grundrecht dem Einzelnen das Recht gewährt, grundsätzlich selbst zu entscheiden, wann und innerhalb welcher Grenzen persönliche Lebenssachverhalte offenbart werden. Wer nicht mit hinreichender Sicherheit überschauen kann, welche ihn betreffenden Informationen in bestimmten Bereichen seiner sozialen Umwelt bekannt sind, kann in seiner Freiheit wesentlich gehemmt werden, aus eigener Selbstbestimmung zu planen oder zu entscheiden. Das eröffnet den Schutzbereich des Art. 2 I i.V.m. 1 I GG. In diesem Grundrecht wurde auch K durch die Rasterfahndung beeinträchtigt.

Als **Rechtsgrundlage** für diesen Eingriff kommt § 36i I PolG in Betracht. Diese Vorschrift müsste jedoch verfassungsgemäß sein, um den o.g. Grundrechtseingriff zu rechtfertigen. An der formellen Rechtmäßigkeit bestehen keine Bedenken. Solche bestehen aber hinsichtlich der materiellen Seite, weil § 36i I PolG keine Anforderungen an den Wahrscheinlichkeitsgrad der Gefahr und die Tatsachenbasis der Gefahrenprognose stellt und schließlich auch keine hinreichende Einschränkung hinsichtlich des Verdächtigenkreises enthält, somit also auch den Datenabgleich von völlig unbeteiligten (und unverdächtigen) Personengruppen zulässt; der Verstoß könnte somit an den Bestimmtheitsgrundsatz anknüpfen.

Zwar enthält das Grundgesetz einen Schutzauftrag zur Abwehr von Beeinträchtigungen der freiheitlichen demokratischen Ordnung und scheint daher auch die Rasterfahndung zur Abwehr terroristischer Anschläge nicht nur zuzulassen, sondern auch zu fordern, jedoch nur unter Einhaltung der Regeln des Rechtsstaats. In dem Verbot unangemessener Eingriffe finden auch die Schutzpflichten des Staates ihre Grenze. Für die Rasterfahndung folgt nach Auffassung des BVerfG aus dem Verhältnismäßigkeitsgrundsatz jedoch kein Verbot, das Grundrechtseingriffe zu persönlichkeitsbezogenen Ermittlungszwecken ausnahmslos ausschließt. Das Gewicht der mit der Durchführung einer Rasterfahndung einhergehenden Grundrechtseingriffe sei so hoch, dass der Gesetzgeber die Maßnahme zum Schutz der in der Befugnisnorm genannten hochrangigen Rechtsgüter (Bestand oder Sicherheit des Bundes oder eines Landes, Leib, Leben oder Freiheit einer Person, Straftat von erheblicher Bedeutung) bei Vorliegen einer konkreten Gefahr vorsehen dürfe.[303] Die Anforderungen an den Wahrscheinlich-

[302] *Meister*, JA **2003**, 83, 87; *Lisken*, NVwZ **2002**, 513, 517.
[303] So BVerfG NJW **2006**, 1939, 1946 zu § 31 I NRWPolG.

keitsgrad und die Tatsachenbasis der Prognose dürften jedoch nicht beliebig vom Gesetzgeber herabgesenkt werden. Selbst bei höchstem Gewicht der drohenden Rechtsgutbeeinträchtigung könne auf das Erfordernis einer hinreichenden Wahrscheinlichkeit nicht verzichtet werden. Auch müsse als Voraussetzung eines schweren Grundrechtseingriffs gewährleistet bleiben, dass Annahmen und Schlussfolgerungen einen konkret umrissenen Ausgangspunkt im Tatsächlichen besitzen. Insbesondere lasse die Verfassung grundrechtseingreifende Ermittlungen bei bloßen Verdachtsmomenten nicht zu. Verzichte der Gesetzgeber auf begrenzende Anforderungen an die Wahrscheinlichkeit des Gefahreneintritts sowie an die Nähe der Betroffenen zur abzuwehrenden Bedrohung und sehe gleichwohl eine Befugnis zu Eingriffen von erheblichem Gewicht vor, genüge dies dem Verfassungsrecht nicht.[304]

§ 36i I PolG enthält diese Vorgaben nicht ausdrücklich. Viemehr dient er offenbar der (Gefahren-)Vorsorge, weil er es der Polizei ermöglichen soll, im Vorfeld von Straftaten zu deren Verhinderung und damit zur Risikovorsorge tätig zu werden. Dennoch ist eine solche gesetzliche Bestimmung nicht zwingend verfassungswidrig. Verfassungswidrig ist eine gesetzliche Bestimmung nur dann, wenn sie nicht verfassungskonform ausgelegt werden kann. So kann § 36i I PolG dahin interpretiert werden, dass nicht eine allgemeine Verdachtslage, sondern eine konkrete Gefahr für das Rechtsgut drohen muss. Es bedarf Tatsachen, aus denen sich eine konkrete Gefahr ergibt, etwa weil tatsächliche Anhaltspunkte für die Vorbereitung terroristischer Anschläge oder dafür bestehen, dass sich in Deutschland Personen für Terroranschläge bereithalten, die in absehbarer Zeit in Deutschland selbst oder andernorts verübt werden sollen. In Bezug auf die von der Rasterfahndung betroffenen Personen sind darüber hinaus hinreichend fundierte konkrete Tatsachen erforderlich, die auf das Vorliegen eines „Trefferfalls" bei dem Datenabgleich schließen lassen. Ist das nicht der Fall, ist die Rasterfahndung im Einzelfall rechtswidrig.

Fazit: Die Rasterfahndung greift in das Grundrecht der informationellen Selbstbestimmung der von ihr betroffenen Bürger ein und bedarf daher einer Rechtsgrundlage, die ihrerseits verfassungsmäßig sein muss und auch im Einzelfall einer verfassungskonformen Auslegung bedarf. Sofern die polizeigesetzlichen Befugnisnormen eine allgemeine Bedrohungslage genügen lassen, sozusagen an einen Gefahrenverdacht anknüpfen und auch keine Begrenzung des Adressatenkreises enthalten, stellt sich die Frage nach deren Vereinbarkeit mit der informationellen Selbstbestimmung. Jedoch lassen sie sich dergestalt verfassungskonform auslegen, das im konkreten Einzelfall Tatsachen gefordert werden, die die Annahme rechtfertigen, dass die in der Befugnisnorm genannten Rechtsgüter konkret gefährdet sind und von dem Adressaten der Rasterfahndung vermutet wird, dass dieser in Verbindung mit dem Geschehen steht.

Die **strafprozessuale** Rasterfahndung ist in § 98 a und b StPO geregelt. Liegen ausreichende tatsächliche Anhaltspunkte für bestimmte, in § 98 a I StPO aufgeführte Straftaten von erheblicher Bedeutung vor und wären die Erforschung des Sachverhalts oder die Ermittlung des Aufenthaltsorts des Täters auf andere Weise erheblich weniger Erfolg versprechend oder wesentlich erschwert, können nach § 98 b StPO der Richter, bei Gefahr im Verzug auch die Staatsanwaltschaft, eine Rasterfahndung zu Zwecken der Strafverfolgung anordnen. Wie bei der Rasterfahndung zu präventiven Zwecken bestehen strenge Rückgabe-, Lösch- und Benachrichtigungspflichten (§ 98 b III, IV StPO). **387**

ee. Übermittlung von Daten

Es steht außer Frage, dass auch die *Übermittlung* von Daten an andere staatliche Stellen einen Eingriff in das Grundrecht auf **informationelle Selbstbestimmung** **388**

[304] BVerfG NJW **2006**, 1939, 1946 zu § 31 I NRWPolG.

darstellt und daher eine **gesetzliche Regelung** erforderlich macht. Entgegen der früher weit verbreiteten Auffassung hat sich heute die Erkenntnis durchgesetzt, dass die Vorschriften über die **Amtshilfe** (Art. 35 GG und die §§ 4 ff. VwVfG) sowie §§ 10 und 11 BDSG und die mit diesen korrespondierenden landesrechtlichen Regelungen keine solchen Rechtsgrundlagen darstellen. Die Landesgesetzgeber haben darauf reagiert und Vorschriften über die **Datenübermittlung** in ihre Polizei- und Ordnungsgesetze aufgenommen.[305] Danach können personenbezogene Daten zwischen Polizeibehörden/Dienststellen des Polizeivollzugsdienstes (auch anderer Länder) übermittelt werden, soweit dies zur Erfüllung polizeilicher Aufgaben erforderlich ist; ebenso kann die Polizei an andere Behörden oder Stellen, die für die Gefahrenabwehr zuständig sind, personenbezogene Daten übermitteln, soweit die Kenntnis dieser Daten zur Erfüllung von Aufgaben des Empfängers bzw. Dritten, an den übermittelt wird, erforderlich ist. Sogar an Private (die Gesetze sprechen von *„Personen oder Stellen außerhalb der öffentlichen Verwaltung"* oder von *„nichtöffentlichen Stellen"*) kann die Datenübermittlung zulässig sein.

389 Um die grundrechtlichen Vorgaben und Grenzen zu beachten, ist eine Übermittlung grds. nur zu dem Zweck zulässig, zu dem die Polizei die Daten erlangt hat (**Grundsatz der Zweckidentität**). Aber abgesehen davon, dass die Einhaltung dieses Grundsatzes bei einer Datenweitergabe schwer zu überprüfen ist, lassen die – im Übrigen sehr unterschiedlich formulierten – landesgesetzlichen Regeln auch eine Reihe von Ausnahmen zu, insbesondere wenn ein Gesetz die Weitergabe zulässt.

Beispiel[306]: Die Polizei wird gerufen, weil sich X (der Jäger ist) umbringen will. Die Beamten treffen ihn in seiner Wohnung an. Er ist geistig verwirrt und versucht, einen Abschiedsbrief zu schreiben. Auf dem Tisch liegt eine Jagdwaffe. Die Beamten stellen die Waffe sicher (zur Standardmaßnahme *Sicherstellung* vgl. Rn 560 ff.) und unterrichten die zuständige Ordnungsbehörde, damit die nötigen Hilfsmaßnahmen nach dem PsychKG getroffen werden. Zugleich verständigen sie die untere Jagdbehörde, um die Zuverlässigkeit des Jagdscheininhabers und die aus der Jagdausübung des X resultierende Gefahr (vgl. § 18 BJagdG) prüfen zu lassen.

390 Auch wenn die sehr unterschiedlich formulierten und strukturierten landespolizeigesetzlichen Regelungen über die Übermittlung personenbezogener Daten durch die Polizei an andere staatliche Stellen eine Vergleichbarkeit der jeweiligen Regelungen außerordentlich erschweren, kann doch unterstellt werden, dass im Grundsatz überwiegend Gleiches gemeint ist. Das gilt auch hinsichtlich des Initiators der übermittelten Daten. Dieser kann auch die Empfangsstelle sein.

Beispiel[307]: Die Ordnungsbehörde O hat über einen Konzessionsantrag des A für eine Diskothek zu entscheiden (vgl. §§ 2 ff. GastG). Aufgrund verschiedener Anhaltspunkte besteht der Verdacht, dass A in den Drogenhandel verstrickt ist und die Diskothek für diese Zwecke missbrauchen wird. O bittet die Polizei um Auskunft, ob und gegebenenfalls welche Erkenntnisse über A vorliegen, die einer Konzessionserteilung an A wegen fehlender Zuverlässigkeit i.S.d. § 4 I Nr. 1 GastG entgegenstehen könnten.

Nach allen Landesgesetzen „kann" die Polizei die ihr zur Verfügung stehenden Daten auf Anforderung übermitteln, sofern dies erforderlich ist. Vorliegend könnte sich die Er-

---

[305] §§ **BW:** §§ 41 ff. PolG; **Bay:** Art. 40 ff. PAG; **Berl:** §§ 44 f. ASOG; **Brand:** §§ 41 ff. PolG; **Brem:** §§ 36c ff. PolG; **Hamb:** §§ 18 ff. DVPolG; **Hess:** §§ 21 ff. SOG; **MeckVor:** §§ 39 ff. SOG; **Nds:** §§ 40 ff. SOG; **NRW:** § 24 OBG i.V.m. §§ 27 ff. PolG; **RhlPfl:** §§ 34 ff. POG; **Saar:** §§ 32 ff. PolG; **Sachs:** § 45 PolG; **SachsAnh:** §§ 26 ff. SOG; **SchlHolst:** §§ 191 ff. LVwG; **Thür:** §§ 41 ff. PAG.

[306] Vgl. *Möller/Wilhelm*, POR, Rn 339.

[307] Vgl. *Möller/Wilhelm*, POR, Rn 339.

forderlichkeit daraus ergeben, dass der Empfangsstelle das Zurückgreifen auf andere sachnahe Informationsquellen (z.B. Gewerbezentralregister) nicht weiterhilft.

Hervorzuheben bleibt, dass eine mit einem Grundrechtseingriff verbundene und deshalb eine gesetzliche Rechtsgrundlage erfordernde Übermittlung zwischen öffentlichen Stellen sogar dann vorliegen kann, wenn diese innerhalb einer in ihren Untergliederungen mit verschiedenen Aufgaben betrauten Behörde erfolgt (Beispiel: Datenübermittlung zwischen Schutzpolizei und Kriminalpolizei derselben Einheit). Nach den Bestimmungen der Polizeigesetze ist hier eine Übermittlung zulässig, wenn die Übermittlung zur Erfüllung einer gefahrenabwehrrechtlichen Aufgabe erforderlich ist. **391**

Unterliegen die von der Polizei zu übermittelnden Daten einem Berufs- oder besonderen Amtsgeheimnis (vgl. § 203 StGB, §§ 53, 53a StPO), ist für die Zulässigkeit der Übermittlung durch die Polizei insbesondere erforderlich, dass der Empfänger die Daten zur Erfüllung des gleichen Zwecks benötigt, zu dem sie die Polizei erhoben hat oder hätte erheben können (§ 10 VI MEPolG). Zur Datenübermittlung im Zusammenhang mit dem Datenabgleich und der Rasterfahndung vgl. Rn 355. **392**

Entspricht die Übermittlung von Daten den genannten Voraussetzungen, verstößt sie auch nicht gegen die insoweit „allgemeineren" Vorschriften des Datenschutzgesetzes. Auch ist sie nicht „unbefugt" i.S.v. § 30 VwVfG, sodass der Betroffene auch keine Verletzung der behördlichen Geheimhaltungspflicht nach allgemeinem Verwaltungsverfahrensrecht geltend machen kann.[308] **393**

ff. Verwertbarkeit rechtswidrig erhobener Daten

Wurden Daten rechtswidrig erhoben, stellt sich die Frage nach deren Verwertbarkeit. **394**
Besteht eine gefahrenabwehrrechtliche Bestimmung, wonach die Speicherung, Veränderung oder Nutzung von Daten ausdrücklich an die Rechtmäßigkeit der Datenerhebung gebunden sind (vgl. etwa § 36a I S. 1 BremPolG[309]), kann man daraus den Umkehrschluss ziehen, dass die Verwertung *rechtswidrig* erhobener Daten grundsätzlich ausgeschlossen ist, zumal es für sie an einer rechtlichen Grundlage fehlt. Wenn es aber auf der anderen Seite um den Schutz überragend wichtiger Gemeinschaftsgüter (insbesondere das Leben) geht, für den der Staat besondere, aus Art. 2 II i.V.m. Art. 1 I GG abzuleitende, **Schutzpflichten** hat, könnte der Staat diesen Pflichten nicht nachkommen, wenn er rechtswidrig gewonnene Daten nicht verwerten dürfte.[310] Erlangt die Polizei etwa aufgrund rechtswidrig erlangter Daten Kenntnis davon, dass ein Gastronom in von ihm vertriebenen Speisen hochgiftige Substanzen beimischt, trifft die Gefahrenabwehrbehörde eine Verpflichtung zum Einschreiten. Eine gesetzliche Vorschrift, die undifferenziert von einem Verwertungsverbot rechtswidrig erlangter Daten ausginge (und damit einem Einschreiten entgegenstünde), würde diese verfassungsrechtlich gebotene Schutzpflicht verkennen und noch nicht einmal einer verfassungskonformen Auslegung zugänglich sein; sie wäre schlichtweg (teil-)nichtig. Allerdings würde umgekehrt eine aus der staatlichen Schutzpflicht abgeleitete uneingeschränkt zulässige Verwertung rechtswidrig erlangter Daten zu einer Aushöhlung des Verbots rechtswidriger Datenerhebung führen und hätte eine Schwächung des Prinzips der Gesetzmäßigkeit der Verwaltung (Art. 20 III GG) zur Folge. In Übereinstimmung mit dem Strafprozessrecht sollte daher auch im Gefahrenabwehrrecht die Regel aufgestellt werden, dass die Rechtswidrigkeit einer Datenerhebung weder zwingend zu einem Verwertungsverbot noch zwingend zu einer erlaubten Verwertung führt,

---

[308] Vgl. dazu VGH Kassel NVwZ **2003**, 755.
[309] Vgl. ebenso § 42 I BerlASOG; § 39 I BrandPolG; § 24 I NRWPolG; § 38 I S. 1 NdsSOG; § 40 I ThürPAG.
[310] *Schenke*, POR, Rn 215.

sondern Gegenstand einer **Abwägung** zwischen dem öffentlichen Interesse an einer Verwertbarkeit und dem Interesse des Betroffenen an einer Unverwertbarkeit ist:

395 Grundsätzlich gebietet es das Rechtstaatsprinzip, dass **rechtswidrig** erhobene Daten **nicht verwertet** werden dürfen. Überwiegt allerdings das öffentliche Interesse der Gefahrenabwehr das private Interesse an einem Verwertungsverbot, dürfen rechtswidrig erhobene Daten verwertet werden.

396 Allerdings besteht bei einem **großen Lauschangriff**, bei dem in rechtswidriger Weise in den Kernbereich privater Lebensführung eingegriffen wurde (dazu oben Rn 268), nach der Rspr. des BVerfG ein absolutes Verwertungsverbot hinsichtlich der aus einem solchen Eingriff gewonnenen personenbezogenen Daten.[311] Dem ist zuzustimmen, da hierdurch eine (von subjektiven Erwägungen durchsetzte) Abwägung nicht stattfindet und so der höchstpersönliche (Kern-)Bereich privater Lebensführung der richterlichen Disposition entzogen ist.

397 Davon unabhängig muss es der Gefahrenabwehrbehörde zumindest möglich sein, die ihr aufgrund einer rechtswidrigen Erhebung bekannt gewordenen Daten zum Anlass einer neuen Datenerhebung zu nehmen.[312] Dieser neuen Datenerhebung steht auch nicht entgegen, dass die Beamten „vorbelastet" herangehen und auf der Grundlage von **Spurenansätzen**, d.h. mittelbarer Folgen einer vorangegangenen rechtswidrigen Datenerhebung, Daten nunmehr rechtmäßig erheben. Denn die bereits erläuterte verfassungsrechtliche Schutzpflicht gebietet den Gefahrenabwehrbehörden gerade, Daten zu erheben, um auf deren Grundlage Gefahren abwehren zu können.

gg. Löschung, Berichtigung und Sperrung von Daten

398 Ergänzt durch Datenschutzgesetze enthalten die Bestimmungen der Polizeigesetze auch Regelungen über die Löschung, Berichtigung und Sperrung von Daten.[313] Grundsätzlich sind **rechtswidrig gespeicherte Daten zu löschen und die dazu gehörigen Unterlagen zu vernichten**. Der Löschungs- und Vernichtungspflicht korrespondiert ein entsprechender **Anspruch** der Person, deren Daten gespeichert wurden. Dieser Anspruch stellt letztlich nichts anderes dar als die einfachgesetzliche Umsetzung des verfassungsrechtlich gewährleisteten **öffentlich-rechtlichen Beseitigungsanspruchs**, der mit Hilfe der **allgemeinen Leistungsklage** durchgesetzt werden kann. Zugleich hat der Betroffene einen Auskunftsanspruch.

399 Die Löschungs- und Vernichtungspflicht besteht auch dann, wenn es gespeicherter Daten zur Erfüllung der der Polizei gesetzlich zugewiesenen Aufgaben **nicht mehr bedarf**.[314] Denn dann besteht kein sachlicher Grund mehr für die Aufrechterhaltung des Grundrechtseingriffs. Der Effektuierung entsprechender Pflichten dient die Festlegung von Terminen (Prüfungsterminen), bei denen spätestens überprüft werden muss, ob die Speicherung von Daten weiterhin erforderlich ist.

---

[311] BVerfGE **109**, 279, 313 f. Zur Unverwertbarkeit von personenbezogenen Daten, die im Rahmen eines Eingriffs in den durch Art. 13 I GG i.V.m. Art. 1 I und 2 I GG geschützten Kernbereichs privater Lebensführung erhoben wurden, vgl. auch BGH NJW **2005**, 3285 ff.

[312] *Schenke*, POR, Rn 215; *Hufen*, Fehler im Verwaltungsverfahren, 4. Aufl. **2002**, Rn 152.

[313] **BW:** § 46 PolG; **Bay:** Art. 45 PAG; **Berl:** § 48 ASOG; **Brand:** § 47 PolG; **Brem:** § 36k PolG; **Hamb:** § 24 DVPolG; **Hess:** § 27 SOG; **MeckVor:** § 45 SOG; **Nds:** § 39a SOG; **NRW:** § 24 OBG i.V.m. §§ 32 ff. PolG; **RhlPfl:** § 39 POG; **Saar:** § 38 PolG; **Sachs:** § 49 PolG; **SachsAnh:** § 32 SOG; **SchlHolst:** § 196 LVwG; **Thür:** § 45 PAG.

[314] **BW:** § 46 I Nr. 2 PolG; **Bay:** Art. 37 III PAG; **Berl:** § 48 II Nr. 2 ASOG; **Brand:** § 47 II Nr. 3 PolG; **Brem:** § 36k II Nr. 2 PolG; **Hamb:** § 24 II Nr. 3 DVPolG; **Hess:** § 27 II Nr. 2 SOG; **MeckVor:** § 45 II S. 2 Nr. 2 SOG; **Nds:** § 39a SOG; **NRW:** § 24 OBG i.V.m. § 32 II S. 1 Nr. 3 PolG; **RhlPfl:** § 39 II Nr. 3 POG; **Saar:** § 38 II S. 1 Nr. 2 PolG; **SachsAnh:** § 32 II S. 1 Nr. 2 SOG; **SchlHolst:** § 196 II S. 1 LVwG; **Thür:** § 45 II Nr. 2 PAG.

Sind personenbezogene Daten **unrichtig**, bestehen eine Pflicht zur **Berichtigung** und ein damit korrespondierender Anspruch. Ein Anspruch auf **Sperrung von personenbezogenen Daten** ist dann gegeben, wenn ihre Richtigkeit vom Betroffenen bestritten wird und sich weder die Richtigkeit noch die Unrichtigkeit feststellen lassen oder die Löschung deshalb unterbleibt, weil durch sie schutzwürdige Interessen des Betroffenen beeinträchtigt würden oder wenn eine Löschung wegen der besonderen Form der Speicherung nicht oder nur mit unverhältnismäßigem Aufwand möglich ist. 400

4. Einschränkungen der räumlichen Bewegungsfreiheit

Die zweite Gruppe der Standardmaßnahmen beschreibt Einschränkungen der persönlichen Bewegungsfreiheit, wodurch stets ein Eingriff in Art. 2 II S. 2 GG, Art. 104 I oder II GG anzunehmen ist. Deshalb beschränken sich die entsprechenden Befugnisnormen der Polizeigesetze auf bestimmte, gravierende Anwendungsfälle. Dazu zählen die **Vorladung**, die **Platzverweisung**, das **Aufenthaltsverbot**, die **Wohnungsverweisung**, das **Rückkehrverbot** sowie die **Ingewahrsamnahme**. 401

a. Vorladung

Vorladung[315] ist das (schriftliche oder mündliche) *verbindliche* Gebot, auf der Dienststelle zu erscheinen (und zu bleiben), um sachdienliche Angaben zu machen oder um erkennungsdienstliche Maßnahmen zu unterstützen. 402

Die Vorladung im genannten Sinn darf nur präventivpolizeilichen Zwecken dienen; sie kommt daher nicht in Betracht im Zusammenhang mit der Verfolgung von Straftaten und Ordnungswidrigkeiten, weil die Ladung zu Strafverfolgungszwecken in der StPO (vgl. §§ 163, 161a, 163 a StPO; für das Bußgeldverfahren vgl. § 46 OWiG, der auf die Vorschriften der StPO verweist) abschließend geregelt ist. Allerdings darf die Polizeibehörde Personen im Rahmen ihres Strafverfolgungsauftrags (vgl. z.B. § 1 IV BremPolG i.V.m. § 163 I StPO) vorladen; sie muss die Vorladung dann aber auf die Rechtsgrundlagen der StPO stützen.

Aber auch im Rahmen der Gefahrenabwehr kann die Anwendbarkeit der polizeigesetzlichen Vorschrift über die Vorladung ausgeschlossen sein. Gemäß dem Grundsatz *lex specialis derogat legi generali* gehen *besondere* gesetzliche Vorschriften, die eine Vorladung, verbunden mit Erscheinungspflichten der betroffenen Person, zulassen, vor. Als solche Vorschriften kommen insbesondere § 32 II und § 26 II IfSG, § 26 II InfSchG, § 17 III und § 44 III WPflG, § 6 III PassG, § 15 II Nr. 3 AsylVfG, § 2 a II StVG sowie die landesrechtlichen Bestimmungen der Meldegesetze in Betracht. 403

Die Vorladung ist **keine Freiheitsentziehung** i.S.v. Art. 104 II GG und bedarf daher (im Gegensatz zur Vorführung – dazu sogleich Rn 413) **keiner richterlichen Entscheidung**. Vielmehr handelt es sich um eine (bloße) Beschränkung der **Freiheit der Person** (Art. 2 II S. 2 i.V.m. Art. 104 I GG). Zwar wird unter Freiheit der Person die „körperliche Bewegungsfreiheit, jeden beliebigen Ort aufzusuchen oder ihn zu verlassen"[316], verstanden, allerdings wird man auch bei der Vorladung von einer Einschränkung der körperlichen Bewegungsfreiheit ausgehen müssen. Immerhin handelt 404

---

[315] Vgl. § 11 MEPolG; **Bund:** § 25 BundesPolG; **BW:** § 27 PolG; **Bay:** Art. 15 PAG; **Berl:** § 20 ASOG; **Brand:** § 15 PolG; **Brem:** § 12 PolG; **Hamb:** § 11 SOG; **Hess:** § 30 SOG; **MeckVor:** § 50 SOG; **Nds:** § 16 SOG; **NRW:** § 10 PolG, § 24 OBG; **RhlPfl:** § 12 POG; **SchlHolst:** § 199 LVwG; § **Saar:** 11 II-IV PolG; § **Sachs:** 18 PolG; **SachsAnh:** § 35 SOG; **Thür:** § 17 PAG, § 16 IV-VI OBG.

[316] BVerfGE **94**, 166, 198; *Kunig*, in: von Münch/Kunig, GG, Art. 2 Rn 74.

es sich bei der Vorladung nicht um eine unverbindliche „Einladung", sondern um die Verpflichtung, auf der Dienststelle zu erscheinen.

405 Aufgrund der mit der Maßnahme verbundenen Regelung ist die Vorladung ein **Verwaltungsakt**. Sie kann daher mit den Rechtsbehelfen der VwGO, die allgemein gegen Verwaltungsakte zulässig sind, angefochten sowie mit Mitteln des Zwangs durchgesetzt werden. Vgl. dazu Rn 108 und 119.

aa. Formelle Rechtmäßigkeit

406 Hinsichtlich der formellen Rechtmäßigkeit gelten zunächst die allgemeinen Voraussetzungen (Zuständigkeit, Verfahren, Form, siehe Rn 607 ff.). Als besondere (und zusätzlich zu prüfende) Verfahrensvorschrift normieren die Polizeigesetze, dass der **Grund** für die Vorladung **angegeben** werden soll. „Soll" bedeutet grundsätzlich „muss", und dass nur in atypischen Fällen von der Pflicht abgesehen werden kann. Im Übrigen muss die Begründung so präzise sein, dass der Vorgeladene weiß, aus welchem Grund er vorgeladen wird. Eine Floskel wie „Sie müssen erscheinen, um sachdienliche Angaben zu machen" würde lediglich den Gesetzestext wiedergeben und dem Begründungserfordernis nicht gerecht werden.

bb. Materielle Rechtmäßigkeit

407 Tatbestandlich setzt die Vorladung nach den meisten Polizeigesetzen alternativ voraus, dass (1) Tatsachen die Annahme rechtfertigen, dass von der vorgeladenen Person sachdienliche Angaben zur Aufklärung des Sachverhalts in einer bestimmten polizeilichen Angelegenheit gemacht werden können oder (2) wenn sie zur Durchführung einer erkennungsdienstlichen Maßnahme erforderlich ist.

Die Formulierung „wenn **Tatsachen die Annahme rechtfertigen, dass** ..." in Nr. 1 bedeutet, dass lediglich eine **abstrakte Gefahr** bzw. ein **Gefahrenverdacht** vorliegen müssen. Gefordert wird also die Prognose, dass die Angaben der vorzuladenden Person geeignet sind, der Polizei die Erfüllung einer bestimmten Aufgabe zu ermöglichen, die ihr im Rahmen der Aufgabenzuweisung nach § 1 des jeweiligen Polizeigesetzes übertragen ist. Als „sachdienliche Angaben" sind alle Angaben persönlicher und sachlicher Natur zu verstehen, die der Aufklärung einer polizeilichen Angelegenheit dienlich sind.

408 Fraglich ist, warum die Gesetzgeber in Nr. 2 die „**Erforderlichkeit**" auf Tatbestandsebene genannt haben. Denn dass eine Maßnahme erforderlich sein muss, ist eine rechtsstaatliche Selbstverständlichkeit und kennzeichnet im Übrigen gerade den Grundsatz der Verhältnismäßigkeit, der bei der Rechtsfolge einer Maßnahme zu prüfen ist. Der Begriff der „Erforderlichkeit" ist daher anders zu verstehen: Da die Vorladung gem. Nr. 2 der Durchführung einer erkennungsdienstlichen Maßnahme dient und diese eine abstrakte oder konkrete Gefahr voraussetzt, will die Nennung der „Erforderlichkeit" zum Ausdruck bringen, dass diese Voraussetzung auch für die 2. Variante der Vorladung gilt. Voraussetzung dieser Variante sind also auch eine **abstrakte** oder **konkrete Gefahr**. Daran wird es jedoch fehlen, wenn die Behörde den Sachverhalt durch Einsichtnahme in eigene Dateien oder Akten, öffentliche Register oder Unterlagen öffentlicher Stellen oder durch Auskünfte dieser Stellen selbst aufklären kann.

409 **Pflichtiger** nach Nr. 1 ist jedermann, der sachdienliche Angaben zur Aufklärung des Sachverhalts in einer bestimmten polizeilichen Angelegenheit machen kann, Pflichti-

ger nach Nr. 2 ist derjenige, der auch Pflichtiger einer erkennungsdienstlichen Maßnahme bzw. einer zu diesem Zweck durchgeführten Befragung ist. Inwieweit eine Pflicht zur Auskunft besteht, ist nach Maßgabe der polizeigesetzlichen Vorschriften über erkennungsdienstliche Maßnahmen bzw. die Befragung zu beantworten.

Als besondere (tatbestandliche) Ausprägung des Verhältnismäßigkeitsgrundsatzes normieren die Polizeigesetze, dass bei der Festsetzung des Zeitpunkts der Vorladung **auf den Beruf** und die **sonstigen Lebensverhältnisse** des Betroffenen **Rücksicht** genommen werden soll. Zur Bedeutung des Modalverbs „soll" vgl. Rn 406. Als „Beruf" gelten auch der Nebenberuf, nicht aber Hobbys; unter „sonstigen Lebensverhältnissen" fallen z.B. familiäre Verpflichtungen, Verkehrsverhältnisse, Behörden-, Gerichts- oder Prüfungstermine. Eine Nichtbeachtung dieses gesetzlich normierten Übermaßverbots führt zur Rechtswidrigkeit der Vorladung. **410**

cc. Rechtsschutz

Da die Vorladung einen **Verwaltungsakt** darstellt, kann sie mit den Rechtsbehelfen der VwGO, die allgemein gegen Verwaltungsakte zulässig sind, angefochten werden. Hinsichtlich des Suspensiveffekts des Widerspruchs ist § 80 VwGO zu beachten. In der Regel ist die aufschiebende Wirkung gem. § 80 II S. 1 Nr. 2 VwGO ausgeschlossen, sodass ein gleichwohl erhobener Widerspruch nicht die Vollziehung suspendiert. Sollte ausnahmsweise kein Fall des § 80 II S. 1 Nr. 2 VwGO vorliegen, kann die Polizei dem Suspensiveffekt nur dadurch entgehen, dass sie die sofortige Vollziehung nach § 80 II S. 1 Nr. 4 VwGO anordnet und diese Anordnung, falls nicht ausnahmsweise die Voraussetzungen des § 80 III S. 2 VwGO gegeben sind, nach § 80 III S. 1 VwGO schriftlich begründet.[317] Auch kann die Vorladung mit Hilfe der Anfechtungsklage bzw. – bei deren Erledigung – der **Fortsetzungsfeststellungsklage** analog § 113 I S. 4 VwGO überprüft werden. **411**

Sollte die Vorladung zwangsweise durchgesetzt worden sein (dazu sogleich), wird der Rechtsschutzsuchende regelmäßig auch die Zwangsmaßnahme überprüfen lassen wollen. Gegen die **Anwendung der Zwangsmaßnahme** sind entweder die Anfechtungsklage bzw. (bei deren Erledigung) die **Fortsetzungsfeststellungsklage** analog § 113 I S. 4 VwGO oder die **allgemeine Leistungsklage** bzw. allgemeine **Feststellungsklage** gem. § 43 VwGO statthaft, je nachdem, ob man in der Anwendung des Zwangsmittels einen Verwaltungsakt oder lediglich einen Realakt sieht. **412**

dd. Zwangsweise Durchsetzung (sog. Vorführung)

Kommt der Betreffende der Vorladung nicht nach, kann diese unter den in der polizeilichen Vorschrift über die Vorladung beschriebenen Voraussetzungen (vgl. etwa § 12 III BremPolG) zwangsweise, d.h. auf der Ebene der Verwaltungsvollstreckung, mit **unmittelbarem Zwang**, der sog. **Vorführung**, durchgesetzt werden. Bei dieser Vorführung, bei welcher der Betroffene von Polizeibeamten abgeholt und (zwangsweise) zur Dienststelle verbracht wird, handelt es sich nach der Rspr. lediglich um eine **Freiheitsbeschränkung** i.S.v. Art. 104 I GG.[318] Diese Auffassung ist im Ergebnis zutreffend, steht freilich aber in gewissem Widerspruch zur Definition des BVerfG hinsichtlich der Freiheitsentziehung i.S.v. Art. 104 II GG, die dadurch gekennzeichnet sei, dass die körperliche Bewegungsfreiheit in jede Richtung und für eine gewisse Min- **413**

---

[317] Vgl. zur Regelungstechnik des § 80 VwGO *R. Schmidt*, VerwProzR, Rn 883 ff.

[318] BGHZ **82**, 261; BVerwG NVwZ **1990**, 69; BayObLG DVBl **1983**, 1069 ff.

destdauer aufgehoben werde.[319] Die Einstufung entweder als Freiheitsbeschränkung oder als Freiheitsentziehung hat Auswirkungen auf den Richtervorbehalt, da dieser nur für Art. 104 II GG gilt (vgl. dazu Rn 404). Kommt es also im Zusammenhang mit der Vorführung zu einer Freiheitsentziehung, ist unverzüglich eine richterliche Entscheidung über die Zulässigkeit und Fortdauer der Freiheitsentziehung herbeizuführen (vgl. z.B. § 16 I BremPolG). Eine richterliche Entscheidung braucht jedoch nicht herbeigeführt zu werden, wenn anzunehmen ist, dass sie erst nach Wegfall des Grundes der polizeilichen Maßnahme ergehen wird (vgl. z.B. § 16 II BremPolG). Allerdings ist auch in diesem Fall die absolute Obergrenze des Art. 104 II S. 3 GG zu beachten.

Beispiel: In der Stadt S wurde erneut ein Mädchen sexuell missbraucht. Aus Gründen der Strafverfolgung, aber auch weil eine Wiederholung droht, lädt die Polizei den K zur Durchführung erkennungsdienstlicher Maßnahmen (Anfertigung von Fingerabdrücken) vor, da er verdächtig ist, einen Hang zu Sexualstraftaten zu haben. In der Vorladung wird K darauf hingewiesen, dass er im Fall des Nichterscheinens mit einer Vorführung zu rechnen habe. K wendet ein, dass er sich mitten in der Urlaubsvorbereitung befinde und keine Zeit habe. Als K zum festgesetzten Termin nicht erscheint, wird er (zwangsweise) vorgeführt und drei Stunden später wieder entlassen.

Die Primärmaßnahme, die Vorladung, dient der vorbeugenden Verbrechensbekämpfung und somit der Gefahrenabwehr. Damit ist der präventivpolizeiliche Aufgabenbereich der Polizei eröffnet. Auch sind die Voraussetzungen der Befugnisnorm *Vorladung* (z.B. § 12 I BremPolG) erfüllt. Die Vorladung war auch geeignet und erforderlich. Fraglich ist allenfalls die Angemessenheit. Jedenfalls gehört der Urlaub nicht zum Beruf i.e.S. Zu „sonstigen" Lebensverhältnissen gehören wichtige Verpflichtungen gegenüber Angehörigen, behördliche Termine u.ä., aber wohl nicht Urlaubsvorbereitungen (es sei denn, die Urlaubsvorbereitungen sind unumgänglich und die Polizei kann den Termin problemlos verschieben). Die Vorladung war daher auch verhältnismäßig.
Die Zulässigkeit der Vollstreckungsmaßnahme, die zwangsweise Durchsetzung der Vorführungsanordnung, bestimmt sich ebenfalls nach der Befugnisnorm über die Vorladung. So darf die Polizei (z.B. gem. § 12 III Halbs. 2 Var. 2 BremPolG) die Vorladung zwangsweise durchsetzen, soweit dies zur Durchführung erkennungsdienstlicher Maßnahmen erforderlich ist. Da vorliegend keine anderen Zwangsmittel Erfolg versprachen, kam lediglich unmittelbarer Zwang in Betracht. Dieser wurde auch angedroht. Schließlich wurde der Richtervorbehalt nicht verletzt. Beide Maßnahmen waren daher rechtmäßig.

414 Ist die Vorladung rechtswidrig, hat dies nicht zwingend zur Folge, dass auch die Vorführung rechtswidrig ist. Denn nach der Rechtsprechung des BVerfG kommt es bei der Frage nach der Rechtmäßigkeit einer Vollstreckungsmaßnahme nicht (mehr) auf die Rechtmäßigkeit ihrer Grundverfügung an (keine Konnexität zwischen Primär- und Vollstreckungsmaßnahme).[320] Freilich eine andere Frage ist, ob in einem solchen Fall der Zwang nicht unverhältnismäßig ist. Das gilt zumindest dann, wenn die Rechtswidrigkeit der Grundverfügung für die Polizei erkennbar ist. Vgl. dazu im Einzelnen Rn 346, 906.

---

[319] BVerfGE **105**, 239, 248; **94**, 166, 198.

[320] Die Grundverfügung muss nur wirksam sein; vgl. BVerfG NVwZ **1999**, 290, 292; OVG Münster NVwZ **2001**, 231; *Schenke*, POR, Rn 540; *Werner*, JA **2000**, 902, 904; **a.A.** *Knemeyer*, POR, Rn 358 und *Pieroth/Schlink/Kniesel*, POR, § 20 Rn 38 (denen jedoch offensichtlich BVerfG NVwZ **1999**, 290, 292 unbekannt ist).

b. Kurzfristige Platzverweisung

Durch eine „einfache" oder „kurzfristige" **Platzverweisung**[321] wird eine Person **vorübergehend eines Ortes verwiesen** oder ihr wird **vorübergehend das Betreten eines Ortes verboten**. **415**

Aufgrund der beschriebenen Rechtsfolge greift die Maßnahme in Art. 2 II S. 2, Art. **416**
104 I GG ein. Denn die Freiheit der Person schützt trotz ihres weiten Wortlauts („Freiheit") die *körperliche Bewegungsfreiheit*. Damit ist das Recht gemeint, **jeden beliebigen Ort aufzusuchen oder ihn zu verlassen.**[322] Eine Platzverweisung stellt daher in doppelter Hinsicht einen Eingriff dar; zum einen, weil der Betroffene zunächst verpflichtet wird, den Ort – wenn auch nur vorübergehend – zu verlassen, und zum anderen, weil er daran gehindert wird, (vorläufig) den Ort aufzusuchen bzw. an ihn zurückzukehren.[323]

Nach den Bestimmungen der Polizeigesetze darf die „einfache" Platzverweisung nur **417**
ergehen, um die betreffende(n) Person(en) **vorübergehend** vom Ort fernzuhalten.[324] Abzugrenzen ist die Platzverweisung daher zunächst vom **längerfristigen Betretungs- und Aufenthaltsverbot** (auch „erweiterte" Platzverweisung genannt), das aufgrund seiner Längerfristigkeit die Freiheit beschränkt, an jedem Ort Wohnsitz oder Aufenthalt zu nehmen, und damit in die **Freizügigkeit des Art. 11 GG** eingreift. Vgl. dazu Rn 429 ff. und 435 ff.

Des Weiteren ist die Platzverweisung von anderen Vorschriften mit derselben Zielrich- **418**
tung abzugrenzen, insbesondere von denen des VersG. Platzverweisung und **Aufforderung, den Ort nach der Auflösung einer Versammlung zu verlassen** (§§ 13 II, 18 I VersG), sind verschiedene Maßnahmen; ein Konkurrenzverhältnis besteht insoweit nicht. Eine Spezialvorschrift stellt auch § 8 S. 1 Nr. 1 JuSchG dar.

Abzugrenzen ist die Platzverweisung auch von der **Wohnungsverweisung** und vom **419**
diesbezüglichen **Rückkehrverbot zum Schutz vor häuslicher Gewalt**. Vgl. dazu Rn 432 ff.[325]

Geht es um die Sicherung von **Rettungseinsätzen** und stützt sich die Platzverwei- **420**
sung auf **§ 38 I StVO** (Martinshorn und Blaulicht, um Verkehrsteilnehmer zu bewegen, Platz zu machen[326]), ist für die polizeigesetzliche Vorschrift über die Platzverweisung kein Raum (vgl. dazu das Beispiel bei Rn 55). Geht es aber um Sicherung von

---

321 Vgl. zum vorübergehenden Platzverweis § 12 MEPolG; **Bund:** § 38 BundesPolG; **Bay:** Art. 16 PAG; **Berl:** § 29 I ASOG; **Brand:** § 16 PolG; **Brem:** § 14 PolG; **Hamb:** § 12a SOG; **Hess:** § 31 SOG; **MeckVor:** § 52 SOG; **Nds:** § 17 SOG; **NRW:** § 34 PolG, § 24 OBG; **RhlPfl:** § 13 POG; **Saar:** § 12 PolG; **Sachs:** § 21 PolG; **SachsAnh:** § 36 SOG; **SchlHolst:** § 201 LVwG; **Thür:** Art. 18 PAG, § 17 OBG. In **BW** stützt sich die Platzverweisung auf die Befugnisgeneralklausel.

322 BVerfGE **94**, 166, 198; *Kunig*, in: von Münch/Kunig, GG, Art. 2 Rn 74.

323 Vgl. bereits *R. Schmidt*, BesVerwR II, 4. Aufl. **2000**, S. 89. Wie hier nun auch *Pieroth/Schlink/Kniesel*, POR, § 16 Rn 4; a.A. VGH München NVwZ **2000**, 454, 455 f. (Eingriff nur in Art. 2 I GG). Nach *Hetzer*, JR **2000**, 1, liegt sogar ein Eingriff in Art. 11 GG vor.

324 Vgl. dazu auch VGH Kassel NVwZ **2003**, 1392; VGH München NVwZ **2001**, 1291; OVG Münster NVwZ **2001**, 459; *Nolte*, NVwZ **2001**, 147, 152; *Cremer*, NVwZ **2001**, 1218, 1219 f.; *Hecker*, NVwZ **2003**, 1334 ff.

325 Dass *„einfache" Platzverweisung, Betretungs- und Aufenthaltsverbot* sowie *Wohnungsverweisung* unterschiedliche Maßnahmen sind, ist aufgrund der höchst unterschiedlichen Rechtfertigungsvoraussetzungen selbsterklärlich. Überflüssig sind daher die Ausführungen von *Wuttke*, JuS **2005**, 779, 780.

326 Nach § 38 I StVO ist das Einschalten von Blaulicht und Martinshorn im Fall von höchster Eile gestattet, wenn Menschenleben zu retten, schwere gesundheitliche Schäden oder eine Gefahr für die öffentliche Sicherheit und Ordnung abzuwenden sind. § 38 I StVO dient auch der Gefahrenabwehr (und nicht der Strafverfolgung), sofern auf die genannten Schutzgüter abgestellt wird. Die Zuständigkeit des Polizeivollzugsdienstes für Maßnahmen nach § 38 I StVO ergibt sich wegen Vorliegens einer Gefahr im Verzug aus § 44 II StVO.

Rettungseinsätzen außerhalb des Anwendungsbereichs des § 38 I StVO, ist wiederum die polizeigesetzliche Befugnisnorm anwendbar.

aa. Formelle Rechtmäßigkeit

421 Da die **Platzverweisung** (aber auch das **längerfristige Betretungs- und Aufenthaltsverbot**) die verbindliche Anordnung treffen, sich zu entfernen bzw. dem Ort fernzubleiben, stellen sie **Verwaltungsakte** dar. Hinsichtlich der formellen Rechtmäßigkeit gelten daher die allgemeinen Voraussetzungen, die für alle Verwaltungsakte gelten (Zuständigkeit, Verfahren und Form, siehe Rn 607 ff.). Insbesondere können sie grundsätzlich auch **mündlich** ergehen. Für diesen Fall wird man aber jedenfalls beim längerfristigen Betretungs- und Aufenthaltsverbot eine schriftliche Bestätigung oder zumindest eine polizeiinterne Dokumentationspflicht fordern müssen, um eine spätere gerichtliche Nachvollziehbarkeit zu ermöglichen. Sofern Hinweis- und Informationspflichten gegenüber der gefährdeten Person bestehen, berühren Verstöße nicht die Rechtmäßigkeit der Maßnahme (§ 45 VwVfG) bzw. lassen den (gerichtlichen) Aufhebungsanspruch entfallen (§ 46 VwVfG).

bb. Materielle Rechtmäßigkeit

422 Eine Platzverweisung setzt zwar eine **konkrete Gefahr für die öffentliche Sicherheit** (und Ordnung) voraus, nach den meisten reformierten Polizeigesetzen ist es aber **nicht** mehr erforderlich, dass der Adressat für die Gefahr **verantwortlich** ist. *Jeder* kann demnach Adressat einer Platzverweisung sein. Die Voraussetzungen über die Verantwortlichen brauchen in diesen Fällen nicht vorzuliegen. Daher ist z.B. eine Platzverweisung gegen einen Journalisten möglich, der ein Gebäude nicht verlassen will, obwohl eine Bombendrohung vorliegt und die Polizei das Gebäude räumen möchte. In der Praxis wichtig sind auch Fälle, in denen sich die Platzverweisung gegen eine Menschenmenge richtet, aus der die konkrete Gefahr lediglich von einzelnen Personen ausgeht.

Beispiel: Die Polizei bekommt an einem Samstagabend um 22 Uhr eine anonyme telefonische Bombendrohung bezüglich einer in der Innenstadt gelegenen Diskothek. Da in der jüngsten Vergangenheit bereits des Öfteren Bombenanschläge verübt wurden, die offenbar terroristisch motiviert waren, lässt der Einsatzleiter der Polizei die Diskothek räumen und von Spezialisten durchsuchen. Eine Bombe wird jedoch nicht gefunden. Nach der Durchsuchung können die Gäste die Diskothek wieder betreten. War die Räumung rechtmäßig?

Zunächst müsste eine Rechtsgrundlage vorgelegen haben. In Betracht kommt die präventivpolizeiliche Standardmaßnahme *Platzverweisung* (etwa gem. § 14 I BremPolG). Auch die Räumung eines Lokals oder einer Diskothek bei einer Bombendrohung ist eine Platzverweisung i.S.d. allgemeinen Polizeirechts, da weder im GastG noch im VersG noch in den Katastrophenschutzgesetzen der Länder spezialgesetzliche Rechtsgrundlagen zu finden sind. Bezüglich der formellen Rechtmäßigkeit der Räumung bestehen keine Bedenken. Der Polizeivollzugsdienst ist zuständig bei Gefahr im Verzug. Form und Verfahrensfehler liegen ebenfalls nicht vor. Insbesondere war eine vorherige Anhörung gem. § 28 II Nr. 1 VwVfG entbehrlich.
Fraglich ist aber die materielle Rechtmäßigkeit. Zunächst muss eine Gefahr für die öffentliche Sicherheit vorgelegen haben. Zur öffentlichen Sicherheit gehören insbesondere Leben und Gesundheit aller sich in der Nähe aufhaltenden Personen. Gefahr ist eine Sachlage, bei der im einzelnen Fall die hinreichende Wahrscheinlichkeit des Eintritts eines Schadens besteht (vgl. nur die Legaldefinition in § 2 Nr. 3a BremPolG). Vorliegend bestand jedoch objektiv keine Gefahrenlage, da keine Bombe vorhanden war. Da bei der Beurteilung der Gefahrenlage aber auf die objektive ex-ante-Sicht des handelnden

Polizeibeamten abzustellen ist und vorliegend wegen der Hochwertigkeit des zu schützenden Rechtsguts keine allzu hohen Anforderungen an die Wahrscheinlichkeit des Schadenseintritts zu stellen sind, ist von einer der objektiven Gefahrenlage gleichzustellenden *Anscheinsgefahr*[327] auszugehen. Fraglich ist allerdings, wie es sich auswirkt, dass die Gäste nicht verantwortlich waren für die Gefahrensituation. Grundsätzlich sind Maßnahmen nur gegen Verantwortliche zu richten; anderenfalls ist der Grundrechtseingriff grundsätzlich nicht rechtfertigungsfähig. Allerdings setzen die meisten polizeigesetzlichen Vorschriften über die Platzverweisung als Adressaten keine Störer voraus. Nach diesen Vorschriften darf die Polizei *jede* Person des Platzes verweisen, soweit dies zur Abwehr einer Gefahr erforderlich ist. Da die Bombendrohung auch ernst zu nehmen war, war die Räumung auch erforderlich und damit insgesamt rechtmäßig.

Anmerkung: Wie das Beispiel gezeigt hat, waren einzige (Tatbestands-)Voraussetzungen der Platzverweisung das Vorliegen einer (Anscheins-)Gefahr für ein Schutzgut der öffentlichen Sicherheit sowie die Erforderlichkeit der Maßnahme. Selbstverständlich müssen aber auch die (übrigen) Aspekte des Verhältnismäßigkeitsgrundsatzes sowie die Ermessensgrenzen beachtet werden. Sollte sich der Fall in einem Bundesland abspielen, dessen Polizeigesetz die Störereigenschaft des oder der Adressaten fordert, ist auf die Figur des Nichtstörers (dazu Rn 826 ff.) einzugehen.

cc. Durchsetzung mit Mitteln des Zwangs

In der Praxis häufig ergänzt wird die Platzverweisung durch die Vorschrift über die Ingewahrsamnahme, welche die Ingewahrsamnahme „zur Durchsetzung einer Platzverweisung" zulässt (sog. **Durchsetzungsgewahrsam** – vgl. dazu ausführlich Rn 468 ff.). Muss die Polizei hierfür jedoch körperliche Gewalt anwenden, ist dies juristisch als **unmittelbarer Zwang** zu bezeichnen und nicht mehr von der Befugnisnorm über die Ingewahrsamnahme gedeckt. Vielmehr sind die besonderen Eingriffsvoraussetzungen des LandesVwVG und der Zwangsvorschriften des Polizeigesetzes zu beachten. Das betrifft insbesondere die zwangsweise Räumung eines Veranstaltungsortes. Auch wenn die zwangsweise Durchsetzung des Platzverweises in dem kurzfristigen **Verbringen** von Personen zur polizeilichen **Dienststelle** liegt, handelt es sich *nicht* etwa um eine Ingewahrsamnahme, sondern ebenfalls um eine Maßnahme des unmittelbaren Zwangs zur Durchsetzung des Platzverweises. **Rechtsgrundlage** ist in beiden Fällen daher die Vorschrift über den unmittelbaren Zwang, nicht die über den Platzverweis oder die Ingewahrsamnahme. 423

Bei der kurzfristigen zwangsweisen Verbringung zur Dienststelle handelt es sich lediglich um eine **Freiheitsbeschränkung** i.S.v. Art. 104 I GG.[328] Folge ist, dass es keiner vorherigen richterlichen Entscheidung bedarf, da der Richtervorbehalt nur für Art. 104 II GG gilt (vgl. dazu Rn 404 und 413). 424

dd. Rechtsschutz

Hinsichtlich des **Rechtsschutzes** ist zwischen der Platzverweisung und der Vollstreckungsmaßnahme zu unterscheiden: 425

Da die Platzverweisung eine verbindliche Anordnung trifft, stellt sie einen **Verwaltungsakt** dar. Der von der Platzverweisung Betroffene kann daher **Anfechtungsklage** bzw. (da sich der Platzverweis regelmäßig bereits erledigt haben wird) **Fortsetzungsfeststellungsklage** analog § 113 I S. 4 VwGO erheben. 426

[327] Zur Anscheinsgefahr vgl. Rn 681 ff.
[328] BGHZ **82**, 261; BVerwG NVwZ **1990**, 69; BayObLG DVBl **1983**, 1069 ff.

427 Sollte die Konstellation vorliegen, dass der Eigentümer eines widerrechtlich besetzten Platzes die Ordnungsbehörde auffordert, einen Platzverweis auszusprechen, und sollte diese sich weigern, der Aufforderung nachzukommen, wäre die **Verpflichtungsklage** bzw. der Antrag auf Erlass einer **einstweiligen Anordnung** statthaft. Die Behörde wäre allerdings nur dann zum Einschreiten verpflichtet, wenn ein Platzverweis rechtmäßig wäre und eine Ermessensreduzierung auf Null vorläge. Das wiederum wäre nur dann der Fall, wenn eine Gefahr für ein bedeutendes Rechtsgut bestünde und sich der Eigentümer nicht mit zivilrechtlichen Mitteln zu helfen vermag.

428 Die Anwendung unmittelbaren Zwangs im gestreckten Verwaltungsvollstreckungsverfahren ist (wie die Ersatzvornahme) nach wohl h.M. ein **Realakt**, weil sie ein tatsächliches Moment aufweise.[329] Nach regelmäßig erfolgtem Vollzug („Erledigung") wäre insofern ein in einer **allgemeinen Leistungsklage** eingebetteter Folgenbeseitigungsanspruch zu prüfen. Aber auch eine allgemeine Feststellungsklage kommt in Betracht. Geht man dagegen davon aus, dass die Zwangsmaßnahme zugleich die konkludente Verfügung enthält, die Maßnahme zu dulden[330], liegt ein **Verwaltungsakt** vor, der (bei eingetretener Erledigung) mit der **Fortsetzungsfeststellungsklage** analog § 113 I S. 4 VwGO anzugreifen ist.

Zur **gutachtlichen Prüfung** der zwangsweisen Durchsetzung der Platzverweisung (separate Anfechtung von Grundverfügung und Vollstreckungsmaßnahme) vgl. die Ausführungen zur Verwaltungsvollstreckung. Im Prinzip gilt dasselbe wie für die Sicherstellung und die Identitätsfeststellung.

c. Betretungs- und Aufenthaltsverbote

429 Da die „einfache" Platzverweisung nur ergehen darf, um die betreffende(n) Person(en) **vorübergehend** vom Ort fernzuhalten, kommt sie insbesondere in Betracht, wenn Amtshandlungen, Feuerwehr- oder (sonstige) Rettungseinsätze gesichert werden sollen. Auch im obigen Beispiel von Rn 422 wurden die Gäste nur vorübergehend des Platzes verwiesen, denn nach der Feststellung, dass keine Bombe vorhanden war, konnten sie die Diskothek wieder betreten. Geht es jedoch darum, den oder die Betroffenen **längerfristig** (u.U. für **mehrere Monate**) des Ortes zu verweisen bzw. von dem Ort fernzuhalten („**Betretungs- und Aufenthaltsverbot**")[331], ist die Standardmaßnahme *vorübergehende Platzverweisung* sowohl in zeitlicher als auch räumlicher Hinsicht unzulänglich. Um den Begriff „vorübergehend" nicht überzustrapazieren, wird man bei Beschränkungen, die **länger als 24 Stunden** dauern, wohl nicht mehr von einem *vorübergehenden Platzverweis* sprechen können, sondern bereits ein *Aufenthaltsverbot* annehmen müssen. Bis 1996 blieb deshalb in sämtlichen Bundesländern mangels einschlägiger Spezialermächtigung allein der Rückgriff auf die **Befugnisgeneralklausel**, wonach die Ordnungsbehörden die notwendigen Maßnahmen treffen, um Gefahren für die öffentliche Sicherheit (und Ordnung) abzuwen-

---

[329] *Kopp/Schenke*, VwGO, Anh § 42 Rn 33; *Kopp/Ramsauer*, VwVfG, § 35 Rn 67; *Schenke*, POR, Rn 572 ff.; *Erichsen/Rauschenberg*, Jura **1998**, 31, 40; *Schoch*, JuS **1995**, 307, 311; unklar, aber wohl ebenfalls von einem Realakt ausgehend *Knemeyer*, POR, Rn 364.

[330] So BVerwGE **26**, 161, 164 (Schwabinger Krawalle); *Hufen*, VerwProzR, § 14 Rn 23; **offen gelassen** von *Werner*, JA **2000**, 902, 904 f.

[331] Betretungs- und Aufenthaltsverbote können erforderlich werden, um im Rahmen der Bekämpfung des **illegalen Drogenhandels** und der **„offenen Drogenszene"** Personen, die bereits mehrfach als Drogenhändler in Erscheinung getreten sind, das Betreten bestimmter Örtlichkeiten zu verbieten, um sie damit von den bekannten Umschlagplätzen und potentiellen Kunden fernzuhalten (vgl. VGH Mannheim NVwZ-RR **1998**, 428; OVG Münster NVwZ **2001**, 459 u. NVwZ-RR **1998**, 155). Gleiches gilt hinsichtlich gewalttätiger Teilnehmer von „**Chaostagen**" und der „**Punk-Szene**", um Ausschreitungen zu vermeiden (vgl. OVG Bremen NVwZ **1999**, 314 und *Göddeke*, NVwZ **2001**, 1232, 1233) oder von „Hütchenspielern", die den Tatbestand des Betrugs verwirklichten (vgl. VGH Kassel NVwZ **2003**, 1392).

den. Auch das OVG Bremen teilte diese Auffassung. Das Aufkommen der Drogenszene habe eine komplexe Gefahrenlage geschaffen, deren Bekämpfung neue Maßnahmen erfordere. Dazu gehöre auch ein längerfristiges Betretungs- und Aufenthaltsverbot. Allerdings könnten bei längerfristigen Gefahrenlagen die zu treffenden Maßnahmen nicht mehr auf § 14 BremPolG (= § 14 I BremPolG n.F.) gestützt werden, da diese Vorschrift von einer *vorübergehenden* Platzverweisung spreche. Daher sei die **Befugnisgeneralklausel** heranzuziehen, der eine Auffangfunktion zukomme. Die herkömmliche Platzverweisung stelle auch keine abschließende Regelung dar, da es sich bei dem Aufenthaltsverbot um eine qualitativ andere Maßnahme handele. Deshalb sei der Rückgriff auf die Befugnisgeneralklausel auch nicht gesperrt.[332]

Fraglich ist, ob dieser Auffassung gefolgt werden kann. Zunächst ist zuzugeben, dass 430
die Standardmaßnahme *vorübergehende Platzverweisung* längerfristige Aufenthaltsverbote nicht abdeckt. Ob damit aber ein Rückgriff auf die Befugnisgeneralklausel zulässig ist, muss bezweifelt werden. Nach der hier vertretenen Auffassung genügt der allgemeine Vorbehalt der öffentlichen Sicherheit, wie er in der Befugnisgeneralklausel vorausgesetzt wird, dem qualifizierten Gesetzesvorbehalt des Art. 11 II GG nicht. Mit der besonderen tatbestandlichen Ausdifferenzierung des qualifizierten Gesetzesvorbehalts in Art. 11 II GG soll gerade vermieden werden, dass eine generalklauselartige Ermächtigung zur Beschränkung der Freizügigkeit erfolgt.[333] Auch aus systematischen Gründen ist es wenig überzeugend, in dem Fall, in dem die Tatbestandsvoraussetzungen einer gesetzlich vorgesehenen speziellen Eingriffsermächtigung nicht vorliegen, auf die weitergehende Befugnisgeneralklausel zurückzugreifen. Verneint man daher die Möglichkeit eines solchen Rückgriffs, liegt bei einem längerfristigen Aufenthaltsverbot ein **Verstoß gegen den Vorrang des Gesetzes** (der Verstoß liegt dann in der Missachtung des abschließenden Charakters der Standardmaßnahme *vorübergehende Platzverweisung*) und **gegen den Parlamentsvorbehalt/Vorbehalt des Gesetzes** (der Verstoß liegt dann in der fehlenden Rechtsgrundlage für den Eingriff in Art. 11 GG) vor. Zudem darf bezweifelt werden, ob die Befugnisgeneralklausel hinsichtlich längerfristiger Aufenthaltsverbote überhaupt dem **Bestimmtheitsgrundsatz** genügt. Deshalb kommt nach der hier vertretenen Auffassung auch eine einschränkende Auslegung der Befugnisgeneralklausel nicht in Betracht.[334] In Übereinstimmung mit der Rechtsauffassung des VG Bremen fehlte es zum damaligen Zeitpunkt bei längerfristigen Aufenthaltsverboten mithin an einer Eingriffsermächtigung. Längerfristige Aufenthaltsverbote waren daher rechtswidrig.

Diese Problematik haben denn auch einige Reformgesetzgeber erkannt und im Zuge 431
der Novellierungen ihre Polizeigesetze jeweils eine Ergänzung eingefügt, welche (längerfristige) „**Betretungs- und Aufenthaltsverbote**" ermöglicht.[335] Mit einer entsprechenden Ergänzung der Vorschriften über die einschränkbaren Grundrechte wurde noch dazu das Zitiergebot des Art. 19 I S. 2 GG beachtet. Dies ist – auch wenn **Art. 73 Nr. 3 GG** bestimmt, dass ausschließlich der *Bund* die Freizügigkeit regelt[336] – aus rechtsstaatlicher Sicht zu begrüßen; immerhin machen die Länder dem Bund ja

---

[332] OVG Bremen NVwZ **1999**, 314, 315 f. (anders noch VG Bremen, Beschl. v. 2.8.**1996** – 2 V 86/86 (kurzfristiger Platzverweis auch bei 4 Tagen); vgl. auch OVG Münster NVwZ **2001**, 459.

[333] So das dem Urteil des OVG vorangegangene Urteil des VG Bremen v. 29.5.**1997** – 2 A 149/96. Dem sich anschließend VGH Kassel NVwZ **2003**, 1392 (mit Bespr. von *Hecker*, NVwZ **2003**, 1334 ff.).

[334] Wie hier VGH Kassel NVwZ **2003**, 1392; *Hecker*, NVwZ **2003**, 1334, 1335 f.; *ders.*, NVwZ **1999**, 261, 262; *Cremer*, NVwZ **2001**, 1218, 1219 f.; *Schenke*, POR, Rn 134.

[335] Vgl. **Berl:** § 29 II ASOG; **Brand:** § 16 II PolG; **Brem:** § 14 II PolG; **Hamb:** § 12b II SOG; **Hess:** § 31 III SOG; **MeckVor:** § 52 III SOG; **Nds:** § 17 IV SOG; **NRW:** § 34 II PolG, § 24 OBG; **RhlPfl:** § 13 III POG; **Saar:** § 12 III PolG; **Sachs:** § 21 III PolG; **SachsAnh:** § 36 II SOG; **Thür:** Art. 18 II PAG, § 17 II OBG.

[336] Vgl. dazu auch Rn 435.

nicht dessen Kompetenz zur Regelung der Freizügigkeit (dazu Rn 435) streitig, sondern verfolgen ausschließlich gefahrenabwehrrechtliche Ziele.

431a **Materiellrechtlich** verlangen die Befugnisnormen **Tatsachen, die die Annahme rechtfertigen, dass eine Person in einem bestimmten örtlichen Bereich eine Straftat begehen wird**. Ist das der Fall, kann ihr für eine bestimmte Zeit verboten werden, diesen Bereich **zu betreten** oder sich dort **aufzuhalten**. Voraussetzungen für dieses sog. Betretungs- und Aufenthaltsverbot (auch **„erweiterter" Platzverweis** genannt, siehe Rn 417) sind also zum einen die gesicherte Feststellung bestimmter Tatsachen und zum anderen die hieraus ableitbare, hinreichend wahrscheinliche Schlussfolgerung, dass eine Person in einem bestimmten örtlichen Bereich eine Straftat begehen wird. Die Annahme, dass eine Person eine Straftat begehen wird, darf sich allerdings nicht lediglich auf allgemeine Erfahrungssätze, vage Vermutungen oder unzureichende Anhaltspunkte begründen. Erforderlich ist vielmehr eine auf eine ganz konkrete und auf tatsächliche Anhaltspunkte beruhende Prognose, dass von der Person mit hinreichender Wahrscheinlichkeit die Begehung einer Straftat in einem bestimmten örtlichen Bereich zu erwarten ist und mit einem längerfristigen Betretungs- und Aufenthaltsverbot verhindert werden kann. Dabei ist grundsätzlich auf die konkrete Person und ihr (bisheriges) Verhalten abzustellen. Anhaltspunkte für die Begehung einer Straftat liegen z.B. vor, wenn

- die fragliche Person die Begehung der Tat angekündigt oder dazu aufgefordert hat oder Transparente oder sonstige Gegenstände mit einer solchen Aufforderung mit sich führt (dies gilt auch für Flugblätter solchen Inhalts, soweit sie in einer Menge mitgeführt werden, die zur Verteilung geeignet sind),
- bei ihr Waffen, Werkzeuge oder sonstige Gegenstände aufgefunden werden, die ersichtlich zur Tatbegehung bestimmt sind oder erfahrungsgemäß bei derartigen Taten verwendet werden, oder ihre Begleitperson solche Gegenstände mit sich führt und sie den Umständen nach hiervon Kenntnis haben musste, oder
- sie bereits in der Vergangenheit mehrfach aus vergleichbarem Anlass bei der Begehung von Straftaten als Störer betroffen worden ist und nach den Umständen eine Wiederholung dieser Verhaltensweise zu erwarten ist (vgl. dazu das Beispiel bei Rn 431d).

431b Darüber hinaus ist die Gesamtsituation, wenn z.B. andere Personen in dem örtlichen Bereich bereits Straftaten begangen haben oder dies unmittelbar bevorsteht, bei der Prognose zu berücksichtigen, da in solchen Fällen die Wahrscheinlichkeit groß ist, dass auch die einzelne, hinzutretende Person eine Straftat begehen wird. Dies entspricht dem Grundsatz, dass mit zunehmender Gefährdungsintensität und zunächst ungeklärter Gefahrensituation an die Prognosegenauigkeit geringere Anforderungen zu stellen sind.

431c Der in den Befugnisnormen genannte örtliche Bereich bezieht – anders als der beim vorübergehenden Platzverweis genannte Ort – auch das **gesamte Gemeindegebiet** mit ein. Zu beachten ist jedoch, dass ein Aufenthaltsverbot in keinem Fall für einen örtlichen Bereich ausgesprochen werden darf, in dem die betroffene Person ihre **Wohnung** hat. Dasselbe gilt, wenn die Person aus einem **vergleichbar wichtigen Grund auf das Betreten des Bereichs angewiesen ist**, was z.B. angenommen werden sollte, wenn sie dort ihre berufliche Tätigkeit ausüben oder einen Familienangehörigen pflegen muss. Die gegenteilige Annahme wäre unverhältnismäßig. Daher muss als „Wohnung" auch die Nebenwohnung nach dem Landesmeldegesetz gelten. Auf die Erfassung der Wohnung im Melderegister kann es dabei nicht ankommen. Denn der Nachweis der Wohnung kann auch auf andere Weise erbracht werden.

Positive Voraussetzung für ein Betretungs- und Aufenthaltsverbot ist, dass Tatsachen die Annahme rechtfertigen, dass die erwartete Straftat ***gerade* und *nur* in dem örtlichen Bereich begangen wird**, für den das Betretungs- und Aufenthaltsverbot erteilt wird. Dies ist nicht der Fall, wenn sich diese Person nur „bei Gelegenheit" ihres Aufenthalts strafbar machen würde. Insoweit ist ein Betretungs- und Aufenthaltsverbot z.B. nicht zulässig in Bezug auf Nichtsesshafte, denen unterstellt wird, sie würden Ladendiebstähle begehen, weil dies auch an jedem anderen Ort geschehen könnte. Anders ist die Situation bei Drogendealern bzw. einer Drogenszene zu beurteilen, die sich in bestimmten Gemeindebereichen etabliert haben. 431d

Beispiel: Die Polizei verfügt über gesicherte Erkenntnisse, dass eine bestimmte Person als Drogendealer in einer offenen Rauschgiftszene in einem bestimmten Stadtgebiet in Erscheinung getreten ist. Nachdem sich die Polizei versichert hat, dass die Person weder in dem betreffenden Stadtgebiet wohnt noch dort einer beruflichen Tätigkeit nachgeht (der Drogenhandel ist selbstverständlich kein Beruf i.S.d. Art. 12 I S. 1 GG, auch wenn er der Schaffung und Erhaltung der Lebensgrundlage dient), erteilt sie ihr daher für 6 Monate ein Betretungsverbot für das betreffende Stadtgebiet.

Stützt sich die Polizei auf die Erfahrungen mit der Drogenszene, die zeigen, dass (weitere) strafbare Handlungen im selben örtlichen Bereich hinreichend wahrscheinlich sind, ist das Betretungsverbot nicht zu beanstanden. Denn auch nach der Rspr. des VG und des OVG Bremen stellt eine offene Drogenszene als kollektives Geschehen eine Störung der öffentlichen Sicherheit dar, sodass ein Aufenthaltsverbot gegenüber Personen, die in zurechenbarer Weise nachhaltig zur Verfestigung dieser Drogenszene beitragen, gerechtfertigt ist.[337] Ob allerdings die Dauer von 6 Monaten erforderlich ist, ist eine Frage des Einzelfalls (dazu sogleich Rn 17).

Das Betretungs- bzw. Aufenthaltsverbot ist nicht nur räumlich, sondern auch **zeitlich** 431e
zu **beschränken**. Hierbei bestehen gewisse Unterschiede zwischen den Polizeigesetzen. Anders als z.B. der hessische Gesetzgeber (vgl. § 31 III S. 3 HessSOG: max. 3 Monate) hat es z.B. der bremische Gesetzgeber unterlassen, eine höchstzulässige Dauer vorzugeben. Er hat lediglich formuliert, dass das Betretungs- bzw. Aufenthaltsverbot „auf den zur Verhütung der Straftat erforderlichen Umfang zu beschränken" sei. Wann der zur Verhütung der Straftat erforderliche Zeitrahmen im Einzelfall erschöpft ist, muss im Streitfall daher der Richter entscheiden. Immerhin hat dieser sich an der Erforderlichkeit zu orientieren. Hierin liegt eine spezifische Ausprägung des allgemein geltenden Grundsatzes der Verhältnismäßigkeit, der bei einer so schwerwiegenden Maßnahme wie dem Betretungs- und Aufenthaltsverbot in besonderer Weise zu beachten ist. Danach dürften zwar mehrmonatige Betretungs- und Aufenthaltsverbote für Angehörige der „Drogenszene" nicht von vornherein unzulässig sein, aber auch hier ist die räumliche und zeitliche Reichweite der Maßnahme im Einzelfall (Wiederholungsfall, Gewichtigkeit des Verstoßes gegen das BtMG, Notwendigkeit des Aufsuchens von sozialen Einrichtungen in diesem örtlichen Bereich) zu prüfen. Nach der Rspr.[338] sollen Betretungs- und Aufenthaltsverbote für ein gesamtes Stadtgebiet für einen Zeitraum von 6 Monaten, bei bestimmten näher umrissenen Stadtteilen von bis zu 12 Monaten zulässig sein, was nach der hier vertretenen Auffassung den Grundsatz der Verhältnismäßigkeit überstrapaziert. Nicht ohne Grund hat der hessische Gesetzgeber in § 31 III S. 3 HessSOG das Aufenthaltsverbot auf maximal 3 Monate begrenzt.

---

[337] VG Bremen, Urt. 29.5.**1997** - 2 A 149/96; OVG Bremen NVwZ **1999**, 314, 315 f.
[338] VGH Kassel NVwZ **2003**, 1392; VGH München NVwZ **2001**, 1291; OVG Münster NVwZ **2001**, 459.

431f Sofern das Polizeigesetz formuliert, dass „die Vorschriften des Versammlungsrechts unberührt bleiben", ist dieser Hinweis lediglich deklaratorisch, weil die Polizeigesetze ohnehin nicht die Spezialvorschriften des Versammlungsgesetzes tangieren können.[339] Daher wäre z.B. ein Betretungsverbot auf der Grundlage des Polizeigesetzes rechtswidrig, wenn es sich gegen Personen richtete, die sich auf der Anreise zu einer von Art. 8 I GG geschützten Versammlung befänden.[340]

d. Wohnungsverweisung und Rückkehrverbot zum Schutz vor häuslicher Gewalt

432 In den meisten Polizeigesetzen ist die Standardmaßnahme Platzverweisung um die Variante **Wohnungsverweisung und Rückkehrverbot zum Schutz vor häuslicher Gewalt** erweitert worden. Danach ist der Polizei die Möglichkeit eröffnet, eine gewalttätige Person zur Abwehr einer von ihr ausgehenden gegenwärtigen Gefahr für Leib, Leben oder Freiheit einer anderen Person aus einer Wohnung, in der die gefährdete Person wohnt, sowie aus deren unmittelbarer Umgebung **zu verweisen** und ihr (mit zeitlich begrenzter Wirkung) **die Rückkehr in diesen Bereich zu untersagen**.[341] Der Störer und Adressat der polizeilichen Anordnung darf (lediglich) dringend benötigte Gegenstände des persönlichen Bedarfs mitnehmen. Er ist verpflichtet, der Polizei unverzüglich eine Anschrift oder eine zustellungsbevollmächtigte Person zu benennen.

433 Zwar sieht bereits das **Gewaltschutzgesetz** des Bundes v. 11.12.2001 ein Betretungs- bzw. Rückkehrverbot bzgl. der gemeinsamen Wohnung vor (vgl. § 1 I S. 1 GewSchG), es macht allerdings die behördliche Maßnahme von einer **richterlichen Entscheidung** abhängig (§ 1 I S. 3 GewSchG). Der landespolizeigesetzlichen Wohnungsverweisung und dem Rückkehrverbot verbleiben daher immer dann ein Anwendungsbereich, wenn eine gerichtliche Anordnung nach § 1 I S. 3 GewSchG noch nicht getroffen wurde bzw. (noch) nicht getroffen werden kann, was in **akuten Gefahrsituationen**, insbesondere in den späten Abend- und Nachtstunden am Wochenende, der Fall sein dürfte.

Beispiel: Es ist Sonntagmorgen 1.45 Uhr, als bei der Polizeiwache ein Anruf eingeht, in dem die Anruferin körperliche Übergriffe ihres wieder einmal angetrunkenen Ehemanns meldet. Dieser ist der Polizei als gewalttätig bekannt und auch schon einschlägig vorbestraft. Nachdem die Polizei vor Ort eingetroffen ist und den Mann befragt, gewinnt sie den Eindruck, dass es in der Nacht zu weiteren körperlichen Übergriffen gegenüber der Ehefrau kommen werde. Daher verweist sie den Mann aus der Wohnung und erteilt ihm ein Rückkehrverbot bis zum Montagmorgen 9.00 Uhr.

434 Mit der Wohnungsverweisung und dem damit verbundenen Rückkehrverbot sind **erhebliche Grundrechtseingriffe** verbunden. Betroffen sind insbesondere das Grundrecht der Freizügigkeit nach Art. 11 I GG, die Gewährleistung des Eigentums nach Art. 14 I S. 1 GG und möglicherweise die Unverletzlichkeit der Wohnung nach Art. 13 I GG sowie die Berufsfreiheit nach Art. 12 I S. 1 GG.

435 Das **Grundrecht der Freizügigkeit** ist betroffen, weil der aus der Wohnung Verwiesene daran gehindert wird, seinen Aufenthalt frei zu bestimmen. Insbesondere

---

[339] Zur „**Polizeifestigkeit**" des Versammlungsrechts vgl. Rn 107 und 1070.
[340] Zum Problem der „**Vorfeldmaßnahmen**" vgl. Rn 1038 und 1071 ff.
[341] Vgl. z.B. **Berl:** § 29a ASOG, **Brem:** § 14a PolG, **Hamb:** § 12b II SOG, **MeckVor:** § 52 II SOG, **Nds:** § 17 II u. III SOG, **NRW:** § 34a PolG (dazu VG Aachen NJW **2004**, 1888 f.), **Hess:** § 31 II SOG, **SachsAnh:** § 36 III SOG. In Bayern, Baden-Württemberg und Thüringen wird die Wohnungsverweisung entweder auf die Standardmaßnahme *Platzverweisung* oder auf die Befugnisgeneralklausel gestützt.

schützt Art. 11 I GG auch das Recht, seinen Aufenthalt *innerhalb* des Gemeindegebiets frei zu bestimmen. Das ist mittlerweile nahezu unbestrittene Auffassung.[342] Fraglich ist jedoch, ob die Länder mit Blick auf Art. 73 Nr. 3 GG überhaupt die Gesetzgebungskompetenz haben, die Freizügigkeit zu regeln. Denn diese Verfassungsbestimmung räumt i.V.m. Art. 71 GG dem Bund die ausschließliche Gesetzkompetenz zur Regelung der Freizügigkeit ein. Die landesrechtlichen Bestimmungen hinsichtlich der Wohnungsverweisung könnten somit kompetenzwidrig und damit verfassungswidrig sein.[343] Dem ist jedoch entgegenzuhalten, dass es den Ländern bei den Wohnungsverweisungen nicht um die Regelung der Freizügigkeit geht, sondern um Gefahrenabwehr, die nach der Konzeption des Grundgesetzes grundsätzlich in die Gesetzgebungskompetenz der Länder fällt. Die Wahrnehmung dieser Kompetenz erführe erhebliche sachliche Friktionen, wenn es den Ländern bspw. durch die Kompetenz des Bundes nach Art. 73 Nr. 3 GG verwehrt wäre, ein geschlossenes gesetzliches Konzept der Gefahrenabwehr zu etablieren. Der Begriff der Freizügigkeit in Art. 73 Nr. 3 GG ist daher enger auszulegen als jener in Art. 11 I GG. Getragen wird dieser Standpunkt auch von der Regelung in Art. 11 II GG (sog. Kriminalvorbehalt), der, „um Straftaten vorzubeugen", ausdrücklich von einer Länderkompetenz ausgeht. Folgerichtig hat sich dieser Auffassung, die bereits vom OVG Bremen im Jahre 1998 vertreten wurde[344], nunmehr auch der VGH Mannheim angeschlossen[345].

Das **Grundrecht auf Eigentum** (Art. 14 I S. 1 GG) ist betroffen, weil der aus der Wohnung Verwiesene nicht mehr frei über sein Eigentum bzw. sein Besitzrecht verfügen kann. **436**

Ein Eingriff in das **Wohnungsgrundrecht** liegt jedenfalls dann vor, wenn die Polizei die Wohnung *betritt*, weil hierdurch die durch Art. 13 I GG geschützte Privatsphäre beeinträchtigt wird. Da Art. 13 I GG aber weder ein Recht auf Wohnung noch ein Recht auf eine bestimmte Wohnungsnutzung gewährleistet[346], wird man bei der Wohnungsverweisung wohl keinen Eingriff erblicken können. **437**

Ob schließlich ein Eingriff in das **Grundrecht der Berufsfreiheit** (Art. 12 I S. 1 GG) vorliegt, hängt davon ab, ob der von der Wohnungsverweisung Betroffene seine **berufliche Tätigkeit** in der Wohnung ausübt. Möglicherweise liegt auch ein Eingriff in das Grundrecht der **Ehe und Familie** (Art. 6 I GG) vor.[347] **438**

Allein die Aufzählung der betroffenen Grundrechte hat gezeigt, dass die Bundesländer gut beraten waren, spezielle „Wohnungsverweisungsrechte" in ihre Polizeigesetze aufzunehmen. Lediglich drei Länder haben bisher keinen Handlungsbedarf gesehen: Bayern, Baden-Württemberg und Thüringen. Sofern vertreten wird, hier die Wohnungsverweisung auf die Befugnisnorm bzgl. der einfachen Platzverweisung – oder, wo sogar diese fehlt wie in Baden-Württemberg – auf die Befugnisgeneralklausel zu stützen[348], ist dies weder mit der **Wesentlichkeitsrechtsprechung** des BVerfG noch mit dem im

---

[342] Vgl. nur VGH Mannheim NJW **2005**, 88 f.; OVG Münster NJW **2002**, 2195; OVG Bremen NVwZ **1999**, 314, 315 f.; VG Gelsenkirchen, NWVBl **2002**, 361, 362; VG Stuttgart VBlBW **2002**, 43; *R. Schmidt*, Grundrechte, Rn 730; *Pieroth/Schlink*, Grundrechte, 22. Aufl. **2006**, Rn 794; *Kunig*, in: v. Münch/Kunig, GG, Art. 11 Rn 12; *Schenke*, POR, Rn 135 f.; *Alberts*, NVwZ **1997**, 45 ff.; mit dem Wortlaut des Art. 11 I GG nicht vereinbar *Wuttke*, JuS **2005**, 779, 781.

[343] So vertreten z.B. von *Pernice*, in: Dreier, GG, 2. Aufl. **2004**, Art. 11 Rn 24; *Hecker*, NVwZ **1997**, 261, 263; *ders.*, JuS **1998**, 575, 576; *Waechter*, NdsVBl **1996**, 197, 200 f.

[344] OVG Bremen NVwZ **1999**, 314, 315 f. (Urt. v. 24.3.1998 – 1 BA 27/97).

[345] VGH Mannheim NVwZ **2005**, 88, 89.

[346] So ausdrücklich BVerfGE **7**, 230, 238; *Jarass*, in: Jarass/Pieroth, GG, Art. 13 Rn 8.

[347] Vgl. dazu *Petersen-Thrö*, SächsVBl **2004**, 173, 175 f.; *Storr*, ThürVBl **2005**, 97, 99.

[348] So *Seiler*, VBlBW **2004**, 93 ff.; *Traulsen*, JuS **2004**, 414, 416 f.

Demokratieprinzip wurzelnden **Parlamentsvorbehalt** vereinbar.[349] Derart schwerwiegende Grundrechtseingriffe bedürfen einer ausdrücklichen und detaillierten Rechtsgrundlage, die die Reichweite der Befugnis, deren Grenzen sowie verfahrensrechtliche Sicherheitsmechanismen regelt.

aa. Formelle Rechtmäßigkeit

439 Da die **Wohnungsverweisung** und das **Rückkehrverbot** die verbindliche Anordnung treffen, sich zu entfernen bzw. der Wohnung fernzubleiben, stellen sie **Verwaltungsakte** dar. Hinsichtlich der formellen Rechtmäßigkeit gelten daher die allgemeinen Voraussetzungen, die für alle Verwaltungsakte gelten (Zuständigkeit, Verfahren und Form; siehe Rn 607 ff.). Insbesondere können sie grundsätzlich auch **mündlich** ergehen. Für diesen Fall wird man aber eine schriftliche Bestätigung fordern müssen. Jedenfalls besteht eine polizeiinterne Dokumentationspflicht, um eine spätere gerichtliche Nachvollziehbarkeit zu ermöglichen. Die Dokumentation stellt gleichzeitig eine wichtige Grundlage für die richterliche Entscheidungsfindung im Rahmen der Eilentscheidung über die zivilrechtliche Schutzanordnung nach § 2 GewSchG dar.

bb. Materielle Rechtmäßigkeit

440 In materieller Hinsicht ist im Rahmen der Krisenintervention vor Ort von den Beamten des Polizeivollzugsdienstes zu fordern, dass sie eine **Gefahrenprognose** für die Zukunft treffen, die die Voraussetzung einer gegenwärtigen Gefahr für eines der in der Befugnisnorm über die Wohnungsverweisung genannten Schutzgüter begründet. Wesentliche Kriterien für die Gefahrenprognose sind insbesondere die gegenwärtige Gefahrensituation, weitere Gewaltandrohungen, wiederholte Gewaltanwendungen in der Vergangenheit, die akuten und ggf. auch früher zugefügten Verletzungen, Aussagen der betroffenen Personen und von Zeugen (Nachbarn, Verwandten, Kindern) sowie Alkoholisierung und damit verbundene wiederholte Gewaltanwendung. In der Regel stellt häusliche Gewalt nicht ein einmaliges Ereignis dar, sondern hat eine lange Vorgeschichte; sie ist ein Seriendelikt mit zunehmender Intensität und kurzfristigen Wiederholungen. Oft ist auch eine Gewaltspirale festzustellen. Dies lässt den Schluss zu, dass sich aktuelle Gewalt mit entsprechender Vorgeschichte auch zukünftig wiederholen wird und dass jederzeit mit neuen gewalttätigen Übergriffen zu rechnen ist. Kommen danach die Beamten zu dem Schluss, den Aggressor aus der Wohnung zu verweisen, ist diese Entscheidung nicht zu beanstanden.

441 Weitere Ausprägung des Verhältnismäßigkeitsgrundsatzes ist die maximale Frist der Wohnungsverweisung. Sie reicht je nach Bundesland von **7** bis **14 Tage**, jeweils mit Verlängerungsmöglichkeit.[350] Auf der einen Seite ist diese Frist lang genug, um das Interesse des Opfers zu gewährleisten, bis zur Erwirkung der zivilgerichtlichen Anordnung vor weiteren Gewaltanwendungen im häuslichen Bereich polizeilich geschützt zu sein. Auf der anderen Seite trägt sie dem Umstand Rechnung, dass die von der Wegweisung betroffene Person in ihren Grundrechten der Freizügigkeit nach Art. 11 I GG und der Gewährleistung des Eigentums nach Art. 14 I S. 1 GG unmittelbar eingeschränkt wird.

---

[349] Wie hier *Proske*, VBlBW **2005**, 140, 141; *Storr*, ThürVBl **2005**, 97, 99; *Wuttke*, JuS **2005**, 779, 782. Auch der VGH Mannheim hat sich dieser Auffassung angeschlossen, jedoch für eine Übergangszeit den Rückgriff auf die Befugnisgeneralklausel zugelassen (NVwZ **2005**, 88, 89).

[350] 7 Tage: **Sachs:** § 21 III PolG; 10 Tage: **Brem:** § 14 a PolG; 14 Tage: **Berl:** § 29 a III ASOG; **Hess:** § 31 II S. 3 und 4 SOG; **MeckVor:** § 52 II SOG; **RhlPfl.:** 13 II POG.

Konsequenterweise haben die Gesetzgeber mit der Aufnahme des Wohnungsverweisungsrechts in ihre Polizeigesetze zugleich die Standardmaßnahme *Ingewahrsamnahme* um die Befugnis erweitert, den Gewalttäter in Gewahrsam zu nehmen, „wenn dies zur Durchsetzung der Wohnungsverweisung oder des Rückkehrverbots unerlässlich ist". **442**

Stellt die gefährdete Person innerhalb der o.g. Frist einen Antrag auf zivilrechtlichen Schutz vor Gewalt oder Nachstellungen mit dem Ziel des Erlasses einer einstweiligen Anordnung und wird diesem Antrag stattgegeben (vgl. § 620 Nr. 9 ZPO), enden die auf Grundlage des Polizeigesetzes erlassenen polizeilichen Maßnahmen mit dem Tag der gerichtlichen Entscheidung. Denn in diesem Fall ist für eine polizeiliche Wohnungsverweisung kein Raum mehr. Etwas anderes kann freilich dann gelten, wenn dem Antrag auf Erlass einer einstweiligen Anordnung nicht stattgegeben wird. Ob dann aber die Gründe für eine polizeiliche Wohnungsverweisung aufrechterhalten werden können, ist zweifelhaft; nicht ohne Grund wurde der Antrag auf Erlass einer einstweiligen Anordnung abgelehnt. Etwas anderes gilt nur dann, wenn man von einer Fehlentscheidung des Gerichts ausgeht. In jedem Fall endet die auf Grundlage des Polizeigesetzes durchgeführte Maßnahme nach Ablauf der im Polizeigesetz genannten Frist. **443**

Nicht geregelt ist der Fall, wenn der von der Wohnungsverweisung Betroffene seine **berufliche Tätigkeit** in der Wohnung ausübt. Der hiermit verbundene Eingriff in Art. 12 I S. 1 GG ist jedenfalls nicht deshalb rechtswidrig, weil Art. 12 GG nicht in den Polizeigesetzen zitiert ist, denn Grundrechte mit Ausgestaltungs- bzw. Regelungsvorbehalt sind von der Zitierpflicht ausgenommen. In materieller Hinsicht ist eine Abwägung zu treffen zwischen der körperlichen Integrität des Gewaltopfers und der Berufsfreiheit des Aggressors, die im Ergebnis – zumindest bei kurzfristiger Wohnungsverweisung – wohl zugunsten des Gewaltopfers ausfallen dürfte. **444**

Zum Schutz der bedrohten Person wird es regelmäßig auch erforderlich sein, die sog. Wegweisung auf die unmittelbare Umgebung der Wohnung auszudehnen, da anderenfalls die gewalttätige Person nicht wirkungsvoll von der Wohnung ferngehalten werden kann (vgl. § 1 I S. 2 Nr. 2 GewSchG). Hierbei muss jedoch – soweit einschlägig – etwa die Berufstätigkeit der betroffenen Person im selben Haus oder im unmittelbaren Umfeld berücksichtigt werden und zu einer individuell ausgestalteten Wohnungsverweisung führen. **445**

Die Polizeigesetze enthalten auch keine Aussage über den zu schützenden Personenkreis; es wird lediglich von „der anderen Person" gesprochen. In Anlehnung an die (wenn auch zeitlich später erlassene) Regelung im Gewaltschutzgesetz ist es nicht erforderlich, dass die zu schützende Person ein eigenes Recht zum Besitz der Wohnung hat, sie insbesondere selbst Mieter oder Eigentümer ist. Die Wohnungsverweisung kann also auch zugunsten einer Person erfolgen, die in einer Wohnung wohnt, ohne ein eigenes Recht daran zu haben (vgl. § 2 II S. 2 GewSchG). **446**

> **Beispiel:** T ist Eigentümer einer selbst genutzten Wohnung; seit einigen Wochen lässt er seine Partnerin O, deren Mietverhältnis gekündigt wurde, bei sich wohnen. Eine mündliche oder gar schriftliche Vereinbarung wird nicht getroffen. Nachdem T die O nun mehrmals körperlich misshandelt hatte und dies auch wieder an einem Sonntagmorgen um 2.30 Uhr der Fall ist, ruft O unter der Notrufnummer 110 um Hilfe. Die eingetroffenen Polizeibeamten verweisen T für 3 Tage aus der Wohnung.
>
> In diesem Fall ist die Wohnungsverweisung gerechtfertigt. Dass die Wohnung ausschließlich im Eigentum des T steht und O ein Besitzrecht auch nicht aus einem Miet-

vertrag ableiten kann, steht dem nicht entgegen. Die polizeigesetzlichen Befugnisnormen über die Wohnungsverweisung stellen eine rechtmäßige Inhalts- und Schrankenbestimmung des Eigentums dar.

446a Es ist auch nicht erforderlich, dass der Verwiesene in der Wohnung wohnt. Es kommt allein darauf an, dass die zu schützende Person dort wohnt.

Beispiel: T und O sind zwar (noch) verheiratet, leben aber in getrennten Wohnungen. T hatte die O mehrmals in ihrer Wohnung aufgesucht und sie des Öfteren dort körperlich misshandelt. Als dies auch wieder an einem Sonntagmorgen um 2.30 Uhr der Fall ist, ruft O unter der Notrufnummer 110 um Hilfe. Die eingetroffenen Polizeibeamten verweisen T für 3 Tage aus der Wohnung.

Auch in diesem Fall ist die Wohnungsverweisung gerechtfertigt. Dass T nicht in der Wohnung wohnt, ist ausweislich des eindeutigen Wortlauts der Befugnisnorm („aus einer Wohnung, in der die *gefährdete* Person wohnt") unschädlich.

447 Die Regelung, dass der Störer und Adressat der polizeilichen Anordnung **dringend benötigte Gegenstände des persönlichen Bedarfs** mitnehmen darf, trägt ebenfalls der Grundrechtsbeeinträchtigung auf Seiten des von der Maßnahme Betroffenen Rechnung. Während unter „dringend benötigte Gegenstände des persönlichen Bedarfs" z.B. Kleidungsstücke, Utensilien, die der Körperpflege dienen, etc. fallen, bedeutet „Mitnahme", dass die betroffene Person, um weitere Konfrontationen während der Dauer der Wegweisung zu vermeiden, diese Gegenstände unmittelbar im Zusammenhang mit der polizeilichen Verfügung an sich nehmen muss. Da der Pflicht, die Wohnung zu verlassen, i.d.R. rasch Folge zu leisten ist, können in begründeten Ausnahmefällen in Begleitung der Polizei auch nachträglich noch persönliche Gegenstände aus der Wohnung geholt werden.

448 Sollte sich der Gewalttäter weigern, der Verweisungsanordnung Folge zu leisten, kann die Polizei zur Durchsetzung der Verfügung konsequenterweise **unmittelbaren Zwang** anwenden. In Betracht kommt auch eine **Ingewahrsamnahme.**[351]

e. Ingewahrsamnahme (Festnahme) von Personen

449 **Ingewahrsamnahme**[352] ist eine Einschränkung der Bewegungsfreiheit, d.h. die **Hinderung einer Person, sich in jede Richtung bewegen zu können.**

450 Wie aus der Definition zu entnehmen ist, handelt es sich bei der Ingewahrsamnahme um einen Eingriff in das Grundrecht auf **Freiheit der Person** (Art. 2 II S. 2 GG, Art. 104 I GG), wodurch rechtstechnisch jedenfalls eine **Freiheitsbeschränkung** vorliegt. Besteht der Gewahrsam sogar für eine gewisse Mindestdauer, kann sogar eine **Freiheitsentziehung** i.S.v. Art. 104 II GG vorliegen.[353]

Der Unterschied zwischen Freiheitsbeschränkung und Freiheitsentziehung besteht darin, dass die **Freiheitsbeschränkung** den Oberbegriff darstellt und bereits bei einer kurzfris-

---

[351] Vgl. insgesamt zur Wohnungsverweisung auch *Neuner*, Zulässigkeit und Grenzen polizeilicher Verweisungsmaßnahmen, **2003**; *Kay*, NVwZ **2003**, 521 ff.; *Petersen-Thrö*, SächsVBl **2004**, 173 ff.; *Storr*, ThürVBl **2005**, 97 ff.; *Seiler*, VBlBW **2004**, 93 ff.; *Traulsen*, JuS **2004**, 414 ff.; *Proske*, VBlBW **2005**, 140, 141; *Schairer*, VBlBW **2003**, 377 ff.; *Schmidbauer*, BayVBl **2002**, 257, 264 ff.; *Ruder*, VBlBW **2002**, 11 ff.; *Hesse/Queck/Lagodny*, JZ **2000**, 68 ff.

[352] Vgl. § 13 MEPolG; **Bund:** § 39 BundesPolG; **BW:** § 28 PolG; **Bay:** Art. 17 PAG; **Berl:** § 30 ASOG; **Brand:** § 17 PolG; **Brem:** § 15 PolG; **Hamb:** § 13 SOG; **Hess:** § 32 SOG; **MeckVor:** § 55 SOG; **Nds:** § 18 SOG; **NRW:** § 35 PolG; **RhlPfl:** § 14 POG; **Saar:** § 13 PolG; **Sachs:** § 22 PolG; **SachsAnh:** § 37 SOG; **SchlHolst:** § 204 LVwG; **Thür:** § 19 PAG.

[353] BVerfGE **105**, 239, 248; **94**, 166, 198.

tigen Behinderung der Fortbewegungsfreiheit vorliegt, bspw. wenn eine betrunkene Person von der Polizei auf eine Parkbank gesetzt und am Weitergehen gehindert wird. Demgegenüber handelt es sich um eine **Freiheitsentziehung**, wenn die körperliche Bewegungsfreiheit nach jeder Richtung hin und für eine gewisse Mindestdauer aufgehoben wird.[354] Freilich ist diese Definition nicht ganz widerspruchsfrei, denn auch beim Verbringen einer Person zur polizeilichen Dienststelle (Sistierung) zwecks Identitätsfeststellung wird deren Bewegungsfreiheit nach jeder Richtung hin und für eine gewisse Mindestdauer auch dann aufgehoben, wenn die Maßnahme nur eine halbe Stunde dauert. Dennoch wird in diesem Fall richtigerweise von einer bloßen Freiheitsbeschränkung ausgegangen.[355] Der Grund hierfür besteht darin, dass lediglich die Freiheitsentziehung, nicht auch die Freiheitsbeschränkung, grundsätzlich einer vorherigen richterlichen Entscheidung bedarf (vgl. Art. 104 II S. 1 GG – siehe dazu Rn 456). Würde man also in einer kurzfristigen Sistierung eine Freiheitsentziehung sehen, wäre sie mitunter rechtswidrig, weil kaum davon ausgegangen werden kann, der der Polizeibeamte zuvor eine richterliche Entscheidung wird einholen können.

Hinweis für die Fallbearbeitung: Insbesondere wenn es um eine polizeiliche Ingewahrsamnahme einer Person geht, ist fraglich, ob in der Fallbearbeitung eine Unterscheidung zwischen Freiheitsbeschränkung und Freiheitsentziehung vorgenommen werden muss. Denn wie aufgezeigt, ist die Grenzziehung zwischen Freiheitsentziehung und Freiheitsbeschränkung alles andere als klar. Da Art. 104 II GG aber nur die Freiheitsentziehung (nicht auch die Freiheitsbeschränkung) unter Richtervorbehalt stellt und eine Freiheitsentziehung ohne vorherige richterliche Entscheidung

- ⇨ nur bis zum Ablauf des der Ingewahrsamnahme folgenden Tages,
- ⇨ und nur dann zulässt, wenn der mit der Freiheitsentziehung verfolgte verfassungsrechtlich zulässige Zweck nicht anders erreicht werden kann[356],

muss in der Fallbearbeitung eine Abgrenzung erfolgen. Sollte hinsichtlich der zu prüfenden Maßnahme eine Freiheitsentziehung angenommen werden, müssen deren Voraussetzungen („Unverzüglichkeit"; zeitliche Höchstgrenzen) zusätzlich zu den Voraussetzungen der polizeilichen Befugnisnorm geprüft werden.

Die Sistierung zur Wache ist zwar der Regelfall des Polizeigewahrsams; dieser liegt **451**
aber auch bei anderen freiheitsverkürzenden Maßnahmen wie z.B. beim Verbringen zu einer Gefangenensammelstelle, bei Festhalten in einem Polizeifahrzeug oder einem sonst anderen Zwecken dienenden Raum. Das Gleiche gilt im Einzelfall u.U. für die Einschließung von Demonstranten im Freien in Form eines „Polizeikessels".

Eine freiheitsentziehende Maßnahme zum Zweck der Gefahrenabwehr kann nicht nur **452**
auf die polizeigesetzlichen Befugnisnormen gestützt werden, sondern auch auf **spezialgesetzliche** Rechtsgrundlagen. In Betracht kommen insbesondere § 8 S. 2 JuSchG, § 30 II InfSchG und die landesrechtlichen Vorschriften über psychisch Kranke (z.B. §§ 8 ff. BremPsychKG). Zu beachten ist jedoch, dass diese Spezialgesetze die Ingewahrsamnahme durch die Polizei nicht abschließend oder nicht bestimmt genug regeln, sodass die Anwendbarkeit der polizeigesetzlichen Befugnisnormen i.d.R. nicht ausgeschlossen ist. Keinesfalls darf aber auf die Befugnisgeneralklausel zurückgegriffen werden.

Die Inhaftnahme nach § 62 AufenthG ist nur nach vorheriger Entscheidung des Amts- **453**
gerichts zulässig. Allerdings kann die Ingewahrsamnahme von Ausländern vor einer

[354] BVerfGE **105**, 239, 248; **94**, 166, 198.
[355] BVerwGE **62**, 325, 327 f.; **82**, 243, 245; a.A. *Pieroth/Schlink/Kniesel*, POR, § 17 Rn 3.
[356] Vgl. BVerfGE **22**, 311, 317 f.

richterlichen Entscheidung nach § 62 AufenthG aufgrund der polizeigesetzlichen Befugnisnorm zulässig sein.

> **Beispiel:** Ein in Niedersachsen untergebrachter Asylbewerber hat bereits zweimal einer Aufenthaltsbeschränkung nach § 56 I S. 1 AsylVfG zuwidergehandelt und sich in Bremen niedergelassen, sich also in den Bezirk einer anderen Ausländerbehörde begeben (Vergehen nach § 85 Nr. 2 AsylVfG). Die Polizei Bremen nimmt den Ausländer daher in Gewahrsam, um ihn an der Fortsetzung einer Straftat zu hindern, und übergibt ihn an die niedersächsische Polizei zwecks Rückführung in den Bezirk derjenigen Ausländerbehörde, in dem sein Aufenthalt gestattet ist.

454 Ist die Polizei **repressiv** tätig, stützt sich die Ingewahrsamnahme nicht auf das Polizeigesetz, sondern z.B. auf § 112 StPO (Untersuchungshaft) oder § 127 StPO (vorläufige Festnahme). Ob im konkreten Fall eine präventivpolizeiliche oder repressivpolizeiliche Ingewahrsamnahme bzw. Festnahme vorliegt, ist nach dem Schwergewicht des polizeilichen Handelns zu beurteilen.

> **Beispiel:** Während einer Streifenfahrt bemerkt die Polizei, wie ein Mann auf seine Frau einschlägt. Diese fällt sofort zu Boden. Als der Mann gerade dazu ansetzt, auf die Frau einzutreten, überwältigt die Polizei den Mann und verbringt ihn zur Wache.
>
> Hier kommt eine Ingewahrsamnahme sowohl aus Gründen der Gefahrenabwehr (Verhinderung weiterer körperlicher Misshandlungen) als auch der Strafverfolgung (vorläufige Festnahme zur Sicherung des staatlichen Strafanspruchs) in Betracht. Rechtsgrundlage für die Ingewahrsamnahme wäre somit entweder die entsprechende Vorschrift des Polizeigesetzes oder der StPO.
>
> Vorliegend muss bei einer verständigen Würdigung des Sachverhalts davon ausgegangen werden, dass es der Polizei weniger um eine vorläufige Festnahme zur Sicherung des staatlichen Strafanspruchs, sondern primär darum ging, weiteren Schaden von der Frau abzuwenden. Die Rechtmäßigkeit der Ingewahrsamnahme richtet sich daher nach dem Polizeigesetz.

aa. Formelle Rechtmäßigkeit

455 Hinsichtlich der formellen Rechtmäßigkeit der Ingewahrsamnahme gelten zunächst die allgemeinen Voraussetzungen (Zuständigkeit, Verfahren und Form; siehe Rn 607 ff.). Wird die in Gewahrsam genommene Person auf der Dienststelle in einer Gewahrsamszelle oder in einer anderen Gewahrsamseinrichtung untergebracht, ist sie gem. den Bestimmungen der Polizeigesetze, soweit möglich, von anderen gesondert und nicht in demselben Raum mit Straf- oder Untersuchungsgefangenen unterzubringen. Die Vorschriften sind § 119 StPO nachgebildet. Darüber hinaus dürfen der festgehaltenen Person nur solche Beschränkungen auferlegt werden, die der Zwecke der Freiheitsentziehung oder die Ordnung im Gewahrsam erfordern.

456 Als besondere (und zusätzlich zu prüfende) Verfahrensvorschrift normieren die Polizeigesetze einen **Richtervorbehalt**. Zwar ist dieser bereits in Art. 104 II GG enthalten, sodass eine Wiederholung in den Polizeigesetzen an sich überflüssig wäre, allerdings normieren die Polizeigesetze z.T. strengere Voraussetzungen und geben nicht nur die in Art. 104 II GG genannte Höchstdauer der Freiheitsentziehung wieder. Auch enthalten die Gesetze einen Ausnahmetatbestand für den Fall, dass eine richterliche Entscheidung erst nach Wegfall des Grundes für die Ingewahrsamnahme ergehen würde.

457 **Hinweis für die Fallbearbeitung:** Zwar handelt es sich bei dem Richtervorbehalt um eine besondere Verfahrensvorschrift und damit um eine formelle Rechtmäßig-

> keitsvoraussetzung. Da zum Richtervorbehalt sinnvollerweise aber erst dann etwas gesagt werden kann, wenn die materielle Rechtmäßigkeit der Ingewahrsamnahme feststeht, sollte der Richtervorbehalt erst im Anschluss an die materielle Rechtmäßigkeit geprüft werden. Dasselbe gilt für die Verpflichtung, dem Betroffenen den Grund für die Freiheitsentziehung anzugeben. Vgl. daher auch Rn 622 ff.

Weiterhin ist dem in Gewahrsam Genommenen unverzüglich der **Grund** der Freiheitsentziehung **bekannt zu geben**. Auch ist er darüber zu **belehren**, dass er sich nicht zur Sache zu äußern braucht. Zur **Dauer** der Freiheitsentziehung enthalten die Polizeigesetze ebenfalls Besonderheiten. 458

bb. Materielle Rechtmäßigkeit

Gemäß den polizeilichen Bestimmungen kann die Polizei eine Person in Gewahrsam nehmen, wenn dies unerlässlich ist, 459

- zum **Schutz** der Person gegen eine ihr drohende Gefahr für Leib und Leben, weil die Person sich erkennbar in einem die freie Willensbestimmung ausschließenden Zustand oder sonst in hilfloser Lage befindet oder sich töten will,
- zur **Verhinderung** der unmittelbar bevorstehenden Begehung oder Fortsetzung einer Straftat oder einer Ordnungswidrigkeit von erheblicher Gefahr,
- zur **Durchsetzung** einer Platzverweisung,
- zur **Durchsetzung** einer Wohnungsverweisung oder eines Rückkehrverbots und
- zum Zweck der **Vorführung** gem. §§ 229, 230 III BGB.

a.) Schutzgewahrsam

460

Die polizeigesetzlichen Bestimmungen über den Gewahrsam regeln zunächst den sog. Schutzgewahrsam, der zur Abwehr einer **konkreten Gefahr** für Leib und/oder Leben des in Gewahrsam Genommenen unerlässlich ist. Dabei wird i.d.R. die Gefahr von der zu schützenden Person selbst ausgehen. Die diesbezüglichen Hauptfälle der Selbstgefährdung werden in den Vorschriften (zumeist als Nr. 1 Var. 1) beispielhaft genannt. In einem „die freie Willensbestimmung ausschließenden Zustand" können sich insbesondere Menschen mit Selbsttötungsabsicht befinden (Pflicht des Staates, Menschenleben zu schützen, Art. 2 II S. 1 GG). Gleiches gilt etwa im Fall einer Ohnmacht, bei einem epileptischen Anfall oder schweren Nervenschock. Eine „sonstige hilflose Lage" (zumeist als Var. 2 formuliert) kann insbesondere bei Volltrunkenen, verunglückten Personen, alten Menschen oder Kindern vorliegen, wobei sich gewisse Überschneidungen mit der Var. 2 ergeben können. So befindet sich insbesondere der Volltrunkene, der hilflos ist, wohl auch in einem „die freie Willensbestimmung ausschließenden Zustand".

> **Beispiel:** Während einer Streifenfahrt durch die Innenstadt bemerkt die Polizei plötzlich einen Mann (M), der stark torkelnd über den Gehweg läuft und dabei hin und wieder so dicht an die Fahrbahn gerät, dass einige Autofahrer gefährliche Ausweichmanöver durchführen müssen. Die Beamten halten an und stellen fest, dass M stark nach Alkohol riecht und nicht mehr ansprechbar ist. Sie setzen ihn zunächst auf eine Parkbank, aber M will sofort wieder auf die Straße zulaufen. Daraufhin nehmen sie M mit zur Dienststelle.
>
> Das Setzen auf die Parkbank und die anschließende Verbringung zur Dienststelle waren eine Beschränkung der Bewegungsfreiheit und griffen in Art. 2 II S. 2, 104 I bzw. II GG ein. Denn durch die genannten Maßnahmen war es M verwehrt, sich frei zu bewegen. Als Rechtsgrundlage fungiert die polizeigesetzliche Befugnisnorm über den Gewahrsam.

Diese Befugnisnorm enthält auf Tatbestandsseite einen differenzierten Katalog von Anlässen, bei deren Vorliegen eine Person in Gewahrsam genommen werden kann. So kann die Polizei eine Person in Gewahrsam nehmen, um sie vor Gefahren für Leib und Leben zu schützen, weil die Person erkennbar hilflos ist oder sich in einem die freie Willensbildung ausschließenden Zustand befindet (sog. Schutzgewahrsam, um der Schutzpflicht des Staates gem. Art. 2 II S. 1 GG nachzukommen). M lief stark alkoholisiert und torkelnd über den Gehweg und geriet dabei hin und wieder so dicht an die Fahrbahn, dass einige Autofahrer gefährliche Ausweichmanöver durchführen mussten. Dadurch hat er sich und andere Straßenverkehrsteilnehmer gefährdet. Zudem war er aufgrund der Blutalkoholkonzentration nicht mehr ansprechbar. Somit lagen die Voraussetzungen für den Schutzgewahrsam vor. Ermessensfehler und Verstöße gegen den Grundsatz der Verhältnismäßigkeit sind nicht ersichtlich. Mithin waren das Setzen auf die Parkbank und die spätere Mitnahme auf die Dienststelle rechtmäßig.

461 „Klassischer" Anwendungsfall in der Praxis ist aber der Gewahrsam zur Verhinderung eines **Suizids**. Vgl. dazu auch das Beispiel bei Rn 73.

b.) Verhinderungsgewahrsam

462 Weiterhin regeln die Polizeigesetze den sog. Verhinderungsgewahrsam (auch Unterbindungsgewahrsam genannt), der zulässig ist, um eine unmittelbar bevorstehende Begehung oder Fortsetzung einer Straftat oder einer Ordnungswidrigkeit von erheblicher Gefahr zu verhindern. Der Zusatz „von erheblicher Gefahr" bezieht sich dabei nur auf die Ordnungswidrigkeit; anderenfalls wäre der Gewahrsam zur Verhinderung einer weniger erheblichen Straftat nicht zulässig.[357]

463 Straftaten und Ordnungswidrigkeiten sind tatbestandsmäßige und rechtswidrige, nicht unbedingt auch schuldhafte Handlungen. Eine **Straftat** ist dabei jede rechtswidrige Tat, die den objektiven Tatbestand eines Strafgesetzes (auch Antragsdelikte) erfüllt. Eine „**Ordnungswidrigkeit von erheblicher Gefahr**" liegt vor, wenn ein bedeutsames Rechtsgut betroffen ist (also z.B. Bestand des Staates, Leben, Gesundheit, Freiheit von Personen und erhebliche Vermögenswerte). Da die Polizeigesetze (vgl. z.B. § 2 Nr. 3c BremPolG) die betroffenen Schutzgüter, für die eine „erhebliche" Gefahr bestehen kann, jedoch nicht abschließend aufzählen und sogar erhebliche Vermögenswerte ausreichen lassen, müssen als Schutzgüter, zu deren Gunsten ein Verhinderungsgewahrsam ergehen kann, auch andere in Betracht kommen, an deren Schutz die Allgemeinheit ein besonderes Interesse hat. Das kann insbesondere bei Ordnungswidrigkeiten im Bereich des Straßenverkehrs oder Umweltschutzes der Fall sein. Wegen der Schwere des Eingriffs muss jedoch in einem solchen Fall stets sorgfältig geprüft werden, ob das Gewicht des geschützten Interesses eine Freiheitsentziehung rechtfertigt (was insbesondere am Tatbestandsmerkmal „unerlässlich" festgemacht werden kann; vgl. dazu Rn 473).

464 In der Praxis kommt der Verhinderungsgewahrsam insbesondere zur Verhinderung der Teilnahme an einer (wegen vermuteter Gewalttätigkeiten) verbotenen Versammlung (z.B. islamistischer Vereinigungen oder der rechtsextremistischen Szene, aber auch sog. G-8-Gegner) in Betracht, wenn davon auszugehen ist, dass die Person eine spezifische Straftat (u.a. §§ 86a, 125, 130 StGB, § 20 VereinsG, § 27 VersG) begehen wird, oder zur Unterbindung von Ausschreitungen durch Hooligans oder gewalttätige Fans bei Fußballspielen.

---

[357] Wie hier auch BayObLG NVwZ **1999**, 106.

Schließlich bestimmen die Polizeigesetze, dass die Begehung oder Fortsetzung einer Straftat oder Ordnungswidrigkeit von erheblicher Gefahr **unmittelbar bevorstehen** muss. Der Anlasstatbestand für die Ingewahrsamnahme muss also in allernächster Zeit zu erwarten sein. Bloße Vermutungen reichen dabei nicht aus, vielmehr müssen aufgrund bestimmter Tatsachen oder der auf Erfahrung gestützten Prognose die Begehung der Straftat oder Ordnungswidrigkeit mit an Sicherheit grenzender Wahrscheinlichkeit feststehen.[358] Dies entspricht im Wesentlichen der „gegenwärtigen Gefahr" (z.B. i.S.v. § 2 Nr. 3 b BremPolG).[359] 465

Beispiele:

(1) Ein der Polizei als gewalttätig bekannter Mann verprügelt Frau und Kinder; auch droht er, sie umzubringen. Die von Nachbarn alarmierten Polizeibeamten nehmen den Mann in Gewahrsam, um weitere Gewalttätigkeiten zu verhindern.

(2) Bei einer Identitätsfeststellung im Rahmen einer Kontrollstelle werden bei einigen anreisenden Demonstrationsteilnehmern Waffen und andere gefährliche Gegenstände sichergestellt. Die Polizei nimmt die betreffenden Personen in Gewahrsam, um Straftaten nach § 27 VersG zu verhindern.[360]

In beiden Fällen ist die Ingewahrsamnahme zulässig, sofern sie unerlässlich ist, um die Begehung (weiterer) unmittelbar bevorstehender Straftaten zu verhindern. Das trifft letztlich auch für das zum Schutzgewahrsam angeführte Beispiel von Rn 460 zu. M hat gegen § 1 II StVO verstoßen. Ein solcher Verstoß stellt eine Ordnungswidrigkeit dar (vgl. § 49 I Nr. 1 StVO) und ist wegen des konkreten Verhaltens des M auch von erheblicher Bedeutung für die Allgemeinheit.[361] Da es der Polizei gerade darum ging, M zu schützen und andere Verkehrsteilnehmer vor dem unbesonnenen Verhalten des M zu bewahren, lagen die materiellen Voraussetzungen für eine Ingewahrsamnahme auch unter dem Aspekt des Verhinderungsgewahrsams vor.

Im Einzelfall kann die Möglichkeit der Ingewahrsamnahme zur Verhinderung unmittelbar bevorstehender Straftaten von Bedeutung sein, wenn noch kein strafbarer Versuch (§§ 22, 23 StGB) vorliegt oder wenn die Voraussetzungen einer Festnahme nach § 127 II StPO nicht vorliegen.[362] Denn in diesem Fall ist die Polizei präventiv, also zur Gefahrenabwehr tätig und nach dem BremPolG ermächtigt. Schließlich ist zu beachten, dass der Verhinderungsgewahrsam nur gegenüber Personen erfolgen kann, von **denen die Gefahr ausgeht**. Das geht zwar aus dem Wortlaut der Polizeigesetze nicht explizit hervor, ergibt sich aber zum einen aus dem Vergleich zum Schutzgewahrsam und zum anderen aus der Tatsache, dass Gefahrenabwehrmaßnahmen grundsätzlich nur gegen den Störer zu richten sind.[363] 466

Die Gesetzgebung, die den Schutz- und Verhinderungsgewahrsam betrifft, und die diesbezügliche Gesetzesanwendung sind nicht nur am Maßstab des Grundgesetzes zu messen, sondern auch an dem des Art. 5 EMRK.[364] Der Verhinderungsgewahrsam ist nach Art. 5 I S. 2 c EMRK zulässig. 467

---

[358] Vgl. BVerwG NJW **1974**, 807.

[359] OVG Bremen NVwZ **2001**, 221.

[360] Zum Problem des Rückgriffs auf das allgemeine POR im Vorfeld einer Versammlung vgl. Rn 1071 ff.

[361] Dagegen liegt die Annahme des § 315b StGB eher fern; auf keinen Fall liegt § 315c StGB vor, da dieser Tatbestand einen Fahrzeugführer als Täter verlangt.

[362] Vgl. VG Frankfurt NVwZ **1994**, 720: Gewahrsam zur Verhinderung der Fortsetzung verbotenen Glücksspiels.

[363] Vgl. OVG Bremen NVwZ **2001**, 221 (allerdings mit unnötigem „Umweg" über Art. 5 I S. 2 lit. c EMRK) und *Haase*, NVwZ **2001**, 164.

[364] Vgl. EGMR NJW **1999**, 775 zum repressiv-polizeilichen Gewahrsam mit Anm. *Eiffler*, NJW **1999**, 762 und *Dörr*, JuS **1999**, 696 f. Vgl. dazu auch EGMR NJW **2001**, 51, 53.

) Durchsetzungsgewahrsam

/Weiterhin darf die Polizei eine Person in Gewahrsam nehmen, wenn dies unerlässlich ist zur Durchsetzung einer Platzverweisung, deren Nichtbefolgung eine erhebliche Gefahr zur Folge hätte, oder soweit die Person, gegen die sich die Platzverweisung richtet, die Gefahr verursacht.

69 Die Ingewahrsamnahme zur Durchsetzung einer Platzverweisung – auch eines Betretungs- und Aufenthaltsverbots[365] – ist ihrer Rechtsnatur nach nicht etwa die (zwangsweise) Vollstreckung der Platzverweisung, sondern – trotz einer gewissen Nachdrücklichkeit – eine Standardmaßnahme. Im Einzelfall kann jedoch fraglich sein, ob die Befugnisnorm über den Durchsetzungsgewahrsam noch ausreicht, um den damit verbundenen Eingriff in die Freiheit der Person zu rechtfertigen, oder ob die Maßnahme nur unter den Voraussetzungen der Vorschriften über den **unmittelbaren Zwang** zulässig ist. Die Beantwortung dieser Frage hängt davon ab, ob die Polizei körperliche Gewalt anwenden muss. Ist dies der Fall, liegt unmittelbarer Zwang vor und es sind die besonderen Eingriffsvoraussetzungen zu beachten.

470 Eine besondere Form des Durchsetzungsgewahrsams ist der sog. **Verbringungsgewahrsam**, dessen Zulässigkeit nicht ganz unproblematisch ist. Hierbei handelt es sich um die Verbringung einer Person von einem Gefahrenort zu einem anderen, weiter entfernten Ort, etwa zu anderen Stadtteilen, zum Stadtrand oder zu einer Gewahrsamseinrichtung. Zweck dieser Maßnahme ist es, in erster Linie Störer durch Schaffung einer räumlichen Distanz an ihren störenden Handlungen zu hindern.[366]

Beispiele: Die Polizei verbringt Fußballrowdies oder von einer Versammlung zuvor ausgeschlossene Randalierer zur Verhinderung weiterer Ausschreitungen zu einer polizeilichen Gewahrsamseinrichtung (sog. Gefangenensammelstelle); die Polizei entfernt Obdachlose aus einem Stadtgebiet; im Rahmen eines *Rückführungsgewahrsams* werden anlässlich der „Chaostage" in Hannover die angereisten Punks zu ihren Heimatorten verbracht.

471 Wegen des mit der Verbringung verbundenen Eingriffs in die Rechtssphäre des Betroffenen (Nötigung, Freiheitsberaubung) ist zunächst eine Rechtsgrundlage erforderlich. Bezüglich der kurzfristigen Freiheitsbeschränkung während des Transports ist der Verbringungsgewahrsam als **Verhinderungs-** oder **Platzverweisungsgewahrsam** (s.o.) rechtfertigungsbedürftig und -fähig. Die Umsetzung an den weiter entfernten Ort ist eine Freiheitsbeschränkung bzw. -entziehung, die sich juristisch als eine durch unmittelbaren Zwang vollzogene Duldungsverfügung darstellt. Als Rechtsgrundlage für die vollstreckungsfähige Duldungsverfügung kommen nach h.M. die **Befugnisgeneralklausel**, für die Vollzugsmaßnahme die Vorschrift über den **unmittelbaren Zwang** in Betracht.[367] Nach der hier vertretenen Auffassung ist die Konstruktion des Verbringungsgewahrsams als Duldungsverfügung auf Grundlage der Befugnisgeneralklausel nicht erforderlich, weil der Verbringungsgewahrsam unproblematisch von den Tatbestandsvoraussetzungen der Befugnisnorm bzgl. des Gewahrsams erfasst ist. Insbesondere können auch Standardmaßnahmen mit Mitteln des Zwangs durchgesetzt werden, da sie ihrer Rechtsnatur nach (auch) Verwaltungsakte sind.[368] Fraglich ist lediglich die Verhältnismäßigkeit. Nach dem LG Hamburg ist der Verbringungsgewahrsam gegenüber dem Gewahrsam in einer polizeilichen Gewahrsamseinrichtung *vor*

---

[365] Das geht unproblematisch aus dem Wortlaut der Befugnisnormen hervor, die undifferenziert von einer „Platzverweisung" sprechen, worunter letztlich auch das Betretungs- und Aufenthaltsverbot fallen.
[366] *Leggereit*, NVwZ **1999**, 263; *Götz*, NVwZ **1998**, 679, 682; OVG Bremen NVwZ **1987**, 235, 236.
[367] So *Schenke*, POR, Rn 142; *Leggereit*, NVwZ **1999**, 263 ff.; a.A. *Pieroth/Schlink/Kniesel*, POR, § 17 Rn 4.
[368] Zur Qualifikation der Standardmaßnahmen als Verwaltungsakte vgl. sogleich Rn 108 sowie Rn 119 ff.

Ort kein milderes Mittel und somit generell unzulässig.[369] Das Gericht stellt auf einen Zeitvergleich zwischen beiden Maßnahmen ab und kommt zu dem Ergebnis, dass die Ingewahrsamnahme in einer vor Ort befindlichen Gewahrsamseinrichtung eine geringere Zeit in Anspruch nehme und daher gegenüber dem Verbringungsgewahrsam (stets) das mildere Mittel sei. Dem kann so pauschal nicht gefolgt werden. Denn die mit dem Eingesperrtsein verbundenen Begleitumstände (enge Räume, viele Personen, Ungewissheit über die Dauer der Freiheitsentziehung und fehlende Kontaktmöglichkeiten zu Angehörigen) sind ebenfalls in die Prüfung der Verhältnismäßigkeit einzubeziehen. Diese Aspekte sind ebenso wenig in die Abwägung des LG Hamburg eingeflossen wie eine fallbezogene Prüfung des Anschlusses an den ÖPNV (Öffentlicher Personennahverkehr), der Möglichkeit zum Erwerb von Verpflegung, der Übernachtungsmöglichkeiten, der Tages- und Jahreszeit, der konkreten Witterungsverhältnisse sowie des Alters- und Gesundheitszustands des Betroffenen im Fall des Verbringungsgewahrsams.[370] Die Annahme einer generellen Unzulässigkeit des Verbringungsgewahrsams, wie sie vom LG Hamburg konstatiert wird, ist somit nicht vertretbar. Es ist stets eine Einzelfallprüfung anzustellen, bei der sämtliche oben aufgezeigte Argumente gegeneinander abgewogen werden müssen.

Beispiel: Die *Anti-Atom-Liga* e.V. (AAL), deren Mitglieder für eine radikale Durchsetzung ihrer politischen Linie bekannt und teilweise wegen Nötigung und Landfriedensbruchs vorbestraft sind, demonstrierte erneut in der Stadt S vor dem Technologiezentrum. Unter den Demonstranten befand sich M, der sich mit einem Stahlseil und mit Handschellen an das Haupttor ankettete, um die mit Reaktorteilen beladenen Lkw an der Einfahrt zu hindern. Der Einsatzleiter der Polizei ordnete daher die Durchtrennung des Stahlseiles und die Verbringung des M zur im Nachbarort befindlichen Gefangenensammelstelle an. M wurde mitgeteilt, dass für ihn die Veranstaltung zu Ende sei und dass er nunmehr zur Gefangenensammelstelle verbracht werden müsse. Da M mit dem Abtransport seiner Person jedoch nicht einverstanden war und sich heftig wehrte, wurde er schließlich unter Überwindung von Widerstand zur Gefangenensammelstelle verbracht und von dort drei Stunden später, nachdem die Reaktorteile sicher ihr Ziel erreicht hatten, wieder entlassen.

Als Rechtsgrundlage für die Verbringung dient die polizeigesetzliche Befugnisnorm bzgl. des Gewahrsams (z.B. § 15 I S. 1 Nr. 2 und 3 BremPolG). Insbesondere ist die Anwendbarkeit des Polizeigesetzes nicht dadurch gesperrt, dass es sich um eine Versammlung handelte, denn M wurde vor seiner Verbringung gem. § 18 III VersG wirksam ausgeschlossen.[371] Fraglich ist lediglich die Verhältnismäßigkeit. M wurde drei Stunden in der Gefangenensammelstelle festgehalten. Ob ein dreistündiges Festhalten gegen das Übermaßverbot verstößt, ist eine Tatfrage. Jedenfalls macht bei einer solch kurzen Dauer eventuell fehlende Verpflegung die Maßnahme nicht unverhältnismäßig, jedenfalls sofern Getränke bereitstehen und bei den Festgehaltenen ein normaler Gesundheitszustand besteht. Auch bei M konnte von einem normalen Gesundheitszustand ausgegangen werden, sodass sich das Verbringen zur Gefangenensammelstelle insgesamt, aber ohne Berücksichtigung des Zwangselements, als verhältnismäßig erwies. Das Gleiche würde im Übrigen gelten, wenn man den Verbringungsgewahrsam nicht auf die Befugnisnorm zur Ingewahrsamnahme, sondern auf die Befugnisgeneralklausel gestützt hätte. Zur Rechtmäßigkeit des Zwangs vgl. die Darstellung bei Rn 928 ff.

Fazit: Grundsätzlich ist der Durchsetzungsgewahrsam von der Befugnisnorm der Standardmaßnahme *Ingewahrsamnahme* gedeckt. Sobald aber die Polizei zur Durchsetzung eines Platzverweises körperliche Gewalt anwenden muss, ist das ju- 472

[369] LG Hamburg NVwZ **1997**, 537.
[370] Diese Aspekte berücksichtigt aber OVG Bremen NVwZ **1987**, 235, 237.
[371] Zum Versammlungsausschluss vgl. auch BVerfG NVwZ **2005**, 80, 81.

ristisch als unmittelbarer Zwang zu bewerten, für den es gesonderter Rechtsgrundlagen bedarf. Dies sind die Vorschriften über den unmittelbaren Zwang, nicht die über den Platzverweis oder die Ingewahrsamnahme.

d.) Einschränkendes Erfordernis „unerlässlich"

473 Die Polizei darf eine Person nur dann in Gewahrsam nehmen, wenn dies zur Erreichung der o.g. Gründe „unerlässlich" ist. Auf den ersten Blick scheint dieses Tatbestandsmerkmal überflüssig zu sein, weil ohnehin jedes polizeiliche Handeln zu seiner Rechtmäßigkeit unerlässlich sein muss. Ist eine Maßnahme nicht unerlässlich, ist sie nicht erforderlich und damit unverhältnismäßig. Die „Aufwertung" zum Tatbestandsmerkmal kann also nur so verstanden werden, dass dem Rechtsanwender nochmals vor Augen geführt werden soll, dass die Ingewahrsamnahme nur als äußerstes Mittel der Gefahrenabwehr in Betracht kommt, wenn kein anderes geeignetes Mittel zur Verhinderung der genannten Tatbestände zur Verfügung steht.

Beispiel: Werden bei einer Identitätsfeststellung im Rahmen einer Vorfeldkontrolle bei einigen anreisenden Demonstrationsteilnehmern Waffen und andere gefährliche Gegenstände sichergestellt, ist fraglich, ob die Polizei zusätzlich die betreffenden Personen in Gewahrsam nehmen darf, um Straftaten nach § 27 VersG zu verhindern. Als Rechtsgrundlage für die Ingewahrsamnahme kommt die polizeigesetzliche Befugnisnorm bzgl. des Gewahrsams (z.B. § 15 I S. 1 Nr. 2 BremPolG) in Betracht. Die Ingewahrsamnahme müsste aber auch „unerlässlich" sein. Das ist nicht der Fall, wenn ein anderes geeignetes Mittel zur Verfügung steht. In Fällen der vorliegenden Art wird i.d.R. die Sicherstellung der Waffen und gefährlichen Gegenstände genügen, um Straftaten nach § 27 VersG zu verhindern. Nur wenn weitere Tatsachen die Annahme rechtfertigen, die Person werde trotz der Sicherstellung im Zusammenhang mit der Demonstration Straftaten oder Ordnungswidrigkeiten von erheblicher Gefahr begehen (etwa weil sie aufgrund eines Datenabgleichs als „reisender Gewalttäter" einzustufen ist), kann ihre Ingewahrsamnahme erforderlich sein. Der Umstand allein, dass die Person in polizeilichen Dateien gespeichert, also „einschlägig bekannt" ist, reicht wiederum für eine Ingewahrsamnahme i.d.R. nicht aus.

e.) Vorführungsgewahrsam

474 Die polizeigesetzlichen Befugnisnormen lassen ferner die Ingewahrsamnahme zum Zweck der Vorführung gem. §§ 229, 230 III BGB zu. Die Befugnis statuiert somit eine Ausnahme vom Subsidiaritätsprinzip, indem sie die Ingewahrsamnahme einer Person zum Schutz privater Rechte dritter Personen zulässt. Voraussetzung ist, dass die Festnahme und Vorführung der betroffenen Person nach den Selbsthilfevorschriften des BGB zulässig ist, ohne dass es auf die mangelnde Erlangbarkeit „obrigkeitlicher Hilfe" ankommt.

f.) Zuführungsgewahrsam

475 Weiterhin darf die Polizei Minderjährige, die sich der Obhut von Sorgeberechtigten entzogen haben, in Gewahrsam nehmen, um sie den Sorgeberechtigten oder dem Jugendamt zuzuführen. Mit dieser Vorschrift hat der Gesetzgeber der Polizei die Möglichkeit eröffnet, einen Minderjährigen (d.h. noch nicht 18-Jährigen, vgl. § 2 BGB) den Sorgeberechtigten oder dem Jugendamt zuzuführen, sofern eine Gewahrsamnahme gem. den bisher behandelten Varianten der Befugnisnormen nicht in Betracht kommt. Zwar sind primär die Jugendämter zuständig, können diese jedoch nicht oder nicht rechtzeitig tätig werden, eröffnet die polizeigesetzliche Befugnis zur Ingewahrsamnahme i.V.m. der Eilfallkompetenz der Polizei die Möglichkeit des Zuführungsgewahr-

sams. Das Gleiche gilt, wenn sich Kinder oder Jugendliche an einem Ort aufhalten, an dem ihnen eine unmittelbare Gefahr für das körperliche, geistige oder seelische Wohl droht (jugendgefährdender Ort). Auch hier sind primär die nach § 8 JuSchG zuständigen Stellen berufen, die Kinder oder Jugendlichen einer erziehungsberechtigten Person zuzuführen oder sie, wenn keine erziehungsberechtigte Person erreichbar ist, in die Obhut des Jugendamtes zu bringen (§ 8 S. 1 JuSchG). Insofern steht der Polizei auch in diesem Zusammenhang lediglich die Eilkompetenz zu. In materieller Hinsicht ist zu beachten, dass auch der Minderjährige sich auf Art. 11 I GG berufen kann, der mit der Zuführung zum Erziehungsberechtigten verbundene Eingriff in dieses Grundrecht ist aber durch kollidierendes Verfassungsrecht (hier: das elterliche Erziehungsrecht aus Art. 6 II GG, das durch die Vorschriften des BGB-Familienrechts konkretisert ist[372]) gerechtfertigt.

g.) Ingewahrsamnahme Entwichener

Schließlich erlauben die Polizeigesetze die Ingewahrsamnahme Entwichener. Nach den entsprechenden Bestimmungen darf die Polizei Personen, die aus einer richterlich angeordneten Freiheitsentziehung entwichen sind oder sich sonst ohne Erlaubnis außerhalb der Einrichtung aufhalten, in Gewahrsam nehmen und in die Einrichtung zurückbringen. **476**
Als „richterlich angeordnete Freiheitsentziehung" kommen nicht nur die Haftstrafe nach rechtskräftiger Verurteilung, sondern auch die Untersuchungshaft und die freiheitsentziehenden Maßregeln zur Besserung und Sicherung in Betracht. Eine Person ist „entwichen", wenn sie mit Hilfe von Gewalt oder List aus der Haftanstalt oder einer sonstigen Einrichtung entflohen ist. „Sonst ohne Erlaubnis" hält sich eine Person außerhalb einer Vollzugsanstalt oder sonstigen Einrichtung insbesondere auf, wenn sie als Freigänger, nach einem Urlaub, Ausgang usw. nicht rechtzeitig in die Anstalt zurückgekehrt ist.

Allerdings ist der Anwendungsbereich dieser Variante des polizeilichen Gewahrsams äußerst gering. Denn nach § 87 StVollzG kann ein Gefangener, der entwichen ist oder sich sonst ohne Erlaubnis außerhalb der Anstalt aufhält, durch die Vollzugsbehörde oder auf ihre Veranlassung hin im Rahmen der sog. Nacheile auch von der Polizei festgenommen und in die Anstalt zurückgebracht werden. Auf § 87 StVollzG, und nicht auf die polizeigesetzliche Befugnisnorm, muss daher eine Festnahme eines aus einer Vollzugsanstalt (einschließlich eines psychiatrischen Krankenhauses oder einer Entziehungsanstalt, in die eine Person gemäß §§ 63, 64 StGB eingewiesen ist) entwichenen Gefangenen gestützt werden, wenn die Vollzugsbehörde hierzu die Veranlassung gegeben hat. Ist der zeitliche Bezug zum Vollzug nicht mehr gegeben, erlischt das Festnahmerecht nach § 87 StVollzG und es bedarf eines Vollstreckungshaftbefehls nach § 457 II StPO. **477**

cc. Richtervorbehalt und Begründungsgebot

Dass nach der (nicht richterlichen angeordneten) Ingewahrsamnahme „unverzüglich" die **richterliche Entscheidung** über Zulässigkeit und Fortdauer der Freiheitsentziehung herbeizuführen (i.S.v. nachzuholen) ist, versteht sich aus rechtsstaatlichen Gesichtspunkten, insbesondere wegen des Grundsatzes der Verhältnismäßigkeit und der Menschenwürde, von selbst. Die meisten Polizeigesetze haben diese Selbstverständ- **478**

---

[372] Das Sorgerecht (Personensorgerecht) umfasst nach § 1631 I BGB auch das Recht, den Aufenthalt des Kindes zu bestimmen. Es ist Teil der elterlichen Sorge (§ 1626 I S. 1 BGB). Das Sorgerecht steht den Eltern (§§ 1626, 1626a I BGB), bei nicht verheirateten Eltern und fehlenden Sorgeerklärungen der Mutter (§ 1626a II BGB) und bei Mündeln dem Vormund (§ 1793 BGB) zu.

lichkeit positivrechtlich geregelt.[373] **„Unverzüglich"** heißt nicht etwa (wie bei § 121 BGB) „ohne schuldhaftes Verzögern", sondern bedeutet, dass jede Verzögerung sachlich zwingend geboten sein muss.[374] Insbesondere müssen organisatorische Voraussetzungen für eine zeit- und sachangemessene Wahrnehmung des Richtervorbehalts getroffen werden.[375] Dazu gehört auch die Einrichtung eines **richterlichen Bereitschaftsdienstes**. Allerdings ist das verfahrensrechtliche Gebot der unverzüglichen Einschaltung eines Richters nicht zwingend dadurch verletzt, dass dieser zur „Unzeit" (etwa an einem Sonntagmorgen um 2.30 Uhr) nicht erreichbar war; die Einrichtung eines durchgängigen richterlichen Bereitschaftsdienstes ist aus Zumutbarkeitsgründen nicht stets erforderlich. Ab den Morgenstunden ist dann aber die Erreichbarkeit eines Richters sicherzustellen.

478a Freilich gilt etwas anderes, wenn aufgrund der Vielzahl von erwarteten Ingewahrsamnahmen (Beispiel: Castor-Demonstration) mit einem erhöhten Bedarf an richterlichen Entscheidungen zu rechnen ist. Dann ist ein richterlicher Bereitschaftsdienst auch nachts am Wochenende zwingend einzurichten.[376]

478b Jedenfalls muss die ohne richterliche Entscheidung durchgeführte Ingewahrsamnahme spätestens bei Erreichen der **zeitlichen Höchstgrenzen** des Art. 104 III S. 1 GG (bei Freiheitsentziehung zu Zwecken der Strafverfolgung) oder des Art. 104 II S. 3 GG (bei Freiheitsentziehung zu Zwecken der Gefahrenabwehr) enden. Liegt mit Ablauf der jeweiligen Frist nicht die richterliche Entscheidung vor, ist der Betroffene sofort freizulassen. Anderenfalls liegt eine Freiheitsberaubung (§ 239 StGB) vor.

478c Der präventivpolizeiliche Gewahrsam endet also spätestens am **Ende des nächsten Tages** (Art. 104 II S. 3 GG). Das darüber hinausgehende Festhalten bedarf einer richterlichen Entscheidung, die sich aus anderen Gesetzen als den (gefahrenabwehrrechtlichen) Polizeigesetzen legitimieren muss. So kommt repressivpolizeilich die StPO in Betracht: Untersuchungshaft (§§ 112 ff.), psychiatrisches Krankenhaus (§ 81). Auch auf § 62 AufenthG kann eine richterliche Entscheidung gestützt werden. Um aber derartige Restriktion zu umgehen, haben einige Bundesländer einen richterlich angeordneten Polizeigewahrsam bis zu 2 Wochen vorgesehen.[377] Ob ein mit richterlicher Entscheidung ergangener Polizeigewahrsam, der die in Art. 104 II S. 3 GG genannte Höchstdauer überschreitet und seine Grundlage im Polizeirecht hat, verfassungsrechtlich gerechtfertigt werden kann, ist zweifelhaft. Jedenfalls folgt die Verfassungswidrigkeit nicht aus Art. 104 II S. 3 GG, da diese Verfassungsbestimmung die in ihr genannte Höchstdauer nur für Freiheitsentziehungen festlegt, die die Polizei „aus eigener Machtvollkommenheit", also *ohne* richterliche Entscheidung vornimmt. In den genannten polizeigesetzlichen Vorschriften geht es aber um Freiheitsentziehungen *aufgrund* richterlicher Entscheidung. Die Verfassungswidrigkeit der polizeigesetzlichen Vorschriften über einen längerfristigen Polizeigewahrsam lässt sich aber mit Blick auf den Verhältnismäßigkeitsgrundsatz annehmen, weil er für keines der Schutzgüter des Gewahrsams erforderlich ist. Weder für die Beseitigung einer hilflosen Lage noch für die Durchsetzung einer Identitätsfeststellung und einer Platzverweisung oder für die Vor-, Zu- oder Rückführung einer Person sind für die Polizei mehr Tage nötig, als die in Art. 104 II S. 3 GG genannte Höchstdauer. Eine verfassungskonforme Auslegung der betreffenden Bestimmungen scheidet aus, weil sie in eindeutiger und beabsichtigter Weise die in Art. 104 II S. 3 GG genannte Höchstdauer überschreiten.

---

[373] Vgl. nur § 16 I BremPolG.
[374] VGH Mannheim NVwZ-RR **1998**, 429; BVerwGE **45**, 51, 63; vgl. auch BVerfGE **105**, 239, 249; BVerfG NVwZ **2006**, 579, 580; EGMR NJW **2001**, 51, 53.
[375] Vgl. BVerfGE **105**, 239, 248.
[376] BVerfG NVwZ **2006**, 579, 580.
[377] Vgl. exemplarisch: § 20 I Nr. 3 S. 3 BrandPolG; § 40 I Nr. 3 SachsSOG; § 42 I S. 3 BPolG; § 21 VII S. 2 BKAG: **4 Tage**; § 17 II S. 2 RhlPfl.POG: **7 Tage**; § 16 I Nr. 3 SaarlPolG: **8 Tage**; § 22 Nr. 3 ThürPAG; **10 Tage**; Art. 20 Nr. 3 S. 2 BayPAG; § 28 III S. 4 BWPolG; **14 Tage**.

Sofern man entgegen der hier vertretenen Ansicht nicht von einer Verfassungswidrigkeit der Vorschriften über einen über wenige Tage hinausgehenden polizeilichen Gewahrsam ausgeht, kann die Anordnung eines Gewahrsams, der die in Art. 104 II S. 3 GG genannte Maximaldauer nicht überschreitet, auch im *Einzelfall* gegen den Grundsatz der Verhältnismäßigkeit verstoßen[378]; auch die Rechtsprechung verlangt eine strenge Prüfung der Verhältnismäßigkeit der Anordnung des Gewahrsams zur Gefahrenabwehr.[379] Der EGMR hat einen neunzehnstündigen polizeilichen Gewahrsam, den das BVerfG für verfassungsmäßig gehalten hat, für unverhältnismäßig und damit rechtswidrig erklärt.[380] **478d**

Fraglich ist, ob eine Freiheitsberaubung auch dann vorliegt, wenn der Richter erreichbar sein müsste, aber nicht erreicht werden kann und die Polizei den in Gewahrsam Genommenen nicht sofort freilässt. Dieser Fall ist – soweit ersichtlich – bislang weder gerichtlich entschieden noch in der Literatur behandelt. Richtigerweise wird man das Grundrecht des Betroffenen auf Freiheit der Person mit den Schutzinteressen der Allgemeinheit abwägen müssen. Dabei wird man den Schutzinteressen der Allgemeinheit nur dann den Vorrang einräumen dürfen, wenn anderenfalls die akute Gefahr bestünde, dass ein irreparabler Schaden für bedeutende Schutzgüter wie Leib, Leben oder Gesundheit einträte. Ist diese Abwägung fehlerhaft (wobei – wie stets – die ex-ante-Sicht entscheidet) liegt eine Freiheitsberaubung vor, wenn der Betroffene nicht sofort entlassen wird. **479**

Nach den Bestimmungen der Polizeigesetze braucht eine richterliche Entscheidung jedoch nicht herbeigeführt zu werden, wenn anzunehmen ist, dass sie erst **nach Wegfall des Grundes der polizeilichen Maßnahme** ergehen würde. Freilich ist auch hier die absolute Obergrenze des Art. 104 II S. 3 GG zu beachten. **480**

Aufgrund der Formulierung: „wenn anzunehmen ist ..." in den Polizeigesetzen steht der Polizei ein Prognosespielraum zu. Sie hat im Rahmen der Prüfung, ob eine richterliche Entscheidung ergehen muss, einen geschätzten Zeitvergleich vorzunehmen. Hierbei ist die voraussichtliche Dauer der polizeilichen Maßnahme mit der Zeitspanne zu vergleichen, die für die richterliche Entscheidung erforderlich ist. Zu berücksichtigen sind dabei alle Umstände des Einzelfalls, insbesondere die Erreichbarkeit des Richters (s.o.) und in diesem Zusammenhang die Tageszeit, ob es ein Sonn- oder Feiertag ist, die Fahrtdauer des Richters sowie die Vorführbarkeit der in Gewahrsam genommenen Person. **480a**

> **Beispiel:** S randaliert auf einem Straßenfest. Die Polizei ermahnt ihn daher zunächst und erteilt ihm schließlich einen Platzverweis. Da S sich auch nicht gehalten sieht, der Platzverweisung Folge zu leisten, wird er zur Durchsetzung des Platzverweises auf die Dienststelle verbracht. Drei Stunden später, nachdem das Straßenfest sein Ende gefunden hat, wird er wieder entlassen.
>
> In diesem Fall bedurfte es keiner richterlichen Entscheidung, sofern angenommen werden konnte, dass sie erst nach Wegfall des Grundes für den Durchsetzungsgewahrsam ergangen wäre. Die Obergrenze des Art. 104 II S. 3 GG wurde ohnehin nicht tangiert.

Auf keinen Fall darf der Polizeigewahrsam verlängert werden, nur um eine richterliche Entscheidung einzuholen. Die gegenteilige Annahme entspräche nicht dem Sinn des Richtervorbehalts. **480b**

---

[378] *Gusy*, POR, Rn 309; *Würtenberger/Heckmann*, POR, Rn 363; *Pieroth/Schlink/Kniesel*, POR, § 18 Rn 31.
[379] BVerfGE **83**, 24, 35; BVerwGE **45**, 51, 56.
[380] EGMR NVwZ **2006**, 797, 799. Vgl. auch *Pieroth/Schlink/Kniesel*, POR, § 18 Rn 31.

Beispiel: Würde S im obigen Beispiel nur deswegen über die Dauer des Straßenfestes hinaus in Polizeigewahrsam gehalten, weil die Polizei noch auf das Eintreffen des Bereitschaftsrichters wartet, ist dieser Freiheitsentzug rechtswidrig. Die Beamten machen sich zudem wegen Freiheitsberaubung gem. § 239 StGB strafbar.

481 Eine weitere, in den Polizeigesetzen normierte Verfahrensvorschrift ist die Verpflichtung zur unverzüglichen **Bekanntgabe des Grundes** für die Freiheitsentziehung. Die entsprechenden Vorschriften der Polizeigesetze stellen Spezialvorschriften zu § 39 VwVfG dar und dienen dem rechtsstaatlichen Begründungsgebot. Ein Unterbleiben der Begründung kann gem. § 45 I Nr. 2 VwVfG geheilt werden.

dd. Rechtsschutz und zulässiger Rechtsweg

482 Fraglich ist, ob es noch eines nachträglichen gerichtlichen Rechtsschutzes bedarf, wenn über die Dauer der Ingewahrsamnahme bereits ein Richter entschieden hat. Wenn man aber bedenkt, dass der Richter bei seiner Entscheidung über die weitere Ingewahrsamnahme nicht eine umfassende Rechtmäßigkeitsprüfung vornimmt, sondern lediglich über das Vorliegen der Voraussetzungen der (weiteren) Ingewahrsamnahme entscheidet, wird klar, dass die richterliche Entscheidung im Zusammenhang mit der Ingewahrsamnahme hinter der vollen gerichtlichen Rechtmäßigkeitsprüfung zurückbleibt. Daher kommt der nachträglichen verwaltungsgerichtlichen Überprüfung eine unbestrittene Bedeutung zu. Fraglich kann allein sein, welche Klageart statthaft ist. Hierzu gilt: Die Ingewahrsamnahme ist zum einen ein **Realakt**, weil sie ein tatsächliches Moment aufweist. Zum anderen ist sie ein **Verwaltungsakt**, da sie nicht nur das tatsächliche Element in sich schließt, sondern auch zugleich den Betroffenen verpflichtet, den tatsächlichen Vorgang zu dulden (konkludente Duldungsverfügung). Maßgeblich für den Rechtsschutz ist also die dem Betroffenen gegenüber erlassene Regelung. Statthaft sind daher grds. die **Anfechtungsklage** bzw. der Antrag gem. § 80 V VwGO. Hat sich die Ingewahrsamnahme bereits erledigt, ist die **Fortsetzungsfeststellungsklage** gem. § 113 I S. 4 VwGO analog statthaft.

Beispiel: Aus Freude über die für den nächsten Vormittag terminierte Unterzeichnung eines gewinnbringenden Vertragswerks begibt sich der Geschäftsmann G am Abend in die Altstadt und feiert schon mal ausgiebig mit ein paar Freunden das bevorstehende Ereignis. Erheblich alkoholisiert, macht er sich dann auf den Nachhauseweg. Als er unterwegs randaliert, wird er von der zufällig vorbeikommenden Polizeistreife aufgefordert, sich auszuweisen. G verweigert aber jegliche Auskunft. Als eine daraufhin erfolgte Durchsuchung ergibt, dass G keine Ausweispapiere bei sich trägt, nimmt ihn die Polizei in Gewahrsam. Als G am nächsten Tag gegen 12 Uhr in einer Ausnüchterungszelle aufwacht, sind die Geschäftspartner, mit denen er das Vertragswerk unterzeichnen wollte, bereits abgereist und stehen nun in geschäftlicher Verbindung mit dem Konkurrenten K. G klagt vor dem Verwaltungsgericht auf Feststellung, dass die polizeiliche Ingewahrsamnahme rechtswidrig gewesen sei, damit er später einen Entschädigungs- bzw. Amtshaftungsprozess anstrengen kann.

In diesem Fall ist die Erledigung der Maßnahme bereits vor Klageerhebung eingetreten. § 113 I S. 4 VwGO ist daher analog anzuwenden. Die Klage ist aber wegen fehlenden Feststellungsinteresses[381] unzulässig, da bisher noch kein Verfahrensaufwand vor dem Verwaltungsgericht betrieben worden ist und dem G die Möglichkeit offen steht, seinen geltend gemachten Entschädigungs- bzw. Amtshaftungsanspruch direkt vor den **Zivilgerichten** geltend zu machen.[382] Begründet ist die zivilgerichtliche Klage, wenn die

[381] Zu den Voraussetzungen vgl. ausführlich *R. Schmidt*, VerwProzR, Rn 433 ff.

[382] Zur prozessualen Seite vgl. ausführlich *R. Schmidt*, VerwProzR, Rn 395 ff. und zum Entschädigungs- bzw. Amtshaftungsanspruch *R. Schmidt*, AllgVerwR, Rn 1061 ff.

Ingewahrsamnahme rechtswidrig war und G in seinen Rechten verletzt hat. Eine Ingewahrsamnahme setzt voraus, dass eine Gefahr für Leib und Leben besteht. Das ist insbesondere dann der Fall, wenn sich die betreffende Person in einem die freie Willensbestimmung ausschließenden Zustand oder sonst in hilfloser Lage befindet.[383] G war infolge seines Alkoholkonsums ersichtlich nicht mehr in der Lage, ohne eigene Gefährdung oder Gefährdung Dritter nach Hause zu kommen. Er befand sich deshalb in hilfloser Lage. Da auch kein Verstoß gegen das Übermaßverbot vorliegt, war die Ingewahrsamnahme rechtmäßig.

Weiterführender Hinweis: Sollte sich der Betroffene weigern, sich in Gewahrsam nehmen zu lassen, muss die Polizei zur Durchsetzung der Ingewahrsamnahme unmittelbaren Zwang anwenden. In diesem Fall besteht die Möglichkeit des Betroffenen, (auch) gegen den unmittelbaren Zwang vorzugehen. Sofern man in der Anwendung eines Zwangsmittels einen Verwaltungsakt sieht, ist (aufgrund der bereits eingetretenen Erledigung) die Fortsetzungsfeststellungsklage analog § 113 I S. 4 VwGO statthaft. Vgl. dazu die Ausführungen zur Verwaltungsvollstreckung bei Rn 928 ff.

Hinsichtlich des **Rechtswegs** ist zwischen der gerichtlichen Überprüfung der richterlichen Entscheidung über die Freiheitsentziehung und der freiheitsentziehenden Maßnahme selbst zu unterscheiden: Obwohl die richterliche Entscheidung in einer **öffentlich-rechtlichen** Streitigkeit getroffen wird, ist für deren Erteilung bzw. Überprüfung das **Amtsgericht**, in dessen Bezirk die Person festgehalten, zur Dienststelle verbracht oder in Gewahrsam genommen wird (nicht: in dessen Bezirk die Polizeibehörde ihren Sitz hat), zuständig. Zu einer solchen Regelung waren die Landesgesetzgeber nach **§ 40 I S. 2 VwGO** befugt. Von dieser Möglichkeit haben die meisten Landesgesetzgeber Gebrauch gemacht, weil die Amtsgerichte im Allgemeinen ortsnäher als die Verwaltungsgerichte seien und auch sonst über Freiheitsentziehungen entscheiden würden. Ob die Übertragung der Zuständigkeit auf die Amtsgerichte angesichts der unterschiedlichen Struktur von präventivem und repressivem Polizeirecht rechtspolitisch sinnvoll ist, mag dahingestellt bleiben, ist jedoch verfassungsrechtlich nicht zu beanstanden. **483**

Für das gerichtliche **Verfahren** gelten gem. den polizeigesetzlichen Vorschriften die Vorschriften des **FrEntzG**. Solange die Freiheitsentziehung andauert, kann die betroffene Person nicht, wie sonst, gegen polizeiliche Verwaltungsakte Widerspruch und Anfechtungsklage erheben. Vielmehr enthält allein das FrEntzG Regelungen über die zulässigen Rechtsmittel. Die betroffene Person kann eine Entscheidung des Amtsgerichts beantragen (§ 13 II FrEntzG). Das Amtsgericht hat vor seiner Entscheidung die betroffene Person mündlich zu hören, was deren Vorführung voraussetzt (§ 5 I FrEntzG). Das Gericht entscheidet durch einen mit Gründen versehenen Beschluss (§ 6 FrEntzG), der mit sofortiger Beschwerde (§ 7 FrEntzG), über die das Landgericht entscheidet (§ 3 S. 2 FrEntzG i.V.m. § 19 II FGG), und sofortiger weiterer Beschwerde - zuständig ist das OLG - (§ 3 S. 2 FrEntzG i.V.m. §§ 27, 29 FGG) angefochten werden kann. Die gerichtliche Entscheidung wird erst mit der Rechtskraft wirksam. Jedoch kann das Gericht die sofortige Wirksamkeit der Entscheidung anordnen (§ 8 FrEntzG). Eine Rechtsbehelfsbelehrung ist nicht vorgesehen, wohl aber eine Bekanntgabe des Grundes der Freiheitsentziehung (vgl. die einschlägigen Bestimmungen der Polizeigesetze). **484**

Ist die betroffene Person entlassen und die Freiheitsentziehung beendet, ohne dass das Amtsgericht entschieden hat, kommt, wenn gegen die Freiheitsentziehung vorgegangen werden soll, eine Fortsetzungsfeststellungsklage (analog) § 113 I S. 4 VwGO **485**

[383] *Muckel*, BesVerwR, S. 97.

in Betracht. Wird die Ingewahrsamnahme als solche angegriffen, liegt von vornherein eine verwaltungsgerichtliche Streitigkeit vor.

Beispiel[384]**:** Anlässlich einer Demonstration im Technologiepark ist K – zusammen mit anderen Demonstranten – von der Vollzugspolizei über Nacht in Gewahrsam genommen worden. Später möchte er gerichtlich klären lassen, dass die Nichtherbeiholung einer richterlichen Verfügung rechtswidrig war.

Variante: Er möchte ausschließlich die *Ingewahrsamnahme* als überprüft wissen.

Die Ingewahrsamnahme ist eine Standardmaßnahme zur Gefahrenabwehr und in den Polizeigesetzen der Länder geregelt (s.o.). Daher liegt ein typischer Fall einer gem. § 40 I S. 1 VwGO vor dem zuständigen Verwaltungsgericht zu erhebenden Fortsetzungsfeststellungsklage vor, bei dem es um die Überprüfung der Rechtmäßigkeit eines erledigten Verwaltungsakts geht. Im Ausgangsfall greift K jedoch nicht die Ingewahrsamnahme als solche an, sondern moniert, dass keine richterliche Entscheidung eingeholt worden sei. Auch für diesen Fall greift grundsätzlich § 40 I S. 1 VwGO. § 40 I S. 2 VwGO lässt jedoch die Zuweisung derartiger Streitigkeiten an ein anderes Gericht (= i.d.R. Amtsgericht) durch Landesrecht zu. Von dieser Möglichkeit haben die meisten Landesgesetzgeber Gebrauch gemacht (bspw. in Niedersachsen[385], Berlin und Bayern), weil die Amtsgerichte im Allgemeinen ortsnäher als die Verwaltungsgerichte seien und auch sonst über Freiheitsentziehungen entscheiden würden. Ob die Übertragung der Zuständigkeit auf die Amtsgerichte angesichts der unterschiedlichen Struktur von präventivem und repressivem Polizeirecht rechtspolitisch sinnvoll ist, mag dahingestellt bleiben, ist jedoch verfassungsrechtlich nicht zu beanstanden. Für das gerichtliche **Verfahren** gelten in diesen Fällen die Vorschriften des **FrEntzG** bzw. des **FGG**. Insbesondere wird der Rechtsschutz des Betroffenen nicht unzumutbar erschwert oder verkürzt, da auch in diesem Verfahren der Amtsermittlungsgrundsatz gilt und das überprüfende Gericht die Sach- und Rechtslage auch am Maßstab des § 113 I S. 4 VwGO (analog) prüft.[386]
Auch wenn die betroffene Person entlassen wurde und die Freiheitsentziehung damit beendet ist, bevor das Amtsgericht über die richterliche Entscheidung befunden hat, kommt, wenn gegen die Freiheitsentziehung vorgegangen werden soll, eine Fortsetzungsfeststellungsklage (analog) § 113 I S. 4 VwGO in Betracht. Wird – wie in der Variante – die Ingewahrsamnahme als solche angegriffen, liegt von vornherein eine verwaltungsgerichtliche Streitigkeit vor, die sich vorliegend auf die Überprüfung eines bereits vor Klageerhebung erledigten Verwaltungsakts bezieht.

---

[384] Nach OVG Lüneburg NVwZ **2004**, 760, 761.
[385] Vgl. § 19 III NdsSOG i.V.m. dem FGG.
[386] OVG Lüneburg NVwZ **2004**, 760, 761.

5. Durchsuchungen und Sicherstellungen

Schließlich gilt es, die dritte Gruppe von Standardmaßnahmen zu untersuchen, die Durchsuchungen und die Sicherstellungen. Die Durchsuchung ist in den meisten Polizeigesetzen legaldefiniert: 486

Durchsuchung ist das Suchen nach Sachen oder Spuren in oder an der Kleidung[387] des Betroffenen, an seiner Körperoberfläche oder in den ohne Hilfsmittel einsehbaren Körperöffnungen oder Körperhöhlen.[388] 487

Es geht also um das Suchen nach etwas, was bei äußerlicher Betrachtung zunächst nicht wahrnehmbar ist. Im Übrigen ist bei den Durchsuchungen – da verschiedene Grundrechte betroffen sind – wiederum die Durchsuchung von Personen, von Sachen und von Wohnungen zu unterscheiden.

a. Durchsuchung von Personen

Die präventivpolizeiliche Durchsuchung von Personen[389] verfolgt den Zweck, Gegenstände aufzufinden, die jemand bei sich trägt und von denen Gefahren für die öffentliche Sicherheit ausgehen. Damit liegt ein Grundrechtseingriff jedenfalls in Art. 2 I GG (allgemeine Handlungsfreiheit) vor. In den meisten Fällen ist wegen des tangierten Intimbereichs aber auch das allgemeine Persönlichkeitsrecht (Art. 2 I i.V.m. Art. 1 I GG) betroffen. 488

Objekt kann nur der lebende Mensch sein. Wird eine Leiche durchsucht, handelt es sich rechtlich um eine Durchsuchung von Sachen (vgl. dazu Rn 502 ff.). 489

Die präventivpolizeiliche Durchsuchung darf nicht mit der körperlichen **Untersuchung** nach den §§ 81a, 81c StPO verwechselt werden. Der wesentliche Unterschied zwischen der Durchsuchung i.S.d. präventiven Polizeirechts und der Untersuchung i.S.d. Strafprozessrechts besteht darin, dass die präventivpolizeiliche Durchsuchung die ohne Hilfsmittel einsehbaren Körperöffnungen oder Körperhöhlen (Nase, Mund, Ohr) betrifft. Das folgt aus dem Definitionsbestandteil „...ohne Hilfsmittel einsehbaren Körperöffnungen oder Körperhöhlen". Demgegenüber dient die körperliche Untersuchung dem Zweck, die vom Willen des Beschuldigten unabhängige Beschaffenheit seines Körpers, auch das Vorhandensein von Fremdkörpern in sämtlichen natürlichen Körperöffnungen (und damit auch im Anal- und Genitalbereich), durch sinnliche Wahrnehmung ohne körperliche Eingriffe festzustellen.[390] Eine präventivpolizeiliche Maßnahme, die sich auf die Nachschau des Anal- und/oder Genitalbereichs erstreckt, ist somit rechtswidrig. 490

> **Beispiel[391]:** Die X wurde anlässlich eines Rockfestivals im Rahmen einer präventivpolizeilich angeordneten Betäubungsmittelkontrolle von Bediensteten der Polizei kontrolliert. Dabei wurde vom Einsatzleiter vage vermutet, dass X im Genitalbereich ein Päckchen Kokain versteckt haben könnte. Um den angenommenen Drogenkonsum zu verhindern, ordnete er daher eine Visitation der X dergestalt an, dass diese eine Nachschau im Genitalbereich dulden musste. X ist der Meinung, dass diese Maßnahme rechtswidrig gewesen sei.

---

[387] Zur Durchsuchung von Kleidungsstücken vgl. auch Rn 504.
[388] Vgl. z.B. § 19 II S. 1 BremPolG; dem sich anschließend VGH München, NVwZ-RR **1999**, 310.
[389] Vgl. § 17 MEPolG; **Bund:** § 43 BundesPolG; **BW:** § 29 PolG; **Bay:** Art. 21 PAG; **Berl:** § 34 ASOG; **Brand:** § 21 PolG; **Brem:** § 19 PolG; **Hamb:** § 15 SOG; **Hess:** § 36 SOG; **MeckVor:** § 53 SOG; **Nds:** § 22 SOG; **NRW:** § 39 PolG; **RhlPfl:** § 18 POG; **Saar:** § 17 PolG; **Sachs:** § 23 PolG; **SachsAnh:** § 41 SOG; **SchlHolst:** § 202 LVwG; **Thür:** §§ 23 PAG, 18 OBG.
[390] Vgl. dazu instruktiv VG Regensburg BayVBl **1999**, 347 ff.
[391] Nachgebildet VGH München NVwZ-RR **1999**, 310.

Da die Polizei präventivpolizeilich tätig war, gilt es zu klären, ob eine Nachschau im Genitalbereich vom Begriff der Durchsuchung umfasst ist. Die Suche nach Fremdkörpern (hier: Betäubungsmittel) im Genitalbereich durch sinnliche Wahrnehmung ist dem Begriff der körperlichen Untersuchung zuzuordnen und nicht dem Begriff der Durchsuchung von Personen. Die Nachschau im Genitalbereich diente gerade der Suche nach Gegenständen in einer Körperöffnung bzw. Körperhöhle, die ohne Hilfsmittel nicht ohne weiteres einsehbar ist. Sie war daher kein Instrument der präventivpolizeilichen Durchsuchung, sondern eines der strafprozessualen Untersuchung. Da deren Voraussetzungen (dringender Tatverdacht; Anordnung des Richters oder Staatsanwalts; präventivpolizeilicher Zweck der Durchsuchung) nicht vorlagen, war die Untersuchung des Genitalbereichs der X schon deshalb rechtswidrig. Die Auffassung der X ist zutreffend.

Weiterführender Hinweis: Wäre X aus repressivpolizeilichen Gründen durchsucht worden (etwa weil man sie des Drogenhandels konkret verdächtigte), hätte es sich um eine **Untersuchung** auf der Grundlage des **§ 81 a StPO** (unter Beachtung des § 81 d StPO) gehandelt. Denn auf diese Rechtsgrundlage können zum Zweck der Strafverfolgung körperliche Untersuchungen durch Blutabnahme, durch Röntgen, die Verabreichung von Brech- oder Abführmitteln, das Auspumpen des Magens oder das Suchen im After oder (bei Frauen) im Genitalbereich gestützt werden. Mangels entsprechender Rechtsgrundlagen in den Polizeigesetzen können derartige Maßnahmen grundsätzlich nicht zu präventiven Zwecken erfolgen. Etwas anderes gilt nur für atypische Situationen, etwa wenn ein Polizeibeamter von einem Menschen gebissen wird, wobei der „Beißer" verdächtig ist, HIV-positiv zu sein und den Beamten infiziert zu haben. Hier helfen eine Abnahme und Untersuchung des Blutes, den Sachverhalt zu erforschen. Ob eine Untersuchung des nicht ohne weiteres einsehbaren Genitalbereichs (einer Frau) auf die polizeigesetzliche Befugnisnorm, die es der Polizei aus Gründen des Eigenschutzes erlaubt, eine Person nach Waffen zu durchsuchen, gestützt werden kann, ist eine andere Frage (vgl. dazu Rn 603).

Aber auch im Rahmen der Strafverfolgung ist wegen des Grundsatzes der Verhältnismäßigkeit stets eine restriktive Handhabung der Untersuchung des Genitalbereichs gefordert.

491 Eine Durchsuchung wird zumeist bei **Razzien** und beim **Objektschutz** angeordnet. Typischer Anwendungsfall ist die Durchsuchung von Besuchern von Großveranstaltungen, bei denen Ausschreitungen zu befürchten sind, nach Waffen und anderen gefährlichen Werkzeugen (*ratio*: Gefahrenabwehr). Entsprechendes gilt für die Teilnehmer von Demonstrationen, da das VersG diese Art von Gefahrenabwehrmaßnahmen nicht regelt. Zu beachten ist allerdings die Sperrwirkung des Versammlungsrechts.[392]

aa. Formelle Rechtmäßigkeit

492 Hinsichtlich der formellen Rechtmäßigkeit gelten zunächst die allgemeinen Voraussetzungen (Zuständigkeit, Verfahren und Form; siehe Rn 607 ff.). Als besondere (und zusätzlich zu prüfende) Verfahrensvorschrift normieren die Polizeigesetze, dass Betroffene grundsätzlich nur von Beamten desselben Geschlechts durchsucht werden dürfen.[393] Nur ausnahmsweise, wenn die Durchsuchung von einem Arzt oder zur Abwehr einer Gefahr für Leib oder Leben vorgenommen wird, gilt dies nicht. Die Regelung dient damit dem Schutz des Schamgefühls, nicht jedoch der Menschenwürde (Art. 1 I S. 1 GG). Diente sie der Menschenwürde, wäre die Durchsuchung einer Per-

---

[392] Vgl. dazu Rn 1035 ff.

[393] Vgl. **Bund:** § 43 IV BundesPolG; **BW:** § 29 III PolG; **Bay:** Art. 21 III PAG; **Berl:** § 34 IV ASOG; **Brand:** § 21 III PolG; **Brem:** § 19 IV PolG; **Hamb:** § 15 III SOG; **Hess:** § 36 IV SOG; **MeckVor:** § 54 II SOG; **Nds:** § 22 III SOG; **NRW:** § 39 III PolG; **RhlPfl:** § 18 III POG; **Saar:** § 17 III PolG; **Sachs:** § 23 III PolG; **SachsAnh:** § 41 IV SOG; **SchlHolst:** § 203 II LVwG; **Thür:** § 23 III PAG.

son durch eine geschlechtsverschiedene Person ausnahmslos (und nicht nur im Grundsatz) verboten, weil die Menschenwürde ausnahmslos zu beachten ist.

Liegt ein Verstoß gegen die Verfahrensvorschrift vor, führt dies zur (formellen) Rechtswidrigkeit der Durchsuchung. Eine Heilung gem. § 45 VwVfG oder eine Unbeachtlichkeit gem. § 46 VwVfG kommen nicht in Betracht; ließe man dies zu, missachtete man die ratio der Verfahrensvorschrift. **492a**

bb. Materielle Rechtmäßigkeit

Auf Tatbestandsebene setzt die Durchsuchung das Vorliegen eines Durchsuchungs- **493**
grundes voraus. So ist die Durchsuchung nach den Polizeigesetzen zunächst zulässig, wenn die Person nach den Vorschriften des Polizeigesetzes **in Gewahrsam genommen** bzw. festgehalten werden kann. In diesen Fällen bedarf die Durchsuchung einer **konkreten Gefahr**, die allerdings zumeist identisch ist mit der, die zur Ingewahrsamnahme als Anlasstatbestand der Durchsuchung befugt. Dabei ist es gleichgültig, ob die Ingewahrsamnahme nach dem Polizeigesetz, nach der StPO oder nach anderen Gesetzen erfolgt.

> **Beispiel:** Die auf Streife befindliche Polizei wird in einer dunklen Seitengasse auf einen Mann aufmerksam, der offenbar gerade dabei ist, ein Auto aufzubrechen. Die Polizei nimmt den Mann vorläufig in Gewahrsam und durchsucht ihn nach Einbruchwerkzeugen.
>
> Hier ist die Durchsuchung ohne weiteres zulässig, weil sie zum einen im zeitlichen Zusammenhang mit der Ingewahrsamnahme (gleichgültig, ob sich diese auf das Polizeigesetz oder z.B. in Form einer Festnahme auf § 127 II StPO stützen lässt) steht und sich zum anderen die Gefahr aufgrund der Tatsache, dass der Mann das Versuchsstadium einer Straftat nach §§ 242, 243 I S. 2 Nr. 1 und 2 StGB überschritten hat, auch bereits realisiert hat.

Darüber hinaus darf eine präventivpolizeiliche Durchsuchung vorgenommen werden, **494**
wenn **Tatsachen die Annahme rechtfertigen, dass Gegenstände vorgefunden werden, die** (nach den Vorschriften des Polizeigesetzes) **sichergestellt** werden dürfen. „Vorgefunden werden" bedeutet, dass die betroffene Person die Gegenstände mit sich führt oder zumindest unmittelbar und sofort darauf zugreifen kann. Insoweit besteht eine Parallele zu § 244 Nr. 2 und § 250 I Nr. 2 StGB.[394] Die Formulierung „Tatsachen die Annahme rechtfertigen" bedeutet, dass zwar keine konkrete Gefahr, sondern lediglich eine **abstrakte Gefahr** bzw. ein **Gefahrenverdacht** vorliegen müssen, allerdings muss konkretes Tatsachenmaterial vorhanden sein, das den Schluss zulässt, dass Gegenstände vorgefunden werden, die sichergestellt werden dürfen.

> **Beispiel:** Polizeibeamte, die den Zugang zu einem Rockfestival kontrollieren, bekommen einen glaubhaften Hinweis, dass ein bestimmter Zuhörer ein Messer, das dem Waffenbegriff des WaffG unterfällt, mit sich führt. Sie durchsuchen die betreffende Person und stellen das bei ihr gefundene Messer sicher.
>
> In diesem Fall stellte der glaubhafte Hinweis auf das Mitführen eines Messers eine Tatsache dar, die die Annahme rechtfertigte, dass die angegebene Person ein Messer mit sich führte. Die Durchsuchung der Person war somit rechtmäßig. Das hätte selbst dann gegolten, wenn bei der Durchsuchung kein Messer gefunden worden wäre. Denn maßgeblicher Zeitpunkt für die Beurteilung ist die ex-ante-Sicht, also der Zeitpunkt, in dem der Beamte über die Maßnahme entscheiden muss.

---

[394] Vgl. dazu ausführlich *Schmidt/Priebe*, StrafR BT II, 6. Aufl. **2007**, Rn 207 ff. und 391 ff.

495 **Hinweis für die Fallbearbeitung:** Aus den genannten Anlasstatbeständen folgt, dass die Durchsuchung von Personen i.d.R. mit anderen Maßnahmen einhergeht. Insbesondere ist die Durchsuchung Begleitmaßnahme zur Ingewahrsamnahme und dient dabei verschiedenen Gründen, etwa der Eigensicherung des Beamten oder der Verhinderung der Selbstgefährdung des in Gewahrsam Genommenen. Auch wird sie häufig als Begleitmaßnahme zur Identitätsfeststellung durchgeführt. Sie ist aber auch häufig eine Vorbereitungsmaßnahme zu einer Sicherstellung. Denn werden bei einer Durchsuchung Sachen gefunden, von denen eine Gefahr für die öffentliche Sicherheit ausgeht, muss die Polizei die Möglichkeit haben, diese Sachen sicherzustellen und zu verwahren. Für die Klausurbearbeitung folgt daraus aber, dass alle Maßnahmen eigenständig geprüft werden müssen.

Beispiel: S wird im Vorfeld einer Demonstration von Polizeibeamten durchsucht, weil Tatsachen die Annahme rechtfertigen, dass er Waffen bei sich führt.

⇨ Da zur Gefahrenabwehr, insbesondere bei Demonstrationen, Waffen sichergestellt werden dürfen (vgl. etwa § 23 Nr. 2 und 3 BremPolG), ist ein Anlasstatbestand für eine Durchsuchung gegeben (etwa nach § 19 I Nr. 2 oder nach § 19 III BremPolG). Die Beamten durften S also durchsuchen. Prüfungstechnisch ist die Rechtmäßigkeit einer (hypothetischen) Sicherstellung im Rahmen des Tatbestands der Durchsuchung zu prüfen. Sollten die Beamten tatsächlich Waffen finden und diese sicherstellen, ist die Sicherstellung später als Folgemaßnahme separat zu prüfen. Allerdings kann hinsichtlich der Rechtmäßigkeit i.d.R. auf die Prüfung der Durchsuchung verwiesen werden.

496 Auch lassen die Polizeigesetze die Durchsuchung einer Person zu, die sich in einem **die freie Willensbestimmung ausschließenden Zustand** oder sonst **in hilfloser Lage** befindet. In einem „die freie Willensbestimmung ausschließenden Zustand" können sich insbesondere Menschen mit Selbsttötungsabsicht befinden (Pflicht des Staates, Menschenleben zu schützen, Art. 2 II S. 1 GG). Gleiches gilt etwa im Fall einer Ohnmacht, bei einem epileptischen Anfall oder schweren Nervenschock.

Beispiel: Die Polizei erhält einen Anruf von einer Frau, in dem diese ihr mittels Mobiltelefons mitteilt, dass sie sich das Leben nehmen wolle. Mit Hilfe einer Standortbestimmung (sog. Handyortung) gelingt es der Polizei, den Aufenthaltsort der Frau zu ermitteln. Vor Ort durchsucht sie die Frau und stellt ein Teppichmesser sicher, mit dem die Frau sich offenbar die Pulsadern aufschlitzen wollte.

In diesem Fall ist die Durchsuchung gerechtfertigt. Rechtmäßig ist auch die Sicherstellung.

497 Eine „sonstige hilflose Lage" i.S.d. kann insbesondere bei Volltrunkenen, verunglückten Personen, alten Menschen oder Kindern vorliegen, wobei sich gewisse Überschneidungen mit der Variante *die freie Willensbestimmung ausschließenden Zustand* ergeben können. So befindet sich insbesondere der Volltrunkene, der hilflos ist, wohl auch in einem „die freie Willensbestimmung ausschließenden Zustand".

497a Neuerdings ermächtigen die Polizeigesetze auch zur Durchsuchung von Personen, die sich an **gefährlichen** oder **gefährdeten** Orten oder an **Kontrollstellen** aufhalten oder dort angetroffen werden.[395] Damit soll der Polizei die Möglichkeit gegeben werden, neben der Durchsuchung zur Durchsetzung einer Identitätsfeststellung und zur

[395] Vgl. **Bund:** § 43 I Nr. 4, II Nr. 1 u. 2 BundesPolG; **BW:** § 29 I Nr. 4 u. 5 PolG; **Bay:** Art. 21 I Nr. 3 u. 4 PAG; **Berl:** § 34 II Nr. 2-4 ASOG; **Brand:** § 21 I Nr. 4 u. 5 PolG; **Brem:** § 19 I Nr. 4 u. 5 PolG; **Hamb:** § 15 II SOG; **Hess:** § 36 II Nr. 2 u. 3 SOG; **MeckVor:** § 53 I Nr. 3 iVm 29 I S. 2 Nr. 1-3 SOG; **Nds:** § 22 I Nr. 4 u. 5, II Var. 2 SOG; **NRW:** § 39 I Nr. 4 u. 5 PolG; **RhlPfl:** § 18 I Nr. 4-6 POG; **Sachs:** § 23 I Nr. 4 u. 5 PolG; **SachsAnh:** § 41 II Nr. 2 u. 3 SOG; **SchlHolst:** § 20 I iVm 181 I Nr. 1-3 LVwG; **Thür:** § 23 I Nr. 4 u. 5 PAG.

Vorbereitung einer Sicherstellung eine besonders intensive Durchsuchung von Personen an besonders neuralgischen Orten vorzunehmen, um so eine Verunsicherung krimineller Milieus hervorzurufen. Vgl. dazu bereits Rn 216 und 227 f.

Schließlich lassen die Polizeigesetze – im Rahmen einer Identitätsfeststellung – die Durchsuchung einer Person zur **Eigensicherung** zu. Danach darf die **Polizei** eine Person, deren Identität nach dem BremPolG oder anderen Rechtsvorschriften festgestellt werden soll, nach Waffen, anderen gefährlichen Werkzeugen und Explosivmitteln durchsuchen, wenn dies nach den Umständen zum Schutz des Beamten oder eines Dritten gegen eine Gefahr für Leib oder Leben erforderlich ist. Bei den **Waffen** handelt es sich um sog. Waffen im technischen Sinn, die sich mittels objektiver, im WaffG i.V.m. den in dessen Anlage 1 definierten Kriterien bestimmen lassen. Innerhalb dieser Kategorie stellen die Schusswaffen eine Untergruppe dar, zu denen im Übrigen nicht nur geladene und einsatzbereite Feuerwaffen, sondern auch Schreckschuss-, Reizstoff- und Signalwaffen und Gaspistolen zählen.[396] Zu den Waffen zählen schließlich die in § 1 II Nr. 2 WaffG genannten tragbaren Gegenstände, die ihrem Wesen nach dazu bestimmt sind, die Angriffs- oder Abwehrfähigkeit von Menschen zu beseitigen oder herabzusetzen. Dazu zählen insbesondere Hieb- und Stoßwaffen, Gegenstände, die unter Ausnutzung einer anderen als mechanischen Energie Verletzungen beibringen (z.B. Elektroimpulsgeräte), und Reizstoffsprühgeräte (vgl. § 1 II Nr. 2 a WaffG i.V.m. Ziff. 1 des Unterabschnitts 2 des Abschnitts 1 der Anlage 1 zum WaffG jeweils mit Legaldefinitionen), die, ohne dazu bestimmt zu sein, insbesondere wegen ihrer Beschaffenheit, Handhabung oder Wirkungsweise geeignet sind, die Angriffs- oder Abwehrfähigkeit von Menschen zu beseitigen oder herabzusetzen. Dazu zählen insbesondere Spring-, Fall-, Faust- und Butterflymesser (vgl. § 1 II Nr. 2 b WaffG i.V.m. Ziff. 2 des Unterabschnitts 2 des Abschnitts 1 der Anlage 1 zum WaffG jeweils mit Legaldefinitionen), aber auch Dolche, Stilette, Säbel, Degen, Schlagringe, Schlagstöcke, Gummiknüppel, Handgranaten und Molotow-Cocktails. Keine Waffen im technischen Sinn sind hingegen Äxte, Beile, Sensen, Schlachtmesser, „Schweizer Offiziersmesser", Fahrten- und Taschenmesser, Schraubenzieher. Auch der ungeladenen Schreckschusswaffe fehlt die generelle Gefährlichkeit. Sie unterfällt daher – wie auch die ungeladene „echte" Schusswaffe – nicht dem rechtlichen Waffenbegriff.[397] Das Gleiche gilt hinsichtlich Scheinwaffen (Spielzeugpistolen etc.), da Waffen objektiv gefährlich sein müssen. Selbstverständlich bleibt stets die Möglichkeit unberührt, die genannten Gegenstände als „andere gefährliche Werkzeuge" einzustufen. Bei den in der polizeigesetzlichen Befugnisnorm ebenfalls genannten **Explosivmitteln** muss es sich nicht um Sprengmittel, also zum Sprengen bestimmte explosionsfähige Stoffe, handeln, sondern es genügt, dass die Stoffe explosionsfähig sind, wie das z.B. bei Molotow-Cocktails der Fall ist. **498**

Aufgrund der Formulierung „deren Identität ... festgestellt werden *soll*" ist die Durchsuchung zur Eigensicherung gerade im Vorfeld der Identitätsfeststellung zulässig. Dabei ist es gleichgültig, ob die Identitätsfeststellung nach dem Polizeigesetz, nach der StPO oder nach anderen Gesetzen erfolgt. Einschränkend gilt jedoch, dass die Durchsuchung nicht routinemäßig vor jeder Identitätsfeststellung vorgenommen werden darf, sondern nur, wenn es „nach den Umständen ... erforderlich ist". Es müssen also bestimmte Anhaltspunkte vorliegen, die für diese Schutzmaßnahme sprechen. Das können Anhaltspunkte sein, die in der Person des Betroffenen liegen (z.B. sein Aussehen ähnelt dem einer gesuchten, als gewalttätig bekannten Person oder sein Verhalten ist aggressiv), es können aber auch allgemeine, auf den Ort der Identitätsfeststel- **499**

[396] Vgl. Abschnitt 1, Unterabschnitt 1, Ziff. 2 der Anlage 1 zum WaffG.
[397] BGH StV **2004**, 380.

lung bezogene Anhaltspunkte sein (z.B. in der Gegend halten sich häufig gewalttätige Personen auf).

Beispiel: An einem Samstagmittag wird die Polizei in die Innenstadt gerufen, weil dort vor einem Cafe in der Fußgängerzone ein Mann (M) Passanten anbettelt, wodurch sich nicht nur die Passanten, sondern auch die Gäste des Cafes gestört fühlen. M spricht die vorbeigehenden Leute zunächst ruhig an, um nach Geld zu fragen, reagiert aber bei Ablehnung äußerst aggressiv, indem er die Leute anbrüllt. Die Schwelle zur Beleidigung wird dabei aber von M nicht überschritten. Als die Polizeivollzugsbeamten A und B vor Ort eintreffen, ist M gerade wieder dabei, hinter einem Passanten herzulaufen und ihn anzubrüllen. Die Beamten halten M an, wollen von ihm wissen, was er da mache, und fragen ihn nach seinen Personalien. Da M jedoch seine Mitwirkung verweigert, durchsuchen ihn die Beamten nach Ausweispapieren, aber auch nach gefährlichen Gegenständen, um eine mögliche Gefahr von sich selbst abzuwehren, werden aber nicht fündig. M ist der Meinung, dass die Durchsuchung rechtswidrig gewesen sei.

Gemäß den polizeigesetzlichen Vorschriften darf die Polizei eine Person, deren Identität festgestellt werden soll, durchsuchen, wenn dies nach den Umständen zum Schutz des Beamten oder Dritten vor einer Gefahr für Leib oder Leben erforderlich ist. Geht man aufgrund des aggressiven Verhaltens des M davon aus, dass dieser Gegenstände mit sich führen könnte, die zu einem Angriff genutzt werden könnten, liegen die Tatbestandsvoraussetzungen vor. Insbesondere ist die Prognoseentscheidung der Polizei, zum Eigenschutz eine Person nach Waffen oder anderen gefährlichen Gegenständen zu durchsuchen, im Zweifel großzügig zu überprüfen (a.A. vertretbar).

500 Auf der Rechtsfolgeseite gelten die allgemeinen Rechtmäßigkeitsvoraussetzungen (rechtsfehlerfreie **Ermessensausübung**; Beachtung des **Verhältnismäßigkeitsgrundsatzes**).

cc. Rechtsschutz

501 Da die Durchsuchung nicht nur den (einen Realakt darstellenden) tatsächlichen Vorgang der Durchsuchung in sich birgt, sondern zugleich den Betroffenen verpflichtet, die tatsächliche Durchsuchung zu dulden (die Duldungsverfügung ist ein Verwaltungsakt), kommt der Durchsuchung eine Doppelnatur zu. Aufgrund der gleichzeitigen konkludenten Duldungsverfügung sind daher solche Rechtsbehelfe zulässig, die allgemein gegen Verwaltungsakte zulässig sind. In Betracht kommt daher stets die **Anfechtungsklage**. Da sich die Maßnahme in aller Regel jedoch bereits vor Klageerhebung erledigt haben wird, ist in diesen Fällen die **Fortsetzungsfeststellungsklage** analog § 113 I S. 4 VwGO statthaft.

b. Durchsuchung von Sachen

502 Eine Durchsuchung von Sachen[398] wird zumeist nicht isoliert durchgeführt, sondern von der Polizei i.d.R. im Zusammenhang mit anderen Maßnahmen in Betracht gezogen. Analysiert man die in der Befugnisnorm normierten Anlasstatbestände, wird deutlich, dass die Durchsuchung von Sachen regelmäßig

- als **Vorbereitungsmaßnahme** zur Ingewahrsamnahme und zur Sicherstellung,
- als **Begleitmaßnahme** zur Durchsuchung von Personen sowie
- als **Durchsetzungsmaßnahme** zur Identitätsfeststellung ergehen kann.

[398] Vgl. § 18 MEPolG; **Bund:** § 44 BundesPolG; **BW:** § 30 PolG; **Bay:** Art. 22 PAG; **Berl:** § 35 ASOG; **Brand:** § 22 PolG; **Brem:** § 20 PolG; **Hamb:** § 15a SOG, § 3 HafenSG; **Hess:** § 37 SOG; **MeckVor:** § 57 SOG; **Nds:** § 23 SOG; **NRW:** § 40 PolG; **RhlPfl:** § 19 POG; **Saar:** § 18 PolG; **Sachs:** § 24 PolG; **SachsAnh:** § 42 SOG; **SchlHolst:** § 206 LVwG; **Thür:** § 24 PAG, § 19 OBG.

Fraglich ist, ob die Durchsuchung von Sachen als eigenständige Maßnahme neben den genannten „Hauptmaßnahmen" geprüft werden muss oder ob sie von diesen umfasst ist. Sofern die Befugnisnorm über die Durchsuchung von Sachen eigene Rechtmäßigkeitsvoraussetzungen enthält, die nicht gewürdigt werden könnten, wenn man die Durchsuchung von Sachen als uneigenständige Vorbereitungs-, Begleit- oder Durchsetzungsmaßnahme zur „Hauptmaßnahme" betrachtete, ist sie separat zu prüfen. Das ist regelmäßig der Fall, wenn sie als Vorbereitungsmaßnahme zur Ingewahrsamnahme und zur Sicherstellung sowie als Begleitmaßnahme zur Durchsuchung von Personen ergeht. In diesen Fällen ist sie eigenständig neben der „Hauptmaßnahme" zu prüfen. Ergeht sie dagegen als Durchsetzungsmaßnahme zur Identitätsfeststellung, kann sie zusammen mit dieser geprüft werden. 503

Beispiel: Die Polizei möchte die Identität einer verdächtigen Person feststellen. Da diese sich weigert, ihre Identität preiszugeben, durchsucht die Polizei den Rucksack der Person nach Gegenständen, die Aufschluss über die Identität geben.

Die Vorschrift über die Identitätsfeststellung (IDF) sieht auf der Rechtsfolgeseite u.a. vor, dass die Polizei zur Feststellung der Identität die Sachen des Pflichtigen nach Gegenständen durchsuchen darf, die zur IDF dienen. Da die Befugnisnorm über die Durchsuchung von Sachen keine Rechtmäßigkeitsvoraussetzungen enthält, die im Rahmen der IDF zu beachten wären, müssen in der Klausur auch nicht die Voraussetzungen der Durchsuchung von Sachen geprüft werden. Etwas anderes gilt nur dann, wenn die Polizei die Sachen nicht nur zur IDF durchsucht, sondern auch zu anderen Zwecken. Dann ist eine separate Prüfung erforderlich.

Zentraler Begriff der Standardmaßnahme ist die **Sache**. Darunter sind alle körperlichen Gegenstände i.S.v. § 90 BGB zu verstehen, insbesondere bewegliche Sachen wie mitgeführte Gepäckstücke oder Fahrzeuge. Auch am Körper befindliche **Kleidungsstücke** (Hose, Jacke, Hemd etc.) unterfallen eigentlich dem Begriff der Sache, allerdings richtet sich deren Durchsuchung wegen des Eingriffs in den Intimbereich nicht nach der Standardmaßnahme *Durchsuchung von Sachen*, sondern nach der Standardmaßnahme *Durchsuchung von Personen*. Wichtig ist diese Erkenntnis etwa für die Anwendbarkeit der Verfahrensvorschrift, dass Durchsuchungen von Personen grundsätzlich nur von Beamten desselben Geschlechts vorgenommen werden dürfen. 504

Freilich wird man wiederum von der Anwendbarkeit der Standardmaßnahme *Durchsuchung von Sachen* ausgehen müssen, wenn ein Kleidungsstück durchsucht wird, das der Adressat zuvor ausgezogen hat/ausziehen musste. Auch die Verfahrensvorschrift, dass Durchsuchungen von Personen grundsätzlich nur von Beamten desselben Geschlechts vorgenommen werden dürfen, ist in diesem Fall nicht – auch nicht analog – anwendbar, weil der Schutzzweck (Wahrung der Intimsphäre) dann nicht in dem Maße greift, dass die genannte Verfahrensvorschrift beachtet werden müsste.

Der Begriff der Sache umfasst ferner auch ein **Grundstück**, das nicht befriedetes Besitztum und damit **keine Wohnung** im Sinne der Standardmaßnahme *Durchsuchen von Wohnungen* ist. Die Durchsuchung z.B. eines eingezäunten Hausgartens ist daher nur zulässig, wenn die besonderen Voraussetzungen einer Wohnungsdurchsuchung vorliegen. **Kraftfahrzeuge** sind Sachen und können grundsätzlich auf der Grundlage der Standardmaßnahme *Durchsuchen von Sachen* durchsucht werden. Problematisch ist es aber dann, wenn das Fahrzeug, das durchsucht werden soll, ganz oder teilweise auch Wohnzwecken dient. Das kann z.B. bei Lastkraftwagen mit Schlafkojen, zum Schlafen eingerichtete Kombiwagen, Wohnmobilen oder Wohnwagen der Fall sein. Sieht man diese Fahrzeuge als Wohnung i.S.d. Art. 13 I GG an, dürfen sie nur unter den strengen Voraussetzungen der Standardmaßnahme *Durchsuchen von Wohnungen* durchsucht werden. Im Einzelfall kann es für die Rechtmäßigkeit der Durchsuchung also entscheidend sein, eine Sache oder eine Wohnung anzunehmen. Entsprechend dem Schutzzweck des Art. 13 I GG, die Intimsphäre des Menschen zu wahren, wird man darauf abstellen müssen, ob das Fahrzeug zum Zeitpunkt der Durchsuchung tatsächlich Wohnzwecken dient und im Hinblick darauf mit persönlichen Gegenständen ausgestattet ist. Dieses wird z.B. für ständig bewohnte Wohnwagen oder für Wohnfahrzeuge während eines vorübergehenden Aufenthalts auf einem Campingplatz ohne weiteres anzunehmen sein. Das Gleiche dürfte auch für Wohnmobile gelten, die nicht nur „leer stehen", überführt oder gar nur als Pkw eingesetzt werden, sondern am Tag der Durchsuchung tatsächlich als Übernachtungsgelegenheit gedient haben oder noch dienen werden. Vor diesem Hintergrund wird man auch die Frage, inwieweit **Hausboote** oder **Zelte** auf der Grundlage der Standardmaßnahme *Durchsuchen von Sachen* oder *Durchsuchen von Wohnungen* durchsucht werden dürfen, beantworten müssen.

aa. Formelle Rechtmäßigkeit

505 Hinsichtlich der formellen Rechtmäßigkeit gelten zunächst die allgemeinen Voraussetzungen (Zuständigkeit, Verfahren und Form, siehe Rn 609 ff.). Als besondere (und zusätzlich zu prüfende) Verfahrensvorschriften normieren fast alle Polizeigesetze, dass der Inhaber der tatsächlichen Gewalt das Recht hat, **anwesend** zu sein; bei Abwesenheit soll die Polizei seinen Vertreter, einen erwachsenen Angehörigen, eine Person seines Vertrauens oder eine andere (neutrale) Person heranziehen. Der Zweck des Anwesenheitsrechts besteht darin, dass die Besitz- und Eigentumsposition des Berechtigten gewahrt wird. Daher besteht gem. § 25 S. 2 VwVfG auch eine Hinweispflicht der Beamten auf dieses Recht. Weitere Verfahrensvorschrift ist, dass dem Inhaber der tatsächlichen Gewalt bzw. der statt seiner anwesenden Person auf Verlangen unverzüglich (also i.d.R. noch während des Einsatzes) eine **Bescheinigung** über die Durchsuchung und ihren Grund auszustellen ist. Welchen Inhalt die Bescheinigung vorweisen muss, bleibt jedoch unbeantwortet. Bei einem Vergleich zu der Standardmaßnahme *Sicherstellung* wird man aber auch bei der Durchsuchung fordern müssen, dass die Bescheinigung Ort und Zeit der Durchsuchung, die Namen der beteiligten Bediensteten sowie Angaben enthalten muss, auf welchen Sachverhalt und auf welche Rechtsgrundlage die Maßnahme konkret gestützt wurde. Wegen der Vergleichbarkeit mit dem Anwesenheitsrecht besteht auch hier eine entsprechende Hinweispflicht der Polizei gem. § 25 S. 2 VwVfG auf das Bestehen des Antragsrechts.

506 Ein Verstoß gegen eine der genannten Verfahrensvorschriften führt zur **formellen Rechtswidrigkeit** der Durchsuchung. Eine **Heilung** kommt nur hinsichtlich einer fehlenden Begründung in Betracht, vgl. § 45 I Nr. 2 VwVfG; eine **Unbeachtlichkeit** gem. § 46 VwVfG (auch) bei fehlender Bescheinigung.

bb. Materielle Rechtmäßigkeit

507 Die materiellen Tatbestandsvoraussetzungen sind in der Befugnisnorm beschrieben und in der Fallbearbeitung i.d.R. durch Sachverhaltssubsumtion zu prüfen. Was den Grad der erforderlichen Gefahr betrifft, ist eine **konkrete Gefahr** nur für den Fall gefordert, dass die Sache einer Person durchsucht wird, die ihrerseits durchsucht werden darf. Bei den übrigen Tatbestandsvarianten genügt eine **abstrakte Gefahr**. Pflichtig ist regelmäßig der Verhaltens- oder Zustandsstörer. Sofern eine Tatbestandsvariante keine Störereigenschaft voraussetzt, müssen selbstverständlich auch nicht die Voraussetzungen für die Inanspruchnahme eines Nichtstörers vorliegen.

Näherer Betrachtung bedarf die Variante, derzufolge die Polizei ein Fahrzeug durchsuchen darf, in dem sich eine Person befindet, deren Identität bei einer Kontrollstelle festgestellt werden darf; die Durchsuchung darf sich auch auf die in dem Fahrzeug enthaltenen Sachen erstrecken. Diese Bestimmung wird man allerdings einengend dergestalt auslegen bzw. anwenden müssen, dass die Durchsuchung von Fahrzeugen an einer Kontrollstelle zur Identitätsfeststellung einer Person nur zulässig ist, wenn auch die Person und die von ihr sonst noch mitgeführten Sachen zu dem gleichen Zweck durchsucht werden dürfen, wenn die Person also festgehalten werden darf. Durch diese Auslegung lassen sich ungerechtfertigte Unterschiede in der Reichweite der jeweiligen Eingriffsbefugnisse vermeiden. Dient die Durchsuchung eines Kraftfahrzeugs an einer Kontrollstelle demgegenüber dem Auffinden von Waffen, anderen gefährlichen Werkzeugen und Explosivmitteln, reicht es aus, wenn diese Maßnahme den Umständen nach zum Schutz gegen eine Gefahr für Leib oder Leben erforderlich ist. Dieser Zweck der Kontrollstelle dürfte sogar der Regelfall sein. **508**

Beispiel: Der Verfassungsschutz gelangt aufgrund von Abhörmaßnahmen zu der Erkenntnis, dass Terroristen einen Selbstmordanschlag in der Innenstadt planen. Daher hat die Polizei mehrere Kontrollstellen eingerichtet. In deren Rahmen wird auch T angehalten. Weil dieser sich zudem verdächtig verhält, entschließt sich die Polizei, das Fahrzeuginnere zu durchsuchen.

In diesem Fall durfte die Polizei das Fahrzeug durchsuchen, weil es sich um ein Fahrzeug handelte, in dem sich eine Person befand, deren Identität sie feststellen durfte. Zudem konnte die Polizei die Durchsuchung des Fahrzeugs vornehmen, weil T aus Gründen der Eigensicherung durchsucht werden durfte.

cc. Rechtsschutz

Zum Rechtsschutz gegen die Durchsuchung von Sachen gilt dasselbe wie bei der Durchsuchung von Personen. **509**

c. Betreten und Durchsuchen von Wohnungen

Eine mit Blick auf die Bedeutung des Wohnungsgrundrechts äußerst praxis- und studienrelevante Standardmaßnahme stellt das Betreten und Durchsuchen von Wohnungen zu präventivpolizeilichen Zwecken dar.[399] Eingriffsobjekt ist **Art. 13 I GG**. Dieses Grundrecht dient dem besonderen **Schutz des persönlichen Lebensbereichs**. Der Wohnungsinhaber soll das Recht haben, in seinem „elementaren Lebensraum in Ruhe gelassen zu werden".[400] Eingriffe in dieses Grundrecht sind daher nur unter besonderen Voraussetzungen zulässig. So unterscheidet Art. 13 GG in den Absätzen 2 und 7 **Durchsuchungen** von **sonstigen Maßnahmen**, für die nach dem Wortlaut unterschiedliche Schranken gelten. Die Absätze 3 bis 6 enthalten Spezialregelungen für die **akustische** und **optische** Wohnraumüberwachung (z.B. Abhören mittels Wanze oder Richtmikrophon; Beobachtung mittels Kamera), die zwar in besonders gravierender Weise in das Wohnungsgrundrecht eingreifen, wegen ihres klar umrissenen Anwendungsbereichs jedoch keine Rolle in Bezug auf die Standardmaßnahme *Betreten und Durchsuchen von Wohnungen* spielen. Diese Maßnahmen wurden bereits bei Rn 268 ff. dargestellt. Keinen Fall der Durchsuchung von Wohnungen stellt auch die **510**

---

[399] Vgl. §§ 19 f. MEPolG; **Bund:** § 45 BundesPolG; **BW:** § 31 PolG; **Bay:** Art. 23 f. PAG; **Berl:** §§ 36 f. ASOG; **Brand:** §§ 23 f. PolG; **Brem:** § 21 PolG; **Hamb:** §§ 16 f. SOG; **Hess:** §§ 38 f. SOG; **MeckVor:** §§ 59 f. SOG; **Nds:** §§ 24 f. SOG; **NRW:** §§ 41 f. PolG; **RhlPfl:** §§ 20 f. POG; **Saar:** §§ 19 f. PolG; **Sachs:** § 25 PolG; **SachsAnh:** §§ 43 f. SOG; **SchlHolst:** §§ 208 f. LVwG; **Thür:** §§ 25 f. PAG, § 20 OBG.

[400] Vgl. BVerfGE **42**, 212, 219; **51**, 97, 110; **89**, 1, 12; **103**, 142, 150 ff.; BVerfG NJW **2002**, 1333; BVerfG NJW **2004**, 1517; BVerfG 15.3.**2007** – 1 BvR 2138/05.

heimliche **Überwachung der Telekommunikation** dar. Zwar wird auch mit dieser Maßnahme in besonderem Maße in die Persönlichkeitssphäre eingegriffen, Prüfungsmaßstab ist aber nicht das Wohnungsgrundrecht, sondern das Grundrecht auf Wahrung des Fernmeldegeheimnisses (Art. 10 I GG), vgl. dazu Rn 293 ff.

511 Zentraler Begriff ist die Wohnung. Wegen der Bedeutung des Wohnungsgrundrechts ist der Wohnungsbegriff aus Gründen der Rechtssicherheit und Rechtsklarheit in den meisten Polizeigesetzen in Anlehnung an die Rechtsprechung des BVerfG[401] legaldefiniert.

512 Danach umfasst die **Wohnung** nicht nur Wohn- und Nebenräume, sondern auch Arbeits-, Betriebs- und Geschäftsräume sowie anderes befriedetes Besitztum.[402]

513 Zu den Wohnungen zählen demzufolge insbesondere Wohnhäuser, aber auch Etagenwohnungen. Auf die Eigentumsverhältnisse (Wohneigentum; Mietnutzung) kommt es nicht an; entscheidend ist allein die tatsächliche Wohnnutzung. Auch Wohnmobile, Campingwagen, Zelte, Hausboote (nicht jedoch ein gewöhnlicher Pkw, siehe Rn 504 f.), gelten i.d.R. als Wohnung i.S.v. Art. 13 I GG, **soweit sie (auch) als Medium zur Entfaltung von Privatheit dienen.**[403] Sammelunterkünfte (Polizei- oder Bundeswehrkasernen, Haftanstalten, Internate) genießen nur dann den Schutz des Art. 13 I GG, wenn dem Einzelnen eine Privatsphäre eingeräumt wird. Das ist i.d.R. aber nicht der Fall.[404]

Problematisch ist auch, ob **Spinde** (in Sammelunterkünften oder Aufenthaltsräumen von Betrieben) der Privatsphäre und damit dem Wohnungsbegriff unterfallen. Grundsätzlich wird man Spinde der Privatsphäre zuordnen müssen mit der Folge, dass deren Durchsuchung nur unter den Voraussetzungen der Wohnungsdurchsuchung rechtmäßig ist (wobei allerdings die Einschränkungen, die für die Nachtzeit gelten, nicht zu beachten sind). Bei Bundeswehrsoldaten gilt die Besonderheit, dass das Leben in Gemeinschaftsunterkünften nur eine sehr eingeschränkte Privatsphäre genießt, vgl. dazu die auf § 18 SoldatenG ergangene Verwaltungsvorschrift des Bundesverteidigungsministers. Immerhin ist in Spinden von Soldaten ein kleines Privatfach vorhanden.

Ein ähnliches Problem besteht bei **dienstlich genutzten Computern** im Hinblick auf den Grundrechtsschutz aus Art. 2 I i.V.m. Art. 1 I GG. Man wird unterscheiden müssen: Wurde der Computer ausschließlich zu dienstlichen Zwecken bereitgestellt, wird man eine schützenswerte Privatsphäre verneinen müssen. Bei gemischter Nutzung gilt das zu Rn 294 Gesagte.

514 Zu den **Nebenräumen** zählen z.B. Keller, Wirtschaftsräume, Dachböden, aber auch Garagen. Unter den Begriff **Arbeits-, Betriebs- und Geschäftsräume**, die ebenfalls vom polizeirechtlichen Wohnungsbegriff erfasst sind, fallen z.B. Werkstätten, Lagerhallen, Verkaufsräume, ärztliche Behandlungszimmer, Kanzleiräume von Rechtsanwälten etc. Nach der aktuellen Rechtsprechung des BVerfG kommt es für die Einbeziehung von Arbeits-, Betriebs- und Geschäftsräumen in den Schutzbereich des Art. 13 I GG auch nicht darauf an, ob der Zutritt von einer Entscheidung des Hausrechtsinhabers abhängig gemacht wird oder generell der Öffentlichkeit preisgegeben ist.[405] Zwar hat dieses weite Verständnis mit dem Begriff der „Wohnung" kaum etwas zu

---

[401] BVerfGE **32**, 54, 68 f.; **65**, 1, 40; **76**, 83, 88; **89**, 1, 12. Vgl. auch BVerwG NJW **2005**, 454 f. und nunmehr BVerfG 15.3.**2007** – 1 BvR 2138/05.
[402] Vgl. z.B. § 21 I S. 2 BremPolG; § 38 I HessSOG; § 24 I NdSSOG.
[403] Vgl. BVerfG NJW **2004**, 1517 (Durchsuchung und Beschlagnahme bei einem Rechtsanwalt); VGH Mannheim DVBl **1998**, 96; *Schenke*, POR, Rn 154; *Ruthig*, JuS **1998**, 506, 508 ff.
[404] Vgl. BVerfG NJW **1996**, 2643; BGH NJW **1998**, 3284.
[405] BVerfG 15.3.**2007** – 1 BvR 2138/05.

tun, ist aber aufgrund der eindeutigen Position des BVerfG zumindest für die Praxis verbindlich.

Freilich begrenzt das BVerfG den Grundrechtsschutz aus Art. 13 I GG für den Fall, dass ein fachgesetzlich hinreichend bestimmtes Betretungsrecht besteht, deren Befugnisnorm dezidiert die Betretungsvoraussetzungen normiert (so etwa gem. § 17 II HandwO); für diesen Fall bestehe lediglich ein Grundrechtsschutz aus Art. 2 I GG (vgl. dazu Rn 550). **515**

Zu dem im Zusammenhang mit der Wohnung genannten **befriedeten Besitztum** gehört das durch Zäune, Hecken, Gräben oder in anderer Weise eingefriedete, nicht nur landwirtschaftlich genutzte Grundstück. Das Grundstück wird jedoch nur dann vom Schutz des Art. 13 I GG erfasst, wenn es gegenüber der Öffentlichkeit real abgeschirmt ist oder sich in unmittelbarer Nähe eines Gebäudes befindet.[406] **516**

Die Unterscheidung zwischen Wohn- und Nebenräumen einerseits und Arbeits-, Betriebs- und Geschäftsräumen sowie sonstigem befriedeten Besitztum andererseits ist unter dem Aspekt der (v.a. zeitlichen) Begrenzung des Betretungsrechts relevant. **517**

- So bestimmen die meisten Polizeigesetze, dass **Arbeits-, Betriebs- oder Geschäftsräume** (sowie andere Räume und Grundstücke), die **öffentlich zugänglich** sind oder waren und den Anwesenden zum weiteren Aufenthalt zur Verfügung stehen, zum Zweck der Gefahrenabwehr (damit ist die Aufgabenerfüllung gem. § 1 der Polizeigesetze gemeint) **während der Arbeits-, Geschäfts- oder Aufenthaltszeit** betreten (nicht auch durchsucht!) werden dürfen. Außerhalb dieser Zeiten scheiden also ein Betreten (und erst recht ein Durchsuchen) bei Vorliegen lediglich einer „Aufgabe der Gefahrenabwehr" aus (vgl. Rn 543 ff.). **518**
- Dagegen dürfen die **Wohn- und Nebenräume** i.e.S. sowie Arbeits-, Betriebs- und Geschäftsräume, die (im Umkehrschluss zu oben Gesagtem) **nicht öffentlich zugänglich** sind, grundsätzlich auch in den sonstigen Zeiten betreten (und auch durchsucht) werden, sofern die allgemein für Wohnungsbetretungen und -durchsuchungen geltenden Rechtfertigungsvoraussetzungen vorliegen. Für die Nachtzeit (vgl. dazu § 104 III StPO) gelten jedoch strengere Voraussetzungen an die Rechtmäßigkeit („gegenwärtige Gefahr für Leib, Leben oder Freiheit einer Person" oder „Sachen von bedeutendem Wert"). Besteht aber eine von der Wohnung ausgehende erhebliche, die Nachtruhe Dritter beeinträchtigende Störung, sehen die meisten Polizeigesetze vor, dass die Polizei eine Wohnung auch während der Nachtzeit und ohne diese strengen Voraussetzungen betreten darf. Freilich steht dies in Konflikt zum Gesetzesvorbehalt des Art. 13 VII GG, der die Betretung nur zur Abwehr einer gemeinen Gefahr oder einer Lebensgefahr für einzelne Personen zulässt (vgl. dazu Rn 537 ff.). **519**

Zu beachten ist aber, dass selbst wenn eine Wohnung i.S.d. Polizeirechts vorliegt, das **GastG** und die **GewO** die Anwendbarkeit des allgemeinen Polizei- und Ordnungsrechts im gewerbespezifischen Gefahrenbereich sperren (vgl. § 1 GewO). Liegen also die Voraussetzungen eines Grundrechtseingriffs nach dem GastG oder der GewO vor, kommen von vornherein ein Betreten und Durchsuchen nach dem Polizeigesetz nicht in Betracht. Die Sperrwirkung des GastG und der GewO gilt jedoch **nicht** (1.) für die Polizei im Rahmen ihrer **Eilzuständigkeit** und (2.) für Gefahren, die nicht den Gewerbetreibenden betreffen.[407] Des Weiteren gehen fachgesetzliche Bestimmungen wie z.B. § 17 II **HandwO**, § 16 I **IfSG**, § 16 III **TierSchG** und § 73 III **TierSG** den polizeigesetzlichen Bestimmungen über das Betreten und Durchsuchen von Wohnungen vor. **520**

---

[406] BGH NJW **1997**, 2189 zum Vorgarten.
[407] Vgl. dazu näher Rn 1106 ff.

521 Auch ist zu beachten, dass einige Polizeigesetze die Eingriffsvoraussetzungen für das Betreten und Durchsuchen teilweise weniger streng formulieren, als es der Schrankenvorbehalt des **Art. 13 VII GG** zulässt. In einem solchen Fall ist die betreffende polizeigesetzliche Rechtsgrundlage **verfassungskonform** auszulegen, d.h. ein Eingriff ist nur unter den Voraussetzungen des Art. 13 VII GG, der wiederum eng auszulegen ist, zulässig. Vgl. dazu Rn 537 ff.

522 Da die Polizeigesetze zum Betreten (und Durchsuchen) von Wohnungen ohne Einwilligung des Berechtigten ermächtigen, heißt dies, dass ein Grundrechtseingriff nicht vorliegt und es keiner Rechtfertigung bedarf, wenn der Wohnungsinhaber in das Betreten und Durchsuchen einwilligt (sog. **Grundrechtsverzicht**), wobei die Einwilligung freiwillig sein muss. Sie kann auch konkludent erfolgen.

Beispiel: Auf einer nächtlichen Streifenfahrt beobachtet die Polizei durch ein Wohnzimmerfenster, wie eine Person eine andere mit einer Schusswaffe bedroht. Unbemerkt verschafft sie sich Zugang in die Wohnung, um die Schussabgabe abzuwenden.

Unterstellt, dass nur die bedrohte Person Wohnungsinhaberin ist, darf davon ausgegangen werden, dass sie mit dem Betreten ihrer Wohnung durch die Polizei einverstanden ist. Es liegt ein Grundrechtsverzicht vor, der eine weitere Prüfung der Rechtmäßigkeit der Wohnungsbetretung mit Art. 13 I GG als Prüfungsmaßstab überflüssig macht. Denn wo kein Grundrechtseingriff vorliegt, besteht auch kein Rechtfertigungsbedürfnis. Lässt sich die Frage nach dem Grundrechtsverzicht nicht klären, ist dies unschädlich, sofern die Voraussetzungen des Art. 13 II-VII GG i.V.m. der polizeigesetzlichen Befugnisnorm vorliegen. Zum Grundrechtsverzicht vgl. auch das Beispiel bei Rn 531.

523 Willigt der Wohnungsinhaber jedoch nur unter dem Druck der Obrigkeit ein (Beispiel: die Polizei droht mit der gewaltsamen Öffnung der Tür, falls diese nicht „freiwillig" geöffnet werde), ist die Freiwilligkeit selbstverständlich zu verneinen. Einen Grundrechtsverzicht wird man ebenfalls verneinen müssen, wenn der Betroffene die Tragweite eines Grundrechtsverzichts nicht überblickt. Bei der Annahme eines Grundrechtsverzichts ist also Zurückhaltung geboten.

524 Das Betreten und Durchsuchen von Räumen kann sowohl zum Zweck der **Strafverfolgung** (§§ 102 ff. StPO) als auch zum Zweck der **Gefahrenabwehr** erfolgen. Das kann im Einzelfall die Frage aufwerfen, ob die Polizei repressiv oder präventiv tätig ist bzw. war.

Beispiel: In einem mehrere Wohnungen umfassenden Mietshaus hört ein Mieter lautstarkes Geschrei in der über ihm gelegenen Wohnung. In der Annahme, dass dort körperliche Misshandlungen vorgenommen werden, ruft er die Polizei. Diese erscheint sofort und fordert die in der fraglichen Wohnung befindlichen Personen auf, die Tür zu öffnen. Als diese nicht geöffnet wird und sich im Übrigen das Geschrei noch verstärkt, geht die Polizei von einer Gefahr im Verzug aus und bricht die Tür auf.

Das Aufbrechen der Tür war zum Betreten der Wohnung und zu deren Durchsuchung unerlässlich. Daher ist das Verhalten der Polizei einheitlich zu bewerten. Wie bereits dargestellt, kann die Polizei sowohl präventiv (also zur Gefahrenabwehr) als auch repressiv (also zur Verbrechensbekämpfung) tätig sein. Da hier aber unterschiedliche Rechtmäßigkeitsanforderungen bestehen, kann eine Unterscheidung nicht dahinstehen. Abzustellen ist auf das **Schwergewicht des polizeilichen Handelns**. Bei der Ermittlung des Schwergewichts ist ein objektiver Maßstab anzulegen. Liegen Anhaltspunkte dafür vor, dass ein *dringender Tatverdacht* besteht und die Polizei weitere Sachverhaltsaufklärungen durchführt, ist von einer repressivpolizeilichen Tätigkeit auszugehen. Steht demgegenüber die *Verhütung von (weiteren) Straftaten* im Vordergrund, ist von einer präventivpolizeilichen Maßnahme auszugehen (vgl. dazu im Einzelnen Rn 88 ff.). Vorliegend wusste die Polizei im Zeitpunkt des Aufbrechens der Tür noch nicht, was sie erwarten würde. Ihr konnte es daher lediglich darum gehen, eine mögliche Gefährdung des Rechtsguts Leib und Leben abzuwenden. Der Zweck des Einschreitens lag also in der Gefahrenabwehr. Die Rechtsgrundlage für das Einschreiten ist somit im Gefahrenabwehrrecht zu suchen. Vorliegend einschlägig sind daher die Normen über das Betreten und Durchsuchen von Wohnungen sowie die über den unmittelbaren Zwang.

Anmerkung: Rechtskonstruktiv ist es möglich (und m.E. auch geboten), zunächst das Aufbrechen der Tür als Maßnahme des unmittelbaren Zwangs zu werten und sodann das Betreten der Wohnung zu prüfen. Es ist aber auch vertretbar, das Aufbrechen der Tür als „Begleitmaßnahme" zum Betreten zu werten. Dann aber kommt der eigenständige Grundrechtseingriff in Art. 14 I S. 1 GG (Eigentumsbeeinträchtigung wegen der Beschädigung der Tür) nicht hinreichend zur Geltung.

aa. Formelle Rechtmäßigkeit

Hinsichtlich der formellen Rechtmäßigkeit der präventivpolizeilichen Wohnungsbetretung und -durchsuchung gelten zunächst die allgemeinen Voraussetzungen (Zuständigkeit, Verfahren und Form, siehe Rn 607 ff.). Als besondere (und zusätzlich zu prüfende) Verfahrensvorschrift normieren die Polizeigesetze in Ausprägung des Art. 13 II GG einen **Richtervorbehalt**, der jedoch **nur für die Durchsuchung**, nicht auch für das Betreten gilt. Durchsuchungen ohne richterliche Anordnung sind nur bei **Gefahr im Verzug** zulässig (vgl. dazu näher Rn 553 ff.). Des Weiteren gewähren die Polizeigesetze das Recht des Wohnungsinhabers, bei der Durchsuchung oder der Betretung **anwesend** zu sein. Auch ist ihm der **Grund** für das Betreten bekannt zu geben, sofern dadurch nicht der Zweck der Maßnahme gefährdet wird. Ferner ist eine **Niederschrift** hinsichtlich der Durchführung der Maßnahme anzufertigen. Der zwingende Inhalt der Niederschrift ist den Polizeigesetzen zu entnehmen. 525

Ein Verstoß gegen eine dieser Verfahrensvorschriften führt zur **formellen Rechtswidrigkeit** der Durchsuchung. Eine **Heilung** kommt nur hinsichtlich der Vorschriften über die Bekanntgabe und die Niederschrift bzw. die schriftliche Bestätigung in Betracht, vgl. § 45 I Nr. 2 VwVfG. Auch nur diesbezüglich ist an eine **Unbeachtlichkeit** gem. § 46 VwVfG zu denken. 526

bb. Materielle Rechtmäßigkeit

Zwar dienen das Betreten und Durchsuchen einer Wohnung zumeist (nur) der Vorbereitung einer anderen gefahrenabwehrrechtlichen Maßnahme wie z.B. der Vorführung, der Ingewahrsamnahme oder der Sicherstellung, wegen des hohen Schutzniveaus des Art. 13 I GG sind das Betreten und Durchsuchen aber stets separat zu prüfen und an den Maßstäben der Gesetzesvorbehalte der Art. 13 II GG (Durchsuchen) und Art. 13 VII GG (Durchsuchen und Betreten)[408] zu messen. 527

Die Anlasstatbestände, die zum Betreten und Durchsuchen von Wohnungen ermächtigen, sind in den Befugnisnormen der Polizeigesetze beschrieben. Zentrale Begriffe sind nicht nur die Wohnung, sondern auch das Betreten und die Durchsuchung. 528

---

[408] Zwar spricht Art. 13 VII GG von Eingriffen und Beschränkungen, die „im Übrigen ... vorgenommen werden" dürfen, man muss diese Formulierung aber so verstehen, dass sich der Gesetzesvorbehalt des Art. 13 VII GG auf *alle* Eingriffe und Beeinträchtigungen bezieht, somit auch auf die Durchsuchung i.S.d. Art. 13 II GG. Andernfalls ergäbe sich das widersinnige Ergebnis, dass die Durchsuchung unter weniger strengen Voraussetzungen zulässig wäre das bloße Betreten.

a.) Begriffe des Betretens und der Durchsuchung

529 Während unter **Betreten** das Eintreten, Verweilen und Besichtigen der Wohnung zu verstehen ist, liegt in einer **Durchsuchung** das ziel- und zweckgerichtete Suchen nach Personen oder Sachen oder zur Ermittlung eines Sachverhalts, um etwas aufzuspüren, was der Inhaber des Raums von sich aus nicht offen legen oder herausgeben will.[409]

530 Das Durchsuchen des Raums erlaubt nicht nur das systematische Durchkämmen, sondern auch das Öffnen von Schränken und das Aufreißen von Wandverkleidungen und das Hochreißen von Fußböden.[410] Ob eine Durchsuchung vorliegt, wenn Personen, die sich offen (also nicht versteckt) in der Wohnung aufhalten, kontrolliert werden, wird uneinheitlich gesehen.[411] Dagegen spricht die o.g. Definition, wo von „ziel- und zweckgerichtetem" Suchen die Rede ist. Dafür spricht aber die Bedeutung des Grundrechtsschutzes aus Art. 13 I GG, der dazu zwingt, wegen des nur für Durchsuchungen geltenden Richtervorbehalts im Zweifel eine Durchsuchung anzunehmen.

531 **Beispiel:** Weil die Nachbarin einen heftigen Streit zwischen den Eheleuten M und F und offenbar auch körperliche Übergriffe wahrnimmt, ruft sie die Polizei. Nachdem die beiden Beamten A und B erscheinen und an der Wohnungstür klingeln, öffnet F, die eine erhebliche und blutende Platzwunde an der Stirn aufweist, die Tür. Sie teilt den Beamten mit, dass sie von ihrem Ehemann (wieder einmal) geschlagen worden sei und bittet die Polizei herein. In der Wohnung begibt sich B in das Wohnzimmer, wo er M antrifft.

Bezüglich Art. 13 I GG kann bei F von einem Grundrechtsverzicht ausgegangen werden, da sie obrigkeitliche Hilfe in Anspruch nehmen möchte und dazu die Beamten frei von Zwang oder Willensmängel in die Wohnung bittet. Anders verhält es sich bei M, der mit Sicherheit nicht mit dem Betreten der Wohnung einverstanden sein wird (insbesondere erstreckt sich der Grundrechtsverzicht bei F nicht auf M). Die Rechtfertigung dieses Grundrechtseingriffs bemisst sich am Maßstab der polizeigesetzlichen Befugnisnorm sowie an dem des Art. 13 I, II bzw. VII GG. Ob eine Durchsuchung vorliegt, die grds. eine vorherige richterliche Entscheidung erfordert, ist fraglich.

Nach der o.g. Definition müsste B ziel- und zweckgerichtet nach M oder zur Ermittlung eines Sachverhalts gesucht haben, um etwas aufzuspüren, was M von sich aus nicht offenlegen oder herausgeben will.

Betrachtet man diese Defintion unabhängig vom vorliegenden Fall, würde unter den Begriff der Durchsuchung auch die Besichtigung einer Hotelküche durch einen Bediensteten der Gewerbeaufsicht fallen, der durch Suche nach Schmutz, Schimmel und Schaben ermitteln will, ob die hygienischen Verhältnisse ausreichend oder, was der Hotelier natürlich nicht offenlegen will, ungenügend sind. Dass derartige Besichtigungen und Überprüfungen keine Durchsuchungen sind, ist aber seit jeher unstreitig. Die h.M. nimmt daher eine Präzisierung der Definition des BVerfG vor: Das, was aufgespürt werden soll, dürfe sich nicht, wie bei der Besichtigung der Hotelküche, der äußerlichen Betrachtung darbieten. Durchsuchung sei also das Suchen staatlicher Organe nach Personen oder Sachen, die sich in einer Wohnung befänden oder sogar in ihr versteckt seien, um dem Augenschein oder Zugriff entzogen zu sein; es sei durch Handlungen gekennzeichnet, die Verborgenes zu Tage fördern sollen.[412]

---

[409] BVerfGE **76**, 83, 89; vgl. auch BVerfGE **103**, 142, 150 ff.; BVerwG NJW **2005**, 454; OVG Bremen Nord ÖR **2003**, 457.

[410] Vgl. ausdrücklich § 47 V S. 2 HessSOG sowie *Schenke*, POR, Rn 153 und BVerfG 15.3.**2007** – 1 BvR 2138/05.

[411] Dafür *Mittag*, NVwZ **2005**, 649, 650; dagegen BVerwG NJW **2005**, 454, 455; *Hermes*, JZ **2005**, 461 ff.

[412] Vgl. *Pieroth/Schlink/Kniesel*, POR, § 18 Rn 23; OVG Hamburg, DVBl **1997**, 665, 666.

Vorliegend kann davon ausgegangen werden, dass B sich in der Wohnung auch nach M umschaut. Damit läge eine Durchsuchung vor, ohne dass auf es die Ziel- und Zweckgerichtetheit ankäme. Die Frage, ob eine Durchsuchung oder ein bloßes Betreten vorliegt, kann aber dahinstehen, wenn es auf die Unterscheidung nicht ankommt. Für eine Durchsuchung wäre der grds. geltende Richtervorbehalt zu beachten, wobei im vorliegenden Fall allerdings Gefahr im Verzug angenommen werden kann, was eine vorherige richterliche Entscheidung entbehrlich macht. Daher sind das Betreten der Wohnung und das „Nachschauen" nach B im Wohnzimmer gerechtfertigt, wenn die Voraussetzungen der Eingriffsnorm und des Art. 13 VII GG vorliegen (dazu sogleich).

b.) Eingriffsvoraussetzungen

aa.) Wohnungsbetretung und -durchsuchung

Die Eingriffsvoraussetzungen sind den polizeigesetzlichen Befugnisnormen zu entnehmen. 532 In der Regel stimmen die (novellierten) Polizeigesetze hierin im Wesentlichen überein und ermächtigen die Polizei, eine Wohnung ohne Einwilligung des Inhabers zu betreten und zu durchsuchen, wenn

(1.) Tatsachen die Annahme rechtfertigen, dass sich in ihr eine Person befindet, die (gemäß den entsprechenden Bestimmungen des Polizeigesetzes) **vorgeführt** oder (nach beliebigen Bestimmungen) in **Gewahrsam** genommen werden darf,

(2.) Tatsachen die Annahme rechtfertigen, dass sich in ihr eine Sache befindet, die (gemäß den entsprechenden Bestimmungen des Polizeigesetzes) **sichergestellt** werden darf,

(3.) dies zur Abwehr einer **gegenwärtigen erheblichen Gefahr** erforderlich ist oder

(4.) von der Wohnung **Emissionen** ausgehen, der nach Art, Ausmaß oder Dauer zu einer erheblichen Beeinträchtigung der Nachbarschaft führen bzw. nach Art, Ausmaß oder Dauer geeignet sind, die Gesundheit in der Nachbarschaft wohnender Personen zu beschädigen.

Die Formulierung „Tatsachen die Annahme rechtfertigen, dass ..." in Nr. 1 bedeutet, 533 dass keine konkrete Gefahr vorliegen muss, sondern dass eine **abstrakte Gefahr** bzw. ein **Gefahrenverdacht** genügen, um eine Durchsuchung zu den o.g. Zwecken vorzunehmen.[413] Voraussetzung für die Durchsuchung ist jedoch eine auf tatsächlichen Anhaltspunkten beruhende Prognose, dass sich in der geschützten Räumlichkeit eine Person befindet, die vorgeführt oder die in Gewahrsam genommen werden darf. Dabei kommt es (nach den novellierten Polizeigesetzen) nicht darauf an, auf welcher Grundlage die Person in Gewahrsam genommen werden darf. Die (intendierte) Ingewahrsamnahme, aufgrund derer die Wohnung betreten werden soll, kann sich daher auch auf andere Rechtsgrundlagen als die in den polizeigesetzlichen Befugnisnormen bzgl. des Gewahrsams genannten stützen lassen (etwa auf § 82 IV AufenthG). Selbst Rechtsgrundlagen außerhalb des Gefahrenabwehrrechts kommen in Betracht. Die Gesetzgeber wollten damit auf verschiedene gesellschaftliche Phänomene reagieren, insbesondere auf den Umstand, dass sich die Straßenprostitution hin zur Wohnungsprostitution verlagert hat und ein Betreten der Wohnung auch dann erforderlich sein kann, wenn die in der Wohnung befindliche Person nicht gemäß den polizeigesetzlichen Befugnisnormen in Gewahrsam genommen werden dürfte und das Betreten aus einem anderen Grund nicht in Betracht kommt. Freilich wird dabei übersehen, dass die Wohnungsbetretung und -durchsuchung bereits zur Abwehr einer gegenwärtigen erheblichen Gefahr (Nr. 3) möglich ist. Die Auswirkungen der Neu-

[413] Zu den Begriffen *abstrakte Gefahr* und *Gefahrenverdacht* vgl. 666 und 689.

regelung der Nr. 1 sind also bei weitem nicht so groß, wie es der erste Anschein vermuten lässt.

Beispiel: Nach Hinweisen aus dem „Milieu" nimmt die Polizei an, dass in einer Privatwohnung sich illegal in Deutschland aufhaltende Ausländerinnen zur Prostitution gezwungen werden. Nachdem die Polizei trotz energischen Klopfens an die Wohnungstür und Aufforderns, die Tür zu öffnen, keine Reaktion erfährt, dringt sie aus gefahrenabwehrrechtlichen Gründen gewaltsam in die Wohnung ein.

Hier soll nach Auffassung der Reformgesetzgeber auf der Basis des § 19 I (des veralteten) MEPolG ein Betreten der Wohnung unzulässig gewesen sein, weil kein Betretensgrund vorgelegen habe. Daher habe man die Wohnungsbetretungsrechte erweitern und in Nr. 1 die Befugnis aufnehmen müssen, auch dann in die Wohnung eindringen zu dürfen, wenn Tatsachen die Annahme rechtfertigen, dass sich in ihr eine Person befindet, die nach beliebigen Bestimmungen (insbesondere aber nach § 82 IV AufenthG) in Gewahrsam genommen werden darf.

Diese Auffassung verkennt jedoch, dass in Fällen der vorliegenden Art bereits Nr. 3 greift: Die Gefahr ist gegenwärtig und besteht auch für die Gesundheit und die Freiheit der Prostituierten; sie ist mithin erheblich. Dass das Betreten der Wohnung auch „erforderlich" sein muss, ist dagegen nicht etwa eine Besonderheit der Nr. 3, sondern als Ausdruck des allgemein geltenden Grundsatzes der Verhältnismäßigkeit eine rechtsstaatliche Selbstverständlichkeit: Jede Gefahrenabwehrmaßnahme muss erforderlich sein.

Nach den Neufassungen der meisten Polizeigesetze darf die Polizei also (gem. Nr. 1, s.o.) eine Wohnung betreten, wenn Tatsachen die Annahme rechtfertigen, dass sich in ihr eine Person befindet, die (u.a.) in Gewahrsam genommen werden darf. Vorliegend geht die Polizei davon aus, dass sich in der Wohnung junge Frauen befinden, die gezwungenermaßen der Prostitution nachgehen. Da diese nicht im Besitz eines Aufenthaltstitels sind (vgl. § 4 AufenthG), liegen die Voraussetzungen für die Ausweisung vor. Zu deren Durchführung darf die Polizei die auszuweisende Person in Gewahrsam nehmen (vgl. § 49 II AufenthG). Somit liegt ein Betretungs- und Durchsuchungsgrund vor.

Ein solcher liegt allerdings auch gemäß der genannten Nr. 3 vor (s.o.), sodass der vorliegende Fall auch nach der bisherigen Rechtslage i.S.d. Rechtmäßigkeit der Betretung und Durchsuchung zu lösen war.

534 Weiterhin erlauben die Polizeigesetze in unterschiedlicher Ausprägung das Betreten und Durchsuchen einer Wohnung, wenn von ihr **Emissionen** ausgehen, die nach Art, Ausmaß oder Dauer zu einer **erheblichen Beeinträchtigung der Nachbarschaft** führen, bzw. **nach Art, Ausmaß oder Dauer geeignet sind, die Gesundheit in der Nachbarschaft wohnender Personen zu beschädigen** (oben Nr. 4). Das wird insbesondere bei überlauter Musik, Partylärm oder Baulärm (Renovierungslärm) der Fall sein. Eine Beeinträchtigung bzw. Gesundheitsschädigung der Nachbarschaft ist jedoch nur dann anzunehmen, wenn in absehbarer Zeit (einfache) Körperverletzungen i.S.v. § 223 StGB drohen. Anderenfalls wäre der Eingriff in das Wohnungsrecht kaum zu rechtfertigen. Insgesamt ist bei der Ausübung des Wohnungsbetretungsrechts zu beachten, ob und welche spezialgesetzlichen Vorschriften über die Verursachung, Zumutbarkeit und Abwehr der von der Wohnung ausgehenden Emissionen bestehen. Von den Nachbarn danach erkennbar hinzunehmende Beeinträchtigungen (z.B. durch Kinderlärm oder das gelegentliche Feiern) können von vornherein nicht Grundlage einer Wohnungsbetretung sein. Das Gleiche gilt ganz Allgemein für Lärmimmissionen, die ein im Rahmen des nachbarlichen Zusammenlebens normales Maß nicht überschreiten, also insbesondere durch übliche und sozialadäquate Verhaltensweisen verursacht werden. Zur Beurteilung können die zivilrechtlichen Kriterien über das Nachbarschaftsverhältnis, die in Bezug auf § 906 BGB entwickelt wurden, herangezogen werden.[414] Jedenfalls ist ein objektiver Beurteilungsmaßstab geboten. Subjektive Empfindlichkeiten der Polizeibeamten oder der betroffenen Nachbarn müssen außer Betracht bleiben.

Insgesamt ist dieser Betretungsgrund mit Blick auf Art. 13 I, II, VII GG restriktiv anzuwenden. Streng genommen ist er aber überflüssig, weil die denkbaren Fälle, die den Eingriff in das Wohnungsgrundrecht rechtfertigen, bereits erschöpfend auf die anderen Betretungsgründe gestützt werden können. Das trifft insbesondere auf die Bei Rn 532 genannte Nr. 3 zu. Beeinträchtigt die Lärmimmission die Nachbarschaft erheblich bzw. schädigt ihre Gesundheit (Nr. 4), liegt zugleich eine gegenwärtige erhebliche Gefahr vor (Nr. 3). Hinzu kommt, dass Lärm, der zum Einschreiten der Polizei befugen könnte, i.d.R. während der Nachtzeit verbreitet wird. Für das Betreten von Wohnungen während der Nachtzeit gelten ohnehin strengere Regeln (vgl. dazu Rn 537 ff.). **535**

Welche Maßnahmen erforderlichenfalls in der Wohnung getroffen werden dürfen (z.B. Sicherstellung einer Musikanlage), richtet sich nicht nach der Befugnisnorm hinsichtlich der Wohnungsbetretung, sondern nach anderen Vorschriften des Polizeigesetzes (insbesondere nach der Befugnisnorm hinsichtlich der Sicherstellung von Sachen) oder nach speziellen Gesetzen. **536**

Als materiellrechtliche Beschränkung des Wohnungsbetretungs- und -durchsuchungsrechts normieren die Polizeigesetze, dass während der **Nachtzeit** eine Wohnung nur zur Abwehr einer gegenwärtigen Gefahr für Leib, Leben oder Freiheit einer Person oder für Sachen von bedeutendem Wert betreten und durchsucht werden darf (vgl. z.B. § 21 II 2 S. 1 BremPolG, § 38 V i.V.m. II Nr. 2 HessSOG, § 24 IV i.V.m. II Nr. 3 NdsSOG). „Nachtzeit" umfasst zwischen dem 1. April und dem 30. September die Stunden von 21.00 bis 4.00 Uhr und zwischen dem 1. Oktober und dem 31. März die Stunden von 21.00 bis 6.00 Uhr (§ 104 III StPO). Die soeben genannte Einschränkung des Betretungs- und Durchsuchungsrechts gilt nach einigen Polizeigesetzen wiederum nicht, wenn bestimmte, in den Befugnisnormen beschriebene Voraussetzungen vorliegen. So lassen z.B. § 24 IV i.V.m. II Nr. 4 NdsSOG und § 21 II S. 2 BremPolG das Betreten einer Wohnung auch während der Nachtzeit zu, wenn von der Wohnung eine erhebliche, die Gesundheit Dritter beeinträchtigende Störung ausgeht. In diesem Fall darf die Polizei also auch während der Nachtzeit die Wohnung betreten (und durchsuchen), ohne dass eine gegenwärtige Gefahr für Leib, Leben oder Freiheit einer Person oder für Sachen von bedeutendem Wert vorliegen müsste. Voraussetzung ist allein, dass von der Wohnung eine erhebliche, die Gesundheit Dritter beeinträchtigende Störung ausgeht. Das wiederum bedeutet nichts anderes, als die Polizei unter den Voraussetzungen der bei Rn 532/535 genannten Nr. 4 die Wohnung betreten darf.[415] **537**

Ist damit also eine gegenwärtige erhebliche Gefahr erforderlich, entspricht dies der strengen Regelung des **Art. 13 VII GG**, wonach Eingriffe und Beschränkungen, worunter nicht nur Durchsuchungen, sondern auch das bloße **Betreten** von Wohn- und Nebenräumen fallen, nur unter strengen Voraussetzungen zulässig sind. **538**

---

[414] Vgl. hierzu *R. Schmidt*, SachenR II, 3. Aufl. **2006**, Rn 94 ff.

[415] Damit folgen die Gesetze (wenn auch nicht beabsichtigt) der von *Hegel* (1770-1831) entwickelten Dialektik vom *Grundsatz*, der *Ausnahme* und der *Gegenausnahme*: Liegen die Voraussetzungen der Gegenausnahme vor, wird die Ausnahme verdrängt, sodass der Grundsatz wieder auflebt. Vgl. dazu auch das Bsp. bei Rn 541.

539 Die beiden Halbsätze des Art. 13 VII GG unterscheiden sich erheblich voneinander. Während zur Abwehr einer gemeinen Gefahr oder einer Lebensgefahr für eine einzelne Person eine gesonderte gesetzliche Grundlage nicht erforderlich ist (die Befugnis zu Eingriffen und Beschränkungen ergibt sich hier unmittelbar aus Art. 13 VII Halbs. 1 GG), bedarf das Einschreiten zur Verhütung (d.h. Verhinderung) dringender Gefahren für die öffentliche Sicherheit und Ordnung gerade eines solchen Gesetzes.[416] Ein solches Gesetz stellen die **Polizeigesetze** dar. Hier sind u.U. sogar die Befugnisgeneralklauseln ausreichend, sofern sie **verfassungskonform** ausgelegt werden, d.h. wenn trotz der tatbestandlichen Weite der polizeigesetzlichen Eingriffsnormen nur solche Gefahrenabwehrmaßnahmen zugelassen werden, die der Abwehr einer konkreten **dringenden** Gefahr dienen.

540 Im Übrigen bestehen bezüglich Art. 13 VII GG folgende Definitionen: Mit „**gemeiner Gefahr**" i.S.d. Art. 13 VII Halbs. 1 GG sind Gefahren für die Allgemeinheit gemeint, aber nur solche, die lebensbedrohend sein können wie z.B. Lawinenunglücke, Überschwemmungen und Erdbeben, Feuer- und Einsturzgefahr, Explosionsgefahr, die Freisetzung radioaktiver Strahlung. Auch Seuchengefahren können diese Qualität haben, obwohl sie erst in Art. 13 VII Halbs. 2 GG genannt sind. Im Übrigen muss eine *konkrete* Gefahr vorliegen. Eine „**dringende Gefahr**" i.S.d. Art. 13 VII Halbs. 2 GG liegt vor, wenn ein **besonders wichtiges Rechtsgut** (etwa die menschliche Gesundheit) gefährdet ist. Die in der Vorschrift genannte Raumnot, Seuchengefahr und der Jugendschutz sind nur exemplarisch angeführt.

541 Da die bei Rn 537 genannte Befugnis zum Betreten von Wohnungen zur Nachtzeit eine gegenwärtige erhebliche Gefahr der Gesundheitsschädigung voraussetzt und damit keine schwächeren Eingriffsvoraussetzungen normiert als **Art. 13 VII GG**, ist sie mit dieser Verfassungsbestimmung vereinbar.

Beispiel: Wegen lautstarker Partymusik aus der Nachbarwohnung ist die Polizei bereits dreimal in der Nacht von Nachbarn herbeigerufen worden. Als sich Gastgeber und Gäste auch diesmal uneinsichtig zeigen und bei ihrer Auffassung bleiben, sie hätten das Recht, „mal so richtig durchzufeiern", betreten die Beamten die Wohnung und stellen die Stereoanlage sicher. Dem Gastgeber teilen sie mit, dieser könne die Anlage am nächsten Morgen bei der Polizeiwache wieder abholen.

Mit dem Betreten der Wohnung greift die Polizei in das Grundrecht aus Art. 13 I GG ein. Daher benötigt sie eine gesetzliche Rechtsgrundlage. Eine solche könnte die polizeigesetzliche Befugnisnorm hinsichtlich der Standardmaßnahme Betreten und Durchsuchen von Wohnungen sein.

Auszug aus dem (fiktiven) Polizeigesetz (§ 21)

(1) [1]Die Polizei darf eine Wohnung ohne Einwilligung des Inhabers betreten und durchsuchen, wenn

1. Tatsachen die Annahme rechtfertigen, dass sich in ihr eine Person befindet, die nach § 12 III vorgeführt oder die in Gewahrsam genommen werden darf,
2. Tatsachen die Annahme rechtfertigen, dass sich in ihr eine Sache befindet, die nach § 23 Nr. 2 sichergestellt werden darf,
3. dies zur Abwehr einer gegenwärtigen erheblichen Gefahr erforderlich ist oder
4. von der Wohnung Emissionen ausgehen, die nach Art, Ausmaß oder Dauer geeignet sind, die Gesundheit in der Nachbarschaft wohnender Personen zu beschädigen.

[2]Die Wohnung umfasst die Wohn- und Nebenräume, Arbeits-, Betriebs- und Geschäftsräume sowie anderes befriedetes Besitztum.

(2) [1]Während der Nachtzeit (§ 104 III StPO) darf eine Wohnung nur zur Abwehr einer gegenwärtigen Gefahr für Leib, Leben oder Freiheit einer Person oder für Sachen von

[416] *Kunig*, in: v. Münch/Kunig, GG, Art. 13 Rn 57.

bedeutendem Wert betreten und durchsucht werden. [2]Dies gilt nicht, wenn von der Wohnung eine erhebliche, die Gesundheit Dritter beeinträchtigende Störung ausgeht.

Als Rechtsgrundlage kommen § 21 I S. 1 Nr. 2, 3 und 4 sowie § 21 II in Betracht.

Zunächst scheint **§ 21 I S. 1 Nr. 2** einschlägig zu sein, weil die Polizei bereits mehrmals erfolglos versucht hat, durch entsprechende Aufforderungen die Störung zu unterbinden. Daher war sie berechtigt, die Musikanlage gem. § 23 Nr. 2 sicherzustellen, wenn dies zur Abwehr einer gegenwärtigen Gefahr erforderlich war. An der Gegenwärtigkeit der Gefahr bestehen keine Bedenken, weil die Störung bereits eingetreten war (§ 2 Nr. 3 b).

Auch scheint **§ 21 I S. 1 Nr. 3** einschlägig zu sein. Demnach müsste die Lärmbelästigung eine gegenwärtige erhebliche Gefahr bedeutet haben. An der Gegenwärtigkeit bestehen keine Zweifel (s.o.). Auch war die Gefahr erheblich, weil dies nach der Legaldefinition des § 2 Nr. 3 c der Fall ist, wenn sie für ein bedeutsames Rechtsgut wie die menschliche Gesundheit besteht. Die Verursachung von Lärm in einem Maße, dass die Nachbarn in ihrer Nachtruhe gestört sind, stellt eine Beeinträchtigung der körperlichen Unversehrtheit und damit der menschlichen Gesundheit dar, auch wenn die Schwelle zur Verwirklichung der Gesundheitsschädigung i.S.v. § 223 StGB noch nicht überschritten sein sollte. Ein Verstoß gegen § 117 OWiG genügt jedenfalls nicht, um eine erhebliche Gefahr bejahen zu können.

Die Geeignetheit der Lärmimmission zur Verursachung einer Gesundheitsschädigung verlangt aber **§ 21 I S. 1 Nr. 4** n.F. Nimmt man im vorliegenden Fall die Gefahr einer Gesundheitsschädigung – trotz des Umstands, dass der Lärm nicht bereits mehrere Nächte verursacht wurde – an, kann sich die Polizei auch auf § 21 I S. 1 Nr. 4 stützen. Insbesondere ist keine (zivil-)rechtliche Vorschrift ersichtlich, die eine Duldungspflicht der Nachbarn begründen würde.

Fraglich ist jedoch, wie es sich auswirkt, dass die Polizei eine Wohnung während der **Nachtzeit** (§ 104 III StPO) betrat. Gem. **§ 21 II S. 1** darf während der Nachtzeit eine Wohnung nämlich nur zur Abwehr einer gegenwärtigen Gefahr für Leib, Leben oder Freiheit von Personen oder von Sachen von bedeutendem Wert betreten bzw. durchsucht werden. Vorliegend kommt allein das Schutzgut Leib in Betracht. Jedoch wird man „Leib" anders verstehen müssen als „Gesundheit"; anderenfalls machte die Regelung des § 21 II S. 1 im Vergleich zu § 21 I S. 1 Nr. 3 bzw. 4 keinen Sinn. Mit „Leib" wird man lediglich die unmittelbare physische Beschaffenheit des menschlichen Körpers beschreiben können. An dieser sind die Nachbarn jedoch nicht beeinträchtigt worden, was im Ergebnis zum Nichtvorliegen der Eingriffsvoraussetzungen des § 21 II S. 1 führt.

Allerdings gilt die Einschränkung des § 21 II S. 1 gem. **§ 21 II S. 2** wiederum nicht, wenn von der Wohnung Emissionen ausgehen, die nach Art, Ausmaß oder Dauer geeignet sind, die Gesundheit in der Nachbarschaft wohnender Personen zu beschädigen. Nimmt man dies im vorliegenden Fall an (insbesondere genügt die *Geeignetheit*; eine tatsächliche Gesundheitsschädigung braucht noch nicht eingetreten zu sein), gilt die soeben geprüfte Einschränkung des § 21 II S. 1 nicht, sodass es bei den Voraussetzungen des § 21 I S. 1 bleibt.[417]

Aber auch unter den Voraussetzungen des § 21 I S. 1 ist Art. 13 VII Halbs. 2 GG zu beachten, der einen qualifizierten Gesetzesvorbehalt enthält, d.h. Eingriffe (hier: das Betreten) nur unter den dort genannten strengen Voraussetzungen (hier: **dringende** Gefahr, d.h. Gefahr für ein **besonders wichtiges Rechtsgut** wie etwa die **menschliche Gesundheit**) zulässt. Demnach genügt das Vorliegen des § 21 I S. 1 Nr. 2 nicht, wenn zwar die Gegenwärtigkeit der Gefahr, nicht aber die Betroffenheit der menschli-

---

[417] Dass die Voraussetzungen des § 21 I S. 1 wieder „aufleben", versteht sich von selbst; anderenfalls wären die Betretungsvoraussetzungen während der Nachtzeit geringer als bei Tage.

chen Gesundheit vorliegt. Doch gerade diese wurde für den vorliegenden Fall bejaht, sodass im Ergebnis das Betreten (und Durchsuchen) der Wohnung sowohl auf der Grundlage des § 21 I S. 1 Nr. 2 als auch auf Nr. 3 und 4 rechtmäßig war. Insbesondere sind keine Gründe ersichtlich, die gegen die Einhaltung der Ermessensgrenzen bzw. des Grundsatzes der Verhältnismäßigkeit sprechen.

Aus demselben Grund war auch die Sicherstellung der Musikanlage gem. § 23 Nr. 2 rechtmäßig.

542 Unabhängig von dem soeben behandelten Problem enthalten die Polizeigesetze Befugnisnormen, wonach die Polizei eine Wohnung zur Verhütung **dringender Gefahren** (Art. 13 VII GG) jederzeit **betreten** (nicht auch durchsuchen!) darf, wenn Tatsachen die Annahme rechtfertigen, dass dort bestimmte Personen oder Personengruppen Straftaten von erheblicher Bedeutung oder die in § 180 I und § 180 b StGB genannten Straftaten verabreden, vorbereiten, verüben oder sich zu Freiheitsentzug verurteilte Straftäter aufhalten, die sich der Strafvollstreckung entziehen.[418] Diese Regelung dient der Bekämpfung bzw. Verhinderung von Straftaten, die nach allgemeinen polizeilichen Erkenntnissen im unmittelbaren Zusammenhang mit der (Wohnungs-)**Prostitution** begangen werden.

bb.) Öffentlich zugängliche Räume

543 In Abstufung des Schutzbedürfnisses nach Art. 13 GG erlauben die Polizeigesetze schließlich das **Betreten** (nicht auch das Durchsuchen!) bestimmter Objekte aus jedem im Rahmen der polizeilichen Aufgabenerfüllung sachlich gebotenen Grund.[419] Voraussetzung ist lediglich, dass die Polizei im Rahmen ihrer **Aufgabenerfüllung** handelt, die Räume als **Arbeits-, Betriebs- und Geschäftsräume** gelten oder sonst **öffentlich zugänglich** sind oder zugänglich waren und den Anwesenden zum **weiteren Aufenthalt zur Verfügung stehen**.[420]

544 ▪ Diese Befugnis setzt also zunächst eine **einfache Gefahr** voraus, da die gesetzlichen Regelungen das Betreten „**zum Zweck der Gefahrenabwehr**" zulassen.

545 ▪ Des Weiteren bezieht sich das Betretungsrecht ausschließlich auf „**öffentlich zugängliche**" Räume (und Grundstücke). Das sind Objekte, deren Besuch im Grundsatz jeder Person aufgrund einer tatsächlichen oder vermuteten Einwilligung des Inhabers freisteht wie z.B. bei Gaststätten, Kinos, Badeanstalten, Museen, Ausstellungen, Jugendheimen oder (sonstigen) Gemeinschaftshäusern mit Publikumsverkehr. Der Öffentlichkeit zugänglich sind auch Räume, deren Betreten bestimmten Personengruppen untersagt ist (z.B. Kindern, Jugendlichen, Personen in nicht erwünschter Kleidung) oder deren Betreten vom Verlangen eines Eintrittsgeldes oder vom Erwerb einer Eintrittskarte abhängig gemacht wird. *Nicht* öffentlich zugänglich sind dagegen Clubräume, Vereinslokale, Betriebskantinen u.ä., zu denen nur Mitglieder oder sonst besonders berechtigte Personen Zutritt haben.

---

[418] Vgl. **Bund:** § 45 IV BundesPolG; **Bay:** Art. 23 III PAG; **Berl:** § 36 IV ASOG; **Brand:** § 23 III PolG; **Brem:** § 21 III PolG; **Hamb:** § 16 IV SOG; **Hess:** § 38 VI SOG; **MeckVor:** § 59 IV SOG; **Nds:** § 24 V SOG; **NRW:** § 41 III PolG; **Saar:** § 19 III PolG; **Sachs:** § 25 I S. 1 PolG; **SachsAnh:** § 43 VI SOG; **SchlHolst:** § 208 I LVwG; **Thür:** § 25 III PAG.

[419] Vgl. **Bund:** § 45 V BundesPolG; **BW:** § 31 VI PolG; **Bay:** Art. 23 IV PAG; **Berl:** § 36 V ASOG; **Brand:** § 23 IV PolG; **Brem:** § 21 IV PolG; **Hamb:** § 16 V SOG; **Hess:** § 38 VII SOG; **MeckVor:** § 59 II SOG; **Nds:** § 24 VI SOG; **NRW:** § 41 IV PolG; **RhlPfl:** § 21 IV POG; **Saar:** § 19 IV PolG; **Sachs:** § 25 I S. 3 PolG; **SachsAnh:** § 43 VII SOG; **SchlHolst:** § 208 II LVwG; **Thür:** § 25 IV PAG

[420] Zu beachten ist jedoch, dass sich das Betretungsrecht nicht abschließend aus gewerberechtlichen Gründen ergeben darf. Denn wie bereits gesagt, sperren das **GastG** und die **GewO** grds. die Anwendbarkeit des allgemeinen Polizeirechts im gewerbespezifischen Gefahrenbereich (vgl. § 1 GewO). Die Sperrwirkung gilt jedoch nicht (1.) für die Polizei im Rahmen ihrer Eilzuständigkeit und (2.) für Gefahren, die nicht den Gewerbetreibenden betreffen.

- Die „öffentlich zugänglichen" Räume dürfen während der Arbeits-, Geschäfts- oder Aufenthaltszeit **betreten** werden. Mit der Ausdehnung des Betretungsrechts auf die „Aufenthaltszeit" möchte der Gesetzgeber auch dann ein Betretungsrecht einräumen, wenn die Räume offenbar trotz Schließung weiterhin den Arbeitnehmern, Kunden oder anderen Personen des Publikums über die übliche Arbeits-, Betriebs- oder Öffnungszeit hinaus zur Verfügung stehen. Ein Betretungsrecht nur für die übliche Arbeits-, Betriebs-, Geschäfts- oder Öffnungszeit hätte nicht ausgereicht, weil nach allgemeiner Lebenserfahrung häufig Gefahren gerade nach dieser Zeit entstehen (z.B. Sperrstundenübertretungen, Verstöße gegen Jugendschutzbestimmungen, Drogengeschäfte, illegale Prostitution etc). 546

  Aus diesem Grund sind (aus präventivpolizeilicher Sicht) sog. „Swingerclubs" oder „Saunaclubs" besonders praxisrelevant, weil sie trotz des Wortbestandteils „Club" letztlich jedermann offen stehen, der sich an dem Partnertausch beteiligen bzw. die angebotenen Dienste in Anspruch nehmen möchte.[421] Geht man in diesen Fällen von **öffentlich zugänglichen** (Arbeits-, Betriebs- oder Geschäfts-)Räumen aus, ist die Polizei **nur zum Betreten** (nicht auch zum Durchsuchen!) befugt und das auch nur **während der Aufenthaltszeit**. 547

  Ein Betretungsrecht außerhalb der Arbeits-, Geschäfts- bzw. Aufenthaltszeit ist somit ausgeschlossen, wenn die Polizei lediglich im Rahmen ihrer Aufgabenerfüllung handelt, wenn also lediglich eine einfache Gefahr vorliegt. Möchte die Polizei die betreffenden Räume außerhalb der Arbeits-, Geschäfts oder Aufenthaltszeit betreten (oder auch durchsuchen), darf sie dies nur unter den Voraussetzungen, unter denen sie Wohnungen betreten bzw. durchsuchen dürfte. 548

- Geht man bei den Räumlichkeiten indes von **nicht öffentlich zugänglichen** Räumen aus, kommt es von vornherein nicht auf die Arbeits-, Geschäfts oder Aufenthaltszeit an. Auch dann kommen lediglich ein Betreten und Durchsuchen nach anderen Bestimmungen der Befugnisnorm – freilich unter Beachtung der dort genannten Voraussetzungen – in Betracht. 549

Jüngst musste sich das BVerfG noch einmal mit dem Betreten von Geschäftsräumen beschäftigen. Dabei hat es zunächst seine bisherige Auffassung bestätigt, dass (der Öffentlichkeit nicht gänzlich preisgegebene) Arbeits-, Betriebs- und Geschäftsräume vom Schutzbereich des Art. 13 I GG umfasst seien. Sodann hat es aber festgestellt, dass in Bezug auf Geschäftsräume Betretungsrechte, die zu Kontrollzwecken bestünden und dezidiert gesetzlich geregelt seien, nicht als „Eingriffe und Beschränkungen i.S.d. Art. 13 VII GG und damit nicht als Eingriffe in den Schutzbereich des Art. 13 I GG zu verstehen seien".[422] Vielmehr gelte als Prüfungsmaßstab Art. 2 I GG. Daraus folgt: 550

- Es muss eine gesetzliche Befugnisnorm vorliegen, die dezidiert die Voraussetzungen für ein Betreten der Geschäftsräume regelt. Eine solche Vorschrift ist z.B. **§ 17 II HandwO**, die die Handwerkskammer befugt, bei den der Eintragung in die Handwerksrolle unterfallenden Handwerkern (§ 17 I S. 1 HandwO) nach Maßgabe des § 29 II GewO Grundstücke und Geschäftsräume zu betreten, um dort Prüfungen und Besichtigungen vorzunehmen.
- Liegen die Voraussetzungen des § 17 II HandwO vor, richtet sich – nach Auffassung des BVerfG – der Schutz nicht nach Art. 13 I, VII GG, sondern nach Art. 2 I GG (mit den im Vergleich zu Art. 13 I, VII GG sehr geringen Rechtfertigungsvoraussetzungen). Um aber eine übermäßige Einengung des Begriffs „Eingriffe und Beschränkungen" i.S.d. Art. 13 VII GG und damit eine Aushöhlung des durch Art. 13 I GG

[421] Insbesondere wird die Bezeichnung „Club" gewählt, um eine Gaststättenerlaubnispflichtigkeit zu umgehen.
[422] BVerfG 15.3.**2007** – 1 BvR 2138/05.

gewährleisteten Schutzes zu vermeiden, fordert auch das BVerfG, dass die in BVerfGE 32, 54 ff. definierten Kriterien (dazu Rn 1214) im Allgemeinen und die vorliegend einschlägige Vorschrift des § 17 II i.V.m. I S. 1 HandwO im Besonderen eng ausgelegt werden. Sobald auch nur eine Tatbestandsvoraussetzung (etwa die Eintragungsfähigkeit einer bestimmten Tätigkeit) erkennbar nicht gegeben sei, scheide ein Betretungsrecht der Handwerkskammern nach § 17 II HandwO aus.

- Liegen aber die Voraussetzungen der Spezialnorm (etwa § 17 II HandwO) nicht vor, lebt Art. 13 I GG mit den strengen Rechtfertigungsvoraussetzungen wieder auf.

551 Zur Bewertung dieser Rechtsprechung vgl. Rn 1213.

c.) Adressat der Maßnahme

552 **Adressat** einer Wohnungsbetretung- bzw. -durchsuchung ist der Träger des Grundrechts aus Art. 13 I GG, also jedermann, der berechtigterweise eine Wohnung bewohnt, unabhängig von den Eigentumsverhältnissen. Dazu zählen auch Mieter, Untermieter, Pächter und Hotelgäste. Dies gilt auch für juristische Personen des Privatrechts und andere privatrechtliche Personenvereinigungen.[423] Juristische Personen des öffentlichen Rechts können sich dagegen grundsätzlich nicht auf das Wohnungsgrundrecht berufen. Eine Ausnahme besteht lediglich hinsichtlich Religions- und Weltanschauungsgemeinschaften, sofern sie keine staatliche Hoheitsgewalt ausüben.[424] Bei den genannten Gemeinschaftsunterkünften ist i.d.R. nur der Leiter der Organisationseinheit Inhaber. Bei Wohngemeinschaften sind alle Bewohner berechtigt, sofern nicht nur ein Raum von der polizeilichen Maßnahme betroffen ist.

d.) Richtervorbehalt

553 Gem. Art. 13 II GG und den insoweit lediglich klarstellenden Bestimmungen der Polizeigesetze[425] dürfen **Durchsuchungen** (nicht das bloße Betreten, das ausschließlich unter Art. 13 VII GG subsumiert werden kann) grundsätzlich nur durch den **Richter** angeordnet werden. Dieser darf die Durchsuchung nur anordnen, wenn er sich aufgrund eigenverantwortlicher Prüfung der Ermittlungen überzeugt hat, dass die Maßnahme verhältnismäßig ist. Seine Anordnung hat die Grundlage der konkreten Maßnahme zu schaffen und muss den zeitlichen und inhaltlichen Rahmen, die Grenzen und das Ziel der Durchsuchung definieren. Dabei macht es Art. 13 II GG i.V.m. Art. 1 I/III und Art. 20 III GG dem Richter zur Pflicht, durch eine geeignete Formulierung des Durchsuchungsbeschlusses im Rahmen des Möglichen und Zumutbaren sicherzustellen, dass der Eingriff in die Grundrechte (insbesondere Art. 13 I GG) messbar und kontrollierbar ist, kurz, rechtsstaatlichen Mindestanforderungen genügt.[426]

554 Zuständig für die Erteilung der Durchsuchungsanordnung ist das **Amtsgericht**. Denn entsprechend der in § 40 I S. 2 VwGO eingeräumten Ausnahmemöglichkeit wurde gemäß den polizeilichen Bestimmungen (vgl. etwa §§ 22 I S. 2 BremPolG, 39 I HessSOG, 25 I NdsSOG) zum sachlich zuständigen Gericht nicht das Verwaltungsgericht, sondern das Amtsgericht bestimmt. Für das Verfahren gelten die Vorschriften des FGG entsprechend (vgl. etwa §§ 22 I S. 3 BremPolG, 39 I S. 3 HessSOG, 25 I S. 1

---

[423] BVerfGE **42**, 212, 219 f. (Quick-Entscheidung; Durchsuchung).
[424] *Kunig*, in: von Münch/Kunig, GG, Art. 13 Rn 9.
[425] Vgl. §§ 20 I S. 1 MEPolG; **Bund:** § 46 I S. 1 BundesPolG; **BW:** § 31 V S. 1 PolG; **Bay:** Art. 24 I S. 1 PAG; **Berl:** § 37 I S. 1 ASOG; **Brand:** §§ 24 I S. 1 PolG; **Brem:** § 22 I S. 1 PolG; **Hamb:** § 16a I S. 1 SOG; **Hess:** § 39 I S. 1 SOG; **MeckVor:** § 59 V S. 1 SOG; **Nds:** § 25 I S. 1 SOG; **NRW:** § 42 I S. 1 PolG; **RhlPfl:** § 21 I S. 1 POG; **Saar:** § 20 I S. 1 PolG; **Sachs:** § 25 V S. 1 PolG; **SachsAnh:** § 44 I S. 1 SOG; **SchlHolst:** § 208 V S. 1 LVwG; **Thür:** § 26 I S. 1 PAG, § 21 I S. 1 OBG.
[426] BVerfGE **96**, 44, 51; **103**, 142, 150 ff.; *Kruis/Wehowsky*, NJW **1999**, 682, 683.

NdsSOG). Diese Rechtswegzuweisung erfasst allerdings nicht die Gewährung nachträglichen Rechtsschutzes nach Beendigung der Durchsuchung. Vielmehr verbleibt es insoweit bei der allgemeinen Rechtswegregelung des § 40 I S. 1 VwGO. Der nachträgliche Rechtsschutz schließt auch die Überprüfung ein, ob die Voraussetzungen einer Gefahr im Verzug vorgelegen haben.[427] Vgl. dazu Rn 288.

Bei Gefahr im Verzug kann die Durchsuchung gem. Art. 13 II GG auch durch die in den Gesetzen vorgesehenen anderen Organe angeordnet werden. Das sind im Bereich der Strafverfolgung gem. § 105 StPO die Staatsanwaltschaft und ihre Ermittlungspersonen (§ 152 GVG), im Bereich der Gefahrenabwehr die Polizei[428]. 555

Gefahr im Verzug liegt vor, wenn die Einholung der richterlichen Anordnung den Erfolg der Durchsuchung gefährden würde.[429] 556

Da aber die Anordnungskompetenz ausnahmsweise vom Richter auf die Strafverfolgungsbehörden übergeht und somit ein sehr wichtiges rechtsstaatliches Kontrollinstrumentarium suspendiert wird, hat das BVerfG hinsichtlich einer strafprozessualen Durchsuchung entschieden, dass die Gründe, die zur Annahme von „Gefahr im Verzug" führten, schon sehr gewichtig sein müssten. Immerhin könne durch eine nachträgliche richterliche Kontrolle der vorgenommene Grundrechtseingriff nicht mehr rückgängig gemacht werden. Das Vorliegen von „Gefahr im Verzug" könne daher jedenfalls nicht durch Spekulationen begründet werden; es müssten vielmehr auf den Einzelfall bezogene Tatsachen vorliegen, die sofortiges Handeln geböten. Auf jeden Fall müssten stets alle Versuche unternommen werden, eine richterliche Entscheidung herbeizuführen; die Justiz habe alle organisatorischen Möglichkeiten auszuschöpfen, einen richterlichen Bereitschaftsdienst einzurichten und aufrecht zu erhalten.[430] 557

Da sich das Urteil des BVerfG aber auf eine *repressivpolizeiliche* Durchsuchung bezieht, ist fraglich, ob die dabei aufgestellten Grundsätze auch auf eine *präventivpolizeiliche* Durchsuchung übertragbar sind. Nach der hier vertretenen Auffassung ist die restriktive Auslegung des Begriffs „Gefahr im Verzug" zwar grundsätzlich auf das Gefahrenabwehrrecht übertragbar. Zu beachten ist aber die hier bestehende engere zeitliche Nähe zum möglichen Schadenseintritt: Während bei der Strafverfolgung nach Auffassung des BVerfG i.d.R. genügend Zeit bleibt, die vorherige (schriftliche) richterliche Durchsuchungsanordnung einzuholen, kennzeichnet sich das Gefahrenabwehrrecht gerade durch das Erfordernis des raschen Handelns. Die vorherige Einholung einer (schriftlichen) richterlichen Durchsuchungsanordnung würde in vielen Fällen die Effektivität der Gefahrenabwehr in Frage stellen.[431] Daher müssen in jedem Einzelfall eine Prognose des handelnden Polizeibeamten über den möglichen Verlauf des Geschehens und eine Abwägung zwischen dem Rechtsgut „Unverletzlichkeit der Wohnung" und dem gefährdeten Rechtsgut, das es im konkreten Fall zu schützen gilt, angestellt werden. Zutreffend ist daher die Auffassung des BVerfG, dass zwar tagsüber (auch außerhalb der gewöhnlichen Dienstzeit) ein Richter stets erreichbar sein müsse, 557a

---

[427] BVerfGE **103**, 142, 150 ff.

[428] Vgl. §§ 20 I S. 1 MEPolG; **Bund:** § 46 I S. 1 BundesPolG; **BW:** § 31 V S. 1 PolG; **Bay:** Art. 24 I S. 1 PAG; **Berl:** § 37 I S. 1 ASOG; **Brand:** §§ 24 I S. 1 PolG; **Brem:** § 22 I S. 1 PolG; **Hamb:** § 16a I S. 1 SOG; **Hess:** § 39 I S. 1 SOG; **MeckVor:** § 59 V S. 1 SOG; **Nds:** § 25 I S. 1 SOG; **NRW:** § 42 I S. 1 PolG; **RhlPfl:** § 21 I S. 1 POG; **Saar:** § 20 I S. 1 PolG; **Sachs:** § 25 V S. 1 PolG; **SachsAnh:** § 44 I S. 1 SOG; **SchlHolst:** § 208 V S. 1 LVwG; **Thür:** § 26 I S. 1 PAG, § 21 I S. 1 OBG

[429] BVerfGE **103**, 142, 150 ff. unter Bezugnahme auf BVerfGE **57**, 91, 111; BVerwGE **28**, 285, 291.

[430] BVerfGE **103**, 142, 150 ff.

[431] Diesen entscheidenden Aspekt ignorieren *Pieroth/Schlink/Kniesel*, POR, § 18 Rn 29, indem sie die Polizeipraxis als „befremdliche Umkehrung des von der Verfassung gewollten Regel-Ausnahme-Verhältnisses" ansehen.

während der Nachtzeit jedoch nur dann, wenn ein praktisches Bedürfnis bestehe.[432] Inwieweit dies auch für das Wochenende gilt, sollte davon abhängig werden, wie viel Zeit der Polizei verbleibt, die Gefahr abzuwenden.

Beispiel: Die Polizei erhielt an einem Sonntag um 11.55 Uhr einen anonymen Anruf, dass in einer Wohnung in der Martinistraße eine Zeitbombe platziert worden sei, deren Zeitzünder auf 14.30 Uhr eingestellt sei. Da die Polizei den Anruf aufgrund einschlägiger Erfahrungen ernst nahm, durchsuchte sie ohne Zögern sämtliche Wohnungen der in der Martinistraße gelegenen Häuser. Verschlossene Wohnungen wurden aufgebrochen.

Hier bestand eine zuverlässige Prognose über das Vorliegen einer gegenwärtigen erheblichen Gefahr für Leib und Leben, sodass jede Zeitverzögerung nicht zu rechtfertigen gewesen wäre. Die vorherige Einholung einer (schriftlichen) richterlichen Durchsuchungsanordnung war somit entbehrlich. Das Aufbrechen und Durchsuchen der Wohnungen waren rechtmäßig.

557b Nach Beendigung der Durchsuchung bedarf es – anders als bei der Ingewahrsamnahme – keiner richterlichen Entscheidung mehr. Rechtsschutz erhält der Betroffene dadurch, dass er nachträgliche Rechtsmittel einlegen kann.

e.) Rechtsschutz

558 Da die Durchsuchung der geschützten Räume nicht nur den (einen Realakt darstellenden) tatsächlichen Vorgang der Durchsuchung in sich schließt, sondern zugleich den Betroffenen verpflichtet, die tatsächliche Durchsuchung zu dulden (die Duldungsverfügung ist ein Verwaltungsakt), kommt der Durchsuchung eine Doppelnatur zu. Aufgrund der gleichzeitigen konkludenten Duldungsverfügung sind daher solche Rechtsbehelfe zulässig, die allgemein gegen Verwaltungsakte zulässig sind. In Betracht kommt daher – da sich die Maßnahme im Zeitpunkt der Klageerhebung erledigt haben wird – die **Fortsetzungsfeststellungsklage** analog § 113 I S. 4 VwGO.

559

Prüfungsschema für das Betreten und Durchsuchen von Wohnungen

I. Rechtsgrundlage für das Durchsuchen von Wohnungen

Sofern mit dem Betreten und Durchsuchen einer Wohnung ein Eingriff in Art. 13 I GG vorliegt, bedarf die Behörde einer Rechtsgrundlage. Diese ist als Standardmaßnahme dem Polizeigesetz zu entnehmen. Zu beachten ist jedoch, dass ein Grundrechtseingriff nicht vorliegt, wenn der Wohnungsinhaber in das Betreten einwilligt, wobei die Einwilligung freiwillig sein muss. Willigt der Wohnungsinhaber unter dem Druck der Obrigkeit ein oder ist sich der Bedeutung des Grundrechtsverzichts nicht bewusst, ist ein Grundrechtsverzicht zu verneinen.

II. Formelle Rechtmäßigkeit

1. **Zuständigkeit** der handelnden Behörde (Rn 607 ff.)
2. Ordnungsgemäßes **Verfahren** (Einhaltung der allg. Verfahrensvorschriften (Rn 618 ff.). Als besondere (und zusätzlich zu prüfende) Verfahrensvorschrift normieren die Polizeigesetze in Ausprägung des Art. 13 II GG für Durchsuchungen einen **Richtervorbehalt.** Durchsuchungen ohne richterliche Anordnung sind nur bei **Gefahr im Verzug** zulässig. Des Weiteren enthalten die Polizeigesetze das Recht des Wohnungsinhabers, bei der Durchsuchung **anwesend** zu sein. Auch ist ihm der **Grund** für die Durchsuchung bekannt zu geben, sofern dadurch nicht der Zweck der Maßnahme gefährdet wird. Ferner ist eine **Niederschrift** hinsichtlich der Durchführung der Maßnahme anzufertigen. Der Inhalt der Niederschrift ist dem Polizeigesetz zu entnehmen.
3. **Form**vorschriften (Rn 621 ff.) sind regelmäßig nicht zu beachten

[432] BVerfG NJW **2005**, 1637, 1638.

III. Materielle Rechtmäßigkeit

1. Tatbestand

Tatbestandlich muss die Durchsuchung dem Schutz eines polizeilichen **Rechtsguts** dienen. Da die Wohnungsdurchsuchung zumeist als Vorbereitungsmaßnahme für eine Vorführung, Ingewahrsamnahme oder Sicherstellung in Betracht kommt, gelten für sie die gleichen Schutzgüter wie für diese Maßnahmen. Sofern die Wohnung durchsucht wird, um Immissionen abzuwehren, die von der Wohnung ausgehen und die nach Art, Ausmaß oder Dauer geeignet sind, die Nachbarschaft erheblich zu belästigen, sind Schutzgüter die Unverletzlichkeit der Rechtsordnung und die subjektiven Rechte und Rechtsgüter. Schließlich dient sie der Abwehr von Gefahren für Leib, Leben oder Freiheit von Personen oder von Sachen von bedeutendem Wert.
Hinsichtlich der Gefahr gilt, dass wenn die Durchsuchung der Vorbereitung einer anderen Maßnahme dient, eine Gefahr für ein Rechtsgut vorliegen muss, das durch die andere Maßnahme geschützt wird. Insofern ermächtigt die Befugnisnorm zu einer Gefahrerforschung. Erfolgt die Durchsuchung aber als eigenständige Maßnahme, um Immissionen oder Gefahren für Leib, Leben oder Freiheit von Personen oder von Sachen von bedeutendem Wert abzuwehren, muss eine **konkrete Gefahr** bestehen.
Als besondere Ausprägung des Persönlichkeitsrechts und des Verhältnismäßigkeitsgrundsatzes stellen die Polizeigesetze strenge Anforderungen an das Durchsuchen während der **Nachtzeit** (zur Definition vgl. § 104 III StPO). Hier darf die Polizei die Wohnung grds. nur zur Abwehr einer gegenwärtigen Gefahr für Leib, Leben oder Freiheit von Personen oder von Sachen von bedeutendem Wert betreten bzw. durchsuchen. Diese Einschränkung gilt nach den meisten Bestimmungen allerdings nicht, wenn von der Wohnung eine erhebliche, die Nachtruhe Dritter beeinträchtigende Störung ausgeht. Zur Vereinbarkeit dieser Regelung mit Art. 13 VII GG vgl. Rn 537 ff.

Eine Besonderheit besteht hinsichtlich des Betretens von öffentlich zugänglichen Arbeits-, Betriebs- und Geschäftsräumen, die ebenfalls dem Schutzbereich des Art. 13 I GG unterfallen. Allerdings dürfen diese während der gewöhnlichen Geschäfts- oder Aufenthaltszeit nur betreten, nicht auch durchsucht werden. Außerhalb dieser Zeiten sowie für Arbeits-, Betriebs- und Geschäftsräume, die nicht öffentlich zugänglich sind, gelten die Eingriffsrechte (Betretungen und Durchsuchungen), die allgemein für Wohnungen gelten.

2. Rechtsfolge

Auf der Rechtsfolgeseite ist der Polizei (wie stets) ein Ermessen eingeräumt. Wegen der großen Bedeutung des Wohnungsgrundrechts sind die Einhaltung der Ermessensgrenzen und des Verhältnismäßigkeitsgrundsatzes besonders wichtig.

d. Sicherstellung (bzw. Beschlagnahme) von Sachen

560 Die Standardmaßnahme *Sicherstellung von Sachen* kommt insbesondere nach einer *Durchsuchung von Personen* oder *von Wohnungen* in Betracht. Denn werden bei einer Durchsuchung Sachen gefunden, von denen eine Gefahr für die öffentliche Sicherheit ausgeht, muss die Polizei die Möglichkeit haben, diese Sachen sicherzustellen und zu verwahren.

561 **Sicherstellung (Beschlagnahme)**[433] ist die **Begründung amtlichen Gewahrsams** (sog. **Verstrickung**) über eine bewegliche oder unbewegliche Sache ohne Einwilligung des Berechtigten.

562 Eingriffsobjekt ist **Art. 14 I S. 1 GG**, da dieses Grundrecht nicht nur vor Eigentumsbeeinträchtigungen im engeren Sinne, sondern auch vor Besitzentziehungen schützt. Rechtmäßige Sicherstellungen halten sich im Rahmen des Art. 14 I S. 2 GG, wonach Inhalt und Schranken des Eigentums durch die Gesetze bestimmt werden.

563 Sichergestellt werden können **alle Arten von Sachen**, auch unbewegliche und flüssige. Auch Tiere können sichergestellt werden.[434] Bei beweglichen Sachen erfolgt die Begründung amtlichen Gewahrsams i.d.R. durch körperliche Entgegennahme oder durch Einschließen in einen Raum oder in ein Behältnis, bei unbeweglichen Sachen meist durch Anbringen eines Siegels. Eine Wohnung bzw. ein Haus können auch durch Einbau eines neuen Schließzylinders und Aufbewahrung der neuen Schlüssel in der Polizeidienststelle sichergestellt werden.[435]

564 Eine Sicherstellung von **Presseerzeugnissen** wegen Gefahren, die von Inhalt oder Form dieser Erzeugnisse ausgehen, ist auf der Grundlage der polizeigesetzlichen Befugnisnorm ausgeschlossen, weil das LandesPresseG Spezialvorschriften bereitstellt, die die Beschlagnahme nur unter bestimmten, in den presserechtlichen Vorschriften aufgelisteten Voraussetzungen (insbesondere Richtervorbehalt oder Verwirklichung bestimmter Straftaten) zulassen (sog. **Polizeifestigkeit des Presserechts**), vgl. dazu ausführlich Rn 580.

565 Die Polizeigesetze befugen zur Sicherstellung von Sachen zu Zwecken der **Gefahrenabwehr**. Die Sicherstellung von Sachen, die als Beweismittel in **Straf- oder Ordnungswidrigkeiten**verfahren von Bedeutung sein können, richtet sich nach den §§ 94 ff. StPO bzw. § 46 OWiG i.V.m. §§ 94 ff. StPO. Für die Sicherstellung von Sachen, die der Einziehung unterliegen, gelten die §§ 111b ff. StPO ggf. i.V.m. § 46 OWiG. Abgrenzungsprobleme entstehen im Einzelfall dann, wenn eine Sache verbotswidrig gebraucht wird und einerseits die Voraussetzungen für die Einziehung und den Verfall vorliegen, andererseits wegen des Gebrauchs eine Gefahr für die öffentliche Sicherheit besteht. In dieser Gemengelage präventiver und repressiver Aufgabenerfül-

---

[433] In den meisten Polizeigesetzen (Ausnahme: bwPolG und sächsPolG) werden die Begriffe Sicherstellung und Beschlagnahme synonym verwendet. Damit ist eine Unterscheidung, wie sie vom Strafprozessrecht her bekannt ist (vgl. *Hartmann/Schmidt*, StrafProzessR, Rn 425), präventivpolizeilich nicht erforderlich. Im Folgenden wird daher ausschließlich von Sicherstellung gesprochen, vgl. §§ 21 f. MEPolG; **Bund:** § 47 BundesPolG; **BW:** §§ 32, 33 PolG; **Bay:** Art. 25, 26, 28 PAG; **Berl:** §§ 38, 39, 41 ASOG; **Brand:** §§ 25, 26, 28 PolG; **Brem:** §§ 23, 24, 26 PolG; **Hamb:** § 14 SOG; **Hess:** §§ 40, 41, 43 SOG; **MeckVor:** §§ 61 ff. SOG; **Nds:** §§ 26, 27, 29 SOG; **NRW:** §§ 43, 44, 46 PolG, 24 OBG; **RhlPfl:** §§ 22, 23, 25 POG; **Saar:** §§ 21, 22, 24 PolG; **Sachs:** §§ 26, 27 PolG; **SachsAnh:** §§ 45, 46, 48 SOG; **SchlHolst:** §§ 210-212 LVwG; **Thür:** §§ 27, 28, 30 PAG. Spezialvorschriften für die Sicherstellung, die wegen ihres abschließenden Charakters einen Rückgriff auf das allgemeine POR ausschließen, finden sich in den Landespressegesetzen.

[434] So kann z.B. ein bissiger Kampfhund sichergestellt werden, damit weitere Beißvorfälle verhindert werden (OVG Münster NVwZ **2001**, 2227).

[435] Vgl. VGH Kassel, Beschl. v. 29.2.**2000** – 11 UE 4487/98.

lung ist eine Abgrenzung zwischen präventivem und repressivem polizeilichen Handeln vorzunehmen.

Beispiel: Im Rahmen einer allgemeinen Verkehrskontrolle erblickt die Polizei bei einem herausgewunkenen Pkw ein sog. Radarwarngerät (siehe dazu Rn 578), das mit Saugnäpfen an der Innenseite der Windschutzscheibe befestigt ist. Polizeibeamter P greift sofort in das Wageninnere, zieht das Gerät von Scheibe und nimmt es in Gewahrsam.

In diesem Fall könnte die Sicherstellung auf § 161 Abs. 1 StPO i.V.m. §§ 111 b, 111 c StPO i.V.m. §§ 46, 53 OWiG i.V.m. § 73 StGB basieren, sofern es der Polizei um die Ahndung von Ordnungswidrigkeiten ging. Denn der Autofahrer hat den Tatbestand des § 6 I Nr. 3 StVG i.V.m. § 23 I b StVO und damit zugleich die Ordnungswidrigkeitsnorm des § 24 StVG i.V.m. § 49 I Nr. 22 StVO verwirklicht. Das Gerät kann somit eingezogen und zum Gegenstand eines Verfalls werden.

Da auf der anderen Seite der Rechtsverstoß im Zeitpunkt des Erblickens des Geräts durch P noch andauerte und damit gleichzeitig eine Gefahr für die öffentliche Sicherheit bestand, könnte sich die Sicherstellung auch auf die entsprechende polizeigesetzliche Befugnisnorm stützen lassen.

Die Abgrenzung zwischen präventivem und repressivem polizeilichen Handeln vollzieht die wohl h.M., indem sie auf den **Schwerpunkt der Maßnahme** abstellt.[436] Andere halten die Kriterien für die Bestimmung des Schwerpunkts für zu vage und beziehen sich auf den Wortlaut der gesetzlichen Aufgaben- und Befugnisnormen und nehmen die Abgrenzung zwischen präventivem und repressivem Charakter einer polizeilichen Maßnahme anhand der mit ihr verfolgten **Zielsetzung** vor. Diese knüpfe an die **Finalität** des polizeilichen Handelns und damit an das subjektive Element des handelnden Polizeibeamten an. Nach der hier vertretenen Auffassung ist für die Bestimmung der Rechtsnatur der Maßnahme daher eine gemischte objektiv-subjektive Betrachtungsweise geboten. Danach ist Ausgangspunkt für die Ermittlung der Rechtsnatur der Maßnahme deren Schwerpunkt, wie er sich für einen unbeteiligten Dritten darstellt. Liegen danach Anhaltspunkte dafür vor, dass ein *dringender Tatverdacht* besteht und die Polizei weitere Sachverhaltsaufklärungen durchführt bzw. Maßnahmen ergreift, um den staatlichen Strafanspruch sicherzustellen, ist von einer repressiv-polizeilichen Tätigkeit auszugehen. Geht es dagegen primär um Schadensabwendung und die Verhinderung weiterer Rechtsverstöße, ist die polizeiliche Maßnahme dem Bereich der Gefahrenabwehr zuzuordnen. Freilich ist die Bestimmung der Rechtsnatur der Maßnahme auf eine Tatsachenbasis zu stützen, bei der *auch* die Intention der handelnden Beamten zu berücksichtigen ist.

Stellt man sich demgemäß auf den Standpunkt, dass es der Polizei im vorliegenden Fall primär um die Verhinderung weiterer Rechtsverstöße ging, liegt präventivpolizeiliches Handeln vor und als Rechtsgrundlage dient die entsprechende Vorschrift des Polizeigesetzes. Die Gefahr ist gegenwärtig, weil das schädigende Ereignis bereits stattfand und auch in die allernächste Zukunft wirken wird. Ermessensfehler und eine Missachtung des Grundsatzes der Verhältnismäßigkeit sind nicht ersichtlich. Die Sicherstellung war mithin rechtmäßig.[437]

Unklar ist auch die **Rechtsnatur** der Sicherstellung. Sieht man in ihr ausschließlich **566** das tatsächliche Ansichnehmen der sicherzustellenden Sache, handelt es sich um einen **Realakt**.[438] Stellt man sich demgegenüber auf den Standpunkt, dass die Ansichnahme der Sache zugleich die konkludente Verfügung in sich birgt, der Betroffene habe die Maßnahme zu dulden (sog. **Duldungsverfügung**), stellt sie einen **Verwal-**

---

436 Zum Meinungsstand und zu den jeweiligen Nachweisen vgl. Rn 89 ff.
437 Vgl. dazu auch *R. Schmidt*, Fälle zum Gefahrenabwehrrecht, Fall 7 und 8.
438 Davon gehen *Drews/Wacke/Vogel/Martens*, § 12 12c und *Schwabe*, NJW **1983**, 369 ff. aus.

tungsakt dar.[439] Relevant wird diese Unterscheidung immer dann, wenn der Betroffene sich weigert, die Sache herauszugeben bzw. von der Polizei herausnehmen zu lassen, und die Polizei Zwang anwenden muss. Denn eine Zwangsmaßnahme hat nur dienende Funktion und bedarf grundsätzlich einer zu vollstreckenden Grundverfügung. Sieht man in der Sicherstellung also lediglich einen Realakt, kann sie nicht mit Mitteln des Zwangs durchgesetzt werden, weil ein Realakt nicht vollstreckt werden kann. Weigert sich in diesem Fall der Betroffene, der Aufforderung Folge zu leisten und die Sache herauszugeben, bzw. verhindert er das Herausnehmen durch die Polizei, muss diese eine hypothetische Begleitverfügung auf der Grundlage der Befugnisgeneralklausel konstruieren, um an eine vollstreckungsfähige Grundverfügung zu gelangen. Eine derartige Konstruktion ist nicht nur überflüssig, sondern auch systemwidrig. Denn die Vertreter dieser Konstruktion übersehen die Sperrwirkung der Standardmaßnahmen gegenüber der Befugnisgeneralklausel mit ihren weniger stringenten Tatbestandsvoraussetzungen. Das systemwidrige Zurückgreifen auf die Befugnisgeneralklausel vermeidet man aber, indem man in den Standardmaßnahmen nicht nur einen Realakt, sondern gleichzeitig auch einen Verwaltungsakt auf Duldung der Maßnahme sieht.

Daher stellt im obigen **Beispiel** das Ergreifen des Radarwarngeräts durch P einen Verwaltungsakt dar, der auf Duldung der Sicherstellung gerichtet ist. Sollte sich der Betroffene weigern, der Duldungsverfügung Folge zu leisten, bzw. die Sicherstellung durch Festhalten des Geräts zu verhindern versuchen und muss P Zwang anwenden, um das Gerät in Gewahrsam zu nehmen, liegt **unmittelbarer Zwang** vor.[440]

567 Unabhängig von der gerade behandelten Problematik erfolgt die Sicherstellung in den meisten Fällen durch **Anordnung** („Geben Sie die Sache heraus") und deren **Vollzug** (die Ansichnahme der Sache). Spricht die Polizei die Anordnung aus, der Inhaber der tatsächlichen Gewalt habe die sicherzustellende Sache herauszugeben, liegt definitiv ein **Verwaltungsakt** vor. Denn diese Anordnung ist auf eine ganz bestimmte Rechtsfolge gerichtet, nämlich auf die Herausgabe der Sache. Sollte sich der Betroffene weigern, die Sache herauszugeben, und nimmt die Polizei die Sache gewaltsam entgegen, liegt unmittelbarer Zwang vor (so.). Vollstreckbare Grundverfügung ist in diesem Fall nicht etwa eine konkludente Duldungsverfügung, sondern die tatsächlich ausgesprochene Anordnung, die Sache herauszugeben.

Würde im obigen **Beispiel** P den Autofahrer also auffordern, das Radarwarngerät herauszugeben, läge in dieser Aufforderung bereits eine Sicherstellung (sog. Sicherstellungsverfügung). Würde sich der Autofahrer dann weigern, das Gerät herauszugeben, und müsste P das Gerät selbst von der Windschutzscheibe abziehen und an sich nehmen, läge hierin (lediglich) der Ausführungsakt der Sicherstellung. Zusätzlicher unmittelbarer Zwang läge nur dann vor, wenn der Autofahrer das Gerät z.B. festhielte und P das Gerät nur unter Überwindung von Widerstand an sich nehmen könnte.

568 Abweichend von der hier favorisierten Vorgehensweise ist es konstruktiv auch möglich, in der von der Polizei ausgesprochenen **Anordnung**, die sicherzustellende Sache herauszugeben, nicht eine Sicherstellungsverfügung zu sehen, sondern eine Maßnahme auf der Grundlage der **Befugnisgeneralklausel**. Diese Konstruktion basiert auf der Vorstellung, dass eine Sicherstellung stets das tatsächliche Element der Begründung amtlichen Gewahrsams in sich berge. Schließt man sich dieser Konstrukti-

[439] So OVG Bremen Nord ÖR **2003**, 457, 458; *Schenke*, POR, Rn 115 f; *Kopp/Schenke*, VwGO, Anh § 42 Rn 35; *Nolte*, NVwZ **2001**, 147, 152; *Habler*, JuS **2001**, 691, 692.

[440] Eine Ersatzvornahme in Form der Selbstvornahme scheidet aus, weil die Herausgabepflicht unvertretbar ist, eine Ersatzvornahme aber eine vertretbare Handlung verlangt.

onsmöglichkeit an, ist die Anordnung, die Sache herauszugeben, zunächst am Maßstab der *Befugnisgeneralklausel* zu prüfen. Sodann ist das tatsächliche Ansichnehmen als Standardmaßnahme *Sicherstellung* zu prüfen. Schließlich muss, sofern die Polizei zur Begründung amtlichen Gewahrsams Zwang anwendet, dieses Verhalten als *unmittelbarer Zwang* geprüft werden. Im Vergleich zu der hier favorisierten, bei Rn 566 erläuterten, Vorgehensweise ist also eine Maßnahme mehr zu prüfen.

Im Übrigen muss die Sicherstellung **auf die Begründung einer behördlichen Verwahrung gerichtet sein**. Ob dies beim **Abschleppen verbotswidrig abgestellter Fahrzeuge** der Fall ist, muss bezweifelt werden. Denn die Gefahrenabwehr- bzw. Polizeibehörde verfolgt mit dem Abschleppen von Fahrzeugen im Allgemeinen nicht den Zweck, das Fahrzeug in Verwahrung zu nehmen bzw. den Eigentümer, den Inhaber der tatsächlichen Gewalt oder Dritte von der Sachherrschaft auszuschließen. Regelmäßig wird es ihr nur darum gehen, das Fahrzeug von seinem gegenwärtigen Standort zu entfernen, um eine dort bestehende Gefahr zu beseitigen. In diesen Fällen liegt keine Sicherstellung, sondern eine **Ersatzvornahme** vor.[441] Als vollstreckbare Grundverfügung für dieses Zwangsmittel fungiert das Halteverbotszeichen, dem die h.M. das Gebot entnimmt, den Wagen weiterzufahren.[442] **569**

Eine Sicherstellung des Kfz kommt aber z.B. dann in Betracht, wenn das Fahren eines fahruntüchtigen Verkehrsteilnehmers nicht auf andere Weise (Sicherstellung des Zündschlüssels o.ä.) verhindert werden kann oder wenn das Kfz nicht verkehrstüchtig oder nicht zugelassen ist und die Gefahr für die Allgemeinheit nicht anders abgewendet werden kann. Zu beachten ist dann aber die gegenüber der polizeigesetzlichen Sicherstellung vorrangige Regelung des § 17 I StVZO. **570**

Der Streit über die Rechtsnatur der Abschleppmaßnahme ist nicht nur akademischer Natur, sondern hat einen ganz konkreten praktischen Bezug: In den meisten Bundesländern sind nämlich die Kosten der Gefahrenabwehr (wozu auch die Sicherstellung gehört) von der Körperschaft zu tragen, deren Aufgaben die handelnde Behörde übernommen hat (vgl. etwa § 83 I BremPolG). Dagegen sind die Kosten der Ersatzvornahme stets von dem Pflichtigen zu übernehmen (vgl. etwa § 19 III BremVwVG). Vor diesem Hintergrund wird klar, warum überwiegend eine Ersatzvornahme angenommen wird. **571**

Aus den genannten Gründen ist auch die **„Beschlagnahme" von Wohnraum**, etwa um einen **Obdachlosen** einzuweisen, *keine* Sicherstellung, sondern sie ergeht auf der Grundlage der Befugnisgeneralklausel.[443] **572**

aa. Formelle Rechtmäßigkeit

Hinsichtlich der formellen Rechtmäßigkeit gelten zunächst die allgemeinen Voraussetzungen (Zuständigkeit, Verfahren, Form, siehe Rn 607 ff.). Als besondere (und zusätzlich zu prüfende) Verfahrensvorschrift normieren die Polizeigesetze, dass dem Betroffenen auf Verlangen eine **Bescheinigung** über die sichergestellten Sachen und **573**

---

[441] So auch VGH Kassel NVwZ-RR **1999**, 23; OVG Münster NJW **1998**, 2465; *Schenke*, POR, Rn 164/717; *Friauf*, POR, Rn 145; *Muckel*, BesVerwR, S. 141; *Martini*, JA **2002**, 955, 960. Für Sicherstellung VGH München NJW **2001**, 1960 und *Pieroth/Schlink/Kniesel*, POR, § 19 Rn 4.

[442] Auf die hiermit verbundenen zahlreichen Probleme (Wirksamwerden nachträglich aufgestellter Verkehrsschilder; Überwindung der fehlenden Androhung etc.) wird im Rahmen der Darstellung des Zwangs bei Rn 902 ff. eingegangen.

[443] So auch *Volkmann*, JuS **2001**, 888, 890; *Muckel*, BesVerwR, S. 127 und *Erichsen/Biermann*, JuS **1998**, 371, 376; dagegen für Sicherstellung *Schenke*, POR, Rn 322; *Götz*, POR, Rn 270. Unklar, aber wohl die Befugnisgeneralklausel als einschlägig betrachtend *Knemeyer*, POR, Rn 444. Vgl. im Übrigen zu dieser Konstellation *R. Schmidt*, Fälle zum Gefahrenabwehrrecht, Fall 10.

den Grund für die Sicherstellung auszustellen ist.[444] An die Stelle der Bescheinigung tritt eine **Niederschrift**, wenn eine Bescheinigung „nach den Umständen des Falls" nicht ausgestellt werden kann. Dies trifft insbesondere dann zu, wenn der Inhaber der tatsächlichen Gewalt nicht ermittelt werden kann oder wenn es sich um Kinder oder um Geisteskranke handelt. Die Niederschrift muss erkennen lassen, warum eine Bescheinigung nicht ausgestellt worden ist. Der Eigentümer oder der Inhaber der tatsächlichen Gewalt sind unverzüglich zu unterrichten. Der Begriff „unverzüglich" sollte nicht in Anlehnung an § 121 I BGB („ohne schuldhaftes Verzögern") verstanden werden, sondern in Anlehnung an den in den Polizeigesetzen normierten Richtervorbehalt. Danach muss die Verzögerung sachlich zwingend geboten sein.[445] Die Unterrichtung hat also zu erfolgen, sobald und soweit die Polizei hierzu nach dem jeweiligen Stand der Dinge in der Lage ist

574 Ein Verstoß gegen diese Verfahrensvorschriften führt grds. zur **formellen Rechtswidrigkeit** der Sicherstellung. In Betracht kommen aber eine **Heilung** gem. § 45 I Nr. 2 VwVfG bzw. eine Unbeachtlichkeit gem. § 46 VwVfG. Vgl. dazu auch Rn 607 ff.

bb. Materielle Rechtmäßigkeit

575 Die materiellen Tatbestandsvoraussetzungen sind in der Befugnisnorm beschrieben. Danach kommt die Sicherstellung i.d.R. in folgenden Fällen in Betracht:

(1) zum Schutz des Eigentümers oder rechtmäßigen Inhabers der tatsächlichen Gewalt vor Verlust oder Beschädigung,

(2) zur Abwehr einer *gegenwärtigen Gefahr*[446] für die *öffentliche Sicherheit*[447] (unerheblich ist, ob die *Gefahr* von der Sache selbst ausgeht oder von ihrem Besitzer bzw. einem Dritten) und

(3) zur Verhinderung einer missbräuchlichen Verwendung, wenn die Sache von einer rechtmäßig festgehaltenen Person mitgeführt wird.

576 Zu beachten ist, dass der in der polizeigesetzlichen Befugnisnorm genannte Kanon abschließend ist. Liegen die Voraussetzungen nicht vor, hat eine (präventivpolizeiliche) Sicherstellung zu unterbleiben. Ein Rückgriff auf die Befugnisgeneralklausel kommt aus systematischen Gründen nicht in Betracht.

577 Die Sicherstellung nach **Nr. 1** ermöglicht zur Erfüllung der polizeilichen Aufgabe *Schutz privater Rechte* die Sicherstellung von Sachen, um den Eigentümer oder den Inhaber der tatsächlichen Gewalt vor Verlust oder Beschädigung der Sache zu schützen. Dabei ist – im Umkehrschluss zu Nr. 2 – keine gegenwärtige Gefahr erforderlich. Es genügt eine „einfache" Gefahr, also die Wahrscheinlichkeit des Verlusts oder der Beeinträchtigung der Sache bei Nichteingreifen. Die Anwendung dieser Vorschrift kommt insbesondere in Betracht, wenn eine **Hausbesetzung** droht, eine wertvolle Sache **dem Zugriff Dritter** ungeschützt **ausgesetzt** oder ein **Tier entlaufen** ist. In jedem Fall muss die Sicherstellung dem wirklichen oder mutmaßlichen Willen des Be-

---

[444] Vgl. **Bund:** § 48 II BundesPolG; **Bay:** Art. 26 II PAG; **Berl:** § 39 II ASOG; **Brand:** § 26 II PolG; **Brem:** § 24 II PolG; **Hamb:** § 14 II SOG; **Hess:** §§ 41 II SOG; **MeckVor:** §§ 62 II SOG; **Nds:** § 27 II SOG; **NRW:** § 44 II PolG; **RhlPfl:** § 23 II POG; **Saar:** § 22 II PolG; **Sachs:** § 27 II PolG; **SachsAnh:** § 46 II SOG; **SchlHolst:** § 211 II LVwG; **Thür:** §§ 28 II PAG und 23 II OBG.

[445] VGH Mannheim NVwZ-RR **1998**, 429; BVerwGE **45**, 51, 63; vgl. auch BVerfGE **105**, 239, 249; EGMR NJW **2001**, 51, 53, jeweils zum Richtervorbehalt.

[446] Vgl. nur die Legaldefinition in § 2 Nr. 3 a u. b BremPolG und § 3 SachsAnhSOG.

[447] Das Bezugsobjekt „öffentliche Sicherheit" ist in den meisten polizeigesetzlichen Vorschriften über die Sicherstellung bzw. Beschlagnahme zwar nicht genannt. Wegen der Grundaussage der polizeilichen Befugnisgeneralklausel ist die „öffentliche Sicherheit" aber Bezugsobjekt der Gefahr bei allen Standardmaßnahmen.

rechtigten entsprechen; anderenfalls wäre der Eingriff in die Privatautonomie, die durch das in den Polizeigesetzen niedergelegte Subsidiaritätsprinzip gerade gewahrt werden soll, nicht zu rechtfertigen.

Beispiel: Polizeibeamte stellen einen entwendeten und aufgebrochenen Pkw, dessen Wert die Sicherstellungskosten erheblich übersteigt, sicher, um ihn vor dem „Ausschlachten" durch Unberechtigte zu bewahren.

In diesem Fall handelt die Polizei gerade im Interesse des Berechtigten, um ihn vor Verlust oder Beschädigung des Autos zu schützen.

Die Sicherstellung nach **Nr. 2** setzt eine gegenwärtige Gefahr voraus, also eine Sach- 578
lage, bei der die Einwirkung des schädigenden Ereignisses bereits begonnen hat oder in allernächster Zeit mit an Sicherheit grenzender Wahrscheinlichkeit bevorsteht. Typische Anwendungsfälle sind daher das Sicherstellen eines **Radarwarngeräts** im Rahmen einer Verkehrskontrolle, weil in diesem Fall der Rechtsverstoß gegen § 6 I Nr. 3 StVG i.V.m. § 23 I b StVO nicht nur bereits vorliegt, sondern ohne die Sicherstellung fortdauern würde. Das gilt auch dann, wenn das Gerät im Zeitpunkt der Verkehrskontrolle nicht eingeschaltet war. Denn § 23 I b StVO lässt es genügen, wenn das Gerät betriebsbereit mitgeführt wird. Das wiederum ist dann der Fall, wenn es nur noch eingeschaltet werden muss. Eine gegenwärtige Gefahr besteht auch dann, wenn **Fahrzeugschlüssel** sichergestellt werden sollen, um einen fahruntüchtigen Autofahrer an der (Weiter-)Fahrt zu hindern. Verspricht die Sicherstellung der Schlüssel keinen Erfolg, kann sogar das **Fahrzeug** sichergestellt werden. Dagegen ist die Sicherstellung des **Führerscheins** i.d.R. **nicht** geeignet, eine Maßnahme auf der Grundlage der polizeigesetzlichen Befugnisnorm zu rechtfertigen.

Übungsfall: Während einer nächtlichen Streifenfahrt durch ein Kneipenviertel erblickt 579
Polizist P den offenbar alkoholisierten Mann M, als dieser im Begriff ist, seinen Wagen zu starten. P spricht M darauf an, ob dieser alkoholisiert sei und vorhabe, das Fahrzeug zu führen. Als M sich weigert, irgendwelche Auskünfte zu geben, und auch mit einem Alkohol-Schnelltest nicht einverstanden ist, nimmt P ihm nach vorheriger Androhung, aber unter Widerstand die Fahrzeugzulassungsbescheinigung I[448] und die Wagenschlüssel ab. Dabei entdeckt P ganz nebenbei ein an der Innenseite der Windschutzscheibe mit Saugnäpfen befestigtes Radarwarngerät. Auch dieses nimmt er an sich, allerdings ohne dass er diesmal einen Widerstand bei M brechen müsste. Drei Tage später wird M schriftlich mitgeteilt, dass das Radarwarngerät vernichtet worden sei. M möchte sofort alle Maßnahmen des P rechtlich überprüft haben.

Hinweis für die Fallbearbeitung: Eine Sicherstellung erfolgt durch Anordnung und deren Vollzug (die Ansichnahme der Sache). Sofern der Betroffene die Sache freiwillig herausgibt oder die Herausnahme der Sache durch die Polizei widerstandslos hinnimmt, sind lediglich die Rechtmäßigkeit der Anordnung („Sicherstellungsverfügung") bzw. der Durchführung zu überprüfen. Das ist bei der Sicherstellung des Radarwarngeräts der Fall. Hingegen musste die Polizei dem Betroffenen Zulassungsbescheinigung I und Wagenschlüssel unter Überwindung des entgegenstehenden Willens wegnehmen, um sie sicherstellen zu können. Das ist juristisch als Zwangsmaßnahme zu werten (unmittelbarer Zwang). Da eine Vollstreckungsmaßnahme nicht zur Voraussetzung hat, dass die ihr zugrunde liegende Primärver-

[448] Mit Wirkung zum 1.10.2005 hat die Zulassungsbescheinigung I den früheren Fahrzeugschein ersetzt; der frühere Fahrzeugbrief wurde durch die Zulassungsbescheinigung II ersetzt.

fügung ihrerseits rechtmäßig ist (keine Konnexität zwischen Primärverfügung und Vollstreckungsmaßnahme)[449], ist in der Fallbearbeitung zu differenzieren: Wendet sich der Kläger ausschließlich und explizit gegen die Zwangsmaßnahme, ist auch nur diese zu prüfen (Bestehen einer Rechtsgrundlage für das Zwangsmittel, Einhaltung des formalisierten Vollstreckungsverfahrens, Beachtung des Verhältnismäßigkeitsgrundsatzes). Sucht der Kläger hingegen umfassenden Rechtsschutz, sind in der Fallbearbeitung sowohl die Rechtmäßigkeit der Zwangsmaßnahme als auch die Rechtmäßigkeit der Primärverfügung (separat) zu prüfen. Sollten sich die Maßnahmen bereits erledigt haben, steht dem Kläger jedenfalls gegen die Primärmaßnahme (gegen die Zwangsmaßnahme nur dann, wenn man in ihr ebenfalls einen Verwaltungsakt sieht) die Fortsetzungsfeststellungsklage analog § 113 I S. 4 VwGO zur Verfügung.

1. Anordnung zur Übergabe von Zulassungsbescheinigung und Wagenschlüssel

Von der formellen Rechtmäßigkeit der Maßnahmen ist auszugehen (zur Zuständigkeit, zum Verfahren und zur Form siehe Rn 607 ff.). Als Rechtsgrundlage für die Anordnung zur Übergabe von Zulassungsbescheinigung und Wagenschlüssel fungiert die landesrechtliche Vorschrift über die Sicherstellung. Diese wiederum setzt tatbestandlich voraus, dass eine *gegenwärtige Gefahr* für die *öffentliche Sicherheit* besteht. Unter „öffentlicher Sicherheit" ist die Unverletzlichkeit der *objektiven Rechtsordnung*, der *subjektiven Rechte und Rechtsgüter des Einzelnen* sowie der *Einrichtungen und Veranstaltungen des Staates oder sonstiger Träger der Hoheitsgewalt* gemeint.[450] Vorliegend kommt das Schutzgut objektive Rechtsordnung in Betracht. Darunter ist die Gesamtheit der geschriebenen Rechtsnormen zu verstehen. Zu den geschriebenen Rechtsnormen gehören die Vorschriften des StGB. Wäre M alkoholisiert gewesen und hätte das Fahrzeug geführt, wäre ein Verstoß gegen § 316 StGB (Führen eines Fahrzeugs im fahruntüchtigen Zustand) und damit ein Verstoß gegen die objektive Rechtsordnung in Betracht gekommen.

Es müsste aber auch eine *Gefahr* für dieses Schutzgut vorgelegen haben. „Gefahr" i.S.d. Polizei- und Ordnungsrechts ist eine Sachlage, in der bei ungehindertem Ablauf des objektiv zu erwartenden Geschehens in absehbarer Zeit mit hinreichender Wahrscheinlichkeit ein Schaden für die öffentliche Sicherheit eintreten wird. Vorliegend wäre es bei ungehindertem Ablauf des objektiv zu erwartenden Geschehens mit hinreichender Wahrscheinlichkeit zur Begehung der o.g. Straftat gekommen. Somit liegt eine Gefahr vor.

Diese Gefahr müsste aber auch *gegenwärtig* gewesen sein. „Gegenwärtig" ist die Gefahr, wenn eine Sachlage besteht, bei der die Einwirkung des schädigenden Ereignisses bereits begonnen hat oder bei der diese Einwirkung unmittelbar oder in allernächster Zeit mit an Sicherheit grenzender Wahrscheinlichkeit bevorsteht. Indem M dabei war, den Wagen zu starten, hat er eine Gefahrenlage geschaffen, die unmittelbar und in überschaubarer Zukunft die Begehung der o.g. Straftat zur Folge gehabt hätte. Die Gefahr war mithin gegenwärtig.

Somit sind alle Tatbestandsvoraussetzungen einer Sicherstellung (Beschlagnahme) erfüllt. Dass P unverhältnismäßig gehandelt haben könnte, ist jedenfalls hinsichtlich der Wagenschlüssel nicht ersichtlich. Insbesondere treten das Recht auf Benutzung der sichergestellten Sache (Art. 14 I GG) und das Recht auf Fortbewegung mit dem Auto (Art. 2 I GG) hinter dem Schutzgut Sicherheit des Straßenverkehrs (insbesondere Leib und Leben anderer Verkehrsteilnehmer) zurück. Die Sicherstellung des Wagenschlüssels war somit rechtmäßig. Eine diesbezügliche Klage wäre aussichtslos. Etwas anderes

[449] Die Grundverfügung muss nur wirksam sein, vgl. wie hier BVerfG NVwZ **1999**, 290, 292; OVG Münster NVwZ **2001**, 231; *Schenke*, POR, Rn 540; *Werner*, JA **2000**, 902, 904; **a.A.** *Knemeyer*, POR, Rn 358 (dem jedoch offensichtlich BVerfG NVwZ **1999**, 290, 292 unbekannt ist).

[450] Vgl. dazu *Kniesel*, NJW **2000**, 2857, 2864; *Braun*, NVwZ **2000**, 375, 376 sowie die Legaldefinition in § 2 Nr. 2 BremPolG; § 3 SachsAnhSOG; § 54 ThürOBG.

gilt hinsichtlich der Zulassungsbescheinigung. Diese sicherzustellen war unverhältnismäßig, da nicht ersichtlich ist, warum deren Sicherstellung für die Gefahrenabwehr erforderlich gewesen sein könnte.

2. Wegnahme von Zulassungsbescheinigung und Wagenschlüssel

a. Als **Rechtsgrundlage** für die Wegnahme von Zulassungsbescheinigung und Wagenschlüssel kommt die verwaltungsvollstreckungsrechtliche Vorschrift über den **unmittelbaren Zwang** in Betracht.

b. An der **Zuständigkeit** der handelnden Behörde bestehen keine Bedenken. Insbesondere ist *die* Behörde für den Verwaltungszwang zuständig, die den Grundverwaltungsakt erlassen hat (Grundsatz der Selbstvollstreckung). Auch sofern M nicht angehört worden sein sollte, konnte die **Anhörung** – unabhängig von der Frage, ob eine Zwangsmaßnahme Verwaltungsaktcharakter hat – gem. § 28 II Nr. 5 VwVfG unterbleiben.

c. Die Wegnahme müsste aber auch **materiell rechtmäßig** gewesen sein. Das ist zunächst der Fall, wenn die vier **allgemeinen Vollstreckungsvoraussetzungen** erfüllt waren.

aa. Materielle Vollstreckbarkeit: Der zu vollstreckende Verwaltungsakt muss einen vollstreckbaren Titel haben. Das ist bei einer Sicherstellungsanordnung unproblematisch der Fall.

bb. Formelle Vollstreckbarkeit: Die Grundverfügung muss entweder **unanfechtbar** sein oder ein noch nicht rechtskräftig beschiedener Rechtsbehelf darf **keine aufschiebende Wirkung** haben. Vorliegend war die Sicherstellungsanordnung im Zeitpunkt der Zwangsanwendung noch nicht bestandskräftig, also noch anfechtbar. Allerdings hätte ein gegen die Sicherstellungsanordnung gerichteter Rechtsbehelf keine aufschiebende Wirkung gehabt, da die Durchsetzung der Sicherstellungsverfügung unaufschiebbar war (§ 80 II S. 1 Nr. 2 VwGO).

cc. Wirksamkeit der Grundverfügung: Die Sicherstellungsanordnung müsste **wirksam** gewesen sein. Wirksam ist ein Verwaltungsakt, solange er nicht *nichtig* ist, nicht *zurückgenommen*, *widerrufen* oder *anderweitig aufgehoben* wurde oder sich *durch Zeitablauf oder auf andere Weise erledigt* hat (vgl. §§ 43 II, III, 44 VwVfG). Vorliegend ist zu unterscheiden: Die Anordnung zur Herausgabe der Zulassungsbescheinigung war zwar rechtswidrig, aber dennoch wirksam. Die Sicherstellung des Fahrzeugschlüssels war rechtmäßig, sodass auch deren Wirksamkeit vorliegt.

dd. Fehlen von Vollstreckungshindernissen: Etwaige privatrechtliche Hinderungsgründe (z.B. Eigentumsübertragung, Miteigentum, Vermietung), die der Ausführung der angeordneten Maßnahme hätten entgegenstehen können, sind nicht ersichtlich.

d. Des Weiteren müsste auch das **konkrete Vollstreckungsverfahren rechtmäßig** gewesen sein. Das ist zunächst der Fall, wenn die Behörde das richtige Zwangsmittel gewählt hat. Vorliegend hat sich P für die (zwangsweise) Wegnahme der sichergestellten Sachen, mithin für eine Maßnahme des unmittelbaren Zwangs entschieden. Ein anderes Zwangsmittel (Ersatzvornahme, Zwangsgeld), kam nicht in Betracht. Die Auswahl des Zwangsmittels war somit nicht fehlerhaft. Dieses wurde auch ordnungsgemäß angedroht.

e. Schließlich durfte die Zwangsmaßnahme nur dann ergehen, wenn die Polizei den **Grundsatz der Verhältnismäßigkeit** beachtet hat. Es ist zwischen den beiden weggenommenen Sachen zu unterscheiden: Die Wegnahme des Fahrzeugscheins ist unverhältnismäßig und damit rechtswidrig. Zwar ist die Rechtmäßigkeit eines der Vollstreckungsmaßnahme zugrunde liegenden Grundverwaltungsakts nicht erforderlich, sondern nur dessen Wirksamkeit. Vorliegend ist die Wegnahme des Fahrzeugscheins jedoch nicht erforderlich. Dagegen bestehen an der Verhältnismäßigkeit der Wegnahme des Wagenschlüssels keine Zweifel.

f. Ergebnis: Die Sicherstellung und die Wegnahme des Fahrzeugschlüssels waren rechtmäßig, die Sicherstellung und Wegnahme der Zulassungsbescheinigung rechtswidrig.

3. Entgegennehmen des Radarwarngeräts und dessen Vernichtung

Schließlich wendet sich M gegen das Entgegennehmen des Radarwarngeräts[451] durch P und die Vernichtung. Dies sind zwei verschiedene Maßnahmen, die es auch in der Fallbearbeitung zu unterscheiden gilt.

Das Entgegennehmen des Radarwarngeräts war eine **Sicherstellung**. Als Rechtsgrundlage für diese Maßnahme dient wiederum die landesrechtliche Vorschrift über die Sicherstellung. Diese setzt – wie gesehen – tatbestandlich voraus, dass eine *gegenwärtige Gefahr* für die *öffentliche Sicherheit* besteht.

Vorliegend kommt zunächst das Schutzgut *objektive Rechtsordnung* in Betracht. Darunter ist die Gesamtheit der geschriebenen Rechtsnormen zu verstehen. Zu den geschriebenen Rechtsnormen gehören die Vorschriften des StVG und der StVO.

M hielt das Warngerät betriebsbereit. Er könnte damit gegen § 6 I Nr. 3 StVG i.V.m. § 23 I b StVO verstoßen haben. Danach ist dem Führer eines Kraftfahrzeugs untersagt, ein technisches Gerät zu betreiben oder betriebsbereit mitzuführen, das dafür bestimmt ist, Verkehrsüberwachungsmaßnahmen anzuzeigen oder zu stören. Das gilt insbesondere für Geräte zur Störung oder Anzeige von Geschwindigkeitsmessungen (Radarwarn- oder Laserstörgeräte). Dieses Verbot soll verhindern, dass sich Kraftfahrer durch technische Vorkehrungen im Fahrzeug Maßnahmen der Verkehrsüberwachung entziehen können. Die Bestimmung zielt somit auf technische Geräte, die vom Fahrer in dem zu kontrollierenden Fahrzeug betrieben oder mitgeführt werden.

M hat also den Tatbestand des § 6 I Nr. 3 StVG i.V.m. § 23 I b StVO und damit zugleich die Ordnungswidrigkeitsnorm des § 22 StVG i.V.m. § 49 I Nr. 22 StVO verwirklicht, sodass eine gegenwärtige Gefahr für die öffentliche Sicherheit bestand.[452] An diesem Ergebnis ändern auch die EG-Richtlinie 1999/5/EG und das sie in nationales Recht umsetzende FTEG[453], wonach der Besitz von Funkanlagen wie dem Radarwarngerät nicht verboten ist, nichts. Denn M hat das Gerät nicht lediglich besessen[454], sondern auch verwendet.

In Betracht kommt aber auch ein Verstoß gegen das Schutzgut *Einrichtungen und Veranstaltungen des Staates*. Entsprechend des recht weiten und eher untechnischen Verständnisses dieser Begriffe gehören dazu auch die Aufstellung bzw. der Betrieb von Geschwindigkeitsmessanlagen, bekannt als sog. „Radarfallen". Durch das Radarwarngerät des M wurden die Behörden sowohl bei der Durchführung ihrer präventivordnungsrechtlichen Aufgaben auf dem Gebiet der Verkehrsüberwachung gemäß § 44 I StVO behindert als auch der Möglichkeit beraubt, begangene Verkehrsverstöße zu erforschen und zu verfolgen. Dadurch war auch unter diesem Aspekt die öffentliche Sicherheit betroffen.

Auch lag eine gegenwärtige Gefahr vor. Ermessensfehler und eine Missachtung des Grundsatzes der Verhältnismäßigkeit sind nicht ersichtlich. Die Sicherstellung des Radarwarngeräts war damit rechtmäßig.

---

[451] Zur Warnung vor Radarmessanlagen durch Hochhalten eines Schildes, auf dem steht: „Vorsicht Radarfalle" vgl. Rn 52, 611.

[452] Vgl. OVG Düsseldorf NJW **1997**, 1596; VG Saarbrücken DAR **2004**, 668 f.

[453] Gesetz über Funkanlagen und Telekommunikationsendeinrichtungen.

[454] Dieser Aspekt verdeutlicht noch einmal, wie uninformiert einige Verkehrsrechtler sind, wenn sie auf Verkehrsgerichtstagen auch den bloßen Besitz von Radarwarngeräten als Ordnungswidrigkeit formuliert haben wollen. Eine gesetzliche angeordnete Ordnungswidrigkeit wäre EG-rechtswidrig.

Fraglich ist aber, ob auch die **Vernichtung** rechtmäßig war. Die Polizeigesetze enthalten durchweg Befugnisnormen über die Verwertung, Einziehung und Vernichtung von sichergestellten Sachen (vgl. etwa § 25 BremPolG oder § 42 HessSOG). Vorliegend ist die Vernichtung tatbestandlich möglich, sofern man davon ausgeht, dass M nach Rückerhalt des Geräts dieses wiederholt einsetzen wird (sog. permanente Polizeirechtswidrigkeit). Ob dies aber ermessensfehlerfrei ist, mag angesichts der Tatsache, dass der bloße Besitz nicht verboten ist, bezweifelt werden (der Fall ist hier ergebnisoffen).[455]

Besonders problematisch ist die **Sicherstellung von Presseerzeugnissen**, weil damit in das Grundrecht der Pressefreiheit (Art. 5 I S. 2 Var. 1 GG) eingegriffen wird, welche einen hohen Verfassungsrang genießt.[456] Eingriffe in die Pressefreiheit sind nur unter den Voraussetzungen des Art. 5 II GG (allgemeine Gesetze, Jugend- und Ehrschutzgesetz) sowie den verfassungsimmanenten Schranken einschränkbar. Demnach scheint die Sicherstellung von durch Art. 5 I S. 2 Var. 1 GG geschützte Presseerzeugnisse nach den Vorschriften der Polizeigesetze möglich, da insbesondere diese „allgemeine Gesetze" i.S.v. Art. 5 II GG sind. Da die Landesgesetzgeber die Voraussetzungen für Eingriffe in die Pressefreiheit aber in den **Pressegesetzen** geregelt haben (Presserecht ist Landesrecht), stellt sich die Frage, inwieweit überhaupt auf das allgemeine Polizei- und Ordnungsrecht zurückgegriffen werden kann. Insbesondere enthalten die Landespressegesetze Bestimmungen, wonach die Beschlagnahme von Presseerzeugnissen nur aufgrund einer richterlichen Verfügung zulässig ist. Ein Rückgriff auf das allgemeine Polizei- und Ordnungsrecht könnte diese Wertung unterlaufen. Insoweit stellt sich ein ähnliches Problem wie beim Versammlungsrecht, wonach im Anwendungsbereich des VersG der Rückgriff auf das allgemeine Polizei- und Ordnungsrecht (ebenfalls) ausgeschlossen ist (Polizeifestigkeit des Versammlungsrechts). Bezüglich des Presserechts lassen sich folgende Überlegungen anstellen: 580

- Eine Sicherstellung von Presseerzeugnissen wegen Gefahren, die von **Inhalt** oder **Form** dieser Erzeugnisse ausgehen, ist auf der Grundlage der polizeigesetzlichen Befugnisnorm ausgeschlossen, weil das **LandesPresseG** Spezialvorschriften bereitstellt, die die Beschlagnahme nur unter bestimmten, in den presserechtlichen Vorschriften aufgelisteten Voraussetzungen (insbesondere Richtervorbehalt oder Verwirklichung bestimmter Straftaten) zulassen (sog. **Polizeifestigkeit des Presserechts**).

- Auf der Grundlage des Polizeigesetzes zulässig ist dagegen die Sicherstellung von Presseerzeugnissen, wenn es **nicht um die Abwehr von Gefahren** geht, vor deren Verwirklichung die **landespresserechtlichen** Bestimmungen schützen sollen, bzw. wenn es nicht zielgerichtet um Eingriffe in die Pressefreiheit geht.

Beispiele:

(1) Ein mit Presseerzeugnissen beladener Kleintransporter verunglückt. Die Polizei stellt die auf der Fahrbahn liegenden Presseerzeugnisse auf der Grundlage des Polizeigesetzes sicher, um die Gefahr zu beseitigen.

(2) Die Polizei erhält telefonisch eine Bombendrohung; der Anrufer teilt mit, die Pressekonferenz der Bundesregierung werde „in die Luft fliegen". Daraufhin räumt die Polizei auf der Grundlage des Polizeigesetzes das Gebäude und stellt in diesem Zusammenhang auch einige Unterlagen der Presse sicher (um diese vor Verlust bzw. Beschädigung zu schützen).

---

[455] Freilich geht die Rspr. durchweg von der Rechtmäßigkeit der Vernichtung aus, vgl. etwa VG Trier DAR **2004**, 172; VGH Mannheim NVwZ-RR **2003**, 117; VG Aachen NVwZ-RR **2003**, 684 ff.; VG Hannover zfs **2002**, 160; VG Berlin DAR **2000**, 282; VG Schleswig NZV **2000**, 103; VG München DAR **1998**, 366; VGH München NZV **1998**, 520.

[456] Vgl. dazu jüngst BVerfG 27.2.**2007** – 1 BvR 538/06 (Cicero) sowie ausf. *R. Schmidt*, Grundrechte, Rn 461.

In Fällen dieser Art geht die Gefahr nicht vom Inhalt der Presseerzeugnisse aus. Daher können die Landespressegesetze auch keine abschließende Regelung entfalten. Der Rückgriff auf das allgemeine Polizei- und Ordnungsrecht ist zulässig.

- Besonders problematisch ist die **Sicherstellung von Film- oder Fotomaterial** eines Angehörigen der Presse durch Beamte des Polizeivollzugsdienstes, wenn der Presseangehörige zuvor etwa einen **polizeilichen Einsatz gefilmt** oder **fotografiert** hat. In diesem Fall geht die Gefahr vom **Inhalt** des Presseerzeugnisses aus, sodass der Eingriff in die Pressefreiheit ausschließlich auf der Grundlage des Landespressegesetzes erfolgen könnte. Denn wie gesagt enthalten die Pressegesetze abschließende Regelungen, die einen Rückgriff auf das allgemeine Polizei- und Ordnungsrecht ausschließen. Zudem könnten die Regelungen der §§ 111b, c, m, n StPO i.V.m. §§ 74, 74d StGB unterlaufen werden, griffe man auf das allgemeine Polizei- und Ordnungsrecht zurück. Auch ist der Polizeivollzugsdienst nicht zuständig für Maßnahmen des Pressegesetzes. Schließlich ist eine Beschlagnahme von Presseerzeugnissen nach den Pressegesetzen nur auf Grundlage einer richterlichen Verfügung zulässig. Daher könnte – um diese Wertungen nicht zu unterlaufen – eine Sicherstellung nach den Befugnisnormen des Polizeigesetzes ausgeschlossen sein. Dadurch könnten allerdings irreparable Schäden für bestimmte Rechtsgüter eintreten, insbesondere weil eine richterliche Entscheidung so kurzfristig nicht eingeholt werden kann. Daher bietet sich folgende Lösung an: Wegen Art. 5 I GG sind das Filmen und Fotografieren auch polizeilicher Einsätze nicht verboten. Andererseits darf nicht verkannt werden, dass durch das Fotografieren Persönlichkeitsrechte der gefilmten bzw. fotografierten Personen (Art. 2 I i.V.m. 1 I GG, die durch § 23 I Nr. 3 KUG einfachgesetzlich konkretisiert sind) verletzt werden können. Auch kann die Funktionsfähigkeit der Polizei beeinträchtigt werden, etwa wenn durch das Fotografieren Zivilfahnder der Polizei enttarnt würden. Bei gegenwärtiger Gefahr für diese Schutzgüter kann daher die Sicherstellung auf der Grundlage des Polizeigesetzes mit der Begründung bejaht werden, die Aufnahmen würden unter Verstoß gegen das Recht am eigenen Bild (als Teil des allgemeinen Persönlichkeitsrechts) bzw. gegen das Kunsturhebergesetz später verbreitet. Wegen Art. 5 I GG müssen aber konkrete Anhaltspunkte dafür bestehen, dass diese Aufnahmen entgegen den Vorschriften des Kunsturhebergesetzes unter Missachtung des Rechts der gefilmten bzw. fotografierten Polizeibeamten am eigenen Bild auch veröffentlicht werden.[457]

580a Die Sicherstellung von Presseerzeugnissen geht in der Praxis zumeist mit einer Untersagungsverfügung einher, sodass bei der Prüfung der Rechtmäßigkeit zu differenzieren ist.

Beispiel: S ist Mitglied eines sektiererischen „Feministischen Kampfbundes". Sie verkauft in der Fußgängerzone regelmäßig das Presseorgan des Bundes. Als S eines Tages von dem auf Streife befindlichen Polizeibeamten P gefragt wird, ob sie eine Erlaubnis für den Zeitungsverkauf vorweisen könne, muss sie dies verneinen. P fordert sie daraufhin auf, den Verkauf der Zeitungen einzustellen. Als S sich dazu nicht bereit findet, ordnet P die Sicherstellung der restlichen Exemplare an. S gibt diese heraus, ist aber der Auffassung, dass das Vorgehen des P rechtswidrig gewesen sei.

Unterstellt, der Zeitungsverkauf in der Fußgängerzone sei genehmigungspflichtig (d.h. sondererlaubnispflichtig)[458], lag ein Verstoß gegen die landesrechtliche Bestimmung

---

[457] Vgl. OVG Saarlouis, Urt. v. 11.4.**2002** - 9 R 3/01. Zur Verletzung des allgemeinen Persönlichkeitsrechts, das auch Polizeibeamten im Dienst zusteht, und zur erlaubten Sicherstellung von Lichtbildfilmen (bei Digitalkameras: Speicherchip) vgl. auch VGH Mannheim NVwZ-RR **1995**, 527 und NVwZ **2001**, 1292. Vgl. auch BVerfG NJW **2006**, 976 ff. (oben Rn 294).

[458] Ob das Verkaufen von Presseerzeugnissen in Fußgängerzonen überhaupt genehmigungspflichtig ist (sog. Sondernutzung) oder mit Blick auf die Bedeutung des Art. 5 I GG nicht als genehmigungsfreier Gemeingebrauch eingestuft werden muss, ist äußerst problematisch, im vorliegenden Zusammenhang aber nicht weiter zu verfolgen; vgl. dazu *R. Schmidt*, BesVerwR I, Rn 836 ff.

über den zulassungspflichtigen Sondergebrauch (vgl. etwa § 18 BremLStrG) und damit gegen die öffentliche Sicherheit vor. P konnte daher auf der Grundlage des Polizeigesetzes (der Befugnisgeneralklausel) die Unterlassungsaufforderung aussprechen.

Etwas anderes könnte hinsichtlich der Sicherstellung der restlichen Zeitungen gelten, da das Landespressegesetz abschließende Regelungen über die Beschlagnahme von Presseerzeugnissen enthält und daher einen Rückgriff auf das allgemeine Polizei- und Ordnungsrecht ausschließt (Polizeifestigkeit des Presserechts). Jedoch verfolgte P nicht das Ziel der Abwehr von Gefahren, die möglicherweise von Inhalt oder Form der Presseerzeugnisse ausgingen, sondern er wollte weitere Verstöße gegen die landesstraßenrechtliche Genehmigungspflicht verhindern. In derartigen Fällen entfalten die presserechtlichen Vorschriften keine Sperrwirkung, sodass P die Sicherstellung auf die entsprechende polizeigesetzliche Befugnisnorm stützen konnte.

Eine gegenwärtige Gefahr i.S.d. Sicherstellung nach **Nr. 2** liegt dagegen unstreitig **580a** vor, wenn sich **Schusswaffen** oder **Explosivmittel** im Besitz nicht **sachkundiger oder unberechtigter Personen** befinden, **Giftmüll** unsachgemäß gelagert wird oder jemand eine Sache besitzt, mit der eine **Straftat oder Ordnungswidrigkeit** begangen werden soll (Farbspraydose, Einbruchwerkzeug, nicht zugelassenes Funkgerät). Der Aspekt der Verhinderung von Straftaten oder Ordnungswidrigkeiten erlaubt insbesondere auch die Sicherstellung von Waffen, die eine Person entgegen § 2 III VersG bei oder auf dem Weg zu einer Versammlung[459] oder entgegen § 42 I WaffG bei einer öffentlichen Veranstaltung mit sich führt, auch solchen, die keine Waffen im technischen Sinne sind. Ferner hat die Rechtsprechung die Sicherstellung von Traktoren auf der Grundlage der Nr. 2 für zulässig angesehen, weil diese für rechtswidrige Blockadeaktionen genutzt werden sollten.

Die Sicherstellung nach **Nr. 3** dient der Verhinderung einer missbräuchlichen Ver- **581** wendung, wenn die Sache von einer rechtmäßig festgehaltenen Person mitgeführt wird. Aus welchem Grund die Person festgehalten werden darf, ist gleichgültig. Daher kommen als Rechtsgrundlage für das Festhalten die polizeigesetzliche Standardmaßnahme *Gewahrsam* ebenso in Betracht wie die *Identitätsfeststellung* oder (repressivpolizeilich) §§ 127 oder 163 b I S. 2 StPO. Unter missbräuchlicher Verwendung versteht das Gesetz den Einsatz der Sache, um Personen anzugreifen, Selbstverletzungen herbeizuführen, eine Flucht zu ermöglichen und Sachen zu beschädigen.

Für alle drei Nummern gilt, dass aufgrund der Formulierung „um" in den Befugnis- **582** normen die mitgeführten Sachen nicht tatsächlich in gefährlicher Weise verwendet werden müssen; vielmehr genügt es, dass die Sachen zu den genannten Zwecken **verwendet werden könnten**, sie also zu den in den Nrn. 1-3 beschriebenen Zwecken geeignet sind.

Beispiel: Die Lebensgefährtin L des S ruft die Polizei telefonisch zu Hilfe, da S sie körperlich misshandelt hatte. Beim Eintreffen der Polizeibeamten A und B verließ S mit einem Strick in der Hand das Haus und kündigte seine Selbsttötung wegen der Trennungsabsichten seiner Lebensgefährtin an. Daraufhin erklärten A und B dem S, dass sie ihn in Gewahrsam nehmen müssten, was S auch ohne Widerstand geschehen ließ. Bevor sie ihn in Gewahrsam nahmen, durchsuchten sie ihn nach Gegenständen, mit denen er seine Suizidabsichten hätte verwirklichen können. Die Beamten stellten ein Taschenmesser, eine Krawattennadel ein Feuerzeug und den Strick sicher. Schließlich nahmen sie ihm noch seinen Hosengürtel ab.

---

[459] Die im Grundsatz geltende **Polizeifestigkeit des Versammlungsrechts** greift hier nicht unter dem Aspekt der „Minusmaßnahme"; vgl. dazu Rn 1035 ff.

Alle genannten Maßnahmen waren rechtmäßig und stützten sich jeweils auf die entsprechende Befugnisnorm des Polizeigesetzes.

583 Schließlich ist zu beachten, dass eine präventivpolizeiliche Sicherstellung nur dann in Betracht kommt, wenn sie auch „**erforderlich**" ist. Auf den ersten Blick scheint dieses Tatbestandsmerkmal überflüssig zu sein, weil ohnehin jedes polizeiliche Handeln zu seiner Rechtmäßigkeit erforderlich sein muss. Ist eine Maßnahme nicht erforderlich, ist sie unverhältnismäßig. Die „Aufwertung" zum Tatbestandsmerkmal kann also nur so verstanden werden, dass dem Rechtsanwender nochmals vor Augen geführt werden soll, dass die Sicherstellung nur dann als Mittel der Gefahrenabwehr in Betracht kommt, wenn kein anderes geeignetes Mittel zur Verhinderung der genannten Tatbestände zur Verfügung steht.

cc. Folge einer Sicherstellung

584 Mit der Sicherstellung wird ein **öffentlich-rechtliches Verwahrungsverhältnis** begründet, das der sicherstellenden Behörde bestimmte Pflichten auferlegt.[460] Diese richten sich nach den zivilrechtlichen Vorschriften über die Verwahrung (§§ 688 ff. BGB). So ist die verwahrte Sache in erster Linie sorgfältig zu behandeln. Auch ist möglichen Wertminderungen im Rahmen eines vertretbaren Aufwands vorzubeugen. Die Werterhaltungspflicht beinhaltet insbesondere die Pflicht zur sachgerechten Lagerung, Wartung und Pflege der Sache sowie zu ihrem Schutz gegen Beeinträchtigungen durch Dritte. Bei Pflichtverletzungen kommen

- Schadensersatzansprüche nach den Polizeigesetzen,
- ein Amtshaftungsanspruch gem. § 839 BGB i.V.m. Art. 34 GG,
- eine Ersatzpflicht nach den Grundsätzen über die Haftung in vertragsähnlichen verwaltungsrechtlichen Schuldverhältnissen (§§ 688 ff. BGB analog) und
- ein Schadensersatzanspruch aus §§ 241 II i.V.m. 280 I ggf. i.V.m. §§ 281, 282 BGB n.F. (früher ungeschriebene pVV) des öffentlich-rechtlichen Verwahrungsvertrags

in Betracht. Da die Verwahrung jedoch nicht aufgrund einer freiwilligen Vertragserklärung, sondern durch die Sicherstellung der Polizei erfolgt, ist der abgeschwächte Verschuldensmaßstab des § 690 BGB nicht angemessen. Bei Verschlechterung oder Untergang der Sache ist daher der normale Fahrlässigkeitsmaßstab des § 276 BGB heranzuziehen.

585 Verwahrungsort ist i.d.R. die Dienststelle. Lässt die Beschaffenheit der sichergestellten Sache (z.B. wegen ihres Gewichts, ihres Umfangs oder ihrer leichten Verderblichkeit) die Verwahrung in den Diensträumen jedoch nicht zu oder ist die Verwahrung in den Diensträumen aus anderen Gründen unzweckmäßig, ist die Sache auf geeignete andere Weise aufzubewahren oder zu sichern. Dies ist etwa der Fall, wenn die Behörde nicht über Einrichtungen verfügt, die eine sachgerechte Verwahrung gewährleisten. In solchen Fällen ist die Verwahrung einer dritten (natürlichen oder juristischen) Person zu übertragen.

Beispiel: Die Polizei hat einen Kampfhund sichergestellt. Das Tier wird im städtischen Tierheim untergebracht, bis der Halter die erforderliche Unbedenklichkeitsbescheinigung nachweisen kann.

586 Insbesondere bei großen oder unbeweglichen Sachen können die Sicherstellung und die Aufbewahrung bzw. Sicherung beispielsweise durch Anbringen eines Siegels, Ab-

---

[460] Vgl. OLG Schleswig NVwZ **2000**, 234, 235.

sperren eines Grundstücks oder (bei Gebäuden) durch Austausch des Schließzylinders (um das Betreten der Wohnung oder des Hauses zu verhindern) erfolgen.

Im Übrigen geht es der Behörde bei der Sicherstellung um die Begründung amtlichen Gewahrsams, um andere von der Einwirkungsmöglichkeit auszuschließen. Daher ist z.B. die **„Beschlagnahme" von Wohnraum**, etwa um einen **Obdachlosen** einzuweisen, *keine* Sicherstellung, sondern ergeht auf der Grundlage der Befugnisgeneralklausel.[461] Vgl. dazu das Beispiel „Obdachlosenexmittierung" bei Rn 635. Auch das **Abschleppen eines verbotswidrig abgestellten Fahrzeugs** ist grundsätzlich *keine* Sicherstellung, sondern eine Ersatzvornahme in Form einer unmittelbaren Ausführung bzw. eines Sofortvollzugs. Denn der Behörde wird es kaum darum gehen, ein amtliches Gewahrsamsverhältnis zu begründen, sondern lediglich darum, den Gefahrzustand zu beseitigen.[462] Der der Ersatzvornahme zugrunde liegende hypothetische Grundverwaltungsakt stützt sich dabei auf das dem Verkehrsschild entnommenen Wegfahrgebot.[463] Vgl. dazu insgesamt das Beispiel „Abschleppen" bei Rn 1025 ff. 587

Eine Sicherstellung des Kfz kommt aber **beispielsweise** in Betracht, wenn das Fahren eines fahruntüchtigen Verkehrsteilnehmers nicht auf andere Weise (Sicherstellung des Zündschlüssels o.ä.) verhindert werden kann, oder wenn das Kfz nicht verkehrstüchtig oder nicht zugelassen ist und die Gefahr für die Allgemeinheit nicht anders abgewendet werden kann. Zu beachten ist aber die gegenüber der Sicherstellung vorrangige Regelung des § 17 I StVZO.

Ungeachtet der Problematik, ob das Abschleppen eines verbotswidrig abgestellten Kfz eine Sicherstellung oder eine Ersatzvornahme darstellt, besteht hinsichtlich des abgeschleppten Kfz ein Verwahrungsverhältnis. Fraglich ist lediglich, zwischen welchen Parteien es besteht. Wird der Wagen von der Polizei selbst abgeschleppt und auf einen behördeneigenen Verwahrungsplatz verbracht, besteht unstreitig ein Verwahrungsverhältnis zwischen dem Eigentümer des Kfz und der Behörde. In der Regel wird das Kfz aber durch einen von der Polizei beauftragten privaten Abschleppunternehmer (der weder Beliehener noch Verwaltungshelfer ist) abgeschleppt. In diesem Fall ist zu unterscheiden: 588

- Beschädigungen, die während des Abschleppvorgangs entstehen, sind der Polizei zuzurechnen, da der private Abschleppunternehmer in diesem Fall als Verwaltungshelfer bzw. Erfüllungsgehilfe der Polizei tätig wird. Bei ihm handelt es sich trotz des privatrechtlichen Werk- oder Dienstvertrags mit der Behörde lediglich um einen Beauftragten oder Bevollmächtigten der Vollzugsbehörde. Es liegt also kein privatrechtliches Rechtsverhältnis zwischen dem Eigentümer des abgeschleppten Kfz und dem Abschleppunternehmer vor, sondern ein öffentlich-rechtliches zwischen dem Eigentümer und der Behörde. Ersatzansprüche (z.B. gem. § 56 I S. 2 BremPolG bzw. § 839 BGB i.V.m. Art. 34 GG) sind daher gegen den Träger der Polizeibehörde (also gegen das Land) geltend zu machen. Auch liegt aufgrund der Sperrwirkung des § 839 BGB i.V.m. Art. 34 GG kein gesetzliches Schuldverhältnis vor, sodass ein Anspruch des Geschädigten gegen den Abschleppunternehmer nicht aus § 823 BGB in Betracht kommt. 589

---

[461] So auch *Volkmann*, JuS **2001**, 888, 890; *Muckel*, BesVerwR, S. 127; *Erichsen/Biermann*, JuS **1998**, 371, 376; dagegen für Sicherstellung *Schenke*, POR, Rn 322; *Götz*, POR, Rn 270; *Pieroth/Schlink/Kniesel*, POR, § 19 Rn 5. Unklar, aber wohl die Befugnisgeneralklausel als einschlägig betrachtend *Knemeyer*, POR, Rn 444.

[462] So auch VGH Kassel NVwZ-RR **1999**, 23; *Schenke*, POR, Rn 164; *Friauf*, POR, Rn 145; *Muckel*, BesVerwR, S. 141; *Knemeyer*, POR, Rn 252 und 345; für Sicherstellung VGH München NJW **2001**, 1960; *Pieroth/Schlink/Kniesel*, POR, § 19 Rn 4.

[463] § 44 II S. 2 StVO scheidet demgegenüber aus, weil er nur zu vorläufigen Maßnahmen ermächtigt, das Abschleppen aber eine endgültige Maßnahme darstellt.

590 ▪ Anders verhält es sich nach Auffassung des OLG Hamm, wenn der Schaden erst später, d.h. im Zeitraum der Verwahrung auf dem Betriebshof des Abschleppunternehmers entsteht. In diesem Fall habe der Abschleppunternehmer nicht (mehr) als Erfüllungsgehilfe der Behörde gehandelt. Während dieser Zeit hätten die Beamten der Polizeibehörde nämlich keinen Einfluss mehr auf die Verwahrung. In solchen Fällen sei regelmäßig auch nicht davon auszugehen, dass die Beamten es pflichtwidrig unterlassen hätten, Überwachungsmaßnahmen durchzuführen. Denn sie treffe keine Verpflichtung, Aufsicht über die bei einem beauftragten Abschleppunternehmer abgestellten Fahrzeuge zu führen. Daher sei es auch angebracht, ein Verwahrungsverhältnis zwischen dem Eigentümer des Kfz und dem Abschleppunternehmer anzunehmen. Schäden am Fahrzeug, die auf dem Gelände des Abschleppunternehmers entstanden seien, müsse der Geschädigte beim Abschleppunternehmer zivilrechtlich geltend machen.[464]

591 Diese Rechtsauffassung ist abzulehnen. Sie verkennt, dass die *Polizei* es ist, die mit Mitteln des Verwaltungszwangs den Abschleppvorgang einleitet und einen privaten Abschleppunternehmer beauftragt. Beschädigt dieser fahrlässig oder vorsätzlich das Kfz, kann sich die Polizeibehörde nicht ihrer Verantwortung entziehen, indem sie auf die mangelnden Einflussmöglichkeiten verweist. Auch sonst werden ausnahmslos Rechtsbeziehungen nur im Innenverhältnis zwischen dem Unternehmer und der Behörde, nicht aber zwischen der betroffenen Person und dem von der Behörde beauftragten Unternehmer begründet. Nach der hier vertretenen Auffassung sind daher Ansprüche aus dem Verwahrungsverhältnis (z.B. wegen unsachgemäßer Behandlung des Kfz) stets gegen den Rechtsträger der Polizei, nicht gegen den von der Polizei beauftragten Unternehmer zu richten. Vgl. im Übrigen die Ausführungen bei Rn 902 ff.

Die praktische Bedeutung dieser Streitfrage ist enorm, weil nach der Konstruktion des OLG Hamm der *Eigentümer des beschädigten Kfz* es ist, der das Risiko der Insolvenz des Abschleppunternehmers trägt. Demgegenüber trägt er kein Risiko, wenn er seinen materiellrechtlichen Anspruch gegen den Rechtsträger der Polizei geltend machen kann, da die Eröffnung eines Insolvenzverfahrens über das Vermögen der öffentlichen Hand ausgeschlossen ist (vgl. § 4 I AGZPO).

dd. Rechtsschutz

592 Die Sicherstellung erfolgt nach der auch hier vertretenen h.M. durch **Verwaltungsakt**, obwohl mit der Sicherstellung eine tatsächliche Ingewahrsamnahme („Ansichnahme") der Sache einhergeht. Kommt der Inhaber der tatsächlichen Gewalt der Anordnung nicht nach, d.h. weigert er sich, die Sache herauszugeben, bedarf die Sicherstellung der Vollstreckung, d.h. der gewaltsamen Besitzergreifung durch **unmittelbaren Zwang** (s.o.). Fraglich ist der Rechtsschutz gegen die Sicherstellung. Hier ist nach den in Betracht kommenden Klagebegehren zu unterscheiden:

593 ▪ Zunächst ist denkbar, dass es dem Betroffenen (lediglich) um die **Feststellung der Rechtswidrigkeit der Sicherstellung** geht. Sofern der Betroffene die Sache freiwillig an die Polizei übergeben hatte, ist lediglich die Rechtmäßigkeit der Anordnung („Sicherstellungsverfügung") zu überprüfen. Diese Überprüfung erfolgt grundsätzlich nicht im Rahmen einer Fortsetzungsfeststellungsklage, sondern im Rahmen einer **Anfechtungsklage**. Das folgt daraus, dass die Sicherstellungsverfügung einen Verwaltungsakt mit Dauerwirkung darstellt und dieser Verwaltungsakt sich aufgrund der noch bestehenden Rechtswirkung noch nicht erledigt hat. Sollte die Behörde die sichergestellte Sache nach Klageerhebung wieder herausgeben, kann der Kläger den Prozess dann als Fortsetzungsfeststellungsklage weiterführen. Sollte die Behörde die sichergestellte Sache aber bereits vor Klageerhebung wieder zurückgegeben haben, kann der Betroffene

[464] So OLG Hamm NJW **2001**, 375, 376.

eine **Fortsetzungsfeststellungsklage** analog § 113 I S. 4 VwGO erheben (analog wegen der Erledigung *vor* Klageerhebung).

- Etwas anderes gilt, wenn die Polizei die Sache dem Betroffenen wegnehmen musste, um sie sicherstellen zu können. Hier ist es möglich, dass der Betroffene ausschließlich die mit der Sicherstellung verbundene gewaltsame Besitzergreifung der Sache überprüfen lassen möchte. Da die gewaltsame Ansichnahme juristisch als Zwangsmaßnahme zu werten ist (**unmittelbarer Zwang**) und eine Zwangsmaßnahme *nicht* zur Voraussetzung hat, dass ihre Grundverfügung rechtmäßig ist (keine Konnexität zwischen Primärmaßnahme und Vollstreckungsmaßnahme, s.o.), muss die Rechtmäßigkeit der Zwangsmaßnahme ausschließlich vollstreckungsrechtlich geprüft werden (Bestehen einer Rechtsgrundlage für das Zwangsmittel, Einhaltung des formalisierten Vollstreckungsverfahrens, Beachtung des Verhältnismäßigkeitsgrundsatzes). Die Rechtmäßigkeit der Grundverfügung muss dann (sofern das vom Klausurbearbeiter verlangt wird) separat geprüft werden. Richtige Klageart ist bezüglich der Grundverfügung die **Anfechtungsklage** (sofern sich die angegriffene Maßnahme noch nicht erledigt hat, anderenfalls die **Fortsetzungsfeststellungsklage**) und bezüglich der Anwendung des Zwangsmittels die **allgemeine Leistungsklage** bzw. die **Feststellungsklage**, wenn man eine Zwangsmaßnahme (zumindest im gestreckten Verfahren) ausschließlich als Realakt behandelt. Nimmt man bei den Zwangsmaßnahmen dagegen zugleich eine konkludente Duldungsverfügung an, sind die **Anfechtungsklage** bzw. (bei Erledigung) die **Fortsetzungsfeststellungsklage** statthaft. Alle Klagen können aber zusammen erhoben werden (Fall der kumulativen Klagehäufung nach § 44 VwGO). 594

- Schließlich ist es möglich, dass der Betroffene schlicht die **Herausgabe der sichergestellten Sache** begehrt. Sollte sich die Sicherstellungsverfügung (wie regelmäßig) noch nicht erledigt haben, gilt Folgendes: Da die dem Betroffenen gegenüber vorgenommene tatsächliche Ansichnahme der Sache nur eine unvollständige Vollziehungsmaßnahme zum Verwaltungsakt darstellt, kann sie nur im Zusammenhang mit diesem erfolgreich angegriffen werden. Eine **allgemeine Leistungsklage** auf Herausgabe einer beschlagnahmten Sache (die Herausgabe ist kein Verwaltungsakt) kann somit schon von daher **keinen Erfolg** haben. Hinzu kommt, dass die Sicherstellungsverfügung einen Verwaltungsakt mit Dauerwirkung darstellt und somit noch Rechtswirkungen (namentlich den Rechtsgrund für den Gewahrsam) entfaltet. Der Betroffene muss also zunächst den Rechtsgrund für den Gewahrsam beseitigen. Dies kann er nur mit der **Anfechtungsklage**, verbunden mit dem **Annexantrag** auf Herausgabe der Sache erreichen (§ 113 I S. 1 i.V.m. S. 2 VwGO).[465] Sollte die Anfechtungsklage erfolgreich sein, ergeht als Annexentscheidung die Verpflichtung der Behörde, die beschlagnahmte Sache herauszugeben.[466] 595

  Nur für den Fall, dass sich die Sicherstellungsverfügung bereits erledigt haben sollte, kann der Betroffene sein Rechtsschutzziel über die Fortsetzungsfeststellungsklage (analog) § 113 I S. 4 VwGO erreichen. Aber auch hier gilt, dass er über einen Annexantrag gem. § 113 I S. 2 VwGO (hier allerdings analog) die Herausgabe der Sache erreichen kann.

  Beispiel: Im Rahmen einer polizeilichen Vorfeldkontrolle wird der anreisende Demonstrationsteilnehmer D durchsucht, wobei die Polizei einen Schlagstock und ein

[465] Zu beachten ist aber, dass § 113 I S. 2 VwGO keine Rechtsgrundlage für den Folgenbeseitigungsanspruch (FBA) darstellt, sondern eine solche voraussetzt. Die Basis für den FBA wird im Rechtsstaatsprinzip i.V.m. mit den Freiheitsgrundrechten gesehen. Sofern die polizeigesetzlichen Normen über die Sicherstellung die Regelung enthalten, dass die sichergestellten Sachen nach Entfallen der Voraussetzungen für die Sicherstellung herauszugeben sind (vgl. etwa § 26 BremPolG), stellt diese Regelung (nicht der FBA!) die Anspruchsgrundlage für die Herausgabe dar.

[466] Dies verkennt *Knemeyer* (POR, Rn 264), der undifferenziert die allgemeine Leistungsklage auf Herausgabe der Sache annimmt, gleichzeitig dem Leser aber schuldig bleibt, wie er den Rechtsgrund für den Gewahrsam beseitigen möchte, zumal er selbst (in Rn 256) bezüglich der Sicherstellungsverfügung von einem Dauerverwaltungsakt ausgeht.

Klappmesser findet. Diese Gegenstände werden sofort sichergestellt und in Gewahrsam genommen. Nach Beendigung der Demonstration verlangt D die Gegenstände heraus. Bei der Maßnahme Sicherstellung handelt es sich um einen Dauerverwaltungsakt. Dieser hat sich trotz seiner Vollziehung noch nicht erledigt, stellt also weiterhin den Rechtsgrund für die Verwahrung dar. D kann daher nicht schlicht eine allgemeine Leistungsklage auf Herausgabe der Sachen erheben, sondern muss zunächst den Rechtsgrund beseitigen. Er muss daher **Anfechtungsklage gegen die Sicherstellung** erheben, verbunden mit dem **Annexantrag** auf Herausgabe der Sachen (§ 113 I S. 1 i.V.m. S. 2 VwGO). Anspruchsgrundlage für die Herausgabe ist die polizeigesetzliche Norm über die Herausgabe von sichergestellten Sachen (etwa § 26 BremPolG[467]). Sollte die Anfechtungsklage erfolgreich sein, ergeht als Annexentscheidung die Verpflichtung der Behörde, die beschlagnahmte Sache herauszugeben.

596 Geht es dem Betroffenen primär um Entschädigung aus dem Verwahrungsverhältnis, ist hinsichtlich des Rechtswegs die Regelung des § 40 II S. 1 VwGO zu beachten, wonach für vermögensrechtliche Ansprüche aus öffentlich-rechtlicher Verwahrung der **ordentliche Rechtsweg** gegeben ist. Das in diesem Zusammenhang angerufene Zivilgericht prüft den Rechtsstreit unter allen in Betracht kommenden rechtlichen Gesichtspunkten (§ 17 II S. 1 GVG).

597

Prüfungsschema für eine Sicherstellung von Sachen

I. Rechtsgrundlage für die Sicherstellung

Da mit der Sicherstellung zumindest eine vorübergehende Besitzentziehung verbunden ist, liegt ein Eingriff in Art. 14 I S. 1 GG vor. Daher bedarf die Behörde einer Rechtsgrundlage. Diese ist als Standardmaßnahme dem Polizeigesetz zu entnehmen.

II. Formelle Rechtmäßigkeit

1. **Zuständigkeit** der handelnden Behörde (Rn 607 ff.)
2. Ordnungsgemäßes **Verfahren** (Einhaltung der allg. Verfahrensvorschriften (Rn 608 ff.). Als besondere (und zusätzlich zu prüfende) Verfahrensvorschrift normieren die Polizeigesetze, dass dem Betroffenen eine Bescheinigung auszustellen ist, die den Grund der Sicherstellung und die sichergestellten Sachen bezeichnet. Ein Verstoß gegen diese Verfahrensvorschriften führt grds. zur formellen Rechtswidrigkeit der Sicherstellung. In Betracht kommt aber eine Heilung gem. § 45 I Nr. 2 VwVfG bzw. eine Unbeachtlichkeit gem. § 46 VwVfG. Schließlich sind die Vorschriften des Polizeigesetzes über die Durchführung der Sicherstellung, der Verwertung, Einziehung und Vernichtung sowie über die Herausgabe sichergestellter Sachen zu beachten. Allerdings ist es zweckmäßig, diese Vorschrift erst nach der Prüfung der materiellen Rechtmäßigkeit zu prüfen.
3. **Form**vorschriften (Rn 621 ff.) sind regelmäßig nicht zu beachten.

III. Materielle Rechtmäßigkeit

1. Tatbestand

Die materiellen Tatbestandsvoraussetzungen sind in der Befugnisnorm beschrieben. Danach kommt die Sicherstellung in drei Fällen in Betracht:

(1) zum Schutz des Eigentümers oder rechtmäßigen Inhabers der tatsächlichen Gewalt vor Verlust oder Beschädigung,

(2) zur Abwehr einer *gegenwärtigen Gefahr* für die *öffentliche Sicherheit*. Unerheblich ist, ob die *Gefahr* von der Sache selbst ausgeht oder von ihrem Besitzer bzw. einem Dritten und

(3) zur Verhinderung einer missbräuchlichen Verwendung, wenn die Sache von einer rechtmäßig festgehaltenen Person mitgeführt wird.

---

[467] Vgl. auch § 24 MEPolG; **Berl:** § 41 ASOG; **Brand:** § 28 PolG; **Hess:** § 43 SOG; **Nds:** § 29 SOG; **NRW:** § 46 PolG; **RhlPfl:** § 25 POG; **Saar:** § 24 PolG; **Sachs:** § 27 III PolG; **SachsAnh:** § 48 SOG; **Thür:** § 30 PAG.

2. Rechtsfolge
Auf der Rechtsfolgeseite ist der Polizei (wie stets) ein Ermessen eingeräumt. Zu prüfen sind die Einhaltung der Ermessensgrenzen und des Verhältnismäßigkeitsgrundsatzes.

6. Gefährderansprachen/Gefährderanschreiben

Ein relativ neues, in der juristischen Ausbildungsliteratur bislang auch noch vernachlässigtes Phänomen stellen die sog. Gefährderansprachen/Gefährderanschreiben dar. **597a**

Unter einer **Gefährderansprache** ist eine Maßnahme zu verstehen, bei der Beamte der Polizei szenebekannte oder in polizeilichen Ermittlungs- bzw. Fahndungsdateien (z.B. „Gewalttäter Sport") gespeicherte Personen (etwa Fans oder Hooligans) im privaten oder beruflichen Umfeld aufsuchen und diese darüber in Kenntnis setzen, dass sie identifiziert seien und ihnen im Falle der Begehung einer Straftat Strafverfolgungsmaßnahmen drohten. Das **Gefährderanschreiben** unterscheidet sich von der Gefährderansprache dadurch, dass der Inhalt in Briefform übermittelt wird. **597b**

Auf den ersten Blick scheinen Gefährderansprachen rechtlich unproblematisch zu sein, da sie nur auf eine spätere Rechtsfolge hinweisen, die ohnehin vom Gesetz vorgesehen ist, und deren Eintritt allein vom Fehlverhalten des Betroffenen abhängt. Mithin könnte es bereits am Grundrechtseingriff fehlen, was jede weitere Diskussion (Erfordernis einer Rechtsgrundlage; Vorliegen einer konkreten Gefahr; Verantwortlichkeit des Adressaten etc.) entbehrlich machte. **597c**

Jedoch kann der Grundrechtseingriff nicht ohne weiteres verneint werden. Im Gegenteil. Gerade nach dem modernen Eingriffsverständnis liegt ein Grundrechtseingriff auch dann vor, wenn eine staatliche Maßnahme für den Betroffenen eine Wirkung entfaltet, die einer imperativen Maßnahme in Form eines Verbots oder Gebots gleichkommt.[468] Im vorliegenden Zusammenhang wird man dies annehmen müssen, wenn der Betroffene (als Hooligan) von der Polizei zu Hause oder am Arbeitsplatz aufgesucht und somit vor den Nachbarn bzw. vor Vorgesetzten und Kollegen „bloß gestellt" wird. Von etwaigen beruflichen Konsequenzen einmal abgesehen, ist damit zumindest ein Grundrechtseingriff in Art. 2 I GG i.V.m. Art. 1 I GG (allgemeines Persönlichkeitsrecht) gegeben. Für diesen Fall bedarf die Polizei einer Rechtsgrundlage. Da es um Gefahrenabwehr geht (die Polizei möchte mit dem „sanften" Mittel des Hinweises auf die strafrechtlichen Konsequenzen die Begehung von Gewalttätigkeiten verhindern) und spezialgesetzliche Befugnisse nicht ersichtlich sind, kommt ausschließlich die **polizeigesetzliche Befugnisgeneralklausel** in Betracht.[469] Diese setzt allerdings das Bestehen einer **konkreten Gefahr** voraus. Ob es für deren Annahme allerdings genügt, dass die betroffene Person in der Szene bekannt oder in der Datei „Gewalttäter Sport" gespeichert ist, darf zu Recht bezweifelt werden. Vielmehr wird man lediglich von einem **Gefahrenverdacht** ausgehen können, der zwar zu Gefahrerforschungseingriffen[470], nicht aber zu Maßnahmen befugt, die gerade die Gefährderansprachen ausmachen. Daher wird man wohl von einer Rechtswidrigkeit ausgehen müssen, sofern keine konkrete Gefahr besteht. **597d**

Liegt ausnahmsweise ein Eingriff in die Grundrechte des Betroffenen *nicht* vor, etwa weil es bei einem bloßen allgemeinen Hinweis auf die Rechtslage verbleibt und der Betroffene weder vor Nachbarn noch vor Vorgesetzten oder Kollegen bloß gestellt wird, reicht jedenfalls die polizeiliche Aufgabennorm zur Rechtfertigung aus.[471] **597e**

---

[468] Vgl. *R. Schmidt*, Grundrechte, Rn 151.
[469] Wie hier *Deutsch*, Die Polizei **2006**, 145 ff.; *Breucker*, NJW **2006**, 1233, 1234. Diese Auffassung wurde auch schon vom OVG Lüneburg (NJW **2006**, 391, 392 f.) in Bezug auf das Gefährderanschreiben vertreten).
[470] Zum Gefahrenverdacht und zu den Gefahrerforschungseingriffen vgl. Rn 689 ff.
[471] *Franz/Günther*, NWVBl **2006**, 201, 206.

7. Zusammenfassung und Abgrenzung zur Befugnisgeneralklausel

598 Präventivpolizeiliche Standardmaßnahmen stellen eine *abschließende* Regelung dar, sodass ein Rückgriff auf die Befugnisgeneralklausel auch dann ausscheidet, wenn die (vielfach engeren) Eingriffsvoraussetzungen für ein Eingreifen nach den Standardmaßnahmen nicht vorliegen. Nur wenn der Sachverhalt nicht abschließend mit Hilfe der Standardmaßnahmen gewürdigt werden kann, ist subsidiär auf die Befugnisgeneralklausel zurückzugreifen. Schließlich ist zu beachten, dass die präventivpolizeilichen Standardmaßnahmen oftmals denen der repressivpolizeilichen Normen sehr ähnlich und in Zweifelsfällen von diesen abzugrenzen sind.
Bei den (repressivpolizeilichen) Standardmaßnahmen der StPO handelt es sich um abschließende Normierungen (vgl. § 6 EGStPO), die einen anderen Regelungsbereich umfassen und einen Rückgriff auf die (präventivpolizeilichen) Standardbefugnisse des allgemeinen Polizei- und Ordnungsrechts grundsätzlich ausschließen. Nur wenn der Sachverhalt *außerhalb* von Strafverfolgungsmaßnahmen auch ein (präventives) Vorgehen zum Zweck der Gefahrenabwehr erfordert, ist für diesen Bereich auf das allgemeine Polizei- und Ordnungsrecht zurückzugreifen.

599 **Hinweis für die Fallbearbeitung:** Bei der Frage nach dem Rechtsschutz muss in einer Klausur daher zuerst geprüft werden, ob die Polizei präventiv oder repressiv tätig ist. Nur bei präventivem Handeln ist der Verwaltungsrechtsweg eröffnet. Vgl. dazu ausführlich Rn 87 sowie *R. Schmidt*, VerwProzR, Rn 25 ff.

Beispiel[472]**:** F war wegen Fahrens ohne Fahrerlaubnis (§ 21 I Nr. 1 Var. 2 StVG) strafgerichtlich verurteilt worden. Ferner hatte man ihm die Fahrerlaubnis entzogen (§ 3 StVG i.V.m. §§ 3, 11 ff. FeV[473]) und bislang nicht wieder erteilt. Gleichwohl hielt F sich für berechtigt, aufgrund seiner – hier nicht gültigen – isländischen Fahrerlaubnis ein Kfz zu führen. Im Rahmen einer allgemeinen Verkehrskontrolle beschlagnahmte der Polizeibeamte P daraufhin das von F gefahrene Kfz, weil F nicht im Besitz einer gültigen Fahrerlaubnis war, sich gleichwohl zum Führen eines Kfz berechtigt hielt und bereits wegen Fahrens ohne Fahrerlaubnis verurteilt worden war. Zum eigenen Schutz und zum Schutz anderer Verkehrsteilnehmer sei die Beschlagnahme (Sicherstellung) des Kfz angezeigt.
Die Beschlagnahme stellt eine Gefahrenabwehrmaßnahme dar. Es ging P nicht um die Beschlagnahme des Kfz, etwa um es als Beweismittel sicherzustellen, sondern vielmehr darum, (andere) Verkehrsteilnehmer zu schützen. Daher kann er die Beschlagnahme auch nicht auf die §§ 94 ff. StPO stützen. Es besteht jedoch eine Standardbefugnis nach anwendbarem Landesgefahrenabwehrrecht (z.B. nach § 23 Nr. 2 BremPolG). Danach kann die Polizei eine Sache beschlagnahmen, wenn dies zum Schutz eines Einzelnen oder des Gemeinwesens gegen eine unmittelbar bevorstehende Störung der öffentlichen Sicherheit erforderlich ist. Da diese Voraussetzungen vorlagen, konnte P das Kfz des F rechtmäßig beschlagnahmen. Ein Rückgriff auf die Befugnisgeneralklausel kommt daher nicht in Frage.

---

[472] Vgl. VGH Mannheim NVwZ-RR **1992**, 184.
[473] Vgl. dazu auch OVG Lüneburg NJW **2001**, 459.

III. Befugnisgeneralklausel

1. Erfordernis einer generalklauselartigen Ermächtigung

Da der Gesetzgeber auf der einen Seite nicht alle erdenklichen Lebenssachverhalte und Gefahrentatbestände antizipiert spezialgesetzlich normieren kann, auf der anderen Seite jedoch den Grundsatz vom Vorbehalt des Gesetzes beachten muss, der besagt, dass die mit einem Rechtseingriff verbundenen Gefahrenabwehrmaßnahmen stets einer gesetzlichen Rechtsgrundlage bedürfen, ermächtigt er die Polizei- und Ordnungsbehörden zumindest generalklauselartig.[474] Danach darf die Polizei die erforderlichen Maßnahmen treffen, um im konkreten Fall eine Gefahr für die öffentliche Sicherheit (oder Ordnung[475]) abzuwehren. **600**

Zu beachten bleibt aber, dass **spezialgesetzliche** Befugnisnormen und polizeigesetzliche Standardmaßnahmen weitestgehend **Anwendungsvorrang** vor der Generalklausel genießen. Daraus folgt, dass die Befugnisgeneralklausel im Anwendungsbereich einer Spezialnorm grundsätzlich verdrängt ist (Subsidiarität der Generalklausel). Lediglich wenn die Spezialnorm den Sachverhalt nicht oder nicht abschließend regelt, kann also auf die Befugnisgeneralklausel zurückgegriffen werden. **601**

> **Beispiel:** Nimmt die Polizei eine Person in Gewahrsam, obwohl die Tatbestandsvoraussetzungen der Standardmaßnahme *Ingewahrsamnahme* nicht vorliegen, kann sie ihr Vorgehen nicht damit rechtfertigen, dass die Ingewahrsamnahme eine erforderliche Maßnahme gemäß der Befugnisgeneralklausel gewesen sei.

Ein Rückgriff auf die Befugnisgeneralklausel ist nur dann zulässig, wenn der Sachverhalt nicht oder nicht abschließend mit Hilfe der Standardmaßnahmen einer Lösung zugeführt werden kann. **602**

> **Beispiel:** Die Polizei wird während eines Streifengangs am Weserufer auf einen Mann aufmerksam, der seinen Hund frei herumlaufen lässt. Sie weist ihn auf die bestehende Satzung der Gemeinde hin, wonach ein Leinenzwang am Weserufer besteht, und fordert ihn auf, seinen Hund sofort an die Leine zu nehmen.
>
> Da in diesem Fall keine spezielle Rechtsgrundlage existiert, konnte die Polizei ihre Anordnung auf die Befugnisgeneralklausel stützen.

Im Übrigen ist zu beachten, dass in Fällen, in denen im Polizeigesetz bestimmte Standardbefugnisse geregelt werden, hierin regelmäßig zugleich ein konkludenter Ausschluss anderer ähnlicher oder sogar noch schwerwiegenderer Maßnahmen liegt und diese sich deshalb auch nicht unter Rückgriff auf die Befugnisgeneralklausel rechtfertigen lassen. **603**

> **Beispiele:**
> **(1)** Im Polizeigesetz ist als Standardmaßnahme zwar die „Durchsuchung" von Personen, nicht aber auch die „Untersuchung" geregelt. Daraus lässt sich ableiten, dass eine „Untersuchung" auch nicht auf die Befugnisgeneralklausel gestützt werden kann.

---

[474] Vgl. **Bund:** § 14 BundesPolG; **Bay:** Art. 11 I PAG; **BW:** § 3 PolG; **Berl:** § 17 I ASOG; **Brand:** § 10 PolG; **Brem:** § 10 I PolG; **Hamb:** § 3 I SOG; **Hess:** § 11 SOG; **MeckVor:** § 13 SOG; **Nds:** § 11 SOG; **NW:** §§ 8 I PolG, 14 OBG; **RhlPfl:** § 9 I POG; **Saar:** § 8 I PolG; **Sachs:** § 3 I PolG; **SachsAnh:** § 13 SOG; **SchlHolst:** §§ 174, 176 LVwG; **Thür:** § 12 I PAG.

[475] Die öffentliche Ordnung als 2. Schutzgut ist nicht in allen Polizeigesetzen enthalten.

(2) Ebenso kann aus der Formulierung „vorübergehend" in der Befugnisnorm hinsichtlich der *Platzverweisung* geschlossen werden, dass ein (längerfristiges) Aufenthaltsverbot auch nicht auf die Generalklausel gestützt werden kann.[476]

604 Ein wichtiger Anwendungsbereich der Befugnisgeneralklausel besteht bei Verstößen gegen Gesetze, die zwar ein **Verbot** aussprechen, aber **keine materielle Rechtsgrundlage** zum behördlichen Einschreiten zwecks Durchsetzung der Regelung vorsehen und somit keine Befugnisnorm bereitstellen (sog. *leges imperfecta*). Hier liegt eine wesentliche Funktion der Befugnisgeneralklausel als Rechtsgrundlage.

Beispiel[477]: A betreibt in der Stadt S einige Bräunungsstudios mit Münzautomaten. Vornehmlich an den Wochenenden und an den Feiertagen ist der stärkste Kundenandrang zu verzeichnen. S sieht darin einen Verstoß gegen das Landesfeiertagsgesetz und beabsichtigt, mit einer Verbotsverfügung zu reagieren.

Für die Frage, ob eine solche Verbotsverfügung rechtmäßig wäre, müsste wegen des Eingriffs in Art. 12 I GG zunächst eine Rechtsgrundlage bestimmt werden. Das Feiertagsgesetz verbietet zwar grundsätzlich öffentlich bemerkbare Arbeiten an Sonn- und Feiertagen, die geeignet sind, die Ruhe des Tages zu beeinträchtigen. Bei Zuwiderhandlungen gegen die Verbotsnorm ist dem Gesetz jedoch keine Rechtsgrundlage zum behördlichen Einschreiten zu entnehmen. Die Gesetzesverletzung ist lediglich über das OWiG bußgeldbewehrt. Daher stellt die Befugnisgeneralklausel des allgemeinen Gefahrenabwehrrechts eine geeignete Rechtsgrundlage dar. Es müssten aber auch ihre Voraussetzungen vorliegen. Läge ein Verstoß gegen das Feiertagsgesetz vor, wäre das Schutzgut „öffentliche Sicherheit" verletzt. Vor dem Hintergrund des Art. 140 GG i.V.m. Art. 139 WRV sollen nach der Rechtsprechung des BVerwG nur solche Tätigkeiten durch das Feiertagsgesetz sanktioniert werden, die *typischerweise* werktägliche Lebensvorgänge darstellen. Unter Berücksichtigung der Freiheit zur persönlichen Lebensgestaltung seien aber auch gewerbliche Tätigkeiten mit der Zweckbestimmung der Sonn- und Feiertage vereinbar, sofern sie der Befriedigung sonn- und feiertäglicher Bedürfnisse dienten. Das sei bei einem Bräunungsstudio der Fall. Eine Verbotsverfügung wäre somit rechtswidrig.

605 **Fazit:** Verbotsnormen, d.h. Gesetze, die zwar ein Verbot aussprechen oder ein bestimmtes Verhalten unter Strafe stellen oder mit Bußgeld belegen, erteilen der Verwaltung i.d.R. keine Befugnis, zum Zweck der Unterbindung einzuschreiten. Da sie jedoch Bestandteil der objektiven Rechtsordnung und damit der öffentlichen Sicherheit sind, und diese wiederum Schutzgut der polizeigesetzlichen Befugnisgeneralklausel ist, können Verstöße gegen Verbotsnormen letztlich mit der Generalklausel unterbunden werden. Vgl. dazu auch Rn 629 ff.

2. Vereinbarkeit der Generalklausel mit dem Bestimmtheitsgrundsatz

606 Obwohl eine generalklauselartige Ermächtigung seit vielen Jahrzehnten in den Polizei- und Ordnungsgesetzen aller Länder enthalten ist, werden nach wie vor verfassungsrechtliche Bedenken, insbesondere unter dem Aspekt des **Bestimmtheitsgebots**, geäußert. Das Bestimmtheitsgebot ist Ausdruck des Rechtsstaatsprinzips. Es besagt, dass eine Rechtsvorschrift klar zum Ausdruck bringen muss, welche Auswirkungen die

---

[476] Wie hier VGH Kassel NVwZ **2003**, 1392; *Hecker*, NVwZ **2003**, 1334, 1335 f.; *ders.*, NVwZ **1999**, 261, 262; *Cremer*, NVwZ **2001**, 1218, 1219 f.; *Schenke*, POR, Rn 134; anders aber OVG Bremen NVwZ **1999**, 314, 315 f. unter Missachtung der genannten juristischen Grundsätze (richtig dagegen das dem Urteil des OVG vorangegangene Urteil des VG Bremen v. 29.5.**1997** – 2 A 149/96. Immerhin hat der Gesetzgeber darauf reagiert und vor einiger Zeit einen Abs. 2 in die Befugnisnorm eingefügt.

[477] Nachgebildet BVerwGE **90**, 337 ff.

gesetzliche Regelung für den Bürger hat.[478] Ist das Gesetz zu unklar und zu unbestimmt, ist es verfassungswidrig. Es ist jedoch herrschende Rechtsauffassung, dass unbestimmte Rechtsbegriffe und Generalklauseln dem Bestimmtheitsgrundsatz nicht entgegenstehen, wenn die äußeren Grenzen des Spielraums der Verwaltung abgesteckt und damit die Möglichkeit richterlicher Überprüfung der Einhaltung der Grenzen gegeben sind. Das ist bei der ordnungsbehördlichen bzw. polizeigesetzlichen Befugnisgeneralklausel jedenfalls in der Modalität *öffentliche Sicherheit* der Fall.[479] Bei dieser sind das zulässige Maß an Abstraktheit nicht überschritten und das Bestimmtheitsgebot nicht verletzt, da sich die Bedeutung der öffentlichen Sicherheit entweder aus den Legaldefinitionen der Ordnungsbehörden- bzw. Polizeigesetze ergibt bzw. durch Rechtsprechung und Literatur hinreichende Konkretisierung erfahren hat. Wenn daher in der Literatur auch heute noch ausführlich die Verfassungsmäßigkeit der Generalklausel (jedenfalls unter dem Aspekt der öffentlichen Sicherheit) diskutiert oder ernsthaft in Frage gestellt wird, ist dies nicht praxisnah und gibt im Übrigen auch ein falsches Bild von dem tatsächlichen Anwendungsbereich der Generalklausel. Denn gerade in der neueren Gesetzgebung hat sich die Tendenz durchgesetzt, zur Bekämpfung einzelner polizeilicher Gefahren nicht nur neue Spezialgesetze zu schaffen, sondern auch den Anwendungsbereich der Standardmaßnahmen durch Schaffung neuer Anwendungsfelder zu erweitern.[480] Das betrifft nicht nur solche Maßnahmen, die beim Betroffenen zu schwerwiegenden Grundrechtseingriffen oder zu Eingriffen in bedeutende Grundrechte führen, sondern insbesondere – in Konsequenz der bundesverfassungsgerichtlichen Rechtsprechung zum Grundrecht auf informationelle Selbstbestimmung, die bereichsspezifische Regelungen verlangt[481], – auch die Erhebung und Verarbeitung personenbezogener Daten. Die Länder haben auf diese Rechtsprechung reagiert und zahlreiche detailliert ausformulierte Standardmaßnahmen in Bezug auf die Erhebung und Verarbeitung personenbezogener Daten in die Polizeigesetze aufgenommen. Die Darstellung zu den Datenerhebungsmaßnahmen, aber auch zu den traditionellen Standardmaßnahmen, sollte dies verdeutlicht haben. Einer Diskussion bezüglich der Vereinbarkeit mit dem Bestimmtheitsgrundsatz bedarf es lediglich hinsichtlich solcher Befugnisgeneralklauseln, die zusätzlich das Schutzgut *öffentliche Ordnung* beinhalten, vgl. dazu Rn 637 ff.

---

[478] Vgl. BVerfGE **49**, 168, 181 (Aufenthaltserlaubnis); **59**, 104, 114 (Betriebsverfassungsgesetz); **62**, 169, 182 f. (Gesperrtes Guthaben); **80**, 103, 107 f. (Gerichtskostengesetz).

[479] Einer Diskussion bezüglich der Vereinbarkeit mit dem Bestimmtheitsgrundsatz bedarf es lediglich hinsichtlich solcher Befugnisgeneralklauseln, die zusätzlich das Schutzgut *öffentliche Ordnung* beinhalten. Das trifft bspw. auf § 11 HessSOG und neuerdings auch wieder auf § 11 NdSSOG zu, nicht aber auf § 10 BremPolG. Erfreulicherweise hat die Bremische Bürgerschaft – entgegen der allgemeinen Tendenz der Bundesländer – auch bei der jüngsten Gesetzesnovelle Anfang 2006 das Schutzgut *öffentliche Ordnung* nicht wieder in die Befugnisgeneralklausel aufgenommen.

[480] Aus diesem Grund wird auch in Klausuren und Hausarbeiten – jedenfalls in Bezug auf das Schutzgut *öffentliche Sicherheit* – keine Diskussion darüber erwartet, ob die Generalklausel zu unbestimmt und damit verfassungswidrig sein könnte. Vielmehr wird erwartet, dass der Bearbeiter die unbestimmten Rechtsbegriffe *öffentliche Sicherheit* und *erforderliche Maßnahmen* entsprechend der Bedeutung des zu schützenden Rechtsguts einerseits und der Intensität des Grundrechtseingriffs auf Seiten des in Anspruch Genommenen andererseits auslegt. Denn nur auf diese Weise lassen sich Interessenkonflikte adäquat lösen, was sich letztlich auch in der Bewertung der Arbeit niederschlägt.

[481] BVerfGE **65**, 1 ff. Vgl. auch BVerfGE **109**, 279, 325 ff. (Teilweise Verfassungswidrigkeit des sog. großen Lauschangriffs); BVerfG NJW **2005**, 2603 ff. (Verfassungswidrigkeit der vorbeugenden Telekommunikationsüberwachung); BVerfG NJW **2006**, 976 ff. (Eingriff in das allgemeine Persönlichkeitsrecht durch Beschlagnahme von Handy und Computer mit gespeicherten persönlichen Daten).

B. Formelle Rechtmäßigkeit einer Gefahrenabwehrmaßnahme

607 Wie alle staatlichen Maßnahmen müssen auch Gefahrenabwehrmaßnahmen formelle und materielle Rechtmäßigkeitsvoraussetzungen erfüllen. Zur Prüffolge vgl. das Aufbauschema bei Rn 107, auf dem die nachfolgenden Ausführungen fußen. Zu den zunächst zu erörternden formellen Voraussetzungen zählen daher die Beachtung von Zuständigkeits-, Verfahrens-, Form- und (ggf.) Begründungsvorschriften.

I. Zuständigkeit der Gefahrenabwehrbehörde

608 Die Zuständigkeit der handelnden Gefahrenabwehrbehörde ergibt sich aus der einschlägigen Rechtsgrundlage bzw. deren Normengefüge. Besonders zu beachten ist die **vorrangige sachliche Zuständigkeit** (Primärkompetenz) der **Sonderordnungsbehörden**. Das sind i.d.R. die örtlichen Sicherheitsbehörden, Ordnungsbehörden, Ortspolizeibehörden, Magistrate etc. (z.B. Wasserbehörden, Gewerbebehörden, Umweltbehörden, Ausländerbehörden etc.), wobei unerheblich ist, ob diese Sonderordnungsbehörden ihre Maßnahmen auf eine **spezielle Eingriffsbefugnis** (z.B. nach WassG, GastG, GewO, AufenthG etc.) oder auf die ordnungsbehördliche bzw. polizeiliche **Befugnisgeneralklausel** stützen.

609 Zur Gefahrenabwehr ist aber gerade (auch) die **Vollzugspolizei** berufen, wobei diese in den überwiegenden Fällen ihre Maßnahmen ausschließlich nach dem **Polizeigesetz** treffen kann.

610 Hieraus kann sich eine Konkurrenzsituation in Bezug auf die Zuständigkeit ergeben, die über die sog. **Eilfallkompetenz** gelöst wird: Die **Vollzugspolizei** ist nur dann zuständig, wenn eine **Gefahrenabwehr unter Dringlichkeits- und Effektivitätsgesichtspunkten unaufschiebbar** erscheint; anderenfalls fällt die Aufgabe der Gefahrenabwehr in den Zuständigkeitsbereich der fachlich einschlägigen (Sonder-)Ordnungsbehörde.[482]

611 Um einen Eilfall festzustellen, ist eine **Verlaufsprognose** anzustellen: Gelangt ein objektiver Beobachter in der Rolle des handelnden Beamten zu dem Ergebnis, dass die mit bürokratischen Mitteln arbeitende (Sonder-)Ordnungsbehörde nicht ebenso wirksam und rechtzeitig einschreiten könnte wie die Vollzugspolizei, sind deren Eilfallkompetenz und damit deren sachliche Zuständigkeit zu bejahen.

> **Beispiel:** Der Betreiber einer Gaststätte lässt in den Hinterräumen seiner Gaststätte den **Handel mit Drogen** zu. Als die Vollzugspolizei eines Nachts einen entsprechenden Hinweis erhält, begibt sie sich sofort in die Gaststätte und stellt eine erhebliche Menge Kokain sicher.
>
> Hier wäre an sich die Gewerbebehörde als Sonderordnungsbehörde zuständig. Da eine Benachrichtigung der Gewerbebehörde jedoch nur während der üblichen Dienstzeiten möglich ist und vorliegend aufgrund der Dringlichkeit sofort gehandelt werden musste, war die Vollzugspolizei aufgrund ihrer Eilfallkompetenz zuständig.
>
> **Gegenbeispiel:** Rentner C glaubt, bei den ständigen **Radarkontrollen** gehe es dem Staat nur um die Finanzierung des Haushalts. Täglich fährt er deshalb die nahe gelegenen Straßen ab, um Radarfallen aufzuspüren. Immer wenn er eine entdeckt, platziert er sich einige 100 m vorher am Straßenrand und warnt die heranfahrenden Autofahrer mit einem Schild, auf dem steht „Vorsicht Radarfalle". Polizeibeamter P wird

---

[482] Vgl. dazu den Wortlaut der meisten Polizeigesetze: „Die Polizei wird außer den in den Gesetzen vorgesehenen Fällen nur tätig, soweit die Abwehr der Gefahr durch eine andere Behörde (das ist also die (Sonder-)Ordnungsbehörde) **nicht oder nicht rechtzeitig möglich erscheint**."

darauf aufmerksam und weist den C an, derartige Warnungen sofort und auch in der Zukunft zu unterlassen.

Da das Verbot nicht nur für den betreffenden Tag, sondern auch für die Zukunft gelten soll, sind in der Verfügung zwei Regelungen und mithin zwei Verwaltungsakte enthalten: das tagbezogene Verbot, die Radarwarnung fortzusetzen, und das zukunftsbezogene Verbot, sie wieder aufzunehmen. Während das tagbezogene Verbot nur sofort ausgesprochen werden konnte[483], wäre bezüglich des zukunftsbezogenen Verbots durchaus Zeit gewesen, die zuständige Ordnungsbehörde zu informieren. Diese hätte gleichsam wirksam zukünftige Radarwarnungen des C verhindern können.

Besteht ein sog. Eilfall, bedeutet das nicht, dass die (Sonder-)Ordnungsbehörde automatisch ihre Zuständigkeit verliert. Vielmehr behält sie ihre Zuständigkeit und ist *neben* der Vollzugspolizei zuständig. Um in derartigen Fällen ein „Kompetenzgerangel vor Ort" auszuschließen, gilt das **„Recht des ersten Zugriffs"** (auch **Grundsatz der Erstbefassung** genannt). Es besagt, dass von mehreren zuständigen Behörden diejenige zur Gefahrenabwehr befugt ist, die zuerst vor Ort ist und aktiv wird. Das schließt freilich nicht aus, dass die andere Behörde gebeten wird, Amtshilfe zu leisten. 612

Zusammenfassung: 613

- Besteht **kein Eilfall**, ist ausschließlich die **(Sonder-)Ordnungsbehörde** zuständig. Diese kann sich dabei nicht nur auf Sonderordnungsrecht (Spezialgesetze) stützen, sondern i.d.R. auch auf das Polizeigesetz (oder Ordnungsbehördengesetz).
- Ist hingegen ein **Eilfall** gegeben, greift die Zuständigkeit der **Vollzugspolizei**, die i.d.R. jedoch nur Maßnahmen nach dem Polizeigesetz treffen kann (die Spezialgesetze erklären in erster Linie nur die Sonderordnungsbehörden für zuständig; Ausnahmen bestehen nur dort, wo das Spezialgesetz von „Polizei" spricht). Durch die Zuständigkeit der Vollzugspolizei verliert die Sonderordnungsbehörde jedoch nicht ihre Zuständigkeit. Es besteht eine parallele Zuständigkeit. Um in derartigen Fällen ein „Kompetenzgerangel vor Ort" auszuschließen, gilt das **„Recht des ersten Zugriffs"**. Es besagt, dass von mehreren zuständigen Behörden diejenige zur Gefahrenabwehr befugt ist, die zuerst vor Ort ist und aktiv wird. In der Praxis wird dies die Vollzugspolizei sein, was jedoch nicht ausschließt, dass diese die Zuständigkeit an die (fachlich ausgebildete und ausgestattete) Fachbehörde abgibt und sich auf Vollzugshilfe beschränkt.

Hinweis für die Fallbearbeitung: Die **Eilfallkompetenz** (d.h. die sachliche Zuständigkeit) der Polizei ist immer eine Frage der **formellen Rechtmäßigkeit** einer Maßnahme. Dies wirft aber folgendes Aufbauproblem auf: Da die Zuständigkeit der Polizei nur in Eilfällen (die Polizeigesetze sprechen von „Unaufschiebbarkeit") gegeben ist und ein Eilfall nur bei einer „Gefahr für die öffentliche Sicherheit" vorliegt, dürfte man die Zuständigkeit der Polizei streng genommen nur dann bejahen, wenn eine **Gefahr für die öffentliche Sicherheit** durch eine entsprechende (inzidente) Prüfung bejaht wurde. Das Vorliegen einer Gefahr für die öffentliche Sicherheit ist aber (trotz ihrer Nennung im Tatbestand der Zuständigkeitsnorm) eine Frage der materiellen Rechtmäßigkeit. Man umgeht das Problem einer inzidenten Prüfung, indem man die Gefahr unter Hinweis auf die Möglichkeit ihres Vorliegens als gegeben unterstellt (sog. abstrakte Prüfung).[484] Diese 614

[483] Vgl. auch OVG Düsseldorf NJW **1997**, 1596; VG Saarbrücken DAR **2004**, 668 f. zur Rechtmäßigkeit einer Untersagungsverfügung wegen Verstoßes gegen die öffentliche Sicherheit und zur Sicherstellung des Schildes. Zur Rechtmäßigkeit der Vernichtung der sichergestellten Sache vgl. Rn 579. Zur Zulässigkeit von Radarwarnungen im Rundfunk als Teil eines Verkehrskonzepts vgl. wiederum VG Saarbrücken DAR **2004**, 668 f. Zu den sog. Radarwarngeräten vgl. Rn 578.

[484] *Muckel*, BesVerwR, S. 13.

Vorgehensweise ist deswegen möglich, weil der Ausgang des Gutachtens (zumindest gedanklich) bereits feststeht.

615 In der Regel ist der **Polizeivollzugsdienst** trotz Vorliegens eines Eilfalls **nicht zuständig**, Gefahrenabwehrmaßnahmen auf **spezielle Gefahrenabwehrgesetze** zu stützen (s.o.). Denn diese Gesetze erklären meist nur die Sonderordnungsbehörden für zuständig. Das trifft jedenfalls auf die meisten Rechtsgrundlagen des GastG, der GewO, des GPSG, des StVG und der StVO zu. Ist also eine Maßnahme des Polizeivollzugsdienstes zu prüfen, muss bei der Frage nach der Rechtsgrundlage zwar stets der Grundsatz beachtet werden, dass das Spezialgesetz die Anwendung eines allgemeinen Gesetzes ausschließt (lex specialis derogat legi generali), wenn aber der Polizeivollzugsdienst schon nicht zuständig ist, das Spezialgesetz anzuwenden, kann dieses für das Handeln des Beamten keine Sperrwirkung zulasten des allgemeinen Gesetzes entfalten. Wenn aber das Spezialgesetz (ausnahmsweise) auch die Zuständigkeit des Polizeivollzugsdienstes begründet, bleibt es bei dem Grundsatz, dass der Polizeivollzugsdienst seine Maßnahme auf das Spezialgesetz stützen muss. In diesem Fall gehen Anwendbarkeit des Spezialgesetzes und sachliche Zuständigkeit der Behörde einher.

616 **Beispiel:** An einem kalten Sonntagabend im Januar 2007 ereignet sich ein schwerer Verkehrsunfall in der Innenstadt. Unmittelbar nach dem Ereignis erreichen die beiden Polizeivollzugsbeamten A und B den Unfallort, an dem sich bereits mehrere Kraftfahrzeuge gestaut haben und sich eine Menschentraube gebildet hat. Um zum Ort des Geschehens vordringen zu können, schalten die Beamten Martinshorn und Blaulicht ihres Dienstwagens kurz ein, sodass sich die Fahrzeuge und die Schaulustigen tatsächlich zur Seite bewegen. Ist diese Maßnahme rechtmäßig?

Der Einsatz des Martinshorns ist ein **Platzverweis**. Denn durch einen solchen wird eine Person vorübergehend eines Ortes verwiesen oder ihr wird vorübergehend das Betreten eines Ortes verboten.

Die Platzverweisung greift in **Art. 2 II S. 2 GG** ein. Denn die Freiheit der Person schützt trotz ihres weiten Wortlauts („Freiheit") die *körperliche Bewegungsfreiheit*. Damit ist das Recht gemeint, jeden beliebigen Ort aufzusuchen oder ihn zu verlassen.[485] Eine Platzverweisung stellt daher einen Eingriff dar, weil der Betroffene, auch wenn er zunächst nur verpflichtet wird, den Ort zu verlassen, daran gehindert wird, an den Ort zurückzukehren, ihn also aufzusuchen.[486]

Daher ist eine **Rechtsgrundlage** erforderlich. Bevor jedoch auf die polizeigesetzliche Standardmaßnahme *Platzverweisung*[487] zurückgegriffen werden kann, ist zunächst zu untersuchen, ob eine Spezialvorschrift außerhalb des allgemeinen POR greift. In Betracht kommt **§ 38 I StVO**. Danach ist das Einschalten des Martinshorns und des Blaulichts im Fall von höchster Eile gestattet, wenn Menschenleben zu retten, schwere gesundheitliche Schäden oder eine Gefahr für die öffentliche Sicherheit und Ordnung abzuwenden sind. § 38 I StVO ist auch eine gefahrenabwehrrechtliche Vorschrift, sofern auf die genannten Schutzgüter abgestellt wird.

Die **Zuständigkeit** ergibt sich aus § 44 StVO i.V.m. der Vorschrift des Polizeigesetzes, die die Polizei auch dann für zuständig erklärt, wenn andere Rechtsvorschriften dies zu-

---

[485] BVerfGE **94**, 166, 198; *Kunig*, in: von Münch/Kunig, GG, Art. 2 Rn 74.

[486] Wie hier nun auch *Pieroth/Schlink/Kniesel*, POR, § 16 Rn 4; a.A. VGH München NVwZ **2000**, 454, 455 f. (Eingriff nur in Art. 2 I GG). Nach *Hetzer*, JR **2000**, 1, liegt sogar ein Eingriff in Art. 11 GG vor.

[487] Vgl. zum vorübergehenden Platzverweis § 12 MEPolG; **Bund:** § 38 BundesPolG; **Bay:** Art. 16 PAG; **Berl:** § 29 I ASOG; **Brand:** § 16 PolG; **Brem:** § 14 PolG; **Hamb:** § 12a SOG; **Hess:** § 31 SOG; **MeckVor:** § 52 SOG; **Nds:** § 17 I SOG; **NRW:** § 34 PolG, § 24 OBG; **RhlPfl:** § 13 POG; **Saar:** § 12 PolG; **Sachs:** § 21 I PolG; **SachsAnh:** § 36 I SOG; **SchlHolst:** § 201 LVwG; **Thür:** Art. 18 PAG, § 17 OBG. In **BW** stützt sich die Platzverweisung auf die Befugnisgeneralklausel.

lassen (vgl. z.B. § 1 IV BremPolG). Eine solche andere Rechtsvorschrift ist gerade § 38 I StVO.

Als allgemeine **Verfahrensvorschrift** ist zwar an § 28 I VwVfG zu denken, doch eine Anhörung ist ohnehin wegen § 28 II Nr. 1 VwVfG entbehrlich. Denn wegen des ausschließlichen Einschreitens aufgrund der Eilfallkompetenz ist das „öffentliche Interesse" zu bejahen. Zudem liegt „Gefahr im Verzug" vor. Darüber hinaus ergibt sich die Entbehrlichkeit der vorherigen Anhörung aus § 28 II Nr. 4 VwVfG, da sich die mit dem Einschalten des Martinshorns verbundene Aufforderung, zur Seite zu treten, an jeden richtet, der sich im Gefahrenbereich aufhält.

Auch die **materiellen Voraussetzungen** sind erfüllt. Das Martinshorn enthält die technisierte Aufforderung, zur Seite zu treten; auf die Voraussetzungen eines „normalen" Platzverweises nach dem Polizeigesetz kommt es nicht an, daher ist nicht entscheidend, dass die vom Martinshorn zum „Zurseitetreten" Aufgeforderten keine Störer i.S. PolG sind. Zudem lassen auch die meisten Polizeigesetze den Platzverweis gegenüber jedermann zu.

Da auch an der Einhaltung der Ermessensgrenzen und des Grundsatzes der Verhältnismäßigkeit keine Bedenken bestehen, ist das Einschalten von Martinshorn und Blaulicht rechtmäßig.

II. Verfahren/Form/Begründung

Da eine exakte Unterscheidung zwischen Verfahren und Form i.d.R. nicht zweifelsfrei vorgenommen werden kann, ist es gut vertretbar, (im Rahmen einer Falllösung) diese beiden Prüfungspunkte zusammenzufassen. **617**

1. Allgemeine Verfahrensvorschriften, insbesondere Anhörung

Die wichtigsten Verfahrensregeln des (allgemeinen) Verwaltungsverfahrens enthalten die §§ 9-30 VwVfG mit dem überaus bedeutsamen § 28 VwVfG. Nach § 28 I VwVfG *ist* dem Betroffenen, in dessen Rechtssphäre durch einen Verwaltungsakt eingegriffen werden soll, zuvor Gelegenheit zur Äußerung zu geben. Diese Regelung trägt insbesondere bei Ermessensverwaltungsakten dem Rechtsstaatsprinzip und der Menschenwürde Rechnung, da der Bürger nicht zum Objekt staatlichen Handelns gemacht werden darf. Außerdem erfordert eine fehlerfreie Ermessensausübung die vollständige Aufklärung des Sachverhalts (vgl. § 24 VwVfG), dem insbesondere die Anhörung des Betroffenen dient. Daraus folgt, dass die grundsätzliche Anhörungspflicht analog § 28 I VwVfG auch für Realakte gilt.[488] Von dem Grundsatz der vorherigen Anhörung *kann* bzw. *muss* unter bestimmten Voraussetzungen abgewichen werden, vgl. § 28 II/III VwVfG. Die dort normierten Ausnahmetatbestände sind aber wegen der oben genannten rechtsstaatlichen Grundsätze grundsätzlich eng auszulegen. Im Gefahrenabwehrrecht ist insbesondere **§ 28 II Nr. 1 VwVfG** von Bedeutung, da eine vorherige Anhörung des Polizeipflichtigen dem eigentlichen Zweck der Gefahrenabwehr – rasches Handeln zur effektiven Abwehr einer Gefahr – oft zuwiderlaufen würde. Ist demnach die vorherige Anhörung entbehrlich, kann auch aus diesem Grund die Frage, ob es sich bei der zu prüfenden Maßnahme zum einen Verwaltungsakt handelt (zur Erinnerung: § 28 I VwVfG setzt nach seinem Wortlaut einen Verwaltungsakt voraus, ist aber analog auch auf Realakte anwendbar), dahin stehen. **618**

[488] Vgl. BVerwGE **82**, 76, 96; VG Köln NVwZ **1999**, 912.

2. Besondere Verfahrensvorschriften

619 Zusätzlich zu den soeben behandelten allgemeinen Verfahrensvorschriften sind die besonderen Verfahrensvorschriften zu beachten. Das sind solche, die sich aus dem bereichsspezifischen Normengefüge, dem die Rechtsgrundlage entnommen wurde, ergeben. So sind etwa im Rahmen einer freiheitsentziehenden Maßnahme (Polizeigewahrsam) der Richtervorbehalt und die zeitliche Höchstdauer zu beachten; im Rahmen einer Datenerhebungsmaßnahme sind die „Grundsätze der Datenerhebung" zu beachten; bei einer Wohnungsdurchsuchung besteht ein grundsätzliches Anwesenheitsrecht des Betroffenen. Ferner sind bei einigen Maßnahmen Begründungserfordernisse und Dokumentationspflichten einzuhalten.

620 **Hinweis für die Fallbearbeitung:** Ob und inwieweit solche besonderen Verfahrensbestimmungen für die Fallbearbeitung eine Rolle spielen, ist dem Sachverhalt zu entnehmen. Stets von Bedeutung dürfte jedenfalls das Anhörungserfordernis sein. In einer Klausur ist daher kurz festzustellen, dass der Betroffene grundsätzlich nach § 28 I VwVfG anzuhören ist, die Anhörung aber wegen § 28 II Nr. 1 VwVfG entbehrlich gewesen sein könnte. Sodann sind die dort normierten Voraussetzungen zu prüfen. In den meisten Polizeirechtsklausuren kann festgestellt werden, dass eine Anhörung (jedenfalls unter dem Aspekt des „öffentlichen Interesses") **entbehrlich** war, weshalb (unter diesem Aspekt) auch die Frage, ob die zu prüfende Maßnahme einen Verwaltungsakt darstellt, dahin stehen konnte. Sollte sich in überaus seltenen Fällen das Gegenteil herausstellen, bleibt immer noch die Möglichkeit der **Unbeachtlichkeit** nach § 46 VwVfG oder der **Heilung** nach § 45 VwVfG. Vgl. dazu auch die eingehenden Erläuterungen bei *R. Schmidt*, AllgVerwR, Rn 559 ff. Für das obligatorische Unterbleiben der Anhörung (§ 28 III VwVfG) gilt Entsprechendes.

3. Form und Begründung

621 Es gilt grundsätzlich die **Formfreiheit** der Verfügung (§ 37 II S. 1 VwVfG). **Schriftform** bzw. **elektronische Form** sind nur dann erforderlich, wenn das materielle Recht dies fordert. Im allgemeinen POR ist das i.d.R. jedoch kaum der Fall.

622 Das **Begründungserfordernis** (§ 39 I VwVfG) kommt nur bei schriftlichen (und elektronischen) oder schriftlich (oder elektronisch) bestätigten Verwaltungsakten in Betracht (§ 37 II S. 2, § 39 I VwVfG). Im Gefahrenabwehrrecht ergehen aufgrund der regelmäßig vorliegenden Gefahr im Verzug und der damit verbundenen Eilbedürftigkeit zumeist nur mündliche Verfügungen, sodass ein Begründungserfordernis zumindest dort nicht gegeben ist.

623 Handelt es sich bei der Gefahrenabwehrmaßnahme um einen Verwaltungsakt, kommt dem **Bestimmtheitsgrundsatz** (§ 37 I VwVfG) eine gewisse Bedeutung zu. Das notwendige Maß der Konkretisierung hängt von den konkreten Umständen des Einzelfalls ab. Dies ist erfüllt, wenn der Adressat u.U. auch durch Auslegung erkennen kann, was von ihm gefordert wird. Die Verfügung muss auch deshalb verständlich sein, weil sie den Vollstreckungstitel zur zwangsweisen Durchsetzung des Verbots/Gebots darstellt und auch Grundlage für die spätere Geltendmachung eines behördlichen Kostenersatzanspruchs sein kann (dazu später). Der Bestimmtheitsgrundsatz ist aber ein materiellrechtliches Erfordernis und daher eine Frage der **materiellen**, nicht der formellen Rechtmäßigkeit.

Zusammenfassender Hinweis für die Fallbearbeitung: In aller Regel ergeben sich bei der **formellen** Rechtmäßigkeit einer Gefahrenabwehrmaßnahme keine allzu großen Probleme. 624

- Die **sachliche Zuständigkeit** ist eine Frage der Gefahr für die öffentliche Sicherheit (und Ordnung) und bei Vorliegen einer solchen gegeben (vgl. nur die Aufgabenzuweisungs- bzw. Kompetenznorm des jeweiligen Polizeigesetzes). Das Problem ist, dass man den Prüfungspunkt „Gefahr für die öffentliche Sicherheit und Ordnung" bzw. „Gefahrenabwehr" aufgrund seines materiellrechtlichen Charakters nicht vorziehen sollte, obwohl dieser Begriff in den Kompetenznormen verwendet wird, also eigentlich schon hier Tatbestandsmerkmal ist. Man umgeht dieses Problem im Regelfall damit, dass man die Gefahr unter Hinweis auf die Möglichkeit ihres Vorliegens als gegeben unterstellt oder gar nicht erst erwähnt (zur gutachtlichen Prüfung vgl. den Klausurhinweis bei Rn 614). Handelt die Vollzugspolizei, ist zudem zu beachten, dass diese nur für unaufschiebbare Maßnahmen, also im sog. Eilfall, zuständig ist.
- Die **örtliche Zuständigkeit** ist deshalb unerheblich, weil die Vollzugsbeamten der Polizei im gesamten Gebiet des jeweiligen Bundeslandes befugt sind (über das Gebiet hinaus nur aufgrund eines entsprechenden Staatsvertrags).
- Auch die Prüfung des **Verfahrens** und der **Form** bereiten nur selten Schwierigkeiten: Die **Anhörung** des Betroffenen ist möglicherweise wegen vorliegender Gefahr im Verzug entbehrlich (§ 28 II Nr. 1 Var. 1 VwVfG), regelmäßig aber wegen Vorliegens des öffentlichen Interesses (§ 28 II Nr. 1 Var. 2 VwVfG). Sonstige Verfahrensverstöße sind nur dann zu prüfen, wenn der Sachverhalt Anlass dazu bietet. Hinsichtlich der Form gilt, dass vollzugspolizeiliche Verwaltungsakte insbesondere **mündlich** erlassen werden können (vgl. § 37 II S. 1 VwVfG) und sie dann **keiner Begründung** bedürfen (vgl. § 39 I S. 1 VwVfG). Ist die **Rechtsbehelfsbelehrung** unterblieben oder fehlerhaft (etwa weil es entgegen § 58 I VwGO an der Schriftlichkeit der Rechtsbehelfsbelehrung fehlt), hat dies nur die Verlängerung der Rechtsbehelfsfristen auf **ein Jahr** zur Folge (§ 58 II VwGO).

Aus diesen Überlegungen folgt, dass längere Ausführungen zur formellen Rechtmäßigkeit einer Gefahrenabwehrmaßnahme meist fehl am Platz sind. Vielmehr genügt i.d.R. eine kurze Darstellung der obigen Ausführungen.

C. Materielle Rechtmäßigkeit der Gefahrenabwehrmaßnahme

625 Damit eine Gefahrenabwehrverfügung materiell gerechtfertigt ist, müssen zunächst die Voraussetzungen der Rechtsgrundlage vorliegen.

I. Voraussetzungen der Rechtsgrundlage

1. Gefahr für ein Schutzgut der öffentlichen Sicherheit (und Ordnung)

626 Nach den Befugnisgeneralklauseln (und den meisten klassischen Standardmaßnahmen[489]) muss im **einzelnen Fall** die **Gefahr** bestehen, dass am Schutzgut **„öffentliche Sicherheit"** oder (in einigen Bundesländern zusätzlich) „öffentliche **Ordnung**" ein **Schaden** eintritt.

> **Hinweis für die Fallbearbeitung:** Auch die polizeigesetzlichen Spezialermächtigungen (Standardmaßnahmen) stehen in vielen Fällen *innerhalb* des Schutzguts „öffentliche Sicherheit": Wenn beispielsweise die Identitätsfeststellung *zur Abwehr einer Gefahr* erfolgt (vgl. § 11 I Nr. 1 BremPolG) und eine Gefahr durch „eine Sachlage, bei der im einzelnen Falle die hinreichende Wahrscheinlichkeit besteht, dass in absehbarer Zeit ein Schaden für die *öffentliche Sicherheit* eintreten wird" definiert wird (vgl. § 2 Nr. 3a BremPolG), hat auch in Fällen, in denen die Befugnisgeneralklausel zugunsten einer entsprechenden Standardmaßnahme subsidiär zurücktritt, die Voraussetzung *öffentliche Sicherheit* vorzuliegen.

627 Es empfiehlt sich, am Beispiel der Generalklausel, folgende Prüfungsreihenfolge einzuhalten:

Voraussetzungen der Befugnisgeneralklausel

1. Voraussetzungen der Rechtsgrundlage:

⇨ eine im einzelnen Fall bestehende Gefahr für die öffentliche Sicherheit (und Ordnung):

- **a.** Schutzgut **„öffentliche Sicherheit"**
- **b.** oder subsidiär Schutzgut **„öffentliche Ordnung"** (nicht in allen Bundesländern)
- **c.** ***Gefahr*** eines Schadenseintritts (bzw. Störung als realisierte Gefahr)
  - **aa. Gefahr, Schaden**: Begriff z.B. in § 2 Nr. 3a BremPolG legaldefiniert
  - **bb. „Bestehen"** der Gefahr: hinreichende Wahrscheinlichkeit eines Schadenseintritts. Es ist ein Wahrscheinlichkeitsurteil erforderlich, das auf der ex-ante Sicht eines objektiven Beobachters beruht. Je hochwertiger das bedrohte Rechtsgut ist, desto geringere Anforderungen sind an die Wahrscheinlichkeit zu stellen.
  - **cc.** Im **einzelnen Fall** muss die Gefahr bestehen (§ 2 Nr. 3a BremPolG): Konkrete Sachlage, von der die Gefahr ausgeht.
  - **dd. Gefahrenlage**:
    - a.) Objektive Gefahrensituation
    - b.) Anscheinsgefahr
    - c.) Putativgefahr (Scheingefahr)
    - d.) Gefahrenverdacht (Verdachtsgefahr)

2. Rechtsfolge: Ermessen

- **a. Entschließungsermessen** (Frage, ob eingeschritten werden soll)
- **b. Auswahlermessen** (Frage, welches Mittel das Richtige ist; Frage, gegen wen eingeschritten werden muss)

---

[489] Zu beachten ist, dass die Landesgesetzgeber zunehmend dazu übergehen, neue Tatbestände (insbesondere im Bereich der Datenerhebung; aber auch zur Bekämpfung der internationalen Terrorismusgefahr) zu schaffen und dabei lediglich eine abstrakte Gefahr zu fordern. Ob diese Aufweichung der Eingriffsvoraussetzungen verfassungsgemäß ist, wurde bei den betreffenden Standardmaßnahmen erläutert.

⇨ bei beiden Ermessensarten sind **Ermessensgrenzen** und mögliche **Ermessensfehler** zu prüfen: Bei der Mittelauswahl ist insbesondere danach zu fragen, ob ein anderes, gleich geeignetes Mittel den Inanspruchgenommenen weniger intensiv belastet hätte; bei mehreren polizei- und ordnungsrechtlich Verantwortlichen ist die **Auswahl des richtigen Adressaten** zu überprüfen:

aa. Verhaltensverantwortlichkeit

⇒ Theorie der unmittelbaren Verursachung

⇒ Figur des sog. Zweckveranlassers

bb. Zustandsverantwortlichkeit

cc. Inanspruchnahme eines Nichtverantwortlichen

aa.) Gegenwärtige erhebliche Gefahr

bb.) Vorrangigkeit der Heranziehung des Verantwortlichen

cc.) Vorrangigkeit behördeneigener Mittel

dd.) Keine Inanspruchnahme des Nichtverantwortlichen bei dessen erheblicher eigener Gefährdung und bei Verletzung höherwertiger Pflichten

ee.) Folgen einer Inanspruchnahme des Nichtverantwortlichen

dd. Rechtsnachfolge in die Polizei- und Ordnungspflicht

ee. Sonderproblem objektiv nicht gegebene Störereigenschaft

aa.) Anscheinsstörer

bb.) Scheinstörer (Putativstörer)

cc.) Verdachtsstörer

a. Schutzgut „öffentliche Sicherheit"

Nach den Legaldefinitionen einiger novellierter Polizeigesetze, die sich an der hergebrachten Rechtsprechung orientieren, umfasst das Schutzgut öffentliche Sicherheit drei Teilschutzgüter: 628

- die Unverletzlichkeit der Rechtsordnung,
- die Unverletzlichkeit der subjektiven Rechte und Rechtsgüter des Einzelnen
- sowie den Bestand des Staates und der Einrichtungen und Veranstaltungen des Staates oder sonstiger Träger der Hoheitsgewalt.[490]

Die Teilschutzgüter überschneiden sich in vielen Fällen. Findet z.B. ein körperlicher Übergriff statt, sind sowohl die Unverletzlichkeit der Rechtsordnung als auch die subjektiven Rechte und Rechtsgüter des Einzelnen betroffen. Denn verwirklicht der Täter den Straftatbestand der §§ 223 ff. StGB, verletzt er nicht nur die Rechtsordnung (Strafrechtsnormen sind Bestandteil der Rechtsordnung), sondern auch subjektive Rechte bzw. Rechtsgüter des Opfers (das Recht auf körperliche Unversehrtheit ist ein subjektives Recht). 629

Hinweis für die Fallbearbeitung: Kommt eine Verletzung bzw. Gefährdung der öffentlichen Sicherheit unter mehreren Aspekten in Betracht, sind sämtliche Teilschutzgüter, die betroffen sind oder zumindest betroffen sein könnten, zu prüfen.

Eine inhaltliche Ausgestaltung der drei Fallgruppen haben die Gesetze hingegen nicht vorgenommen. Dies ist weiterhin Rechtsprechung und Literatur überlassen.

[490] Vgl. dazu *Szczekalla*, JA **2002**, 992, 993; *Kniesel*, NJW **2000**, 2857, 2864; *Braun*, NVwZ **2000**, 375, 376 sowie die Legaldefinition bspw. in § 2 Nr. 2 BremPolG (allerdings ohne den „Bestand des Staates", was jedoch unschädlich ist, sofern man die „Einrichtungen und Veranstaltungen des Staates" dementsprechend weit auslegt); § 3 Nr. 1 SachsAnhSOG; § 54 ThürOBG.

aa. Unverletzlichkeit der Rechtsordnung

630 Nach allgemeiner Auffassung besteht das Schutzgut „Unverletzlichkeit der Rechtsordnung" aus der Gesamtheit des geschriebenen Rechts, also letztlich aus der objektiven Rechtsordnung. Diese reicht von der Verfassung über die einfachen formellen Gesetze bis hin zu Rechtsverordnungen und Satzungen. Da aber vom Schutzgut der öffentlichen Sicherheit nur die „Unverletzlichkeit" der Rechtsordnung erfasst ist, sind aus der unüberschaubaren Vielzahl von Rechtsvorschriften nur solche polizeirechtlich relevant, die dem Bürger eine bestimmte Verhaltenspflicht auferlegen. Nur wenn der Bürger gegen eine gesetzlich normierte Verhaltenspflicht verstößt, ist die Rechtsordnung verletzt und die Polizei zum Einschreiten befugt. Denn Gegenstand des Schutzguts ist nicht die Rechtsordnung, sondern deren Unverletzlichkeit. Als Rechtsvorschriften, deren Verletzung polizeilich relevant werden kann, kommen insbesondere in Betracht:

631 ▪ **Strafrechtsnormen** und Normen des **Ordnungswidrigkeitenrechts**. Verwirklicht jemand den Tatbestand einer Strafrechtsnorm (z.B. §§ 223 ff. StGB, s.o.) oder begeht eine Ordnungswidrigkeit (indem er etwa einen der Tatbestände der §§ 116 ff. OWiG verwirklicht), liegt eine Verletzung und damit Störung der öffentlichen Sicherheit vor. Da es jedoch stets um Gefahrenabwehr geht, braucht die Behörde keinen Rechtsverstoß abzuwarten, um einzuschreiten. Es genügt die „Gefahr" für ein Schutzgut (zum Begriff der „Gefahr" vgl. Rn 657 ff.).

a.) Über das Schutzgut öffentliche Sicherheit ist also die Verbindung zu Vorschriften außerhalb des Polizeigesetzes herzustellen. Bei der gutachterlichen Prüfung eines Falls ist aufbautechnisch die betreffende Vorschrift, gegen die der Pflichtige verstoßen hat oder haben könnte, inzident zu prüfen, d.h. im Rahmen der Prüfung, ob die Polizei auf der Grundlage der Befugnisgeneralklausel einschreiten und ein Ge- oder Verbot aussprechen durfte.

Beispiel: Die Polizei wird zu einem Straßenfest gerufen, weil ein Angetrunkener randaliert, lautstark herumpöbelt und einige Leute aggressiv beschimpft. Nachdem die Polizei vor Ort eingetroffen ist und den Mann nicht zur Vernunft hat bringen können, erteilt sie ihm einen Platzverweis.

Ein Platzverweis in der vorliegenden Form stellt eine polizeiliche Standardmaßnahme dar. Freilich setzt ein Einschreiten eine Gefahr für ein Schutzgut der öffentlichen Sicherheit voraus. Zum Schutzgut der öffentlichen Sicherheit gehört u.a. die Unverletzlichkeit der Rechtsordnung. Zur Rechtsordnung, deren Verletzung zum polizeilichen Einschreiten befugt, zählen insbesondere Normen des Straf- und Ordnungswidrigkeitenrechts. Ob der Randalierer gegen ein Strafgesetz verstoßen und damit die Rechtsordnung verletzt hat, ist unklar. Auf jeden Fall hat er eine grob ungehörige Handlung vorgenommen, die geeignet ist, die Allgemeinheit zu belästigen und die öffentliche Ordnung zu beeinträchtigen. Damit hat er den Tatbestand des § 118 I OWiG verwirklicht und unter diesem Gesichtspunkt die Rechtsordnung verletzt. Weil auch weder ein Ermessensfehler noch ein Verstoß gegen den Verhältnismäßigkeitsgrundsatz ersichtlich sind, durfte die Polizei den Platzverweis erteilen.

b.) Damit jedoch überhaupt der Anwendungsbereich des allgemeinen Polizeirechts eröffnet ist, darf es sich im konkreten Fall nicht um eine Straf*verfolgung* oder Ordnungswidrigkeiten*ahndung* handeln, sondern es muss um eine *Abwehr* oder *Verhinderung* der Straftat oder der Ordnungswidrigkeit bzw. der daraus entstandenen Gefahren gehen. Anderenfalls handelt es sich um eine repressivpolizeiliche Aufgabe i.S.d. §§ 163 StPO und 53 OWiG, für die sich die Einschreitbefugnis aus der StPO bzw. dem OWiG ergibt und für die gem. § 23 EGGVG der ordentliche Rechtsweg offen steht (vgl. Rn 598 sowie ausführlich *R. Schmidt*, VerwProzR, Rn 23 ff.).

- **Verwaltungsrechtliche Verbotsnormen**, die selbst keine Ermächtigung zum präventiven Einschreiten gegen bevorstehende oder andauernde Normverstöße enthalten (*leges imperfectae*). Voraussetzung ist aber, dass sie ein Gebot oder Verbot enthalten, weil die Rechtsordnung nur vor Verstößen gegen Gebots- oder Verbotsvorschriften, nicht vor Verstößen gegen Verfahrens- oder Formvorschriften schützt. Missachtet also jemand eine verwaltungsrechtliche Gebots- oder Verbotsnorm, liegt eine Störung der öffentlichen Sicherheit vor, die zum Einschreiten auf der Grundlage des Polizeigesetzes ermächtigt. Vgl. dazu das bei Rn 604 dargestellte **Beispiel** zu den Bräunungsstudios. 632

- **Polizeiverordnungen** (= Rechtsverordnungen) und kommunale **Satzungen**. Da diese Regelwerke Gebote und Verbote beinhalten, liegt bei einer Missachtung eine Störung der öffentlichen Sicherheit unter dem Aspekt der Unverletzlichkeit der Rechtsordnung vor, die durch Polizeiverfügung auf der Grundlage der Befugnisgeneralklausel beseitigt werden kann. 633

  Beispiel: Der Gemeinderat der Wesergemeinde hat auf der Grundlage eines Parlamentsgesetzes eine Satzung über die öffentliche Ordnung erlassen, die u.a. in § 6 eine Leinenpflicht für Hunde auf dem Weserdeich vorsieht.[491] Die beiden Polizeibeamten A und B befinden sich auf einem Streifengang auf dem Weserdeich, als sie einen Mann (M) erblicken, der seinen Hund auf dem Deich frei herumlaufen lässt. Sie fordern ihn auf, das Tier anzuleinen.

  Die Aufforderung, den Hund anzuleinen, greift in das Grundrecht der allgemeinen Handlungsfreiheit (Art. 2 I GG) auf Seiten des Mannes ein und bedarf einer Rechtsgrundlage. Diese ist in der polizeigesetzlichen Befugnisgeneralklausel zu sehen. Materielle Voraussetzung für die Verfügung ist eine Gefahr für ein Schutzgut der öffentlichen Sicherheit. In Betracht kommt ein Verstoß des Mannes gegen die geschriebene Rechtsordnung. Zu dieser zählen nicht nur Vorschriften des Straf- und Ordnungswidrigkeitenrechts, sondern auch solche des Verwaltungsrechts inklusive Polizeiverordnungen und Satzungen.
  M hat die in § 6 der genannten Satzung genannte Leinenpflicht missachtet; er hat damit gegen eine Vorschrift der objektiven Rechtsordnung verstoßen und somit ein polizeiliches Schutzgut verletzt. Zur Beseitigung dieser Störung konnten A und B daher die Aufforderung aussprechen.

bb. Unverletzlichkeit der subjektiven Rechte und Rechtsgüter des Einzelnen

Weiteres Teilschutzgut der öffentlichen Sicherheit ist die Unverletzlichkeit der subjektiven Rechte und Rechtsgüter des Einzelnen. Dazu zählen insbesondere Leib, Leben und Gesundheit von Personen. Aber auch Ehre, Eigentum und Freiheit sind erfasst. Überhaupt sind durch die öffentliche Sicherheit **Grundrechte** geschützt. Diesbezüglich ist aber zu beachten, dass nur staatliche Stellen grundrechtsverpflichtet sind; zwischen Privaten gelten die Grundrechte i.d.R. nur mittelbar. Daher können Private jedenfalls unmittelbar keine Grundrechte verletzen, was zum Anlass polizeilichen Einschreitens genommen werden könnte. Allerdings ist eine *mittelbare* Grundrechtsverletzung möglich, nämlich bei Missachtung von Strafrechts- und/oder Privatrechtsnormen. In diesen Fällen ist eine Betroffenheit der öffentlichen Sicherheit unter dem Aspekt *subjektive Rechte und Rechtsgüter des Einzelnen* denkbar. Dann jedoch ist wiederum die bereits Rn 68 ff. erläuterte **Subsidiarität** des staatlichen Schutzes zu beachten: **Privatrechtsnormen** bzw. **private Rechte** sind nur dann geschützt und berechtigen die Polizei nur dann zum Einschreiten, wenn insbesondere gerichtlicher 634

[491] Vgl. auch VGH Mannheim NVwZ **1999**, 560 zu einer Polizeiverordnung, die das Betteln auf öffentlichen Straßen und in öffentlichen Anlagen schlechthin untersagt.

Schutz nicht rechtzeitig zu erlangen ist und ohne polizeiliche Hilfe die Verwirklichung des Rechts vereitelt oder wesentlich erschwert würde.

635 Ein typischer Anwendungsfall der Variante *subjektive Rechte und Rechtsgüter des Einzelnen* ist die **Obdachlosenunterbringung**. Jedenfalls die unfreiwillige Obdachlosigkeit in der Winterzeit stellt eine Gefahr für die öffentliche Sicherheit dar, weil die Rechtsgüter *Leben*, *Gesundheit* und *Vermögen* dessen, der ohne Obdach „auf der Straße steht", gefährdet sind. Als Eingriffsmaßnahme kommt zwar zunächst die Standardmaßnahme Sicherstellung (Beschlagnahme) von Wohnraum zugunsten des Obdachlosen in Betracht, wobei der Eigentümer regelmäßig als Nichtstörer in Anspruch genommen wird. Da es bei der Standardmaßnahme Sicherstellung aber um die Begründung amtlichen Gewahrsams an der Sache geht (die Polizei will andere von der Einwirkungsmöglichkeit auf die Sache ausschließen), kann sie letztlich nicht als Eingriffsgrundlage herangezogen werden.[492] In Ermangelung auch sonstiger Standardbefugnisse kann hier nur die Befugnisgeneralklausel taugliche Rechtsgrundlage sein, aufgrund derer eine entsprechende „Beschlagnahmeverfügung" (Einweisungsverfügung) erlassen wird.[493]

cc. Bestand des Staates und der Einrichtungen und Veranstaltungen des Staates oder sonstiger Träger der Hoheitsgewalt

636 Drittes und letztes Teilschutzgut der öffentlichen Sicherheit sind der Bestand des Staates[494] und der Einrichtungen und Veranstaltungen des Staates oder sonstiger Träger der Hoheitsgewalt. „**Bestand des Staates**" ist die territoriale Unversehrtheit und politische Unabhängigkeit der Bundesrepublik Deutschland. Unter „**Einrichtungen**" sind räumliche Gebilde zu verstehen; bei „**Veranstaltungen**" steht die menschliche Teilnahme im Vordergrund. Da es bei den genannten Begriffen aber letztlich um den Schutz der staatlichen Organisationshoheit geht, ist im Zweifel eine großzügige Auslegung geboten. So kann bspw. auch die Gewährung eines sicheren und reibungslosen Straßenverkehrs als *staatliche Veranstaltung* gesehen werden. Werden Anlagen, die der Sicherung der Verkehrsführung oder ganz allgemein der Verkehrssicherheit dienen, beschädigt oder in ihrer Funktion beeinträchtigt, liegt eine Störung der öffentlichen Sicherheit unter dem Aspekt *Einrichtungen des Staates* vor.

Beispiele[495]:

(1) Der 13-jährige Kevin (K) macht sich einen Spaß und drückt an einem Fußgängerüberweg ununterbrochen den **Ampelknopf**, sodass die Ampel stets auf Rot umspringt. Dadurch hat sich bereits ein langer Stau gebildet. Der vorbeikommende Polizist P untersagt K die weitere Betätigung des Ampelknopfs.

Hier liegt eine Gefahr für die öffentliche Sicherheit vor, weil auch die Gewährung eines sicheren und reibungslosen Straßenverkehrs, wozu der störungsfreie Betrieb einer Ampelanlage gehört, als staatliche Veranstaltung gesehen werden kann. Dass das Schutzgut bereits verletzt und nicht erst gefährdet wurde, ist unschädlich, denn auch eine bereits eingetretene Störung ist die Gefahr der nächsten Sekunde. K muss daher der Verbotsverfügung des P Folge leisten.

(2) Wie bereits im Beispiel bei Rn 611 (**Radarkontrolle**) erwähnt, liegt in dem Hochhalten des Schildes „Vorsicht Radarkontrolle" eine Gefahr für die öffentliche Sicherheit, weil auch die Gewährung eines sicheren und reibungslosen Straßenverkehrs

---

[492] Wie hier *Volkmann*, JuS **2001**, 888, 890; *Muckel*, BesVerwR, S. 121, und *Erichsen/Biermann*, JuS **1998**, 371, 376. Dagegen für Sicherstellung (Beschlagnahme) *Schenke*, POR, Rn 322, mit dem Argument, dass der Befugnisgeneralklausel der Grundsatz der Subsidiarität entgegenstehe. Vgl. zur Unterbringung von Obdachlosen auch *Ruder*, NVwZ **2001**, 1223 ff. sowie ausführlich *R. Schmidt*, Fälle zum Gefahrenabwehrrecht, Fall 10.
[493] Vgl. dazu auch OVG Bremen DÖV **1994**, 221; VG Bremen NVwZ **1991**, 706.
[494] Nicht in allen Bundesländern, vgl. Rn 628.
[495] *Muckel*, BesVerwR, S. 23 ff. und 28 ff.

als staatliche Veranstaltung gesehen werden kann und der sichere und reibungslose Verkehr durch das Aufstellen einer radargestützten Geschwindigkeitsmessanlage („Radarfalle") gewährleistet wird. C muss daher der Verbotsverfügung des P Folge leisten.[496]

b. Schutzgut „öffentliche Ordnung"

Neben dem Schutzgut öffentliche Sicherheit nennen die meisten Ordnungsbehörden- und Polizeigesetze (wieder) das Schutzgut *öffentliche Ordnung*. Dieses ist aber gegenüber dem Schutzgut *öffentliche Sicherheit* subsidiär, darf in der Fallbearbeitung also erst dann geprüft werden, wenn eine Gefahr für die öffentliche Sicherheit nicht vorliegt. **637**

Im Anschluss an die amtliche Begründung zu § 14 PreußPVG wird die öffentliche Ordnung wie folgt verstanden:

Unter **öffentlicher Ordnung** wird die Gesamtheit der ungeschriebenen Regeln verstanden, deren Befolgung nach den jeweils herrschenden und mit dem Wertgehalt des Grundgesetzes zu vereinbarenden sozialen und ethischen Anschauungen als unerlässliche Voraussetzung eines geordneten menschlichen Zusammenlebens innerhalb eines bestimmten Gebiets angesehen wird.[497] **638**

Wie dieser Definition zu entnehmen ist, kommt es weniger auf ein rechtliches als auf ein gesellschaftliches, d.h. soziologisches und ideologisches Verständnis an. Da die die öffentliche Ordnung konstituierenden herrschenden sozialen und ethischen Wertvorstellungen oft aber nur **schwer feststellbar** sind, ist fraglich, ob die Einbeziehung der öffentlichen Ordnung in den Schutzbereich der polizeigesetzlichen Befugnisnormen der betreffenden Polizeigesetze unter dem Aspekt des **Bestimmtheitsgrundsatzes** nicht zu einer partiellen **Verfassungswidrigkeit** derselben führt.[498] Es kann nicht Aufgabe des Staates sein, die Beachtung ungeschriebener Wertvorstellungen mit den Mitteln hoheitlicher Gewalt zu erzwingen. Darüber hinaus sind die für ein geordnetes Zusammenleben wirklich relevanten Störungen aufgrund der enorm gestiegenen Regelungsdichte (nahezu jeder erdenkliche Sachverhalt ist gesetzlich ausnormiert) bereits vom Begriff der öffentlichen Sicherheit erfasst, sodass auch unter diesem Aspekt keine Notwendigkeit besteht, am Begriff der öffentlichen Ordnung festzuhalten. **639**

Gleichwohl ist die öffentliche Ordnung in den Bundesländern, die sie zwischenzeitlich herausgenommen hatten, als „Auffangnorm" wieder aufgenommen worden, angeblich, um „Störungen des Gemeinschaftslebens" bei Fehlen einer spezialgesetzlichen Regelung begegnen zu können (so z.B. § 2 Nr. 1a NdsSOG). Nach den Gesetzesbegründungen soll damit das Einschreiten auch gegen sog. „Unordnungszustände" als eine wichtige Aufgabe der Gefahrenabwehrbehörde hervorgehoben und damit gleichzeitig auch eingefordert werden. Es sei erforderlich, der Entwicklung von Kriminalitätsformen entgegenzuwirken, die auf „Unordnungszuständen" ggf. aufbauten oder durch diese gefördert würden. Zwar stünden den Gefahrenabwehrbehörden zur Ge- **640**

---

[496] Vgl. OVG Münster NJW **1997**, 1596.

[497] BVerfGE **111**, 147, 152 ff.; BVerfG NVwZ **2004**, 90, 91; *Szczekalla*, JA **2002**, 992, 994; *Tölle*, NVwZ **2001**, 153, 154; *Schenke*, POR, Rn 63; *Heckmann*, JuS **1999**, 986, 992. Vgl. dazu auch BVerfG-K NJW **2001**, 1409 und die Legaldefinitionen in § 3 Nr. 2 SachsAnhSOG und § 54 Nr. 2 ThürOBG.

[498] Entsprechendes gilt mit Blick auf § 118 I OWiG. Nach dieser Vorschrift handelt ordnungswidrig, „wer eine grob ungehörige Handlung vornimmt, die geeignet ist, die Allgemeinheit zu belästigen oder zu gefährden und die öffentliche Ordnung zu beeinträchtigen". Ein paralleles Problem ergibt sich hinsichtlich Art. 2 I GG („Sittengesetz") und § 15 I VersG (Versammlungsverbot oder Auflagen u.a. bei Gefahr für die öffentliche Ordnung).

währleistung ihrer Aufgabe insbesondere zahlreiche spezialgesetzliche Regelungen zur Verfügung, mit der Aufnahme der öffentlichen Ordnung solle zusätzlich ein als „sozialwidrig" bewertetes Verhalten, das (noch) nicht der Sanktion durch das Straf- oder Ordnungswidrigkeitenrecht unterfalle und somit auch keine Gefährdung der öffentlichen Sicherheit darstelle, wieder als Verstoß gegen die öffentliche Ordnung geahndet werden können.[499]

641 Diese Annahme ist antiquiert; sie knüpft an die Wertvorstellungen des preußischen Obrigkeitsstaates an, in dem im Übrigen nicht nur Homosexualität, sondern sogar ehewidriges Verhalten unter Strafe gestellt war. Zudem verkennt sie die bereits erwähnte enorme Regelungsdichte des geschriebenen Rechts, das nahezu lückenlos jeden erdenklichen Lebenssachverhalt erfasst und die Polizei in die Lage versetzt, wegen Verstoßes gegen Normen der objektiven Rechtsordnung bereits über die Variante der öffentlichen Sicherheit gefahrenabwehrrechtlich tätig zu werden. Auch aus diesem Grund stellt sich die (Wieder-)Aufnahme der öffentlichen Ordnung in die Polizeigesetze als überflüssig dar, von den genannten verfassungsrechtlichen Bedenken einmal abgesehen.

641a Da die öffentliche Ordnung jedoch im Versammlungsrecht (§ 15 I VersG), aber auch im Ordnungswidrigkeitenrecht (§ 118 I OWiG) eine gewisse Rolle spielt und so mittelbar auch in den Ländern, die das Schutzgut öffentliche Ordnung aus dem Polizeigesetz herausgenommen haben, noch zu einem polizeilichen Einschreiten wegen Verstoßes gegen die objektive Rechtsordnung und damit gegen die öffentliche Sicherheit veranlasst, ist die öffentliche Ordnung nicht ganz bedeutungslos geworden. Das gilt umso mehr, als das BVerfG noch im Jahre 2004 (in Bezug auf § 15 I VersG) die Verfassungsmäßigkeit der öffentlichen Ordnung als Tatbestandsmerkmal einer gesetzlichen Eingriffsgrundlage, wenn auch mit dem Diktum der restriktiven Handhabung, bejaht hat.[500] Daher sind die Argumente, die für und gegen die Verfassungsmäßigkeit sprechen, nicht obsolet geworden.

642
- Als Argument gegen die Verfassungsmäßigkeit wird vorgebracht, dass eine pauschale Verweisung auf ungeschriebene, unbestimmte gesellschaftliche Vorstellungen die demokratischen und rechtsstaatlichen Grenzen der Verwaltung überschreite. Nur das Parlament könne – mit der rechtsstaatlich notwendigen Bestimmtheit – den Kreis der schützenswerten Gemeinschaftsgüter verbindlich festlegen.[501]

643
- Die Gegenposition führt an, dass die ordnungsbehördliche bzw. polizeiliche Generalklausel in jahrzehntelanger Entwicklung durch Rechtsprechung und Lehre nach Inhalt, Zweck und Ausmaß hinreichend präzisiert, in ihrer Bedeutung geklärt und im juristischen Sprachgebrauch verfestigt sei.[502] Selbst das Grundgesetz setze den Schutz der öffentlichen Ordnung in Art. 13 VII, 35 II GG voraus und verlange dabei erkennbar nicht, dass die Parlamente den Kreis der hiervon erfassten Güter abschließend festlegten. Schließlich könne es mit Blick auf das Demokratieprinzip nicht zu beanstanden sein, an die Vorstellungen der Mehrheit anzuknüpfen.[503]

644
- Auch das BVerfG ist (in Bezug auf § 15 I VersG) der Auffassung, dass der Rückgriff auf diesen unbestimmten Rechtsbegriff erforderlich bleiben könne, allerdings durch verfassungskonforme Auslegung sicherzustellen sei, dass es bei der Rechtsanwendung nicht

---

[499] So die stereotype Begründung der Landesgesetzgeber; vgl. exemplarisch nur das Änderungsgesetz v. 11.12.2003 hinsichtlich des NdsGefAG, welches seither auch als NdsSOG bezeichnet wird.
[500] BVerfGE **111**, 147, 152 ff.
[501] *Götz*, POR, Rn 98; *Habermehl*, POR, Rn 103; *Muckel*, BesVerwR, S. 40 f.; *Schenke*, POR, Rn 62 ff. Vgl. auch BVerfG NJW **2001**, 1048 ff.; *W. Schmidt*, NJW **2001**, 1035, 1036.
[502] BVerfGE **54**, 143, 144 ff. Vgl. auch BVerwGE **115**, 189, 195 ff.
[503] *Muckel*, BesVerwR, S. 42 f.; im Ergebnis ebenso *Schenke*, POR, Rn 65 f.; *Friauf*, POR, Rn 39 ff.

zu unverhältnismäßigen Grundrechtseingriffen komme. So seien Beschränkungen der Versammlungsfreiheit, darunter auch zur Abwehr von Gefahren für die öffentliche Ordnung, verfassungsrechtlich unbedenklich, wenn sie ein aggressives oder provokatives, die Bürger einschüchterndes Verhalten der Versammlungsteilnehmer verhindern sollten, durch das ein Klima der Gewaltdemonstration und potentieller Gewaltbereitschaft erzeugt werde. Die öffentliche Ordnung könne auch verletzt sein, wenn Rechtsextremisten einen Aufzug an einem speziell der Erinnerung an das durch den Nationalsozialismus begangene Unrecht und an den Holocaust dienenden Feiertag so durchführten, dass von seiner Art und Weise Provokationen ausgingen, die das sittliche Empfinden der Bürger erheblich beeinträchtigten. Gleiches gelte, wenn ein Aufzug sich durch sein Gesamtgepräge mit den Riten und Symbolen der nationalsozialistischen Gewaltherrschaft identifiziere. In solchen Fällen sei unter Berücksichtigung des Grundsatzes der Verhältnismäßigkeit zu klären, durch welche Maßnahmen die Gefahr abgewehrt werden könne. Dafür kämen in erster Linie Auflagen in Betracht. Reichten sie zur Gefahrenabwehr nicht aus, könne die Versammlung verboten werden.[504]

- Stellungnahme: Da der Gesetzgeber auch in anderen Bereichen (siehe z.B. §§ 138, 242 BGB, § 3 UWG) bei von ihm getroffenen Regelungen an gesellschaftliche Anschauungen anknüpft, ohne dass dagegen bisher grundsätzliche Bedenken geäußert wurden, sollte mit Blick auf die Verbindlichkeit der Rechtsprechung des BVerfG für Gerichte und Behörden (vgl. § 31 I BVerfGG) zumindest in der Praxis auch bezüglich der öffentlichen Ordnung von der Verfassungsmäßigkeit ausgegangen werden. Aufgrund der **schweren Bestimmbarkeit der sozialen und ethischen Wertvorstellungen ist aber eine restriktive Praxis bezüglich der Annahme einer Gefahr für die öffentliche Ordnung** angezeigt. Hinzu kommt, dass sich die sozialen und ethischen Wertvorstellungen im Laufe der Zeit „liberalisieren". Das wird besonders am Beispiel des „Oben-ohne-Badens" deutlich. Während dies in den 50er Jahren noch als verwerflich galt und somit wegen Verstoßes gegen die öffentliche Ordnung untersagt werden konnte, besteht heute keine Möglichkeit des polizeilichen Einschreitens mehr, was zur Folge hat, dass diesbezüglich nicht mehr danach gefragt werden muss, ob die Aufnahme der öffentlichen Ordnung in die Befugnisgeneralklausel zu deren partiellen Nichtigkeit führt. Als Verstoß gegen die öffentliche Ordnung wurden aber noch angesehen: 645

(1) Hissen der Reichskriegsflagge[505]

(2) Nacktes Auftreten in der Öffentlichkeit[506]

(3) Veranstaltung einer Peepshow[507]

(4) Aggressives Betteln

(5) Verrichtung menschlicher Bedürfnisse in der Öffentlichkeit

(6) Verspotten alter oder hilfloser Personen

Insbesondere das **nackte Auftreten in der Öffentlichkeit** ist der stetige Beweis für die Irrelevanz der Aufnahme der öffentlichen Ordnung in die polizeirechtlichen Befugnisnormen. Denn wer in der Öffentlichkeit (außerhalb designierter Bereiche wie z.B. FKK-Strände) nackt auftritt, nimmt nach den sozialen und ethischen Wertvorstellungen der Rechtsgemeinschaft eine grob ungehörige Handlung vor, die geeignet ist, die Allgemeinheit zu belästigen bzw. die öffentliche Ordnung zu beeinträchtigen. Damit verwirklicht der Betreffende den Ordnungswidrigkeitentatbestand des § 118 I OWiG und verstößt damit gegen die objektive Rechtsordnung als Bestandteil der öf- 646

---

[504] BVerfGE **111**, 147, 152 ff. unter Berufung auf BVerfG NJW **2001**, 1409 als Beleg für die Richtigkeit seiner Auffassung.
[505] OVG Münster NJW **1994**, 2909.
[506] OVG Münster NJW **1997**, 1180.
[507] BVerwGE **64**, 274; BVerwG NVwZ **1987**, 411; **1990**, 668.

fentlichen Sicherheit, deren Verletzung oder Gefährdung zum Einschreiten auf der Grundlage der Befugnisgeneralklausel ermächtigt.

647 Freilich ist davon der Fall zu unterscheiden, dass das nackte Auftreten Gegenstand einer **Versammlung** ist und damit dem Schutzbereich des Art. 8 I GG unterfällt. Soll z.B. eine unter dem Motto: „Für Nacktheit als zweckdienliche und gesellschaftsfähige Kleidung und gegen das Verstecken von Körper in blickdichten Ghettos" stehende Nacktradel-Aktion wegen Verstoßes gegen § 118 I OWiG („Beeinträchtigung der öffentlichen Ordnung durch grob ungehörige Handlung") verboten werden, ist bei der Auslegung des Begriffs „öffentliche Ordnung" stets die Bedeutung des Art. 8 I GG zu berücksichtigen. Allein die Verwirklichung einer Verbotsnorm (wie § 118 I OWiG) kann einen Eingriff in Art. 8 I GG nicht rechtfertigen. Denn nach der Brokdorf-Entscheidung des BVerfG[508] können nur solche Eingriffe in die Versammlungsfreiheit gerechtfertigt sein, die zum Schutz von Rechtsgütern ergehen, die bei einer Abwägung mit Art. 8 I GG gleich- oder höherrangig sind. Das sind im Wesentlichen Leib, Leben, Gesundheit, Staatsschutz und bedeutsame Vermögensgüter, nicht jedoch die Verwirklichung von Ordnungswidrigkeitentatbeständen.[509]

648 Bei der gewerblichen Veranstaltung des Spiels „Quasar", bei dem mit **Laserpistolen Angriffs- und Tötungshandlungen an Menschen simuliert werden**, ist zu differenzieren: Zwar ist das Laserspiel im Land Nordrhein-Westfalen, in dem das Schutzgut öffentliche Ordnung nach wie vor in der ordnungsbehördlichen Befugnisgeneralklausel (§ 14 I OBG) enthalten ist, als Verstoß gegen die öffentliche Ordnung (Verstoß gegen die Menschenwürde – dazu Rn 653) angesehen worden[510], allerdings reicht nach Auffassung des BVerwG die Befugnisgeneralklausel nicht *schlechthin* aus, ein entsprechendes Verbot, das in Art. 12 I GG auf Seiten des Veranstalters eingreift, zu erlassen. Dem Gesetzesvorbehalt des Art. 12 I S. 2 GG gerecht werde grds. nur eine Spezialermächtigung, etwa aus dem Gewerberecht. Soweit eine solche nicht greife (insbesondere, wenn sich der Veranstalter gewerberechtlich ordnungsgemäß verhält), könne das Laserspiel nur *im Einzelfall* auf der Grundlage der Befugnisgeneralklausel wegen Verstoßes gegen die Menschenwürde untersagt werden. Komme demzufolge eine Untersagungsverfügung in Betracht, müsse aber – wenn wie im zu entscheidenden Fall der deutsche Veranstalter mit einem britischen Ausrüster von Laserpistolen einen Franchisevertrag geschlossen hatte – deren Vereinbarkeit mit dem Recht auf freien Dienstleistungs- und Warenverkehr des EG-Vertrags beachtet werden. Daher setzte das BVerwG das Verfahren aus und legte die Frage gem. Art. 234 EG (Vorabentscheidungsverfahren) dem EuGH vor.

649 Dieser entschied[511], dass die Untersagung des Betriebs eine Einschränkung der **Dienstleistungsfreiheit** gem. Art. 49 EG und der **Warenverkehrsfreiheit** gem. Art. 28 EG bedeute und daher der Rechtfertigung bedürfe.[512] Als Rechtfertigung kämen die ausdrücklich in Art. 46 I EG i.V.m. Art. 55 EG genannten „Gründe der öffent-

---

[508] BVerfGE **69**, 315, 343 ff.

[509] Unvertretbar daher VG Karlsruhe NJW **2005**, 3658, das zwar den Schutzbereich des Art. 8 I GG bejaht, dann aber auf der Ebene der Rechtfertigung des Verbots nicht mehr auf Art. 8 I GG eingeht und das Verbot allein mit der Verwirklichung des § 118 I OWiG begründet. Zwar wäre es durchaus möglich gewesen, bei verfassungskonformer Auslegung des Tatbestandsmerkmals „öffentliche Ordnung" die Nacktradel-Aktion in rechtmäßiger Weise zu verbieten, dies hätte jedoch eine gründliche Abwägung mit dem Grundrecht aus Art. 8 I GG vorausgesetzt. Eine solche Abwägung wurde vom VG jedoch nicht ansatzweise vorgenommen.

[510] OVG Koblenz NVwZ-RR **1995**, 30 f.; OVG Münster NVwZ-RR **1996**, 39; i.E. ebenso, ohne jedoch zwischen der öffentlichen Sicherheit und der öffentlichen Ordnung zu unterscheiden, BVerwGE **115**, 189, 195 ff. Vgl. dazu auch *Heckmann*, JuS **1999**, 986 ff.; *Szczekalla*, JA **2002**, 992 ff.

[511] EuGH NVwZ **2004**, 1471, 1472 f.

[512] Zur Notwendigkeit der Vereinbarkeit einer staatlichen Maßnahme nicht nur mit nationalem Verfassungsrecht, sondern auch mit EU-Recht vgl. *R. Schmidt*, Staatsorganisationsrecht, Rn 327 ff.

lichen Ordnung, Sicherheit oder Gesundheit" in Betracht, wobei zu beachten sei, dass eine Einschränkung grundsätzlich nur bei **unterschiedslos** angewandten nationalen Maßnahmen gerechtfertigt werden könne, die aus zwingenden Gründen des Allgemeininteresses geboten seien. Die Behörde im Ausgangsverfahren habe in der Begründung der Untersagungsverfügung ausdrücklich ausgeführt, dass die betroffene Betätigung des Veranstalters eine Gefahr für die öffentliche Ordnung darstelle. Die Bezugnahme auf eine Gefahr für die öffentliche Ordnung finde sich auch in der Befugnisgeneralklausel (im Originalfall war dies § 14 I OBG NRW), die die Ordnungsbehörde ermächtigte, die notwendigen Maßnahmen zur Abwehr einer solchen Gefahr zu treffen. Diese Untersagungsverfügung habe die Behörde auch gerade ohne Ansehung der Staatszugehörigkeit der Erbringer oder Empfänger der von der Beschränkung betroffenen Dienstleistungen erlassen, mithin unterschiedslos angewandt. Da aber die Maßnahmen zum Schutz der öffentlichen Ordnung unter eine in Art. 46 EG aufgezählte Ausnahme vom freien Dienstleistungsverkehr fielen, könne die Frage, ob diese Maßnahme unterschiedslos sowohl auf im Inland ansässige Dienstleistungserbringer als auch auf in anderen Mitgliedstaaten ansässige Dienstleistungserbringer ergangen sei, letztlich aber auch dahin stehen.

Im Übrigen sei der Begriff der öffentlichen Ordnung in Art. 46 I EG für unterschiedli- 650
che Beurteilungen von Land zu Land offen. So sei es aus europarechtlicher Sicht nicht zu beanstanden, wenn eine nationale Behörde zu dem Ergebnis gelange, dass ein Verhalten eines Bürgers rechtswidrig sei, und dieses Ergebnis – gemessen am Maßstab der Verfassung ihres Landes – zutreffe. Insoweit sei den zuständigen innerstaatlichen Behörden ein Beurteilungsspielraum innerhalb der durch den EG-Vertrag gesetzten Grenzen zuzubilligen.[513]

Ist also die nationale Behörde der Ansicht, dass die von der Untersagungsverfügung 651
betroffene Betätigung eine Gefahr für die öffentliche Ordnung darstelle, weil die gewerbliche Veranstaltung von Unterhaltungsspielen mit simulierten Tötungshandlungen an Menschen nach der in der öffentlichen Meinung vorherrschenden Auffassung gegen eine in der nationalen Verfassung verankerte grundlegende Wertvorstellung verstoße, nämlich gegen die Menschenwürde, und steht diese Rechtsauffassung im Einklang mit dem Grundgesetz, verstößt das Verbot auch nicht gegen Art. 46 I EG.

Nach dem Urteil des EuGH bleibt es also bei der nationalen Betrachtungsweise mit 652
dem Grundgesetz als Prüfungsmaßstab. Diesbezüglich hat das BVerwG – wie oben angeführt – entschieden, dass die Untersagungsverfügung rechtmäßig gewesen sei.

Ob bei dem Spiel „Quasar" ein Verstoß gegen die **Menschenwürde** (Art. 1 I GG) 653
wirklich vorliegt, ist mehr als fraglich. Zwar kann die Menschenwürde auch von Privaten verletzt werden, jedoch spielen alle Teilnehmer freiwillig an dem Geschehen mit, was einen Grundrechtsverzicht bedeuten könnte. Andererseits ist fraglich, ob die Menschenwürde disponibel ist. Überzeugend scheint es, in Übereinstimmung mit dem vom Verfasser vertretenen positivistischen Verständnis von der Menschenwürde[514] nur den in Extremfällen berührten objektiven Kern der Menschenwürde für indisponibel zu erachten, was wiederum nur dann angenommen werden sollte, wenn dem Betroffenen (im Vergleich zu anderen) in menschenverachtender Weise seine Menschqualität abgesprochen und er zum Objekt eines beliebigen Verhaltens erniedrigt wird. Ob das im vorliegenden Fall angenommen werden muss, darf bezweifelt werden. Denn bei dem „Kampf" im Laserdome bestehen prinzipiell die gleichen Chancen für

[513] So ausdrücklich EuGH NVwZ **2004**, 1471, 1472 f.
[514] Vgl. dazu *R. Schmidt*, Grundrechte, Rn 306.

alle, sodass kein Mitspieler im Vergleich zu anderen in irgendeiner Weise zum Objekt erniedrigt wird. Dennoch hat das BVerwG – ohne einen Hinweis zu geben, ob es den Fall am Maßstab des Schutzguts öffentliche Sicherheit oder an dem der öffentlichen Ordnung prüft – entschieden, dass sich die Teilnehmer mit der Gewaltanwendung gegen andere identifizierten, die dadurch bagatellisiert werde. Sie verspürten ein Vergnügen an simulierten Tötungshandlungen, wenn sie mit ihren an Maschinenpistolen erinnernden Waffen im Nahkampf auf den „Gegner" zielten und nur durch gezielte Schüsse die nötigen Punkte erreichten. Es gehe mithin um das „spielerische Töten" von Menschen, nicht nur um sportlichen Wettkampf, sodass die menschliche Individualität, Identität und Integrität banalisiert und damit die Wertvorstellungen des Grundgesetzes konterkariert würden.[515] Mit Blick auf die Verbrechen des nationalsozialistischen Regimes verstießen daher auch lediglich simulierte Tötungshandlungen generell gegen die Menschenwürde. Auch sei eine Einwilligung der betroffenen Spieler unbeachtlich, denn die aus Art. 1 I und Art. 2 II S. 1 GG herzuleitende Wertordnung der Verfassung stehe nicht im Rahmen eines Unterhaltungsspiels zur Disposition.[516]

654 Verneint man mit der hier vertretenen Auffassung eine Verletzung des nur in Extremfällen berührten objektiven Kerns der Menschenwürde, liegt keine Beeinträchtigung des Schutzguts der öffentlichen Ordnung vor. In diese Richtung geht auch ein Beschluss des VGH Mannheim, wonach zumindest bei einer summarischen Prüfung Paintball-Spiele nicht mit Tötungshandlungen gleichgesetzt werden können.[517]

655 Im Übrigen liegt ein Verstoß gegen die objektive Rechtsordnung als Teilbereich der öffentlichen Sicherheit von vornherein nicht vor. Zwar gehören zur objektiven Rechtsordnung insbesondere Strafrechtsnormen und Normen des Ordnungswidrigkeitenrechts, vorliegend hat der Veranstalter aber weder gegen das Gewaltdarstellungsverbot des § 131 StGB noch gegen § 118 I OWiG verstoßen. Denn das Spiel „Quasar" steht in keinem Zusammenhang mit einer Schrift oder einem Rundfunk und ist daher kein taugliches Tatobjekt i.S.v. § 131 StGB. Auch ein Verstoß gegen § 118 I 1 OWiG, wonach ordnungswidrig handelt, „wer eine grob ungehörige Handlung vornimmt, die geeignet ist, die Allgemeinheit zu belästigen oder zu gefährden und die öffentliche Ordnung zu beeinträchtigen", muss verneint werden. Denn das Geschehen fand in einer (alten) Fabrikhalle statt und war von außen nicht einsehbar; nur die (einwilligenden) Mitspieler erkannten es, sodass die Allgemeinheit nicht belästigt wurde. Damit war das Schutzgut öffentliche Sicherheit unter dem Aspekt der objektiven Rechtsordnung nicht betroffen.[518]

---

[515] BVerwGE **115**, 189, 201 f.
[516] BVerwGE **115**, 189, 202.
[517] VGH Mannheim NVwZ-RR **2005**, 472.
[518] Eine gutachterlich aufbereitete Darstellung des Falls findet sich bei *R. Schmidt*, Fälle zum Gefahrenabwehrrecht, Fall 12.

Hinweis für die Fallbearbeitung: Sofern es um die Vereinbarkeit einer auf die Befugnisgeneralklausel gestützten Polizeiverfügung mit nationalem Recht geht, muss der Klausurbearbeiter eines Bundeslandes, dessen Polizeigesetz lediglich das Schutzgut *öffentliche Sicherheit* kennt, das zu untersuchende Verhalten auch nur am Maßstab dieses Schutzguts prüfen. Insofern ergeben sich keine Probleme bei der Handhabung des Schutzguts *öffentliche Ordnung*, denn es existiert nicht. Auch in Bundesländern, bei denen das Schutzgut *öffentliche Ordnung* (wieder) Bestandteil der Generalklausel ist, muss der Bearbeiter zunächst untersuchen, ob das fragliche Verhalten eine Gefahr für die *öffentliche Sicherheit* darstellt. 656

- Ist das der Fall, kann eine entsprechende Gefahrenabwehrverfügung (bei unterstelltem fehlerfreien Ermessensgebrauch bzw. unterstellter Einhaltung des Grundsatzes der Verhältnismäßigkeit) in rechtmäßiger Weise ergehen. Zur *öffentlichen Ordnung* ist dann wegen ihrer Subsidiarität zur *öffentlichen Sicherheit* auf keinen Fall mehr etwas zu sagen.[519]
- Sollte eine Gefahr für die öffentliche Sicherheit aber zu verneinen sein, ist zu prüfen, ob das fragliche Verhalten eine Gefahr für die *öffentliche Ordnung* darstellt. Dazu muss zunächst die Verfassungsmäßigkeit der Bestimmung in Frage gestellt werden. Hier ist der o.g. Meinungsstreit darzustellen. Folgt man der hier vertretenen Auffassung, ist die Befugnisgeneralklausel, soweit sie die *öffentliche Ordnung* umfasst, nicht verfassungswidrig, muss aber restriktiv gehandhabt werden. Sodann ist danach zu fragen, ob das zu prüfende Verhalten unter den Begriff der *öffentlichen Ordnung* subsumiert werden kann. Dabei kann es vorkommen, dass ein und dieselbe Handlung zwar keine Gefahr für die *öffentliche Sicherheit* darstellt, wohl aber eine Gefahr für die öffentliche Ordnung. Das ist kein Widerspruch, da die beiden Begriffe nicht identisch sind.[520]
- Verhaltensweisen, die zwar keine Gefahr für die *öffentliche Sicherheit* darstellen, wohl aber eine Gefahr für die *öffentliche Ordnung*, werden besonders problematisch, wenn der Fall in einem Bundesland spielt, das die *öffentliche Ordnung* nicht in der Befugnisgeneralklausel aufgenommen bzw. aus dieser gestrichen hat. Das wird bei dem Spiel „Quasar" besonders deutlich, denn die Vertreter, die das Spiel „Quasar" als Verstoß gegen die *öffentliche Ordnung* ansehen, verneinen ausdrücklich einen Verstoß gegen die *öffentliche Sicherheit*.[521] Stellt das Spiel also keinen Verstoß gegen die *öffentliche Sicherheit* dar und enthält die Befugnisgeneralklausel nicht das Tatbestandsmerkmal *öffentliche Ordnung*, muss man konsequenterweise zu dem Ergebnis kommen, dass eine Gefahrenabwehrmaßnahme nicht ergehen kann, auch wenn eine Gefahr für die *öffentliche Ordnung* vorläge, wenn sie im Tatbestand der Generalklausel aufgenommen wäre. Es kann also vorkommen, dass ein Verhalten, das zwar keine Gefahr für die *öffentliche Sicherheit* darstellt, wohl aber eine Gefahr für die *öffentliche Ordnung*, in einem Bundesland untersagt werden kann, in einem anderen Bundesland wiederum nicht. Das ist eine Konsequenz des Föderalismus. Gleichwohl können zumindest dann einheitliche Ergebnisse erzielt werden, wenn man einen Verstoß gegen § 118 OWiG annimmt und diesen Verstoß als Störung der *öffentlichen Sicherheit* qualifiziert. Im Fall „Quasar" war dies jedoch nicht möglich.

---

[519] Folgt man dagegen der nicht überzeugenden Auffassung *Knemeyers* (POR, Rn 102), der die öffentliche Ordnung als selbstständiges Schutzgut neben der öffentlichen Sicherheit betrachtet, müsste man beide Schutzgüter nebeneinander prüfen.

[520] So hat das BVerwG (NJW **1980**, 1640 ff.) bestimmt, dass die öffentliche Ordnung durch Lärm gestört werde, der zwar noch keine Gesundheitsgefahr darstelle (und deshalb nicht die öffentliche Sicherheit beeinträchtige), gleichwohl aber das nach allgemeiner Anschauung zumutbare Maß überschreite.

[521] Das können sie deshalb, weil bei ihnen das Spiel, das verboten werden soll, in einem Bundesland ausgetragen wird, in dem die öffentliche Ordnung noch Bestandteil der Befugnisgeneralklausel ist.

c. Gefahr eines Schadenseintritts

657 Kernstück jeder Prüfung polizeilichen Handelns ist der Gefahrenbegriff, der wiederum den zentralen Begriff des Polizei- und Ordnungsrechts ausmacht. Grundsätzlich nur bei Vorliegen einer Gefahr dürfen die Polizei- und Ordnungsbehörden handeln und die Freiheit des in Anspruch Genommenen beschränken. Grundsätzlich nur bei Gefahr dürfen sie den Einzelnen als Verantwortlichen in die Pflicht des Handelns oder Duldens nehmen. Nur wenn sie ihn als Verantwortlichen in die Pflicht nehmen durften, dürfen sie ihm, wenn er die Pflicht nicht erfüllt hat, Kosten auferlegen, und sie müssen ihn umgekehrt entschädigen, wenn sie ihn als Verantwortlichen in die Pflicht genommen haben, ohne dass eine Gefahr vorgelegen hatte.

aa. Gefahrenbegriffe

658 Die Polizeigesetze fordern für ein Einschreiten grundsätzlich das Bestehen einer Gefahr. Für bestimmte Situationen (etwa wenn die Polizei gegen sog. Nichtverantwortliche einschreiten möchte) oder im Bereich der Standardmaßnahmen (etwa im Rahmen einer Sicherstellung oder Ingewahrsamnahme) fordern sie sogar das Vorliegen einer besonderen Gefahr. Zu nennen sind die *gegenwärtige Gefahr*, die *erhebliche Gefahr*, die *Gefahr für Leib und Leben*, die *dringende Gefahr* und die *Gefahr im Verzug*. Des Weiteren unterscheiden die Polizeigesetze die abstrakte von der konkreten Gefahr. Um eine gleichmäßige Rechtsanwendung – jedenfalls im Ansatz – zu ermöglichen, haben einige Gesetzgeber daher die meisten Gefahrbegriffe in den Polizeigesetzen legaldefiniert.

a.) „Einfache" Gefahr

659 Unter einer **„einfachen" Gefahr** versteht man eine Sachlage, bei der im einzelnen Fall die hinreichende Wahrscheinlichkeit besteht, dass in absehbarer Zeit ein *Schaden* für eines der Schutzgüter der öffentlichen Sicherheit eintreten wird.[522]

660 Wenn dabei von „Gefahr im einzelnen Fall" gesprochen wird, ist damit die **konkrete** und objektiv bestehende Gefahr gemeint. Handelt es sich hingegen um eine allgemeine Sachlage oder ein allgemeines Verhalten, liegt **abstrakte Gefahr** vor.

661 Der einzelne Fall ist ein räumlich-zeitlich bestimmter Fall. Um eine allgemeine Sachlage oder ein allgemeines Verhalten handelt es sich, wenn eine Vielzahl räumlich-zeitlich bestimmter Fälle besteht.[523]

Beispiele[524]:

(1) Hat ein bestimmter Hund Tollwut, gefährden seine tödlichen Bisse eine bestimmte Person oder auch jeden, der in der nächsten Zeit an dem bestimmten Ort, an dem der Hund sich aufhält, vorbeikommt. In diesem Fall liegt eine **konkrete Gefahr** vor, denn die statistische Wahrscheinlichkeit, dass von einem infizierten Hund gebissene Hunde oder auch Menschen keine Tollwut bekommen, ist so gering, dass von einer lediglich abstrakten Gefahr nicht die Rede sein kann.

(2) In einer bestimmten Gegend kann in einem bestimmten Jahr der Sommer so heiß und trocken sein, dass nicht erst die weggeworfene Zigarette oder das weggeworfene Streichholz, sondern schon die weggeworfene Glasscherbe die **konkrete**

---

[522] Vgl. nur die Legaldefinition in § 2 Nr. 3 a BremPolG, § 2 Nr. 1 a NdsSOG, § 3 Nr. 3a SachsAnhSOG und § 54 Nr. 3 a ThürOBG. Vgl. auch *Meister*, JA **2003**, 83, 85.

[523] Vgl. dazu BVerwGE **116**, 347, 351; *Gusy*, POR, Rn 126; *Pieroth/Schlink/Kniesel*, POR, § 4 Rn 9; *Schenke*, POR, Rn 70.

[524] Vgl. *Pieroth/Schlink/Kniesel*, POR, § 4 Rn 10.

Gefahr eines Waldbrands bewirken können. Denn die statistische Wahrscheinlichkeit sommerlicher Waldbrände und die bei Waldbränden drohenden Schädigungen sind hinreichend genug, um das Wegwerfen von Zigaretten im sommerlichen Wald als konkret gefährlich anzusehen, obwohl es im Sommer neben heißen und trockenen auch verregnete Tage geben kann.

(3) Werden einem bestimmten Pächter eines bestimmten Restaurants für den Fall, dass er kein Schutzgeld zahlt, von einer bestimmten Bande für die nächste Zeit Körperverletzungen oder das Verwüsten des Restaurants in Aussicht gestellt, liegt ebenfalls eine **konkrete Gefahr** vor.

(4) Dagegen begründen Veränderungen im kriminellen Milieu einer Stadt mit neuen Gesichtern und Gerüchten und der Zunahme von Prostitution und Glücksspiel die **abstrakte Gefahr**, dass organisierte Kriminalität sich einnisten wird und dass künftig Straftaten begangen und Strafverfolgungen erforderlich werden.

(5) Der Ort in den Bergen, der manchmal tagelang eingeschneit ist, impliziert die **abstrakte Gefahr**, dass Hilfe in Krankheitsfällen und bei Geburten zu spät kommen wird, wenn für die Erreichbarkeit der Hilfe nicht rechtzeitig durch die Vorbereitung von Funkverbindungen, Hubschraubertransporten etc. vorgesorgt wird.

Die Unterscheidung zwischen konkreter und abstrakter Gefahr richtet sich **nicht nach der Intensität** des drohenden oder möglichen Schadenseintritts. Denn die vorstehenden Beispiele haben gezeigt, dass es möglich ist, dass ein und dieselbe Sachlage oder ein und dasselbe Verhalten eine konkrete und eine abstrakte Gefahr, aber auch entweder nur eine konkrete oder nur eine abstrakte Gefahr in sich bergen können. Die Unterscheidung zwischen konkreter und abstrakter Gefahr richtet sich vielmehr nach der **unterschiedlichen Qualität**. **662**

Beispiele:

(1) Der nicht korrosionssichere Heizöltank des Hauseigentümers E ist konkret gefährlich. Nicht korrosionssichere Heizöltanks sind abstrakt gefährlich.

(2) Der Aufzug in der B-Halle ist, weil er keinen Fahrkorb hat, konkret gefährlich. Fahrkorblose Aufzüge sind abstrakt gefährlich.

Die Beispiele zeigen deutlich, dass konkrete und abstrakte Gefahr keine unterschiedlichen Steigerungsformen der Gefährlichkeit darstellen, sondern dass der Unterschied vielmehr im Sachverhalt und in der zu treffenden Maßnahme liegt. Zusammenfassend lässt sich feststellen: **663**

- ⇨ Eine konkrete Gefahr besteht im Einzelfall.
- ⇨ Eine abstrakte Gefahr besteht im typischen, gedanklich vorstellbaren Fall.

Damit wird die Parallele zu den Kriterien deutlich, die zur Abgrenzung zwischen dem Vorliegen eines Verwaltungsakts und einer Rechtsverordnung entwickelt wurden. **664**

Die **Unterscheidung** zwischen konkreter und abstrakter Gefahr ist deshalb wichtig, weil die konkrete und die abstrakte Gefahr unterschiedliche Rechtmäßigkeitsvoraussetzungen für unterschiedliches polizei- und ordnungsbehördliches Tätigwerden sind: Traditionell dürfen polizei- und ordnungsbehördliche Einzelmaßnahmen auch nur bei Gefahren im Einzelfall, d.h. bei **konkreten Gefahren**, ergriffen werden, während abstrakten Gefahren grundsätzlich nur mit Polizeiverordnungen begegnet werden darf. **665**

666 Bei bestimmten modernen Eingriffsbefugnissen ist der Polizei aber auch die Abwehr **abstrakter Gefahren** durch Einzelmaßnahmen möglich; diese Maßnahmen sind Maßnahmen der Verhütung künftiger Straftaten, der Vorbereitung auf künftige Strafverfolgung und der Vorbereitung künftiger Abwehr konkreter Gefahren. Man spricht von Maßnahmen der Gefahrenvorbeugung und -vorsorge oder auch von Vorfeldmaßnahmen oder Maßnahmen der Informationsgewinnung; die Maßnahmen wehren vorsorglich die abstrakte Gefahr von Straftaten und sonstige abstrakte Gefahren ab und sie liegen im heutigen Vorfeld zukünftiger konkreter Straftatenbekämpfung und sonstiger konkreter Gefahrenabwehr. Dabei beschränken die modernen Befugnisnormen die Vorsorge- oder Vorfeldmaßnahmen in der Weise, dass zur Vorbereitung auf künftige Straftatenverfolgung und auf künftige Gefahrenabwehr allein informationelle Maßnahmen und nur zur Verhütung von Straftaten auch aktionelle Maßnahmen getroffen werden dürfen.[525]

> **Beispiele:** Zu den modernen informationellen Vorfeld- oder Vorsorgemaßnahmen gehören einige Anlasstatbestände der Identitätsfeststellung, die Kontrollstelle, die Befragung, die Videoüberwachung, die Schleierfahndung, die planmäßige Beobachtung und der Einsatz technischer Mittel und verdeckter Ermittler; zu den modernen aktionellen Maßnahmen gehören das Aufenthaltsverbot und die Wohnungsverweisung.
>
> Ob und inwieweit für die genannten Maßnahmen eine konkrete Gefahr erforderlich ist oder eine abstrakte Gefahr bzw. ein Gefahrenverdacht ausreicht, ist den Ausführungen zu den jeweiligen Maßnahmen zu entnehmen.

667 Schließlich muss die Gefahr (i.S.d. Befugnisnormen) „**bestehen**". Eine Gefahr besteht nur dann, wenn der Eintritt eines Schadens **hinreichend wahrscheinlich** ist. Welcher Wahrscheinlichkeitsgrad im Einzelfall gefordert werden muss, hängt von der Größe des Schadens und der Wertigkeit des zu schützenden Rechtsguts ab. Je bedeutsamer das betreffende Rechtsgut ist, desto geringere Anforderungen sind an die Wahrscheinlichkeit des Schadenseintritts zu stellen. Die Rechtsprechung[526] lässt folgerichtig bei Maßnahmen zum Schutz von Leben oder Gesundheit wegen der überragenden Bedeutung dieser Schutzgüter bereits eine *entfernte* Wahrscheinlichkeit des Schadenseintritts genügen.

> **Beispiel:** Anschaulich wird diese Relation bei Demonstrationen bzw. Gegendemonstrationen, wenn in der Vergangenheit bereits die öffentliche Sicherheit verletzt wurde, sei es durch Sachbeschädigungen, Körperverletzungen oder durch schlichte Krawalle. Bei einer *ex-ante*-Beurteilung ist daher in Fällen dieser Art regelmäßig die hinreichende Wahrscheinlichkeit eines erneuten Schadenseintritts gegeben.

668 Anders als viele Standardmaßnahmen stellt die Befugnisgeneralklausel keine besonderen Anforderungen an die zeitliche Nähe des Schadenseintritts. Der Schadenseintritt muss nur bereits im Zeitpunkt der Polizeiverfügung *hinreichend wahrscheinlich* sein. Demgegenüber erfordert z.B. die Ermächtigung zur Inanspruchnahme eines Nichtverantwortlichen eine *gegenwärtige erhebliche* Gefahr und der Sofortvollzug erfordert eine *drohende* Gefahr (vgl. z.B. § 6 II BundesVwVG).

---

525 *Pieroth/Schlink/Kniesel*, POR, § 4 Rn 13, 13a.
526 Stellvertretend KG NVwZ **2000**, 468.

b.) Gegenwärtige Gefahr

Im Vergleich zur „einfachen" Gefahr stellt die *gegenwärtige Gefahr* höhere Anforderungen an die zeitliche Nähe und den Grad der Wahrscheinlichkeit des Schadenseintritts. 669

In Anlehnung an die Legaldefinitionen einiger Polizeigesetze ist **gegenwärtige Gefahr** „eine Sachlage, bei der die Einwirkung des schädigenden Ereignisses bereits begonnen hat oder bei der diese Einwirkung unmittelbar oder in allernächster Zeit mit an Sicherheit grenzender Wahrscheinlichkeit bevorsteht".[527]

Eine gegenwärtige Gefahr wird z.B. bei den Standardmaßnahmen *Betreten und Durchsuchung von Wohnungen* oder *Sicherstellung* gefordert.

c.) Erhebliche Gefahr

Demgegenüber stellt die *erhebliche Gefahr* höhere Anforderungen an die Qualität der betroffenen Rechtsgüter. Auch sie ist in den meisten Polizeigesetzen legaldefiniert. 670

Erhebliche Gefahr bedeutet eine Gefahr für ein bedeutsames Rechtsgut wie der Bestand des Staates, das Leben, die Gesundheit, die Freiheit oder ein nicht unwesentlicher Vermögenswert.[528]

Eine erhebliche (und auch gegenwärtige) Gefahr wird wiederum bei der Standardmaßnahme *Betreten und Durchsuchung von Wohnungen* gefordert. Im Übrigen lässt die Formulierung „wie" erkennen, dass die Aufzählung der Schutzgüter nicht abschließend ist. Daher kommen auch andere Rechtsgüter wie z.B. die Ehre (siehe insb. die Tatbestände der Beleidigung und Nötigung), die sexuelle Selbstbestimmung und überhaupt die Willensentschließungsfreiheit jedenfalls insoweit als bedeutsames Rechtsgut in Betracht, wie sie strafrechtlich geschützt werden und den in den Polizeigesetzen genannten Rechtsgütern in ihrer Wertigkeit nicht wesentlich nachstehen. Freilich ist der Anwendungsbereich der Standardmaßnahme *Durchsuchung von Wohnungen* über die explizit genannten Schutzgüter gering, da i.d.R. bereits der Betretungs- bzw. Durchsuchungsgrund, so wie er in den Polizeigesetzen formuliert ist, greift.

d.) Gefahr für Leib und Leben

Unter **Gefahr für Leib und Leben** verstehen die Polizeigesetze eine Sachlage, bei 671
der eine nicht nur leichte Körperverletzung oder der Tod einzutreten drohen.

Eine Gefahr für Leib und Leben wird z.B. bei der Standardmaßnahme *Gewahrsam* gefordert. Eine (drohende) Körperverletzung ist nicht nur leicht, wenn eine schwere Beschädigung der Gesundheit oder eine schwere körperliche Misshandlung drohen. Die (bloße) Verwirklichung des § 223 StGB genügt daher nicht stets, um gefahrenabwehrrechtlich einzuschreiten. Auf der anderen Seite befugt eine (drohende) Verwirklichung des § 226 StGB wegen der gewichtigen Folgen, die die Tatbestandsverwirklichung fordert (insb. Verlust eines wichtigen Körpergliedes, des Sehvermögens auf einem oder beiden Augen, des Gehörs, der Sprache oder der Zeugungsfähigkeit; dauernde Entstellung in erheblicher Weise; Verfallen in Siechtum, Lähmung oder Geisteskrankheit), stets zum Einschreiten. Ob die (drohende) Verwirklichung des § 224 StGB zum Ein-

---

[527] Vgl. nur die Legaldefinition in § 2 Nr. 3b BremPolG, § 2 Nr. 1 b NdsSOG, § 3 Nr. 3b SachsAnhSOG und § 54 Nr. 3b ThürOBG. Vgl. auch OVG Koblenz DVBl **1998**, 101; *Meister*, JA **2003**, 83, 86.

[528] Vgl. nur die Legaldefinition in § 2 Nr. 3 c BremPolG, § 2 Nr. 1c NdsSOG, § 3 Nr. 3c SachsAnhSOG und § 54 Nr. 3c ThürOBG. Vgl. auch *Meister*, JA **2003**, 83, 85.

schreiten befugt, ist demnach auf den ersten Blick zwar fraglich, sollte i.E. aber bejaht werden, weil die menschliche Gesundheit ein hohes Schutzgut darstellt, das bei einer Abwägung mit materiellen Rechtsgütern oder der persönlichen Freiheit stets den Vorrang genießt, es sei denn, es handelt sich lediglich um ein paar „blaue Flecken", eine „normale" Ohrfeige, das Ausreißen eines Büschels Haare oder vergleichbare Beeinträchtigungen. Hier ist die Güterabwägung kritischer durchzuführen.

e.) Gemeine Gefahr

672 Der Begriff der *gemeinen Gefahr* ist vom Katalog der polizeigesetzlichen Legaldefinitionen nicht erfasst. Das braucht er auch nicht, weil die Polizeigesetze die gemeine Gefahr nicht in den Befugnisnormen verwenden. Eine gemeine Gefahr wird aber in Art. 13 VII Halbs. 1 GG für das Betreten von Wohnungen vorausgesetzt. Und weil diese Verfassungsbestimmung enger ist als die in den Polizeigesetzen formulierte Standardmaßnahme *Betreten und Durchsuchen von Wohnungen*, ist sie bei der Prüfung der Rechtmäßigkeit der Wohnungsbetretung stets zu berücksichtigen.

Nach allgemeiner Auffassung liegt eine **gemeine Gefahr** vor, wenn ein Schaden für eine unbestimmte Zahl von Personen oder erhebliche Sachwerte droht.[529]

f.) Dringende Gefahr

Auch die dringende Gefahr ist in den Polizeigesetzen nicht legaldefiniert.

673 Eine **dringende Gefahr** liegt vor, wenn ein besonders wichtiges Rechtsgut (z.B. ein Menschenleben) gefährdet ist.[530]

Eine dringende Gefahr ist etwa in Art. 13 VII Halbs. 2 GG genannt und muss daher vorliegen, um eine Wohnung betreten (und durchsuchen) zu dürfen. Als Faustformel lässt sich sagen:

dringend = gegenwärtig + erheblich

g.) Gefahr im Verzug

674 **Gefahr im Verzug** liegt (bei Wohnungsdurchsuchungen) vor, wenn die vorherige Einholung der richterlichen Anordnung den Erfolg der Durchsuchung gefährden würde.[531]

Das Vorliegen einer Gefahr im Verzug macht z.B. bei der Durchsuchung einer Wohnung die an sich erforderliche vorherige Einholung eines richterlichen Durchsuchungsbeschlusses entbehrlich (vgl. Art. 13 II GG). Nach der aktuellen Rspr. des BVerfG muss aber im Rahmen des Möglichen sichergestellt sein, dass die Regelzuständigkeit des Richters für die Durchsuchungsanordnung bestehen bleibt. Das Vorliegen von „Gefahr im Verzug" könne nicht durch Spekulationen begründet werden; es müssten vielmehr auf den Einzelfall bezogene Tatsachen vorliegen. Auch reiche die bloße Möglichkeit eines Beweismittelverlustes nicht aus. Die Voraussetzungen für die Eilzuständigkeit dürften nicht durch ein Abwarten seitens der Strafverfolgungsbehörde selbst herbeigeführt werden. Diese müsste regelmäßig zunächst versuchen, einen Richter zu erreichen. Die Gerichte wiederum müssten die Erreichbarkeit des dienstha-

---

[529] *R. Schmidt*, BremPolG. Kommentar, § 2 Rn 48; *Schenke*, POR, Rn 78.
[530] *R. Schmidt*, BremPolG. Kommentar, § 2 Rn 49; *Kunig*, in: von Münch/Kunig, GG, Art. 13 Rn 67.
[531] So BVerfGE **103**, 142, 150 ff. unter Bezugnahme auf BVerfGE **57**, 91, 111; BVerwGE **28**, 285, 291; vgl. auch *Kunig*, in: von Münch/Kunig, GG, Art. 13 Rn 32.

benden Ermittlungsrichters sicherstellen.[532] Zu beachten ist allerdings, dass die Rspr. zur strafprozessualen Wohnungsdurchsuchung ergangen ist und nicht ohne weiteres auf das präventivpolizeiliche Betreten und Durchsuchen übertragen werden kann. Im Rahmen einer effektiven Gefahrenwehr muss die Annahme von Gefahr im Verzug eher möglich sein als im Rahmen der Strafverfolgung. Außerdem ergeben sich akute Gefahrensituationen zumeist gerade erst vor Ort und erfordern sofortiges Handeln. Außerhalb von Wohnungsdurchsuchungen sollte Gefahr im Verzug angenommen werden, wenn bei Unterlassung des sofortigen Einschreitens ein Schaden eintreten würde. Damit besteht eine nicht zu leugnende inhaltliche Nähe zur gegenwärtigen Gefahr.

h.) Latente Gefahr

In den Polizeigesetzen nicht genannt ist schließlich die sog. latente Gefahr.

Nach allgemeiner Auffassung liegt eine **latente Gefahr** vor, wenn zu der Beschaf- 675
fenheit einer Sache selbst oder ihrer Lage im Raum noch weitere Umstände hinzutreten müssen, damit sie zur Gefahrenquelle wird.[533]

Beispiel: Seit Jahren betreibt S eine ordnungsgemäß genehmigte und errichtete Schweinemästerei kurz hinter der Grenze des unbeplanten Innenbereichs (§ 34 BauGB) zum Außenbereich (§ 35 BauGB). Da sich bislang in der Nähe keine Wohnbebauung befand, hat sich auch noch niemand über etwaige Geruchsbelästigungen beschwert. Im Zuge einer Ausdehnung der Wohnbebauung werden nun in der Nachbarschaft (aber noch innerhalb des unbeplanten Innenbereichs) Wohnhäuser errichtet, deren Bewohner durch die von der Schweinemästerei ausgehende Geruchsbelästigung in erheblichem Maße in ihrem körperlichen Wohlbefinden beeinträchtigt werden. In Fällen dieser Art soll sich nach der h.M. der zunächst nur latent bestehende Gefahrzustand durch das Heranrücken der Wohnbebauung aktualisiert haben, sodass nunmehr dem Schweinemäster – soweit es sich nicht um eine nach § 4 BImSchG i.V.m. § 2 I S. 1 Nr. 1a der 4. BImSchVO (Anhang 7.1) genehmigungspflichtige Anlage handelt[534] – der weitere Betrieb der Schweinemästerei gem. § 25 II BImSchG entschädigungslos untersagt werden kann. Eine entschädigungspflichtige Enteignung gem. Art. 14 III GG liege deshalb nicht vor, weil der Schweinemäster hier nur in die ohnehin gemäß der Sozialbindung des Eigentums bestehende Grenze seines Rechts verwiesen werde. Diese Auffassung ist nicht haltbar. Zwar dürfte es zu weit gehen, die Untersagung des weiteren Betriebs als (entschädigungspflichtige) Enteignung anzusehen. Soweit der Schweinemäster aber durch Zusagen oder andere Äußerungen darauf vertrauen durfte, dass sich in absehbarer Zeit die Rahmenbedingungen für seinen Betrieb nicht verändern würde, besteht ein gewisser, auf Art. 14 I S. 1 GG basierender Vertrauensschutz. Sofern dies anzunehmen ist, darf der Schweinemäster nicht als Störer in Anspruch genommen werden. In den überwiegenden Fällen wird der Inhaber eines immittierenden Betriebs aufgrund der Situationsgebundenheit des Eigentumsschutzes aber nicht auf Dauer mit der Freihaltung der näheren Umgebung von der Wohnbebauung rechnen können, sodass er auf Beseitigung der Störung (das BImSchG spricht von „schädlichen Umwelteinwirkungen") in Anspruch genommen werden kann. Jedoch wird hier häufig in analoger Anwendung des § 21 IV BImSchG[535] ein auf den Ersatz des Vertrauensschadens gerichteter (nicht

---

[532] Vgl. BVerfGE **103**, 142, 150 ff. (Durchsuchung der Wohnung eines Polizisten wegen Verdachts der Bestechlichkeit ohne vorherige richterliche Durchsuchungsanordnung). Vgl. dazu auch Rn 282/552/674.

[533] *R. Schmidt*, BremPolG. Kommentar, § 2 Rn 51; *Schenke*, POR, Rn 79 i.V.m. 249.

[534] Hier ist § 21 BImSchG einschlägig, der allerdings bei einem ausnahmsweise enteignenden Widerruf wegen der dort vorgesehenen Begrenzung des Entschädigungsanspruchs auf den Vertrauensschaden im Hinblick auf Art. 14 III GG Bedenken hervorruft (vgl. *Schenke*, POR, Rn 249).

[535] Dagegen kommt ein Entschädigungsanspruch aus § 42 BauGB nicht in Betracht, da diese Vorschrift lediglich die aus einer Nutzungsaufhebung oder -änderung eines Grundstücks resultierende Nutzungsminderung

aus Art. 14 III GG ableitbarer) Anspruch bestehen. Der Schweinemäster durfte daher zwar nicht auf den Fortbestand seines Betriebs vertrauen, wohl aber darauf, nicht entschädigungslos der Wohnbebauung weichen zu müssen.[536]

676 Zu beachten ist jedoch, dass die Fälle der latenten Gefahr aufgrund ihrer „Aufschiebbarkeit" nur im Zuständigkeitsbereich der Ordnungsbehörden (insbesondere der Umweltbehörden) relevant werden können, denn der Polizeivollzugsdienst ist – wie gezeigt – nur in „unaufschiebbaren" Fällen zuständig (sog. Eilfallkompetenz). Daraus folgt: Der Polizeivollzugsdienst kann terminologisch nicht zur Abwehr einer latenten Gefahr zuständig sein. Die Veränderung der Umwelt kann nicht so schnell erfolgen, dass es den anderen Ordnungs- und Fachplanungsbehörden nicht möglich gewesen wäre, die Gefahr abzuwehren.

bb. Störung und Schaden

a.) Störung als realisierte Gefahr

677 Abzugrenzen ist die Gefahr von der **Störung**. Bei ihrem Vorliegen hat sich die Gefahr bereits realisiert. Im Grundsatz lässt sich daher sagen: Die Gefahrenabwehr tritt *präventiv* einem möglichen Schaden entgegen. Eine eingetretene Störung wird *repressiv* beseitigt. Dennoch gehört auch die *Störungs*beseitigung zur Gefahrenabwehr, soweit von der eingetretenen Sachlage weiterhin eine in die *Zukunft wirkende Gefährdung* ausgeht.[537]

Beispiel: A parkt seinen Wagen vor einer Feuerwehrausfahrt. Der gerade vorbeikommende Polizist fordert A auf, das Fahrzeug sofort umzusetzen.

In diesem Fall hat A bereits gegen eine Vorschrift der objektiven Rechtsordnung verstoßen, namentlich gegen § 12 I Nr. 8 StVO. Die mit dem Zuparken einer Feuerwehrausfahrt verbundene Gefahr hat sich damit realisiert. Soweit die Rechtsgutverletzung aber noch andauert und mit (weiteren) Gefahren zu rechnen ist (etwa dergestalt, dass die Feuerwehr nicht rechtzeitig zum Einsatzort gelangen kann), ermächtigt das Polizeirecht auch dann zur Abwehr von Störungen, wenn in der einschlägigen Befugnisnorm ausdrücklich nur die Gefahr erwähnt ist. A muss das Umsetzungsgebot beachten.

b.) Schaden

678 **Schaden** bedeutet die objektive Minderung des vorhandenen Bestands an den durch die Generalklausel geschützten Gütern.

Von einer Minderung im dargelegten Sinn kann aber erst gesprochen werden, wenn die (zu erwartende) Beeinträchtigung einen bestimmten Intensitätsgrad erreicht. Eine

---

dieses Grundstücks zum Gegenstand hat, nicht hingegen die Wertminderung eines Nachbargrundstücks (*Schenke*, POR, Rn 249 f.).

[536] *Schenke*, POR, Rn 249. Ähnlich dürfte der Fall zu entscheiden sein, in dem eine Person seit Jahrzehnten an einer Bundesstraße eine ordnungsgemäß genehmigte und errichtete Tankstelle betreibt. Sollte sich aufgrund des extrem gesteigerten Verkehrsaufkommens auf der Bundesstraße durch das Ein- und Ausfahren im Bereich der Tankstelle eine Gefahr für die Sicherheit und Leichtigkeit des Straßenverkehrs ergeben, wird der Tankstellenbetreiber zum „Störer" (so *Schenke*, POR, Rn 250; *Knemeyer*, POR, Rn 327; **anders** OVG Lüneburg OVGE **12**, 396: kein Störer; *Götz*, POR, Rn 209: Zweckveranlasser), sodass ihm der weitere Betrieb der Tankstelle untersagt werden kann. Aber auch hier dürfte ein Entschädigungsanspruch – diesmal in analoger Anwendung der Vorschriften über die Entschädigung beim Widerruf von Baugenehmigungen – in Frage kommen.

[537] Vgl. in diesem Sinn auch die Begründung zu § 8 Abs. 1 MEPolG (Befugnisgeneralklausel), wonach zur Abwehr einer Gefahr auch die Beseitigung einer bereits eingetretenen Störung gehört. Eine Störung sei nämlich unter dem Gesichtspunkt präventiven Handelns der Polizei nur dann relevant, wenn von ihr eine in die Zukunft wirkende Gefährdung ausgehe. Dann aber liege eine Gefahr vor, sodass die Beseitigung einer bereits eingetretenen Störung nicht besonders erwähnt werden müsse.

bloße Belästigung, Unbequemlichkeit oder Geschmacklosigkeit reicht für einen polizeilichen Eingriff nach der Generalklausel nicht aus.[538]

cc. Gefahrenlagen

a.) Objektive Gefahrenlage

Das Einschreiten zur Gefahrenabwehr setzt grundsätzlich eine **objektiv bestehende Gefahrensituation** voraus (siehe bereits Rn 657). Bei objektiver Betrachtung *ex ante* muss i.S.d. Begriffsbestimmung einer Gefahr die Wahrscheinlichkeit des Schadenseintritts bejaht werden können. Dabei braucht die Polizei nicht zu warten, bis sich die Gefahrenlage bis zum Äußersten zuspitzt, bevor sie eingreift. Denn soll Gefahrenabwehr effektiv sein, darf sie nicht zu spät einsetzen. Der vorgefundene Sachverhalt muss aber fehlerfrei gewürdigt werden und zu einer zutreffenden Einschätzung führen. 679

> **Beispiel:** S ist Halter eines Rottweilers. Der Hund hat bereits mehrfach andere Hunde gebissen und auch Menschen angegriffen. Als sich die zuständige Behörde einschaltet, beruft S sich auf die Aussagen von Zeugen, die dem Tier im Umgang mit ihnen ein friedliches Wesen bescheinigen. Gleichwohl verfügt die zuständige Ordnungsbehörde einen Maulkorb- und Leinenzwang für das Tier.
>
> Hatte die Behörde die begründete Befürchtung einer Schadensverwirklichung, ist dies rechtlich nicht zu beanstanden. Denn ausgehend von der Faktenlage aus der Vergangenheit konnte nach der Lebenserfahrung mit einem entsprechenden Verhalten des Hundes gerechnet werden. Da es außerdem um das Schutzgut *körperliche Unversehrtheit* (Art. 2 II S. 1 GG) ging, durfte die Behörde im Rahmen ihrer Prognose sogar eine entfernte Wahrscheinlichkeit des Schadenseintritts ausreichen lassen.

b.) Subjektive Gefahrenlage (Anscheinsgefahr; Scheingefahr)

In der Praxis und in Prüfungen kommen nicht selten Fälle vor, in denen die Umstände auf eine Gefahrsituation hindeuten, sodass eine Gefahr für ein Schutzgut angenommen wird, obgleich die Lage **objektiv ungefährlich** ist. Das Tatsachenbild des entscheidenden Amtswalters bzw. Polizeibeamten ist also objektiv unzutreffend. Dies ist ihm allerdings nicht bewusst. Von dieser Prämisse ausgehend ergeben sich folgende Gefahrenlagen: 680

aa.) Anscheinsgefahr

Das Einschreiten zur Gefahrenabwehr setzt grundsätzlich eine **objektiv bestehende Gefahrensituation** voraus. Da eine solche definitiv erst nach dem Einschreiten bzw. bei Gefahrverwirklichung (d.h. bei Störungseintritt) festgestellt werden kann, die Polizei jedoch zur Verhinderung einer Störung tätig werden muss, braucht sie folgerichtig nicht zu warten, bis sich die Gefahrenlage bis zum Äußersten zuspitzt, bevor sie eingreift. Der Sachverhalt muss lediglich fehlerfrei gewürdigt werden und zu einer zutreffenden Einschätzung führen. Maßgeblich ist somit eine objektive Betrachtung eines **gewissenhaften, besonnenen und sachkundigen** Polizeibeamten *ex ante*: Stellt sich aus dieser Perspektive nachträglich heraus, dass eine Gefahrensituation nicht bestand, ändert dies nichts an der Rechtmäßigkeit des Einsatzes. Man spricht in diesem Zusammenhang von einer Anscheinsgefahr. 681

Unter einer **Anscheinsgefahr** versteht man eine Sachlage, bei der die Gefahrenabwehrbehörde im Zeitpunkt ihres Handelns bei verständiger Würdigung der objektiven 682

[538] Demgegenüber schützt z.B. § 3 I BImSchG auch vor „erheblichen Belästigungen“.

Anhaltspunkte eine Gefahrenlage annehmen durfte, obgleich sich nachträglich herausstellt, dass eine Gefahr in Wirklichkeit nicht vorlag.[539]

683 Obwohl letztlich keine wirkliche Gefahr besteht, ist nach h.M. die Anscheinsgefahr gefahrenabwehrrechtlich (d.h. auf der Primärebene) der **objektiven Gefahrenlage gleichgestellt**. Der maßgebliche Rechtsgrund für die Gleichstellung mit der objektiven Gefahrenlage liege in der genannten *ex-ante*-Sicht der Gefahrenbeurteilung und in der Funktion des Gefahrenabwehrrechts, das eine wirksame Unterbindung des Geschehensablaufs verlange und die Behörden nicht etwa zu tatenlosem Zusehen verpflichte, bis es zur Vermeidung des Schadens zu spät sei. Daher ergäben sich auch keine Einschränkungen. Aufgrund der Gleichstellung mit der objektiven Gefahrenlage seien die Behörden *nicht* darauf beschränkt, bspw. lediglich Maßnahmen zur Aufklärung des Sachverhalts (sog. Gefahrerforschungseingriffe wie beim Vorliegen eines Gefahrenverdachts, s.u.) zu ergreifen. Sie könnten wie bei der objektiven Gefahrenlage Gefahrenabwehrmaßnahmen ergreifen.[540]

Beispiel: Über Funk bekamen die Polizeivollzugsbeamten A und B die Information, ein Mieter eines mehrere Wohnungen umfassenden Mietshauses in der Hamburger Straße habe bei der Wache angerufen und lautstarkes Geschrei sowie Gepolter in der über ihm gelegenen Wohnung gemeldet. Er sei der Auffassung, dass dort wieder einmal körperliche Übergriffe des stets betrunkenen Ehemanns auf seine Frau stattfänden. Daraufhin begaben sich A und B zu der Wohnung. Sie klopften mehrmals an die Tür und forderten die in der Wohnung vermuteten Personen auf, die Tür zu öffnen. Als diese nicht geöffnet wurde und sich im Übrigen das Geschrei noch verstärkte, waren A und B der Auffassung, keine Sekunde länger warten zu dürfen, um ein Unglück noch verhindern zu können. Sie traten die Tür ein und gingen in die Wohnung. Dort trafen sie auf den Mann M, der offenbar völlig betrunken vor dem laufenden Fernseher eingeschlafen war. Im Fernsehen lief gerade ein Milieudrama. Die Lautstärke des Fernsehgeräts hatte M zuvor hochgedreht, da die Batterien seines Hörgeräts leer waren. M´s Frau war nicht zu Hause; sie hatte gerade Dienst an der Kasse im nahe gelegenen Supermarkt. Das vom Nachbarn gemeldete Gepolter rührte offenbar vom Lampenständer, den M im Delirium umgestoßen hatte.

Die Aufforderung, die Tür zu öffnen, könnte sich auf die polizeiliche Befugnisgeneralklausel gestützt haben. Jedoch bedarf es einer Rechtfertigung nur dann, wenn ein (Grund-) Rechtseingriff vorliegt. Daran fehlt es vorliegend. M schlief. Er bekam das Klopfen an der Tür und die Aufforderung, diese zu öffnen, nicht mit. Er war nicht beschwert und konnte diesbezüglich daher auch nicht in seinen Grundrechten beeinträchtigt sein.

Die Aufforderung, die Tür zu öffnen, könnte aber beim Eintreten der Tür relevant werden. Diese Art der Gewalteinwirkung war eine Form des unmittelbaren Zwangs und griff in Art. 14 I GG ein. Als Rechtsgrundlage kommen die Vorschriften des unmittelbaren Zwangs im sog. gestreckten Verwaltungszwangsverfahren in Betracht.

Der Zwang im gestreckten Verfahren (auf Bundesebene vgl. § 6 I VwVG) setzt eine vollstreckbare Grundverfügung voraus. Daran könnte es vorliegend fehlen, weil die Aufforderung der Beamten, die Tür zu öffnen, von M nicht wahrgenommen wurde, ein Verwaltungsakt zu seiner Wirksamkeit jedoch der Bekanntgabe bedarf (§ 43 I S. 1 VwVfG). Der Begriff der Bekanntgabe ist gesetzlich nicht bestimmt. Es ist jedoch gesicherte Rechtsauffassung, dass die Bekanntgabe eines Verwaltungsakts Zugang desselben voraussetzt. Der Begriff des Zugangs von Verwaltungsakten orientiert sich wieder-

---

[539] Vgl. *R. Schmidt*, BremPolG. Kommentar, § 2 Rn 57 f.; VGH Mannheim BWVBl **2005**, 231, 232.
[540] Vgl. VGH Mannheim BWVBl **2005**, 231, 232; *Puttler*, JA **2001**, 669, 674; *Poscher*, NVwZ **2001**, 141, 143; *Jahn*, JA **2000**, 79, 83; *Schlink*, Jura **1999**, 169; *Schenke*, POR, Rn 80 ff.

um an den Begriff des Zugangs von Willenserklärungen nach bürgerlichem Recht.[541] Danach wird eine empfangsbedürftige Willenserklärung nicht bereits mit ihrer Abgabe, sondern gem. § 130 I S. 1 BGB erst dann wirksam, wenn sie dem (abwesenden) Erklärungsempfänger zugeht. Eine Erläuterung, was unter „Zugang" zu verstehen ist, enthält aber auch das BGB nicht. Aus seiner Entstehungsgeschichte wird nur so viel deutlich, dass für das Wirksamwerden der Erklärung weder die bloße Entäußerung seitens des Erklärenden ausreichen noch die tatsächliche Kenntnisnahme durch den Adressaten erforderlich sein sollen. Daher wird man einen Mittelweg gehen und fordern müssen, dass die Verantwortlichkeiten und Risiken bei der Übermittlung von Willenserklärungen sachgerecht zwischen Absender und Empfänger verteilt werden müssen: Der *Absender* muss die Erklärung dem Empfänger derart nahe bringen, dass dieser sie unter normalen Umständen zur Kenntnis nehmen kann. Es ist dann Sache des *Empfängers*, die ihm gebotene Möglichkeit der Kenntnisnahme auch zu nutzen. Dementsprechend ist eine Erklärung zugegangen, wenn sie derart in den Machtbereich (Herrschaftsbereich) des Adressaten gelangt ist, dass dieser unter normalen Umständen die Möglichkeit hat, von ihr Kenntnis zu nehmen.[542] Auf eine tatsächliche Kenntnisnahme kommt es nicht an.

Das Klopfen an die Tür und die Aufforderung, diese zu öffnen, waren in den Machtbereich des M gelangt. Unter normalen Umständen hatte er auch die Möglichkeit, von der Aufforderung Kenntnis zu nehmen. Dass M in der konkreten Situation nicht in der Lage war, die Aufforderung zur Kenntnis zu nehmen, lag außerhalb der „normalen" Umstände.

Dieser Befund entspricht auch der Rspr. des BVerwG zu den Verkehrszeichen. Das Gericht hat entschieden, dass die Bekanntgabe von Verkehrszeichen allein durch deren Aufstellung dergestalt erfolge, dass ein durchschnittlicher Verkehrsteilnehmer Kenntnis nehmen könne. Auf die tatsächliche Kenntnisnahme komme es nicht an.[543]

Dass es sich bei M um eine anwesende, nicht um eine abwesende Person handelte, ändert an diesem Ergebnis nichts. Denn entsprechend dem Gedanken des Zugangs von Willenserklärungen unter Abwesenden genügt es auch für das Wirksamwerden von Willenserklärungen und Anwesenden, wenn für den Erklärenden vernünftigerweise keine Zweifel bestehen konnten, dass seine Erklärung richtig und vollständig vernommen wurde. Im Interesse einer effektiven – und objektiv erforderlichen – Gefahrenabwehr muss demjenigen, der besondere, dem Erklärenden nicht erkennbare, Schwierigkeiten mit der Vernehmung hat, im Rahmen des Übermittlungskontakts eine gewisse Mitverantwortung für den Verständigungsvorgang zugemutet werden. Nach dieser im Zivilrecht ganz herrschenden und auf den Zugang von Verwaltungsakten übertragbaren sog. eingeschränkten Vernehmungstheorie ist der Zugang einer mündlichen Erklärung daher dann anzunehmen, wenn der Erklärende nach den für ihn erkennbaren Umständen davon ausgehen durfte, dass der Empfänger die Erklärung richtig und vollständig verstanden hat, auch wenn dies tatsächlich nicht der Fall war.

Wurde demnach die Aufforderung, die Tür zu öffnen, bekannt gegeben, konnte sie als vollstreckbare Grundverfügung für den unmittelbaren Zwang fungieren.[544]

Fraglich ist jedoch, ob eine Gefahr vorlag. Immerhin hat sich im Nachhinein herausgestellt, dass eine objektive Gefahrenlage nicht vorlag und dass die Annahme einer Gefahr damit objektiv unzutreffend war. Dies war A und B allerdings nicht bewusst. Auch

---

[541] *Kopp/Ramsauer*, VwVfG, § 41 Rn 7 c; *Maurer*, AllgVerwR, § 9 Rn 69.

[542] *Kopp/Ramsauer*, VwVfG, § 41 Rn 7 c; *Maurer*, AllgVerwR, § 9 Rn 69. Aus dem Zivilrecht vgl. BGH NJW **2004**, 1320 f.; BGHZ **137**, 205, 208; *Lettl*, JA **2003**, 948, 950; *Köhler*, BGB AT, § 6 Rn 13; *Medicus*, BGB AT, Rn 274; *R. Schmidt*, BGB AT, 4. Aufl. **2007**, Rn 333.

[543] BVerwGE **112**, 316, 318 ff.

[544] Dasselbe hätte gegolten, wenn M überhaupt nicht zu Hause gewesen wäre. Auch hier wäre der Zugang fingiert worden, weil zugunsten einer effektiven Gefahrenabwehr ein objektiver Maßstab zugrunde zu legen ist.

durften sie im Zeitpunkt ihres Handelns bei verständiger Würdigung der objektiven Anhaltspunkte eine Gefahrenlage annehmen.[545] Gefahrenabwehrrechtlich (d.h. auf der Primärebene) ist diese sog. Anscheinsgefahr der objektiven Gefahrenlage gleichgestellt, denn obwohl ein Wahrscheinlichkeitsurteil subjektive Elemente aufweist, ist die Prognose dahingehend objektiviert, dass es auf die Einschätzung eines gewissenhaften, besonnenen und sachkundigen Amtswalters ankommt.[546] Der maßgebliche Rechtsgrund für die Gleichstellung mit der objektiven Gefahrenlage liegt in der ex-ante-Sicht der Gefahrenbeurteilung und in der Funktion des Gefahrenabwehrrechts, das eine wirksame Unterbindung des Geschehensablaufs verlangt und die Behörden nicht etwa auf tatenloses Zusehen verpflichtet, bis es zur Vermeidung des Schadens zu spät ist. Daher ergibt sich auch keine begrenzte Befugnis: Aufgrund dieser gefahrenabwehrrechtlichen Zuordnung sind die Behörden nicht darauf beschränkt, bspw. lediglich Maßnahmen zur Aufklärung des Sachverhalts (sog. Gefahrerforschungseingriffe wie beim Vorliegen eines Gefahrenverdachts) zu ergreifen. Sie können wie bei der objektiven Gefahrenlage Gefahrenabwehrmaßnahmen ergreifen.[547] M war danach als Anscheinsstörer richtiger Adressat der Maßnahmen.[548]

684 Die Unterscheidung der Anscheinsgefahr von der objektiven Gefahrenlage (und schließlich auch vom Gefahrenverdacht, vgl. dazu sogleich Rn 685) ist nicht zwingend. *Götz*[549] will auf die Figur der Anscheinsgefahr vollständig verzichten. Fallanalysen ergäben, dass die jeweilige Situation befriedigend entweder als Gefahrenverdacht oder als „echte" Gefahr qualifiziert werden könne. Bei isolierter Betrachtung der Primärebene (Gefahrenabwehr) kann dem sicherlich zugestimmt werden. Allerdings steht der Terminus „Anscheinsgefahr" nicht allein dafür, dass die Verwaltung eine bestimmte Situation *ex ante* als gefährlich einstufen durfte, sondern er beinhaltet darüber hinaus die Information, dass - im Unterschied zur objektiven Gefahr - *ex post* feststeht, dass in Wirklichkeit keine Gefahr vorhanden war. Diesen Umstand übersieht *Götz*. Er ist aber wichtig für die Beurteilung entschädigungsrechtlicher Fragen, die nicht notwendigerweise mit der gefahrenabwehrrechtlichen Einschätzung identisch ist. Daher ist die Anscheinsgefahr rechtsdogmatisch sehr wohl von der objektiven Gefahrenlage zu unterscheiden, auch wenn Anscheinsgefahr und objektive Gefahrenlage gefahrenabwehrrechtlich gleichgestellt sind.

685 Die gefahrenabwehrrechtliche Gleichstellung der Anscheinsgefahr mit der objektiven Gefahrenlage ist mit Blick auf eine effektive Gefahrenabwehr zumindest dann nachvollziehbar, wenn der in Anspruch Genommene selbst den vermeintlichen Gefahrenzustand hervorgerufen hat. Beruht der Anschein einer Gefahr aber auf Fehlern in der behördlichen Informationsgewinnung, stellt sich die Frage, ob dieser Fehler noch zu Lasten des Bürgers gehen kann.

Beispiel[550]: O wurde wegen verschiedener Delikte (u.a. wegen illegalen Sprengstoffbesitzes) in die zentrale Fahndungsdatei INPOL (dazu Rn 362 ff.) eingetragen. Später stellte ein Gericht die Rechtswidrigkeit der Eintragung fest. Doch die Polizeidienststelle,

---

545 Vgl. *Puttler*, JA **2001**, 669, 674; *Poscher*, NVwZ **2001**, 141, 143; *Jahn*, JA **2000**, 79, 83.
546 Vgl. *Schlink*, Jura **1999**, 169; *Jahn*, JA **2000**, 79, 83; *Schenke*, POR, Rn 80 ff.
547 Die Gefahrenabwehrmaßnahme wird also nicht dadurch rechtswidrig, dass sich später (gerichtlich) herausstellt, dass objektiv keine Gefahr vorgelegen hat. Vgl. dazu auch BVerfGE **103**, 142, 150 ff. (Durchsuchung der Wohnung eines Polizisten wegen Verdachts der Bestechlichkeit ohne vorherige richterliche Durchsuchungsanordnung).
548 In der Fallbearbeitung müssen die genannten Maßnahmen selbstverständlich ausführlich geprüft werden. Insbesondere wegen des hohen Schutzguts *Unverletzlichkeit der Wohnung* (Art. 13 I GG) bedarf die Polizei beim Betreten einer Wohnung besonderer Rechtfertigungsgründe, die vorliegend jedoch gegeben waren. Vgl. dazu im Einzelnen Rn 510 ff.
549 *Götz*, POR, Rn 166.
550 In Anlehnung an VGH Mannheim BWVBl **2005**, 231 f.

die für die Datenpflege zuständig war, löschte die Daten des O nicht aus der Datei. Einige Monate später wurde O von der Polizei gefahrenabwehrrechtlich in Anspruch genommen, indem man seine Wohnung durchsuchte. Dabei stützte die Polizei ihre Maßnahmen maßgeblich auf Erkenntnisse, die sie aus dem INPOL gewonnen hatte.

In diesem Fall ist klar, dass O die Gefahr nicht verursacht hat. Stellt man auf die Sicht der konkret handelnden Beamten ab, war die Wohnungsdurchsuchung gleichwohl rechtmäßig. Denn diese durften aufgrund der ihnen vorliegenden Anhaltspunkte vom Vorliegen einer objektiven Gefahrensituation ausgehen (Fall der Anscheinsgefahr). Stellt man aber auf die Sicht der Polizei als Gesamtheit ab, ist die Annahme einer Anscheinsgefahr fraglich. Denn dann hat die Polizei durch die Nichtlöschung fehlerhafter Daten selbst den Anschein einer Gefahr gesetzt. Dann handelte es sich um eine irrige Annahme einer Gefahr, wobei die Fehleinschätzung auf einer unvertretbaren und damit pflichtwidrigen Einschätzung der Situation beruhte (sog. Schein- oder Putativgefahr, dazu sogleich Rn 687 ff.) mit dem Ergebnis, dass die Wohnungsdurchsuchung rechtswidrig war.

Der VGH Mannheim hat auf die Sicht der handelnden Beamten abgestellt und eine Anscheinsgefahr angenommen, die zum Einschreiten berechtigt habe. Dass eine andere Polizeieinheit es pflichtwidrig versäumt habe, die fehlerhaften Daten zu löschen, könne nicht den handelnden Beamten zur Last gelegt werden.[551]

Bewertung: Die Auffassung des VGH ist bedenklich. Denn die Entscheidung bedeutet, dass der Bürger das Risiko eines fehlerhaften Informationsprozesses zwischen den Polizeibehörden zu tragen hat. Eine solche Annahme kann vor dem Rechtsstaatsprinzip keinen Bestand haben.

Sofern Polizeimaßnahmen in Grundrechte eingreifen, kann der betroffene Bürger vom Staat verlangen, nicht in Anspruch genommen zu werden, wenn *die Polizei selbst* den Anschein einer Gefahr verursacht hat. Die entgegenstehende Entscheidung des VGH Mannheim ist mit dem Rechtsstaatsprinzip nicht vereinbar.

Unabhängig von dieser Problematik stellt sich die Frage, ob derjenige, der rechtmäßig als Anscheinsstörer in Anspruch genommen wurde, wenigstens einen **Entschädigungsanspruch** hat. Die Vorschriften der Polizeigesetze kennen nur eine Entschädigung für den sog. Nichtstörer bzw. für jemanden, der durch eine rechtswidrige Maßnahme der Polizei einen Schaden erleidet, nicht aber für den Anscheinsstörer (vgl. Rn 776 ff.). Da aber auch bei der Anscheinsgefahr in Wirklichkeit keine Gefahr besteht und auch der Anscheinsstörer daher (zumindest kostenrechtlich) kein Störer sein kann, ist anerkannt, die Vorschriften über die Entschädigung eines Nichtstörers analog auf den Anscheinsstörer anzuwenden.[552] Ein Entschädigungsanspruch ist aber eingeschränkt, wenn der Anscheinsstörer den Anschein einer Gefahr schuldhaft und zurechenbar (mit-)verursacht hat. Je nach Umfang der Schwere der Mitverursachung kann es sogar zu einem völligen **Ausschluss der Entschädigung** kommen. 686

bb.) Putativgefahr (Scheingefahr)

Wie bereits dargestellt, zweifelt die Behörde bei der *Anscheinsgefahr* aufgrund der objektiven Anhaltspunkte nicht an einer Gefahr, obwohl diese objektiv nicht besteht; **man hält das Vorhandensein einer Gefahr in vertretbarer Weise also für sicher**. Damit ist die Anscheinsgefahr von der sog. *Putativgefahr* abzugrenzen, bei der zwar ebenfalls keine objektive Gefahrenlage besteht, der handelnde Beamte aber eine Gefahrsituation annimmt, **ohne dass dafür hinreichende Anhaltspunkte vorhanden sind**. Gemeinsam ist Anscheinsgefahr und Putativgefahr somit die objektiv 687

[551] VGH Mannheim BWVBl **2005**, 231, 232 ff.

[552] Vgl. etwa *Schlink*, Jura **1999**, 169; *Wernsmann*, JuS **2002**, 582, 584.

nicht vorhandene Gefahrenlage. Während die Anscheinsgefahr aber die sachgerechte und sorgfältige Sachverhaltswürdigung zur Grundlage hat, beruht die Putativgefahr auf einer **irrigen, nicht vertretbaren und damit pflichtwidrigen** Einschätzung der Situation. Die bloße Scheingefahr kann daher der echten Gefahrenlage **nicht** gleichgestellt werden und berechtigt somit **nicht** zu Gefahrenabwehrmaßnahmen.[553] Gleichwohl getroffene Gefahrenabwehrmaßnahmen sind rechtswidrig. Dem Betroffenen stehen Entschädigungsansprüche zu (vgl. Rn 1013 ff.). Für die Fallbearbeitung bietet sich folgende Subsumtionsgrundlage an:

688 Unter **Putativgefahr (Scheingefahr)** versteht man die irrige Annahme einer Gefahr, wobei die Fehleinschätzung auf einer unvertretbaren und damit pflichtwidrigen Einschätzung der Situation beruht.

cc.) Gefahrenverdacht (Verdachtsgefahr)

689 Bei der *Anscheinsgefahr* wurde gesagt, dass diese vorliege, wenn der Beamte irrig, aber bei verständiger Würdigung der Sachlage und damit in vertretbarer Weise davon ausgeht, es liege eine objektive Gefahrenlage vor. Daher konnte bei Rn 681 ff. die Feststellung getroffen werden, dass die Anscheinsgefahr der objektiven Gefahrenlage gleichzusetzen sei und die Polizei die Befugnis habe, Gefahrenabwehrmaßnahmen zu ergreifen. Demgegenüber ist im Fall des *Gefahrenverdachts* aufgrund einer unklaren Diagnose des Sachverhalts und/oder aufgrund einer unsicheren Prognose des weiteren Geschehensablaufs unklar, ob überhaupt eine Gefahr gegeben ist. Es liegen lediglich **Anhaltspunkte vor, die den *Verdacht* einer Gefahr** begründen. Diese Anhaltspunkte genügen jedoch noch nicht, um bei verständiger Würdigung der Sachlage von einer konkreten Gefahr auszugehen; der Beamte hat lediglich den *Verdacht einer Gefahr* (daher auch der Begriff „Gefahrenverdacht“).

> **Beispiel[554]:** Polizeibeamter P sieht Kinder in der Nähe der ehemaligen Scharnhorst-Kaserne im Garten des elterlichen Wohnhauses mit einem Gegenstand spielen. Er ist sich nicht sicher, ob es sich um eine Handgranate oder einen Tennisball handelt.
>
> In Ermangelung der genauen Kenntnis kann er nicht von einer Gefahr überzeugt sein. Denn handelte es sich bei dem Gegenstand um einen Tennisball, läge keine Gefahr vor. Von Kindern, die mit einem Tennisball spielen, würde niemand sagen, dass sie sich in großer Gefahr befänden oder dass sie noch einmal Glück gehabt hätten, dass ihnen nichts zugestoßen ist. Solange P nicht überzeugt ist, dass es sich bei dem fraglichen Gegenstand um eine Handgranate handelt, fehlt ihm die erforderliche, an Sicherheit grenzende Überzeugung von dem Vorliegen einer Gefahr.

690 Gerade aufgrund der unklaren Sachlage ist fraglich, ob der Gefahrenverdacht der objektiven Gefahr gleichgestellt werden kann. Nach der hier vertretenen Auffassung ist das nicht der Fall. Setzte man den Gefahrenverdacht einer konkreten Gefahr gleich[555], läge unabhängig davon, ob tatsächlich ein Schaden droht, immer eine Gefahr vor. Zwar ist dies auch bei der Anscheinsgefahr der Fall, dort aber geht der Beamte vom Vorliegen einer Gefahr aus, wohingegen er beim Gefahrenverdacht nicht weiß, ob eine Gefahr vorliegt. Bei einem Gefahrenverdacht kann daher bereits per definitionem keine Gefahr vorliegen. Wohl aus diesem Grund hat denn auch das BVerwG nunmehr entschieden, dass es unter einem Gefahrenverdacht eine Sachlage ansehe, in denen

---

553 Vgl. *R. Schmidt*, BremPolG. Kommentar, § 2 Rn 62; *Jahn*, JA **2000**, 79, 83.

554 Nach *Poscher*, NVwZ **2001**, 141, 142.

555 So die frühere Rspr. des BVerwG (DÖV **1982**, 521, 522); unklar *Pieroth/Schlink/Kniesel*, POR, § 4 Rn 59, die sich zumindest sehr missverständlich ausdrücken und den Anschein erwecken, als würden sie auch heute noch dieser (überholten) Rspr. folgen.

es aus polizeilicher Sicht trotz Anhaltspunkten für das Bestehen einer Gefahr noch an der hinreichenden Wahrscheinlichkeit eines Schadenseintritts mangele.[556]

Daraus folgt, dass der Gefahrenverdacht sowohl terminologisch als auch rechtlich nicht der objektiven Gefahrenlage gleichgesetzt werden kann. Er ist kein minus zur Gefahr, sondern ein aliud. Daher können auch keine Gefahrenabwehrmaßnahmen zulässig sein.[557] Zulässig sind aber **Maßnahmen zur Aufklärung des Sachverhalts**, etwa um den Verdacht erhärten (und *dann* von einer Gefahr auszugehen und Gefahrenabwehrmaßnahmen zu treffen) oder widerlegen zu können (und dann von Gefahrenabwehrmaßnahmen abzusehen). Man spricht von **Gefahrerforschungseingriffen**.[558] Als Gefahrerforschungseingriffe kommen aber aufgrund der unsicheren Sachlage grundsätzlich nur *vorläufige* bzw. *vorsorgliche* Maßnahmen in Betracht.[559] 691

Beispiel: Das Hausgrundstück des A grenzt u.a. an eine Bundesstraße. An der straßengeneigten Grenze hat A vor vielen Jahren zehn Eichen gepflanzt. Eines Nachts kommt der Lkw des B von der Fahrbahn ab und rammt sechs von den Eichen. Diese ragen nun infolge des Unfalls über einen Teil der Straße. Die zuständige Ordnungsbehörde gibt A auf, ein Sachverständigengutachten einzuholen, um die Standfestigkeit der Eichen beurteilen zu können.

Hier besteht eine Unsicherheit darüber, ob die gerammten Eichen eine Gefahr für die öffentliche Sicherheit (hier: Sicherheit und Leichtigkeit des Straßenverkehrs) darstellen oder nicht. Dies aufzuklären ist Inhalt der ordnungsbehördlichen Verfügung. Eine andere Frage ist es, ob die Behörde diese Maßnahme dem A auferlegen durfte oder aber (ggf. auf dessen Kosten) selbst durchführen musste.

Für die Fallbearbeitung bietet sich nach alledem folgende Subsumtionsgrundlage an:

Ein **Gefahrenverdacht** ist anzunehmen, wenn tatsächliche Anhaltspunkte vorliegen, die lediglich den *Verdacht* einer Gefahr begründen. Da diese Situation gerade nicht einer objektiven Gefahrenlage gleichgesetzt werden kann, ist die Behörde darauf beschränkt, Maßnahmen zur Sachverhaltsaufklärung, sog. Gefahrerforschungseingriffe, durchzuführen. 692

Obwohl eine konkrete Gefahr, die von den Befugnisnormen (Standardmaßnahmen; Befugnisgeneralklausel) gefordert wird, gerade nicht vorliegt und beim Gefahrenverdacht daher lediglich Gefahrerforschungseingriffe zulässig sind, bedarf die Polizei hierfür Rechtsgrundlagen. Diese sind wiederum die Befugnisnormen, die allerdings auf ihrer Rechtsfolgeseite auf Gefahrerforschung beschränkt sind. Anderenfalls ist es kaum vertretbar, eine Handlungsermächtigung aus der spezialgesetzlichen Gefahrenabwehrmaßnahme bzw. der Befugnisgeneralklausel herzuleiten. 693

Hinweis für die Fallbearbeitung: Ist im konkreten Fall unklar, ob eine objektive Gefahrenlage oder lediglich ein Gefahrenverdacht vorliegt, ist nicht zuletzt aufgrund der unterschiedlichen Handlungsermächtigung der Behörde bzw. Verpflichtung des Adressaten eine Abgrenzung vorzunehmen. Dabei kann man nach der „Je-desto-Formel" vorgehen: Je höher der zu erwartende Schaden ist, desto geringer sind die

---

[556] BVerwG DVBl **2002**, 1562.

[557] Inkonsequent *Götz*, POR, Rn 155, der auf der einen Seite zwar betont, dass der Gefahrenverdacht von der konkreten Gefahr zu trennen sei, dann aber auf der anderen Seite den Gefahrenverdacht im Wesentlichen wie die konkrete Gefahr behandelt und Gefahrenabwehrmaßnahmen zulassen will.

[558] *R. Schmidt*, BremPolG. Kommentar, § 2 Rn 63; *Jahn*, JA **2000**, 79, 83; *Schlink*, Jura **1999**, 169; *Schenke*, POR, Rn 86; *Friauf*, POR, Rn 52.

[559] *Di Fabio*, Jura **1996**, 566, 568 f. *Endgültige* Maßnahmen kommen ausnahmsweise in Betracht, wenn es um den Schutz besonders wichtiger Rechtsgüter (Leben, Gesundheit, Sachwerte von hohem Wert) geht (so bereits *R. Schmidt*, BesVerwR, 4. Aufl. **2000**, S. 329; nun auch *Pieroth/Schlink/Kniesel*, POR, § 4 Rn 59).

Anforderungen an die Wahrscheinlichkeit des Schadenseintritts. Steht demnach fest, dass eine objektive Gefahrenlage gegeben ist, sind Gefahrenabwehrmaßnahmen zulässig. Anderenfalls sind nur Gefahrerforschungseingriffe zulässig.

694 In einigen Fällen ist die Gefahrenverdachtssituation **ausdrücklich geregelt**. Zu **Durchsuchungen** von Personen, Sachen und Wohnungen ermächtigen die Polizeigesetze u.U. auch dann, wenn **Tatsachen die Annahme rechtfertigen**, dass bei der Durchsuchung eine gefährliche oder gefährdete Person oder Sache gefunden werden, sodass dann die Gefahr abgewendet werden kann; Entsprechendes gilt für das **Aufenthaltsverbot**. Auch **Informations- und Datenerhebungsermächtigungen** verlangen oft nur, dass **tatsächliche Anhaltspunkte** bestehen oder **Tatsachen die Annahme** der Begehung von Straftaten rechtfertigen, d.h. sie verlangen nur einen, wenn auch konkreten Verdacht. Dabei kann die Gefahr, die durch Datenerhebung erforscht wird, eine konkrete oder abstrakte sein.

695 Umstritten ist die Frage, von **wem** Gefahrerforschungsmaßnahmen durchzuführen sind. Denkbar ist, Gefahrerforschungsmaßnahmen dem potentiellen Störer aufzuerlegen, oder aber, ihm lediglich aufzugeben, von der Behörde vorzunehmende Aufklärungsmaßnahmen zu dulden.[560]

696 ▪ Nach einer Auffassung sind wegen des Untersuchungsgrundsatzes (§ 24 VwVfG) Gefahrerforschungseingriffe von der Verwaltung **selbst durchzuführen**. Der potentiell Verantwortliche (z.B. der Eigentümer einer potentiell gefahrträchtigen Sache) sei lediglich zur **Duldung** behördlicher Aufklärungsmaßnahmen verpflichtet.[561] Der Gefahrerforschungseingriff liegt nach dieser Auffassung also in der Auferlegung der Duldungspflicht.

697 ▪ Nach der Gegenauffassung kann die Durchführung der Aufklärungsmaßnahmen (z.B. Probebohrungen, Messungen, Begutachtungen) auch dem **vermeintlich Verantwortlichen aufgegeben** werden.[562]

698 ▪ **Stellungnahme:** Die zuerst genannte Auffassung macht geltend, dass es der Behörde kaum darum gehen werde, festzustellen, wer Störer sei, sondern darum, ob überhaupt eine Gefahr vorliege. Damit bewege sich die Behörde nicht im Bereich der Gefahrenabwehr, sondern im Bereich der Sachverhaltsermittlung. Demgemäß werde der Rahmen des zulässigen Handelns der Behörde maßgeblich durch § 24 VwVfG bestimmt, der die Aufgabe der Ermittlung des Sachverhalts ausschließlich der Behörde zuweise. Dem ist jedoch entgegenzuhalten, dass die Gefahrerforschung eine Vorstufe und damit ein Teil der Gefahrenabwehr ist. Dies wird selbst von den Vertretern der zuerst genannten Auffassung eingeräumt, indem sie den Gefahrenverdacht lediglich als eine Gefahr geringeren Wahrscheinlichkeitsgrades ansehen und so der objektiven Gefahrenlage gleichstellen und daher die Befugnisgeneralklausel für unmittelbar anwendbar erklären.[563] Wenn aber für die Gefahrenabwehr selbst unstreitig der Verantwortliche heranzuziehen ist und der Gefahrenverdacht der objektiven Gefahrenlage gleichzustellen ist, muss es auch möglich sein, Maßnahmen zur Gefahrerforschung vom vermeintlich Verantwortlichen zu verlangen. Sollte sich ex-post die Ungefährlichkeit des Verhaltens bzw. des Zustandes herausstellen, ist der Betroffene zu entschädigen.

---

[560] Diese Frage sollte in der Fallbearbeitung erst im Rahmen des Auswahlermessens behandelt werden. Wegen des sachlichen Zusammenhangs wird sie vorliegend aber bereits an dieser Stelle erörtert.
[561] So OVG Koblenz NVwZ **1992**, 499, 501; VGH Kassel, NVwZ **1991**, 498, 500 f.; OVG Münster NWVBl **1990**, 159.
[562] VGH Mannheim, NVwZ **1991**, 491; VBlBW **1993**, 298; *Würtenberger*, POR, Rn 352; Götz, *POR*, Rn 156; *Schenke*, POR, Rn 90.
[563] *Muckel*, BesVerwR, S. 62 f.

Zu beachten ist, dass im Bereich des **Bodenschutzes** (insbesondere für **Altlasten**) seit dem Inkrafttreten des BBodSchG am 1.3.1999 nicht nur ein bundeseinheitliches Regelwerk zum Bodenschutz, sondern in Gestalt des § 9 BBodSchG auch eine bundeseinheitliche Normierung einer Gefährdungsabschätzung und einer Untersuchungsanordnung bestehen.[564] 699

Beispiel: Infolge von Abbrucharbeiten auf dem Betriebsgelände einer alten Produktionsstätte ergeben sich Hinweise auf Bodenkontaminationen. Art und Umfang sowie Toxizität der Belastung sind noch nicht bekannt. Es bedarf weiterer Aufklärungsmaßnahmen. Nachdem Verhandlungen zwischen der zuständigen Gefahrenabwehrbehörde und dem Eigentümer U zu keinem annehmbaren Ergebnis führen, erlässt die Behörde gegenüber U die Verfügung, Bodenproben zu entnehmen und untersuchen zu lassen. Ist die Verfügung rechtmäßig? 700

Als Rechtsgrundlage für den Erlass der Verfügung kommt die polizei- und ordnungsrechtliche Befugnisgeneralklausel nur dann in Betracht, wenn keine spezialgesetzliche Vorschrift greift. In Betracht kommen vorliegend die Vorschriften des Kreislaufwirtschafts- und Abfallgesetzes (KrW-/AbfG) und die der landesrechtlichen Ausführungsgesetze. Der vorliegende Sachverhalt ist aber nicht vom Anwendungsbereich (§ 2) und der Begriffsbestimmung des Abfalls (§ 3)[565] des KrW-/AbfG erfasst. Es greift aber die Vorschrift des **§ 9 BBodSchG**. Gem. Abs. 1 dieser Vorschrift soll die zuständige Behörde die geeigneten Maßnahmen treffen, wenn ihr Anhaltspunkte dafür vorliegen, dass eine schädliche Bodenveränderung oder Altlast bestehen. Abs. 2 dieser Vorschrift ermächtigt die Behörde, eine in § 4 III, V und VI BBodSchG[566] genannte Person zu verpflichten, die notwendigen Untersuchungen zur Gefährdungsabschätzung durchzuführen, sofern aufgrund konkreter Anhaltspunkte der hinreichende Verdacht einer schädlichen Bodenveränderung oder einer Altlast besteht.
Da U unter den in § 4 III BBodSchG genannten Personenkreis fällt, kann er grundsätzlich entsprechend in Anspruch genommen werden.[567] Zu beachten ist aber die Regelung des § 4 V und VI BBodSchG. Sind danach (wie vorliegend) schädliche Bodenveränderungen oder Altlasten nach dem 1.3.1999 bekannt geworden, sind Schadstoffe zu beseitigen, soweit dies im Hinblick auf die Vorbelastung des Bodens verhältnismäßig ist. Vorliegend ist also eine Verhältnismäßigkeitsprüfung vorzunehmen. Je höher der zu erwartende Schaden ist, desto geringer sind die Anforderungen an eine Inanspruchnahme des U. Vorliegend sind konkrete Verdachtsmomente vorhanden. Hinreichend wahrscheinliche Anhaltspunkte liegen daher vor. Die Heranziehung des U zu Maßnahmen der Sachverhaltsaufklärung war somit rechtmäßig.

Weitergehender Hinweis: Bestätigt sich im Nachhinein die Nichtverantwortlichkeit des Herangezogenen, stellt sich die Frage nach dem Ausgleichs- und Entschädigungsanspruch. Sofern keine spezialgesetzliche Regelung greift, stellt das OVG Münster[568] auf die entsprechende Anwendung der Entschädigung im polizeilichen Notstand ab, der VGH München[569] auf einen allgemeinen öffentlich-rechtlichen Erstattungsanspruch. Ist der Gefahrenverdacht jedoch von dem in Anspruch Genommenen zu verantworten, kann der Entschädigungsanspruch ganz oder teilweise entfallen.[570] Vorliegend würde die Regelung des § 24 I S. 2 BBodSchG greifen. 701

---

[564] Vgl. dazu OVG Berlin NVwZ **2001**, 582 ff.; *Buchholz*, NVwZ **2002**, 563.
[565] Zur Definition des Begriffs „Abfall" vgl. EuGH NVwZ **2000**, 1156 ff.
[566] Zur Störerhaftung nach § 4 BBodSchG vgl. BVerfG-K NVwZ **2001**, 65 f.; OVG Berlin NVwZ **2001**, 582; *Buchholz*, NVwZ **2002**, 563 ff.; *Grzeszick*, NVwZ **2001**, 721 ff.; *Pützenbacher/Görgen*, NJW **2001**, 490 ff.; *Fluck*, NVwZ **2001**, 9 ff.; *Frenz*, NVwZ **2001**, 13 ff. und *Buck*, NVwZ **2001**, 51 f. Zur Eingrenzung der Zustandsverantwortlichkeit unter dem Aspekt der Verhältnismäßigkeit vgl. BVerfG-K NVwZ **2001**, 65, 66; BVerfGE **102**, 1, 18 ff.; *Grzeszick*, NVwZ **2001**, 721 ff. und *Müggenborg*, NVwZ **2001**, 39 ff.
[567] Zur Störerauswahl nach dem BBodSchG vgl. *Buck*, NVwZ **2001**, 51; *Tiedemann*, NVwZ **2003**, 1477.
[568] OVG Münster DÖV **1996**, 1049.
[569] VGH München NVwZ-RR **1996**, 645.
[570] *Götz*, NVwZ **1998**, 679, 687.

Weiteres zum BBodSchG findet sich bei Rn 801 ff. Zur Rechtsnachfolge in öffentlich-rechtliche Pflichten vgl. ausführlich Rn 875 ff.

dd.) Konsequenzen einer nicht vorliegenden Gefahrenlage für die Falllösung

702 Die mit der nicht vorhandenen objektiven Gefahrenlage verbundene Problematik darf auf keinen Fall isoliert behandelt werden. So wirkt sie auf die Qualifikation des Polizeipflichtigen als Anscheinsstörer, Verdachtsstörer oder Nichtstörer (vgl. Rn 776 ff.) sowie auf die Kostentragungspflicht (vgl. Rn 992 ff.) fort. Ebenfalls bringt sie Konsequenzen für die Verhältnismäßigkeitsprüfung mit sich, insbesondere bei der Frage des noch angemessenen Mittels gegen den in eine der jeweiligen Kategorien zugeordneten in Anspruch Genommenen. So sind beispielsweise gegen einen bloßen Verdachtsstörer lediglich Gefahrerforschungseingriffe verhältnismäßig (s.o.).

703 **Zusammenfassung:**

Gefahr:
- Es liegt objektiv eine Gefahrenlage vor
- Der konkrete Polizeibeamte erkennt sie auch als solche
- Der gewissenhafte, besonnene und sachkundige Polizeibeamte würde sie ebenfalls erkennen

Anscheinsgefahr:
- Es liegt objektiv keine Gefahrenlage vor
- Der konkrete Polizeibeamte glaubt jedoch, es würde eine solche vorliegen
- Der gewissenhafte, besonnene und sachkundige Polizeibeamte würde ebenfalls von einer objektiven Gefahrensituation ausgehen

Scheingefahr (Putativgefahr):
- Es liegt objektiv keine Gefahrenlage vor
- Der konkrete Polizeibeamte glaubt jedoch, es würde eine solche vorliegen
- Der gewissenhafte, besonnene und sachkundige Polizeibeamte würde jedoch erkennen, dass eine objektive Gefahrensituation nicht vorliegt

Gefahrenverdacht (Verdachtsgefahr):
- Es ist unklar, ob eine Gefahr vorliegt
- Sowohl der konkrete Polizeibeamte als auch der gewissenhafte, besonnene und sachkundige Polizeibeamte gehen auch davon aus, dass lediglich der Verdacht einer Gefahr vorliegt

II. Übersicht über die Gefahrenlagen und den Rechtsfolgen

704

	Objektive Gefahrenlage	**Anscheinsgefahr**	**Putativgefahr (Scheingefahr)**	**Gefahrenverdacht (Verdachtsgefahr)**
Sachlage	Objektiv bestehende Gefahr	Objektiv nicht bestehende Gefahr, die Behörde durfte aber in vertretbarer Weise von einer solchen ausgehen	Ebenfalls objektiv nicht bestehende Gefahrenlage, die Behörde nimmt aber in einer irrigen und nicht vertretbaren Weise eine Gefahrsituation an	Unklarer Sachverhalt, aber begründeter Gefahrenverdacht
Zulässige Maßnahmen	Maßnahmen zur Gefahrenabwehr	Wegen der gefahrenabwehrrechtlichen Gleichstellung mit der objektiven Gefahrenlage sind die gleichen Maßnahmen zulässig	Die bloße Scheingefahr ist der objektiven Gefahrenlage **nicht** gleichgestellt und berechtigt daher **nicht** zu Gefahrenabwehrmaßnahmen; dennoch getroffene Gefahrenabwehrmaßnahmen sind rechtswidrig	Maßnahmen zur Sachverhaltsaufklärung, etwa um den Verdacht erhärten oder widerlegen zu können (sog. Gefahrerforschungseingriffe). Ein Gefahrenverdacht berechtigt aber grundsätzlich nur zu *vorläufigen / vorsorglichen* Maßnahmen.
Kostentragung	Grds. der polizeirechtlich Verantwortliche; Ausnahmen: §§ 66 ff. TierseuchenG, §§ 56 ff. InfektionsschutzG	Nach umstrittener Auffassung der Anscheinsstörer, wenn sich bei einer ex post Betrachtung herausstellt, dass er pflichtwidrig den Anschein einer Gefahr gesetzt hat	Die Verwaltung. Zudem bestehen Ersatzansprüche des Betroffenen, vgl. nur § 56 I S. 2 BremPolG (gesetzlich geregelter Fall des enteignungsgleichen Eingriffs) sowie wegen Amtshaftung	Nach h.M. die Verwaltung, da es sich um behördliche Sachverhaltsaufklärungsmaßnahmen handelt. Bei nachträglich festgestellter Verantwortlichkeit des in Anspruch Genommenen dieser selbst.

III. Einhaltung des Ermessensspielraums

1. Rechtsnatur des Ermessens; Opportunitätsprinzip

705 Um es der Polizei jederzeit zu ermöglichen, der Vielgestaltigkeit und Dynamik der Lebenssachverhalte gerecht zu werden und auch auf unbekannte Fälle vor Ort angemessen reagieren und Gefahrenabwehrmaßnahmen ergreifen zu können, haben ihr die Gesetzgeber Handlungsspielräume nicht nur auf der Tatbestandsseite in Form von unbestimmten Rechtsbegriffen, sondern auch auf der Rechtsfolgeseite in Form eines Verwaltungsermessens[571] eingeräumt.

Beispiel: Nach der Befugnisgeneralklausel darf die Polizei die erforderlichen Maßnahmen treffen, um eine im einzelnen Fall bestehende Gefahr für die öffentliche Sicherheit abzuwehren.

Hier sind auf der **Tatbestandsseite** die unbestimmten Rechtsbegriffe *Gefahr* und *öffentliche Sicherheit* formuliert (die die Gesetzgeber, um eine gleichmäßige Gesetzesanwendung durch die Polizei zu gewährleisten und eine gerichtliche Verwerfung wegen zu hoher Unbestimmtheit zu vermeiden, i.d.R. jedoch legaldefiniert haben).

Auf der **Rechtsfolgeseite** haben die Gesetzgeber dem Normadressaten, d.h. der Polizei, ein Ermessen eingeräumt, indem die Polizeigesetze von *erforderlichen Maßnahmen* sprechen, die die Polizei (bei Vorliegen der Tatbestandsvoraussetzungen) treffen *darf*.

Diese konditionale Fassung ist sämtlichen Befugnisnormen der Polizeigesetze zu entnehmen. Damit folgen die Polizeigesetze dem sog. „Wenn-dann-Schema": Wenn ein konkreter Sachverhalt den Tatbestand einer Norm erfüllt, darf oder soll die im Tatbestand genannte Rechtsfolge eintreten.

706 Mit der Einräumung von Ermessensspielräumen folgen die Polizeigesetze dem im Gefahrenabwehrrecht allgemein geltenden **Opportunitätsprinzip**[572], wonach es den Gefahrenabwehrbehörden bei Vorliegen der Tatbestandsvoraussetzungen der Befugnisnorm erlaubt ist, nach ihrem Ermessen, wenn auch im Rahmen bestimmter Grenzen, darüber zu entscheiden, ob, wie und gegen wen Maßnahmen getroffen werden sollen. Die *ratio* des Ermessens liegt in der Freistellung der Wahl der Rechtsfolge eines gesetzlichen Tatbestands, um die Verwaltung in die Lage zu versetzen, von **unnötigen Eingriffen abzusehen** und somit dem **Übermaßverbot Rechnung zu tragen**. Darüber hinaus würde eine ständige Pflicht zum Einschreiten zu einem permanenten Vollzugsdefizit führen.

707 Damit steht das Gefahrenabwehrrecht im Gegensatz zur Strafverfolgung, bei der das **Legalitätsprinzip**[573] gilt, das die Polizei zur Erforschung und Aufklärung von Straftaten verpflichtet (§ 163 I S. 1 StPO; vgl. dazu Rn 86 ff. und 727). Das im Rahmen des Opportunitätsprinzips erwähnte Vollzugsdefizit besteht hier nicht, da das Legalitätsprinzip zum Einschreiten nur dann verpflichtet, wenn ein Anfangsverdacht einer Straftat vorliegt (vgl. § 152 II StPO für die Staatsanwaltschaft, deren Ermittlungspersonen Polizeibeamte sind, sofern es um Strafverfolgung geht).[574] Die Gefahrenabwehrmaßnahmen sind somit in das behördliche Ermessen gestellt.[575] Die gesetzliche Einräu-

---

[571] Vgl. Allgemein zum Ermessen *R. Schmidt*, AllgVerwR, Rn 295 ff.
[572] Opportun kann mit nützlich, tunlich oder zweckmäßig umschrieben werden.
[573] Legalität kann als „von Gesetzes wegen" verstanden werden.
[574] Zu beachten ist, dass für die *Staatsanwaltschaft* wiederum in gewissen Grenzen das Opportunitätsprinzip gilt (vgl. §§ 153 ff. StPO).
[575] Vgl. insoweit klarstellend § 3 I MEPolG; **BW:** § 3 PolG; **Bay:** Art. 5 I PAG; **Berl:** § 12 I ASOG; **Brand:** § 4 I PolG; **Brem:** § 4 I PolG; **Hamb:** § 3 I SOG; **Hess:** § 5 I SOG; **MeckVor:** § 14 I SOG; **Nds:** § 5 SOG; **NRW:** § 3 I PolG; **RhlPfl:** § 3 I POG; **SchlHolst:** § 174 LVwG; **Saar:** § 3 I PolG; **Sachs:** § 3 II PolG; **SachsAnh:**

mung von Handlungsermessen bedeutet aber nicht, dass die Gefahrenabwehrbehörden „frei", d.h. allein nach Zweckmäßigkeitsgesichtspunkten entscheiden können, sondern dass sie ein *pflichtgemäßes* Ermessen ausüben müssen. Die strukturellen Vorgaben setzt dabei das allgemeine Verwaltungsrecht (vgl. § 40 VwVfG). Danach muss die Behörde, um pflichtgemäß zu handeln,

- erkennen, dass ihr ein Ermessen zusteht,
- das Ermessen ausüben,
- von zutreffenden tatsächlichen Umständen ausgehen (vgl. §§ 24, 26 VwVfG) und
- die inneren und äußeren Ermessensgrenzen beachten.

Diese Ermessensgrenzen werden materiellrechtlich vor allem vorgezeichnet durch 708

- den Tatbestand der Ermächtigungsgrundlage: Maßnahmen nur zur Gefahrenabwehr,
- die Verhältnismäßigkeit (das Übermaßverbot) und
- den Gleichheitssatz.

2. Entschließungsermessen; Auswahlermessen

Das den Polizei- und Ordnungsbehörden im Rahmen der Gefahrenabwehr eingeräumte Ermessen ist **zweistufig**. Es bezieht sich auf die Entscheidung der Polizei, *ob* sie eine zulässige Maßnahme überhaupt treffen will (Entschließungs- oder Einschreitermessen), und darauf, *welche* von mehreren zulässigen Maßnahmen sie im Fall des Tätigwerdens ergreifen will (Auswahlermessen). Beide Ermessensarten unterliegen denselben rechtlichen Bindungen (§ 40 VwVfG), deren Einhaltung gerichtlich – im Unterschied zur Auslegung von unbestimmten Rechtsbegriffen – jedoch nur beschränkt kontrolliert werden kann (§ 114 S. 1 VwGO). 709

Damit unterscheidet sich das Ermessen auch in dieser Hinsicht von den unbestimmten Rechtsbegriffen. Deren Auslegung muss gerichtlich voll überprüfbar sein.[576] Entweder *ist* der Tatbestand einer Befugnisnorm erfüllt oder er ist es *nicht*. Dazwischen gibt es kein Auslegungsergebnis. Anders sieht es beim Ermessen aus. Räumt der Gesetzgeber der Verwaltung Handlungsspielräume, insbesondere bei der Wahl der Mittel, ein, kann der Richter nicht anschließend seine Ermessenserwägungen an die Stelle der der handelnden Behörde setzen. Seine Überprüfung hat sich vielmehr auf die Einhaltung der Ermessensgrenzen zu beschränken. § 114 S. 1 VwGO stellt dies klar. 710

In der Regel enthalten die Befugnisnormen des Gefahrenabwehrrechts sowohl auf ihrer Tatbestandsseite unbestimmte Rechtsbegriffe als auch auf ihrer Rechtsfolgeseite ein Ermessen (sog. **Koppelungsvorschriften** oder **Mischtatbestände**, siehe bereits Rn 705).[577] In diesem Fall ist jede Seite grundsätzlich nach ihren Regeln zu beurteilen. Schwierig wird es, wenn bei der Ermessensbetätigung *dieselben* Erwägungen herangezogen werden müssen, die schon der Auslegung der unbestimmten Rechtsbegriffe zugrunde gelegen haben (Identität des Argumentationshaushaltes). In einem solchen Fall soll nur noch eine einzige rechtsfehlerfreie Ermessensentscheidung möglich sein. Die Ermessensreduzierung auf Null macht im Einzelfall aus der Kann-Vorschrift *faktisch* (nicht rechtsdogmatisch!) eine Muss-Vorschrift. 711

Beispiel: Die Polizei wird nachts zur einer Gaststätte gerufen, weil dort eine Schlägerei stattfinden soll. Nachdem sie eingetroffen ist und den Sachverhalt aufgeklärt hat, nimmt sie den stadtbekannten Schläger S, von dem die Schlägerei ausging, in Polizei-

---

§ 6 I SOG; **Thür:** § 5 I PAG. Zur Rechtsnatur des Ermessens vgl. grundlegend *R. Schmidt*, AllgVerwR, Rn 295 ff. und 601 ff.

[576] *R. Schmidt*, AllgVerwR, Rn 142 ff.

[577] Vgl. auch dazu ausführlich *R. Schmidt*, AllgVerwR, Rn 308 m.w.Nachw.

gewahrsam. Dieser macht später gerichtlich geltend, dass die Voraussetzungen für den Gewahrsam nicht vorgelegen hätten.

Als Rechtsgrundlage für die Ingewahrsamnahme kam die Standardmaßnahme *Gewahrsam* in Betracht. Die Polizei musste vor Ort den Sachverhalt aufklären und entscheiden, ob die Ingewahrsamnahme des S zur Verhinderung der unmittelbaren Begehung oder Fortsetzung einer Straftat oder einer Ordnungswidrigkeit von erheblicher Bedeutung unerlässlich sein würde.

Geht man davon aus, dass S jedenfalls den Straftatbestand des § 223 I StGB verwirklicht hat, konnte die Polizei durch die Ingewahrsamnahme weitere Körperverletzungen verhindern. Insbesondere bezieht sich die Beschränkung „von erheblicher Bedeutung" in der Befugnisnorm nur auf Ordnungswidrigkeiten. Anderenfalls wäre dem Schutzbedürfnis der betroffenen Rechtsgüter nicht hinreichend Rechnung getragen, weil § 223 StGB wohl nicht als Straftat von erheblicher Bedeutung angesehen werden kann (etwas anderes mag für die Qualifikationstatbestände des § 223 StGB gelten).

Die Ingewahrsamnahme des S müsste auch „unerlässlich" gewesen sein. Das war der Fall, sofern man davon ausgeht, dass mildere Maßnahmen wie z.B. eine Unterlassungsverfügung oder ein Platzverweis nicht in gleicher Weise weitere körperliche Übergriffe des S verhindert hätten. Genau hier setzt jedoch die Beschwer des D ein, indem dieser geltend macht, die Voraussetzungen für den Gewahrsam hätten nicht vorgelegen.

Aufgabe des Richters (und somit auch des Klausurbearbeiters) ist es nun zu überprüfen, wessen Rechtsauffassung zutrifft. Dabei ist klar, dass nur *ein* Ergebnis möglich ist: Entweder war die Ingewahrsamnahme unerlässlich oder sie war es nicht. War sie es nicht, hat die Polizei den Grundsatz der Verhältnismäßigkeit missachtet, der rechtstechnisch nicht nur bei der Rechtsfolge ansetzt, sondern auch im Rahmen der Auslegung der unbestimmten Rechtsbegriffe zu berücksichtigen ist.

Gelangt man zu dem Ergebnis, dass der Polizeigewahrsam nicht unerlässlich war, etwa mit dem Argument, dass insbesondere das in Betracht kommende mildere Mittel *Platzverweis* mit hinreichender Sicherheit weitere Körperverletzungen durch S verhindert hätte, war der Polizeigewahrsam wegen Verstoßes gegen das Übermaßverbot rechtswidrig.

Ist man jedoch der Auffassung, dass auch ein Platzverweis weitere körperliche Übergriffe durch S nicht mit der erforderlichen Sicherheit ausgeschlossen hätte, etwa mit dem Argument, dass S, nachdem die Polizei den Ort des Geschehens wieder verlassen hatte, hätte zurückkehren und erneut auf andere einschlagen können, war der Polizeigewahrsam jedenfalls auf Tatbestandsebene rechtmäßig.

Dann, und nur dann, bleibt Raum für die Überprüfung, ob die Polizei ermessensfehlerhaft gehandelt hat. Dass die Polizei überhaupt einschreiten musste, steht außer Frage. Zweifelhaft ist nur die Mittelauswahl, ob die Polizei nicht ein anderes, ebenfalls in Betracht kommendes Mittel, das die Rechtssphäre des S jedoch weniger intensiv beeinträchtigt hätte, hätte auswählen müssen. Hier ist die Argumentation allerdings mit der zur Auslegung des unbestimmten Rechtsbegriffs *unerlässlich* kongruent. War der Gewahrsam unerlässlich, liegt auch kein Ermessensfehler vor; war er es nicht, wird man auch eine Ermessensüberschreitung annehmen müssen (zu den Ermessensfehlern vgl. Rn 714 ff.). Die im Rahmen des Ermessens nur eingeschränkt vorhandene Überprüfungsmöglichkeit durch das Gericht (und damit durch den Klausurbearbeiter) spielt im vorliegenden Fall also keine Rolle.

a. Entschließungsermessen (Einschreitermessen)

Im Rahmen des Entschließungsermessens muss die Polizei darüber befinden, **ob** sie überhaupt tätig werden will. Um diese Entscheidung treffen zu können, muss sie aber häufig erst den Sachverhalt aufklären und prüfen, ob Gründe für ein Einschreiten vorliegen. Möglicherweise eroriert sie sogar Gründe, die ein Einschreiten dringend gebieten. Gerade aus dem Grundsatz der Verhältnismäßigkeit kann abgeleitet werden, dass es Gefahrensituationen gibt, die ein Einschreiten der Polizei nicht nur ermöglichen, sondern sogar erfordern (sog. Ermessensreduzierung auf Null), weil es dem staatlichen Schutzauftrag nicht entspräche, wenn die Polizei – obwohl sie einschreiten könnte – untätig bliebe und subjektive Rechte bzw. Rechtsgüter des Einzelnen oder hochwertige materielle Rechtsgüter den Angriffen anderer oder den Naturgewalten preisgäbe. Folgerichtig entscheidet auch die Rechtsprechung, dass die Polizei zwar ein Einschreitermessen habe, grundsätzlich aber zum Einschreiten verpflichtet sei, wenn „unmittelbare Gefahren für wesentliche Rechtsgüter" bestünden und andere zuständige Behörden oder die Gerichte nicht oder nicht rechtzeitig tätig werden könnten (vgl. dazu näher Rn 671).[578] „Unmittelbare Gefahren für wesentliche Rechtsgüter" dürften in Anlehnung an die Begriffsbestimmungen der Polizeigesetze vorliegen, wenn eine Gefahr für den Staat, für Leib, Leben oder Freiheit einer Person oder für Sachen von bedeutendem Wert besteht und diese Gefahr gegenwärtig ist. Im Fall einer Ermessensreduzierung auf Null hat der betroffene Bürger sogar einen Anspruch darauf, dass die Polizei tätig wird (zu den Folgen der Verletzung der Handlungspflicht vgl. unten Rn 726). 712

b. Auswahlermessen

Steht fest, dass die Polizei einschreiten will oder muss, obliegt ihr weiterhin die Wahl, von verschiedenen in Betracht kommenden Maßnahmen die letztlich rechtmäßige sowie sachgerechte und zweckmäßige zu bestimmen (vgl. bereits das Beispiel bei Rn 711). Weiterhin bezieht sich das Auswahlermessen auf die richtige Auswahl des Verantwortlichen (Störer), dies jedoch nur dann, wenn mehrere Pflichtige vorhanden sind. 713

3. Ermessensgrenzen und Ermessensfehler

Die allgemeinen Anforderungen an das Ermessen ergeben sich aus **§ 40 VwVfG**. Diese Vorschrift bestimmt, dass die Behörde ihr Ermessen entsprechend dem Zweck der Ermächtigung auszuüben und die **gesetzlichen Grenzen des Ermessens einzuhalten hat. § 114 S. 1 VwGO** greift diese Regelung auf und beschränkt die **Kontrollbefugnis der Gerichte** auf die Überprüfung, ob die Behörde die Vorgaben des § 40 VwVfG beachtet hat. Damit ist klar, dass eine Überschreitung der gesetzlichen Grenzen des Ermessens die Rechtswidrigkeit jedes Ermessensverwaltungsakts bedingt. Jedoch enthält § 40 VwVfG keine Aussage darüber, worin die gesetzlichen Grenzen bestehen könnten. Der Vorschrift lässt sich lediglich entnehmen, dass es **kein freies oder beliebiges Ermessen** gibt. Daher waren Rechtsprechung und Literatur schon frühzeitig bemüht, Fallgruppen zu bilden. Als mögliche **Ermessensfehler** kommen danach in Betracht: 714

a. Ermessensmangel (-nichtgebrauch; -unterschreitung)

Das Recht zur Ermessensausübung beinhaltet die Pflicht zur Ermessensbetätigung. 715
Das geht zwar nicht unmittelbar aus § 40 VwVfG hervor (dort ist wie gesagt nur von

---

[578] Mit dem Wortlaut der Befugnisnormen dagegen nicht vereinbar ist die Auffassung *Knemeyers*, (POR, Rn 129 f.), der der Behörde von vornherein das Entschließungsermessen abspricht.

„Ermessensgrenzen" die Rede), ist aber rechtslogisch, denn anderenfalls wäre im Gesetz eine rechtlich gebundene Verwaltungsentscheidung angeordnet. Verkennt die Behörde die Pflicht zur Ermessensbetätigung, spricht man von Ermessensmangel. Allgemein anerkannt ist folgende Definition:

716 Stellt die Behörde keinerlei Ermessenserwägungen an, obwohl ihr das Gesetz ein Ermessen einräumt, liegt ein **Ermessensmangel** vor.[579]

717 Ein Ermessensmangel kann in zwei Konstellationen vorkommen: Die Behörde bleibt untätig, weil sie meint, nicht einschreiten zu dürfen, obwohl dies nach der gesetzlichen Lage möglich wäre, oder sie schreitet ein, weil sie rechtsirrig meint, Einschreiten zu müssen, obwohl ihr das Gesetz tatsächlich eine Entscheidungsfreiheit einräumt.

Beispiel: Im Landesgesetz zur Bekämpfung gefährlicher Hunde ist für bestimmte, im Gesetz näher bezeichnete, Hunderassen ein Maulkorb- und Leinenzwang vorgeschrieben. Polizeibeamter P, der sich auf einem Streifengang in einer verrufenen Gegend der Stadt befindet, bemerkt, wie ein offenbar dem Rotlichtmilieu zuzuordnender Mann seinen Hund frei herumlaufen lässt. Dennoch schreitet P nicht ein, weil er sich über die Rasse des Hundes irrt bzw. nicht weiß, dass sich das Gesetz zur Bekämpfung gefährlicher Hunde auch auf diese Hunderasse erstreckt. Tatsächlich handelt es sich bei dem Hund um einen Mastino Espanol, der auf der Liste gefährlicher Hunde weit oben steht.

Hier liegt ein Fall des Ermessensnichtgebrauchs bzw. der Ermessensunterschreitung vor, weil P fälschlicherweise davon ausgegangen ist, dass der Tatbestand des Gesetzes zur Bekämpfung gefährlicher Hunde nicht erfüllt sei und er deshalb nicht einschreiten dürfe.

Auch im umgekehrten Fall, wenn es sich bei dem Hund um einen Golden Retriever gehandelt hätte, P aber der Meinung gewesen wäre, bei dem Tier habe es sich um einen Kampfhund gehandelt, hätte ein Ermessensnichtgebrauch bzw. eine Ermessensunterschreitung vorgelegen, wenn P dem Hundehalter aufgegeben hätte, dem Tier einen Maulkorb anzulegen. Denn ein Ermessensfehler der beschriebenen Art liegt auch dann vor, wenn der Beamte glaubt, zum Einschreiten verpflichtet zu sein, obwohl ihm ein Ermessensspielraum zusteht. Freilich liegt in dieser Konstellation bereits ein Verstoß gegen den Vorbehalt des Gesetzes.

Hinweis für die Fallbearbeitung: Ist im Sachverhalt nicht ausgeführt, dass die Behörde Pro und Contra abgewogen hat (§ 40 VwVfG), spricht dies für einen Ermessensausfall. Dann ist zu erörtern, ob die Ermessenshandhabung zulässigerweise später (im Widerspruchsverfahren) nachgeholt wurde (§ 114 S. 2 VwGO). Denn zum einen prüft auch die Widerspruchsbehörde die Zweckmäßigkeit (§ 68 I S. 1 VwGO)[580], und zum anderen kommt es grds. bei der Beurteilung der Sach- und Rechtslage auf die letzte Behördenentscheidung an. Und dies ist i.d.R. die Entscheidung der Widerspruchsbehörde.

[579] St. Rspr. seit BVerwGE **15**, 196, 199.

[580] Sie darf bei Ermessensausfall der Ausgangsbehörde im Widerspruchsbescheid zum ersten Mal das Ermessen ausüben. Denn Streitgegenstand der Klage ist der Ausgangsbescheid in der Gestalt des Widerspruchsbescheids (§ 79 I Nr. 1 VwGO). Hat die Widerspruchsbehörde das Ermessen ordnungsgemäß ausgeübt, ist der Verwaltungsakt bzgl. der Ermessensausübung rechtmäßig. Etwas anderes gilt aber für den Bereich der Rechtsaufsicht, wenn die Rechtsaufsichtsbehörde den Widerspruchsbescheid im *eigenen* Wirkungskreis der Körperschaft, der die Ausgangsbehörde angehört (i.d.R. die Gemeinde) erlässt. Abwägung von Pro und Contra stehen hier nicht der Rechtsaufsichtsbehörde, sondern ausschließlich der Gemeinde zu (vgl. die einschlägigen Bestimmungen der Gemeindeordnungen, etwa Art. 119 Nr. 1 BayGO). In diesem Fall kann die erforderliche Ermessensausübung nur im ersten Teil des Widerspruchsverfahrens, dem Abhilfeverfahren (§ 72 VwGO), nachgeholt werden. Im *übertragenen* Wirkungskreis gilt diese Beschränkung nicht; hier darf die (Widerspruchsbehörde (die i.d.R. auch die Fachaufsichtsbehörde ist) also anstelle der Gemeinde zum ersten Mal Pro und Contra abwägen.

b. Ermessensüberschreitung

Steht der Polizei (wie im Regelfall) ein Ermessen zu, muss sie bei der Ausübung des Ermessens dessen gesetzliche **Grenzen** einhalten (§ 40 VwVfG). Diese ergeben sich aus der Verfassung (Freiheitsgrundrechte, Gleichheitsgrundrechte, Beachtung des Vertrauensschutzes und der Verhältnismäßigkeit als Elemente des Rechtsstaatsprinzips sowie Beachtung des Sozialstaatsprinzips) und den sog. einfachen Gesetzen (Fachgesetze, aber auch BremPolG). Im Fall der Missachtung dieser Vorgaben ist das gesetzlich erlaubte Ermessen überschritten, es liegt eine Verletzung der sog. **äußeren Ermessensgrenzen** vor, d.h., die gesetzte Rechtsfolge ist von der Norm nicht gedeckt bzw. ist unverhältnismäßig (§ 114 S. 1 Var. 1 VwGO). Die Ermessensüberschreitung ist nach *außen* hin (durch den Verwaltungsakt bzw. durch die Gefahrenabwehrmaßnahme) erkennbar. 718

Beispiel: Eine Gebührenordnung sieht vor, dass die Behörde eine Verwaltungsgebühr von bis zu 40,- € verlangen kann. Setzt die Verwaltung eine Gebühr von 50,- € fest, überschreitet sie das ihr eingeräumte Ermessen.

Eine Überschreitung des Ermessens muss aber auch dann angenommen werden, wenn die Behörde den **Grundsatz des Vertrauensschutzes** oder den **Grundsatz der Verhältnismäßigkeit** missachtet oder gegen **Grundrechte** verstößt.[581] Daraus ergibt sich folgende Definition der Ermessensüberschreitung:

Eine **Ermessensüberschreitung** liegt vor, wenn die Behörde eine andere Rechtsfolge wählt, als vom Gesetz vorgesehen, oder wenn sie den Grundsatz des Vertrauensschutzes oder den Grundsatz der Verhältnismäßigkeit missachtet oder gegen Grundrechte verstößt.[582]

> **Hinweis für die Fallbearbeitung:** Daraus folgt auch für die Bearbeitung von Fällen, dass, um dogmatisch korrekt vorzugehen, die bei Rn 729 ff. beschriebene **Verhältnismäßigkeitsprüfung** hinsichtlich einer angefochtenen Gefahrenabwehrmaßnahme **im Rahmen der Ermessensüberschreitung** erfolgen muss (vgl. dazu Rn 743).

c. Ermessensfehlgebrauch (Ermessensmissbrauch)

Schließlich muss die Behörde das Ermessen entsprechend dem Zweck der Ermächtigung ausüben. Anderenfalls liegt ein Ermessensfehler unter dem Gesichtspunkt des Ermessensfehlgebrauchs/-missbrauchs vor. 719

Ein **Ermessensfehlgebrauch** liegt vor, wenn zwar eine abstrakt zulässige Rechtsfolge gewählt wurde, diese Rechtsfolge jedoch „vom Zweck der Ermächtigung" nicht gedeckt ist (§ 40 Var. 2 VwVfG, § 114 S. 1 Var. 2 VwGO). 720

Das ist insbesondere der Fall, wenn sich die Polizei bei ihrer Entscheidung von sachfremden, durch den Gesichtspunkt der Gefahrenabwehr nicht mehr gedeckten Erwägungen leiten lässt (Fall des Ermessensmissbrauchs), bspw. wenn sie unzutreffende Sachverhaltsfeststellungen macht, wesentliche bekannte Umstände nicht berücksichtigt, sachfremde Erwägungen anstellt, aus persönlichen Gründen (vgl. dazu das Beispiel bei Rn 731) oder aus politischem Opportunismus handelt. Der Fehler beruht hier 721

[581] Wie hier auch *Schenke*, POR, Rn 97.
[582] St. Rspr. seit BVerwGE **15**, 196, 199.

also auf der *Art und Weise*, wie die Behörde zu ihrer Entscheidung gekommen ist. Es handelt sich um eine Verletzung der sog. **inneren Ermessensgrenzen.**[583]

4. Ermessensreduzierung auf Null

722 Aufgrund der bereits beschriebenen Funktion der Grundrechte als Vorgabe für die Wirksamkeit bzw. für die Auslegung und Anwendung einfachen Rechts haben die Grundrechte für die Exekutive, und damit auch für die Polizei, nicht nur im Rahmen der Verhältnismäßigkeit besondere Bedeutung, sondern auch bei der Ermessensausübung. Dies kann im Einzelfall dazu führen, dass nur *eine* Entscheidung der Verwaltung nicht gegen Grundrechte verstößt. Aus der Ermessensentscheidung wird *faktisch* (nicht rechtsdogmatisch!) eine gebundene Entscheidung. Das ist der Fall, wenn

- keine Gesichtspunkte ersichtlich sind, die gegen die konkrete Maßnahme bzw. gegen das konkrete Mittel der Gefahrenabwehr sprechen oder
- Gegengründe so geringes Gewicht haben, dass es mit Blick auf den Verhältnismäßigkeitsgrundsatz offensichtlich verfehlt wäre, auf sie abzustellen.
- Im Übrigen kann eine Ermessensreduzierung nur dann vorliegen, wenn die Behörde eine Zusage (i.S.d. § 36 VwVfG) gemacht hat oder
- sie durch ihre Verwaltungspraxis (oder über ermessenslenkende Verwaltungsvorschriften = antizipierte Ermessensausübung) über Art. 3 I GG festgelegt ist (sog. **Selbstbindung der Verwaltung**).

723 In der polizeilichen Praxis kommt eine Ermessensreduzierung auf Null insbesondere dann in Betracht, wenn es um den Schutz **besonders hochwertiger Rechtsgüter** wie **Leben und Gesundheit** von Menschen geht. In diesen Fällen wird regelmäßig eine **Pflicht zum Einschreiten** bestehen. Folgerichtig hat es die Rechtsprechung[584] zu Recht als rechtswidrig angesehen, dass die Ordnungsbehörde es unterließ, in der winterlichen Jahreszeit einem unfreiwillig Obdachlosen unter dem Aspekt des Gesundheitsschutzes eine Unterkunft zur Verfügung zu stellen (vgl. dazu das Beispiel bei Rn 727).

724 Ferner kann eine Verpflichtung zum Tätigwerden auch bei der Beeinträchtigung **bedeutender Vermögenswerte** bestehen. Jedoch wird man bei einem Vergleich mit der Wertigkeit der Schutzgüter Leben und Gesundheit nicht stets eine Handlungspflicht annehmen können, zumal gemäß den Bestimmungen der Polizeigesetze der Schutz privater Rechte der Polizei nur dann obliegt, wenn gerichtlicher Schutz nicht oder nicht rechtzeitig zu erlangen ist und ohne polizeiliche Hilfe die Verwirklichung des Rechts vereitelt oder wesentlich erschwert würde.[585] Hier ist in jedem Fall genau zu prüfen, ob es ermessensfehlerhaft ist, wenn es die Polizei unter Abwägung der betroffenen Rechtsgüter unterlässt, einzuschreiten bzw. eine bestimmte Maßnahme zu ergreifen.

725 Zu weit ginge es auch, trotz Vorliegens einer Gefahr oder Störung für die öffentliche Sicherheit eine Polizeistrategie, die nach dem Motto **„zero tolerance"** in Anlehnung an das in New York entwickelte Konzept des „High Performance Policing" ein Einschreiten bei *jedem* Rechtsverstoß fordert, zu billigen. Ansätze zu einer solchen Strategie finden sich in der „Aktion Sicherheitsnetz" (ASN), die man als die deutsche Kopie und Variante des amerikanischen „Community Policing" (CP) bezeichnet hat[586] und

[583] *R. Schmidt*, AllgVerwR, Rn 328 f.
[584] OVG Lüneburg NVwZ **1992**, 502 f.; VGH Kassel NVwZ **1992**, 503 f.; OVG Münster NVwZ **1993**, 202 f.; VGH Mannheim NVwZ-RR **1996**, 439, 440.
[585] Den Subsidiaritätsgrundsatz übersieht *Götz*, POR, Rn 351.
[586] *Erbel*, DVBl **2001**, 1714, 1722.

das auf der experimental-psychologischen Erkenntnis beruht, dass „broken windows", die nicht sofort erneuert werden, die Menschen zu weiteren Zerstörungen reizen. Die Forderung, gegen jeden Rechtsverstoß vorzugehen, läuft der Sache nach auf eine Preisgabe des Opportunitätsprinzips hinaus und ist im Übrigen auch mit den bereits erwähnten verfassungsrechtlichen Grenzen, die das Übermaßverbot dem polizeilichen Handeln setzt, unvereinbar.[587] Das schließt freilich nicht aus, in rechtsdogmatisch korrekter Weise unter Beachtung oben aufgezeigter Kriterien eine Reduzierung des Ermessensspielraums (auf Null) anzunehmen.

Liegt eine Ermessensreduzierung vor und ist die Polizei zum Einschreiten verpflichtet, hat der von der Gefahr betroffene Bürger ein **subjektives öffentliches Recht**, dass die Polizei ihrer Handlungspflicht nachkommt und zu seinen Gunsten einschreitet (**Recht auf Einschreiten**). Gemäß den allgemeinen Rechtsgrundsätzen ist unter subjektivem öffentlichem Recht die dem Einzelnen kraft öffentlichen Rechts verliehene Rechtsmacht zu verstehen, vom Staat zur Verfolgung eigener Interessen ein bestimmtes Verhalten verlangen zu können.[588] Weigert sich die Polizei, ihrer Pflicht nachzukommen, kann der Anspruchsinhaber das gewünschte Einschreiten gerichtlich einklagen bzw. nachträglich die Rechtswidrigkeit des Untätigbleibens der Polizei gerichtlich feststellen lassen und Schadensersatz wegen Amtspflichtverletzung (§ 839 I BGB, Art. 34 GG) verlangen. **726**

Davon zu unterscheiden ist die Frage, ob und inwieweit ein **Dritter** einen Anspruch auf polizeiliches Einschreiten hat. Allein aus der Pflicht zur ermessensfehlerfreien Entscheidung bzw. bei Vorliegen einer Ermessensreduzierung auf Null lässt sich noch kein Anspruch ableiten. Vielmehr ist auch hier ein subjektives öffentliches Recht erforderlich. Bei Ansprüchen Dritter ist das subjektive öffentliche Recht allerdings dadurch konkretisiert, dass eine Rechtsnorm bestehen muss, die nicht nur die Interessen der Allgemeinheit schützen soll, sondern - zumindest auch - den Individualinteressen des Klägers (hier: des Dritten) zu dienen bestimmt ist (sog. **Schutznormtheorie**).[589] Ob das bei den polizeilichen Befugnisnormen der Fall ist, ist unklar und mit abstrakten Erklärungen kaum darzulegen. Zum Verständnis, aber auch um die Verankerung der bisherigen Ausführungen in der Fallbearbeitung zu veranschaulichen, sei folgender Beispielsfall angeführt: **727**

Beispiel: Trotz intensiver Bemühungen ist es dem obdachlosen O nicht gelungen, sich für die winterliche Jahreszeit eine Unterkunft zu besorgen. Insbesondere kommt wegen Überfüllung die Unterbringung im städtischen Obdachlosenheim nicht in Betracht. Dies wiederum veranlasst O, die zuständige Polizeibehörde zu verpflichten, ihn vorläufig in die leer stehende Wohnung des E einzuweisen.

Der von O geltend gemachte Anspruch setzt eine Anspruchsgrundlage voraus. In Ermangelung spezieller Rechtsnormen kommt nur die polizeiliche Befugnisgeneralklausel in Betracht. Hier wiederum ist entscheidend, ob sie eine Norm des objektiven Rechts ist oder aber dem Einzelnen ein subjektives Recht (auf Einschreiten gegenüber Dritten, vorliegend gegenüber E) verleiht. Nur im letzteren Fall ist es überhaupt möglich, dass O der geltend gemachte Anspruch zusteht.

Ob eine Norm nicht nur Allgemeininteressen, sondern auch Individualinteressen schützt, ist unter Anwendung der anerkannten Auslegungsmethoden[590] durch Interpre-

---

[587] *Schenke*, POR, Rn 99.
[588] *R. Schmidt*, AllgVerwR, Rn 229; *Maurer*, AllgVerwR, § 8 Rn 2. Vgl. auch OLG Karlsruhe NVwZ **2001**, 712 ff.; *Konrad*, JA **2002**, 967 ff.; *Spiegels*, NVwZ **2003**, 1091 ff.
[589] BVerwGE **107**, 215, 220; VGH Kassel NVwZ **2001**, 112; *R. Schmidt*, JuS **1999**, 1107, 1110.
[590] Vgl. dazu ausführlich *R. Schmidt*, AllgVerwR, Rn 269 ff.

tation zu ermitteln.[591] Auszugehen ist dabei stets vom Wortlaut der Norm (grammatikalische Auslegung). Ist diesem danach eindeutig ein subjektives öffentliches Recht zu entnehmen (z.B. § 17 i.V.m. §§ 19 ff. SGB XII oder § 5 I BImSchG), steht dem Anspruchsteller der geltend gemachte Anspruch zu. Normen des Sicherheits- und Ordnungsrechts ist ihrem Wortlaut nach nicht zu entnehmen, dass sie Individualrechte gewähren. Denn sie sprechen vom Schutz der *öffentlichen* Sicherheit (und Ordnung). Ergibt sich aber aus dem Zweck der Norm und/oder ihrer systematischen Stellung im bereichsspezifischen Normengefüge, dass *auch* Individualinteressen geschützt werden sollen, kann ein subjektives öffentliches Interesse nicht schon dann verneint werden, wenn der Wortlaut der Norm auf „öffentliche Sicherheit" abstellt. Daher ist anerkannt, dass polizei- und ordnungsrechtliche Befugnisnormen, soweit sie auch auf die Bekämpfung von Gefahren für Individualrechtsgüter wie Leben, Gesundheit, Ehre und bedeutende Vermögensgüter ausgerichtet sind, drittschützend wirken. Denn die öffentliche Sicherheit umfasst gerade auch individuelle Rechte und Rechtsgüter des Einzelnen. Flankierend tritt die sich aus Art. 2 I i.V.m. 1 I GG ergebende staatliche Schutzpflicht hinzu, die besagt, dass sich der Staat schützend und fördernd vor das Leben und die Gesundheit der Menschen stellen muss.

O ist obdachlos. Wenn er keine Unterkunft zugewiesen bekommt, drohen aufgrund der winterlichen Jahreszeit erhebliche Gesundheitsschädigungen. Bei Obdachlosen ist es auch schon zu Erfrierungen und Todesfällen gekommen. Allenfalls für den Fall, dass der Betroffene in freier Willensbestimmung ohne Unterkunft leben will, wäre wegen freiwilliger Selbstgefährdung, die im Hinblick auf das Selbstbestimmungsrecht des Individuums über Art. 2 I i.V.m. 1 I GG grundrechtlichen Schutz genießt, Zurückhaltung bei der Annahme einer Gefahr i.S.d. Polizeirechts geboten. Doch bei O liegt kein Fall von freiwilliger Obdachlosigkeit vor; im Gegenteil begehrt gerade *er* die Einweisung in eine Wohnung; einer einschränkenden Interpretation der „öffentlichen Sicherheit" unter dem Aspekt der freiwilligen Obdachlosigkeit bedarf es daher nicht.
Da O im Übrigen nicht in der Lage ist, aus eigener Kraft auf dem freien Wohnungsmarkt eine Wohnung zu finden, ist von einer konkreten Gefahr für die Gesundheit auszugehen.[592] Auf die Frage, ob O die Obdachlosigkeit verschuldet hat oder nicht, kommt es nicht an. Denn obwohl das Gefahrenabwehrrecht auch subjektive Rechte und Rechtsgüter des Einzelnen schützt, geht es rechtsdogmatisch um eine im öffentlichen Interesse liegende effektive Gefahrenabwehr.

Doch allein das Vorliegen einer Gefahr für die öffentliche Sicherheit genügt noch nicht, um einen Anspruch auf Tätigwerden zu bejahen. Denn liegen die Tatbestandsvoraussetzungen der Ermächtigungsnorm vor, ist die Behörde zur Gefahrenabwehr lediglich berechtigt, d.h. ermächtigt, grundsätzlich aber nicht verpflichtet. Im allgemeinen Polizei- und Ordnungsrecht gilt nämlich das Opportunitätsprinzip, nicht - wie grundsätzlich bei der Strafverfolgung (vgl. § 163 I StPO) - das Legalitätsprinzip, denn anderenfalls befänden sich die Ordnungskräfte nicht nur in einem ständigen Vollzugsdefizit, sie könnten auch nicht von unnötigen Eingriffen absehen. Gesetzestechnisch wird das Opportunitätsprinzip durch das Modalverb „darf" in den gefahrenabwehrrechtlichen Befugnisnormen klargestellt. Die Behörde darf einschreiten, muss es aber nicht. Gefahrenabwehrmaßnahmen sind somit in das behördliche Ermessen gestellt.

Dieses Ermessen wiederum ist zweistufig ausgestaltet. Es bezieht sich zum einen auf die Frage des „Ob" des Handelns (sog. **Entschließungs- oder Einschreitermessen**) und zum anderen auf die Frage des „Wie" des Handelns (sog. **Auswahlermessen**). Beide Ermessensarten unterliegen denselben rechtlichen Bindungen (§ 40 VwVfG), deren Einhaltung gerichtlich kontrolliert werden kann (§ 114 VwGO). Im Rahmen des *Entschließungsermessens* muss die Behörde darüber befinden, ob sie

---

[591] BVerwGE **107**, 215, 220.

[592] Vgl. dazu insgesamt OVG Lüneburg NVwZ **1992**, 502 f.; VGH Kassel NVwZ **1992**, 503 f.; OVG Münster NVwZ **1993**, 202 f.; VGH Mannheim NVwZ-RR **1996**, 439, 440.

überhaupt tätig werden will. Das Opportunitätsprinzip eröffnet der Verwaltung die Entscheidung darüber, ob Gefahrenabwehr- bzw. Störungsbeseitigungsmaßnahmen ergriffen werden sollen oder nicht. Gelenkt wird die Entscheidung von der Bedeutung des bedrohten Rechtsguts, der Intensität der Gefährdung bzw. Störung und den eventuell mit einem Eingreifen verbundenen Risiken. Ermessensreduzierend wirken sich vor allem die besonders hochwertigen Rechtsgüter Leben und körperliche Unversehrtheit (Art. 2 II S. 1 GG), aber auch bedeutende Eigentumsgüter (Art. 14 I S. 1 GG) aus. Im äußersten Fall ist aufgrund der konkreten Umstände der behördliche Ermessensspielraum so verengt, dass nur *das Ergreifen einer Gefahrenabwehrmaßnahme* als nicht rechtsfehlerhaft erscheint (sog. **Ermessensreduzierung auf Null**).

Die ernsthaften Gefahren für die Gesundheit (und möglicherweise für das Leben) des O wurden bereits bejaht. Die Polizei muss demnach tätig werden. Ob sie aber auch verpflichtet ist, O die konkrete Wohnung des E zuzuweisen, ist damit noch nicht beantwortet. Denn gegenüber E müsste eine Duldungsverfügung ergehen, mittels derer die Behörde in dessen Grundrecht aus Art. 14 I S. 1 GG eingriffe. Daher kann letztlich zugunsten des O keine einstweilige Anordnung ergehen, wenn die zu Lasten des E ergehende Duldungsverfügung rechtswidrig wäre.

Auch im Rahmen des Erlasses einer Duldungsverfügung bestehen rechtsdogmatisch sowohl ein Einschreit- als auch ein Auswahlermessen. Da aber kein milderes Mittel ersichtlich ist (die anderen Unterbringungsmöglichkeiten kamen nicht in Betracht), wäre die gegenüber E zu erlassende Einweisungsverfügung geeignet, den Gefahrenzustand zu beseitigen. Schließlich stünde die Einweisung des O in die leer stehende Wohnung des E auch nicht außer Verhältnis zu dem angestrebten Zweck.

Da die Duldungsverfügung offensichtlich rechtmäßig wäre und im Übrigen eine Ermessensreduzierung auf Null besteht, ist der Anspruch des O auf Einweisung begründet. Zum **Rechtsschutz** vgl. *R. Schmidt*, Fälle zum Gefahrenabwehrrecht, Fall 10.

Im Übrigen ist anzumerken, dass eine Ermessensreduzierung auf Null vornehmlich **728**
beim **Entschließungsermessen** in Betracht kommt. Denn steht fest, dass eingeschritten werden muss, stehen der Polizei oftmals immer noch mehrere Handlungsmöglichkeiten zur Verfügung.

IV. Beachtung des Grundsatzes der Verhältnismäßigkeit

1. Verfassungsrechtliche Grundlagen

729 Der in den Polizeigesetzen deklaratorisch nachgezeichnete[593] Grundsatz der Verhältnismäßigkeit ist Ausdruck des allgemeinen verfassungsrechtlich garantierten Übermaßverbots. Er gilt für alle staatlichen Akte von Verfassungs wegen und wurzelt letztlich im Demokratie- und Rechtsstaatsprinzip. Aufgrund seiner besonderen Bedeutung gerade für die Gefahrenabwehr ist er jedoch, wenn auch lediglich deklaratorisch, in die Polizeigesetze aufgenommen worden. Er begrenzt das polizeiliche Entschließungs- und Auswahlermessen. Inhaltlich besagt er, dass die Freiheit des Einzelnen nur so weit eingeschränkt werden darf, wie es im Interesse des Gemeinwohls unabdingbar ist („nicht mit Kanonen auf Spatzen schießen").[594] Eine Gefahrenabwehrmaßnahme, die in Grundrechte eingreift, ist demnach nur dann verhältnismäßig, wenn

- der von ihr verfolgte **Zweck legitim** ist, also als solcher verfolgt werden darf,
- der Einsatz des Mittels zur Erreichung des Ziels **geeignet**,
- **erforderlich**
- und **angemessen** ist.

2. Komponenten des Verhältnismäßigkeitsgrundsatzes

a. Der legitime Zweck der Gefahrenabwehrmaßnahme

730 Die **Legitimität** einer Gefahrenabwehrmaßnahme ist in aller Regel gegeben, wenn deren Zweck in der Abwehr einer Gefahr für ein polizeirechtlich geschütztes Rechtsgut, d.h. für ein Schutzgut der öffentlichen Sicherheit, besteht.

731 Zweifel an der Legitimität werden bei einer Fallbearbeitung eher selten in Betracht kommen, etwa wenn der Beamte aus sachwidrigen Gründen handelt, z.B. aus persönlich motivierter Animosität. Jedoch wird in einem solchen Fall zumeist auch ein Befangenheitsgrund i.S.v. § 21 VwVfG vorliegen, sodass die Maßnahme bereits formell rechtswidrig ist. Eine Heilung dieses formellen Fehlers ist nicht möglich, da er vom abschließenden Kanon des § 45 VwVfG nicht erfasst ist. Auch eine Unbeachtlichkeit nach § 46 VwVfG, derzufolge es zwar bei der (formellen) Rechtswidrigkeit der Maßnahme bleibt, jedoch der (gerichtliche) Aufhebungsanspruch entfällt, wird kaum anzunehmen sein. Denn § 46 VwVfG greift nicht, wenn eine andere Entscheidung hätte ergehen können. Kommen mehrere Maßnahmen in Betracht und verstößt der Beamte bei der Mittelauswahl gegen den Grundsatz der Verhältnismäßigkeit, ist die Maßnahme rechtswidrig. Gleichzeitig hat die Verletzung der Verfahrensvorschrift des § 21 VwVfG auch die Entscheidung in der Sache beeinflusst.

> **Beispiel:** Weil es in einem Wohngebiet erneut zu einer nächtlichen Ruhestörung durch alkoholisierte Jugendliche kommt, wendet sich die aufgebrachte Nachbarin N gegen 0.45 Uhr an die Polizei. Nachdem Polizeihauptwachtmeister P vor Ort eingetroffen ist, schildert N ihm ihre Beobachtungen. P ist hocherfreut, denn er erkennt in einem der Jugendlichen D, von dem sein Sohn ständig in der Schule und in der Freizeit drangsaliert wird. Er entschließt sich daher, es D mal so richtig „heimzuzahlen" und verspricht der N, sich der Sache persönlich anzunehmen. So geschieht es. P nimmt D umgehend über Nacht in Polizeigewahrsam.

---

[593] **BW:** § 5 PolG; **Bay:** Art. 4 PAG; **Berl:** § 11 ASOG; **Brand:** § 3 PolG; **Brem:** § 3 PolG; **Hamb:** § 4 SOG; **Hess:** § 4 SOG; **MeckVor:** § 15 SOG; **Nds:** § 4 SOG; **NRW:** § 2 PolG; **RhlPfl:** § 2 POG; **SchlHolst:** § 73 LVwG; **Saar:** § 2 PolG; **Sachs:** § 3 II-IV PolG; **SachsAnh:** § 5 SOG; **Thür:** § 4 PAG

[594] BVerfGE **19**, 343, 348; **69**, 135; *Michael*, JuS **2001**, 148 ff.

In diesem Fall ist die Maßnahme formell rechtswidrig. P handelte aus persönlichen Gründen und war befangen i.S.v. § 21 I S. 1 VwVfG. Eine Heilung gem. § 45 VwVfG kommt nicht in Betracht, weil ein Verstoß gegen § 21 VwVfG nicht vom Katalog des § 45 VwVfG erfasst ist. Ob eine Unbeachtlichkeit gem. § 46 VwVfG in Betracht kommt, hängt davon ab, ob in der Sache (k)eine andere Entscheidung hätte ergehen können (tatsächliche Alternativlosigkeit). Das wiederum hängt von der materiellen Rechtmäßigkeit der Maßnahme ab. Stehen dem handelnden Beamten mehrere (gleichermaßen zur Gefahrenabwehr geeignete) Mittel zur Verfügung, wählt er aber dasjenige, das den Betroffenen in größerem Maße in den (Grund-)Rechten beeinträchtigt, ist die Mittelauswahl wegen Verstoßes gegen den Verhältnismäßigkeitsgrundsatz materiell rechtswidrig.

Demzufolge war der Polizeigewahrsam über Nacht unverhältnismäßig. Es war schon kein legitimer Zweck erkennbar, D überhaupt in Gewahrsam zu nehmen. Eine Ingewahrsamnahme wäre lediglich dann in Betracht gekommen, wenn D sich trotz entsprechender Aufforderung, die Lärmbelästigung zu unterlassen und nach Hause zu gehen, nicht einsichtig gezeigt hätte und auch ein Nachhausebringen des D durch P nicht möglich gewesen wäre. Doch dazu enthält der Sachverhalt keine Angaben.

Da der Polizeigewahrsam offensichtlich unverhältnismäßig war, hätte eine andere Entscheidung nicht nur ergehen können, sondern auch ergehen müssen. Er war daher materiell und auch formell rechtswidrig.

b. Geeignetheit der Gefahrenabwehrmaßnahme

Geeignet ist eine Gefahrenabwehrmaßnahme, wenn sie zur Gefahrenabwehr objektiv zwecktauglich ist, wenn die Maßnahme zur Gefahrenbekämpfung bzw. Störungsbeseitigung beiträgt, der Zweck also wenigstens gefördert wird („Schritt in die richtige Richtung"). 732

Als untauglich sind daher lediglich solche Mittel anzusehen, die schon im Ansatz den Zweck verfehlen. Das ist insbesondere der Fall, wenn sie auf etwas tatsächlich oder rechtlich Unmögliches gerichtet sind, so z.B. die Auflage für die Teilnehmer einer Demonstration in der Innenstadt, „jede Beeinträchtigung des Fußgänger- und Fahrzeugverkehrs zu vermeiden". In diesem Fall liegt außerdem ein Verstoß gegen den Bestimmtheitsgrundsatz nahe. 733

Maßgeblich für die Beurteilung ist die *ex-ante*-Sicht des handelnden Beamten. Insoweit ergibt sich eine Parallele zur Anscheinsgefahr: Durfte der Beamte bei verständiger Würdigung der Sachlage von der Tauglichkeit des gewählten Mittels ausgehen, ändert sich an der Rechtmäßigkeit auch dann nichts, wenn sich im Nachhinein herausstellt, dass der Beamte das falsche Mittel gewählt hat, zumal zu berücksichtigen ist, dass ihm im Hinblick auf die Effizienz der Gefahrenbekämpfung oft nur wenig Zeit zur Prüfung bleibt. 734

Sollte sich dennoch die Rechtswidrigkeit ergeben, steht dem Betroffenen zunächst die Fortsetzungsfeststellungsklage analog § 113 I S. 4 VwGO zur Verfügung, die auf die Feststellung der Rechtswidrigkeit der Maßnahme gerichtet ist, sofern es sich bei der angegriffenen Maßnahme um einen erledigten Verwaltungsakt handelt.[595] Begehrt der Betroffene die Beseitigung des durch die Handlung herbeigeführten rechtswidrigen Zustands, steht ihm der Folgenbeseitigungsanspruch zu, sofern die Beseitigung des rechtswidrigen Zustands tatsächlich und rechtlich möglich, und im Übrigen der Behörde auch zumutbar ist.[596] Darüber hinaus kommen Entschädigungsansprüche gemäß 735

[595] Zur Fortsetzungsfeststellungsklage vgl. ausführlich *R. Schmidt*, VerwProzR, Rn 395 ff.
[596] Zum Folgenbeseitigungsanspruch vgl. ausführlich *R. Schmidt*, AllgVerwR, Rn 1274 ff.

den Bestimmungen der Polizeigesetze sowie Amtshaftungsansprüche gem. § 839 I BGB, Art. 34 GG in Betracht.[597]

c. Erforderlichkeit der Gefahrenabwehrmaßnahme

736 **Erforderlich** ist eine Gefahrenabwehrmaßnahme, wenn sie – bei objektiver Betrachtung – von mehreren möglichen und gleich geeigneten Mitteln dasjenige ist, das den Einzelnen und die Allgemeinheit am wenigsten beeinträchtigt.

737 Dieses Prinzip des sog. Interventionsminimums fragt danach, ob im konkreten Fall nicht eine zur Gefahrenabwehr gleich wirksame Maßnahme in Betracht kommt, die für den Betroffenen weniger belastend wirkt (Grundsatz des geringsten Eingriffs).

Beispiel: K stellt seinen Wagen in der Nähe der Fußgängerzone verkehrswidrig und verkehrsbehindernd ab und begibt sich auf einen Stadtbummel. Die Polizei sieht sich veranlasst, den Wagen sofort abschleppen zu lassen, weil sich mittlerweile schon ein Verkehrsstau gebildet hat. Der von der Polizei beauftragte Abschleppunternehmer verbringt den Wagen auf seinen Betriebshof außerhalb des Stadtzentrums, wo K ihn gegen Zahlung von 180,- € in Empfang nehmen kann.

In diesem Fall gebietet die Dringlichkeit, die Gefahr sofort zu beseitigen und das Wegfahrgebot, das bei Anwesenheit des Fahrers diesem gegenüber auszusprechen gewesen wäre, mit Mitteln des Zwangs unverzüglich durchzusetzen. Die Verwaltungsvollstreckungsgesetze der Länder sehen diesen sog. Sofortvollzug ausdrücklich vor. Fraglich ist lediglich, ob das Verbringen auf den weiter entfernten Betriebshof des Abschleppunternehmers erforderlich war. Das war insbesondere dann nicht der Fall, wenn der Wagen ohne weiteres auf einen öffentlichen, in der Nähe befindlichen Parkplatz hätte versetzt werden können.

738 Zu beachten ist schließlich, dass ein Verstoß gegen den Grundsatz des geringsten Eingriffs nicht vorliegt, wenn zwar zur Gefahrenbekämpfung ein anderer Eingriff in Betracht gekommen wäre, der den Betroffenen weniger belastet, dieser aber zu einer gravierenden Beeinträchtigung der Allgemeinheit geführt hätte.[598]

739 Eng verwandt mit dem zuletzt genannten Punkt ist das **Angebot des Austauschmittels**: Kommen zur Abwehr einer Gefahr mehrere Mittel in Betracht, genügt es, wenn eines davon bestimmt wird. Dem Betroffenen ist jedoch auf Antrag zu gestatten, ein anderes ebenso wirksames Mittel anzuwenden, sofern die Allgemeinheit dadurch nicht stärker beeinträchtigt wird. Besteht also die in Anspruch genommene Person auf den Einsatz eines bestimmten (gleichermaßen geeigneten) Mittels, ist nur dessen Anwendung rechtmäßig, selbst wenn es bei objektiver Betrachtung einen **gravierenderen Eingriff** in die Rechtssphäre des Betroffenen bedeutet.[599]

Beispiel: E ist Eigentümer eines alten, im Außenbereich gelegenen Bauernhauses. Schon mehrmals hat ihm die Bauordnungsbehörde aufgegeben, er müsse sein Haus instand setzen, um die Einsturzgefahr zu beseitigen. Nachdem die Behörde nunmehr eine Ersatzvornahme ankündigt, macht E geltend, er wolle das Haus abreißen.

In diesem Fall wäre die Durchführung der Ersatzvornahme rechtswidrig, weil E ein Austauschmittel angeboten hat. Dass für E der Abriss u.U. eine gravierendere Beeinträchtigung bedeutet, ist irrelevant, weil er auf einer freien Entscheidung des E beruht und diese im Übrigen von der Behörde auch zu respektieren ist (vgl. die polizeigesetzlichen Bestimmungen über das Ermessen: „*ist* zu gestatten"). Etwas anderes würde nur dann

---

[597] Zum Amtshaftungsanspruch vgl. ausführlich *R. Schmidt*, AllgVerwR, Rn 1062 ff.
[598] *Schenke*, POR, Rn 335; *Pieroth/Schlink/Kniesel*, POR, § 10 Rn 25.
[599] Wie hier OVG Bremen, Urt. v. 16.6.**1995** – 1 BA 11/95.

gelten, wenn dadurch die Allgemeinheit stärker belastet würde. Das wäre z.B. der Fall, wenn es sich um ein denkmalgeschütztes Haus handelte, an dessen Erhalt die Allgemeinheit ein Interesse hätte, welches der Gesetzgeber spezialgesetzlich durch das LandesDenkmalSchutzG normiert hat. Doch darüber erhält der vorliegende Sachverhalt keine Angaben.

Da die Polizeigesetze die Zeit zum Angebot des Austauschmittels nicht befristet haben, stellt sich die Frage, ob es der Rechtsfriede und der Verwirkungsgedanke gebieten, das Austauschmittel bis zum Eintritt der Bestandskraft des (vollstreckungsfähigen) Verwaltungsakts zu befristen. Das OVG Bremen hat jedoch entschieden, dass das Austauschangebot unbefristet angeboten werden könne.[600] Das ist bedenklich. Folgte man dieser Rechtsprechung, hätte es der Betroffene in der Hand, durch Anbieten eines Austauschmittels die Bestandskraft des Verwaltungsakts zu beseitigen. Damit könnte er die Voraussetzungen der sonst für die Aufhebung eines bestandskräftigen Verwaltungsakts vorgesehenen Möglichkeiten nach §§ 48, 49 oder 51 VwVfG umgehen. Gerade mit diesen Vorschriften wollten die Landesgesetzgeber abschließend regeln, unter welchen Voraussetzungen ein unanfechtbar gewordener Verwaltungsakt aufgehoben werden kann. **740**

Hiervon unberührt kann der Betroffene selbstverständlich die Gefahr durch Anwendung eines anderen als im Verwaltungsakt vorgesehenen Mittels beseitigen. Denn Zweck des PolG ist die Gefahrenabwehr. Gelingt diese dem Pflichtigen, ist der Zweck erreicht. Voraussetzung ist aber, dass die Gefahrbeseitigung effektiv ist und die Allgemeinheit nicht stärker belastet als dies durch die im Verwaltungsakt genannte Maßnahme der Fall wäre. Nach Beseitigung der Gefahr unter Anwendung des Austauschmittels hat der Pflichtige dann einen Aufhebungsanspruch in Bezug auf den Verwaltungsakt, den er wegen eingetretener Erledigung im Rahmen einer Fortsetzungsfeststellungsklage analog § 113 I S. 4 VwGO geltend machen kann. **741**

Im Übrigen zeigen die Ausführungen zum Austauschmittel, dass eine scharfe Trennung des Ermessens vom Grundsatz der Verhältnismäßigkeit nicht möglich ist. Hinzu kommt, dass für den Fall, in dem die Behörde unverhältnismäßig handelt, sie gleichzeitig eine andere Rechtsfolge setzt als von der Befugnisnorm vorgesehen. Damit begeht sie einen Ermessensfehler, und zwar in Form der Ermessensüberschreitung. **742**

Hinweis für die Fallbearbeitung: Hieraus wird noch einmal deutlich, dass in einer Klausur, damit dogmatisch korrekt vorgegangen wird, die komplette **Verhältnismäßigkeitsprüfung** hinsichtlich der angefochtenen Gefahrenabwehrmaßnahme im Rahmen der Ermessens*überschreitung* erfolgen muss.[601] Bei der Ermessensüberprüfung ist also zu untersuchen, ob die Maßnahme noch in verhältnismäßiger Weise in geschützte Grundrechtspositionen eingegriffen hat. Ist dies nicht der Fall, war sie wegen Ermessensüberschreitung rechtswidrig. Teilweise wird auch vertreten, den Grundsatz der Verhältnismäßigkeit aufbautechnisch *nach* dem Ermessen zu prüfen. Diese Vorgehensweise ist abzulehnen, denn überschreitet die Verwaltung das ihr eingeräumte Ermessen, verstößt sie zugleich gegen Grundrechte, gegen allgemeine Grundsätze des Verwaltungsrechts und/oder gegen den Grundsatz der Verhältnismäßigkeit. Für eine separate Prüfung der Verhältnismäßigkeit ist somit kein Raum mehr. Insbesondere ist eine „freischwebende" Verhältnismäßigkeitsprüfung abzulehnen.[602] **743**

---

[600] OVG Bremen DÖV **1986**, 704, 705.
[601] So auch *Hufen*, VerwProzR, § 25 Rn 30 a.E.; *Schenke*, POR, Rn 97.
[602] Etwas anderes gilt freilich für die gebundene Verwaltungsentscheidung. Hier kann die Verhältnismäßigkeitsprüfung selbstverständlich nicht im Rahmen der Ermessensüberschreitung erfolgen. Die Verhältnismäßigkeit ist bei der Auslegung der unbestimmten Rechtsbegriffe zu beachten.

d. Die Angemessenheit der Gefahrenabwehrmaßnahme

Schließlich muss die Gefahrenabwehrmaßnahme angemessen sein.

744 **Angemessen** ist eine Gefahrenabwehrmaßnahme, wenn das mit ihr verfolgte Ziel in seiner Wertigkeit nicht außer Verhältnis zur Intensität des Eingriffs steht (Zumutbarkeit der Maßnahme = Verhältnismäßigkeit i.e.S).

745 Es muss eine Abwägung stattfinden zwischen der Intensität des Eingriffs in das grundrechtlich geschützte Rechtsgut und der Wertigkeit des verfolgten Zwecks der Maßnahme. Zu beachten ist aber, dass die Entscheidung hinsichtlich der Gefahrenabwehr i.d.R rasch getroffen werden muss und dass dem Beamten oftmals nicht viel Zeit bleibt, Für und Wider abzuwägen, was die Schwierigkeit des gebotenen Abwägungsprozesses ausmacht. Daher wird man den Grundsatz der Verhältnismäßigkeit **nicht schon bei einem geringen Übergewicht des Nachteils** gegenüber dem Erfolg der Maßnahme als verletzt ansehen können. Auf der anderen Seite führt ein **erkennbares Missverhältnis von einigem Gewicht** stets zur Unverhältnismäßigkeit. Im Übrigen sind bei der Abwägung einerseits das bedrohte Schutzgut, andererseits aber auch die Schwere des drohenden Schadens (Umfang, Gewicht, Ausmaß des Nachteils für den Betroffenen, finanzielle Folgen, Zerstörung von Werten) sowie die Wahrscheinlichkeit des Schadenseintritts zu berücksichtigen.

> **Beispiel:** Es ist allgemeine Praxis, dass Kommunen aus generalpräventiven Gründen auch dann straßenverkehrswidrig abgestellte Fahrzeuge abschleppen (lassen), wenn von diesen weder eine Behinderung noch eine Gefährdung ausgehen. Das ist sehr bedenklich und verstößt m.E. eindeutig gegen den Grundsatz der Verhältnismäßigkeit. Gleichwohl wird diese Praxis von den (Verwaltungs-)Gerichten durchweg gebilligt.[603]
>
> Die Anordnung über die Erhöhung des Abgaskamins verstößt nur dann nicht gegen das Übermaßverbot, wenn der Kostenaufwand nicht in einem groben Missverhältnis zum Erfolg, nämlich zur Verringerung der Geruchsbelästigung steht. Freilich ist die Wertigkeit der Geruchsbelästigung (Art. 2 II S. 1 GG) nicht unterzubewerten.

746 Im Übrigen ist auch die Angemessenheit der Maßnahme in vollem Umfang justiziabel; ein gerichtlich nicht weiter überprüfbarer Beurteilungsspielraum steht dem handelnden Polizeibeamten nicht zu, auch wenn er letztlich eine Prognoseentscheidung trifft. Maßgeblicher Zeitpunkt für die Beurteilung der Rechtmäßigkeit ist wiederum der Zeitpunkt, in dem der Beamte über die Frage des Einschreitens und der Auswahl des Mittels entscheiden muss (also die ex-ante-Sicht).

3. Zeitliche Grenzen des Verhältnismäßigkeitsgrundsatzes

747 Die polizeigesetzlichen Vorschriften über die Verhältnismäßigkeit normieren eine Ausprägung des Verhältnismäßigkeitsgrundsatzes auch in zeitlicher Hinsicht. Ist der Zweck erreicht oder kann er nicht mehr erreicht werden, muss die Maßnahme eingestellt werden. Das schließt freilich nicht aus, eine erneute Maßnahme zu erlassen. Allerdings wird diese kaum rechtmäßig sein, sofern sie sich nicht auf andere Gründe stützen lässt.

---

[603] Vgl. dazu die zahlreichen Nachweise bei *R. Schmidt*, Fälle zum Gefahrenabwehrrecht, Fall 11.

V. Polizeirechtlich Verantwortliche (Störer)

Existiert nur eine Person, die als Adressat einer Polizeiverfügung in Betracht kommt, ist die Störereigenschaft dieser Person i.d.R. bereits auf der Tatbestandsebene zu prüfen. Bei mehreren Verantwortlichen ist die Auswahl zwischen ihnen hingegen eine Frage des Auswahlermessens, mithin eine Problematik der Rechtsfolgeseite. Daher soll im Rahmen dieser Bearbeitung die Störereigenschaft des Adressaten zusammenhängend auf der Ebene des Auswahlermessens dargestellt werden. 748

1. Übersicht über die Polizeipflichtigkeit

Greift die Polizei zur Abwehr von Gefahren für die öffentliche Sicherheit in die Rechte von Personen ein, bedarf sie dazu nicht nur einer Rechtsgrundlage, sondern sie muss sich auch grundsätzlich an denjenigen halten, der polizeirechtlich verantwortlich ist für den Gefahrenzustand, den sog. **Verantwortlichen.**[604] Sofern die gefahrenabwehrrechtlichen Spezialgesetze (vgl. etwa §§ 24 ff. InfG, § 4 BBodSchG) und die polizeigesetzlichen Vorschriften über die Standardmaßnahmen den Kreis der Pflichtigen festlegen, dürfen entsprechende Verfügungen nur gegen die dort genannten Adressaten ergehen. Das ergibt sich zum einen aus den Subsidiaritätsregelungen der Polizeigesetze[605] und zum anderen aus dem Grundsatz *lex specialis derogat legi generali*. Allerdings enthalten die gefahrenabwehrrechtlichen Befugnisnormen (insbesondere die Befugnisgeneralklauseln) i.d.R. keine Aussage, gegen wen entsprechende Maßnahmen zu richten sind. In diesen Fällen findet sich eine begrenzende Regelung in den Normen über die Verhaltens- und die Zustandsverantwortlichkeit.[606] Danach kennt das Polizeirecht folgende Polizeipflichtigkeiten (Verantwortlichkeiten) von Personen: 749

(1) die **Verhaltensverantwortlichkeit**, d.h. die Verantwortlichkeit für eigenes Verhalten

(2) die **Zusatzverantwortlichkeit** in der Variante, in der das Verhalten von Personen zugerechnet wird, denen gegenüber eine Aufsichtspflicht besteht

(3) die **Zusatzverantwortlichkeit** in der Variante, in der das Verhalten von Personen zugerechnet wird, die zu einer Verrichtung bestellt sind und die die Gefahr in Ausübung der Verrichtung verursacht haben[607]

(4) die **Zustandsverantwortlichkeit** in der Variante, in der eine Verantwortlichkeit für eine gefahrverursachende Sache begründet wird, der gegenüber die tatsächliche Sachherrschaft besteht

(5) die **Zustandsverantwortlichkeit** in der Variante, in der eine Verantwortlichkeit für eine eigene gefahrverursachende Sache begründet wird

(6) die **Verantwortung für derelinquierte Sachen**

(7) die **Nichtverantwortlichkeit** nach besonderer Inpflichtnahme

---

[604] Weit verbreitet ist auch der Begriff **Störer**. Dieser ist jedoch zu eng, weil er vermuten lassen könnte, dass eine Störung bereits eingetreten sei und nur derjenige in Anspruch genommen werden dürfe, der die Störung zu verantworten habe. Zwar kann auch die Störungsbeseitigung zur Gefahrenabwehr gehören, allerdings setzen Gefahrenabwehrmaßnahmen gerade im Vorfeld von Störungen an, um deren Eintritt zu verhindern. Der Begriff Störer trägt diesem Umstand nicht genügend Rechnung und sollte vermieden werden. Terminologisch korrekt ist allein der Begriff **Verantwortlicher**. Gleichwohl wird auch im Rahmen der vorliegenden Bearbeitung gelegentlich der Begriff Störer verwendet, soweit dies der ganz herrschenden Auffassung entspricht.

[605] Vgl. **Bay:** Art. 7 IV PAG; **Berl:** §§ 13 IV, 14 V, 16 IV ASOG; **Brand:** §§ 5 IV, 6 IV, 7 III PolG; **Brem:** § 8 PolG; **MeckVor:** § 68 SOG; **Nds:** § 9 SOG; **NRW:** §§ 4 IV, 5 IV, 6 III PolG; **SchlHolst:** § 217 LVwG; **Thür:** §§ 7 IV, 8 IV, 10 III PAG.

[606] Vgl. §§ 4-6 MEPolG; **BW:** §§ 6-9 PolG; **Bay:** Art. 7-10 PAG; **Berl:** §§ 13-16 ASOG; **Brand:** §§ 5-7 PolG; **Brem:** §§ 5-8 PolG; **Hamb:** §§ 7-10 SOG; **Hess:** §§ 6-9 SOG; **MeckVor:** §§ 68-71 SOG; **Nds:** §§ 6-9 SOG; **NRW:** §§ 4-6 PolG; **RhlPfl:** §§ 4-7 POG; **SchlHolst:** §§ 217-220 LVwG; **Saar:** §§ 4-6 PolG; **Sachs:** §§ 4-7 PolG; **SachsAnh:** §§ 7-10 SOG; **Thür:** §§ 7-10 PAG.

750 **Hinweis für die Fallbearbeitung:** Stützt sich die konkret zu untersuchende Gefahrenabwehrmaßnahme auf eine spezialgesetzliche Befugnisnorm oder auf eine Vorschrift des Polizeigesetzes über eine Standardmaßnahme, muss in der Fallbearbeitung diese als einschlägig befundene Eingriffsermächtigung darauf hin untersucht werden, ob sie eine Aussage über den Adressaten der Regelung trifft. Ist das der Fall, durfte die Verfügung auch nur gegen eine Person des dort genannten Personenkreises ergehen. Ist der Adressatenkreis dagegen nicht festgelegt, gelten die allgemeinen polizeigesetzlichen Vorschriften über die Verhaltens- und Zustandsverantwortlichkeit.

Beispiele:

(1) Nach §§ 24 ff. InfG sind die Ermittlungen gegen den dort genannten Personenkreis oder dessen Umfeld zu richten.

(2) Die Standardmaßnahme „Betreten und Durchsuchung von Wohnungen" richtet sich an den „Inhaber". Andere Personen kommen als Adressaten nicht in Betracht.

(3) Entsprechendes gilt, wenn eine Standardmaßnahme ausdrückt, dass eine Gefahrenabwehrmaßnahme gegen die Person getroffen werden darf, die sich „dort" aufhält. Hier ist der Adressatenkreis der Verfügung auf die vor Ort anwesenden Personen beschränkt. Spricht eine Standardbefugnis dagegen lediglich von „einer Person", gelten die allgemeinen Bestimmungen über die Verhaltens- und Zustandsverantwortlichkeit.

Die allgemeinen Vorschriften über die Verhaltens- und Zustandsverantwortlichkeit gelten jedoch uneingeschränkt bei der Anwendung der Befugnisgeneralklausel, weil diese keine Richtungsbestimmung enthält.

Die Vorschriften über die Verantwortlichkeit stellen keine Rechtsgrundlagen dar; sie geben lediglich die Richtung vor, gegen wen sich Gefahrenabwehrmaßnahmen zu richten haben. Auch spielen sie eine Rolle bei der Kostenfrage. Prinzipiell stehen dem polizeirechtlich Verantwortlichen keine Kostenerstattungs- bzw. Schadensersatzansprüche zu. Schließlich war *er* es, der die Gefahr verursacht hat und durch die Gefahrenabwehrmaßnahme lediglich in die Schranken seiner Grundrechte verwiesen wurde. Folgerichtig kann er jedenfalls dann, wenn der Polizeieinsatz rechtmäßig war, keinen Ausgleich für die entstandenen Schäden verlangen. Im Gegenteil hat der Träger der Gefahrenabwehrbehörde gegen den Verantwortlichen einen Anspruch auf Kostenerstattung.

2. Verhaltensverantwortlichkeit - Zustandsverantwortlichkeit

751 Gefahrenabwehrmaßnahmen gegen Personen sind regelmäßig mit Rechtseingriffen verbunden. Daher muss der in Anspruch Genommene i.d.R. für den zu bekämpfenden Gefahrenzustand verantwortlich sein. Die Verantwortlichkeit ist ein wesentliches Element des rechtsstaatlich motivierten Polizei- und Ordnungsrechts.

752 Grundsätzlich ist daher nur die Inanspruchnahme **verantwortlicher** Personen vorgesehen. Nur unter strengen Voraussetzungen dürfen auch **nichtverantwortliche** Personen in Anspruch genommen werden[608] (dazu später). Im Übrigen kennt das allgemeine Polizei- und Ordnungsrecht zwei Anknüpfungspunkte für die gesetzliche Bestimmung der Verantwortlichkeit:

---

[607] Zu beachten ist, dass diese Haftung kumulativ neben die Haftung des unmittelbaren Verursachers tritt.

[608] Vgl. **BW:** § 9 PolG; **Bay:** Art. 10 PAG; **Berl:** § 16 ASOG; **Brand:** § 7 PolG; **Brem:** § 7 PolG; **Hamb:** § 10 SOG; **Hess:** § 9 SOG; **MeckVor:** § 71 SOG; **Nds:** § 8 SOG; **NRW:** § 6 PolG; **RhlPfl:** § 7 POG; **Saar:** § 6 PolG; **Sachs:** § 7 PolG; **SachsAnh:** § 10 SOG; **SchlHolst:** § 220 LVwG; **Thür:** § 10 PAG.

- das Verhalten von Personen (**Verhaltensverantwortlichkeit** für eigenes Verhalten und die Zusatzverantwortlichkeit für das gefahrenverursachende Verhalten anderer)[609]
- und den Zustand von Sachen (**Zustandsverantwortlichkeit**)[610].

So trifft nach der Legaldefinition der meisten Polizeigesetze die **Verhaltensverantwortlichkeit** in erster Linie denjenigen, der die Gefahr selbst verursacht. Hinzu tritt für Aufsichtspflichtige und Geschäftsherren von Verrichtungsgehilfen die sog. **Zusatzverantwortlichkeit** für das gefahrenverursachende Verhalten anderer, wobei wegen der verschuldensunabhängigen polizei- und ordnungsrechtlichen Verantwortlichkeit eine Exkulpationsmöglichkeit bzw. Haftungsprivilegierung - wie nach den §§ 831, 1664 BGB - *nicht* besteht. 753

Die **Zustandsverantwortlichkeit** erfasst Fälle, in denen die Gefahr von einer Sache (oder einem Tier) ausgeht, und trifft verschuldensunabhängig den Inhaber der tatsächlichen Gewalt bzw. den Eigentümer (oder einen anderen Berechtigten). 754

Bei der Bestimmung der Störereigenschaft ergeben sich im Wesentlichen **drei Problemfelder**, die im Folgenden nacheinander behandelt werden: 755

- Die Störereigenschaft des Adressaten liegt *objektiv* nicht vor (Figur des **Anscheinsstörers**, **Putativstörers** oder **Verdachtsstörers**).
- *Mehrere* Ursachen führen zu einer Gefahr (Unmittelbarkeitstheorie, Figur des sog. **Zweckveranlassers**).
- Inanspruchnahme eines *Nichtstörers* (**polizeilicher Notstand**).

3. Als Störer in Betracht kommende Personen/Personengruppen

Als Polizeipflichtige kommen zunächst **natürliche Personen** in Betracht. Aufgrund der Zielsetzung des Gefahrenabwehrrechts – effektive Gefahrenabwehr; keine Sanktionierung für persönliches Fehlverhalten – spielt es dabei keine Rolle, ob die in Anspruch genommene Person volljährig bzw. geschäfts- oder deliktsfähig ist oder ob sie den Gefahrenzustand schuldhaft herbeigeführt hat. Fehlt der betreffenden Person allerdings die verwaltungsverfahrensrechtliche Handlungsfähigkeit (vgl. § 12 VwVfG, wonach nicht geschäftsfähige Personen grundsätzlich nicht – auch nicht passiv – handlungsfähig sind), stellt sich die Frage, ob Gefahrenabwehrmaßnahmen, sofern sie Verwaltungsakte darstellen, überhaupt gegen sie gerichtet werden können; nach der Systematik des Verwaltungsverfahrensrechts müssten sie vielmehr zu ihrer Wirksamkeit grundsätzlich dem gesetzlichen Vertreter zugestellt werden. 756

> **Beispiel:** Während des Streifengangs erblickt Polizist P ein Kind, das gerade dabei ist, ein Wirtschaftsgebäude in Brand zu setzen. Er geht auf das Kind zu und gibt diesem auf, das gefährliche Verhalten sofort einzustellen. Auch verlangt er das Zündmaterial heraus.
>
> Da mit den beiden Aufforderungen jeweils eine bestimmte Rechtsfolge angeordnet wird, handelt es sich um Verwaltungsakte, was zur Anwendbarkeit des VwVfG führt. Das Kind müsste also verfahrensrechtlich handlungsfähig sein. Anderenfalls würden die

---

[609] Vgl. § 4 MEPolG; **Bund:** § 17 BundesPolG; **Bay:** Art. 7 PAG, Art. 9 I BayLStVG; **Berl:** § 13 ASOG; **BW:** § 6 PolG; **Brand:** § 5 PolG, § 16 OBG; **Brem:** § 5 PolG; **Hamb:** § 8 SOG; **Hess:** § 6 SOG; **MeckVor:** § 69 SOG; **Nds:** § 6 SOG; **NRW:** § 4 PolG, § 17 OBG; **RhlPfl:** § 4 POG; **Saar:** § 4 PolG; **Sachs:** § 4 PolG; **SachsAnh:** § 7 SOG; **SchlHolst:** § 218 LVwG; **Thür:** § 7 PAG, § 10 OBG.

[610] Vgl. § 5 I, II S. 1 MEPolG; **Bund:** § 18 BundesPolG,; **Bay:** Art. 8 PAG; **Berl:** § 14 ASOG; **BW:** § 7 PolG; **Brand:** § 6 PolG, § 17 OBG; **Brem:** § 6 PolG; **Hamb:** § 9 I SOG; **Hess:** § 7 SOG; **MeckVor:** § 70 SOG; **Nds:** § 7 SOG; **NRW:** § 5 PolG, § 18 OBG; **RhlPfl:** § 5 POG; **Saar:** § 5 PolG; **Sachs:** § 5 PolG; **SachsAnh:** § 8 SOG; **SchlHolst:** § 219 LVwG; **Thür:** § 8 PAG, § 11 OBG.

Verwaltungsakte erst dann wirksam, wenn sie den gesetzlichen Vertretern zugestellt würden. Da diese nicht vor Ort sind, würden die Verfügungen somit zunächst nicht wirksam sein; das Kind bräuchte den Anordnungen nicht Folge zu leisten.

757 Dass dieses Ergebnis nicht richtig sein kann, liegt auf der Hand. Fraglich ist nur der juristisch gangbare Weg, die sofortige Wirksamkeit der Verfügungen bzw. eine rechtmäßige Gefahrenabwehr herbeizuführen. Teilweise will man die Vorschriften über den **Sofortvollzug** (vgl. § 11 II VwVG) analog heranziehen.[611] Ist danach schon kein Verwaltungsakt erforderlich, kann ein tatsächlich ausgesprochener, jedoch (noch) nicht wirksamer Verwaltungsakt nicht schaden. Danach wäre P z.B. befugt, das Zündmaterial zwangsweise sicherzustellen. Dieser „Umweg" über den Sofortvollzug ist m.E. jedoch nicht nötig, weil § 12 I Nr. 2 VwVfG die Handlungsfähigkeit Geschäftsunfähiger bejaht, wenn sie durch Vorschriften des öffentlichen Rechts als handlungsfähig anerkannt sind. Ob das öffentliche Recht einem Geschäftsunfähigen für einen bestimmten Bereich Handlungs- und damit Verfahrenshandlungsfähigkeit zuspricht, ist durch Auslegung zu ermitteln.[612] Geht es um die Erfüllung übergeordneter öffentlicher Aufgaben, insb. um die Erfüllung wichtiger und unverzichtbarer staatsbürgerlicher oder ordnungsrechtlicher Pflichten bei Not- und Eilfällen, gebietet es das verfassungsrechtliche Gebot der Effizienz staatlicher Gefahrenabwehr, die Verfahrenshandlungsfähigkeit Minderjähriger, Geisteskranker usw. auch bei Fehlen gesetzlicher Regelungen anzuerkennen und **unaufschiebbare polizeiliche Maßnahmen auch gegen minderjährige Verantwortliche zuzulassen**. Der Minderjährigenschutz kann nicht so weit gehen, dass wichtige Schutzgüter anderer Schaden nehmen.

758 Weiterhin können **juristische Personen des Privatrechts** wie AG, GmbH, eGen, e.V., für die der Vorstand verantwortlich ist, aber auch OHG, KG, GbR und nichtrechtsfähige Vereine, sofern die als **Personenvereinigungen** ein Mindestmaß an Organisation aufweisen und für eine gewisse Dauer angelegt sind, Adressaten von Gefahrenabwehrverfügungen sein. Fehlt es an dem erforderlichen Maß an Organisation, ist eine an die Personenvereinigung gerichtete Verfügung so auszulegen, dass sie sich an die einzelnen natürlichen Personen wendet.

759 Schließlich können **juristische Personen des öffentlichen Rechts** (Bund, Länder, Gemeinden, Gemeindeverbände, sonstige Körperschaften sowie Anstalten und Stiftungen des öffentlichen Rechts) polizeipflichtig sein. Denn auch Hoheitsträger dürfen die öffentliche Sicherheit (und Ordnung) nicht gefährden. Dennoch wird teilweise die Polizeipflichtigkeit in Frage gestellt mit dem Argument, dass das Grundgesetz eine klare Kompetenzordnung vorgebe und die Gefahrenabwehrbehörde nicht in den Kompetenzbereich einer anderen Behörde eingreifen dürfe. Aus der gesetzlichen Kompetenzordnung ergebe sich, dass jeder Hoheitsträger in seinem Aufgabenbereich Gefahren für die öffentliche Sicherheit selbst zu bekämpfen habe. Den Polizei- und Ordnungsbehörden mangele es an der *Zuständigkeit*, im Zuständigkeitsbereich anderer Behörden Gefahrenabwehrmaßnahmen durchzuführen. Notfalls müsse die Aufsichtsbehörde eingeschaltet werden.[613] Zwingend ist diese Argumentation nicht. Insbesondere geht der Hinweis auf die fehlende sachliche Zuständigkeit fehl, denn die Gefahrenabwehrbehörde macht den Fachbehörden ja nicht deren Zuständigkeit streitig, sondern vollzieht lediglich das Gefahrenabwehrrecht; und dafür ist gerade *sie* zuständig. Die Gefahrenabwehrbehörde muss daher Maßnahmen zur Gefahrenabwehr auch gegen den anderen Hoheitsträger ergreifen können.

---

[611] So *Schenke*, POR, Rn 492.
[612] Das ist unbestrittene Rechtsauffassung; vgl. nur *Kopp/Ramsauer*, VwVfG, § 12 Rn 7.
[613] Vgl. OVG Lüneburg OVGE **12**, 340.

Beispiel[614]**:** Auf der Weser wird in der Nähe Bremens ein Ölfilm entdeckt. Der Verursacher dieser Flussverunreinigung lässt sich nicht feststellen. Als das Öl sich auszubreiten droht, wird es unter einem massiven Einsatz der Bremer Feuerwehren beseitigt. Die Stadtgemeinde Bremen als Trägerin der öffentlichen Feuerwehr möchte nun die Kosten der Beseitigung von der Bundesrepublik Deutschland erstattet bekommen.

Als Eigentümerin der Bundeswasserstraße trifft den Bund die polizei- und ordnungsrechtliche Zustandsverantwortlichkeit. Die dazu bestehenden landesrechtlichen Vorschriften (vgl. z.B. § 6 BremPolG) werden auch nicht durch die bundesrechtlichen Regelungen zur Unterhaltungslast des Bundes (§§ 7, 8 WaStrG, §§ 28, 29 WHG) verdrängt. Die Bejahung der polizei- und ordnungsrechtlichen Verantwortlichkeit des Bundes für die in seinem Eigentum stehenden Gewässer bedeutet auch keinen unzulässigen Eingriff in einen fremden Kompetenzbereich. Die Gesetzgebungs- und Verwaltungskompetenz des Bundes, welche die Wasserstraßen als Verkehrswege betrifft, bleibt unberührt. Vorkehrungen zur Wasserreinhaltung und zur Regenerierung von verseuchtem Wasser haben wasserwirtschaftlichen Charakter und insoweit ist die Materie „Wasser" durch das WHG und das Landeswassergesetz den Ländern zur Ausführung zugewiesen. Zu diesem Regelungsbereich gehört die Zustandsverantwortlichkeit des Gewässereigentümers.

War es demnach eine Aufgabe des Bundes, die Gefahr abzuwehren, ist dieser auch polizei- und ordnungsrechtlich pflichtig. Daher kann die Stadtgemeinde Bremen im Zuge der Ersatzvornahme die Kosten für den Einsatz erstattet verlangen.

Allerdings sind mit Blick auf die genannte verfassungsrechtliche Kompetenzordnung solche Maßnahmen, durch die die andere Behörde in ihrer verfassungsrechtlich eingeräumten hoheitlichen Tätigkeit behindert wird, aus Kompetenzgründen untersagt.[615] **760**

Beispiel: Die Nachtruhe störende Hubschrauberflüge der Bundeswehr dürfen nicht durch gefahrenabwehrbehördliche oder polizeiliche Verfügung untersagt werden.

Diese Grundsätze gelten selbst im Bereich des **Verwaltungsprivatrechts**, nicht aber bei der erwerbswirtschaftlichen Tätigkeit und bei fiskalischen Hilfsgeschäften.[616] Dort ist die Verwaltung mit jedermann vergleichbar, genießt also keine Sonderrechtsposition aufgrund ihrer hoheitlichen Stellung. **761**

Fraglich ist, ob das Einschreiten gegen kultische Handlungen (etwa liturgisches Glockengeläut) von **Kirchen**, die als Körperschaften öffentlichen Rechts anerkannt sind (vgl. Art. 140 GG i.V.m. Art. 137 V WRV) zulässig ist. Berücksichtigt man, dass kultische Handlungen verfassungsrechtlich garantiert sind (vgl. Art. 4 II GG), verstoßen ein staatliches Verbot bzw. eine Reglementierung gegen diese Garantie; sie sind formell polizeirechtswidrig. Daraus folgt, dass auch ein Nachbar, der sich durch das Glockengeläut in seinen Rechten verletzt sieht, den Staat nicht verpflichten kann, gegen das Glockengeläut vorzugehen. Der Nachbar kann nur direkt gegen die Kirche vorgehen und einen Unterlassungsanspruch geltend machen. Dieser ist verwaltungsrechtlicher Natur, jedoch nur dann begründet, wenn das Kirchengeläut sich nicht mehr innerhalb der durch § 22 BImSchG gesetzten Grenzen hält[617], was jedoch bei dem herkömmlichen täglichen Glockengeläut nicht der Fall sein dürfte. **762**

---

[614] In Anlehnung an VGH Kassel NVwZ-RR **1992**, 624.
[615] BVerwGE **29**, 52, 59; *Knemeyer*, POR, Rn 352.
[616] Anders *Schenke*, POR, Rn 236, der jedoch nicht zwischen Verwaltungsprivatrecht und Fiskalverwaltung unterscheidet (zur Unterscheidung vgl. *R. Schmidt*, AllgVerwR, Rn 1008 ff.).
[617] Vgl. dazu BVerwGE **68**, 62, 67 ff. und *R. Schmidt*, VerwProzR, Rn 85 ff.

762a In jedem Fall ist der Einsatz von **Zwangsmitteln** gegen Behörden und juristische Personen des öffentlichen Rechts ausgeschlossen. Ein Fachgesetz, das dies zulassen könnte, ist in den meisten Ländern nicht vorhanden.

a. Verhaltensverantwortlichkeit

aa. Das Verhalten als Anknüpfungspunkt für die Inanspruchnahme

763 Den sog. Verhaltensverantwortlichen[618] trifft die polizei- und ordnungsrechtliche Verantwortlichkeit als Folge eines Gefahrenzustands, der durch sein eigenes Verhalten verursacht worden ist.

> **Beispiel:** H ist Halter eines Rottweilers. Jeden Nachmittag bei schönem Wetter lässt er den Hund auf dem nahe gelegenen Kinderspielplatz frei herumlaufen. Als aufgebrachte Eltern die Polizei herbeirufen, fordert diese H auf, den Hund sofort an die Leine zu nehmen und einen sicheren Abstand zu den Kindern einzuhalten.
>
> Hier hat H durch sein Verhalten eine Gefahr für die öffentliche Sicherheit (Leben und Gesundheit der Kinder) verursacht. Die Polizei konnte ihn daher als Verhaltensstörer in Anspruch nehmen.

764 Das die Polizeipflichtigkeit auslösende Verhalten kann in einem **Tun** oder **Unterlassen**[619], aber auch in einer bloßen **Reflexbewegung** (etwa bei Betrunkenen oder Ohnmächtigen) bestehen. Das Unterlassen ist gefahrenabwehrrechtlich allerdings nur dann erheblich, wenn eine Rechtspflicht zur Gefahrenabwehr besteht, die sich, da die sog. Polizeipflicht eine verwaltungsrechtliche Pflicht ist, aus **öffentlich-rechtlichen Vorschriften** ergeben muss.[620] Dabei kommen nur Normen außerhalb des allgemeinen Polizei- und Ordnungsrechts in Betracht wie bspw. solche des Bauordnungsrechts. Insbesondere kann nicht auf die Vorschriften über die Zustandsverantwortlichkeit zurückgegriffen werden, da ansonsten jeder Zustandsverantwortliche immer auch Verhaltensverantwortlicher wäre. Ebenso ist der direkte Rückgriff auf Art. 14 II GG nicht möglich. Die Auffassung, die dies dennoch mit der Begründung annimmt, der Eigentümer habe sein Eigentum in einem polizei- und ordnungsgemäßen Zustand zu halten[621], überzeugt nicht. Dadurch würde nicht nur die Zustandshaftung des Eigentümers weitgehend gegenstandslos; rechtsdogmatisch bedarf die Sozialbindung ausweislich des Art. 14 I S. 2 GG vielmehr der Konkretisierung des unterverfassungsrechtlichen Gesetzgebers.

> **Beispiel[622]:** E kaufte im vorigen Jahr von der Gemeinde G ein Grundstück, auf dem sich eine von G vor 50 Jahren errichtete Stützmauer befand. Im Kaufvertrag verpflichtete sich G gegenüber E zur Sanierung der damals einsturzgefährdeten Stützmauer. Dieser Verpflichtung ist sie bisher noch nicht nachgekommen. Durch Anordnung der zuständigen Bauordnungsbehörde wird nun gegenüber E verfügt, die nicht bereits herabgestürzten Teile der Stützmauer auf seinem Grundstück zu entfernen. E wendet sich gegen diese Verfügung mit dem Argument, er habe doch gar nichts getan. Darüber hinaus habe G sich im Kaufvertrag verpflichtet, selbst die Mauer zu sanieren.

---

[618] Vgl. § 4 MEPolG; **Bund:** § 17 BundesPolG; **Bay:** Art. 7 PAG, Art. 9 I BayLStVG; **Berl:** § 13 ASOG; **BW:** § 6 PolG; **Brand:** § 5 PolG, § 16 OBG; **Brem:** § 5 PolG; **Hamb:** § 8 SOG; **Hess:** § 6 SOG; **MeckVor:** § 69 SOG; **Nds:** § 6 SOG; **NRW:** § 4 PolG, § 17 OBG; **RhlPfl:** § 4 POG; **Saar:** § 4 PolG; **Sachs:** § 4 PolG; **SachsAnh:** § 7 SOG; **SchlHolst:** § 218 LVwG; **Thür:** § 7 PAG, § 10 OBG.
[619] Vgl. OVG Münster NVwZ-RR **1988**, 20.
[620] Anders *Schenke*, POR, Rn 239: auch privatrechtliche Normen.
[621] So OVG Münster DVBl **1971**, 828 ff.; OVG Münster NVwZ-RR **1988**, 20.
[622] In Anlehnung an OVG Münster NVwZ-RR **1988**, 20.

In diesem Fall ist E nicht nur Zustandsstörer, sondern auch **Verhaltensstörer durch Unterlassen**. Ihn trifft die bauordnungsrechtliche Pflicht, bauliche Anlagen, wozu eine Mauer gehört, dauerhaft standsicher zu halten, damit die öffentliche Sicherheit, insbesondere Leben und Gesundheit, nicht bedroht wird (vgl. die entsprechenden Bestimmungen der Landesbauordnung). E hat die Gefahrenlage durch Unterlassen herbeigeführt, da er die Standsicherheit der Mauer nicht gewährleistete. Seiner Verantwortlichkeit kann E sich auch nicht mit Hinweis auf die Sanierungspflicht von G entziehen. Die öffentlich-rechtliche Polizei- und Ordnungspflicht unterliegt nicht der zivilrechtlichen Disposition. Zudem ist E als Rechtsnachfolger der G in die polizei- und ordnungsrechtliche Pflicht getreten.[623]

Auch **Vorbereitungshandlungen**, die strafrechtlich unerheblich sind, können sich **765**
als polizeirechtlich relevantes Verhalten darstellen.

Beispiel: Jugendliche wollen ihrem Vorbild *Prinz Harry* folgen und auf dem Schulabschlussball mit einer Hakenkreuz-Binde am Arm auftreten. Dazu haben sie sich entsprechende Stoffe besorgt und wollen daraus die Hakenkreuz-Binden erstellen.

Hier ist bereits ein polizeiliches Einschreiten geboten, obwohl noch keiner der Straftatbestände des § 130 StGB verwirklicht ist und es sich lediglich um straffreie Vorbereitungshandlungen handelt. Diese sind jedoch polizeirechtlich von Bedeutung, weil eine Störung der öffentlichen Sicherheit (Begehung einer Straftat) droht.

bb. Der polizeirechtliche Verursacherbegriff

Nicht alle Fälle lassen sich so eindeutig lösen wie die vorstehenden. Das gilt insbe- **766**
sondere dann, wenn der Gefahrzustand nur eine atypische Folge eines nicht vorhersehbaren Kausalverlaufs darstellt. Um hier die Verantwortlichkeit in einer rechtlich zuverlässigen Weise bestimmen zu können, bedient man sich der **Theorie der unmittelbaren Verursachung**: Nach dieser Theorie ist darauf abzustellen, ob ein **Verhalten (oder eine Sache) die Gefahrengrenze überschreitet und damit die unmittelbare Ursache für den Eintritt der Gefahr setzt**. Dabei soll ein Verhalten dann die Gefahrengrenze überschreiten, wenn es in einem engen **Wirkungs- und Verantwortungszusammenhang** mit dem Gefahrzustand steht.[624] Dass diese Auffassung aber ein Wertungsproblem mit sich bringt, zeigen folgende Beispiele:

Beispiele:

(1) Die als rechtsradikal bezeichnete Gruppe „Nationales Deutschland" meldet durch ihren Vorsitzenden V einen Aufmarsch durch die Innenstadt an. Gegen diesen geplanten Aufmarsch will das linksgerichtete Bündnis „Gegen Ausländerfeindlichkeit und Fremdenhass" gleichzeitig und an gleicher Stelle demonstrieren.

Würde man die Theorie der unmittelbaren Verursachung zugrunde legen, wäre darauf abzustellen, wer im Sinne eines engen Wirkungs- und Verantwortungszusammenhangs die letzte unmittelbare Ursache für die Gefahr setzen würde. Das wäre wohl das linksgerichtete Bündnis, nicht die als rechtsradikal bezeichnete Gruppe, gegen die sich die Gegendemonstration richten würde.

(2) Ab sofort werden Formel 1 – Rennen nur noch über Pay-TV übertragen. Als das letzte Rennen der Saison beginnt, stellt der findige Fernsehhändler H einen Großbildschirm in das Schaufenster seines Geschäfts und stellt draußen auf dem Bürgersteig Bänke und Tische auf. Auch an dem leiblichen Wohl soll es nicht fehlen. Daher schenkt H Bier vom Fass aus. Bereits wenige Minuten nach dem Start hat sich eine große Menschenmenge versammelt, die auch einen Teil der Fahrbahn

[623] Zur **Rechtsnachfolge** in öffentlich-rechtliche Pflichten vgl. Rn 875 ff.
[624] *R. Schmidt*, BremPolG, § 5 Rn 16 ff.; *Schenke*, POR, Rn 241 ff.; *Muckel*, BesVerwR, S. 86.

einnimmt. Der vorbeikommende Polizist P sieht darin eine Gefahr für die öffentliche Sicherheit und untersagt H die Fortsetzung der Aktion.

Auch hier ist zu bedenken, dass in dem Aufstellen eines Fernsehgeräts letztlich nur ein Anreiz, eine lediglich mittelbare Ursache für die Entstehung der Gefahr liegt. Derartiges kann unter dem Gesichtspunkt der unmittelbaren Verursachung nicht zu einer Verhaltensverantwortlichkeit führen.[625] Will man gleichwohl den Initiator einer Gefahr zur Verantwortung ziehen, ist daher nach einem Korrektiv der Theorie der unmittelbaren Verursachung zu suchen.

767 Um unbillige Ergebnisse zu vermeiden, bedient sich die h.M. in Fällen, in denen die Gefahrengrenze nach dem äußeren Geschehensablauf erst durch eine zeitlich später handelnde Person überschritten wird, bei wertender Betrachtung jedoch das vorherige Verhalten einer anderen Person bereits in einem unmittelbaren Wirkungs- und Verantwortungszusammenhang mit der Gefahr steht, der Figur des sog. **Zweckveranlassers**.[626]

768 Nach einer an **subjektiven** Momenten ansetzenden Theorie[627] ist Zweckveranlasser derjenige, der andere mit Wissen und Wollen[628] zu einem gefahrbegründenden Verhalten veranlasst. Dieser Ansatz leidet jedoch an dem Nachteil, dass er nicht so recht in das objektivierte Polizei- und Ordnungsrecht passt. Dort geht es nicht um die Ahndung von Unrecht oder um das Zur-Verantwortung-Ziehen wegen persönlicher Schuld, sondern um effektive Gefahrenabwehr. Außerdem bestehen Erkenntnis- und Beweisschwierigkeiten von Absicht und Ziel des Zweckveranlassers.

769 Eine an **objektiven** Gegebenheiten anknüpfende Theorie[629] stellt darauf ab, ob es im unmittelbaren Zusammenhang eines nicht letztursächlichen Verhaltens zu einer Gefahr oder Störung kommt, die nach den Erfahrungssätzen eine nahe liegende und nicht lediglich atypische Konsequenz der eigentlich nur mittelbar ursächlichen Handlung ist. Dieser Ansatz birgt allerdings die Gefahr der Ausuferung der Störereigenschaft, der nach einer Meinung nur dadurch begegnet werden kann, dass das rechtmäßige Verhalten des „Hintermanns" grundsätzlich nicht zur Zweckveranlassung führe.[630] Dem ist nach anderer Meinung aber entgegenzuhalten, dass ein rechtmäßiges Verhalten des Handelnden nicht bewirken könne, diesen von den Sicherheitsproblemen freizustellen, für die er verantwortlich sei.[631]

770 Eine **vermittelnde Definition** gelingt dem VGH Mannheim[632], wonach Zweckveranlasser und damit Handlungsstörer derjenige ist, der die Störung herbeiführt, indem er sie subjektiv bezweckt oder wenn sich die Störung als Folge seines Verhaltens zwangsläufig einstellt.[633] So kann etwa der Omnibusunternehmer, der durch eine Sonderfahrt eine Gruppe von Demonstranten zu einer (wie er weiß) verbotenen Demonstration befördert, als Zweckveranlasser gesehen werden.[634] Als Zweckveranlasser eingestuft wurden auch ein kommerzieller Repetitor, der eine im Rahmen einer universitären Übung anzufertigende Hausarbeit vor dem Abgabetermin mit seinen

---

[625] *Muckel*, BesVerwR, S. 86 f.
[626] *Jahn*, JA **2000**, 79, 84; *Zilkens*, JuS **1999**, 672, 673; *Götz*, POR, Rn 200 ff.; *Knemeyer*, POR, Rn 328 ff.; OVG Weimar NVwZ-RR **1997**, 287.
[627] Vertreten z.B. von *Knemeyer*, POR, Rn 328; VGH Kassel, NVwZ **1992**, 1111, 1113.
[628] Wobei *dolus eventualis* genügt.
[629] *Götz*, POR, Rn 202; OVG Lüneburg NVwZ **1988**, 638, 639.
[630] So *Schoch*, JuS **1994**, 932, 934.
[631] So *Götz*, POR, Rn 205.
[632] VGH Mannheim DVBl **1996**, 564.
[633] Vgl. auch BVerfG NVwZ **2000**, 1406, 1407.
[634] Vgl. *Schenke*, POR, Rn 246; *Zeitler*, DÖV **1997**, 371 ff.

Kursteilnehmern besprach[635], und ein Geschäftsinhaber, der mit seiner marktschreierischen Schaufensterreklame einen Massenauflauf vor dem Schaufenster seines Geschäfts veranlasste und damit Verkehrsbehinderungen herbeiführte[636].

Für die obigen **Beispiele** gilt demnach Folgendes: Liegt es auf der Hand, dass sich die jeweilige Störung als Folge des Verhaltens des mittelbaren Verursachers zwangsläufig einstellt, ist die jeweilige Gefahrverursachung objektiv bezweckt worden. V und H wären damit Zweckveranlasser und könnten zur Verantwortung gezogen werden.

Die Figur des Zweckveranlassers stößt aber auch auf Kritik.[637] Es wird geltend ge- **771**
macht, dass sich der Hintermann letztlich im Rahmen seines Rechtskreises bewege. Als selbstverantwortliche Persönlichkeit sei allein derjenige verantwortlich, der letztlich die Gefahrenschwelle überschreite. Nötigenfalls müsse die Störungsbeseitigung über die sog. Notstandspflicht[638] erfolgen. Insbesondere bei Demonstrationen und ähnlichen Veranstaltungen sei die Figur des Zweckveranlassers problematisch. So könne nicht ohne weiteres angenommen werden, dass den Veranstalter die Verhaltensverantwortlichkeit für Ausschreitungen von Teilnehmern oder Dritten treffe. Schließlich bestehe ein grundrechtlicher Schutz des Veranstalters aus Art. 14 I S. 1, 12 I, 8 I, 2 I GG. Der Grundrechtsschutz könne nicht ohne weiteres durch das Polizei- und Ordnungsrecht beiseite geschoben werden. Diese Kritik ist berechtigt, findet ihre Grenze aber dort, wo die Veranstaltung mit den durch sie heraufbeschworenen Gefahren in einem engen Wirkungs- und Verantwortungszusammenhang steht. Letztlich ist eine Abwägung zwischen dem (zu schützenden) Polizeigut einerseits und dem (gefährdenden) Individualgut andererseits erforderlich. Nur wenn das Individualgut in einem engen Wirkungs- und Wertungszusammenhang mit dem Gefahrzustand steht und eine Güterabwägung zugunsten des Polizeiguts ausfällt, kann auch ein rechtmäßiges Verhalten des Handelnden diesen zu einem Zweckveranlasser und damit zum Verantwortlichen werden lassen.

Hinweis für die Fallbearbeitung: In Fällen dieser Art ist das polizeibehördliche **772**
Einschreiten daraufhin zu untersuchen, ob die Person, gegen die vorgegangen werden soll bzw. vorgegangen wurde, als Zweckveranlasser und somit als Störer qualifiziert werden kann. Maßgebliches Kriterium ist dabei der Grundsatz der Verhältnismäßigkeit im Rahmen der Prüfung, ob bei der Inanspruchnahme der betreffenden Person eine Ermessensüberschreitung vorliegt.

In diesem Zusammenhang sehr instruktiv ist auch das Schreibenlassen von **Disserta-** **773**
tionen oder **Seminararbeiten** bzw. juristischen **Examenshausarbeiten**. Die für ein ordnungsbehördliches Einschreiten erforderliche Gefahr für die öffentliche Sicherheit liegt darin, dass das Abfassen von Dissertationen durch Dritte die wissenschaftliche Ausbildung tangiert, den ordnungsgemäßen Hochschulbetrieb stört und gegen die jeweilige Promotionsordnung verstößt, in der das Abfassen der Schrift durch Dritte ausdrücklich untersagt ist. Damit ist die öffentliche Sicherheit beeinträchtigt. Bietet etwa ein kommerziell handelnder Repetitor o.g. „Dienstleistungen" in Form eines Inserats an, das er in einer Wochenzeitschrift eines großen juristischen Fachverlags schaltet, besteht die Gefahr darin, dass der Eintritt eines Schadens für die öffentliche Sicherheit durch die mögliche Beantwortung der Anzeige durch die Promoventen hin-

[635] Vgl. *Gromitsarius*, JuS **1997**, 49, 51.
[636] *Schenke*, POR, Rn 246, bezugnehmend auf den sog. Schaufensterpuppenfall (PrOVGE **85**, 270).
[637] *Tölle*, NVwZ **2001**, 153, 154; *Muckel*, DÖV **1998**, 18 ff.; *Herzog*, in: Maunz/Dürig, GG, Art. 8 Rn 117; **a.A.** *Dietel/Gintzel/Kniesel*, Demonstrations- und Versammlungsfreiheit, 14. Aufl. **2005**, § 15 Rn 31. Offen gelassen in BVerfG NVwZ **2000**, 1406, 1407.
[638] Vgl. dazu Rn 826 ff.

reichend wahrscheinlich ist. Problematisch ist es lediglich, wenn die Ordnungsbehörde gegen den Verlag vorgeht und von diesem verlangt, er möge den Urheber des Inserats offen legen. Das kann sie grds. nur, wenn der Verlag Verantwortlicher i.S.d. Polizeirechts ist. In Betracht kommt eine Verhaltensverantwortlichkeit. Dann müsste der Verlag die Gefahr unmittelbar verursacht haben. Vorliegend wird aber die Gefahr unmittelbar nur durch den Repetitor verursacht, der als Helfer der Promoventen auftritt. Ob auch der Verlag die Gefahr unmittelbar verursacht hat, kann dahin stehen, wenn seine Verantwortlichkeit über die Figur des Zweckveranlassers begründet werden kann. Wie aufgezeigt, ist Zweckveranlasser derjenige, der eine an sich nicht gefahrverursachende (neutrale) Handlung vornimmt und dabei objektiv bezweckt, dass andere eine gefahrverursachende Handlung begehen. Vorliegend ist, wenn die Anzeige Erfolg haben soll, das rechtswidrige Handeln anderer erforderlich. Man kann unterstellen, dass diese notwendige Folge der Veröffentlichung vom Verlag einkalkuliert wird. Dieser ist somit Zweckveranlasser und Verhaltensverantwortlicher i.S.d. Polizei- und Ordnungsrechts.

Übungsfall: A schaltet in einem Tagesblatt der betreffenden Universitätsstadt eine Chiffreanzeige mit dem Inhalt, dass er juristische Dissertationen verfasse. Daraufhin erlässt der Oberbürgermeister der Stadt gegenüber dem Zeitungsverlag unter vorheriger Anhörung eine Verfügung, in der er ihn auffordert, es künftig zu unterlassen, derartige Anzeigen zu veröffentlichen. Nach erfolglosem Widerspruchsverfahren erhebt der Zeitungsverlag Anfechtungsklage. Diese ist begründet, wenn die Untersagungsverfügung rechtswidrig ist und den Kläger in seinen Rechten verletzt (§ 113 I S. 1 VwGO).

Rechtsgrundlage
Rechtsgrundlage für die Verfügung ist in Ermangelung einer spezialgesetzlichen Norm die polizeiliche Befugnisgeneralklausel.

Rechtmäßigkeit der Verfügung
Gegen die formelle Rechtmäßigkeit der Verfügung bestehen keine Bedenken. Der Oberbürgermeister war zuständig (vgl. die entsprechenden Normen der landesrechtlichen Polizeigesetze), eine Anhörung (§ 28 VwVfG) hat laut Sachverhalt stattgefunden.

Die Verfügung ist materiell rechtmäßig, wenn die Rechtsgrundlage richtig angewendet wurde, d.h. ihre Voraussetzungen vorlagen und kein Verstoß gegen höherrangiges Recht vorliegt. Zunächst müsste eine Gefahr für die öffentliche Sicherheit vorliegen. Unter dem Begriff der öffentlichen Sicherheit versteht man u.a. die Unverletzlichkeit der objektiven Rechtsordnung. Das Abfassen von Dissertationen durch Dritte tangiert die wissenschaftliche Ausbildung, stört den ordnungsgemäßen Hochschulbetrieb und verstößt gegen die jeweilige Promotionsordnung, in der das Abfassen der Schrift durch Dritte ausdrücklich untersagt ist. Damit ist die öffentliche Sicherheit beeinträchtigt. Es besteht auch eine Gefahr, da der Eintritt eines Schadens durch die mögliche Beantwortung der Anzeige durch die Promoventen hinreichend wahrscheinlich ist. Der Zeitungsverlag müsste aber auch richtiger Adressat der Verfügung gewesen sein. In Betracht kommt eine Verhaltensverantwortlichkeit nach den Vorschriften der Polizeigesetze. Dann müsste der Verlag die Gefahr unmittelbar verursacht haben. Vorliegend wird aber die Gefahr unmittelbar nur durch A verursacht, der als Helfer der Promoventen auftritt. Ob auch der Verlag die Gefahr unmittelbar verursacht hat, kann dahinstehen, wenn seine Verantwortlichkeit über die Figur des Zweckveranlassers begründet werden kann. Zweckveranlasser ist derjenige, der eine an sich nicht gefahrverursachende (neutrale) Handlung vornimmt und dabei objektiv bezweckt, dass andere eine Gefahr verursachende Handlung begehen. Vorliegend ist, wenn die Anzeige Erfolg haben soll, das rechtswidrige Handeln anderer erforderlich. Diese notwendige Folge der Veröffentlichung wird von der Zeitung einkalkuliert. Der Verlag ist somit Zweckveranlasser und Störer i.S.d. Verhaltensverantwortlichkeit.

Die Verfügung müsste auch ermessensfehlerfrei ergangen sein. Eine Ermessensunterschreitung oder ein Ermessensfehlgebrauch sind nicht erkennbar. Möglicherweise liegt aber

eine Ermessensüberschreitung vor. Das ist nicht nur dann der Fall, wenn eine andere Rechtsfolge gewählt wurde, als gesetzlich vorgesehen, sondern auch dann, wenn die Behörde gegen den Grundsatz der Verhältnismäßigkeit verstößt. Zweck der Maßnahme ist die Unterbindung der Hilfeleistung bei einer Dissertation. Sie ist auch geeignet, da mit ihr die drohende Gefahr für die öffentliche Sicherheit in erheblichem Umfang eingeschränkt werden kann, auch wenn das Verbot auf weitere Aktivitäten des A keinen Einfluss hat. Die Verfügung ist auch erforderlich, da kein anderes Mittel existiert, das den gleichen Erfolg mit gleicher Sicherheit und vergleichbarem Aufwand herbeiführen könnte. Schließlich ist das Verbot auch angemessen, da es nicht außer Verhältnis zu dem angestrebten Erfolg steht.
Weiterhin ist zu prüfen, ob das Verbot mit Art. 5 I S. 2 GG (Pressefreiheit) vereinbar ist. Dies setzt zunächst voraus, dass der Schutzbereich dieses Grundrechts eröffnet ist. Geschützt sind alle wesensmäßig mit der Pressefreiheit zusammenhängenden Tätigkeiten von der Informationsbeschaffung bis zum Vertrieb. Darunter fällt auch das Anzeigengeschäft.[639] Durch das Verbot, Anzeigen mit dem beanstandeten Inhalt zu veröffentlichen, werden jedoch weder das Anzeigengeschäft allgemein noch eine bestimmte Gattung von Anzeigen verboten, sondern nur der rechtswidrige Inhalt einer konkreten Anzeige untersagt. Mithin liegt kein Eingriff in die Pressefreiheit vor.[640] Auch fällt das Verbot nicht in den Schutzbereich des Art. 5 I S. 1 GG (allgemeine Meinungsfreiheit), da mit der Veröffentlichung der Anzeige lediglich eine geschäftliche Mitteilung ohne wertenden Charakter i.S. eines Beitrags zur Meinungsbildung verbreitet wird.[641]
Schließlich dürfte das Verbot auch nicht aus anderen Gründen ermessensfehlerhaft sein. Das wäre der Fall, wenn der Oberbürgermeister nicht den richtigen Störer ausgewählt hätte. Bei einer Mehrheit von Verhaltensstörern kann die Behörde grundsätzlich auswählen, gegen wen sie vorgeht. Ausschlaggebend ist aber, wie die Gefahr bzw. die Störung als realisierte Gefahr am schnellsten, nachhaltigsten und mit dem geringstmöglichen Eingriff beseitigt werden kann („Grundsatz der Effektivität der Gefahrenabwehr"). Da vorliegend der Name des A der Behörde noch nicht bekannt war, konnte sie auch diesem gegenüber keine Verfügung erlassen. Es kam also nur der Verlag in Betracht. Das Verbot war somit rechtmäßig.

cc. Mehrheit von Verantwortlichen

Es ist nicht nur möglich, dass eine Person gleichzeitig Verhaltens- und Zustandsverantwortlicher ist (sog. **Doppelstörer**), sondern auch, dass *mehrere* Personen für *einen* Gefahrenzustand verantwortlich sind: Die eine Person ist Verhaltensverantwortlicher, die andere Zustandsverantwortlicher. Des Weiteren ist denkbar, dass mehrere Verhaltensstörer oder mehrere Zustandsstörer vorhanden sind. Fraglich ist, gegen wen die Polizei hier vorgehen kann oder muss. Da die Beantwortung dieser Frage aber nur sinnvoll ist, wenn die Voraussetzungen nicht nur für die Inanspruchnahme des Verhaltensstörers, sondern auch des Zustandsstörers bekannt sind, kann insoweit auf die zusammenhängende Darstellung bei Rn 816 ff. verwiesen werden. **774**

[639] BVerfGE **64**, 108, 114 f.
[640] Eine andere Auffassung ist vertretbar. Allerdings muss dann beachtet werden, dass die Pressefreiheit gem. Art. 5 II GG unter einem qualifizierten Gesetzesvorbehalt steht („allgemeine Gesetze"). Die Befugnisgeneralklausel ist ein solches allgemeines Gesetz, da sie sich nicht gegen die Äußerung einer Meinung als solche richtet, sondern vielmehr dem Schutz eines schlechthin, ohne Rücksicht auf eine bestimmte Meinung, zu schützenden Rechtsguts dient. Auch unter Berücksichtigung der Wechselwirkungstheorie ist das Verbot nicht zu beanstanden. Presse- und Meinungsfreiheit berechtigen nicht dazu, Angebote zum rechtswidrigen Handeln zu verbreiten.
[641] Andere Auffassung vertretbar. Vgl. zur verfassungsrechtlichen Rechtfertigung vorige Fußnote.

b. Objektiv nicht gegebene Verantwortlichkeit

775 Wie bei Rn 680 ff. dargelegt, führt die Prognose einer objektiv nicht gegebenen Gefahr zu den Figuren der Anscheins-, Verdachts- und Scheingefahr. Die damit verbundenen Konsequenzen üben Einfluss auf die rechtliche Einordnung der Verantwortlicheneigenschaft und der (bei Rn 992 behandelten) Kostentragung und Entschädigung aus.

aa. Anscheinsstörer

776 Gefahrenabwehrrechtlich ist die **Anscheinsgefahr** der objektiven Gefahrenlage gleichgestellt (siehe Rn 681 ff). Wer eine Anscheinsgefahr pflichtwidrig hervorruft, ist daher dem „echten" Störer gleichgestellt. Gegenüber einem Anscheinsstörer sind also genauso Gefahrenabwehrmaßnahmen möglich wie gegenüber einem „echten" Störer, weil es bei Ergreifung dieser Maßnahmen auf die *ex-ante*-Sicht des handelnden Beamten ankommt und dieser im Zeitpunkt seines Handelns bei verständiger Würdigung der objektiven Anhaltspunkte eine Gefahrenlage annehmen durfte, obgleich sich nachträglich herausstellt, dass eine Gefahr in Wirklichkeit nicht vorlag. Das ist zwar mit Blick auf den verfassungsrechtlich verankerten Grundsatz vom **Vorrang des Gesetzes** nicht ganz unproblematisch, da letztlich eine Person in ihren (Grund-)Rechten beeinträchtigt wird, obwohl die gesetzlichen Vorschriften über die Verantwortlichkeit das Bestehen einer tatsächlichen Gefahr voraussetzen. Würde man aber die Rechtmäßigkeit eines polizeilichen Einschreitens von einer nachträglich bestätigten tatsächlichen Störereigenschaft abhängig machen, verkehrte man den Sinn der Gefahrenabwehr, der darin besteht, Gefahren abzuwehren, bevor es zum Schadenseintritt kommt. Das impliziert die Rechtmäßigkeit polizeilichen Einschreitens, wenn der handelnde Beamte im Zeitpunkt seines Einschreitens bei verständiger Würdigung der objektiven Anhaltspunkte eine Gefahrenlage annehmen durfte.[642] Zudem hat auch die Gefahrenabwehr Verfassungsrang. Die Pflicht des Staates, das Leben und die Gesundheit der Bürger zu schützen und zu fördern, ist in Art. 2 II S. 1 GG verankert.[643]

777 Eine Unterscheidung zwischen objektiver Gefahrenlage und Anscheinsgefahr ist aber für das Verwaltungskostenrecht von Bedeutung (vgl. dazu Rn 992): Die Kosten für die Maßnahmen trägt der vermeintliche Störer nur dann, wenn sich *ex-post* herausstellt, dass er den Anschein einer Gefahr tatsächlich veranlasst und dafür einzustehen hat.[644] Die objektive Beweislast trägt die Verwaltung.

778 Einige Befugnisnormen enthalten eine gesetzliche Ausgestaltung der Verantwortlichkeit für eine Anscheinsgefahr, wenn sie es für ein Einschreiten bereits genügen lassen, dass „Tatsachen die Annahme rechtfertigen", dass eine Gefahr tatsächlich vorliegt. Solche Regelungen sind z.T. in den Vorschriften über die Datenerhebung enthalten, bei denen der Gesetzgeber bei der Bestimmung der Adressaten z.T. gerade nicht an die sonst für das polizeirechtliche Handeln maßgebliche Differenzierung zwischen Störern und Nichtstörern anknüpft, sondern es z.B. genügen lässt, wenn bei der Person, über die Daten erhoben werden sollen, tatsächliche Anhaltspunkte dafür vorliegen, dass sie künftig Straftaten begehen oder zumindest eine Störung der öffentlichen Sicherheit verursachen wird.

---

642 Unbegründet daher die Kritik von *Schenke*, POR, Rn 256 f.

643 Zur staatlichen Schutzverpflichtung vgl. *R. Schmidt*, Grundrechte, Rn 301 ff.

644 Vgl. *Schlink*, Jura **1999**, 169 ff.; *Wernsmann*, JuS **2002**, 582, 584; *Erichsen/Wernsmann*, Jura **1995**, 219, 221; *Götz*, POR, Rn 163; *Musil*, JA **2003**, 781, 784; *Pieroth/Schlink/Kniesel*, POR, § 9 Rn 21; *Martensen*, DVBl **1996**, 286 ff; *Petri*, DÖV **1996**, 443, 447; BGHZ **117**, 303, 307 f.; BGH NJW **1996**, 3151 f.; JZ **1998**, 515 f.; OVG Berlin NVwZ-RR **2002**, 632; OVG Hamburg DVBl **1986**, 734 f.

bb. Scheinstörer (Putativstörer)

Würde demgegenüber ein besonnener und sachkundiger Amtswalter die Ungefährlichkeit der Situation erkennen und daher nicht einschreiten, handelt derjenige, der dennoch einschreitet, aufgrund einer **irrigen, nicht vertretbaren und damit pflichtwidrigen** Einschätzung der Situation und folglich rechtswidrig. Man spricht diesbezüglich von einer **Scheingefahr** (auch **Putativgefahr** genannt). Anders als die Anscheinsgefahr kann die bloße Scheingefahr der echten Gefahrenlage **nicht** gleichgestellt werden und berechtigt daher **nicht** zu Gefahrenabwehrmaßnahmen, die mit Grundrechtsbeeinträchtigungen verbunden sind.[645] Der Scheinstörer ist kein Störer. Sollte dennoch eine Rechtsbeeinträchtigung vorliegen, hat der Betroffene einen Amtshaftungsanspruch bzw. einen Anspruch wegen enteignungsgleichen Eingriffs, sofern die polizeigesetzliche Spezialregelung hinsichtlich der Entschädigung nicht greift.[646] 779

cc. Verdachtsstörer

Von Anscheinsgefahr und Scheingefahr wiederum zu unterscheiden ist der **Gefahrenverdacht** (auch Verdachtsgefahr genannt). Ein solcher ist anzunehmen, wenn aufgrund einer unklaren Diagnose des Sachverhalts und/oder aufgrund einer unsicheren Prognose des weiteren Geschehensablaufs eine Gefahr lediglich für möglich gehalten wird. Gleichwohl ist unter bestimmten Voraussetzungen ein gefahrenabwehrrechtliches Einschreiten geboten, um zu ermitteln, ob tatsächlich eine Gefahr vorliegt. Gefahrenabwehrrechtlich befugt die Verdachtsgefahr nach der hier vertretenen Auffassung die Behörde so zu einem **Gefahrerforschungseingriff** auf der Grundlage der **Befugnisgeneralklausel**. Dieser Gefahrerforschungseingriff ergeht grundsätzlich als vorläufige bzw. vorsorgliche Maßnahme. Durch ihn wird derjenige, der im Gefahrenfall der Verantwortliche wäre, vorläufig als Verantwortlicher in Anspruch genommen (vgl. dazu ausführlich Rn 689 ff.). Problematisch ist in diesem Zusammenhang zum einen vor allem, ob dem Verdachtsstörer nur die Duldung der Gefahrerforschungseingriffe aufgebürdet werden kann oder ob er selbst zur Vornahme der Ermittlungshandlungen und praktisch zu deren Vorfinanzierung verpflichtet werden kann, und zum anderen, ob die Behörde selbst die Ermittlungsmaßnahmen durchführt und vom Verursacher die Kosten verlangen kann. Wenn es pflichtgemäßer Ermessensausübung und dem Grundsatz der Verhältnismäßigkeit entspricht, ist es vertretbar, dem Verursacher die Duldungspflicht darüber aufzuerlegen, dass die Behörde selbst die erforderlichen Ermittlungsmaßnahmen durchführt und die damit verbundenen Kosten erhebt. Stellt sich (*ex-post*) heraus, dass er Nichtverantwortlicher ist, kann er Entschädigung verlangen und hat auch einen Kostenersatzanspruch, falls er in Vorlage getreten ist. In Ermangelung einer gesetzlichen Anspruchsgrundlage kommt nach der hier vertretenen Auffassung der allgemeine **öffentlich-rechtliche Erstattungsanspruch** in Betracht.[647] 780

4. Zusatzverantwortlichkeit gegenüber Aufsichtsbedürftigen

Die polizeigesetzlichen Vorschriften über die Verhaltensverantwortlichkeit dehnen die polizeirechtliche Verantwortlichkeit auf Personen aus, die zur Aufsicht über **Kinder unter 14 Jahren** oder über Personen, für die ein **Betreuer** bestellt ist, verpflichtet sind. Da die Verantwortlichkeit aber nicht anstelle der der genannten aufsichtsbedürftigen Personen, sondern zusätzlich zu deren Verantwortlichkeit tritt, spricht man auch von Zusatzverantwortlichkeit. Grundsätzlich können sich also Gefahrenabwehrmaß- 781

---

[645] Vgl. *Jahn*, JA **2000**, 79, 83.
[646] Zum enteignungsgleichen Eingriff vgl. ausführlich *R. Schmidt*, AllgVerwR, Rn 1061 ff.
[647] Vgl. dazu ausführlich *R. Schmidt*, AllgVerwR, Rn 1321 ff.

nahmen sowohl an die aufsichtspflichtige als auch die aufsichtsbedürftige Person richten. Welche Störerbestimmung letztlich rechtmäßig ist, richtet sich nach denselben Kriterien, die die allgemeine Störerauswahl bei Störermehrheit prädeterminieren (dazu oben Rn 774).

782 Aufsichtspflichtige Personen sind bei Minderjährigen, und damit bei unter 14 Jahre alten Personen i.S.d. Vorschriften über die Verhaltensverantwortlichkeit, diejenigen, denen die elterliche Sorge (§§ 1626 ff. BGB) zusteht, oder der Vormund, wenn der Minderjährige nicht unter elterlicher Sorge steht (§§ 1723 ff. BGB). Als Aufsichtspflichtige in Betracht kommen aber auch Nachbarn, Verwandte oder Freunde, die die Aufsicht übernommen haben. Bei Kindermädchen etc. besteht eine Aufsichtspflicht kraft vertraglicher Übernahme.

783 Die **Betreuung** ist in §§ 1896 ff. BGB geregelt. Ist für eine Person ein Betreuer aufgrund einer psychischen Krankheit oder einer körperlichen, geistigen oder seelischen Behinderung bestellt, können gefahrenabwehrrechtliche Maßnahmen auch gegen den Betreuer gerichtet werden. Voraussetzung ist aber, dass das pflichtwidrige Verhalten dem Aufgabenkreis des Betreuers zuzurechnen ist. Anders als in Polizeigesetzen anderer Länder (vgl. z.B. § 6 II S. 2 NdsSOG oder § 6 II S. 2 HessSOG) ist diese Beschränkung zwar nicht in § 5 II BremPolG enthalten, sie ergibt sich aber aus dem rechtsstaatlichen Postulat der Haftungsbegrenzung. Die gegenteilige Annahme würde den Verantwortungsbereich des Betreuers unzulässig ausdehnen und unüberschaubar machen und wäre im Übrigen auch nicht mit den bei Rn 766 beschriebenen Verursachertheorien vereinbar.

Als **Beispiel** für die Inanspruchnahme des Betreuers kommt eine Platzverweisung in Betracht, wenn dem Betreuer die Bestimmung des Aufenthalts des Betreuten obliegt.

5. Zusatzverantwortlichkeit gegenüber Verrichtungsgehilfen

784 Schließlich normieren die polizeigesetzlichen Bestimmungen über die Verhaltensverantwortlichkeit eine weitere Ausdehnung. Danach ist nicht nur diejenige Person polizeipflichtig, die zu einer Verrichtung bestellt ist und die Gefahr in Ausübung dieser Verrichtung verursacht, sondern auch diejenige, die die andere Person zu der Verrichtung bestellt hat. Ob jemand zu einer Verrichtung bestellt worden ist, richtet sich nach denselben Kriterien, die im Zivilrecht für die sog. **Verrichtungsgehilfenhaftung** gem. § 831 BGB maßgeblich sind. Danach ist Verrichtungsgehilfe, wer vom Geschäftsherrn in dessen Interesse eine Tätigkeit übertragen bekommen hat und von Weisungen des Geschäftsherrn abhängig ist.[648]

784a Als Verrichtung kommt jede Tätigkeit für einen anderen in Betracht. Die Tätigkeit kann tatsächlicher oder rechtlicher Natur sein, sie kann entgeltlich oder unentgeltlich erfolgen, auf Dauer (als Arbeitnehmer) oder vorübergehend (einmalige Besorgung) angelegt, niederer (Umgraben eines Gartens) oder höherer (Operation durch einen Arzt; Prozessvertretung durch einen Rechtsanwalt) Art sein.[649]

785 Da die Verantwortlichkeit des Geschäftsherrn darauf beruht, dass er den Gehilfen nicht sorgfältig ausgesucht bzw. überwacht hat, muss der Geschäftsherr auf die

---

[648] OLG Köln NJW **2000**, 2905; *R. Schmidt*, SchuldR BT II, 3. Aufl. **2005**, Rn 855; *Sprau*, in: Palandt, BGB, § 831 Rn 6.

[649] Vgl. aus jüngerer Zeit etwa BGH NJW **2000**, 2737, 2738 (Haftung des Krankenhausträgers für Hebammen); BGH NJW **1988**, 2298, 2299 (Haftung des Krankenhausträgers für Ärzte); BGH WM **1998**, 257, 259 (Haftung des Verlegers für einen Testesser in einem Restaurant); OLG Köln NJW **2000**, 2905 (Haftung der abwesenden Eltern für die mit der Beaufsichtigung des Hauses betraute 18-jährige Tochter).

Handlungsweise des Gehilfen Einfluss nehmen können. Das ist vor allem bei Arbeitsverhältnissen gegeben. Bei Werkverträgen mit selbstständigen Handwerkern und Unternehmern sowie bei Generalvertretern ist in jedem Einzelfall zu prüfen, ob diese weisungsunterworfen sind.[650]

Beispiele:

(1) Ein bei einer Speditionsfirma für den Transport brennbarer Flüssigkeiten angestellter Kraftfahrer verursacht einen Unfall, bei dem das Fahrzeug umstürzt und seine gefährliche Ladung ins Grundwasser zu geraten droht.

Ein in die hierarchische Organisation eines Unternehmens eingebundener Arbeitnehmer mit begrenzter Entscheidungsbefugnis stellt das Paradebeispiel für einen Verrichtungsgehilfen dar. Im Beispiel sind daher sowohl der Fahrer als auch der Unternehmer verantwortlich.

(2) Bei Bauarbeiten wird durch einen Bagger eines Subunternehmers die Hauptgasleitung in der Nähe der Innenstadt beschädigt. Es besteht Explosionsgefahr.

In diesem Fall dürfen Gefahrenabwehrmaßnahmen nicht nur gegen den Subunternehmer, sondern auch gegen den Generalunternehmer, nicht jedoch gegen den Bauherrn gerichtet werden, da dieser keine Einwirkungsmöglichkeit auf den Subunternehmer hat. Maßnahmen gegen Letzteren können sich aber auch auf die Bestimmung hinsichtlich der Zustandsverantwortlichkeit stützen.

Weitere Haftungsvoraussetzung ist, dass der Gehilfe den Schaden *in Ausführung der* **786**
Verrichtung verursacht hat. Der Gehilfe verursacht den Schaden bzw. die Gefahr, wenn er bei einer *im inneren Zusammenhang* mit seinem Aufgabenbereich stehenden Tätigkeit handelt.[651] Zwischen der aufgetragenen Verrichtung und der Schadenszufügung muss also ein innerer Zusammenhang bestehen. Dabei ist nicht erforderlich, dass gerade die Handlung, die den Schaden verursacht hat, dem Gehilfen aufgetragen war; es genügt, dass die schädigende Handlung in den Kreis der Maßnahmen fällt, welche die Ausführung der Verrichtung darstellen.[652] Selbst bewusstes und eigenmächtiges Zuwiderhandeln gegen Weisungen des Geschäftsherrn stellt das Handeln des Gehilfen nicht ohne weiteres außerhalb des Kreises der ihm aufgetragenen Verrichtung.[653] Auszuscheiden haben jedoch solche Schäden, die lediglich *bei Gelegenheit der Ausführung* zugefügt werden. Solche sog. *ultra-vires-Handlungen* sind insbesondere Diebstähle und Spritztouren, soweit nicht eine besondere Pflicht zu ihrer Verhinderung besteht.

In den obigen **Beispielen** ergeben sich in diesem Zusammenhang keine Probleme.

Nach § 831 I S. 2 Var. 1 BGB tritt die Ersatzpflicht nicht ein, wenn der Geschäftsherr **787**
bei der Auswahl des Verrichtungsgehilfen, bei der Beschaffung von Vorrichtungen und Gerätschaften und bei der Leitung der Ausführung der Verrichtung die im Verkehr erforderliche Sorgfalt beobachtet hat. Im Gefahrenabwehrrecht ist diese sog. Exkulpationsmöglichkeit jedoch nicht anzuerkennen, da anderenfalls eine effektive Gefahrenabwehr wesentlich erschwert oder unmöglich gemacht würde.

In den obigen **Beispielen** können sich der Geschäftsherr bzw. der Generalunternehmer also nicht damit entlasten, sie hätten bei der Auswahl der Verrichtungsgehilfen die erforderliche Sorgfalt angewandt oder hätten den Verrichtungsgehilfen die erforderlichen Weisungen erteilt.

---

[650] Vgl. dazu BGHZ **34**, 310, 311.
[651] BGHZ **11**, 151, 152 ff.; BGH NJW-RR **1989**, 723 ff.; *Sprau*, in: Palandt, BGB, § 831 Rn 10.
[652] BGH MDR **1955**, 282; WM **1977**, 1169; *R. Schmidt*, SchuldR BT II, 4. Aufl. **2006**, Rn 863.
[653] BGHZ **49**, 12, 22.

788 Schließlich gilt auch in dieser Variante der Zusatzverantwortlichkeit, dass die Verantwortlichkeit des Geschäftsherrn nicht anstelle der des Verrichtungsgehilfen, sondern zusätzlich zu dessen Verantwortlichkeit tritt. Daher können sich Gefahrenabwehrmaßnahmen zwar grundsätzlich sowohl an die eine als auch an die andere Person richten, welche Störerbestimmung aber letztlich rechtmäßig ist, richtet sich nach denselben Kriterien, die die allgemeine Störerauswahl bei Störermehrheit prädeterminieren (dazu oben Rn 774).

788a In allen bisher behandelten Varianten der Verhaltensverantwortlichkeit erlischt die Polizeipflichtigkeit bei natürlichen Personen mit dem Tod, bei juristischen Personen mit deren Auflösung. Eine andere Frage ist es, unter welchen Voraussetzungen der Rechtsnachfolger eines Pflichtigen in dessen Pflichtenstellung einrücken muss. Da sich diese Frage sinnvoll aber nur dann beantworten lässt, wenn auch die Voraussetzungen für eine Zustandsverantwortlichkeit bekannt sind, wird insoweit auf die Darstellung bei Rn 789 ff. verwiesen.

6. Zustandsverantwortlichkeit

a. Allgemeines

789 Anders als die Bestimmungen über die Verhaltensverantwortlichkeit knüpfen die Vorschriften über die Zustandsverantwortlichkeit[654] die Verantwortlichkeit nicht an das Verhalten von Personen, sondern an den **Zustand von Sachen** an (Zustandshaftung). Daher kommt es bei dieser Verantwortlichkeit auch nicht auf die Verursachung einer Gefährdung der öffentlichen Sicherheit durch das Verhalten von Personen an, sondern auf die tatsächliche und/oder rechtliche Beziehung von Personen zu Sachen, die als solche aufgrund ihrer **Beschaffenheit** oder **ihrer Lage im Raum** die öffentliche Sicherheit oder Ordnung gefährden. Die Zustandshaftung ist verfassungsgemäß; sie stellt lediglich eine Inhalts- und Schrankenbestimmung gem. Art. 14 I S. 2 GG dar und ist im Übrigen Ausdruck der Gemeinwohlbindung gem. Art. 14 II GG.

790 Zur Begründung der Zustandsverantwortlichkeit kennen die polizeigesetzlichen Bestimmungen zwei Anknüpfungspunkte,

- die **tatsächliche Sachherrschaft** (Inhaber der tatsächlichen Gewalt)
- und das **Eigentum** über eine Sache.

b. Inhaber der tatsächlichen Gewalt

791 In erster Linie sind Maßnahmen gegen den **Inhaber der tatsächlichen Sachherrschaft** zu richten (die polizeigesetzlichen Vorschriften sprechen inkorrekt von „tatsächlicher Gewalt“). In zweiter Linie dürfen Maßnahmen auch gegen den Eigentümer oder einen anderen Berechtigten gerichtet werden. Der Vergleich des Absatzes 1 mit Absatz 2 der jeweiligen Vorschrift über die Zustandshaftung stellt dies klar. Dies hat für die Verwaltung den Vorteil, dass sie nicht lange die Eigentumsverhältnisse klären muss. Eine Ausnahme hiervon liegt aber vor, wenn der Inhaber der tatsächlichen Gewalt diese ohne den Willen des Eigentümers oder des Berechtigten ausübt. Das ist z.B. bei einer gestohlenen Sache der Fall.[655]

---

[654] Vgl. § 5 I, II S. 1 MEPolG; **Bund:** § 18 BundesPolG; **Bay:** Art. 8 PAG; **Berl:** § 14 ASOG; **BW:** § 7 PolG; **Brand:** § 6 PolG, § 17 OBG; **Brem:** § 6 PolG; **Hamb:** § 9 I SOG; **Hess:** § 7 SOG; **MeckVor:** § 70 SOG; **Nds:** § 7 SOG; **NRW:** § 5 PolG, § 18 OBG; **RhlPfl:** § 5 POG; **SchlHolst:** § 219 LVwG; **Saar:** § 5 PolG; **Sachs:** § 5 PolG; **SachsAnh:** § 8 SOG; **Thür:** § 8 PAG, § 11 OBG.

[655] Vgl. dazu OLG Dresden LKV **2003**, 582 (gestohlenes Kfz).

Unter **Sachen** sind nach der Legaldefinition in § 90 BGB alle **körperlichen Gegenstände** zu verstehen, und zwar unabhängig von deren Aggregatzustand, solange sie von der Außenwelt (räumlich) abgrenzbar sind. Maßgebend ist die Verkehrsanschauung; Beurteilungskriterium ist die Möglichkeit der Besitzverschaffung. Die Abgrenzung zu den „Nichtsachen" ist notwendig, weil nur an Sachen Eigentum und beschränkt dingliche Rechte möglich sind. Formelartig lässt sich sagen: Sache ist, was greifbar ist. Bei einem Grundstück, Auto, Moped oder Fahrrad ist das unproblematisch der Fall. Fehlt es an der **räumlichen Abgrenzbarkeit** des Objekts (Wasser, Luft etc.), scheidet die Sacheigenschaft aus. 792

Tiere sind nach § 90a BGB keine Sachen und auch von den Vorschriften über die Zustandshaftung nicht erfasst. Sie stehen aber im Ergebnis den Sachen weitgehend gleich, da auf das Rechtsobjekt *Tier* die für Sachen geltenden Vorschriften entsprechend anzuwenden sind (vgl. § 90 a S. 3 BGB). Diese Regelung verstößt auch nicht gegen die im Jahre 2002 in das Grundgesetz (vgl. Art. 20 a GG) aufgenommene Staatszielbestimmung *Tierschutz*, weil anderenfalls eine Gefahrenabwehrmaßnahme, die sich gegen ein Tier richten müsste, ggf. nicht möglich bzw. rechtswidrig wäre. In einigen Polizeigesetzen wurde daher eine entsprechende Klarstellung in den Bestimmungen über die Zustandsverantwortlichkeit vorgenommen.[656] 793

Inhaber der tatsächlichen Gewalt ist, wer nach der Verkehrsauffassung die tatsächliche (rechtmäßige oder unrechtmäßige) **Sachherrschaft** ausübt. In Anlehnung an die zivilrechtlichen Vorschriften der §§ 854 und 855 BGB sind das z.B. Mieter, Pächter, Verwahrer, Besitzer[657], Besitzdiener, Dieb usw. Ob der Inhaber der tatsächlichen Gewalt den Zustand eines Tieres oder einer Sache, von der eine Gefahr für Personen oder für (andere) Sachen ausgeht, herbeigeführt hat oder ob diese von einem Dritten, durch Zufall oder höhere Gewalt herbeigeführt worden ist, ist ohne Bedeutung. Auf ein **Verschulden** kommt es – wie bei der Verhaltensverantwortlichkeit – **nicht** an. 794

> **Beispiel:** Autofahrer A bleibt mit seinem erst wenige Monate alten Wagen im Baustellenbereich einer Autobahn liegen. Die vorbeikommende Polizei ruft über Funk sofort ein Abschleppunternehmen. A ist damit nicht einverstanden, weil er bereits zuvor seinen Freund F angerufen hatte, der mit seinem Wagen vorbeikommen und A´s Wagen abschleppen solle.
>
> Es steht außer Frage, dass von einem im Baustellenbereich einer Autobahn liegen gebliebenen Fahrzeug eine unmittelbare Gefahr für die öffentliche Sicherheit ausgeht. Ein sofortiges Einschreiten der Polizei war daher geboten. Dass A die Gefahrensituation nicht schuldhaft herbeigeführt hat, ist ohne Bedeutung, weil es im Gefahrenabwehrrecht – anders als im Strafrecht – nicht um die Sanktionierung des persönlichen Dafürkönnens, sondern um schnelle und effektive Gefahrenabwehr geht.
>
> Zu weit ginge es jedoch, den Eigentümer eines Waldgrundstücks, das rechtlich und tatsächlich frei zugänglich ist, als Zustandsstörer verantwortlich zu machen, wenn z.B. unbekannte Dritte Abfälle deponieren, von denen eine Gefahr ausgeht.[658]

Maßgeblicher Zeitpunkt für die Polizei- und Ordnungspflicht ist ausschließlich der Zeitpunkt des behördlichen Einschreitens, nicht etwa der Zeitpunkt des Eintritts der Gefahr. Infolgedessen endet die Zustandsverantwortlichkeit nicht notwendigerweise mit der Aufgabe der tatsächlichen Gewalt. 795

---

[656] Vgl. z.B. § 6 II BrandPolG; § 7 I NdSSOG, § 5 I NRWPolG; § 7 I HessSOG.
[657] Hinsichtlich des Erbenbesitzers i.S.d. § 857 BGB gilt, dass dieser nur fiktiver Besitzer und daher nicht notwendigerweise Inhaber der tatsächlichen Gewalt ist.
[658] Vgl. OVG Münster NWVBl **2007**, 26.

796 Bei **Kraftfahrzeugen** ist darüber hinaus fraglich, wer Inhaber der tatsächlichen Gewalt ist. Nach Auffassung des BGH ist dies der als Halter im Kfz-Brief Eingetragene. Dieser besitze als Eigentümer die tatsächliche Verfügungsgewalt über das Fahrzeug und gebrauche es für eigene Rechnung.[659] Diese indifferente Gleichsetzung von Halter i.S. des StVG und Eigentümer i.S. der Rechtsordnung des BGB ist höchst problematisch. Sie verkennt, dass es durchaus Konstellationen gibt, in denen ein anderer als der Eigentümer als Halter im Fahrzeugbrief eingetragen ist.

Beispiel: Die 18-jährige Tochter T hat sich ein Auto gekauft. Um bei der Fahrzeugversicherung in eine niedrigere Schadensfreiheitsklasse eingestuft zu werden, erklärt sich ihr Vater V bereit, den Wagen auf seinen Namen zuzulassen. Dementsprechend wird er als Halter im Fahrzeugbrief eingetragen, obwohl das Fahrzeug im Eigentum der T steht und diese auch die Betriebskosten (Kosten für Kraftstoff, Wartung, Reparaturen) trägt. Als eines Tages der Wagen wegen Falschparkens abgeschleppt wird, ergeht an V, den die Polizei als Halter ermittelt hat, ein Kostenbescheid. Dieser weigert sich jedoch, die Kosten zu begleichen mit dem Argument, dass er mit dem Wagen seiner Tochter nichts zu tun habe und dass er polizeirechtlich nicht verantwortlich gemacht werden könne.

Straßenverkehrsrechtlich verantwortlich ist der Halter (vgl. § 7 StVG, §§ 16 ff. StVZO). Fraglich ist aber, wer im vorliegenden Fall Halter ist. Folgt man der o.g. Definition, ist nicht zweifelsfrei zu ermitteln, wer Halter ist. Denn während die Definitionsmerkmale „tatsächliche Verfügungsgewalt" und „Gebrauch" bei T zu bejahen sind, läuft der Wagen „auf Rechnung" des V (dieser ist dadurch, dass er als Halter im Fahrzeugbrief eingetragen ist, Steuerpflichtiger und Versicherungsnehmer). Diese Situation mag zwar einen Grenzfall darstellen, weist aber auf die eingeschränkte Brauchbarkeit der vom BGH entwickelten Definition hin. Fallen wie im vorliegenden Beispiel die Definitionsmerkmale auseinander, bietet es sich an, eine wertende Betrachtung zugrunde zu legen. Es ist im Einzelfall danach zu fragen, welchem Merkmal die größere Bedeutung zukommt.

T ist Eigentümerin des Wagens. *Sie* ist es auch, die den Wagen nutzt und die Betriebskosten trägt. Daher hat *sie* und nicht der als Halter im Kfz-Brief eingetragene V die tatsächliche Verfügungsgewalt i.S.d. Bestimmungen über die Zustandsverantwortlichkeit.[660] Der an V gerichtete Bescheid ist daher rechtswidrig (a.A. bei entsprechender Begründung vertretbar).

797 Die kurzfristige Überlassung an einen anderen (Leihe, Miete) ändert jedenfalls nichts an der Haltereigenschaft.[661] Vor diesem Hintergrund sind die in der Praxis gelegentlich anzutreffenden Fälle, in denen der Herangezogene behauptet, das Fahrzeug vor dem Eintritt der Störung an einen Unbekannten verliehen zu haben, und dass dieser das Fahrzeug verkehrswidrig abgestellt habe, unproblematisch zu lösen. Fehlt der Nachweis der Gebrauchsüberlassung, spricht eine widerlegbare Vermutung dafür, dass der der Behörde bekannte Halter weiterhin Zustandsverantwortlicher ist.[662] Dies kann als eine Beweislastumkehr gedeutet werden.

798 Voraussetzung für die Zustandshaftung ist, dass von einer Sache eine Gefahr für die öffentliche Sicherheit ausgeht. Dabei kann der Zustand einer Sache in zweierlei Hinsicht gefährlich sein:

---

[659] Vgl. BGHZ **13**, 351, 354.

[660] Wie hier wohl auch VGH Kassel v. 17.3.**1998** – 11 UE 327/96.

[661] BGHZ **32**, 331, 333. Wird das Kraftfahrzeug jedoch durch einen Leasing-Vertrag einem anderen auf längere Zeit überlassen, ist der Leasingnehmer während der Leasingzeit alleiniger Halter (BGH VersR **1983**, 656 ff.; *Deutsch/Ahrens*, Deliktsrecht, Rn 381).

[662] VG Göttingen NuR **1995**, 571 zur Heranziehung der Kosten für das im Rahmen einer Ersatzvornahme durchgeführte Abschleppen und Entsorgen eines Schrottfahrzeugs.

- Die **Beschaffenheit der Sache selbst** kann den Gefahrenherd bilden (Beispiel: kontaminiertes Grundstück).
- Die an sich ungefährliche Sache kann wegen ihrer **Lage im Raum** gefährlich wirken (Beispiel: verkehrswidrig abgestelltes Fahrzeug).

Auch die Zustandshaftung folgt dem **Verursacherprinzip**, sodass hier ebenfalls die Kausalitätstheorien (insbesondere die **Theorie von der unmittelbaren Verursachung**)[663] zur Anwendung gelangen. Nach der herrschenden Unmittelbarkeitstheorie muss demzufolge danach gefragt werden, ob die Befindlichkeit einer Sache die Gefahrenschwelle überschritten hat oder nicht. **799**

Bei der sog. **latenten Gefahr** (vgl. dazu bereits Rn 675 f.) geht es darum, dass zu der Beschaffenheit der Sache selbst oder ihrer Lage im Raum noch weitere Umstände hinzutreten müssen, damit sie zur Gefahrenquelle wird. In diesem Fall trifft die Zustandshaftung ausnahmsweise nicht den letzten Verursacher, wenn bereits vorher eine *latente* Gefahr vom Zustand einer (anderen) Sache ausging. **800**

> **Beispiel:** Seit Jahren steht im unbeplanten Innenbereich (§ 34 BauGB) ein altes Reetdachhaus. Infolge der später näher gerückten Bebauung wird ein Ziegelhaus mit bauordnungsrechtlich zulässiger Feuerstelle neben dem alten Reetdachhaus errichtet. Ohne die Veränderung der Umwelt hätte das Reetdachhaus keine Gefahr dargestellt. Infolge des in Reichweite befindlichen Ziegelhauses mit zulässiger Feuerstelle stellt es nunmehr eine neue Gefahr dar. Man spricht – quasi rückschließend – davon, dass das Reetdachhaus schon immer aufgrund der leichten Entzündbarkeit – latent – gefährlich gewesen sei, um so gegen den Eigentümer vorgehen zu können.

Prinzipiell nichts anderes gilt hinsichtlich der sog. **Altlastenfälle**. Die h.M. löst diese Probleme im Rahmen der Ermessensentscheidung, insbesondere im Rahmen des Auswahlermessens, ob sie gegen den Handlungsstörer vorgeht, statt den Zustandsstörer in Anspruch zu nehmen. Im Anwendungsbereich des **BBodSchG**[664] (siehe dessen § 3) sind der Grundstückseigentümer und der Inhaber der tatsächlichen Gewalt (Mieter, Pächter oder der selbstständige Nießbraucher[665]) über ein Grundstück gem. § 4 II BBodSchG verpflichtet, Maßnahmen zur Abwehr der von ihrem Grundstück drohenden schädlichen Bodenveränderungen zu ergreifen.[666] Darüber hinaus sind der Verursacher einer schädlichen Bodenveränderung oder Altlast sowie dessen Gesamtrechtsnachfolger, der Grundstückseigentümer und der Inhaber der tatsächlichen Gewalt über ein Grundstück gem. § 4 III S. 1 BBodSchG verpflichtet, den Boden und Altlasten so zu sanieren, dass dauerhaft keine Gefahren, erhebliche Nachteile oder erhebliche Belästigungen für den Einzelnen oder die Allgemeinheit entstehen.[667] Zu den neuen, bislang ungeklärten Rechtsfragen, die das BBodSchG mit sich gebracht hat, vgl. auch Rn 821 ff. **801**

> **Beispiel:** Das Betriebsgelände der Straßenbaufirma A wird nachts unerlaubt von einem Unbekannten betreten, der ein Dieselölfass umkippt, sodass sich der Inhalt auf das benachbarte Gelände der Gemeinde G ergießt. Wegen der drohenden Boden- und Grundwasserverunreinigung wird der kontaminierte Boden auf Anordnung der zuständigen Ordnungs- bzw. Polizeibehörde abgetragen. G erhebt nun gegenüber A einen

---

[663] Wie hier *Schenke*, POR, Rn 268; **a.A.** *Friauf*, POR, Rn 83, nach dessen Meinung die Kausalitätstheorien hier keine Rolle spielen.
[664] Der Bund besitzt hierfür die Gesetzgebungskompetenz aus Art. 72 i.V.m. 74 I Nr. 18 („Bodenrecht").
[665] Vgl. dazu *Müggenborg*, NVwZ **2001**, 39.
[666] Zur Störerauswahl nach dem BBodSchG vgl. *Tiedemann*, NVwZ **2003**, 1477 ff.
[667] Vgl. dazu insb. VG Trier NJW **2001**, 531 mit Bespr. von *Pützenbacher/Görgen*, NJW **2001**, 490 ff. sowie BVerwG NVwZ **2000**, 1179, 1181; *Fluck*, NVwZ **2001**, 9 ff., und *Frenz*, NVwZ **2001**, 13 ff.

Kostenerstattungsbescheid (Leistungsbescheid) wegen einer Ersatzvornahme, die im Wege einer unmittelbaren Ausführung bzw. eines Sofortvollzugs durchgeführt worden sei (vgl. dazu ausführlich Rn 925 ff.).
Eine schädliche Bodenveränderung liegt vor (vgl. § 4 BBodSchG). Die Rechtmäßigkeit des Leistungsbescheids setzt aber auch die Verantwortlichkeit der A voraus. Zu denken wäre in erster Linie an eine Verhaltensverantwortlichkeit. Allerdings ist unmittelbarer Verursacher und damit Verhaltensstörer nur der unbekannte Dritte, der das Fass umgekippt hat. Die A als Zweckveranlasser zu sehen scheidet aus. Es ist aber erwähnenswert und vertretbar, A wegen der Unterlassung der gebotenen Sicherung des Betriebsgeländes als verhaltensverantwortlich anzusehen, da derartige (Verkehrs-)Sicherungspflichten üblicherweise bestehen und hier verletzt wurden. Es greift aber die Zustandsverantwortlichkeit gem. § 4 II BBodSchG. Danach sind der Grundstückseigentümer und der Inhaber der tatsächlichen Gewalt über ein Grundstück gem. § 4 II BBodSchG verpflichtet, Maßnahmen zur Abwehr der von ihrem Grundstück drohenden schädlichen Bodenveränderungen zu ergreifen. Daher konnte B die Erstattung der Kosten für die Ersatzvornahme verlangen.[668]

802 Eine Zustandsverantwortlichkeit kann auch in den Fällen einer **Anscheinsgefahr** bestehen, wenn der Anschein einer Gefahr also durch den Zustand einer Sache verursacht wurde.

Beispiel: E ist Eigentümer einer Villa am Stadtrand. Aufgrund eines Defekts an der Alarmanlage wird bei der Polizei Alarm ausgelöst. Die vor Ort eingetroffenen Beamten werden auf dem befriedeten Grundstück des E von dessen Rottweiler angegriffen. Einer der Beamten kann den Angriff nur durch einen tödlichen Schuss auf den Hund abwenden. E macht Schadensersatz geltend.

Der von E geltend gemachte Schadensersatzanspruch könnte sich auf die polizeigesetzliche Vorschrift über die Entschädigung rechtswidrig in Anspruch Genommener stützen, flankiert durch den Amtshaftungsanspruch gem. § 839 I BGB, Art. 34 GG, dessen Anwendbarkeit in den Polizeigesetzen klargestellt wird („... bleibt unberührt"). Dazu hätten die Beamten aber rechtswidrig gehandelt haben müssen. Das war jedoch nicht der Fall; vielmehr war E verantwortlich für den Fehlalarm, und zwar unabhängig davon, ob er den Defekt bspw. durch Unterlassen der erforderlichen Wartung verschuldet hat. Seine defekte Alarmanlage hat den Anschein einer Gefahr gesetzt.

Da E somit als Zustandsstörer verantwortlich war und daher rechtmäßig in Anspruch genommen werden konnte, ist der von ihm geltend gemachte Schadensersatzanspruch unbegründet.

803 Eine andere Frage ist es, ob eine Verantwortlichkeit auch dann besteht, wenn nur der Anschein besteht, von einer Sache gehe eine Gefahr aus. Man kann in diesem Zusammenhang bei der als Pflichtiger in Betracht kommenden Person als „**Anscheinszustandsstörer**" sprechen.

Beispiel: Es ist Jahrmarkt in der Stadt. Die Polizei erhält einen anonymen Anruf, bei dem der Anrufer glaubhaft angibt, er habe die bei einem bestimmten Stand erhältlichen Bratwürste vergiftet. Sofort stellt die Polizei die betreffenden Würste sicher. Die labortechnische Untersuchung ergibt aber, dass es sich um einwandfreie Ware handelt. Der Inhaber des Standes verlangt von der Polizei Ersatz des entgangenen Gewinns.

804 Abweichende Regelungen können sich jedoch aus spezialgesetzlichen Regelungen ergeben. So sieht insbesondere § 9 II BBodSchG vor, dass bei einem aufgrund konkreter Anhaltspunkte bestehenden hinreichenden Verdacht einer schädlichen Bodenver-

---

[668] Zur Eingrenzung der Zustandsverantwortlichkeit unter dem Aspekt der Verhältnismäßigkeit vgl. BVerfGE **102**, 1, 18 ff. und *Müggenborg*, NVwZ **2001**, 39 ff.

änderung oder einer Altlast die Durchführung der notwendigen Untersuchungen zur Gefahrenabschätzung durch die in § 4 III, V und VI BBodSchG genannten Personen behördlicherseits angeordnet werden kann. Adressat einer solchen Verfügung können damit, wie sich aus der Verweisung aus § 4 III BBodSchG ergibt, auch der Grundstückseigentümer und der Inhaber der tatsächlichen Gewalt über ein Grundstück sein, ohne dass es darauf ankommt, ob die Gefahr tatsächlich von der Sache ausgeht. Allerdings normiert § 24 I S. 2 BBodSchG für den Herangezogenen einen Kostenerstattungsanspruch, wenn sich die Verdachtsmomente nicht bestätigt haben und dieser die den Verdacht begründenden Umstände nicht selbst zu vertreten hat.

Die Haftung des Inhabers der tatsächlichen Gewalt kann **nicht durch Vertrag** mit befreiender Wirkung **auf einen Dritten übertragen werden**. Sie erlischt ausschließlich mit dem Verlust der tatsächlichen Gewalt. Hinsichtlich der Rechtsnachfolge in die Zustandshaftung des Eigentümers vgl. Rn 896. **805**

c. Eigentümer oder anderer Berechtigter

Weiterhin darf die Polizei den Eigentümer oder einen anderen Berechtigten in Anspruch nehmen. Beide Personengruppen haften grundsätzlich gleichrangig (beachte jedoch die Ausnahmeregelung in den polizeigesetzlichen Bestimmungen) neben dem Zustandsverantwortlichen. Für die Verantwortlichkeit ist es unerheblich, ob der Eigentümer oder der andere Berechtigte die tatsächliche Gewalt über das Tier oder die Sache ausübt. Die Verantwortlichkeit besteht auch für von Grundstücken ausgehende Gefahren, die auf Naturereignissen beruhen. **806**

Bei der Frage nach der Zustandsverantwortlichkeit aufgrund der **Eigentümerstellung** wird an den zivilrechtlichen Eigentumsbegriff (vgl. §§ 903 ff. BGB) angeknüpft.[669] Bei einer rechtsgeschäftlichen Eigentumsübertragung von Grundstücken endet die Zustandshaftung des bisherigen Eigentümers erst mit der Eintragung des neuen Eigentümers im Grundbuch.[670] Steht das Grundstück im Eigentum mehrerer Personen (sog. Miteigentum), sind grundsätzlich alle Miteigentümer verantwortlich, gleichgültig, ob sie Miteigentümer nach Bruchteilen (§§ 1008 ff. BGB) oder Miteigentümer zur gesamten Hand ist (vgl. z.B. §§ 2032 ff. BGB). Bei Miteigentum darf allerdings vom einzelnen Miteigentümer nichts verlangt werden, was nur die Gesamtheit der Miteigentümer leisten kann; anderenfalls ist die Verfügung wegen rechtlicher Unmöglichkeit rechtswidrig bzw. nichtig. **807**

Andere Berechtigte sind insbesondere die Inhaber beschränkt-dinglicher Rechte. Dies sind außer den Eigentümern Erbbauberechtigte (ErbbaurechtsVO), Grunddienstbarkeitsberechtigte (§§ 1018 ff. BGB), Inhaber einer beschränkten persönlichen Dienstbarkeit (§§ 1090 ff. BGB), Nießbraucher (§§ 1085 ff. BGB) und Pfandgläubiger (§§ 1205 ff. BGB), aber auch lediglich obligatorisch Berechtigte wie z.B. Mieter, Pächter, Entleiher und Verwahrer.[671] **808**

Maßgeblicher **Zeitpunkt der Haftung** ist auch hier der Zeitpunkt der behördlichen Maßnahme. Übt der Inhaber der tatsächlichen Gewalt diese ohne den Willen des Eigentümers aus, ist der Eigentümer – wie bereits festgestellt – nur begrenzt zustandsverantwortlich (dem Eigentümer kann nichts Unmögliches abverlangt werden).[672] Die **809**

---

[669] OVG Koblenz NJW **1998**, 625, 626.
[670] VGH Mannheim DÖV **1996**, 1057; zur Zustandshaftung von Grundstückseigentümern vgl. auch VGH München BayVBl **1997**, 502.
[671] Zu den beschränkt-dinglichen Rechten vgl. ausführlich *R. Schmidt*, SachenR II, 2. Aufl. **2005**, Rn 11 ff.
[672] OLG Dresden LKV **2003**, 582.

Zustandsverantwortlichkeit des Eigentümers lebt aber sofort wieder auf, wenn der Dritte die Sachherrschaft verliert oder aufgibt, wenn z.B. ein Dieb das gestohlene Auto stehen lässt. Diese Konsequenz ergibt sich sowohl aus dem einschlägigen Gesetzestext als auch aus dem Zweck der an das Eigentum anknüpfenden Zustandshaftung[673], eine Verantwortlichkeit desjenigen zu begründen, der entweder einen wirtschaftlichen Vorteil besitzt, die Sache in einem gefahrfreien Zustand halten kann oder der sich willentlich seiner Berechtigung und Sachherrschaft begeben hat.

810 Auf ein **Verschulden** kommt es – wie bei der Verhaltensverantwortlichkeit und der Zustandshaftung in den bisher behandelten Varianten – **nicht** an. Die Verantwortlichkeit ist also ebenfalls unabhängig von Rechtswidrigkeit und Schuld. Daher umfasst sie auch höhere Gewalt oder das Verhalten Dritter.

Beispiele: Diebe fahren mit einem gestohlenen Pkw durch die Schaufensterscheibe eines Juweliergeschäfts, um sich Zugang zu den Juwelen zu verschaffen. Die Glasscherben, die auf Bürgersteig und Fahrbahn gefallen sind, gefährden Passanten und Fahrzeugverkehr. Der Geschäftsinhaber, der nicht Eigentümer des Grundstücks sein muss, kann zur Beseitigung der Scherben verpflichtet werden.

811 Eine **Ausnahme** von der Zustandsverantwortlichkeit ist nur beim Eigentümer anzunehmen, wenn der Inhaber der tatsächlichen Sachherrschaft diese ohne den Willen des Eigentümers der gefahrbegründenden Sache ausübt (s.o.).

Daher ist im vorigen **Beispiel** auch nicht der Eigentümer bzw. Halter des gestohlenen Kfz zustandsverantwortlich.

d. Verantwortlichkeit für herrenlose Sachen (Dereliktion)

812 Nach dem Wortlaut der allgemeinen polizei- und ordnungsrechtlichen Vorschriften über die Verantwortlichkeit setzt die Zustandsverantwortlichkeit des Eigentümers voraus, dass dieser **im Zeitpunkt der Gefahrenabwehrmaßnahme das Eigentum an der gefahrbringenden Sache innehat**. Veräußert also der Eigentümer die Sache (nach §§ 925, 929 BGB), geht die Zustandsverantwortlichkeit unstreitig auf den Erwerber über (siehe ausführlich Rn 896). Fraglich ist, ob das auch gilt, wenn jemand das Eigentum an der Sache aufgibt (sog. **Dereliktion**, §§ 928, 959 BGB) und die Sache möglicherweise in das Eigentum eines anderen übergeht (sog. Aneignung, §§ 928 II, 958 I BGB). Aus den zivilrechtlichen Vorschriften über die Dereliktion könnte der Schluss gezogen werden, dass auch diese die Zustandshaftung des früheren Eigentümers beendet. Dadurch kann aber u.U. eine unangemessene Risikoverteilung zwischen dem Alteigentümer und der Allgemeinheit bzw. dem Erwerber entstehen. Allerdings ist die damit verbundene Problematik in solchen Ländern (in Anlehnung an § 5 III MEPolG) überholt, die geregelt haben, dass eine Dereliktion nicht zur Beendigung der Zustandshaftung führt.

Beispiel: Raser R fährt nicht nur gerne schnell, sondern ist auch immer zu einem Scherz bereit. Nachdem er eines Tages einen Verkehrsunfall verursacht hat, bei dem sein Fahrzeug offenbar einen Totalschaden erlitt, erklärte er der eingetroffenen Polizei, die ihm mitteilte, dass er für die Abschleppkosten aufkommen müsse, kurzerhand, dass er das Eigentum an seinem Wagen bzw. an dem, was davon übrig geblieben war, aufgegeben habe und daher nicht mehr verantwortlich sei.

Dass R sich seiner Verantwortung nicht entheben kann, ist klar. Anderenfalls würde der Allgemeinheit die Last für sein Fehlverhalten aufgebürdet. Die meisten Polizeigesetze

---

[673] Bei Miteigentum vgl. *Schoch*, JuS **1994**, 936.

bestimmen daher, dass die Zustandsverantwortlichkeit nicht mit der Eigentumsaufgabe endet. R hat also die Abschleppkosten zu tragen. Daneben haftet er selbstverständlich als Verhaltensverantwortlicher.

7. Begrenzungen der Verantwortlichkeit

In der Rechtsprechung des BVerwG ist geklärt, dass die polizei- und ordnungsrechtlichen Vorschriften über die Zustandsverantwortlichkeit an die aus der tatsächlichen und rechtlichen Sachherrschaft des Grundeigentümers hergeleitete Rechtspflicht anknüpfen. Der Pflichtige habe dafür zu sorgen, dass von seiner Sache keine Störungen oder Gefahren für die öffentliche Sicherheit und Ordnung ausgingen. Die Vorschriften über die Zustandshaftung stellten Inhalts- und Schrankenbestimmungen i.S.d. Art. 14 I S. 2 GG dar und seien verfassungsmäßig, weil sie Ausdruck der Sozialbindung des Eigentums in dem Sinn seien, dass Eigentum verpflichte (Art. 14 II GG), die von ihm ausgehenden Gefahren zu beseitigen.[674] Aufgrund der verschuldensunabhängigen Haftung des Störers kann seine unbegrenzte Heranziehung im Einzelfall aber unverhältnismäßig sein. So kann die Zustandshaftung eines Grundstückseigentümers für Gefahren, die auf **Naturereignissen** oder auf Fremdverschulden beruhen, gegen das Übermaßverbot verstoßen[675], denn die Sozialbindung kann wie jede (andere) Grundrechtsschranke ihrerseits nicht schrankenlos sein und wird insbesondere durch das Übermaßverbot begrenzt. Soweit also im Einzelfall die Opfergrenze überschritten wird, kann auch im objektivrechtlichen und verschuldensunabhängigen Polizeirecht eine Inanspruchnahme des Zustandsstörers ausgeschlossen sein. Auch das BVerwG räumt ein (ohne dies jedoch verbindlich zu entscheiden), dass die Grenze der Inanspruchnahme dort bestehe, wo der wertmäßige Umfang der Inanspruchnahme den Wert der Sache erreiche.[676] 813

Beispiel: K ist Eigentümer eines Hanggrundstücks. Als bereits einige Male Felsabgänge zu beobachten waren, trägt ihm die zuständige Behörde auf, Abfangzäune zu errichten.

Nach der Rechtsprechung des BVerwG konnte K rechtmäßig als Zustandsverantwortlicher in Anspruch genommen werden, da die wertmäßige Inanspruchnahme des K den Wert der Sache nicht überstieg.

Auch bei **Altlasten** muss die Verantwortlichkeit des Grundstückseigentümers auf die von seinem Grundstück ausgehenden Gefahren beschränkt sein, da die Haftung an die Sachherrschaft und nicht an die Verursachung einer Gefahrenlage anknüpft.[677] Anderenfalls würden dem Eigentümer Risiken aufgebürdet, die auf Umständen beruhen, die losgelöst von der Sachherrschaft über das Grundstück sind und jenseits seiner Verantwortungssphäre liegen. Selbst eine finanzielle Belastung des Zustandsverantwortlichen, die noch unterhalb des Verkehrswerts des Grundstücks liegt, kann demzufolge unzumutbar sein, wenn das zu sanierende Grundstück den wesentlichen Teil des Vermögens des Pflichtigen bildet und die Grundlage seiner privaten Lebensführung einschließlich seiner Familie darstellt. In einem solchen Fall wird die Grenze der zumutbaren Belastung u.U. bereits dann überschritten, wenn der Eigentümer eines Eigenheims das Grundstück unter Berücksichtigung seiner wirtschaftlichen Lage nicht mehr halten kann.[678] 814

---

[674] BVerwG NVwZ **1999**, 231.
[675] Vgl. OVG Koblenz NJW **1998**, 625 f.
[676] BVerwG NVwZ **1999**, 231. Vgl. dazu auch BVerfGE **102**, 1, 18 ff.
[677] VG Trier NJW **2001**, 531 mit Bespr. von *Pützenbacher/Görgen*, NJW **2001**, 490 ff.
[678] BVerfGE **102**, 1, 18 ff. Vgl. auch *Schenke*, POR, Rn 272.

8. Rechtsnachfolge in polizeiliche Pflichten

815 Eine in der Praxis sehr wichtige Problematik ist, ob auch der Rechtsnachfolger eines Polizeipflichtigen durch die Rechtsnachfolge polizeipflichtig wird, wenn und solange die Gefahr noch nicht beseitigt ist. Da die Rechtsnachfolge jedoch bei Rn 875 ff. behandelt wird, sei darauf verwiesen.

9. Mehrheit von Verantwortlichen (Störermehrheit)

a. Allgemeines

816 Es ist nicht nur möglich, dass eine Person gleichzeitig Verhaltens- und Zustandsverantwortlicher ist (sog. **Doppelstörer**), sondern auch, dass *mehrere* Personen für *einen* Gefahrenzustand verantwortlich sind: Die **eine Person ist Verhaltensstörer, die andere Zustandsstörer**. Des Weiteren ist denkbar, dass für **einen Gefahrenzustand mehrere Verhaltensstörer oder mehrere Zustandsstörer** verantwortlich sind. Fraglich ist, gegen wen die Polizei in diesen Fällen vorgehen kann oder muss. Teilweise wird die These vertreten, der Verhaltensstörer sei – dem allgemeinen Rechtsgefühl entsprechend – dem Zustandsverantwortlichen vorzuziehen.[679] Auch wird vertreten, die Polizei müsse primär den zeitlich letzten Verantwortlichen heranziehen.[680] Diese Vorstellungen entbehren jedoch jeglicher gesetzlichen und rechtsstaatlichen Grundlage. Sind mehrere Personen ordnungspflichtig, hat die Ordnungsbehörde nach **pflichtgemäßem Ermessen** zu entscheiden, wen sie zur Gefahrenabwehr heranzieht. Dieses Auswahlermessen wird ausschließlich von der **Effektivität der Gefahrenabwehr** und dem **Grundsatz des geringstmöglichen Eingriffs** geleitet. Danach hat die Behörde **grundsätzlich gegen *den* Verantwortlichen vorzugehen, der die Gefahrenlage am schnellsten und wirksamsten beseitigen kann**.[681] Erst wenn mehrere Verantwortliche gleichermaßen zur Auswahl stehen, sind beim Einschreiten Überlegungen zu den drei Elementen der Verhältnismäßigkeit anzustellen.[682]

Beispiele:

(1) E ist Eigentümer eines mehrere Wohnungen umfassenden Mietshauses in der Lüneburger Straße. Eine Wohnung hat er an M vermietet. Als die Ordnungsbehörde von Nachbarn erfährt, dass sich in der Wohnung des M Kakerlaken befänden, erlässt sie gegenüber E die Verfügung, das Ungeziefer zu bekämpfen.

Eine Gefahr für die öffentliche Sicherheit liegt vor, da von Kakerlaken Gesundheitsbeeinträchtigungen ausgehen können. Fraglich ist, ob sich die Behörde auch an den richtigen Adressaten gehalten hat. Grundsätzlich kann sie einzelne Störer jeweils für sich oder mehrere nebeneinander in Anspruch nehmen. Vorliegend ist neben E auch M als Inhaber der tatsächlichen Gewalt Zustandsverantwortlicher. Die Behörde konnte also grundsätzlich frei wählen, wen sie in Anspruch nahm. Mit Blick auf eine effektive Gefahrenabwehr hat die Behörde aber **primär gegen *den* Verantwortlichen vorzugehen, der die Gefahrenlage am schnellsten und wirksamsten beseitigen kann**. Erst wenn mehrere Störer gleichermaßen zur Auswahl stehen, sind beim Einschreiten Überlegungen

---

[679] VGH München BayVBl **1993**, 147, 148; VGH Kassel NJW **1984**, 1369.

[680] VGH Mannheim DVBl **1950**, 475, 477.

[681] Vgl. bereits *R. Schmidt*, BesVerwR II, 4. Aufl. **2000**, S. 289; wie hier nun auch VGH Kassel NVwZ-RR **2004**, 32; *Schenke*, POR, Rn 285.

[682] Wie hier VGH München NVwZ **2001**, 458; *Gornig/Hokema*, JuS **2002**, 21, 23 f.; *Götz*, POR, Rn 252 ff.; *Schenke*, POR, Rn 285; *Friauf*, POR, Rn 98; *Muckel*, BesVerwR, S. 6; anders *Knemeyer*, POR, Rn 339, der der Behörde keine Ermessensfreiheit hinsichtlich der Inanspruchnahme polizeipflichtiger Personen zugesteht, sondern die Störerauswahl ausschließlich als eine Frage des Übermaßverbots ansieht. Da sich aber auch die Ausübung pflichtgemäßen Ermessens stets am Übermaßverbot orientiert (sonst wäre das Ermessen schon nicht pflichtgemäß), ändert sich im Ergebnis freilich nichts.

zu den drei Elementen der Verhältnismäßigkeit anzustellen. Vorliegend könnte man sich auf den Standpunkt stellen, dass allein M als Inhaber der tatsächlichen Gewalt über die Wohnung die zügige Kakerlakenvernichtung durchführen könne. Allerdings kann nicht ausgeschlossen werden, dass sich die Kakerlaken bereits auf andere Wohnungen bzw. auf Boden- und Kellerräume ausgebreitet haben. Einzelverfügungen gegen Mieter sind daher im Vergleich zu einer Verfügung gegen den Vermieter wenig effektiv. Aus Gründen einer effektiven Gefahrenabwehr müsste daher vorrangig E in Anspruch genommen werden.
Einschränkend ist jedoch zu beachten, dass eine Polizeiverfügung dem Adressaten nur solche Pflichten auferlegen kann, die dieser aus tatsächlichen oder rechtlichen Gründen auch erfüllen kann. Eine tatsächliche oder rechtliche Unmöglichkeit des Verlangten macht die Ordnungsverfügung – wenn nicht schon rechtswidrig – zumindest vollstreckungsunfähig. Vorliegend müsste E zur Bekämpfung der Kakerlaken die Wohnung des M betreten. Dem könnte aber das Wohnungsgrundrecht (Art. 13 GG) auf Seiten des M entgegenstehen. Ein Recht zum Betreten der Wohnung ergibt sich zwar grundsätzlich aus § 541a BGB. Die dort genannten Voraussetzungen liegen aber nicht vor. Sollte sich M weigern, E den Zutritt zu gewähren, könnte dies zur rechtlichen Unmöglichkeit des Verlangten führen. Früher wurde vertreten, dass eine Weigerung des Dritten, die Gefahrenabwehrmaßnahme zu dulden, zu einer rechtlichen Unmöglichkeit des Verlangten und somit zur Rechtswidrigkeit der Verfügung führe. Etwas anderes könne sich nur dann ergeben, wenn dem Dritten gegenüber eine separate Duldungsverfügung erlassen werde.[683]
Dagegen geht die heute h.M. davon aus, dass das Fehlen einer an den Dritten gerichteten Duldungsverfügung nicht die Rechtswidrigkeit der Gefahrenabwehrverfügung zur Folge habe. Es ergebe sich lediglich ein Vollstreckungshindernis. Legt man diese Auffassung zugrunde, ist die gegenüber E erlassene Verfügung nicht wegen rechtlicher Unmöglichkeit rechtswidrig. Da sie auch im Übrigen rechtsfehlerfrei erging (insbesondere ist kein milderes Mittel zur Kakerlakenbekämpfung ersichtlich), muss E der Aufforderung nachkommen. M muss die entsprechende Maßnahme dulden.

(2) Das Hausgrundstück des A grenzt u.a. an die Horner Heerstraße. An der straßengeneigten Grenze hat A vor vielen Jahren zehn Eichen gepflanzt. Eines Nachts kommt der Lkw des B aufgrund eines Fahrfehlers von der Fahrbahn ab und rammt sechs von den Eichen. Diese ragen nun infolge des Unfalls über einen Teil der Straße. Die zuständige Ordnungsbehörde möchte wissen, von wem sie entsprechende Maßnahmen verlangen kann.

Hier besteht eine Unsicherheit darüber, ob die gerammten Eichen eine Gefahr für die öffentliche Sicherheit (hier: Sicherheit und Leichtigkeit des Straßenverkehrs) darstellen. Dies aufzuklären ist Aufgabe der Ordnungsbehörde. Hierzu kommen verschiedene Möglichkeiten in Betracht: So kann sie etwa selbst ein Sachverständigengutachten einholen, um die Standfestigkeit der Eichen beurteilen zu können. Sie kann aber auch einen der beiden potentiell Verantwortlichen A und B zu Gefahrerforschungsmaßnahmen heranziehen. Die Entscheidung, wer von den beiden vorrangig heranzuziehen ist, ist eine Ermessensentscheidung, die durch den Grundsatz der effektiven Gefahrenabwehr prädeterminiert ist. Danach ist die Gefahrerforschung demjenigen aufzuerlegen, der sie am schnellsten und wirksamsten vornehmen kann. Vorliegend müsste B das Grundstück des A betreten, um entsprechende Maßnahmen durchzuführen. Das wiederum setzt das Einverständnis des A voraus. Sollte dieser sich weigern, müsste die Behörde eine separate Duldungsverfügung erlassen. Darüber hinaus ist eher anzunehmen, dass A die Vorgeschichte des Grundstücks besser kennt, insbe-

[683] Vgl. dazu *Muckel*, BesVerwR, S. 7.

sondere was die Bodenbeschaffenheit und damit die Standfestigkeit der Eichen betrifft. Dass A sich infolge des Verhaltens des B in einer „Opferrolle" befindet, hat dabei außer Betracht zu bleiben. A ist Eigentümer seines Grundstücks und kann gem. den Vorschriften über die Zustandsverantwortlichkeit in Anspruch genommen werden. Eventuelle Unbilligkeiten werden über den Innenausgleich bei Störermehrheit ausgeräumt.

(3) In Beispiel (2) ist B mittellos. Auch hier gilt, dass bei der Auswahl entscheidend auf den Grundsatz der Effektivität der Gefahrenabwehr abzustellen ist. Da aber die Inanspruchnahme eines mittellosen Verantwortlichen wenig Erfolg verspricht, wird die Behörde bei der Auswahl zwischen mehreren Störern i.d.R. den Leistungsfähigsten, vorliegend A, in Anspruch nehmen. Sollte die Maßnahme diesen über Gebühr belasten, ist an eine Begrenzung des wertmäßigen Umfangs der Inanspruchnahme zu denken.[684]

817 Wenn die o.g. These, wonach – dem allgemeinen Rechtsgefühl entsprechend – der Verhaltensstörer dem Zustandsverantwortlichen vorzuziehen sei, abgelehnt wurde, dann deshalb, weil sie in ihrer Allgemeinheit nicht haltbar ist. Das schließt jedoch nicht aus, dass aus Gründen der Einzelfallgerechtigkeit der Verhaltensstörer (insbesondere bei schuldhafter Herbeiführung der Gefahr) vorrangig herangezogen werden kann. Man stelle sich den Fall vor, dass ein Autofahrer schuldhaft einen Unfall mit einem ihm nicht gehörenden Auto verursacht, wodurch eine Gefahrenlage entsteht. Hier primär den Verhaltensstörer heranzuziehen begegnet keinen durchgreifenden Bedenken und ist insbesondere mit dem hier vertretenen Standpunkt vereinbar. Im Übrigen kann für eine ermessensfehlerfreie Auswahl zwischen Störern noch eine Reihe anderer Gesichtspunkte relevant werden. Dazu zählen etwa die durch den Störer zur Gefahrenbekämpfung zu erbringenden Aufwendungen, seine persönliche und sachliche Leistungsfähigkeit, seine zivilrechtliche Verfügungs- und Nutzungsbefugnis sowie ferner allgemein die Wirksamkeit der Gefahrenbekämpfung. Ist z.B. der Verhaltensstörer der Polizei nicht bekannt (etwa der flüchtige Fahrer, der zuvor einen Verkehrsunfall verursacht hat) oder kann sie diesen aus sonstigen tatsächlichen Gründen zur Gefahrenbeseitigung nicht heranziehen, ist es selbstverständlich ermessensfehlerfrei, den (bekannten) Zustandsstörer in Anspruch zu nehmen. Eine vorrangige Heranziehung des Zustandsstörers unter Effektivitätsgesichtspunkten kommt ferner in Betracht, wenn der Verhaltensstörer aus zivilrechtlichen Gründen nicht in der Lage ist, allein die Gefahr zu beseitigen.[685]

818 Schließlich ist die Konstellation der Störermehrheit erwähnenswert, in der verschiedene Personen als Störer für eine Inanspruchnahme in Betracht kommen und hierbei eine Person sowohl Zustandsstörer als auch Verhaltensstörer (also Doppelstörer) ist. Auch hier kann die Einzelfallgerechtigkeit zu einer Verengung des Ermessensspielraums beitragen mit der Folge, dass nur die Inanspruchnahme des Doppelstörers ermessensfehlerfrei ist.

b. Rechtsfolgen einer fehlerhaften Störerauswahl

819 Ermessensfehler bei der Störerauswahl führen zur Rechtswidrigkeit der Maßnahme und begründen in Abhängigkeit vom Klägerbegehren einen Aufhebungs-, Vollzugsfolgenbeseitigungs- oder Feststellungsanspruch. Ein Ermessensfehler hinsichtlich der Störerauswahl liegt insbesondere vor, wenn die Polizei nicht berücksichtigt hat, dass durch sie mehrere Personen als Störer in Anspruch genommen werden konnten oder

---

[684] Bei Zustandsverantwortlichen besteht die wertmäßige Grenze der Inanspruchnahme bei Erreichen des Wertes der Sache. Vgl. dazu BVerfGE **102**, 1, 18 ff. und *Müggenborg*, NVwZ **2001**, 39 ff.
[685] *Schenke*, POR, Rn 286.

sie selbst mitverantwortlich ist. Bei Mitverantwortlichkeit des Trägers der Polizeibehörde kann die alleinige Heranziehung eines Störers zur Gefahrenbekämpfung unter dem Aspekt des dem § 254 BGB zu entnehmenden Rechtsgedankens ermessensfehlerhaft sein.[686] Das gilt jedoch nicht, wenn die alleinige Heranziehung des Störers das einzige Mittel darstellt, den Gefahrenzustand effektiv zu beseitigen. In diesem Fall bietet sich ein Ausgleich auf der Ebene des Schadensersatzes an.

Beispiel: Es ist Hochsommer; die Außentemperatur beträgt 34 Grad im Schatten, als die auf Streife befindliche Polizei auf einen in der Sonne abgestellten Pkw aufmerksam wird. In dem Wagen befindet sich ein Hund, der offensichtlich unter der Hitze leidet. Der Hund ist als Kampfhund erkennbar, liegt aber mit hechelnder Zunge apathisch auf dem Rücksitz. Fenster und Türen sind verschlossen, sodass es der Polizei zunächst nicht gelingt, den Hund zu befreien. Über eine Halterabfrage kann die Polizei die Telefonnummer des Halters in Erfahrung bringen, es gelingt ihr jedoch nicht, diesen zu erreichen. Daher entschließen sich die Beamten, ein Seitenfenster einzuschlagen und die Tür zu entriegeln. Unter vorsichtiger Ansprache versucht einer der Beamten, den Hund zu ergreifen. Dieser springt jedoch plötzlich hoch, stürzt sich auf den Beamten und verletzt diesen am Hals. Der Kollege beendet den Angriff, indem er das Tier mit einem gezielten Schuss aus der Dienstwaffe tötet.

Die Rechtsgrundlage für den Schusswaffengebrauch als besondere Form des unmittelbaren Zwangs ist den Polizeigesetzen zu entnehmen (vgl. etwa §§ 46 BremPolG, 60 HessSOG, 76 NdsSOG). Mildere Mittel, etwa Pfefferspray, Elektroimpulsgerät oder Schlagstockeinsatz, kamen aufgrund der gebotenen Eile wohl nicht in Betracht. Die Rechtmäßigkeit des Schusswaffengebrauchs setzt grds. aber auch voraus, dass der Halter des Hundes als Verantwortlicher i.S.d. Polizeirechts gilt. Bedenken daran knüpfen an den Umstand, dass grds. nur derjenige polizeirechtlich verantwortlich ist, der die Gefahrenschwelle überschreitet und damit die unmittelbare Ursache für den Eintritt der Gefahr setzt (siehe Rn 766). Dies waren letztlich die Beamten, weil nur durch das Öffnen des Wagens der Angriff möglich war. Auf der anderen Seite war eine Befreiung des Hundes geboten, weil auch der Tierschutz Bestandteil der öffentlichen Sicherheit ist. Dieser ist sogar in Art. 20 a GG niedergelegt. Das hätte jedoch nicht ausgeschlossen, das Ordnungsamt bzw. den städtischen Tierschutzverein zu informieren und fachkundiges Personal anzufordern, zumal der Hund für die Beamten als Kampfhund erkennbar war. Daher liegt eine Mitverursachung des Gefahrenzustands durch die Beamten vor. Ob die Polizeipflichtigkeit ausgeschlossen oder zumindest eingeschränkt ist, wenn die Gefahrenabwehrbehörde den Gefahrenzustand mitverursacht hat, ist – soweit ersichtlich – gerichtlich noch nicht entschieden. Nach der hier vertretenen Auffassung bietet sich folgende Lösung an: Auf der Primärebene war es nicht rechtsfehlerhaft, einzuschreiten. Dass die Polizei den Gefahrenzustand mitverursacht hat, hat ihr nicht das Recht genommen, den Gefahrenzustand zu beseitigen. Davon zu unterscheiden ist die Schadensersatzebene. Hier kann man mit guten Gründen eine Ausgleichspflicht annehmen, freilich gekürzt um das Maß der Mitverursachung.

Abschließend bleibt zu sagen, dass dem Zustandsstörer gegenüber regelmäßig eine **820**
Duldungsverfügung ergehen muss, wenn der Verhaltensstörer in Anspruch genommen wird (siehe dazu Beispiel 2 bei Rn 816).

c. Störerauswahl im Anwendungsbereich des BBodSchG

Im Bereich des Bundesbodenschutzrechts sind die Verantwortlichen in § 4 BBodSchG **821**
genannt. Gem. Abs. 2 dieser Vorschrift sind der Grundstückseigentümer und der Inhaber der tatsächlichen Gewalt (etwa der Mieter, Pächter oder der selbstständige

[686] *Schenke*, POR, Rn 287.

Nießbraucher[687]) über ein Grundstück verpflichtet, Maßnahmen zur Abwehr der von ihrem Grundstück drohenden schädlichen Bodenveränderungen zu ergreifen. Wen von beiden die Gefahrenabwehrbehörde im konkreten Fall zur Gefahrenabwehr heranziehen muss, steht in ihrem Ermessen. Dabei hat sie sich an der Effektivität der Gefahrenabwehr und am Grundsatz der Verhältnismäßigkeit zu orientieren.[688]
Bezüglich der Sanierungspflicht steht der Behörde die Vorschrift des § 4 III BBodSchG zur Verfügung. Danach sind der Verursacher einer schädlichen Bodenveränderung oder Altlast sowie dessen Gesamtrechtsnachfolger, der Grundstückseigentümer und der Inhaber der tatsächlichen Gewalt über ein Grundstück verpflichtet, den Boden und Altlasten so zu sanieren, dass dauerhaft keine Gefahren, erhebliche Nachteile oder erhebliche Belästigungen für den Einzelnen oder die Allgemeinheit entstehen.[689]

d. Innenausgleich bei Störermehrheit

822 Da das Ermessen bei der Störerauswahl nur selten auf Null reduziert ist, kann die Gefahrenabwehrbehörde – ohne der gerichtlichen Verwerfung nach §§ 113 I S. 1, 114 VwGO ausgesetzt zu sein – von mehreren Verantwortlichen einen heranziehen. Das ändert aber nichts daran, dass die anderen Verantwortlichen (ebenfalls) rechtswidrig gehandelt haben. Daher stellt sich die Frage nach einem kostenrechtlichen Innenausgleich der Störer untereinander. Fehlt eine spezialgesetzliche Regelung wie etwa § 24 II BBodSchG (dazu sogleich), kommt wegen der polizeigesetzlichen Regelungslücke[690] eine **analoge Anwendung der §§ 426 ff., 254 BGB** in Betracht, soweit vertragliche oder deliktische Ansprüche nicht bestehen. Der BGH[691] hat eine polizeirechtliche Gesamtschuld bisher abgelehnt. Die Rechtsbeziehungen mehrerer Störer zu Polizei- und Ordnungsbehörden glichen nicht einem Gesamtschuldverhältnis, weil die Behörde nicht – wie der schuldrechtliche Gläubiger gegenüber seinen Schuldnern – nach Belieben einen Störer in Anspruch nehmen dürfe. Die Literatur nimmt dagegen durchaus eine analoge Anwendung des § 426 BGB an.[692]

823 Zu beachten ist, dass im Bereich des **Bodenschutzes** (insbesondere für **Altlasten**) seit dem Inkrafttreten des BBodSchG am 1.3.1999 nicht nur ein bundeseinheitliches Regelwerk zum Bodenschutz, sondern in Gestalt des **§ 24 II BBodSchG** auch eine bundeseinheitliche Normierung eines internen Störerausgleichsanspruchs besteht.[693] Die Vorschrift des § 24 II BBodSchG wirft aber einige Fragen auf. Zwar haben mehrere Verpflichtete unabhängig von ihrer Heranziehung durch die Behörden untereinander einen Ausgleichsanspruch, der Ausgleichsanspruch setzt aber nicht die gesamtschuldnerische Inanspruchnahme mehrerer, sondern nur die abstrakte gesamtschuldnerische Haftung als solche voraus. Von der Rechtsprechung noch nicht abschließend

---

[687] Vgl. dazu *Müggenborg*, NVwZ **2001**, 39.
[688] Vgl. dazu *Buck*, NVwZ **2001**, 51 f.
[689] Vgl. dazu – wie bereits erwähnt – insbesondere VG Trier NJW **2001**, 531 mit Bespr. von *Pützenbacher/Görgen*, NJW **2001**, 490 ff. sowie BVerwG NVwZ **2000**, 1179, 1181; *Fluck*, NVwZ **2001**, 9 ff. und *Frenz*, NVwZ **2001**, 13 ff.
[690] Die polizeigesetzlichen Regelungen über die Gesamtschuld betreffen nur den Fall des Rückgriffs der Polizei auf den Verantwortlichen, vgl. z.B. § 61 II BremPolG sowie in weiteren ausdrücklich geregelten Fällen der Gesamtschuld, z.B. bei der Sicherstellung, der unmittelbaren Ausführung oder der Ersatzvornahme. Eine analoge Anwendung des § 24 II BBodSchG auf das allg. POR kommt ebenfalls nicht in Betracht, weil die analoge Anwendung einer spezialgesetzlichen Regelung auf ein allgemeines Gebiet stets unzulässig ist; es fehlt insoweit die vergleichbare Interessenlage, die eine Übertragung der Regelung auf den nicht geregelten Fall gebietet (zu den Voraussetzungen einer Analogie vgl. im Übrigen *R. Schmidt*, VerwProzR, Rn 434 ff.).
[691] BGH NJW **1981**, 2457, 258; BGHZ **98**, 235, 239; **110**, 313, 318; **a.A.** VGH München BayVBl **1993**, 147, 148 und *Finkenauer*, NJW **1995**, 432 ff.
[692] *Kohler-Gehrig*, NVwZ **1992**, 1049, 1050 ff.; *Schoch*, JuS **1994**, 1026, 1029; *Pohl*, NJW **1995**, 1645, 1648; dem folgend *R. Schmidt*, BesVerwR II, seit der 4. Aufl. **2000**, S. 291; nunmehr auch *Schenke*, POR, Rn 289; *Gornig/Hokema*, JuS **2002**, 21, 23.
[693] Vgl. dazu *Frenz*, NVwZ **2000**, 647 f.; *Schönfeld*, NVwZ **2000**, 648 ff.; *Frenz*, BBodSchG, **2000**, § 24 Rn 22; *Vierhaus*, NJW **1998**, 1262 ff.; *Schoeneck*, in: Sanden/Schoeneck, BBodSchG, **1998**, § 24 Rn 29.

geklärt ist die Frage, ob der Ausgleichsanspruch (etwa eines in Anspruch genommenen Zustandsstörers) auch gegen einen Eigentümer geltend gemacht werden kann, der keinen Verursachungsbeitrag geleistet hat. Obwohl der Wortlaut dies zuließe, soll nach dem Willen des Gesetzgebers jedoch sichergestellt werden, dass der Grundstückseigentümer, der zur Sanierung herangezogen wird, den Verursacher (oder dessen Rechtsnachfolger) in Anspruch nehmen kann, nicht aber umgekehrt.[694] Folgt man dieser Intention, besteht die Ausgleichspflicht des § 24 II BBodSchG daher zwar grundsätzlich im Verhältnis des Eigentümers zu dem Verursacher und wohl auch zwischen mehreren Mitverursachern, nicht jedoch zwischen mehreren Eigentümern, die nur als Zustandsstörer sanierungspflichtig sind.[695]

Beispiel: Der Tanklastzug des A kommt infolge eines Bremsversagens von der Fahrbahn ab und kippt um. Aus dem leckgeschlagenen Tank fließt Kraftstoff auf das Grundstück des B und droht in das Grundwasser zu sickern. Die Behörde nimmt B in Anspruch, den Boden zu sanieren. Kann B von A einen Ausgleich verlangen?

Hier besteht sowohl eine Verhaltensverantwortlichkeit des A als auch eine Zustandsverantwortlichkeit des B. Vorliegend ist der Eigentümer B zur Sanierung herangezogen worden. Er hat daher auf jeden Fall einen Ausgleichsanspruch gegen den Verursacher A gem. § 24 II BBodSchG.[696]

Wie das Beispiel zeigt, sind auch im Bereich des Bodenschutzes bei einer Verantwort- **824**
lichenauswahl ausschließlich Prinzipien des Übermaßverbots maßgeblich. So kann es auch bei den **Altlastenfällen** *im konkreten Einzelfall* nur ermessensfehlerfrei sein, den Verhaltensverantwortlichen, nicht den Zustandsverantwortlichen, auszuwählen. Andererseits kann es ermessensfehlerhaft sein, wenn die Behörde den internen (zivilrechtlichen) Ausgleich zwischen den Verantwortlichen bei der Auswahl berücksichtigt, weil es im Gefahrenabwehrrecht *darauf* nicht ankommen kann. Auch wenn die Behörde bei der Verantwortlichenauswahl einen Verantwortlichen unberücksichtigt lässt, handelt sie ermessensfehlerhaft (Ermessensunterschreitung).

10. Ende der Polizeipflichtigkeit/Rechtsnachfolge

Unabhängig von der bei Rn 812 erörterten Dereliktion ist in der polizei- und ord- **825**
nungsbehördlichen Praxis, aber auch im Studium, die Frage nach dem Ende der Polizeipflichtigkeit bzw. die Frage, unter welchen Voraussetzungen der Rechtsnachfolger eines Pflichtigen in dessen Pflichtenstellung einrücken muss, häufig anzutreffen. Da die Rechtsnachfolge bei Rn 875 ff. behandelt wird, sei darauf verwiesen.

---

[694] *Pützenbacher/Görgen*, NJW **2001**, 490 ff.; *Vierhaus*, NJW **1998**, 1262, 1267; *Kobes*, NVwZ **1998**, 786, 796; *Knopp/Albrecht*, BB **1998**, 1853, 1857.
[695] Vgl. VG Trier NJW **2001**, 531 und *Pützenbacher/Görgen*, NJW **2001**, 490, 491.
[696] Zum Ausgleichsanspruch zweier Eigentümer von benachbarten Grundstücken vgl. VG Trier NJW **2001**, 531 mit Besprechung von *Pützenbacher/Görgen*, NJW **2001**, 490 ff.

VI. Inanspruchnahme Nichtverantwortlicher („polizeilicher Notstand")

1. Einführung in die Problematik

826 Liegen die Voraussetzungen der Inanspruchnahme einer Person oder mehrerer Personen als Störer (selbst als Zweckveranlasser) nicht vor, kommt nur noch die **Inanspruchnahme eines Nichtverantwortlichen innerhalb einer polizeilichen Notstandsmaßnahme** in Betracht. Gemäß den polizeigesetzlichen Bestimmungen[697] darf die Polizei Maßnahmen ausnahmsweise gegen Personen richten, die weder als Verhaltens- noch als Zustandsverantwortliche polizeipflichtig sind. Der polizeirechtliche Notstand gewinnt insbesondere bei Naturkatastrophen, Unfällen oder Versammlungen an Bedeutung.

Beispiele:

(1) Während einer Streifenfahrt im Januar wird die Polizei auf einen offensichtlich Volltrunkenen aufmerksam, der hilflos am Straßenrand liegt. Die Polizei veranlasst daher einen Passanten, ihr zu helfen, den Betrunkenen in ein nahe gelegenes Haus zu tragen. Den Hauseigentümer verpflichtet die Polizei, bis zum Eintreffen eines Krankenwagens Unterkunft zu gewähren.

(2) Bei einem Verkehrsunfall wird eine Person lebensgefährlich verletzt. Ein vorbeikommender Arzt, der sich auf dem Weg zu einem Hausbesuch befindet, wird von der Polizei angewiesen, den Verletzten in das nächste Krankenhaus zu bringen.

(3) Nach abendlichem Gewitterregen im Winter ist eine Talstraße unpassierbar geworden. Einige Passanten können ihre Fahrt nicht fortsetzen. Auch die Rückfahrt ist ausgeschlossen. Die Polizei verlangt daher von den Anwohnern, die betroffenen Passanten über Nacht einzuquartieren.

(4) Ein Bankräuber hat eine Geisel genommen und ist mit einem gestohlenen Kfz auf der Flucht. Die Polizei verursacht einen künstlichen Stau. Dadurch werden auch die anderen Autofahrer an der Weiterfahrt gehindert.[698]

827 In allen diesen Fällen ist klar, dass die in Anspruch Genommenen nicht verantwortlich sind für den jeweiligen Gefahrenzustand. Es ist aber auch klar, dass die Gefahren nur durch *sie* bzw. nur durch *ihre* Hilfe beseitigt werden kann. Daher bestimmen die Polizeigesetze, unter welchen Voraussetzungen eine Inanspruchnahme rechtmäßig ist. Während die soeben genannten Beispiele der Einführung dienten, dominieren in der Praxis und im Studium zwei Anwendungsfelder:

- Notstandseingriffe gegenüber friedlichen und gewaltlosen **Demonstranten** (bzw. **Versammlungsteilnehmern**) zur Vermeidung gewalttätiger Übergriffe von Gegendemonstranten[699] sowie
- Wohnraumbeschlagnahme zur Einweisung (potentiell) **Obdachloser**.[700]

828 Die Vorschriften über den polizeilichen Notstand zielen auf einen Interessenausgleich zwischen der Notwendigkeit der Gefahrenabwehr und der Nichtverantwortlichkeit des Dritten (des Nichtstörers). Dieser gesetzlich gefundene Kompromiss lässt aber nur **ausnahmsweise** zu, dass der Nichtstörer zur Gefahrenabwehr herangezogen wird.

---

[697] Vgl. § 6 MEPolG; **Bund:** § 20 BundesPolG; **Bay:** Art. 10 PAG, Art. 9 III LStVG; **Berl:** § 16 ASOG; **BW:** § 9 PolG; **Brand:** § 7 PolG, § 18 OBG; **Brem:** § 7 PolG; **Hamb:** § 10 SOG; **Hess:** § 9 SOG; **MeckVor:** § 71 SOG; **Nds:** § 8 SOG; **NRW:** § 6 PolG, § 19 OBG; **RhlPfl:** § 7 POG; **Saar:** § 6 PolG; **Sachs:** § 7 PolG; **SachsAnh:** § 10 SOG; **SchlHolst:** § 220 LVwG; **Thür:** § 10 PAG, § 13 OBG.

[698] Zu den jeweiligen Lösungen vgl. Rn 844.

[699] Vgl. BVerfG NVwZ **1998**, 834, 835 f.; *Tölle*, NVwZ **2001**, 153, 155; *Kniesel*, NJW **2000**, 2857, 2864.

[700] Vgl. BGHZ **131**, 163; BGH DÖV **1996**, 78; OVG Berlin JZ **1981**, 392; VGH Mannheim NVwZ **1987**, 1101 und DÖV **1990**, 573; OVG Lüneburg NVwZ **1989**, 15; VG Frankfurt a.M. NVwZ **1990**, 498; OVG Münster NVwZ **1993**, 202; VG Darmstadt DVBl **2002**, 494.

Die Regelungen zur Haftung des Nichtstörers sind daher **eng auszulegen.**[701] Dabei besteht eine umfassende Sicherung der Rechtsstellung des Notstandspflichtigen:

- Strenge Voraussetzungen der Inanspruchnahme
- Heranziehung im Umfang begrenzt
- Bei rechtswidriger bzw. rechtswidrig fortbestehender Inanspruchnahme besteht ein Folgenbeseitigungsanspruch (str.)
- Bei Schäden durch die Notstandsmaßnahme besteht ein Entschädigungsanspruch

2. Voraussetzungen

Die positiven Voraussetzungen sind in den polizeigesetzlichen Vorschriften über die Inanspruchnahme nicht verantwortlicher Personen festgelegt. Ein polizeilicher Notstand liegt danach vor, wenn *kumulativ* 829

- eine gegenwärtige erhebliche Gefahr abzuwehren ist,
- Maßnahmen durch Heranziehung des Störers nicht oder nicht rechtzeitig möglich sind oder keinen Erfolg versprechen (Vorrangigkeit der Heranziehung des Störers),
- die Polizei die Gefahr nicht oder nicht rechtzeitig selbst (durch die der Polizei zur Verfügung stehenden Mittel) oder durch Beauftragte abwehren kann
- und der Nichtstörer ohne erhebliche eigene Gefährdung und ohne Verletzung höherwertiger Pflichten in Anspruch genommen werden kann.[702]

Maßnahmen, die daraufhin ergriffen werden, dürfen nur aufrechterhalten werden, 830 solange die Gefahrenabwehr nicht auf andere Weise möglich ist. Das folgt aus den Grundrechten, dem Grundsatz der Verhältnismäßigkeit sowie aus der zeitlichen Dimension des Übermaßverbots. Unter diesen engen Voraussetzungen ist die Polizei befugt, auch einen Nichtverantwortlichen - also ggf. den Inhaber des Gegenmittels - in Anspruch zu nehmen. Einem in Anspruch genommenen Nichtstörer ist jedoch eine Entschädigung zu leisten, wenn er durch die Inanspruchnahme einen Schaden erleidet und nicht von einem anderen Ersatz verlangen kann.

> **Hinweis für die Fallbearbeitung:** Nimmt die Polizei einen Nichtverantwortlichen in Anspruch, werden in der Klausur regelmäßig Probleme der dritten Ebene polizeilichen Handelns (Schadensausgleich, Erstattung, Rückgriff) relevant. Der Einstieg in die Klausurbearbeitung kann dann in Abhängigkeit von der Fallfrage über den zu prüfenden Schadensausgleichsanspruch des als Nichtverantwortlichen in Anspruch Genommenen erfolgen. In diesem Fall ist inzident die Rechtmäßigkeit der Inanspruchnahme zu prüfen. Zum Inhalt der Entschädigungs- und Schadensersatzansprüche siehe Rn 1013 ff. 831

a. Gegenwärtige erhebliche Gefahr

Um einen Nichtverantwortlichen (Nichtstörer) in Anspruch nehmen zu können, muss 832 zunächst eine gegenwärtige erhebliche Gefahr bestehen. *Gegenwärtig* ist die Gefahr, wenn eine Sachlage besteht, bei der die Einwirkung des schädigenden Ereignisses bereits begonnen hat oder bei der diese Einwirkung unmittelbar oder in allernächster Zeit mit an Sicherheit grenzender Wahrscheinlichkeit bevorsteht. Um eine *erhebliche* Gefahr handelt es sich, wenn ein **bedeutsames Rechtsgut** wie der Bestand des

[701] *Kniesel*, NJW **2000**, 2857, 2864; *Jahn*, JuS **2001**, 172, 177.
[702] Zu beachten ist jedoch stets, dass die Nichtverantwortlichenregelungen des allgemeinen Polizeirechts außerdem nur dann zur Anwendung kommen, wenn insoweit keine abweichenden, besonderen Bestimmungen getroffen sind (z.B. Standardmaßnahmen oder §§ 12a, 17a VersG).

Staates, das Leben, die Gesundheit, die Freiheit oder ein nicht unwesentlicher Vermögenswert gefährdet sind.

b. Vorrangigkeit der Heranziehung des Störers

833 Des Weiteren setzt die Inanspruchnahme des Nichtverantwortlichen voraus, dass die Gefahrenabwehrmaßnahme gegen den Verantwortlichen a.) nicht oder nicht rechtzeitig möglich ist oder b.) keinen Erfolg verspricht.

aa. Unmöglichkeit der Gefahrenabwehr gegen den Störer

834 Die Unmöglichkeit, vorrangig gegen den Störer vorzugehen, hat sowohl in *tatsächlicher* als auch in *rechtlicher* Hinsicht vorzuliegen. Wegen *tatsächlicher* Unmöglichkeit kommt eine Gefahrenabwehrmaßnahme gegen den Nichtstörer in Betracht, wenn der Störer physisch-real nicht bzw. nicht rechtzeitig herangezogen werden kann. Sind also individualisierbare Störer vorhanden und besteht behördlicherseits die tatsächliche Möglichkeit des Einschreitens, sind diese Störer in Anspruch zu nehmen. Aus *Rechtsgründen* sind Gefahrenabwehrmaßnahmen gegenüber dem Störer insbesondere dann ausgeschlossen, wenn sie anderenfalls gegen den Verhältnismäßigkeitsgrundsatz (d.h. gegen das Übermaßverbot) verstießen.[703]

835 **Hinweis für Fallbearbeitung:** Im Rahmen der Überlegungen zur *rechtlichen* Unmöglichkeit aus Gründen des Übermaßverbots ist die denkbare Inanspruchnahme des Nichtstörers als milderes Mittel im Vergleich zur Heranziehung des an sich verantwortlichen Störers eine Frage des Interventionsminimums, also der Erforderlichkeit der Maßnahme, nicht aber der Verhältnismäßigkeit i.e.S. (Angemessenheit). Demgegenüber lässt die Prüfung der Verhältnismäßigkeit i.e.S. entsprechend den gesetzlichen Vorgaben nur noch die Beurteilung der Relation zwischen der erforderlichen Maßnahme (gegenüber dem Störer) und dem dadurch bewirkten Nachteil zu.

836 Im Fall einer **Gegendemonstration** (Rn 827) müssten die Gegendemonstranten (= Störer) also im Vergleich zu den Demonstranten (= Nichtstörer) in nicht erforderlicher Weise in ihren Rechtsgütern beeinträchtigt werden, damit ein Einschreiten gegen die Demonstranten rechtlich möglich wäre. Jedoch stellt sich die Frage nach der Vorrangigkeit der Inanspruchnahme der *Gegen*demonstranten nur dann, wenn nicht bereits die Demonstranten über die Figur des Zweckveranlassers (Rn 766 ff.) als Störer angesehen wurden.

837 Im Fall einer **Obdachloseneinweisung** (vgl. Rn 727), bei der es um die zwangsweise behördliche Einweisung (potentiell) Obdachloser geht, muss grundsätzlich zwischen freiwilliger (Art. 2 I GG) (= grundsätzlich keine Beeinträchtigung der öffentlichen Sicherheit) und unfreiwilliger Obdachlosigkeit (= Gefahr bzw. Störung der öffentlichen Sicherheit wegen der Gefährdung grundrechtlich geschützter Lebensgüter des Obdachlosen, Art. 2 II S. 1 GG, sowie der Verletzung der Menschenwürde, Art. 1 I GG) unterschieden werden. Liegen demnach eine Gefährdung für die grundrechtlich geschützten Rechtsgüter des Obdachlosen und damit die Tatbestandsvoraussetzungen für die Befugnisgeneralklausel[704] vor, hat die Behörde zur Abwehr der Gefahr ihr Ermessen fehlerfrei auszuüben: Störer ist der Obdachlose, Maßnahmen gegen ihn sind aber zwecklos. Fehlen öffentliche Unterbringungsmöglichkeiten, während private Haus- und Wohnungseigentümer noch über freien Wohnraum verfügen, stellt sich somit die Frage nach der Notstandspflicht. Eigentümer/Vermieter von Wohnraum dürfen aber grundsätzlich nicht als Nichtstörer in Anspruch genommen werden, wenn diese den Wohnraum entweder selbst nutzen (Arg. Selbstbestimmungsrecht des Art. 14 I S. 1 GG) oder zur anderweitigen Gebrauchsüberlassung vorsehen. Im letzte-

---

703 *Tölle*, NVwZ **2001**, 153, 155; *Schenke*, POR, Rn 193.

704 Zur Wiederholung wird darauf hingewiesen, dass auch subjektive Rechtsgüter vom Begriff der „öffentlichen Sicherheit" der Befugnisgeneralklausel umfasst sind.

ren Fall kann aber ausnahmsweise eine Inanspruchnahme trotz Nichtverantwortlichkeit in Betracht kommen, wenn die Behörde erfolglos alles sonst Mögliche und Zumutbare getan hat.

Eine besondere Ausprägung des Grundsatzes der Verhältnismäßigkeit ist die **zeitliche Begrenzung** der Inanspruchnahme eines Nichtstörers. Die meisten Polizeigesetze enthalten diesbezüglich keine Regelung. Sie formulieren lediglich lapidar: „solange die Abwehr der Gefahr nicht auf andere Weise möglich ist". Diese Formulierung ist überflüssig, weil es bereits dem allgemeinen und verfassungsrechtlich verankerten Verhältnismäßigkeitsgrundsatz entspricht, belastende Maßnahmen nur so lange aufrecht zu erhalten, wie dies zwingend erforderlich ist. Vorbildliche Regelungen enthalten indes etwa § 33 III BWPolG (6 Monate) und § 27 III SachsAnhSOG (12 Monate). Wenn man bei einer Obdachloseneinweisung die Einweisungsverfügung jedoch bis zum Beginn des Frühjahrs befristet, wird dies auch ohne gesetzliche Regelung nicht zu beanstanden sein. **838**

bb. Erfolglosigkeit von Maßnahmen gegen Störer

Ist ein Vorgehen gegen den Störer also tatsächlich oder rechtlich unmöglich, kann gegen den Nichtstörer vorgegangen werden (s.o.). Aber auch wenn ein Vorgehen gegen den Störer tatsächlich oder rechtlich **nicht** unmöglich ist, kann eine Inanspruchnahme des Nichtstörers anstelle des Störers zulässig sein, wenn Maßnahmen gegen den Störer keinen Erfolg versprechen. Das wäre beispielsweise der Fall, wenn sich der Störer mit hoher Wahrscheinlichkeit weigern würde, den behördlichen Anordnungen Folge zu leisten.[705] **839**

c. Vorrangigkeit behördeneigener Mittel

Zur Heranziehung des Nichtstörers müsste die Verwaltung weiterhin die Gefahr nicht oder nicht rechtzeitig selbst oder durch Beauftragte abwehren können (sog. Nachrangigkeit der Inanspruchnahme eines Nichtstörers). Dazu darf die Behörde trotz Einsatzes aller verfügbaren eigenen und im Wege der Amts- und Vollzugshilfe erreichbaren fremden Kräfte und Mittel nicht in der Lage sein, die Gefahr abzuwehren.[706] Das ist zunächst der Fall, wenn es der Behörde *objektiv* (also tatsächlich) *unmöglich* ist, die durch den Störer verursachten Gefahren durch den Einsatz eigener Mittel oder durch Beauftragte abzuwehren. Insbesondere kann eine haushaltsmäßig angespannte Lage nicht dazu führen, dass ein Einschreiten gegen den Störer abgelehnt wird und damit eine (kostengünstigere) Inanspruchnahme des Nichtstöres zur Gefahrbeseitigung folgt. Entsprechendes gilt für Personalmangel: Sollten Vollzugsbeamte in ausreichender Zahl, beispielsweise zur Sicherung einer Demonstration, nicht zur Verfügung stehen, müssen der Innenminister bzw. der Polizeipräsident notfalls Amts- oder Vollzugshilfe bei einem Nachbarland oder beim Bund (Bundespolizei) anfordern, Art. 35, 91 GG, § 9 III BundesPolG.[707] **840**

Ist nach dem bisher Gesagten eine Gefahrenabwehr durch die Polizei oder durch Beauftragte *objektiv* möglich, dürfen Gefahrenabwehrmaßnahmen bei einer *rechtlichen* Betrachtungsweise allerdings nicht gegen das Übermaßverbot verstoßen. Würden sie gegen das Übermaßverbot verstoßen, wäre eine Inanspruchnahme des Nichtstörers trotz objektiver Möglichkeit der Gefahrenabwehr durch behördeneigene Mittel rechtlich unzulässig. Ein Verstoß gegen das Übermaßverbot würde beispielsweise vorlie- **841**

---

[705] *Schoch*, JuS **1995**, 30, 33.
[706] *Tölle*, NVwZ **2001**, 153, 155; *Jahn*, JuS **2001**, 172, 177; *Schoch*, JuS **1995**, 30, 34.
[707] So auch *Jahn*, JuS **2001**, 172, 177.

gen, wenn zwischen den Polizeikräften und den Störern schwere Eskalationen und damit unübersehbar große Personen- und Sachschäden, auch bei Unbeteiligten, zu befürchten wären, welche die Polizei unter Aufbietung aller verfügbaren Kräfte nicht verhindern könnte.[708]
Einschränkend muss aber beachtet werden, dass auch wenn die Heranziehung des Nichtstörers im Vergleich zum Einsatz behördeneigener Mittel zwar die mildere und damit verhältnismäßigere Maßnahme zur Vermeidung solcher Eskalationen ist, weiterhin bedacht werden muss, dass die Maßnahmen sich dadurch gegen die grundrechtlich (ggf. - wie bei Versammlungen in geschlossenen Räumen - vorbehaltlos) geschützte Rechtssphäre des Nichtstörers richten und so zum „Werkzeug" der (gewalttätigen) Störer würden.

842 Für den Anwendungsfall **Versammlungsverbot** müssen die Ordnungskräfte vielmehr bei einer abwägenden Betrachtung auch unter Aufgebot aller verfügbaren Kräfte außerstande sein, die *rechtmäßige* Demonstration (d.h. eine durch Art. 8 I GG geschützte Versammlung) und die Öffentlichkeit vor Personen- und Sachschäden zu schützen.[709] Auch wenn es sich um einen gefahrenabwehrrechtlichen Notstandseingriff handelt, muss dabei die Maxime gelten, dass auch politisch noch so unerwünschte, jedoch friedliche und legale Versammlungen geschützt werden müssen und die Polizei gegen störende, unfriedliche Gegenversammlungen bzw. -demonstrationen vorgehen muss. Unter Beachtung dieser Maxime müsste die Polizei sich dann der physischen Auseinandersetzung mit den Gegendemonstranten (den Störern) stellen, allerdings endet der Grundrechtsschutz für die Ausgangsversammlung dort, wo es zu schweren Konfrontationen mit unübersehbaren Folgen für Leib und Leben der Störer, Nichtstörer oder unbeteiligter Dritter kommt.[710]

843 Für den Anwendungsfall **Obdachloseneinweisung** bedeutet die Nachrangigkeit der Inanspruchnahme eines Nichtstörers, dass die Behörde sich zunächst um eine Unterbringung des Obdachlosen in einem öffentlichen Obdachlosenheim oder auf dem freien Markt (Wohnungsmiete, Hotel) bemühen muss, bevor sie zu dem Mittel greift, die Wohnung eines Dritten, insbesondere auch die des bisherigen Vermieters, durch Notstandseingriff zwangszubelegen.[711] Polizeirechtlich ist eine mittels Rechtszwangs angeordnete Inanspruchnahme der Unterkunft nicht als Beschlagnahme (Standardmaßnahme *Sicherstellung*) zu qualifizieren, da es bei der Standardmaßnahme Sicherstellung um die Begründung amtlichen Gewahrsams über die Sache geht (die Polizei will andere von der Einwirkungsmöglichkeit auf die Sache ausschließen).[712] In Ermangelung auch sonstiger Standardbefugnisse kann hier nur die **Befugnisgeneralklausel** taugliche Rechtsgrundlage sein, aufgrund derer eine entsprechende „Beschlagnahmeverfügung" (Einweisungsverfügung) erlassen wird.[713]

d. Keine Inanspruchnahme des Nichtstörers bei dessen erheblicher eigener Gefährdung und bei Verletzung höherwertiger Pflichten

844 Schließlich darf ein Nichtstörer nur dann in Anspruch genommen werden, wenn dies ohne dessen erhebliche eigene Gefährdung und ohne Verletzung höherwertiger Pflichten geschieht. Ob eine erhebliche eigene Gefährdung zu erwarten ist, hängt davon ab, ob nach allgemeiner Erfahrung mit der Gefährdung von Leben oder Gesundheit der nicht verantwortlichen Person zu rechnen ist. Die entfernte Möglichkeit einer Gefährdung begründet kein Verbot der Inanspruchnahme. Die der nicht verantwortli-

---

[708] *Götz*, POR, Rn 274.
[709] *Kniesel*, NJW **2000**, 2857, 2864.
[710] Vgl. auch *Jahn*, JuS **2001**, 172, 177.
[711] Vgl. *Erichsen/Biermann*, Jura **1998**, 371, 377.
[712] Wie hier *Muckel*, BesVerwR, S. 120 f. und *Erichsen/Biermann*, JuS **1998**, 371, 376. Demgegenüber für Sicherstellung (Beschlagnahme) *Schenke*, POR, Rn 322, *Götz*, POR, Rn 270.
[713] Vgl. auch BVerwG BayVBl **1999**, 632, wonach aufgrund der Generalklausel unter den Voraussetzungen des polizeilichen Notstands auch eine nicht öffentliche Versammlung verboten werden kann.

chen Person obliegende Pflicht ist dann höherwertig, wenn durch Nichterfüllung der Pflicht ein höherwertiges Rechtsgut betroffen würde.

In den **Einführungsbeispielen** von Rn 826 gilt: In Beispiel (1) ist zwar der Volltrunkene verantwortlich, dieser kann jedoch nicht in Anspruch genommen werden; die Inanspruchnahme des Passanten und des Hauseigentümers ist gerechtfertigt. Nichts anderes gilt für Beispiel (2) hinsichtlich des Arztes. Auch in Beispiel (3) waren es ausschließlich die Anwohner, die den Gefahrenzustand beseitigen konnten. Fraglich ist indes, ob in Beispiel (4) die Autofahrer den künstlich herbeigeführten Stau dulden müssen. Nach zutreffender Ansicht des LG Bückburg ist ein von der Polizei auf der Autobahn zur Verfolgung von flüchtigen Straftätern herbeigeführter künstlicher Stau rechtswidrig, wenn davon auszugehen ist, dass Gesundheit oder Leben unbeteiligter Dritter erheblich gefährdet sind.[714]

Ein **Übungsfall** bzgl. der Inanspruchnahme eines Nichtstörers findet sich unter www.verlag-rolf-schmidt.de.

3. Folgen einer Inanspruchnahme des Nichtstörers

Bestehen die Voraussetzungen der Notstandspflicht nicht mehr, müssen die Maßnahmen aufgehoben werden (s.o.). Für den Anwendungsfall **Versammlungsverbot** (bzw. -auflösung) hat dieses Postulat keine praktische Relevanz, weil es infolge Zeitablaufs keine aufzuhebende oder rückgängig zu machende Maßnahme gibt. Im Anwendungsfall **Obdachloseneinweisung** beispielsweise muss die Behörde dafür Sorge tragen, dass die Wohnung des Nichtstörers geräumt wird. Kommt die Behörde dem nicht nach, stellt sich die Frage nach dem Folgenbeseitigungsanspruch.[715] **845**

Des Weiteren stellt sich die Frage nach einem Anspruch des Nichtstörers gegen die Verwaltung auf einen angemessenen Ausgleich der durch die Notstandsmaßnahme erlittenen Schäden (dritte Ebene des polizeilichen Handelns).[716] In den Obdachlosenfällen ist beispielsweise eine Nutzungsentschädigung (Kaltmiete und Nebenkosten) zu gewähren. Die Verwaltung ihrerseits kann dann ggf. den Störer in Anspruch nehmen (Rückgriff). Als Anspruchsgrundlage dafür kommen eine spezialgesetzliche Vorschrift (z.B. § 61 BremPolG), ein Anspruch aus öffentlich-rechtlicher GoA (§§ 677 ff. BGB analog) oder der allgemeine öffentlich-rechtliche Erstattungsanspruch[717] in Betracht. **846**

---

[714] LG Bückeburg NJW **2005**, 3014, 3015.
[715] Vgl. zu dieser Problematik die ausführliche Darstellung bei Rn 635.
[716] Siehe insbesondere die Ausführungen bei Rn 1013 ff. (Ausgleichs- und Schadensersatzansprüche).
[717] Vgl. ausführlich *R. Schmidt*, AllgVerwR, Rn 1321 ff.

D. Gefahrenabwehrrechtlicher Realakt

I. Abgrenzung zum Verwaltungsakt

847 Ein zur Gefahrenabwehr getroffener Verwaltungsrealakt liegt vor, wenn die Polizei- bzw. Ordnungsbehörde nicht durch Verfügung gegenüber dem Verantwortlichen vorgeht, sondern einen tatsächlichen Erfolg herbeiführt.

Beispiele von Gefahrenabwehrverfügungen: Maßnahmen auf der Basis der Befugnisgeneralklausel, aber auch Sicherstellungen und Wohnungsdurchsuchungen, da mit diesen Maßnahmen jedenfalls die Verpflichtung verbunden ist, der Betroffene habe die Maßnahme zu dulden.

Beispiele von Realakten: Heimliche Überwachungen des Telefons oder der Wohnung, da mit diesen Maßnahmen aufgrund der Heimlichkeit gerade nicht die Verpflichtung verbunden sein kann, der Betroffene habe die jeweilige Maßnahme zu dulden. Würde man hier dennoch einen Verwaltungsakt annehmen, scheiterte dessen Wirksamkeit an der Bekanntgabe, weil ein Verwaltungsakt zu seiner Wirksamkeit zumindest der Bekanntgabe bedarf (§§ 41 I, 43 I VwVfG).

Der Verwaltungsrealakt ist somit auf die Herbeiführung eines tatsächlichen Erfolgs gerichtet und unterscheidet sich rechtsdogmatisch von einem Verwaltungsakt dadurch, dass er nicht final auf einen rechtlichen, sondern auf einen tatsächlichen Erfolg gerichtet ist. Beim Verwaltungsrealakt fehlt es also am Tatbestandsmerkmal „zur Regelung".[718] Rechtsschutz gegen den Realakt können somit nicht die Anfechtungsklage, sondern nur die Feststellungsklage oder die allgemeine Leistungsklage sein.[719]

II. Rechtmäßigkeitsvoraussetzungen beim Verwaltungsrealakt

848 Solange Verwaltungsrealakte nicht in subjektive Rechte eingreifen, sind sie von den Aufgabenzuweisungsnormen und dem kompetenzgemäßen behördlichen Handeln gedeckt. Haben sie indes Eingriffsqualität, gelten ähnliche Voraussetzungen wie beim Verwaltungsakt: Es ist eine Befugnisnorm (= Rechtsgrundlage) erforderlich und es müssen die formellen und materiellen Rechtmäßigkeitsvoraussetzungen einschließlich fehlerfreier Ermessensausübung eingehalten werden. Als Befugnisnormen kommen ebenfalls Spezialgesetze, Standardmaßnahmen und die Generalklauseln in Betracht.

Problematisch ist es, wenn der der Gefahrenabwehr dienende Realakt von der Bundesregierung ausgeht. Denn der Bund hat für den Bereich der allgemeinen Gefahrenabwehr grundsätzlich weder die Gesetzgebungs- noch die Verwaltungskompetenz. Die Problematik betrifft insbesondere die regierungsamtliche Warnung vor bestimmten Produkten oder Organisationen.

III. Insbesondere: Öffentliche Warnungen

849 Unter einer **öffentlichen (d.h. behördlichen) Warnung** versteht man Erklärungen von Behörden oder Regierungsorganen, die an die Bevölkerung gerichtet sind und diese vor bestimmten gewerblichen oder landwirtschaftlichen Produkten, aber auch vor bestimmten Institutionen warnen.[720]

---

[718] Vgl. ausführlich *R. Schmidt*, AllgVerwR, Rn 384 ff.
[719] Zu den Klagearten vgl. ausführlich *R. Schmidt*, VerwProzR.
[720] Vgl. dazu ausführlich *R. Schmidt*, Staatliches Informationshandeln und Grundrechtseingriff, **2004**, S. 25 ff.

1. Rechtliche Zulässigkeit von öffentlichen Äußerungen

Es kommt wiederholt vor, dass der Staat Lenkungseffekte erzielen möchte, ohne sich dabei des Mittels des förmlichen Gesetzes bedienen zu müssen. Das betrifft namentlich die regierungsamtliche Öffentlichkeitsarbeit, insbesondere Aufklärung, Warnung, Empfehlung und Kritik in Bezug auf angeblich umwelt- bzw. gesundheitsschädliche Wirkungen bestimmter Produkte. **850**

Beispiele: Warnung vor Jugendsekten oder anderen Glaubensgemeinschaften[721], Veröffentlichung von Arzneimitteltransparenzlisten[722], Veröffentlichung von Warentests durch Behörden[723], Empfehlung, in Karton verpackte Getränke zu meiden[724], Hinweis eines Landrats auf verunreinigtes Trinkwasser[725], Veröffentlichung einer Liste glykolhaltiger und damit gesundheitsschädlicher Weine[726], Warnung vor angeblich verdorbenen Teigwaren[727]

Kontrovers diskutiert wurden und werden insbesondere Warnungen vor **glykolhaltigem Wein** und vor **Organisationen**, die sich zu Recht oder zu Unrecht auf die **Religions- bzw. Weltanschauungsfreiheit** berufen und denen beispielsweise vorgeworfen wird, sie beuteten ihre Mitglieder aus, brächten diese in totale psychische Abhängigkeit oder verfolgten (insbesondere im Streit um Scientology) gegen den demokratischen Verfassungsstaat gerichtete Ziele. Das Gleiche gilt hinsichtlich Warnungen vor so genannten **Jugendsekten**, denen vorgeworfen wird, sie seien „destruktiv" und „pseudoreligiös", sie manipulierten ihre Anhänger unter Ausschluss der Öffentlichkeit und übten negativen Einfluss auf Jugendliche aus. **851**

Es liegt auf der Hand, dass Warnungen vor bestimmten Produkten oder Institutionen für die Betroffenen zum Teil erhebliche Nachteile wie z.B. Imageverlust oder Umsatzeinbußen nach sich ziehen. Denn wenn z.B. eine Warnung vor bestimmten Lebensmitteln ausgesprochen und von der Bevölkerung ernst genommen wird, dann wird das Produkt eben nicht mehr gekauft. Darüber hinaus ist es möglich, dass die Verbraucher dann das ganze Sortiment des Herstellers meiden, weil man sich ja nie sicher sein kann, ob nicht auch andere Produkte mangelhaft sind. **852**

Fraglich ist, ob regierungsamtliche Warnungen Grundrechtseingriffe darstellen. Dagegen spricht, dass der Staat nicht gezielt die Grundrechte derjenigen beeinträchtigt, die durch die Warnungen negativ betroffen sind. Vielmehr ist die *Bevölkerung* Adressat der Warnungen, weil es dem Staat primär bzw. ausschließlich um den Schutz der Bevölkerung geht. Dass *diese* es letztlich ist, die durch ihr späteres Verhalten (Meidung der betroffenen Produkte oder Institutionen) die negativen Folgen wie Umsatzeinbußen oder Imageverlust herbeiführt, ändert jedoch nichts an der Tatsache, dass diese Folgen – wenn auch unbeabsichtigt und nur mittelbar – von der jeweiligen behördlichen Warnung ausgelöst werden. Legte man den allgemein anerkannten weiten Eingriffsbegriff zugrunde, demzufolge auch ungewollte und mittelbar verursachte Grundrechtsbeeinträchtigungen Grundrechtseingriffe darstellen, sofern sie den Betrof- **853**

---

[721] Vgl. BVerfGE **105**, 279 ff.; BVerwGE **90**, 112, 116; **82**, 60, 76; BVerfG NJW **1989**, 3269; OVG Hamburg NVwZ **1995**, 498; VGH München NVwZ **1995**, 793; OVG Münster NJW **1996**, 2114; OVG Münster NJW **1996**, 2115; BVerwG NVwZ **1994**, 162, 163; *R. Schmidt*, Staatliches Informationshandeln und Grundrechtseingriff, **2004**, S. 93 ff.
[722] BVerwGE **71**, 183.
[723] BVerwG DVBl **1996**, 807 (Warentests von Futtermitteln).
[724] VGH Kassel NVwZ **1995**, 611.
[725] LG Göttingen NVwZ **1992**, 98.
[726] BVerfGE **105**, 252 ff.; BVerwGE **87**, 37; OVG Münster NJW **1986**, 2783; GewArch **1988**, 11.
[727] OLG Stuttgart NJW **1990**, 2690 („Birkel").

fenen nur schwer genug belasten[728], gelangte man zu dem Ergebnis, dass behördliche Warnungen, die faktisch-mittelbar und in schwerwiegender Weise die Grundrechte der betroffenen Unternehmer oder Institutionen beeinträchtigen, **Grundrechtseingriffe** darstellten.

854 Dann aber müsste man die Frage nach einer **gesetzlichen Rechtsgrundlage** beantworten. Denn der Vorbehalt des Gesetzes (Art. 20 III GG) fordert bei Grundrechtseingriffen stets ein parlamentarisches Gesetz, das den Grundrechtseingriff legitimiert. Insbesondere bei Warnungen vor bestimmten Produkten oder Institutionen durch die **Bundesregierung** fehlt eine solche aber.[729] Zur Rechtfertigung ihres Handelns auch ohne gesetzliche Grundlage nennt die Bundesregierung allgemein das Bedürfnis der Bevölkerung nach Informationen über markt- und wettbewerbsrelevante Faktoren.[730] Erst die vollständige Informiertheit der Bevölkerung ermögliche eine an den eigenen Interessen – und nicht an den Interessen der Unternehmer – orientierte Entscheidung über die Bedingungen der Marktteilhabe. Das BVerfG hat das beschriebene Regierungshandeln weitgehend gebilligt. Nach seiner Auffassung darf die Bundesregierung Parlament und Öffentlichkeit über glykolhaltige Weine, aber auch über die Osho-Bewegung, die ihr angehörenden Gruppierungen sowie deren Ziele und Aktivitäten informieren (und auch vor ihnen warnen), weil sie sich auf ihre verfassungsunmittelbare Aufgabe der Staatsleitung stützen könne, ohne dass es einer zusätzlichen gesetzlichen Ermächtigung bedürfe.[731] Aber auch das BVerfG wäre wohl nicht umhin gekommen, eine parlamentarische Rechtsgrundlage zu fordern für den Fall, dass es einen Grundrechtseingriff angenommen hätte. Damit das Gericht jedoch schon terminologisch nicht in die Nähe eines Grundrechtseingriffs kam, gebrauchte es den Begriff der faktisch-mittelbaren „Grundrechtsbeeinträchtigung", statt von faktisch-mittelbaren „Grundrechtseingriffen" zu sprechen. Diese terminologische Unterscheidung ermöglichte es dem Gericht, das Fehlen einer Rechtsgrundlage zu billigen. Es ist der Auffassung, dass faktisch-mittelbare Wirkungen, die von regierungsamtlichen Warnungen ausgehen, sich typischerweise einer Normierung entzögen, weil sie sich aufgrund der Komplexität des Geschehensablaufs nicht gesetzlich sinnvoll regeln ließen. Im Einzelnen hat das Gericht wie folgt entschieden:

- Im **Glykolwein-Fall**[732], bei dem es um die Rechtmäßigkeit regierungsamtlicher Warnungen vor diethylenglykolhaltigem Wein ging, hat das BVerfG zunächst einhergebracht den Schutzbereich des Art. 12 I GG bejaht. Von einem neuen grundrechtsdogmatischen Ansatz ist es dann aber hinsichtlich der Eingriffsqualität der Äußerungen ausgegangen: Es hat einen Eingriff in Art. 12 I GG verneint. Zwar habe die Bundesregierung das Grundrecht beeinträchtigt, jedoch liege kein Eingriff vor, weil sie die rechtlichen Grenzen für Informationshandeln beachtet, also rechtmäßig gehandelt, insbesondere die Kompetenzordnung des Grundgesetzes und den Grundsatz der Verhältnismäßigkeit beachtet habe.

[728] Vgl. BVerfGE **105**, 252 ff. (Glykolwein); **105**, 279 ff. (Osho); BVerfGE **76**, 1, 42 ff. (Ehegattennachzug); BVerwGE **71**, 183 ff. (Transparenzlisten); **82**, 76 ff. (Transzendentale Meditation); **87**, 37 ff. (Glykolwein); **90**, 112, 119 f. (Förderung eines privaten Vereins, der Sekten kritisch hinterfragt – Osho II); VGH München NVwZ **2003**, 998 ff. (Scientology). Vgl. auch *R. Schmidt*, Grundrechte, Rn 151; *v. Münch*, in: v. Münch/Kunig, GG, Vorb. Art. 1-19 Rn 51a; *Jeand'Heur/Cremer*, JuS **2000**, 991, 995.; *Murswiek*, NVwZ **2003**, 1 ff.; *Cremer*, JuS **2003**, 747, 749. Allesamt (wenn teilweise auch nicht explizit) zurückgehend auf *Gallwas*, Faktische Beeinträchtigungen, **1970**, S. 58 ff.

[729] Bei Warnungen, die von der Bundesregierung ausgehen, kommen auch nicht die Befugnisgeneralklauseln der Landespolizeigesetze in Betracht.

[730] Vgl. Mitteilung des Ministeriums für Verbraucherschutz, Ernährung und Landwirtschaft, www.verbraucherministerium.de, download am 9.1.**2004**.

[731] BVerfGE **105**, 252 ff.; **105**, 279 ff.

[732] BVerfGE **105**, 252 ff.

- Im **Osho-Fall**[733], bei dem es um die Rechtmäßigkeit regierungsamtlicher Warnungen vor der Osho-Bewegung ging, ist das Gericht bereits auf Schutzbereichsebene von einem neuen dogmatischen Ansatz ausgegangen. Es hat für den Fall, dass die Bundesregierung rechtmäßig gehandelt, insbesondere die Kompetenzordnung des Grundgesetzes, das staatliche Neutralitätsgebot und den Grundsatz der Verhältnismäßigkeit beachtet hat, bereits die Eröffnung des Schutzbereichs des Art. 4 I und II GG verneint.[734] Der Schutzbereich sei lediglich dann berührt (d.h. eröffnet), wenn die Äußerungen diskriminierend bzw. diskreditierend oder aus anderen Gründen rechtswidrig waren. Dieser neue Ansatz setzt sich auf Eingriffsebene fort. Dort hat das Gericht konstatiert, dass faktisch-mittelbar wirkendes Informationshandeln kein rechtsförmliches Handeln[735] darstelle, der Begriff des „Grundrechtseingriffs" aber an rechtsförmliches Handeln gebunden sei. Beeinträchtigungen, die der Osho-Bewegung dadurch entstünden, dass aufgrund diskreditierender staatlicher Äußerungen Mitglieder austräten oder Interessenten abgeschreckt würden, seien daher keine „Eingriffe im herkömmlichen Sinne". Gleichwohl schütze Art. 4 I und II GG auch vor solchen Beeinträchtigungen. Denn das Grundgesetz habe den Schutz vor Grundrechtsbeeinträchtigungen nicht an den Begriff des Eingriffs gebunden oder diesen inhaltlich vorgegeben. Der Grundrechtsschutz sei unter der Geltung des Grundgesetzes nicht auf „Eingriffe im herkömmlichen Sinne" begrenzt, sondern auf faktische und mittelbare Beeinträchtigungen ausgedehnt worden.
  Das BVerfG macht im Osho-Fall die Eröffnung des Schutzbereichs des Art. 4 I und II GG also davon abhängig, dass die Bundesregierung pflichtwidrig gehandelt, d.h. das Sachlichkeitsgebot, den Grundsatz der Verhältnismäßigkeit und die Kompetenzordnung des Grundgesetzes missachtet hat. Gleichzeitig verneint es jedoch – trotz des diskriminierenden Inhalts der Äußerung – einen Grundrechtseingriff und nimmt lediglich eine Grundrechtsbeeinträchtigung an, für die der Grundsatz vom Vorbehalt des Gesetzes keine gesetzliche Rechtsgrundlage erfordere.

Den beiden Entscheidungen lassen sich somit zwei Kernaussagen entnehmen: **855**

- Im Glykolwein-Fall **verneint** das BVerfG einen **Eingriff** in Art. 12 I GG für den Fall, dass die Bundesregierung rechtmäßig gehandelt hat.
- Im Osho-Fall **verneint** das Gericht bereits den **Schutzbereich** des Art. 4 I und II GG für den Fall, dass die Bundesregierung rechtmäßig gehandelt hat.[736]

Zur Rechtmäßigkeit bedarf es nach Auffassung des BVerfG in beiden Fällen jedenfalls **856** **keiner materiellen gesetzlichen Rechtsgrundlage**. Vielmehr genüge als Rechtsgrundlage für **Warnungen der Bundesregierung** die Kompetenznorm aus Art. 65 GG. Die **ureigensten verfassungsrechtlichen Aufgaben** der Regierung (**Kompetenztitel**: Art. 65 S. 2 GG; Gewaltenteilung) zur Information und Aufklärung (Öffentlichkeitsarbeit) i.V.m. der **Wahrnehmung von Schutzpflichten** - insbesondere aus Art. 2 II S. 1 GG[737] - schlössen das Recht zu öffentlichen Warnungen ein. Voraussetzung sei nur, dass ein hinreichend gewichtiger, dem Inhalt und der Bedeutung des berührten Grundrechts entsprechender Anlass bestehe und dass die mitgeteilten Tatsachen zuträfen und negative Werturteile nicht unsachlich seien, sondern auf einem

[733] BVerfGE **105**, 279 ff.
[734] *R. Schmidt,* Staatliches Informationshandeln, **2004**, S. 93 ff.; anders *Degenhart*, Staatsorganisationsrecht, Rn 322 f., der hinsichtlich des Osho-Falls meint, das BVerfG habe (lediglich) den Grundrechtseingriff verneint.
[735] Darunter ist Handeln durch Gesetz oder Verwaltungsakt zu verstehen.
[736] Anders *Pieroth/Schlink*, Grundrechte (Rn 246 f.), die auch hinsichtlich des Osho-Falls das BVerfG so verstehen, als habe es (lediglich) einen Eingriff verneint.
[737] Bei Sektenwarnungen können sich Schutzpflichten des Staates auch aus Art. 6 I GG ergeben. Zu beachten ist jedoch, dass die aus Art. 2 II S. 1, Art. 6 I GG hergeleitete staatliche Schutzpflicht isoliert keine Eingriffsbefugnis darstellt. Ebenso wenig stellen Schutzpflichten eine Anspruchsgrundlage eines Bürgers dar, die Behörde zu „verpflichten", dem begehrten Handeln nachzukommen und etwa gegen einen Dritten einzuschreiten.

im Wesentlichen zutreffenden oder zumindest sachgerecht und vertretbar gewürdigten Tatsachenkern beruhten.[738]

857 Damit verwendet das BVerfG also auf der Ebene des Eingriffs (im Glykolwein-Fall) bzw. des Schutzbereichs (im Osho-Fall) das Argumentationsmuster, das nach herkömmlicher Grundrechtsdogmatik die verfassungsrechtliche Rechtfertigung bestimmt. Die Unterscheidung von Schutzbereich, Eingriff und Eingriffsrechtfertigung wird somit aufgegeben – unter Preisgabe des Rechtfertigungskriteriums der gesetzlichen Rechtsgrundlage. Dies war wohl der Zweck der Konstruktion, weil – wie gesehen – in den zu entscheidenden Fällen eine solche gerade fehlte, wegen des in Art. 20 III GG zum Ausdruck kommenden Rechtsstaats- und Demokratieprinzips bei Bejahung der Eingriffsqualität der Maßnahme aber erforderlich gewesen wäre.[739]

858 Grundrechtsdogmatisch allein korrekt wäre es gewesen, bei Feststellung auch nur einer Grundrechtsbeeinträchtigung von einem Eingriff auszugehen und eine parlamentarische Rechtsgrundlage zu fordern. Freilich eine andere Frage wäre es gewesen, bereits den Schutzbereich der betroffenen Grundrechte zu verneinen. Denn dass extrem sozialschädliches Verhalten in grundrechtsdogmatisch zulässiger Weise bereits aus dem Schutzbereich eines Grundrechts herausdefiniert werden kann, ist anerkannt und wird meist als **verfassungsimmanente Grundrechtsbegrenzung** bezeichnet.[740] Ihr liegt die Vorstellung zugrunde, dass bestimmte Verhaltensweisen oder Ziele nicht Gegenstand grundrechtlicher Freiheit sind und mithin erst gar nicht vom Schutzbereich eines Grundrechts erfasst werden.

858a Unter Zugrundelegung dieser Methode kann daher einer Organisation, die sich nur nach ihrem bekundeten Selbstverständnis als **Religions- oder Weltanschauungsgemeinschaft** sieht, in Wirklichkeit aber ausschließlich **wirtschaftliche** oder andere **religionsfremde** Ziele verfolgt, der Schutzbereich des Art. 4 I und II GG versagt werden. Folge ist, dass von einer staatlichen Stelle ausgehende öffentliche Warnungen vor einer solchen Organisation sich nicht am strengen Maßstab des Art. 4 I und II GG, sondern lediglich am Maßstab des Art. 2 I GG messen zu lassen müssen. Und dafür genügen als Rechtsgrundlage die oben beschriebenen ureigensten verfassungsrechtlichen Aufgaben der Regierung zur Information und Aufklärung (Öffentlichkeitsarbeit) i.V.m. der Wahrnehmung von Schutzpflichten. Entsprechend gilt hinsichtlich der Warnung vor **gesundheitsschädlichen Produkten**. Auch hier ist es möglich, das Inverkehrbringen gesundheitsschädlicher Produkte aus dem Schutzbereich des Art. 12 I GG herauszuhalten.

---

[738] BVerfGE **105**, 279, 292 ff.; BVerwGE **82**, 78, 82.

[739] Vgl. dazu ausführlich *R. Schmidt*, Staatliches Informationshandeln, **2004**, S. 93 ff.; Vgl. auch *Murswiek*, NVwZ **2003**, 1, 5 ff.; *Mager*, in: von Münch/Kunig, GG, Art. 4 Rn 52; *Jarass*, in: Jarass/Pieroth, GG, Art. 4 Rn 35; *Gusy*, NJW **2000**, 977, 982 ff.; *Jeand´Heur/Cremer*, JuS **2000**, 991, 995; *Wehr*, JuS **1997**, 419, 421. Zu beachten ist aber, dass der Gesetzgeber noch vor der Glykolwein-Entscheidung des BVerfG reagiert und aufgrund einer EG-Richtlinie über die allgemeine Produktsicherheit das Gesetz zur Regelung der Sicherheitsanforderungen an Produkte und zum Schutz der CE-Kennzeichnung („**Produktsicherheitsgesetz**") erlassen hat. Dieses Gesetz ist nunmehr durch das **Geräte- und Produktsicherheitsgesetz** (GPSG) abgelöst worden, welches am 1.5.2004 in Kraft trat und aufgrund der Richtlinie 2001/95/EG erging (dazu *Klindt*, NJW **2004**, 465 ff.). Auf der Grundlage dieser gesetzlichen Regelung darf die zuständige Behörde nach dem Inverkehrbringen (von nicht sicheren Produkten) anordnen, dass alle, die einer von einem Produkt ausgehenden Gefahr ausgesetzt sein können, rechtzeitig in geeigneter Form, insbesondere durch den Hersteller, auf diese Gefahr hingewiesen werden. Gleichzeitig besteht die Einschränkung, dass die Behörde selbst die Öffentlichkeit (nur dann) warnen darf, wenn bei **Gefahr im Verzug** andere ebenso wirksame Maßnahmen, insbesondere Warnungen durch den Hersteller, nicht getroffen werden können.

[740] Vgl. z.B. *Isensee*, in: HdbStR V, § 111 Rn 56; *Dreier*, in: Dreier, GG, Bd. 1, Vorb. Rn 88 ff.; *Muckel*, Begrenzung grundrechtlicher Schutzbereiche, Festschrift für Hartmut Schiedermair, **2001**, S. 347.

2. Rechtsschutz in Bezug auf behördliche Äußerungen

In der Regel begehrt der Betroffene den **Widerruf von amtlichen Äußerungen** 858b
wie beispielsweise von Warnungen vor Jugendsekten, Lebensmitteln oder sonstigen gesundheitsbeeinträchtigenden Stoffen und Geräten oder den Widerruf von amtlichen Äußerungen ehrverletzender oder berufsschädigender Art (z.B. die Veröffentlichung von Warentests). Das Begehren auf Widerruf der Äußerungen richtet sich auf die Rückgängigmachung der Folgen des belastenden schlichten Verwaltungshandelns. Es geht um die Wiederherstellung des ursprünglichen Zustands. Da diese Wiederherstellung nicht durch Verwaltungsakt erfolgt, steht dem Rechtsschutzsuchenden für dieses Klagebegehren die **allgemeine Leistungsklage** vor dem zuständigen Verwaltungsgericht zur Verfügung.

> **Beispiel:** Im Rahmen der Beantwortung einer Kleinen Anfrage im Bundestag wirft der Vertreter des Bundesministers der Verteidigung V dem Vertreter von Rüstungsfirmen A Bestechung vor. A verlangt nun von der Bundesrepublik Deutschland, die ihn betreffenden Behauptungen zu widerrufen, weil sie bewusst unrichtig seien, seine Ehre verletzten und seine berufliche Stellung fortdauernd schädigten.
> Die „Widerrufsklage" betrifft keinen Verwaltungsakt, weil die Äußerung des V nicht auf eine Regelung mit unmittelbarer Rechtswirkung abzielte. Die Äußerung und ihr eventueller Widerruf (*actus contrarius*) stellen sich, da sie auf einen tatsächlichen Erfolg gerichtet sind, als Verwaltungs**real**akte dar, sodass nur die allgemeine Leistungsklage - hier in der Form der Leistungsvornahmeklage - in Betracht kommt. Die Klage ist begründet, wenn A einen Anspruch auf Folgenbeseitigung, d.h. auf Widerruf hat.

Im Rahmen der **Begründetheit der Klage** ist zunächst die Anspruchsgrundlage für 858c
den begehrten Widerruf zu benennen. In Ermangelung einer spezialgesetzlichen Anspruchsgrundlage ist der allgemeine öffentlich-rechtliche **Folgenbeseitigungsanspruch** einschlägig. Dieser ist begründet, wenn für den Betroffenen keine Duldungspflicht besteht. Eine solche Duldungspflicht besteht aber dann, wenn die fragliche Maßnahme (d.h. die Warnung) formell und materiell rechtmäßig ist. Die formelle und materielle Rechtmäßigkeitsprüfung der Maßnahme gestalten sich wie folgt:

- In **formeller Hinsicht** wird insbesondere die Notwendigkeit einer vorherigen *Anhörung* (§ 28 VwVfG analog) des Betroffenen genannt.[741] Da diese regelmäßig unterbleibt, ist an eine Heilung gem. § 45 I Nr. 3 VwVfG analog bzw. an eine Unbeachtlichkeit gem. § 46 VwVfG analog zu denken.[742] Die Anhörung ist aber entbehrlich, wenn mit der Warnung die Beseitigung einer Gefahr verbunden ist (§ 28 II Nr. 1 VwVfG).

- In **materieller Hinsicht** sind

  (1) die vorstehenden Erläuterungen zur *Schutzbereichseröffnung* und zur *Rechtsgrundlage* zu beachten.

  (2) Darüber hinaus ist ein *besonderer Anlass* für die Warnung erforderlich: Soweit keine spezialgesetzliche Grundlage existiert, welche den erforderlichen Anlass beschreibt, ist in Anlehnung an das allgemeine Polizei- und Ordnungsrecht das Vorliegen einer Gefahr oder zumindest eines Gefahrenverdachts zu fordern.

  (3) Des Weiteren muss die Warnung *richtig* sein. Sofern sie eine Tatsachenbehauptung darstellt, muss sie der Wahrheit entsprechen. Stellt die Warnung dagegen ein Werturteil dar, entzieht sie sich als (subjektive) Meinung dem Wahrheitsbeweis. Als öffentlich-rechtliche Äußerung unterliegt sie jedoch den Anforderungen des Rechtsstaatsprinzips und damit dem Grundsatz der Verhältnismäßigkeit. In der Fallbearbeitung muss die Äußerung demnach als Tatsachenbehauptung oder als

---

[741] BVerwGE **82**, 76, 96; VG Köln NVwZ **1999**, 912.

[742] BVerwGE a.a.O.

Werturteil qualifiziert werden. In Grenzfällen ist die Unterscheidung anhand des Schwerpunkts der Äußerungen zu treffen. Zu beachten ist aber, dass die Äußerung teilweise eine Tatsachenbehauptung und teilweise ein Werturteil darstellen kann. In diesem Fall muss differenziert werden: Soweit die zu untersuchende Äußerung als Werturteil qualifiziert wird, darf sie also nicht unsachlich sein und muss auf einem vertretbar gewürdigten Tatsachenkern beruhen.

(4) Weiterhin sind das staatliche *Neutralitätsgebot* und der Grundsatz der *Verhältnismäßigkeit* (Geeignetheit, Erforderlichkeit und Angemessenheit) zu beachten. Die fragliche Warnung darf nicht außer Verhältnis zu dem mit ihr verbundenen Schaden stehen.

(5) Schließlich ist die Warnung nur dann rechtmäßig, wenn sie nicht willkürlich erfolgt. Sie darf also nicht ohne sachlichen Grund lediglich zulasten Einzelner ausgesprochen werden.

858d Stellt sich heraus, dass die fragliche Maßnahme rechtmäßig war, ist der Folgenbeseitigungsanspruch unbegründet. Die Klage bleibt erfolglos.

Hinweis für die Fallbearbeitung: Eine typische Klausurkonstellation ist die Verbindung des **allgemeinen Folgenbeseitigungsanspruchs** mit dem **allgemeinen öffentlich-rechtlichen Unterlassungsanspruch**. So ist die öffentliche Warnung z.B. vor einer Religions- oder Weltanschauungsgemeinschaft einerseits mit Hilfe einer Leistungsunterlassungsklage, gerichtet auf die Unterlassung weiterer Warnungen, Auskünfte oder Empfehlungen anzugreifen, andererseits ist mit Hilfe des FBA der Widerruf durchzusetzen. Prozessual stellt sich eine derartige Verbindung als kumulative **Klagenhäufung** nach § 44 VwGO dar. Das bedeutet, dass eine gemeinsame Zulässigkeitsprüfung erfolgen kann, bei der Begründetheit jedoch hinreichend nach den beiden Klagebegehren zu differenzieren ist. Der Widerruf ist mit Hilfe des FBA durchzusetzen. Für die künftige Unterlassung ist der allgemeine öffentlich-rechtliche Unterlassungsanspruch einschlägig.

3. Abschlussfall zu den behördlichen Warnungen

859 Aufgrund der beschriebenen Tendenz des BVerfG, bei auch noch so **schwerwiegenden faktisch-mittelbaren** Beeinträchtigungen bereits die **Schutzbereiche** der Grundrechte oder jedenfalls die **Eingriffsqualität** der Maßnahme **zu verneinen**, sofern für das staatliche Handeln ein hinreichend gewichtiger, dem Inhalt und der Bedeutung des berührten Grundrechts entsprechender Anlass besteht und die mitgeteilten Tatsachen zutreffen und negative Werturteile nicht unsachlich sind, sondern auf einen im Wesentlichen zutreffenden oder zumindest sachgerecht und vertretbar gewürdigten Tatsachenkern beruhen, muss von einer **erhöhten Prüfungs- und Examensrelevanz** ausgegangen werden. Ein Abschlussfall soll die Problematik verdeutlichen. Da die ausformulierte Lösung den Umfang dieses Buches sprengen würde, steht sie auf der Internet-Seite des Verlags zum kostenlosen download zur Verfügung.

Jugendsekten: Die S sind rechtsfähige Vereine, die unter unterschiedlichen Namen (z.B. Bhagwan und Osho) ihre religiöse Zielsetzung in einer bis dahin in Deutschland nicht gekannten Absolutheit durchzusetzen versuchten. Die Vorgehensweise hatte zu erheblichen Kontroversen in der Öffentlichkeit geführt. Zahlreiche Ausschüsse des Bundestages sowie eine Enquete-Kommission befassten sich mit dem Problem der sog. neuartigen Jugendsekten. Die Bundesregierung nahm diese Diskussion zum Anlass, im Rahmen zahlreicher „Informationsveranstaltungen" S öffentlich als „Sekte", als „Jugendreligion", als „Jugendsekte" und als „Psychosekte" zu bezeichnen. In weiteren Äußerungen hieß es, die Sekten seien „destruktiv" und „pseudoreligiös", sie „manipulierten" ihre Anhänger unter Ausschluss der Öffentlichkeit. Die von der Bundesregierung mehrfach wiederholten Äußerungen führten nach Auffassung der S dazu, dass der Mitgliederbestand zunehmend verloren gegangen sei mit der Folge, dass die Vereine heute praktisch keine Bedeutung mehr hätten. Das Handeln der Regierung wird von S für rechtswidrig gehalten, da eine Rechtsgrundlage fehle. Sie fordern, die Bundesregierung möge weitere Äußerungen unterlassen und die bereits getätigten widerrufen. Die Regierung erwidert, Art. 65 GG beinhalte zugunsten der Bundesregierung eine verfassungsunmittelbare Ermächtigungsgrundlage für die in Rede stehende Informationstätigkeit. Die S erheben Klage vor dem Verwaltungsgericht. Mit Erfolg?

E. Rechtsverordnungen (Gefahrenabwehrverordnungen)

I. Rechtsnatur und Bedeutung

860 Die Polizeigesetze ermächtigen die Landespolizeibehörden und die Ortspolizeibehörden, innerhalb ihres Geschäftsbereichs für ihren Bezirk oder Teile ihres Bezirks Polizeiverordnungen zu erlassen.[743] Nach den Ermächtigungsnormen der Polizeigesetze sind Polizeiverordnungen Gebote oder Verbote für eine unbestimmte Anzahl von Fällen für eine unbestimmte Anzahl von Personen. Es handelt sich somit um abstrakt-generelle Regelungen, was bedeutet, dass auch das allgemeine Polizei- und Ordnungsrecht die Rechtsform der **Rechtsverordnung** rezipiert.

Zu beachten ist, dass auch dem **Straßenverkehrsrecht** das Institut der Rechtsverordnung nicht fremd ist. So kann der Bundesverkehrsminister gem. § 6 StVG Rechtsverordnungen erlassen. Eine solche Rechtsverordnung stellt etwa die StVO dar.

861 Nach der Rechtsquellenlehre sind Rechtsverordnungen (nur-materielle) **Gesetze**, die von einem Exekutivorgan, d.h. von einer Regierung, von Ministern oder von Verwaltungsbehörden erlassen wurden.[744] Der Erlass einer Rechtsverordnung bietet sich immer dann an, wenn eine Vielzahl von Fällen geregelt werden soll und eine unbestimmte Zahl von Personen betroffen ist. Für die Rechtsverordnung ist daher typisch, dass sie einen abstrakt-generellen Inhalt hat.

862 Da aber der Erlass von Gesetzen eigentliche Aufgabe der Legislative ist, bedeutet die Befugnis der Exekutive zum Normenerlass eine **Durchbrechung des Gewaltenteilungsprinzips** (Art. 1 III, Art. 20 II S. 2 GG, Art. 20 III GG). Gleichwohl bestehen verfassungsrechtlich keine Bedenken, weil die Exekutive nicht kraft eigenen Rechts, sondern nur unter den Voraussetzungen des Art. 80 I S. 2 GG tätig werden darf. Nach dieser Verfassungsbestimmung müssen Inhalt, Zweck und Ausmaß der Ermächtigung in der Ermächtigungsnorm bestimmt sein (sog. dreifacher Delegationsfilter). Darüber hinaus sind in der Rechtsverordnung die Rechtsgrundlage, d.h. die Ermächtigungsnorm, sowie in der Ermächtigungsnorm der Verordnungsadressat anzugeben (sog. Zitierpflicht, Art. 80 I S. 1 u. 3 GG). Der dreifache Delegationsfilter und die Zitierpflicht gewährleisten, dass das Parlament alle wesentlichen Entscheidungen selbst trifft. Unterstrichen wird dieses Postulat durch die **Wesentlichkeitstheorie** des BVerfG: Danach ist der parlamentarische Gesetzgeber verpflichtet, in grundlegenden normativen Bereichen alle wesentlichen Regelungen selbst zu treffen und nicht über mehr oder minder globale Ermächtigungen an die Exekutive zu delegieren. Es muss **vorhersehbar** sein, „in welchen Fällen und mit welcher Tendenz von der Ermächtigung Gebrauch gemacht werden und welchen Inhalt die zu erlassende Rechtsverordnung haben kann".[745] Durch diese Vorgaben wird sichergestellt, dass das Parlament seine Aufgabe, zu der es berufen ist, nicht veräußert.

Exemplarisch sind die **Kampfhundeverordnungen** genannt, die in Ermangelung spezieller Ermächtigungsgrundlagen auf Grundlage der Verordnungsermächtigung des jeweiligen Polizeigesetzes ergingen, wegen Verstoßes gegen die Wesentlichkeitsrechtsprechung des BVerfG von den Gerichten jedoch zumeist für nichtig erklärt wurden. Die

---

[743] Vgl. **Bay:** Art. 42 LStVG; **Berl:** § 55 ASOG; **BW:** § 10 PolG; **Brand:** § 24 OBG; **Brem:** § 48 PolG; **Hamb:** § 1 II SOG; **Hess:** § 71 SOG; **MeckVor:** § 17 SOG; **Nds:** § 54 SOG; **NRW:** § 25 OBG; **RhlPfl:** § 43 POG; **Saar:** § 59 PolG; **Sachs:** § 9 PolG; **SachsAnh:** § 93 SOG; **SchlHolst:** § 175 LVwG; **Thür:** § 27 OBG.

[744] *R. Schmidt*, AllgVerwR, Rn 784.

[745] Vgl. nur BVerfGE **1**, 13, 60; **47**, 46, 79; **49**, 89, 126; **58**, 257, 268; **88**, 103, 116; BVerwG DVBl **2002**, 479, 480; BVerwG NVwZ **2002**, 858; BVerwGE **112**, 194, 200; **110**, 253, 255 f.; BVerwG NVwZ **2003**, 95, 96; VG Düsseldorf NVwZ **2002**, 1269, 1271; OVG Berlin NVwZ-RR **2002**, 720 (st. Rspr.). Vgl. auch *Reimer*, JuS **2004**, 44, 45 f.

Landesgesetzgeber haben darauf reagiert und nunmehr durchweg sog. **Kampfhundegesetze** erlassen.

Zu beachten ist jedoch, dass sich Art. 80 I S. 2 GG nur auf Bundesrecht bezieht. Ermächtigt ein förmliches Landes(polizei)gesetz zum Erlass von Rechtsverordnungen, ist Art. 80 I GG nicht unmittelbar anwendbar, weil diese Norm systematisch keine Normativbestimmung für das Landesrecht darstellt. Die meisten Landesverfassungen enthalten jedoch keine Art. 80 GG entsprechende Vorschrift. Die Forderung der Bestimmung bezüglich des Inhalts, Zwecks und Ausmaßes ergibt sich in diesen Fällen aber aus dem Rechtsstaatsprinzip. Da Art. 80 I S. 2 GG eine Konkretisierung des Rechtsstaatsprinzips darstellt, gelten die Grundsätze der Gesetzmäßigkeit der Verwaltung und des Vorbehalts und Vorrangs des Gesetzes auch für die Landesgesetzgebung, und zwar entweder unmittelbar kraft des **Art. 20 III GG oder mindestens über Art. 28 I S. 1 GG** (Homogenitätsklausel).[746] Landesgesetze, die Landesbehörden zur Verordnungsgebung ermächtigen, müssen also Inhalt, Zweck und Ausmaß in gleicher Weise bestimmen wie ermächtigende Bundesparlamentsgesetze, auch wenn ein entsprechender Verfassungsgrundsatz in den Landesverfassungen nicht explizit aufgeführt ist. Die Ermächtigungsgrundlagen der Polizeigesetze werden diesem Erfordernis gerecht. **863**

Die **Bedeutung** der Polizeiverordnung ist in den letzten Jahren zurückgegangen, weil etliche **sondergesetzliche Regelungen** geschaffen wurden, die auch die jeweiligen gefahrenabwehrrechtlichen Aspekte abstrakt-generell erschöpfend behandeln. Solche Regelungen bestehen z.B. im Gewerbe-, Bau-, Immissionsschutz-, Abfall-, Hygieneschutz-, Wasser-, Straßen- und Wegerecht. Auch die Ermächtigungen nach den Landesbauordnungen oder nach § 18 GastG gehen dem Erlass einer Polizeiverordnung vor. Weiterhin ermächtigt z.B. Art. 297 EGStGB die Landesregierung, durch Verordnung die Prostitution in bestimmten Gebieten zu verbieten. Daher besteht kaum noch Raum für den Erlass einer Polizeiverordnung. Wo sie aber in Betracht kommt, steht sie wiederum in Konkurrenz zur Befugnis der Gemeinden, **Satzungen** zu erlassen.[747] In welchen Fällen eine Regelung durch Satzung oder Polizeiverordnung zu erfolgen hat, ist nicht immer einfach festzustellen. Ginge es der Selbstverwaltungskörperschaft in erster Linie um das Aufstellen von Benutzungs- und Verhaltensregeln statt um Gefahrenabwehr, wäre die Regelung durch Polizeiverordnung nicht zweckmäßig und würde im Übrigen auch nicht das Erfordernis der abstrakten Gefahr für die öffentliche Sicherheit erfüllen. **864**

Beispiel: Die Gemeinde erlässt auf der Grundlage eines Parlamentsgesetzes eine **Satzung über die öffentliche Ordnung**, das u.a. das **aggressive Betteln** auf öffentlichen Straßen der Gemeinde verbietet.[748]

In diesem Fall ist die Normierung des Verbots in Form einer Satzung zumindest vertretbar und damit rechtmäßig. Allerdings darf dieses Ergebnis nicht darüber hinwegtäuschen, dass ein Formenmissbrauch nahe liegt. Denn die Gemeinde wäre gemäß dem Polizeigesetz (vgl. etwa §§ 65 I Nr. 2, 67 II, 50 II BremPolG, 74 HessSOG, 55 I Nr. 2 NdsSOG) auch zu einer Regelung der Materie in Form einer Polizeiverordnung zuständig gewesen, hätte dann aber die strengeren Verfahrens- und Formvorschriften des Polizeigesetzes beachten müssen. Zudem ist fraglich, ob es nicht doch primär um die Abwehr einer abstrakten Gefahr ging, nämlich um die Verhinderung künftiger Belästigungen der Allgemeinheit. Jedenfalls ist die Regelung des Bettelverbots in Form einer

---

[746] So auch BVerwG NVwZ **2003**, 95, 96.
[747] Zur Rechtsnatur von Satzungen vgl. *R. Schmidt*, AllgVerwR, Rn 859 ff.
[748] Vgl. auch VGH Mannheim NVwZ **1999**, 560 zu einer Polizeiverordnung, die das Betteln auf öffentlichen Straßen und in öffentlichen Anlagen schlechthin untersagt.

Polizeiverordnung nicht deshalb erforderlich, um bei einem Verstoß polizeirechtlich einschreiten zu können. Denn auch ein Verstoß gegen eine Satzungsbestimmung stellt einen Verstoß gegen die objektive Rechtsordnung als Teilbereich der öffentlichen Sicherheit dar und ermächtigt zum Einschreiten auf der Grundlage des Polizeigesetzes (Untersagungsverfügung gemäß der Befugnisgeneralklausel oder Platzverweis).

Hinweis für die Fallbearbeitung: Unter dem Aspekt der Erstellung von Rechtsgutachten kann eine Rechtsverordnung in zwei Konstellationen zu prüfen sein: Zum einen kann die isolierte Überprüfung angestrebt werden. Hier wird Rechtsschutz durch eine prinzipale Normenkontrolle gem. § 47 I Nr. 2 VwGO ermöglicht, soweit es sich um eine Landesrechtsverordnung handelt und dies landesrechtlich nach den Ausführungsgesetzen zur VwGO zugelassen ist.[749] Diese Form des Rechtsschutzes wird ausführlich bei *R. Schmidt*, VerwProzR, Rn 512 ff., besprochen. Zum anderen kann die Überprüfung im Rahmen eines auf der Grundlage einer ordnungs-(sicherheits-) behördlichen Verordnung erlassenen Verwaltungsakts erfolgen. In diesem Fall ist Klagegegenstand der Verwaltungsakt, bei dessen Prüfung inzident die Rechtmäßigkeitsprüfung der Verordnung erfolgt. Zur Rechtsverordnung im Allgemeinen und zur Stufenprüfung vgl. *R. Schmidt*, AllgVerwR, Rn 131 und 831 ff. Im Folgenden sollen lediglich gefahrenabwehrspezifische Besonderheiten aufgezeigt werden.

II. Ermächtigungsgrundlage

865 Als untergesetzliche Rechtsnorm bedarf die Rechtsverordnung einer wirksamen Ermächtigungsgrundlage in Form eines Parlamentsgesetzes, das Inhalt, Zweck und Ausmaß bestimmt (Bestimmtheitsgrundsatz, s.o.). Das ist bei den Ermächtigungsgrundlagen der Polizeigesetze der Fall.

III. Formelle Rechtmäßigkeit

866 Angaben zur sachlichen, örtlichen und instanziellen Zuständigkeit des Ermächtigungsadressaten (d.h. des Verordnungsgebers) sind den Polizeigesetzen zu entnehmen. Der Fachaufsichtsbehörde ist dabei ein Selbsteintrittsrecht eingeräumt. Zum Verfahren sei lediglich angemerkt, dass die Vertretungskörperschaften Mitwirkungsrechte bei der Verordnungsgebung haben. Ferner herrschen strenge Formerfordernisse.

IV. Materielle Rechtmäßigkeit

867 Eine Polizeiverordnung ist materiell rechtmäßig, wenn sie zunächst mit dem Normengefüge ihrer Ermächtigungsgrundlage vereinbar ist. Insbesondere sind die im Polizeigesetz enthaltenen inhaltlichen Grenzen zu beachten. Im Übrigen muss die Rechtsverordnung die an ein Parlamentsgesetz zu stellenden Rechtmäßigkeitsvoraussetzungen beachten. Insbesondere sind das EU-Recht[750], die **Grundrechte**, die **Verhältnismäßigkeit** und die **allgemeinen Verfassungsprinzipien** (wie z.B. den **Bestimmtheitsgrundsatz**) zu beachten. Aufgrund der Bestimmungen in den Polizeigesetzen ist auch und gerade die Abwehr einer **abstrakten Gefahr** legitim.

---

[749] Die Normenkontrolle eingeführt haben: **BW:** § 4 AGVwGO, **Bay:** Art. 5 AGVwGO, **Brand:** § 4 I VwGG, **Brem:** Art. 7 AGVwGO, **Hess:** § 15 AGVwGO, **MeckVor:** § 13 GerOrgG, **Nds:** § 7 AGVwGO, **RhlPfl:** in beschränktem Umfang (§ 4 AGVwGO), **Saar:** § 16 AGVwGO, **Sachs:** § 14 I VerfAG und § 18 I SächsJustAG, **SachsAnh:** § 10 AGVwGO, **SchlHolst:** § 5 AGVwGO, **Thür:** § 4 AGVwGO. Keine Regelungen bezüglich einer verwaltungsgerichtlichen Normenkontrolle nach § 47 I Nr. 2 VwGO haben bislang Berlin, Hamburg und Nordrhein-Westfalen getroffen.

[750] Die Auffassung, Prüfungsmaßstab einer Rechtsverordnung sei allein das GG, nicht auch das EU-Recht (so *Reimer*, JuS **2004**, 44; *Voßkuhle*, in: v. Mangoldt/Klein/Strack, GG, Art. 93 Rn 126), ist mit dem Grundsatz des Anwendungsvorrangs des Gemeinschaftsrechts und der st. Rspr. des EuGH und des BVerfG unvereinbar.

868 Der Erlass einer Polizeiverordnung zur Abwehr einer konkreten Gefahr wird in aller Regel auch nicht in Betracht kommen. Während bei der abstrakten Gefahr der maßgebliche Sachverhalt nur gedacht und verallgemeinert ist (z.B. eine Polizeiverordnung verbietet jedermann das Betreten von Eisflächen, um Personen, insbesondere Kinder, vor dem Einbrechen in das eiskalte Wasser zu bewahren), ist bei der konkreten Gefahr diese Sachlage bereits im einzelnen Fall real eingetreten, d.h. in dem genannten Beispielsfall, dass eine bestimmte Person die brüchige Eisdecke eines Sees betreten hat oder dies beabsichtigt. In diesem Fall (und anderen vergleichbaren Fällen einer konkreten Gefahr) ist allein eine Untersagungsverfügung nach der Befugnisgeneralklausel oder ein Platzverweis das richtige Mittel der Gefahrenabwehr. Der Erlass einer Polizeiverordnung wäre hier grundsätzlich nicht sinnvoll und wohl auch unzulässig. Zur Abwehr einer konkreten Gefahr taugt sie in der Regel schon deshalb nicht, weil ihre Anordnungen zu spät kämen, mehr Personen belasten würden, als zur Abwehr der konkreten Gefahr erforderlich ist, und für die ggf. notwendige Anwendung von Verwaltungszwang doch erst noch auf der Grundlage der Verordnung eine Verfügung nach der Befugnisgeneralklausel ergehen müsste.

869 Der Erlass einer Polizeiverordnung liegt im behördlichen **Ermessen** (vgl. die Bestimmungen der Polizeigesetze: „dürfen"). Eine Pflicht zum Erlass einer Polizeiverordnung besteht nicht. Fordert die übergeordnete Stelle den Erlass einer Polizeiverordnung, kann sich die für den Erlass zuständige Stelle weigern, die nach Ansicht der übergeordneten Stelle erforderliche Polizeiverordnung zu erlassen. Für diesen Fall kommt jedoch das genannte Selbsteintrittsrecht zum Tragen.

870 Im Übrigen steht auch die Entscheidung, *welche* (abstrakten) Gefahren durch eine Polizeiverordnung abgewehrt werden sollen, im pflichtgemäßen Ermessen des Verordnungsgebers.

V. Die Rechtswidrigkeit der Polizeiverordnung und ihre Folgen

871 Liegt mindestens eine der o.g. Rechtmäßigkeitsvoraussetzungen nicht vor, ist die Polizeiverordnung rechtswidrig. Eine Heilung von formellen wie materiellen Fehlern kommt nur in Betracht, wenn entsprechende Heilungsvorschriften bestehen. Die zu § 28 I VwVfG entwickelten Grundsätze, dass eine unterlassene Anhörung durch die spätere Möglichkeit der Stellungnahme geheilt werden kann[751], sind nicht anwendbar, denn § 28 I VwVfG gilt nur in Verwaltungsverfahren nach § 9 VwVfG, nicht aber im Verfahren, das auf den Erlass einer Rechtsverordnung gerichtet ist. Heilungsvorschriften wie z.B. § 214 BauGB bestehen ebenfalls nicht, sodass damit im Ergebnis bei einer festgestellten Rechtswidrigkeit letztlich nur die Folge der **Nichtigkeit** der entsprechenden Polizeiverordnung angenommen werden kann.[752] Das folgt aus dem Rechtsstaatsprinzip, wonach nur solche Staatsakte verbindlich sind, die mit höherrangigem Recht und letztlich dem Demokratieprinzip vereinbar sind. Ist von einem Gericht die Rechtswidrigkeit einer Polizeiverordnung festgestellt worden, darf die Verwaltung sie nicht anwenden; der Bürger muss sie nicht beachten.

872 Eine Ausnahme von dem Grundsatz der Nichtigkeit macht das BVerfG in dem Fall, dass die Rechtsverordnung durch einen Verfahrensverstoß zustande gekommen ist, der völlig unbedeutend ist. Das Gericht hatte den Fall zu entscheiden, in dem es um eine Rechtsverordnung ging, die in einem verfassungswidrigen Umlaufverfahren beschlossen wurde. Durch die langjährige Staatspraxis, in der dieses Verfahren von niemandem beanstandet wurde, sei der Verfahrensfehler im Interesse der Rechtssicherheit und des Vertrauensschutzes un-

---

[751] Vgl. *R. Schmidt*, AllgVerwR, Rn 549 ff.
[752] Wie hier *Bohl*, NVwZ **2001**, 764, 765; *Aulehner*, JA **2001**, 291 ff.

beachtlich.[753] Diese Auffassung mag zwar kritisiert werden, hat aber zur Folge, dass mit ihr klargestellt wird, dass jedenfalls alle anderen formellen Fehler zur Nichtigkeit führen.

VI. Rechtschutz gegen rechtswidrige Polizeiverordnungen

873 Hinsichtlich des prinzipalen Rechtsschutzes gegen Polizeiverordnungen gilt im Prinzip dasselbe wie für Bundesrechtsverordnungen.[754] Hier wie dort ist gegen solche Verordnungen, denen eine unmittelbare Wirkung zukommt, die zu ihrer Wirkung also keines weiteren Vollzugsakts bedürfen (sog. selbstvollziehende Verordnungen, auch „self-executing-Verordnungen" genannt[755]), die **Individualverfassungsbeschwerde** (Art. 93 I Nr. 4 a GG, § 13 Nr. 8 a, 90 ff. BVerfGG) denkbar. Allerdings ist stets die bereits bei Rn 103 genannte vorrangige Möglichkeit der prinzipalen **verwaltungsgerichtlichen Normenkontrolle** gem. § 47 VwGO zu beachten. Aufgrund der Regelung des § 47 II S. 1 VwGO kann jeder mit der Behauptung, durch die Landesrechtsverordnung in seinen Rechten verletzt zu sein oder in absehbarer Zeit verletzt zu werden, beim Oberverwaltungsgericht seines Landes eine Normenkontrolle beantragen. Einschränkend gilt aber, dass die verwaltungsgerichtliche Normenkontrolle nur dann statthaft ist, wenn das Landesrecht dies bestimmt (sog. *landesrechtliches Ergänzungsrecht*, vgl. § 47 I Nr. 2 VwGO).

874 Selbstverständlich kann der Betroffene die Gültigkeit einer Polizeiverordnung von den Gerichten auch **inzident** überprüfen lassen, indem er sich gegen den ihn belastenden **Einzelakt** wendet, der aufgrund der Rechtsverordnung ergangen ist.[756] Als ein solcher inzidenter Rechtsschutz kommen die **Anfechtungsklage** gem. § 42 I Var. 1 VwGO und die **Feststellungsklage** gem. § 43 VwGO in Betracht.

---

[753] BVerfGE **91**, 148, 175 f. (Umlaufverfahren).

[754] Vgl. dazu ausführlich *R. Schmidt*, AllgVerwR, Rn 852 ff.

[755] Selbstvollziehende Gesetze stellen bspw. die Vorschriften des **Straf**- oder **Ordnungswidrigkeitenrechts** dar. Da hier dem Betroffenen nicht zugemutet werden kann, zunächst eine strafbare Handlung oder eine Ordnungswidrigkeit zu begehen, um dann anschließend im Straf- oder Bußgeldverfahren die Verfassungswidrigkeit der Norm geltend zu machen, ist die Möglichkeit der Verfassungsbeschwerde anerkannt (BVerfGE **81**, 70, 82 f.). Als weiteres Beispiel für ein selbstvollziehendes Gesetz sei die **Festlegung von Flugrouten** nach §§ 27a II S. 1 LuftVO genannt.

[756] Vgl. dazu BVerfG NVwZ **1998**, 169 f.

F. Rechtsnachfolge in polizeirechtliche Pflichten

I. Einführung in die Problematik

Unabhängig von der bei Rn 812 erörterten Dereliktion ist in der polizei- und ordnungsbehördlichen Praxis, aber auch im Studium, die Frage nach dem Ende der Polizeipflichtigkeit bzw. die Frage, unter welchen Voraussetzungen der Rechtsnachfolger eines Pflichtigen in dessen Pflichtenstellung einrücken muss, häufig anzutreffen. **875**

Beispiele:

(1) Unternehmer und Pächter P errichtet ohne die erforderliche Baugenehmigung auf dem Grundstück des Eigentümers E eine Lagerhalle. Die zuständige Behörde erlässt daraufhin gegenüber P eine Bauabrissverfügung. Nach Ablauf des Pachtverhältnisses wird N neuer Pächter. Muss N dem Gebot, das an P gerichtet war, nachkommen und den Bau abreißen?

(2) Die zuständige Behörde hatte gegenüber der Firmeninhaberin A verfügt, ein ohne Genehmigung errichtetes und auch nicht genehmigungsfähiges Gebäude zu beseitigen. Die von ihr dagegen eingelegten Rechtsbehelfe blieben erfolglos. Als die Verwaltung von A die Durchführung der Beseitigung fordert, überträgt diese das Baugrundstück auf ihren Ehemann B. Nach der Eigentumsübertragung verlangt die Behörde von B, der gerichtlich bestätigten Beseitigungsverfügung Folge zu leisten. Muss B dieser Aufforderung nachkommen?

Gesetzlich ist die Rechtsnachfolge nur vereinzelt geregelt. Solche gesetzlichen Regelungen bestehen etwa für das **Bundesbodenschutzrecht** (§ 4 III BBodSchG)[757] und einige behördliche Erlaubnisse wie die Baugenehmigung, die auch für und gegen den Rechtsnachfolger des Bauherrn gilt, oder die Bauabrissverfügung.[758] Im Übrigen finden sich kaum gesetzliche Regelungen. Das gilt insbesondere für die Rechtsnachfolge in abstrakte Polizeipflichten, d.h. in Polizeipflichten, die noch nicht durch Polizeiverfügung konkretisiert sind. Das praktische Bedürfnis der Rechtsnachfolge ist aber klar, denn würde man eine Rechtsnachfolge nicht zulassen und würde der Rechtsvorgänger nicht greifbar sein, hätte die Allgemeinheit die Last zu tragen. Entsprechendes gilt für die durch Verfügung konkretisierte Polizeipflicht. Hier kann der Weg vom Erlass einer behördlichen Verfügung bis zu ihrer Durchsetzung, insbesondere, wenn vor Gericht gestritten wird, mitunter sehr lang sein und lange Wege legt man bekanntermaßen nur ungern mehrmals zurück. Die Behörde würde also um die Früchte ihrer Bemühungen zur Herbeiführung rechtmäßiger Zustände gebracht, wenn es keine Rechtsnachfolge gäbe. **876**

Die rechtlichen Voraussetzungen für eine Rechtsnachfolge sind sehr strittig, die vorgetragenen Argumente zum Teil nicht überzeugend.[759] Die überwiegende Rechtsprechung[760] entscheidet unabhängig von verfassungsrechtlichen Vorgaben und rechtsdogmatischen Anforderungen pragmatisch-ergebnisorientiert. Nach derzeitigem Stand der Diskussion müssen – soweit keine spezialgesetzlichen Regelungen existieren – drei Voraussetzungen für die Rechtsnachfolge erfüllt sein: **877**

---

[757] Vgl. dazu aus jüngerer Zeit VGH Mannheim NVwZ-RR **2002**, 16; VG Trier NJW **2001**, 531 mit Bespr. von *Pützenbacher/Görgen*, NJW **2001**, 490 ff.

[758] Vgl. **BaWü**: § 65 LBO; **Bay**: Art. 82 LBO; **Berl**: § 79 LBO; **Brand**: § 74 LBO; **Brem**: § 82 LBO; **Hamb**: § 76 LBO; **Hess**: § 72 LBO; **MV**: § 80 LBO; **Nds**: § 89 LBO; **NRW**: § 61 I S. 2 LBO; **RhlPfl**: §§ 81 LBO; **Saar**: § 88 LBO; **Sachs**: §§ 80 LBO; **SachsAnh**: § 84 LBO; **SchlHolst**: § 86 LBO; **Thür**: § 77 LBO.

[759] Vgl. dazu im Einzelnen *Nolte/Niestedt*, JuS **2000**, 1071 ff.

[760] Vgl. nur VGH Mannheim NVwZ **2000**, 1199 ff.; OVG Hamburg NVwZ-RR **1997**, 11 f.; VGH Kassel (14. Senat), NVwZ **1998**, 1315. Zur Nachfolgefähigkeit und zu den Voraussetzungen einer behördlichen Stilllegungsverfügung vgl. auch *Volkmann*, JuS **1999**, 544, 545.

II. Voraussetzungen einer öffentlich-rechtlichen Rechtsnachfolge

1. Zivilrechtliche Rechtsnachfolge

878 Der Übergang verwaltungsrechtlicher Pflichten setzt zunächst eine zivilrechtliche Rechtsnachfolge voraus. Dies ist nicht nur im Rahmen der Universalsukzession (§ 1922 BGB, wobei sich die Haftung für die Verbindlichkeit aus § 1967 I BGB ergibt) der Fall, sondern auch beim rechtsgeschäftlichen Erwerb mit vollzogener Übereignung und Übergabe (§§ 929 ff. bzw. §§ 873, 925 BGB) oder bei einer Abtretung nach § 398 BGB.

2. *Nachfolgefähigkeit* der verwaltungsrechtlichen Pflicht

879 Des Weiteren muss die betreffende Pflicht übergangsfähig bzw. nachfolgefähig sein. Liegt eine *höchstpersönliche* Pflicht vor, ist das nicht der Fall. Höchstpersönlich ist eine Verpflichtung, wenn sie ihrer Zweckbestimmung nach nur für die Person des ursprünglich Verpflichteten gilt und sich in einer an diese gerichteten Verhaltensregelung erschöpft (z.B. Wehrpflicht, Schulpflicht).[761] Besteht eine Verfügung, deren Verpflichtung übergehen soll, muss diese also selbst objekt- oder zustandsbezogen sein. Ausschlaggebend ist insoweit die „Dinglichkeit“ der Verfügung.[762] Dagegen wird die Nachfolgefähigkeit einer noch nicht durch Verwaltungsakt konkretisierten Zustandsverantwortlichkeit fast einhellig abgelehnt.[763]

3. *Nachfolgetatbestand* (Rechtsgrundlage für den Übergang der Pflicht)

880 Wegen des im Bereich der Eingriffsverwaltung uneingeschränkt geltenden Grundsatzes vom Vorbehalt des Gesetzes bedarf es grundsätzlich einer Rechtsgrundlage für die Begründung der Pflichtenstellung des Rechtsnachfolgers. Zunächst ist daher nach einer ausdrücklichen gesetzlichen Regelung der Rechtsnachfolge zu suchen. Fehlt es an einer ausdrücklichen gesetzlichen Regelung wie bspw. § 4 III S. 1 BBodSchG, ist zu prüfen, inwieweit einzelne Vorschriften des öffentlichen Rechts, die eine Nachfolge in verwaltungsrechtliche Pflichten vorsehen, analogiefähig sind. So ist denkbar, z.B. Bestimmungen, nach denen eine Baugenehmigung (einschließlich ihrer Nebenbestimmungen) auch für und gegen den Rechtsnachfolger des Bauherrn wirkt (vgl. z.B. § 74 I Halbs. 2 BremLBO), auch für Baubeseitigungsanordnungen, Nutzungsuntersagungen oder Stilllegungsverfügungen heranzuziehen mit der Folge, dass die Rechtsnachfolger auch diesbezüglich in Anspruch genommen werden können.[764] Voraussetzung für eine analoge Anwendung ist aber neben der (regelmäßig zu bejahenden) planwidrigen Unvollständigkeit des Gesetzes die Vergleichbarkeit des geregelten mit dem nicht geregelten Fall. Wegen der Grundrechtsrelevanz (in den Bereichen des Baurechts und des Polizei- und Ordnungsrechts insb. wegen Art. 14 I S. 1 GG) sind allerdings hohe Anforderungen an die Vergleichbarkeit zu stellen, denn immerhin ist z.B. eine Baugenehmigung das genaue Gegenteil einer belastenden Verfügung wie bspw. eine Abriss- oder Stilllegungsverfügung. Daher erwägen andere statt einer analogen Anwendung der bauordnungsrechtlichen Normen eine entsprechende Anwendung des § 121 VwGO, der die Rechtskraft eines verwaltungsgerichtlichen Urteils auch auf den Rechtsnachfolger erstreckt.[765] Aber auch diese Annahme ist gewissen Bedenken ausgesetzt, da ein gerichtliches Urteil eine andere Qualität hat als eine –

---

[761] Vgl. *Stadie*, DVBl **1990**, 501, 504. Zum aktuellen Diskussionsstand vgl. auch *Nolte/Niestedt*, JuS **2000**, 1071, 1072 f.; *Rau*, Jura **2000**, 37, 38 f.

[762] *Volkmann*, JuS **1999**, 544, 546. Zum Begriff der „Dinglichkeit“ vgl. sogleich.

[763] *Muckel*, BesVerwR, S. 153; *Zacharias*, JA **2001**, 720, 721 ff.

[764] So OVG Koblenz NVwZ **1985**, 431; ähnlich *Götz*, POR, Rn 20.

[765] So insbesondere *Stadie*, DVBl **1990**, 507, 508; *Nolte/Niestedt*, JuS **2000**, 1071, 1072.

wenn auch bestandskräftig gewordene – behördliche Verfügung.[766] Daher verwundert es nicht, dass der VGH Kassel die Einzelrechtsnachfolge in eine selbstständige Beseitigungs- oder Stilllegungsverfügung verneint, weil es an einem Rechtsnachfolgetatbestand fehle.[767] Gleichwohl nehmen das BVerwG und mit ihm alle anderen Obergerichte zumindest für Stilllegungsverfügungen die Rechtsnachfolge an und begründen sie mit deren Sachbezogenheit oder „Dinglichkeit". Mit der zivilrechtlichen Übertragung der Rechtsposition gehe die behördliche Rechtsnachfolge gleichsam als „Annex" auf den neuen Berechtigten über.[768] Auch ein großer Teil der Literatur hat sich dem angeschlossen.[769] Da man aber offenbar die eigene Argumentation als nicht ganz zweifelsfrei ansieht, wird zumeist ergänzend noch der Hinweis auf das praktische Bedürfnis angeführt.[770] Mit dem Hinweis auf die „Dinglichkeit" wird also die Rechtsnachfolge nur behauptet, aber nicht begründet.[771]

Folgt man aber der h.M., ist noch der Begriff der „Dinglichkeit" klärungsbedürftig. Hinreichend sicher „dinglich" sind jedenfalls die von § 35 S. 2 Var. 2 VwVfG erfassten öffentlich-rechtlichen Eigenschaften einer Sache (**sachbezogene Allgemeinverfügung**). 881

> **Beispiele:** straßenrechtliche Widmung (§ 2 I FernStrG), Straßenumbenennung, Widmung eines gemeindlichen Grundstücks als Marktplatz

Fraglich ist, ob mit dieser Regelung auch Stilllegungs-, Nutzungsuntersagungs- oder Beseitigungsverfügungen vergleichbar sind. Regelmäßig tritt bei derartigen Verfügungen neben dem dinglichen auch ein personales Element in Erscheinung. Gleichwohl hebt der VGH Kassel hervor, dass das personenbezogene Element gegenüber der grundstücks- und anlagenbezogenen Begründung völlig untergeordnet und deshalb auch nicht geeignet sei, den dinglichen Charakter „auch nur andeutungsweise in Frage zu stellen"[772]. Werde die dingliche Belastung durch die zivilrechtliche Rechtsnachfolge fortgeführt, komme es nicht mehr darauf an, dass mit der Stilllegungsverfügung (ergänze: oder Nutzungsuntersagungs- bzw. Beseitigungsverfügung) nicht unbedingt der Zustand der Sache bestimmt werde, sondern vielmehr, dass von der Behörde ein von dem zivilrechtlichen Rechtsnachfolger ausgeübtes Verhalten für die Zukunft untersagt und folgerichtig das zur Durchsetzung unvertretbarer, also mit der Person des Pflichtigen verknüpfte Handlungen vorgesehene Zwangsmittel des Zwangsgeldes angedroht worden seien.[773] 882

III. Zusammenfassung und Bewertung

Die Rechtsnachfolge in öffentlich-rechtliche Pflichten ist nur vereinzelt gesetzlich geregelt. Das praktische Bedürfnis ist aber offensichtlich, denn anderenfalls würde die Behörde jedes Mal um die Früchte der Herbeiführung gesetzmäßiger Zustände gebracht. Fehlt also ein gesetzlicher Übergangstatbestand, muss versucht werden, eine vergleichbare Vorschrift analog heranzuziehen. So wird vertreten, im Bauordnungsrecht die Vorschriften über Bauordnungsverfügungen analog auch auf Stilllegungs- 883

[766] *Volkmann*, JuS **1999**, 544, 547.
[767] VGH Kassel (*4. Senat*) DVBl **1977**, 255 mit zust. Anm. *Stober*, NJW **1977**, 123 f.
[768] BVerwG NJW **1971**, 1624; VGH Mannheim NJW **1977**, 861; OVG Bremen NJW **1985**, 2660; VGH München BayVBl **1981**, 371; OVG Koblenz NVwZ **1985**, 431 und jetzt auch VGH Mannheim (*14. Senat*) NVwZ **1998**, 1315, 1316.
[769] *Friauf*, POR, Rn 88; *Götz*, POR, Rn 248; *Breuer*, JuS **1986**, 363, 364.
[770] Siehe nur BVerwG NJW **1971**, 1624, 1625.
[771] *Volkmann*, JuS **1999**, 544, 547; *Peine*, DVBl **1980**, 947; ablehnend daher auch *Nolte/Niestedt*, JuS **2000**, 1172, 1175 und *Gusy*, POR, 4. Aufl. **2000**, Rn 286. Vgl. auch *Zacharias*, JA **2001**, 720, 721 ff.
[772] VGH Kassel NVwZ **1998**, 1315, 1316.
[773] VGH Kassel NVwZ **1998**, 1315, 1316.

oder Nutzungsuntersagungsverfügungen anzuwenden. Andere erwägen statt einer analogen Anwendung der bauordnungsrechtlichen Normen eine entsprechende Anwendung des § 121 VwGO, der die Rechtskraft eines verwaltungsgerichtlichen Urteils auch auf den Rechtsnachfolger erstreckt. Folgt man diesen Auffassungen nicht, ist zu prüfen, ob der Nachfolgetatbestand nicht aus der „Dinglichkeit" der Verfügung herbeigeführt werden kann. Diesen Weg beschreitet die h.M.

884 Demzufolge sind für eine **Rechtsnachfolge** in öffentlich-rechtliche Pflichten somit **drei Voraussetzungen** zu erfüllen:

- Es muss eine zivilrechtliche Gesamt- oder Einzelrechtsnachfolge bestehen.
- Die Pflicht muss übergangsfähig sein, d.h., es darf keine höchstpersönliche Pflicht vorliegen.
- Schließlich ist ein Rechtsnachfolgetatbestand erforderlich. Sind keine gesetzlichen Vorschriften einschlägig, ist zu prüfen, ob entweder andere Vorschriften analog angewendet werden können oder ob die Rechtsnachfolge über § 121 VwGO zu begründen ist. Geht man – wie die h.M. – diese Wege nicht, muss untersucht werden, ob der Übergangstatbestand nicht mit der „Dinglichkeit" der Verfügung begründet werden kann.

IV. Denkbare Fallgruppen

885-901 Zur Veranschaulichung der praktischen Bedeutung sollen die nachfolgend aufgezählten Fallgruppen dienen. Sie orientieren sich erstens danach, ob die Verantwortlichkeit lediglich abstrakt besteht oder bereits durch eine Verfügung konkretisiert wurde, zweitens, ob ein Fall der Zustands- oder Verhaltensverantwortlichkeit vorliegt, und drittens, ob eine zivilrechtliche Gesamt- oder Einzelrechtsnachfolge gegeben sind. Es ergeben sich acht denkbare Konstellationen[774]:

(1) Gesamtrechtsnachfolge in eine abstrakte Zustandsverantwortlichkeit
(2) Einzelrechtsnachfolge in eine abstrakte Zustandsverantwortlichkeit
(3) Gesamtrechtsnachfolge in eine abstrakte Verhaltensverantwortlichkeit
(4) Einzelrechtsnachfolge in eine abstrakte Verhaltensverantwortlichkeit
(5) Gesamtrechtsnachfolge in eine konkretisierte Zustandsverantwortlichkeit
(6) Einzelrechtsnachfolge in eine konkretisierte Zustandsverantwortlichkeit
(7) Gesamtrechtsnachfolge in eine konkretisierte Verhaltensverantwortlichkeit
(8) Einzelrechtsnachfolge in eine konkretisierte Verhaltensverantwortlichkeit

Da die Darstellung der einzelnen Fallgruppen sehr platzintensiv ist, hat sich der Verfasser entschlossen, sie auszulagern und sie von nun ab auf der Internet-Seite des Verlags zum kostenlosen Herunterladen zur Verfügung zu stellen.

---

[774] *Nolte/Niestedt*, JuS **2000**, 1071, 1073; *Rau*, Jura **2000**, 37, 38; *Muckel*, BesVerwR, S. 151 ff.

G. Verwaltungsvollstreckung

I. Form und Funktion der Verwaltungsvollstreckung

Wird eine Verfügung vom Adressaten nicht befolgt, würde die reale Geltung des Rechts in Frage gestellt, wenn die Verfügung nicht durchgesetzt werden könnte. Verfügungen werden grundsätzlich im Wege der Verwaltungsvollstreckung (auch Verwaltungszwang genannt) durchgesetzt.[775] Die Verwaltungsvollstreckung hat demnach eine dienende Funktion. Sie zielt auf die Durchsetzung des materiellen Rechts ab. Dabei geht es nicht um Strafe oder Repression, sondern es handelt sich um eine Beugefunktion. Daher ist die Verwaltungsvollstreckung wie folgt definiert: **902**

Verwaltungsvollstreckung ist die zwangsweise Durchsetzung verwaltungsrechtlicher Verfügungen durch die Verwaltung. **903**

Beispiel: B hat in der Nähe von Cuxhaven auf einer Sanddüne im bauplanungsrechtlichen Außenbereich (§ 35 BauGB) ein nicht genehmigtes (selbstverständlich auch nicht genehmigungsfähiges) Wochenendhäuschen errichtet. Als die Baubehörde davon erfährt, erlässt sie gegenüber B eine Abrissverfügung[776] (= **vollstreckungsfähiger Grundverwaltungsakt**). B weigert sich jedoch, der Verfügung nachzukommen. Daraufhin droht die Behörde an, die Verfügung zwangsweise durchzusetzen, indem sie nach Ablauf einer bestimmten Frist ein Abrissunternehmen mit der Beseitigung beauftrage (= **Androhung** des Zwangsmittels). Als B auch die gesetzte Frist untätig verstreichen lässt, teilt ihm die Behörde mit, dass sie einen Abrissunternehmer mit der Beseitigung beauftragt habe (= **Festsetzung** des Zwangsmittels, sofern landesrechtlich vorgesehen). Zwei Tage später erscheint ein Bagger und reißt das Gebäude ab (= **Anwendung** des Zwangsmittels).

Das geschilderte Verfahren ist der Normalfall der Verwaltungsvollstreckung und wird als **gestrecktes Zwangsverfahren** bezeichnet. Regelmäßig wird es von den **Ordnungsbehörden** angewandt, aber auch von Beamten des **Polizeivollzugsdienstes**, die Gefahren vor Ort begegnen und nicht selten sofort handeln müssen, um gefahrenabwehrrechtlichen Verfügungen Geltung zu verschaffen. In solchen Fällen wäre das gestreckte Verfahren oftmals untunlich. Die Polizeigesetze und die Verwaltungsvollstreckungsgesetze haben daher die Möglichkeit des **Sofortvollzugs** geschaffen. Danach kann Zwang sofort angewendet werden, sei es ohne Androhung und (wo vorgesehen) ohne Festsetzung des Zwangsmittels oder sei es sogar ohne Grundverwaltungsakt. **904**

Beispiel: K stellt seinen Wagen in der Innenstadt verkehrswidrig und verkehrsbehindernd ab und macht einen Stadtbummel. Die Polizei sieht sich veranlasst, den Wagen sofort abschleppen zu lassen, weil sich mittlerweile schon ein Verkehrsstau gebildet hat.

In diesem Fall gebietet es die Dringlichkeit, die Gefahr sofort zu beseitigen und das Wegfahrgebot, das bei Anwesenheit des Fahrers diesem gegenüber auszusprechen gewesen wäre, mit Mitteln des Zwangs unverzüglich durchzusetzen. Die Gesetze sehen diesen sog. Sofortvollzug ausdrücklich vor.

---

[775] Vgl. die bei Rn 907 a.E. genannten gesetzlichen Rechtsgrundlagen.

[776] Vgl. **MBO**: § 80; **BaWü**: § 65 LBO; **Bay**: Art. 82 LBO; **Berl**: § 79 LBO; **Brand**: § 74 LBO; **Brem**: § 82 LBO; **Hamb**: § 76 LBO; **Hess**: § 72 LBO; **MV**: § 80 LBO; **Nds**: §§ 54, 89 LBO; **NRW**: § 61 LBO; **RhlPfl**: §§ 81, 82 LBO; **Saar**: § 82 LBO; **Sachs**: § 80 LBO; **SachsAnh**: § 84 LBO; **SchlHolst**: § 86 LBO; **Thür**: § 77 LBO.

905 Die Verwaltungsvollstreckung zur Durchsetzung von *(vollzugs-)polizeilichen Verfügungen* unterscheidet sich nach der aktuellen Rechtsprechung des BVerfG[777] grundsätzlich nicht von derjenigen zur Durchsetzung von Verfügungen der *(Sonder-)Ordnungsbehörden* im Rahmen des *Allgemeinen Verwaltungs- und Ordnungsrechts*. Hier wie dort können **wirksame** (nicht notwendigerweise rechtmäßige) Verwaltungsakte Grundlage einer Vollstreckungsmaßnahme sein.

906 Nach der genannten Rechtsprechung des BVerfG kommt es bei der Frage nach der Rechtmäßigkeit einer Vollstreckungsmaßnahme im gestreckten Verfahren somit nicht (mehr) auf die Rechtmäßigkeit der der Vollstreckungsmaßnahme zugrunde liegenden Grundverfügung an. Es besteht mithin **kein Rechtmäßigkeitszusammenhang zwischen der Primärmaßnahme und der Vollstreckungsmaßnahme**, oder anders ausgedrückt: die bloße Rechtswidrigkeit der Grundverfügung stellt kein Vollstreckungshindernis dar. Das folgt aus dem Umstand, dass auch ein rechtswidriger, aber nicht nichtiger Verwaltungsakt wirksam ist (vgl. §§ 43 II/III, 44 VwVfG). Daher kann es hinsichtlich der Vollstreckung nur auf die Wirksamkeit der Grundverfügung ankommen (vgl. § 6 I BundesVwVG). Die Verwaltung darf also grds. auch einen rechtswidrigen Verwaltungsakt vollstrecken, solange dieser nur wirksam ist.[778] Freilich eine andere Frage ist es, ob die Vollstreckung eines rechtswidrigen Verwaltungsakts im Ergebnis auch verhältnismäßig ist. Auch für den Rechtsschutz hat dieser Umstand Konsequenzen; vgl. dazu Rn 934. Zum Sofortvollzug vgl. Rn 952 ff.

II. Rechtsgrundlagen für die Anwendung von Zwang

907 Im Gegensatz zur Realisierung *privatrechtlicher* Ansprüche, bei denen es eines gerichtlichen Verfahrens bedarf, um einen vollstreckbaren Titel zu erlangen, schafft sich die Polizei- oder Ordnungsbehörde mit dem Erlass einer Verfügung selbst einen Vollstreckungstitel, der mit eigenen behördlichen Vollzugsorganen (d.h. mit Beamten der Vollzugspolizei) durchgesetzt werden kann (**Grundsatz der Selbsttitulierung und Selbstvollstreckung**). Der Vollzugspolizei, die ihre eigenen Verfügungen und die Verfügungen der Ordnungsbehörden durchsetzt, stehen verschiedene Zwangsmittel zur Verfügung, insbesondere unmittelbarer Zwang, d.h. körperliche Gewalt und Hilfsmittel der körperlichen Gewalt, zu denen auch Schusswaffen gehören. Daher leuchtet es ein, dass der Rechtsschutz des Betroffenen hier besondere Bedeutung erlangt. Zu fragen ist demnach zunächst nach einer Rechtsgrundlage. Die zu vollstreckende Verfügung allein dient noch nicht als hinreichende Rechtsgrundlage für die Anwendung von Verwaltungszwang. Dieser unterliegt ebenfalls dem **Vorbehalt des Gesetzes** und verlangt eine – von der Ermächtigung für den Erlass der zu vollziehenden Verfügung streng zu trennende – besondere gesetzliche Grundlage. Daher sind sowohl das „Ob" als auch das „Wie" (das Vollstreckungsverfahren, d.h. die Durchführung der Zwangsmaßnahme) durch ein **Parlamentsgesetz** festzulegen.

- Auf **Bundesebene** stehen den Vollstreckungsbehörden des Bundes das VwVG, das UZwG und das UZwGBw zur Verfügung.[779]
- Auf **Landesebene** trifft man auf verschiedene Konstellationen: Grundsätzlich finden sich die Rechtsgrundlagen für den Zwang in den Verwaltungsvollstreckungsgesetzen (die für alle Ordnungsbehörden, d.h. für die Sonderordnungsbehörden, die allgemeinen Ordnungsbehörden und den Polizeivollzugsdienst des Landes gelten); sofern es um die Ausübung von (unmittelbarem) Zwang durch Beamte des Polizeivollzugsdienstes geht, finden sich in den meisten Bundesländern Regelungen, wonach ergänzend zu den Be-

---

[777] BVerfG NVwZ **1999**, 290, 292. Vgl. auch OVG Hamburg NordÖR **2002**, 469, 470.
[778] Etwas anderes gilt freilich dann, wenn die Behörde bei Anwendung einer Zwangsmaßnahme weiß, dass die Grundverfügung rechtswidrig ist. In einem Rechtsstaat darf nicht sehenden Auges Unrecht vollzogen werden (vgl. BVerwG NJW **1984**, 2591, 2592). Vgl. dazu näher Rn 934.
[779] Vgl. aber auch §§ 58 ff. AufenthG für die Abschiebung.

stimmungen des Verwaltungsvollstreckungsgesetzes die Bestimmungen des Polizeigesetzes über die Art und Weise der Zwangsausübung gelten.

Beispiele: In Nordrhein-Westfalen stehen den Vollzugsbehörden insbesondere die §§ 50 ff. PolG und §§ 1 ff., 55 ff. VwVG zur Verfügung. Auch in der *Freien Hansestadt Bremen* differenziert das Gefahrenabwehrrecht nach Zwangsmitteln und bestimmt, dass Zwangsgeld (sowie Zwangshaft) und Ersatzvornahme nach dem BremVwVG anzuwenden sind, während für die Art und Weise der Durchführung des unmittelbaren Zwangs durch den *Polizeivollzugsdienst* das Polizeigesetz gilt (§ 40 II BremPolG). Ähnliches gilt für Rheinland-Pfalz. Vollstreckt dort die Polizei eine Verfügung, gelten gem. § 57 POG die §§ 2-6 I und die §§ 10, 14-16, 61-67 und 83-85 des LVwVG. Lediglich der unmittelbare Zwang richtet sich nach §§ 57 II i.V.m. §§ 58-66 POG. Schleswig-Holstein hat die Vollstreckung für die Polizei und die Ordnungsbehörden einheitlich im Landesverwaltungsgesetz geregelt (§§ 228 ff. LVwG). Vgl. dazu insgesamt den Regelungsgehalt der Landesgesetze.[780]

III. Allgemeine Voraussetzungen der Vollstreckung

Nach dem Aussagegehalt des § 6 I BundesVwVG (die Landesgesetze sind i.d.R. in- 908
haltsgleich, vgl. z.B. § 11 I BremVwVG) setzt die Vollstreckbarkeit der Grundverfügung (= Verwaltungsakt i.S.v. § 35 VwVfG) voraus, dass diese entweder (1) unanfechtbar ist, (2) ihr sofortiger Vollzug angeordnet ist *oder* (3) ein gegen sie eingelegter Rechtsbehelf kraft Gesetzes keine aufschiebende Wirkung entfaltet.

Alternative Voraussetzungen der Verwaltungsvollstreckung

Die Grundverfügung ist unanfechtbar

Unanfechtbar (also bestandskräftig) wird der Verwaltungsakt durch

- Nichteinlegung eines Rechtsbehelfs (i.d.R. Widerspruch) innerhalb der gesetzlichen Frist (vgl. §§ 70 I, 74 I VwGO) oder durch
- rechtskräftiges klageabweisendes Urteil.

Der sofortige Vollzug wurde angeordnet

Die Anordnung der sofortigen Vollziehung bestimmt sich nach § 80 II S. 1 Nr. 4 VwGO und setzt ein überwiegendes öffentliches Interesse oder ein überwiegendes Interesse eines Beteiligten voraus (vgl. ausführlich *R. Schmidt*, VerwProzR, Rn 918 ff.).

Ein gegen die Grundverfügung eingelegter Rechtsbehelf entfaltet kraft Gesetzes keine aufschieb. Wirkung

Ein solcher Fall liegt hauptsächlich vor

- bei unaufschiebbaren Anordnungen und Maßnahmen von Polizeivollzugsbeamten (§ 80 II S. 1 Nr. 2 VwGO),
- in anderen durch Bundesgesetz oder für Landesrecht durch Landesgesetz vorgesehenen Fällen (§ 80 II S. 1 Nr. 3 VwGO).

Hinweis für die Fallbearbeitung: Die Feststellung, ob eine Grundverfügung bestandskräftig ist oder ihr sofortiger Vollzug gem. § 80 II S. 1 Nr. 4 VwGO angeordnet

---

[780] Vgl. §§ 28 ff. MEPolG; **Bund:** §§ 6 ff. VwVG, §§ 1 ff. UZwG; **BW:** §§ 1 ff. VwVG; §§ 49 ff. PolG; **Bay:** Art. 53 ff. PAG; **Berl:** §§ 6 ff. VwVG; §§ 1 ff. UZwG; **Brand:** §§ 53 ff. PolG; **Brem:** §§ 40 ff. PolG; §§ 11 ff. VwVG; **Hamb:** §§ 17 ff. SOG; §§ 18 f., 27 f. VwVG; **Hess:** §§ 47 ff. SOG; **MeckVor:** §§ 79 ff. SOG; **Nds:** §§ 64 ff. SOG; **NRW:** §§ 50 ff. PolG; **RhlPfl:** §§ 61 ff. LVwVG; **Saar:** §§ 44 ff. PolG; **Sachs:** §§ 30 ff. PolG; §§ 1 ff. VwVG; **SachsAnh:** §§ 53 ff. SOG; **SchlHolst:** §§ 228 ff. LVwVG; **Thür:** §§ 51 ff. PAG.

wurde, bereitet in aller Regel keine größeren Schwierigkeiten. Solche können aber in der Feststellung bestehen, ob der gegen die Grundverfügung eingelegte Rechtsbehelf (Widerspruch oder Anfechtungsklage) aufschiebende Wirkung entfaltet oder ob die aufschiebende Wirkung kraft Gesetzes ausgeschlossen ist. Die aufschiebende Wirkung ist zum einen gem. § 80 II S. 1 Nr. 2 VwGO bei unaufschiebbaren Anordnungen und Maßnahmen von Polizeivollzugsbeamten und zum anderen gem. § 80 II S. 1 Nr. 3 VwGO in anderen durch Bundesgesetz oder für Landesrecht durch Landesgesetz vorgesehenen Fällen wie bspw. § 212a I BauGB, § 17 VIa FernStrG, § 84 I AufenthG, § 35 WPflG, § 126 III Nr. 3 BRRG, § 80 TierseuchenG, § 3 I WBO, § 74 ZDG ausgeschlossen. Zu beachten ist schließlich, dass die aufschiebende Wirkung auch nicht gem. § 80 IV oder V VwGO wiederhergestellt worden sein darf.

909 Eine Vollstreckung *vor* Unanfechtbarkeit bzw. ohne Vorliegen der genannten Voraussetzungen ist nach Bundesrecht (§ 6 II BundesVwVG) und nach dem einschlägigen Landesrecht (z.B. § 11 II BremVwVG) u.a. möglich, wenn dies zur Verhinderung einer rechtswidrigen Tat (im Straßenverkehrsrecht primär § 49 StVO i.V.m. § 24 StVG i.V.m. § 1 OWiG) oder zur Abwendung einer drohenden Gefahr geboten erscheint. Zwar beziehen sich diese Vorschriften auf Verwaltungszwang, der ohne vorausgegangenen Verwaltungsakt angewendet wurde (**Sofortvollzug**). Wenn aber der Verwaltungszwang schon ohne vorausgehenden Verwaltungsakt zulässig ist, kann ein vorausgegangener Verwaltungsakt, auch wenn er noch nicht unanfechtbar geworden ist, der Vollstreckung nicht entgegenstehen (*argumentum a maiori ad minus* = Schluss von dem Stärkeren auf das Schwächere).[781]

910 Schließlich ist zu beachten, dass Vollstreckungsmaßnahmen den **Grundsatz der Verhältnismäßigkeit** beachten müssen. Dies ist so selbstverständlich, dass die meisten Vorschriften über die Zwangsmaßnahmen nichts über Erforderlichkeit oder Angemessenheit sagen. Lediglich der Aussage, dass der unmittelbare Zwang ausschließlich dann zulässig sei, wenn andere Zwangsmittel keinen Erfolg versprechen, ist ein direkter Hinweis auf den Grundsatz der Verhältnismäßigkeit zu entnehmen.

IV. Zwangsmittel

911 Die zulässigen Arten der Zwangsmittel sind gesetzlich abschließend aufgelistet (z.B. § 9 I BundesVwVG, § 13 I BremVwVG). Dazu zählen Zwangsgeld und Zwangshaft, Ersatzvornahme und unmittelbarer Zwang.[782]

1. Zwangsgeld und Zwangshaft

912 Zwangsgeld[783] kommt vornehmlich zur Durchsetzung *unvertretbarer* Handlungen (⇨ Handlungen, die nicht durch einen anderen vorgenommen werden können, § 11 I S. 1 BundesVwVG) bzw. bei der Verpflichtung zur Duldung oder Unterlassung einer Handlung in Betracht.

---

[781] VG Bremen NVwZ-RR **1998**, 468.

[782] Während **Bay** (Art. 54 ff. PAG), **Hess** (§§ 48 ff. SOG), **MeckVor** (§§ 86 ff. SOG), **Nds** (§§ 65 ff. SOG), **NRW** (§§ 51 ff. POG), **Saarl** (§§ 45 ff. PolG), **SchlHolst** (§§ 235 ff. LVwG), **SachsAnh** (§§ 54 ff. SOG) und **Thür** (§§ 52 ff. PAG) in ihren Polizeigesetzen alle drei Zwangsmittel selbst regeln, normieren **Brem** (§§ 40 ff. PolG), **BW** (§§ 49 ff. PolG), **Hamb** (§§ 17 ff. SOG), **RhlPfl** (§ 57 II i.V.m. §§ 58 ff. POG) und **Sachs** (§§ 30 ff. PolG) nur den unmittelbaren Zwang. In einer *Polizeirechtsklausur* müssen also hier ergänzend die Verwaltungsvollstreckungsgesetze herangezogen werden.

[783] § 31 MEPolG; **Bund:** § 11 VwVG; **BW:** § 23 VwVG; **Bay:** Art. 56 PAG; **Berl:** § 5 II VwVfG i.V.m. § 11 VwVG; **Brand:** § 20 VwVG; **Brem:** § 14 VwVG; **Hamb:** § 20 VwVG; **Hess:** § 50 SOG; **MeckVor:** § 88 SOG; **Nds:** § 67 SOG; **NRW:** § 53 PolG, § 60 VwVG; **RhlPfl:** § 64 LVwVG; **Saar:** § 47 PolG; **SachsAnh:** § 56 SOG; **Sachs:** § 22 VwVG; **SchlHolst:** § 237 LVwG; **Thür:** § 54 PAG, § 48 VwZVG.

Beispiele: A lehnt es ab, der Behörde eine bestimmte Auskunft zu erteilen. B weigert sich, seinen Führerschein herauszugeben. C widersetzt sich dem behördlichen Gebot, eine bestimmte Impfung zu dulden. D missachtet die Anordnung der Behörde, die Gewerbeausübung einzustellen.

Hier kann die geforderte Handlung nur durch den Adressaten selbst vorgenommen werden.

Grundsätzlich steht dieses Zwangsmittel aber auch zur Erzwingung *vertretbarer* Handlungen zur Verfügung.[784]

Die Verhängung eines Zwangsgeldes ist keine Kriminal- oder Verwaltungsstrafe, sondern ein **Beugemittel zur Durchsetzung eines Verwaltungsakts** und hat die Funktion, den der getroffenen Verfügung entgegenstehenden Willen des Vollstreckungsschuldners zu beugen. Daher darf es auch wiederholt eingesetzt und auch neben einer Geldbuße verhängt werden. Seine Beitreibung unterbleibt, wenn der Betroffene dem Regelungsgehalt der Grundverfügung nachkommt. Das Zwangsgeld ist anzudrohen und in einer bestimmten Höhe auszusprechen. Die Höhe ist durch einen gesetzlichen Rahmen bestimmt (vgl. § 11 III BundesVwVG). Bleibt die Androhung fruchtlos, erfolgt die Festsetzung. Die Beitreibung geschieht nach den Bestimmungen über die Vollstreckung von Geldforderungen. Ist das Zwangsgeld uneinbringlich, darf Ersatzzwangshaft angeordnet werden (vgl. § 16 BundesVwVG). Sie ist kein eigenständiges Zwangsmittel, sondern dient der Fortsetzung des Zwangsgeldes und stellt somit ebenso wenig eine Strafe, sondern eine Beugehaft dar. 913

Hinweis für die Fallbearbeitung: Da das Zwangsmittel *Zwangsgeld* eine gewisse Zeit erfordert, kommt es regelmäßig nur bei aufschiebbaren Fällen, etwa bei der zwangsweisen Schließung einer Gaststätte, in Betracht. Für den *vollzugspolizeilichen* Bereich ist es daher von geringerer Bedeutung.

2. Ersatzvornahme

Eine **Ersatzvornahme**[785] liegt vor, wenn eine dem Verantwortlichen obliegende, *vertretbare* Handlung von einem anderen, nicht notwendigerweise der Polizei selbst, auf Kosten des Verantwortlichen erbracht wird. 914

Die Ersatzvornahme besteht im gestreckten Verfahren aus der Androhung, der Festsetzung[786] und der Anwendung des Zwangsmittels. Eine Ersatzvornahme kommt nicht bei Unterlassungen oder Duldungen in Betracht, diese sind nämlich unvertretbar und werden im Wege des Zwangsgeldes bzw. des unmittelbaren Zwangs durchgesetzt. 915

Da die Verpflichtung, eine vertretbare Handlung vorzunehmen, nur auf einer polizeilichen Anordnung – einer Primärmaßnahme – beruhen kann, lässt diese sich wiederum, soweit sie im Wege der Ersatzvornahme durchgesetzt werden kann, allein auf die **Befugnisgeneralklausel** stützen. Denn die Standardmaßnahmen verlangen eine

[784] Einige Verwaltungsvollstreckungsgesetze wie § 11 I 2 BundesVwVG lassen bei vertretbaren Handlungen Zwangsgeld nur zu, wenn die Ersatzvornahme „untunlich" ist, und statuieren damit einen Vorrang der Ersatzvornahme. Diese Regelung ist, da sie Ausnahmecharakter hat, jedoch nicht verallgemeinerungsfähig.

[785] § 30 MEPolG; **Bund:** § 10 VwVG; **BW:** § 25 VwVG; **Bay:** Art. 55 PAG; **Berl:** § 5 II VwVfG i.V.m. § 10 VwVG; **Brand:** § 55 PolG, § 19 VwVG; **Brem:** § 15 VwVG; **Hamb:** § 14 lit. a VwVG; **Hess:** § 49 SOG; **MeckVor:** § 89 SOG; **Nds:** § 66 SOG; **NRW:** § 52 PolG, § 59 VwVG; **RhlPfl:** § 63 VwVG; **Saar:** § 46 PolG; **Sachs:** § 24 VwVG; **SachsAnh:** § 55 SOG; **SchlHolst:** § 238 LVwG; **Thür:** § 53 PAG, § 50 VwZVG.

[786] Nicht in allen Landesverwaltungsvollstreckungsgesetzen sind sämtliche Zwangsmittel festzusetzen. So wird in der Freien Hansestadt Bremen lediglich das Zwangsgeld festgesetzt (§ 18 BremVwVG, dazu gleich).

unvertretbare Handlung. **Daraus folgt, dass es im Bereich der Standardmaßnahmen keine Ersatzvornahme geben kann.**

Beispiel: Ein Platzverweis kann nur von dem Adressaten selbst befolgt werden. Verlangt wird also eine unvertretbare Handlung. Kommt der Verpflichtete dieser Standardmaßnahme nicht nach, ist ein anderes Zwangsmittel als die Ersatzvornahme anzuwenden. Grundsätzlich kommt hier nur der unmittelbare Zwang in Betracht.

916 Führt die Behörde die vertretbare Handlung selbst durch, handelt es sich um eine *Selbstvornahme*. Wird ein anderer mit der Ausführung der Handlung beauftragt, spricht man regelmäßig, aber nicht notwendigerweise von einer *Fremdvornahme*.[787]

Beispiel: Abbruch eines sog. Schwarzbaus durch einen von der Behörde beauftragten **privaten Bauunternehmer** bzw. **Abschleppen eines verkehrswidrig abgestellten Kfz** durch einen privaten Abschleppunternehmer jeweils auf der Grundlage eines privatrechtlichen Werkvertrags (§ 631 BGB)[788] mit der Vollzugsbehörde. Dadurch ist klargestellt, dass die Heranziehung Privater aufgrund zivilrechtlicher Verträge diese nicht zu Verwaltungshelfern macht, sondern dass diese selbstständig, aber als Beauftragte oder Bevollmächtigte der Vollzugsbehörde handeln. Daraus folgt aber auch, dass es sich *nicht* um eine zivilrechtliche Streitigkeit zwischen dem betroffenen Bürger und dem privaten Unternehmen handelt, sondern um eine öffentlich-rechtliche Streitigkeit (Verwaltungsrechtsweg) zwischen dem Bürger und der Vollzugsbehörde. Die jeweiligen Kosten (die von dem mit der Ersatzvornahme Beauftragten in Rechnung gestellten Kosten sowie die Verwaltungskosten selbst) werden anschließend durch Leistungsbescheid festgesetzt. Vgl. dazu den **Abschleppfall** bei *R. Schmidt*, Fälle zum Gefahrenabwehrrecht, Fall 11.

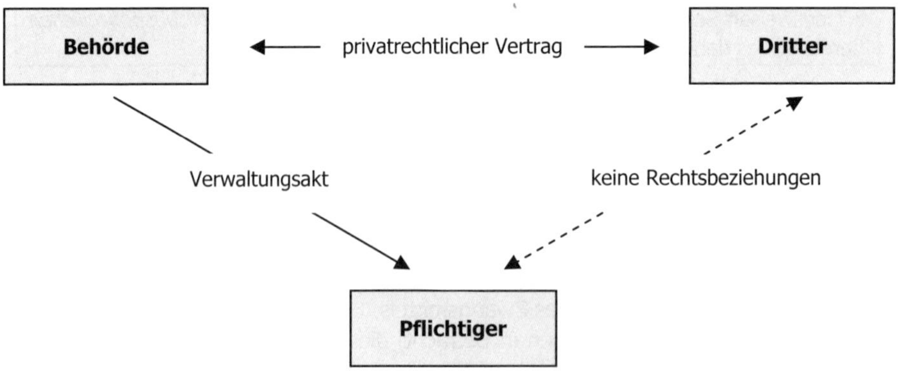

917 Dass sowohl Selbst- als auch Fremdvornahme auf Kosten des an sich Pflichtigen erfolgen, ist nur konsequent, denn wenn er selbst der Verfügung nachkäme, müsste er ebenfalls die Kosten tragen.

918 Im Gegensatz zu den meisten Landesgesetzen regelt § 10 BundesVwVG die Ersatzvornahme ausschließlich in der Form der *Fremdvornahme*. Führt eine (Bundes-) Behörde demnach eine Handlung selbst und mit eigenen Mitteln aus, muss diese *Selbst-*

[787] Bedient sich die Behörde zur Vornahme einer vertretbaren Handlung eines Dritten, so liegt deshalb noch nicht automatisch eine Fremdvornahme vor, weil die Geschäftsführung bei der Behörde bleiben kann. Bleibt die Behörde Herrin des Verfahrens, ist selbst bei Heranziehung eines Dritten von einer Selbstvornahme auszugehen.

[788] So zu Recht ausdrücklich *Maurer*, AllgVerwR, § 23 Rn 64; *Knemeyer*, POR, Rn 367; **a.A.** *Burmeister*, JuS **1989**, 256 ff., der von einer öffentlich-rechtlichen Indienstnahme des Dritten durch zustimmungsbedürftigen Verwaltungsakt ausgeht.

vornahme juristisch als unmittelbarer Zwang qualifiziert werden, dessen Kosten (wiederum anders als in den meisten Ländergesetzen, vgl. nur § 19 III, IV BremVwVG) aber ebenso wie die der Ersatzvornahme gem. § 19 BundesVwVG zu erstatten sind.

Daraus wird deutlich, welche rechtspolitische Zielsetzung der Möglichkeit der Durchführung der Ersatzvornahme als Selbstvornahme in den Landesverwaltungsvollstreckungsgesetzen zukommt. Um die Kostenlast auf den betroffenen Bürger zu übertragen, hätte es anderenfalls einer dem § 19 I i.V.m. § 12 BundesVwVG entsprechenden landesrechtlichen Rechtsgrundlage bedurft.

3. Unmittelbarer Zwang

Unmittelbarer Zwang[789] ist die Einwirkung auf Personen oder Sachen durch körperliche Gewalt, ihre Hilfsmittel und durch Waffen. 919

Der Polizeivollzugsdienst kann die von ihm erlassenen Verfügungen mit Mitteln des unmittelbaren Zwangs durchsetzen. Die Ordnungsbehörden können dieses Zwangsmittel durch eigene Vollzugskräfte (z.B. Außendienstbeamte) oder – mittelbar – durch die Vollzugshilfe des Polizeivollzugsdienstes einsetzen. In den meisten Bundesländern wird der durch den *Polizeivollzugsdienst* angewendete unmittelbare Zwang durch die Polizeigesetze – wie in der Freien Hansestadt Bremen durch §§ 40 II i.V.m. 41-47 BremPolG und in Rheinland-Pfalz durch § 57 II i.V.m. §§ 58-66 POG – geregelt, sodass für die Art und Weise des unmittelbaren Zwangs durch den *Polizeivollzugsdienst* (und nur durch diesen!) die entsprechenden Vorschriften des VwVG nicht anwendbar sind (vgl. etwa § 40 II BremPolG; § 57 II RhlPflPOG). 920

Regelmäßig muss der unmittelbare Zwang von der Selbstvornahme als Unterfall der Ersatzvornahme abgegrenzt werden. Im Gegensatz zur Ersatzvornahme kommt das Zwangsmittel unmittelbarer Zwang sowohl für *vertretbare* als auch für *unvertretbare* Handlungen in Betracht, aber auch für Duldungen oder Unterlassungen. Daher kann sich die Frage nach der Abgrenzung von unmittelbarem Zwang und Selbstvornahme als Unterfall der Ersatzvornahme nur bei vertretbaren Handlungen stellen. Geht es also um die Durchsetzung einer Duldungs- oder Unterlassungspflicht oder soll der Pflichtige zur Vornahme einer unvertretbaren Handlung angehalten werden (praktische Beispiele sind die Auflösung einer Demonstration durch den Einsatz von Wasserwerfern oder die Vereitelung der Flucht eines Bankräubers durch Schüsse in die Reifen des Fluchtautos), kann es sich bei dem Zwangsmittel nur um unmittelbaren Zwang handeln, da die Ersatzvornahme auf die Erzwingung vertretbarer Handlungen beschränkt ist. Im Übrigen ist der unmittelbare Zwang nach folgenden Kriterien von der Ersatzvornahme abzugrenzen: 921

- Die **Einwirkung auf die *Person*** des Pflichtigen ist immer **unmittelbarer Zwang**, denn die Einwirkung auf den Pflichtigen dient stets der Erzwingung höchstpersönlicher und damit unvertretbarer Handlungen, während die gewaltsame Einwirkung auf andere Personen keine Handlung ist, deren Vornahme dem Pflichtigen obliegen kann. 922
- Bei der **Einwirkung auf Sachen oder Tiere** ist folgendermaßen abzugrenzen: Eine Ersatzvornahme liegt vor, wenn das polizeiliche Handeln mit der dem Pflichtigen obliegenden Handlungspflicht identisch ist; ist das polizeiliche Handeln dagegen nicht mit 923

[789] §§ 33 ff. MEPolG; **Bund:** § 12 VwVG, § 2 UZwG; **BW:** § 26 VwVG; **Bay:** Art. 58 PAG; **Berl:** § 12 VwVG u. § 2 UZwG; **Brand:** § 22 PolG; **Brem:** § 16 VwVG, § 41 PolG; **Hamb:** § 18 SOG, § 14 lit. c VwVG; **Hess:** § 5 SOG; **MeckVor:** § 90 SOG; **Nds:** § 69 SOG; **NRW:** § 55 PolG, § 62 VwVG; **RhlPfl:** § 65 LVwVG; § 58 POG; **Saar:** § 49 PolG; **Sachs:** § 25 POG; **SachsAnh:** § 58 SOG; **SchlHolst:** § 239 LVwG; **Thür:** § 56 PAG, § 51 VwVZG.

der dem Pflichtigen obliegenden Handlungspflicht identisch, handelt es sich um unmittelbaren Zwang.

Beispiel: Die Polizeibeamten A und B werden zu einer Wohnung gerufen, in der offenbar körperliche Misshandlungen stattfinden. Als niemand auf ihre Aufforderung, die Tür zu öffnen, reagiert und das Geschrei sich intensiviert, sehen sie keine andere Möglichkeit, als die Tür sofort einzutreten.
Da diese Zwangseinwirkung nicht mit der dem Pflichtigen obliegenden Pflicht, einfach die Tür zu öffnen, identisch ist, liegt **unmittelbarer Zwang** vor.

Hätten die Beamten, statt die Tür einzutreten, den Schlüsseldienst herbeigerufen, um sich von diesem die Tür ohne deren Beschädigung öffnen zu lassen, wäre diese Handlung identisch mit derjenigen gewesen, die dem Pflichtigen oblag; mithin hätte ein Fall der Fremdvornahme als Unterfall der **Ersatzvornahme** vorgelegen.

924 ▪ Eine Ersatzvornahme kommt nicht bei **Unterlassungen** oder **Duldungen** in Betracht, diese sind nämlich unvertretbar und werden im Wege des Zwangsgeldes bzw. des **unmittelbaren Zwangs** durchgesetzt.

925 ▪ Im Übrigen ist die Anwendung des unmittelbaren Zwangs nur dann in Betracht zu ziehen, wenn die anderen Zwangsmittel nicht erfolgreich oder untunlich sind (§ 12 VwVG, vgl. aber z.B. § 16 BremVwVG oder § 69 VI NdsSOG, bei denen zwar der unmittelbare Zwang nicht subsidiär zur Ersatzvornahme steht, aber im Rahmen der Verhältnismäßigkeit der Mittel und des Auswahlermessens der Ersatzvornahme nachstehen muss). Ein Konkurrenzverhältnis zwischen unmittelbarem Zwang und Ersatzvornahme besteht dann nicht, wenn es sich um eine *unvertretbare* Handlung handelt und somit die Ersatzvornahme *a priori* ausscheidet.

926 ▪ Wie bereits gesagt, ist auf Bundesebene zu beachten, dass in § 10 BundesVwVG ausschließlich die Ersatzvornahme in Form der Fremdvornahme geregelt ist. Will die Behörde selbst vorgehen, kann sie dies nur im Rahmen des unmittelbaren Zwangs. Eine Abgrenzung ist dann nicht erforderlich und nicht möglich.

927 **Bedeutung der Abgrenzung des unmittelbaren Zwangs zur Ersatzvornahme:** Die Abgrenzung zwischen Ersatzvornahme und unmittelbarem Zwang ist nicht nur im Hinblick auf den Grundsatz der Verhältnismäßigkeit wichtig (der unmittelbare Zwang ist nur als ultima ratio zulässig), sondern auch deshalb, weil das Polizei- und Verwaltungskostenrecht für Maßnahmen des unmittelbaren Zwangs nur vereinzelt[790] eine Erhebung von Gebühren und Auslagen für den erforderlichen Einsatz vorsieht, wohingegen bei einer Ersatzvornahme der Betroffene generell zur Übernahme der Kosten herangezogen werden kann.[791]

---

[790] Vgl. **Bay:** Art. 58 III PAG i.V.m. § 1 Nr. 6, 7 PolKV; **BW:** §§ 49 I PolG, § 31 III LVwVG i.V.m. §§ 7 f. VollstrKO.

[791] Siehe *Wernsmann*, JuS **2002**, 582, 585 f., sowie Rn 997 ff.

V. Rechtmäßigkeit des Verwaltungszwangs im gestreckten Verfahren

1. Allgemeine Voraussetzungen

Das Verfahren des Verwaltungszwangs im Gefahrenabwehrrecht unterscheidet sich grundsätzlich nicht von dem des allgemeinen Verwaltungsvollstreckungsrechts. Den Grundtypus stellt das sog. gestreckte Verfahren dar, bei dem eine Vollstreckungsmaßnahme auf einem vorausgegangenen Verwaltungsakt beruht. Dessen zwangsweise Durchsetzung erfolgt in einem streng formalisierten mehrstufigen Verfahren und ist an folgende Voraussetzungen geknüpft, die **kumulativ** vorliegen müssen[792]: 928

- Rechtsgrundlage für den Zwang
- Formelle Rechtmäßigkeit der Zwangsmaßnahme
- Materielle Rechtmäßigkeit der Zwangsmaßnahme

a. Rechtsgrundlage der Vollstreckungsmaßnahme

Rechtsgrundlage ist die Vorschrift des VwVG über das gestreckte Vollstreckungsverfahren[793] i.V.m. der Vorschrift des konkreten Zwangsmittels. 929

b. Formelle Rechtmäßigkeit der Zwangsmaßnahme

In formeller Hinsicht müssen die **allgemeinen Zuständigkeits- und Verfahrensvorschriften** eingehalten werden: Wichtig ist vor allem die sachliche Zuständigkeit der Vollzugsbehörde: § 7 I BundesVwVG, § 12 BremVwVG, § 64 III NdsSOG. Danach ist für den Verwaltungszwang die Behörde zuständig, die den Grundverwaltungsakt erlassen hat.[794] Für die örtliche Zuständigkeit kann die Besonderheit auftreten, dass wenn sich im Laufe des Verwaltungsverfahrens die örtliche Zuständigkeit der Behörde ändert, die bisher zuständige Behörde mit Zustimmung der nunmehr zuständigen Behörde das Verwaltungsverfahren fortführen kann, wenn dies unter Wahrung der Interessen der Beteiligten der einfachen und zweckmäßigen Durchführung des Verfahrens dient (§ 3 III BundesVwVfG). Eine vorherige Anhörung ist wegen § 28 II Nr. 5 VwVfG entbehrlich. Als **besondere Verfahrensvorschriften** sind die **Androhung** des Zwangs (Rn 939) und (wenn erforderlich) die **Festsetzung** des Zwangsmittels (Rn 942) zu beachten. **Fehlt** die erforderliche Androhung, kann sich die Rechtmäßigkeit des Zwangs nur noch unter dem Aspekt des **Sofortvollzugs** ergeben (dazu Rn 952 ff.). 930

c. Materielle Rechtmäßigkeit

aa. Allgemeine Vollstreckungsvoraussetzungen

Materiell müssen zunächst die vier **allgemeinen Vollstreckungsvoraussetzungen** erfüllt sein (vgl. z.B. § 6 I BundesVwVG, § 11 I BremVwVG, § 64 I NdsSOG): 931

(1) **Materielle Vollstreckbarkeit des Grundverwaltungsakts**: Der zu vollstreckende Verwaltungsakt muss einen vollstreckbaren Titel haben. Bei feststellenden und rechtsgestaltenden Verwaltungsakten ist das nicht der Fall; diese sind einer Vollstreckung 932

---

[792] Die nachfolgende Darstellung ist eng an der Gesetzessystematik orientiert (vgl. auch das Aufbauschema bei Rn 937). Sofern in anderen Lehrbüchern eine abweichende Darstellung vorzufinden ist, entspricht dies weder der Gesetzessystematik noch dem Klausuraufbau.

[793] **Bund:** § 6 I VwVG; **BW:** § 18 VwVG; **Bay:** Art. 53 I PAG; **Berl:** § 5 II VwVfG i.V.m. § 6 I BundesVwVG; **Brand:** § 53 I PolG, § 15 I VwVG; **Brem:** § 11 I VwVG; **Hamb:** § 14 VwVG; **Hess:** § 47 I SOG; **MeckVor:** § 80 I SOG; **Nds:** § 64 I SOG; **NRW:** § 50 I PolG, § 55 I VwVG; **RhlPfl:** § 61 I VwVG; § 58 POG; **Saar:** § 44 I PolG; **Sachs:** § 19 VwVG; **SachsAnh:** § 53 I SOG; **SchlHolst:** § 229 I LVwG; **Thür:** § 51 I PAG, § 53 I VwVZG

[794] Da im gestreckten Zwangsverfahren i.d.R. die zu vollstreckende Grundverfügung im Gutachten bereits geprüft wurde, kann hinsichtlich der Zuständigkeit in Bezug auf die Grundverfügung auf die vorhergehende Prüfung verwiesen werden.

weder fähig noch bedürftig. Vollstreckbar sind **Verfügungen**. Diese beinhalten Verbote und Gebote, sind also befehlende Verwaltungsakte.

933 (2) **Formelle Vollstreckbarkeit des Grundverwaltungsakts**: Die Grundverfügung muss – wie in der Einleitung bereits beschrieben – entweder (1.) **unanfechtbar** sein oder (2.) ihr sofortiger Vollzug muss angeordnet worden sein oder (3.) ein noch nicht rechtskräftig beschiedener Rechtsbehelf darf **keine aufschiebende Wirkung** haben.[795]

⇨ Zu (1.): *Unanfechtbar* sind *bestandskräftige* Verwaltungsakte, gleichgültig, ob sie durch Ablauf der Rechtsmittelfrist oder durch rechtskräftige gerichtliche Entscheidung bestandskräftig geworden sind.

⇨ Zu (2.): Der *sofortige Vollzug ist angeordnet*, wenn eine separate Verfügung ergeht oder zumindest eine separate Regelung besteht, in der explizit angeordnet wird, dass der Verwaltungsakt sofort zu vollziehen sei.

⇨ Zu (3.): Das *Nichtbestehen der aufschiebenden Wirkung* ergibt sich aus § 80 II VwGO, ist also dann anzunehmen, wenn der Rechtsbehelf gem. § 80 II S. 1 Nrn. 1-3 keine aufschiebende Wirkung hat oder eine behördliche Anordnung der sofortigen Vollziehung gem. Nr. 4 getroffen wurde[796].

Hinweis für die Fallbearbeitung: In der Regel ist die erste Variante nicht gegeben, weil es zumeist um die zwangsweise Durchsetzung von Verwaltungsakten geht, die noch nicht bestandskräftig geworden sind. Die zweite Variante wird zumeist dann vorliegen, wenn eine Sonderordnungsbehörde handelt und etwa eine gewerbe- oder gaststättenrechtliche Verfügung zu vollstrecken gedenkt. Die dritte Variante ist v.a. immer dann einschlägig, wenn der Polizeivollzugsdienst Zwang anwendet. Denn Rechtsbehelfe gegen Maßnahmen des Polizeivollzugsdienstes entfalten wegen § 80 II S. 1 Nr. 2 VwGO keine aufschiebende Wirkung.

934 (3) **Wirksamkeit der Grundverfügung**: Der Grundverwaltungsakt muss **wirksam** sein. Bei einem *nichtigen, zurückgenommenen, widerrufenen, anderweitig aufgehobenen*[797] oder *durch Zeitablauf oder auf andere Weise erledigten* Verwaltungsakt ist das nicht der Fall (vgl. §§ 43 II, III, 44 VwVfG). Daraus folgt, dass ein **rechtswidriger, aber wirksamer Verwaltungsakt Grundlage einer Vollstreckungsmaßnahme sein kann**.

Dieser Befund entspricht nicht nur dem Wortlaut der einschlägigen Gesetze, sondern auch der bereits genannten Rechtsprechung des BVerfG[798], wonach es bei der Frage nach der Rechtmäßigkeit einer Vollstreckungsmaßnahme somit nicht (mehr) auf die Rechtmäßigkeit der der Vollstreckungsmaßnahme zugrunde liegenden Grundverfügung ankommt. Die **bloße Rechtswidrigkeit der Grundverfügung stellt kein Vollstreckungshindernis dar**.[799] Das folgt aus dem Umstand, dass auch ein rechtswidriger Verwaltungsakt grds. wirksam ist (vgl. §§ 43 II/III, 44 VwVfG). Daher kann es hinsichtlich der Vollstreckung nur auf die Wirksamkeit der Grundverfügung ankommen (vgl. § 6 I BundesVwVG). Die Verwaltung darf grds. also auch einen rechtswidrigen Verwaltungsakt vollstrecken, solange dieser nur wirksam ist (etwas anderes gilt nur dann, wenn die Vollzugsbehörde die Rechtswidrigkeit kennt, denn es kann nicht sein, dass die Behörde sehenden Auges rechtswidrige Verwaltungsakte vollstreckt). Freilich eine

795 Innerhalb dieses Prüfungspunkts brauchen die Voraussetzungen also *nicht* kumulativ vorzuliegen. Es genügt das Vorliegen *einer* Variante.

796 Freilich ist die in Nr. 3 zuletzt genannte Variante ebenfalls von Nr. 2 umfasst.

797 Insbesondere kommt die Aufhebung durch das Verwaltungsgericht gem. § 113 I S. 1 VwGO in Betracht.

798 BVerfG NVwZ **1999**, 290, 292; so auch OVG Münster NVwZ **2001**, 231 und OVG Hamburg NordÖR **2002**, 469, 470 f.

799 Wie hier *Schenke*, POR, Rn 540; **a.A.** *Jahn*, JA **2000**, 79, 86 und *Knemeyer*, POR, Rn 358, denen jedoch offensichtlich BVerfG NVwZ **1999**, 290, 292 unbekannt ist und die sich folgerichtig nicht mit dieser entgegenstehenden Rspr. auseinandersetzen. Zudem findet ihre Auffassung auch im Gesetz keine Stütze.

andere Frage ist es, ob **das Vollstrecken eines rechtswidrigen Grundverwaltungsakts unverhältnismäßig ist**. Denn auch und gerade die Verwaltungsvollstreckung hat im besonderen Maße den Grundsatz der Verhältnismäßigkeit zu beachten.

Für den **Rechtsschutz** bedeutet dies, dass soweit der Kläger ausdrücklich nur die Zwangsmaßnahme (diese stellt nach der hier vertretenen Auffassung einen Verwaltungsakt dar) angreift, nicht auch die Rechtmäßigkeit der Primärverfügung geprüft zu werden braucht, sondern nur deren Wirksamkeit. Das kann zu dem Ergebnis führen, dass die fragliche Vollstreckungsmaßnahme recht*mäßig* ist, obwohl die ihr zugrunde liegende Primärmaßnahme rechts*widrig* ist bzw. war. Das ist aus rechtsstaatlicher Sicht grds. unproblematisch, da der Bürger ja gerade gegen einzelne Vollstreckungsmaßnahmen gerichtlich (ggf. nach § 80 V VwGO) vorgehen kann. Bedenken bestünden lediglich dann, wenn der Grundverwaltungsakt so kurzfristig vollstreckt würde, dass die zwischenzeitliche Anrufung des Gerichts im Verfahren nach § 80 V VwGO nicht in Betracht käme (irreversibler Vollzug vor Unanfechtbarkeit). Sofern sich die Primärmaßnahme also noch nicht erledigt hat (und somit noch wirksam ist), wird der Kläger daher regelmäßig versuchen, auch die Wirksamkeit der Grundverfügung zu beseitigen. Das kann er nur, indem er gleichzeitig Anfechtungsklage gegen die Grundverfügung erhebt. Kommt dann das Gericht zu dem Ergebnis, dass die Grundverfügung rechtswidrig ist, hebt es diese gem. § 113 I S. 1 VwGO auf, wodurch deren Wirksamkeit entfällt (§ 43 II VwVfG). Im Verfahren nach § 80 V VwGO ordnet es die aufschiebende Wirkung (des Widerspruchs bzw. der Anfechtungsklage) an. Damit entfällt gleichzeitig die Grundlage für die Vollstreckungsmaßnahme. In der Klausur muss also stets genau das Klagebegehren untersucht werden. Kommt der Kläger nur über die Aufhebung der (noch nicht erledigten) Grundverfügung bzw. über die Anordnung der aufschiebenden Wirkung zu seinem Ziel, wird anzunehmen sein, dass er auch eine Anfechtungsklage gegen die Grundverfügung erheben bzw. einen Antrag nach § 80 V VwGO stellen will. Ggf. muss der Richter über § 86 II VwGO eine Erweiterung des Klagegegenstands anregen. In diesem Fall wären in kumulativer Klagehäufung (§ 44 VwGO) sowohl die Grundverfügung als auch die Zwangsmaßnahme zu prüfen.

Beispiel: K parkt seinen Wagen in einer mit Zeichen 290 zu § 41 StVO gekennzeichneten großflächig angelegten Halteverbotszone, die den städtischen Flughafen umgibt, und fliegt in die Ferien. Nach der Rückkehr erfährt er, dass der Wagen abgeschleppt wurde. Hinsichtlich des Kostenbescheids macht K geltend, dass das Abschleppen rechtswidrig gewesen sei, weil für die großflächige Halteverbotszone keine Rechtfertigung bestehe.

Rechtsgrundlage für den Kostenbescheid ist die landesrechtliche Bestimmung über die Kostentragung einer Ersatzvornahme (das Abschleppen eines verkehrswidrig abgestellten Kfz stellt eine Ersatzvornahme dar, vgl. ausführlich den Übungsfall bei *R. Schmidt*, Fälle zum Gefahrenabwehrrecht, Fall 11). Der Kostenbescheid ist jedoch nur dann rechtmäßig, wenn die ihm zugrunde liegende Ersatzvornahme rechtmäßig ist. Die Rechtsgrundlage einer Ersatzvornahme ist ebenfalls dem Landesvollstreckungsrecht zu entnehmen (vgl. etwa § 10 BundesVwVG, § 15 BremVwVG, § 66 NdsSOG, § 14 a) HambVwVG). In materieller Hinsicht setzt eine Ersatzvornahme im gestreckten Vollstreckungsverfahren insbesondere voraus, dass eine vollstreckbare Grundverfügung vorliegt. Vorliegend bestand eine solche, denn ein Verkehrszeichen stellt eine Allgemeinverfügung i.S.d. § 35 S. 2 VwVfG dar und ist materiell sofort vollstreckbar (vgl. auch hierzu ausführlich den Übungsfall bei *R. Schmidt*, Fälle zum Gefahrenabwehrrecht, Fall 11). Da dieses Verkehrszeichen weder nichtig ist noch zwischenzeitlich aufgehoben wurde und sich auch nicht erledigt hat, ist es – unbeschadet der möglichen Rechtswidrigkeit – nach wie vor wirksam und taugliche Grundverfügung für die Ersatzvornahme *Abschleppen*. Allerdings setzt eine Zwangsmaßnahme im gestreckten Verfahren nach den Verwaltungsvollstreckungsgesetzen eine **Androhung** des Zwangsmittels voraus (vgl. etwa § 13 BundesVwVG, § 17 BremVwVG, § 18 II HambVwVG). Eine solche ist vorliegend aber nicht ergangen. Insbesondere kann eine Androhung nicht in dem dem Halteverbotsschild zugrunde liegenden Wegfahrgebot gesehen werden, da dieses Gebot ausschließlich Regelungsgegenstand des Grundverwaltungsakts ist. Sofern das Verwaltungsvollstreckungsgesetz keine Entbehrlichkeitsregelung bzgl. der Androhung enthält, war das Abschleppen im Rahmen des gestreckten Vollstreckungsverfahrens rechtswidrig. Dies unterstellt, konnte die Abschleppmaßnahme nur im Rahmen eines **Sofortvollzugs** (vgl. etwa § 6 II BundesVwVG, Art. 29 II BayVwZVG, § 11 II BremVwVG, § 27 HambVwVG, § 64 II NdsSOG) rechtmäßig sein. Dem Sofortvollzug wiederum ist eigentümlich, dass gerade kein oder kein wirksamer Grundverwaltungsakt vorliegt, auf dessen Rechtmäßigkeit es hätte ankommen können. Abzustellen ist aufgrund der Formulierung in § 6 II BundesVwVG (und z.B. in Art. 29 II BayVwZVG, § 11 II BremVwVG, § 27 HambVwVG, § 64 II NdsSOG): „im Rahmen ihrer Befugnisse" auf einen hypothetischen Grundverwaltungsakt. Vgl. auch hierzu den Übungsfall bei *R. Schmidt*, Fälle zum Gefahrenabwehrrecht, Fall 11.

Unbeschadet dieser Konstellation ist schließlich zu beachten, dass es auf die Rechtmäßigkeit der (hypothetischen) Grundverfügung erst recht (oder jedenfalls) nicht mehr ankommt, wenn die Grundverfügung bereits bestandskräftig geworden ist.

935 (4) **Fehlen von Vollstreckungshindernissen**: Privatrechtliche Hinderungsgründe (z.B. Eigentumsübertragung, Miteigentum, Vermietung) zur Ausführung der angeordneten Maßnahme machen den Grundverwaltungsakt nicht wegen rechtlicher Unmöglichkeit rechtswidrig. Es liegt aber ein Vollstreckungshindernis vor. Daher wird eine Duldungsverfügung gegen den Dritten erforderlich, wenn dieser der Vollstreckung nicht zustimmt.

Mögliche Klausurkonstellation: Mieter M bewohnt ein formell und materiell rechtswidrig errichtetes Haus, das aufgrund einer nicht beachteten Bauabrissverfügung (vgl. nur § 82 I BremLBO) nun im Wege des Verwaltungszwangs abgerissen werden soll. Dazu ergeht zunächst eine Beseitigungsanordnung gegenüber dem Eigentümer und Vermieter E verbunden mit der Androhung, dass bei deren Nichtbefolgung der Bau zwangsweise auf Kosten des E beseitigt werde (vgl. § 13 BundesVwVG, § 17 BremVwVG, § 18 II HambVwVG, § 70 NdsSOG). In diesem Fall ist E die Beseitigung des Baus (= Vollstreckung der Verfügung) so lange rechtlich unmöglich, wie M sich auf den Mietvertrag berufen kann. Eine solche vorübergehende Unmöglichkeit führt jedoch nicht zur Rechtswidrigkeit der Beseitigungsanordnung und Androhung, sondern verhindert lediglich, dass die Abrissverfügung im Wege des Verwaltungszwangs durchgesetzt werden kann, solange nicht der Mitberechtigte M einwilligt oder dessen Einwilligung durch eine separate, ihm gegenüber ergangene Duldungsverfügung ersetzt wird.[800]

bb. Tatbestandsvoraussetzungen des konkreten Zwangsmittels

935a Liegen die allgemeinen Vollstreckungsvoraussetzungen („generelle Zulässigkeit von Zwang") vor, sind des Weiteren die Tatbestandsvoraussetzungen des konkreten Zwangsmittels (Ersatzvornahme, unmittelbarer Zwang in Form des Schlagstock-, Schusswaffeneinsatzes etc.) zu prüfen.

cc. Ermessen und Verhältnismäßigkeit

936 Schließlich muss die Ausübung von Zwang ermessensfehlerfrei und verhältnismäßig sein. Im Rahmen der **pflichtgemäßen Ermessensausübung** (innerhalb derer die Verhältnismäßigkeit mitgeprüft werden kann bzw. muss[801]) müssen die rechtsfehlerfreie Auswahl eines zulässigen Zwangsmittels und dessen ordnungsgemäßer Einsatz überprüft werden. Nachdem die Behörde das „Ob" (Entschließungsermessen) be-

---

[800] So BVerwGE **40**, 101, 103; **a.A.** *Maurer*, AllgVerwR, § 10 Rn 19, der von einer schwebenden Unwirksamkeit der Beseitigungsandrohung ausgeht.

[801] Zur Begründung dieser „verzahnten" Prüfung vgl. Rn 718 ff.

stimmt hat, muss sie innerhalb des Auswahlermessens eines der drei Zwangsmittel (s.o.) ausgewählt haben:

- Der **unmittelbare Zwang** kommt von vornherein nur als *ultima ratio* in Betracht (§ 12 BundesVwVG, bedingt § 16 BremVwVG). Daher reduziert sich die Auswahl zunächst regelmäßig auf Zwangsgeld und Ersatzvornahme.
- Bei *unvertretbaren* Pflichten (meist bei Duldung oder Unterlassung) steht die **Ersatzvornahme** von vornherein nicht zur Verfügung.
- Im Übrigen ist das **Übermaßverbot** zu beachten: Kommen mehrere Zwangsmittel in Betracht, muss die Behörde dasjenige auswählen, das den Pflichtigen und die Allgemeinheit voraussichtlich am wenigsten beeinträchtigt (vgl. etwa § 9 II 1 BundesVwVG, § 13 II 2 BremVwVG, § 15 I HambVwVG). Andererseits ist eine wirksame Gefahrenabwehr gefordert, die aber keinen Schaden erwarten lassen darf, der außer Verhältnis zum beabsichtigten Erfolg steht (§ 9 II 1 BundesVwVG, § 13 II 1 BremVwVG). Ferner dürfen Zwangsmittel wiederholt und so lange angewandt werden, bis die Verfügung befolgt wird oder sich auf andere Weise erledigt hat (§ 13 VI 1 BundesVwVG, § 19 V BremVwVG, § 15 II HambSOG, § 65 III NdsSOG). Schließlich kann das Problem zu diskutieren sein, dass ein rechtswidriger, aber dennoch wirksamer Grundverwaltungsakt zwar grundsätzlich vollzogen werden kann, der Vollzugsakt aber gerade wegen der Rechtswidrigkeit der Grundverfügung unverhältnismäßig sein könnte. Vgl. dazu den Übungsfall bei *R. Schmidt*, Fälle zum Gefahrenabwehrrecht, Fall 7.
- Schließlich darf das mit dem Zwangsmittel verfolgte Ziel in seiner Wertigkeit nicht außer Verhältnis zur Intensität des Grundrechtseingriffs stehen (**Angemessenheit** bzw. Verhältnismäßigkeit i.e.S.).

Insgesamt sollte der Zwang im gestreckten Verfahren nach folgendem Schema geprüft werden: **937**

Prüfung der Rechtmäßigkeit des Verwaltungszwangs im gestreckten Verfahren

Ggf. Vorprüfung: Vorliegen einer wirksamen Grundverfügung

A. Rechtsgrundlage der Vollstreckungsmaßnahme

Rechtsgrundlage ist die Vorschrift des VwVG über das gestreckte Vollstreckungsverfahren (vgl. § 6 I BundesVwVG und die entsprechenden Landesgesetze) i.V.m. der Vorschrift des konkreten Zwangsmittels.

B. Formelle Rechtmäßigkeit der Zwangsmaßnahme

Die sachliche **Zuständigkeit** ergibt sich aus § 7 I BundesVwVG bzw. den entsprechenden Landesgesetzen. Als **Verfahrensvorschriften** sind die **Androhung** (Rn 939) und (wenn erforderlich) die **Festsetzung** (Rn 942) zu beachten. **Fehlt** die erforderliche Androhung, kann sich die Rechtmäßigkeit des Zwangs nur noch unter dem Aspekt des **Sofortvollzugs** ergeben (dazu Rn 952 ff.). Die vorherige **Anhörung** ist wegen § 28 II Nr. 5 VwVfG entbehrlich.

C. Materielle Rechtmäßigkeit

I. Es müssen die vier **allgemeinen Vollstreckungsvoraussetzungen** (vgl. § 6 I BundesVwVG und die entsprechenden Landesgesetze) vorliegen:

1. **Materielle Vollstreckbarkeit**: Der GrundVA muss einen vollstreckbaren Titel haben. Bei feststellenden und rechtsgestaltenden Verwaltungsakten ist das nicht der Fall; diese sind einer Vollstreckung weder fähig noch bedürftig. Vollstreckbar sind **Verfügungen**. Diese beinhalten Verbote und Gebote, sind also befehlende Verwaltungsakte.

2. **Formelle Vollstreckbarkeit**: Der GrundVA muss entweder (1.) **unanfechtbar** sein oder (2.) ihr sofortiger Vollzug muss angeordnet worden sein oder (3.) ein noch nicht rechtskräftig beschiedener Rechtsbehelf darf **keine aufschiebende Wirkung** haben.

   Zu (1.): *Unanfechtbar* sind *bestandskräftige* Verwaltungsakte, gleichgültig, ob sie durch Ablauf der Rechtsmittelfrist oder durch rechtskräftige gerichtliche Entscheidung bestandskräftig geworden sind.

   Zu (2.): Der *sofortige Vollzug ist angeordnet*, wenn eine separate Verfügung ergeht oder zumindest eine separate Regelung besteht, in der explizit angeordnet wird, dass der Verwaltungsakt sofort vollzogen werde.

   Zu (3.): Das *Nichtbestehen der aufschiebenden Wirkung* ergibt sich aus § 80 II VwGO, ist also dann anzunehmen, wenn der Rechtsbehelf gem. § 80 II S. 1 Nrn. 1-3 keine aufschiebende Wirkung hat oder eine behördliche Anordnung der sofortigen Vollziehung gem. Nr. 4 getroffen wurde.

3. **Wirksamkeit der Grundverfügung**: Der Grundverwaltungsakt muss **wirksam** sein. Bei einem *nichtigen, zurückgenommenen, widerrufenen, anderweitig aufgehobenen* oder *durch Zeitablauf oder auf andere Weise erledigten* Verwaltungsakt ist das nicht der Fall (vgl. §§ 43 II, III, 44 VwVfG). Daraus folgt, dass auch ein **rechtswidriger Verwaltungsakt Grundlage einer Vollstreckungsmaßnahme sein kann, solange er nur wirksam ist**. Etwas anderes gilt nur dann, wenn die Vollzugsbehörde die Rechtswidrigkeit kennt. Davon abgesehen erfolgt in der Fallbearbeitung an dieser Stelle i.d.R. lediglich ein Verweis auf die abgeschlossene Prüfung des Grundverwaltungsakts.

4. **Fehlen von Vollstreckungshindernissen**: Privatrechtliche Hinderungsgründe (z.B. Eigentumsübertragung, Miteigentum, Vermietung) hindern die Vollstreckbarkeit. Daher wird eine Duldungsverfügung gegen den Dritten erforderlich, wenn dieser der Vollstreckung nicht zustimmt.

II. Liegen die allgemeinen Vollstreckungsvoraussetzungen („generelle Zulässigkeit von Zwang") vor, sind des Weiteren die **Tatbestandsvoraussetzungen des konkreten Zwangsmittels** (Ersatzvornahme, unmittelbarer Zwang in Form des Schlagstock-, Schusswaffeneinsatzes etc.) zu prüfen.

III. Im Rahmen des **pflichtgemäßen Ermessens** stehen die rechtsfehlerfreie Auswahl eines **zulässigen Zwangsmittels** und dessen ordnungsgemäßer Einsatz im Mittelpunkt. Nachdem die Behörde das „Ob" (Entschließungsermessen) bestimmt hat, muss sie innerhalb des Auswahlermessens eines der bei Rn 911 ff. genannten Zwangsmittel (s.o.) rechtsfehlerfrei bestimmen. In diesem Zusammenhang ist das **Übermaßverbot** zu beachten: Kommen mehrere Zwangsmittel in Betracht, muss die Behörde dasjenige auswählen, das den Pflichtigen und die Allgemeinheit voraussichtlich am wenigsten beeinträchtigt (§ 9 II 1 BundesVwVG und die entsprechenden Landesgesetze). Andererseits ist eine wirksame Gefahrenabwehr gefordert, die aber keinen Schaden erwarten lassen darf, der außer Verhältnis zum beabsichtigten Erfolg steht (§ 9 II S. 1 BundesVwVG und die entsprechenden Landesgesetze). Ferner dürfen Zwangsmittel wiederholt und solange angewandt werden, bis die Verfügung befolgt wird oder sich auf andere Weise erledigt hat (§ 13 VI S. 1 BundesVwVG und die entsprechenden Landesgesetze). Schließlich kann das Problem zu diskutieren sein, dass ein rechtswidriger, aber dennoch wirksamer Grundverwaltungsakt zwar grundsätzlich vollzogen werden kann, der Vollzugsakt aber gerade wegen der Rechtswidrigkeit der Grundverfügung unverhältnismäßig sein könnte.

2. Das Zwangsverfahren

In Ausformung des bislang Genannten ist zu erwähnen, dass im Anschluss an die Wahl des Zwangsmittels durch die Behörde dessen grundsätzliche **dreistufige** Ausgestaltung folgt: Androhung, Festsetzung, Anwendung. Das Verfahren ist lediglich einstufig, wenn wegen Gefahr im Verzug sofort gehandelt werden muss (sog. gekürztes Verfahren). Ferner bestimmen einige Vollstreckungsgesetze, dass die Festsetzung bei bestimmten Zwangsmitteln entfallen kann. 938

a. Androhung des Zwangsmittels

aa. Allgemeines: Zwangsmittel müssen grundsätzlich angedroht werden[802] (Prüfungspunkt: formelle Rechtmäßigkeit). Soweit es um die Androhung von Zwangsgeld geht, ist dies in einer bestimmten Höhe anzudrohen. Die Androhung hat den Zweck einer Warnfunktion, die dem Betroffenen zeigen soll, welche Zwangsmaßnahmen auf ihn zukommen können, und ihm die Möglichkeit einräumen soll, innerhalb einer bestimmten Frist der Verfügung nachzukommen.[803] Die Androhung ist daher ein Instrumentarium des Rechtsstaates. Da aber in manchen Situationen einfach keine Zeit bleibt, den anzuwendenden Zwang anzudrohen, ist die Androhung unter bestimmten, im Gesetz näher beschriebenen Voraussetzungen entbehrlich. Das betrifft insbesondere den Fall, dass unmittelbarer Zwang von der Vollzugspolizei angewendet werden muss. Dann ist eine Androhung entbehrlich, wenn die Umstände des Falls eine vorherige Androhung nicht zulassen, insbesondere, wenn die sofortige Anwendung des Zwangsmittels zur Abwehr einer gegenwärtigen Gefahr notwendig ist (vgl. nur § 44 I BremPolG oder § 70 I S. 3 NdsSOG). Bedarf es aber einer Androhung, *kann* sie zusammen mit dem zu vollziehenden Verwaltungsakt ergehen (unselbstständige Androhung, vgl. § 13 II BundesVwVG) und *soll* mit ihm zusammen ergehen, wenn dem Rechtsbehelf keine aufschiebende Wirkung zukommt. Im Übrigen kann sie separat ergehen (selbstständige Androhung). Die Androhung ist grundsätzlich **schriftlich**[804] (bzw. elektronisch, sofern die Voraussetzungen erfüllt sind) zu erteilen und **zuzustellen** (vgl. § 13 VII BundesVwVG, § 4 BundesVwZG)[805] und muss sich entweder auf *ein* bestimmtes Zwangsmittel (§ 13 III BundesVwVG) oder *bestimmte* Zwangsmittel (so die meisten Landesgesetze) beziehen. Bei der Androhung einer Ersatzvornahme sind zudem die voraussichtlich entstehenden Kosten, beim Zwangsgeld ist ein bestimmter Betrag anzugeben (§ 13 IV, V BundesVwVG). Die Androhung eines Zwangsgeldes „für jeden Fall der Zuwiderhandlung" ist dagegen nicht von der Ermächtigungsnorm gedeckt.[806] 939

Wegen der Wichtigkeit sei nochmals darauf hingewiesen, dass in Ländern des Einheitssystems bei der Ausübung von **unmittelbarem Zwang** durch den **Polizeivollzugsdienst** Art und Weise der Ausführung sich nicht nach dem VwVG, sondern nach dem PolG richten und sich daher auch die **Androhung** (und deren Entbehrlichkeit) ausschließlich nach dem 940

---

[802] § 29 II MEPolG; **Bund:** § 13 I VwVG; **BW:** § 20 VwVG und § 52 II PolG; **Bay:** Art. 59, 64 PAG, Art. 36 VwVG; **Berl:** § 5 II VwVfG i.V.m. § 13 I BundesVwVG, § 10 UZwG; **Brand:** §§ 59, 64 PolG, 23, 29 VwVG; **Brem:** § 17 VwVG, § 44 PolG; **Hamb:** § 22 SOG und § 18 II VwVG (als „Hinweis" bezeichnet); **Hess:** §§ 52, 58 SOG; **MeckVor:** §§ 87, 111 SOG; **Nds:** §§ 70, 74 SOG; **NRW:** §§ 56, 51 PolG, §§ 63, 69 VwVG; **RhlPfl:** § 66 VwVG, § 61 POG; **Saar:** § 50, 54 PolG; **Sachs:** § 20 VwVG, § 32 II PolG; **SachsAnh:** §§ 59, 63 SOG; **SchlHolst:** §§ 236, 259 LVwG; **Thür:** §§ 57, 62 PAG, § 46 VwZVG.

[803] Vgl. *Werner*, JA **2000**, 902, 904.

[804] Wendet der **Polizeivollzugsdienst** Zwang an, bedarf es der Schriftform wiederum nicht (vgl. nur § 40 I Nr. 2 BremPolG).

[805] Die Zustellung ist eine besondere Form der Bekanntgabe, die diese rechtlich sichern soll. In der Regel erfolgt die Zustellung per **eingeschriebenen Brief**. Dagegen erfüllt nach BVerwG NJW **2001**, 458 das **Einwurfeinschreiben** der Post nicht die Anforderungen an die förmliche Zustellung nach dem VwZG.

[806] BVerwG NVwZ **1998**, 393, 394; zur formellen und materiellen Rechtmäßigkeit einer Androhung einer Ersatzvornahme vgl. auch OVG Weimar LKV **1998**, 272.

PolG richten. Zum anderen ist das Schriftformerfordernis nicht zu beachten. Aber auch in den Ländern des Trennungssystems bestehen ähnliche Regelungen.

941 **bb.** Zur **Rechtsnatur** und zum **Rechtsschutz**: Der Androhung des Zwangsmittels, das der Durchsetzung eines Verwaltungsakts dient, der nicht auf eine Geldleistung, sondern auf ein sonstiges Handeln, Dulden oder Unterlassen gerichtet ist, wird ganz herrschend eine Regelungswirkung zugesprochen, mithin wird in ihr ein **Verwaltungsakt** angenommen.[807] Dies ergibt sich daraus, dass die Androhung eine konstitutive Rechtmäßigkeitsvoraussetzung für die Anwendung des Verwaltungszwangs im gestreckten Verfahren darstellt und damit eine für die Fortsetzung des Vollstreckungsverfahrens unerlässliche Regelung trifft. Die Androhung einer Vollstreckungsmaßnahme zur Durchsetzung eines Verwaltungsakts, der auf eine *Geldforderung* gerichtet ist, soll hingegen *kein* Verwaltungsakt sein.[808] Verwaltungsprozessual kann die Frage aber dahinstehen, weil gemäß § 18 I S. 1 BundesVwVG (der als allgemeiner Rechtsgedanke auch auf Landesebene zu beachten ist) gegen die *Androhung* die Rechtsmittel gegeben sind, die gegen den (Grund-)Verwaltungsakt zulässig sind.

b. Festsetzung des Zwangsmittels

942 **Allgemeines:** Die Notwendigkeit der Festsetzung eines *angedrohten* Zwangsmittels ist nur in einem Teil der Gesetze festgelegt: (so in § 14 S. 1 BundesVwVG). Die Landesvollstreckungsgesetze sehen die Festsetzung überwiegend nur beim *Zwangsgeld* vor. Ist die Festsetzung jedoch auch im Falle einer Ersatzvornahme gesetzlich vorgeschrieben, stellt sich die Frage, ob das Fehlen der Festsetzung zur Rechtswidrigkeit der Ersatzvornahme führt. Des Weiteren ist fraglich, ob jenseits der gesetzlichen Kostenregelung die Kosten einer rechtswidrigen Ersatzvornahme u.U. über die allgemeinen Rechtsinstitute der öffentlich-rechtlichen GoA und des öffentlich-rechtlichen Erstattungsanspruchs ersetzt werden können. Das BVerwG[809] hält am Erfordernis einer Festsetzung gem. § 14 S. 1 VwVfG für die Rechtmäßigkeit der Ersatzvornahme grundsätzlich fest, meint indes, die Festsetzung könne im Einzelfall entbehrlich und damit könne trotz ihres Fehlens die Ersatzvornahme rechtmäßig sein. Dies sei der Fall, wenn die mit der Festsetzung verbundenen Zwecke auf andere Weise erreicht würden. Die Festsetzung habe für den Pflichtigen Schutzcharakter i.S. einer letztmaligen Warnung, aus der Sicht der Vollstreckungsbehörde mache sie den Weg für Zwangsmaßnahmen endgültig frei. Der Individualschutz und die Rechtssicherheit würden nicht beeinträchtigt, wenn der Pflichtige ernstlich und endgültig erkläre, er werde dem Grundverwaltungsakt nicht Folge leisten, denn hierin liege ein stillschweigender Verzicht auf die mit einer förmlichen Festsetzung verbundenen Schutzmöglichkeiten. Hinzuweisen sei auch auf §§ 28 III S. 2, 30 III WaStrG und die vergleichbare zivilrechtliche Frage des Verzugseintritts ohne vorherige Mahnung und Nachfristsetzung bei ernsthafter und endgültiger Erfüllungsverweigerung. Unter diesen Voraussetzungen ist die Ersatzvornahme trotz unterbliebener Festsetzung rechtmäßig.

943 Zur **Rechtsnatur** und zum **Rechtsschutz**: Die gesetzlich festgeschriebene Festsetzung eines Zwangsmittels ist ein **Verwaltungsakt**, weil sie eine Entscheidung über den Verstoß gegen ein Gebot oder Verbot trifft und somit einen Regelungscharakter aufweist.[810]

---

[807] BVerwG NVwZ **1998**, 393; *Kopp/Schenke*, VwGO, Anh § 42 Rn 32; *Kopp/Ramsauer*, VwVfG, § 35 Rn 67; *Erichsen/Rauschenberg*, Jura **1998**, 31, 38; *Schenke*, POR, Rn 546.
[808] *Kopp/Schenke*, VwGO, Anh § 42 Rn 32.
[809] BVerwG NVwZ **1997**, 381, 382.
[810] BVerwGE **49**, 169, 170; *Götz*, NVwZ **1998**, 679, 688; *Knemeyer*, POR, Rn 364; *Kopp/Schenke*, VwGO, Anh § 42 Rn 32; *Kopp/Ramsauer*, VwVfG, § 35 Rn 67.

Von dem allgemeinen Grundsatz aus § 80 I VwGO ausgehend, würde dies bedeuten, dass Anfechtungswiderspruch und Anfechtungsklage gegen die Androhung oder die Festsetzung aufschiebende Wirkung hätten. Dies hätte zur Folge, dass vom Zeitpunkt ihrer Einlegung an alle weiteren Maßnahmen zur Vollstreckung des Verwaltungsakts unzulässig würden. Dadurch würde die Vollstreckungsmaßnahme ihrerseits suspendiert. Um dieses widersinnige Ergebnis zu vermeiden, ist die aufschiebende Wirkung in zahlreichen Fällen gemäß § 80 II S. 1 Nr. 3 VwGO gesetzlich ausgeschlossen (vgl. auch § 80 II S. 2 VwGO). Besteht ein solcher Ausschluss nicht, ist Raum für die Anordnung der sofortigen Vollziehung gemäß § 80 II S. 1 Nr. 4 VwGO. 944

c. Anwendung des Zwangsmittels

Bleiben Androhung und – sofern vorgesehen – die Festsetzung erfolglos, kommt es zur Anwendung des Zwangsmittels (§ 15 I BundesVwVG und die entsprechenden Landesgesetze). Die tatsächliche Ausführung der Zwangsmaßnahme darf grundsätzlich nur entsprechend der Androhung bzw. Festsetzung erfolgen. 945

Bezüglich der Anwendung eines Zwangsmittels (Ersatzvornahme, unmittelbarer Zwang) besteht überwiegend die Auffassung, dass es sich in Ermangelung einer Regelung *nicht* um einen Verwaltungsakt, sondern um einen **Realakt** handele.[811] Folgt man dieser Auffassung, wäre nach regelmäßig erfolgtem Vollzug („Erledigung") insofern ein in einer **allgemeinen Leistungsklage** eingebetteter Folgenbeseitigungsanspruch zu prüfen. Auch eine allgemeine Feststellungsklage käme in Betracht. Im einstweiligen Rechtsschutz wäre ein Antrag nach § 123 VwGO in Betracht zu ziehen. 946

Stellungnahme: Die Vertreter dieser Auffassung machen geltend, dass die Annahme, in der Anwendung des Zwangsmittels liege zugleich ein konkludenter Verwaltungsakt, der auf Duldung der Maßnahme gerichtet sei, lebensfremd und heute im Hinblick auf die Anerkennung der allgemeinen Leistungsklage (die ja gerade gegen Realakte statthaft ist) nicht mehr zur Sicherung des Rechtsschutzes Betroffener erforderlich sei.[812] Das ist insoweit nachvollziehbar. Bedenken an dieser Auffassung bestehen aber insoweit, als dieselben Vertreter bei den *Standardmaßnahmen* (trotz des in ihnen enthaltenen tatsächlichen Elements) von Verwaltungsakten ausgehen. Den Standardmaßnahmen komme eine Verwaltungsaktqualität zu, weil sie die Betroffenen verpflichteten, die tatsächliche Handlung zu dulden.[813] Das birgt einen Widerspruch in sich. Konsequent wäre es von den Vertretern der genannten Auffassung gewesen, auch den Standardmaßnahmen unter Verweis auf die allgemeine Leistungsklage die Verwaltungsaktqualität abzusprechen. 947

Nach der hier vertretenen Auffassung ist aufgrund der Vergleichbarkeit der Maßnahmen eine einheitliche Betrachtungsweise geboten. Da sowohl mit den Standardmaßnahmen als auch mit den Zwangsmaßnahmen zugleich das Gebot einhergeht, die tatsächliche Vornahmehandlung zu dulden, sollte hier wie dort von Verwaltungsakten ausgegangen werden.[814] Statthaft wären demzufolge die **Anfechtungsklage** bzw. die **Fortsetzungsfeststellungsklage** analog § 113 I S. 4 VwGO (ggf. i.V.m. dem Annexantrag gemäß § 113 I S. 2 VwGO). Im einstweiligen Rechtsschutz wäre der Eilantrag nach § 80 V VwGO in Betracht zu ziehen.

---

[811] *Kopp/Schenke*, VwGO, Anh § 42 Rn 33; *Kopp/Ramsauer*, VwVfG, § 35 Rn 67; *Erichsen/Rauschenberg*, Jura **1998**, 31, 40; *Schoch*, JuS **1995**, 307, 311; unklar, aber wohl ebenfalls von einem Realakt ausgehend *Knemeyer*, POR, Rn 364.

[812] So ausdrücklich *Kopp/Schenke*, VwGO, Anh § 42 Rn 33.

[813] So *Kopp/Schenke*, VwGO, Anh § 42 Rn 35.

[814] So auch BVerwGE **26**, 161, 164 (Schwabinger Krawalle); *Hufen*, VerwProzR, § 14 Rn 23.

948 **Hinweis für die Fallbearbeitung:** Nimmt man mit der hier vertretenen Auffassung hinsichtlich der Zwangsmaßnahmen einen Verwaltungsakt an, stellt sich zwar die Frage, ob der Betroffene nicht gem. § 28 I VwVfG zuvor hätte angehört werden müssen. Es liegt aber ein Fall des § 28 II Nr. 5 VwVfG vor, sodass die Zwangsmaßnahme jedenfalls nicht wegen unterbliebener vorheriger Anhörung rechtswidrig ist.

949 Schwierig ist auch die Beurteilung der Rechtsnatur von Zwangsmitteln im **Sofortvollzug**. Vgl. dazu im Einzelnen die Ausführungen zur Rechtmäßigkeit des Verwaltungszwangs im gekürzten Verfahren bei Rn 952 ff.

950 **Zusammenfassung und Aufbauhinweise:**

(1) Greift der Rechtsschutzsuchende eine Zwangsmaßnahme im gestreckten Verwaltungsvollstreckungsverfahren an, muss der Klausurbearbeiter inzident prüfen, ob diese Zwangsmaßnahme auch angedroht und (soweit vorgesehen) festgesetzt wurde. In diesem Fall liegt aber nur eine Klage vor. Soll nach dem Klagebegehren jedoch jede einzelne Vollstreckungsmaßnahme geprüft werden, liegt ein Fall der kumulativen Klagehäufung (§ 44 VwGO) vor. Hier ist dann keine Schachtelprüfung vorzunehmen, sondern es sind zunächst die Androhung, dann (soweit erforderlich) die Festsetzung und schließlich das Zwangsmittel auf die jeweilige Rechtmäßigkeit hin zu untersuchen. Sollte sich das Fehlen oder die Rechtswidrigkeit von Androhung und (soweit erforderlich) Festsetzung herausstellen, ist auch die nachfolgende Anwendung des Zwangsmittels rechtswidrig. Etwas anderes gilt, wenn die Anwendung der Zwangsmaßnahme auch ohne vorherige Primärmaßnahme zulässig wäre (sog. gekürztes Verfahren, dazu sogleich). Dann entfiele auch die vorherige Androhung (und ggf. die Festsetzung), sodass sich die Rechtmäßigkeit der Zwangsmaßnahme nur nach deren eigentlichen Rechtmäßigkeitsvoraussetzungen (Bestehen einer Rechtsgrundlage für das Zwangsmittel, Einhaltung des Verhältnismäßigkeitsgrundsatzes) richtete.

(2) Da die Zwangsmaßnahme im gestreckten Verfahren nicht zur Voraussetzung hat, dass der (noch nicht bestandskräftige, aber sofort vollziehbare) Grundverwaltungsakt seinerseits rechtmäßig ist (dieser muss nur wirksam sein), kann es vorkommen, dass ein Verwaltungsakt trotz seiner Rechtswidrigkeit Grundlage einer Vollstreckung ist. Um dieses Ergebnis zu vermeiden, ist der Kläger gehalten, nicht nur die Zwangsmaßnahme, sondern auch die ihr zugrunde liegende Primärmaßnahme anzufechten. Das geschieht im Wege der kumulativen Klagehäufung gem. § 44 VwGO. Hier muss das Gericht dann auch die Primärmaßnahme überprüfen. Kommt es zu dem Ergebnis, dass diese rechtswidrig ist, hebt es diese auf (§ 113 I S. 1 VwGO). Mit der Aufhebung entfällt die Wirksamkeit (§ 43 II VwVfG), sodass es an einer vollstreckungsfähigen Grundverfügung fehlt. Die Zwangsmaßnahme ist schon deshalb rechtswidrig.

3. Abschlussfall

Sachverhalt:

951 Der nahezu mittellose A betreibt eine Diskothek (Konzession nach § 2 I GastG[815]) und lässt dort den Handel mit Drogen zu. Nachdem ihn die Behörde mehrmals erfolglos aufgefordert

[815] Die am 1.9.2006 in Kraft getretene Föderalismusreform hat u.a. zum Wegfall der Bundeskompetenz für das Versammlungsrecht, das Gaststättenrecht und einige Teile des Gewerberechts geführt. Nunmehr sind die Länder befugt, diese Materien auf ihren Territorien zu regeln. Gemäß Art. 125a I GG n.F. gelten aber die Bundesgesetze, die u.a. wegen Art. 74 I GG n.F. nicht mehr als Bundesrecht erlassen werden könnten, als Bundesrecht fort, sofern nicht die Länder eigene Gesetze erlassen. Es bleibt also abzuwarten, ob alle Länder von ihrem neuen Gesetzgebungsrecht Gebrauch machen oder ob einige schlicht untätig bleiben und damit die weitere Geltung der genannten Bundesgesetze zum Ausdruck bringen. Daher werden der vorliegenden Darstellung das VersG, das GastG und die GewO in den bisherigen Fassungen zugrunde gelegt.

hat, den Drogenhandel in seiner Diskothek zu unterbinden, entzieht sie ihm die Erlaubnis gem. §§ 15 II i.V.m. 4 I Nr. 1 GastG. Gleichwohl führt A seinen Diskothekenbetrieb weiter. Daraufhin erlässt die Behörde eine auf § 31 GastG i.V.m. § 15 II GewO gestützte Stilllegungsverfügung (Schließungsverfügung) und erklärt diese für sofort vollziehbar (vgl. § 80 II S. 1 Nr. 4 VwGO). Gleichzeitig droht sie für den Fall der Zuwiderhandlung die Versiegelung der Diskothek innerhalb einer Woche an. Als A auch der Schließungsverfügung nicht nachkommt, setzt die Behörde nach Ablauf der Woche unmittelbaren Zwang fest und versiegelt am nächsten Morgen die Diskothek. War die Versiegelung rechtmäßig?

Lösungsgesichtspunkte:

1. Als **Rechtsgrundlage** für die Versiegelung kommt die verwaltungsvollstreckungsrechtliche Vorschrift über den unmittelbaren Zwang in Betracht.

2. An der **Zuständigkeit** der handelnden Behörde bestehen keine Bedenken. Insbesondere ist *die* Behörde für den Verwaltungszwang zuständig, die den Grundverwaltungsakt erlassen hat (Grundsatz der Selbstvollstreckung). Sollte A nicht angehört worden sein, ist dies unschädlich, da die **Anhörung** – unabhängig von der Frage, ob eine Zwangsmaßnahme Verwaltungsaktcharakter hat – gem. § 28 II Nr. 5 VwVfG unterbleiben konnte.

3. Die Versiegelung müsste aber auch **materiell rechtmäßig** sein. Das ist zunächst der Fall, wenn die vier **allgemeinen Vollstreckungsvoraussetzungen** erfüllt sind.

a. Materielle Vollstreckbarkeit: Der zu vollstreckende Verwaltungsakt muss einen vollstreckbaren Titel haben. Das ist bei einer Schließungsverfügung unproblematisch der Fall.

b. Formelle Vollstreckbarkeit: Die Grundverfügung muss entweder **unanfechtbar** sein, der sofortige Vollzug muss angeordnet sein oder ein noch nicht rechtskräftig beschiedener Rechtsbehelf darf **keine aufschiebende Wirkung** haben. Vorliegend ist die Schließungsverfügung noch nicht bestandskräftig, also noch anfechtbar. Allerdings hätte ein gegen die Schließungsverfügung gerichteter Rechtsbehelf keine aufschiebende Wirkung, da die Behörde den sofortigen Vollzug angeordnet hat (§ 80 II Nr. 4 VwGO). Somit liegt die formelle Vollstreckbarkeit vor.

c. Wirksamkeit der Grundverfügung: Die Schließungsverfügung muss **wirksam** sein. Wirksam ist ein Verwaltungsakt, solange er nicht *nichtig* ist, nicht *zurückgenommen*, *widerrufen* oder *anderweitig aufgehoben* wurde oder sich *durch Zeitablauf oder auf andere Weise erledigt* hat (vgl. §§ 43 II, III, 44 VwVfG). Vorliegend sind diese Kriterien nicht erfüllt, sodass die Stilllegungsverfügung wirksam ist. Insbesondere kommt es nach der neuesten Rechtsprechung des BVerfG nicht auf die Rechtmäßigkeit eines noch nicht bestandskräftigen Verwaltungsakts an, sodass vorliegend die Rechtmäßigkeit der Stilllegungsverfügung nicht geprüft werden muss.

d. Fehlen von Vollstreckungshindernissen: Etwaige privatrechtliche Hinderungsgründe (z.B. Eigentumsübertragung, Miteigentum, Vermietung), die der Ausführung der angeordneten Maßnahme entgegenstehen könnten, sind nicht ersichtlich.

4. Des Weiteren müsste auch das **konkrete Vollstreckungsverfahren rechtmäßig** sein. Das ist zunächst der Fall, wenn die Behörde das richtige Zwangsmittel gewählt hat. Vorliegend hat sich die Behörde für die Versiegelung zur Durchsetzung der Schließungsverfügung entschieden. Diese zwangsweise Vollstreckung dieser Verfügung[816] könnte sowohl als unmittelbarer Zwang als auch als Ersatzvornahme zu werten sein. **Unmittelbarer Zwang** ist die Einwirkung auf Personen oder Sachen durch körperliche Gewalt, ihre Hilfsmittel und durch Waffen. Demgegenüber liegt eine **Ersatzvornahme** vor, wenn eine dem Verantwortlichen obliegende, *vertretbare* Handlung von einem anderen, nicht notwendigerweise der Polizei selbst, auf Kosten des Verantwortlichen erbracht wird. Die Vollzugsbe-

[816] Verfehlt wäre es, auf die Versiegelung abzustellen, denn die Zwangsmaßnahme muss sich auf die zu vollstreckende Verfügung beziehen.

hörde hat durch die Versiegelung der Diskothek keine vertretbare Handlung des A vorgenommen. Die Schließung bzw. Stilllegung der Diskothek ist vielmehr höchstpersönlicher Natur, mithin eine *unvertretbare* Handlung.[817] Für die Vollstreckung unvertretbarer Handlungen kommt eine Ersatzvornahme nicht in Betracht. Auch das Zwangsmittel Zwangsgeld kam aufgrund der Mittellosigkeit des A nicht in Betracht. Die Auswahl des Zwangsmittels unmittelbarer Zwang war somit nicht fehlerhaft. Dieser wurde auch ordnungsgemäß **angedroht** und **festgesetzt** (insbesondere kann die Androhung zusammen mit der Grundverfügung ergehen, vgl. z.B. § 13 II BundesVwVG).

5. Schließlich durfte die Versiegelung nur dann ergehen, wenn die Behörde den **Grundsatz der Verhältnismäßigkeit** beachtet hat. Sicherlich ist die Versiegelung der Diskothek geeignet, die Schließungsverfügung abzusichern. Auch ist kein anderes Mittel ersichtlich, den gleichen Erfolg mit gleicher Sicherheit, aber mit weniger einschneidender Wirkung für A herbeizuführen. Insbesondere kommt nicht das Zwangsmittel Zwangsgeld in Betracht. Schließlich bestehen an der Angemessenheit keine Zweifel, da die Versiegelung nicht außer Verhältnis zu dem mit ihr angestrebten Erfolg – Schließung der Diskothek – steht.

Weiterführender Hinweis: Da es nach der Rechtsprechung des BVerfG nicht auf die Rechtmäßigkeit eines noch nicht bestandskräftigen, aber wirksamen Verwaltungsakts ankommt, musste vorliegend auch nicht die Rechtmäßigkeit der Stilllegungsverfügung geprüft werden. Die Versiegelung war dementsprechend nur rein vollstreckungsrechtlich zu prüfen. Der Kläger wird daher regelmäßig versuchen, die Wirksamkeit der Grundverfügung zu beseitigen. Das kann er nur, indem er gleichzeitig Anfechtungsklage erhebt bzw. einen Antrag nach § 80 V VwGO stellt. Kommt das Gericht hierbei zu dem Ergebnis, dass die Grundverfügung rechtswidrig ist, hebt es diese gem. § 113 I S. 1 VwGO auf, wodurch deren Wirksamkeit entfällt (§ 43 II VwVfG), bzw. ordnet die aufschiebende Wirkung an. In der Klausur muss also stets genau das Klagebegehren untersucht werden. Kommt der Kläger nur über die Aufhebung der Grundverfügung zu seinem Ziel, wird anzunehmen sein, dass er Anfechtungsklage gegen die Grundverfügung erheben will. In diesem Fall wären in kumulativer Klagehäufung (§ 44 VwGO) sowohl die Grundverfügung als auch die Zwangsmaßnahme zu prüfen.

[817] Vgl. *Werner*, JA **2000**, 902, 904.

VI. Rechtmäßigkeit des Verwaltungszwangs im gekürzten Verfahren

1. Begriff und Bedeutung

Das mehrstufige Verfahren ist bei akuten Gefahrsituationen untauglich. Vielfach erfordert die konkrete Situation, dass die Gefahrenabwehrbehörde – **ohne vorausgehende Verfügung** – sogleich tatsächlich einschreitet, um den Gefahrenzustand zu beseitigen. 952

Beispiele:

(1) Aus einem verunglückten Tanklastzug entweichen Chemikalien und drohen in das Grundwasser zu versickern.

(2) Jemand hat seinen Wagen in der Innenstadt verkehrswidrig und verkehrsbehindernd abgestellt und macht einen Stadtbummel.

(3) Jemand greift unvermittelt einen Polizeibeamten mit einem Messer an.

Das allgemeine Polizei- und Ordnungsrecht normiert je nach Bundesland **unmittelbare Ausführung**[818] und/oder **Sofortvollzug**[819]. In § 11 II S. 2 BremVwVG wird ungenau von einer „unmittelbaren Anwendung" gesprochen, womit wohl aber der Sofortvollzug gemeint ist. Auch auf Bundesebene ist der Sofortvollzug vorgesehen (§ 6 II VwVG). Der Sache nach handelt es sich bei beiden Instituten um eine Ersatzvornahme oder um unmittelbaren Zwang, und zwar i.d.R. unabhängig von einer vollstreckungsfähigen Grundverfügung. 953

2. Rechtmäßigkeitsvoraussetzungen

Auch Zwangsmaßnahmen im Sofortvollzug müssen selbstverständlich die für sie geltenden formellen und materiellen Voraussetzungen erfüllen. Bei der **formellen Rechtmäßigkeit** entfallen jedoch die Androhung und Festsetzung; was bleibt, ist die Zuständigkeit. Bei der **materiellen Rechtmäßigkeit** sind die besonderen Voraussetzungen der Rechtsgrundlage (vgl. § 6 II BundesVwVG und die entsprechenden Landesgesetze) zu beachten. Danach ist der Sofortvollzug auch ohne vorausgegangenen Verwaltungsakt möglich, wenn dies zur Verhinderung einer rechtswidrigen Tat (im Straßenverkehrsrecht primär § 49 StVO i.V.m. § 24 StVG i.V.m. § 1 OWiG) oder zur Abwendung einer drohenden Gefahr geboten erscheint und die Behörde im Rahmen ihrer gesetzlichen Befugnisse handelt. Selbstverständlich müssen darüber hinaus auf der Rechtsfolgeseite Ermessensfehlerfreiheit und Einhaltung des Verhältnismäßigkeitsgrundsatzes vorliegen. 954

> **Hinweis für die Fallbearbeitung:** Sowohl in der Praxis als auch im Rahmen der Fallbearbeitung stellt sich in aller Regel die Frage nach der Rechtmäßigkeit des Sofortvollzugs zum einen immer dann, wenn die *Ordnungsbehörde* eine Vollstreckungsmaßnahme durchgeführt und dabei das dreistufige Verfahren nicht eingehalten hat. Zum anderen ist der Sofortvollzug immer dann in Betracht zu ziehen, wenn die *Vollzugspolizei* gehandelt hat. Denn aufgrund ihres eingeschränkten Zuständigkeitsbereichs (sie ist nur für unaufschiebbare Maßnahmen zuständig – Eilfallkompetenz) kommt sie für den Erlass von Maßnahmen des gestreckten Verfahrens weniger oft in

[818] Vgl. § 5a MEPolG; **BW:** § 8 I PolG; **Bay:** Art. 9 I PAG; **Brand:** § 53 II PolG; **Berl:** § 15 I ASOG; **Hamb:** § 7 I SOG; **Hess:** § 8 I SOG; **MeckVor:** § 70a SOG; **Sachs:** § 6 I PolG; **SachsAnh:** § 9 SOG; **Thür:** § 12 I OBG, § 9 I PAG.

[819] Vgl. **Bund:** § 6 II VwVG; **Bay:** Art. 53 II PAG; **Berl:** § 5 II VwVG i.V.m. § 6 II VwVG; **Hess:** § 47 SOG; **MeckVor:** § 81 I SOG; **Nds:** § 64 II SOG; **NRW:** § 50 II 1 PolG; **RhlPfl:** § 61 II LVwVG; **Saar:** § 44 II PolG; **SachsAnh:** § 53 II SOG; **SchlHolst:** § 230 LVwG. Im Übrigen ist zu beachten, dass der *sofortige Vollzug* oder *Sofortvollzug* nicht zu verwechseln ist mit der *Anordnung der sofortigen Vollziehung eines Verwaltungsakts* nach § 80 II Nr. 4 VwGO.

> Betracht. Siehe dazu den Abschlussfall sogleich bei Rn 991 und den Anwendungsfall „Abschleppen" bei *R. Schmidt*, Fälle zum Gefahrenabwehrrecht, Fall 11.

955 Während die beiden Tatbestandsvoraussetzungen *Verhinderung einer rechtswidrigen Tat* und *zur Abwendung einer drohenden Gefahr geboten erscheint* i.d.R. durch einfache Sachverhaltssubsumtion festzustellen sind, bedarf es bei der Voraussetzung *Handeln im Rahmen ihrer gesetzlichen Befugnisse* einer Erklärung. Gemeint ist das Vorliegen einer **fiktiven (hypothetischen) Grundverfügung**. Dem liegt folgende Überlegung zugrunde: Zwar kennzeichnet sich der Sofortvollzug dadurch, dass das Zwangsmittel ohne vorausgehenden Verwaltungsakt vollzogen wird, nicht entbehrlich ist jedoch ein (hypothetisches) Ge- oder Verbot, das (sofort) vollzogen werden soll. Würde man auf das Erfordernis eines hypothetischen Ge- oder Verbots verzichten, wäre die Anwendung des Zwangsmittels bezugslos. Man könnte die Frage: „Was wird vollzogen?" nicht beantworten. Da ein zu vollziehendes Ge- oder Verbot aber gerade nicht vorliegt, spricht man von einer fiktiven (hypothetischen) Grundverfügung. Diese muss – wie jeder andere Verwaltungsakt – formelle und materielle Voraussetzungen erfüllen, was in der Fallbearbeitung zu einer inzidenten Prüfung führt:

- Bei der **formellen Rechtmäßigkeit** sind Zuständigkeit, Verfahren und Form zu prüfen.
- Fraglich ist dagegen, ob die fiktive Grundverfügung **materiell rechtmäßig** sein muss oder ob (wie das beim Grundverwaltungsakt im Rahmen des gestreckten Verfahrens der Fall ist) die bloße **Rechtswirksamkeit** genügt. Teilweise wird bei der fiktiven Grundverfügung die volle Rechtmäßigkeit gefordert. Das ergebe sich aus der Formulierung der Gesetze, wonach die Vollstreckungsbehörde „im Rahmen ihrer gesetzlichen Befugnisse" handeln müsse.[820] Diese Auffassung ist nicht zwingend. Folgte man ihr, bedeutete dies, dass die Polizei jenseits ihrer Befugnisse handelte, wenn sie einen rechtswidrigen (aber wirksamen) Verwaltungsakt erließe. Gegen die genannte Auffassung spricht auch, dass sie die Bedeutung der Fehlerunabhängigkeit eines wirksamen Verwaltungsakts, die der Gesetzgeber mit der Regelung in § 43 II und III VwVfG zum Ausdruck gebracht hat, nicht hinreichend beachtet. Auf der anderen Seite muss jedoch berücksichtigt werden, dass die mit der Fehlerunabhängigkeit intendierte Rechtssicherheit im Rahmen des Sofortvollzugs gerade nicht besteht, sodass es aus rechtsstaatlicher Sicht jedenfalls nicht nachteilig ist, die volle Rechtmäßigkeit des fiktiven Grundverwaltungsakts zu fordern.

956

> **Hinweis für die Fallbearbeitung:** Freilich ist zu beachten, dass es auf diese Argumentation nicht ankommt, wenn nach entsprechender Prüfung des fiktiven Grundverwaltungsakts dessen volle Rechmäßigkeit festgestellt wird.
> Davon unabhängig muss der Grundverwaltungsakt jedenfalls dann rechtmäßig (und nicht nur wirksam) sein, wenn es nicht nur um die Rechtmäßigkeit der Zwangsmaßnahme, sondern auch um die Rechtmäßigkeit eines **Kostenbescheids** geht, der gegenüber dem Pflichtigen erlassen wurde. Es wäre mit dem Demokratie- und Rechtsstaatsprinzip nicht vereinbar, wenn der Pflichtige, der die Vollstreckung eines rechtswidrigen Verwaltungsakts ggf. dulden muss, auch noch die Kosten tragen müsste. Daraus folgt: Je nach Auffassung besteht zwar ggf. **eine grundsätzliche Befolgungs- bzw. Duldungs-, keinesfalls aber eine Kostentragungspflicht bei der Vollstreckung rechtswidriger Verwaltungsakte**. Vgl. dazu und zum Aufbau den Abschlussfall sogleich bei Rn 991.

---

820 *Pieroth/Schlink/Kniesel*, POR, § 20 Rn 38.

3. Insbesondere: Schusswaffengebrauch durch den Polizeivollzugsdienst

Der Schusswaffenseinsatz stellt einen besonders schwerwiegenden Eingriff in Art. 2 II S. 1 GG dar. Rechtstechnisch ist er als **unmittelbarer Zwang** zur Durchsetzung einer Polizeiverfügung zu qualifizieren. Die **Voraussetzungen** sind den Rechtsgrundlagen zu entnehmen. Diese enthalten i.d.R. auch **Ermessens- bzw. Verhältnismäßigkeitsgesichtspunkte**. Im Übrigen gelten die allgemeinen Grundsätze. Vgl. dazu die zusammenhängenden Ausführungen bei Rn 705 ff. **957**

4. Rechtsschutz gegen Zwangsmittel im Sofortvollzug

Für Streitigkeiten über die Rechtmäßigkeit von Maßnahmen der Verwaltungsvollstreckung ist gem. § 40 I S. 1 VwGO der Rechtsweg zu den Verwaltungsgerichten eröffnet. Die Klageart richtet sich gem. § 88 VwGO nach dem Klagebegehren. Ob gegen eine Maßnahme der Verwaltungsvollstreckung Anfechtungswiderspruch (§§ 68 ff. VwGO), Anfechtungsklage bzw. Fortsetzungsfeststellungsklage (§ 42 I Var. 1, §§ 74 ff., § 113 I S. 4 VwGO, ggf. analog) oder vorläufiger Rechtsschutz (§ 80 V VwGO) zulässig sind, hängt vom Zeitpunkt der Klageerhebung und von der Rechtsnatur der anzugreifenden Maßnahme ab, denn nur wenn ihr die Qualität eines Verwaltungsakts i.S.d. § 35 VwVfG zukommt, sind diese Rechtsbehelfe überhaupt einschlägig. Andernfalls sind die allgemeine Leistungsklage oder die Feststellungsklage bzw. der Antrag nach § 123 VwGO statthaft. **958**

Wie bereits im Rahmen des gestreckten Verfahrens dargestellt, besteht bezüglich der Anwendung eines Zwangsmittels (Ersatzvornahme, unmittelbarer Zwang) überwiegend die Auffassung, dass es sich um einen **Realakt** handele.[821] Unter Rechtsschutzgesichtspunkten sei die künstliche Konstruktion eines Verwaltungsakts lebensfremd und heute im Hinblick auf Art. 19 IV S. 1 GG i.V.m. § 40 I S. 1 VwGO nicht mehr zur Sicherung des Rechtsschutzes Betroffener erforderlich.

Folgt man dieser Auffassung, kommen die **allgemeine Leistungsklage** oder die **Feststellungsklage** in Betracht. Im einstweiligen Rechtsschutz wäre dann der Antrag nach § 123 VwGO statthaft.

Isoliert betrachtet ist diese Auffassung nachvollziehbar. Wie beim gestreckten Vollstreckungsverfahren bestehen aber auch hier insoweit Bedenken, als dieselben Vertreter bei den Standardmaßnahmen (trotz des tatsächlichen Elements) von Verwaltungsakten ausgehen. Den Standardmaßnahmen komme eine Verwaltungsaktqualität zu, weil sie die Betroffenen verpflichteten, die tatsächliche Handlung zu dulden.[822] Konsequent wäre es gewesen, auch den Standardmaßnahmen unter Hinweis auf die allgemeine Leistungsklage die Verwaltungsaktqualität abzusprechen. Nach der hier vertretenen Auffassung ist aber aufgrund der Vergleichbarkeit der Maßnahmen eine einheitliche Betrachtungsweise geboten. Da sowohl mit den Standardmaßnahmen als auch mit den Zwangsmaßnahmen zugleich das Gebot einhergeht, die tatsächliche Vornahmehandlung zu dulden, sollte hier wie dort von Verwaltungsakten ausgegangen werden.[823] Statthaft wären demzufolge die **Anfechtungsklage** bzw. die **Fortsetzungsfeststellungsklage** analog § 113 I S. 4 VwGO (ggf. i.V.m. dem Annexan- **959**

---

[821] *Kopp/Schenke*, VwGO, Anh § 42 Rn 33; *Schenke*, VerwProzR, Rn 196; *Schoch*, JuS **1995**, 215, 218; *Kugelmann*, DÖV **1997**, 153, 155; offen gelassen von *Werner*, JA **2000**, 902, 907.
[822] So *Kopp/Schenke*, VwGO, Anh § 42 Rn 35.
[823] So auch BVerwGE **26**, 161, 164 (Schwabinger Krawalle); *Hufen*, VerwProzR, § 14 Rn 23, offen gelassen von *Werner*, JA **2000**, 902, 904 f.

trag gemäß § 113 I S. 2 VwGO). Im einstweiligen Rechtsschutz wäre ein Eilantrag nach § 80 V VwGO statthaft.

960 Aus Rechtsschutzgesichtspunkten kann eine Entscheidung für die eine oder die andere Auffassung aufgrund der Regelung des § 18 II BundesVwVG (dem ein auch auf Landesebene gültiger allgemeiner Rechtsgrundsatz zu entnehmen ist) aber dahin stehen. § 18 II BundesVwVG bestimmt nämlich, dass gegen Zwangsmittel, die ohne vorausgehenden Verwaltungsakt, also im Sofortvollzug, angewendet werden, *die* Rechtsmittel zulässig sind, die gegen Verwaltungsakte allgemein gegeben sind.[824] Zwangsmittel im Sofortvollzug müssen daher grundsätzlich mit **Anfechtungswiderspruch** oder **Anfechtungsklage** angegriffen werden.[825] Ist jedoch (wie regelmäßig) eine Erledigung i.S.d. § 113 I S. 4 VwGO eingetreten, ist die **Fortsetzungsfeststellungsklage** analog § 113 I S. 4 VwGO i.V.m. dem Annexantrag gemäß § 113 I S. 2 VwGO einschlägig. Ob es in einem solchen Verfahren der erfolglosen Durchführung eines Widerspruchsverfahrens bedarf, ist wiederum streitig, nach der hier vertretenen Meinung jedoch zu verneinen, vgl. dazu *R. Schmidt*, VerwProzR, Rn 455 f.

Zur gutachtlichen Prüfung einer Zwangsmaßnahme im gekürzten Verfahren vgl. den Abschlussfall sogleich sowie den Abschleppfall bei Rn 1034. Doch zunächst sei das Prüfungsschema vorgestellt:

961

Rechtmäßigkeit des Verwaltungszwangs im gekürzten Verfahren (⇨ Sofortvollzug)

Im gekürzten Verwaltungsvollstreckungsverfahren beruht die Vollstreckungsmaßnahme lediglich auf einem fiktiven VA. Dessen zwangsweise Durchsetzung setzt voraus:

A. Rechtsgrundlage der Vollstreckungsmaßnahme

Rechtsgrundlage ist die Vorschrift des VwVG über das gekürzte Vollstreckungsverfahren (z.B. § 6 II BundesVwVG und die entsprechenden Landesgesetze) i.V.m. der Vorschrift des konkreten Zwangsmittels.

B. Formelle Rechtmäßigkeit der Zwangsmaßnahme

Die sachliche **Zuständigkeit** ergibt sich aus § 7 I BundesVwVG und den entsprechenden Landesgesetzen i.V.m. den Zuständigkeitsvorschriften bzgl. des fiktiven GrundVA.

C. Materielle Rechtmäßigkeit der Zwangsmaßnahme

I. Vorliegen der allgemeinen **Vollstreckungsvoraussetzungen des Sofortvollzugs** (vgl. § 6 II BundesVwVG und die entsprechenden Landesgesetze)

Danach kann der Verwaltungszwang auch ohne Grundverfügung angewendet werden, wenn dies zur Verhinderung einer rechtswidrigen Tat, die einen Straf- oder Bußgeldtatbestand verwirklicht (vgl. § 11 I Nr. 5 StGB und z.B. § 49 StVO i.V.m. 24

---

[824] Anders *Pietzner*, VerwArch **84**, 261, 284 f., demzufolge § 18 II BundesVwVG nicht angewendet werden darf, da die Norm durch die erst später in Kraft getretene VwGO „außer Kraft gesetzt" worden sei. Zur Begründung wird im Wesentlichen angeführt, dass die VwGO abschließend die Sachentscheidungsvoraussetzungen regele. Die Anwendung des § 18 II BundesVwVG würde aber die Anfechtungsklage auf Akte ausdehnen, die keine Verwaltungsakte seien. Daher würde sie ein Vorverfahren erforderlich machen, wo nach der VwGO keines erforderlich wäre. Dies sei mit dem abschließenden Charakter der VwGO nicht zu vereinbaren. Diese Argumentation geht fehl. Denn sie übersieht, dass sich der angegriffene Akt regelmäßig vor Einlegung des Rechtsbehelfs erledigt hat und die h.M. für diesen Fall der Anfechtungsfortsetzungssituation ohnehin kein Vorverfahren fordert. Es ist also kein Vorverfahren erforderlich, wo die VwGO keines erfordert.

[825] Zu beachten ist jedoch, dass die mit diesen Rechtsmitteln grundsätzlich verbundene aufschiebende Wirkung in aller Regel gemäß § 80 II S. 1 Nr. 2, 3 oder 4 VwGO ausgeschlossen sein wird. Folgerichtig wäre dann ein **Antrag gemäß § 80 V VwGO** in Betracht zu ziehen. Da die Vollzugsmaßnahme im Zeitpunkt der Anfechtung allerdings regelmäßig bereits vollzogen worden ist, ist zugleich ein Annexantrag gemäß § 80 V S. 3 VwGO zu stellen. In der Begründetheit ist dann der allgemeine öffentlich-rechtliche Folgenbeseitigungsanspruch zu prüfen.

StVG), oder zur Abwendung einer drohenden Gefahr geboten erscheint und die Behörde innerhalb ihrer gesetzlichen Befugnisse handelt. Im Einzelnen gilt:
Während die beiden Tatbestandsvoraussetzungen *Verhinderung einer rechtswidrigen Tat* und *zur Abwendung einer drohenden Gefahr geboten erscheint* i.d.R. durch einfache Sachverhaltssubsumtion festzustellen sind, ist mit der Voraussetzung *Handeln im Rahmen ihrer gesetzlichen Befugnisse* gemeint, dass eine Vollstreckung nur auf der Grundlage einer **fiktiven (hypothetischen) Grundverfügung** erfolgen darf. Diese muss – wie jeder andere Verwaltungsakt – formelle und materielle Voraussetzungen erfüllen, was in der Fallbearbeitung zu einer inzidenten Prüfung führt:

1. Rechtsgrundlage für den Erlass der (hypothetischen) Grundverfügung

a. Spezialbefugnis im besonderen Gefahrenabwehrrecht (Rn 84 ff.) oder
b. Spezialbefugnis im Polizei- und Ordnungsrecht (Rn 115 ff.) oder
c. polizei- und ordnungsrechtliche Befugnisgeneralklausel (Rn 600 ff.) und
d. keine Subsidiarität des Gefahrenabwehrrechts (Rn 68 ff.)

2. Formelle Rechtmäßigkeit der (hypothetischen) Grundverfügung

a. **Zuständigkeit** der handelnden Behörde (Rn 607 ff.) und
b. ordnungsgemäßes **Verfahren** (Rn 618 ff.) und
c. Einhaltung der **Form**vorschriften (Rn 621 ff.)

3. Materielle Rechtmäßigkeit der (hypothetischen) Grundverfügung

Anders als beim gestreckten Verfahren, bei dem die Grundverfügung lediglich wirksam sein muss, muss sie im Rahmen des Sofortvollzugs materiell rechtmäßig sein (str.).

II. Fehlen von Vollstreckungshindernissen:

Privatrechtliche Hinderungsgründe (z.B. Eigentumsübertragung, Miteigentum, Vermietung) hindern die Vollstreckbarkeit. Daher wird eine Duldungsverfügung gegen den Dritten erforderlich, wenn dieser der Vollstreckung nicht zustimmt.

III. Tatbestandliche Voraussetzungen der konkreten Zwangsmaßnahme

Liegen die allgemeinen Vollstreckungsvoraussetzungen („generelle Zulässigkeit des Sofortvollzugs") vor, sind des Weiteren die **Tatbestandsvoraussetzungen des konkreten Zwangsmittels** (Ersatzvornahme, unmittelbarer Zwang in Form des Schlagstock-, Schusswaffeneinsatzes etc.) zu prüfen.

IV. Fehlerfreies Ermessen und Beachtung des Verhältnismäßigkeitsgrundsatzes

Insbesondere dürfen andere Zwangsmittel nicht in Betracht kommen, keinen Erfolg versprechen oder müssen unzweckmäßig sein. Schließlich muss das angewendete Zwangsmittel verhältnismäßig i.e.S. (= angemessen) sein.

VII. Insbesondere: Unmittelbarer Zwang

1. Begriff und Bedeutung

Das in der Praxis und im Studium bedeutsamste Zwangsmittel ist der unmittelbare **962**
Zwang.[826] Die grundsätzlichen Voraussetzungen wurden bereits bei Rn 919 ff. aufgezeigt, sodass an dieser Stelle vertiefende Aspekte behandelt werden können.

Die **Hilfsmittel** des unmittelbaren Zwangs sind in den Polizeigesetzen aufgezählt. Zu **963**
ihnen gehören z.B. das Wegführen am Arm, Wegtragen, Abdrängen, Wegschieben, Boxen, aber auch die Anwendung des sog. „Polizeigriffs" sowie Handschellen, techni-

[826] §§ 33 ff. MEPolG; **Bund:** § 12 VwVG, § 2 UZwG; **BW:** § 26 VwVG; **Bay:** Art. 58 PAG; **Berl:** § 2 UZwG, § 5 II VwVfG i.V.m. § 12 BundesVwVG; **Brand:** § 58 PolG, § 22 VwVG; **Brem:** § 40 PolG, § 16 VwVG; **Hamb:** § 69 SOG, § 14 lit. c VwVG; **Hess:** § 52 SOG; **MeckVor:** § 90 SOG; **Nds:** § 69 SOG; **NRW:** § 55 PolG, § 62 VwVG; **RhlPfl:** § 65 LVwVG; § 58 POG; **Saar:** § 49 PolG; **Sachs:** § 25 VwVG; **SachsAnh:** § 58 SOG; **SchlHolst:** § 239 LVwG; **Thür:** § 56 PAG, § 51 VwVZG.

sche Sperren, Wasserwerfer, Sprengmittel und Diensthunde. Zur körperlichen Einwirkung auf Sachen gehören z.B. das Einschlagen von Fenstern und das Eintreten von Türen. Darüber hinaus sind (freilich unter strengeren Voraussetzungen) **Waffen** zugelassen.

964 Die Aufzählung der Hilfsmittel der körperlichen Gewalt in den Polizeigesetzen ist nicht abschließend. Das folgt aus der Formulierung „insbesondere". Die Bestimmungen nennen jedoch die wichtigsten Hilfsmittel der körperlichen Gewalt, mit denen die Polizeibehörden dienstlich ausgestattet sind. Einer besonderen Zulassung bedarf es – im Gegensatz zu den Waffen – nicht. In Anlehnung an die Ausführungsbestimmungen der Bundesländer kommen als **technische Sperren** zum Absperren von Straßen, Plätzen oder anderem Gelände z.B. Absperrgitter, Seile, Draht, Stacheldraht, sog. spanische Reiter sowie Nagelböden oder -bänder in Betracht. **Diensthunde** müssen für ihre Aufgaben abgerichtet sein. Sie dürfen nur von Personen eingesetzt werden, die hierfür besonders ausgebildet sind. **Dienstfahrzeuge** dürfen gegen Personen (Ansammlungen) eingesetzt werden, um Straßen, Plätze oder anderes Gelände zu räumen. Der Einsatz ist so durchzuführen, dass möglichst niemand verletzt wird. **Sprengmittel** sind zur Verwendung als Sprengstoffe i.S.v. § 1 II Nr. 1 SprengstoffG bestimmte Materialien; sie dürfen gegen Personen nicht angewendet werden. Schläge mit **Schlagstöcken** sollen gegen Arme oder Beine gerichtet werden, um schwerwiegende Verletzungen zu vermeiden. **Reizstoffe** dürfen nur gebraucht werden, wenn der Einsatz körperlicher Gewalt oder anderer Hilfsmittel der körperlichen Gewalt keinen Erfolg verspricht und wenn durch den Gebrauch dieser Stoffe die Anwendung von Waffen vermieden werden kann. Gegen eine Menschenmenge dürfen Reizstoffe nur eingesetzt werden, wenn von ihr Gewalttaten ausgehen oder Gewalttaten unmittelbar bevorstehen. Die Beimischung in Wasserwerfern/Wasserarmaturen ist jedoch stets unzulässig. Ohnehin ist der in den polizeigesetzlichen Bestimmungen explizit genannte **Wasserwerfer** mit Blick auf die Menschenwürde problematisch. Dennoch hat das BVerfG entschieden, dass der Einsatz von Wasserwerfern – für sich genommen – nicht gegen die Menschenwürde verstoße. Auch sei es verfassungsrechtlich nicht geboten, den Wasserwerfereinsatz gesetzlich so genau zu bestimmen wie den Schusswaffeneinsatz.[827]

965 Als **Waffen** können je nach Bundesland Schlagstock, Distanz-Impulsgerät (Taser), Reizstoffe (z.B. Tränengas in Form von CS und Capsaicin; Letzteres besser bekannt als „Pfefferspray"), Pistole, Revolver, Gewehr und Maschinenpistole zugelassen sein. Bei den in den betreffenden Vorschriften genannten **Schusswaffen** handelt es sich um sog. Waffen im technischen Sinn, die sich mittels objektiver, im WaffG i.V.m. den in dessen Anlage 1 definierten Kriterien bestimmen lassen. Vgl. dazu Rn 1058 sowie hinsichtlich der Grenzen des Schusswaffengebrauchs Rn 977 ff.

Wenn die Polizeigesetze von Gewehren und Maschinenpistolen sprechen, sind damit **Maschinengewehre zwingend ausgeschlossen**. Dasselbe gilt erst recht für **Handgranaten** etc. Derartige Waffen sind in Ermangelung einer landesrechtlichen Regelung der **Bundespolizei** vorbehalten (vgl. §§ 9 ff. UZwG), wenn diese nach den Bestimmungen des jeweiligen Landespolizeigesetzes in diesem Land eingesetzt wird. Nach Art. 35 II S. 1 GG kann ein Land zur Aufrechterhaltung oder Wiederherstellung der öffentlichen Sicherheit oder Ordnung in Fällen von besonderer Bedeutung Kräfte und Einrichtungen der Bundespolizei zur Unterstützung seiner Polizei anfordern, wenn die Polizei ohne diese Unterstützung eine Aufgabe nicht oder nur unter erheblichen Schwierigkeiten erfüllen könnte. Nach Art. 35 III GG kann die Bundesregierung Einheiten der Bundespolizei einsetzen, wenn eine Naturkatastrophe oder ein Unglücksfall das Gebiet mehr als eines Landes gefährden. Art. 91 I GG lässt die Anforderung von Kräften und Einrichtungen der Bundespolizei durch ein Land zur Abwehr einer drohenden Gefahr für den Bestand oder die freiheitliche demokratische Grundordnung des Bundes oder eines Landes zu.

[827] BVerfG NVwZ **1999**, 290, 292.

Welches der in den Polizeigesetzen zugelassenen Mittel im Einzelfall angewendet werden darf, richtet sich einerseits nach dem Grundsatz der **Effektivität der Gefahrenabwehr**, andererseits aber auch nach dem **Grundsatz der Verhältnismäßigkeit**. Besondere Bedeutung kommt in diesem Zusammenhang dem in den novellierten Polizeigesetzen aufgenommenen **Distanz-Impulsgerät** mit der Bezeichnung „Advanced Taser"[828] zu. Funktionsweise, Wirkung und Risiken des Tasers sind ausführlich auf der Internet-Seite des Verlags Rubrik Falllösungen beschrieben. **966 -967**

Als besondere Ausprägung des **Folterverbots** und damit der Menschenwürde normieren die Polizeigesetze schließlich, dass unmittelbarer Zwang **zur Durchsetzung des Gebots, eine Erklärung abzugeben, unzulässig ist** (vgl. z.B. §§ 41 V BremPolG, 52 II HessSOG, 69 VII NdsSOG). Ob dieses absolute Folterverbot mit dem Sinn und Zweck von Folter, die darin bestehen, Inhaftierten den Willen zu brechen, diese gefügig zu machen und die eigene Macht zu demonstrieren, bei der Abwehr von Katastrophen, wie sie von terroristischen Anschlägen ausgehen können, vereinbar ist, lässt sich nicht ohne weiteres sagen.[829] **969**

2. Androhung

Während in Ländern des Einheitssystems die Verwaltungsvollstreckungsgesetze i.d.R. (nur) allgemeine Vorschriften über die Androhung von Zwangsmitteln beinhalten, enthalten die dortigen Polizeigesetze Sonderregelungen über die Androhung der Anwendung des Zwangsmittels *unmittelbarer Zwang* durch *Polizeivollzugsbeamte*. Wendet also (1.) ein Beamter des Polizeivollzugsdienstes Zwang an und handelt es sich (2.) bei dem Zwangsmittel um unmittelbaren Zwang, richten sich die Voraussetzungen für die Androhung und deren Entbehrlichkeit ausschließlich nach den Bestimmungen der Polizeigesetze. Die Vorschriften der Verwaltungsvollstreckungsgesetze über die Androhung des Zwangs werden insoweit verdrängt. In den Ländern des Trennungssystems sind dagegen sämtliche Bestimmungen des Zwangs i.d.R. im Sicherheits- und Ordnungsgesetz (SOG) zusammengefasst. **970**

Die Vorschriften der Polizeigesetze sind auch dann anzuwenden, wenn Beamte des Polizeivollzugsdienstes nach anderen Rechtsvorschriften zur Anwendung unmittelbaren Zwangs befugt sind; insbesondere finden die Vorschriften auch bei der **Strafverfolgung** Anwendung.[830] **971**

Der Androhung des unmittelbaren Zwangs wird ganz herrschend eine Regelungswirkung zugesprochen; mithin wird in ihr ein **Verwaltungsakt** gesehen.[831] Dies ergibt sich daraus, dass die Androhung eine konstitutive Rechtmäßigkeitsvoraussetzung für die Anwendung des Verwaltungszwangs im gestreckten Verfahren darstellt und damit eine für die Fortsetzung des Vollstreckungsverfahrens unerlässliche Regelung trifft. Folge der Einstufung als Verwaltungsakt ist, dass die Androhung zu ihrer Wirksamkeit dem Adressaten bekannt gegeben werden muss (§ 41 I, 43 I VwVfG). Zudem ist sie **zuzustellen**. Daran fehlt es regelmäßig bei den sog. Abschleppfällen, was eine besondere rechtlichte Problematik aufwirft (vgl. dazu Rn 1025 ff.). **972**

Die Androhung darf nur erfolgen, wenn auch die Anwendung unmittelbaren Zwangs zulässig ist. Das folgt aus dem Konnexitätsprinzip, das zwischen der Androhung eines **973**

[828] Von **T**om **A**. **S**wift **E**lectric **R**ifle.
[829] Vgl. dazu ausführlich nebst Beispielsfall *R. Schmidt*, Grundrechte, Rn 233; wie dort bereits seit der 6. Auflage 2004 vertreten nun auch *Götz*, NJW **2005**, 953, 956.
[830] Vgl. dazu Rn 991 (Beispielsfall).
[831] BVerwG NVwZ **1998**, 393; *Kopp/Schenke*, VwGO, Anh § 42 Rn 32; *Kopp/Ramsauer*, VwVfG, § 35 Rn 67; *Erichsen/Rauschenberg*, Jura **1998**, 31, 38; *Schenke*, POR, Rn 546.

Zwangsmittels und dessen Anwendung besteht. Umgekehrt führt das Fehlen einer Androhung zur Rechtswidrigkeit der Anwendung des unmittelbaren Zwangs, falls nicht ausnahmsweise von der Androhung abgesehen werden kann. Von der Androhung abgesehen werden kann, wenn die Umstände sie nicht zulassen. Dies ist insbesondere der Fall, wenn die sofortige Anwendung unmittelbaren Zwangs zur Abwehr einer gegenwärtigen Gefahr notwendig ist, also Eilbedürftigkeit vorliegt (vgl. z.B. §§ 44 I S. 2 Halbs. 2 BremPolG, 53 I S. 2 Halbs. 2 HessSOG, 70 I S. 3 NdsSOG).

974 Als besondere Form der Androhung des Schusswaffengebrauchs ist der **Warnschuss** (steil in die Luft abzugebender Schuss, von dem nach menschlichem Ermessen niemand getroffen werden kann) zugelassen. Andere Formen des unmittelbaren Zwangs dürfen dagegen nicht mit einem Warnschuss angedroht werden. Ein Warnschuss darf nur abgegeben werden, wenn die Voraussetzungen für den Schusswaffengebrauch vorliegen (vgl. sogleich Rn 975 sowie den Beispielsfall bei Rn 991). Andererseits dürfen Schusswaffen nur dann ohne Androhung gebraucht werden, wenn dies zur Abwehr einer gegenwärtigen Gefahr für Leib oder Leben erforderlich ist. Die Androhung ist demgemäß nur in bestimmten Fällen der Gefahrenabwehr, nicht aber bei der Strafverfolgung, entbehrlich. Stets anzudrohen ist der Gebrauch von Schusswaffen gegen Personen in einer Menschenmenge. In diesem Fall ist die Androhung vor dem Schusswaffengebrauch sogar zu wiederholen. Daraus folgt zugleich, dass der Schusswaffengebrauch gegen eine Menschenmenge als solche unzulässig ist.

975 Zwischen Androhung und Anwendung des unmittelbaren Zwangs muss eine angemessene Zeitspanne liegen. Dies ergibt sich aus dem genannten Zweck der Androhung, der darauf gerichtet ist, der betroffenen Person Gelegenheit zu geben, sich so zu verhalten, dass von der Anwendung unmittelbaren Zwangs abgesehen werden kann.

976 Anders als die Androhung nach den Verwaltungsvollstreckungsgesetzen kann die Androhung nach den Polizeigesetzen auch **mündlich** ergehen. Das ergibt sich aus den entsprechenden Vorschriften der Polizeigesetze. Zulässig ist sogar die Androhung **auf andere Weise**, z.B. durch das Freimachen oder Zeigen des Schlagstocks.

3. Anwendung des Zwangsmittels, insbesondere Schusswaffengebrauch

977 Die polizeigesetzlichen Bestimmungen über den Schusswaffengebrauch stellen keine eigenständigen Rechtsgrundlagen für den Schusswaffengebrauch dar (dies sind primär die § 6 BundesVwVG entsprechenden landesrechtlichen Vorschriften); vielmehr zeigen sie als besondere verfahrensrechtliche Bestimmungen und Ausprägungen des Verhältnismäßigkeitsgrundsatzes Rechtfertigungsgründe, aber auch Grenzen des Schusswaffengebrauchs auf. Unter dem zuletzt genannten Aspekt handelt es sich um rechtsstaatliche Begrenzungen der weiten Eingriffsbefugnis zur Anwendung unmittelbaren Zwangs.

978 Der Schusswaffengebrauch – also der Gebrauch von Pistole, Revolver, Gewehr und Maschinenpistole (zum Waffenbegriff vgl. Rn 1058) – darf nur **das letzte Mittel** bei der Anwendung des unmittelbaren Zwangs sein. Schusswaffen dürfen nur gebraucht werden, nachdem andere Maßnahmen des unmittelbaren Zwangs (körperliche Gewalt, Waffen, Hilfsmittel der körperlichen Gewalt einschließlich Reiz- und Betäubungsstoffe, Schlagstock) bereits erfolglos (d.h. ohne den erstrebten Zweck zu erreichen) angewendet worden sind oder ihre Anwendung von vornherein als erfolglos anzusehen ist. Maßgeblich sind die Umstände des Einzelfalls, wobei die objektivierte ex-ante-Sicht des handelnden Polizeibeamten entscheidet. So ist der Schusswaffengebrauch

gegen Personen unzulässig, wenn die Gefahr durch Schusswaffengebrauch gegen **Sachen** abgewehrt werden kann.

> **Beispiel:** Einem gestellten Bankräuber gelingt es mit einer Geisel, die er in seiner Gewalt hat, das Bankgebäude zu verlassen und sein Fluchtfahrzeug zu erreichen. Die verfolgenden Polizeibeamten geben zunächst einen Warnschuss ab, was den Täter jedoch unbeeindruckt lässt. Bevor die Beamten nunmehr versuchen, den Täter durch gezielten Schuss fluchtunfähig zu machen, gebietet es nicht nur der allgemeine Grundsatz der Verhältnismäßigkeit, sondern bereits die polizeigesetzliche Bestimmung über den Schusswaffengebrauch, zunächst zu versuchen, die Flucht mit dem Fahrzeug durch Schüsse in die Reifen zu verhindern (wobei gelegentlich vertreten wird, dass Schusswaffengebrauch gegen ein Fahrzeug, in dem sich Personen befunden, als Schusswaffengebrauch gegen Personen anzusehen ist).

Kommt Schusswaffengebrauch gegen Personen dennoch in Betracht, gilt wiederum 979
der Grundsatz, dass Schusswaffen in erster Linie nur eingesetzt werden dürfen, um **angriffs- oder fluchtunfähig** zu machen. Diese Regelung stellt eine tatbestandliche Ausformung des Verhältnismäßigkeitsgrundsatzes dar. Sie schließt die Tötung als Zweck polizeilichen Schusswaffengebrauchs grundsätzlich (zur Ausnahme siehe Rn 981) aus, lässt jedoch den Fall zu, dass eine betroffene Person abweichend von dem mit dem polizeilichen Schusswaffengebrauch verfolgten Ziel tödlich verletzt wird.

> **Beispiel:** Ein auf der Flucht befindlicher Geiselnehmer wird von einem Polizeibeamten verfolgt. Dieser zielt auf die Beine, trifft jedoch ein lebenswichtiges Organ des Flüchtigen, weil dieser zum Zeitpunkt der Schussabgabe – für den Beamten unvorhersehbar – seine Körperhaltung verändert. Hier ist der Schusswaffeneinsatz gerechtfertigt.

„**Fluchtunfähigkeit**" liegt vor, wenn die betroffene Person ihre Beine nicht mehr 980
gebrauchen oder sich aus sonstigen Gründen nicht mehr fortbewegen kann. „**Angriffsunfähigkeit**" setzt mindestens die Unfähigkeit voraus, Arme und Beine zu gebrauchen.

Eine besondere Prägnanz besitzt der sog. „**finale Rettungsschuss**" (auch „finaler 981
Todesschuss" genannt), da er den denkbar **schwersten Eingriff in die Grundrechte** eines Menschen darstellt. Virulent wird seine Problematik insbesondere im Zusammenhang mit **Geiselnahmen**.

> **Beispiel:** Der äußerst gewalttätig vorgehende Bankräuber O ist auf der Flucht und hat eine Geisel genommen, an deren Hals er seine Pistole hält. Da er bereits zuvor in der Bank einen Bankangestellten erschossen hat, hat er nichts zu verlieren. Der Einsatzleiter der Polizei E hat daher Grund zu der Annahme, dass sich die Geisel in Lebensgefahr befindet. Er erteilt dem Scharfschützen S die Freigabe, O mit einem gezielten Schuss zu töten. Dieser erschießt O.

Zwar ist der gezielte Todesschuss in den meisten[832], nicht aber in allen Polizeiget- 982
zen ausdrücklich geregelt; vielmehr ist in solchen Bundesländern, die in ihren Polizeigesetzen den finalen Rettungsschuss nicht aufgenommen haben, vorgesehen, dass Schusswaffen gegen Personen nur gebraucht werden dürfen, um sie angriffs- oder fluchtunfähig zu machen.[833] Da aber ein „Angriffs- und Fluchtunfähigmachen" begriffslogisch voraussetzt, dass der Betroffene am Leben bleibt, schließen diese Vor-

---

[832] § 41 II S. 2 ff. MEPolG; **BW:** § 54 II PolG; **Bay:** Art. 66 II S. 2 PAG; **Brand:** § 66 II S. 2 PolG; **Brem:** § 46 II PolG; **Hamb:** § 25 II S. 1 SOG; **Hess:** § 60 II S. 2 SOG; **Nds:** § 76 II S. 2 SOG; **RhlPfl:** § 63 II S. 3 POG; **Saar:** § 57 I S. 2 PolG; **Sachs:** § 34 II PolG; **SachsAnh:** § 65 II S. 2 SOG; **Thür:** § 64 II S. 2 PAG.

[833] **Bund:** § 12 II UzwG; **Berl:** § 9 II UZwG; **MeckVor:** § 109 I SOG; **NRW:** § 63 II PolG; **SchlHolst:** § 258 I LVwG.

schriften sowohl von ihrem Wortlaut her als auch nach ihrem Sinn und Zweck den Todesschuss aus. Eine gegenteilige Auslegung verstieße gegen den Vorbehalt des Gesetzes; zudem führte sie dazu, dass die betreffenden Vorschriften gegen den verfassungsrechtlich verankerten Bestimmtheitsgrundsatz verstießen und verfassungswidrig wären. Daher stellen die betreffenden Vorschriften selbst dann keine Rechtsgrundlage für den gezielten Todesschuss dar, wenn dieser die einzige Möglichkeit darstellt, eine Person „angriffs- oder fluchtunfähig" zu machen.[834] Der Schütze missachtet in diesem Fall den Vorbehalt des Gesetzes und handelt – aus öffentlich-rechtlicher Sicht – rechtswidrig.

Fände der Sachverhalt des **Beispiels** von Rn 981 im Anwendungsbereich eines der genannten Polizeigesetze statt, könnte sich S nicht auf eine polizeigesetzliche Befugnisnorm stützen. Der Todesschuss würde ohne Rechtsgrundlage erfolgen. Allerdings wäre für S aufgrund der Regelung in §§ 56 II S. 3 BBG, 38 II S. 2 BRRG die Anordnung des E unverbindlich. Ob S bei einem Schuss wenigstens (straf- oder zivilrechtlich) gerechtfertigt wäre, soll im Folgenden untersucht werden.

983 Sofern keine spezialgesetzlichen Grundlagen bestehen, bereitet die Frage, ob Polizeibeamte sich bei lebensverkürzenden Eingriffen in Bürgerrechte auf allgemeine Rechtfertigungsgründe wie **Notwehr** berufen können, besondere Schwierigkeiten. Unstreitig ist zunächst, dass ein Polizeibeamter sich auf § 227 BGB, § 32 StGB (bzw. § 34 StGB) berufen kann, wenn *seine Person* angegriffen wird. Denn dann ist er höchstpersönlich betroffen und muss sich wie jeder andere Mensch auf die allgemeinen Notwehr- und Notstandsregeln berufen können. Fraglich ist hingegen, ob ihm § 227 BGB, § 32 StGB (bzw. § 34 StGB) zur Seite stehen, wenn er in Ausübung eines hoheitlichen Amtes Angriffe *auf Dritte* abwehrt (insbesondere also den finalen Rettungsschuss ausübt). Soweit keine ausdrückliche Regelung existiert, die die Begründung polizeilicher Befugnisse unter Rückgriff auf die zivil- und strafrechtlichen Vorschriften über Notwehr und Notstand ausschließt, geht die h.M. davon aus, dass auch ein im Dienst befindlicher Amtsträger (insb. ein Polizeibeamter) sich auf § 32 StGB berufen könne, wenn er zugunsten Dritter – auch mit gewollt tödlichem Ausgang – einschreite.[835] Vordergründig betrachtet scheint diese Auffassung zustimmungswürdig. Denn ansonsten würde sich die Situation ergeben, dass sich zwar jeder Dritte auf Nothilfe berufen und daher schießen dürfte, nicht aber der gut ausgebildete Scharfschütze bei der Polizei. Zugunsten des Opferschutzes könnte man daher den finalen Rettungsschuss als über § 32 StGB (Nothilfe) gerechtfertigt ansehen. Dieser Befund wird zumindest von der Europäischen Menschenrechtskonvention (Art. 2 II EMRK) zugelassen. Im Übrigen besäßen die Länder ohnehin keine Kompetenz, die insoweit einschlägigen Regelungen aus dem BGB und StGB außer Kraft zu setzen. Ob ein Polizeibeamter von dem ihm als Privatmann zustehenden Rechtfertigungsgrund Gebrauch macht, obliegt also prinzipiell seiner persönlichen Entscheidung. Eine Anweisung durch den Vorgesetzten, hiervon Gebrauch zu machen, ist ausgeschlossen.

Im vorliegenden **Beispiel** von Rn 981 wäre S demzufolge zumindest *persönlich* zivil- und strafrechtlich gerechtfertigt.

984 Fehlt also eine spezialgesetzliche Rechtsgrundlage für den gezielten Todesschuss, lassen zwar Notwehr bzw. Nothilfe den Strafvorwurf aus § 212 StGB entfallen, dies führt aber noch nicht zwangsläufig zur *verfassungsrechtlichen* Rechtfertigung des Eingriffs in das Grundrecht aus Art. 2 II S. 1 GG. Vielmehr ist aufgrund der Intensität des Ein-

[834] *Schenke*, POR, Rn 561; *Pieroth/Schlink/Kniesel*, POR, § 20 Rn 20.
[835] *Tröndle/Fischer*, StGB, vor § 32 Rn 6; Sch/Sch-*Lenckner/Perron*, StGB, § 32 Rn 42b; *Schenke*, POR, Rn 562.

griffs und der Rechtssicherheit eine **ausdrückliche gesetzliche Ermächtigung** zu verlangen; § 32 StGB wird dem Gesetzesvorbehalt nicht gerecht (s.o.).

Aus diesem Grund, aber auch, um dem verfassungsrechtlichen Bestimmtheitsgrundsatz nachzukommen, haben die meisten Bundesländer den gezielten Todesschuss explizit geregelt (s.o., Rn 982). Des Weiteren erübrigt sich durch diese Vorschriften die o.g. Debatte, ob ein Rückgriff auf das allgemeine Notwehrrecht statthaft ist. Denn wie der Wortlaut der entsprechenden Bestimmungen eindeutig zu erkennen gibt, wurde der im StGB enthaltene Rechtfertigungsgrund Notwehr/Nothilfe gleichsam als Rechtsgrundlage in die Polizeigesetze transferiert. **985**

Gebraucht also ein Polizeivollzugsbeamter die Schusswaffe als das einzige Mittel, um einen rechtswidrigen Angriff mit gegenwärtiger Lebensgefahr oder gegenwärtiger Gefahr einer schwerwiegenden Verletzung der körperlichen Unversehrtheit von sich oder einem anderen abzuwehren, ist sein Handeln auch dann zulässig, wenn es unvermeidbar zum Tod des Angreifers führt[836]; insoweit wird das Grundrecht auf Leben (Art. 2 II S. 1 GG) eingeschränkt.[837] **986**

> Fände der Sachverhalt des **Beispiels** von Rn 981 in einem Bundesland statt, dessen Polizeigesetz den finalen Rettungsschuss explizit regelt, könnte sich S auf die entsprechende Bestimmung des Polizeigesetzes stützen. Der Todesschuss wäre zulässig, stünde aber – auch wenn E dem S nicht nur die Freigabe erteilt, sondern diesem auch eine diesbezügliche Anweisung gegeben hätte – im Ermessen des S.

Die Abgabe eines Schusses, der als letztes Mittel zur Beseitigung der Angriffsfähigkeit tödlich wirken soll, kommt nur bei der Gefahrenabwehr, nicht jedoch im Rahmen der Strafverfolgung in Betracht (zur Abgrenzung bei Gemengelagen vgl. Rn 565). Insbesondere erfassen die Polizeigesetze, die den Schusswaffeneinsatz im Rahmen der Strafverfolgung zulassen, nicht den *gezielten* Todesschuss. **987**

> **Beispiel:** Ein auf der Flucht befindlicher Mörder wird von einem Polizeibeamten verfolgt. Dieser schießt auf den Betroffenen, um ihn zu töten.
>
> Hier ist der Schusswaffeneinsatz mit dem Ziel der Tötung von keiner Vorschrift der Polizeigesetze gerechtfertigt.

Eine Einschränkung enthalten die meisten Polizeigesetze, wenn sie bestimmen, dass der Schusswaffengebrauch **nicht angeordnet** werden kann und eine eventuelle Weisung somit nicht befolgt werden muss (vgl. § 38 II BRRG). Damit wird gleichzeitig deutlich, dass die Verantwortung für den finalen Rettungsschuss bei dem letztlich handelnden Beamten liegt.[838] Diese Verantwortung bedeutet jedoch nicht, dass der handelnde Beamte allein aus „Gewissensgründen“ den finalen Rettungsschuss verweigern darf. Dieser stellt zwar den schwersten aller denkbaren staatlichen Eingriffe dar, in ihm konkretisiert sich aber zugleich die letztlich verfassungsrechtlich begründete Schutzpflicht des Staates gegenüber dem rechtswidrig in schwerster Weise angegriffenen, bedeutsamen Rechtsgut. **988**

---

[836] Eine Kollision dieser Regelung mit Art. 102 GG (Verbot der Todesstrafe) besteht nicht, da ein der Gefahrenabwehr dienender Todesschuss gerade keine Strafe darstellt.

[837] Um die Schwere des Grundrechtseingriffs noch einmal zu verdeutlichen, hat z.B. der Bremische Gesetzgeber Art. 2 II S. 1 GG nicht lediglich in § 9 BremPolG, sondern auch in § 46 II S. 2 BremPolG zitiert. Für die anderen Polizeigesetze, die den finalen Rettungsschuss geregelt haben, gilt Entsprechendes.

[838] Anders z.B. § 56 HessSOG und § 72 NdsSOG, wonach (auch) der gezielte Todesschuss wirksam angeordnet werden kann.

989 Die meisten Polizeigesetze verbieten den Schusswaffeneinsatz gegen Personen, die dem äußeren Eindruck nach noch nicht **14 Jahre** alt sind, ausnahmslos. Eine derartige Regelung ist zwar grundsätzlich zu begrüßen, verkennt aber den Umstand, dass in der jüngeren Vergangenheit Schwerstkriminalität (insbesondere Gewalttaten) auch von Kindern begangen wurde, die diese Altersgrenze noch nicht erreicht hatten. Würde also bspw. ein 13-Jähriger auf eine andere Person schießen oder auf diese mit einem Messer einstechen, könnte die Polizei den Angriff nicht durch Schusswaffengebrauch (worunter in diesem Zusammenhang nicht der gezielte Todesschuss, sondern der „normale" Schusswaffeneinsatz, um angriffsunfähig zu machen, gemeint ist) abwehren. Unter Umständen wäre die Polizei somit daran gehindert, ein Tötungsdelikt zu verhindern, falls sich der Schusswaffengebrauch als das einzige Mittel der Gefahrenabwehr darstellte. Ob sich die Landesgesetzgeber dessen bewusst waren, als sie diese Regelungen eingeführt haben, mag bezweifelt werden. Jedenfalls sind die genannten Regelungen überholt. Einen Ausweg aus diesem Dilemma zeigt auch nicht § 32 StGB auf. Denn dadurch, dass die betreffenden Bestimmungen der Polizeigesetze ein ausdrückliches Schusswaffenverbot vorsehen, darf schon aus systematischen Gründen nicht auf § 32 StGB zurückgegriffen werden. Diesbezüglich vorbildliche Regelungen enthalten §§ 60 III S. 2 HessSOG und 76 III S. 2 NdsSOG, die den Schusswaffengebrauch auch gegenüber Personen unter 14 Jahren erlauben, wenn er das einzige Mittel zur Abwehr einer gegenwärtigen Gefahr für Leib oder Leben darstellt. Denn in einem solchen Fall greift das besondere Schutzbedürfnis, das das Verbot des Schusswaffeneinsatzes gegen Kinder unter 14 Jahren ausmacht, nicht.

990 Schließlich bestimmen die Polizeigesetze, dass der Schusswaffengebrauch unzulässig ist, wenn Unbeteiligte, insbesondere in einer Menschenmenge, mit hoher Wahrscheinlichkeit gefährdet würden. „Unbeteiligte" sind alle Personen, bei denen die Voraussetzungen für einen gegen sie gerichteten Schusswaffengebrauch nicht gegeben sind. Dies trifft nicht auf Mittäter und Teilnehmer der Tat, die den Schusswaffengebrauch erfordern, zu, sehr wohl aber z.B. auf Geiseln. Die Gefährdung muss mit hoher Wahrscheinlichkeit bestehen. Maßgeblich ist die objektivierte Einschätzung der handelnden Beamten. Werden Unbeteiligte gefährdet, ist der Schusswaffengebrauch unzulässig. Allerdings wird das Verbot, Unbeteiligte durch Schusswaffengebrauch zu gefährden, durch entsprechende Ausnahmebestimmungen relativiert. Danach ist der Schusswaffengebrauch zulässig, auch wenn Unbeteiligte, insbesondere in einer Menschenmenge, mit hoher Wahrscheinlichkeit gefährdet würden. Voraussetzung ist aber, dass der Schusswaffengebrauch das einzige Mittel zur Abwehr einer gegenwärtigen Lebensgefahr ist und durch den Schusswaffengebrauch keine Lebensgefahr für Unbeteiligte entsteht. Der Begriff „Menschenmenge" sollte in Anlehnung an § 125 StGB verstanden werden. Sie liegt vor bei einer räumlich vereinigten, nicht notwendig ungezählten, aber doch so großen Personenmehrheit, dass die Zahl nicht sofort überschaubar ist und deshalb das Hinzukommen oder Weggehen Einzelner für den äußeren Eindruck unwesentlich sind.[839] Die Grenze wird bei ca. 15-20 Personen gesehen[840], jedoch sind stets die Umstände des Einzelfalls zu beachten.

4. Abschlussfall

991 Die Polizeivollzugsbeamten A und B werden bei einem Streifengang in einer verrufenen Gegend der Stadt auf einen dem Drogenmilieu zuzurechnenden Mann aufmerksam, der vorbeikommende Passanten anpöbelt und aggressiv anbettelt. Als die Beamten auf den Mann zugehen, um ihn von seinem Handeln abzubringen, zieht er unvermittelt ein Messer

[839] BGHSt **33**, 306, 308; OLG Köln NStZ-RR **1997**, 234; BGH NStZ **2002**, 538.
[840] BGHSt **33**, 306, 308. BGH NStZ **1994**, 483 lässt u.U. auch 10 Personen ausreichen.

und greift A mit den Worten: „Ich schlitz dir den Arm auf!" an. Nachdem er den Arm des Beamten mit dem Messer nur äußerst knapp verfehlt hat und A erneut angreifen will, schlägt B dem Mann wortlos einen wuchtigen Hieb mit dem Schlagstock auf dessen Arm, sodass dieser den Angriff aufgibt und - das Messer noch in der Hand - die Flucht ergreift. Nach kurzer Besinnungszeit nehmen A und B die Verfolgung des Mannes auf. B merkt aber bald, dass sie keine Chance haben, den Mann noch einzuholen. Er ruft deshalb dem Mann nach: „Stehen bleiben!" und gibt aus seiner Dienstwaffe einen Warnschuss in die Luft ab. Der Mann kann dennoch entkommen.

Waren die Maßnahmen *Schlagstockeinsatz* und *Warnschuss* rechtmäßig?

Variante: Wie wäre bei der 1. Maßnahme (Schlagstockeinsatz) zu entscheiden, wenn B statt des Schlagstocks die Schusswaffe eingesetzt und den Angreifer in der Schulter getroffen hätte?

1. Maßnahme – Der Schlagstockeinsatz[841]

Da es sich bei dem Schlagstockeinsatz um eine gefahrenabwehrrechtliche Maßnahme in Form der Anwendung von Zwang handelt, kommen als Rechtsgrundlage die landesrechtlichen Vorschriften über den unmittelbaren Zwang in Betracht (vgl. z.B. § 11 BremVwVG[842] i.V.m. §§ 40 ff. BremPolG[843]).

I. Formelle Rechtmäßigkeit

1. Zuständigkeit zur Anwendung des Zwangsmittels

Für die Anwendung des Zwangs ist gemäß § 12 I VwVG (vgl. 7 I BundesVwVG) die Behörde zuständig, die den zu vollstreckenden Verwaltungsakt (= Grundverwaltungsakt) erlassen hat. Allerdings ist dem Schlagstockeinsatz kein ausdrücklicher Verwaltungsakt vorausgegangen. Dies steht der Rechtmäßigkeit der Vollstreckungsmaßnahme jedoch nicht entgegen, weil nach allgemeiner Rechtsauffassung von einem hypothetischen Verwaltungsakt auszugehen ist, der dem Zwangsmitteleinsatz zugrunde liegt. Dieser Verwaltungsakt, der etwa den Inhalt gehabt hätte: „Unterlassen Sie den Angriff auf A!", wäre von B erlassen worden, also von demselben Amtswalter, der auch das Zwangsmittel angewendet hat. Für den hypothetischen Verwaltungsakt war B aus §§ 79 II, 78 I, II, 71 I, 70 I Nr. 1, II, 65 II, 64 I PolG sachlich, örtlich und instanziell zuständig, weil seine sog. Eilfallkompetenz gemäß §§ 1 I, 2 Nr. 1, 64 ff. BremPolG gegeben ist. B war somit auch für den Schlagstockeinsatz zuständig.

II. Verfahrens- und Formvorschriften

Als allgemeine Verfahrensvorschrift fordert § 44 I S. 1 BremPolG die vorherige **Androhung des Zwangsmittels**. Eine solche Androhung ist vorliegend nicht erfolgt. Jedoch kann gem. § 44 I S. 2 Halbs. 2 BremPolG von einer Androhung abgesehen werden, wenn die Umstände dies nicht zulassen, insbesondere wenn die sofortige Anwendung des Zwangsmittels zur Abwehr einer gegenwärtigen Gefahr notwendig ist.
B konnte keine Verzögerung durch die Androhung in Kauf nehmen, weil sonst erhebliche Verletzungen – oder sogar der Tod – des A die möglichen Folgen gewesen wären. Der Verzicht auf die Androhung war daher rechtmäßig. Weitere allgemeine Verfahrens- und Formvorschriften enthalten die §§ 28, 37 und 39 VwVfG analog. Auf eine **Anhörung** konnte jedoch wegen § 28 II Nr. 5 VwVfG verzichtet werden, gegen die Form und die Wahrung des Bestimmtheitsgrundsatzes bzgl. des Zwangsmittels gem. § 37 VwVfG bestehen hier

---

[841] Da die Gefahrenabwehrgesetze der Länder zwar prinzipiell gleich sind, sich jedoch im Detail voneinander unterscheiden, musste die Falllösung an die Regelungen eines Bundeslandes angelehnt werden. Selbstverständlich ist die Falllösung auf die anderen Länder übertragbar.

[842] Entspricht § 6 BundesVwVG.

[843] §§ 40 ff. BremPolG sind deshalb anwendbar, weil gem. § 40 II BremPolG für die Art und Weise der Anwendung des unmittelbaren Zwangs durch den Polizeivollzugsdienst die §§ 40-47 BremPolG gelten. Gleichzeitig wird durch diese Formulierung deutlich, dass die besonderen Verfahrensvorschriften des VwVG bei der Anwendung von unmittelbarem Zwang durch den Polizeivollzugsdienst nicht anwendbar sind.

keine Bedenken und eine Begründung ist, da hier keine schriftliche Maßnahme erlassen wurde, gem. § 39 VwVfG nicht erforderlich.

III. Materielle Rechtmäßigkeit

1. Grundsätzliche Zulässigkeit des Zwangs

Zunächst müsste der Verwaltungszwang generell – also unabhängig von dem konkreten Zwangsmittel – zulässig gewesen sein. Da vorliegend dem Zwangsmittel kein Verwaltungsakt vorausgegangen ist, kommt nur eine Maßnahme des **Sofortvollzugs** in Betracht.

a. Voraussetzungen des Sofortvollzugs

Nach § 11 II BremVwVG (§ 6 II BundesVwVfG) ist für den Verwaltungszwang ohne vorausgehenden VA zunächst Voraussetzung, dass dies zur Verhinderung einer rechtswidrigen Tat oder zur Abwendung einer drohenden Gefahr geboten erscheint (insbesondere weil Maßnahmen gegen den Adressaten nicht rechtzeitig möglich sind oder keinen Erfolg versprechen) und die Behörde innerhalb ihrer gesetzlichen Befugnisse handelt.

Hätte der Angreifer noch einmal das Messer eingesetzt, wäre es höchst wahrscheinlich zu einer Verwirklichung der §§ 223 ff. StGB, möglicherweise sogar der §§ 211, 212 StGB gekommen. Daher bestand eine drohende Gefahr, deren Abwehr dringend geboten erschien.

B müsste beim Schlagstockeinsatz auch „innerhalb seiner gesetzlichen Befugnisse" gehandelt haben. Darunter ist zu verstehen, dass der handelnde Beamte aufgrund eines – wenn auch nur fiktiven und nicht ausgesprochenen – Verwaltungsakts gehandelt haben muss. Dieser Verwaltungsakt müsste, wenn er erlassen worden wäre, die Voraussetzungen erfüllen, die an eine tatsächlich erlassene Grundverfügung zu stellen sind. Der fiktive Verwaltungsakt müsste also rechtmäßig sein.
Vorliegend wäre der dem Zwang zugrunde liegende Verwaltungsakt etwa des Inhalts: „Unterlassen Sie den Angriff!" ein präventiver Verwaltungsakt, gestützt auf die Rechtsgrundlage der Befugnisgeneralklausel des § 10 I BremPolG.
Dieser Verwaltungsakt wäre rechtmäßig, wenn gegen ihn aus formeller und materieller Sicht keine Bedenken bestünden.

aa. Formelle Rechtmäßigkeit der Unterlassungsverfügung

B wäre gem. §§ 79 II, 78 I, II, 71 I, 70 I Nr. 1, II, 65 II, 64 I BremPolG sachlich, örtlich und instanziell zuständig, weil seine sog. Eilfallkompetenz gemäß §§ 1 I, 2 Nr. 1, 64 ff. BremPolG gegeben wäre. Eine Gefahr - Wahrscheinlichkeit eines Schadenseintritts - für die öffentliche Sicherheit - hier eine Verletzung der Individualgüter des A (Art. 2 II GG) und der objektiven Rechtsordnung (Straftaten nach §§ 223 ff. StGB) - lägen vor. Hinsichtlich des Vorliegens der übrigen formellen Rechtmäßigkeitsvoraussetzungen bestünden keine Bedenken.

bb. Materielle Rechtmäßigkeit der Unterlassungsverfügung

Da es sich bei dem fiktiven Verwaltungsakt um eine belastende Maßnahme gehandelt hätte, wäre eine Rechtsgrundlage erforderlich gewesen. Diese wäre in § 10 I BremPolG zu erblicken gewesen. Die Voraussetzungen der Befugnisgeneralklausel wären gegeben gewesen, da eine Gefahr für die öffentliche Sicherheit gegeben gewesen wäre.
Der Mann wäre auch richtiger Adressat der Unterlassungsverfügung gewesen, da er Handlungsstörer gem. § 5 BremPolG war.
Hinsichtlich der Einhaltung des Ermessens und der Beachtung des Verhältnismäßigkeitsgrundsatzes der Unterlassungsverfügung bestehen keine Bedenken, vgl. § 3 PolG. Sie wäre geeignet gewesen, weil sie die Gefahrenabwehr zumindest gefördert hätte. Sie wäre auch erforderlich gewesen, weil mildere, gleich geeignete Mittel nicht ersichtlich sind. Sie wäre schließlich angemessen gewesen, weil die von ihr ausgehende Beeinträchtigung des Mannes - Eingriff in Art. 2 II S. 1 Var. 2 GG - nicht erkennbar außer Verhältnis zu dem erstrebten Erfolg - Schutz der körperlichen Unversehrtheit des A - stand.
Die Unterlassungsverfügung wäre demzufolge rechtmäßig gewesen, B handelte folglich im Rahmen der gesetzlichen Befugnisse.

b. Ergebnis
Die Voraussetzungen für die grundsätzliche Zulässigkeit des Zwangs nach § 11 II BremVwVG sind somit erfüllt.

2. Voraussetzungen für den unmittelbaren Zwang
Es müssten aber auch die Voraussetzungen, die für Anwendung des unmittelbaren Zwangs gelten, erfüllt sein. Die Befugnisnorm des unmittelbaren Zwangs (§ 11 VwVG i.V.m. §§ 40 ff. PolG[844]) ist einschlägig, weil es sich bei dem Schlagstockeinsatz um unmittelbaren Zwang in Form einer Einwirkung auf Personen durch Waffen gem. § 41 I, IV BremPolG handelt. Voraussetzung für die Anwendung unmittelbaren Zwangs ist gem. § 41 V BremPolG, dass andere Zwangsmittel nicht in Betracht kommen, keinen Erfolg versprechen oder unzweckmäßig sind. Eine Ersatzvornahme kommt nicht in Betracht, weil die Unterlassungsverfügung nur von dem Angreifer beachtet werden kann, es sich also um ein unvertretbares Verhalten handelt. Ein Zwangsgeld verspräche keinen Erfolg und wäre zudem unzweckmäßig, da es schriftlich festgesetzt werden müsste, wofür vorliegend keine Zeit zur Verfügung stand. Die Voraussetzungen des § 41 V BremPolG sind somit erfüllt. Möglicherweise wäre aber ein anderes Zwangsmittel innerhalb der Kategorie *unmittelbarer Zwang* weniger einschneidend gewesen. Da zur Grundausstattung jedes Polizeivollzugsbeamten nicht nur ein Schlagstock, sondern auch Pfefferspray gehört, ist fraglich, ob B nicht vorrangig eines dieser Mittel hätte einsetzen müssen. Da jedoch nicht ausgeschlossen werden kann, dass Pfefferspray bei jedem Menschen den gleichen Effekt bewirkt und es sich bei dem Angreifer möglicherweise um einen Drogenabhängigen handelte, dessen sinnliche Wahrnehmungsfähigkeit abgeschwächt gewesen sein könnte, muss die Frage offen bleiben, ob B anstelle des Schlagstocks das Pfefferspray hätte einsetzen müssen.

Der Angreifer ist auch richtiger Adressat des Zwangsmittels, da er identisch mit der Person ist, an die die Unterlassungsverfügung gerichtet worden wäre.

Ermessensfehler sind nicht ersichtlich. Auch an der Verhältnismäßigkeit des Schlagstockeinsatzes bestehen keine Zweifel. Er war – wie der Erfolg zeigt – geeignet, den Angriff und damit die Gefahr abzuwehren. Er war auch – wie geprüft – das mildeste Mittel, weil gleich geeignete, mildere Formen des Zwangs nicht mit Sicherheit den Erfolg verhindert hätten. Er war auch angemessen, weil die Beeinträchtigung des Mannes – Eingriff in die körperliche Unversehrtheit – von Art und Ausmaß nicht erkennbar außer Verhältnis zu dem erstrebten Erfolg – Schutz der körperlichen Unversehrtheit oder sogar Verhinderung des Todes des A – stand.

IV. Ergebnis
Der Schlagstockeinsatz war daher insgesamt rechtmäßig.

Anmerkung: Wie die Falllösung gezeigt hat, war es erforderlich, im Rahmen einer Schachtelprüfung den fiktiven (hypothetischen) Verwaltungsakt zu prüfen. Das ist bei einer Zwangsmaßnahme des Sofortvollzugs unvermeidbar, auch wenn einige – vermeintliche – Redundanzen bestehen.

2. Maßnahme – Der Warnschuss in die Luft

I. Anwendbares Rechtsgebiet
Bei dem Warnschuss handelt es sich wegen der in ihm enthaltenen konkludenten Aufforderung, stehen zu bleiben, um einen Grundrechtseingriff (Art. 2 I GG). Er bedarf daher einer **Rechtsgrundlage**. Fraglich ist, welchem Rechtsgebiet diese zu entnehmen ist. Handelte B zum Zweck der Gefahrenabwehr, ist das Landespolizeigesetz anwendbar; handelte er zum Zweck der Strafverfolgung, ist die StPO einschlägig.

---

[844] Zur Wiederholung sei nochmals darauf hingewiesen, dass für die Art und Weise der Anwendung des unmittelbaren Zwangs durch den Polizeivollzugsdienst nicht die Vorschriften des VwVG, sondern die des PolG gelten.

Abzustellen ist auf das **Schwergewicht des polizeilichen Handelns**. Bei der Ermittlung des Schwergewichts ist ein objektiver Maßstab anzulegen. Liegen Anhaltspunkte dafür vor, dass ein *dringender Tatverdacht* besteht und die Polizei weitere Sachverhaltsaufklärungen durchführt bzw. Maßnahmen ergreift, um den staatlichen Strafanspruch sicherzustellen, ist von einer repressivpolizeilichen Tätigkeit auszugehen. Geht es dagegen primär um Schadensabwendung, ist die polizeiliche Maßnahme im Zweifel dem Bereich der Gefahrenabwehr zuzuordnen.

- Für eine Maßnahme der Gefahrenabwehr spricht, dass nicht ausgeschlossen werden kann, dass der Mann, der immerhin äußerst aggressiv und mit einem Messer in der Hand durch die Innenstadt läuft, auch andere Menschen angreift und verletzt.
- Ist man demgegenüber der Auffassung, dass der Angriff auf A beendet sei und dass Anhaltspunkte dafür, dass der Mann mit dem Messer – jedenfalls in überschaubarer Zukunft – weitere Personen angreifen werde, nicht ersichtlich seien, ist es ebenso vertretbar festzustellen, dass es B in erster Linie um eine Strafverfolgung des Angreifers wegen dessen (beendeten) Angriffs auf A ankam.

Im Ergebnis sind beide Möglichkeiten gleichermaßen vertretbar. Stellt man auf den **repressiven** Charakter ab, könnte Rechtsgrundlage für den Warnschuss § 127 II StPO i.V.m. § 112 StPO i.V.m. §§ 223 ff. StGB sein. Da es sich jedoch lediglich um die Androhung eines Schusswaffengebrauchs handelt, stellt sich die Frage, unter welchen Voraussetzungen eine solche Androhung rechtmäßig ist. Grundsätzlich gilt, dass Androhungen hoheitlicher Maßnahmen nur dann rechtmäßig sind, wenn die Durchführung der Maßnahme selbst keinen rechtlichen Bedenken begegnet, weil ein Hoheitsträger belastende Maßnahmen gegenüber dem Bürger nur dann androhen darf, wenn er sie in letzter Konsequenz auch anwenden darf. Die Androhung des Schusswaffengebrauchs ist demzufolge nur dann rechtmäßig, wenn der Einsatz der Schusswaffe selbst formell und materiell rechtmäßig gewesen wäre.

II. Formelle Rechtmäßigkeit

1. Zuständigkeit zur Anwendung des Zwangsmittels

Für die Anwendung repressiver Maßnahmen ist gem. §§ 1 IV, 64 I S. 2 Halbs. 2 BremPolG i.V.m. § 163 I StPO die Polizei sachlich zuständig. Auch hinsichtlich der örtlichen und instanziellen Zuständigkeit bestehen keine Bedenken.

2. Verfahrens- und Formvorschriften

Als allgemeine Verfahrensvorschrift ist unmittelbarer Zwang gem. § 44 I S. 1 BremPolG vor seiner Anwendung **anzudrohen**. Gem. § 44 I S. 2 BremPolG gilt als Androhung des Schusswaffengebrauchs auch die Abgabe eines Warnschusses. Dies ist vorliegend geschehen.

Weitere Verfahrens- und Formvorschriften des BremPolG sind bei repressiven Maßnahmen nicht zu prüfen. Der Einsatz der Schusswaffe war demnach formell rechtmäßig.

III. Materielle Rechtmäßigkeit

Erste Voraussetzung der materiellen Rechtmäßigkeit des Zwangs ist dessen **grundsätzliche Zulässigkeit**. Anders als im PolG enthält die StPO hierüber keine ausdrücklichen Bestimmungen. Vielmehr ist hier davon auszugehen, dass jede Rechtsgrundlage der StPO zugleich stillschweigend die Befugnis enthält, die dort vorgesehenen Maßnahmen auch zwangsweise durchzusetzen.

Als Rechtsgrundlage für die dem Schusswaffengebrauch zugrunde liegende Maßnahme und damit auch für den Schusswaffengebrauch selbst kommt demzufolge § 127 II i.V.m. § 112 StPO in Betracht, deren Voraussetzungen erfüllt sind, vgl. auch §§ 223 ff. StGB.

Als allgemeine Rechtmäßigkeitsvoraussetzungen jedes vollzugspolizeilichen unmittelbaren Zwangs gelten die §§ 41-47 BremPolG, sodass hier insbesondere die besonderen Vollstreckungsvoraussetzungen für den Schusswaffengebrauch, §§ 46, 47 BremPolG, zu beachten sind.

Die Voraussetzungen des § 46 I S. 1 BremPolG sind allesamt erfüllt: Danach dürfen Schusswaffen u.a. dann gebraucht werden, wenn andere Maßnahmen des unmittelbaren Zwangs offensichtlich keinen Erfolg versprechen. Da vorliegend der Flüchtige von A und B ausweislich des Sachverhalts nicht mehr einzuholen war, kam zur Durchsetzung der Festnahme nur ein Schusswaffengebrauch in Betracht. Auch § 46 I S. 2 BremPolG war gegeben: Die Schusswaffe hätte auch gegen eine Person eingesetzt werden dürfen, weil der Schusswaffengebrauch gegen Sachen keinen Erfolg versprochen hätte und den Täter fluchtunfähig gemacht hätte. Gleiches gilt für § 46 II S. 1 BremPolG. Ziel der Beamten konnte nur sein, den Mann fluchtunfähig zu machen.

§ 46 III BremPolG ist im vorliegenden Fall ausweislich des Sachverhalts offensichtlich nicht einschlägig.

Es muss zusätzlich eine der Alternativen des § 47 I BremPolG gegeben sein. Dies ist allerdings nicht der Fall. In Betracht kommen allein § 47 Nr. 1 und Nr. 3 b. BremPolG. Nach § 47 I Nr. 1 BremPolG wäre Voraussetzung für einen Schusswaffengebrauch, dass eine gegenwärtige Gefahr für Leib und Leben abzuwehren wäre. Daran mangelt es jedoch wenn man auf den repressiven Charakter des Warnschusses abstellt. Denn nach dieser Ansicht sind dem Geschehen keinerlei Hinweise dafür zu entnehmen, dass der Flüchtige wahrscheinlich und in allernächster Zukunft Gesundheit oder Leben anderer beeinträchtigen wird. Die Voraussetzungen des § 47 I Nr. 3 b BremPolG wären ebenfalls nicht erfüllt. Zwar ist der Mann eines Vergehens (§ 224 StGB) dringend verdächtig, doch würden keine Tatsachen die Annahme rechtfertigen, dass er Schusswaffen oder Explosivmittel mit sich führt.

IV. Ergebnis auf Grundlage der strafprozessualen Lösung

Da die Voraussetzungen des § 47 BremPolG nicht erfüllt wären, würde ein Schusswaffengebrauch gegen den Flüchtigen materiell rechtswidrig sein. Die Androhung des Schusswaffengebrauchs ist damit ebenfalls rechtswidrig erfolgt.

V. Ergebnis nach Gefahrenabwehrrecht

Hätte man einen gefahrenabwehrrechtlichen Charakter des Warnschusses angenommen, wäre von vornherein ausschließlich auf das PolG abzustellen gewesen. Die Voraussetzungen des § 46 BremPolG hätten vorgelegen. Anders als bei der strafprozessualen Lösung hätten auch die Voraussetzungen des § 47 I Nr. 1 BremPolG vorgelegen. An der Einhaltung des Ermessens und dem Grundsatz der Verhältnismäßigkeit bestehen keine Bedenken.

Nach der gefahrenabwehrrechtlichen Lösung wäre der Warnschuss somit rechtmäßig gewesen.

Variante zur 1. Maßnahme

B hat in der Variante von der Schusswaffe Gebrauch gemacht, um einen weiteren Angriff auf A zu verhindern. Da er den Angreifer in die Schulter getroffen und damit verletzt hat, ist der Frage nachzugehen, ob der Schusswaffengebrauch unverhältnismäßig war. Als anderes, weniger einschneidendes Zwangsmittel kommt der Schlagstockeinsatz in Betracht. Doch damit hätte sich B seinerseits der Gefahr ausgesetzt, sich wegen der erforderlichen räumlichen Nähe zum Angreifer selbst einen Messerstich zuzuziehen. Daher ist es gut vertretbar, den Schusswaffeneinsatz als einziges effektives Mittel zur Gefahrenabwehr anzusehen. Ist man anderer Meinung, kommt man zu dem Ergebnis, dass der Schusswaffeneinsatz rechtswidrig gewesen ist.

H. Kosten und Ersatzansprüche

I. Grundsätze der Kostentragung im Gefahrenabwehrbereich

992 Nachdem auf der ersten Ebene die Rechtmäßigkeit polizeilicher Primärmaßnahmen und auf der zweiten Ebene die zwangsweise Durchsetzung derselben zu untersuchen war, sind nunmehr die Folgen polizeilichen Handelns Gegenstand der Bearbeitung. Es geht um die Frage, wer die Kosten der Maßnahme zu tragen hat oder Ersatz von einem anderen beanspruchen kann. Aus rechtsstaatlicher Sicht erlangt dabei die Regelung über den Schadensausgleich in Anspruch genommener Nichtverantwortlicher die größte Bedeutung.

1. Inpflichtnahme Privater für die Gefahrenabwehr

993 Hat der *Verantwortliche* (der Störer) die Gefahr mit eigenen Mitteln beseitigt, bleibt es bei der Lastentragung durch ihn, da er selbst verantwortlich war. Der Polizei- und Ordnungspflichtige hat die Gefahr zu beseitigen und er hat die damit verbundenen Kosten zu tragen.[845] Beim *Nichtverantwortlichen* (dem Nichtstörer) hingegen, der aufgrund des polizeirechtlichen Notstandes zur Gefahrenabwehr in Anspruch genommen wurde, ist diese Kostentragung mangels Verantwortlichkeit nicht gerechtfertigt. Er kann für die ihm entstandenen Vermögensnachteile einen Schadensausgleich verlangen (z.B. § 56 I 1 BremPolG).[846]

2. Behördliche Gefahrenabwehr

994 Der Schutz der öffentlichen Sicherheit und Ordnung erfolgt im öffentlichen Interesse. Nehmen die Gefahrenabwehrbehörden die ihnen auferlegten Aufgaben wahr, sind die Kosten von dem jeweils zuständigen Hoheitsträger zu tragen. Kosten sind dabei alle unmittelbaren und mittelbaren personellen und sächlichen Ausgaben der Behörde. Im Verhältnis zwischen den Behörden gilt das Entstehungsprinzip: Der Träger jeder Behörde hat die Kosten der von dieser eingeleiteten und durchgeführten Gefahrenabwehrmaßnahme zu tragen. Eine Kostenerstattung zwischen verschiedenen Verwaltungsträgern findet grundsätzlich nicht statt (vgl. dazu bei Rn 1112).

3. Nachträgliche Korrektur der finanziellen Lastenzuordnung

995 Das Bedürfnis einer Korrektur der oben zugrunde gelegten Kostentragung ergibt sich aus Wertungsdivergenzen zwischen der an einer raschen und wirksamen Gefahrenabwehr orientierten Eingriffsmaßnahme (*ex-ante*-Sicht) und dem Bedürfnis nach einer sachgerechten Lastenzuordnung (*ex-post*-Betrachtung). Daher kann unter bestimmten Voraussetzungen einem Verantwortlichen ein Entschädigungsanspruch zugebilligt werden.

Für Ansprüche des Staates auf Kostenersatz werden immer neue gesetzliche Grundlagen geschaffen (z.B. bei einer Ersatzvornahme), denn sonst sähe der Verantwortliche keine Veranlassung, der Aufforderung zur Störungsbeseitigung nachzukommen, wenn er im Fall der behördlichen Gefahrenabwehr das Kostenrisiko nicht zu tragen hätte. Die Haftung für die Kosten stellt somit ein Surrogat für die dem Verantwortlichen obliegenden Kosten seiner eigenen Gefahrenabwehr dar.[847] Es geht um den Ersatz von

---

[845] Eine Ausnahme gilt nur dann, wenn der Störer über seine Verantwortlichkeit hinaus in Anspruch genommen wird. Dann gilt das zum Nichtstörer Gesagte entsprechend.

[846] Vgl. §§ 45-51 MEPolG; **Bund:** §§ 51-56 BundesPolG; **BW:** §§ 55-58 PolG; **Bay:** Art. 70-73 PAG, Art. 11 LStVG; **Berl:** §§ 59 ff. ASOG; **Brand:** §§ 38 ff. OBG i.V.m. § 70 PolG; **Brem:** §§ 56-62 PolG, **Hamb:** § 10 III-V SOG, **Hess:** §§ 64-70 SOG; **MeckVor:** §§ 72-77 SOG; **Nds:** §§ 80-86 SOG; **NRW:** §§ 39-43 OBG i.V.m. § 67 PolG; **RhlPfl:** §§ 68-74 POG; **Saar:** §§ 68-74 PolG; **Sachs:** §§ 52-58 PolG; **SachsAnh:** §§ 69-75 SOG; **SchlHolst:** §§ 221-226 LVwG; **Thür:** §§ 68-74 PAG i.V.m. § 52 OBG.

[847] Ein hier nicht weiter zu diskutierendes Problem ergibt sich, wenn durch die Erhebung von Kosten der Polizeietat entlastet wird.

Kosten i.e.S., um Auslagen und Gebühren. Die einschlägigen Rechtsgebiete dazu sind neben dem Polizei- und Ordnungsrecht das Verwaltungsvollstreckungsrecht und das Gebühren- und Kostenrecht.

Hinweis für die Fallbearbeitung: Im Polizei- und Ordnungsrecht ist der Kostenersatz im Zusammenhang mit behördlichen Vollstreckungsmaßnahmen der wichtigste und zugleich gefahrenabwehrspezifische Anwendungsbereich. In der Fallbearbeitung geht es zumeist um die Rechtmäßigkeit eines Leistungsbescheids. Dieser dient erfahrungsgemäß als Aufhänger für die eigentliche Prüfung der Rechtmäßigkeit der zugrunde liegenden Gefahrenabwehrmaßnahme (z.B. das Abschleppen eines verbotswidrig geparkten Fahrzeugs). Das hat zum Hintergrund, dass nur die Rechtmäßigkeit der zugrunde liegenden Gefahrenabwehrmaßnahme zu einer Kostentragung seitens des vermeintlichen Störers führt. Vgl. dazu das unten aufgeführte Anwendungsbeispiel bei Rn 1034. **996**

II. Kostenersatzansprüche der Verwaltung

1. Kostenersatz bei Vollstreckungsmaßnahmen und unmittelbaren behördlichen Gefahrbeseitigungen

Der Kostenersatz bei Ersatzvornahme, unmittelbarer Ausführung, Sicherstellung und Verwahrung ist eine außerhalb des Abgabenrechts begründete öffentlich-rechtliche Geldleistungspflicht eigener Art. Haben also die Polizei- bzw. Ordnungsbehörde (oder der von ihr Beauftragte) die an sich dem Polizeipflichtigen obliegende Gefahrbeseitigung vorgenommen, stellt sich die Frage, ob ihm die Kosten aufgebürdet werden können. **997**

a. Ersatzansprüche der Verwaltung gegen den Verantwortlichen

Für die Ausführung der **Ersatzvornahme** (Fremd- und Selbstvornahme) werden von dem Betroffenen nach dem Polizeirecht der meisten Länder Kosten erhoben.[848] § 10 BundesVwVG hingegen regelt nur die Fremdvornahme, bei Selbstvornahme muss dann § 12 BundesVwVG (= unmittelbarer Zwang) beachtet werden. Ist die Selbstvornahme juristisch als unmittelbarer Zwang zu qualifizieren, kann dies die Konsequenz haben, dass die Gefahrenabwehrbehörde die Kosten selbst zu tragen hat. Auf Bundesebene ist jedoch § 19 I BundesVwVG zu beachten. **998**

Die Höhe der Kosten bestimmt sich nach dem jeweils anwendbaren Verwaltungskostenrecht. Findet eine Fremdvornahme statt, sind die Kosten des beauftragten Unternehmens, die dieses der Verwaltung in Rechnung stellt, der Verwaltung von dem Pflichtigen zu erstatten.[849] In den praktisch bedeutsamen Abschleppfällen zählen zu den Kosten der Ersatzvornahme nur die unmittelbar mit dem Abschleppvorgang verbundenen Kosten (ohne Standgeld und Gutachterkosten). Die Verwahrungskosten können aber entsprechend §§ 688 ff. BGB und die Verwaltungsgebühren nach Maßgabe des einschlägigen Gebührenrechts gefordert werden.[850] In der Praxis wird dem Betroffenen bei Abholung des Wagens vom Betriebsgelände des Abschleppunternehmens von diesem der Kostenbescheid ausgehändigt, der sowohl die Kosten der Er- **999**

---

[848] Vgl. **Bay:** Art. 55 PAG, **Brand:** § 55 PolG; **Hess:** § 49 SOG, **MeckVor:** § 89 SOG, **Nds:** § 66 SOG, **NRW:** § 52 PolG, **RhlPfl:** § 63 LVwVG, **Saar:** § 46 PolG, **SachsAnh:** § 55 SOG, **SchlHolst:** § 238 I LVwG, **Thür:** § 53 I, II PAG. In anderen Bundesländern gelten die allgemeinen Vorschriften: **BW:** §§ 25, 31 VwVG, **Berl:** § 5 II VwVG i.V.m. § 10 VwVG; **Brem:** §§ 15, 19 VwVG; **Hamb:** § 19 I VwVG. Spezialregelungen finden sich hinsichtlich der Kosten über die Sicherstellung von Sachen, vgl. z.B. § 24 III 1 MEPolG.

[849] Neben den allgemeinen Voraussetzungen gilt: ordnungsgemäß ausgesuchte Firma, keine erkennbaren groben Fehlgriffe in der Preiskalkulation, keine überflüssigen Maßnahmen durchgeführt.

[850] Vgl. zu den landesrechtlich maßgebenden Kostengesetzen bspw. das BremGVG (SaBremR 202-b-2).

satzvornahme als auch die der öffentlich-rechtlichen Verwahrung und die Verwaltungsgebühren enthält. Es ist auch denkbar, dass die Kosten ohne Kostenbescheid schlicht zu zahlen sind. Im ersten Fall kommt als prozessualer Rechtsschutz die **Anfechtungsklage** bzw. die **Fortsetzungsfeststellungsklage** analog § 113 I S. 4 VwGO (jeweils ggf. verbunden mit einem Annexantrag gem. § 113 I S. 2 VwGO) in Betracht, im zweiten Fall ein in einer **allgemeinen Leistungsklage** eingebetteter **öffentlich-rechtlicher Erstattungsanspruch**. Vgl. dazu das Beispiel bei Rn 1034. (Abwandlung).

1000 Bei der Vollstreckung von Gefahrenabwehrverfügungen durch **unmittelbaren Zwang** gilt der Grundsatz der **Kostenfreiheit** (beachte aber § 19 I BundesVwVG). Dies hat den Hintergrund, dass das Polizei- und Ordnungsrecht und das Verwaltungskostenrecht der meisten Länder eine Kostenerstattungsvorschrift hierfür nicht vorsehen. Nur in einigen Bundesländern ist gesetzlich normiert, dass Kosten des unmittelbaren Zwangs erhoben werden können.[851] In Ländern, die statt des Sofortvollzugs das Rechtsinstitut der unmittelbaren Ausführung einer Maßnahme kennen, ist die Kostenerhebung gesetzlich ermöglicht.

b. Allgemeine Rechtmäßigkeitsvoraussetzungen

1001 Neben der landesrechtlichen Normierung der Kostenersatzansprüche der Verwaltung müssen aber auch hier die allgemeinen Rechtmäßigkeitsvoraussetzungen von Gefahrenabwehrverfügungen erfüllt sein. Dazu bedarf es zunächst einer Rechtsgrundlage, die in formeller und materieller Hinsicht unter den spezifischen Punkten des Polizeikostenrechts rechtsfehlerfrei angewendet werden muss:

aa. Rechtsgrundlage

1002 Auch die **Kostenerhebung** ist Bestandteil der Eingriffsverwaltung und untersteht daher uneingeschränkt dem Vorbehalt des Gesetzes. Die erforderliche Rechtsgrundlage für die Kostenanforderung ist in den entsprechenden Polizei- und Verwaltungsvollstreckungsgesetzen normiert, soweit sie Ersatzansprüche der Verwaltung gegen den Verantwortlichen vorsehen (§ 10 i.V.m. § 19 I BundesVwVG[852]). Zu beachten sind weiterhin die kostenrechtlichen Vorschriften des jeweiligen Landes in Bezug auf Höhe und Umfang des möglichen Anspruchs und spezialgesetzliche Kostenerstattungsvorschriften im besonderen Gefahrenabwehrrecht.[853]

bb. Anspruchsvoraussetzungen

1003 Die Maßnahme der **Ersatzvornahme**, für deren Kosten Ersatz verlangt wird, muss formell und materiell **rechtmäßig** gewesen sein. Die formelle Rechtmäßigkeit bestimmt sich nach der Zuständigkeit der Vollzugsbehörde (vgl. z.B. § 4 BundesVwVG, § 12 BremVwVG). Die Anhörung ist aufgrund der Regelung des § 28 II Nr. 5 VwVfG entbehrlich. Die materielle Rechtmäßigkeit bestimmt sich zunächst nach den Tatbestandsvoraussetzungen der Ersatzvornahme (vgl. § 10 BundesVwVG und die entsprechenden Landesgesetze) i.V.m. den Tatbestandsvoraussetzungen der Zulässigkeit des Verwaltungszwangs (§ 6 BundesVwVG und die entsprechenden Landesgesetze). Zuletzt muss die Rechtsfolgeanordnung (§ 19 I BundesVwVG und die entsprechenden Landesgesetze) beachtet werden. Vgl. dazu das Anwendungsbeispiel bei Rn 1034.

---

[851] Vgl. §§ 7 f. BWVollstrKO (i.V.m. § 52 IV BWPolG i.V.m. § 31 III LVwVG), Art. 58 III BayPAG i.V.m. § 1 Nr. 6, 7 BayPolKV.

[852] Auf Landesebene vgl. bspw. § 15 i.V.m. 19 III, IV BremVwVG.

[853] Bspw. die Kostenersatzpflicht im Feuerwehrgesetz des Landes nach Hilfeleistungen kommunaler Feuerwehren oder im Landeswassergesetz nach Maßnahmen der Gewässeraufsichtsbehörden, siehe weiter unten, III 1 (Rn 1014 ff.).

Nach ganz h.M. besteht für rechtswidrige Maßnahmen keine Kostenerstattungspflicht, auch nicht aus öffentlich-rechtlicher GoA oder aus öffentlich-rechtlichem Erstattungsanspruch, denn sonst könnte das abschließende Polizei- und Verwaltungskostenrecht umgangen werden. 1004

Zum Kostenersatz für die **unmittelbare Ausführung** rechnen z.B. die Auslagen, die der Behörde durch die Beauftragung eines Unternehmens (z.B. Abschleppunternehmer) erwachsen. Aber auch besonderer Personal- oder Sachaufwand gehören hierher. Im Einzelnen bestehen in den verschiedenen Polizei- und Verwaltungsvollstreckungsgesetzen allerdings erhebliche Unterschiede. Die Rechtsgrundlage für die Kostenerhebung ist den Polizeigesetzen bzw. den Verwaltungsvollstreckungsgesetzen zu entnehmen.[854] 1005

Kostenersatz ist auch bei **Sicherstellung** und **Verwahrung einer Sache** vorgesehen. Praktischer Anwendungsfall ist die bereits erwähnte „Sicherstellung" eines verkehrswidrig abgestellten Fahrzeugs. Da die Entfernung des Fahrzeugs vom Gefahrenort in den Verantwortungsbereich des Halters (je nachdem, ob er selbst gefahren ist oder nicht, Verhaltens- bzw. Zustandsverantwortlichkeit) fällt und die Behörde dieser Pflicht an seiner Stelle nachkommt, ist die „Sicherstellung" juristisch und damit auch kostenrechtlich als **Ersatzvornahme** zu qualifizieren. 1006

In Bundesländern, in denen die Gesetze eine unmittelbare Ausführung nicht kennen, handelt es sich um eine im **Sofortvollzug** vorgenommene Sicherstellung. Der Kostenersatzanspruch leitet sich aus der Ersatzvornahme ab. 1007

cc. Kostenlast bei Anscheinsgefahr und Gefahrenverdacht

Bei der **Anscheinsgefahr** hat sich zunehmend durchgesetzt, dass es auf der Sekundärebene des Polizeikostenrechts einer Beurteilung *ex post* bedarf. Da (im Nachhinein) objektiv keine Gefahrenlage bestand, wird aus rechtsstaatlichen Gründen - parallel zum Entschädigungsanspruch des Anscheinsstörers[855] - eine Haftungsbegrenzung gefordert. Im Ergebnis wird der Anscheinsstörer auf der Kostenebene wie ein Nichtstörer behandelt, wenn seine Kostenpflicht verneint wird.[856] 1008

Beim **Gefahrenverdacht** besteht auf der Primärebene eine unklare Sachlage. Dennoch ist bei hinreichender Wahrscheinlichkeit einer Gefahr ein sicherheitsbehördliches Einschreiten geboten, um zu ermitteln, ob letztlich eine Gefahrenlage vorliegt oder nicht. In diesem Fall setzt die Befugnisgeneralklausel die Behörde zu einem Gefahrerforschungseingriff in Stand. Der genaue Inhalt der Gefahrerforschungseingriffe ist aber umstritten (vgl. die Ausführungen bei Rn 683 und 780). 1009
Dieser Streit setzt sich bei der Kostenlast fort: Nach h.M. sind Gefahrerforschungseingriffe von Amts wegen durchzuführende Sachverhaltsaufklärungsmaßnahmen gem. § 24 I VwVfG, sodass die Verwaltung selbst die Kosten tragen muss. Wird jemand, der im Falle einer Gefahr Verantwortlicher wäre, vorläufig in Anspruch genommen und stellt sich *ex post* heraus, dass er nicht verantwortlich ist, kann er als Nichtstörer Entschädigung verlangen. Darüber hinaus hat er einen Kostenersatzanspruch, falls er in Vorlage getreten ist. Für den Fall, dass tatsächlich eine Gefahrenlage vorgelegen

[854] Vgl. § 5a II MEPolG; **Bund:** § 19 II BundesPolG; **BW:** § 8 II PolG, **Bay:** Art. 9 II PAG; **Berl:** § 15 II, III ASOG; **Brand:** § 53 II i.V.m. § 55 PolG; **Hamb:** § 7 III SOG, **Hess:** § 8 II SOG, **MeckVor:** § 81 III SOG, **RhlPfl:** § 6 II POG, **Sachs:** § 6 II PolG, **SachsAnh:** § 9 II SOG, **SchlHolst:** § 230 III i.V.m. §§ 238 I bzw. 239, 249 II LVwG, **Thür:** § 9 II PAG i.V.m. § 12 II OBG.
[855] Siehe bei Rn 1023 ff.
[856] *Schoch*, JuS **1995**, 504, 507; *Schlink*, Jura **1999**, 169 ff.

hat (*ex-post* Betrachtung), muss der Verursacher des Gefahrenverdachts die Kosten der Gefahrenabwehrbehörde tragen.

c. Auswahlermessen bei mehreren Kostenpflichtigen

1010 Nach der Rechtsprechung gelten bei der Auswahl des Kostenpflichtigen (= Tertiärebene) die gleichen Grundsätze wie bei der Störerauswahl (= Primärebene). Die neuere Literatur nimmt eine Trennung vor: Bei der Tertiärebene gehe es losgelöst von der Störerauswahl nur noch um die Kostenverteilung. Die Kostenverteilung müsse gerecht erfolgen. Jeder Störer habe entsprechend seinem Anteil an der Verursachung die Kosten zu tragen. In Bundesländern, in denen die unmittelbare Ausführung geregelt ist, haften jedenfalls die Störer für die Kosten der unmittelbaren Ausführung gesamtschuldnerisch.

d. Geltendmachung des Ersatzanspruchs durch Leistungsbescheid

1011 Aufgrund der sich aus den Regelungen über die Ersatzvornahme und der Zwangsbeitreibung des Kostenbetrags ergebenden Verwaltungsaktbefugnis und der Titelfunktion des Verwaltungsakts ist die Behörde nicht auf den Klageweg angewiesen, sondern muss ihren Kostenersatzanspruch durch Leistungsbescheid festsetzen und diesen auch notfalls selbst vollstrecken (Grundsatz der Selbstvollstreckung der Verwaltung). Für eine Klage würde aus diesem Grunde regelmäßig schon das Rechtsschutzbedürfnis fehlen.[857] Der Vorbehalt des Gesetzes verlangt gerade auch hier eine Rechtsgrundlage in einem Parlamentsgesetz. Diesem Gesetzesvorbehalt werden - wie bereits dargestellt - die Polizei- und Verwaltungsvollstreckungsgesetze sowie die Gesetze über die Vollstreckung von Geldleistungen und die Gebühren- und Beitragsgesetze gerecht.

2. Kostenerstattung unter Verwaltungsträgern

1012 Der Heranziehung zu den Kosten von Gefahrenabwehrmaßnahmen und Gefahrerforschungsmaßnahmen steht nicht entgegen, dass der Herangezogene selbst Träger öffentlicher Aufgaben ist, soweit damit nicht in dessen hoheitliche Tätigkeit eingegriffen wird.[858] Solche Ersatzansprüche sind nicht im Wege der öffentlich-rechtlichen GoA zu realisieren, denn der handelnde und kostenbelastete Verwaltungsträger handelt aufgrund seiner „Eilkompetenz“ und nicht „ohne Auftrag“ und führt daher kein „fremdes Geschäft“. Als Anspruchsgrundlage kommt dann mangels spezieller Ausgestaltung der allgemeine öffentlich-rechtliche Erstattungsanspruch in Betracht.

---

[857] Anders ist es aber, wenn sich das Gericht ohnehin mit der Sache beschäftigen muss bzw. wird. In diesem Fall ist das Rechtsschutzbedürfnis gegeben. Beispiel: Der Schuldner erklärt von vornherein, dass er auf keinen Fall zahlen werde.

[858] OVG Schleswig NVwZ **2000**, 1196.

III. Entschädigungs- und Schadensersatzansprüche des Adressaten

Werden durch Eingriffe in Rechtsgüter Einzelner materielle oder immaterielle Schäden verursacht, stellt sich die Frage nach Entschädigungs- und Schadensersatzansprüchen. Die ausgleichspflichtigen Tatbestände bestehen primär nach Maßgabe der Spezialgesetze[859] und einschlägigen Regelungen der Polizeigesetze[860], die eine Reihe von Sonderregelungen zum Staatshaftungsrecht enthalten. Für die Frage nach den konkret in Betracht kommenden Ansprüchen muss zwischen rechtmäßigen und rechtswidrigen Maßnahmen einerseits und bei den rechtswidrigen Maßnahmen zwischen schuldhaftem und schuldlosem Verhalten andererseits differenziert werden. Der Inhalt des eventuellen Schadensausgleichs hängt maßgeblich davon ab, ob das verletzte Rechtsgut materieller oder immaterieller Natur ist. 1013

1. Entschädigung bei rechtmäßigen Maßnahmen

Grundsätzlich besitzt derjenige, der **rechtmäßig** als *Handlungs-* oder *Zustandsverantwortlicher* in Anspruch genommen wurde, **keinen Entschädigungsanspruch**. Denn durch die Gefahrenabwehrmaßnahme wird er lediglich „in die Schranken seines Rechts" verwiesen. Verfassungsrechtlich bildet die polizei- und ordnungsrechtliche Verantwortlichkeit eine entschädigungslos hinzunehmende Beschränkung von Freiheit und Eigentum (Art. 14 I S. 2 GG). Das Nichtbestehen von Entschädigungsansprüchen findet seine verfassungsrechtliche Rechtfertigung darin, dass das Polizei- und Ordnungsrecht Eingriffe gegen den Verantwortlichen nur innerhalb der Grenzen der Verhältnismäßigkeit zulässt. Beachten also Gefahrenabwehrmaßnahmen den Grundsatz der Verhältnismäßigkeit, besteht grundsätzlich kein Entschädigungsanspruch. 1014

Etwas anderes gilt nur dann, wenn der Gesetzgeber trotz rechtmäßiger Inanspruchnahme eines Störers bei diesem eine **besondere Härte** erblickt. 1015

> **Beispiel:** Aufgrund eines BSE-Tests ist bei einem Schlachtrind **BSE** festgestellt worden. Die zuständige Veterinärbehörde ordnet daraufhin gem. § 18 TierseuchenG die sofortige Tötung des gesamten Rinderbestandes des betroffenen Hofes an.
>
> Hier hat der Halter grundsätzlich einen Entschädigungsanspruch gem. § 66 Nr. 1 und 2 TierseuchenG. Dieser entfällt aber, wenn eine der Voraussetzungen des § 69 TierseuchenG erfüllt ist. Das ist eine Sachverhaltsfrage. Vgl. dazu auch die durchaus austauschbare Konstellation der **Schweinepestfälle** bei Rn 1018 sowie die Fälle der Maul- und Klauenseuche.

Ein angemessener Ausgleichsanspruch (Entschädigung) entsteht auch dann, wenn jemand durch eine rechtmäßige Maßnahme während des polizei- und ordnungsrechtlichen **Notstandes als Nichtverantwortlicher in Anspruch genommen wird** und dadurch einen Schaden erleidet (vgl. nur § 56 I S. 1 BremPolG). Der Grund für diese Entschädigungspflicht besteht darin, dass ein **Ausgleich für ein Sonderopfer** geschaffen werden soll, das dem Nichtverantwortlichen auferlegt wurde. 1016

Dem Nichtverantwortlichen haftungsrechtlich gleichgestellt ist der **unbeteiligte Dritte**, d.h. eine Person, die unbeabsichtigt und nicht zielgerichtet aus Anlass einer 1017

---

[859] Vgl. etwa §§ 56 ff. InfektionsschutzG (ehemals §§ 49 ff. BSeuchenG) oder §§ 66 ff. TierseuchenG.

[860] Vgl. §§ 45-51 MEPolG; **Bund:** §§ 51-56 BundesPolG; **BW:** §§ 55-58 PolG; **Bay:** Art. 70-73 PAG, Art. 11 LStVG; **Berl:** §§ 59-65 ASOG; **Brand:** §§ 38 ff. OBG i.V.m. § 70 PolG; **Brem:** §§ 56-62 PolG; **Hamb:** § 10 III-V SOG; **Hess:** §§ 64-70 SOG; **MeckVor:** §§ 72-77 SOG; **Nds:** §§ 80-86 SOG; **NRW:** §§ 39-43 OBG i.V.m. § 67 PolG; **RhlPfl:** §§ 68-74 POG; **Saar:** §§ 68-74 PolG; **Sachs:** §§ 52-58 PolG; **SachsAnh:** §§ 69-75 SOG; **SchlHolst:** §§ 221-226 LVwG; **Thür:** §§ 68-74 PAG i.V.m. § 52 OBG.

rechtmäßigen Maßnahme geschädigt wird.[861] Das gilt auch gegenüber Personen, die mit Zustimmung der Gefahrenabwehrbehörde bei der Erfüllung ihrer Aufgaben freiwillig mitgewirkt oder Sachen zur Verfügung gestellt und dadurch einen Schaden erlitten haben (vgl. nur 56 II BremPolG). Da diese Personen im Interesse der Allgemeinheit gehandelt haben, müssen sie auch von der Allgemeinheit entschädigt werden. Wenn für diese Fälle eine Entschädigung – wie in den meisten Bundesländern – gesetzlich nicht ausdrücklich geregelt ist, ist die Regelung hinsichtlich des **Nichtverantwortlichen**[862] entsprechend heranzuziehen.[863] Entsprechendes gilt für die Fälle der **Anscheinsgefahr** und des **Gefahrenverdachts**, sofern der Zustand durch den Anspruchsteller nicht zurechenbar verursacht wurde (vgl. Rn 1023).

1018 **Art und Umfang der Entschädigung** entsprechen den für Entschädigungsansprüche aus enteignendem Eingriff und aus Aufopferung allgemein geltenden Grundsätzen. Insoweit sei auf die Ausführungen bei *R. Schmidt*, AllgVerwR, Rn 1061 ff. (Recht der staatlichen Ersatzleistungen) verwiesen. Es lässt sich aber sagen, dass sich der Ausgleich primär auf Vermögensschäden bezieht, die dem Geschädigten durch Maßnahmen der Gefahrenabwehrbehörde entstanden sind.[864] Inwieweit auch **Nichtvermögensschäden,** also **immaterielle Schäden** (etwa Schmerzensgeld) vom Entschädigungsanspruch umfasst sind, ist den zum Teil sehr unterschiedlichen gesetzlichen Regelungen der Polizeigesetze zu entnehmen. Grundsätzlich werden aber Nachteile immaterieller Art nicht berücksichtigt, was dazu führt, dass Schmerzensgeld (§ 847 BGB) nicht erstattungsfähig ist. Nur ausnahmsweise werden nach den Polizeigesetzen bestimmte immaterielle Schäden ausgeglichen.[865] Es handelt sich um die Ausgleichspflicht im Fall der Verletzung des Körpers, der Gesundheit oder bei einer Freiheitsentziehung. Bei der **Bemessung des Ausgleichs** sind alle Umstände zu berücksichtigen, insbesondere Art und Vorhersehbarkeit des Schadens, Schutz des Geschädigten sowie Mitverschulden.
Zu beachten ist jedoch, dass ein Anspruch auf Entschädigung, der auf den allgemeinen polizeirechtlichen Vorschriften über den Schadensausgleich infolge einer rechtmäßigen Inanspruchnahme als Nichtstörer basiert, ausgeschlossen sein kann, wenn der Sachverhalt von einer spezialgesetzlichen Regelung abschließend erfasst ist.

Beispiel[866]**:** B ist Betreiber einer Schweinemast. In einem vergleichbaren Mastbetrieb des benachbarten Landkreises wurde Schweinepest[867] festgestellt. Aufgrund des Verdachts von Schweinepest auch im Betrieb des B erlässt die zuständige Veterinärbehörde mit Hinweis auf § 18 TierseuchenG eine Tötungsanordnung des gesamten Bestandes. Bei der anschließenden Untersuchung des Materials stellt sich allerdings heraus, dass bei B´s Tieren Schweinepest nicht vorgelegen hat. B erleidet infolge der Tötung seiner Tiere einen höheren Schaden, als die Haftungsgrenzen der §§ 66 ff. TierseuchenG vorsehen. Daher begehrt er Schadensersatz nach der landespolizeirechtlichen Vorschrift über die Entschädigung infolge der Inanspruchnahme als Nichtstörer.

---

[861] Art. 70 II **Bay**PAG; § 59 I Nr. 2 **Berl**ASOG; § 73 **MeckVor**SOG; § 222 **SchlHolst**LVwG. Erstmalig wurde dieser Gedanke in §§ 74, 75 EinlALR (1794) geregelt. Vgl. auch OLG Dresden LKV **2003**, 582.
[862] Vgl. **BW:** § 55 I PolG; **Brand:** § 38 Ia OBG i.V.m. § 70 PolG; **Brem:** § 56 I S. 1 PolG; **Hamb:** § 10 III SOG; **Hess:** § 64 I SOG; **Nds:** § 80 I S. 1 SOG; **NRW:** § 39 Ia OBG i.V.m. § 67 PolG; **RhlPfl:** § 68 I S. 1 POG; **Saar:** § 68 I S. 1 PolG; **Sachs:** § 52 I S. 1 PolG; **SachsAnh:** § 69 I S. 1 SOG; **Thür:** § 68 I PAG i.V.m. § 52 OBG.
[863] Vgl. LG Köln NVwZ **1992**, 1125 ff.
[864] Entgangener Gewinn und mittelbare Schäden sind nicht ersatzfähig, vgl. *Schenke*, POR, Rn 348.
[865] Vgl. § 46 II MEPolG; § 60 II **Berl**ASOG; § 57 I 2 **Brem**PolG; § 65 II **Hess**SOG; § 81 II **Nds**SOG; § 69 II **RhlPfl**POG; § 69 II **Saar**PolG; § 70 II **SachsAnh**SOG; § 69 II **Thür**PAG; siehe dagegen ausdrücklich § 39 I 1 **Brand**OBG.
[866] In Anlehnung an BGH NJW **1998**, 544 ff.
[867] Der Fall würde sich genauso darstellen, wenn es um die **Maul- und Klauenseuche** ginge.

Wegen der besonderen Seuchengefahr konnte die Behörde die Tötungsanordnung rechtmäßig auf § 18 TierseuchenG stützen. Diese, spezielles Gefahrenabwehrrecht darstellende, Vorschrift setzt eine tatsächlich ausgebrochene Seuche nicht voraus. Vielmehr genügen auch der durch Tatsachen begründete Verdacht oder Anschein einer Gefahr.[868] Auch Tötungsanordnungen aufgrund einer bloßen „Anscheins-Seuchengefahr" sind daher rechtmäßig, wenn die übrigen Voraussetzungen für diese Maßnahme, insbesondere die pflichtgemäße Ermessensausübung und die Beachtung des Übermaßverbots, vorliegen. Die in diesem Rahmen in Betracht kommende Entschädigungsregelung der §§ 66 ff. TierseuchenG erfasst daher auch rechtmäßige Tötungsanordnungen, die gegen einen Anscheinsstörer ergangen sind. Fraglich ist allerdings, wie es sich auswirkt, dass die landespolizeirechtliche Vorschrift, auf die B seinen Anspruch stützt, eine derartige Begrenzung nicht vorsieht. Allein durch die Höhenbegrenzung der §§ 66 ff. TierseuchenG kann jedenfalls nicht ausgeschlossen werden, dem Nichtstörer und damit auch dem (nicht pflichtwidrig handelnden) Anscheinsstörer, der zur Bekämpfung einer Seuchengefahr nach den speziellen Vorschriften des TierseuchenG in Anspruch genommen worden ist, den weitergehenden landespolizeirechtlichen Schadensausgleich zu versagen. Bei einer vorzunehmenden Gesamtschau muss aber nicht nur der Nachteil, sondern auch der Vorteil der Entschädigungsregelung der §§ 66 ff. TierseuchenG beachtet werden, der darin besteht, dass eine Entschädigung auch bei tatsächlichem Vorliegen einer Seuche zu leisten ist. Gefahrenabwehrrechtlich wäre wegen der dann zu bejahenden Störereigenschaft des B keine Entschädigung denkbar. B würde kein Sonderopfer erbringen, sondern lediglich in die Schranken seines Rechts verwiesen. Dieser Vorteil der §§ 66 ff. TierseuchenG, der im Einzelfall für den betroffenen Betriebsinhaber existenzrettende Bedeutung haben kann, wiegt jedenfalls nicht leichter als auf der anderen Seite der Nachteil, dass der Betriebsinhaber bei irrtümlicher Inanspruchnahme eine möglicherweise unter dem Verkehrswert liegende Entschädigung erhält. Auf die landespolizeirechtliche Vorschrift über die Entschädigung von Nichtstörern lässt sich ein Anspruch des B daher nicht stützen.[869] Die Entschädigungsregelung der §§ 66 ff. TierseuchenG ist hier abschließend.

Anspruchsgegner sind grundsätzlich die Anstellungskörperschaft oder - wenn gesetzlich abweichend - der Kostenträger. Der **Rechtsweg** für den Entschädigungsanspruch führt nach § 40 II S. 1 VwGO zu den ordentlichen Gerichten. Entsprechende Bestimmungen der Polizeigesetze haben insofern nicht nur lediglich deklaratorischen Charakter. Sie sind wegen Art. 31 GG sogar gegenstandslos, da die bundesrechtliche Bestimmung des § 40 II S. 1 VwGO die Frage regelt. **1019**

Ist von der Verwaltung gegenüber dem Nichtverantwortlichen oder dem unbeteiligten Dritten eine Entschädigung geleistet worden, besteht ein **Rückgriffsanspruch** gegenüber dem Verantwortlichen.[870] Der Rückgriffsanspruch ist öffentlich-rechtlicher Natur, auch soweit einige Polizeigesetze auf die entsprechende Anwendung der Vor- **1020**

[868] BGH NJW **1998**, 544.

[869] Zu beachten ist jedoch, dass wenn es sich bei der Tötungsanordnung und der nachfolgenden Durchführung der Tötung um *rechtswidrige* Maßnahmen (etwa infolge mangelhafter Sachverhaltsaufklärung) gehandelt hätte, der Entschädigungsanspruch wegen rechtswidrigen polizeilichen Handelns - anders als der Entschädigungsanspruch des Nicht- oder Anscheinsverantwortlichen - **nicht** hinter der Entschädigungsregelung der §§ 66 ff. TierseuchenG zurückgetreten wäre. Diese stellt insoweit keine die allgemeinen polizeirechtlichen Vorschriften verdrängende Sonderregelung dar. Denn im Gegensatz zu den rechtmäßigen Eingriffen, bei denen dem Betroffenen eine gewisse Einschränkung der Entschädigung zugemutet werden kann, gibt es für eine rechtswidrige Maßnahme keinen Grund, ihm die volle Entschädigung nach den allgemeinen polizeirechtlichen Bestimmungen zu versagen (BGH NJW **1998**, 544, 545). Darüber hinaus wäre ein Amtshaftungsanspruch gem. § 839 BGB i.V.m. Art. 34 GG in Betracht zu ziehen (siehe sogleich).

[870] Vgl. § 50 MEPolG, **BW:** § 57 PolG; **Bay:** Art. 72 PAG; **Berl:** § 64 ASOG; **Brand:** § 70 PolG i.V.m. § 41 II OBG; **Brem:** § 61 PolG; **Hamb:** § 10 IV SOG; **Hess:** § 69 I SOG; **MeckVor:** § 75 II SOG; **Nds:** § 85 SOG; **NRW:** § 42 II OBG; **RhlPfl:** § 73 POG; **SchlHolst:** § 224 II LVwG; **Saar:** § 73 PolG; **Sachs:** §§ 57 PolG; **SachsAnh:** § 74 SOG; **Thür:** § 73 PAG.

schriften des BGB über die GoA verweisen. Im Streitfall entscheiden die Verwaltungsgerichte (§ 40 I S. 1 VwGO).

Abschlussfall zur Entschädigung bei rechtmäßigen Maßnahmen:

1021 **Sachverhalt**[871]**:** Unbekannte stahlen in der Nacht den Pkw des E. Dieser zeigte den Diebstahl am nächsten Morgen bei der Polizei an.
Am darauf folgenden Tag bemerkte die Polizei das Fahrzeug und versuchte, es anzuhalten. Der Fahrer konnte sich durch Flucht mit dem Fahrzeug auf einer Schnellstraße der Polizeikontrolle entziehen. Die Polizei hatte deshalb im weiteren Verlauf der Schnellstraße eine Straßensperre errichtet. Zu diesem Zweck war ein Polizeifahrzeug auf der Schnellstraße quer gestellt und die Beamten versuchten, das Fahrzeug durch Zeichen zum Halten zu bewegen. Der Fahrer fuhr auf den Polizeiobermeister P zu. Dieser konnte sich nur durch einen Sprung zur Seite in Sicherheit bringen. Dabei gab er aus seiner Dienstpistole Schüsse auf das Fahrzeug ab, konnte es aber nicht zum Halten bringen.
Später wurde das Fahrzeug an anderer Stelle verlassen vorgefunden. Die Untersuchung ergab, dass es durch die Schusseinwirkung beschädigt wurde. E verlangt nunmehr vom Land eine Entschädigung in Höhe von 1.540,- € für die Reparatur sowie 55,- € für einen Mietwagen während der Zeit des Nutzungsausfalls. In der Polizeiwache wurde E mehrfach bestätigt, dass in derartigen Fällen ein Schadensausgleich erfolge. Gleichwohl verweigert die zuständige Stelle die Zahlung der Entschädigung mit der Begründung, der Polizeieinsatz sei im überwiegenden Interesse des E selbst erfolgt.

E klagt nun vor dem Landgericht. Er trägt vor, der Schusswaffeneinsatz sei unverhältnismäßig und damit pflichtwidrig gewesen. Außerdem stelle sich die Behörde nun in Widerspruch zu ihren eigenen Erklärungen. Ist die Klage zulässig und begründet?

I. Zulässigkeit der Klage
Möglicherweise stützt sich der von E geltend gemachte Anspruch auf Art. 34 GG i.V.m. § 839 BGB (sog. **Amtshaftungsanspruch**).
Für die Durchsetzbarkeit von Amtshaftungsansprüchen stehen trotz des öffentlich-rechtlichen Charakters von Ansprüchen, die sich aus Zwangsmaßnahmen der Polizei wie einem Schusswaffeneinsatz ergeben, gem. Art. 34 S. 3 GG, § 40 II VwGO die ordentlichen Gerichte zur Verfügung, und zwar streitwertunabhängig die **Landgerichte** in erster Instanz, vgl. § 71 II Nr. 2 GVG (Amtshaftungskammern).
Inwieweit für konkurrierende Anspruchsgrundlagen etwa in den Polizeigesetzen gleichfalls Zuweisungen an die ordentlichen Gerichte bestehen, kann offen bleiben, weil diese Ansprüche ohnehin an der Rechtswegkonzentration des § 17 II S. 1 GVG teilhaben würden.

II. Begründetheit der Klage
Die Klage ist begründet, wenn E der geltend gemachte Anspruch zusteht.

1. Als **Anspruchsgrundlage** kommt gegen die Anstellungskörperschaft der Polizisten und damit gegen das Land Art. 34 S. 1 GG i.V.m. § 839 I BGB in Betracht.
P ist Polizeibeamter und damit „Jemand" i.S.d. genannten Normen. Die Schüsse aus der Dienstwaffe standen auch im Funktionszusammenhang mit der Amtsausübung (dem hoheitlichen Handeln).
P müsste auch eine Amtspflicht verletzt haben.
Aus der Dogmatik des Amtshaftungsrechts als Überleitung eines deliktischen Schuldverhältnisses (§ 839 BGB) auf die Anstellungskörperschaft (Art. 34 S. 1 GG) folgt, dass Amtspflichten die Dienstpflichten des Amtswalters im Amt sind. Diese sind etwa die Pflicht zum **rechtmäßigen Verwaltungshandeln**, aber auch die Pflicht, **absolut geschützte Rechte** der Bürger zu beachten (körperliche Unversehrtheit, Eigentum etc.).
Fraglich ist, ob der Schusswaffeneinsatz durch P rechtmäßig war.
Der Schusswaffeneinsatz ist eine Maßnahme des unmittelbaren Zwangs. Die Voraussetzungen für eine Verwaltungsvollstreckung lagen vor, zumal die Polizisten durch Zeichen ein sofort vollziehbares Gebot zur Beendigung der Fahrt im entwendeten Fahrzeug erlassen hatten. Auch ist die Art und Weise des Zwangsmitteleinsatzes nicht zu beanstanden. Wegen der besonderen Gefahrenla-

[871] Nach OLG Dresden LKV **2003**, 582 ff.

ge entfielen Androhung und Festsetzung des Zwangsmittels (Sofortvollzug). Die Anwendung und damit der Schusswaffeneinsatz selbst erscheinen nicht als unverhältnismäßig.[872]
Da zu den Amtspflichten aber auch die Pflicht gehört, absolut geschützte Rechte der Bürger zu beachten (körperliche Unversehrtheit, Eigentum), ist fraglich, ob die Eigentumsbeschädigung durch P eine Pflichtverletzung darstellt. Ist jedoch der Einsatz eines Zwangsmittels gegen Sachen nach Polizeirecht gerechtfertigt, muss die damit einhergehende Eigentumseinwirkung sich vorrangig nach den Vorschriften des Polizeirechts beurteilen (hier: zulässiger Zwang gegen Sachen), weil die öffentlich-rechtlichen Vorschriften die Rechtfertigung für den Grundrechtseingriff beinhalten und damit spezieller sind.

Die Eigentumsverletzung durch P ist daher nicht rechtswidrig.

Auch leiten sich keine Ansprüche aus der **Auskunft** ab, derartige Schäden würden üblicherweise vom Land ersetzt. Zwar ist es auch amtspflichtwidrig, wenn falsche Auskünfte gegeben werden, weil der Amtswalter insoweit besondere Sorgfaltspflichten gegenüber dem betroffenen Bürger hat. Der Anspruch aus Art. 34 GG i.V.m. § 839 BGB scheitert jedoch daran, dass etwaige falsche Auskünfte hinsichtlich der Übernahme des Schadens für dessen Entstehung nicht kausal waren. Es ist nicht ersichtlich, dass E nur deshalb den Wagen hat reparieren lassen und einen Ersatzwagen angemietet hat, weil er mit der Übernahme der Kosten durch das Land gerechnet hat.

Damit scheitert insgesamt der Amtshaftungsanspruch mangels Pflichtverletzung.

2. Auch außerhalb eines Amtshaftungsanspruchs leiten sich keine Ansprüche aus der Auskunft ab, weil in der Auskunft – anders als in der Zusicherung nach § 38 I VwVfG – keine verbindliche rechtsgeschäftliche Erklärung gesehen werden kann.

3. Möglicherweise hat E jedoch einen Anspruch aus einer besonderen Opferlage, der in den polizeigesetzlichen Regelungen über die **Entschädigung unbeteiligter Dritter** seinen gesetzlichen Niederschlag gefunden hat.[873] Sollte für diese Fälle eine Entschädigung – wie in den meisten Bundesländern – gesetzlich nicht ausdrücklich geregelt sein, sind die Regelungen hinsichtlich des **Nichtverantwortlichen**[874] entsprechend heranzuziehen.[875]
Jedoch ist die Anwendbarkeit dieser Vorschriften ausgeschlossen, wenn E als Eigentümer des Fahrzeugs aus **Zustandshaftung** für die Gefahrenabwehrmaßnahme verantwortlich war. Eine Zustandshaftung besteht jedoch nicht, wenn Dritte gegen den Willen des Eigentümers den Besitz an der Sache ausüben (sog. Besitzstörung). Denn innerer Anknüpfungsgrund für die Zustandshaftung des Eigentümers ist nicht die formale Rechtsposition als solche, sondern die regelmäßig mit ihr verbundene Verfügungsmacht, d.h. die rechtliche und tatsächliche Möglichkeit, auf die gefahrverursachende Sache Erfolg versprechend einzuwirken. Folglich fehlt es an einer die Polizeipflicht auslösenden Zustandshaftung des Eigentümers, wenn und solange er aus rechtlichen oder - wie hier - tatsächlichen Gründen verhindert ist, in dieser Weise auf eine Sache einzuwirken.[876]

E ist daher als **unbeteiligter Dritter** anzusehen. Soweit das Polizeigesetz des Landes ausdrücklich eine Entschädigung für unbeteiligte Dritte vorsieht, kommt diese Anspruchsgrundlage zur Anwendung. Zwar richtete sich die Maßnahme der Polizei gegen die Diebe, sie hat aber zugleich den Eigentümer des Fahrzeugs als unbeteiligten Dritten faktisch betroffen. Sollte eine solche Regelung fehlen, kommt eine analoge Anwendung der Vorschriften über die **Notstandhaftung** in Betracht.

Anspruchsinhalt ist eine **Entschädigung** für den erlittenen Nachteil - hier berechnet nach Substanzverlust und Nutzungsentschädigung. Allerdings sehen alle Polizeigesetze vor, dass der Anspruch ausgeschlossen ist, soweit der Betroffene durch die Maßnahme selbst geschützt wird oder aus sonstigen Gründen an der Haftung beteiligt sein muss. Danach sind bei der Bemessung der

---

[872] OLG Dresden LKV **2003**, 582, 584.
[873] Art. 70 II **Bay**PAG, § 59 I Nr. 2 **Berl**ASOG, § 73 **MeckVor**SOG, § 222 **SchlHolst**LVwG. Erstmalig wurde dieser Gedanke in §§ 74, 75 EinlALR (1794) geregelt. Vgl. auch OLG Dresden LKV **2003**, 582.
[874] Vgl. **BW:** § 55 I PolG, **Brand:** § 38 Ia OBG i.V.m. § 70 PolG; **Brem:** § 56 I S. 1 PolG, **Hamb:** § 10 III SOG, **Hess:** § 64 I SOG, **Nds:** § 80 I S. 1 SOG, **NRW:** § 39 Ia OBG i.V.m. § 67 PolG; **RhlPfl:** § 68 I S. 1 POG, **Saar:** § 68 I S. 1 PolG, **Sachs:** § 52 I S. 1 PolG, **SachsAnh:** § 69 I S. 1 SOG; **Thür:** § 68 I PAG i.V.m. § 52 OBG.
[875] Vgl. OLG Dresden LKV **2003**, 582, 584; LG Köln NVwZ **1992**, 1125 ff.
[876] OLG Dresden LKV **2003**, 582, 584.

Entschädigung alle Umstände zu berücksichtigen, insbesondere Art und Vorhersehbarkeit des Schadens und ob das Vermögen des Geschädigten durch die Maßnahme der Polizei geschützt worden ist. Dies verlangt eine **Abwägung im Einzelfall nach billigem Ermessen**.
Diese Abwägung könnte vorliegend dazu führen, dass der Ersatzanspruch im vollen Umfang verneint werden muss mit dem Argument, dass die Wiederbeschaffung eines entwendeten Fahrzeugs allein im Interesse des Eigentümers E und damit in seiner ausschließlichen Risikosphäre liege.[877]
Sachgerechter scheint es jedoch, das staatliche Verfolgungsinteresse und das Eigeninteresse des E hälftig zu werten. Denn zu berücksichtigen ist, dass neben dem Schutz des Vermögens des E wesentlicher, wenn nicht überragender Hauptzweck der Maßnahme war, den oder die Täter im Allgemeininteresse dingfest zu machen, die Fortsetzung ihrer Straftaten sowie die Gefahr aufgrund des Fahrverhaltens für andere Verkehrsteilnehmer zu unterbinden und so die fortbestehende Gefahr für die öffentliche Sicherheit zu beseitigen sowie den oder die Täter der Strafverfolgung zuzuführen. Zudem ist auch einzubeziehen, dass die Schüsse auf das Fahrzeug von vornherein nicht besonders Erfolg versprechend erschienen.

III. Ergebnis
Die Klage ist teilweise begründet. Das Land ist verpflichtet, E 50 Prozent des geltend gemachten Betrages zu zahlen.

2. Entschädigung bei rechtswidrigen Maßnahmen

1022 Grundsätzlich sind durch hoheitliches Handeln Geschädigte auf das allgemeine Staatshaftungsrecht verwiesen. Für die *verschuldensunabhängige* Unrechtshaftung bedeutet dies, dass Entschädigungsansprüche nach Maßgabe des **enteignungsgleichen Eingriffs** und des **Aufopferungsanspruchs** bestehen. Bei rechtswidrigen und *verschuldeten* Schäden kommen zusätzlich Schadensersatzansprüche aus **Amtshaftung**, § 839 BGB i.V.m. Art. 34 GG in Betracht.
Die Haftung für rechtswidrige Maßnahmen ist in den meisten Polizeigesetzen[878] vorrangig geregelt: Es besteht ein **verschuldensunabhängiger Schadensausgleich**, der wegen der weiten Auslegung des Begriffs der „Maßnahme"[879] eine Erleichterung gegenüber dem allgemeinen Staatshaftungsrechts darstellt. Fehlt allerdings eine landesrechtliche Regelung, muss auf das allgemeine Staatshaftungsrecht, insbesondere auf den enteignungsgleichen Eingriff, zurückgegriffen werden.[880]
Bei rechtswidrigen immateriellen Schäden (z.B. Körperschäden) kommt ein Aufopferungsanspruch in Betracht. Bei rechtswidrigen Vermögensschäden hingegen greift die Haftung aus enteignungsgleichem Eingriff. Siehe dazu im Einzelnen die Erläuterungen bei *R. Schmidt*, AllgVerwR bei Rn 1061 ff. (Recht der staatlichen Ersatzleistungen).

3. Haftung bei Anscheinsgefahr und Gefahrenverdacht

1023 Bezüglich des Ausgleichs von Schäden, die beim Anscheinsstörer und beim Verursacher des Gefahrenverdachts aufgetreten sind, bestehen *keine* gesetzlichen Regelungen. Die Rechtsprechung differenziert im Ergebnis zwar zutreffend, rechtsdogmatisch aber wechselhaft:

- Auf der **Primärebene** dürften wegen der maßgeblichen *ex-ante*-Sicht des Polizeibeamten sowohl Anscheinsstörer (zu Zwecken von Gefahrenabwehrmaßnahmen) als auch

---

[877] So OLG Hamm (NJW **1988**, 1096) in einem ähnlichen Fall.
[878] **Bay:** Art. 70 PAG; **BW:** § 55 PolG; **Berl:** § 59 II ASOG; **Brand:** § 38I lit. b OBG und § 70 PolG; **Brem:** § 56 I 2 PolG; **Hess:** § 64 I 2 SOG; **Nds:** § 80 I 2 SOG; **NRW:** § 39 I lit. b OBG; **RhlPfl:** § 68 I 2 PolG; **Saar:** 68 I 2 PolG; **SachsAnh:** § 69 I 2 SOG.
[879] Unter einer Maßnahme im dargelegten Sinne versteht man eine Handlung, die unmittelbar in Rechte des Betroffenen eingreift, ohne dass es auf die Finalität ankommt.
[880] Zu beachten ist aber, dass der Betroffene vorrangig versuchen muss, die Primärmaßnahme anzugreifen (sog. Vorrang des Primärrechtsschutzes). Versäumt er dieses, kann sein Anspruch gem. § 242 BGB analog ausgeschlossen sein (vgl. BGHZ **90**, 17, 31 ff.).

– bei hinreichender Wahrscheinlichkeit einer Gefahr – Verursacher des Gefahrenverdachts (zu Zwecken von Gefahrerforschungseingriffen) in Anspruch genommen werden.

- Auf der **Tertiärebene** (Entschädigungsrecht) sei die *ex-post*-Betrachtung entscheidend, weil hier der Aspekt der effektiven Gefahrenabwehr irrelevant sei. Funktion der Tertiärebene sei der gerechte Schadensausgleich. Daher sei der Verursacher eines *Gefahrenverdachts* entschädigungsrechtlich dem Nichtstörer (ergänze: unter *analoger Anwendung* der polizeigesetzlichen Vorschriften wie bspw. § 56 I 1 BremPolG) gleichzustellen, wenn ihm kein vorwerfbares Verhalten nachzuweisen sei.[881]

Das bedeutet Folgendes: Der Verursacher eines Gefahrenverdachts hat grundsätzlich einen Entschädigungsanspruch für die Inanspruchnahme, denn er ist nicht verantwortlich, wenn sich eine Gefahr als nicht gegeben herausstellt. Hat die Person aber den Verdacht der Gefahr verursacht oder liegt die Verursachung in ihrem Verantwortungsbereich oder dient der Eingriff wesentlich ihrem Schutz, sind dies alles Umstände, die im Rahmen der Entschädigung Berücksichtigung zu finden haben und je nach Gewichtung zum völligen Ausschluss des Anspruchs führen können. Entsprechendes gilt für den *Anscheinsstörer*. Auch dieser ist grundsätzlich zu entschädigen, wenn sich herausstellt, dass eine Gefahr in Wirklichkeit nicht bestanden hat.[882] Hat er die den Anschein begründenden Umstände zu verantworten, kann dies dagegen zum völligen **Ausschluss des Anspruchs** führen.[883] **1024**

Im **Beispiel** von Rn 683 ist fraglich, wer die genannten Kosten zu tragen hat. Wäre M Störer gewesen, hätte er die Kosten tragen müssen, da die Vorschriften über die Entschädigung den Störer nicht berücksichtigen (dieser wird ja durch die rechtmäßige Inanspruchnahme lediglich in seine ordnungsrechtlichen Grenzen verwiesen). M war jedoch nicht Störer, er wird im Rahmen der Gefahrenabwehr nur als solcher behandelt, um die Gefahrenabwehrmaßnahme nicht rechtswidrig werden zu lassen. Auf die Kostenlast kann dieser Gedanke aber nicht durchschlagen. Daher muss M auf der Ausgleichsebene wie ein Nichtstörer behandelt werden. Er hat daher grundsätzlich einen Entschädigungsanspruch analog der Vorschrift über die Entschädigung von Nichtstörern, der nur dann gemildert wird bzw. entfällt, wenn er teilweise oder ausschließlich den Zustand verursacht hat. Ob das angenommen werden kann, ist eine Wertungsfrage. Vorliegend ist zumindest eine Minderung des Entschädigungsanspruchs nicht ausgeschlossen.[884]

Gegenbeispiel: Angetrunkene Wohnungsinhaber machen sich einen Spaß daraus, eine gefährliche Situation vorzutäuschen, und rufen um Hilfe. Polizeibeamte treten die Tür ein und finden fröhliche Zecher vor.

In diesem Fall steht den Wohnungsinhabern selbstverständlich kein Entschädigungsanspruch zu, weil sie den Anschein einer Gefahr zu 100 % verschuldet haben.

---

[881] Vgl. OVG Münster NVwZ **2001**, 1314; LG Köln NJW **1998**, 317, 318.
[882] LG Köln NJW **1998**, 317, 318.
[883] Vgl. *Götz*, POR, Rn 439 f.; *Muckel*, BesVerwR, S. 77-79.
[884] Hätte ein Gefahrenverdacht vorgelegen, wäre ebenfalls eine analoge Anwendung der Entschädigungsvorschrift des § 56 in Betracht gekommen. Hätte die Polizei rechtswidrig und schuldhaft gehandelt, wäre auch ein Amtshaftungsanspruch (§ 839 Abs. 1 BGB, Art. 34 GG) zu prüfen gewesen.

I. Abschleppen verbotswidrig abgestellter Kfz

1025 Verkehrszeichen werden als Verwaltungsakte in Form einer Allgemeinverfügung gem. § 35 S. 2 VwVfG qualifiziert (*R. Schmidt*, AllgVerwR, Rn 419/497).[885] In einem Halte- oder Parkverbot sieht das BVerwG[886] zugleich das Gebot, das unerlaubt abgestellte Fahrzeug wegzufahren, und qualifiziert das Abschleppen als eine Maßnahme im Verwaltungsvollstreckungsverfahren:

- Als **Grundverfügung** fungiert das im Halteverbot erblickte **Wegfahrgebot**.
- Dieses ist als Handlungsgebot **materiell vollstreckbar**.
- Die **formelle Vollstreckbarkeit** wird infolge des Wegfalls der aufschiebenden Wirkung analog § 80 II S. 1 Nr. 2 VwGO bejaht.
- Beim Zwangsmitteleinsatz handelt es sich juristisch um eine **Ersatzvornahme** (zumeist in Form der Fremdvornahme).

Zu der **Verkehrszeichenrechtsprechung** ergeben sich folgende Probleme:

1026
- Problematisch ist zunächst die Erlangung der **Wirksamkeit des Verkehrszeichens**. Gemäß § 43 I VwVfG wird ein Verwaltungsakt gegenüber demjenigen, für den er bestimmt ist oder der von ihm betroffen wird, in dem Zeitpunkt wirksam, in dem er ihm **bekannt gegeben** wird. Die Bekanntgabe wiederum beurteilt sich nach § 41 VwVfG. Nach der Ansicht des BVerwG[887] erfolgt die Bekanntgabe von Verkehrszeichen nach bundesrechtlichen Vorschriften der StVO **durch Aufstellung des Verkehrszeichens.**[888] Dies sei eine besondere Form der öffentlichen Bekanntgabe. Ob sie als öffentliche Bekanntgabe eines nicht schriftlichen (§ 41 IV S. 1 VwVfG) Verwaltungsakts gemäß § 41 III VwVfG einzuordnen sei oder die Spezialregelungen der StVO den § 41 VwVfG insgesamt verdrängten (vgl. § 1 II S. 1 VwVfG)[889], könne dahinstehen. Seien Verkehrszeichen so aufgestellt oder angebracht, dass sie ein durchschnittlicher Kraftfahrer bei Einhaltung der nach **§ 1 StVO erforderlichen Sorgfalt** schon „mit einem raschen und beiläufigen Blick" erfassen könne, äußerten sie ihre Rechtswirkung gegenüber jedem von der Regelung betroffenen Verkehrsteilnehmer, **gleichgültig, ob er das Verkehrszeichen tatsächlich wahrnehme oder nicht**. Dies entspreche der Wirkung vergleichbarer anderer öffentlicher Bekanntmachungen (wie etwa § 41 V VwVfG i.V.m. § 15 III S. 2 und 3 VwZG und § 74 V VwVfG). Dieses Ergebnis widerspreche auch nicht einer früheren Entscheidung des BVerwG[890], wonach ein Verkehrsteilnehmer von dem Verwaltungsakt erst dann betroffen werde, „wenn er sich (erstmalig) der Regelung des Verkehrszeichens gegenüber sieht". Mit dieser Formulierung habe nämlich, wie der Kontext der Entscheidung ergebe, nicht zum Ausdruck gebracht werden sollen, dass die Wirksamkeit des Verkehrszeichens von der (subjektiven) Kenntnisnahme durch den betroffenen Verkehrsteilnehmer abhänge.
  Nach der aktuellen Rechtsprechung wird beispielsweise ein **nachträglich aufgestelltes Halteverbot** auch demjenigen gegenüber wirksam, der sein Fahrzeug zuvor erlaubtermaßen dort abgestellt hatte. Denn obwohl dieser sich während des Aufstellens des Verkehrszeichens selbst nicht persönlich vor Ort befand, ist er Verkehrsteilnehmer und somit Adressat der durch das Verkehrszeichen getroffenen Anordnung. Ver-

---

[885] Vgl. dazu auch BVerwG NJW **2004**, 698; NJW **2002**, 2122 f.; OVG Hamburg NJW **2001**, 168, 169; OVG Hamburg NordÖR **2002**, 469, 470.
[886] Vgl. BVerwGE **102**, 316 ff.; BVerwG NJW **2002**, 2122 f.; OVG Hamburg NordÖR **2002**, 469, 470; jeweils in Anlehnung an BVerwG NVwZ **1988**, 623 (und im Anschluss an BVerwG NJW **1978**, 656). Vgl. dazu auch *Remmert*, NVwZ **2000**, 642, 643; *Martini*, JA **2002**, 955 ff.
[887] BVerwGE **102**, 316, 318 f.; ebenso VGH Kassel NJW **1999**, 1651, 1652; OVG Hamburg NordÖR **2002**, 469, 470; *Remmert*, NVwZ **2000**, 642, 643; *Martini*, JA **2002**, 955 ff.
[888] Vgl. insbesondere die §§ 39 I und I lit. a, 45 IV StVO.
[889] Vgl. dazu OVG Münster NVwZ-RR **1996**, 59; kritisch *Koch/Niebaum*, JuS **1997**, 312, 313; *Michaelis*, NJW **1998**, 122, 123 und *Hansen/Meyer*, NJW **1998**, 284, 285.
[890] BVerwGE **59**, 221, 226.

kehrsteilnehmer sei nämlich nicht nur derjenige, der sich im Straßenverkehr bewege, sondern auch der Halter eines am Straßenrand geparkten Fahrzeugs, solange er - wie regelmäßig - Inhaber der tatsächlichen Gewalt über das Fahrzeug sei.[891] Demnach kann i.d.R. das im Halteverbot erblickte Wegfahrgebot als (vollstreckbare) Grundverfügung fungieren, auch wenn das Halteverbotsschild nachträglich errichtet wurde.

- Problematisch kann aber unter diesen Umständen die **Kostentragung** einer rechtmäßig erfolgten Ersatzvornahme sein.[892] Nach dem Wortlaut der Vorschriften der Verwaltungsvollstreckungsgesetze erfolgt die Ersatzvornahme auf Kosten des Pflichtigen. Ein Ermessen besteht insoweit nicht.[893] Die Kostenpflicht des Verantwortlichen kann nach gefestigter obergerichtlicher Rechtsprechung[894] und Bestätigung des BVerwG[895] aber unverhältnismäßig sein, wenn die durch das Abstellen des Fahrzeugs verursachte Störung für den Verantwortlichen unvorhersehbar war.[896] Es stehe den Fahrern und Haltern von Kfz nach der StVO grundsätzlich frei, ihre zum Straßenverkehr zugelassenen Fahrzeuge auf öffentlichen Straßen dort ohne zeitliche Begrenzung zu parken, wo dies nicht ausdrücklich untersagt sei.[897] Allerdings müsse ein Verkehrsteilnehmer in städtischen Bereichen damit rechnen, dass sich die Regelungen für den ruhenden Verkehr nach einer angemessenen Vorwarnzeit in der Weise änderten, dass das am Abstellort zunächst erlaubte Parken für die Zukunft verboten werde. Zur Wahrung des Grundsatzes der Verhältnismäßigkeit hält die Rechtsprechung teilweise eine Frist von **3 Tagen** für erforderlich aber auch für ausreichend.[898] Das OVG Münster[899] lässt sogar eine Frist von 48 Std. genügen. Das OVG Hamburg[900] fordert hingegen eine Frist von 3 vollen Werktagen und zusätzlich einen Sonn- bzw. Feiertag. Ein solcher Zeitraum sei erforderlich, da gerade in Ballungsgebieten Arbeitnehmer ihr Fahrzeug häufig nur an den Wochenenden benutzten, an Werktagen hingegen oft auf Fahrgemeinschaften oder den ÖPNV zurückgriffen. Der VGH Kassel a.a.O. hält zwar wegen dieser genannten Gebrauchsgewohnheiten vieler Verkehrsteilnehmer eine Frist von 48 Stunden für zu knapp bemessen, einen zusätzlichen Sonn- und Feiertag zu fordern sei aber zu „kompliziert". Es sei durchaus zumutbar, sich wenigstens einmal unter der Woche über sein Fahrzeug und die für den Abstellort geltenden Verkehrsregelungen zu informieren. 1027

Stellungnahme: Ein Verkehrsverstoß über die genannten Zeiträume hinaus führt nach der Rechtsprechung zu einer dem Verhältnismäßigkeitsprinzip entsprechenden Kostentragungspflicht des Verantwortlichen. Freilich verstößt diese Vorgehensweise gegen den Wortlaut der Vorschriften über die Kostenerhebung (vgl. nur § 19 III BremVwVG: „so *setzt* die Behörde fest"), wonach es sich um eine gebundene Verwaltungsentscheidung handelt. Deshalb kann man – mit dem OVG Münster[901] – auch anderer Meinung sein. Nach der hier vertretenen Auffassung bestehen *verfassungsrechtlich* dennoch keine Bedenken, da hier (*praeter legem*) zugunsten einer mit einem Ermessen verbundenen Zumutbarkeitsprüfung der Kostenlast vom Wortlaut abgewichen wird. Bei der Frage, welche Frist erforderlich ist, damit die Abschleppmaßnahme ver- 1028

---

[891] BVerwGE **102**, 316, 319. Vgl. dazu auch *Perrey*, BayVBl **2000**, 609 ff.
[892] Diese Problematik ignorierend *Knemeyer*, POR, Rn 346.
[893] Vgl. **Bay:** Art. 55 PAG; **Brand:** § 55 PolG; **Hess:** § 49 SOG; **MeckVor:** § 89 SOG; **Nds:** § 66 SOG; **NRW:** § 52 PolG; **RhlPfl:** § 63 LVwVG; **Saar:** § 46 PolG; **SachsAnh:** § 55 SOG; **SchlHolst:** § 238 I LVwG; **Thür:** § 53 I, II PAG. In anderen Bundesländern gelten die allgemeinen Vorschriften: **BW:** §§ 25, 31 VwVG; **Berl:** § 5 II VwVG i.V.m. § 10 VwVG; **Brem:** §§ 15, 19 VwVG; **Hamb:** § 19 I VwVG. Spezialregelungen finden sich hinsichtlich der Kosten über die Sicherstellung von Sachen, vgl. z.B. § 24 III 1 MEPolG.
[894] VGH Mannheim NJW **1991**, 1698, 1699; VGH Kassel NJW **1997**, 1023, 1024.
[895] BVerwGE **102**, 316, 320.
[896] Im Ergebnis wird der Betroffene somit auf der Primär- und Sekundärebene (Gefahrenabwehr, Verwaltungsvollstreckung) als Störer, auf der Tertiärebene (Kostentragung) u.U. als Nichtstörer behandelt.
[897] Insoweit deklaratorisch OLG Jena NZV **1995**, 289; OLG Köln NZV **1993**, 406; *Michaelis*, NJW **1998**, 122, 123.
[898] BVerwGE **102**, 316, 320; VGH Kassel NJW **1997**, 1023; VG Berlin DAR **2001**, 234 f.
[899] OVG Münster NVwZ-RR **1996**, 59.
[900] OVG Hamburg DÖV **1995**, 783, 784.
[901] OVG Münster NWVBl **1995**, 475, 476 (zu § 11 II S. 1, 2 Nr. 7 NRWKostO).

hältnismäßig ist, bietet die Drei-Tages-Frist einen wesentlich höheren Grad an Rechtssicherheit als die Sonn- und Feiertagsregelung (wo beginnt ein Ballungsgebiet?; Zeitraum maximal eine Woche, wenn das Kfz bereits an einem Montag abgestellt wird.). Ob von einem Dauerparker aber in jedem Fall verlangt werden kann, dass er in regelmäßigen Abständen nach seinem Fahrzeug und/oder der am Abstellort geltenden Verkehrslage sieht bzw. sehen lässt und damit den Zugriff eines anderen auf seinen Wagen ermöglicht, bleibt fraglich. Auch umgekehrt sind Fälle denkbar, in denen die Drei-Tages-Frist zu lange erscheint, etwa wenn eine herannahende Baustelle frühzeitig erkennbar war oder bereits aufgestellte Halteverbotsschilder vorerst als noch nicht wirksam überklebt waren. Der Rechtssicherheit zwar abträglich, einer Einzelfallgerechtigkeit dahingegen dienlich, wäre demgegenüber eine im jeweiligen Fall differenzierende Lösung. Ob die angefallenen Kosten ersetzt verlangt werden dürfen, würde danach von der Erkennbarkeit der Gefahrverursachung, im Wesentlichen aber auch von der Nähe und Schwere der Gefahr und der Bedeutung für die Allgemeinheit abhängen.

1029 ▪ Die Bejahung der **formellen Vollstreckbarkeit** erfolgt in „etwas weitherziger Analogie"[902] zu § 80 II S. 1 Nr. 2 VwGO.[903]

1030 ▪ Ferner ist die **Zuständigkeit für die Verwendung des Verwaltungszwangs** durch die Vollzugspolizei problematisch, da grundsätzlich die Straßenverkehrsbehörde gem. § 44 I StVO für das Aufstellen von Verkehrsschildern zuständig ist und Vollzugsbehörde an sich die Behörde ist, die den Verwaltungsakt erlassen hat (§ 7 I BundesVwVG[904]). Daher muss mit der polizeilichen Eilkompetenz (Sekundärkompetenz) gearbeitet werden, soweit das Zuständigkeitsproblem nicht gelöst ist.[905]

1031 ▪ Schließlich entstehen rechtliche Probleme in Bezug auf die **Androhung** (und ggf. Festsetzung) des Zwangsmittels, da diese naturgemäß regelmäßig nicht erfolgt. In der Rechtsprechung wird daher auch der **Sofortvollzug** in Form der Ersatzvornahme (vgl. §§ 10, 6 II BundesVwVG) bejaht.

1032 ▪ Bei einem **Verstoß gegen die StVO** selbst ist ein gestrecktes Verfahren nicht denkbar, weil ein als vollstreckbare Grundverfügung fungierendes Verkehrsschild nicht vorhanden ist. Hier ist von einer *unmittelbaren Ausführung* bzw. einem *Sofortvollzug* auszugehen.[906]

Beispiele:

(1) **Parken auf dem Radweg**, wenn ein entsprechendes Parkverbot sich nicht aus den Zeichen 237, 240 oder 241 gem. § 41 StVO ergibt. Das folgt unmittelbar aus dem Gebot des § 12 IV S. 1 StVO, zum Parken den rechten Seitenstreifen zu benutzen, anderenfalls an den rechten Fahrbahnrand heranzufahren. Hier ist die Abschleppmaßnahme regelmäßig verhältnismäßig, wenn die Radfahrer sonst gezwungen wären, entweder auf die Fahrbahn einer stark befahrenen Straße oder auf den angrenzenden Gehweg auszuweichen.[907]

(2) **Parken im Einmündungs- oder Kreuzungsbereich**, wenn ein entsprechendes Parkverbot sich nicht aus den Zeichen 283 oder 286 gem. § 41 StVO ergibt. Das folgt unmittelbar aus § 12 III Nr. 1 StVO (5 Meter Abstand).[908]

---

[902] *Klenke*, NRWVBl **1994**, 288, 289.

[903] Vgl. *R. Schmidt*, VerwProzR, Rn 906 ff. Entsprechendes gilt für den Schwerbehindertenparkplatz, den markierten Fußgängerüberweg und für die abgelaufene oder nicht betätigte Parkuhr.

[904] Anhand der Nennung des § 7 I BundesVwVG können alle landesrechtlichen Vorschriften aufgefunden werden.

[905] Vgl. dazu *Remmert*, NVwZ **2000**, 642, 643 f.; *Martini*, JA **2002**, 955 ff.

[906] Vgl. dazu BVerwG NJW **2002**, 2122 f.; OVG Hamburg NJW **2001**, 168, 169; OVG Münster NJW **2000**, 602; VG Berlin NJW **2000**, 603; OVG Koblenz NJW **1999**, 3573; VGH Kassel NVwZ-RR **1999**, 23, 24.

[907] Vgl. OVG Hamburg NJW **2001**, 168, 169. Vgl. auch BVerwG NJW **2002**, 2122 f. (Parken auf Bordsteinabsenkung).

[908] OVG Münster NJW **2001**, 172.

- **Abschleppmaßnahme als Sicherstellung oder als Ersatzvornahme?** Das Abschleppen eines verbotswidrig geparkten Fahrzeugs stellt nur dann eine Sicherstellung i.S.d. POR (= Standardmaßnahme)[909] dar, wenn die Polizei das Fahrzeug nicht nur an einen anderen Standort versetzt, um den Gefahrzustand zu beseitigen, sondern an einen eigens für diesen Zweck bereitgestellten Verwahrungsplatz bringen lässt, um ein amtliches Verwahrungsverhältnis zu begründen (die amtliche Ingewahrsamnahme ist nach den Vorschriften der Polizeigesetze über die Sicherstellung Voraussetzung einer Sicherstellung). Nach der h.M. wird aber in aller Regel (bei Missachtung eines Verkehrsschildes) von einer **Ersatzvornahme** auszugehen sein, da zumindest für den Bereich der Aufstellung eines Verkehrsschildes *nach* dem Abstellen eines Kfz lediglich die Möglichkeit des Sofortvollzugs bzw. der unmittelbaren Ausführung gegeben sein soll.[910] Darüber hinaus wird es der Polizei lediglich darum gehen, das Kfz zu entfernen und nicht darum, amtlichen Gewahrsam zu begründen und den Halter, Fahrer oder Dritte von der Einwirkungsmöglichkeit auszuschließen.[911] 1033

Der Streit um die Rechtsnatur der Abschleppmaßnahme ist nicht nur akademischer Natur, sondern hat einen ganz konkreten Grund: In den meisten Bundesländern sind nämlich die Kosten der Gefahrenabwehr (wozu auch die Sicherstellung gehört) von der Körperschaft zu tragen, deren Aufgaben die handelnde Behörde übernommen hat (vgl. etwa § 83 I BremPolG). Dagegen sind die Kosten der Ersatzvornahme stets von dem Pflichtigen zu übernehmen. Vor diesem Hintergrund wird klar, warum beim Abschleppen überwiegend eine Ersatzvornahme angenommen wird. Freilich wird bei dieser Betrachtungsweise verkannt, dass das Zwangsmittel *Ersatzvornahme* gemäß den Bestimmungen der meisten Landesverwaltungsvollstreckungsgesetze stets angedroht werden muss; eine solche erfolgt regelmäßig aber nicht. Die h.M. behilft sich damit, dass sie den Sofortvollzug anwendet, bei dem bekanntermaßen eine Androhung nicht erforderlich ist. Ob dies mit der gesetzlichen Systematik vereinbar ist, darf bezweifelt werden. Vgl. dazu die Lösung des folgenden Abschlussfalls, die auf der Internet-Seite des Verlags (Rubrik Falllösungen) zum kostenlosen download zur Verfügung steht.

Abschlussfall: K stellte ihren Pkw am 11.5.2007 im Zentrum der Stadt B ordnungsgemäß am Straßenrand ab und trat zusammen mit einigen Freunden eine 14-tägige Bahnreise an. Am Morgen des 14.5.2007 ließ die zuständige Behörde mobile Halteverbotsschilder (§ 41 II Nr. 8 Zeichen 283 StVO) aufstellen, da vom 15.-17.5.2007 ein Straßenfest stattfinden sollte. Am Morgen des 15.5.2007 ließ die Behörde durch den Abschleppunternehmer U den Wagen der K abschleppen und auf dessen Betriebshof bringen, da sie Störungen im Zusammenhang mit dem Aufbau und der Durchführung des Festes befürchtete. Als K aus dem Urlaub zurückkehrte, erfuhr sie von der Sachlage und holte ihren Wagen gegen eine Zahlung von € 110,- (laut von U ausgehändigtem Kostenbescheid € 70,- für das Abschleppen, € 25,- für das Unterstellen und € 15,- Verwaltungsgebühr) von U ab. K meint, dass sie nicht für die Kosten aufzukommen habe, da sie ihren Wagen rechtmäßig abgestellt habe und dass es nicht ihre Sache sei, wenn nachträglich Halteverbotsschilder aufgestellt würden. Die Behörde ist der Auffassung, dass sie die Halteverbotsschilder rechtzeitig vor Beginn des Stadtfestes aufgestellt habe und dass sie zu Recht den mehr als 3 Tage lang im Halteverbot stehenden Wagen habe abschleppen lassen. Darüber hinaus komme es auch nicht darauf an, dass K von dem Halteverbot keine Kenntnis erlangt habe. Wie ist die Rechtslage? 1034

Abwandlung: K zahlt den Betrag an U, ohne einen Kostenbescheid erhalten zu haben.

---

[909] Vgl. ausführlich Rn 115 und 560.

[910] VGH Kassel NVwZ-RR **1999**, 23; OVG Münster NJW **1998**, 2465; *Schenke*, POR, Rn 717; *Friauf*, POR, Rn 145; *Muckel*, BesVerwR, S. 140 f. Vgl. auch *Fischer*, JuS **2002**, 446 ff.

[911] Daher ist von einer Sicherstellung etwa nur dann auszugehen, wenn es der Polizei darum geht, eine Eigentumssicherung (bspw. wenn der Wagen unverschlossen abgestellt wurde) vorzunehmen (vgl. dazu VGH München NJW **2001**, 1960).

3. Kapitel – Versammlungsrecht

A. Einführung

1035 Wichtige spezialgesetzliche Rechtsgrundlagen für polizei- und ordnungsbehördliches Einschreiten entstammen dem Versammlungsgesetz,[912] welches i.d.R. immer dann Anwendung findet, wenn **Art. 8 I GG** berührt ist. Diese Verfassungsbestimmung gewährleistet allen Deutschen[913] das Recht, sich ohne Anmeldung oder Erlaubnis friedlich und ohne Waffen zu versammeln (**Versammlungsfreiheit**). Versammlungen unter freiem Himmel können allerdings gem. **Art. 8 II GG** durch Gesetz oder aufgrund eines Gesetzes beschränkt werden. Maßgebliches Gesetz i.S. dieses **Gesetzesvorbehalts** ist gerade das Versammlungsgesetz mit seinen Eingriffsgrundlagen, die jedoch ausweislich des Wortlauts des § 1 VersG nur für *öffentliche* Versammlungen anwendbar sind. Für *nichtöffentliche* Versammlungen kann daher auf das allgemeine POR zurückgegriffen werden, allerdings unter Beachtung der Bedeutung des Versammlungsgrundrechts (str., vgl. Rn 1099 ff.).

1036 Zweck des Versammlungsgesetzes ist es, nicht nur **versammlungstypische Gefahren** abzuwehren (daher auch als **Besonderes Gefahrenabwehrrecht** bezeichnet), sondern auch einen **Ausgleich** i.S. einer praktischen Konkordanz zu schaffen zwischen dem Grundrechtsschutz aus Art. 8 I GG einerseits und den kollidierenden Verfassungsgütern Dritter (insbesondere Leben und körperliche Unversehrtheit) bzw. der Allgemeinheit andererseits. Das führt zu zwei Konsequenzen:

1037 ▪ Die beschränkenden Regelungen des VersG sind in ihrem Anwendungsbereich grundsätzlich **abschließend** gegenüber dem allgemeinen Gefahrenabwehrrecht. Sie entfalten grundsätzlich eine **Sperrwirkung** gegenüber dem allgemeinen Polizei- und Ordnungsrecht (allg. POR). Man spricht insoweit von einer „**Polizeifestigkeit des Versammlungsrechts**".

1038 **Merke:** Liegt eine **Versammlung** vor und geht es um die **Abwehr versammlungstypischer Gefahren**, richtet sich im Anwendungsbereich des VersG die Zulässigkeit polizeilicher Maßnahmen ausschließlich nach den Befugnisnormen des VersG, nicht nach denen des Landespolizeirechts. Sind die Voraussetzungen der Befugnisnorm des VersG nicht erfüllt, ist die konkrete Maßnahme selbst dann rechtswidrig, wenn sie von einer Befugnisnorm des Landespolizeirechts gedeckt ist. Lediglich in Fällen, in denen das VersG keine Regelungen enthält, ist ein Rückgriff auf das allg. POR möglich. Das ist in folgenden Fällen anerkannt:

- Das VersG regelt gem. § 1 VersG nur **öffentliche** Versammlungen (wobei es nicht darauf ankommt, ob die Versammlungen in geschlossenen Räumen oder unter freiem Himmel stattfinden).[914] **Nichtöffentliche** Versammlungen (wobei es auch hier nicht darauf ankommt, ob die Versammlungen in geschlossenen Räumen oder unter freiem Himmel stattfinden) sind damit **nicht** vom Anwendungsbereich des VersG erfasst. Da aber auch nichtöffentliche Versammlungen

[912] Die am 1.9.2006 in Kraft getretene Föderalismusreform hat u.a. zum Wegfall der Bundeskompetenz für das Versammlungsrecht, das Gaststättenrecht und einige Teile des Gewerberechts geführt. Nunmehr sind die Länder befugt, diese Materien auf ihren Territorien zu regeln. Gemäß Art. 125a I GG n.F. gelten aber die Bundesgesetze, die u.a. wegen Art. 74 I GG n.F. nicht mehr als Bundesrecht erlassen werden könnten, als Bundesrecht fort, sofern nicht die Länder eigene Gesetze erlassen. Es bleibt also abzuwarten, ob alle Länder von ihrem neuen Gesetzgebungsrecht Gebrauch machen oder ob einige schlicht untätig bleiben und damit die weitere Geltung der genannten Bundesgesetze zum Ausdruck bringen. Daher werden der vorliegenden Darstellung das VersG, das GastG und die GewO in den bisherigen Fassungen zugrunde gelegt. Lediglich wenn Einzelfragen von einer inhaltlichen Änderung betroffen sind, wird dies herausgearbeitet.

[913] Ausländern (jedenfalls solchen, die keine EU-Bürger sind) ist das Versammlungsrecht durch Art. 2 I GG und einfachgesetzlich durch § 1 I VersG eingeräumt, jedoch mit weitaus geringerem Schutzniveau. Vgl. Rn 1061.

[914] Zu den wenigen Ausnahmen vgl. Rn 1099 ff.

vom Schutzbereich des Art. 8 I GG erfasst sind, wird vertreten, die Vorschriften des VersG so weit wie möglich analog heranzuziehen. Die Gegenauffassung unter Einschluss der Rspr. verneint die Möglichkeit der analogen Anwendung von Vorschriften des VersG und stützt Eingriffe auf die Befugnisnormen des allgemeinen Polizei- und Ordnungsrechts (vgl. dazu näher Rn 1099 ff.).

- Auch für das **Vorfeld einer Versammlung** (Planung, Vorbereitung, Anreise) enthält das VersG nur wenige Rechtsgrundlagen, weil es aus systematischer Sicht von einer bestehenden Versammlung ausgeht und als „Vorfeldmaßnahmen" im Wesentlichen nur Verbote bzw. Auflagen vorsieht (vgl. §§ 5, 15 VersG). Sofern das VersG für das Vorfeld einer Versammlung also keine Regelungen enthält und daher auch keine Sperrwirkung entfalten kann, scheint der Rückgriff auf das allg. POR – etwa bei Identitätsfeststellungen oder Durchsuchungen – möglich. Da das BVerfG aber den Grundrechtsschutz aus Art. 8 I GG auch auf den Vorfeldbereich einer Versammlung (insbesondere auf die Anreise) ausgedehnt hat (Rn 1054), wird teilweise vertreten, die Vorschriften des VersG so weit wie möglich analog auf das Vorfeld einer Versammlung anzuwenden. Bewertung: Die analoge Anwendung von Rechtsgrundlagen ist mit dem Grundsatz vom Vorbehalt des Gesetzes und damit dem Rechtsstaatsprinzip nicht vereinbar. Dieses verlangt bei Grundrechtseingriffen eine gesetzliche Grundlage, die zudem hinreichend genau bestimmen muss, unter welchen Voraussetzungen Grundrechtseingriffe zulässig sind. Die Gegenauffassung unter Einschluss der Rspr. wendet daher die Vorschriften des allg. POR an, legt sie jedoch im Lichte der Bedeutung der Versammlungsfreiheit, also verfassungskonform aus (vgl. zur Diskussion Rn 1071 f.). In materiell-rechtlicher Hinsicht sind auf das allg. POR gestützte Maßnahmen demnach nur dann rechtmäßig, wenn sie dem Schutz von Rechtsgütern dienen, die bei einer Abwägung mit Art. 8 I GG den Vorrang genießen. Dazu gehören die Individualgüter Leib, Leben und Gesundheit von Menschen, aber auch die freiheitliche demokratische Grundordnung des GG. Formell-rechtlich ist mit Blick auf Art. 19 I S. 2 GG aber die in den Polizeigesetzen nicht vorhandene Zitierung des Art. 8 I GG problematisch. Die Rspr. ignoriert die nicht vorhandene Zitierung regelmäßig. Das Zitiergebot ist aber keine bloße Förmelei, sondern geltendes Verfassungsrecht. Die Literatur, die sich im Ergebnis der Rspr. anschließt, versucht daher teilweise, die fehlende Zitierung des Art. 8 I GG als unschädlich zu betrachten. So soll das Zitiergebot nicht gelten, wenn die Vorfeldmaßnahmen lediglich der Sicherung der Durchführung der Versammlung dienen, bzw. weil es sich beim allg. POR um vorkonstitutionelles Recht handele. Bewertung: Zwar überzeugt der Rückgriff auf das allg. POR aus materiell-rechtlicher Sicht, nicht aber mit Blick auf das Zitiergebot. Denn die erforderliche Zitierung von Grundrechten, in die das Gesetz einzugreifen ermächtigt, soll den Gesetzgeber warnen, besinnen und ihn anhalten, sich die Bedeutung der Ermächtigung noch einmal vor Augen zu halten. Dieser Sinn und Zweck des Zitiergebots wird unterlaufen, wenn die Rspr. die fehlende Zitierung von Grundrechten nicht beanstandet. Rechtsstaatlich konsequent ist es daher ausschließlich, sich keiner der genannten „Rettungsversuche" anzuschließen und Vorfeldmaßnahmen für rechtswidrig zu erklären, wenn keine ausdrückliche Rechtsgrundlage dem VersG entnommen werden kann.

- **Während einer Versammlung** gilt, jedenfalls soweit die Bestimmungen des VersG anwendbar sind und den Sachverhalt abschließend regeln, der Grundsatz der Polizeifestigkeit einer Versammlung. Denn mit dem Erlass des VersG wollte der Gesetzgeber dem Gesetzesvorbehalt in Art. 8 II GG Konturen verleihen. Eingriffe in Art. 8 I GG sind demnach grundsätzlich nur auf der Grundlage des VersG möglich. Maßnahmen auf der Grundlage des allg. POR können also erst dann getroffen werden, wenn die Versammlung beendet, d.h. aufgelöst wurde.

Dies gilt auch für den einzelnen Versammlungsteilnehmer (Teilauflösung der Versammlung oder Ausschluss aus der Versammlung).

- Erst **nach einer Auflösungs- oder Ausschlussverfügung**, die im Übrigen ihrerseits mit Art. 8 I GG vereinbar, hinreichend bestimmt sein und dem Versammlungsteilnehmer unmissverständlich mitteilen muss, dass gerade *er* mit dem Ausschluss gemeint ist, können Maßnahmen uneingeschränkt auf das allg. POR (Platzverweis, Ingewahrsamnahme etc.) gestützt werden.[915]

Besteht aber eine Versammlung und ist das VersG sachlich anwendbar, besteht nicht nur die o.g. Polizeifestigkeit des Versammlungsrechts, sondern die **Polizei** ist auch sachlich **zuständig** für Maßnahmen nach dem **VersG**. Zwar enthält das VersG keine Zuständigkeitsregelungen, wenn aber ein Bundesgesetz keine Zuständigkeitsregelungen enthält, greift die Länderkompetenz aus Art. 83 GG mit der Folge, dass sich die Zuständigkeit nach dem Landesrecht bestimmt. Mit Blick auf das VersG sind daher das jeweilige Ausführungsgesetz des Landes zum VersG oder die Zuständigkeitsverordnung des Landes zum VersG i.V.m. den Zuständigkeitsregelungen des allg. POR zu beachten.[916] In der Regel sind sowohl Sonderordnungsbehörden also auch – ohne dass ein Eilfall vorliegen müsste – der Polizeivollzugsdienst sachlich zuständig.

1039 **Beispiel:** Eine Gruppe von Castor-Gegnern demonstriert in der Nähe der Bahnstrecke friedlich und ohne Waffen gegen einen erneuten Transport von Atommüll. Da der Einsatzleiter der Polizei gleichwohl einen gewaltsamen Verlauf und das Entstehen eines Verkehrschaos befürchtet, ordnet er an, die Gruppe „einzukesseln". Als sich nun auch noch der Castor-Transport verzögert, lässt er vorsichtshalber einige der Demonstranten auf die Polizeiwache verbringen.

Das Verbringen auf die Polizeiwache stellt an sich eine Standardmaßnahme nach dem allg. POR dar (Befugnisnorm „Ingewahrsamnahme", vgl. Rn 449 ff.). Unabhängig von dem Vorliegen der Voraussetzungen dieser Standardmaßnahme ist das allg. POR aber nicht anwendbar, wenn das spezielle VersG einen Rückgriff auf das allg. POR verbietet. Das ist der Fall, wenn eine Versammlung vorliegt, es um die Abwehr versammlungstypischer Gefahren geht, also von solchen, die im inneren Zusammenhang mit der Ausübung des Grundrechts aus Art. 8 I GG stehen, und das VersG den Sachverhalt abschließend regelt. Eine Versammlung lag vor (zur Definition siehe Rn 1041 ff.). Auch ging es um die Abwehr versammlungstypischer Gefahren. Für eine bestehende Versammlung füllt das VersG den Gesetzesvorbehalt des Art. 8 II GG auch abschließend aus. Daher waren der Rückgriff auf das allg. POR und damit auch auf die polizeigesetzliche Standardmaßnahme Ingewahrsamnahme unzulässig.[917] Damit richtet sich die Zulässigkeit des Verbringens auf die Wache ausschließlich nach dem VersG. Da dieses Gesetz jedoch nur zu ganz bestimmten Maßnahmen wie Verbot, Auflösung und Beschränkungen ermächtigt, zudem enge Voraussetzungen an das Einschreiten knüpft (insbesondere hohe Gefahrenintensität) und vorliegend weder derartige Maßnahmen ergriffen wurden noch deren Voraussetzungen vorlagen, waren sowohl das Einkesseln als auch das Verbringen auf die Polizeiwache rechtswidrig. Die Rechtmäßigkeit dieser Maßnahmen wäre allenfalls dann gegeben gewesen, wenn die Versammlung zuvor aufgelöst (§ 15 III VersG) oder die betreffenden Teilnehmer von der Versammlung ausgeschlossen (§ 18 III VersG) worden wären. Denn durch die Auflösung der Ver-

---

[915] BVerfG NVwZ **2005**, 80, 81.

[916] Die Frage stellte sich dann nicht mehr, wenn ein Bundesland eigene Vorschriften erließe, die gem. Art. 125a I GG das bisherige VersG des Bundes ablösten.

[917] Etwas anderes hätte dann gegolten, wenn die Polizei bspw. gegen **störende Nichtteilnehmer** oder gegen **gewalttätige Teilnehmer** vorgegangen wäre. Dann hätte die Ingewahrsamnahme auf Grundlage des allg. POR ergehen dürfen, da sich die betreffenden Personen nicht auf die Versammlungsfreiheit hätten berufen können. Gleiches hätte gegolten, wenn die Polizei die Versammlung zuvor rechtmäßig **aufgelöst** hätte (dazu sogleich).

sammlung bzw. den Ausschluss Einzelner wird für den betreffenden Personenkreis der Anwendungsbereich des VersG beendet mit der Folge, dass das VersG auch keine Sperrwirkung gegenüber dem allg. POR mehr entfalten kann. Allerdings können Auflösungs- bzw. Ausschlussverfügungen nur dann die Sperrwirkung des VersG aufheben, wenn sie auch wirksam sind. Hierzu hat das BVerfG entschieden, dass Auflösungs- bzw. Ausschlussverfügungen wegen des mit ihnen verbundenen Eingriffs in Art. 8 I GG dem betroffenen Personenkreis ausdrücklich und unmissverständlich bekannt gegeben werden müssten. Insbesondere könne in der polizeigesetzlichen Maßnahme (etwa in der Ingewahrsamnahme oder in dem Platzverweis) nicht konkludent die Auflösung bzw. der Ausschluss gesehen werden. Der Bestimmtheitsgrundsatz verbiete dies. Schließlich müssten Auflösungs- bzw. Ausschlussverfügung auch in materieller Hinsicht dem Grundrechtsgehalt des Art. 8 I GG entsprechen.[918]

- Sind demnach die Art. 8 I GG beschränkenden Vorschriften des VersG anwendbar, müssen sie stets zugunsten der genannten Rechtsgüter ausgelegt werden (**verfassungskonforme Auslegung**). Das betrifft insbesondere § 15 I VersG (vgl. dazu Rn 1080 ff.). 1040

B. Begriff der Versammlung

Damit überhaupt erst die Thematik Versammlungsrecht und die Frage nach der Sperrwirkung des VersG aufkommen können, muss der Begriff der **Versammlung** geklärt sein. Zunächst ist davon auszugehen, dass die Versammlungsbegriffe des Art. 8 I GG und des § 1 VersG identisch sind.[919] Da weder das Grundgesetz noch das Versammlungsgesetz diesen Begriff definieren, haben sich Rechtsprechung und Literatur seither darum bemüht, den Begriff zu bestimmen. Daher verwundert es nicht, dass unterschiedliche Auffassungen bestehen. 1041

I. Gemeinsamer Zweck: Teilhabe an der öffentlichen Meinungsbildung

Einig ist man sich noch dahingehend, dass nicht jedes Zusammenkommen mehrerer Personen ausreichen kann. Erforderlich ist eine innere Verbindung durch **gemeinsame Zweckverfolgung**.[920] 1042

Das Kriterium der gemeinsamen Zweckverfolgung ist notwendig, um die Versammlung von mehr oder minder zufälligen **Ansammlungen**, denen keine gemeinsame Zweckverfolgung zugrunde liegt und die daher **nicht** dem Schutz des Art. 8 I GG unterfallen, abzugrenzen. Reine Ansammlungen sind etwa ein **Menschenauflauf nach einem Verkehrsunfall**, die **Zuhörerschaft eines Konzerts** sowie **nichtkommunikative (Konsum-)Veranstaltungen** wie **Rockkonzerte**, **Fußballspiele** etc. Hier verfolgen zwar alle den gleichen, nicht aber einen gemeinsamen Zweck. Sogar das Zusammentreffen mehrerer Personen am **Informationsstand einer politischen Partei** soll nach (älterer) Auffassung des BVerwG eine nicht von Art. 8 GG geschützte Ansammlung sein. Der Annahme einer Versammlung stehe insbesondere der Umstand entgegen, dass der eigentliche Zweck nicht in der gemeinsamen Meinungsbildung und -äußerung liege, sondern allein darin, Vorübergehenden ein einseitiges Informationsangebot zu unterbreiten, sodass allenfalls Art. 5 I GG einschlägig sei.[921] Ob diese Auffassung dauerhaft Bestand haben wird, mag bezweifelt werden.[922] Sofern man jedoch nach wie vor eine Versammlung verneint, ist zu beachten, dass die 1043

[918] Vgl. BVerfG NVwZ **2005**, 80, 81 und ausführlich unten Rn 1094 ff.
[919] BVerfG NJW **2001**, 2459, 2460.
[920] BVerfGE **104**, 92, 101 ff. (Sitzblockade); BVerfG NJW **2001**, 2459, 2460 f. („Loveparade" und „Fuckparade"); OVG Berlin NJW **2001**, 1740; *Heckmann*, JuS **2001**, 675, 680; *Hermanns*, JA **2001**, 79; *Kniesel*, NJW **2000**, 2857; *Kahl*, JuS **2000**, 1090, 1091; *Wiefelspütz*, DÖV **2001**, 21, 22; *Tillmanns*, JA **2002**, 277, 278.
[921] BVerwGE **56**, 63, 67-69. Etwas anderes kann aber im Hinblick auf die Betreiber des Informationsstandes selbst gelten, vgl. dazu *Kniesel*, NJW **1996**, 2606, 2611.
[922] Vgl. ausführlich *Hermanns*, JA **2001**, 79, 80.

Veranstaltung zu einer Versammlung i.S.d. Art. 8 I GG werden kann, wenn sich die anfangs fehlende innere Verbindung einstellt.

Auch bei **kommerziell geprägten (Event-)Veranstaltungen** mag bezweifelt werden, ob die Teilnehmer einen gemeinsamen Zweck verfolgen. So ist eine „**Weihnachtsparade**" nicht als eine durch Art. 8 I GG geschützte Versammlung angesehen worden, weil nach den tatrichterlichen Feststellungen die einzelnen Teilnehmer im Wesentlichen ihre eigenen, überwiegend wirtschaftlichen Interessen verfolgten.[923] Auch bei der in Berlin bis vor kurzem regelmäßig stattgefundenen „**Loveparade**" und der Gegenveranstaltung „**Fuckparade**" war fraglich, ob sich bei ihnen überhaupt eine gemeinsame Zweckverfolgung bejahen ließ oder ob die Teilnehmer schlicht das Massenspektakel „konsumierten". Die Frage kann jedoch dahin stehen, wenn man sich der Auffassung des BVerfG anschließt und fordert, dass der gemeinsame Zweck in einer „öffentlichen Meinungskundgabe" liegen müsse, und diese bei den Paraden verneint (siehe sogleich Rn 1044).

Ungeachtet dieser Problematik gilt jedenfalls, dass eine körperliche Anwesenheit am Versammlungsort vorausgesetzt wird.[924] Daher genießen etwa **Internet-User** im (virtuellen) Chatroom **keinen** Schutz aus Art. 8 I GG.[925]

1044 Ganz überwiegend wird darüber hinaus gefordert, dass die gemeinsame Zweckverfolgung in einer **gemeinsamen Meinungsbildung und -äußerung** liegen müsse.[926] Diese Auffassung stützt sich auf die Komplementärfunktion der Versammlungsfreiheit zu den (anderen) Kommunikationsgrundrechten, insbesondere zur Meinungsfreiheit aus Art. 5 I GG. Eine noch engere Auffassung, der sich nun auch das BVerfG angeschlossen hat, verlangt, dass der gemeinsame Zweck in der Teilhabe an der **öffentlichen Meinungsbildung** liegen müsse.[927]

1045 Das BVerfG führt dazu aus: „Das Grundrecht der Versammlungsfreiheit erhält seine besondere verfassungsrechtliche Bedeutung in der freiheitlichen demokratischen Ordnung des Grundgesetzes wegen des Bezugs auf den Prozess der öffentlichen Meinungsbildung. Namentlich in Demokratien mit parlamentarischem Repräsentativsystem und geringen plebiszitären Mitwirkungsrechten hat die Freiheit kollektiver Meinungskundgabe die Bedeutung eines grundlegenden Funktionselements. Das Grundrecht gewährleistet insbesondere Minderheitenschutz und verschafft auch denen Möglichkeiten zur Äußerung in einer größeren Öffentlichkeit, denen der direkte Zugang zu den Medien versperrt ist (vgl. BVerfGE 69, 315, 346 f. - Brokdorf)."[928]

1046 Zu weit ginge es jedoch, den Versammlungsbegriff auf die **Erörterung öffentlicher Angelegenheiten** zu beschränken. Eine derartige Auslegung ist weder mit dem Wortlaut des Art. 8 I GG noch mit der systematischen Stellung des Versammlungsgrundrechts innerhalb der Kommunikationsgrundrechte vereinbar. Dementsprechend sind Versammlungen i.S.d. Art. 8 GG **örtliche Zusammenkünfte mehrerer Per-**

---

[923] Vgl. OVG Berlin NJW **2001**, 1740.
[924] BVerfG NJW **2001**, 2459, 2460 („Loveparade" und „Fuckparade").
[925] *Kniesel*, NJW **2000**, 2857, 2860.
[926] Vgl. BVerfG NVwZ **2004**, 90, 91; BVerfGE **104**, 92, 101 ff. (Sitzblockade); BVerwGE **56**, 63, 69; OVG Berlin NJW **2001**, 1740; VG Braunschweig NZV **2000**, 142; VGH Mannheim NVwZ **1998**, 761, 763; OVG Weimar NVwZ-RR **1998**, 498; *Gröpl*, Jura **2002**, 18, 20; *Heckmann*, JuS **2001**, 675, 680; *Kniesel/Poscher*, NJW **2004**, 422, 423; *Tillmanns*, JA **2002**, 277, 278; *Seidel*, DÖV **2002**, 283, 284 f.; *Kunig*, in: von Münch/Kunig, GG, Art. 8 Rn 14; *Kannengießer*, in: Schmidt-Bleibtreu/Klein, GG, Art. 8 Rn 3.
[927] Vgl. *von Mangoldt/Klein*, Das Bonner Grundgesetz, 2. Aufl. 1957, Art. 8 Anm. III 2; VGH Mannheim NVwZ **1998**, 761, 763 und nun auch BVerfG NVwZ **2004**, 90, 91 (Versammlungsverbot); BVerfGE **104**, 92, 111 (Sitzblockade); BVerfG NJW **2001**, 2459, 2460 f. („Loveparade" und „Fuckparade"), das gleichzeitig die Definition der Versammlung in Art. 8 I GG mit der *öffentlichen* Versammlung nach dem Versammlungsgesetz gleichsetzt. Vgl. auch *Hoffmann-Riem*, NVwZ **2002**, 257, 259.
[928] BVerfG NJW **2001**, 2459, 2460.

sonen zwecks gemeinschaftlicher Erörterung und Kundgebung mit dem Ziel der Teilhabe an der öffentlichen Meinungsbildung.

Folgt man dieser Auffassung, sind die bereits genannten Paraden „**Loveparade**" und „**Fuckparade**" in Berlin *keine* Versammlungen. 1047

Das BVerfG a.a.O. führt dazu aus: „Bei beiden Veranstaltungen handelt es sich um Musik- und Tanzereignisse. Zwar fallen in den Schutzbereich der Versammlungsfreiheit Versammlungen auch dann, wenn sie ihre kommunikativen Zwecke unter Einsatz von Musik und Tanz verwirklichen. Das gilt insbesondere dann, wenn diese Mittel zur kommunikativen Entfaltung mit dem Ziel eingesetzt werden, auf die öffentliche Meinungsbildung einzuwirken. Eine Musik- und Tanzveranstaltung wird jedoch nicht allein dadurch insgesamt zu einer Versammlung, dass bei ihrer Gelegenheit auch Meinungskundgaben erfolgen. Es begegnet danach keinen durchgreifenden Bedenken, dass die vorhandenen Elemente öffentlicher Meinungskundgabe vom OVG Berlin weder bei der „Fuckparade" noch bei der „Loveparade" als ausreichend angesehen werden, um die jeweilige Veranstaltung in ihrer Gesamtheit als Versammlung zu qualifizieren."
Die Anzeichen für öffentliche Meinungskundgaben haben allerdings das VG Berlin im Verfahren betreffend die „Fuckparade" veranlasst, die Veranstaltung als Versammlung einzuordnen. Das Gericht hat insoweit auf den Inhalt der zahlreichen verteilten Handzettel verwiesen, auf denen das kommunikative Anliegen der Veranstalter relativ ausführlich wiedergegeben sei. Die Veranstaltung wende sich gegen die Verdrängung von Anhängern bestimmter Techno-Musikstile aus angestammten Stadtvierteln, gegen die Schließung von Clubs und die Auflösung von Partys, gegen die „Reinigung" der Hauptstadt „von allem, was anders ist", und gegen die kommerzialisierte „Loveparade" als „Pseudo-Demo". Es handele sich nicht um sinnentleerte Schlagworte, sondern um näher begründete Anliegen des Veranstalters der „Fuckparade". Das Anliegen werde mit der erforderlichen Deutlichkeit zum Ausdruck gebracht, sodass bei der „Fuckparade" das Element der Meinungskundgabe jedenfalls nicht völlig in den Hintergrund trete.
Das OVG Berlin bestreitet diese tatsächlichen Umstände nicht, bewertet sie aber dahingehend, dass sie der Veranstaltung das Gesamtgepräge als Massenspektakel oder Volksbelustigung nicht nähmen. Das Schwergewicht der Veranstaltung liege - wie auch bei der „Love Parade" - auf dem Gebiet der Unterhaltung. Die Meinungskundgabe sei nur beiläufiger Nebenakt.
Nach Auffassung des BVerfG ist es verfassungsrechtlich nicht zu beanstanden, dass die rechtliche Beurteilung sich danach richtet, ob die Veranstaltung ihrem Gesamtgepräge nach eine Versammlung ist oder ob der Spaß-, Tanz- oder Unterhaltungszweck im Vordergrund stehen. Blieben Zweifel, bewirke der hohe Rang der Versammlungsfreiheit, dass die Veranstaltung wie eine Versammlung behandelt werde.

Sieht man also weder die „Loveparade" noch die „Fuckparade" als Versammlung an, dürfte dies auch hinsichtlich einer „**Technoparade**" und einer „**Nacht-Tanz-Demo**" gelten[929]. Zu weit ginge es auch, eine „**Fete mit Musik**" als Versammlung anzusehen, auch wenn sie von einer politischen Partei veranstaltet wird und dabei auch ein „Infotisch" dieser Partei aufgestellt würde.[930] Hinsichtlich der „**Chaostage**" und „**Skinheadkonzerte**"[931] bleibt abzuwarten, wie die Fachgerichte unter dem Einfluss der aktuellen Rechtsprechung des BVerfG entscheiden werden.

Hinweis für die Fallbearbeitung: Bei der Beantwortung der Frage, ob im konkreten Fall eine Versammlung oder lediglich eine Ansammlung vorliegt, besteht auch nach der Entscheidung des BVerfG keine allzu große Rechtssicherheit. Wichtig ist, sich nicht von der formalen Bezeichnung der Veranstaltung beeinflussen zu lassen. 1048

[929] Vgl. aber noch VG Frankfurt a.M. NJW **2001**, 1741.
[930] VG Braunschweig NZV **2000**, 142.
[931] Vgl. dazu näher *Führing*, NVwZ **2001**, 157 ff.

Abzustellen ist allein auf den verfolgten Zweck. Liegt dieser in erster Linie in der gemeinschaftlichen Erörterung und Kundgebung mit dem Ziel der Teilhabe an der öffentlichen Meinungsbildung, schadet es nicht, wenn dies unter Einsatz von Musik und Tanz erfolgt. Lediglich rein (oder doch zumindest hauptsächlich) kommerziell ausgerichtete Veranstaltungen sowie auf Spaß und Unterhaltung ausgerichtete öffentliche Massenpartys müssen aus dem Schutzbereich herausgenommen werden. Dies hat dann zur Folge, dass eine Sondernutzungserlaubnis erforderlich wird, jedenfalls soweit die Veranstaltung auf öffentlichem Grund stattfindet. Eine Sondernutzungserlaubnis wird regelmäßig aber nur dann erteilt, wenn die Kosten der Abfallentsorgung übernommen werden.
Soweit es aber um Parteitage, politische Diskussionsveranstaltungen, Demonstrationen oder Protestmärsche geht, kann der Streit um den Versammlungsbegriff dahinstehen, da diese Veranstaltungen allesamt unstreitig (d.h. nach allen Auffassungen) Versammlungen darstellen.[932] Auch der in § 1 VersG genannte „Aufzug" („Aufmarsch") ist eine sich fortbewegende Versammlung.

II. Mindestteilnehmerzahl

1049-1050 Fraglich ist auch, ob für die Annahme einer Versammlung eine bestimmte **Teilnehmerzahl** erforderlich ist. Überwiegend werden zwei Personen als ausreichend erachtet.[933] Teilweise werden aber auch drei Personen gefordert.[934] Eine dritte Auffassung differenziert zwischen dem Begriff der Versammlung i.S.d. Art. 8 GG und dem des Versammlungsgesetzes, wonach für Art. 8 GG zwei Personen genügten, für das Versammlungsgesetz aber drei Personen erforderlich seien.[935] Nach der hier vertretenen Auffassung kann die Differenzierung bei der Benennung der Mindestteilnehmerzahl zwischen Art. 8 I GG und dem VersG nicht überzeugen. Denn das VersG ist unmittelbarer Ausfluss aus Art. 8 I GG und muss deshalb denselben Wertungen unterliegen. Bei der Beantwortung der Frage, ob nun zwei oder drei Personen erforderlich sind, gilt es zu bedenken, dass Art. 8 GG die Freiheit des einzelnen Bürgers, seine Meinung gemeinsam mit anderen zu äußern, um damit seine politische Isolierung zu verhindern, schützen will. Daher scheint es angebracht, **zwei Personen** genügen zu lassen. Zudem folgt aus dem Wortlaut des Art. 8 GG „sich versammeln" nicht notwendigerweise, dass es sich dabei um drei oder mehr Personen handeln muss.[936]

1051 **Zwischenbilanz:** Um eine **Versammlung** annehmen zu können, muss nach allen Auffassungen wenigstens ein gemeinsamer Zweck verfolgt werden. Überwiegend wird zusätzlich gefordert, dass dieser in einer **gemeinsamen Meinungsbildung und -äußerung** liegen muss. Eine noch engere Auffassung, der sich nun auch das BVerfG angeschlossen hat, verlangt, dass der gemeinsame Zweck in der Teilhabe an der **öf-**

---

[932] Vgl. dazu BVerfG NJW **2000**, 3051; NJW **2000**, 3053; NJW **2001**, 2076; VG Frankfurt a.M. NJW **2001**, 1741, 1742; VG Hamburg, NJW **2001**, 2115; *Hermanns*, JA **2001**, 79, 84; *Jahn*, JuS **2001**, 172, 176 f.; *Battis/Grigoleit*, NJW **2001**, 2051 ff.; BVerfG NJW **2001**, 1407; **2001**, 2069; OVG Berlin NJW **2001**, 1740; *Kahl*, JuS **2000**, 1090, 1091; *Tillmanns*, JA **2002**, 277 ff. Vgl. auch die Klausurfälle von *Jahn*, JuS **2001**, 172 ff. und *Heckmann*, JuS **2001**, 675 ff.

[933] *Hermanns*, JA **2001**, 79; *Kniesel*, NJW **2000**, 2857; *Kahl*, JuS **2000**, 1090, 1092; *Höfling*, in: Sachs, GG, Art. 8 Rn 9; *Kloepfer*, HdbStR VI, S. 747; *Jarass*, in: Jarass/Pieroth, GG, Art. 8 Rn 3; wohl auch *Kunig*, in: von Münch/Kunig, GG, Art. 8 Rn 13. Die Problematik völlig unzureichend behandelt von *Pieroth/Schlink*, Grundrechte, Rn 695.

[934] OLG Saarbrücken NStZ-RR **1999**, 119; *Hoffmann-Riem*, in: Alternativkommentar, Art. 8 Rn 12; *Benda*, in: Bonner Kommentar, Art. 8 Rn 21; *Kannengießer*, in: Schmidt-Bleibtreu/Klein, GG, Art. 8 Rn 3.

[935] *Herzog*, in: Maunz/Dürig, GG, Art. 8 Rn 47 f.; OLG Düsseldorf JR **1982**, 299, 300. Diese Auffassung dürfte sich aber nach der Entscheidung des BVerfG zu den Paraden erledigt haben, da das Gericht dort die Begriffe der Versammlung einheitlich auslegt.

[936] Mit dem Wortlaut „sich versammeln" in Art. 8 I GG jedenfalls nicht vereinbar ist BVerfG NJW **1987**, 3245, wonach eine Einzelmahnwache einer Versammlung darstellen soll. Ein Beispiel zur Herleitung des Versammlungsbegriffs mit ausformulierter Lösung findet sich bei *R. Schmidt*, Grundrechte, Rn 613.

fentlichen Meinungsbildung bestehen muss. Abzulehnen ist jedenfalls die Einschränkung des Versammlungsbegriffs auf die Erörterung **öffentlicher Angelegenheiten**. Die Frage kann jedoch offen bleiben, wenn es (wie zumeist) um Veranstaltungen oder Aufzüge geht, die alle Kriterien erfüllen. Was die Teilnehmerzahl betrifft, dürften im Hinblick auf den Schutzzweck des Art. 8 I GG bereits **zwei Personen** genügen.

III. Spontan- und Eilversammlungen

Planung und **Organisation** sind keine begriffsnotwendigen Elemente einer Versammlung. Daher fallen auch **Spontan- und Eilversammlungen** unter den Versammlungsbegriff.[937] Dass Versammlungen im Freien gem. § 14 VersG angemeldet werden müssen, ist für die Annahme einer Versammlung irrelevant. Freilich eine andere Frage ist es, ob eine nicht angemeldete Versammlung **aufgelöst** werden kann. 1052

Dadurch, dass auch Spontanversammlungen unter den Versammlungsbegriff fallen, ist es möglich, dass Teilnehmer der Loveparade den Schutz des Art. 8 I GG genießen, nachdem sie sich plötzlich zu politischen Fragen äußern.

IV. Geschütztes Verhalten

Zum **geschützten Verhalten** zählt die Freiheit, über Ort, Zeit, Art und Inhalt der Versammlung zu entscheiden[938] (sog. Gestaltungsfreiheit). 1053

Prüfungsrelevant ist insbesondere die **Wahl des Versammlungsortes**, weil dies die Frage aufwirft, ob Art. 8 I GG uneingeschränkt den Zugriff auf beliebige Flächen oder Räume gewährleistet. Man stelle sich vor, das Versammlungsgrundrecht würde freien Zugang zu Startbahnen von Flughäfen, (geheimen) Militäreinrichtungen oder zu Räumen der Verfassungsschutzämter oder des BND gewährleisten. Ein funktionierendes Gemeinwesen bzw. die Wahrnehmung bestimmter öffentlicher Aufgaben wären dann nicht möglich. Daher muss die Freiheit der Ortswahl ihre Grenze in kollidierenden Verfassungsgütern finden, was entweder zu einer Begrenzung des Schutzbereichs des Art. 8 I GG (verfassungsimmanente Schutzbereichsbegrenzung[939]) führt oder aber im Rahmen der verfassungsrechtlichen Rechtfertigung die behördliche Verbotsverfügung rechtfertigt. Überwiegend ist man der Meinung, dass die rechtliche Verfügungsbefugnis über den Versammlungsort eine ungeschriebene Bedingung für die Ortswahl darstelle und Art. 8 I GG insoweit kein Benutzungsrecht einräume, das nicht schon nach allgemeinen Rechtsgrundsätzen bestehe.[940] Diese Sichtweise ist sehr bedenklich, da sie die Reichweite der Versammlungsfreiheit von vornherein in die allgemeine Rechtsordnung einbettet. Folgte man ihr, hätten es der einfache Gesetzgeber und die Verwaltung in der Hand, die Reichweite der Versammlungsfreiheit ggf. sogar durch Benutzungsordnungen oder Satzungen zu regeln. 1053a
Richtigerweise wird man das Recht zur freien Ortswahl auf den gesamten **öffentlichen Raum** (insbesondere auf öffentlichen Straßen und Plätze) erstrecken müssen.[941] Hierbei handelt es sich weder um einen (zulassungsfreien) Gemeingebrauch noch um eine (zulassungspflichtige) Sondernutzung, sondern um die schlichte Aus-

---

[937] Zur Spontan- und Eilversammlung vgl. Rn 1094 und 1095.

[938] BVerfGE **69**, 315, 343 (Brokdorf); **73**, 206, 249 (Sitzblockade); BVerfGE **104**, 92, 105 f. (Sitzblockade); OVG Weimar NVwZ-RR **2000**, 154 L; VG Frankfurt a.M. NJW **2001**, 1741, 1742; *Kniesel*, NJW **2000**, 2857, 2858; *Kniesel/Poscher*, NJW **2004**, 422, 424.

[939] Vgl. dazu Rn 127.

[940] BGH NJW **2006**, 1054, 1055 (Fraport AG); BVerwGE **91**, 135, 138 f. (Bonner Hofgartenwiese), unter Bezugnahme auf *Herzog*, in: Maunz/Dürig, GG, Art. 8 Rn 78; vgl. auch *Hoffmann-Riem*, in: AK-GG, Art. 8 Rn 33; *Schulze-Fielitz*, in: Dreier, GG, Art. 8 Rn 35; *Geis*, in: Friauf/ Höfling, GG, Art. 8 Rn 34; *Herrmanns*, JA **2001**, 79, 82; *Deger*, VBlBW **1995**, 303, 304.

[941] So auch BVerfGE **73**, 206, 249 (Sitzblockade).

übung des Versammlungsgrundrechts. Nähme man das Gegenteil an, führte dies dazu, dass eine an sich nicht genehmigungspflichtige Versammlung beantragt werden müsste, auch wenn bei der Genehmigung Art. 8 I GG das Ermessen der Behörde dahingehend reduzierte, dass faktisch ein Zulassungsanspruch bestünde, sofern nicht höherrangige Interessen berührt würden. Aber auch bei der schlichten Ausübung des Versammlungsgrundrechts besteht der Grundrechtsschutz nicht, wenn die o.g. oder vergleichbare andere Bereiche betroffen sind. Rechtstechnisch ist in diesen Fällen zwar der Schutzbereich eröffnet, jedoch führen die gegenläufigen Verfassungsgüter zur Rechtfertigung des Eingriffs.

1053b Von den öffentlichen Versammlungsorten zu unterscheiden sind diejenigen, die in fremdem **Privateigentum** stehen. Hier müssen die einschlägigen zivilrechtlichen Gesetzesbestimmungen zum Schutz des Privateigentums (vgl. etwa §§ 823, 858 ff., 903 ff., 1004 I BGB) als Grundrechtsbeschränkungen in Bezug auf die Versammlungsfreiheit den Konflikt zwischen Eigentumsgarantie und Versammlungsfreiheit lösen, wobei allerdings die erforderlichen Abwägungen grundsätzlich zu Gunsten des Eigentums ausfallen müssen.[942] Denn eine Ausübung des Versammlungsgrundrechts kann auch ohne Verletzung fremder Eigentumsrechte stattfinden. Von der freien Ortswahl grundsätzlich nicht umfasst sind also im Privateigentum stehende Örtlichkeiten bzw. Flächen. Hiervon sind jedoch zwei Ausnahmen möglich: Stellt der private Eigentümer die betreffende Örtlichkeit bzw. Fläche regelmäßig der Öffentlichkeit als Flanier- und Konsummeile bzw. zu Demonstrationszwecken zur Verfügung, kann ihn Art. 8 I GG über die Figur der mittelbaren Drittwirkung der Grundrechte zur Überlassung der Örtlichkeit bzw. Fläche verpflichten. Ein entsprechender Anspruch wäre dann über den Zivilrechtsweg mit der Leistungsklage zu verfolgen. Auch ist es möglich, dass im Einzelfall, etwa im Falle einer Monopolstellung, mangels überwiegender entgegenstehender Interessen ein Anspruch auf Freigabe zu Versammlungszwecken aus Art. 8 I GG abgeleitet werden kann. Der Anspruch ergibt sich dann aus den entsprechenden Vorschriften des GWB, UWG bzw. aus § 826 BGB.

1053c Schwieriger ist die Bestimmung der Reichweite der Wahl des Versammlungsortes, wenn es um Örtlichkeiten bzw. Flächen geht, die zwar im Eigentum einer Kapitalgesellschaft (AG oder GmbH) stehen, die Anteile dieser Gesellschaft aber ausschließlich oder überwiegend von einem Träger öffentlicher Gewalt gehalten werden (Beispiele: Flughafen AG oder Marktplatz GmbH, die von einem Land oder einer Gemeinde betrieben werden).[943] Nachdem bereits das BVerwG die eigenmächtige Nutzung einer Flughafencharterhalle zu Demonstrationszwecken als nicht von Art. 8 I GG gedeckt eingestuft hatte[944], musste sich kürzlich auch der BGH mit einer solchen Fallgestaltung befassen (Fraport AG).[945] Dabei war immerhin zu berücksichtigen, dass die für die Demonstration[946] in Anspruch genommene Abflughalle generell für den Verkehr durch beliebige Personen geöffnet war, sodass eine besondere Eignung für die wirkungsvolle Ausübung der Demonstrationsgrundrechte angenommen werden konnte, aus der möglicherweise Folgerungen für die Reichweite der Duldungspflicht zumindest öffentlich-rechtlicher Rechtsträger gezogen werden konnten.[947] Der BGH hat jedoch entschieden, dass ein Flughafenbetreiber, selbst wenn er unmittelbar an die Grundrechte gebunden wäre, es wegen der konkret zu befürchtenden Beeinträchtigung des Flugbetriebs nicht dulden müsse, dass Flugblätter an Passagiere eines bestimmten Flugs in der Absicht verteilt werden, eine im Rahmen dieses Flugs stattfindende Ab-

---

[942] Vgl. *Hoffmann-Riem*, in: AK-GG, Art. 8 Rn 40 f.; *Herzog*, in: Maunz/Dürig, GG, Art. 8 Rn 41; *Gusy*, in: v. Mangolds/Klein/Starck, GG, Art. 8 Rn 43; *Sachs*, JuS **2006**, 737, 738.
[943] Insofern besteht eine Ähnlichkeit zu den gemischt-wirtschaftlichen Unternehmen (vgl. *R. Schmidt*, Grundrechte, Rn 80).
[944] BVerwG Buchholz 11 Art. 8 GG Nr. 7.
[945] BGH NJW **2006**, 1054 ff.
[946] Es ging um eine Demonstration gegen eine zwangsweise Abschiebung eines Ausländers, bei der Flugblätter verteilt wurden, worauf der Flughafenbetreiber ein Hausverbot aussprach.
[947] Vgl. *Sachs*, JuS **2006**, 737, 738.

schiebung von Ausländern zu verhindern oder mindestens zu verzögern. Nichts anderes könne gelten, wenn der Flughafenbetreiber lediglich mittelbar über die Figur der Drittwirkung der Grundrechte an diese gebunden wäre.

Fazit: Hinsichtlich der Wahl des Versammlungsortes lässt sich Folgendes feststellen: 1053d

- Auf **öffentlichen** Plätzen und Flächen besteht das Versammlungsrecht grundsätzlich. Hierbei handelt es sich entweder um einen (zulassungsfreien) Gemeingebrauch oder um eine (zulassungspflichtige) Sondernutzung, bei der Art. 8 I GG aber das Ermessen der Behörde dahingehend reduziert, dass faktisch ein Zulassungsanspruch besteht. Lediglich wenn die Wahrnehmung bestimmter öffentlicher Aufgaben unmöglich gemacht oder wesentlich erschwert würde, besteht der Grundrechtsschutz nicht. Rechtstechnisch ist in diesen Fällen zwar der Schutzbereich eröffnet, jedoch führen die gegenläufigen Verfassungsgüter zur Rechtfertigung des Eingriffs.
- Von der freien Ortswahl grundsätzlich nicht umfasst sind im **Privateigentum** stehende Örtlichkeiten bzw. Flächen, weil die Versammlungsfreiheit Öffentlichkeitsbezug hat und auch ohne Verletzung von Privateigentum ausgeübt werden kann. Stellt der private Eigentümer die betreffende Örtlichkeit bzw. Fläche jedoch regelmäßig der Öffentlichkeit als Flanier- und Konsummeile bzw. zu Demonstrationszwecken zur Verfügung, kann ihn Art. 8 I GG über die Figur der mittelbaren Drittwirkung der Grundrechte zur Überlassung der Örtlichkeit bzw. Fläche verpflichten. Dasselbe gilt im Falle einer Monopolstellung, wenn keine überwiegenden Interessen entgegenstehen.
- Hinsichtlich Orte und Flächen, die zwar im Privateigentum einer juristischen Person des Privatrechts stehen, deren **Anteile** sich aber ausschließlich oder überwiegend im **Eigentum der öffentlichen Hand** befinden, ist die Rechtslage schwieriger: Im Grundsatz besteht auch hier ein Hausrecht mit den Eigentumsansprüchen aus §§ 858 ff. 903 ff., 1004 I BGB, jedoch kann dieses Recht überlagert werden von Individualgrundrechten, die jedenfalls mittelbar über die zivilrechtlichen Vorschriften des Wettbewerbsrechts und des Kontrahierungszwangs bei Monopolstellungen zu beachten sind. Den Eigentümer trifft dann eine Duldungspflicht gem. § 1004 II BGB. Ob jedoch die Individualgrundrechte die Eigentümergrundrechte überlagern, muss im Einzelfall festgestellt werden. Nach Auffassung des BGH stehen weitgehend für die Nutzung durch die Allgemeinheit geöffnete Flächen, auch wenn sie sich in der Hand eines Trägers öffentlicher Verwaltung befinden, jedenfalls dann nicht als Ort für Versammlungen oder Meinungsäußerungen zur Verfügung, wenn durch die Grundrechtsbetätigung die Betriebsabläufe der einschlägigen Einrichtung gestört werden. Wie das BVerfG entscheiden wird, sollte es sich mit der Sache befassen müssen, bleibt abzuwarten.

Zu der genannten sog. Gestaltungsfreiheit gehört auch das Verwenden von Fahnen 1053e
und Trommeln. Sogar das Mitführen der Reichskriegsflagge ist erfasst. Eine andere Frage ist die Möglichkeit eines entsprechenden Verbots.[948] Geschützt sind auch vorbereitende Maßnahmen, insbesondere hat der Veranstalter in Ausübung der aus Art. 8 I GG fließenden Veranstalterfreiheit das Recht auf Darstellung seiner Intention in der Öffentlichkeit.

Auch der ungehinderte **Zugang** zu einer bevorstehenden oder sich bildenden Ver- 1054
sammlung bzw. Demonstration und die **Abreise** von einer Versammlung bzw. Demonstration fallen in den Schutzbereich des Art. 8 I GG. Ansonsten bestünde nämlich

[948] Vgl. dazu OVG Weimar NVwZ-RR **2000**, 154 L.

die Gefahr, dass das Grundrecht der Versammlungsfreiheit durch staatliche Maßnahmen vor oder nach der eigentlichen Zusammenkunft ausgehöhlt werden könnte.[949]

Typische Maßnahmen im **Vorfeld von Versammlungen** und Demonstrationen sind etwa **Personenkontrollen** (Identitätsfeststellungen, Durchsuchungen) an Zufahrtswegen sowie der sog. Rückführungsgewahrsam als Sonderfall des Verbringungsgewahrsams: Die betroffenen Personen werden angehalten und in Polizeibegleitung zum Ausgangsort zurückbeordert. Die besondere Problematik hierin besteht darin, dass das Versammlungsgesetz für derartige Maßnahmen keine Rechtsgrundlagen enthält[950], diese aber in Art. 8 I GG eingreifen. Hier wird der Rückgriff auf das allgemeine POR diskutiert, vgl. dazu Rn 1070 ff.

V. Begrenzung auf Friedlichkeit und Waffenlosigkeit

1055 Grundrechtlich geschützt werden nur **friedliche Versammlungen ohne Waffen**. Der Begriff der **„friedlichen Versammlung"** wird vom Grundgesetz nicht definiert. Von Rechtsprechung und Literatur wird er in Anlehnung an die Legaldefinition der §§ 5 Nr. 3, 13 I Nr. 2 VersG negativ bestimmt. Danach ist eine Versammlung unfriedlich, wenn ein „gewalttätiger und aufrührerischer Verlauf" angestrebt ist oder eintritt. Um eine **Gewalttätigkeit** annehmen zu können, muss eine aktive körperliche Einwirkung auf Personen oder Sachen stattfinden. Überwiegend wird verlangt, dass die körperliche Einwirkung aggressiv und von einiger Erheblichkeit ist.[951] Damit ist der Gewaltbegriff i.S.d. Art. 8 GG enger als derjenige, der im Strafrecht (§ 240 StGB) verwendet wird.

1056 So ist eine Versammlung als gewalttätig angesehen worden, bei der körperliche Handlungen von **einiger Gefährlichkeit** auftraten wie Gewaltausübung mittels gefährlicher Werkzeuge oder aggressive Ausschreitungen gegen Personen oder Sachen.[952] Eine Mindermeinung lässt demgegenüber für die Unfriedlichkeit bereits jede oder zumindest jede straf- und ordnungswidrigkeitenrechtliche Rechtsverletzung genügen.[953] Demnach wäre eine Versammlung unfriedlich, wenn die Veranstalter gegen die **Anmeldepflicht** (§ 14 VersG) verstoßen haben, da ein solcher Verstoß eine Straftat darstellt (§ 26 Nr. 2 VersG). Nach der hier vertretenen Auffassung kann aber nicht jeder Rechtsverstoß die Versammlung gewalttätig machen, anderenfalls wäre der Gesetzesvorbehalt in Art. 8 II GG überflüssig.[954] Außerdem stünde sonst das Grundrecht zur Disposition des einfachen Gesetzgebers. So stellt auch eine **Sitzblockade**, bei der sich die Teilnehmer auf passive Resistenz beschränken, eine friedliche Versammlung dar, selbst wenn dabei der Tatbestand der Nötigung verwirklicht wird.[955] Daran ändert sich auch nichts, wenn sich die Teilnehmer unter-

---

[949] Vgl. VG Lüneburg NVwZ-RR **2005**, 248 f. (Castortransport) und BVerfGE **84**, 203, 209 (Republikaner) unter Berufung auf BVerfGE **69**, 315, 349 (Brokdorf); *Höfling*, in: Sachs, GG, Art. 8 Rn 23; *Hermanns*, JA **2001**, 79; *Hoffmann-Riem*, NVwZ **2002**, 257, 259.

[950] Die §§ 5 und 15 VersG enthalten zwar Rechtsgrundlagen, die vor Beginn einer Versammlung bzw. Demonstration greifen, erlauben aber nur ein Vorgehen gegen die Veranstalter, nicht jedoch gegen einzelne Teilnehmer. Diese können demnach nur mittelbar, d.h. über entsprechende Maßnahmen gegen den Veranstalter (etwa durch Auflagen oder gar ein Versammlungsverbot) getroffen werden.

[951] BVerfG NVwZ **2005**, 80 f.; BVerfGE **104**, 92, 101 ff. (Sitzblockade).

[952] BVerfGE **73**, 206, 248 f. (Sitzblockade); **87**, 399, 406 (Versammlungsauflösung). Vgl. auch *Hoffmann-Riem*, NVwZ **2002**, 257, 259.

[953] So *Badura*, StaatsR, 2. Aufl. **1996**, C Rn 64; *Kloepfer*, in: HdbStR VI, S. 755 f.

[954] Vgl. auch *Kahl*, JuS **2000**, 1090, 1092 und nunmehr erfreulicherweise BVerfG NVwZ **2005**, 80 f.

[955] BVerfGE **104**, 92, 101 ff.; **92**, 1, 17 f.; **87**, 399, 406; **73**, 206, 249; *Hermanns*, JA **2001**, 79, 81; *Kniesel*, NJW **1996**, 2606 ff.; *Lembke*, JuS **2005**, 984, 985; *Hermanns*, JA **2001**, 79, 81; *Kniesel*, NJW **1996**, 2606 ff.; einschränkend *Kannengießer*, in: Schmidt-Bleibtreu/Klein, GG, Art. 8 Rn 4a, wonach eine Blockade von Ein- und Ausgängen eines Gebäudes, Grundstücks oder einer Straße oder eines sonstigen Verbindungswegs keine friedliche Versammlung sein könne. Skeptisch auch VGH Mannheim NVwZ **2000**, 1201, der über die Rechtmäßigkeit eines Verbots einer Probeblockade gegen einen **Castor-Transport** zu entscheiden hatte. Der VGH führt dazu aus: „Selbst wenn im Einzelfall eine Blockadehandlung nicht als strafrechtlich bewehrte Nötigung angesehen werden sollte, ändert dies nichts an der grundsätzlichen Feststellung, dass die Blockierung eines Schienenwegs, auf dem ein genehmigter Transport stattfinden soll, gegen die öffentliche Sicherheit verstößt." Folgt man dieser Auffassung, liegt zwar eine Versammlung vor. Gleichwohl können sich die Ver-

einander **anketten**. Ketten sich die Teilnehmer aber an Sachen an (z.B. an Zäunen, Toren, Schienen, stehenden Zügen etc.), muss die Friedlichkeit in Frage gestellt werden, weil der Grad der Behinderung ein anderer ist. Das BVerfG nimmt aber auch in diesem Fall eine Friedlichkeit an. Die Frage, ob eine Versammlung unfriedlich sei, dürfe nicht mit der Verwirklichung des (weiten) Gewaltbegriffs in § 240 StGB gleichgesetzt werden. Vielmehr müsse die Friedlichkeit rein verfassungsrechtlich bestimmt werden. Liege der Zweck der Blockade in der gemeinschaftlichen Erörterung und Kundgebung mit dem Ziel der Teilhabe an der öffentlichen Meinungsbildung, sei auch dann von einer Friedlichkeit i.S.v. Art. 8 I GG auszugehen, wenn sich die Versammlungsteilnehmer bspw. an das Haupttor eines befriedeten Geländes anketteten und die Zu- und Abfahrt versperrten. Denn in einem solchen Fall sei der erforderliche Grad an Gefährlichkeit noch nicht erreicht, um eine „Unfriedlichkeit" i.S.v. Art. 8 I GG annehmen zu können.[956] Freilich eine andere Frage ist es, die Versammlung gem. § 15 III VersG aufzulösen, vgl. dazu Rn 1079.

Ob das Werfen mit (relativ) **weichen Gegenständen** (Eiern, Tomaten etc.) unfriedlich ist, muss bezweifelt werden. Eine Unfriedlichkeit sollte jedenfalls dann angenommen werden, wenn sich derartige Aktionen gegen Polizeibeamte richten und die Situation dadurch eskaliert. Dagegen sollte das **Werfen** mit **harten Gegenständen** (Bierflaschen, gefüllten Getränkedosen, Steinen etc.) sowie mit **Farbbeuteln** wegen der objektiven Gefährlichkeit stets eine Unfriedlichkeit begründen.

Verhalten sich nur **einige** Versammlungsteilnehmer unfriedlich, die anderen dagegen friedlich, ist nur den unfriedlichen Teilnehmern der Schutz des Art. 8 GG verwehrt.[957] Es ist also, dem Wortlaut des Art. 8 I GG i.V.m. §§ 18 III und 19 IV VersG entsprechend, auf den einzelnen Teilnehmer abzustellen, nicht auf die Versammlung insgesamt. Nur wenn ein Einschreiten gegen die einzelnen gewalttätigen Teilnehmer nicht möglich ist, keinen Erfolg verspricht oder sich die friedlich verhaltenden Versammlungsteilnehmer mit den Gewalttätigkeiten identifizieren, kann entsprechend dem Gesetzesvorbehalt des Art. 8 II GG und unter strenger Beachtung des Verhältnismäßigkeitsgrundsatzes gegen die ganze Versammlung vorgegangen werden (Verbot, Auflösung etc.).

Eine **Gegendemonstration** genießt ebenfalls den Schutz des Art. 8 GG, sofern sie friedlich ist. Bezweckt sie, die Versammlung zu stören, kann je nach Sachverhalt entweder bereits der Schutzbereich begrenzt oder jedenfalls aufgrund des Gesetzesvorbehalts des Art. 8 II GG eingeschritten werden (Verbot, Auflösung etc.).

Ein **aufrührerischer Verlauf** besteht oder wird angestrebt, wenn das Ziel der Versammlung in einem Umsturz des Staates liegt oder wenn aktiv Widerstand gegen rechtmäßig handelnde Vollstreckungsbeamte geleistet wird bzw. geleistet werden soll. 1057

Mit **Waffen** sind zunächst Waffen im technischen Sinne gemeint. Darunter sind Waffen i.S.d. § 1 WaffG zu verstehen (z.B. Pistole, Dolch, Schlagring).[958] Der Zweck, zu dem sie mitgeführt werden, ist unerheblich. Überwiegend werden dem Waffenbegriff auch gefährliche Werkzeuge (i.S.d. § 224 StGB) wie Baseballschläger, Eisenketten 1058

---

sammlungsteilnehmer wegen Verstoßes gegen die öffentliche Sicherheit nicht auf Art. 8 I GG berufen. *Jahn* (JuS **2001**, 172, 174) nimmt mit dem VGH München (BayVBl **1997**, 248, 249) eine Unfriedlichkeit an, wenn „ernsthaft und unmittelbar damit zu rechnen ist, dass zumindest ein Teil der Versammlungsteilnehmer Straftaten begehen wird und dies vom Veranstalter oder seinem Anhang zumindest gebilligt wird". Zur Unfriedlichkeit vgl. ausführlich *Seidel*, DÖV **2002**, 283, 288 ff.

[956] BVerfGE **104**, 92, 106 (Sitzblockade). Diese Grundsätze bestätigend BVerfG NVwZ **2005**, 80 f.

[957] BVerfGE **69**, 315, 359 (Brokdorf); BVerfG NVwZ **2005**, 80 f.; *Kannengießer*, in: Schmidt-Bleibtreu/Klein, GG, Art. 8 Rn 4a; *Hermanns*, JA **2001**, 79, 81.

[958] Zwar kann nach der Normenhierarchie ein einfaches Gesetz nicht die Reichweite einer Grundgesetznorm bestimmen, jedoch kann man auch bei einer rein verfassungsrechtlichen Betrachtungsweise dessen Wertung heranziehen.

oder chemische Kampfstoffe zugeordnet, sofern sie nicht nur zur Verletzung von Personen geeignet sind, sondern vor allem *zu diesem Zweck* mitgeführt werden.[959]

> **Beispiel:** So sind auch Fahnen, genauer gesagt Fahnenstangen, für sich genommen gefährliche Werkzeuge. Werden sie aber nicht zum Zweck des Einsatzes als Schlaginstrumente mitgeführt, ist die Versammlung zumindest diesbezüglich nicht unfriedlich.

1059 Keine Waffen sind jedenfalls reine Schutzgegenstände wie Schutzhelme, Gasmasken, Schutzbrillen etc.[960] Freilich eine andere Frage ist es, ob deren Mitführen ein Verbot nach § 17a I VersG rechtfertigen kann.[961]

1060 Unfriedlich ist eine Versammlung schließlich auch dann, wenn eine Unfriedlichkeit *droht*, also unmittelbar bevorsteht. So ist der Aufruf zu verbrecherischen Handlungen ebenso wenig von Art. 8 I GG gedeckt wie die Behinderung einer Versammlung durch Gegendemonstrationen. Bei der Frage, ob eine Unfriedlichkeit droht, ist auf die sachgerechte Prognose der zuständigen Behörde abzustellen.[962]

VI. Persönlicher Schutzbereich

1061 In **persönlicher Hinsicht** ist der Schutz des Art. 8 I GG (nicht der des § 1 VersG!) auf **Deutsche** begrenzt. Der Begriff des Deutschen ist in Art. 116 GG legaldefiniert. **Nichtdeutsche** können sich demzufolge zwar auf das VersG, nicht aber auf das Grundrecht der Versammlungsfreiheit berufen. Für sie ist die Versammlungsfreiheit grundrechtlich lediglich über Art. 2 I GG geschützt. Denn dieses Grundrecht wird als Auffangtatbestand verstanden, der die Freiheit allgemein und also stets dann schützt, wenn kein spezielles Freiheitsgrundrecht einschlägig ist. Dies gilt zumindest im Hinblick auf Ausländer, die *keine* **EU-Bürger** sind. Ob EU-Bürgern ein intensiverer Schutz gewährt werden muss (etwa durch eine europarechtskonforme Auslegung des Art. 8 GG oder durch eine Erhöhung des Schutzniveaus des Art. 2 I GG), ist noch nicht entschieden. Vgl. dazu die Parallelproblematik bei Art. 12 I GG (*R. Schmidt*, Grundrechte, Rn 788 f.). Vom persönlichen Schutzbereich umfasst sind auch juristische Personen des Privatrechts und sonstige Personenmehrheiten[963] (Beispiel: politische Partei, die einen Parteitag abhält). Zur Problematik, inwieweit eine inländische juristische Person bzw. Personenmehrheit sich auf Deutschengrundrechte berufen kann, wenn sie von Ausländern beherrscht ist, vgl. *R. Schmidt*, Grundrechte, Rn 63. Die Versammlung selbst ist dagegen kein Grundrechtsträger.

VII. Ergebnis zur Herleitung des Versammlungsbegriffs

Unter Zugrundelegung der bisherigen Ausführungen ergibt sich folgende Subsumtionsgrundlage:

1062 **Versammlungen** sind ungehinderte friedliche Zusammenkünfte mehrerer Personen (nach h.M. genügen zwei) zwecks gemeinschaftlicher Erörterung und Kundgebung mit dem Ziel der Teilhabe an der öffentlichen Meinungsbildung.

---

[959] *Kahl*, JuS **2000**, 1090, 1091; *Herzog*, in: Maunz/Dürig, GG, Art. 8 Rn 66; *Pieroth/Schlink*, Grundrechte, Rn 696; *Jarass*, in: Jarass/Pieroth, GG, Art. 8 Rn 7. Anders *Kunig*, in: von Münch/Kunig, GG, Art. 8 Rn 26, wonach gefährliche Werkzeuge i.S.v. § 224 StGB nicht zu den Waffen i.S.d. Art. 8 I GG zählen.

[960] *Hermanns*, JA **2001**, 79, 81; *Kahl*, JuS **2000**, 1090, 1091; *Herzog*, in: Maunz/Dürig, GG, Art. 8 Rn 68.

[961] Bejahend *Hermanns*, JA **2001**, 79, 81.

[962] *Jahn*, JuS **2001**, 172, 174.

[963] BVerwG BayVBl **1999**, 632, 633. Auch rechtsradikale Organisationen, die nicht verboten sind, können sich auf den Schutz der Art. 5 I, 8 I und 9 I GG berufen (vgl. Art. 21 II GG und dazu OVG Berlin NVwZ **2000**, 1201 sowie *Jahn*, JuS **2001**, 172, 174).

C. Beschränkungen der Versammlungsfreiheit

Beschränkungen der Versammlungsfreiheit liegen zunächst vor bei Maßnahmen, die das geschützte Verhalten regeln, z.B. **Anmeldungs- und Erlaubnispflichten**. Das geht schon aus der Formulierung des Art. 8 I GG „ohne Anmeldung oder Erlaubnis" hervor. Eindeutige Eingriffe sind auch **Auflagen**[964], **Verbote** und **Auflösungen** von Versammlungen sowie die sie bestätigenden Gerichtsentscheidungen.[965] Auch die **Behinderung von Anfahrten** und **schleppende vorbeugende Kontrollen** beeinträchtigen das Grundrecht.[966] Das Grundrecht wird auch durch (andere) faktische Maßnahmen beeinträchtigt, wenn sie in ihrer Intensität imperativen Maßnahmen gleichstehen. So können **staatliche Überwachungsmaßnahmen** (etwa Dokumentation oder Videoüberwachung) dazu führen, dass die innere Entschlussfreiheit, an einer Versammlung teilzunehmen, beeinträchtigt wird. Führt daher eine Überwachungsmaßnahme dazu, dass der Betroffene lieber auf die Grundrechtsausübung verzichtet, ist von einem Eingriff auszugehen.[967] Das BVerfG hat daher in seiner Brokdorf-Entscheidung einen Eingriff bei „exzessive(n) Observationen und Registrierungen" angenommen.[968] Schließlich sind beidseitige Begleitungen von Demonstrationen durch voll ausgerüstete Polizeibeamte[969] Grundrechtseingriffe. 1063

Eine **Beschränkung** der Versammlungsfreiheit liegt immer dann vor, wenn eine Versammlung **verboten** oder **aufgelöst** oder die Art und Weise ihrer Durchführung durch staatliche Maßnahmen **beschränkt** wird. 1064

D. Rechtfertigung von Beschränkungen auf der Grundlage des VersG

Liegt eine Versammlung vor, stellen die Vorschriften des **VersG** die wichtigsten Rechtsgrundlagen für Eingriffe in die Versammlungsfreiheit dar. Dabei entstehen – gerade wegen der Beschränkung des VersG auf Abwehr versammlungstypischer Gefahren – regelmäßig Abgrenzungsprobleme zu den Vorschriften des allgemeinen Polizei- und Ordnungsrechts. Folgende Bestimmungen sind relevant: 1065

- **Art. 8 I GG:** Versammlungsfreiheit
- **§ 5 VersG:** Verbot von öffentlichen Versammlungen in geschlossenen Räumen[970]
- **§§ 12a, 19a VersG:** Bild- und Tonaufnahmen durch die Polizei
- **§ 13 VersG:** Auflösung von öffentlichen Versammlungen in geschlossenen Räumen
- **§ 15 I VersG:** Verbot von öffentlichen Versammlungen im Freien; Auflagen[971]
- **§ 15 II VersG:** Verbot von öffentlichen Versammlungen im Freien, die an Gedenkstätten mit historisch herausragender überregionaler Bedeutung für die Opfer der nationalsozialistischen Gewalt- und Willkürherrschaft stattfinden sollen; Auflagen[972]

---

[964] Vgl. dazu OVG Berlin NVwZ **2000**, 1201, 1202; VG Frankfurt a.M. NJW **2001**, 1741, 1742.
[965] Vgl. dazu BVerfG NVwZ **2005**, 80 f.; BVerfGE **111**, 147, 152 ff.; BVerfG NJW **2001**, 2459, 2460 sowie BVerfG NJW **2001**, 2069; NJW **2001**, 2072; NJW **2001**, 2075; NJW **2001**, 2076; NJW **2001**, 2078; VG Frankfurt a.M. NJW **2001**, 1741, 1742; VG Hamburg, NJW **2001**, 2115; *Hermanns*, JA **2001**, 79, 84; *Jahn*, JuS **2001**, 172, 176 f.; *Battis/Grigoleit*, NJW **2001**, 2051 ff.
NJW **2000**, 3051 (Vorläufiger verfassungsgerichtlicher Rechtsschutz bei Versammlungsverbot) mit Bespr. von *Sachs*, JuS **2001**, 75 f., BVerfG NJW **2000**, 3053 (Teilweise Aufhebung eines Versammlungsverbots durch BVerfG) sowie *Kahl*, JuS **2000**, 1090, 1092 und *Hermanns*, JA **2001**, 79, 81 f.
[966] BVerfGE **69**, 315, 349 (Brokdorf); VG Lüneburg NVwZ-RR **2005**, 248, 249 (Castortransport).
[967] BVerfGE **65**, 1, 43 (Volkszählung).
[968] BVerfGE **69**, 315, 359 (Brokdorf).
[969] OVG Bremen NVwZ **1990**, 1188, 1189. Vgl. auch den Überblick bei *Kniesel*, NJW **1996**, 2606 ff.
[970] Zur Frage der Vereinbarkeit des § 5 Nr. 4 VersG mit dem Zensurverbot gem. Art. 5 I S. 3 GG vgl. *Bruggmann*, JuS **2001**, 1040.
[971] Zu §§ 14 und 15 VersG vgl. ausführlich Rn 1080 ff.; 1093 ff.
[972] Zum durch Gesetz v. 24.3.2005 geänderten VersG vgl. Rn 1088 ff.

- **§ 15 III, IV VersG:** Auflösung von öffentlichen Versammlungen im Freien, wenn neben den in § 15 III VersG genannten auch mindestens eine der in § 15 I oder II VersG genannten Voraussetzungen erfüllt ist. Relevant ist insbesondere die Auflösung einer nicht angemeldeten (vgl. § 14 I VersG) oder verbotenen (vgl. § 15 I und II VersG) Versammlung.
- **§ 14 I VersG:** Anmeldepflicht von öffentlichen Versammlungen (eine öffentliche Versammlung bzw. Demonstration ist spätestens 48 Stunden vor deren Bekanntgabe der zuständigen Behörde anzuzeigen)
- **§ 18 III VersG** oder **§ 19 IV VersG** für den **Ausschluss** einzelner Teilnehmer von der Versammlung

1066 Bevor also zu den einzelnen Rechtsgrundlagen des Versammlungsgesetzes Stellung genommen werden kann, müssen die öffentliche Versammlung von der nichtöffentlichen und die Versammlung unter freiem Himmel von der in geschlossenen Räumen unterschieden werden. Denn die **Rechtfertigungsvoraussetzungen** für Beschränkungen der Versammlungsfreiheit **weichen zum Teil sehr stark voneinander ab**, was die Examensrelevanz dieses Rechtsgebiets ausmacht:

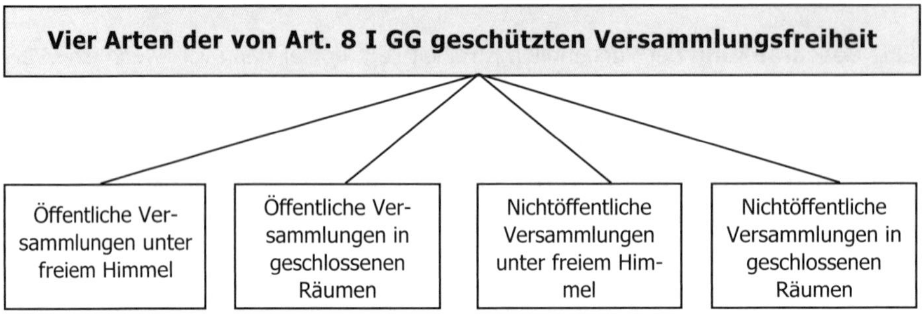

I. Öffentliche Versammlungen

1067 Wie die obigen Ausführungen zeigen, schützt Art. 8 I GG sowohl *öffentliche* als auch *nichtöffentliche* Versammlungen. Das VersG ist demgegenüber gem. § 1 VersG lediglich auf *öffentliche* Versammlungen anwendbar. Nichtöffentliche Versammlungen können demnach genauso wie Veranstaltungen in geschlossenen Räumen (für die wiederum der Gesetzesvorbehalt des Art. 8 II GG nicht gilt) nur durch kollidierendes Verfassungsrecht eingeschränkt werden. Daher ist regelmäßig eine Abgrenzung erforderlich. Bei der Frage, ob im konkreten Fall die Versammlung öffentlich oder nichtöffentlich ist, kommt es jedenfalls nicht darauf an, ob die Versammlung auf öffentlichen Flächen oder auf einem Privatgrundstück stattfindet.[973] Entscheidend ist allein, ob zu der Versammlung **jedermann Zugang hat**. Ist die Teilnahme nicht auf einen bestimmten Teilnehmerkreis begrenzt, liegt eine *öffentliche* Versammlung vor. Wird dagegen zur Teilnahme geladen und wünscht der Veranstalter über den Kreis der Geladenen hinaus keine weiteren Teilnehmer, ist von einer *nichtöffentlichen* Versammlung auszugehen.[974]

Beispiele: Mitgliederversammlungen von Verbänden, Gewerkschaften oder Parteien sind demnach *nichtöffentliche* Versammlungen. Gleiches gilt für einen Parteitag mit

---

973 *Heckmann*, JuS **2001**, 675, 678.

974 Vgl. BVerwG NVwZ **1999**, 991, 992; OVG Weimar DVBl **1998**, 104, 105; *v. Coelln*, NVwZ **2001**, 1234, 1235; *Jahn*, JuS **2001**, 172, 175; *Führing*, NVwZ **2001**, 157, 159; *Heckmann*, JuS **2001**, 675, 678; *Hermanns*, JA **2001**, 79, 81 f.

entsandten Delegierten und geladenen Gästen.[975] Werden die Einladungen aber kopiert und frei weitergegeben und findet auch keine Zugangskontrolle durch den Veranstalter statt, ist von einer *öffentlichen* Versammlung auszugehen.[976] Zu den *nichtöffentlichen* Versammlungen vgl. Rn 1099 ff.

Mithin ergibt sich folgende Definition der öffentlichen Versammlung:

Eine Versammlung ist **öffentlich**, wenn die Teilnahme jedermann offen steht, insbesondere nicht von einer persönlichen Einladung abhängt. 1068

1. Öffentliche Versammlungen unter freiem Himmel

Steht fest, dass es sich bei der betreffenden Versammlung um eine öffentliche Versammlung handelt, ist des Weiteren zu klären, ob es sich bei der Versammlung um eine Versammlung unter **freiem Himmel** oder um eine Versammlung in geschlossenen Räumen handelt, denn der Gesetzesvorbehalt des Art. 8 II GG beschränkt sich – wie bereits erwähnt – auf Versammlungen unter freiem Himmel. Diese Beschränkung des Gesetzesvorbehalts hat den Hintergrund, dass der Grundgesetzgeber offenbar davon ausging, dass von Versammlungen in geschlossenen Räumen weniger Gefahren ausgehen als von Versammlungen unter freiem Himmel.[977] Daher dürfte es für die Abgrenzung – entgegen dem Wortlaut des Art. 8 II GG – weniger darauf ankommen, ob der Raum überdacht ist, sondern vielmehr, ob der Raum zur Seite hin überall umschlossen und nur durch Eingänge zugänglich ist. 1069

Beispiel: Daher ist eine Versammlung in einem Sportstadium trotz fehlender Überdachung eine Versammlung in einem geschlossenen Raum. Demgegenüber wird man bei einer Versammlung unter einem Zeltdach von einer Versammlung unter freiem Himmel ausgehen müssen.

a. Grundrechtsschutz unter dem Gesetzesvorbehalt des Art. 8 II GG

aa. Das Versammlungsgesetz als spezialgesetzliche Regelungsmaterie

Versammlungen unter **freiem Himmel** können **durch** oder **aufgrund eines Gesetzes** eingeschränkt werden. Aufgrund der Bedeutung der Versammlungsfreiheit und des Parlamentsvorbehalts ist für einen gezielten Eingriff in den Schutzbereich des Art. 8 I GG ein förmliches Gesetz zu fordern. Der Bundesgesetzgeber ist diesem Erfordernis vor allem durch den Erlass des **Versammlungsgesetzes** (insbesondere dessen **§ 15**) und des Gesetzes über **befriedete Bezirke für Verfassungsorgane** des Bundes (BefBezG), welches das ehemalige Bannmeilengesetz des Bundes ersetzt hat, nachgekommen (dazu später). Als Eingriffsgrundlage kann auch das Straßenverkehrsrecht dienen. Auf Landesebene kommen die allgemeinen Polizei- und Ordnungsgesetze, Bannmeilengesetze, Sonn- und Feiertagsgesetze sowie Straßen- und Wegegesetze in Betracht. Im Anwendungsbereich des Versammlungsgesetzes ist ein Rückgriff auf das allgemeine Polizei- und Ordnungsrecht grds. ausgeschlossen (sog. **Polizeifestigkeit des Versammlungsrechts**, siehe Rn 1037 ff. und sogleich Rn 1073 ff.). Gleichwohl kann es in bestimmten Fällen (etwa bei nichtöffentlichen Versammlungen, da das VersG nur auf öffentliche Versammlungen anwendbar ist) erforderlich sein, auf das allgemeine Polizei- und Ordnungsrecht zurückzugreifen. Die damit verbundenen Probleme sollen im Folgenden erläutert werden. 1070

---

[975] BVerwG NVwZ **1999**, 991, 992; OVG Weimar NVwZ-RR **1998**, 498 f.; *Kniesel*, NJW **2000**, 2857, 2862; *Jahn*, JuS **2001**, 172, 174 f.
[976] OVG Weimar NVwZ-RR **1999**, 499.
[977] *Leibholz/v. Mangoldt*, Jahrbuch des öffentlichen Rechts der Gegenwart, Neue Folge Bd. 1, 1951, S. 114.

a.) Maßnahmen im Vorfeld einer Versammlung

1071 Besonders problematisch ist der **Vorfeldbereich von öffentlichen Versammlungen**. Dabei geht es im vorliegenden Zusammenhang nicht um die Frage nach Verboten und Auflagen i.S.d. § 15 VersG (diese sind Gegenstand der Ausführungen bei Rn 1080 ff.), sondern um die Frage, ob andere polizeiliche Maßnahmen, die in diesem Stadium getroffen werden (Identitätsfeststellung, Platzverweis, Ingewahrsamnahme etc.), auf das allgemeine Polizei- und Ordnungsrecht gestützt werden können.

1072 Zunächst ist festzuhalten, dass der Schutzbereich des Art. 8 I GG auch das Vorfeld von Versammlungen, namentlich den Zugang zu einer sich bildenden Versammlung, umfasst. Denn das Grundrecht schützt nicht nur diejenigen, die schon versammelt sind, sondern auch die Personen, die sich auf dem Weg zur Versammlung befinden. Zwar sind sie zu diesem Zeitpunkt noch nicht versammelt, aber sie versammeln sich.[978] Gleiches ergibt sich aus dem Sinn und Zweck des Grundrechts. Der Schutz von Versammlungen liefe leer, wenn er nicht schon im Vorfeld bestünde. Anderenfalls ließen sich Versammlungen z.B. durch Behinderungen bei der Anfahrt, etwa durch bewusst verzögernde oder exzessiv umfangreiche Kontrollen, erschweren oder praktisch ganz unmöglich machen. Der grundrechtliche Schutz beginnt daher zu dem Zeitpunkt, in dem die Versammlungsteilnehmer die Reise zum Versammlungsort unmittelbar, d.h. ohne versammlungsunabhängige Zwischenstopps oder Umwege, antreten.[979] Und eben wegen dieses vorgelagerten Grundrechtsschutzes bestehen Bedenken, dass allg. POR anzuwenden, weil dadurch die Wertungen des VersG unterlaufen werden könnten. Auf der anderen Seite enthält das VersG aber keine Rechtsgrundlagen hinsichtlich Identitätsfeststellungen, Platzverweise oder Ingewahrsamnahmen, was den Weg für die Anwendung des allg. POR frei machen könnte. Das wiederum birgt andere Probleme in sich, was anhand des folgenden Anwendungsfalls veranschaulicht werden soll.

Anwendungsfall: In der norddeutschen Stadt B wurde ein Gentechnologiezentrum errichtet, in dem Präimplantationsdiagnostik und Klonversuche unternommen werden sollen. Die Menschenrechtsorganisation *pro human* e.V., deren Mitglieder für eine radikale Durchsetzung ihrer Auffassung bekannt und teilweise wegen Haus- und Landfriedensbruchs vorbestraft sind, plant eine Mahnwache vor dem Zufahrtstor und meldet diese gem. § 14 VersG an. Am Tag der Veranstaltung reisen u.a. die rheinland-pfälzischen Mitglieder der Organisation mit einem gemieteten Reisebus an. Der Polizeipräsident der Stadt B befürchtet erhebliche Störungen für die öffentliche Sicherheit und lässt an der Stadtgrenze eine Kontrollstelle einrichten. Auch die rheinland-pfälzischen Mitglieder der Organisation werden kontrolliert. Es werden deren Personalien aufgenommen; nach einer Durchsuchung der Personen und des Busses werden auch einige Plakate sichergestellt, deren Aufdrucke den Tatbestand der Beleidigung erfüllen. Nach den Maßnahmen können die Betroffenen ihren Weg zu der Mahnwache fortsetzen. Dennoch sind sie der Auffassung, dass die Maßnahmen rechtswidrig gewesen seien.

Lösungsgesichtspunkte:
Vorliegend sind verschiedene Maßnahmen ergangen. Zunächst wurde eine Razzia, also eine planmäßige Überprüfung der Identität eines größeren Personenkreises durchgeführt. Auch wurden Personen und Sachen durchsucht und dabei gefundene Gegenstände sichergestellt. In der Fallbearbeitung sind diese Maßnahmen einzeln und hintereinander zu prüfen. Lediglich aus Platzgründen wird vorliegend von dieser zwingenden Regel abgewichen.

---

[978] *Dietel/Gintzel/Kniesel*, § 1 Rn 71.
[979] BVerfGE **69**, 315, 348 (Brokdorf); **84**, 203, 209 (Versammlung der Republikaner); *Kniesel*, NJW **2000**, 2857, 2862.

I. Rechtsgrundlagen
Da derartige Maßnahmen in Grundrechte eingreifen, bedurfte die Polizei entsprechender Rechtsgrundlagen. Diese könnten sowohl im Versammlungsgesetz (VersG) als auch im allg. POR zu finden sein. Die Bestimmung der richtigen Rechtsgrundlage richtet sich danach, ob eine Versammlung i.S.d. **Art. 8 I GG** vorlag, in die eingegriffen wurde. Sollte ein solcher Eingriff bejaht werden, sind grundsätzlich die Befugnisnormen des VersG abschließend.[980]

1. Vorliegen einer Versammlung
Versammlungen sind ungehinderte friedliche Zusammenkünfte mehrerer Personen zwecks gemeinschaftlicher Erörterung und Kundgebung mit dem Ziel der Teilhabe an der öffentlichen Meinungsbildung.[981]
Nach diesen Kriterien kann die Einstufung der Mahnwache als Versammlung ohne weiteres bejaht werden. Bei dem Thema, gegen das sich die Mahnwache wendet, handelt es sich sogar um eine Angelegenheit von öffentlichem Interesse. Dass es sich bei der Veranstaltung „nur" um eine Mahnwache handelt, bei der nicht die verbale Meinungskundgabe im Mittelpunkt steht, ändert an der Qualifikation als Versammlung nichts, weil sich der Schutz des Art. 8 I GG nicht nur auf Veranstaltungen beschränkt, auf denen argumentiert und gestritten wird, sondern „vielfältige Formen gemeinsamen Verhaltens bis hin zu nichtverbalen Ausdrucksformen" umfasst.[982]
Die Versammlung ist auch öffentlich, da sich ohne weiteres auch andere als nur die Mitglieder der Organisation anschließen können.

2. Anwendbarkeit des VersG oder des POR im Vorfeld einer Versammlung?
Liegt demzufolge eine öffentliche Versammlung vor, sind bei Einschränkungen der Versammlungsfreiheit grundsätzlich die Befugnisnormen des VersG einschlägig und abschließend. Fraglich ist allerdings, wie es sich auswirkt, dass die zu untersuchenden Maßnahmen während der **Anreise** zum Versammlungsort ergingen.

Gängige Rspr. ist es, dass der Grundrechtsschutz des Art. 8 I GG auch das Vorfeld von Versammlungen, namentlich den Zugang zu einer sich bildenden Versammlung, umfasst.[983] Ob damit aber auch die Anwendbarkeit der Befugnisnormen des VersG gegeben ist, erscheint in Anbetracht der Tatsache, dass eine Versammlung gerade noch nicht bestand, die Befugnisnormen des VersG in systematischer Hinsicht aber von einer bereits bestehenden Versammlung ausgehen, fraglich.

Wären Rechtsverstöße während der Versammlung aufgetreten, hätte § 15 III VersG der Behörde die Befugnis erteilt, die Versammlung aufzulösen oder entsprechende „Minusmaßnahmen" zu treffen. Doch für das Vorfeld einer Versammlung existiert keine vergleichbare versammlungsgesetzliche Rechtsgrundlage. Zwar enthält das VersG auch für das Vorfeld von Versammlungen einige Ge- und Verbote wie etwa das Verbot des Mitführens von Waffen auf dem Weg zur Versammlung (§ 2 III S. 2 VersG), die Anmeldepflicht (§ 14 VersG) und das Verbot des Mitführens von Vermummungsgegenständen (§ 17a II Nr. 2 VersG), jedoch ermächtigen diese Vorschriften zu keinen Maßnahmen, die bei Verstößen gegen diese Vorgaben zu ergreifen wären. Allein in § 17a IV VersG ist eine Rechtsgrundlage für die zuständige Behörde vorgesehen, zur Durchsetzung des Verbots gem. § 17a II Nr. 2 VersG Anordnungen zu treffen.

⇨ Dennoch wird **teilweise** vertreten, dass auch im Vorfeld einer Versammlung die Befugnisnormen des VersG so weit wie möglich (analog) anzuwenden und die Tatbestandsvoraussetzungen für alle präventiven Maßnahmen etwa den §§ 5, 13, 15 oder 12a VersG zu entnehmen seien[984], wodurch sich etwa eine Personenfeststellung oder

[980] So auch ausdrücklich BVerfG NVwZ **2005**, 80.
[981] Vgl. zuletzt BVerfG NVwZ **2005**, 80, unter Bezugnahme auf BVerfGE **104**, 92, 104 (Sitzblockade).
[982] BVerfGE **83**, 203, 209.
[983] BVerfGE **69**, 315, 348 (Brokdorf); **84**, 203, 209 (Versammlung der Republikaner); *Kniesel*, NJW **2000**, 2857, 2862.
[984] Vgl. *Dietel/Gintzel/Kniesel*, Demonstrations- und Versammlungsfreiheit, 14. Auflage **2005**, § 15 Rn 5.

Durchsuchung als sog. „Minusmaßnahmen" zu diesen Normen darstellten und das Polizeigesetz nur für die Rechtsfolge gelte.

⇨ Es ist aber auch möglich, eine räumlich/zeitliche Abgrenzung vorzunehmen, indem entweder auf den Wirkungsbereich oder auf den Zeitraum der eigentlichen Durchführung der Versammlung abgestellt wird. Eine solche Abgrenzung nimmt die **Rechtsprechung** vor.[985] Außerhalb des stärksten Schutzes der Versammlungsfreiheit, nämlich außerhalb der Versammlung selbst, seien polizeiliche Eingriffe nicht ausschließlich am VersG zu messen, sondern ließen sich auch auf das allgemeine Polizei- und Ordnungsrecht stützen. Da sich aber der Grundrechtsschutz des Art. 8 I GG auch auf den Vorfeldbereich einer Versammlung erstrecke, müssten die Vorschriften des allgemeinen Polizei- und Ordnungsrechts im Lichte der Bedeutung der Versammlungsfreiheit, also verfassungskonform ausgelegt werden. Auf das allgemeine Polizei- und Ordnungsrecht gestützte Maßnahmen seien demnach rechtmäßig, wenn sie dem Schutz von Rechtsgütern dienten, die bei einer Abwägung mit Art. 8 I GG den Vorrang genössen. Dazu gehörten die Individualgüter Leib, Leben und Gesundheit von Menschen, aber auch die freiheitliche demokratische Ordnung des Grundgesetzes.

Stellungnahme: Eine analoge Anwendung von Rechtsgrundlagen auf gesetzlich nicht geregelte Fälle ist mit dem Grundsatz vom Vorbehalt des Gesetzes und damit mit dem Rechtsstaatsprinzip nicht vereinbar. Art. 20 III GG verlangt bei Grundrechtseingriffen eine gesetzliche Grundlage, die zudem hinreichend genau bestimmen muss, unter welchen Voraussetzungen Grundrechtseingriffe zulässig sind.[986] Die Rechtsprechung, die eine analoge Anwendung der Vorschriften des VersG ablehnt und folgerichtig auf das allg. POR zurückgreift, scheint daher vorzugswürdig zu sein, zumal sie das POR im Lichte der Bedeutung der Versammlungsfreiheit, also verfassungskonform auslegt. Formell-rechtlich ist mit Blick auf Art. 19 I S. 2 GG dann aber die in den Polizeigesetzen nicht vorhandene Zitierung des Art. 8 I GG problematisch.[987] Die Rspr. ignoriert die nicht vorhandene Zitierung regelmäßig.[988] Das Zitiergebot ist aber keine bloße Förmelei, sondern geltendes Verfassungsrecht. Der Teil der Literatur, der sich im Ergebnis der Rspr. anschließt, versucht daher, die fehlende Zitierung des Art. 8 I GG als unschädlich einzustufen. So soll das Zitiergebot nicht gelten, wenn Vorfeldmaßnahmen Art. 8 I GG nur faktisch-mittelbar beschränkten.[989] Das sei etwa der Fall, wenn die Maßnahmen dem Schutz der Versammlung insgesamt dienten, beispielsweise deren Friedlichkeit.[990] Auch wird versucht, die Anwendung des Zitiergebots mit dem Argument abzulehnen, dass die polizei- und ordnungsrechtlichen Befugnisnormen aller Bundesländer schon im Ordnungsrecht vor Inkrafttreten des Grundgesetzes 1949 enthalten waren, es sich also um vorkonstitutionelles Recht handele, für das das Zitiergebot von vornherein nicht gelte.

Derartige „Rettungsversuche" überzeugen nicht. Die grundsätzliche Verpflichtung zur Zitierung des betroffenen Grundrechts soll den Gesetzgeber darauf aufmerksam machen, dass er die Möglichkeit der Grundrechtsbeeinträchtigung geschaffen hat (Warn- und Besinnungsfunktion). Darüber hinaus hat das Zitiergebot eine Klarstellungsfunktion. Der Gesetzesanwender (also die Verwaltung) soll wissen, in welche Grundrechte das Gesetz

---

985 VG Lüneburg NVwZ-RR **2005**, 248, 249 (Castortransport); VGH Mannheim NVwZ **1998**, 761, 762 f.

986 Dies hat das BVerfG bei der sog. Online-Durchsuchung von Computern klargestellt und eine analoge Anwendung des § 102 StPO ausdrücklich abgelehnt (vgl. BVerfG NJW **2007**, 930 ff. – dazu oben 309a).

987 Das Zitiergebot ist auf die vorliegende Konstellation anwendbar, weil es nach h.M. für Grundrechte gilt, die „aufgrund ausdrücklicher Ermächtigung vom Gesetzgeber eingeschränkt werden dürfen" (so BVerfGE **83**, 130, 154; ähnlich BVerfGE **64**, 72, 79), also für Grundrechte mit Gesetzesvorbehalt. Darunter fallen gem. Art. 8 II GG gerade öffentliche Versammlungen unter freiem Himmel. Etwas anderes gilt für nichtöffentliche Versammlungen in geschlossenen Räumen, für die der Gesetzesvorbehalt nach h.M. nicht gilt und daher auch das Zitiergebot nicht beachtet werden muss (vgl. dazu Rn 1103).

988 Vgl. etwa VG Lüneburg NVwZ-RR **2005**, 248 f. Auch *Pieroth/Schlink*, Grundrechte, Rn 710, lassen das Zitiergebot unerwähnt. In der Fallbearbeitung wäre dies aber ein schwerer methodischer Fehler.

989 *Deger*, NVwZ **1999**, 265, 267; *Schenke*, POR, Rn 343.

990 VGH Mannheim DÖV **1990**, 572; *Dietel/Gintzel/Kniesel*, § 15 Rn 5 f.

einzugreifen ermächtigt.[991] Dieser Sinn und Zweck des Zitiergebots wird unterlaufen, wenn die Rspr. die fehlende Zitierung von Grundrechten nicht beanstandet. Rechtsstaatlich und methodisch korrekt ist es daher ausschließlich, sich keiner der genannten „Rettungsversuche" anzuschließen und Vorfeldmaßnahmen für rechtswidrig zu erklären, wenn – wie vorliegend – keine ausdrückliche Rechtsgrundlage dem VersG entnommen werden kann.

3. Ergebnis
Nach der hier vertretenen Auffassung waren die Feststellung der Identität, die Durchsuchung von Personen und Sachen sowie die Sicherstellung der gefundenen Sachen rechtswidrig.[992]

4. Hinweis
Da seit dem 1.9.2006 die Gesetzgebungskompetenz für das Versammlungswesen auf die Länder übergegangen ist, sind diese nunmehr befugt, eigene Versammlungsgesetze zu erlassen oder aber entsprechende Regelungen in die Polizeigesetze (als Standardmaßnahmen) aufzunehmen. Sollte dies geschehen, ist zu hoffen, dass in den Landesgesetzen Art. 8 I GG zitiert und damit die vorstehende Problematik beseitigt wird.

Noch aber ist eine Änderung der bisherigen Rechtslage in keinem Bundesland zu beobachten. Daher bleibt es vorerst bei der bisherigen Rechtslage (vgl. Art. 125a I GG).

Merke: Im **Vorfeld einer Versammlung** scheint – sofern das VersG keine Rechtsgrundlagen enthält und daher auch keine Sperrwirkung entfalten kann – der Rückgriff auf das allgemeine Polizei- und Ordnungsrecht möglich. Da sich aber der Grundrechtsschutz des Art. 8 I GG auch auf den Vorfeldbereich einer Versammlung erstreckt, müssen die Vorschriften des allgemeinen Polizei- und Ordnungsrechts im Lichte der Bedeutung der Versammlungsfreiheit, also verfassungskonform ausgelegt werden. Auf das allgemeine Polizei- und Ordnungsrecht gestützte Maßnahmen sind demnach nur dann (materiell) rechtmäßig, wenn sie dem Schutz von Rechtsgütern dienen, die bei einer Abwägung mit Art. 8 I GG den Vorrang genießen. Dazu gehören die Individualgüter Leib, Leben und Gesundheit von Menschen, aber auch die freiheitliche demokratische Grundordnung des GG. Mit Blick auf Art. 19 I S. 2 GG problematisch ist aber die fehlende Zitierung des Art. 8 I GG in den Polizeigesetzen der Länder. Nach der hier vertretenen Auffassung können daher die Befugnisnormen des allg. POR nicht angewendet werden mit der Folge, dass Vorfeldmaßnahmen, für die das VersG keine ausdrücklichen Rechtsgrundlagen bereithält, rechtswidrig sind. Die Rspr., die das Problem der nicht vorhandenen Zitierung einfach ignoriert, kann daher nicht überzeugen. Ebenso wenig überzeugen können die teilweise in der Literatur vertretenen „Rettungsversuche", wonach die in den Polizeigesetzen (noch) nicht vorhandene Zitierung des Art. 8 I GG unschädlich sei, wenn die Vorfeldmaßnahmen lediglich der Sicherung der Durchführung der Versammlung dienten, bzw. es sich beim allgemeinen Polizei- und Ordnungsrecht um vorkonstitutionelles Recht handele, für das das Zitiergebot von vornherein nicht gelte. Derartige „Rettungsversuche" sind vor dem Hintergrund des Art. 19 I S. 2 GG, der keine bloße Förmelei darstellt, nicht akzeptabel. **1073**

b.) Maßnahmen nach Beendigung der Versammlung

Auch die Phase nach **Beendigung der öffentlichen Versammlung** kann mit Blick auf die Anwendbarkeit des allgemeinen Polizeirechts problematisch sein, weil das VersG hierzu kaum Regelungen enthält. Ausnahmen sind in §§ 12a und 13 II VersG enthalten. Aus § 13 II VersG (vgl. auch § 18 I VersG für Versammlungen unter freiem Himmel) ergibt sich eine Entfernungspflicht aller Teilnehmer nach einer Auflösung der **1074**

[991] BVerfGE **64**, 72, 79; **85**, 386, 403 f.
[992] Folgte man dennoch der h.M., kämen im vorliegenden Fall die Rechtsgrundlagen des Polizeigesetzes für die Identitätsfeststellung (Rn 207 ff.) und die Sicherstellung der Plakate (Rn 560 ff.) in Betracht (beide Maßnahmen wären sodann auch zu prüfen mit dem Ergebnis, dass beide rechtmäßig ergingen).

Versammlung durch die Polizei. Ob damit aber der Weg frei ist für Anschlussmaßnahmen auf Grundlage des allgemeinen Polizei- und Ordnungsrechts, ist fraglich, weil Art. 8 I GG auch für die „Beendigungsphase" Nachwirkungen zeigt. Dennoch ist nach der hier vertretenen Auffassung die Anwendung der Befugnisnormen des allg. POR zulässig, nachdem die Versammlung **aufgelöst** (§ 13 VersG) wurde. Gleiches gilt hinsichtlich einzelner Teilnehmer, wenn diese von der Versammlung gem. § 18 III VersG **ausgeschlossen** wurden. Denn mit der rechtsgestaltenden Wirkung, die eine Auflösungs- bzw. Ausschlussverfügung bewirkt, wird der Grundrechtsschutz des Art. 8 I GG beendet. Solche Personen können also unverzüglich nach den Polizeigesetzen z.B. in Gewahrsam genommen werden, wenn im Übrigen die polizeirechtlichen Voraussetzungen (Gefahrenlage, Störereigenschaft, Verhältnismäßigkeit) vorliegen.[993]

1075 Da die Auflösung (neben dem Verbot) der Versammlung und der Ausschluss Einzelner von der Versammlung jedoch den intensivsten Eingriff in das Grundrecht der Versammlungsfreiheit darstellen, erfordert es der Schutz des Art. 8 I GG, dass die Auflösungs- bzw. Ausschlussverfügung **eindeutig und unmissverständlich** formuliert ist und für die Betroffenen erkennbar zum Ausdruck bringt, dass die Versammlung aufgelöst bzw. sie für ihn zu Ende ist. Selbstverständlich sind auch materiell-rechtlich hohe Rechtmäßigkeitshürden zu nehmen, um der Bedeutung des Art. 8 I GG Rechnung zu tragen.[994]

1076 **Merke:** Erst nach **expliziter Auflösung** der Versammlung bzw. nach **explizitem Ausschluss** einzelner Versammlungsteilnehmer von der Versammlung besteht die Sperrwirkung des VersG nicht mehr, sodass dem betroffenen Personenkreis gegenüber Folgemaßnahmen auf der Grundlage des allgemeinen Polizei- und Ordnungsrechts erteilt werden können. Allerdings müssen die (Teil-)Auflösung bzw. der Ausschluss Einzelner von der Versammlung rechtmäßig sein, um die Sperrwirkung des VersG zu beenden und den Rückgriff auf das allgemeine Polizei- und Ordnungsrecht zu ermöglichen. Das ist der Fall, wenn sie dem strengen Prüfungsmaßstab des Art. 8 I GG entsprechen.[995]

c.) Bannmeilen und befriedete Bezirke

1077 Zu den öffentlichen Versammlungen unter freiem Himmel zählen auch Versammlungen innerhalb der befriedeten Gebiete (= **Bannkreise**) der Gesetzgebungsorgane des Bundes oder der Länder sowie des BVerfG. Das Bannmeilengesetz (BannmG) vom 6.8.1955 sah ein grundsätzliches Verbot von Versammlungen innerhalb der Bannkreise vor. Versammlungen durften nur durch behördliche Ermessensentscheidung (§ 4 BannmG) ausnahmsweise erlaubt werden. Das behördliche Ermessen konnte aber in diesem Fall auf Null reduziert sein mit der Folge, dass nur eine einzige Entscheidung ermessensfehlerfrei war - die Zulassung der Versammlung - wenn diese dem Schutzbereich des BannmG nicht zuwiderlief. Durch das Gesetz zur Neuregelung des Schutzes von Verfassungsorganen des Bundes vom 11.8.1999 (BGBl I, S. 1818) hat der Deutsche Bundestag das BannmG aufgehoben und durch das **Gesetz über befriedete Bezirke für Verfassungsorgane** des Bundes (BefBezG[996]) ersetzt.[997] In § 5 BefBezG ist dem Bürger nunmehr ein Rechtsanspruch auf Erteilung einer Ausnahmebewilligung vom abstrakten Verbot des § 16 I VersG eingeräumt worden (vgl. dazu

[993] Vgl. auch BVerfG NVwZ **2005**, 80 f.
[994] Vgl. auch hierzu BVerfG NVwZ **2005**, 80 f. und *Kment*, JA **2005**, 492 f., der die Gesamtproblematik allerdings nicht erfasst.
[995] Zur gutachterlichen Prüfung vgl. *R. Schmidt*, Fälle zum Gefahrenabwehrrecht, **2005**, Fall 4.
[996] Sartorius Nr. 434.
[997] Vgl. aber die Regelung des Art. 7 II des Gesetzes zur Neuregelung des Schutzes von Verfassungsorganen des Bundes vom 11.8.1999, wonach die neue Regelung vorerst nur bis zum 30.6.2003 galt. Mit Gesetz v. 9.5.2003 hat der Bundestag beschlossen, dass das BefBezG unbefristet fortgilt.

§ 16 II VersG). Voraussetzung ist nur, dass keine Beeinträchtigung der Tätigkeit des Deutschen Bundestages und seiner Fraktionen, des Bundesrates und des BVerfG sowie ihrer Organe und Gremien und keine Behinderung des freien Zugangs zu ihren in dem befriedeten Bezirk gelegenen Gebäuden zu befürchten ist (vgl. § 5 I S. 1 BefBezG: „sind zuzulassen").[998] Fraglich ist, unter welchen Umständen eine Beeinträchtigung der Tätigkeit der genannten Verfassungsorgane bzw. eine Behinderung des freien Zugangs vorliegt bzw. zu befürchten ist. Jedenfalls ist eine Beeinträchtigung gem. § 5 I S. 2 BefBezG regelmäßig nicht anzunehmen, wenn die Versammlung an einem Tag durchgeführt werden soll, an dem keine Sitzungen des Bundestages oder Bundesrates stattfinden.

Außerhalb dieser gesetzlichen Fallgruppe haben Rechtsprechung und Literatur bereits zur alten Rechtslage Fallgruppen entwickelt, bei denen eine Beeinträchtigung der Tätigkeit der betroffenen Verfassungsorgane nicht zu befürchten ist. So ist von einem Vorliegen einer Beeinträchtigung nicht auszugehen, wenn die konkret geplante Versammlung sich nicht gegen das geschützte Organ, sondern gegen andere Adressaten wendet, die ihren Sitz ebenfalls im Bannkreis haben.[999]

Auch fehlt es an der erforderlichen Gefährdungslage, wenn sich die geplante Versammlung mit Themen befasst, die nicht im Kompetenzbereich des fraglichen Verfassungsorgans liegen. Soweit keine anderen Anhaltspunkte für eine Störereigenschaft der Versammlungsteilnehmer vorliegen, ist von einer Ungefährlichkeit der betroffenen Versammlung auszugehen.[1000] Jedenfalls besteht die Vermutung der Ungefährlichkeit einer Versammlung, wenn das Thema der Versammlung nicht zur selben Zeit parlamentarisch bzw. verfassungsrechtlich beraten wird.[1001]

Hinweis für die Fallbearbeitung: In der Fallbearbeitung sollten zwar die von Rechtsprechung und Literatur entwickelten Fallgruppen bei der Argumentation herangezogen werden. Entscheidend ist aber, dass sich der Bearbeiter mit dem Sinn und Zweck der Regelung auseinandersetzt. Ratio der Regelung ist die Abwehr von Gefahren für die Funktionsfähigkeit der in § 16 I VersG genannten Verfassungsorgane und die Entscheidungsfreiheit ihrer Mitglieder. Wegen der herausragenden Bedeutung des Art. 8 I GG kann aber nicht jede Gefahrenabwehr ein Versammlungsverbot rechtfertigen. Vielmehr muss ein Schutzgut in Gefahr sein, das im konkreten Fall das Grundrecht auf Versammlungsfreiheit überwiegt. Ob das der Fall ist, muss durch Abwägung der im Sachverhalt beschriebenen Schutzgüter erfolgen.[1002] 1078

d.) Zusammenfassung

Bei **versammlungsspezifischen** Gefahren, die im Zusammenhang mit **öffentlichen Versammlungen im Freien** stehen, sind die Voraussetzungen für das polizeiliche Einschreiten und dessen Umfang speziell und **abschließend** in den Befugnisnormen des **VersG** geregelt. Ein Rückgriff auf das **allg. POR** ist grds. **unzulässig** (sog. **Polizeifestigkeit des Versammlungsrechts**). **Ausnahmen** sind nur in folgenden Fällen anerkannt: 1079

- Geht es im Rahmen einer **bestehenden** öffentlichen Versammlung unter freiem Himmel darum, Gefahren zu bekämpfen, die ihre Ursache *nicht* in der Versammlung

[998] Zur Kritik an dem neuen Gesetz vgl. *Schneider*, NJW **2000**, 263 ff; *Kniesel*, NJW **2000**, 2857, 2866; *Werner*, NVwZ **2000**, 369 ff.; kritisch zur Kritik *Wiefelspütz*, NVwZ **2000**, 1016 ff. und DÖV **2001**, 21, 23; vgl. auch ferner VGH Mannheim NVwZ **2000**, 1435; *Soine/Mende*, DVBl **2000**, 1500 und *Battis/Grigoleit*, NVwZ **2001**, 121, 129.

[999] OVG Münster NWVBl **1994**, 305, 309; *Ott/Wächtler*, VersG, 6. Aufl. **1996**, § 16 Rn 2.

[1000] *Breitbach*, in: Ridder/Breitbach, Versammlungsrecht, **1992**, § 16 Rn 41.

[1001] OVG Münster NWVBl **1994**, 305, 309; *Breitbach*, in: Ridder/Breitbach, Versammlungsrecht, § 16 Rn 41.

[1002] Vgl. dazu ausführlich *Werner*, NVwZ **2000**, 369 ff.

haben, ist ein Rückgriff auf das allg. POR möglich, auch wenn damit ein Eingriff in Art. 8 I GG verbunden ist. Denn in einem solchen Fall ist der Grundrechtseingriff in Art. 8 I GG lediglich eine Nebenfolge, nicht aber eigentlicher Zweck. In aller Regel haben die Gefahren aber die Ursache gerade in der Versammlung, sodass ein Rückgriff auf das allg. POR kaum möglich ist. Ist das der Fall und kann die polizeiliche Maßnahme nicht auf die Befugnisnormen des VersG gestützt werden, ist sie rechtswidrig (Polizeifestigkeit der Versammlung).

- Etwas anderes gilt, wenn die Versammlung **aufgelöst** bzw. teilaufgelöst wurde (vgl. § 15 III VersG). Denn mit der rechtsgestaltenden Wirkung der Auflösungsverfügung werden der Grundrechtsschutz des Art. 8 I GG und damit die Sperrwirkung des VersG beseitigt. Jedoch muss die Auflösungsverfügung materiell mit Art. 8 I GG vereinbar sein, um ihre konstitutive Wirkung zu entfalten. Sie muss zudem deutlich ausgesprochen werden und erkennen lassen, dass die Veranstaltung für die Betroffenen nunmehr zu Ende ist. Ist dies der Fall, sind Folgemaßnahmen (Platzverweise, Ingewahrsamnahmen etc.) auf der Grundlage des allg. POR möglich.
- Schließlich können einzelne Teilnehmer von der Versammlung **ausgeschlossen** werden (vgl. § 18 III VersG), wobei das zur Auflösung Gesagte auch hier gilt.
- Im **Vorfeld** von Versammlungen sind aus materiell-rechtlicher Sicht polizeiliche Maßnahmen (insb. Identitätsfeststellungen, Durchsuchungen, Sicherstellungen, Platzverweise und Ingewahrsamnahmen) auf der Grundlage des allg. POR zulässig, wenn die polizeigesetzlichen Eingriffsermächtigungen verfassungskonform ausgelegt werden, wenn also Eingriffe in Art. 8 I GG lediglich zugunsten von Leib, Leben oder Gesundheit von Menschen oder zugunsten der freiheitlichen demokratischen Grundordnung des Grundgesetzes erfolgen. Dem Rückgriff auf das allg. POR steht aber das Zitiergebot des Art. 19 I S. 2 GG entgegen. Folge ist, dass auf das allg. POR gestützte Maßnahmen rechtswidrig sind (a.A. die h.M., die entweder das Zitiergebot verschweigt oder nicht anwenden will).

bb. Maßnahmen nach dem Versammlungsgesetz im Einzelnen

a.) Verbote und Auflagen nach § 15 I VersG

1080 Kommen (wie im Regelfall) die Befugnisnormen des VersG in Betracht, ist v.a. **§ 15 I VersG** relevant.[1003] Diese Vorschrift setzt auf der Tatbestandsebene eine **„unmittelbare Gefahr für die öffentliche Sicherheit und Ordnung"** voraus. Aufgrund der gleichlautenden Merkmale der entsprechenden Tatbestände aus dem allgemeinen Polizei- und Ordnungsrecht und des gleichen Schutzzwecks (hier wie dort geht es um Gefahrenabwehr) könnte angenommen werden, die Merkmale einheitlich auszulegen.[1004] Da es bei § 15 I VersG aber um eine Beschränkung der verfassungsrechtlich garantierten Versammlungsfreiheit geht, ist bei der Auslegung des § 15 I VersG stets die grundlegende Bedeutung des Art. 8 I GG (ggf. i.V.m. Art. 5 I GG) zu beachten. Das führt nach der Kernaussage des Brokdorf-Beschlusses des BVerfG dazu, dass ein Verbot (gleichgültig, ob wegen Verstoßes gegen die öffentliche Sicherheit oder Ordnung) nur zum **Schutz gleichwertiger anderer Rechtsgüter** unter strikter Wahrung des **Grundsatzes der Verhältnismäßigkeit** möglich ist.[1005] Als gleichwertige

---

[1003] Vgl. dazu auch die bei Rn 1088 ff. geäußerte Kritik an der Novellierung des VersG.

[1004] Zu den Begriffen „Gefahr" und "öffentliche Sicherheit und Ordnung" i.S.d. POR vgl. Rn 629 ff.

[1005] BVerfGE **69**, 315, 348 f. (Brokdorf); vgl. auch BVerfGE **87**, 399, 407 (Sitzblockade); BVerfG NJW **2000**, 3051, 3052 f. (Versammlungsverbot); BVerfG NJW **2000**, 3053, 3054 f. (Versammlungsverbot); BVerfG NJW **2001**, 2076, 2077 (1. Mai-Demo 1); BVerfGE **111**, 147, 152 f. (Versammlungsverbot); VG Frankfurt a.M. NJW **2001**, 1741, 1742 („Nacht-Tanz-Demo"); VG Hamburg, NJW **2001**, 2115; VG Schwerin v. 25.5.**2007** – 1 B 243/07 (G 8 Gipfel); *Hermanns*, JA **2001**, 79, 84; *Jahn*, JuS **2001**, 172, 176 f.; *Battis/Grigoleit*, NJW **2001**, 2051 ff. Unvertretbar VG Karlsruhe (NJW **2005**, 3658 f.), das ein Versammlungsverbot allein bei Verwirklichung des § 118 OWiG zulässt und Art. 8 I GG als Prüfungsmaßstab noch nicht einmal erwähnt.

andere Rechtsgüter sind **Leib und Leben von Personen** anerkannt, aber auch die **freiheitliche demokratische Grundordnung** des Grundgesetzes. Ob das Ansehen der Bundesrepublik Deutschland im Ausland bzw. die reibungslose Durchführung eines internationalen Wirtschaftsgipfels (G 8 Gipfel) geeignet sind, großräumige Demonstrationsverbote zu erlassen, ist fraglich. Immerhin bietet allein Art. 8 I GG dem Bürger die Möglichkeit, sich im Kollektiv erkennbar zu machen.

Beispiel: Gegner des G 8 Gipfels planen für das Wochenende, an dem der Gipfel stattfinden soll, einen Sternmarsch, der in das Ortszentrum von Heiligendamm führen soll. Die zuständige Versammlungsbehörde möchte dies verhindern und verhängt im Wege einer Allgemeinverfügung ein großräumiges Versammlungsverbot. Danach sollen während der Gipfeltage nicht nur innerhalb der durch ein technisches Sperrwerk gesicherten Zone (200 m breite Pufferzone rund um den Tagungsort), sondern auch in einem größeren Umkreis keine Versammlungen stattfinden dürfen. Die Veranstalter begehren beim zuständigen Verwaltungsgericht vorläufigen Rechtsschutz und beantragen die Außervollzugsetzung des Verbots.

Soweit das Versammlungsverbot das Gebiet der Pufferzone von 200 m betrifft, wird man eine Gefährdung der hochrangigen Gipfel-Teilnehmer nur dann annehmen können, wenn der Tagungsort sozusagen „eingekesselt" würde und auch z.B. Rettungswege versperrt würden. Sollte es der Versammlungsbehörde lediglich darum gegangen sein, den Regierungschefs und den anderen hochrangigen Gipfelteilnehmern den Anblick der Demonstranten „ersparen" zu wollen, wird sich kein Grund finden, die hohen Hürden, die an ein Versammlungsverbot zu stellen sind, zu überwinden. Das gilt selbst dann, wenn in den anderen Nationen dem Versammlungsgrundrecht eine weiniger große Bedeutung zukommt und bei den jeweiligen Regierungschefs die deutsche Rechtslage zu Unverständnis führt.[1006]

Erst recht ist das Versammlungsverbot, das über die Pufferzone hinausgeht, rechtswidrig und vom VG außer Vollzug zu setzen. Maßgebend hierfür ist die Überlegung, dass den von der Versammlungsbehörde vorgetragenen Sicherheitsbedenken bezogen auf die äußere Zone in einer das Grundrecht der Versammlungsfreiheit schonenderen Weise durch den Erlass von Auflagen Rechnung getragen werden kann. Solche Auflagen können etwa darin bestehen, dass die von den Antragstellern geplanten Aufzüge auf bestimmte Routenführungen beschränkt werden. Damit ist z.B. sichergestellt, dass im Falle etwaiger Rettungseinsätze, aber auch für sonstige Zwecke eine freie Straßenverbindung von und zu Heiligendamm gegeben ist.
Damit können den prognostizierten Gefahren für die öffentliche Sicherheit in ausreichender Weise mit milderen Mitteln als dem eines generellen Verbots begegnet werden.[1007]

Nach dieser Rechtsprechung genügt es also nicht, dass ein Versammlungsverbot zur Errei- **1081** chung seines Ziels allgemein geeignet, erforderlich und angemessen ist. Vielmehr muss eine praktische Konkordanz zwischen dem Grundrecht der Versammlungsfreiheit und den genannten widerstreitenden Verfassungsgütern hergestellt werden. Das gilt auch hinsichtlich eines Verbots im sog. **polizeilichen Notstand**[1008], mag die politische Gesinnung der Versammlungsteilnehmer auch noch so unerwünscht sein. Denn solange das BVerfG gem. Art. 21 II GG eine Partei nicht für verfassungswidrig erklärt hat, können sich die Versammlungsteilnehmer in gleichem Maße auf Art. 8 I GG berufen wie andere Personen.[1009]

Des Weiteren ist für ein Verbot auf der Grundlage des § 15 I VersG erforderlich, dass **1082** zum Zeitpunkt des Erlasses der Verbotsverfügung **konkrete Tatsachen** vorliegen,

[1006] Anders VG Schwerin v. 25.5.**2007** – 1 B 243/07 (G 8 Gipfel), das offenbar so weit nicht gehen wollte.
[1007] Wie hier VG Schwerin v. 25.5.**2007** – 1 B 243/07.
[1008] Vgl. VG Hamburg NJW **2001**, 2115.
[1009] Vgl. BVerfG NJW **2001**, 2076, 2077 (1. Mai-Demo 1).

die Verstöße gerade bei der zu verbietenden Versammlung nahe legen. Hierzu ist eine Prognose anzustellen, die freilich auf Tatsachen gestützt werden kann, die in vorherigen Versammlungen festgestellt wurden.

1083 Um die gebotene Restriktion bei der Auslegung des § 15 I VersG zu unterstreichen, hat sich trotz der in dieser Vorschrift eindeutig angeordneten Rechtsfolge „Verbot"[1010] oder „Auflage"[1011] in der behördlichen und gerichtlichen Praxis in überzeugender Weise das sog. **Kooperationsmodell** durchgesetzt. Danach müssen die Behörden, bevor sie die Durchführung der Versammlung von bestimmten Auflagen abhängig machen oder gar ein Verbot verhängen, zunächst versuchen, durch eine **demonstrationsfreundliche Kooperation** mit den Versammlungsteilnehmern dem Grundrecht aus Art. 8 I GG maximale Geltung zu verschaffen.[1012] Ist jedoch bezüglich einer geplanten Versammlung bzw. Demonstration aufgrund von **konkreten Erfahrungswerten** und einer Prognose davon auszugehen, dass mit hinreichender Wahrscheinlichkeit von ihr Gefahren für Leib oder Leben ausgehen werden, bedarf es der einschränkenden Interpretation des § 15 VersG nicht.[1013] Auf Seiten der Veranstalter besteht dagegen von vornherein keine Rechtspflicht zur Kooperation. Insoweit spricht das BVerfG von „Obliegenheit". Das Fehlen einer Kooperationsbereitschaft auf Seiten der Veranstalter führt allerdings dazu, dass die Schwelle zum behördlichen Eingreifen wegen einer unmittelbaren Gefahr für die öffentliche Sicherheit herabgesetzt ist. Eingriffe in den Schutzbereich des Versammlungsgrundrechts sind hier also eher zu rechtfertigen als bei einer – wenn auch im Ergebnis gescheiterten – Kooperation.[1014]

Hinweis für die Fallbearbeitung: Dem Grundsatz der Verhältnismäßigkeit folgend sind die möglichen Maßnahmen somit in folgender Reihenfolge in Betracht zu ziehen: Kooperation mit den Veranstaltern, Auflagen, Verbot.

1084 Nun ist der Brokdorf-Beschluss jedoch „in die Jahre gekommen". Insbesondere hatte das Gericht seinerzeit nicht über neonazistische Demonstrationen und Aufmärsche zu befinden. Der Neonazismus ist in Ausmaß und Brisanz erst nach der Wiedervereinigung zu einem der gesellschaftlichen Hauptprobleme geworden. Daher wurde bereits in der 6. Aufl. dieses Buches die Prognose gewagt, dass das Gericht, wenn es jetzt über ein Verbot einer rechtsextremistischen Versammlung zu entscheiden hätte, die einst in einem *obiter dictum* aufgestellten Grundsätze, demzufolge ein Versammlungsverbot (nicht eine Auflage!) nach § 15 I VersG „im Wesentlichen" nur zum Schutz elementarer Rechtsgüter in Betracht kommen könne, während eine „bloße Gefährdung der öffentlichen Ordnung" für ein Versammlungsverbot im Allgemeinen nicht genüge[1015], so nicht aufrechterhalten würde.[1016] Diese Prognose wurde nun durch den

---

[1010] Unter dem Verbot einer Versammlung gem. § 15 I VersG versteht man die Untersagung einer konkret geplanten Versammlung mit dem Ziel, ihre Durchführung zu verhindern. Das Verbot kann nur vor Beginn der Versammlung (also auch noch in der Sammelphase) ausgesprochen werden. Danach kann eine Versammlung nur noch (gem. § 15 II VersG) aufgelöst werden. Vgl. auch *Battis/Grigoleit*, NVwZ **2001**, 121, 129.

[1011] Unter „Auflagen" i.S.d. § 15 I VersG sind keine Auflagen i.S.e. Nebenbestimmung zu einem Verwaltungsakt gemeint, da kein Grundverwaltungsakt existiert, der mit einer Nebenbestimmung versehen werden könnte. Bei den „Auflagen" i.S.d. § 15 I VersG handelt es sich vielmehr um eigenständige, in das Grundrecht der Versammlungsfreiheit eingreifende Verwaltungsakte. Auflagen in diesem Sinne wären etwa Verbote, Trommeln oder Fanfaren zum Einsatz zu bringen oder bestimmte Fahnen zu tragen (vgl. dazu OVG Berlin NVwZ **2000**, 1201, 1202).

[1012] Vgl. BVerfGE **69**, 315, 350 ff. (Brokdorf); BVerfG NJW **2001**, 2078, 2079 (1. Mai-Demo 2); NJW **2001**, 2459, 2460 („Loveparade" und „Fuckparade"); BVerfG NJW NVwZ **2002**, 982; VG Schwerin v. 25.5.**2007** – 1 B 243/07 (G 8 Gipfel).

[1013] Vgl. dazu BVerfG NJW **2000**, 3051, 3053 (Vorläufiger verfassungsgerichtlicher Rechtsschutz bei Versammlungsverbot) mit Bespr. von *Sachs*, JuS **2001**, 75 f.

[1014] Vgl. BVerfGE **69**, 315, 357 (Brokdorf) und BVerfG NJW **2001**, 2078, 2079 (1. Mai-Demo 2).

[1015] Vgl. BVerfGE **69**, 315, 353 (Brokdorf).

im Folgenden dargestellten Beschluss des *Ersten Senats* des BVerfG bestätigt. Mit diesem Beschluss hat das Gericht zugleich den offenen Konfrontationskurs des OVG Münster mit der Rspr. der *1. Kammer* des *Ersten Senats* des BVerfG beendet.

Im Ausgangsfall hatte die zuständige Versammlungsbehörde eine Demonstration wegen befürchteter Verstöße gegen die öffentliche Ordnung im Wege einer Auflage verschoben. Der von den Veranstaltern hiergegen geltend gemachte einstweilige Rechtsschutz war vor den Verwaltungsgerichten erfolglos. Daher beantragten sie eine einstweilige Anordnung beim BVerfG. Die *1. Kammer* des *Ersten Senats*[1017] bestätigte zwar zunächst das bereits erwähnte *obiter dictum* im Brokdorf-Beschluss, wonach die bloße Gefährdung der öffentlichen Ordnung im Allgemeinen ein Versammlungsverbot nicht rechtfertige. Die öffentliche Ordnung scheide jedoch nicht grundsätzlich als Schutzgut für eine Einschränkung des Versammlungsgrundrechts *unterhalb der Schwelle von Verboten* aus. Gehe von einem rechtsextremistischen Aufmarsch an diesem Gedenktag eine Provokation aus und sei diese Provokation als Gefahr einer erheblichen Beeinträchtigung des sittlichen Empfindens der Bürgerinnen und Bürger zu bewerten, sei die Verwaltungsentscheidung, die (lediglich) eine *Auflage* (also kein Verbot) zum Gegenstand habe, rechtlich nicht zu beanstanden. 1085

Mit dieser Entscheidung erkannte die *Kammer* also an, dass auch die öffentliche Ordnung ein verfassungsmäßiger Grund für die Einschränkung des Versammlungsgrundrechts aus Art. 8 I GG jedenfalls dann sein könne, wenn es nicht um Versammlungsverbote, sondern nur um Auflagen oder Terminverschiebungen gehe.

Mit dieser vermeintlichen „Lockerung" der im Brokdorf-Beschluss aufgestellten Grundsätze sollte ein Konflikt mit der oberverwaltungsgerichtlichen Rechtsprechung eingeläutet werden, der darin endete, dass die *1. Kammer* des *Ersten Senats* des BVerfG stets die Entscheidungen des OVG Münster aufhob.[1018] Das OVG Münster verkenne nicht nur die grundlegende Bedeutung der Versammlungsfreiheit, sondern missverstehe auch die Entscheidung der *Kammer*, wonach die Möglichkeit der Beschränkung der Versammlungsfreiheit wegen Gefährdung der öffentlichen Ordnung nur in Bezug auf *Auflagen*, nicht auf *Verbote*, genannt worden sei.

Zwischenbilanz: Von dem Ansehensverlust der deutschen Justiz, der durch solche offenen Konflikte zwischen dem BVerfG und der „Fachgerichtsbarkeit" gefördert wird, einmal abgesehen, bleibt demnach alles wie bisher: Versammlungsverbote sind nur zum **Schutz gleich- oder höherwertiger anderer Rechtsgüter** (i.d.R. nur Leib und Leben) und unter strikter Wahrung des **Grundsatzes der Verhältnismäßigkeit** möglich.

Nunmehr durfte der *Erste Senat* des BVerfG in der Sache entscheiden und gleichzeitig dem Streit ein Ende setzen. Es verwundert nicht, dass er die Auffassung seiner *1. Kammer* bestätigt.[1019] Bemerkenswert ist aber, dass der Senat das Schutzgut der „öffentlichen Ordnung" nicht nur zur Rechtfertigung von Auflagen heranzieht, sondern ganz allgemein von „Beschränkungen der Versammlungsfreiheit" spricht, die auf Grundlage der „öffentlichen Ordnung" gerechtfertigt sein könnten. Ob diese Rechtsprechung überzeugt, soll im Folgenden untersucht werden. Der Entscheidung lag folgender Sachverhalt zugrunde:

Sachverhalt: Der Landesverband Nordrhein-Westfalen der NPD (L) meldet beim Polizeipräsidium der Stadt S als der zuständigen Versammlungsbehörde die Durchführung eines Aufzugs durch die Stadt mit anschließender Abschlusskundgebung an. Die Versammlung ist 1086

[1016] Demgegenüber hält *Wiefelspütz* (DÖV **2001**, 21, 27) die Brokdorf-Entscheidung für flexibel genug, um adäquat auch auf rechtsradikale Aufzüge reagieren zu können.
[1017] BVerfG NJW **2001**, 1409. Vgl. dazu auch *Enders*, JZ **2001**, 652 ff.
[1018] OVG Münster DVBl **2001**, 584 – aufgehoben von BVerfG NJW **2001**, 1407; OVG Münster NJW **2001**, 2111 – aufgehoben von BVerfG NJW **2001**, 2069 (nahezu wortgleich auch BVerfG NJW **2001**, 2072 gegen VGH Kassel ZAR **2001**, 180); OVG Münster NJW **2001**, 2113 – aufgehoben von BVerfG NJW **2001**, 2075. Der Streit wurde in der 9. Auflage ausführlich dargestellt.
[1019] BVerfGE **111**, 147, 152 ff.

unter das Motto „Stoppt den Synagogenbau. Spendet die 4 Mio. Euro dem Volk" gestellt. Der Polizeipräsident P verbietet die Versammlung mit der Begründung, dass die NPD, die sich bei ihren Versammlungen in der Vergangenheit stets zu einer Ideologie von Rassismus, Kollektivismus, Prinzip von Führung und Gehorsam bekannt habe, mit der Durchführung ihrer Veranstaltung den inneren Frieden und damit die öffentliche Ordnung i.S.v. § 15 VersG gefährde. Bei Durchführung der geplanten Veranstaltung sei zudem die öffentliche Sicherheit wegen Verstoßes gegen § 130 I Nrn. 1 und 2 StGB unmittelbar gefährdet. Zwar seien die Modalitäten des Aufzugs nicht zu beanstanden, da weder Fahnen, Trommeln oder ähnliches mitgeführt würden, aber die zu erwartende Meinungskundgabe werde als Bekenntnis zum Nationalsozialismus geprägt sein und deshalb im Widerspruch zu den verfassungsrechtlichen Grundentscheidungen des GG stehen.

L ist der Auffassung, dass eine Meinungskundgabe nicht Verbotsgrund für eine Versammlung sein könne, solange sie nicht den Strafgesetzen zuwiderlaufe. P verweist demgegenüber darauf, dass die Meinungsfreiheit im VersG als allgemeines Gesetz Schranken finde, sodass die im VersG vorausgesetzte Gefahr für die öffentliche Sicherheit und Ordnung das Versammlungsverbot rechtfertige. Ist das Versammlungsverbot rechtmäßig?[1020]

Lösungsgesichtspunkte:

Das Versammlungsverbot ist rechtmäßig, wenn sich die Behörde auf eine Rechtsgrundlage stützen kann und sie rechtsfehlerfrei angewendet hat. In Betracht kommt § 15 I VersG. Dies setzt zunächst eine Versammlung voraus, wobei die Versammlungsbegriffe des § 1 VersG und des Art. 8 I GG einheitlich zu verstehen sind.

I. Eingriff in den Schutzbereich des Art. 8 I GG

Durch das Versammlungsverbot könnte der Polizeipräsident in den Schutzbereich des Art. 8 I GG eingegriffen haben. Das genannte Grundrecht schützt die Versammlungsfreiheit. Versammlung ist die friedliche Zusammenkunft mehrerer Personen zwecks gemeinschaftlicher Erörterung und Kundgebung mit dem Ziel der Teilhabe an der öffentlichen Meinungsbildung. Bei einem friedlichen und waffenlosen Aufzug durch die Stadt mit anschließender Abschlusskundgebung ist das der Fall. Durch das Verbot ist auch in den Schutzbereich des Grundrechts eingegriffen worden.

II. Verfassungsrechtliche Rechtfertigung

Da das Verbot in die Versammlungsfreiheit eingreift, bedarf es einer Rechtsgrundlage. Eine solche könnte in **§ 15 I VersG** zu sehen sein, weil es sich um eine Versammlung unter freiem Himmel handelt und eine solche vom Gesetzesvorbehalt des Art. 8 II GG erfasst ist.

1. Formelle Rechtmäßigkeit

In formeller Hinsicht müssen bei der Verbotsverfügung Zuständigkeits-, Verfahrens- und Formvorschriften beachtet werden. Davon kann im vorliegenden Fall ausgegangen werden.

2. Materielle Rechtmäßigkeit

Materielle Voraussetzung ist, dass im Zeitpunkt des Erlasses der Verbotsverfügung der Behörde erkennbar ist, dass bei Durchführung der Versammlung die öffentliche Sicherheit oder Ordnung unmittelbar gefährdet sein wird (§ 15 I VersG).

a. Öffentliche Sicherheit

Die öffentliche Sicherheit i.S.v. § 15 I VersG umfasst – in Übereinstimmung mit den polizeigesetzlichen Bestimmungen – den Schutz des Staates, seiner Einrichtungen, der Individualgüter und der objektiven Rechtsordnung (also das geschriebene Recht). Ist also bei der Durchführung einer Versammlung mit einer Verletzung eines der genannten Rechtsgüter zu rechnen, könnte dies eine Einschränkung der Versammlungsfreiheit nach § 15 I VersG rechtfertigen.

Eine Gefährdung staatlicher Einrichtungen ist etwa anzunehmen, wenn die Funktion staatlicher Organe gestört wird - etwa durch eine Demonstration auf Verkehrsanlagen oder in

[1020] Zum prozessualen Aspekt der Entscheidung vgl. *R. Schmidt*, Staatsorganisationsrecht, Rn 751.

öffentlichen Einrichtungen. Dies ist im vorliegenden Fall jedoch nicht anzunehmen. Auch liegt die Annahme einer Verletzung von Individualgütern fern.

Möglicherweise ist aber eine Verletzung der objektiven Rechtsordnung zu befürchten. Wird bei einer Versammlung eine verfassungsfeindliche Meinung kundgetan, ist dies unter dem Gesichtspunkt der öffentlichen Sicherheit jedoch noch kein ausreichender Gefährdungsgrund. Das gilt auch dann, wenn Verfassungsprinzipien widersprochen wird. Denn ihnen lässt sich nicht das gesetzliche Verbot entnehmen, eine gegenüber dem Grundgesetz kritische Haltung einzunehmen. Wird aber durch die Äußerungen der Tatbestand einer nach § 130 StGB strafbaren Volksverhetzung begangen, liegt ein Verstoß gegen ein Verbotsgesetz vor, der ein Versammlungsverbot rechtfertigen kann. Ob im vorliegenden Fall ein Verstoß gegen § 130 StGB angenommen werden kann, ist zweifelhaft. Zugunsten der NPD muss davon ausgegangen werden, dass sie nur gegen die Finanzierung einer Synagoge demonstrieren will. Damit bewegt sie sich unterhalb der Schwelle des § 130 StGB und stellt keine Gefahr für die öffentliche Sicherheit i.S.v. § 15 I VersG dar.

b. Öffentliche Ordnung

§ 15 I VersG stellt aber auch auf den Begriff der öffentlichen Ordnung ab. Darunter sind nach Ansicht des BVerfG solche ungeschriebenen Regeln zu verstehen, deren Befolgung nach den jeweils herrschenden und mit dem Wertgehalt des GG zu vereinbarenden sozialen und ethischen Anschauungen als unerlässliche Voraussetzung eines geordneten menschlichen Zusammenlebens innerhalb eines bestimmten Gebiets angesehen wird.[1021] Da der Polizeipräsident in der zu erwartenden Meinungskundgabe eine nationalsozialistische Prägung und damit einen Widerspruch zu den verfassungsrechtlichen Leitentscheidungen des Grundgesetzes gesehen hat, hat er genau darin einen Verstoß gegen die öffentliche Ordnung angenommen, die ihn zum Erlass einer Verbotsverfügung ermächtige.

Fraglich ist jedoch, ob der Rechtsbegriff der „öffentlichen Ordnung" nicht zu unbestimmt und daher verfassungswidrig ist.

⇨ Als Argument für die Annahme der Verfassungswidrigkeit wird vorgebracht, dass eine pauschale Verweisung auf ungeschriebene, unbestimmte gesellschaftliche Vorstellungen die demokratischen und rechtsstaatlichen Grenzen der Verwaltung überschreite. Nur das Parlament könne – mit der rechtsstaatlich notwendigen Bestimmtheit – den Kreis der schützenswerten Gemeinschaftsgüter verbindlich festlegen.[1022]

⇨ Die Gegenposition führt an, dass die ordnungsbehördliche Generalklausel in jahrzehntelanger Entwicklung durch Rechtsprechung und Lehre nach Inhalt, Zweck und Ausmaß hinreichend präzisiert, in ihrer Bedeutung geklärt und im juristischen Sprachgebrauch verfestigt sei.[1023] Selbst das Grundgesetz setze den Schutz der öffentlichen Ordnung in Art. 13 VII, 35 II GG voraus und verlange dabei erkennbar nicht, dass die Parlamente den Kreis der hiervon erfassten Güter abschließend festlegten. Schließlich könne es mit Blick auf das Demokratieprinzip nicht zu beanstanden sein, an die Vorstellungen der Mehrheit anzuknüpfen.[1024]

⇨ Auch das BVerfG ist der Auffassung, dass der Rückgriff auf diesen unbestimmten Rechtsbegriff erforderlich bleiben könne, allerdings durch verfassungskonforme Auslegung sicherzustellen sei, dass es bei der Rechtsanwendung nicht zu unverhältnismäßigen Grundrechtseingriffen komme. So seien Beschränkungen der Versammlungsfreiheit, darunter auch zur Abwehr von Gefahren für die öffentliche Ordnung, verfassungsrechtlich unbedenklich, wenn sie ein aggressives oder provokatives, die Bürger einschüchterndes Verhalten der Versammlungsteilnehmer verhindern sollen, durch das ein Klima der Gewaltdemonstration und potentieller Gewaltbereitschaft erzeugt werde. Die

---

[1021] BVerfGE **111**, 147, 152 ff.

[1022] *Götz*, POR, Rn 98; *Habermehl*, POR, Rn 103; *Muckel*, BesVerwR, S. 40 f.; *Schenke*, POR, Rn 42 ff. Vgl. auch BVerfG NJW **2001**, 1048 ff.; *W. Schmidt*, NJW **2001**, 1035, 1036.

[1023] BVerfGE **54**, 143, 144 ff. Vgl. auch BVerwGE **115**, 189, 195 ff.

[1024] *Muckel*, BesVerwR, S. 40 f.; im Ergebnis ebenso *Schenke*, POR, Rn 65 f.; *Friauf*, POR, Rn 39 ff.

öffentliche Ordnung könne auch verletzt sein, wenn Rechtsextremisten einen Aufzug an einen speziell der Erinnerung an das Unrecht des Nationalsozialismus und des Holocaust dienenden Feiertag so durchführten, dass von seiner Art und Weise Provokationen ausgingen, die das sittliche Empfinden der Bürger erheblich beeinträchtigten. Gleiches gelte, wenn ein Aufzug sich durch sein Gesamtgepräge mit den Riten und Symbolen der nationalsozialistischen Gewaltherrschaft identifiziere. In solchen Fällen sei unter Berücksichtigung des Grundsatzes der Verhältnismäßigkeit zu klären, durch welche Maßnahmen die Gefahr abgewehrt werden könne. Dafür kämen in erster Linie Auflagen in Betracht. Reichten sie zur Gefahrenabwehr nicht aus, könne die Versammlung verboten werden.[1025]

Ob die Auffassung des BVerfG Zustimmung verdient, kann im vorliegenden Fall dahin stehen, weil der Polizeipräsident die Verbotsverfügung nicht auf einen etwaigen Ordnungsverstoß wegen der Art und Weise der Durchführung der Versammlung gestützt hat, sondern allein auf die dabei zu erwartende Meinungsäußerung. Denn **wird eine Versammlung allein wegen einer Meinungsäußerung verboten**, ist nach Auffassung des BVerfG Maßstabsnorm **Art. 5 I GG**, der gem. Art. 5 II GG seine Schranken u.a. in den allgemeinen Gesetzen finde und deshalb bei der verfassungskonformen Auslegung des § 15 I VersG zusätzlich zu berücksichtigen sei.[1026] Dies habe seinen Grund darin, dass die in den Absätzen 2 von Art. 5 und Art. 8 GG enthaltenen Schranken auf die jeweiligen Schutzbereiche der betroffenen Grundrechtsnorm bezogen seien. Der Inhalt einer Meinungsäußerung, der im Rahmen des Art. 5 GG nicht unterbunden werden dürfe, könne daher auch nicht zur Rechtfertigung von Maßnahmen herangezogen werden, die das Grundrecht des Art. 8 I GG beschränkten.[1027]

§ 15 I VersG müsste demnach ein „allgemeines Gesetz" i.S.d. Art. 5 II GG darstellen. Das ist der Fall, da sich das VersG nicht gegen eine bestimmte Meinung richtet. Es dient vielmehr dazu, den Rahmen für die gemeinverträgliche Durchführung von Versammlungen zu bestimmen und den Schutz der Versammlung sicherzustellen.

Ist § 15 I VersG also ein „allgemeines Gesetz" i.S.d. Art. 5 II GG, kommt er als Grundrechtsschranke der Meinungsäußerungsfreiheit des Art. 5 I GG in Betracht. Wegen der grundlegenden Bedeutung der Meinungsfreiheit in einer Demokratie fordert Art. 5 I GG jedoch, dass das die Meinungsäußerungsfreiheit einschränkende Gesetz seinerseits im Lichte der grundlegenden Bedeutung der Meinungsäußerungsfreiheit angewendet werden, d.h. dem Schutz eines der Meinungsäußerungsfreiheit übergeordneten Rechtsguts dienen muss (sog. Wechselwirkungstheorie[1028]). Der Schutz der öffentlichen Ordnung allein rechtfertigt daher nicht eine Einschränkung der Meinungsäußerungsfreiheit. Erforderlich wäre vielmehr bspw. eine Verwirklichung des § 130 StGB. Daran fehlt es jedoch im vorliegenden Fall.

III. Ergebnis

Das Versammlungsverbot ist rechtswidrig.

1087 **Fazit:**

1. § 15 I VersG kommt als Grundrechtsschranke sowohl des Art. 8 I GG als auch des Art. 5 I GG in Betracht.

2. Wird die Versammlungsfreiheit allein wegen der bei ihrer Durchführung zu erwartenden Meinungsäußerung beschränkt, reicht ein Verstoß gegen die öffentliche Ordnung i.S.d. § 15 I VersG als Grundrechtsschranke des Art. 8 I GG nicht aus. Vielmehr ist in einem solchen Fall Art. 5 I GG Prüfungsmaßstab. Einschränkungen sind also nur auf

[1025] BVerfGE **111**, 147, 152 ff. unter Berufung auf BVerfG NJW **2001**, 1409 als Beweis für die Richtigkeit seiner Auffassung. Vgl. auch BVerfG NVwZ **2006**, 585, 586.
[1026] BVerfGE **111**, 147, 152 ff.; BVerfG NVwZ **2006**, 585, 586.
[1027] BVerfGE **111**, 147, 152 ff.; BVerfG NVwZ **2006**, 585, 586.
[1028] Vgl. dazu *R. Schmidt*, Grundrechte, Rn 508 f.

Grundlage des Art. 5 II GG möglich, freilich unter Beachtung der Hochwertigkeit der Meinungsäußerungsfreiheit (Wechselwirkungstheorie). § 15 I VersG ist ein „allgemeines Gesetz" i.S.d. Art. 5 II GG, kommt also als Grundrechtsschranke in Betracht. § 15 I VersG ist aber verfassungskonform dahingehend auszulegen, dass sein Anwendungsbereich auf den Schutz höherwertiger Rechtsgüter als die in Art. 5 I GG genannten beschränkt ist. Fehlt es daran, lässt sich allein auf Grundlage des § 15 I VersG eine Versammlung nicht verbieten.

3. Aus den obigen Ausführungen dürfte schließlich klar geworden sein, dass das BVerfG nur noch von „Beeinträchtigungen" spricht, also nicht mehr zwischen „Verboten" und Auflagen" unterscheidet. Damit schafft das Gericht sich und der Verwaltungsgerichtsbarkeit den nötigen Freiraum, um in Zukunft über Versammlungsverbote zu entscheiden, die sich auf erwartete verfassungsfeindliche Meinungsäußerungen gestützt haben. Vgl. im Übrigen auch *R. Schmidt*, Fälle zum Gefahrenabwehrrecht, Fall 1.

4. In **prüfungstechnischer** Sicht hat die Entscheidung verdeutlicht, dass in besonderen Fällen eine strikte Trennung der Grundrechte nicht möglich ist. So musste im vorliegenden Fall Art. 5 I GG inzident im Rahmen der Prüfung der Maßnahme am Maßstab des Art. 8 I GG geprüft werden.

b.) Flächenverbote und Auflagen nach § 15 II VersG

Am 1.4.2005 ist das Gesetz zur Änderung des VersG und des StGB in Kraft getreten, nachdem sich die Fraktionen des Deutschen Bundestages geeinigt hatten, das Versammlungsrecht zu verschärfen. Der Gesetzgeber meinte, die Möglichkeiten, gegen extremistisch ausgerichtete Versammlungen unter freiem Himmel schärfer vorzugehen, konkretisieren zu können. So enthält das Gesetz nunmehr „Klarstellungen" für Auflagen oder Verbote von extremistisch ausgerichteten Versammlungen. Insbesondere regelt der neu geschaffene § 15 II VersG (der bisherige § 15 II VersG a.F. wurde § 15 III VersG n.F.), dass Versammlungen verboten oder von bestimmten Auflagen abhängig gemacht werden können, wenn sie an einem Ort stattfinden (sollen), „der als Gedenkstätte von historisch herausragender, überregionaler Bedeutung an die Opfer der menschenunwürdigen Behandlung unter der nationalsozialistischen Gewalt- oder Willkürherrschaft erinnert ... und nach den zur Zeit des Erlasses der Verfügung konkret feststellbaren Umständen zu besorgen ist, dass durch die Versammlung die Würde der Opfer beeinträchtigt wird". Als einen solchen Ort legt § 15 II VersG das Denkmal für die ermordeten Juden Europas in Berlin fest. Andere Orte können durch Landesgesetz bestimmt werden. 1088

Dieses gesetzgeberische Vorpreschen ist nicht nur übereilt, sondern auch überflüssig. Denn bereits nach der bisherigen Gesetzeslage konnten Versammlungen und Aufmärsche verboten oder mit strengen Auflagen versehen werden, wenn eine Gefahr für die öffentliche Sicherheit oder Ordnung bestand. Zwar kann wegen der Hochwertigkeit des Versammlungsgrundrechts aus Art. 8 I GG ein Verbot nur zugunsten eines höherwertigen Schutzguts verhängt werden, nichts anderes gilt aber auch nach der Neufassung des VersG. Prüfungsmaßstab ist also nach wie vor Art. 8 I GG. § 15 II VersG n.F. ändert daran nichts. Es werden aber die Kriterien für ein Verbot aufgeweicht, was die Frage nach der Vereinbarkeit des Gesetzes mit Art. 8 I GG aufwirft. 1089

Flächenverbote sind aufgrund des verfassungsrechtlichen Übermaßverbots – auch in Bezug auf Bannmeilen oder befriedete Bezirke – nur insoweit zulässig, als es für die zu schützenden Einrichtungen oder Personen unumgänglich ist. Generelle Versammlungsverbote für Orte von herausragender nationaler und historischer Bedeutung – wie sie nach der Gesetzesnovelle möglich sind – beschränken die freie Ortswahl der Versammlungsteilnehmer und verkehren das verfassungsrechtlich vorgegebene Regel/Ausnahmeverhältnis von Freiheit und Eingriff. Verfassungswidrig wäre es daher, ein bestimmtes Gebiet für Versammlungen völlig zu sperren, also faktisch weitere generelle „versammlungsfreie Zonen" zu schaffen. 1090

1091 Geht es um rechtsextremistische Demonstrationen, die ja gerade zum Anlass der Gesetzesänderung genommen wurden, bspw. am Holocaust-Mahnmal in Berlin, können diese zwar den politisch gewollten Zweck – das Angedenken an die Judenverfolgung in Deutschland wachzuhalten – herabsetzen. Ob es dazu aber einer Gesetzesänderung bedurfte, ist zweifelhaft. Denn auch auf der Grundlage des bisherigen § 15 I VersG war ein zeitlich und örtlich begrenztes Demonstrationsverbot durchaus zu rechtfertigen. Für die Zulässigkeit eines auf die bisherige Gesetzeslage gestützten Flächenverbots spricht, dass in diesem besonderen Ausnahmefall Versammlungen nicht gerade an der Gedenkstätte gegen nationalsozialistisches Unrecht stattfinden müssen und dass die Würde des Ortes auf andere Weise nicht gewahrt werden kann als durch ein Versammlungsverbot. Zumindest verbleibt aber im Einzelfall beispielsweise angesichts der Zweckbestimmung des Holocaust-Mahnmals die Möglichkeit von strikten Auflagen oder eines Demonstrationsverbots für rechtsextremistische Veranstalter, wenn deutliche Hinweise dafür vorliegen, dass Ausschreitungen oder Sachbeschädigungen zu befürchten sind. Diesen zu begegnen, lässt bereits die bisherige Gesetzeslage vollumfänglich zu.[1029]

1092 **Fazit:** Auf den ersten Blick scheint die Neuregelung in § 15 II VersG begrüßenswert, weil sie den Schutz des Denkmals der ermordeten Juden Europas und ähnlicher Gedenkstätten von einem Aspekt der öffentlichen Ordnung zu einem Aspekt der öffentlichen Sicherheit anhebt. In der Sache hilft die Gesetzesnovelle aber nicht weiter. Sie ist lediglich Ausdruck für ein übereiltes Vorgehen des Gesetzgebers. Denn ein Versammlungsverbot muss sich stets am Maßstab des Art. 8 I GG messen lassen. Daran ändert auch eine Neufassung des VersG nichts. War ein Versammlungsverbot nach der bisherigen Gesetzeslage verfassungswidrig, wird es dies auch nach der neuen Gesetzeslage sein, weil Maßstab nach wie vor Art. 8 I GG ist. Allein der verfassungsändernde Gesetzgeber und das BVerfG sind berufen, durch Verschärfung des Gesetzesvorbehalts in Art. 8 II GG und durch engere Interpretation der Versammlungsfreiheit dem Rechtsradikalismus Einhalt zu gebieten.[1030]

c.) Anmeldepflicht nach § 14 I VersG; Spontan- und Eilversammlungen

1093 Diskussionswürdig ist auch die Regelung des **§ 14 I VersG**. Diese Vorschrift statuiert für den Veranstalter einer Versammlung unter freiem Himmel die Pflicht, die Versammlung zumindest 48 Stunden vor ihrer Bekanntgabe **anzumelden** (eine Genehmigungspflicht besteht nicht!). Zweck der Anmeldepflicht ist es, im Interesse aller Beteiligten einen reibungslosen Ablauf der Versammlung sicherzustellen[1031], was insbesondere unter Berücksichtigung der üblichen Straßenverkehrsverhältnisse letztlich unverzichtbar ist.[1032] Da Art. 8 I GG jedoch ausdrücklich das Recht verleiht, sich ohne Anmeldung oder Erlaubnis zu versammeln, ist § 14 I VersG verfassungsrechtlich bedenklich, jedenfalls in Bezug auf Spontan- und Eilversammlungen.

1094 **Spontanversammlungen** sind Versammlungen, die nicht geplant waren und bei denen keine Veranstalter vorhanden sind, sondern die sich „aus dem Augenblick heraus" entwickeln.[1033]

Beispiel: Wider Erwarten wird ein Angeklagter freigesprochen. Aus Protest gegen das Urteil versammeln sich spontan Zuschauer vor dem Gerichtsgebäude und demonstrieren gegen die Gerichtsentscheidung. Die Behörde sieht darin einen Verstoß gegen die

---

[1029] Die Problematik nicht erfassend *Strohrer*, JuS **2006**, 15 ff.
[1030] Jedoch geht das BVerfG ohne weiteres von der Verfassungsmäßigkeit des § 15 II VersG aus, vgl. BVerfG NVwZ **2005**, 1055 ff. Vgl. auch *Schoch*, Jura **2006**, 27 ff.; Insgesamt zur Problematik vgl. die klausurmäßige Aufbereitung bei *R. Schmidt*, Fälle zum Gefahrenabwehrrecht, Fall 2.
[1031] BVerfGE **69**, 315, 350 (Brokdorf); **85**, 69, 74 (Eilversammlung).
[1032] *Hermanns*, JA **2001**, 79, 82.
[1033] Vgl. BVerfG NVwZ **2005**, 80 f.

Anmeldungspflicht nach **§ 14 I VersG** und löst die Versammlung gem. **§ 15 III VersG** auf.

Zwar lässt Art. 8 II GG Einschränkungen von öffentlichen Versammlungen unter freiem Himmel zu, allerdings bestünde ein klarer Bruch mit dem Wortlaut des Art. 8 I GG, der ausdrücklich das Recht verleiht, sich ohne Anmeldung oder Erlaubnis zu versammeln. Zudem bestünde in Fällen der vorliegenden Art, in denen es von vornherein praktisch unmöglich ist, den Anforderungen des § 14 VersG gerecht zu werden, die Gefahr einer Entwertung bzw. Aushöhlung des Art. 8 I GG, wollte man § 14 I VersG uneingeschränkt Geltung verleihen. Das BVerfG hat dies erkannt und nimmt seit seiner Brokdorf-Entscheidung **Spontanversammlungen** von der Anmeldepflicht aus, soweit der mit der Spontanversammlung verfolgte Zweck bei Einhaltung der Anmeldepflicht nicht erreicht werden könnte.[1034] Rechtstechnisch nimmt das BVerfG also eine verfassungskonforme Auslegung des § 14 VersG vor.

Im vorliegenden Fall wäre der Zweck der Demonstration vereitelt, wenn die Anmeldepflicht nach § 14 I VersG gelten würde. Daher können sich die Demonstranten auch ohne Anmeldung auf Art. 8 I GG berufen. § 14 I VersG ist – trotz des Gesetzesvorbehalts des Art. 8 II GG – nicht anwendbar. Dasselbe gilt hinsichtlich § 15 III VersG. Denn würde man eine Auflösung zulassen, wäre der Zweck der Spontanversammlung in gleicher Weise gefährdet.

Eilversammlungen sind Versammlungen, die im Unterschied zu Spontanversammlungen zwar geplant sind und Veranstalter haben, aber ohne Gefährdung des Versammlungszwecks nicht unter Einhaltung der Frist des § 14 VersG (48 Stunden) angemeldet werden können. 1095

Beispiel[1035]**:** Die Einreise eines Staatsoberhaupts eines totalitären Staates wird erst 24 Stunden vorher bekannt gegeben.

Würde man strikt auf der Einhaltung der Anmeldungsfrist beharren, hätte dies zur Folge, dass Eilversammlungen von vornherein unzulässig wären. Im Unterschied zu den Spontanversammlungen ist bei den Eilversammlungen aber nicht die Anmeldung überhaupt, sondern lediglich die Fristwahrung unmöglich. Daher ist § 14 VersG bezüglich Eilversammlungen zwar anwendbar, jedoch in verfassungskonformer Weise so auszulegen, dass Eilversammlungen anzumelden sind, sobald dies möglich ist. Das wird spätestens mit dem Beschluss, die Versammlung durchzuführen, der Fall sein.[1036]

Im vorliegenden Fall hat also eine Anmeldung gem. § 14 VersG zu erfolgen, und zwar mit dem Beschluss, die Versammlung durchzuführen.

Fazit: Der **Schutz des Art. 8 I GG** besteht auch dann, wenn eine Versammlung entgegen § 14 I VersG **nicht angemeldet** wurde. Denn die Eröffnung des Schutzbereichs kann nicht von einer erfolgten Anmeldung abhängen. Liegt eine Spontanversammlung vor, besteht regelmäßig auch keine Möglichkeit, die Versammlung gem. § 15 III GG aufzulösen. Aber auch wenn eine Versammlung nicht als Spontanversammlung zu bewerten und daher anzumelden ist, ist bei einem Verstoß gegen die Anmeldungspflicht der Schutzbereich des Art. 8 I GG eröffnet. Freilich eine andere Frage ist es, ob in diesem Fall eine **Auflösung** der Versammlung nach **§ 15 III VersG** in Betracht kommt. Die Entscheidung steht zwar im Ermessen der Behörde (§ 15 III VersG: „kann"), wegen 1096

[1034] Vgl. BVerfGE **69**, 315, 349 f. (Brokdorf); **85**, 69, 75 (Eilversammlung); BVerfG NVwZ **2005**, 80, 81. Für Verfassungsmäßigkeit des § 14 VersG auch *Kunig*, in: von Münch/Kunig, GG, Art. 8 Rn 33; *Heckmann*, JuS **2001**, 675, 681; für Verfassungswidrigkeit *Jarass*, in: Jarass/Pieroth, GG, Art. 8 Rn 17; *Höfling*, in: Sachs, GG, Art. 8 Rn 58.

[1035] Vgl. *Kahl*, JuS **2000**, 1090, 1093.

[1036] So die h.M., vgl. nur BVerfGE **85**, 69, 75 (Eilversammlung); *Kahl*, JuS **2000**, 1090, 1093; *Hermanns*, JA **2001**, 79, 83; **a.A.** BVerfGE **85**, 69, 77 f. (abw. Meinung); *Höfling*, in: Sachs, GG, Art. 8 Rn 58 f.

der Bedeutung des Grundrechts der Versammlungsfreiheit ist aber eine restriktive Handhabung erforderlich. Ist dennoch eine Auflösung rechtmäßig, hat dies zur Folge, dass die Versammlung nicht mehr besteht. Das VersG kann demzufolge keine Sperrwirkung gegenüber dem allgemeinen POR mehr entfalten, sodass Folgemaßnahmen (Platzverweise, Ingewahrsamnahmen etc.) nach dem Polizeigesetz getroffen werden können.

2. Öffentliche Versammlungen in geschlossenen Räumen

1097 Aufgrund der Beschränkung des Art. 8 II GG auf Versammlungen unter freiem Himmel kann es Versammlungen geben, die zwar vom Schutzbereich des Art. 8 I GG, nicht aber vom Gesetzesvorbehalt des Art. 8 II GG erfasst sind. Hierbei handelt es sich um Versammlungen in geschlossenen Räumen, die scheinbar **vorbehaltlos gewährt** sind. Aber auch bei sog. vorbehaltlos gewährten Grundrechten ist eine Einschränkungsmöglichkeit anerkannt, wenn die Einschränkung zum **Schutze eines kollidierenden Verfassungsguts** (etwa Gefahr für Leben und Gesundheit der Teilnehmer oder Dritter) zwingend geboten ist. Aufgrund des Grundsatzes vom Vorbehalt des Gesetzes ist aber auch hier stets ein förmliches Gesetz zu fordern, das die Voraussetzungen eines Einschreitens regelt. Ein solches förmliches Gesetz ist das VersG. So stellen etwa die **§§ 5 und 13 VersG** eine zulässige Schrankenregelung dar, soweit sie sich auf Friedlichkeit und Waffenlosigkeit beziehen und die Einschränkung zum Schutze eines kollidierenden Verfassungsguts zwingend geboten ist. Vor diesem Hintergrund bestehen auch keine durchgreifenden Bedenken hinsichtlich der Anwendbarkeit des **§ 12a VersG** (insbesondere die Videoüberwachung) auf öffentliche Versammlungen in geschlossenen Räumen.[1037] Das gilt insbesondere dann, wenn die Voraussetzungen für ein Einschreiten nach **§ 13 VersG** vorliegen.[1038]

1098 **Anwendungsfall (Verfassungsmäßigkeit der §§ 13 u. 12a VersG)[1039]:** Die rechtsradikale Gruppierung „Nationales Deutschland" hat wieder einmal die Gaststätte „zum Dorfkrug" gemietet und die rechtsextremistische Szene zu einem geselligen Diskussionsabend mit anschließendem Festakt eingeladen. Erwartet werden ca. 100 Personen. Da bereits bei der letzten Veranstaltung Verstöße gegen §§ 86, 86a und 130 II StGB festgestellt wurden, entschließt sich der Einsatzleiter der Polizei, mit 20 Einsatzkräften die Gaststätte zu betreten und eine Razzia durchzuführen. Videoaufnahmen sollen das Geschehen dokumentieren. So geschieht es. Bei der Durchsuchung aller Anwesenden stellt die Polizei verschiedene rechtsextremistische Bücher und Zeitschriften sicher, die den Tatbeständen der §§ 86, 86a und 130 II StGB unterfallen. Während daraufhin die Personalien aller „Gäste" aufgenommen werden, eskaliert die Situation, indem die Beamten von einigen Teilnehmern mit Bierflaschen beworfen werden.[1040] Daraufhin verfügt der Einsatzleiter die Auflösung der Veranstaltung.

Waren die Maßnahmen der Polizei rechtmäßig?

Lösungsgesichtspunkte:
Vorliegend sind verschiedene Maßnahmen ergangen. Zunächst wurde eine Razzia, also eine planmäßige Überprüfung der Identität eines größeren Personenkreises durchgeführt. Auch wurden Personen durchsucht und dabei gefundene Gegenstände sichergestellt. Des Weiteren fand eine Videoaufzeichnung statt. Schließlich wurde die Versammlung aufgelöst. In der Fallbearbeitung sind diese Maßnahmen einzeln und hintereinander zu prüfen. Lediglich aus Platzgründen wird vorliegend von dieser zwingenden Regel abgewichen.

[1037] Vgl. *Kniesel*, NJW **2000**, 2857, 2865; *Guldi*, VR **1999**, 180.
[1038] VGH Mannheim NVwZ **1998**, 761, 764.
[1039] Angelehnt an VGH Mannheim NVwZ **1998**, 761.
[1040] In diesem Punkt unterscheidet sich der vorliegende Fall von VGH Mannheim a.a.O.

A. Rechtmäßigkeit der Identitätsfeststellung, der Durchsuchung, der Sicherstellung und der Videoaufzeichnung

I. Rechtsgrundlagen

Da derartige Maßnahmen in Grundrechte eingreifen, bedurfte die Polizei entsprechender Rechtsgrundlagen. Diese könnten sowohl im Versammlungsgesetz (VersG) als auch im allgemeinen Polizei- und Ordnungsrecht zu finden sein. Welches dieser Regelungsgebiete einschlägig ist, richtet sich danach, ob eine Versammlung i.S.d. **Art. 8 I GG** vorlag. Sollte dies bejaht werden, sind grundsätzlich die Befugnisnormen des VersG abschließend.[1041]

II. Formelle Rechtmäßigkeit

Unterstellt, es lag eine Versammlung vor, müsste die Polizei für versammlungsspezifische Maßnahmen <u>zuständig</u> gewesen sein. Das VersG enthält keine Zuständigkeitsvorschriften, sodass die Grundregel des Art. 83 GG, wonach die Länder auch für die Ausführung der Bundesgesetze zuständig sind, zur Anwendung kam. Sollten in dem betreffenden Bundesland kein Ausführungsgesetz bzw. keine Zuständigkeitsverordnung existieren, war die Polizei nach den Zuständigkeitsvorschriften des Polizeigesetzes zuständig. Hinsichtlich des <u>Verfahrens</u> ist zwar an eine vorherige Anhörung gem. § 28 I VwVfG zu denken, allerdings greift der Ausnahmetatbestand des § 28 II Nr. 1 VwVfG. <u>Form</u>vorschriften waren nicht zu beachten (vgl. § 37 II VwVfG).

III. Materielle Rechtmäßigkeit

Die Maßnahmen waren materiell rechtmäßig, wenn sie sich auf rechtmäßige Befugnisnormen stützen lassen und diese rechtsfehlerfrei angewendet wurden. In Betracht kommen Befugnisnormen des VersG. Dies setzt eine Versammlung voraus.

Versammlungen sind ungehinderte friedliche Zusammenkünfte mehrerer Personen zwecks gemeinschaftlicher Erörterung und Kundgebung mit dem Ziel der Teilhabe an der öffentlichen Meinungsbildung.[1042]

Im vorliegenden Fall steht trotz des geplanten geselligen Ausklangs der Veranstaltung der politische Charakter eindeutig im Vordergrund, wodurch das Ziel der Teilhabe an der öffentlichen Meinungsbildung zu bejahen wäre. Allerdings könnte der Annahme einer Versammlung die Tatsache entgegenstehen, dass einige Teilnehmer die Beamten mit Bierflaschen beworfen haben. Denn grundrechtlich geschützt werden nur friedliche Versammlungen ohne Waffen. Der Begriff der „friedlichen Versammlung" wird von Rechtsprechung und Literatur in Anlehnung an die Legaldefinition der §§ 5 Nr. 3, 13 I Nr. 2 VersG negativ bestimmt. Danach ist eine Versammlung unfriedlich, wenn ein „gewalttätiger und aufrührerischer Verlauf" angestrebt ist oder eintritt. Um eine Gewalttätigkeit annehmen zu können, muss eine aktive körperliche Einwirkung des Täters auf Personen oder Sachen stattfinden. Überwiegend wird verlangt, dass die körperliche Einwirkung aggressiv und von einiger Erheblichkeit ist.[1043] Ob dies für den vorliegenden Fall angenommen werden kann, ist fraglich, immerhin gingen die Gewalttätigkeiten nur von einigen Teilnehmern aus. Verhalten sich nur einige Versammlungsteilnehmer unfriedlich, die anderen dagegen friedlich, ist nur den unfriedlichen Teilnehmern der Schutz des Art. 8 GG verwehrt.[1044] Lediglich wenn ein Einschreiten gegen die einzelnen gewalttätigen Teilnehmer nicht möglich ist, keinen Erfolg verspricht oder sich die friedlich verhaltenden Versammlungsteilnehmer mit den Gewalttätigkeiten identifizieren, kann unter dem Gesetzesvorbehalt des Art. 8 II GG und unter Beachtung des Verhältnismäßigkeitsgrundsatzes gegen die ganze Versammlung vorgegangen (Verbot, Auflösung etc.) bzw. der Schutzbereich verneint werden.

[1041] So auch ausdrücklich BVerfG NVwZ **2005**, 80.
[1042] Vgl. zuletzt BVerfG NVwZ **2005**, 80, unter Bezugnahme auf BVerfGE **104**, 92, 104 (Sitzblockade).
[1043] BVerfG NVwZ **2005**, 80; BVerfGE **104**, 92, 101 ff. (Sitzblockade).
[1044] BVerfGE **69**, 315, 359 (Brokdorf); *Kannengießer*, in: Schmidt-Bleibtreu/Klein, GG, Art. 8 Rn 4a; *Hermanns*, JA **2001**, 79, 81.

Im vorliegenden Fall wäre ein Vorgehen der Polizei gegen die einzelnen gewalttätigen Teilnehmer möglich gewesen, sodass insgesamt von einer friedlichen Versammlung i.S.v. Art. 8 I GG ausgegangen werden muss.

Liegen also eine Versammlung und damit die Eröffnung des Schutzbereichs des Art. 8 I GG vor[1045], richtet sich die Zulässigkeit von Eingriffen grds. nach den Befugnisnormen des VersG. Da vorliegend der Teilnehmerkreis weder nach bestimmten Kriterien festgelegt noch nach solchen begrenzt war und die Versammlung im Übrigen in einer Gaststätte stattfand, handelte es sich um eine öffentliche Versammlung in geschlossenen Räumen. Das VersG ist somit grundsätzlich anwendbar (vgl. § 1 I VersG); Befugnisnormen sind in den §§ 5-13 VersG zu suchen. Einschlägig ist vorliegend § 13 VersG.

Allerdings bezieht sich der Gesetzesvorbehalt des Art. 8 II GG ausschließlich auf Versammlungen unter freiem Himmel. Versammlungen in geschlossenen Räumen sind danach vorbehaltlos gewährleistet, was dazu führt, dass ihnen (trotz des Wortlauts des § 1 I VersG) nur Einschränkungsmöglichkeiten aus der Verfassung selbst (d.h. bedrohte Grundrechte Dritter oder sonstige wichtige Rechtsgüter von Verfassungsrang) entgegengesetzt werden können (sog. **verfassungsimmanente Einschränkung**).[1046]

Da § 13 I S. 1 VersG die Auflösung einer Versammlung jedoch bereits dann zulässt, wenn die genannten hohen Schutzgüter noch nicht betroffen sind, stellt sich die Frage nach der Vereinbarkeit der Vorschrift mit Art. 8 I GG. Bevor jedoch die Verfassungswidrigkeit einer Norm festgestellt wird, ist zunächst zu prüfen, ob sie **verfassungskonform**, also dergestalt ausgelegt werden kann, dass eine Auflösung nur zum Schutz von Grundrechten Dritter oder sonstigen wichtigen Rechtsgütern von Verfassungsrang erfolgen darf. Demzufolge kommt eine auf § 13 I S. 1 VersG gestützte Auflösung der Versammlung etwa in Betracht, wenn von der Versammlung Gewalttätigkeiten ausgehen oder sie durch Verstöße gegen Strafvorschriften oder Aufruf zu Straftaten (§§ 86, 86a, 130 StGB) geprägt ist, wodurch eine Gefahr für die freiheitliche demokratische Grundordnung der Bundesrepublik Deutschland hervorgerufen wird. Darüber hinaus kann es die verfassungskonforme Auslegung gebieten, weniger einschneidende Maßnahmen (sog. „**Minusmaßnahmen**") zu treffen, als in der Befugnisnorm vorgesehen. So wäre es verfassungsrechtlich unbedenklich, bspw. die Versammlung kurzzeitig zu unterbrechen oder einzelne Störer des Ortes zu verweisen, statt die Versammlung insgesamt aufzulösen. Zwar steht dem der eindeutige Wortlaut des § 13 I S. 1 VersG, der ausschließlich die Auflösung, nicht aber mildere Maßnahmen vorsieht, entgegen, allerdings soll § 13 I S. 1 VersG ja gerade verfassungskonform ausgelegt werden, um die Verfassungswidrigkeit der Norm zu vermeiden.

Eine solche verfassungskonforme Auslegung ist aber nicht erforderlich (und auch nicht möglich), wenn die Befugnisnorm bereits ihrerseits eine Öffnungsklausel enthält, sie also Eingriffe auch unterhalb der Schwelle der Auflösung zulässt. Das ist bei § 13 I S. 2 VersG der Fall. Diese Befugnisnorm lässt Eingriffsmaßnahmen, die sich gegenüber der in § 13 I S. 1 VersG vorgesehenen als weniger einschneidend erweisen, ausdrücklich zu. Dazu zählt insbesondere die Unterbrechung der Versammlung. Auflösungsersetzende „Minusmaßnahmen" sind also ausdrücklich zulässig. Da damit aber lediglich die Rechtsfolge modifiziert wird, sind alle anstelle einer Auflösung getroffenen „Minusmaßnahmen" an den Voraussetzungen des § 13 I S. 1 Nrn. 2 bis 4 VersG zu messen.

⇨ Nach § 13 I S. 1 Nr. 2 VersG muss die Maßnahme der Abwehr eines gewalttätigen oder aufrührerischen Verlaufs der Versammlung oder von Gefahren für Leben und Gesundheit ihrer Teilnehmer dienen. Vorliegend lässt das Bewerfen der Beamten mit Bierflaschen die Versammlung zwar gewalttätig werden[1047], allerdings fanden die hier zu prü-

---

[1045] Insbesondere sind nach der Rspr. des BVerfG (NJW **2001**, 2459, 2460) die Versammlungsbegriffe des Art. 8 I GG und des § 1 VersG identisch.

[1046] *Jarass/Pieroth*, GG, Art. 8 Rn 21; *Deger*, NVwZ **1999**, 265, 266.

[1047] Zwar könnte sich der Leser an dieser Stelle fragen, warum zunächst im Rahmen der Schutzbereichseröffnung von einer Friedlichkeit der Versammlung ausgegangen wurde und nunmehr die Unfriedlichkeit als Ein-

fenden Maßnahmen *vor* dem Gewalttätigwerden statt. § 13 I S. 1 Nr. 2 VersG ist daher tatbestandlich nicht einschlägig.

⇨ § 13 I S. 1 Nr. 3 VersG setzt voraus, dass die Maßnahme Personen gilt, die Waffen oder sonstige gefährliche Gegenstände (vgl. § 2 III VersG) mit sich führen. Bierflaschen wird man diese Eigenschaft wohl absprechen müssen (auch wenn man in ihnen „gefährliche Werkzeuge" i.S.v. § 224 I Nr. 2 Var. 2 StGB sieht).

⇨ Schließlich erlaubt § 13 I S. 1 Nr. 4 VersG Maßnahmen, wenn durch den Verlauf der Versammlung gegen Strafgesetze verstoßen oder in der Versammlung zu solchen Straftaten aufgefordert oder angereizt wird. Einschränkend wird jedoch gefordert, dass von der Versammlung infolge einer aggressiven Grundstimmung eine derartige stimulierende Wirkung ausgeht.[1048] Vorliegend wird man davon nicht ausgehen können.

Demzufolge können „Minusmaßnahmen" gegen eine Veranstaltung zwar grds. auf § 13 I S. 2 i.V.m. § 13 I S. 1 Nr. 2 VersG gestützt werden, ein gewalttätiger oder aufrührerischer Verlauf waren zum Zeitpunkt des Eingriffs aber noch nicht gegeben.

IV. Ergebnis

Die tatbestandlichen Voraussetzungen des § 13 I S. 2 i.V.m. § 13 I S. 1 Nr. 2 VersG lagen damit nicht vor, sodass die im Rahmen der Razzia gegenüber den Versammlungsteilnehmern getroffenen Maßnahmen (Identitätsfeststellung, Durchsuchung, Sicherstellung) materiell rechtswidrig waren.

B. Rechtmäßigkeit der Auflösung

In formeller Hinsicht kann auf das zu A. Gesagte verwiesen werden. Die materielle Rechtmäßigkeit setzt wegen des Eingriffs in das Grundrecht der Versammlungsfreiheit eine Rechtsgrundlage voraus. Diese kann in § 13 I S. 1 Nr. 2 und 4 VersG gesehen werden.[1049] In materiellrechtlicher Hinsicht erfordert der Schutz der Versammlungsfreiheit, dass die Auflösungsverfügung, deren Nichtbeachtung nach § 26 Nr. 1 VersG strafbewehrt ist, eindeutig und unmissverständlich formuliert ist und für die Betroffenen erkennbar zum Ausdruck bringt, dass die Versammlung beendet ist.[1050] Im vorliegenden Fall kann unterstellt werden, dass der Einsatzleiter diese Vorgabe beachtet hat. Auch lag ein gewalttätiger oder aufrührerischer Verlauf – im Gegensatz zu den oben geprüften Maßnahmen – zum Zeitpunkt der Auflösung vor. Denn durch das Werfen mit Bierflaschen wurde der Tatbestand der gefährlichen Körperverletzung (§ 224 I Nr. 2 Var. 2, Nr. 4 und Nr. 5 StGB) verwirklicht, der von Amts wegen zu verfolgen ist. Ermessensfehler und Verstöße gegen den Verhältnismäßigkeitsgrundsatz sind nicht – auch nicht unter Beachtung der gebotenen verfassungskonformen Auslegung des § 13 I S. 1 VersG – ersichtlich (müsste in der Fallbearbeitung näher ausgeführt werden).

Ergebnis: Die Auflösungsverfügung war rechtmäßig.

C. Rechtmäßigkeit der Videoaufzeichnung

Auch bei dieser Maßnahme kann in formeller Hinsicht auf das zu A. Gesagte verwiesen werden. Die materielle Rechtmäßigkeit setzt wegen des Eingriffs in das Grundrecht auf informationelle Selbstbestimmung (Art. 2 I i.V.m. 1 I GG), aber auch in das Grundrecht der Versammlungsfreiheit[1051] eine Rechtsgrundlage voraus. Für Videoaufnahmen kommt § 12a VersG in Betracht. Für Versammlungen in geschlossenen Räumen wird allerdings dessen Verfassungsmäßigkeit angezweifelt, weil diese Versammlungen nicht unter den Gesetzesvorbehalt des Art. 8 II GG fallen. Außerdem ist uneinsichtig, warum der Gesetzgeber keine

---

schreitgrund herangezogen wird. Das ist kein Widerspruch, da es bei § 13 I S. 1 Nr. 2 VersG um das Unfriedlich<u>werden</u> einer Versammlung geht.

[1048] *Dietel/Gintzel/Kniesel*, Demonstrations- und Versammlungsfreiheit, § 13 Rn 27.

[1049] Hätte es sich um eine öffentliche Versammlung im Freien gehandelt, wäre **§ 15 II VersG** einschlägig gewesen.

[1050] Klarstellend BVerfG NVwZ **2005**, 80, 81.

[1051] Vgl. dazu *R. Schmidt*, Grundrechte, Rn 270 ff.

entsprechende Befugnisnorm für Versammlungen im Freien erlassen hat, gehen von solchen Versammlungen doch regelmäßig größere Gefahren aus. Es kommt aber eine mit § 13 VersG vergleichbare verfassungskonforme Auslegung, d.h. Einschränkung auf Friedlichkeit und Waffenlosigkeit, in Betracht. Die h.M.[1052] hält § 12a VersG daher dann für verfassungskonform, wenn er durch Auslegung auf die Fälle des (ebenfalls verfassungskonform ausgelegten) § 13 VersG reduziert wird. Das führt dazu, dass die Vorschrift bei Versammlungen in geschlossenen Räumen kaum anwendbar ist.[1053] Ist sie aber (wie im vorliegenden Fall) anwendbar, teilen Bild- und Tonaufnahmen das Schicksal der Maßnahmen, die sie dokumentieren. Sind also die Maßnahmen, die dokumentiert werden, rechtswidrig, ist auch die Videoaufzeichnung rechtswidrig. Sind die dokumentierten Maßnahmen indes rechtmäßig, richtet sich die Rechtmäßigkeit der Videoaufzeichnung zusätzlich am Maßstab des § 12a VersG. Vorliegend hätten also Anhaltspunkte die Annahme rechtfertigen müssen, dass von der Versammlung erhebliche Gefahren für die öffentliche Sicherheit oder Ordnung ausgehen. Freilich ist mit Blick auf die gebotene verfassungskonforme Auslegung ein strenger Maßstab anzulegen. Bejaht man eine erhebliche Gefahr für die öffentliche Sicherheit oder Ordnung wegen der zutreffenden Prognose in Bezug auf die Verwirklichung der Tatbestände der §§ 86, 86a und 130 II StGB sowie wegen der Gewalttätigkeiten in Form des Werfens von Bierflaschen, war die Videoaufzeichnung rechtmäßig.

Ergebnis: Danach ist die Videoaufzeichnung ebenfalls rechtmäßig.

Weiterführender Hinweis: Zum Zweck der *reinen Dokumentation* dürfen Videoaufnahmen schon im Ansatz nicht angefertigt werden. Denn eine derartige Maßnahme ist weder in § 12a noch in § 13 VersG vorgesehen und stellt einen rechtswidrigen Eingriff in die innere Versammlungsfreiheit dar.

II. Nichtöffentliche Versammlungen

1099 Wie bereits erläutert, ist das VersG seinem Wortlaut nach nur auf *öffentliche* Versammlungen anwendbar (§ 1 VersG).[1054] Daher ist fraglich, welche Eingriffsbefugnisse für *nichtöffentliche* Versammlungen in Frage kommen, ob also wegen der beschränkten Anwendbarkeit des VersG auf *öffentliche* Versammlungen die Anwendbarkeit des **allgemeinen Polizei- und Ordnungsrechts** (Standardmaßnahmen bzw. Befugnisgeneralklausel) auf *nichtöffentliche* Versammlungen bejaht werden kann oder ob die **Vorschriften des VersG analog** heranzuziehen sind.

1100
- Gegen eine Anwendung der Vorschriften des allgemeinen Polizei- und Ordnungsrechts auf Gefahrenabwehrmaßnahmen im Rahmen *nichtöffentlicher* Versammlung kann seit dem 1.9.2006 jedenfalls nicht mehr eine fehlende **Gesetzgebungskompetenz** der Länder für die Regelung des Versammlungswesens geltend gemacht werden. Denn im Rahmen der Föderalismusreform 2006 ist die Gesetzgebungskompetenz für die Regelung des Versammlungswesens auf die Länder übergegangen. Können die Länder also eigene Versammlungsgesetze erlassen, ist es nicht gesetzgebungskompetenzwidrig, wenn Vorschriften des allgemeinen Polizei- und Ordnungsrechts auf nichtöffentliche Versammlungen angewendet werden.

  Demzufolge stehen dem allgemeinen Polizei- und Ordnungsrecht keine kompetenzrechtlichen Vorschriften entgegen.

1101
- Allerdings haben die Länder bislang noch nicht von ihrer Gesetzgebungskompetenz Gebrauch gemacht, sodass gem. Art. 125a I GG das VersG des Bundes gültig bleibt.

[1052] VGH Mannheim NVwZ **1998**, 761, 762 f.; *Kniesel*, NJW **2000**, 2857, 2865; *Dietel/Gintzel/Kniesel*, Demonstrations- und Versammlungsfreiheit, 13. Aufl. **2004**, § 12a Rn 7.
[1053] *Deger*, NVwZ **1999**, 265, 267.
[1054] Ausnahmen stellen §§ 3, 21, 23 und 28 VersG dar, deren Bestimmungen auch auf nichtöffentliche Versammlungen anwendbar sind.

Daher könnten auf Vorschriften des allgemeinen Polizeirechts gestützte Gefahrenabwehrmaßnahmen gegen Teilnehmer einer *nichtöffentlichen* Versammlung (insbesondere in *geschlossenen Räumen*) über die im VersG gegebenen Eingriffsbefugnisse hinausgehen und so einen **Wertungswiderspruch** darstellen, da die Generalklausel weniger stringente Eingriffs*voraussetzungen* normiert als bspw. die §§ 5 und 13 VersG. Um diesem (vermeintlichen) Wertungswiderspruch entgegenzutreten, werden daher zum Teil die §§ 5 und 13 VersG analog herangezogen mit dem Gedanken, dass diese Bestimmungen als Konkretisierung des Art. 8 I GG ausgewiesen seien.[1055] Es gäbe keinen sachlichen Grund, ausgerechnet *nichtöffentliche* Versammlungen, von denen der Allgemeinheit geringere Gefahren drohten als von öffentlichen, dem VersG zu entziehen und dem allgemeinen Polizei- und Ordnungsrecht mit seinen weit reichenden Eingriffsmöglichkeiten zu unterstellen.[1056]

Demzufolge steht dem allgemeinen Polizei- und Ordnungsrecht der abschließende Charakter der (analog anzuwendenden) Vorschriften des VersG entgegen.

Stellungnahme: Eine analoge Anwendung der Befugnisnormen des VersG verstößt gegen den Grundsatz vom Vorbehalt des Gesetzes und damit gegen das Rechtsstaatsprinzip. Auch das BVerfG hat in seinem Urteil über die sog. „Online-Durchsuchung" von Computern klargestellt, dass eine analoge Anwendung von Rechtsgrundlagen verfassungswidrig sei.[1057] Mit der h.M.[1058] ist daher das **allgemeine Polizei- und Ordnungsrecht** anzuwenden. Dennoch ist zu beachten, dass der Schutz des Art. 8 I GG fortbesteht, jetzt sogar in besonderem Maße, da der Gesetzesvorbehalt des Art. 8 II GG nicht greift und es sich damit um ein **vorbehaltlos gewährleistetes** Grundrecht handelt. Es ist also nur eine verfassungsimmanente Einschränkung möglich. Aus diesem Grund will eine weitere Auffassung[1059] auch nur dann Abwehrmaßnahmen auf das allgemeine Polizei- und Ordnungsrecht stützen, wenn beachtet wird, dass in diesen Fällen nur solche Maßnahmen getroffen werden, die dem Schutz der Grundrechte Dritter oder sonstiger Verfassungsgüter dienen, die bei einer Abwägung mit Art. 8 I GG den Vorrang genießen. Dem ist zuzustimmen. Die Grenzen derjenigen Grundrechte, die schrankenlos gewährt werden, können sich nur aus dem Grundgesetz selbst ergeben. Daher ist ein auf die polizeiliche Generalklausel gestützter Eingriff in eine *nichtöffentliche* Versammlung in einer **verfassungskonformen Konkretisierung des allgemeinen Polizei- und Ordnungsrechts** zulässig. **1102**

Dieser inhaltlich überzeugenden Lösung könnte dann nur noch das **Zitiergebot** des Art. 19 I S. 2 GG entgegenstehen, das verlangt, dass das eingeschränkte Grundrecht im einschränkenden Gesetz genannt, sozusagen „zitiert" wird. Diese grundsätzliche Verpflichtung soll den Gesetzgeber darauf aufmerksam machen, dass er die Möglichkeit der Grundrechtsbeeinträchtigung geschaffen hat (**Warn- und Besinnungsfunktion**). Darüber hinaus hat das Zitiergebot eine **Klarstellungsfunktion**. Der Gesetzesanwender soll wissen, in welche Grundrechte das Gesetz einzugreifen ermächtigt.[1060] Die Zitierpflicht gilt nach h.M. aber nur für Gesetze, die „aufgrund ausdrücklicher Ermächtigung vom Gesetzgeber eingeschränkt werden dürfen"[1061] (also bei **1103 -1104**

[1055] So *Kniesel*, NJW **2000**, 2857, 2865; *Alberts*, NVwZ **1992**, 38, 40; *Rühl*, NVwZ **1988**, 577, 581; *Ketteler*, DÖV **1990**, 954, 956; *Krüger*, DÖV **1993**, 658, 660. Vgl. nun auch *Pieroth/Schlink/Kniesel*, POR, § 20 Rn 15.
[1056] *Rühl*, a.a.O.
[1057] BVerfG NJW **2007**, 930, 931 – dazu oben Rn 309a.
[1058] BVerwG NJW **1999**, 991, 992; OVG Lüneburg NVwZ **1988**, 638; VGH Mannheim NVwZ **1987**, 237; OVG Münster NVwZ **1989**, 885; VG Minden NVwZ **1988**, 663; OVG Saarlouis E **13**, 208, 211; *Kunig*, von Münch/Kunig, GG, Art. 8 Rn 30; *Jahn*, JuS **2001**, 172, 175; *Führing*, NVwZ **2001**, 157, 160 f.; *v. Coelln*, NVwZ **2001**, 1234, 1235 f.; *Rozek*, JuS **2002**, 470, 476; *Schenke*, POR, Rn 343; *Gusy*, POR, Rn 419.
[1059] *Deger*, NVwZ **1999**, 265, 268; *Schoch*, JuS **1994**, 479, 481; *Götz*, POR, Rn 501 und 276; *Rozek*, JuS **2002**, 470, 476.
[1060] BVerfGE **64**, 72, 79; **85**, 386, 403 f.
[1061] BVerfGE **83**, 130, 154; ähnlich BVerfGE **64**, 72, 79.

Grundrechten mit Gesetzesvorbehalten). Darunter fallen gem. Art. 8 II GG zwar öffentliche Versammlungen unter freiem Himmel (zu dieser Problematik vgl. den Anwendungsfall bei Rn 1072), nicht aber – wie im vorliegenden Fall – nichtöffentliche Versammlungen in geschlossenen Räumen. Daher verstößt der Rückgriff auf das allgemeine POR auch nicht gegen das Zitiergebot.

Übersicht über die versammlungsrechtlichen Eingriffsbefugnisse[1062]

1105

	Öffentliche Versammlungen	**Nichtöffentliche Versammlungen**
Unter freiem Himmel	▪ Schutzbereich des Art. 8 I GG (+) ▪ Gesetzesvorbehalt des Art. 8 II GG (+) ▪ Daher VersG mit seinen Eingriffsgrundlagen, insb. **§§ 15, 19a, 12a VersG** anwendbar, sodass Rückgriff auf subsidiäres allg. POR (-), sog. Polizeifestigkeit des VersR	▪ Schutzbereich des Art. 8 I GG (+) ▪ Gesetzesvorbehalt des Art. 8 II GG (+) ▪ VersG ist allerdings auf *nichtöffentliche* Versammlungen grds. nicht anwendbar (§ 1 VersG), daher ist strittig, welche RGL einschlägig ist. Nach der hier vertretenen Auffassung ist das **allg. POR** in verfassungskonformer Konkretisierung des Versammlungsrechts anwendbar
In geschlossenen Räumen	▪ Schutzbereich des Art. 8 I GG (+) ▪ Gesetzesvorbehalt des Art. 8 II GG (-), da er nur Versammlungen *unter freiem Himmel* erfasst. Versammlungen in *geschlossenen Räumen* sind danach verfassungsrechtlich vorbehaltlos gewährleistet. ▪ Wegen der Möglichkeit der verfassungsimmanenten Einschränkbarkeit können **§§ 5, 13, 12a VersG** als Spezialvorschriften ggü dem allg. POR gleichwohl herangezogen werden, weil sie zumindest gem. § 1 VersG anwendbar sind, sodass Rückgriff auf subsidiäres allg. POR (-), sog. Polizeifestigkeit des VersR	▪ Schutzbereich des Art. 8 I GG (+) ▪ Gesetzesvorbehalt des Art. 8 II GG (-), da er nur Versammlungen *unter freiem Himmel* erfasst ▪ Gleichwohl Einschränkbarkeit gegeben (verfassungsimmanente Schranken). Wegen Art. 20 III ist aber eine gesetzliche Grundlage erforderlich. Nach der hier vertretenen Auffassung ist wegen § 1 VersG das VersG nicht anwendbar, sondern das **allg. POR** in verfassungskonformer Konkretisierung des Versammlungsrechts

[1062] Ein ähnliches Schaubild findet sich nunmehr auch bei *Pieroth/Schlink/Kniesel*, POR, § 20 Rn 17.

4. Kapitel – Gewerberecht

Das Gewerberecht eignet sich trotz seiner Zugehörigkeit zum Wirtschaftsverwaltungsrecht und damit zu einem der Schwerpunktbereiche des juristischen Studiums hervorragend zur Überprüfung der Kenntnis allgemeiner verwaltungsrechtlicher Strukturen. Denn in ihm spielen Vorrang und Vorbehalt des Gesetzes, Auslegung von unbestimmten Rechtsbegriffen, Überprüfung von Verwaltungsermessen sowie der Grundsatz der Verhältnismäßigkeit eine besondere Rolle. Das vorliegende Kapitel trägt diesem Umstand Rechnung, indem es das Gewerberecht in seinen wesentlichen Grundzügen darstellt und sich auf die studien- und examensrelevanten Inhalte konzentriert. Zunächst wird unter A. der Grundsatz der Gewerbefreiheit dargelegt. Sodann wird unter B. der Begriff des Gewerbes erläutert. Im Anschluss daran werden unter C. die gewerberechtlichen Erscheinungsformen des stehenden Gewerbes, des Reisegewerbes und des Messe-, Ausstellungs- und Marktgewerbes behandelt. Schließlich wird unter D. zu Fragen des Rechtsschutzes, insbesondere zu den möglichen Klage- und Verfahrensarten, Stellung genommen. Im Einzelnen kommen folgende examenstypische Rechtsschutzziele in Betracht[1063]: **1106**

Der **Gewerbetreibende** begehrt **1107**

- die (vorläufige) Zulassung zu einer genehmigungspflichtigen gewerblichen Tätigkeit (sogleich unter I.),
- die Beseitigung einer durch eine Auflage bewirkten Einschränkung seiner gewerblichen Tätigkeit (Rn 1186),
- die Ausübung einer genehmigungsfrei zulässigen Tätigkeit trotz Untersagungsverfügung (Rn 1187),
- die Abwendung einzelner Maßnahmen, die der Vollstreckung einer Untersagungsverfügung dienen (Rn 1190),
- die Ausübung einer genehmigungspflichtigen gewerblichen Tätigkeit trotz Rücknahme bzw. Widerruf der zuvor erteilten Erlaubnis (Rn 1196),
- die Ausübung einer genehmigungspflichtigen gewerblichen Tätigkeit trotz Betriebsstilllegung (Rn 1200),
- die Abwehr einer Untersagungsverfügung nach § 51 GewO (Rn 1207)
- oder die Abwehr einer behördlichen Betretung, Besichtigung oder Nachschau (Rn 1209).

Der **Konkurrent** des Gewerbetreibenden begehrt die Verhinderung **1108**

- des Beginns oder der Fortsetzung einer gewerblichen Tätigkeit des Gewerbetreibenden (Rn 1209).

Der **Nachbar** des Gewerbetreibenden begehrt die Verhinderung **1109**

- des Beginns oder die Fortsetzung einer gewerblichen Tätigkeit des Gewerbetreibenden (Rn 1222).

A. Grundsatz der Gewerbefreiheit

Nach § 1 GewO ist der Betrieb eines Gewerbes jedermann gestattet, soweit nicht durch die Gewerbeordnung Ausnahmen oder Beschränkungen vorgeschrieben oder zugelassen sind. Das hat den Hintergrund, dass Art. 12 I GG (jedem Deutschen) das Recht einräumt, seinen Beruf frei zu wählen und auszuüben. Dieses Grundrecht enthält ein Abwehrrecht und zugleich eine verfassungsrechtliche Grundentscheidung **1110**

[1063] Vgl. *Kuhla/Hüttenbrink*, Der Verwaltungsprozess, Kap K Rn 145.

bzw. Wertentscheidung[1064] zugunsten der freien Ausübung des Gewerbes. Der Gesetzgeber kann dem Bürger ein Tätigwerden daher nur innerhalb der von diesem Grundrecht vorgesehenen Möglichkeiten materiellrechtlich verbieten. Er darf allerdings ein Tätigwerden vorweg daraufhin kontrollieren, ob es dem materiellen Recht entspricht. Bei Einhaltung dieser Voraussetzung besteht dann ein Anspruch auf Genehmigung eines Vorhabens (vgl. nur §§ 33a-d GewO, § 2 GastG[1065]). Ist die Genehmigung *formell* ein begünstigender Verwaltungsakt, so stellt sie *materiell* lediglich wieder her, was dem Bürger grundrechtlich erlaubt ist. Umgekehrt stellt die Versagung einen Eingriff in die subjektiven Rechte des Bürgers dar. Die gewerberechtliche Erlaubnis ist also **ein (präventives) Verbot mit Erlaubnisvorbehalt.**[1066] Dieser Erlaubnisvorbehalt ermöglicht der Behörde die rechtzeitige Überprüfung, ob sich die beabsichtigte Tätigkeit *materiell* im Bereich des gesetzlich Erlaubten oder Verbotenen hält.

Beispiel: Wer ein Gaststättengewerbe betreiben möchte, bedarf gemäß § 2 GastG der Erlaubnis. Aus der Zusammenschau des § 2 GastG mit § 4 GastG folgt, dass die Erlaubnis zu erteilen *ist* (kein Ermessen!), wenn keine in § 4 GastG genannten Versagungsgründe vorliegen. Diese Gesetzessystematik ist Ausdruck eines präventiven Verbots mit Erlaubnisvorbehalt: Das durch Art. 12 I GG grundsätzlich Erlaubte (hier: Betreibung einer Gaststätte) wird präventiv (hier: zur Gefahrenabwehr) verboten. Die Erlaubnis ist dann zu erteilen, wenn die Unbedenklichkeit (Nichtvorliegen eines in § 4 GastG genannten Versagungsgrundes) vorliegt. Kommt die Behörde dieser Verpflichtung nicht nach, kann der Gewerbetreibende Verpflichtungswiderspruch und Verpflichtungsklage erheben.

B. Begriff des Gewerbes

1111 Das Gewerberecht ist grundlegend in der Gewerbeordnung geregelt. Allerdings wird die Gewerbeordnung durch zahlreiche Spezialgesetze für bestimmte Gewerbezweige ergänzt und teilweise verdrängt.[1067] Hierher gehören z.B. das Gaststättengesetz, die Handwerksordnung, das Lebensmittel- und Bedarfsgegenständegesetz, das Arzneimittelgesetz, das Personenbeförderungsgesetz und das Güterkraftverkehrsgesetz. Diese Gesetze definieren – wie die Gewerbeordnung – den Begriff des Gewerbes nicht. Rechtsprechung und Literatur haben den Begriff des Gewerbes wie folgt definiert:

1112 **Gewerbe** ist jede erlaubte, auf Gewinnerzielung gerichtete selbstständige Tätigkeit, die nicht nur gelegentlich ausgeübt wird, mit Ausnahme der Urproduktion, der Verwaltung eigenen Vermögens, wissenschaftlicher, künstlerischer und schriftstellerischer Berufe sowie persönlicher Dienstleistung höherer Art (freie Berufe).[1068]

[1064] BVerfGE **16**, 214, 219. Vgl. auch *R. Schmidt*, Grundrechte, Rn 764 ff.

[1065] Die am 1.9.2006 in Kraft getretene Föderalismusreform hat u.a. zum Wegfall der Bundeskompetenz für das Gaststättenrecht und einige Teile des Gewerberechts geführt. Nunmehr sind die Länder befugt, diese Materien auf ihren Territorien zu regeln. Gemäß Art. 125a I GG n.F. gelten aber die Bundesgesetze, die u.a. wegen Art. 74 I GG n.F. nicht mehr als Bundesrecht erlassen werden könnten, als Bundesrecht fort, sofern nicht die Länder eigene Gesetze erlassen. Es bleibt also abzuwarten, ob alle Länder von ihrem neuen Gesetzgebungsrecht Gebrauch machen oder ob einige schlicht untätig bleiben und damit die weitere Geltung der genannten Bundesgesetze zum Ausdruck bringen. Daher werden der vorliegenden Darstellung das GastG und die GewO in den bisherigen Fassungen zugrunde gelegt. Lediglich wenn Einzelfragen von einer inhaltlichen Änderung betroffen sind, wird dies herausgearbeitet.

[1066] Vgl. ausführlich *R. Schmidt*, AllgVerwR, Rn 246 und 358.

[1067] Zur Forderung eines „Gewerbegesetzbuches", das in einem ersten Buch („Allgemeiner Teil des Gewerberechts") die allgemeinen Regeln für alle Gewerbearten sozusagen „vor die Klammer zieht" und dann später in einzelnen Büchern des Gewerbegesetzbuches für die verschiedenen Zweige des Gewerberechts spezielle Regelungen erfassen soll, vgl. *Kempen*, NVwZ **2000**, 1115 ff. Zum Diskussionsentwurf einer „Gewerbeordnung 21" vgl. *Stober*, NVwZ **2003**, 1349 ff.

[1068] BVerwG GewArch **1993**, 196; DÖV **1995**, 664; *Oberrath*, JA **2001**, 991, 992. Zur persönlichen Dienstleistung höherer Art vgl. auch OVG Münster GewArch **2001**, 293.

Dieser Formel zufolge sind Gewerbe insbesondere das **Handelsgewerbe** (Einzelhandel, Großhandel, Außenhandel, Versandhandel, Telehandel) einschließlich seiner Hilfsgewerbe (Vermittler, Banken), **Industrie** und **Handwerk**, das **Verkehrsgewerbe** (Personen- und Güterbeförderung), das **Versicherungsgewerbe**, das **Hotel**- und **Gaststättengewerbe** sowie das **Dienstleistungsgewerbe** und das **Informations**- und **Mediengewerbe.** In Zweifelsfällen muss durch Auslegung der einzelnen Definitionsmerkmale bestimmt werden, ob die Tätigkeit ein Gewerbe i.S.d. Gewerberechts darstellt. Dabei ist mit Blick auf Art. 12 I GG großzügig zu verfahren: 1113

- **Erlaubt** ist eine Tätigkeit, wenn sie weder gegen Verfassungsrecht noch gegen Verbots- bzw. Strafgesetze verstößt. Daher fallen z.B. das Veranstalten von verbotenen Glückspielen (vgl. § 284 StGB) oder der gewerbsmäßige Diebstahl bzw. die gewerbsmäßige Hehlerei (vgl. §§ 242, 243 Nr. 3, 259, 260, 260 StGB) nicht unter den Gewerbebegriff. Erlaubt ist jedoch die Ausübung der **Prostitution**. Denn durch das am 1.1.2002 in Kraft getretene Prostitutionsgesetz (BGBl I 2001, S. 3983) hat der Gesetzgeber klargestellt, dass die Prostitution selbst **nicht** (mehr) sittenwidrig und **„unerlaubt"** i.S.d. Gewerbebegriffs ist (insbesondere sind entsprechende „Dienstleistungsverträge" voll gültig und daraus entstandene Forderungen gerichtlich durchsetzbar).[1069] Die frühere entgegenstehende Rechtsprechung des BVerwG[1070] ist überholt und kann keine Geltung mehr beanspruchen. Zur Frage der Unzuverlässigkeit eines Gewerbetreibenden, der die Ausübung der Prostitution fördert, vgl. Rn 1133 ff. 1114
- **Gewinnerzielungsabsicht** besteht, wenn ein wirtschaftlicher Vorteil angestrebt wird. Ein tatsächlich erzielter Gewinn ist nicht erforderlich. Wird jedoch über einen längeren Zeitraum kein Gewinn erzielt, ist fraglich, ob eine Gewinnerzielungsabsicht überhaupt besteht. Reine Liebhabereien oder gemeinnützige Tätigkeiten sind daher keine Gewerbe. Hingegen steht die Verfolgung religiöser oder weltanschaulicher Ziele dem Gewerbebegriff nicht entgegen („Scientology"). 1115
- Auf **Dauer** angelegt ist eine Tätigkeit, wenn sie fortgesetzt und nicht nur gelegentlich ausgeübt wird, wenn also eine gewisse Regelmäßigkeit zu erkennen ist. Daher kann auch eine rein saisonal betriebene Tätigkeit („Skihütte mit Ausschank") einen Gewerbebetrieb darstellen. 1116
- **Selbstständig** handelt, wer das wirtschaftliche Risiko trägt und grundsätzlich auch frei von Weisungen ist. Arbeitnehmer können daher nicht Gewerbetreibende sein. Bei sog. Scheinselbstständigen (= Personen, die im Wesentlichen nur für *einen* anderen tätig und in dessen Betriebsorganisation „eingebunden" sind sowie keine eigenen Angestellten haben) ist das fraglich. Hinsichtlich der Ausübung eines Reisegewerbes (vgl. § 55 I Nr. 1 GewO) spielt das Kriterium der Selbstständigkeit hingegen keine Rolle. 1117

Der Begriff des Gewerbes bestimmt sich auch **negativ**, d.h. bei Vorliegen von Urproduktion, eines sog. Freien Berufes, oder bei der Verwaltung eigenen Vermögens ist die Tätigkeit **kein** Gewerbe. 1118

- Unter **Urproduktion** versteht man die Gewinnung von Naturerzeugnissen durch Nutzung von Grund und Boden. Dazu zählen insbesondere die Landwirtschaft sowie die in § 6 GewO genannte Fischerei, das Bergwesen und die Viehzucht. Auch der Verkauf solcher Produkte stellt kein Gewerbe dar, sofern er im Vergleich zur Produktion als solche nur von untergeordneter Bedeutung ist (sog. Nebenbetrieb). Da aber in der heutigen industrialisierten Gesellschaft zumeist gerade zum Zweck der Vermarktung produziert wird, ist der Verkauf i.d.R. gewerblich.[1071] 1119

[1069] Vgl. dazu im Einzelnen *R. Schmidt*, BGB AT, 4. Aufl. **2007**, Rn 1242 ff.; *Rautenberg*, NJW **2002**, 650 ff., *Caspar*, NVwZ **2002**, 1322 ff.

[1070] Vgl. nur BVerwGE **60**, 284, 289.

[1071] Vgl. OVG Schleswig NVwZ-RR **2000**, 93.

1120 ▪ Zu den sog. **Freien Berufen** zählen die persönlichen Dienstleistungen höherer Art wie z.B. die des Rechtsanwalts, niedergelassenen Arztes, Wirtschaftsprüfers, Steuerberaters, Architekten sowie künstlerische oder schriftstellerische Tätigkeiten.[1072]

1121 ▪ **Eigenes Vermögen** wird verwaltet, sofern der Aufwand nicht ein Ausmaß annimmt, das im Allgemeinen mit einer kommerziellen Verwertung des Vermögens verbunden ist. Vermietet jemand bspw. 10 Ferienwohnungen, kann von einer Verwaltung eigenen Vermögens nicht mehr gesprochen werden.[1073]

C. Gewerberechtliche Erscheinungsformen nach der Gewerbeordnung

1122 Die Gewerbeordnung unterscheidet drei Arten von Gewerbe: das **stehende Gewerbe** (§§ 14 ff. GewO), das **Reisegewerbe** (§§ 55 ff. GewO) und das **Messe-, Ausstellungs- und Marktgewerbe** (§§ 64 ff. GewO).

I. Stehendes Gewerbe

1. Schlicht anzeigepflichtige Gewerbe

a. Anzeige des Gewerbes nach § 14 GewO

1123 Der Begriff des stehenden Gewerbes wird – wie das Gewerbe selbst – in der Gewerbeordnung nicht positiv bestimmt, sondern als bekannt vorausgesetzt. Allgemein wird der Begriff in Abgrenzung zu den anderen beiden Gewerbearten negativ bestimmt. Danach gehört jeder Gewerbebetrieb zum stehenden Gewerbe, dessen Tätigkeit nicht dem Reisegewerbe oder dem Messe-, Ausstellungs- und Marktverkehr zuzurechnen ist.[1074] Von den gesetzlich abschließend genannten Gewerbearten abgesehen, für die im Interesse der Gefahrenabwehr eine besondere Genehmigung erforderlich ist (vgl. nur §§ 30-33d GewO, §§ 1-16 HandwO, § 2 PersBefG, § 8 GüKG oder § 2 GastG), kann jedes stehende Gewerbe **frei betrieben** werden. Einer Erlaubnis bedarf es somit grundsätzlich nicht. Der Gewerbetreibende hat lediglich die Aufnahme und jede Veränderung der gewerblichen Betätigung der nach Landesrecht zuständigen Behörde **anzuzeigen**, § 14 I S. 1 GewO. Die Anzeige soll zum einen eine wirksame Überwachung der Gewerbeausübung ermöglichen (§ 14 I S. 3 GewO) und zum anderen die Prüfung gestatten, ob der Gewerbebetrieb nicht doch genehmigungspflichtig ist. Schließlich wird das Ziel verfolgt, andere Stellen (Finanzamt, Handelskammer etc.) über die Aufnahme einer gewerblichen Tätigkeit zu unterrichten, damit diese ihrerseits tätig werden können (Steuererhebung, Kammerbeiträge etc.).
Der Gewerbeanzeige folgt die Aushändigung einer Bescheinigung („Gewerbeschein"), § 15 I GewO. Der **Gewerbeschein** ist nach dem bisher Gesagten keine Genehmigung, somit **kein Verwaltungsakt**, sondern er gibt dem Gewerbetreibenden lediglich die Gewissheit, dass er seiner Anzeigepflicht nachgekommen ist. § 14 GewO ist eine reine Ordnungsvorschrift. Das Unterlassen der Anzeige macht den Gewerbebetrieb daher nicht rechtswidrig. Der Gewerbetreibende begeht lediglich gem. § 146 II Nr. 1 GewO eine Ordnungswidrigkeit, die mit Bußgeld belegt werden kann.

Hinweis für die Fallbearbeitung: Diese Erkenntnis ist wichtig, weil die Fortsetzung der nicht angezeigten Gewerbeausübung in diesem Fall nicht mit gewerberechtlichen Mitteln verhindert werden kann, wie sich aus dem Umkehrschluss aus § 15 II

[1072] Vgl. OVG Münster GewArch **2001**, 293.
[1073] Vgl. dazu *Kempen*, NVwZ **2000**, 1115, 1116.
[1074] *Kempen*, NVwZ **2000**, 1115, 1116; *Oberrath*, JA **2001**, 991, 993. Zur Abgrenzung Reisegewerbe/stehendes Gewerbe (hier: Steinmetzarbeiten) vgl. auch BVerfG-K NVwZ **2001**, 189.

S. 1 GewO ergibt. Hier ist der Anwendungsbereich des allgemeinen Polizei- und Ordnungsrechts eröffnet. Zum Rechtsschutz vgl. Rn 1176 ff.

b. Untersagung wegen Unzuverlässigkeit gem. § 35 GewO

aa. Allgemeines

Nach dem bisher Gesagten bedarf es bei schlicht anzeigepflichtigen Gewerbezweigen schon begriffsnotwendig keiner Genehmigung. Daher kann eine solche auch nicht zurückgenommen (z.B. nach § 15 I GastG oder § 48 VwVfG) oder widerrufen (z.B. nach § 15 I, II GastG oder § 49 VwVfG) werden. Um dennoch die weitere Ausübung zu verhindern, steht der Behörde § 35 GewO zur Verfügung. Danach *ist* die Ausübung eines stehenden (tatsächlich auch ausgeübten) Gewerbes, für das keine besonderen gesetzlichen Rücknahme-, Widerrufs- oder Untersagungsregelungen bestehen, von der nach Landesrecht zuständigen Behörde[1075] ganz oder teilweise entschädigungslos zu **untersagen**, wenn der Gewerbetreibende **unzuverlässig** ist, § 35 I S. 1 GewO. Ratio dieser Vorschrift ist, einen Missbrauch der Gewerbefreiheit zu verhindern, Ziel ist, diejenigen Gewerbetreibenden vom Wirtschaftsverkehr fernzuhalten, die wegen der Befürchtung einer nicht ordnungsgemäßen Gewerbeausübung eine Gefahr für die Allgemeinheit darstellen.[1076] Die Gewerbeuntersagung *kann* für **alle** Gewerbe[1077] ausgesprochen werden, wenn die festgestellten Tatsachen die Annahme rechtfertigen, dass der Gewerbetreibende auch für diese Gewerbe unzuverlässig ist, § 35 I S. 2 i.V.m. § 3 GewO (sog. erweiterte Gewerbeuntersagung). Bei nur anzeigepflichtigen (§ 14 GewO), also nicht genehmigungspflichtigen Gewerbearten und bei Gewerbearten, für die lediglich eine Sachkonzession erforderlich ist, stellt **§ 35 GewO** also die **einzige Eingriffsgrundlage zur Unterbindung der Gewerbeausübung aus persönlichen Gründen** dar. Da die Gewerbeuntersagung i.d.R. die Existenzgrundlage (Art. 14 I, 12 I, 2 I GG) tangiert, kommt sie nur als *ultima ratio* in Betracht. 1124

Hier wird der Unterschied zu (dem später noch zu behandelnden) § 15 II GewO deutlich: Während § 15 II GewO die Fortsetzung eines **genehmigungspflichtigen** Gewerbes, das ohne oder mit aufgehobener Zulassung betrieben wird, unterbinden soll, betrifft § 35 I GewO den Fall, dass die Weiterführung eines nicht zulassungspflichtigen, also lediglich **anzeigepflichtigen** Gewerbes untersagt werden soll. Beiden Vorschriften ist gemeinsam, dass jeweils eine auf sie gestützte Verfügung zugleich die Grundverfügung für eine (anschließende) Verwaltungsvollstreckung darstellt. 1125

Zusammenfassend ist festzustellen, dass bei einem schlicht anzeigepflichtigen Gewerbe Rücknahme und Widerruf nicht in Betracht kommen, da diese eine zuvor erteilte Erlaubnis (Verwaltungsakt) voraussetzen, und eine solche gerade nicht vorliegt. **§§ 48 f. VwVfG sowie Spezialregelungen (etwa § 15 GastG,) stehen zu § 35 GewO in einem Alternativverhältnis**. 1126

bb. Anwendbarkeit des § 35 GewO

§ 35 GewO wird verdrängt (Subsidiaritätsprinzip), wenn für einzelne Gewerbe besondere Untersagungs-, Betriebsschließungsvorschriften gelten, oder ausgeschlossen, wenn Bestimmungen über die Rücknahme und den Widerruf der Erlaubnis bestehen, die inhaltlich den Voraussetzungen des § 35 GewO „Unzuverlässigkeit in Bezug auf 1127

[1075] Die *örtliche* Behördenzuständigkeit richtet sich nach § 35 VII GewO, die *sachliche* nach landesrechtlichen Bestimmungen, wie beispielsweise in Bremen nach der ZuständigkeitsVO, vgl. § 79 I BremPolG i.V.m. der einschlägigen RVO (SaBremR, 4000er Serie).

[1076] Vgl. auch BVerfG NVwZ **2004**, 103; *Eifert*, JuS **2004**, 565 ff.

[1077] Also auch für das Reisegewerbe.

dieses Gewerbe" (§ 35 VIII GewO) entsprechen. Beispiele für solche Regelungen sind **§ 15 GastG, § 25 PBefG** oder **§ 102 b GüKG**.

cc. Formelle Voraussetzungen einer Gewerbeuntersagung nach § 35 GewO

1128 Damit eine Gewerbeuntersagung nach § 35 GewO rechtmäßig ist, müssen zunächst formelle Voraussetzungen eingehalten werden. Die **Zuständigkeit** der verfügenden Behörde richtet sich nach dem Landesorganisationsrecht. In der Regel sind die Ordnungsbehörden (Gewerbeaufsichtsämter) zuständig. Zu beachten ist insbesondere die Einhaltung von **Verfahrensvorschriften**. So legen die Verwaltungsverfahrensgesetze der Länder und die sie ergänzenden Bestimmungen zum Teil fest, dass Entscheidungen gem. § 35 GewO im förmlichen Verwaltungsverfahren zu treffen sind, vgl. §§ 63 ff. VwVfG. Eine unter Verstoß gegen diese speziellen Verfahrensvorschriften erlassene Untersagungsverfügung ist rechtswidrig.

dd. Materielle Voraussetzungen einer Gewerbeuntersagung nach § 35 GewO

1129 **a.)** Die Ausübung des Gewerbes kann gem. § 35 GewO nur bei **„Unzuverlässigkeit"** des Gewerbetreibenden untersagt werden, sofern die Untersagung zum **Schutz der Allgemeinheit oder der im fraglichen Betrieb Beschäftigten erforderlich** ist. Bei diesen, in der Gewerbeordnung nicht definierten, Begriffen handelt es sich weder um Beurteilungsspielräume noch um Ermessenserwägungen, sondern um durch Rechtsprechung und Literatur hinreichend konkretisierte **unbestimmten Rechtsbegriffe**. Sie sind daher gerichtlich in vollem Umfang überprüfbar.

1130 Gewerberechtlich **unzuverlässig** ist, wer nicht die Gewähr dafür bietet, dass er sein Gewerbe in Zukunft ordnungsgemäß ausüben wird.[1078]

1131 Die Entscheidung, ob die betreffende Person „unzuverlässig" ist, ist eine **Prognoseentscheidung** (vgl. auch die polizeirechtliche Gefahrenprognose). Sie muss auf nachweisbaren **gewerbebezogenen Tatsachen** beruhen und die Behörde zur Annahme veranlassen, dass der Betroffene auch **zukünftig** unzuverlässig ist. Erforderlich ist eine Gesamtwürdigung der Umstände sowie der Persönlichkeit des Betroffenen unter Berücksichtigung der **Art des ausgeübten Gewerbes** (z.B. Geschäftszweig), wobei von letzterem Kriterium eine Ausnahme zu machen ist, wenn der Betroffene für jede Art von Gewerbe unzuverlässig ist (s.o.). So ist beispielsweise strittig, ob ein selbstständiger Gebäudereiniger trotz mehrfachen Betrugs noch zuverlässig ist.[1079]

1132 **Beispiele** für eine Annahme der (verschuldensunabhängigen![1080]) Unzuverlässigkeit:

- ⇨ Beschäftigung **ausländischer Arbeitnehmer ohne Arbeitserlaubnis**.[1081]
- ⇨ **Handeltreiben mit Gegenständen**, die sich für die Begehung von Straftaten nach dem **Betäubungsmittelgesetz** anbieten (Bongs, Shillum, Papier für Rauchzwecke, Literatur über den Cannabisanbau etc.).[1082] Ein Verstoß gegen strafrechtli-

[1078] BVerwGE **65**, 1, 2; VG Schleswig NJW **2001**, 387; *Eifert*, JuS **2004**, 565, 567; *Beljin/Micker*, JuS **2003**, 660, 664; *Kempen*, NVwZ **2000**, 1115, 1117; *Oberrath*, JA **2001**, 991, 996; vgl. zu dieser Definition auch § 10 II GüKG, § 4 I GastG und den Diskussionsentwurf einer „Gewerbeordnung 21" *Stober*, NVwZ **2003**, 1349, 1350.

[1079] Vgl. VGH Mannheim GewArch **1965**, 156, 157.

[1080] Vgl. *Kempen*, NVwZ **2000**, 1115, 1118.

[1081] BVerwGE **42**, 68; **61**, 32.

[1082] VGH München NVwZ-RR **1998**, 233.

che Vorschriften ist dabei nicht erforderlich.[1083] Doch müssen zu dem Handel mit solchen Gegenständen weitere belastende Feststellungen treten, um die Gewerbeuntersagung wegen Unzuverlässigkeit rechtfertigen zu können.

Beispiel: Der iranische Staatsangehörige X betreibt in Hamburg seit längerer Zeit ein Handelsgewerbe, das er unter der Bezeichnung „Export, Import, Groß- und Einzelhandel, orientalische Waren – Silber, Textilien, Wasserpfeifen, Teppiche, Geschenkartikel" angemeldet hatte (§ 14 I GewO). Nun stellt sich heraus, dass das Warensortiment tatsächlich zu 80 % aus Waren besteht, die zum Konsum von Betäubungsmitteln benötigt werden. Weil aber in Bezug auf den X im Übrigen keine belastenden Feststellungen getroffen werden können, wäre eine Gewerbeuntersagung nicht zu rechtfertigen.[1084]

⇨ Vorschubleisten der **Unsittlichkeit**, insbesondere das **Ausbeuten von Prostituierten** i.S.v. §§ 180a, 181a StGB n.F. (dazu sogleich).

⇨ **Nichtabführung von Sozialversicherungsbeiträgen** (Nichtentrichtung der gesetzlichen Kranken- und Rentenversicherungsbeiträge bzw. Beiträge zur Unfallversicherung (Berufsgenossenschaft) in nicht unerheblicher Höhe und in einem nicht unerheblichen Zeitraum.[1085] Die Frage, ob § 35 II SGB AT i.V.m. §§ 69 - 77 SGB X die Krankenkasse als Einzugsstelle der Sozialversicherungsträger zur Auskunftserteilung ermächtigt, ist weder obergerichtlich noch bundesgerichtlich entschieden. Sofern die Auskunftserteilung als unzulässig angesehen wird, führt dies zu einem Verwertungsverbot für die die Gewerbeuntersagung nach § 35 GewO verfügende Behörde.

⇨ **Nichtabführung von Steuern** in nicht unerheblicher Höhe und in einem nicht unerheblichen Zeitraum (Steuerschulden müssen gewerbebezogen entstanden sein oder sich auf die Gewerbeausübung auswirken). Zu beachten ist jedoch, dass die Unzuverlässigkeit wegen Nichtabführung von Steuern davon abhängt, um welchen absoluten Steuerbetrag es geht und in welchem Verhältnis dieser zur steuerlichen Gesamtbelastung des Gewerbes steht.[1086] Über die konkreten Zahlen gehen die Meinungen auseinander.[1087] Ferner ist von Bedeutung, seit wann der Gewerbetreibende seine steuerlichen Pflichten nicht erfüllt.[1088]

⇨ Frühere **Haftungsschulden aus Liquidation**, §§ 69, 34 GewO i.V.m. § 191 AO.

⇨ Bereits abgeurteilte einschlägige **Strafsachen** (deren Erkenntnisse werden von den Behörden aus Führungszeugnissen gewonnen: §§ 31, 32 BZRG; allerdings ist ein eventuelles Verwertungsverbot gemäß §§ 51 f. BZRG zu beachten!).

⇨ Tatsachen aus *laufenden* Strafverfahren können für eine Prognose berücksichtigt werden (keine Bindungswirkung gemäß § 35 III GewO).

[1083] Der VGH München a.a.O. ist sich dabei bewusst, dass die Strafverfolgungsbehörden nach der neuesten Rspr. des BVerfG (E **90**, 145) grds. von der Strafverfolgung abzusehen haben, sofern es nur um den Eigenkonsum von Drogen geht, und dass diese verfassungsgerichtliche Judikatur die Anforderungen an einen Gewerbetreibenden herabsetzt.

[1084] Vgl. VGH München NVwZ-RR **1998**, 233.

[1085] Kurzfristige Zahlungsverweigerungen reichen daher nicht aus.

[1086] Vgl. BVerwG GewArch **1995**, 115.

[1087] Einige Verwaltungsvorschriften zu § 35 I GewO gehen von einer Steuerschuld i.H.v. mehr als 2.500,- € aus. Die Rspr. hat Unzuverlässigkeit bei einer Steuerschuld i.H.v. umgerechnet 4.500,- € angenommen (vgl. VGH Kassel GewArch **1983**, 263, 264). Das BVerwG hatte den Fall zu entscheiden, ob ein Steuerrückstand i.H.v. umgerechnet 2.622,61 € zur Unzuverlässigkeit führt, diese Frage aber offen gelassen, weil es die Unzuverlässigkeit aus einem anderen Grund angenommen hat (vgl. BVerwG GewArch **1999**, 31).

[1088] Vgl. BVerwG DVBl **1992**, 1172. Problematisch ist in diesem Zusammenhang, ob und wieweit das Steuergeheimnis für Zwecke des gewerblichen Untersagungsverfahrens durchbrochen werden darf. Nach gefestigter Rechtsprechung dürfen die Finanzbehörden nach § 30 IV Nr. 5 AO den Gewerbebehörden trotz grundsätzlich bestehenden Steuergeheimnisses Tatsachen mitteilen, aus denen sich die Unzuverlässigkeit des Gewerbetreibenden ergibt, „wenn anderenfalls die Gefahr bestünde, dass schwere Nachteile für das Allgemeinwohl eintreten" (Abwägung im Einzelfall durch das FA, vgl. BFH NVwZ **1988**, 474).

- ⇨ **Bußgeldverfahren** (Erkenntnisse werden aus dem Gewerbezentralregister gewonnen, §§ 149 ff. GewO; allerdings ist das eventuelle Verwertungsverbot gemäß § 153 GewO zu beachten!).
- ⇨ **Mangelnde wirtschaftliche Leistungsfähigkeit** (z.B. Überschuldung, fehlende Geldmittel/Kreditwürdigkeit, Ablehnung eines Konkursantrags mangels Masse, erfolglose Vollstreckungsversuche, Haftbefehl auf Abgabe der eidesstattlichen Versicherung (§ 90 I ZPO)). Erkenntnisquellen sind Auskünfte aus dem Schuldnerverzeichnis gemäß § 915 ZPO bzw. aus dem Verzeichnis gemäß § 26 II InsO[1089].
- ⇨ Sonstige Untersagungsgründe wie beispielsweise persönliche **körperliche** oder **charakterliche Mängel, Drogen-, Alkoholkonsum** usw.

Gegenbeispiele:

- ⇨ Dagegen ist die Unzuverlässigkeit wegen **Verbreitung neonazistischen Gedankenguts** nur dann anzunehmen, wenn Rechtsverstöße erwartet werden. Die (bloße) politische Gesinnung reicht hierzu nicht aus.[1090]
- ⇨ Auch die bloße **fehlende Sachkunde** des Gewerbetreibenden kann die Unzuverlässigkeit nur ausnahmsweise begründen.[1091]

1133 **b.)** Insbesondere das **Vorschubleisten der Prostitution** wurde lange Zeit als Begründung für die Annahme einer Unzuverlässigkeit (insbesondere i.S.d. **Gaststättenrechts**) herangezogen. Maßgeblich für die mit der Prostitution verbundene **Unsittlichkeit i.S.d. § 4 I Nr. 1 GastG** waren „die in der Rechtsgemeinschaft anerkannten sozialethischen Wertvorstellungen", nach denen Prostitution als unsittlich gelte.[1092] Ein Gewerbetreibender, der seinen Betrieb so anlegte, dass er günstige Voraussetzungen für die Anbahnung von geschlechtlichen Beziehungen zwischen Prostituierten und ihren Freiern bot, leistete nach der herrschenden Auffassung der Prostitution und damit der Unsittlichkeit Vorschub und war „unzuverlässig" i.S.d. des Gewerberechts. Das betraf insbesondere **Bordellbetreiber**, die im Rahmen ihres Bordellbetriebs alkoholische Getränke ausschenken wollten und dafür gem. § 2 I i.V.m. 4 I Nr. 1 GastG einer Erlaubnis bedurften. Nahm die Behörde hier mit dem Argument des Vorschubleistens der Prostitution eine Unsittlichkeit i.S.d. § 4 I Nr. 1 GastG an, konnte sie die Erlaubnis versagen. Entsprechendes galt für Betreiber von sog. **Swingerclubs.**[1093]

1134 Ob es nach den einschlägigen Bestimmungen des GastG den Betreibern erlaubt ist, in ihrem Betrieb die Prostitution zu dulden bzw. die Gasträume zur Anbahnung von entgeltlichen sexuellen Kontakten zu nutzen, indem sich dort Prostituierte präsentieren und den Gästen ihre sexuellen Dienstleistungen gegen Entgelt anbieten, beschäftigte lange Zeit die Gerichte, die über die zentrale Frage hinsichtlich der Zulassung von Bordellbetrieben mit Bar- bzw. Restaurationsbereich zu entscheiden hatten. Exemplarisch seien folgende Fälle genannt:

Beispiele:

(1) A betreibt einen Verleih und Verkauf von Videokassetten sowie den Verkauf von Heften, Dessous und Ehehygieneartikeln. Darüber hinaus stellt sie Räumlichkeiten zur Ausübung der Prostitution zur Verfügung, wobei sie den Versuch unternahm, dies durch Vorschieben eines „Vereins" (ähnlich einem Swingerclub) zu verschlei-

[1089] Beachte aber die Fünfjahresfrist für Löschungen!

[1090] VG Schleswig NJW **2001**, 387 (zur gaststättenrechtlichen Unzuverlässigkeit).

[1091] Ansonsten würde über den Umweg des § 35 GewO eine allgemeine Sachkundenachweispflicht eingeführt. Eine solche wäre mit Art. 12 I GG aber kaum vereinbar (vgl. *Oberrath*, JA **2001**, 991, 996).

[1092] So VG Berlin GewArch **1998**, 200; ähnlich zuvor BVerwGE **84**, 314 ff. u. BVerwGE **22**, 286, 289.

[1093] Vgl. dazu näher VGH München NVwZ **2002**, 1393 f; BVerwG NVwZ **2003**, 603 ff.

ern. Die zuständige Behörde erlässt daraufhin einen für sofort vollziehbar erklärten Bescheid gem. § 35 I GewO i.V.m. § 80 II S. 1 Nr. 4 VwGO, durch den der A der weitere Betrieb ihres Gewerbes untersagt wird. A wendet sich gegen diesen Bescheid mit einem Eilantrag gem. § 80 V S. 1 Var. 2 VwGO. Mit Erfolg?
Das Verwaltungsgericht wird dem Antrag stattgeben und die aufschiebende Wirkung wiederherstellen, wenn eine summarische Prüfung ergibt, dass A nicht „unzuverlässig" i.S.d. § 35 I GewO ist. Wie bereits definiert, ist gewerberechtlich **unzuverlässig**, wer nicht die Gewähr dafür bietet, dass er sein Gewerbe in Zukunft ordnungsgemäß ausüben wird. Nach der Originalentscheidung des VG Berlin bietet derjenige, der der Prostitution Vorschub leistet, nicht die Gewähr dafür, dass er sein Gewerbe in Zukunft ordnungsgemäß ausüben wird. Er/sie sei mithin unzuverlässig.

(2) Anders entschied das VG Stuttgart. Der Inhaber eines Einzelhandels mit Sexartikeln, Filmvorführungen und Süßwaren sei nicht als „unzuverlässig" anzusehen, wenn dieser in seinem Betrieb der homosexuellen Kundschaft einen „Dunkelraum" für sexuelle Aktivitäten zur Verfügung stelle. Der Begriff der Unsittlichkeit sei im Gewerbe- und Gaststättenrecht (§ 4 I Nr. 1 GastG) anders auszulegen als im Zivilrecht (§ 138 BGB).[1094] Unsittlich im gewerberechtlichen Sinne seien lediglich sexuelle Handlungen, „die dadurch, dass sie nach außen in Erscheinung treten, die ungestörte Entwicklung junger Menschen in der Sexualsphäre gefährden können oder Personen, die hiervon unbehelligt bleiben wollen, erheblich belästigen". Dies sei vorliegend nicht der Fall gewesen.[1095]

(3) Sodann erging das erste Judikat, nach dem die Ausübung der Prostitution grundsätzlich nicht (mehr) gegen die guten Sitten verstößt. Das VG Berlin gab am 1.12.2000 einer Bordellbesitzerin Recht, die gegen den mit dem Vorschubleisten der Prostitution begründeten Entzug ihrer Gaststättenerlaubnis (§ 15 II i.V.m. § 4 I Nr. 1 GastG) geklagt hatte (für eine Gewerbeuntersagung gem. § 35 I GewO dürfte im Prinzip nichts anderes gelten). Der Begriff der „Sittenwidrigkeit" in Bezug auf die Prostitution habe sich aufgrund einer Liberalisierung der Wertvorstellungen in der Bevölkerung geändert. Es sei nicht einzusehen, warum Prostituierte zwar Steuern zahlen müssten, nicht aber einen einklagbaren Lohn oder Anspruch auf eine Sozialversicherung hätten. Die Achtung der Menschenwürde gebiete es daher gerade, Prostituierte nicht gegen ihren Willen zu bevormunden, sondern sie als Bestandteil der Gesellschaft zu akzeptieren.[1096]

Durch das bereits erwähnte, am 1.1.2002 in Kraft getretene, **Prostitutionsgesetz** **1135**
(BGBl I 2001, S. 3983) hat nun der Gesetzgeber klargestellt, dass die Prostitution selbst **nicht** (mehr) **sittenwidrig** ist (insbesondere sind entsprechende „Dienstleistungsverträge" zumindest einseitig zugunsten der Prostituierten voll gültig und daraus entstandene Forderungen gerichtlich durchsetzbar).[1097] Daraus folgt, dass das **bloße Vorschubleisten der Prostitution** auch **nicht mehr als Grund für die Annahme einer Unzuverlässigkeit** angenommen werden kann. Insbesondere das Betreiben einer Gaststätte im Zusammenhang mit der Anbahnung käuflicher sexueller Handlungen indiziert daher nicht mehr die Sittenwidrigkeit und ist ohne Dazutreten weiterer ordnungsrechtlicher Versagungsgründe nicht ausreichend, um die Unzuverlässigkeit des Gaststättenbetreibers zu begründen. Der Gewerbetreibende muss schon gegen § 180a bzw. § 181a StGB verstoßen. Das ist aber nur dann der Fall, wenn er die persönliche oder wirtschaftliche Bewegungsfreiheit einer Prostituierten dadurch beein-

---

[1094] Vgl. auch *Caspar*, NVwZ **2002**, 1322, 1326.
[1095] VG Stuttgart GewArch **1998**, 291, 292.
[1096] Vgl. VG Berlin NJW **2001**, 983.
[1097] Vgl. dazu im Einzelnen *R. Schmidt*, BGB AT, 4. Aufl. **2007**, Rn 1242 ff.; *Rautenberg*, NJW **2002**, 650 ff., *Caspar*, NVwZ **2002**, 1322 ff.

trächtigt, dass er gewerbsmäßig die Prostitution durch Vermittlung des sexuellen Kontakts fördert und im Hinblick darauf Beziehungen zur Prostituierten unterhält, die über den Einzelfall hinausgehen. Die beschriebene entgegenstehende ältere Judikatur ist somit zur Makulatur geworden. Gleichwohl hat die Formulierung „der Unsittlichkeit Vorschub leisten" nicht gänzlich ihre Bedeutung verloren. Außerhalb des straf- bzw. ordnungsrechtlich speziell normierten Bereichs dient sie künftig dem Schutz von Kindern und Jugendlichen sowie von Dritten, die in Unkenntnis des Betriebszwecks die Gaststätte betreten, sowie ferner dem Schutz der im Gaststättenbetrieb Beschäftigten.[1098] Werden diese Vorgaben beachtet, ist auch das Betreiben eines **Swingerclubs** nicht „unsittlich" i.S.d. § 4 Nr. 1 GastG.[1099]

1136 **c.)** Unzuverlässigkeit liegt über den Wortlaut des § 35 GewO hinaus auch vor, wenn nicht der Gewerbetreibende selbst oder die mit der Geschäftsleitung vertraute Person (beispielsweise der GmbH-Geschäftsführer oder der Vorstand einer AG) unzuverlässig sind, sondern ein Dritter, sobald dieser maßgeblich an der Gewerbeausübung beteiligt ist. Ähnlich liegt es bei **Strohmanngeschäften**[1100]: Dort muss sich der Strohmann so behandeln lassen, als sei er selbst Gewerbetreibender. Er ist damit geeigneter Adressat der Gewerbeuntersagung nach § 35 GewO.[1101]

1137 **d.)** Der Begriff der **„Untersagung"** ist nicht lediglich auf das Verbot beschränkt, das schlicht anzeigepflichtige Gewerbe fortzuführen, sondern er umfasst auch die Verhinderung der (weiteren) **Ausübung** eines Gewerbes durch **Schließung der Geschäfts- bzw. Büroräume** oder **andere geeignete Maßnahmen**. Anderenfalls wäre ein umfassender Schutz der Allgemeinheit nicht möglich, da eine § 15 II GewO entsprechende Vorschrift nicht existiert.

In weiter Auslegung des Begriffs **„Untersagung"** stellt **§ 35 I GewO** somit eine Rechtsgrundlage dar für den Erlass einer Ordnungsverfügung, die auf die Verhinderung der (weiteren) Ausübung eines nicht genehmigungspflichtigen, aber wegen fehlender Zuverlässigkeit des Gewerbetreibenden zu unterbindenden, Gewerbes gerichtet ist.

1138 Eine auf § 35 I GewO basierende Ordnungsverfügung kann als **Grundverfügung** für eine anschließende Maßnahme der **Verwaltungsvollstreckung** fungieren für den Fall, dass der Gewerbetreibende der Ordnungsverfügung nicht nachkommt.

Beispiel: A ist Inhaber eines nur nach § 14 GewO anzeigepflichtigen Handelsunternehmens. Schon bei früheren Besichtigungen hat die Polizei illegale Software und manipulierte Handelsbücher vorgefunden. Als entsprechende Unterlassungsaufforderungen der Behörde nicht fruchten, untersagt sie A die Ausübung des Gewerbes gem. § 35 I GewO und erklärt gem. § 80 II S. 1 Nr. 4 VwGO die Untersagungsverfügung für sofort vollziehbar.

Sollte sich A auch an diese Verfügung nicht halten, kann sie die Behörde mit Mitteln der Verwaltungsvollstreckung (Ersatzvornahme, unmittelbarer Zwang) durchsetzen. Eine auf § 35 I GewO basierende Ordnungsverfügung stellt eine vollstreckbare Grundverfügung dar.

[1098] *Caspar*, NVwZ **2002**, 1322, 1328.

[1099] So nun auch VGH München NVwZ **2002**, 1393, 1394 f.; BVerwG NVwZ **2003**, 603 ff.

[1100] Ein Strohmann ist eine vom wirklichen Geschäftsherrn vorgeschobene Person, die im eigenen Namen auftritt und rechtliche Bindungen eingeht, wirtschaftlich jedoch im Interesse des Geschäftsherrn handelt. Es liegt ein Fall der mittelbaren Stellvertretung vor. Damit unterscheidet sich das Strohmanngeschäft vom Scheingeschäft nach § 117 BGB. Vgl. dazu *R. Schmidt*, BGB AT, 4. Aufl. **2007**, Rn 622 und 1083.

[1101] Vgl. BVerfG NVwZ **2004**, 103; *Kempen*, NVwZ **2000**, 1115, 1118; *Oberrath*, JA **2001**, 991, 997.

ee. Rechtsfolge

Liegen die Voraussetzungen des § 35 I GewO vor, *ist* die Gewerbeausübung zu untersagen. Die Voll- bzw. Teiluntersagung ist allerdings aufgrund des damit verbundenen erheblichen Eingriffs in die Rechtssphäre nach dem **Grundsatz der Verhältnismäßigkeit** *ultima ratio*. Es müssen daher zunächst andere, ebenso geeignete aber weniger belastende Maßnahmen (z.B. verstärkte Überwachung, Bußgelder, Abmahnungen, Kontrollen, Auflagen und Verwarnungen) ergriffen werden.[1102] Um eine Totalschließung des Gewerbes zu vermeiden, sieht § 35 II GewO ferner die Fortführung durch einen Stellvertreter (§ 45 GewO) vor. 1139

Zusammenfassung: Im Rahmen des stehenden Gewerbes unterscheidet die GewO zwischen schlicht **anzeigepflichtigen** und **zulassungspflichtigen** Gewerbearten. Der Grund für diese Unterscheidung liegt in der unterschiedlichen (abstrakten) Gefährlichkeit für die Allgemeinheit: Diejenigen Gewerbe, die nicht oder weniger gefährlich sind (Beispiel: Verlage) brauchen der Behörde lediglich angezeigt zu werden, um die zuständigen Behörden über die Gewerbeausübung in Kenntnis zu setzen und ihr dadurch die Möglichkeit zu verschaffen, die Gewerbeausübung zu überwachen; demgegenüber bedürfen die abstrakt gefährlichen Gewerbe (Beispiel: lebensmittelverarbeitende Betriebe; Tankstellen) einer Zulassung (= Erlaubnis; Genehmigung), damit die Behörde noch vor der Aufnahme der Tätigkeit die formellen und materiellen Voraussetzungen, die der Gesetzgeber zum Schutz der Bevölkerung aufgestellt hat, überprüfen kann. Entsprechend dieser Unterscheidung sind auch unterschiedliche Verfahren zu beachten, wenn es um die **Verhinderung der weiteren Fortführung** des Gewerbes geht: 1140

- Genehmigungen (= Verwaltungsakte) von **zulassungspflichtigen** Gewerbearten können, sofern die Genehmigungsvoraussetzungen nicht oder nicht mehr vorliegen, widerrufen oder zurückgenommen werden, sei es durch spezialgesetzliche Regelungen (etwa nach § 15 GastG) oder sei es durch §§ 48 f. VwVfG. Ist also eine Erlaubnis erteilt worden, bedarf es zunächst des Widerrufs oder der Rücknahme der Erlaubnis, um den Gewerbetreibenden von der weiteren Ausübung seines Gewerbes abhalten zu können. Missachtet der Gewerbetreibende den Widerruf bzw. die Rücknahme der Erlaubnis, übt er sein Gewerbe ohne erforderliche Erlaubnnis, also illegal, aus. Um in diesem Fall die weitere Ausübung zu verhindern, kann die zuständige Behörde die Fortsetzung des Betriebs mit einer Stilllegungs- bzw. Schließungsverfügung (§ 15 II S. 1 GewO) verhindern. Dieses Instrumentarium steht ihr nicht nur dann zur Verfügung, wenn eine einmal erteilte Erlaubnis nachträglich aufgehoben wurde, sondern auch auch, wenn die erforderliche Erlaubnis von vornherein nicht vorhanden war. Beachtet der Betreffende die Schließungsverfügung nicht, kann sie mit Zwangsmitteln nach dem Verwaltungsvollstreckungsgesetz durchgesetzt werden. Vgl. insgesamt zum zulassungspflichtigen Gewerbe Rn 1146 ff.
- Anders verhält es sich bei schlicht **anzeigepflichtigen** Gewerbearten. Dort kann in Ermangelung einer Genehmigung eine solche auch nicht aufgehoben werden. § 15 II GewO und die Vorschriften über die Aufhebung von Erlaubnissen sind auf schlicht anzeigepflichtige Gewerbe nicht anwendbar. Um dennoch die Weiterführung des Gewerbes zu unterbinden, stellt **§ 35 GewO** (soweit keine Spezialregelung greift) eine Rechtsgrundlage zur Unterbindung der Gewerbeausübung aus persönlichen Gründen (Unzuverlässigkeit) dar. Eine auf § 35 GewO gestützte Ordnungsverfügung verbietet es dem Gewerbetreibenden, die Ausübung seines Gewerbes fortzusetzen. Kommt der Gewerbetreibende der Ordnungsverfügung nicht nach, kann die Behörde sie mit Mitteln der Verwaltungsvollstreckung durch-

[1102] Vgl. zur „Abmahnung im Verwaltungsrecht" ausführlich *R. Schmidt*, AllgVerwR, Rn 916 ff.

setzen. Einer gesonderten Stilllegungs- bzw. Schließungsverfügung bedarf es – anders als beim zulassungspflichtigen Gewerbe – nicht.[1103]

ff. Maßgeblicher Zeitpunkt

1141 Ist eine Gewerbeuntersagung unter Einhaltung des Verhältnismäßigkeitsgrundsatzes zulässig, stellt sich das Folgeproblem, ob das gerichtliche Unzuverlässigkeitsurteil von der Frage berührt wird, wie sich die tatsächlichen Verhältnisse nach Abschluss des behördlichen Untersagungsverfahrens weiterentwickelt haben. Im Kern geht es um das (immer wieder in Examensklausuren anzutreffende) Problem, ob die Unzuverlässigkeit entfällt, wenn sich der Gewerbetreibende nachträglich (d.h. nach dem Erlass der Untersagungsverfügung, aber noch vor dem gerichtlichen Urteil) ordnungsgemäß verhält.

1142 ▪ Nach der früher herrschenden, teilweise auch heute noch vertretenen Ansicht gilt der Grundsatz, dass es generell im Rahmen der Anfechtungsklage bei der rechtlichen Beurteilung des Verwaltungsakts auf den Zeitpunkt der **letzten behördlichen Entscheidung** (also i.d.R. der Erlass des Widerspruchsbescheids) ankomme.[1104] Von diesem Grundsatz wurden und werden aber einige Ausnahmen gemacht. Insbesondere dann, wenn sich seit der letzten Behördenentscheidung die *Sach- und Rechtslage geändert hat*, ein *Dauerverwaltungsakt* vorliegt oder ein Verwaltungsakt angegriffen wird, der wegen der aufschiebenden Wirkung des Widerspruchs und der Anfechtungsklage noch *nicht vollzogen* wurde, sei auf den Zeitpunkt der **letzten mündlichen Gerichtsverhandlung** abzustellen.[1105] Diese weitreichende, nahezu jeden Sachverhalt erfassende Ausnahmetrias hatte und hat zur Folge, dass bei der Beurteilung der Sach- und Rechtslage lediglich bei *rechtsgestaltenden Verwaltungsakten*, die keine Dauerverwaltungsakte darstellen (etwa Beamtenernennung oder Konzession nach dem PBefG), auf den Zeitpunkt der **letzten Behördenentscheidung** abzustellen ist.

1143 ▪ Diese Konsequenz hat dazu geführt, dass der o.g. Grundsatz zunehmend in Zweifel gezogen wurde. Hinzu kommt, dass es dem Kläger i.d.R. nicht um die Feststellung der Rechtswidrigkeit der Behördenentscheidung geht, sondern primär um die Aufhebung der Behördenentscheidung mit Wirkung für die Zukunft (ex nunc). Es wird daher zunehmend vertreten, dass es für die rechtliche Beurteilung eines Verwaltungsakts grundsätzlich auf den Zeitpunkt der **letzten mündlichen Verhandlung vor dem Verwaltungsgericht** ankomme.[1106] Lediglich wenn es dem Kläger auf eine Aufhebung des angegriffenen Verwaltungsakts mit Wirkung für die Vergangenheit (ex tunc) ankomme oder ein besonders verliehener Status in Rede stehe, sei maßgeblicher Zeitpunkt die letzte Verwaltungsentscheidung. Das BVerwG führt in seiner Entscheidung v. 3.11.1994 sogar noch undifferenzierter aus:

„Maßgeblich für die Entscheidung eines Gerichts sind die Rechtsvorschriften, die sich im Zeitpunkt der Entscheidung für die Beurteilung des Klagebegehrens Geltung beimessen und zwar gleichgültig, ob es sich um eine Feststellungsklage, Leistungsklage, eine Anfechtungsklage oder eine Verpflichtungsklage handelt."[1107]

Die Vertreter dieser Auffassung machen geltend, dass das Abstellen auf den Zeitpunkt der gerichtlichen Entscheidung bzw. den der letzten mündlichen Gerichtsverhandlung

---

[1103] Wie hier nun auch *Kment*, JA **2005**, 774, 775.
[1104] BVerfG NVwZ **2004**, 103; BVerwGE **82**, 260, 261; BVerwG DÖV **1974**, 104; OVG Münster NWVBl **1992**, 371; BVerwG DVBl **2000**, 1614 mit Bespr. *Selmer*, JuS **2001**, 198; *Hufen*, VerwProzR, § 24 Rn 8; *Redeker/v. Oertzen*, VwGO, § 108 Rn 20; *Schnapp/Henkenötter*, JuS **1998**, 624, 625; *Schmitt Glaeser/Horn*, VerwProzR, Rn 525. Offen gelassen von VGH Mannheim NVwZ **2002**, 224, 225.
[1105] Vgl. BVerwG DVBl **2000**, 1614; *Schmitt Glaeser/Horn*, VerwProzR, Rn 525.
[1106] Vgl. BVerwGE **97**, 79, 81 f.; BVerwG NVwZ-RR **1999**, 387 ff.; *Redeker*, NVwZ **2000**, 1223, 1225; *Kopp/Schenke*, VwGO, § 113 Rn 35. Offen gelassen von VGH Mannheim NVwZ **2002**, 224, 225.
[1107] BVerwGE **97**, 79, 90.

schon deshalb überzeuge, weil die Ansicht, grundsätzlich nur der Zeitpunkt der letzten behördlichen Entscheidung könne maßgeblich sein, klar dem Wortlaut des § 113 I S. 1 VwGO („soweit der Verwaltungsakt rechtswidrig *ist*") widerspreche. Das BVerwG und das BVerfG haben aber in jüngeren Entscheidungen ausdrücklich betont, dass es im Grundsatz auf den Zeitpunkt der **letzten Verwaltungsentscheidung** ankomme.[1108] Selbst innerhalb des BVerwG lässt sich also keine klare Linie erkennen. Eine Streitentscheidung kann aber dahin stehen, wenn die unterschiedlichen Auffassungen zu denselben Ergebnissen kommen. Das dürfte bis auf den rechtsgestaltenden Verwaltungsakt, der sich auf einen besonders verliehenen Status (etwa Beamtenernennung) bezieht oder diesen etwa widerruft oder den rechtsgestaltenden Verwaltungsakt, der eine Genehmigung eines zulassungspflichtigen Gewerbes zumindest nach dem PBefG zum Gegenstand hat, stets der Fall sein.

Das wird insbesondere an folgenden **Beispielen** deutlich:

(1) Die dem Landkreis L zugehörige Behörde X untersagt dem C eine handwerkliche Betätigung mit der Begründung, es handele sich um einen unzulässigen handwerklichen Nebenbetrieb nach § 3 II HandwO. C bestreitet dies und erhebt nach erfolglos durchgeführtem Widerspruch Anfechtungsklage gegen die Untersagung. Wird dem C die handwerkliche Betätigung mit der Begründung der Unzuverlässigkeit untersagt, hat diese Untersagungsverfügung Dauerwirkung. Hier ist sowohl nach der einen als auch nach der anderen Auffassung auf den Zeitpunkt der letzten mündlichen Verhandlung abzustellen. Denn zum einen liegt ein Dauerverwaltungsakt vor und zum anderen wird der Kläger zwar den Verwaltungsakt als von Anfang an rechtswidrig angreifen, aber besonders festgestellt wissen wollen, dass im Zeitpunkt der letzten mündlichen Verhandlung vor dem Gericht die Untersagung auf jeden Fall nicht mehr rechtmäßig ist.[1109]

(2) Die Busunternehmen A und B stehen im Wettbewerb zueinander. Als die Behörde dem Unternehmen B weitere Erlaubnisse nach dem PBefG erteilt, beantragt das Unternehmen A ebenfalls entsprechende Genehmigungen. Als die Anträge der A abgelehnt werden, verklagt A die Behörde auf Genehmigungserteilung. Im Bereich des Personenbeförderungsrechts konstatiert das BVerwG, dass eine Genehmigung nach dem PBefG insbesondere kein Dauerverwaltungsakt sei, bei dessen Beurteilung Änderungen der Sach- und Rechtslage während des Verwaltungsprozesses zu berücksichtigen seien; vielmehr handele es sich um einen rechtsgestaltenden Verwaltungsakt, der mit seinem Ergehen die ihm entsprechende Rechtslage herstelle. Eine Genehmigung nach dem PBefG werde nicht rechtswidrig, wenn die Genehmigungsvoraussetzungen nachträglich entfielen. Vielmehr sehe § 25 PBefG in einem solchen Fall den Widerruf der Genehmigung vor. Daher sei auf den Zeitpunkt der letzten Verwaltungsentscheidung abzustellen.[1110] Die Gegenauffassung würde wohl auf den Zeitpunkt der Gerichtsentscheidung bzw. der letzten mündlichen Gerichtsverhandlung abstellen, da sie entweder einen Dauerverwaltungsakt annehmen würde oder davon ausgeht, dass es dem Kläger auf die Aufhebung mit Wirkung für die Zukunft (*ex nunc*) ankomme.

Fraglich ist, ob diese Grundsätze auch für die **Gewerbeuntersagung** nach § 35 Ge- **1144**
wO gelten. Bezüglich der Gewerbeuntersagung besteht die Besonderheit, dass das in § 35 VI GewO normierte Wiedergestattungsverfahren zwingend mit einem – nicht vor Ablauf einer bestimmten Frist zulässigen – Antrag bei der Behörde beginnt.[1111] Die Wiedererteilung der Gewerbeerlaubnis ist also von einer Entscheidung über einen erneuten Antrag abhängig. Diese besondere Gestaltung schließt es nach Auffassung des

---

[1108] BVerwG DVBl **2000**, 1614 ff.; BVerfG NVwZ **2004**, 103.
[1109] *Redeker*, NVwZ **2000**, 1223, 1225.
[1110] BVerwG DVBl **2000**, 1614. Vgl. dazu auch *Selmer*, JuS **2001**, 198, 199.
[1111] BVerwGE **65**, 1 ff.

BVerwG aus, die für eine Wiedergestattung relevanten Umstände schon in einem laufenden Anfechtungsprozess zu berücksichtigen, wenn sich ein Kläger darauf beruft, der Untersagungsgrund der Unzuverlässigkeit sei *weggefallen*. Aus diesem Grund stellen das BVerwG und das BVerfG bei der Beurteilung der Rechtmäßigkeit einer Untersagungsverfügung gem. § 35 I GewO auf den Zeitpunkt der **letzten Behördenentscheidung** ab.[1112] Eine Änderung der Sachlage kann demnach nur durch erneuten Antrag nach § 35 VI GewO geltend gemacht werden.

1145 Problematisch ist nun wiederum, ob dies auch im umgekehrten Fall gilt, wenn also die Untersagungsgründe bei der letzten Behördenentscheidung tatsächlich noch nicht vorlagen, aber erst später *eingetreten* sind. Das OVG Lüneburg[1113] verneint dies mit Hinweis auf die „Systematik" des § 35 GewO sowie mit der Begründung, dass ein berechtigtes Interesse an der Aufhebung eines Verwaltungsakts nicht bestehen könne, wenn die Behörde alsbald eine inhaltsgleiche Verfügung neu erlassen müsste. In diesem Fall sei die Gewerbeuntersagung wie jeder Dauerverwaltungsakt zu behandeln. Maßgeblicher Zeitpunkt sei daher die letzte mündliche Verhandlung vor Gericht.

Auch nach dem VGH Kassel[1114] ist maßgeblicher Zeitpunkt für die Beurteilung der Sach- und Rechtslage die letzte mündliche Verhandlung vor Gericht, wenn bestimmte, *für* den Gewerbetreibenden sprechende Tatsachen später (d.h. nach der letzten Behördenentscheidung) eingetreten sind. Dies gilt jedenfalls dann, wenn der Gewerbetreibende schon während des Widerspruchsverfahrens Einspruch gegen einen steuerlichen Festsetzungsbescheid einlegt und diesem Einspruch erst nach Abschluss des Widerspruchsverfahrens stattgegeben wird.[1115]

2. Genehmigungs- und überwachungsbedürftige Gewerbe und Anlagen

1146 Für die Ausübung einiger Gewerbe genügt die schlichte Anzeige nach §§ 14 ff. GewO nicht. Vielmehr bedarf es wegen der besonderen Gefahr und der Bedeutung für die Allgemeinheit einer behördlichen Zulassung. Die Gewerbeordnung unterscheidet zwei Arten von Zulassungen: die **Sachkonzession** und die **Personalkonzession**. Fehlt eine solche erforderliche Zulassung oder wurde sie zurückgenommen bzw. widerrufen, kann die Behörde die Fortsetzung des Betriebs gem. **§ 15 II GewO** verhindern.

1147 Während also die Fortsetzung des nicht angezeigten, aber anzeigepflichtigen Gewerbes über § 35 I GewO i.V.m. dem Verwaltungsvollstreckungsrecht verhindert werden kann, ist die Verhinderung der Fortführung eines nicht genehmigten, aber genehmigungspflichtigen Gewerbes auf § 15 II GewO ggf. i.V.m. dem Verwaltungsvollstreckungsrecht zu stützen. Allerdings ist zu beachten, dass die Vorschrift des § 15 II GewO durch spezialgesetzliche Vorschriften verdrängt sein kann. So gehen die Vorschriften des **GPSG**[1116] über die Stilllegung einer überwachungsbedürftigen Anlage, die ohne die erforderliche Erlaubnis betrieben wird, **§ 16 III HandwO** (Untersagung einer Betriebsfortsetzung, wenn der Betrieb entgegen der Vorschriften der HandwO ausgeübt wird) oder **§ 20 II BImSchG** (Stilllegung einer Anlage, die ohne die erforderliche Genehmigung betrieben wird) dem § 15 II GewO vor. **Keine** Spezialregelung enthält das **GastG**. Übt also jemand ein Gaststättengewerbe ohne erforderliche Genehmigung aus (oder wurde eine solche zurückgenommen oder widerrufen), kann die Behörde die weitere Fortsetzung des Betriebs gem. § 31 GastG i.V.m. 15 II GewO verhindern.

[1112] So ausdrücklich BVerwG GewArch **1997**, 478, 479; BVerfG NVwZ **2004**, 103. Vgl. auch *Oberrath*, JA **2001**, 991, 997.

[1113] OVG Lüneburg NVwZ **1995**, 185 f.

[1114] VGH Kassel GewArch **1998**, 289.

[1115] VGH Kassel, a.a.O.; *Kempen*, NVwZ **2000**, 1115, 1119.

§ 15 II GewO gewinnt zunächst an Bedeutung, wenn die erteilte Erlaubnis zurückgenommen oder widerrufen worden ist. Die Rücknahme und der Widerruf sind lediglich rechtsgestaltende Verwaltungsakte, also nicht vollstreckungsfähig.[1117] Daher können sie nicht Grundlage für eine Verwaltungsvollstreckungsmaßnahme (unmittelbarer Zwang, Ersatzvornahme) sein. Zur Vermeidung der unberechtigten Weiterführung kann die Behörde daher die Rücknahme bzw. den Widerruf der Erlaubnis mit Regelungen verbinden, die die Fortsetzung des Betriebs verhindern. Dies ermöglicht § 15 II GewO. 1148

§ 15 II GewO ist also eine der Behörde zur Verfügung stehende **Rechtsgrundlage, die Fortsetzung des nicht genehmigten, aber genehmigungsbedürftigen Betriebs zu verhindern.**

§ 15 II GewO kommt aber nicht nur zum Tragen, wenn eine gewerberechtliche Erlaubnis zunächst vorlag und später durch Rücknahme oder Widerruf aufgehoben wurde (z.B. nach §§ 48 f. VwVfG oder § 15 GastG), sondern auch dann, wenn die Fortsetzung des Betriebs aus anderen Gründen untersagt wurde oder bei einer nichtigen oder gar nicht erst erteilten Erlaubnis. Über ihren Wortlaut hinaus kann nach der Vorschrift des § 15 II GewO auch der Beginn einer Gewerbetätigkeit verhindert werden. 1149

Fraglich ist, ob durch den Wortlaut „**verhindern**" die Behörde die Fortsetzung des Betriebs ohne entsprechende Ordnungsverfügung in der Gestalt einer Schließungs- oder Stilllegungsverfügung gleich durch direkte Anwendung unmittelbaren Zwangs unterbinden darf, ob also § 15 II GewO eine Rechtsgrundlage für den Verwaltungszwang darstellt. Berücksichtigt man das allgemeine Rangverhältnis zwischen Ordnungsverfügungen und Vollstreckungsmaßnahmen, sind Zwangsmaßnahmen grundsätzlich nur zulässig, wenn eine **Grundverfügung** (in Gestalt einer Schließungs- oder Stilllegungsverfügung) vorausgeht.[1118] Auch das Verfahren nach § 15 II GewO ist demnach zweistufig ausgestaltet: Im gestreckten Verfahren ist zunächst eine Stilllegungs- bzw. Schließungsverfügung (Grundverwaltungsakt) erforderlich. Deren Rechtsgrundlage stellt § 15 II GewO dar. Kommt der Gewerbetreibende der Aufforderung, seinen Betrieb einzustellen, nicht nach, kommen Vollstreckungsmaßnahmen in Betracht. **Vgl. dazu den Fall bei Rn 1203.** 1150

Handelt es sich bei einer Verfügung nach § 15 II GewO also nicht um eine Maßnahme der Verwaltungsvollstreckung, sondern um eine vollstreckbare Ordnungsverfügung, hat ein hiergegen eingelegter Rechtsbehelf (Widerspruch, Anfechtungsklage) grundsätzlich aufschiebende Wirkung[1119], d.h. der Gewerbebetrieb darf also zunächst weitergeführt werden (vgl. § 80 I VwGO). Will die Behörde dies verhindern, muss sie die auf § 15 II GewO basierende Ordnungsverfügung für sofort vollziehbar erklären (§ 80 II S. 1 Nr. 4 VwGO). 1151

Zusammenfassung: Liegen die Voraussetzungen eines **genehmigungspflichtigen Gewerbes** nicht (mehr) vor, sei es durch 1152

- Ausübung des Gewerbes trotz fehlender, aber erforderlicher Genehmigung
- Widerruf oder Rücknahme nach den §§ 48 f. VwVfG oder spezialgesetzlicher Aufhebungsvorschriften (z.B. § 15 i.V.m. § 4 GastG)

[1116] Das GPSG hat das bisherige GSG am 1.5.2004 abgelöst (dazu ausführlich *Klindt*, NJW **2004**, 465 ff.).
[1117] OVG Koblenz NVwZ-RR **1997**, 223.
[1118] VGH Mannheim GewArch **1994**, 30 f.
[1119] Zur landesrechtlichen Befugnis, die aufschiebende Wirkung von Rechtsbehelfen gegen Maßnahmen in der Verwaltungsvollstreckung auszuschließen, vgl. § 80 II S. 2 VwGO und die Ausführungen bei *R. Schmidt*, VerwProzR, Rn 915 ff.

- Nichtigkeit des ursprünglichen Genehmigungsbescheids (vgl. § 44 VwVfG)

ist das Verbot der Fortsetzung des Gewerbes (bzw. eine Stilllegungsverfügung) auf **§ 15 II GewO** zu stützen. Diese Vorschrift ist eine der Behörde zur Verfügung stehende **Rechtsgrundlage, die Fortsetzung des nicht genehmigten, aber genehmigungspflichtigen Betriebs zu verhindern**. Eine auf diese Rechtsgrundlage gestützte Schließungs- oder Stilllegungsverfügung ist zwar keine Maßnahme der Verwaltungsvollstreckung, stellt aber eine vollstreckungsfähige Grundverfügung für eine anschließende Verwaltungsvollstreckung (Ersatzvornahme, unmittelbarer Zwang) dar.

a. Sachkonzessionen

1153 Eine Sachkonzession ist eine Form der Gewerbezulassung, bei der bestimmte sachliche Voraussetzungen erfüllt sein müssen, insbesondere bauliche und technische Einrichtungen von Anlagen und Gewerbe. Sie dient zur Kontrolle von Gefahren und Belästigungen, die von bestimmten Objekten ausgehen. Es sind die überwachungsbedürftigen von den genehmigungsbedürftigen Anlagen zu unterscheiden.

aa. Überwachungsbedürftige Anlagen

1154 Liegt der Schwerpunkt der Kontrolle in der Überwachung der gewerblichen Anlage, spricht man von überwachungsbedürftigen Anlagen. Die Überwachung dient der Gefahrenabwehr, d.h. dem Schutz der Allgemeinheit und der Nachbarn. Eine Genehmigung ist nicht stets Voraussetzung für den Betrieb, da der Gesetzgeber hier von geringeren Gefahren ausgeht als dies bei genehmigungsbedürftigen Anlagen der Fall ist. Die überwachungsbedürftigen Anlagen sind im GPSG[1120] abschließend aufgelistet. Hierzu gehören u.a. Dampfkesselanlagen, Aufzuganlagen und Getränkeschankanlagen.

bb. Genehmigungsbedürftige Anlagen

1155 Liegt der Schwerpunkt der Kontrolle nicht in der Überwachung, sondern in der Genehmigung von gewerblichen Anlagen, spricht man von genehmigungsbedürftigen Anlagen. Die Genehmigung soll sicherstellen, dass keine Gefahren von Anlagen ausgehen, denen ein größeres Gefahrenpotential beigemessen wird. Die genehmigungsbedürftigen Anlagen sind in verschiedenen Gesetzen geregelt.

Beispiele: Gentechnische Anlagen nach § 11 GentechnikG sowie der Gentechnik-Verfahrensverordnung (BGBl I 1996 S. 1652) und der Gentechnik-Anhörungsverordnung (BGBl I 1996 S. 1649)[1121]; Anlagen nach §§ 4 ff. BImSchG, wonach alle Anlagen genehmigungsbedürftig sind, die aufgrund ihrer Beschaffenheit oder ihres Betriebs in besonderem Maße geeignet sind, schädliche Umwelteinwirkungen oder sonstige Gefahren, erhebliche Nachteile oder Belästigungen hervorzurufen. Diese Anlagen sind abschließend in der 4. Verordnung zum BImSchG aufgeführt.

b. Personalkonzessionen

1156 Die Personalkonzession (Personalerlaubnis) ist eine Form der Gewerbezulassung, bei der bestimmte persönliche Voraussetzungen erfüllt sein müssen. Dazu gehören insbesondere die Befähigung und die Zuverlässigkeit des Gewerbetreibenden. Personalerlaubnisse sind nicht nur in der GewO, sondern auch in verschiedenen Spezialgesetzen geregelt.

[1120] Das GPSG hat das bisherige GSG am 1.5.2004 abgelöst (dazu ausführlich *Klindt*, NJW **2004**, 465 ff.).
[1121] Zum Gentechnikrecht vgl. OVG Münster NVwZ **2001**, 110 mit Bespr. *Müller-Terpitz*, NVwZ **2001**, 46.

Beispiele: ApothekenG, HeilpraktikerG, TierschutzG, WaffG, FahrlehrerG, Arbeitnehmerüberlassungs G, PersonenbeförderungsG, GastG

Die Personalerlaubnisse der GewO sind in den §§ 30-34c und 36 GewO geregelt. Dazu gehören das Betreiben folgender Gewerbe: **Privatkliniken** (§ 30 GewO), **Schaustellen von Personen** (§ 33a GewO), **Spielhallen** (§ 33i GewO)[1122], **Bewachungsgewerbe** (§ 34a GewO), **Versteigerungsgewerbe** (§ 34b GewO), **Makler, Bauträger, Baubetreuer** (§ 34c GewO) und die öffentliche Bestellung von **Sachverständigen** (§ 36 GewO). Da es sich um präventive Verbote mit Erlaubnisvorbehalt handelt, darf die Zulassung nur mit den in diesen Vorschriften genannten Gründen versagt werden.[1123] 1157

Beispiele:

(1) Der Betrieb einer Gaststätte bedarf der Erlaubnis, § 2 I GastG. Diese *ist* (kein Ermessen!) für eine bestimmte Betriebsart und für bestimmte Räume zu erteilen. Eine Versagung kommt nur unter den Voraussetzungen des § 4 GastG in Betracht.

(2) Insbesondere die seit einiger Zeit zu beobachtenden **Internetauktionen** waren des Öfteren Gegenstand von gerichtlichen Klagen.[1124] Primär geht es um die Frage, ob der Veranstalter einer Erlaubnis nach § 34 b GewO bedarf. Nach h.M. setzt eine Versteigerung voraus, dass eine Mehrzahl von Personen nach Aufforderung durch den Versteigerer konkurrierend Angebote abgibt, um durch Zuschlag eine Sache oder ein Recht zu erwerben. Dabei müsse jedem Beteiligten die Möglichkeit eröffnet sein, ein Angebot sofort überbieten zu können. Schließlich sei erforderlich, dass die Versteigerung zeitlich und örtlich begrenzt sei. Gerade dieses zuletzt genannte Kriterium führt nach h.M. zu der Annahme, dass eine Internetauktion nicht der Erlaubnis nach § 34 b GewO bedarf, da es an der direkten Konfrontation mit den konkurrierenden Mitbietern und damit an der Möglichkeit eines sofortigen Überbietens fehle. Dem ist aber entgegenzuhalten, dass gerade das Medium Internet die Schnelligkeit und damit einen vergleichbaren Zeitdruck vermittelt, der eine Wettbewerbssituation entstehen lässt, die einer herkömmlichen Versteigerung entspricht.[1125] Verneint man aber mit der h.M. den Charakter einer Internetauktion als Versteigerung, stellt sich das Folgeproblem, ob dann nicht das Ladenschlussgesetz Anwendung findet.[1126]

c. Überwachungsbedürftige Gewerbe

Entgegen der Überschrift „Gewerbetreibende, die einer besonderen *Genehmigung* bedürfen" vor § 29 GewO enthält § 38 GewO eine abschließende Aufzählung von Gewerbebetrieben, die einer besonderen Gewerbe*überwachung* unterworfen werden. Die Entbehrlichkeit einer Genehmigung und die Beschränkung auf bestimmte Überwachungsformen finden ihre Begründung darin, dass der Gesetzgeber diesem Gewerbe eine geringere Gefährlichkeit beimisst als den in §§ 30-34c und 36 GewO genannten. Es besteht also nur eine Anzeigepflicht nach § 14 GewO. Nach erfolgter Anmeldung prüft die Behörde unverzüglich die Zuverlässigkeit des Gewerbetreibenden, § 38 I S. 1 a.E. GewO. 1158

[1122] Zur Frage, ob der Inhaber eines Internet-Cafes, bei dem die Computer auch zu Spielzwecken eingesetzt werden, einer Spielhallenerlaubnis bedarf, vgl. BVerwG NVwZ **2005**, 961 f. mit Bespr. v. *Kment*, JA **2005**, 774 f. Die Beantwortung der Frage richtet sich nach dem Schwerpunkt der Nutzung.

[1123] Vgl. dazu *Kempen*, NVwZ **2000**, 1115, 1120 f. und *Oberrath*, JA **2001**, 991, 995.

[1124] Vgl. zu den Bereichen des Verwaltungsrechts nur KG Berlin GewArch **2001**, 378 sowie (für den Bereich des Zivilrechts) das Grundsatzurteil des BGH NJW **2002**, 363.

[1125] *Oberrath*, JA **2001**, 991, 995 f.; *Krugmann*, NVwZ **2001**, 651, 654. Der BGH a.a.O. hat die Anwendung des § 34 b GewO auf Internet-Auktionen ohne nähere Begründung abgelehnt.

[1126] Vgl. *Germann/Seitz*, JA **2001**, 727, 733 sowie weiterführend *Heckmann*, NJW **2000**, 1370, 1371 ff. und *Krugmann*, NVwZ **2001**, 651 ff.

d. Auskunft und Nachschau bezüglich aller genehmigungs- und überwachungsbedürftiger Gewerbe

1159 Durch das Zweite Gesetz zur Änderung der Gewerbeordnung und sonstiger gewerberechtlicher Vorschriften vom 16.6.1998 (BGBl I, S. 1291) wurde in die GewO ein **§ 29** eingefügt. Diese Vorschrift enthält eine generelle Regelung zu Auskunft und Nachschau. Nach § 29 I GewO sind dort aufgeführte Gewerbetreibende verpflichtet, auf Verlangen der zuständigen Behörde die für die Überwachung des Gewerbebetriebs erforderlichen mündlichen und schriftlichen Auskünfte unentgeltlich zu erteilen. § 29 II GewO stellt eine Rechtsgrundlage für das Betreten der Geschäftsräume während der üblichen Geschäftszeiten dar, um dort Prüfungen und Besichtigungen vorzunehmen, sich die geschäftlichen Unterlagen vorlegen zu lassen und diese einzusehen. Zur Verhütung dringender Gefahren für die öffentliche Sicherheit oder Ordnung können die Räume bzw. Grundstücke tagsüber[1127] außerhalb dieser Geschäftszeiten oder auch dann betreten werden, wenn sie zugleich zu Wohnzwecken des Betroffenen dienen. Zwar unterfallen Geschäfts- und Betriebsräume jedenfalls dann dem Begriff der Wohnung in Art. 13 I GG, wenn sie nicht dem beliebigen Betreten durch Dritte offen stehen[1128], jedoch ist die Wahrnehmung des Betretungsrechts weder Durchsuchung i.S.v. Art. 13 II GG noch Eingriff und Beschränkung nach Art. 13 VII GG, sofern das Betreten von rein geschäftlich genutzten Räumen in Rede steht. Nach Auffassung des BVerfG verbleibt nur die Grundrechtsschranke des Art. 2 I GG. Ob dieser Auffassung gefolgt werden kann, ist zweifelhaft, vgl. dazu Rn 1209 ff.

e. Rücknahme und Widerruf einer erteilten Erlaubnis

1160 Eine erteilte Erlaubnis kann nur durch Rücknahme oder Widerruf aufgehoben werden. Die Aufhebung ist ein belastender Verwaltungsakt, bedarf somit einer Rechtsgrundlage. Zu beachten ist auch hier der Spezialitätsgrundsatz. Bevor also die §§ 48 f. VwVfG herangezogen werden, ist stets zu prüfen, ob nicht ein gewerberechtliches oder berufsrechtliches Spezialgesetz den Sachverhalt (abschließend) regeln.

> **Beispiele:** § 15 GastG, § 4 II ApothekenG, § 3 Bundesärzteordnung, § 21 II S. 1 FahrlehrerG, § 21 BImSchG, § 17 AtomG, § 47 WaffG

1161 Fehlen spezialgesetzliche Widerrufs- oder Rücknahmeregelungen oder regeln diese den Sachverhalt nicht abschließend, kann auf §§ 48 f. VwVfG zurückgegriffen werden. Vgl. dazu die ausführlichen Erläuterungen bei *R. Schmidt*, AllgVerwR, Rn 644 ff. Zum **Rechtsschutz** gegen die Aufhebung vgl. Rn 1196.

II. Reisegewerbe

1162 **1.** Das Reisegewerbe ist in § 55 I GewO definiert. Danach betreibt ein Reisegewerbe, wer gewerbsmäßig ohne vorhergehende Bestellung außerhalb seiner gewerblichen Niederlassung oder ohne eine solche zu haben, selbstständig oder unselbstständig in eigener Person eine der folgenden Tätigkeiten ausübt:

- **Waren feilbieten** (d.h. sie zur sofortigen Überlassung bereithalten, also nicht nur nach Muster verkaufen)
- **Waren ankaufen** (d.h. Waren zur Weiterverarbeitung oder zum Wiederverkauf ankaufen)
- **Warenbestellungen aufsuchen** (d.h. das Bemühen um feste Aufträge zwecks späterer Auslieferung)

[1127] Zur Bestimmung des Begriffs „tagsüber" vgl. § 188 I S. 2 ZPO, § 104 III StPO.
[1128] Vgl. BVerfGE **96**, 44, 51, sowie *R. Schmidt*, Grundrechte, Rn 819 ff.

- **Gewerbliche Leistungen anbieten** (d.h. das Anfertigen, Bearbeiten, Reparieren von beweglichen Gegenständen, z.B. das Schleifen von Messern, Scheren o.ä.). Merkmal ist die Bereitschaft zur sofortigen Leistung
- **Bestellung auf gewerbliche Leistung aufsuchen** (d.h. das Erbringen einer Leistung ohne vorherige Bestellung in der Hoffnung auf spätere Abnahme, z.B. das Fertigen von Fotoaufnahmen und Hinterlassen der Visitenkarte mit dem Angebot, das Foto später abzuholen)
- Selbstständig unterhaltene Tätigkeiten als **Schausteller** oder nach **Schaustellerart** ausüben
- Im Übrigen werden **Bungee-Jumping, Rocket-Bungee, Katapultspringen, House-Running** u.ä. als Reisegewerbe betrachtet, sofern die Veranstalter die o.g. Voraussetzungen erfüllen.[1129]

2. Wesentliches Abgrenzungskriterium zum stehenden Gewerbe ist zum einen, dass die Reisegewerbetätigkeit nur **in eigener Person** ausgeübt werden kann (juristische Personen können ein Reisegewerbe prinzipiell nicht ausüben) und zum anderen, dass die Reisegewerbetätigkeit **ohne vorhergehende Bestellung** erfolgen muss.[1130] Bestellung ist die Aufforderung an einen Gewerbetreibenden, dem Bestellenden gegenüber eine bestimmte Leistung, sei es eine Dienst- bzw. Werkleistung oder eine Warenlieferung, zu erbringen. **1163**

Der Tatbestand des „Aufsuchens von Bestellungen auf Leistungen" setzt voraus, dass die Erfüllung erst in einem gewissen zeitlichen Abstand erfolgt. Es widerspricht daher nicht der Natur eines Reisegewerbes, wenn z.B. ein im Besitz einer Reisegewerbekarte befindlicher Steinmetzgeselle sich um Aufträge bemüht, dazu potentielle Kunden aufsucht und mit der Ausführung der Steinmetzarbeiten erst zu einem späteren Zeitpunkt beginnt.[1131]

3. Wer ein Reisegewerbe betreiben will, bedarf grundsätzlich einer **Erlaubnis** in Form einer **Reisegewerbekarte** (§ 55 II GewO). Diese Regelung entspricht der des stehenden, genehmigungspflichtigen Gewerbes und stellt daher ebenfalls ein präventives Verbot mit Erlaubnisvorbehalt (Kontrollerlaubnis) dar: Das grundrechtlich Erlaubte (Art. 12 I GG) wird präventiv zur Rechtskontrolle eingeschränkt. Die Regelung in Bezug auf die Reisegewerbekarte soll zum Schutze der Allgemeinheit verhindern, dass bei einer Geschäftstätigkeit außerhalb einer ständigen gewerblichen Niederlassung bzw. ohne gewerbliche Niederlassung unreelle Geschäftsmethoden angewandt und die Gewerbetreibenden nicht mehr belangt werden können, weil sie aufgrund ihrer reisenden Tätigkeit unbekannt bleiben.[1132] Einer Reisegewerbekarte bedarf jedoch gem. **§ 55 a GewO** insbesondere **nicht**, **1164**

- wer gelegentlich der Veranstaltung von **Messen**, **Ausstellungen**, **öffentlichen Festen** oder aus **besonderem Anlass mit Erlaubnis der zuständigen Behörde Waren feilbietet** (zuständig für die Erlaubnis ist diejenige Gemeinde, wo die jeweilige Veranstaltung stattfinden soll),
- wer o.g. Tätigkeiten (vgl. 1) **in der Gemeinde seines Wohnsitzes** oder seiner **gewerblichen Niederlassung** ausübt, sofern die Gemeinde nicht mehr als **10.000 Einwohner** zählt (dies gilt nicht für Schausteller),
- wer von einer nicht ortsfesten Verkaufsstelle oder einer anderen Einrichtung in regelmäßigen, kürzeren Zeitabständen **an derselben Stelle** Lebensmittel oder andere Wa-

---

[1129] Vgl. dazu *Kempen*, NVwZ **2000**, 1115, 1119.
[1130] Zur Abgrenzung Reisegewerbe/stehendes Gewerbe vgl. auch BVerfG-K NVwZ **2001**, 189; *Czybulka*, NVwZ **2003**, 164, 170.
[1131] Vgl. BVerfG-K NVwZ **2001**, 189 f.
[1132] BVerfG-K NVwZ **2001**, 189; *Stober*, Besonderes Wirtschaftsverwaltungsrecht, § 46 II 2.

ren des täglichen Bedarfs vertreibt (zugelassen ist in diesem Fall auch das Feilbieten von alkoholischen Getränken),
- wer **Druckwerke** (z.B. Zeitungen) auf **öffentlichen Wegen, Straßen, Plätzen** oder an **anderen öffentlichen Orten feilbietet**.

1165 **4.** Die Reisegewerbekarte muss bei **Unzuverlässigkeit** des Gewerbetreibenden **versagt** werden, § 57 GewO. Der Begriff der Unzuverlässigkeit entspricht dem des § 35 GewO. Bedienstete der Ordnungsbehörde (des Gewerbeamts) können einen Reisegewerbetreibenden **kontrollieren** und diesen auffordern, die Reisegewerbekarte nachzuweisen (§ 60 c GewO). Sollte der Betroffene eine solche nicht nachweisen können, kann die Behörde eine **Einstellung** der Reisegewerbetätigkeit „bis zur Herbeischaffung der Reisegewerbekarte" verlangen (§ 60 d GewO). Die Einstellung entspricht § 15 II GewO. Die Einstellung ist Grundlage (= vollstreckungsfähige Grundverfügung) für den Erlass von Zwangsmaßnahmen zur Durchsetzung der Einstellung und Verhinderung, die im Ermessen der Behörde steht. Verstöße gegen die Reisegewerbekartenpflicht stellen **Ordnungswidrigkeiten** dar (§ 145 GewO).

1166 Für die Kontrolle von Reisegewerbetreibenden ist auch der **Polizeivollzugsdienst** berufen. Beamte können einen Reisegewerbetreibenden **kontrollieren** und diesen auffordern, die Reisegewerbekarte nachzuweisen. Sollte der Betroffene eine solche nicht nachweisen können, bedarf jedoch einer solchen, ist an eine **Verbotsverfügung** zu denken, gestützt auf die polizeigesetzliche **Befugnisgeneralklausel** (z.B. § 10 I BremPolG) zur Verhinderung weiterer Verstöße gegen § 55 GewO. Zu beachten ist aber, dass dieses Verbot nur vorläufig ergehen darf, denn ein längerfristiges Verbot würde eine Verhinderung gem. § 60 d GewO bedeuten und in den Kompetenzbereich des Gewerbeamts eingreifen.

Neben dem kurzfristigen Ausübungsverbot kann die Polizei den Betroffenen **befragen** (z.B. § 13 I, II i.V.m. § 27 BremPolG) und ggf. eine **Identitätsfeststellung** (z.B. § 11 I Nr. 1 BremPolG) durchführen. Das implementiert die Möglichkeiten nach § 11 II BremPolG (**Anhalten**, **Aushändigenlassen** von Ausweispapieren, **Festhalten**, **Durchsuchung**, **Verbringen auf die Dienststelle**).

Die genannten Vorschriften des PolG sind neben § 60 c und d GewO anwendbar, weil die Vollzugspolizei ohnehin nur im Rahmen ihrer **Eilfallkompetenz** zuständig ist und daher insoweit das PolG nicht durch die GewO verdrängt wird. Sie wird bei kurzfristigen Gefahrenlagen schlicht zur Gefahrenabwehr tätig und greift nicht in den Zuständigkeitsbereich der Sonderordnungsbehörde ein.

1167 Ist bei längerfristigen Maßnahmen aber die Sonderordnungsbehörde zuständig, ist zu beachten, dass bevor von dem schneidigen Schwert der Einstellung des Reisegewerbes Gebrauch gemacht wird, zunächst mildere Maßnahmen in Erwägung gezogen werden müssen. So muss zunächst geprüft werden, ob nicht dem Schutz der Teilnehmer, Veranstalter und Zuschauer durch den Erlass von Auflagen auf der Grundlage des § 55 III GewO Rechnung getragen werden kann.[1133] Das trifft insbesondere auf das bereits genannte Bungee-Jumping, Rocket-Bungee, Katapultspringen, House-Running u.ä. zu, sofern diese „Sportarten" als Reisegewerbe ausgeübt werden.

1168 **5.** Die **Entziehung** der Reisegewerbekarte ist der *actus contrarius* zu deren Erteilung. Sie erfolgt daher nach den Regeln über die Rücknahme bzw. den Widerruf. Da keine spezialgesetzlichen Vorschriften greifen, sind die **§§ 48 f. VwVfG** anwendbar.

[1133] Vgl. *Kempen*, NVwZ **2000**, 1115, 1119.

III. Messen, Ausstellungen und Märkte

Messen, Ausstellungen und Märkte im Sinne der Gewerbeordnung sind mit staatlicher Erlaubnis veranstaltete, behördlich geregelte und mit bestimmten Vergünstigungen ausgestattete, in der Regel wiederkehrende Verkaufs-, Vertriebs- oder Informationsveranstaltungen an einem bestimmten Ort, §§ 64 ff. GewO. **1169**

Beispiele:

⇨ **Messen** (§ 64 GewO – Legaldefinition): Cebit Hannover, Kölner Möbelmesse
⇨ **Ausstellungen** (§ 65 GewO – Legaldefinition): Frankfurter Automobilausstellung
⇨ **Großmärkte** (§ 66 GewO – Legaldefinition): Obst- und Gemüsegroßmarkt, Hamburger Fischmarkt
⇨ **Wochenmärkte** (§ 67 GewO – Legaldefinition): Obst-, Gemüse-, Fisch-, Getränke-, Textilienmärkte
⇨ **Spezialmärkte** (§ 68 I GewO – Legaldefinition): Gebrauchtwagenmarkt, Kunstmarkt, Antiquitäten- und Trödelmarkt
⇨ **Jahrmärkte** (§ 68 II GewO – Legaldefinition): Weihnachtsmarkt, Flohmarkt, Trödelmarkt
⇨ **Volksfeste** (§ 60 b GewO – Legaldefinition): Bremer Freimarkt, Hamburger Dom, Münchener Oktoberfest

Das Messe-, Ausstellungs- und Marktgewerbe ist traditionell weitgehend vom Prinzip der **Teilnahmefreiheit** (früher: „Marktfreiheit") beherrscht, vgl. § 70 GewO. Das bedeutet, dass die dort tätigen Gewerbetreibenden bestimmte **Privilegien** genießen, weil eine Reihe von wirtschaftsverwaltungsrechtlichen Vorschriften für sie nicht gilt (siehe Rn 1172). Veranstalter können natürliche Personen und juristische Personen des öffentlichen Rechts (z.B. Gemeinden) und des Privatrechts (z.B. Messe-GmbH) sein. Teilnehmer kann nach der GewO jedermann sein, der zum Teilnehmerkreis der festgesetzten Veranstaltung gehört, § 70 GewO (= gewerberechtliche **Anspruchsgrundlage** zur Teilnahme an der Veranstaltung).[1134] Ist jedoch der Veranstalter eine Gemeinde, ist die Wahlfreiheit der Gemeinde im Bereich der Leistungsverwaltung zu beachten: In diesem Bereich darf die Gemeinde sowohl öffentlich-rechtlich als auch privatrechtlich auftreten. Dies ändert jedoch nichts an der Tatsache, dass die Frage der Zulassung, also des „Ob" stets eine Frage des öffentlichen Rechts ist. Auch richtet sich der Anspruch auf Teilnahme an der Veranstaltung nach dem öffentlichen Recht. Begründet und betreibt die Gemeinde also Messen, Ausstellungen und Märkte als **gemeindliche Einrichtungen**, sind die Gemeindeordnungen i.V.m. den Gemeindeverfassungen zu beachten, wonach die Einwohner und Gewerbetreibenden des jeweiligen Ortes zur Teilnahme an der Veranstaltung berechtigt sind (vgl. z.B. § 15 BremhVerf). **1170**

Beispiel: In Bremerhaven findet jährlich ein Volksfest auf einem dafür vorgesehenen Platz im Stadtzentrum statt. Das Volksfest ist nicht nach § 69 GewO festgesetzt. Mit denjenigen Veranstaltern, die sie zulässt, schließt die Stadt „Mietverträge" ab. Als K, Einwohner der Stadt Bremerhaven, eine Zulassung bezüglich seines Fahrgeschäfts begehrt, wird ein entsprechender Antrag des K abschlägig beantwortet. Ein gegen diese Ablehnung eingelegter Widerspruch wird als unbegründet zurückgewiesen. K möchte nun Klage gegen die Abweisung erheben.
Zunächst müsste der **Verwaltungsrechtsweg** eröffnet sein. Bedenken ergeben sich aus dem Umstand, dass die Gemeinde „Mietverträge" mit den Veranstaltern abschließt. Der Streit könnte somit dem Zivilrecht unterfallen. Für die Rechtswegfrage entscheidend ist aber, dass es um die Frage eines Anspruchs auf Zulassung geht. Nach der

[1134] Vgl. dazu OVG Lüneburg NJW **2003**, 531 f.

Zwei-Stufen-Theorie[1135] ist zwischen dem „Ob" (1. Stufe) und dem „Wie" (2. Stufe) der Benutzung zu unterscheiden. Die 1. Stufe ist wegen der öffentlich-rechtlichen Zweckbindung (Widmung) des Platzes für Volksfeste stets eine Frage des öffentlichen Rechts. Fragen der 2. Stufe können dann der Ausgestaltung durch das Privatrecht unterfallen. Vorliegend geht es um die Zulassung, also um die Frage des „Ob". Der Verwaltungsrechtsweg ist daher eröffnet. Statthafte Klageart ist die **Verpflichtungsklage**, da die Entscheidung über die Zulassung zur Benutzung einer öffentlichen Einrichtung einen Verwaltungsakt darstellt und K eine solche Entscheidung begehrt. Die Klage ist begründet, wenn K einen Anspruch auf Zulassung hat. Da es sich nicht um eine Veranstaltung i.S.d. §§ 64 ff. GewO handelt (das Fest wurde nicht nach § 69 GewO festgesetzt), richtet sich der Zulassungsanspruch nicht nach § 70 GewO, sondern nach dem Kommunalrecht. In Betracht kommt § 15 I BremhVerf. Nach dieser Vorschrift sind die Einwohner der Stadt im Rahmen der bestehenden Vorschriften berechtigt, die öffentlichen Einrichtungen der Stadt zu benutzen. K ist Einwohner der Stadt Bremerhaven, hat also prinzipiell einen Zulassungsanspruch. Ob ein Versagungsgrund (Kapazitätsmangel o.ä.) vorliegt, ist eine Tatfrage. Je nach Sachverhalt besteht daher ein Zulassungsanspruch oder nicht. Vgl. dazu *R. Schmidt*, BesVerwR I, Kap. 3.

Weiterführender Hinweis: Besteht eine gemeinderechtliche Anspruchsgrundlage nicht und kommt auch § 70 GewO nicht in Betracht, kann sich der Zulassungsanspruch aus Art. 3 I GG ergeben (Anspruch auf Gleichbehandlung). Voraussetzung ist, dass die Gemeinde sich durch langjährige Übung selbst gebunden hat (sog. Selbstbindung der Verwaltung) und kein sachlicher Grund für eine anderweitige Entscheidung vorliegt. Zu den Kriterien **„bekannt und bewährt"** vgl. Rn 1183.

1171 **Zusammenfassung und Hinweis für die Fallbearbeitung:** Im Rahmen der Prüfung des **Verwaltungsrechtswegs** ist zu untersuchen, ob es um den **Zugang zu einer öffentlichen Einrichtung** (dem Markt) geht (das „Ob" der Benutzung) oder ob die **Art und Weise der Benutzung** einer solchen Einrichtung (das „Wie" der Benutzung) Gegenstand der Auseinandersetzung ist. Ist bei dieser zweistufigen Betrachtungsweise der **Zugang** zum Markt zu untersuchen, ist *Anspruchsgegner* unabhängig von der Organisationsform die öffentliche Hand, d.h. der Verwaltungsträger (Gemeinde, Stadt). Für die Prüfung des *Verwaltungsrechtswegs* bieten sich zwei Vorgehensweisen an: Zum einen ist es zulässig, die Eröffnung des Verwaltungsrechtswegs schlicht mit der Zwei-Stufen-Theorie zu begründen. Zum anderen kann bereits abschließend geklärt werden, ob eine öffentliche Einrichtung vorliegt. Denn dadurch wird die Prüfung der wahren Natur des behaupteten Anspruchs ermöglicht und die Rechtswegfrage nicht durch den Klägervortrag bestimmt. Soweit über den Zulassungsanspruch (dem „Ob" der Benutzung) gestritten wird, ist in der Fallbearbeitung dann die in Betracht kommende Anspruchsgrundlage (beispielsweise § 70 GewO oder subsidiär eine gemeinderechtliche Anspruchsgrundlage für die Zulassung zu einem Volksfest) zu untersuchen. Insbesondere ist zu prüfen, ob eine öffentliche Einrichtung vorliegt, wodurch die Prüfung eines erforderlichen Widmungsakts angezeigt wäre. Diese Vorgehensweise kann zu einer extremen „Kopflastigkeit" des Gutachtens führen. Daher kann es angebracht sein, die Rechtswegfrage schlicht über die Zwei-Stufen-Theorie zu klären.

Für die *statthafte Klageart* gilt Folgendes:

⇨ Handelt es sich bei dem Marktbetreiber um einen Eigenbetrieb und bejaht man dessen Behördencharakter, ist eine gegen den Eigenbetrieb erhobene **Verpflichtungsklage** statthaft, die darauf gerichtet ist, den Eigenbetrieb zu verpflichten, die gewünschte Zulassung vorzunehmen. Alternativ kann aber auch die übergeordnete Verwaltungseinheit (z.B. Gemeinde) mit dem Ziel verklagt werden, dass diese ihre Fachaufsicht ausübt und den Eigenbetrieb anweist, die

[1135] Zur Bewertung der Zwei-Stufen-Theorie vgl. *R. Schmidt*, BesVerwR I, Rn 558 ff.

gewünschte Zulassung zu erteilen (sog. **Einwirkungs-** oder **Verschaffungsanspruch**). Ein solches Begehren wäre mit der **allgemeinen Leistungsklage** zu verfolgen.

⇨ Verneint man bei dem Eigenbetrieb indes den Behördencharakter, bleibt jedenfalls nur die zweite Alternative.

⇨ Ist der Marktbetreiber als GmbH oder AG organisiert, kommt wegen der Rechtsfähigkeit einer solchen Gesellschaft eine direkte Verurteilung des Verwaltungsträgers zur Zulassung der Benutzung nicht in Betracht. Erwirkt werden kann aber auch hier die Verurteilung, auf das von ihr beherrschte Privatrechtssubjekt derart einzuwirken, dass dem Antragsteller Zugang gewährt wird (sog. **Einwirkungs-** oder **Verschaffungsanspruch**).[1136] Auch hier wäre die **allgemeine Leistungsklage** statthaft. Im einstweiligen Rechtsschutz ist dagegen stets der **Antrag auf Erlass einer einstweiligen Anordnung gem. § 123 VwGO** statthaft.

Schließlich ist zu beachten, dass bei einer solchen privatrechtlichen Organisationsform nicht nur die öffentliche Hand (öffentlich-rechtlich), sondern kumulativ auch die juristische Person des Privatrechts selbst (zivilrechtlich) in Anspruch genommen werden können.

Die bereits bei Rn 1170 angesprochene **Teilnahmefreiheit** i.S.d. § 70 GewO bedeutet zum einen, dass die Titel II und III der GewO auf Titel IV nicht anwendbar sind und der Gewerbetreibende auch sonst weitgehend von wirtschaftsverwaltungsrechtlichen Vorschriften freigestellt ist. So bestehen für die Teilnahme an Messen, Märkten und Ausstellungen keine Reisegewerbekartenpflicht und keine Reisegewerbeanzeigepflicht. Der Verbotskatalog des § 56 GewO gilt nicht. Des Weiteren bestehen keine Anzeige- und keine Erlaubnispflichten. Auch ist die Beschäftigung von Arbeitnehmern an Sonn- und Feiertagen möglich; das Ladenschlussgesetz lässt Sonderregelungen zu (§ 19 LadSchlG). Zuletzt gilt das Gaststättengesetz nicht im Fall des § 68a GewO. **1172**

Zum anderen bedeutet die Teilnahmefreiheit, dass der Gewerbetreibende grundsätzlich einen **Anspruch auf Platzzuweisung** hat. Im zunehmenden Konkurrenzdruck kommt der Vorschrift des § 70 GewO daher eine zentrale Bedeutung zu.[1137] Allerdings ist zu beachten, dass ein Anspruch nur im Rahmen des vorhandenen **Platzangebots** bestehen kann. Ist das Platzangebot ausgeschöpft, kann der Gewerbetreibende nur versuchen, auf Kosten eines bereits zugelassenen Konkurrenten diesen aus seiner Position herauszudrängen und den dann frei gewordenen Platz einzunehmen. Man spricht hier von einer **Mitbewerberklage** bzw. einer ausschließenden Konkurrentenklage oder einer **Konkurrentenverdrängungsklage**. In diesen Fällen ergibt sich nach wohl h.M. für den Kläger die Notwendigkeit, zusätzlich zu der auf den Erlass des angestrebten begünstigenden Verwaltungsakts gerichteten **Verpflichtungsklage** eine oder ggf. auch mehrere **Anfechtungsklagen** (Drittanfechtungen) zu erheben[1138] sowie u.U. auch einen Antrag nach §§ 80 V, 80a III oder § 123 VwGO auf Gewährung **einstweiligen Rechtsschutzes** zu stellen[1139]. Dies wird insbesondere

[1136] Soweit eine GmbH unmittelbare Trägerin der Einrichtung ist, muss § 53 GmbHG beachtet werden. Die Einflussmöglichkeit auf die Geschäftsführung wird maßgeblich durch die dort genannten Mehrheitsverhältnisse bestimmt. Bei einer AG müssen die §§ 76, 77, 78 und 111 AktG beachtet werden, wonach der Vorstand weisungsunabhängig ist. Zu beachten ist aber die Einflussmöglichkeit der Gemeinde in Form eines Beherrschungsvertrags gemäß §§ 291 I S. 1, 308 AktG.

[1137] Vgl. zuletzt OVG Lüneburg NJW **2003**, 531 f.

[1138] Vgl. nur *Wahl/Schütz,* in: Schoch/Schmidt-Aßmann/Pietzner, VwGO, § 42 Abs. 2 Rn 325; *Happ*, in: Eyermann, VwGO, § 42 Rn 104 u. 52 ff.; *Hufen*, VerwProzR, § 15 Rn 6. Vgl. auch *Schneider/Jürgens*, JA **2001**, 481, 483 ff.

[1139] Teilweise wird aber auch angenommen, dass die Zulassung eines von der Behörde abgelehnten Bewerbers zur Teilnahme an einem Markt im Wege der einstweiligen Anordnung nach § 123 I S. 2 VwGO bei einer tatsächlich erschöpften Platzkapazität nicht möglich sei (OVG Bautzen NVwZ-RR **1999**, 500).

für den Fall gefordert, in dem nur ein einziger Verwaltungsakt (beispielsweise weil ein *bestimmter* Marktstandplatz begehrt wird) zu vergeben ist. Auf Schwierigkeiten stößt die h.M. allerdings dort, wo eine große Zahl von Genehmigungen in einem einheitlichen Auswahlverfahren gleichzeitig vergeben wird. Dem abgelehnten Bewerber wird nämlich in der Praxis neben dem Versagungsbescheid regelmäßig nicht mitgeteilt, welche Personen an seiner Stelle die begehrte Vergünstigung erhalten haben. Damit ist ihm deren Identität nicht bekannt, was aber im Hinblick auf die Bestimmtheit einer Klage eine unverzichtbare Voraussetzung für die Anfechtungsklage gegen die Begünstigung der Konkurrenten darstellt. Die Klage wäre schon deshalb nicht zulässig. Darüber hinaus sind ihm regelmäßig die maßgeblich zur Verwaltungsentscheidung führenden Verhältnisse seiner Mitbewerber nicht bekannt, deren Kenntnis für die Beurteilung der Erfolgsaussichten einer Anfechtungsklage aber erforderlich ist.[1140] Daher ist es ausreichend, dass der übergangene Bewerber eine auf erneute Bescheidung gerichtete **Verpflichtungsklage** erhebt.[1141]

1173 Von dieser Problematik einmal abgesehen, ist fraglich, ob nach erschöpftem Kontingent dem übergangenen Marktbewerber überhaupt noch ein Standplatz zugesprochen werden kann. Man könnte meinen, der Eilantrag eines nicht zum Zuge gekommenen Marktbewerbers sei erfolglos, weil die Zulassung wegen der inzwischen erfolgten Platzvergabe an die Konkurrenten unmöglich geworden sei. Dieser Überlegung ist das BVerfG nicht gefolgt. Es hat entschieden, dass die Erschöpfung der Platzkapazität nicht die Versagung effektiven einstweiligen Rechtsschutzes rechtfertige. Wenn das Fachgericht zum Ergebnis komme, dass ein Standplatz zu Unrecht vorenthalten worden sei, dann habe es ungeachtet der bereits anderweitigen Platzvergabe eine Zulassungsverpflichtung des Marktanbieters auszusprechen. Dieser habe es in der Hand, durch die Regelung von Widerrufsvorbehalten bzw. die Vereinbarung von Kündigungsklauseln für einen derartigen Fall vorzusorgen.[1142]

1174 Weiterhin ist der Fall problematisch, in dem die Entscheidung über die Zulassung der Bewerber zu einem Volksfest nicht von dem Hoheitsträger selbst, sondern durch einen sog. „**Volksfestbeirat**", ein vom Stadtrat eingesetztes Gremium, getroffen wird. Der VGH München hat in diesem Zusammenhang entschieden, dass die Auswahlentscheidung schon aus formalen Gründen rechtswidrig gewesen sei, da sie von einem gesetzlich nicht legitimierten, mithin unzuständigen Kollegialorgan getroffen worden sei. Der Volksfestbeirat sei aufgrund seiner Zusammensetzung und Konzeption nicht als beschließender Ausschuss im Sinne der Bayerischen Gemeindeordnung anzusehen und lasse sich auch im Übrigen keinem Gemeindeorgan zuordnen. Die Aufzählung der Organe in der Gemeindeordnung und ihre Kompetenzverteilung sei abschließend; einen freiwilligen Kompetenzverzicht gebe es (im Kommunalrecht) nicht. Ein solcher Verstoß sei auch nicht (nach § 45 VwVfG) heilbar, da ein rechtlich nicht existentes Gremium entschieden habe. Eine Unbeachtlichkeit gem. § 46 VwVfG komme ebenfalls nicht in Betracht, da ein Verstoß gegen die innergemeindliche Organkompetenz von vornherein nicht dem Anwendungsbereich dieser Vorschrift unterfalle.[1143]

[1140] Diese gesamte für Studium und Praxis sehr relevante Problematik völlig übersehend *Schröppel/Schübel-Pfister*, JuS **2005**, 415, 419 f.

[1141] VG Schleswig NVwZ-RR **1999**, 308; *Schmidt*, JuS **1999**, 1107, 1109; *Wieland*, DV **1999**, 217, 220; *Schenke*, VerwProzR, Rn 276; *Kopp/Schenke*, VwGO, § 42 Rn 48 in Anlehnung an *Schenke*, NVwZ **1993**, 718 ff. Auch das BVerwG (E **80**, 270, 272 f.) hat zumindest für den Bereich des Güterfernverkehrsrechts *eine* Verpflichtungsklage mit der Begründung ausreichen lassen, dass es dann Sache der Behörde sei, sich ggf. durch Rücknahme oder Widerruf einer bereits erteilten anderen Genehmigung o.ä. die erforderliche freie Genehmigung wieder zu verschaffen. Vgl. dazu auch die Ausführungen bei Rn 1219 ff. sowie *R. Schmidt*, JuS **1999**, 1107 ff.

[1142] BVerfG NJW **2002**, 3691.

[1143] VGH München NVwZ-RR **2004**, 599.

Schließlich ist noch zu beachten, dass wenn der den Konkurrenten begünstigende Zulassungsbescheid (Verwaltungsakt) bestandskräftig geworden ist (Fristverstreichung der §§ 70 oder 74 VwGO), der Kläger die Behörde nicht dazu verpflichten kann, das Rücknahmeverfahren nach § 48 VwVfG einzuleiten. Diese Vorschrift ermächtigt zwar die Behörde, unter bestimmten Voraussetzungen ermessensfehlerfrei den rechtswidrigen Verwaltungsakt zurückzunehmen. Die Rücknahme steht allerdings nur unter der Ägide des Rechtsstaatsprinzips und des Grundsatzes der Gesetzmäßigkeit der Verwaltung. Sie verleiht dem Kläger kein subjektives öffentliches Recht. Dem Kläger steht in diesem Fall nur der Antrag auf Wiederaufgreifen des Verfahrens gem. § 51 VwVfG zur Verfügung. Auch kommen Schadensersatzansprüche (Amtshaftung) in Betracht. **1175**

D. Rechtsschutz im Gewerberecht

Im Bereich des Gewerberechts geht es regelmäßig um das Begehren, eine gewerbliche Tätigkeit aufnehmen zu dürfen bzw. um die Weiterführung einer untersagten Tätigkeit. Aber auch der Rechtsschutz eines Konkurrenten oder eines Nachbarn kann Gegenstand der Untersuchung sein. Wie bereits in der Einleitung beschrieben, kommen im Einzelnen folgende Rechtsschutzziele in Betracht: **1176**

Der **Gewerbetreibende** begehrt **1177**

- die (vorläufige) Zulassung zu einer genehmigungspflichtigen gewerblichen Tätigkeit (sogleich unter I.)
- die Beseitigung einer durch eine Auflage bewirkten Einschränkung seiner gewerblichen Tätigkeit (Rn 1186)
- die Ausübung einer genehmigungsfrei zulässigen Tätigkeit trotz Untersagungsverfügung (Rn 1187)
- die Abwendung einzelner Maßnahmen, die der Vollstreckung einer Untersagungsverfügung dienen (Rn 1190)
- die Ausübung einer genehmigungspflichtigen gewerblichen Tätigkeit trotz Rücknahme bzw. Widerruf der zuvor erteilten Erlaubnis (Rn 1196)
- die Ausübung einer genehmigungspflichtigen gewerblichen Tätigkeit trotz Betriebsstilllegung (Rn 1200)
- die Abwehr einer Untersagungsverfügung nach § 51 GewO (Rn 1207)
- oder die Abwehr einer behördlichen Betretung, Besichtigung oder Nachschau (Rn 1209).

Der **Konkurrent** des Gewerbetreibenden begehrt die Verhinderung **1178**

- des Beginns oder der Fortsetzung einer gewerblichen Tätigkeit des Gewerbetreibenden (Rn 1219).

Der **Nachbar** des Gewerbetreibenden begehrt die Verhinderung **1179**

- des Beginns oder die Fortsetzung einer gewerblichen Tätigkeit des Gewerbetreibenden (Rn 1222).

I. (Vorläufige) Zulassung zu einer genehmigungspflichtigen gewerblichen Tätigkeit

Wie bereits ausgeführt, ist die Ausübung einer großen Zahl von gewerblichen Tätigkeiten genehmigungspflichtig (vgl. nur §§ 30 ff. GewO, § 2 I GastG, §§ 1 und 7, 8 f. HandwO[1144], § 2 PersBefG oder § 8 GüKG). Beantragt der Gewerbetreibende die Zu- **1180**

[1144] Zur Rechtmäßigkeit des Erfordernisses des sog. Meisterbriefs vgl. BVerwG NVwZ **2002**, 341 mit Bespr. v. *Selmer*, JuS **2002**, 621.

lassung zu einer solchen Tätigkeit, ist das Genehmigungsverfahren regelmäßig langwierig. Dies gilt um so mehr, je umfangreicher die beabsichtigte Tätigkeit und das damit verbundene Genehmigungsverfahren sind. Da auch die Aufnahme einer gewerblichen Tätigkeit in aller Regel mit erheblichen Kosten verbunden ist und der Gewerbetreibende seine genehmigungspflichtige Tätigkeit vor Erteilung der Genehmigung nicht ausüben darf, ist der Gewerbetreibende an einer raschen Entscheidung interessiert. Kommt die Behörde nur zögerlich in Gang, stellt sich nicht nur die Frage nach dem gerichtlichen Rechtsschutz in Form einer Verpflichtungs- bzw. Untätigkeitsklage, sondern auch die Frage nach der Möglichkeit der vorläufigen Zulassung.

1181 Prozessual ist die Zulassung zu einer genehmigungspflichtigen gewerblichen Tätigkeit in der Hauptsache mit Hilfe einer **Verpflichtungsklage** (§ 42 I Var. 2 VwGO) durchzusetzen: Die Behörde soll verpflichtet werden, die Zulassung (= begünstigender Verwaltungsakt) zu erteilen. Die Vornahmeklage ist gem. § 113 V S. 1 VwGO begründet, wenn die Ablehnung des Antrags rechtswidrig und der Kläger dadurch in seinen Rechten verletzt ist, mithin der Anspruch besteht (vgl. dazu sogleich Rn 1183).

1182 Dagegen scheidet der **vorläufige Rechtsschutz nach § 123 VwGO**[1145] im Regelfall aus, denn Sinn und Zweck des präventiven Verbots mit Erlaubnisvorbehalt ist es gerade, dass die Behörde über das Vorhaben befindet, d.h. eine „Unbedenklichkeitsbescheinigung" über das präventiv zur Rechtskontrolle eingeschränkte Grundrecht aus Art. 12 I GG ausstellt. Für den Erlass einer einstweiligen Anordnung, bei der die Genehmigungsbehörde verpflichtet wird, dem Gewerbetreibenden vorläufig die Ausübung seiner gewerblichen Tätigkeit zu gestatten, fehlt somit regelmäßig der Anordnungsgrund. Lediglich in Ausnahmefällen kann es die Garantie des effektiven Rechtsschutzes (Art. 19 IV S. 1 GG) gebieten, gleichwohl vorläufigen Rechtsschutz gem. § 123 VwGO zu gewähren. Dabei sind aber sowohl an den Anordnungsgrund (der Grund für die Eilbedürftigkeit) als auch an den Anordnungsanspruch (der materiellrechtliche Anspruch) besonders hohe Anforderungen zu stellen.

1183 Hinsichtlich des **Anordnungsanspruchs** muss eine sehr hohe Wahrscheinlichkeit dafür sprechen, dass ein materiellrechtlicher Zulassungsanspruch besteht, dass also eine Verpflichtungsklage in Form der Vornahmeklage in der Hauptsache begründet wäre.

Beispiel: K ist Taxiunternehmer. Als er die Verlängerung seiner Konzession nach § 16 PBefG beantragt, verwehrt ihm die Behörde die Verlängerung mit dem Argument, K sei wegen einer Verurteilung bezüglich einer privaten Trunkenheitsfahrt (§ 316 StGB) nicht mehr zuverlässig i.S.v. § 13 I Nr. 2 PBefG.
Nach der Rechtsprechung[1146] genügt eine Verurteilung wegen einer einmaligen Trunkenheitsfahrt noch nicht, um die Unzuverlässigkeit eines Unternehmers zu begründen. K hat daher einen Anspruch nach § 16 PBefG. Er kann also einen Anordnungsanspruch glaubhaft geltend machen (vgl. § 123 III VwGO i.V.m. § 920 II ZPO).

1184 Weiterhin ist für den Erlass einer einstweiligen Anordnung Voraussetzung, dass der Antragsteller den **Anordnungsgrund** glaubhaft macht. Das ist z.B. der Fall, wenn durch den Nichterlass der einstweiligen Anordnung die berufliche Existenz des Antragstellers gefährdet ist.

Beispiel: A hat eine Diskothek übernommen und eine vorläufige Erlaubnis nach § 11 GastG erhalten. Diese vorläufige Erlaubnis wurde auch mehrmals verlängert. Als nun

---

[1145] Zum vorläufigen Rechtsschutz vgl. ausführlich *R. Schmidt*, VerwProzR, Rn 978 ff.
[1146] VGH Kassel NJW **1982**, 2459; OVG Bremen GewArch **1981**, 175.

aber ein entsprechender Antrag des A mit dem Hinweis auf § 2 I GastG abgelehnt wird, beantragt dieser den Erlass einer einstweiligen Anordnung.
Sofern die berufliche Existenz des A gefährdet ist, wird das Gericht dem Antrag wegen des dann glaubhaft gemachten Anordnungsgrundes stattgeben.[1147]

Konkurrentenklage: Besondere Bedeutung erlangt der vorläufige Rechtsschutz aufgrund des hohen Zeitdrucks bei der Zulassung von Gewerbetreibenden zu **Märkten** (z.B. Weihnachtsmarkt, Jahrmarkt) gemäß § 68 GewO oder zu **Volksfesten** gemäß § 60b GewO. Eine in der Hauptsache statthafte **Verpflichtungsklage** genügt dem Rechtsschutzbegehren nicht, da sich die Sache regelmäßig wegen Zeitablaufs noch vor der letzten mündlichen Gerichtsverhandlung erledigt haben wird. Daher kommt nur **vorläufiger Rechtsschutz** ernsthaft in Betracht. Der materiellrechtliche Anspruch, und somit der Anordnungsanspruch, kann sich hier aus **§ 70 GewO** und/oder dem Gemeinderecht ergeben, s.o.). Nach § 70 GewO ist jedermann, der dem Teilnehmerkreis der festgesetzten Veranstaltung angehört, nach Maßgabe der für alle Veranstaltungsteilnehmer geltenden Bestimmungen zur Teilnahme an der Veranstaltung berechtigt.[1148] Unerheblich ist, ob die veranstaltende Gemeinde die Durchführung der Veranstaltung selbst oder durch eine von ihr beherrschten privatrechtlichen Gesellschaft (z.B. GmbH) unternimmt. Ebensowenig hat die Übertragung der Durchführung auf die privatrechtliche Gesellschaft Einfluss auf den Verwaltungsrechtsweg, da die Frage des „Ob" stets eine Frage des öffentlichen Rechts ist.[1149] 1185

Bei der Frage nach dem materiellrechtlichen **Zulassungsanspruch** (bei der einstweiligen Anordnung der Anordnungsanspruch) ist allerdings die Vorschrift des **§ 70 II GewO** zu beachten. Danach kann die veranstaltende Gemeinde bis zur Grenze der Willkür unter sachlichen Kriterien bestimmte Anbietergruppen von der Teilnahme ausschließen.[1150] Dies ist insbesondere dann relevant, wenn der zur Verfügung stehende Platz nicht ausreicht, um alle Interessenten unterzubringen. Hier hat die Gemeinde eine Auswahl anhand sachlich gerechtfertigter Gründe zu treffen, § 70 III GewO.[1151] Dem abgewiesenen Bewerber verbleibt dann nur die Möglichkeit nachzuweisen, dass der Platz doch ausgereicht hätte. Gelingt dieser Nachweis nicht, kann er versuchen, geltend zu machen, dass der vorhandene Platz nicht nach sachgerechten Gründen vergeben worden sei. Sachgerecht ist die Vergabe, wenn solche Geschäfte zugelassen werden, die für die Veranstaltung eines attraktiven Volksfestes geeignet sind. So ist die Qualität des Geschäfts vorrangig. Die Qualität eines Geschäfts ergibt sich aus seiner Attraktivität, seinem technischen Zustand, seiner Gestaltung und der Art der Bearbeitung. Stehen zwei Geschäfte gleicher Art und Qualität in Konkurrenz, kann der **„bekannte und bewährte"** Anbieter bevorzugt werden.[1152] Die Zulassung neuer Geschäfte darf dadurch aber **nicht unmöglich gemacht werden**.[1153]

Beispiel: Schausteller B begehrt mit seinem Fahrgeschäft erstmals die Teilnahme an der einmal jährlich stattfindenden Veranstaltung „Freimarkt" in Bremen. Die zuständige Ordnungsbehörde verwehrt ihm die Zulassung mit der Begründung, dass infolge Platzmangels nur „bekannte und bewährte" Anbieter zugelassen werden. Dies kann den Zugang von neuen Anbietern unzulässig erschweren. Dies ist eine Tatfrage. Ein materiell-

---

[1147] VGH Kassel NVwZ-RR **1996**, 325 ff.
[1148] Vgl. zuletzt OVG Lüneburg NJW **2003**, 531 f. Vgl. auch BVerfG NJW **2002**, 3692.
[1149] Zur Wahlfreiheit der Verwaltung und zur Zwei-Stufen-Theorie vgl. ausführlich *R. Schmidt*, AllgVerwR, Rn 1009 ff.
[1150] OVG Lüneburg NJW **2003**, 531 f.; VGH München GewArch **1996**, 477; VG Ansbach NVwZ-RR **1997**, 98.
[1151] Dieselben Argumente finden auch bei der gemeinderechtlichen Lösung Eingang.
[1152] Vgl. auch *Oberrath*, JA **2001**, 991, 999.
[1153] OVG Lüneburg NJW **2003**, 531, 532.

rechtlicher Anspruch (und damit der Anordnungsanspruch) seitens des B kann daher mit guten Gründen bejaht werden. Vgl. im Übrigen auch Rn 1173 und 1174.

II. Beseitigung von Auflagen an den Gewerbetreibenden

1186 Die Erlaubnis, ein genehmigungspflichtiges Gewerbe auszuüben, ist ein gebundener Verwaltungsakt („die Genehmigung ... *ist* zu erteilen, wenn ..."). Bei gebundenen Verwaltungsakten ist die Beifügung von Nebenbestimmungen, zu denen gem. § 36 II Nr. 4 VwVfG auch die Auflage gehört, grundsätzlich unzulässig. Von diesem Grundsatz ist aber eine Ausnahme zu machen, wenn die Nebenbestimmung durch eine Rechtsvorschrift zugelassen ist (§ 36 I VwVfG). Eine solche Rechtsvorschrift stellt beispielsweise § 5 GastG dar. Dies gilt auch, wenn die Nebenbestimmung im Nachhinein erteilt werden soll. Sofern die Nebenbestimmung isoliert anfechtbar ist (was bei einer Auflage der Fall ist), sind **Anfechtungswiderspruch** und **Anfechtungsklage** gegen die Nebenbestimmung statthaft.[1154] Aufgrund der damit verbundenen aufschiebenden Wirkung (vgl. § 80 I VwGO) ist vorläufiger Rechtsschutz hinreichend gewährleistet.

Beispiel: G beantragt die Erlaubnis, eine Spielhalle zu errichten (§ 33 i GewO). Die zuständige Behörde erteilt ihm die Erlaubnis und gibt dieser die Auflage bei, nach der die zulässigen Geldspielgeräte gleichmäßig räumlich verteilt in der Halle zu installieren sind. Diese Auflage soll der Gefahr der übermäßigen Ausnutzung des Spieltriebs vorbeugen (vgl. § 33 i II GewO). Eine solche Auflage ist isoliert anfechtbar.[1155] Möchte G die Auflage beseitigen, braucht er daher nicht eine Verpflichtungsklage auf Erlass einer Erlaubnis ohne Auflage zu erheben, sondern er kann die Auflage durch die Erhebung eines Widerspruchs/einer Anfechtungsklage isoliert anfechten. Diese beiden Rechtsbehelfe entfalten aufschiebende Wirkung. Bis zur Entscheidung hierüber kann G somit seine Spielhalle ohne die in der Auflage genannte Restriktion betreiben.[1156]

III. Ausübung einer genehmigungsfrei zulässigen Tätigkeit trotz Untersagungsverfügung

1187 Wie bei Rn 1123 ff. ausgeführt, *ist* die Ausübung eines stehenden Gewerbes (§§ 14 ff. GewO), für das keine besonderen gesetzlichen Rücknahme-, Widerrufs- oder Untersagungsregelungen bestehen, von der nach Landesrecht zuständigen Behörde (Gewerbeaufsichtsbehörde) ganz oder teilweise entschädigungslos zu untersagen, wenn der Gewerbetreibende **unzuverlässig** ist, **§ 35 I S. 1 GewO**.[1157] Die Gewerbeuntersagung *kann* für **alle** Gewerbe ausgesprochen werden, wenn die festgestellten Tatsachen die Annahme rechtfertigen, dass der Gewerbetreibende auch für diese Gewerbe unzuverlässig ist, § 35 I S. 2 i.V.m. § 3 GewO (sog. **erweiterte Gewerbeuntersagung**). Bei nur anzeigepflichtigen (§ 14 GewO), also nicht genehmigungspflichtigen Gewerbearten und bei Gewerbearten, für die lediglich eine Sachkonzession erforderlich ist, stellt § 35 GewO also die einzige Eingriffsgrundlage zur Unterbindung der Gewerbeausübung aus persönlichen Gründen dar. Eine Rücknahme oder ein Widerruf der Erlaubnis kommen demnach nicht in Betracht, da diese begriffsnotwendig eine zuvor erteilte Erlaubnis voraussetzen. **§§ 48 f. VwVfG sowie entsprechende Spezialregelungen (wie z.B. § 15 GastG) stehen zu § 35 GewO in einem Alternativverhältnis**.

[1154] Zur Rechtsnatur von Nebenbestimmungen vgl. ausführlich *R. Schmidt*, AllgVerwR, Rn 784 ff.
[1155] BVerwG NVwZ **2004**, 103; BVerwG BayVBl **1996**, 183; vgl. auch OVG Münster DÖV **1997**, 1055.
[1156] Vgl. allgemein zur Spielhallenerlaubnis BVerwG NVwZ **2003**, 602 f.
[1157] Zum Begriff der Unzuverlässigkeit vgl. Rn 1133 ff.

Gegen eine Untersagungsverfügung nach § 35 I GewO sind **Widerspruch** und **Anfechtungsklage** statthaft. Diese Rechtsbehelfe entfalten grundsätzlich gem. § 80 I VwGO aufschiebende Wirkung. Bis zur Entscheidung über den Widerspruch bzw. der Anfechtungsklage kann der Gewerbetreibende also seine Tätigkeit fortsetzen, ohne Sanktionen befürchten zu müssen. **1188**

Um dieses (vorläufige) Ergebnis zu vermeiden, wird die Gewerbeaufsichtsbehörde regelmäßig die sofortige Vollziehbarkeit der auf § 35 I GewO gestützten Untersagungsverfügung gem. § 80 II S. 1 Nr. 4 VwGO anordnen. Hiergegen kann dann der Gewerbetreibende wiederum einstweiligen Rechtsschutz in dem gerichtlichen Verfahren gem. § 80 V S. 1 Var. 2 VwGO (**Eilantrag gerichtet auf Wiederherstellung der aufschiebenden Wirkung**) erreichen.[1158] Die Zulässigkeit eines solchen Antrags beurteilt sich nach den allgemeinen Kriterien, vgl. *R. Schmidt*, VerwProzR, Rn 931 ff. Der Eilantrag ist begründet, wenn bereits die behördliche Anordnung der sofortigen Vollziehung aus formellen Gründen fehlerhaft ist und/oder das Aussetzungsinteresse des Gewerbetreibenden das Vollzugsinteresse der Behörde überwiegt. Für diese vom Gericht vorzunehmende Interessenabwägung gelten ebenfalls die allgemeinen Regeln, vgl. *R. Schmidt*, VerwProzR, Rn 951 ff. Dazu überprüft das Gericht zunächst summarisch die Erfolgsaussichten in der Hauptsache. Denn ist der Rechtsbehelf der Hauptsache offensichtlich begründet, wird das Vollzugsinteresse der Behörde das Aussetzungsinteresse des Gewerbetreibenden kaum überwiegen. Bei dieser Prüfung steht die materielle Rechtmäßigkeit der Untersagungsverfügung im Vordergrund. Diese ist materiell rechtmäßig, wenn der Gewerbetreibende **unzuverlässig** ist. **1189**

Beispiel: A ist Inhaber eines nur nach § 14 GewO anzeigepflichtigen Handelsunternehmens. Schon bei früheren Besichtigungen hat die Polizei illegale Software und manipulierte Handelsbücher vorgefunden. Als entsprechende Unterlassungsaufforderungen seitens der Behörde nicht fruchten, untersagt diese dem A schließlich die Ausübung des Gewerbes gem. § 35 I GewO und ordnet gleichzeitig die sofortige Vollziehung der Untersagungsverfügung an. Gegen die Untersagungsverfügung könnte A zwar Widerspruch (und anschließend Anfechtungsklage) erheben. Da diese Rechtsbehelfe aber aufgrund der Anordnung der sofortigen Vollziehung keine aufschiebende Wirkung entfalten (§ 80 I, II S. 1 Nr. 4 VwGO), und der Verlust der aufschiebenden Wirkung zur Folge hat, dass A seinen Betrieb vorerst nicht weiterführen darf, bleibt diesem nur die Möglichkeit, die aufschiebende Wirkung über einen Eilantrag gem. § 80 V S. 1 Var. 2 VwGO wiederherstellen zu lassen. Bei der dann stattfindenden summarischen Prüfung der Erfolgsaussichten in der Hauptsache steht die Auslegung des Begriffs der Unzuverlässigkeit im Vordergrund. Sollte das Gericht die Unzuverlässigkeit des A mit guten Gründen bejahen, wird es den Eilantrag auf Wiederherstellung der aufschiebenden Wirkung ablehnen.

IV. Abwendung einzelner Maßnahmen, die der Vollstreckung einer Untersagungsverfügung gem. § 35 I GewO (oder gem. § 15 II GewO) dienen

Wie bereits dargestellt, ermächtigt § 35 I GewO die Behörde nicht nur, die (weitere) Ausübung eines schlicht anzeigepflichtigen und tatsächlich auch ausgeübten Gewerbes zu **untersagen**, sondern auch, die Geschäfts- bzw. Büroräume zu **schließen** oder **andere geeignete Maßnahmen** (etwa Maßnahmen der Verwaltungsvollstreckung) zu treffen. Eine auf § 35 I GewO basierende Ordnungsverfügung (Untersagungs- oder Schließungsverfügung) ist ein **vollstreckbarer Grundverwaltungsakt**, **1190**

[1158] Das ist ganz gängige Praxis, vgl. nur VG Berlin GewArch **1998**, 200; VG Stuttgart GewArch **1998**, 291; *Kempen*, NVwZ **2000**, 1115, 1117 ff.

der mit Mitteln der Verwaltungsvollstreckung (Ersatzvornahme, unmittelbarer Zwang) durchgesetzt werden kann.

Beispiel: Im obigen Beispiel hält sich A nicht an die für sofort vollziehbar erklärte Untersagungsverfügung und betreibt sein Geschäft weiter. Nun kann die Behörde die Räume mit Mitteln des Verwaltungszwangs (Ersatzvornahme, unmittelbarer Zwang) schließen, um den weiteren Betrieb des Gewerbes zu verhindern.

Hinsichtlich des **Rechtsschutzes** in derartigen Fällen gilt Folgendes:

1191
- Zunächst ist klar, dass **Widerspruch und Anfechtungsklage** gegen die Ordnungsverfügung (Untersagungs- oder Schließungsverfügung) statthaft sind und grundsätzlich aufschiebende Wirkung entfalten. Der Gewerbetreibende braucht sich dementsprechend (vorläufig) nicht an die Untersagungsverfügung zu halten; die Behörde darf nicht vollstrecken. Um dieses (aus der Sicht der Behörde missliche) Ergebnis zu vermeiden, wird die Behörde die Untersagungsverfügung gem. § 80 II S. 1 Nr. 4 VwGO für sofort vollziehbar erklären. Hier steht dem Betroffenen dann der **Eilantrag nach § 80 V S. 1 Var. 2 VwGO** zur Verfügung. Gibt das Gericht nach summarischer Prüfung der Erfolgsaussichten in der Hauptsache dem Antrag statt, wird es die aufschiebende Wirkung wiederherstellen. In diesem Fall darf die Behörde ebenfalls nicht vollstrecken. Sollte die Behörde bereits Vollstreckungsmaßnahmen getroffen haben, wird das Gericht die Rückgängigmachung der Vollzugsfolgen gem. § 80 V S. 3 VwGO anordnen.[1159]

1192
- Greift der Gewerbetreibende nicht die Ordnungsverfügung an, sondern eine spätere **Maßnahme in der Verwaltungsvollstreckung** (also etwa die Androhung, die Festsetzung oder gar die Anwendung des Zwangsmittels), ist zu beachten, dass hier regelmäßig keine aufschiebende Wirkung eintritt, denn die Länder haben von der Ermächtigung, zu bestimmen, dass Rechtsbehelfe gegen Maßnahmen der Verwaltungsvollstreckung keine aufschiebende Wirkung haben (vgl. § 80 II S. 2 VwGO) ausnahmslos Gebrauch gemacht.[1160] Dem Gewerbetreibenden verbleibt daher hier nur ein **Eilantrag nach § 80 V S. 1 Var. 1 VwGO** gegen die Vollstreckungsmaßnahme. Gibt das Gericht dem Antrag statt, wird es die aufschiebende Wirkung anordnen. In diesem Fall darf die Behörde weitere Vollstreckungsmaßnahmen nicht treffen. Bereits durchgeführte Vollstreckungsmaßnahmen müssen gem. § 80 V S. 3 VwGO rückgängig gemacht werden.

1193
- Wieder anders liegt der Fall, wenn der Betroffene die Grundverfügung bestandskräftig werden lässt und auch die Anwendung des Zwangsmittels nicht mit Hilfe des vorläufigen Rechtsschutzes verhindert. Hier darf die Behörde vollstrecken. Nach erfolgter Anwendung des Zwangsmittels besteht wegen regelmäßig eingetretener Erledigung die Möglichkeit der **Fortsetzungsfeststellungsklage** analog § 113 I S. 4 VwGO gegen das Zwangsmittel. Sollte das Gericht der Klage stattgeben, wird es (soweit tatsächlich möglich) die Rückgängigmachung der Vollzugsfolgen gem. § 113 I S. 2 VwGO anordnen.

1194

Zusammenfassung: Nicht genehmigungspflichtige, also lediglich anzeigepflichtige Gewerbe (§ 14 GewO) können nur durch eine Ordnungsverfügung (Untersagungs- oder Schließungsverfügung) wegen Unzuverlässigkeit (§ 35 GewO) unterbunden wer-

---

[1159] Dem steht nicht entgegen, dass sich die Rechtmäßigkeit einer Vollstreckungsmaßnahme unabhängig von der Rechtmäßigkeit der Grundverfügung, also lediglich vollstreckungsrechtlich beurteilt (keine Konnexität zwischen Primärverfügung und Vollstreckungsmaßnahme, vgl. BVerfG NVwZ **1999**, 290, 292; *Werner*, JA **2000**, 902, 905). Denn bei der Aussetzung der Vollziehung bzw. Rückgängigmachung der Vollzugsfolgen handelt es sich zum einen nur um vorläufige Regelungen und zum anderen geht es um effektiven Rechtsschutz.

[1160] Vgl. **Bay:** Art. 38 IV VwZVG; **Berl:** § 4 S. 1 AGVwGO; **BW:** § 12 S. 1 VwVG; **Brand:** § 39 S. 1 VwVG; **Brem:** Art. 11 S. 1 AGVwGO; **Hamb:** § 8 AGVwGO; **Hess:** § 12 S. 1 AGVwGO; **MeckVor:** § 99 I S. 2 SOG; **Nds:** § 66 S. 2 und § 70 I VwVG i.V.m. § 64 IV S. 1 SOG; **NRW:** § 8 S. 1 AGVwGO; **RhlPfl:** § 16 V S. 1 LVwVG und § 20 AGVwGO; **Saar:** § 18 AGVwGO; **Sachs:** § 11 S. 1 VwVG; **SachsAnh:** § 9 AGVwGO und § 53 IV S. 1 SOG; **SchlHolst:** §§ 248 I S. 2, 233 I LVwG; **Thür:** § 8 S. 1 AGVwGO.

> den. Insbesondere besteht keine zuvor erteilte Erlaubnis (Genehmigung), die etwa durch Rücknahme oder Widerruf aufgehoben werden könnte. § 15 II GewO und die Vorschriften über die Aufhebung von Erlaubnissen sind nicht anwendbar. Um dennoch die Weiterführung des Gewerbes zu unterbinden, hat der Gesetzgeber mit § 35 GewO eine Rechtsgrundlage zur Unterbindung der Gewerbeausübung aus persönlichen Gründen (Unzuverlässigkeit) geschaffen. Eine auf § 35 GewO basierende Untersagung- bzw. Schließungsverfügung, die mit Widerspruch und Anfechtungsklage – oder bei der Anordnung der sofortigen Vollziehung durch die Behörde mit einem Eilantrag nach § 80 V S. 1 Var. 2 VwGO – angegriffen werden kann, ist zugleich die Grundverfügung für eine anschließende Verwaltungsvollstreckung. Rechtsbehelfe gegen Maßnahmen in der Verwaltungsvollstreckung entfalten keine aufschiebende Wirkung. Hier ist daher allein der Eilantrag nach § 80 V S. 1 VwGO sinnvoll in Betracht zu ziehen.

Im Prinzip dasselbe gilt für die Verhinderung der Ausübung eines genehmigungs- **1195**
pflichtigen, aber ohne Genehmigung betriebenen Gewerbes. Hier stellt die Vorschrift des **§ 15 II GewO** (soweit anwendbar) eine der Behörde zur Verfügung stehende **Rechtsgrundlage** dar, **die Fortsetzung des nicht genehmigten, aber genehmigungspflichtigen Betriebs zu verhindern**. Da dieser Sachverhalt aber umfassend unter dem Punkt „VI. Ausübung einer genehmigungspflichtigen gewerblichen Tätigkeit trotz Betriebsstilllegung" bei Rn 1200 ff. behandelt wird, sei insoweit auf die dortigen Ausführungen verwiesen.

V. Ausübung einer genehmigungspflichtigen gewerblichen Tätigkeit trotz Rücknahme bzw. Widerruf der zuvor erteilten Erlaubnis

Ein genehmigungspflichtiges Gewerbe bedarf der Erlaubnis (Beispiel: Gaststättener- **1196**
laubnis, §§ 2 ff. GastG). Diese Erlaubnis ist ein begünstigender Verwaltungsakt. Liegen die Voraussetzungen, unter denen die Erlaubnis erteilt wurde, nicht mehr vor, kann die Behörde die Erlaubnis widerrufen. Lagen dagegen die Voraussetzungen für die Erteilung der Erlaubnis von Anfang an nicht vor, ist eine gleichwohl erteilte Erlaubnis rechtswidrig. Hier kann die Behörde die Erlaubnis zurücknehmen. Rücknahme und Widerruf werden unter den Oberbegriff der Aufhebung zusammengefasst. Die Aufhebung einer gewerblichen bzw. berufsrechtlichen Erlaubnis ist der actus contrarius zur ursprünglich erteilten Erlaubnis, somit ebenfalls ein (diesmal belastender) Verwaltungsakt. Der Betroffene wird daher versuchen, den Aufhebungsakt zu beseitigen, damit die ursprüngliche Erlaubnis wieder auflebt. Gegen die Aufhebung eines begünstigenden Verwaltungsakts sind **Widerspruch** und **Anfechtungsklage** statthaft. Diese Rechtsbehelfe entfalten gem. § 80 I VwGO grundsätzlich aufschiebende Wirkung. Nach Einlegung eines dieser Rechtsbehelfe darf der Gewerbetreibende seine Tätigkeit also weiterführen, ohne Sanktionen befürchten zu müssen. Daher wird die Behörde bestrebt sein, die Rücknahme bzw. den Widerruf gem. § 80 II S. 1 Nr. 4 VwGO für sofort vollziehbar zu erklären. Sofern sie die Rücknahme bzw. den Widerruf für sofort vollziehbar erklärt, kann der Gewerbetreibende die aufschiebende Wirkung nur im **Verfahren gem. § 80 V S. 1 Var. 2 VwGO** erreichen (Wiederherstellung der aufschiebenden Wirkung, s.o.). Im Rahmen der Begründetheitsprüfung dieses Verfahrens ist auf dieselben Gesichtspunkte abzustellen, die auch bei der Überprüfung der Entscheidung über die sofortige Vollziehbarkeit einer Gewerbeuntersagung gem. § 35 GewO Bedeutung haben, vgl. Rn 1190 ff.

Zu beachten ist, dass die Rücknahme bzw. der Widerruf von Erlaubnissen nicht nur **1197**
durch das VwVfG (§§ 48 f.), sondern zum Teil auch durch gewerberechtliche bzw. berufsrechtliche Spezialvorschriften geregelt sind.

Beispiele: § 15 GastG, § 4 II ApothekenG, § 7 II i.V.m. § 6 II Nr. 1 ArchitektenG, § 3 BundesärzteO, § 14 I RechtsberatungsVO i.V.m. Art. 1 § 1 RechtsberatungsmissbrauchsG, § 11 SchornsteinfegerG, § 21 II S. 1 FahrlehrerG etc.

1198 Nur für den Fall, dass solche speziellen Aufhebungsvorschriften den Sachverhalt nicht oder nicht abschließend regeln (so z.B. bezüglich der Fristbestimmung), ist auf die allgemeinen Regeln der §§ 48 f. VwVfG zurückzugreifen. Vgl. dazu *R. Schmidt*, AllgVerwR, Rn 644 ff.

1199 Sollte der Gewerbetreibende die Aufhebung der Erlaubnis missachten und sein Gewerbe weiter betreiben, ist dies illegal. Für diesen Fall gewinnt § 15 II GewO besondere Bedeutung. Denn dadurch, dass Rücknahme und Widerruf lediglich rechtsgestaltende Verwaltungsakte und damit nicht vollstreckungsfähig sind, können sie auch nicht Grundlage für eine Verwaltungsvollstreckungsmaßnahme (unmittelbarer Zwang, Ersatzvornahme) sein. Zur Vermeidung der unberechtigten Weiterführung kann die Behörde daher die Rücknahme bzw. den Widerruf der Erlaubnis mit Regelungen verbinden, welche die Fortsetzung des Betriebs verhindern, § 15 II GewO. Wie bereits ausführlich bei Rn 1146 f. beschrieben, ist diese Vorschrift somit eine der Behörde zur Verfügung stehende **Rechtsgrundlage, die Fortsetzung des nicht genehmigten, aber genehmigungspflichtigen Betriebs zu verhindern**. Das gilt auch für den vorliegend interessierenden Fall, dass eine gewerberechtliche Erlaubnis zunächst vorlag und später durch Rücknahme oder Widerruf aufgehoben wurde. Möchte der Gewerbetreibende gegen die auf § 15 II GewO gestützte Verfügung vorgehen, kann er Widerspruch und Anfechtungsklage erheben. Ein solcher Rechtsbehelf entfaltet grundsätzlich aufschiebende Wirkung (§ 80 I VwGO), d.h. die Verhinderung der Fortsetzung des weiteren Betriebs darf also zunächst nicht mit Zwangsmitteln durchgesetzt werden. Will die Behörde dies vermeiden, muss sie die auf § 15 II GewO gestützte Maßnahme für sofort vollziehbar erklären (§ 80 II S. 1 Nr. 4 VwGO). Hiergegen kann sich der Gewerbetreibende wiederum mit einem Antrag gem. § 80 V S. 1 Var. 2 VwGO zur Wehr setzen. **Zur Anwendung von Vollstreckungsmaßnahmen vgl. sogleich VI. sowie die ausführlichen Beispielsfälle bei Rn 951 und 1203.**

VI. Ausübung einer genehmigungspflichtigen gewerblichen Tätigkeit trotz Betriebsstilllegung (Betriebsuntersagung)

1200 Wie bereits ausgeführt, genügt für die Ausübung einiger Gewerbe die schlichte Anzeige nach §§ 14 ff. GewO nicht. Vielmehr bedarf es wegen der besonderen Gefahr und der Bedeutung für die Allgemeinheit einer behördlichen Zulassung (Beispiel: §§ 2 ff. GastG). Fehlt eine solche erforderliche Zulassung (sei es durch Aufhebung der Erlaubnis, sei es, dass eine Erlaubnis niemals erteilt wurde, oder sei es wegen einer nichtigen Erlaubnis), kann die Behörde die Fortsetzung des Betriebs gem. **§ 15 II GewO**, etwa durch Schließung der Geschäftsräume, verhindern.

1201 Die Verhinderung der Fortführung eines nicht genehmigten, aber genehmigungspflichtigen Gewerbes ist also auf § 15 II GewO zu stützen. Über ihren Wortlaut hinaus kann nach der Vorschrift des § 15 II GewO auch der Beginn einer Gewerbetätigkeit untersagt werden. Allerdings ist zu beachten, dass die Vorschrift des § 15 II GewO durch spezialgesetzliche Vorschriften verdrängt sein kann. So gehen die Vorschriften des **GPSG**[1161] über die Stilllegung einer überwachungsbedürftigen Anlage, die ohne die erforderliche Erlaubnis betrieben wird, **§ 16 III HandwO** (Untersagung einer Betriebsfortsetzung, wenn der Betrieb entgegen den Vorschriften der HandwO ausgeübt wird) oder **§ 20 II BImSchG** (Stille-

[1161] Das GPSG hat das bisherige GSG am 1.5.2004 abgelöst (dazu ausführlich *Klindt*, NJW **2004**, 465 ff.).

gung einer Anlage, die ohne die erforderliche Genehmigung betrieben wird) dem § 15 II GewO vor. Dagegen enthält das **GastG** keine Regelung zur Verhinderung der Fortführung eines nicht genehmigten, aber genehmigungspflichtigen Gaststättengewerbes, sodass § 15 II GewO anwendbar ist (insoweit klarstellend § 31 GastG).

Die Vorschrift des **§ 15 II GewO** ist also eine der Behörde zur Verfügung stehende **Rechtsgrundlage, die Fortsetzung des nicht genehmigten, aber genehmigungspflichtigen Betriebs zu verhindern**. Erlässt die Behörde eine auf § 15 II GewO gestützte Untersagungs-, Stilllegungs- oder Schließungsverfügung, und möchte der Gewerbetreibende gegen diese vorgehen, muss er grundsätzlich Widerspruch und Anfechtungsklage erheben. Da es sich bei einer Verfügung nach § 15 II GewO *nicht* um eine Maßnahme der Verwaltungsvollstreckung handelt, sondern um eine vollstreckungsfähige Grundverfügung, entfaltet ein Rechtsbehelf gegen eine auf § 15 II GewO gestützte Verfügung somit grundsätzlich aufschiebende Wirkung. Die Verhinderung der Fortsetzung des weiteren Betriebs darf also zunächst nicht mit Zwangsmitteln durchgesetzt werden. Das ist insbesondere dann misslich, wenn mit der weiteren Ausübung des Gewerbes erhebliche Gefahren für die Allgemeinheit verbunden sind. Will die Behörde diese Konsequenz verhindern, muss sie die auf § 15 II GewO gestützte Untersagungs-, Stilllegungs- oder Schließungsverfügung für sofort vollziehbar erklären (§ 80 II S. 1 Nr. 4 VwGO). Gegen eine solche Anordnung der sofortigen Vollziehung kann sich wiederum der Gewerbetreibende (um drohende Zwangsmaßnahmen abzuwenden) mit einem **Eilantrag gem. § 80 V S. 1 Var. 2 VwGO** zur Wehr setzen. Gibt das Gericht dem Antrag statt, wird es die von der Behörde ausgeschlossene aufschiebende Wirkung wiederherstellen. Die Zulässigkeit eines solchen Antrags bestimmt sich nach den allgemeinen Kriterien. Bei der Begründetheit ist eine Abwägung zwischen dem öffentlichen Vollzugsinteresse und dem privaten Aussetzungsinteresse (Suspensivinteresse) vorzunehmen. Das Aussetzungsinteresse des Gewerbetreibenden tritt gegenüber dem öffentlichen Vollzugsinteresse regelmäßig dann zurück, wenn die Untersagungs-, Stilllegungs- bzw. Schließungsverfügung offensichtlich rechtmäßig ist oder wenn erhebliche Anhaltspunkte für die Unzuverlässigkeit des Gewerbetreibenden gegeben sind und deshalb keine ausreichende Wahrscheinlichkeit für die Erteilung der Erlaubnis besteht. 1202

Beispiel: G, der im Allgemeinen nicht viel von Bürokratie hält, betreibt in der Stadt S eine Kneipe. Eine Genehmigung gem. §§ 2 ff. GastG hat er bislang nicht beantragt. Als nun einer seiner Gäste nach dem Verzehr von Frikadellen, die G zubereitet und an seine Gäste ausgegeben hatte, wegen einer Lebensmittelvergiftung ins Krankenhaus eingeliefert wird, stellt sich heraus, dass die von G zubereiteten Frikadellen salmonellenverseucht sind. Gleich am nächsten Morgen untersagt ihm die zuständige Gewerbebehörde daher die weitere Ausübung des Gaststättengewerbes und erklärt die Untersagungsverfügung mit der Begründung einer erheblichen Gefahr für Leben und Gesundheit der Gäste für sofort vollziehbar. G sieht zwar ein, dass er einer Gaststättenerlaubnis bedarf, hält die Untersagungsverfügung aber für nicht gerechtfertigt. Immerhin werde ihm seine Existenzgrundlage entzogen. Er fragt daher nach einer Möglichkeit, wie er den Betrieb seiner Kneipe fortführen könne. 1203

Lösungsgesichtspunkte:

1. Sachentscheidungsvoraussetzungen eines Eilantrags nach § 80 V VwGO

Da ein Widerspruch des G gegen die auf § 15 II GewO gestützte Untersagungsverfügung gem. § 80 I VwGO grundsätzlich aufschiebende Wirkung entfalten würde und dies zur Folge hätte, dass die Behörde vor Unanfechtbarkeit keine Zwangsmaßnahmen zur Schließung der Kneipe anordnen dürfte (vgl. § 6 I VwVG), war die Behörde gut beraten, die Verfügung gem. § 80 II S. 1 Nr. 4 VwGO für sofort vollziehbar zu erklären. Damit ist G aber nicht völlig schutzlos. Er kann die aufschiebende Wirkung nämlich über einen Antrag gem. § 80 V S. 1 Var. 2 VwGO wiederherstellen lassen. Von der Zulässigkeit eines solchen Antrags ist vorliegend auszugehen.

2. Begründetheit des Eilantrags auf Wiederherstellung der aufschiebenden Wirkung

Begründet wäre der Antrag nach § 80 V S. 1 Var. 2 VwGO, wenn sich die Anordnung der sofortigen Vollziehung gem. § 80 II S. 1 Nr. 4 VwGO bereits aus formellen Gesichtspunkten als unrechtmäßig herausstellen sollte oder aber im Ergebnis die Abwägung zwischen dem Vollzugsinteresse der Behörde (bzw. eines Dritten oder der Allgemeinheit) und dem Suspensivinteresse des G zugunsten des G ausfällt.

Dass die Anordnung der sofortigen Vollziehung bereits aus formellen Gründen rechtswidrig sein könnte, ist nicht anzunehmen. Insbesondere war sie ordnungsgemäß begründet (§ 80 III VwGO). Auch eine Anhörung war (unabhängig von dem Streit, ob es sich bei der Anordnung der sofortigen Vollziehung um einen Verwaltungsakt oder lediglich um eine Annexentscheidung zu der Grundverfügung handelt) wegen Vorliegens einer Gefahr im Verzug gem. § 28 II Nr. 1 VwVfG entbehrlich.

Bei der Abwägung zwischen dem Vollzugsinteresse und dem Suspensivinteresse sind primär die Erfolgsaussichten in der Hauptsache maßgeblich. Dort würde man zur Annahme der Rechtmäßigkeit der Untersagungsverfügung kommen, wenn sowohl die Voraussetzungen des § 15 II GewO erfüllt wären als auch die Behörde ermessensfehlerfrei gehandelt hätte (§ 15 II GastG: „*kann* ... verhindern"). Die Annahme, dass es sich bei einer Kneipe gem. §§ 2 ff. GastG um ein genehmigungspflichtiges Gewerbe handelt, bereitet keine Schwierigkeiten. Auch steht fest, dass G die Kneipe ohne erforderliche Genehmigung betrieben hat. Fraglich ist allerdings, ob die Behörde ermessensfehlerfrei gehandelt hat. Insbesondere kommt eine Ermessensüberschreitung in Betracht, da die Behörde unverhältnismäßig gehandelt haben könnte. Der Grundsatz der Verhältnismäßigkeit besteht aus den Elementen der Geeignetheit, der Erforderlichkeit und der Angemessenheit. Sicherlich ist die Verhinderung der weiteren Ausübung des Kneipenbetriebs ein zwecktaugliches Mittel, weitere Lebensmittelvergiftungen zu verhindern. Die Betriebsuntersagung müsste aber auch erforderlich gewesen sein. Erforderlich ist eine Maßnahme, wenn es für den Betroffenen kein weniger einschneidendes Mittel gibt, das den Erfolg in gleicher Weise herbeiführen könnte. Vorliegend kommt in Betracht, dass die Behörde den G zur Stellung eines Antrags auf Erteilung einer Gaststättenerlaubnis hätte auffordern können, um seine bislang formell illegal betriebene Kneipe anschließend zu genehmigen. Voraussetzung hierfür ist aber, dass dem G überhaupt eine Gaststättenerlaubnis hätte erteilt werden dürfen. Gemäß § 31 GastG i.V.m. § 1 I GewO hat jeder einen Rechtsanspruch auf die Erteilung einer solchen Erlaubnis, soweit keine zwingenden Versagungsgründe nach § 4 I GastG vorliegen.[1162] Gemäß § 4 I Nr. 1 GastG ist die Erlaubnis dann zu versagen, wenn Tatsachen die Annahme rechtfertigen, dass der Antragsteller die erforderliche Zuverlässigkeit nicht besitzt. Das ist u.a. dann der Fall, wenn er die Vorschriften des Gesundheitsrechts nicht einhalten wird.[1163] Ob G die Vorschriften des Gesundheitsrechts nicht einhalten wird, ist zwar eine Prognoseentscheidung. Bei dieser Prognose können aber die aktuellen Gegebenheiten berücksichtigt werden. Da G es aktuell nicht sehr genau nimmt, die erforderliche Lebensmittelhygiene einzuhalten, könnte der Schluss gezogen werden, dass es auch in Zukunft zu Lebensmittelvergiftungen kommen wird. Auf der anderen Seite weiß G nun, dass er bei der Herstellung von Speisen besondere lebensmittelrechtliche Kenntnisse, insbesondere Hygienevorschriften beachten muss. Die Kenntnis dieser Vorschriften muss er aber gem. § 4 I Nr. 4 GastG durch eine Bescheinigung der IHK nachweisen. Das kann er aber nicht. Somit besitzt G nicht die für den Betrieb einer Gaststätte erfor-

[1162] Das ist die Kernaussage des präventiven Verbots mit Erlaubnisvorbehalt: Das an sich grundrechtlich Erlaubte (hier: die auf Art. 12 I GG gestützte Gewerbeausübung) wird präventiv zur Rechtskontrolle verboten. Sollte sich nach entsprechender Prüfung herausstellen, dass die Tätigkeit für die Allgemeinheit unbedenklich ist, so ist die Erlaubnis zu erteilen.

[1163] Zu den weiteren Voraussetzungen vgl. VG Schleswig NJW **2001**, 387.

derliche Zuverlässigkeit. Daher hätte ihm die Behörde die Gaststättenerlaubnis auch nicht nach Stellung eines entsprechenden Antrags erteilen dürfen. Zur Betriebsuntersagung bestand somit keine Alternative. Damit war sie auch erforderlich.
Schließlich war die Untersagungsverfügung auch angemessen, da bei einer Abwägung der wirtschaftlichen Interessen des G mit den Allgemeininteressen (insbesondere Gesundheit der Gäste) Letztere eindeutig überwiegen.

Im Ergebnis bleibt somit festzuhalten, dass ein Rechtsbehelf in der Hauptsache unbegründet wäre. Somit wird auch die Interessenabwägung ergeben, dass das behördliche Vollzugsinteresse das Aussetzungsinteresse des G überwiegt. Damit wäre auch ein von G gestellter Antrag gem. § 80 V S. 1 Var. 2 VwGO unbegründet.

Kommt der Gewerbetreibende der Untersagungsverfügung nicht nach, wird die Be- **1204**
hörde eine (ebenfalls auf § 15 II GewO gestützte) Schließungsverfügung erlassen und diese für sofort vollziehbar erklären. Hier gelten die gleichen Grundsätze wie bei der Betriebsuntersagung. Legt der Betroffene gegen diese Verfügung keinen Rechtsbehelf (i.d.R. einen Eilantrag gem. § 80 V S. 1 Var. 2 VwGO) ein und hält sich im Übrigen nicht an die Schließungsverfügung, wird die Behörde Vollstreckungsmaßnahmen einleiten. Nach entsprechender Androhung (und. ggf. Festsetzung) kommt i.d.R. nur das Zwangsmittel *unmittelbarer Zwang* in Betracht. Da die Anwendung von Zwangsmitteln im gestreckten Verfahren nach wohl h.M. keinen Verwaltungsakt, sondern einen Realakt darstellt, und auch eine Regelung wie § 18 II VwVG nicht greift, wären hier die allgemeine Leistungsklage bzw. ein Antrag auf Erlass einer einstweiligen Anordnung statthaft. Qualifiziert man die Anwendung eines Zwangsmittels dagegen als Verwaltungsakt, ist die Anfechtungsklage bzw. der Eilantrag nach § 80 V VwGO einschlägig. Zur Frage der materiellen Rechtmäßigkeit einer solchen Zwangsmaßnahme und zur gutachtlichen Prüfung vgl. die ausführlichen Beispielsfälle bei Rn 951 und 1203.

Nur in Ausnahmefällen, bei Gefahr im Verzug, darf die Behörde auch ohne vorange- **1205**
gangenen Verwaltungsakt (hier die Schließungsverfügung) Vollstreckungsmaßnahmen durchführen, vgl. § 6 II VwVG. Hier spricht man von Sofortvollzug oder vom gekürzten Verfahren, vgl. dazu ausführlich Rn 952 ff.

Zusammenfassung: Liegen die Voraussetzungen eines **genehmigungspflichtigen** **1206**
Gewerbes (z.B. Gaststätte, Diskothek) nicht (mehr) vor, sei es durch

- Ausübung des Gewerbes trotz fehlender, aber erforderlicher Genehmigung
- Widerruf oder Rücknahme nach den §§ 48 f. VwVfG oder spezialgesetzlicher Aufhebungsvorschriften (z.B. § 15 i.V.m. § 4 GastG)
- Nichtigkeit des ursprünglichen Genehmigungsbescheids (vgl. § 44 VwVfG)

ist das Verbot der Fortsetzung des Gewerbes (bzw. eine Stilllegungsverfügung) auf **§ 15 II GewO** zu stützen. Diese Vorschrift ist eine der Behörde zur Verfügung stehende **Rechtsgrundlage, die Fortsetzung des nicht genehmigten, aber genehmigungspflichtigen Betriebs zu verhindern**. Eine auf diese Rechtsgrundlage gestützte Stilllegungsverfügung stellt eine vollstreckungsfähige Grundverfügung für eine anschließende Verwaltungsvollstreckung dar. Gegen diese Grundverfügung sind **Widerspruch** und **Anfechtungsklage** statthaft, die grundsätzlich gem. § 80 I VwGO aufschiebende Wirkung entfalten. Sofern die Behörde aber die sofortige Vollziehung anordnet (§ 80 II S. 1 Nr. 4 VwGO), ist ein **Eilantrag** gem. § 80 V S. 1 Var. 2 VwGO statthaft mit dem Ziel, die aufschiebende Wirkung wiederherzustellen.
Gegen eine Maßnahme in der anschließenden Verwaltungsvollstreckung ist zwar ebenfalls ein Rechtsbehelf statthaft, dieser entfaltet aber keine aufschiebende Wirkung (vgl. § 80 II S. 2 VwGO). Hier ist ebenfalls an den einstweiligen Rechtsschutz gem. § 80 V oder § 123 VwGO zu denken.

VII. Untersagung wegen überwiegender Nachteile und Gefahren (§ 51 GewO)

1207 Gem. § 51 S. 1 GewO kann wegen überwiegender Nachteile und Gefahren für das Gemeinwohl die Benutzung jeder gewerblichen Anlage (soweit sie nicht dem BImSchG unterfällt, § 51 S. 3 GewO) durch die zuständige Behörde zu jeder Zeit untersagt werden. Dabei ist unerheblich, ob es sich um ein genehmigungsfreies oder genehmigungspflichtiges Gewerbe handelt. Allerdings muss dem Besitzer alsdann für den erweislichen Schaden Ersatz geleistet werden (§ 51 S. 2 GewO).

1208 **Hinweis für die Fallbearbeitung:** Aufgrund der generalklauselartigen Fassung des § 51 S. 1 GewO besteht eine inhaltliche Nähe zur (subsidiären) polizei- und ordnungsbehördlichen Befugnisgeneralklausel. Schon von daher wird in der Fallbearbeitung stets eine Abgrenzung erforderlich sein. Hinzu kommt, dass der Betroffene bei rechtmäßiger Inanspruchnahme als polizei- und ordnungsrechtlicher Verantwortlicher (im Gegensatz zu der Inanspruchnahme gem. § 51 S. 1 GewO) keinen Ersatzanspruch hat, somit also ergebnisrelevante Unterschiede bestehen, je nachdem, ob die Behörde die Nutzungsuntersagung auf § 51 S. 1 GewO oder auf die Befugnisgeneralklausel stützt. Unstreitig ist jedenfalls, dass § 51 GewO die polizei- und ordnungsrechtliche Befugnisgeneralklausel nicht ausschließt, soweit das Gewerbe noch nicht aufgenommen wurde. Hier ist eine gefahrenabwehrrechtliche Maßnahme auf die Befugnisgeneralklausel zu stützen. Wurde das Gewerbe dagegen bereits aufgenommen, wird man aus systematischen Gründen (das Gewerberecht ist ein besonderes, gegenüber dem allgemeinen Gefahrenabwehrrecht spezielles Gefahrenabwehrrecht) dem § 51 S. 1 GewO gegenüber der Befugnisgeneralklausel den Vorrang einräumen müssen.[1164]

VIII. Abwehr behördlicher Betretung, Besichtigung und Nachschau

1209 Betretungs-, Besichtigungs- und Nachschaurechte gehören seit jeher zu den gewerberechtlichen Instrumenten zur Gewerbeüberwachung. Außerhalb der GewO sind sie in zahlreichen wirtschaftsverwaltungsrechtlichen Spezialgesetzen verankert.[1165] In der GewO ist eine Nachschauregelung v.a. in **§ 29 II GewO** geschaffen worden. Nach dieser Bestimmung hat die Behörde das Recht, zum Zweck der Gewerbeüberwachung während der üblichen Geschäftszeiten Grundstücke und Geschäftsräume der in § 29 I Nrn. 1-4 GewO Genannten (= Betroffene) zu betreten, dort Prüfungen und Besichtigungen vorzunehmen. Gem. **§ 29 IV GewO** kann die Nachschau sogar gegenüber jedermann durchgeführt werden, „wenn Tatsachen die Annahme rechtfertigen, dass ein erlaubnispflichtiges oder überwachungsbedürftiges Gewerbe ausgeübt wird".

1210 Ob Betretungs-, Besichtigungs- und Nachschaurechte Eingriffe in Art. 13 I GG darstellen, ist angesichts des Wortlauts der Verfassungsbestimmung unklar. Sähe man in ihnen Eingriffe in Art. 13 I GG, wären diese durch § 29 GewO bzw. die entsprechenden Spezialregelungen (z.B. § 22 II GastG oder § 17 II HandwO) an sich nur unter Berücksichtigung des betreffenden Schrankenvorbehalts des Art. 13 II und VII GG gerechtfertigt. Doch jeder Versuch, die Betretungs-, Besichtigungs- und Nachschaurechte unter Art. 13 II GG zu subsumieren, schlägt fehl. Betretung, Besichtigung und Nachschau sind etwas anderes als „Durchsuchung" i.S.d. Art. 13 II GG, denn es wird nicht gezielt nach Personen oder Sachen gesucht, sondern lediglich eine allgemeine Überwachung des Gewerbes durchgeführt. Zudem macht § 29 II GewO die Betretung

---

[1164] **A.A.** *Muckel*, BesVerwR, S. 39.

[1165] Vgl. Nur § 52 II BImSchG; § 42 II LFGB; §§ 16 II, 28 II Infektionsschutzgesetz; § 21 I WHG; § 38 II PflSchG; § 22 I Nr. 3 BtMG; § 31 II SprengG; § 16 III TierSchG; § 39 II WaffG; § 21a II GüKG; § 54a I 2 PBefG; § 22 II GastG; § 59 II GWB; § 19 II AtomG; § 14 IV KWaffG; § 17 II HandwO.

nicht vom Vorliegen eines richterlichen (Durchsuchungs-) Beschlusses abhängig. Daher genügt § 29 II GewO den Anforderungen des Art. 13 II GG nicht. Dasselbe gilt für Art. 13 VII GG, denn § 29 II GewO ermächtigt zur Betretung, ohne dies vom Vorliegen einer „gemeinen" oder „dringenden" Gefahr abhängig zu machen.

Damit scheint festzustehen, dass § 29 II GewO bzw. die entsprechenden Spezialrege- **1211**
lungen keine Gesetze i.S.d. Schrankensystematik des Art. 13 II und VII GG darstellen und daher Eingriffe in Art. 13 I GG **nicht rechtfertigen können**.

Offenbar um dieses Ergebnis zu vermeiden, hat das BVerfG entschieden, dass Betre- **1212**
tungs-, Besichtigungs- und Nachschaurechte, die gesetzlich dezidiert geregelt sind, nicht als „Eingriffe und Beschränkungen i.S.d. Art. 13 VII GG und damit nicht als Eingriffe in den Schutzbereich des Art. 13 I GG zu verstehen seien".[1166] Vielmehr gelte als Prüfungsmaßstab Art. 2 I GG. Daraus folgt:

- Es muss eine gesetzliche Befugnisnorm vorliegen, die dezidiert die Voraussetzungen für ein Betreten der Geschäftsräume regelt. Eine solche Vorschrift ist z.B. **§ 17 II HandwO**, die die Handwerkskammer befugt, bei den der Eintragung in die Handwerksrolle unterfallenden Handwerkern (§ 17 I S. 1 HandwO) nach Maßgabe des § 29 II GewO Grundstücke und Geschäftsräume zu betreten, um dort Prüfungen und Besichtigungen vorzunehmen.
- Liegen die Voraussetzungen des § 17 II HandwO vor, richtet sich – nach Auffassung des BVerfG – der Schutz nicht nach Art. 13 I, VII GG, sondern nach Art. 2 I GG (mit den im Vergleich zu Art. 13 I, VII GG sehr geringen Rechtfertigungsvoraussetzungen). Um aber eine übermäßige Einengung des Begriffs „Eingriffe und Beschränkungen" i.S.d. Art. 13 VII GG und damit eine Aushöhlung des durch Art. 13 I GG gewährleisteten Schutzes zu vermeiden, fordert auch das BVerfG, dass die in BVerfGE 32, 54 ff. definierten Kriterien (dazu Rn 1214) im Allgemeinen und die vorliegend einschlägige Vorschrift des § 17 II i.V.m. I S. 1 HandwO im Besonderen eng ausgelegt werden. Sobald auch nur eine Tatbestandsvoraussetzung (etwa die Eintragungsfähigkeit einer bestimmten Tätigkeit) erkennbar nicht gegeben sei, scheide ein Betretungsrecht der Handwerkskammern nach § 17 II HandwO aus.
- Liegen aber die Voraussetzungen der Spezialnorm (etwa § 17 II HandwO) nicht vor, lebt Art. 13 I GG mit den strengen Rechtfertigungsvoraussetzungen wieder auf.

Bewertung: Das BVerfG versteht den Schutzbereich des Art. 13 I GG also eingriffsbe- **1213**
zogen, d.h. **funktional**, indem es die Eröffnung des Schutzbereichs von der Eingriffsqualität abhängig macht. Diese von den mittelbaren Grundrechtseingriffen her bekannte Grundrechtsdogmatik entspricht zwar nicht der hier vertretenen Auffassung, ist grundrechtsdogmatisch aber vertretbar und im Übrigen ausführlich bei *R. Schmidt*, Grundrechte, Rn 198 ff. (staatliches Informationshandeln) beschrieben.

Fazit: Grundsätzlich sind auch öffentlich zugängliche Gewerberäume vom Schutzbe- **1214**
reich des Art. 13 I GG erfasst. Besteht aber eine gesetzliche Vorschrift, die dezidiert **-1216**
die Voraussetzungen für das Betreten öffentlich zugänglicher Gewerberäume beschreibt, ist nach der Rspr. des BVerfG der Schutzbereich des Art. 13 I GG nicht eröffnet. Prüfungsmaßstab ist dann Art. 2 I GG, wobei folgende Voraussetzungen für die wirtschaftsüberwachende Nachschau einzuhalten sind:

⇨ Erstens muss eine **besondere gesetzliche Vorschrift** zum Betreten der Räume ermächtigen.

[1166] BVerfG 15.3.**2007** – 1 BvR 2138/05.

⇨ Zweitens müssen das Betreten der Räume, die Besichtigung und die Prüfung einem **erlaubten Zweck** dienen und für dessen Erreichung **erforderlich sein**.

⇨ Drittens muss das Gesetz den Zweck des Betretens, den Gegenstand und den Umfang der zugelassenen Besichtigung und Prüfung **deutlich erkennen lassen**.

⇨ Viertens ist das Betreten **nur in den Zeiten statthaft**, zu denen die Räume normalerweise für die **jeweilige geschäftliche oder betriebliche Nutzung zur Verfügung stehen**.[1167]

1217 Ist § 29 I und II GewO mit diesen Vorgaben noch vereinbar, ist dies bei **§ 29 IV GewO** fraglich. Diese Vorschrift statuiert ein Nachschaurecht aufgrund einer bloßen, freilich durch Tatsachen gestützten, behördlichen Annahme, dass ein erlaubnispflichtiges oder überwachungsbedürftiges Gewerbe ausgeübt werde. Nach dieser Regelung ist nicht auszuschließen, dass auch Nicht-Gewerbetreibende von einer Verdachtsnachschau „betroffen" werden.[1168] Es ist also möglich, dass sich die Behörde Zugang zu privaten Wohnungen verschafft, um überhaupt erst einmal festzustellen, ob ein Gewerbe vorliegt. In einer derartigen Konstellation greift das Grundrecht auf Unverletzlichkeit der Wohnung unzweifelhaft. Daher wird die Verdachtsnachschau in verfassungskonformer Auslegung des § 29 IV GewO nur dann zulässig sein, wenn nicht irgendwelche, sondern nachweisliche Tatsachen den Verdacht tragen und wenn weniger eingreifende Mittel der Informationsbeschaffung zuvor ohne Erfolg bzw. nicht Erfolg versprechend waren.[1169]

1218 Wird eine Person von einer behördlichen Nachschau betroffen, stellt sich die Frage nach dem **Rechtsschutz**. Da weder das Betreten der Geschäftsräume noch deren Besichtigung lediglich den (einen Realakt darstellenden) tatsächlichen Vorgang der Nachschau in sich schließen, sondern zugleich den Betroffenen verpflichten, die tatsächlichen Maßnahmen zu dulden (die Duldungsverfügung ist ein Verwaltungsakt), kommt der Nachschau eine Doppelnatur zu. Aufgrund der gleichzeitigen konkludenten Duldungsverfügung sind daher solche Rechtsbehelfe zulässig, die allgemein gegen **Verwaltungsakte** zulässig sind. In Betracht kommen daher stets die **Anfechtungsklage** bzw. – da sich die Nachschau i.d.R. bereits vor Klageerhebung erledigt haben wird – die **Fortsetzungsfeststellungsklage** analog § 113 I S. 4 VwGO.[1170]

IX. Zulassung eines Gewerbes, Rechtsschutz für Konkurrenten

1219 Die Zulassung eines genehmigungspflichtigen Gewerbebetriebs kann in der Hauptsache mit der Verpflichtungsklage bzw. im einstweiligen Rechtsschutz mit einem Antrag nach § 123 VwGO durchgesetzt werden.

1220 Schwieriger gestaltet sich der **Rechtsschutz für Konkurrenten**. Einstweiliger Rechtsschutz kann in diesen Fällen durch die Erhebung des **Widerspruchs** bzw. der **Anfechtungsklage** (Drittanfechtung) und die damit verbundene aufschiebende Wirkung gem. § 80 I VwGO erreicht werden. Man spricht insoweit von einer **negativen Konkurrentenklage** oder einer **Konkurrentenabwehrklage**. Fraglich ist allerdings die Klagebefugnis. Denn im Berufszulassungsrecht besteht der Grundsatz, dass insgesamt kein Schutz vor Wettbewerb, Konkurrenz und Zulassung weiterer Konkurrenten besteht (zur **Schutznormtheorie** vgl. Rn 1222). Das hat den Grund, dass die wirtschaftlichen Grundrechte eine Wertentscheidung gerade zugunsten des Wettbewerbs

---

[1167] BVerfGE **32**, 54, 72.
[1168] *Kempen*, NVwZ **1999**, 360, 362.
[1169] *Kempen*, NVwZ **1999**, 360, 362.
[1170] Zu dieser Klageart vgl. ausführlich *R. Schmidt*, VerwProzR, Rn 395 ff.

enthalten und daher grundsätzlich nicht zur Abwehr missliebiger Konkurrenz berechtigen. Etwas anderes gilt nur dann, wenn die Verwaltung gezielt oder faktisch die wirtschaftliche Betätigung des betroffenen Unternehmens im Verhältnis zu anderen **empfindlich beeinträchtigt**.[1171] Hier kann ein subjektives Recht i.S.d. § 42 II VwGO vorliegen. Eine empfindliche Beeinträchtigung des betroffenen Unternehmens liegt nach der Rechtsprechung des BVerwG im Hinblick auf Art. 14 I GG vor, wenn die Begünstigung des anderen für ihn praktisch eine Entwertung seines aufgebauten Bestands bedeutet[1172], im Hinblick auf Art. 12 I und Art. 2 I GG, wenn dadurch ein faktischer Ausschluss vom Wettbewerb bewirkt würde.[1173]

Beispiel: K betreibt ein Taxigeschäft in der Stadt A. Die wirtschaftliche Situation ist aufgrund reichlich vorhandener Konkurrenz angespannt. Als die zuständige Behörde weitere Erlaubnisse nach § 2 I Nr. 4, § 46 II Nr. 1, § 47 i.V.m. § 13 I, IV PBefG erteilt, möchte K, der von deren Rechtswidrigkeit überzeugt ist, erreichen, dass diese Erlaubnisse aufgehoben werden. Nach erfolglos durchgeführtem Widerspruchsverfahren erhebt er Anfechtungsklage.

Hier ist K klagebefugt, wenn er sich auf eine drittschützende Norm berufen kann und diese Norm auch gerade seinen Interessen zu dienen bestimmt ist. In Betracht kommt § 13 IV PBefG. Im Personenbeförderungsrecht besteht zwar ein subjektives öffentliches Recht des Altunternehmers im Linienverkehr, sein Unternehmen leistungsfähig zu halten, aus § 13 II PBefG[1174]. Dem Altunternehmer im Taxigewerbe soll aber - in Übereinstimmung mit der grundsätzlichen Ablehnung subjektiver öffentlich-rechtlicher Positionen im Berufs**zulassungs**recht - § 13 IV PBefG keine Klagebefugnis vermitteln.[1175] Vielmehr soll diese Vorschrift einen Verdrängungswettbewerb verhindern.[1176] Zur Erreichung dieses Ziels steht der Verwaltung das Institut der Zugangsgenehmigung zur Verfügung. Damit wird die im öffentlichen Interesse liegende Funktionsfähigkeit des Taxigewerbes insgesamt geschützt. § 13 IV PBefG schützt daher nicht die individuellen Wettbewerbspositionen der Altunternehmer, sondern begünstigt diese lediglich reflexartig. K ist somit aus einfachgesetzlichen Normen nicht klagebefugt. Eine mögliche Rechtsbeeinträchtigung kann sich daher nur noch aus einer Grundrechtsposition ergeben. Da aber nicht angenommen werden kann, dass die Vergabe weiterer Konzessionen für ihn praktisch eine Gefährdung der unternehmerischen Existenz (Art. 14 I GG) oder einen faktischen Ausschluss vom Wettbewerb (Art. 12 I, Art. 2 I GG) bewirken würde, ist K auch nicht aus Grundrechten klagebefugt.

Kontrovers diskutiert werden auch die vielfach erteilten Ausnahmegenehmigungen 1221
zum **Ladenschlussgesetz**. Aus der Sicht des Anbieters von Waren, der der gesetzlichen Normalregelung unterworfen ist, während andere mit ihm konkurrierende Unternehmen großzügigere Ladenschlussregelungen vorfinden, ist entscheidend, ob er sich auf eine Norm stützen kann, die (auch) dazu bestimmt ist, seine rechtlichen Interessen zu schützen (sog. **Schutznormtheorie**, siehe sogleich). Sofern man den

---

[1171] *Hufen*, VerwProzR, § 14 Rn 88; *Brohm*, Menger-FS, S. 235, 244; *Schenke*, VerwProzR, Rn 523; *Schliesky*, DVBl **1999**, 78, 82; *R. Schmidt*, JuS **1999**, 1107, 1111.

[1172] Zum Anwendungsbereich des Art. 14 GG im Konkurrenzschutz vgl. BVerfGE **68**, 193, 222; **74**, 129, 148; *Busch*, Subventionsrecht in der Rechtsprechung, in: JuS **1992**, 563, 565; *Papier*, in: Maunz/Dürig, GG, Art. 14 Rn 228 f. Nach BVerfGE **8**, 71, 79 f., *Gubelt*, in: v. Münch/Kunig, GG, 5. Aufl. **2000**, Art. 12 Rn 98 und *Scholz*, in: Maunz/Dürig, GG, Art. 12 Rn 138 ist Art. 14 GG neben Art. 12 GG anwendbar.

[1173] Zum Schutz der Wettbewerbsfreiheit durch Art. 12 GG vgl. BVerfGE **32**, 311, 317; **46**, 120, 137 f.; **82**, 209, 223 f.; **86**, 28, 37; BVerwGE **71**, 183, 191; *Scholz*, in: Maunz/Dürig, GG, Art. 12 Rn 136 f.; *Pieroth/Schlink*, Grundrechte, Rn 814 f.; *Papier*, ZHR 152 (**1988**), 493, 499; *Breuer*, HdbStR VI (**1989**), § 148 Rn 75-77. Voraussetzung ist aber, dass die Regelung eine berufsregelnde Tendenz besitzt. Fehlt es an dieser, ist Art. 2 I GG einschlägig (*Jarass*, in: Jarass/Pieroth, GG, Art. 12 Rn 14). Auf Art. 2 I GG wird generell abgestellt in BVerwGE **30**, 191, 198; **60**, 154, 159; **65**, 167, 174.

[1174] Vgl. dazu BVerwG DVBl **2000**, 1614 mit Bespr. von *Selmer*, JuS **2001**, 198 ff.

[1175] Vgl. *Kopp/Schenke*, VwGO, § 42 Rn 146.

[1176] *Wahl/Schütz*, in: Schoch/Schmidt-Aßmann/Pietzner, VwGO, § 42 Abs. 2 Rn 305.

Ausnahmebestimmungen des LadenschlussG trotz Berücksichtigung der norminternen Wirkung der Grundrechte keinen Drittschutz entnimmt, ist danach zu fragen, ob die unternehmerischen Grundrechte einen diesbezüglichen Drittschutz vermitteln. Das ist eine Auslegungsfrage und wird von der Rechtsprechung überwiegend verneint.[1177]

X. Zulassung eines Gewerbebetriebs, Rechtsschutz für Nachbarn

1222 Bei Abwehransprüchen von Nachbarn sind die Rechtsbehelfe **Widerspruch** und **Anfechtungsklage** statthaft, die gem. § 80 I VwGO aufschiebende Wirkung entfalten. Klagebefugt ist ein Nachbar aber nicht schon dann, wenn er die Verletzung eines subjektiven öffentlichen Rechts behauptet und diese behauptete Rechtsverletzung nach der Möglichkeitstheorie zumindest nicht ausgeschlossen werden kann. Im Bereich der Drittanfechtung ist die Klagebefugnis vielmehr nur dann zu bejahen, wenn die Norm, die der Nachbar als verletzt rügt, drittschützende Wirkung hat.

1223 **Drittschutz** bedeutet, dass der in Frage stehende Rechtssatz **nicht nur die Interessen der Allgemeinheit schützen soll, sondern - zumindest auch - den Individualinteressen des Klägers zu dienen bestimmt ist** (sog. **Schutznormtheorie**).[1178]

Beispiel: Gem. § 4 I Nr. 3 GastG ist die Gaststättenerlaubnis zu versagen, wenn der Gewerbebetrieb im Hinblick auf seine Lage schädliche Umwelteinwirkungen befürchten lässt. Der Begriff der schädlichen Umwelteinwirkung ist wiederum in § 3 I BImSchG legaldefiniert. Nach dieser Legaldefinition vermittelt die Bestimmung des § 3 I BImSchG Nachbarschutz.

Gegenbeispiel: Die auf § 13 PBefG gestützte Genehmigung eines Linienverkehrs regelt nicht die Lärm- und Abgasimmissionen. Ein Nachbar kann sich daher nicht gegen die Genehmigung wenden.

1224 Der Nachbarschutz hat insbesondere im **Gaststättenrecht** besondere Bedeutung. Für die Anfechtung eines Nachbarn ist allerdings relevant zu wissen, dass die (lärm-) immissionsrechtlichen Bestimmungen bereits im Baugenehmigungsverfahren zu berücksichtigen sind: Durch die Baugenehmigung wird zugleich entschieden, dass sich die Lärmimmissionen im Rahmen des § 4 I Nr. 3 GastG halten[1179] (Konzentrationswirkung). Möchte ein Nachbar nun gegen eine Gaststättenerlaubnis vorgehen, muss er die Baugenehmigung anfechten. Da die Nachbarinteressen im Baugenehmigungsverfahren zu berücksichtigen sind, wird ein Rechtsbehelf Erfolg haben, wenn die Nachbarinteressen nicht hinreichend berücksichtigt wurden.

Beispiel: G erhält gemäß § 18 GastG i.V.m. dem Landesrecht die Genehmigung, die Öffnungszeiten für seine Gaststätte zu verlängern (sog. Sperrzeitenverkürzung). Eine solche Sperrzeitenverkürzung ist nur zulässig, wenn (bedingt durch den gaststättenbezogenen Lärm) keine schädlichen Umwelteinwirkungen zu erwarten sind. § 18 GastG hat insoweit nachbarschützende Wirkung.[1180] Legt ein Nachbar einen Rechtsbehelf ein, wird dieser dann Erfolg haben, wenn durch die Sperrzeitenverkürzung schädliche Lärmimmissionen bestehen.

1225 Auch bei nicht baugenehmigungspflichtigen Gaststätten (z.B. Festzelt auf dem Jahrmarkt, Bierbude auf dem Straßenfest, Vereinsfeier) kommt Nachbarschutz in Betracht. Allerdings ist wegen des nur vorübergehenden Gaststättenbetriebs die Zumutbarkeitsschwelle herabgesetzt.[1181]

[1177] Vgl. Vgl. BVerfG NJW **1998**, 2811; BVerwG NJW **1999**, 1567; OVG Bautzen NJW **1999**, 2539.
[1178] BVerwGE **107**, 215, 220; *R. Schmidt*, JuS **1999**, 1107, 1110. Vgl. auch *Schlacke*, JA **2002**, 48 ff.
[1179] VGH Kassel NVwZ-RR **1996**, 325.
[1180] BVerwG DÖV **1997**, 253.
[1181] VGH München NJW **1998**, 401.

Polizei und Ordnungsrecht 1 ff.